유원총보역주 5
類苑叢寶譯注

서울대학교 규장각한국학연구원 한국학자료총서 14-5

유원총보역주 5

초판 1쇄 인쇄 2016년 5월 25일
초판 1쇄 발행 2016년 5월 30일

지은이 김육
역주자 이영주 김창환 이남종
펴낸곳 서울대학교출판문화원
펴낸이 성낙인

책임편집 최유식
디자인 장혜원

출판등록 제15-3호

주소 (08826) 서울 관악구 관악로 1
대표전화 02-880-5252 | 팩스 02-888-4148
마케팅팀(주문상담) 02-889-4424, 02-880-7995
이메일 snubook@snu.ac.kr
홈페이지 www.snupress.com

ISBN 978-89-521-1780-9 94000
978-89-521-1026-8(세트)

서울대학교 규장각한국학연구원 한국학자료총서 14-5

유원총보역주 5

類苑叢寶譯注

김육 지음
이영주 김창환 이남종 역주

서울대학교출판문화원

Yuwonchongbo

Translated and Annotated by

Yeong-Ju Lee
Chang-Hwan Kim
Namjong Lee

Seoul National University Press

머리말

인류(人類)는 문자를 발명한 이후, 접하는 대상이나 현상에 대해 사고하고 분석한 것들을 기록으로 남겼다. 이것이 우리에게 전승된 문화이다. 유서(類書)는 이런 기록들을 대상으로, 그 내용을 항목별로 분류하고 해당 사항들을 발췌하여 '부류별로 정리한 책'이다.

중국에서 당대(唐代)에《예문유취(藝文類聚)》가 나오면서 그 형식이 확립된 유서는, 송대(宋代) 이후로 양적으로나 질적으로 발전을 거듭하면서 동양적 백과사전으로서의 위상을 확고히 하였다. 송대에 나온《사문유취(事文類聚)》는 유서의 전범(典範)으로 자리 잡게 되었다.

우리나라의 경우, 고려 때 처음으로 유서를 수입하였고 조선시대에 이르러 마침내 독자적으로 제작하기 시작하였다. 현재까지 확인된 유서 가운데 가장 오래된 것으로 1554년[명종(明宗) 9년]에 어숙권(魚叔權)이 편찬한《고사촬요(攷事撮要)》를 들 수 있다. 그러나 이 책은 사대교린(事大交隣)에 관한 문제와 일상생활에 필요한 제반사항을 모아 2권 2책의 분량으로 간략하게 엮은 것으로, 비망록의 범주를 벗어나지 않는다.

조선(朝鮮) 인조(仁祖) 때의 문신이자 학자인 김육(金堉: 1580-1658)이 엮은《유원총보(類苑叢寶)》는 내용이나 분량 면에서 우리나라 최초의 본격적인 유서라고 할 만하다. 김육은《유원총보》자서(自序)에서 이 책을 엮게 된 경위와 그 명칭을 붙이게 된 내력을 다음과 같이 말하였다.

지난날의 자취를 두루 살피는 데에는 송(宋) 축목(祝穆)이 편찬한《사문유취》만 한 것이 없는데, 학사(學士)와 대부(大夫) 가운데 이 책을 가지고 있는 사람이 적으니 하물며 먼 지방의 선비들은 어떻겠는가.

작년 여름에 내가 한가한 부서(府署)에 있으면서 비로소 이 책을 초록(抄錄)하면서 번잡스럽고 쓸데없는 것들을 빼버리고 그 요지(要旨)만을 남긴 뒤, 아울러《예문유취》,《당유함(唐類函)》,《천중기(天中記)》,《산당사고(山堂肆考)》,《운부군옥(韻府群玉)》등의 여러 책을 가져다 표제(標題)에 따라 더하거나 빼고, 빠진 것을 보충하여 문장을 다듬었다. 한 질(帙)의 책 안에 수백 권의 정수(精粹)를 포괄하여, 책 이름을《유원총보》라고 하였다.

잦은 전란으로 인하여 도서의 구득은 물론 보관조차 여의치 못하던 때에, 편자의 식견과 판단에 따라 중국의 주요 유서에서 정수를 취사선택하여 편찬한 이 책은, 글쓰기를 위한 참고서로뿐 아니라 교학(敎學)의 텍스트로도 중요한 역할을 담당하였다.

이《유원총보》는 우리나라 최초의 본격적인 유서라는 역사적 의의뿐만이 아니라, 형식이나 내용 면에서도 대표성을 지니고 있다. 따라서 이 책은 오늘날의 국학 연구자들에게 요긴한 공구서로서의 역할을 할 수 있을 것이다. 동일한 주제어 아래에 다양한 층차의 유사어 및 관련어의 실례를 모았기 때문에, 일차적으로는 한자(漢字)로 씌어진 텍스트를 해석할 때 수시로 부딪히게 되는 의미 변별의 문제를 해결할 수 있어 보다 정확하고 심도 있는 번역을 가능하게 한다. 다음으로, 이 책은 그 자체로서 문화학(文化學) 텍스트로서의 기능을 지니고 있어 국학 관련 연구에 종사하는 연구자들에게 한문(漢文)에 대한 소양을 심화시킬 수 있는 텍스트로 활용될 수도 있을 것이다.

이 책은 서울대학교 규장각한국학연구원 2014년도 21세기 신규장각 자료구축사업의 지원을 받았다. 방대하면서도 시장성을 확보할 수 없는 학술공구서의 번역과 출판에 전폭적인 지원과 관심을 아끼지 않은 규장각한국학연구원과 편집과 조판의 어려움을 무릅쓰고 좋은 책으로 펴낸 서울대학교출판문화원에 대하여 이 자리를 빌려 깊은 감사를 드린다.

2015년 2월

역주자 일동

유원총보서

우리 동방은 본디 문헌(文獻)이 증거하기에 충분한 나라로 칭해졌으며, 또 대대로 중국과 교통(交通)하여 문장(文章)의 성대함이 중국과 어깨를 견줄 만하였다. 그러나 불행하게도 수십 년 이래로 전란이 계속해서 일어나, 서책은 실어 나르는 소를 땀나게 하지 못하고 재주는 말에 기대어 글을 짓는 이가 없게 되었으니, 어찌 깊이 개탄하지 않을 수 있겠는가.

지난날의 자취를 두루 살피는 데에는 송(宋) 축목(祝穆)이 편찬한 《사문유취》만 한 것이 없는데, 학사(學士)와 대부(大夫) 가운데 이 책을 가지고 있는 사람이 적으니 하물며 먼 지방의 선비들은 어떻겠는가.

작년 여름에 내가 한가한 부서(府署)에 있으면서 비로소 이 책을 초록(抄錄)하면서 번잡스럽고 쓸데없는 것들을 빼버리고 그 요지(要旨)만을 남긴 뒤, 아울러 《예문유취》, 《당유함(唐類函)》, 《천중기(天中記)》, 《산당사고(山堂肆考)》, 《운부군옥(韻府群玉)》 등의 여러 책을 가져다 표제(標題)에 따라 더하거나 빼고, 빠진 것을 보충하여 문장을 다듬었다. 한 질(帙)의 책 안에 수백 권의 정수(精粹)를 포괄하여, 책 이름을 《유원총보》라 하였으니 모두 46편(篇)이다. 금년 가을에 이르러 책이 완성되었는데, 호남(湖南) 감사인 남선(南銑)이 나와 뜻을 같이하는 선비로서 나를 위해 이 책을 간행하였다.

아아, 내가 어찌 좋아서 이 일을 하였겠는가. 사고(四庫)의 서책이 병란의 재로 타서 다 없어졌고, 천금(千金)을 주고 사오던 일도 연경(燕京)의 시장에서 길이 끊겼다. 내가 참람스러움도 잊고 감히 찾아 모은 것은, 그 뜻이 있는 곳이 있으니 마음이 진실로 슬프다.

취하고 버림과 더하고 빼는 데에 반드시 잘못된 것이 많을 것이고, 또 판(板)을 새기는 데 다급하여 정밀하게 교정하지 못하였으니, 안목을 갖춘 노숙한 이들에게 비웃음 받기를 면치 못할 것을 잘 알고 있지만, 나는 정말 그런 것을 돌아볼 겨를이 없고 또 감히 사양할 수도 없었다. 이것이 진실로 공자(孔子)께서 이른바, '나를 알아주는 것과 나를 죄주는 것'*의 뜻이니, 훗날의 여러 군자들이 나를 혹 조금은 용서해 줄 수 있을 것이다.

계미년(1643, 인조 21) 만추(晩秋) 하순(下旬)에, 청풍 김육이 서문(序文)을 쓴다.

---

* 《맹자(孟子)·등문공하(滕文公下)》, "春秋, 天子之事也. 是故孔子曰, 知我者, 其惟春秋乎, 罪我者, 其惟春秋乎."

類苑叢寶序

吾東素稱文獻之足徵, 且歷世通中國, 文章之盛, 方駕於華夏. 不幸數十年來, 兵火繼起, 書不汗牛, 才無倚馬, 安得不爲之深嘅也.

博攷往蹟, 無過於祝氏事文, 而學士大夫有此書者尙少, 況遐遠之縫掖乎.

去年夏, 餘在閑局, 始抄此書, 剗去繁冗, 存其旨要, 兼取藝文類聚, 唐類函, 天中記, 山堂肆考, 韻府群玉等諸書, 因其標題而增損之, 補其闕漏而潤色之. 一帙之中, 包括數百卷之精粹, 名之曰類苑叢寶, 凡四十六篇. 迄今秋而書成, 湖南伯南公銑, 同志之士也, 爲餘刊而行之.

嗚呼, 餘豈樂爲此哉. 四庫之書, 燒盡於秦灰, 千金之易, 路絶於燕市. 余所以忘其僭越, 敢爲搜輯者, 其意有在, 其情誠可悲也.

其取舍增減, 必多謬戾, 又急於剞劂, 未及精校, 固知未免爲具眼老所嗤, 而余固不暇恤也, 亦不敢辭也. 此誠夫子所謂知我罪我之意也, 後來諸君子, 倘肯少恕乎我哉.

時昭陽協洽杪秋下浣, 淸風金堉序.

범례

一. 이 책은 전적으로 《사문유취(事文類聚)》를 본떠, 대제목(大題目)의 아래에 먼저 여러 책들의 중요한 말을 쓰고 다음으로 고금(古今)의 사실(事實)을 언급하였다. 시대의 전후는 한결같이 순서대로 할 수가 없어서 혹은 위에, 혹은 아래에 기술하였다.

一. 此書, 專倣事文類聚, 大題目之下, 先以群書要語書之, 次及古今事實. 世代前後, 不能一依次序, 或上或下書之.

一. 고금의 사실 또한 제목으로 삼았는데 매 제목마다 행(行)을 달리하면 책의 분량이 많아지기 때문에, 제목을 음각자(陰刻字)로 새기고 다음에 한 글자를 띄우고 이어 적어, 열람에 편리하도록 하였다.

一. 古今事實, 亦爲題目, 而每題別行, 則簡秩積多, 故題目以陰字刻之, 仍爲間一字連書, 以便閱覽.

一. 고금의 문집(文集)에는 혹 대가의 전집(全集)도 있고, 혹 긴요하게 감상하지 않아도 될 것도 있는데 모두 수록하지 않았다. 다만 드물게 보이는 기문(奇文)은 취했는데, 동약(僮約)·축빈(逐貧)·풍우대(風雨對)·취향기(醉鄕記)와 같은 것들이 그것이다.

一. 古今文集, 或有大家全集, 或有不緊吟味者, 竝不錄. 只取罕見奇文, 如僮約·逐貧·風雨對·醉鄕記之類, 是也.

一. 한 가지 일이 혹 다른 제목에도 보이는 것은 두 군데에 적었다. 간혹 "아무개 문에 보인다(見於某題門)"라고 적어 서로 참고하도록 하였다.

一. 一事或見於他題者, 兩書之. 或以見於某題門書, 互相備也.

一. 공허하고 황당한 말은 이치에 맞지 않아 의당 취하지 말아야 하지만, 월계(月桂)·기석(機石)·선가(仙家)·석가(釋家)·도가(道家)와 같은 것들은 예로부터 유전되어 시인들이 시로 읊는 자료가 되었기 때문에 모두 그대로 보존하였다.

一. 浮虛誕妄之說, 不近於理, 所當不取, 而如月桂·機石·仙·釋·道家之類, 自古流傳, 以爲詩人吟詠之資, 故竝仍存之.

차례

【유원총보 권 20】

호부(戶部)

유원총보 전체 차례

※ ( )를 친 항목은 판본에 따라 異同이 있거나 出入이 있는 항목임.

【第一卷 天道門】: 天 天河 日 月 星 風雲 雷電 雨 霧 虹蜺 露 霜 雪 雹 氷

【第二卷 天道門】: 祥瑞 災異 訛言 謠歌 服妖 獸異 禽異 龍蛇異 龜魚異 蟲異 草木異 金石異 (鼓妖) (夜妖) 雜變

【第三卷 天道門】: 水災 旱災 火災 豐稔 凶荒

【第四卷 天時門】: 歲 四時 暑 寒 春 正月 立春 元日 人日 上元 二月 社 三月 上巳 寒食 清明 夏 四月 五月 端午 六月 伏 秋 七月 立秋 七夕 中元 八月 中秋 九月 重陽 (冬) 十月 十一月 冬至 十二月 臘 除夕 陰陽避忌

【第五卷 地道門】: 地 地震 山崩 山 泰山 華山 嵩山 衡山 常山 諸山 石 水

【第六卷 地道門】: 海 潮 河 江 淮 濟 洛 渭 湖 泉 井 陂渠 道路 津渡 橋梁 池 溪 洞 谷

【第七卷 地道門】: 國都 關市 城郭 苑囿 宮殿 官廨 館驛 樓 閣 亭臺 鄉里 第宅 庖竈 堂 齋 廁 園圃 村莊 寺觀

【第八卷 帝王門】: 帝王 符命 應運 帝德 君道 敬天 懼災 法祖 禮賢 愛民 勤政 納諫 節儉 賞賜 封爵 歷代

【第九卷 帝王門】: 明堂 辟雍 靈臺 朝會 饗燕 藉田 親蠶 巡狩 學校 釋奠 養老 蒐狩 郊天 朝日 (夕月) 六宗 五祀 宗廟 (配享) 社稷 國哀 陵寢

【第十卷 帝王門】: 太上皇 (皇太后) 皇后 妃嬪 太子 皇子 親王 公主 駙馬 宗室 外戚

【第十一卷 官職門】: 三公 太師 太傅 太保 太尉 司徒 司空 丞相 參政 開府 (儀同) (三司) 特進 尙書令 中書令 樞密院 總九卿 太常 光祿 衛尉 宗正 太僕 大理 鴻臚 司農 太府

【第十二卷 官職門】: 總尙書 侍郎 郎中 吏部尙書 吏部侍郎 吏部郎 戶部尙書 戶部侍郎 戶部郎 禮部尙書 禮部侍郎 禮部郎 兵部尙書 兵部侍郎 兵部郎 刑部尙書 刑部侍郎 刑部郎 工部尙書 工部侍郎 工部郎

【第十三卷 官職門】: 太子師傅 宮官 史官 秘書省 學士

【第十四卷 官職門】: 中書舍人 給事中 諫官 御史臺

【第十五卷 官職門】: 國子監 王府官 宦官

【第十六卷 官職門】: 京兆尹 觀察使 刺史 太守

【第十七卷 官職門】: 縣尹 縣丞 主簿 縣尉 治中 幕官 教授 推官 督郵 椽曹

【第十八卷 官職門】: 節度使 元帥 總管 經略 督府 奉使

【第十九卷 吏部】: 入仕 遷除 濫官 同官 交承 薦擧 閑退 致仕 休假 貶謫 科擧 主試 登第 狀元 下第 同年

【第二十卷 戶部】: 戶口 田制 賦稅 役民 勸課 復除 賑邮 興利 鹽鐵 貢獻 漕運

【第二十一卷 禮部】: 禮 冠 昏 祭 喪 居喪 起復 弔慰 祭奠 賻贈 壽藏 碑銘 挽歌 制謚

【第二十二卷 禮部】: 樂 歌 舞 琴 瑟 琵琶 笙 簫 等 笛 鍾 磬 鼓 箜篌 笳 角

【第二十三卷 兵部】: 將帥 女將 兵 謀策 征伐 號令 講武 火攻 水戰 守城 器械 間諜 戍卒 烽燧 斥候 糧餉 陣 從軍 發兵 勝捷 受降 救援 敗軍 馬政

【第二十四卷 刑部】: 刑法 酷刑 獄囚 聽訟 赦 治盜

【第二十五卷 人倫門】: 君臣 父子 母子 (乳母) 孝子 祖父母 外祖孫女

【第二十六卷 人倫門】: 子婦 女壻 伯叔父母 姑 姨 姊妹 兄弟 內外兄弟 夫妻 嫂叔 舅甥 宗族 世家 姓(氏)名(諱) 稱呼

【第二十七卷 人倫門】: 師 交友 父執 門客 賓主 姬妾 奴婢

【第二十八卷 人道門】: 始生 生日 同庚 幼悟 老壽 年齒 肖貌 眠睡 夢 言語 疾病 魂魄 喜怒 笑 哭

【第二十九卷 人事門】: 聖 賢 德量 志氣 公正 剛直 恭敬 淸廉 儉約 名譽 知人 義士 俠客 勇士

【第三十卷 人事門】: 隱逸 神仙 道士 釋敎

【第三十一卷 人事門】: 農 蠶 商賈 工匠 漁(釣) 獵 醫 卜(筮) 相(人) 談命 巫 畵 射 投壺 棋 博塞 射覆 算數 倡優

【第三十二卷 人事門】: 富貴 貧賤 禍福 謁見 餞別 報恩 報讎 陰報 奸邪 讒毁 奢侈 貪濁 吝嗇 僭踰

【第三十三卷 文學門】: 御製 宸翰 學術 著書 藏書 博識 不學

【第三十四卷 文學門】: 文章 詩 書簡 書法

【第三十四卷 筆墨門】: 筆 墨 紙 硯

【第三十四卷 璽印門】: 玉璽 印 符 節

【第三十五卷 珍寶門】: 金 銀 銅鐵 錢 珠 玉 琉璃 珊瑚 瑪瑙 水精 貝 玳瑁 琥珀 雜寶

【第三十五卷 布帛門】: 帛 布 絲 綿絮 錦繡 綾羅

【第三十六卷 器用門】: 舟 車 蓋 弓 弩 矢 劍 旌旗 甲 盾 几杖 扇 鏡 屛 簾 床榻 枕 釵釧 針 麈尾 囊 酒器 香爐 香燈 檠 燭

【第三十七卷 飮食門】: 飯 粥 羹 餠 食物 鹽醬 油 蜜 酒 茶

【第三十八卷 冠服門】: 冕 冠 巾帽 笏 帶 衣服 靴履

【第三十八卷 米穀門】: 穀 禾 黍 粟 稷 豆麥 米 麻 蔬菜

【第三十九卷 草木門】: 芝 蘭 菊 瓜 蔗 葛蒲 萍 芋 芭蕉 芙蕖 菱 苔 雜草 藥草

【第四十卷 草木門】: 松 桂 栢 桑 槐 柿楓 檜 梧桐 楊柳 竹 梅 櫻桃 桃 李柰 石榴 枸杞 海棠 棗 梨 杏 栗 橘柑 荔支 葡萄 牧丹 芍藥 衆木

【第四十一卷 鳥獸門】: 鳥 鳳 翡翠 鸞 鶴 孔雀 鴻雁 鵝 鴨 鷄 雉 鷗

【第四十二卷 鳥獸門】: 杜鵑 燕 雀 鷹 鴿 鸚鵡 鸜鵒 烏 鵲 鴿 鳩 鶯 鳶鴦 秦吉了 (布穀) 諸禽

【第四十三卷 鳥獸門】: 麒麟 騶虞 獅(子) 犀 象 (兕) 虎 態 鹿 猿猴 狐狸 豺狼 獺 馬

【第四十四卷 鳥獸門】: 牛 羊 狗 豕 驢騾 猫 鼠 駱駝 免 貂 群獸

【第四十五卷 蟲魚門】: 龍 龜 魚 (黿) 鱉 蟹 蚌蛤 螺 鰕

일러두기

一. 원문 검토:

1. 경서류(經書類)나 자서류(子書類)에서 인용한 원문은 해당 원서와의 이동(異同)을 살핀다. 다만 원서에서 확인되지 않는 부득이한 경우에는 글자의 출입이 비교적 적은 유서류와 비교하도록 한다.
2. 출처를 명시하지 않은 항목에 대해서는《사고전서》본의 원서를 참고하여 비교한다. 이 경우에도 원서에서 확인되지 않는 내용은 유서류와 비교하도록 한다.

二. 출처 표시:

1. 《사고전서》에 수록된 해당 원서의 서명(書名)과 편명(篇名)을 제시한다. 편명이 없고 권수(卷數)만 있는 경우는 서명과 권수를 제시한다.
2. 《사고전서》의 원서에서 확인되지 않고 유서류에 문장이 보이는 경우에는, 글자의 출입이 적은 유서류를 우선적으로 제시한다.

三. 주석 표시:

1. 원서의 원문 소개: 《유원총보》의 원문이 원서의 원문과 일치하거나 편자가 편집 목적에 따라 의도적으로 문장을 재구성한 경우에는 원서의 원문을 소개하지 않는 것을 원칙으로 하나, 문장의 이해에 필요한 경우에는 소개한다.
2. 글자의 출입 표시: 원서의 원문과 글자의 출입이 있을 경우, 《유원총보》의 명백한 오류인 경우에는 원서의 원문에 있는 글자를 소개하고, 재구성 과정에서 의도적으로 바꾼 글자는 필요에 따라 소개한다. 통용되는 글자[예: 於와 于 등]나 어조사는 그대로 둔다.
3. 인명(人名), 지명(地名), 도서명(圖書名)의 소개: 문장의 이해에 필요하다고 판단되는 경우에 주를 달고, 세인(世人)이 주지(周知)하는 명칭이나, 반대로 편벽되어 소개의 필요성이 없는 명칭은 설명을 생략한다.

四. 교감 문제:

1. 《유원총보》의 각종 판본에 따른 글자의 출입을 정밀하게 검토해 본 결과 판본간의 출입이 극히 적으며, 그 출입도 애초에 《유원총보》가 저본으로 삼은 원문의 출입 범위 안에 있는 것들이다. 이는 판각을 위한 원고를 검토하던 이가 자신의 기억에 따라 몇몇 글자를 수정한 때문으로 풀이된다. 본 연구 작업에서는 이에 굳이 판본을 명시하지 않고 '甲'자가 '乙'로 된 판본도 있다는 식으로만 밝힌다.

五. 역주의 참여자들이 책임지고 분담한 업무는 다음과 같다.

1. 연구 책임: 이영주
2. 17권, 19권 책임 번역: 김창환
3. 18권, 20권 책임 번역: 이남종

【유원총보 권 17】

관직문(官職門)

현윤 縣尹[1]

- 춘추시대에는 현(縣)이 크고 군(郡)이 작아 상대부는 현을 받고 하대부는 군을 받았다. 현읍의 장관을 '재(宰)', '윤(尹)', '공(公)', '대부(大夫)'라고 하였는데 그 직책은 같았으니, 진(晉)나라에서는 '대부(大夫)'라 하였고 노(魯)나라와 위(衛)나라에서는 '재(宰)'라 하였으며 초(楚)나라에서는 '영윤(令尹)'이라고 하였다. 전국시대 이후로는 군이 크고 현이 작았는데 진(秦)나라에서는 현령(縣令), 현장(縣長)이 있었고 한(漢)나라는 진나라의 제도를 따랐다.

  春秋時, 縣大而郡小, 上大夫受縣, 下大夫受郡. 縣邑之長, 曰宰, 曰尹, 曰公, 曰大夫, 其職一也, 晉謂之大夫, 魯.衛謂之宰, 楚謂之令尹. 戰國以來, 郡大而縣小, 秦有縣令.長, 漢因之.[2]

- 당(唐)나라 사람들은 현령을 '명부(明府)', 현승(縣丞)[3]을 '찬부(贊府)', 현위(縣尉)[4]를 소부(少府)라 불렀고, 혹은 그들을 '찬공(贊公)', '소공(少公)', '소선(少仙)'이라고 불렀다.

  唐人呼縣令爲明府, 丞爲贊府, 尉爲少府, 或謂之贊公.少公.少仙.[5]

기뻐함도 서운해 함도 없다.[무희무온(無喜無慍)] 영윤(令尹)인 자문(子文)이 세 번 벼슬에 나가 영윤이 되었으나 기뻐하는 기색이 없었고 세 번 그것을 그만두면서도 서운해하는 기색이 없었다.

令尹子文, 三仕爲令尹, 無喜色, 三已之, 無慍色.[6]

상을 받아야 할 것과 벌을 받아야 할 것[당상당주(當賞當誅)] 안자(晏子)가 동아(東阿)의 읍재가 된 지 3년이 지났는데 비방이 도성에 들려오자 경공(景公)이 면직시키려고 소환하였다. 안자가 사죄하며 아뢰었다. "저는 잘못을 압니다. 청컨대 그곳을 다시 다스리게 해 주십시오." 2년이 지나 칭송이 도성에 들려오자 경공이 그에게 상을 주려고 하였으나 사양하고 받지 않았다. 경공이 그 까닭을 묻자 대답하였다. "지난번에 제가 다스린 것은 상을 받아야 할 것이었고 지금 제가 다스린 것은 벌을 받아야 할 것입니다. 이런 까닭으로 감히 상을 받을 수 없습니다."

晏子爲阿宰三年, 毁聞于國, 景公召免之. 晏子謝曰, 嬰知過矣. 請復治之. 二年而譽聞于國, 公將賞之, 辭而不受. 公問其故, 對曰, 昔者嬰之所治, 當賞, 而今之所治, 當誅. 是故不敢受.[7]

거문고를 타다.[탄금(彈琴)] 복자천(宓子賤)[8]이 선보(單父)[9]를 다스리는데 거문고[명금(鳴琴)[10]]를 타면서 대청을 내려서지 않고도 선보가 다스려졌다. 무

---

1. 현윤(縣尹): 현(縣)의 장관을 가리킨다. 주대(周代)에는 현정(縣正)이라 하였고 진한(秦漢)에서는 만 호 이상의 현에서는 현령(縣令), 그 이하에서는 현장(縣長)이라고 하였다.
2. 당(唐) 두우(杜佑), 《통전(通典)·직관(職官)》
3. 현승(縣丞): 현령(縣令)이나 현장(縣長)을 보좌하는 관리이다.
4. 현위(縣尉): 현령(縣令)이나 현장(縣長)의 아래에서 치안을 담당하던 관리이다.
5. 《용재수필(容齋隨筆)·찬공소공(贊公少公)》
6. 《논어(論語)·공야장(公冶長)》, "子張問曰, 令尹子文, 三仕爲令尹, 無喜色, 三已之, 無慍色."
7. 《안자(晏子)·제5권》에, "昔者嬰之治阿也, 築蹊徑, 急門閭之政, 而淫民惡之. 擧儉力孝弟, 罰偸窳, 而惰民惡之, 決獄不避貴强, 而貴强惡之. 左右所求, 法則予, 非法則否, 而左右惡之. 事貴人體不過禮, 而貴人惡之. 是以三邪毁乎外, 二讒毁乎內, 三年而毁聞乎君也. 今臣謹更之, 不築蹊徑, 而緩門閭之政, 而淫民說. 不擧儉力孝弟, 不罰偸窳, 而惰民說. 決獄阿貴强, 而貴强說. 左右所求, 言諾, 而左右說. 事貴人體過禮, 而貴人說. 是以三邪譽乎外, 二讒譽乎內, 三年而譽聞于君也. 昔者嬰之所以當誅者, 宜賞, 而今之所以當賞者, 宜誅, 是故不敢受"라고 하였다.
8. 복자천(宓子賤): 춘추시대 노(魯)나라 출신으로 이름이 부제(不齊)이고 자가 자천(子賤)이다. 공자(孔子)의 제자로 선보(單父)의 읍재가 되어 잘 다스렸다.
9. 선보(單父): 춘추시대 노(魯)나라의 읍 이름이다.
10. 명금(鳴琴): 거문고를 가리킨다.

마기(巫馬期)[11]는 별빛을 받으면서 나섰다가 별빛을 받으면서 들어왔는데 선보가 역시 다스려졌다. 무마기가 연유를 묻자 복자천이 "나의 경우는 사람에게 맡긴다고 하겠고 그대의 경우는 힘에 맡긴다고 하겠소. 힘에 맡기는 자는 수고롭고 사람에게 맡기는 자는 편안합니다."라고 말하였다.

宓子賤治單父, 彈鳴琴, 不下堂而單父治. 巫馬期戴星而出, 戴星而入, 單父亦治. 巫馬期問故, 宓曰, 我之謂任人, 子之謂任力. 任力者勞, 任人者逸.[12]

복자천이 선보의 읍재가 되었는데 노나라 임금이 참소를 따를까 염려되어 임금의 가까운 사관 두 사람과 함께 관직에 나가기를 청하였다. 그들로 하여금 일을 기록하도록 하고 기록할 때마다 사람을 시켜 그들의 팔꿈치를 당기도록 하였으며 글씨가 잘 써지지 않자 또 그들에게 화를 내었다. 두 사관이 사직하고 돌아가서 노나라 임금에게 아뢰니 임금이 깨닫고서 "과인이 복자천의 정사를 어지럽게 하면서 그의 선정을 요구한 것이 여러 번이다."라 말하고는 급히 사람을 시켜 알리기를, "그대의 방식대로 하시오."라고 하였다.

宓子爲單父宰, 恐魯君聽讒, 請君近史二人, 與俱至官. 使書之, 書輒使掣其肘, 書不善, 又怒之. 二史辭歸, 報魯君, 魯君寤曰, 寡人亂宓子之政, 而責其善者, 數矣. 遽使人告之曰, 從子之制.[13]

복자천이 양주(陽晝)[14]를 찾아가서, "그대도 역시 저에게 선물할 것이 있습니까?"라고 하자 양주가 말하기를, "낚시하는 방법이 두 가지 있는데, 그것으로 그대를 전송하고자 하오. 낚싯줄을 던져 미끼를 내려뜨리면 다가와서 즉시 무는 놈이 양교(陽橋)[15]인데 그 고기는 살이 적고 맛도 없지요. 있는 듯 없는 듯하며 안 물 듯 물 듯 하는 놈이 방어(魴魚)인데 그 고기는 살지고 맛도 좋지요."라고 하였다. 복자천이 "훌륭합니다."라고 말하였다. 아직 선보에 이르지도 않았는데 의관과 수레를 갖추고 마중 나온 자들이 길에 줄을 지었다. 자천이 "수레를 빨리 몰아라. 수레를 빨리 몰아라. 양주가 말했던 양교 같은 자들이 이르렀구나."라고 말하였다. 선보에 이르러 그곳의 노인들과 존귀하고 현명한 이들을 초청하여 그들과 함께 다스렸다.

宓子過于陽晝曰, 子亦有以送僕乎? 晝曰, 有釣道二焉, 請以送子. 夫投綸錯餌, 迎而吸之者, 陽橋也, 其魚薄而不美. 若存若亡, 若不食若食者, 魴也, 其魚博而味厚. 子賤曰善. 未至單父, 冠蓋迎之者, 交接于道. 子賤曰, 車驅之. 車驅之. 夫陽晝所謂陽橋者, 至矣. 至單父, 請其耆老尊賢者, 而與之共治.[16]

제(齊)나라 도적떼가 노(魯)나라에 이르자 노인들이 "도적떼가 장차 밀려올 텐데 사람들이 아직 보리를 베지 못했습니다. 청컨대 백성들로 하여금 나가서 베어 가도록 하시지요."라고 청하였으나 복자천이 허락하지 않았다. 계손씨(季孫氏)가 그를 나무라자 복자천이 아뢰었다. "금년에 보리가 없으면 내년에 심을 수 있지만, 만일 농사 짓지 않은 자들이 보리를 얻는다면 백성들은 장차 도적떼가 드는 것을 기뻐할 것입니다."

齊寇至魯, 父老請曰, 寇將至, 人不及刈麥. 請民出刈. 宓子不許. 季孫讓之, 宓子曰, 今年無麥, 明年可種, 若使不耕者得麥, 民將樂有寇也.[17]

공자(孔子)가 무마기로 하여금 멀리(자천이 다스리는 선보)에 가서 정사를 살펴보도록 하자 무마기는

11. 무마기(巫馬期): 춘추시대 노(魯)나라 출신으로 이름이 시(施)이고 자가 기(期)이다. 공자(孔子)의 제자이다.
12. 《여씨춘추(呂氏春秋)·개춘론(開春論)》
13. 《공자가어(孔子家語)·굴절해(屈節解)》
14. 양주(陽晝): 춘추시대 사람으로 복자천에게 낚시하는 방법으로 다스림의 도리를 가르친 일화가 유명하다.
15. 양교(陽橋): 물고기 이름으로, 부르지 않아도 스스로 오는 자를 비유한다.
16. 《설원(說苑)·정리(政理)》
17. 《공자가어(孔子家語)·굴절해(屈節解)》

몰래 좋은 옷을 벗고 해진 갖옷을 입은 채 선보의 경내에 들어갔다. 밤에 어부를 만났는데 물고기를 잡는 대로 놓아주었다. 무마기가 그에게 "무릇 어부는 물고기 잡기를 추구하는데 어째서 물고기를 잡는 대로 놓아줍니까?"라고 묻자 어부가 "물고기 가운데 큰 것은 이름을 주(鱒)라고 하는데 우리 원님이 그것을 사랑합니다. 작은 것은 이름을 승(鱦)이라고 하는데 우리 원님이 그것을 자라게 하고 싶어 합니다. 그래서 두 가지를 잡으면 바로 놓아주는 것입니다."라고 말하였다. 무마기가 돌아와 아뢰니 공자가 말씀하셨다. "복자천의 덕은 백성들로 하여금 밤에 행동해도 옆에 엄격한 형벌이 있는 듯이 여기게까지 하는 데에 이르렀구나."

孔子使巫馬期遠觀政焉, 巫馬期陰免衣, 衣弊裘, 入單父界. 見夜漁者, 得魚輒舍之. 巫馬期問焉曰, 凡漁者爲得, 何以得魚卽舍之? 漁者曰, 魚之大者, 名爲鱒, 吾大夫愛之. 其小者, 名爲鱦, 吾大夫欲長之. 是以得二者, 輒舍之. 巫馬期返以告, 孔子曰, 宓子之德, 至使民闇行, 若有嚴刑于旁.[18]

복자천이 선보를 다스릴 때 유약(有若)[19]이 "그대는 어째서 수척해졌는지요?"라고 묻자 복자천이 "관청의 정무를 근심한 때문입니다."라고 대답하였다.

宓子賤爲單父, 有若曰, 子何瘦焉? 宓子曰, 憂官政也.[20]

백성을 다스리는 것도 양을 기르는 것과 같습니다. [치민유목(治民猶牧)] 복식(卜式)[21]이 가재를 털어 변방을 돕자 불러서 중랑(中郞)[22]에 제수하였다. 복식이 원치 않자 낭관(郎官)으로 삼아 상림원(上林苑)에서 양을 기르게 하였다. 1년여 만에 양이 살찌고 잘 자라 황제가 칭찬하자 복식이 아뢰었다. "단지 양뿐이 아닙니다. 백성을 다스리는 도리도 이와 같습니다. 때에 맞게 그것들을 움직이게 하고 나쁜 놈을 제거하여 무리를 해치지 않게 해야 합니다." 황제가 그의 말을 훌륭하게 여겨 구씨령(緱氏令)에 제수하였다.

卜式輸家財助邊, 召拜中郎, 式不願, 爲郎令牧羊上林. 歲餘羊肥息, 上善之, 式曰, 非獨羊也. 治民之道, 亦猶是矣. 時其起居, 惡者斥去, 毋令敗群. 上奇其言, 拜緱氏令.[23]

수레를 몰고 가서 죄를 조사하다. [구거안죄(驅車按罪)] 가표(賈彪)[24]가 환제(桓帝)[25] 시기에 신식읍(新息邑)의 읍장이 되었는데 당시에 성(城)의 남쪽에는 강도짓을 하다가 사람을 해친 자가 있었고 북쪽에는 부녀자가 자식을 살해한 자가 있었다. 가표가 조사하러 나가는데 아전이 남쪽으로 인도하려고 하자 가표가 화를 내면서 "강도가 사람들을 해치는 것은 통상적인 상황이지만, 모자간에 죽인 것은 천리를 거스르고 도를 어긴 것이다."라 말하고 마침내 수레를 몰아 북쪽으로 가서 그 죄를 조사하여 처리하였다. 여러 해에 걸쳐 자식을 기르는 자들 중에 천 명이나 되는 사람들이 아들을 '가자(賈子)'라고 이름 짓고 딸은 '가녀(賈女)'라고 이름 지었다.

賈彪桓帝時爲新息長, 時城南有盜劫害人者, 北有婦人殺子者. 彪出按驗, 掾吏欲引南, 彪怒曰, 賊寇害人, 此則常理, 母子相殘, 逆天違道. 遂驅車北行, 按致其

18. 《공자가어(孔子家語)·굴절해(屈節解)》
19. 유약(有若): 춘추시대 노(魯)나라 출신으로 자가 자유(子有)이다. 공자(孔子)의 제자로 외모가 공자와 닮아 제자들이 따랐다고 한다.
20. 《고금사문유취외집(古今事文類聚外集)·현관부(縣官部)》
21. 복식(卜式): 전한(前漢) 무제(武帝) 때 사람으로 양을 길러 부자가 되었다. 무제(武帝)가 흉노(匈奴)를 정벌할 때 재산을 바친 공으로 중랑(中郞)에 임명되었고 뒤에 어사대부(御史大夫)에 올랐다.
22. 중랑(中郞): 진한(秦漢) 시기에 두었던 벼슬 이름으로 궁중의 호위와 시종을 담당하였다.
23. 《사기(史記)·평준서(平準書)》
24. 가표(賈彪): 후한(後漢) 영천(潁川) 출신으로 자가 위절(偉節)이다. 신식읍(新息邑)의 읍장을 지냈다.
25. 환제(桓帝): 후한(後漢) 제11대 황제로 재위 기간은 147-167년이다.

罪. 數年間人養子者, 以千數, 男名賈子, 女名賈女.[26]

세 가지 훌륭함[삼선(三善)] 자로(子路)[27]가 포읍(蒲邑)을 다스린 지 3년이 되었는데 공자가 그곳을 방문하면서 세 가지로 그의 훌륭함을 칭찬하였다. 자공(子貢)[28]이 "선생님께서 자로의 정사를 보시기도 전에 훌륭함을 칭찬하신 것은 어째서입니까?"라고 묻자 공자가 대답하였다. "그의 경내에 들어가니 밭두둑이 모두 정리되어 있고 봇도랑이 깊게 파져 있었다. 이것은 그가 공경하고 신의로웠기 때문에 그 백성들이 힘을 다한 것이다. 그의 고을에 들어가니 담장과 집들이 온전하고 견고하며 나무들이 매우 무성하였다. 이것은 그가 충실하고 신의로우며 관대했기 때문에 그 백성들이 야박해지지 않은 것이다. 그의 청사에 들어가니 청사가 매우 깨끗하고 조용하며 모든 아랫사람들이 명을 따랐다. 이것은 그가 밝게 살피고 결단하였기 때문에 그의 다스림이 흔들리지 않은 것이다. 이로 보건대 비록 세 가지로 그의 훌륭함을 칭찬하더라도 어떻게 그 아름다움을 다 말할 수 있겠느냐."

子路治蒲三年, 孔子過之, 三稱其善. 子貢問曰, 夫子未見由之政, 而稱善, 何也? 子曰. 入其境, 田疇盡易, 溝洫深治. 此其恭敬以信, 故其民盡力也. 入其邑, 墻屋完固, 樹木甚茂. 此其忠信以寬, 故其民不偸也. 至其庭, 庭甚淸閒, 諸下用命. 此其明察以斷, 故其政不擾也. 以此觀之, 雖三稱其善, 容盡其美乎.[29]

열 가지 뛰어난 일[십기(十奇)] 송(宋) 가우(嘉祐)[30] 연간에 왕윤규(王允規)[31]가 청하현(淸河縣)을 다스릴 때 군사들과 백성들이 노래를 지어 칭송하였으니, 다음과 같은 〈십기가(十奇歌)〉가 있었다.

吏民不識知縣兒,	아전과 백성들이 현령의 자제를 알지 못하고,
榻却曹司舊肚皮[32].	관서의 오래된 뇌물 관행을 물리쳤다.
買物例價不相虧,	물건을 살 때 정례적인 가격이 어긋나지 않고,
平心處事盡無私.	공평한 마음으로 일을 처리하니 전혀 사사로움이 없다.
街頭不見凶頑兒,	길거리에는 흉악한 자들이 보이지 않고,
蝗蟲不入境內飛.	황충이 경내에 들어와 날아다니지 않는다.
不敢賭錢怕官知,	감히 도박을 하지 않으니 관에서 알까를 두려워함이고,
不義不孝不敢爲.	불의와 불효를 감히 저지르지 않는다.
鄕村不被公人欺,	마을 사람들은 관리들에게 속임수를 당하지 않고,
百姓納稅不勾追.	백성들이 세금을 내니 체포되어 조사받지 않는다.

宋嘉祐中, 王允規知淸河縣, 軍民歌詠, 有十奇. 吏民不識知縣兒, 榻却曹司舊肚皮. 買物例價不相虧, 平心處事盡無私. 街頭不見凶頑兒, 蝗蟲不入境內飛. 不敢賭錢怕官知, 不義不孝不敢爲. 鄕村不被公人欺, 百姓納稅不勾追.[33]

온순한 꿩[순치(馴雉)] 노공(魯恭)[34]이 중모령(中牟

---

26. 《후한서보일(後漢書補逸)·가표전(賈彪傳)》
27. 자로(子路): 춘추시대 노(魯)나라 출신으로 이름이 중유(仲由)이고 자가 자로(子路)이다. 공자(孔子)의 제자인데 용맹한 것으로 유명하였다.
28. 자공(子貢): 춘추시대(春秋時代) 위(衛)나라의 유학자로 성은 단목(端木)이며 이름이 사(賜)이다. 공문십철(孔門十哲)의 한 사람으로 재아(宰我)와 더불어 언어에 뛰어났다고 한다.
29. 《공자가어(孔子家語)·변정(辯政)》
30. 가우(嘉祐): 송(宋) 인종(仁宗)의 연호(1056-1063)이다.
31. 왕윤규(王允規): 내력이 자세하지 않다.
32. 두피(肚皮): 뇌물을 가리킨다.
33. 《산당사고(山堂肆考)·신직(臣職)》

令)이 되어 덕의 교화를 다스림으로 삼았는데 하남윤(河南尹)인 원안(袁安)[35]이 아전 비친(肥親)으로 하여금 가서 살피도록 하였다. 노공이 (비친을) 따라서 밭두둑 길을 가는데 꿩이 지나갔다. 옆에 어린아이가 있었는데, 비친이, "어찌 잡지 않는가?"라고 묻자 어린아이가 "꿩이 한창 새끼를 기르고 있습니다."라고 말하였다. 비친이 놀라 일어나 노공과 작별하면서 말하였다. "여기에 온 이유는 그대의 다스림을 살피는 것뿐이었는데, 지금 해충이 경내를 침범하지 않는 것이 첫 번째의 뛰어남이고 교화가 조수에게까지 이른 것이 두 번째의 뛰어남이고 어린아이가 어진 마음을 지닌 것이 세 번째의 뛰어남입니다."

魯恭爲中牟令, 以德化爲理, 河南尹袁安, 使掾肥親往廉之. 恭隨行阡陌, 有雉過. 旁有童子, 親曰, 何不捕之? 兒言雉方雛[36]. 親瞿然起, 與恭訣曰, 所以來者, 察君之政迹爾, 今蟲不犯境, 一異也, 化及鳥獸, 二異也, 童子有仁心, 三異也.[37]

호랑이에게 고하다.[주호(呪虎)] 후한(後漢) 동회(童恢)[38]는 자가 한종(漢宗)으로 불기령(不其令)이 되었다. 백성들이 일찍이 호랑이에게 해를 당하자 덫을 설치하여 잡도록 하여 두 마리의 호랑이를 생포하였다. 동회가 호랑이에게 고하였다. "국법에, 사람을 죽인 자는 사형에 처하고 사람을 해친 자는 법에 따라 논죄한다. 너희들이 만약 살인을 했다면 머리를 숙여 죄를 인정할 것이고 스스로 그렇지 않다고 여긴다면 울부짖어 억울함을 드러낼 것이다." 호랑이 한 마리가 머리를 늘어뜨리고 눈을 감는데 모습이 두려워하는 것 같이 하자 즉시 죽였다. 호랑이 한 마리는 동회를 바라보고 울부짖으며 뛰어오르고 스스로 화를 내니 마침내 놓아주도록 하였다. 관리와 백성들이 이에 대해 노래하고 칭송하였다.

東漢童恢字漢宗, 爲不其令. 民嘗爲虎所害, 乃設檻捕之, 生獲二虎. 恢呪之曰, 王法, 殺人者死, 傷人則論法. 汝若是殺人者, 當垂頭伏罪, 自知非是者, 當號呼稱冤. 一虎低頭閉目, 狀如震懼, 卽時殺之. 一虎視恢, 鳴吼跳躍自奮, 遂令釋放. 吏人爲之歌頌.[39]

소에 관한 송사를 결단하다.[단우(斷牛)] 당(唐) 장윤제(張允濟)[40]가 무양령(武陽令)이 되었는데 원무현(元武縣)과 경계를 이웃하였다. 원무현의 백성 중에 암소를 가지고 처가에 가서 살던 자가 한참 후에 송아지 10여 마리를 기르게 되었다. 돌아가게 되었는데 처가에서 소를 주지 않자 그 사람이 현에 고소하였으나 현에서 결판을 내리지 못하였다. 이에 장윤제를 찾아가니 장윤제가 "너에게 본디 현령이 있는데 내가 어찌 관여하겠는가."라고 말하였다. (그러나) 이어서 측근에게 명하여 그 사람을 포박한 채 머리를 덮어씌우고 처가의 마을에 들러 "이 사람은 소를 훔친 도둑이다."라 하고 마을의 소 주인을 불러 모두 모이게 하고 각각 소를 얻게 된 내력을 묻게 하였다. 처가에서는 그 이유를 모르고 연계될까 두려워서 그 고소된 소를 가리키며, "이 소는 사위 집의 소로 우리는 관계가 없습니다."라고 하자 즉시 측근으로 하여금 덮었던 것을 벗기게 하고 "이 사람이 바로 사위이다. 이 소를 사위 집에 반환하는 것이 좋겠다."라고 말하였다. 처가에서 머리를 조아리며 죄를 인정하니 원무현 사람들이 그것을 듣고 크게 부끄러워하였다.

唐張允濟爲武陽令, 與元武縣隣界. 元武民以牸牛往依婦家者, 久之孳十餘犢. 及歸, 婦家不與牛, 民訴縣,

34. 노공(魯恭): 후한(後漢) 부풍(扶風) 출신으로 자가 중강(仲康)이다. 중모령(中牟令), 사도(司徒) 등을 역임하였다.
35. 원안(袁安): 후한(後漢) 여남(汝南) 출신으로 자가 소공(邵公)이다. 태복(太僕), 사도(司徒) 등을 역임하였다.
36. '추(雛)'는 《후한서(後漢書)·노공전(魯恭傳)》에 '장추(將雛)'로 되어 있다.
37. 《후한서(後漢書)·노공전(魯恭傳)》
38. 동회(童恢): 후한(後漢) 낭야(琅邪) 출신으로 자가 한종(漢宗)이다. 단양태수(丹陽太守)를 역임하였다.
39. 《후한서(後漢書)·동회전(童恢傳)》
40. 장윤제(張允濟): 당(唐) 북해(北海) 출신으로 유주자사(幽州刺史)를 지냈다.

縣不能決. 乃詣允濟, 允濟曰, 若自有令, 吾何與焉. 因令左右縛民蒙首, 過婦家村中, 云此盜牛賊. 召村中牛主悉集, 各質所來. 婦家不知其故, 恐連及, 指其訴牛曰, 此婿家牛, 我無與. 卽遣左右徹蒙曰, 此卽女婿. 可以此牛還婿家. 婦家叩頭伏罪, 元武縣聞之大慚.[41]

당(唐) 배자운(裴子雲)[42]이 신향령(新鄕令)일 때 고을 사람인 왕공(王恭)이 변방 수비에 가려고 암소 여섯 마리를 외삼촌인 이진(李璡)의 집에 맡겼다. 5년 만에 송아지 30마리를 낳았는데 왕공이 돌아와 소를 찾자 이진이 말하기를, "너의 소는 이미 반이 죽었다." 라 하고 단지 세 마리만 돌려주었다. 왕공이 그를 고소하자 배자운이 잡아다가 옥에 가두고 이진을 다그치며 "도둑이 소 30마리를 훔쳐 너의 집안에 감추었다고 한다."라 말하고 바로 매질을 하니 이진이 다급하여 아뢰었다. "저의 소는 사실 생질의 암소가 낳은 것입니다." 이에 다섯 마리를 이진에게 주고 나머지 소는 왕공에게 반환하게 하였다.

唐裴子雲爲新鄕令, 邑人王恭欲往戍邊, 留牸牛六頭於舅李璡家. 五年産犢三十頭, 恭還索牛, 璡曰, 爾牛已死其半. 止還三頭. 恭訴之, 子雲收入獄, 捉璡至曰, 賊盜得牛三十頭, 藏爾莊內. 卽拷之, 璡急曰, 吾牛實外甥牸牛所生. 於是以五頭酬璡, 餘牛還恭.[43]

죄수들을 풀어 주어 집에 돌아가게 하다.[방수환가(放囚還家)] 후한(後漢)의 우연(虞延)[44]은 자가 자대(子大)이다. 낙양령(洛陽令)일 때에 명절인 복사(伏祀)일과 납제(臘祭)일이 될 때마다 죄수들을 풀어 주어 집에 돌아가게 하였다. 죄수들이 은덕에 감격하여 기한에 맞춰 돌아왔다.

東漢虞延字子大. 爲洛陽令, 每至歲時伏臘, 輒放囚徒還家. 囚感恩德, 如期而至.[45]

진(晉) 조터(曹攄)[46]는 자가 안원(顔遠)이다. 임치령(臨淄令)일 때에 일찍이 과부의 억울함을 해결해 준 적이 있었고 세모에는 감옥에 가서 죄수들에게 어떤 친척이 있는지를 물었다. 부모가 계시다고 대답하자 안타까워하며 "정초는 민간 풍속에서 중시하는 바이니 어찌 가족을 만나기를 바라지 않겠는가. 마땅히 기한에 맞춰 감옥으로 돌아오겠는가?"라고 말하자 모두가 울면서 아뢰었다. "만약 잠시라도 돌아갈 수 있다면 죽어도 여한이 없겠습니다." 조터가 이에 옥문을 열고 풀어 주자 기한에 이르러 서로 이끌고 돌아오니 온 고을 사람들이 탄복하면서 '성군(聖君)'이라고 불렀다.

晉曹攄字顔遠. 爲臨淄令, 嘗辨寡婦冤, 歲暮行獄問囚有何親戚. 答曰, 有父母在, 乃憮然曰, 新歲人情所重, 豈不願見家. 當如期還獄否? 衆泣曰, 若得暫歸, 死且無恨. 攄於是開獄放之, 至期相率而還, 一縣歎服, 號曰聖君.[47]

죄수에게 칼을 씌워 시장에 세워 놓다.[가수입시(枷囚立市)] 후위(後魏) 고겸지(高謙之)[48]가 하음령(河陰令)일 때에 도적들이 기와와 자갈을 자루에 담아 돈이라 하고 남의 말을 사기쳐 사서 도망갔다. 고겸지가 거짓으로 한 죄수에게 칼을 씌워 말 시장 가운데에 세워 놓으니 옆에 있던 두 사람이 기뻐하며 말하였다. "더 이상 염려할 것 없게 되었다." 마침내 체포하여 심

---

41. 《구당서(舊唐書)·장윤제전(張允濟傳)》
42. 배자운(裴子雲): 당대(唐代) 사람으로 신향령(新鄕令)을 역임하였다.
43. 《산당사고(山堂肆考)·신직(臣職)》
44. 우연(虞延): 후한(後漢) 진류(陳留) 출신으로 자가 자대(子大)이다. 낙양령(洛陽令), 태위(太尉), 사도(司徒) 등을 역임하였다.
45. 《후한서(後漢書)·우연전(虞延傳)》
46. 조터(曹攄): 진(晉) 초(譙) 출신으로 자가 안원(顔遠)이다. 임치령(臨淄令), 양성태수(襄城太守) 등을 역임하였다.
47. 《진서(晉書)·조터전(曹攄傳)》
48. 고겸지(高謙之): 북위(北魏) 발해(渤海) 출신으로 자가 도양(道讓)이다. 하음령(河陰令), 국자박사(國子博士) 등을 역임하였다.

문하였고 그 일당을 모두 잡았다.

後魏高謙之爲河陰令, 有盜以囊盛瓦礫, 指爲錢物, 詐市人馬逃去. 謙之僞枷一囚, 立於馬市中, 有二人在旁忻然曰, 無復憂矣. 遂執問, 悉獲其黨.[49]

게으름 피운 사람을 매질하다.[태민타력(笞民惰力)] 송(宋) 장영(張詠)[50]이 숭양령(崇陽令)일 때에 일찍이 성문 아래에 앉아 있다가 마을 사람 중에 채소를 짊어지고 돌아가는 자를 보았다. 어디에서 얻었는지를 물으니 시장에서 샀다고 하였다. 장영이 화를 내며 "너는 농촌에서 살면서 직접 길러 먹지 않고 어찌 게으름을 피웠는가."라고 말하며 매질하여 보냈다.

宋張詠爲崇陽令, 嘗坐城門下, 見里人有負菜而歸者. 問何從得之, 曰買之市. 詠怒曰, 汝居田里, 不自種而食, 何惰耶. 笞而遣之.[51]

간교한 아전들이 물러나다.[간리인거(奸吏引去)] 위(魏)나라 고유(高柔)[52]는 자가 문혜(文惠)이다. 관성현(管城縣)의 현장(縣長)이 되자 고을의 간교한 아전들이 모두 물러났다. 고유가 (불러다) 훈계하였다. "옛날에 병길(丙吉)[53]은 아전 중에 잘못이 있는 자들을 용서하였는데 그대들은 내게 아직 잘못한 적도 없는데 어찌 물러나려 하는가. 모두 스스로 힘쓰면 될 것이다."

魏高柔, 字文惠. 爲管城長, 縣中奸吏皆引去. 柔敎曰, 昔丙吉, 吏有過者容之, 諸君於吾未嘗有失, 安得引去? 皆自勵, 可也.[54]

송아지를 남겨 두다.[유독(留犢)] 위(魏) 시묘(時苗)[55]가 수춘령(壽春令)이 되었다. 당초 수춘현에 올 때 소가 끄는 수레[우거(牛車)[56]]를 탔었는데 1년 남짓 되어 송아지 한 마리를 낳았다. 수춘현을 떠나게 되자 주부(主簿)[57]에게 이르기를, "내가 올 때는 본래 이 송아지가 없었다. 이것은 회남(淮南)[58]에서 태어난 것이다."라 하고 남겨 두고 떠났다.

魏時苗爲壽春令. 初至縣, 乘牛車, 歲餘生一犢. 及去, 謂主簿曰, 令來時, 本無此犢. 是淮南所生也. 留之而去.[59]

영천의 네 현장(縣長)[영천사장(潁川四長)] 후한(後漢) 환제(桓帝)[60] 시기에 한소(韓韶)[61]가 영현(嬴縣)의 현장이 되었는데 유민(流民) 만 가구가 영현의 경내로 들어왔다. 한소가 창고를 열어 그들을 구휼하자 주관하는 아전이 안 된다고 간쟁하였다. 한소가 "어려움에 빠진 백성을 살려내고서 이 때문에 죄를 받는다면 웃음을 머금고 땅속으로 들어갈 수 있겠다."라고 말하였

---

49. 《북사(北史)·고겸지전(高謙之傳)》
50. 장영(張詠): 송(宋) 견성(鄄城) 출신으로 자가 복지(復之)이다. 추밀직학사(樞密直學士), 이부상서(吏部尙書) 등을 역임하였다.
51. 《산당사고(山堂肆考)·신직(臣職)》
52. 고유(高柔): 삼국시대 위(魏)나라 진류(陳留) 출신으로 자가 문혜(文惠)이다. 시어사(侍御史), 사공(司空), 태위(太尉) 등을 역임하였다.
53. 병길(丙吉): 전한(前漢) 노국(魯國) 출신으로 자가 소경(少卿)이다. 선제(宣帝)를 잘 보좌하여 박양후(博陽侯)에 봉해졌고 승상(丞相)으로 승진하였다.
54. 《삼국지(三國志)·위지(魏志)·고유전(高柔傳)》
55. 시묘(時苗): 후한(後漢) 거록(鉅鹿) 출신으로 자가 덕주(德冑)이다. 수춘령(壽春令), 전농중랑장(典農中郎將) 등을 역임하였다.
56. 우거(牛車): 소가 끄는 수레로, 청렴하고 소박함을 상징한다. 위진(魏晉) 이후로는 왕공(王公) 등 고관들도 타기 시작했다고 한다.
57. 주부(主簿): 한나라 이후로 문서 처리를 관장하는 속관으로 중앙 및 지방의 각 행정 기관에 모두 설치하였다.
58. 회남(淮南): 수춘현(壽春縣)이 회수 이남에 있었기 때문에 한 말이다.
59. 《고금사문유취외집(古今事文類聚外集)·현관부(縣官部)》
60. 환제(桓帝): 후한(後漢) 제11대 황제로 재위 기간은 147-167년이다.
61. 한소(韓韶): 후한(後漢) 영천(潁川) 출신으로 자가 중황(仲黃)이다. 영현(嬴縣) 현장을 역임하였다.

다. 한소는 같은 군의 순숙(荀淑)[62], 종호(鍾皓)[63], 진식(陳寔)[64]과 함께 모두가 현장을 지내면서 덕으로 칭송받아 당시 사람들이 그들을 일러 '영천의 네 현장(縣長)[영천사장(潁川四長)]'이라고 하였다.

東漢桓帝時, 韓韶爲嬴長, 流民萬戶入縣界. 韶開倉賑之, 主者爭不可. 韶曰, "長活溝壑之人, 而以此伏罪, 含笑入地矣." 韶與同郡荀淑·鍾皓·陳寔, 皆嘗爲縣長, 以德政稱, 時人謂之潁川四長.[65]

초상화를 그려 놓아 배움을 권장하다.[화상권학(畵像勸學)] 후한(後漢) 고표(高彪)[66]는 자가 의방(義方)이다. 낭중(郎中)[67]에 제수되어 동관(東觀)[68]에서 서적을 교정하는 일을 담당하였다. 여러 차례 부와 송 등의 뛰어난 문장을 올리면서 이를 통해 풍간하자 영제(靈帝)[69]가 그를 각별하게 여겼다. 내황령(內黃令)으로 옮기게 되자 영제가 칙령을 내려 동료들에게 상동문(上東門)[70]에 가서 그를 전송하도록 하고 동관에 조서를 내려 고표의 초상화를 그려 놓아 배우는 자들을 권면하게 하였다.

東漢高彪, 字義方. 除郎中, 校書東觀. 數奏賦頌奇文, 因以諷諫, 靈帝異之. 遷內黃令, 帝敕同僚臨送於上東門, 詔東觀畵彪像, 以勸學者.[71]

진(晉) 육운(陸雲)[72]이 준의령(浚儀令)을 지내다가 관직을 떠나게 되자 백성들이 추모하여 그의 초상화를 그려 놓고 현의 사당에 배향[배식(配食)[73]]하였다.

晉陸雲爲浚儀令, 去官, 百姓追思, 圖畵形像, 配食縣社.[74]

법을 집행하면서 편당을 짓지 않다.[봉법불당(奉法不黨)] 초(楚)나라 영윤인 우구자(虞丘子)[75]가 장왕(莊王)에게 손숙오(孫叔敖)[76]를 추천하며 아뢰었다. "손숙오는 곱고 연약하지만 재능이 많고 그의 천성은 욕심이 없습니다. 전하께서 등용하여 그에게 정권을 맡기신다면 나라는 잘 다스려지고 백성들은 잘 따르게 할 수 있을 것입니다." 장왕이 그 말을 따라서 우구자에게는 식읍[채지(采地)[77]] 3백 호를 하사하고 '국노(國老)'라고 불렀으며 손숙오를 현령에 임명하였다. 뒤에 우구자의 집안사람이 법을 어기자 손숙오가

---

62. 순숙(荀淑): 후한(後漢) 영천(潁川) 출신으로 자가 계화(季和)이다. 박학(博學)하여 당시 명사인 이고(李固), 이응(李膺) 등이 그를 사사하였다. 당도(當塗) 현장을 역임하였다.
63. 종호(鍾皓): 후한(後漢) 영천(潁川) 출신으로 자가 계명(季明)이다. 밀산(密山)에 은거하면서 문도들을 가르쳤다. 임려(林慮) 현장을 역임하였다.
64. 진식(陳寔): 후한(後漢) 영천(潁川) 출신으로 자가 중궁(仲弓)이다. 호학(好學)으로 이름이 높았고 태구(太丘) 현장을 역임하였다.
65. 《후한서(後漢書)·한소전(韓韶傳)》
66. 고표(高彪): 후한(後漢) 오군(吳郡) 출신으로 자가 의방(義方)이다. 낭중(郎中), 내황령(內黃令) 등을 역임하였다.
67. 낭중(郎中): 진한(秦漢) 이후 왕실의 호위와 시종을 관장하던 벼슬이다. 삼서(三署)의 관원으로 오관중랑장(五官中郎將), 좌중랑장(左中郎將), 우중랑장(右中郎將)을 설치하여 관장케 하였다.
68. 동관(東觀): 원래 후한(後漢) 때 도성인 낙양의 남궁(南宮)에 있던 장서각(藏書閣) 이름으로 반고(班固) 등에 의해 《동관한기(東觀漢紀)》가 편찬된 곳으로 유명하다. 뒤에는 국사를 편찬하는 곳의 별칭으로 쓰였다.
69. 영제(靈帝): 후한(後漢) 제11대 황제로 재위 기간은 168-189년이다.
70. 상동문(上東門): 하남성 낙양의 성문 이름이다.
71. 《후한서(後漢書)·고표전(高彪傳)》
72. 육운(陸雲): 진(晉) 문인으로 자가 사룡(士龍)이며 당대에 저명한 학자였던 육기(陸機)의 동생이다.
73. 배식(配食): 함께 제를 올리는 것을 뜻하는 말로 '배향(配享)'이라고도 한다.
74. 《진서(晉書)·육운전(陸雲傳)》
75. 우구자(虞丘子): 춘추시대 초(楚)나라에서 영윤(令尹)을 지낸 인물로 본명은 미상이다.
76. 손숙오(孫叔敖): 춘추시대 초(楚)나라 장왕(莊王) 때 영윤을 지냈다. 성은 손숙(孫叔)이고 자가 애렵(艾獵)이다. 혹은 '손숙'이 자라고도 한다. 어려서 남을 위해 양두사(兩頭蛇)를 죽인 고사로 유명하다.
77. 채지(采地): 경(卿)과 대부(大夫)가 하사받는 식읍(食邑)을 가리킨다. '채읍(采邑)'이라고도 한다.

잡아다가 사형에 처했다. 우구자가 기뻐하며 입궐하여 장왕을 알현하고 "신이 손숙오에게 국정을 맡길 만하다고 말씀드렸듯이, 법을 집행하면서 편당을 짓지 않고 형벌을 가하면서 법을 왜곡하지 않으니 공평하다고 이를 만합니다."라고 아뢰었다. 장왕이 "그대의 덕분입니다."라고 말하였다.

楚令尹虞丘子薦孫叔敖於莊王曰, 叔敖秀羸多能, 其性無欲. 君擧而授之政, 則國可使治, 而士民可使附. 莊王從之, 賜虞丘子采地三百, 號爲國老, 以叔敖爲縣令. 後虞丘子家人干法, 叔敖執而戮之. 虞丘子喜入見於王曰, "臣言叔敖果可使持國政, 奉法而不黨, 施刑而不骫[78], 可謂公平. 莊王曰, 夫子之賜也.[79]

평향현(萍鄕縣)의 시각을 알리는 북소리[평향경고(萍鄕更鼓[80])] 송나라 장희안(張希顔)[81]이 경덕(景德)[82] 연간에 평향령(萍鄕令)이 되었는데 당시에 장영(張詠)[83]이 금릉(金陵)[84] 태수를 맡고 있었다. 범연귀(范延貴)[85]가 전직(殿直)[86]의 신분으로 병사들을 이끌고 금릉에 들르자 장영이 물었다. '사신[천사(天使)[87]]께서 길을 내려오시다가 좋은 관리를 보았습니까?" 범연귀가 대답하였다. "어제 원주의 평향현을 지나는데 장희안이라는 현령[읍재(邑宰)[88]]이 있었습니다. 비록 그를 알지는 못 하지만 그가 훌륭한 관리라는 것은 알았습니다. 현의 경내에 들어서면서부터 역참[역전(驛傳)[89]]과 교량과 길이 모두 닦여 있고 밭이랑이 모두 개간되어 있었으며, 현에 이르니 가게에 도박하는 이들이 없었고 저자가 시끄럽지 않았습니다. 밤에 숙소에 묵는데 시각을 알리는 북소리가 분명하게 들렸습니다. 이로써 그가 필시 선정을 베풀고 있다는 것을 알았습니다." 장영이 감탄하며 "장희안도 훌륭하지만 사신 역시 좋은 관원입니다."라 말하고 그날로 두 사람을 함께 조정에 추천하였다.

宋張希顔, 景德間爲萍鄕令, 時張詠守金陵. 范延貴爲殿直, 押兵過金陵, 詠問曰, 天使沿路來, 曾見好官員否? 答曰, "昨過袁州萍鄕縣, 有邑宰張希顔者. 雖不識之, 知其爲好官員也. 自入縣境, 驛傳橋道皆修葺, 田疇皆墾闢, 至縣則廛肆無賭博, 市肆不諠譁. 夜宿邸, 聞更鼓分明. 以是知其必有善政也. 詠嘆曰, 希顔善矣, 天使亦好官員也. 卽日同薦于朝.[90]

웃통을 벗고 기우제를 지내자 비가 내리다.[폭신강우(暴身降雨)] 후한(後漢) 축양(祝良)[91]이 낙양령일 때에 당시 가뭄이 들어 기우제를 지냈다. 축양이 섬돌 앞에서 웃통을 벗어 볕에 노출시키니[폭신(暴身)[92]]

---

78. 위(骫): 왜곡하다. '委'의 고자(古字)로, '骪(위)'로도 쓴다.
79. 《설원(說苑)・지공(至公)》
80. 경고(更鼓): 밤에 시간을 알리기 위해 초경(初更, 오후 7-9시)부터 5경(오전 3-5시)까지 매 경(更)마다 치던 북이다.
81. 장희안(張希顔): 북송(北宋) 시대 사람으로 평향령(萍鄕令), 발운사(發運使) 등을 역임하였다.
82. 경덕(景德): 북송(北宋) 진종(眞宗)의 연호(1004-1007)이다.
83. 장영(張詠): 송(宋) 견성(鄄城) 출신으로 자가 복지(復之)이다. 추밀직학사(樞密直學士), 이부상서(吏部尙書) 등을 역임하였다.
84. 금릉(金陵): 지금의 강소성 남경(南京)의 옛 이름이다. 전국시대 초(楚)나라 시기에 설치하였던 것을 삼국 오(吳)나라 때 '건업(建業)'으로, 진(晉)나라 때 '건강(建康)'으로 개명하였으며 남조(南朝)의 왕조들이 모두 이곳에 도읍을 정했다.
85. 범연귀(范延貴): 내력이 자세하지 않다.
86. 전직(殿直): 오대(五代) 이후로 궁내에서 황제를 시종하는 무관(武官)을 일컫는 말이다.
87. 천사(天使): 황제의 사신에 대한 미칭으로 '칙사(勅使)'와 같은 뜻이다.
88. 읍재(邑宰): 현령의 별칭이자. 현(縣)의 장관을 '재(宰)'라고도 한다.
89. 역전(驛傳): 역참을 가리킨다. '전(傳)'도 '역(驛)'의 뜻이다.
90. 《송명신언행록(宋名臣言行錄)・장영(張詠)》
91. 축양(祝良): 후한(後漢) 장사(長沙) 출신으로 자가 소경(邵卿)이다. 병주자사(幷州刺史), 구진태수(九眞太守) 등을 역임하였다.
92. 폭신(暴身): 웃통을 벗어 볕에 노출시킴으로써 죄인임을 자처하는 것을 뜻한다.

단비가 쏟아졌다[방타(滂沱)[93]].

東漢祝良爲洛陽令, 時天旱禱雨. 良暴身階前, 甘雨滂沱.[94]

길에서 떨어진 물건을 줍지 않다.[도불습유(道不拾遺)] 한(漢) 하병(何竝)[95]은 하무(何武)의 동생이다. 장릉령(長陵令)일 때에 길에서 떨어진 물건을 줍는 사람이 없었다.

漢何竝, 武之弟. 爲長陵令, 道不拾遺.[96]

왕환(王渙)[97]이 하양령(河陽令)일 때에 길에서 떨어진 물건을 줍는 사람이 없었고 상인들이 밖에서 잠을 잤다.

王渙爲河陽令, 道不拾遺, 商賈露宿.[98]

장윤제(張允濟)[99]가 무양령(武陽令)일 때에 어떤 사람이 밤길을 가다가 비단 도포를 잃어버렸다. 10리를 가서야 비로소 깨닫고 "우리 경내에서는 떨어진 물건을 줍는 사람이 없으니 되돌아가면 찾을 것이다."라고 말하였다. 과연 그것을 되찾았다.

張允濟爲武陽令, 有人夜行, 遺錦袍. 行十里, 方覺曰, 吾境無拾遺者, 還取. 果得之.[100]

청사 뜰에 그물을 칠 수 있다.[정가장라(庭可張羅)[101]] 수(隋) 유광(劉曠)[102]이 평향령(萍鄕令)이 된 지 7년 만에 교화가 크게 펼쳐져 감옥에는 갇힌 죄수가 없었고 송사가 아예 끊겨 감옥에 풀이 가득 자라고 청사 뜰에는 새그물을 칠 수 있었다. 고경(高熲)[103]이 그를 추천하여 거주자사(莒州刺史)가 되었다.

隋劉曠爲萍鄕令七年, 風教大治, 獄無繫囚, 爭訟絶息, 囹圄草滿, 庭可張羅. 高熲薦之, 以爲莒州刺史.[104]

재마(齋馬)[105]로 만들다.[작재마(作齋馬)] 당(唐) 풍원숙(馮元淑)[106]이 준의현(浚儀縣)과 시평현(始平縣)의 현령을 역임하였는데, 혼자 한 필의 말을 타고 부임하였고 일찍이 처자식을 데리고 임지에 간 적이 없었다. 타던 말에게 오후가 되면 사료를 주지 않으면서 "재마(齋馬)로 만들려고 한다."라고 말하였다.

魏[107]馮元淑歷浚儀·始平二縣, 單騎赴職, 未嘗以妻子之官. 所乘馬, 至午後, 不與芻豆曰, 令作齋馬.[108]

귀인(貴人)을 받들지 않다.[불승귀인(不承貴人)] 남조(南朝) 송(宋) 심찬지(沈攢之)[109]는 오흥(吳興) 출신으로 성품이 소탈하고 곧았다. 단도령(丹徒令)일 때에 스스로 청렴함으로 군주의 측근들을 섬기지 않으니 참소의 말이 날로 이르렀다. 결국 상방(尙方)[110]

---

93. 방타(滂沱): 비가 많이 내리거나 땀이 많이 흐르는 모양이다. '타(沱)'는 '타(沲)'로도 쓴다.
94. 《산당사고(山堂肆考)·신직(臣職)》
95. 하병(何竝): 한(漢) 평릉(平陵) 출신으로 자가 자렴(子廉)이다. 장릉령(長陵令), 영천태수(潁川太守) 등을 역임하였다.
96. 《한서(漢書)·하병전(何竝傳)》
97. 왕환(王渙): 후한(後漢) 광한(廣漢) 출신으로 자가 치자(稚子)이다. 연주자사(兗州刺史), 낙양령(洛陽令) 등을 역임하였다.
98. 《산당사고(山堂肆考)·신직(臣職)》
99. 장윤제(張允濟): 당(唐) 북해(北海) 출신으로 무양령(武陽令), 유주자사(幽州刺史) 등을 역임하였다.
100. 《구당서(舊唐書)·장윤제전(張允濟傳)》
101. 정가장라(庭可張羅): 사람들의 발길이 끊겨 그물을 쳐서 참새를 잡을 수 있다는 말로 찾아오는 사람이 없음을 비유한다. '문가라작(門可羅雀)'이라고도 한다.
102. 유광(劉曠): 수(隋)나라 사람으로 평향령(萍鄕令), 거주자사(莒州刺史) 등을 역임하면서 선정을 베풀었다.
103. 고경(高熲): 수(隋) 발해(渤海) 출신으로 자가 소현(昭玄)이다. 상서좌복야(尙書左僕射), 태상경(太常卿) 등을 역임하였다.
104. 《수서(隋書)·유광전(劉曠傳)》
105. 재마(齋馬): 오후에 사료를 먹이지 않는 말이다. 청렴한 관원을 비유하는 표현이다. 오후 이후로 음식을 먹지 않는 것을 불교에서 '재(齋)'라고 하는데, 풍원숙이 오후가 되면 자신의 말에게 사료를 먹이지 않은 데에서 유래하였다.
106. 풍원숙(馮元淑): 당(唐) 상주(相州) 출신이다. 측천무후(則天武后) 시기에 시평현(始平縣) 등의 현령과 사부낭중(祠部郎中) 등을 역임하였는데 청렴한 관리로 이름이 났었다.
107. 《유원총보》의 '魏'는 '唐'의 오자이다.[《구당서(舊唐書)·풍원숙전(馮元淑傳)》]
108. 《구당서(舊唐書)·풍원숙전(馮元淑傳)》
109. 심찬지(沈攢之): 남조(南朝) 송(宋) 오흥(吳興) 출신으로 단도령(丹徒令)을 지냈다.

의 감옥에 구금되자 탄식하며 "바라건대 천자를 한 번 만 알현할 수 있다면 좋겠습니다."라고 말하였다. 황제[111]가 그를 불러 "무슨 말을 더하고 싶은가?"라고 묻자 심찬지가 대답하였다. "신은 청렴함 때문에 죄를 얻은 것입니다." 황제가 말했다. "청렴한데 어째서 죄를 얻었다는 말이오?" 심찬지가 대답하였다. "요직에 있는 이들을 받들지 않은 것입니다." 황제가 말했다. "요직에 있는 이들이 누구요?" 심찬지가 홀(笏)[수판(手版)[112]]로 사방을 가리키며 말하였다. "붉은 옷[적의(赤衣)[113]]을 입고 있는 저 여러 훌륭한 분들이 모두 그들입니다." 황제는 그가 죄가 없다는 것을 알고 다시 단도령에 제수하였다. 현의 경내에 들어서자 아전과 백성들이 그를 기다리고 있었다. 심찬지가 "내가 이제 다시 왔으니 장차 사람들의 진정[인간(人肝)[114]]으로 녹봉을 대신할 것이오. 그렇지 않으면 청렴의 명분이 서지 않을 것이오."라고 말하였다.

梁[115]沈巑之, 吳興人, 性疏直. 爲丹徒令, 自以淸介不事左右, 譖言日至. 遂鎖繫尙方, 嘆曰, 願一見天子, 足矣. 上召問曰, 復欲何陳? 答曰. 臣坐淸, 所以獲罪. 上曰, 淸, 何故獲罪? 曰, 無以承奉要人. 上曰, 要人爲誰? 巑之以手版四面指曰, 此赤衣諸賢皆是. 上知其無罪, 重除丹徒令. 入縣界, 吏人候之. 謂曰, 我今重來, 當以人肝代米. 不然, 淸名不立.[116]

메뚜기가 경내에 날아들지 않다.[황불입계(蝗不入界)] 후한(後漢)의 정홍(鄭弘)[117]이 추(騶)의 현령일 때에 고을 사람들은 잃어버린 보물을 습득하면 길가에 걸어 놓고 주인을 찾아 돌려주었다. 봄에 가뭄이 들었는데 추현에만 비가 내렸고 영평(永平)[118] 15년에 메뚜기가 태산에서 발생했지만 유독 추현의 경내에는 날아들지 않았다.

東漢鄭弘爲騶令, 郡人得遺寶, 懸於道, 求主還之. 春大旱, 騶獨致雨, 永平十五年, 蝗起泰山, 獨騶界不入.

양구(楊球)[119]가 무릉령(茂陵令)일 때에 지극한 정성으로 아랫사람들을 대하였다. 이웃 고을들이 여러 해 동안 메뚜기의 피해를 받았는데 무릉의 경내에는 날아들지 않았다.

楊球爲茂陵令, 以至誠接下. 比縣連歲蝗災, 不入茂陵境.[120]

한(漢) 대봉(戴封)[121]이 서화령(西華令)일 때에 메뚜기가 경내에 날아들지 않았다. 독우(督郵)가 고을을 행차하자 메뚜기가 갑자기 많이 이르렀다가 독우가 떠나자 메뚜기도 일시에 사라지니 온 경내의 사람들이 특별하게 여겼다.

漢戴封爲西華令, 蝗不入界. 督郵行縣, 蝗忽大至, 督郵去, 蝗亦頓除, 一境奇之.[122]

진(晉) 사이오(謝夷吾)[123]가 수장령(壽張令)일 때에

---

110. 상방(尙方): 원래는 궁중의 기물을 제작하고 관리하는 기관이었으나, 이곳에 감옥을 설치하고 죄수에게 힘든 작업을 시켰기에 감옥의 대칭으로도 쓰였다.
111. 송(宋)의 무제(武帝)로 재위 기간은 420-422년이다.
112. 수판(手版): 홀(笏)의 별칭이다. 한위(漢魏) 이전에는 '홀'이라고 하였고, 진송(晉宋) 이후로는 주로 '수판'이라고 하였다. '판(版)'은 '판(板)'으로도 쓴다.
113. 적의(赤衣): 붉은 색깔의 관복을 뜻하는 말로 고관을 상징한다.
114. 인간(人肝): 사람들의 간담으로 '사람들의 진정'을 뜻하는 '간담(肝膽)'의 의미이다.
115. 《유원총보》의 '梁'는 '宋'의 오자이다.[《남사(南史)·심찬지전(沈巑之傳)》]
116. 《남사(南史)·심찬지전(沈巑之傳)》
117. 정홍(鄭弘): 후한(後漢) 회계(會稽) 출신으로 자가 거군(巨君)이다. 상서령(尙書令), 대사농(大司農), 태위(太尉) 등을 역임하였다.
118. 영평(永平): 후한(後漢) 명제(明帝)의 연호(58-75)이다.
119. 양구(楊球): 내력이 자세하지 않다.
120. 《고금사문유취외집(古今事文類聚外集)·현관부(縣官部)》
121. 대봉(戴封): 후한(後漢) 강(剛) 출신으로 자가 평중(平中)이다. 서화령(西華令), 태상(太常) 등을 역임하였다.

메뚜기가 경내에 이르렀다가 날아가고 앉지 않았다.

晉[124]謝夷吾爲壽張令, 蝗至界, 飛逝不集.[125]

맹수들이 강을 건너가다.[맹수도강(猛獸渡江)] 유검루(庾黔婁)[126]는 편(編)의 현령을 지냈는데, 전에는 고을에 맹수가 많았으나 이때에 이르러 모두 강을 건너 사라졌다.

庾黔婁爲編令, 先時縣多猛獸, 至此皆渡江去.[127]

한(漢) 유평(劉平)[128]이 전초(全椒)의 현장(縣長)일 때에 5일에 한 번만 일을 보았다. 이전에는 고을에 맹수가 많아 늘 사람들을 해쳤으나 유평이 일을 본 지 3일 만에 맹수들이 모두 남쪽으로 강을 건너갔다. 백성들이 은혜에 감사하여 어떤 이는 재물을 늘려 세금을 더 냈고 어떤 이는 나이를 줄여 부역에 종사하였다. 자사가 구역을 순시하는데[행부(行部)[129]] 감옥에 갇혀 있는 죄수가 없었다.

漢劉平爲全椒長, 五日一聽事. 先是邑多猛獸, 每爲人害. 平視事三日, 獸皆南渡. 百姓懷惠, 或增貲就賦, 或減年從役. 刺史行部, 獄無繫囚.[130]

신군(神君) 교지명(喬智明)[131]은 덕행으로 이름이 알려져 융려령(隆慮令)이 되었는데 백성들이 그를 경애하여 '신군(神君)'이라고 불렀다.

喬智明以德行著稱, 爲隆慮令, 民愛之, 號曰神君.[132]

장담(張潭)[133]이 화녕령(和寧令)일 때에 백성들이 부모처럼 경애하여 '자군(慈君)'이라고 불렀다.

張潭爲和寧令, 百姓愛之如父母, 號曰慈君.[134]

최원(崔瑗)[135]이 급현령(汲縣令)일 때에 도랑을 파서 벼에 물을 대니 백성들이 그 혜택을 입었다. 정사를 펼친 지 7년이 되자 노인들이 다음과 같이 노래하였다.

天降神明君, 하늘이 신명한 분을 내려주시어,
作我慈仁父. 우리의 어진 어버이로 삼게 하셨네.
臨民布德澤, 백성들을 다스리며 은택을 베풀어,
決渠作甘雨. 도랑을 트시고 단비를 내리게 하시네.

崔瑗爲汲縣令, 開渠溉稻, 民賴其利. 爲政七年, 長老歌之曰. 天降神明君, 作我慈仁父. 臨民布德澤, 決渠作甘雨.[136]

송등(宋登)[137]이 여음령(汝陰令)일 때에 '신부(神父)'라고 불렸다. 세상을 뜨자 고을 사람들이 토지신에 배향하여 제사를 지냈다.

宋登爲汝陰令, 號曰神父. 及卒, 邑人配社祀之.[138]

---

122. 《고금사문유취외집(古今事文類聚外集)·현관부(縣官部)》
123. 사이오(謝夷吾): 후한(後漢) 회계(會稽) 출신으로 자가 요경(堯卿)이다. 형주자사(荊州刺史), 거록태수(鉅鹿太守) 등을 역임하였다.
124. 《유원총보》의 '晉'은 '後漢'의 오류이다.[《고금사문유취외집(古今事文類聚外集)·현관부(縣官部)》]
125. 《고금사문유취외집(古今事文類聚外集)·현관부(縣官部)》
126. 유검루(庾黔婁): 남조(南朝) 제량(齊梁) 사람으로 자가 자정(子貞)이다. 남제(南齊)에서 편현령(編縣令), 잔릉령(孱陵令), 촉군태수(蜀郡太守)를 역임하였고 양(梁)에서 산기상시(散騎常侍)를 지냈다.
127. 《남사(南史)·유검루전(庾黔婁傳)》
128. 유평(劉平): 후한(後漢) 팽성(彭城) 출신으로 자가 공자(公子)이다. 의랑(議郎)을 역임하였다.
129. 행부(行部): 관할 구역을 순찰하면서 치적을 살피는 일을 이른다.
130. 《후한서(後漢書)·유평전(劉平傳)》
131. 교지명(喬智明): 전조(前趙) 사람으로 자가 원달(元達)이다. 융려령(隆慮令), 보국장군(輔國將軍) 등을 역임하였다.
132. 《진서(晉書)·교지명전(喬智明傳)》
133. 장담(張潭): 오호십육국(五胡十六國) 북량(北凉) 사람으로 자는 원경(元慶)이다.
134. 《고금사문유취외집(古今事文類聚外集)·현관부(縣官部)》
135. 최원(崔瑗): 후한(後漢) 안평(安平) 출신으로 자가 자옥(子玉)이다. 급령(汲令), 제북상(濟北相) 등을 역임하였다.
136. 《고금사문유취외집(古今事文類聚外集)·현관부(縣官部)》
137. 송등(宋登): 후한 사람으로 자는 숙양(叔陽)이다. 상서복사(尙書僕射)에 올랐고 《구양상서(歐陽尙書)》에 정통하였다.
138. 《후한서(後漢書)·송등전(宋登傳)》

조서를 버리다.[각조(閣詔)[139] 당(唐) 하이우(何易于)[140]가 익창령(益昌令)일 때에 염철관(鹽鐵官)이 차를 전매(專賣)하였다.[각취(榷取)[141]] 조서가 내려와 가는 곳마다 감히 숨기지 못하게 하라고 하자 하이우가 "익창현 사람들은 차세를 거두지 않아도 살아갈 수가 없는데 하물며 착취하여 그들을 괴롭히다니."라 말하고 아전에게 명하여 조서를 버리게 하였다. 아전이 "천자의 조서를 어찌 감히 거부할 수 있겠습니까. 저희들이 죄를 입는다면 공께서 벗어나실 수 있겠습니까?"라고 아뢰자 "내가 감히 이 한 몸을 아껴서 백성들에게 해악을 전가하겠는가? 또 그대들에게 죄를 받게 하지 않을 것이다."라 대답하고 그날로 조서를 불태워 버렸다. 관찰사(觀察使)[142]는 평소 하이우를 어질게 여겨 그를 탄핵하지 않았다.

唐何易于爲益昌令, 鹽鐵官榷取茶利. 詔下, 所在毋敢隱. 易于曰, 益昌人不征茶, 且不可活, 矧厚斂毒之乎. 命吏閣詔. 吏曰, 天子詔何敢拒. 吏坐罪, 公得免竄耶? 答曰, 吾敢愛一身, 移暴于民乎. 亦不使罪爾曹. 卽日焚之. 觀察使素賢易于, 不之劾.[143]

자사 최박(崔朴)[144]이 배를 띄우고 봄나들이에 나섰는데 익창현으로 나와 백성들을 징발하여 배를 끌도록 하자 하이우가 직접 홀을 허리에 찬 채 배를 끌었다. 최박이 놀라서 상황을 묻자 하이우가 대답하였다. "막 봄이 되어 백성들이 밭을 갈거나, 아니면 뽕나무를 재배합니다. 오직 저만 일이 없어 수고를 대신할 만합니다." 자사가 불편해하면서 결국 말을 타고 떠났다.

刺史崔朴汎舟春遊, 出益昌, 索百姓挽捧, 易于自腰笏爲引舟. 朴驚問狀, 易于曰, 方春, 百姓不耕卽桑. 惟易于無事, 可以代勞. 刺史不安, 乃以騎去.[145]

감나무를 심다.[종시(種柿)] 남조(南朝) 송(宋) 심우(沈瑀)[146]가 건덕령(建德令)일 때에 백성들에게 성인 남자는 1인당 뽕나무 15그루, 감나무와 배나무·대추나무 각각 4그루씩을 심게 하고 성인 여자는 그 반으로 하였다.

宋沈瑀爲建德令, 敎民一丁種桑十五株, 柿及梨棗各四株, 女丁半之.[147]

진(晉) 반악(潘岳)[148]이 하양령(河陽令)일 때에 복숭아나무와 자두나무를 많이 심자 사람들이 "하양현은 온 고을이 꽃이다."라고 일컬었다.

晉潘岳爲河陽令, 多植桃李, 人號曰, 河陽一縣花.[149]

각 지방 수령[백성(百城)[150]**]의 본보기[백성표(百城表)]** 남조(南朝) 양(梁) 악법재(樂法才)[151]가 건강령(建康令)일 때에 봉록을 받지 않았다. 떠날 때가 되어 쌓인 것이 백금(百金)[152]에 이르자 결국 국고[대고(臺庫)[153]]에 보냈다. 무제가 그의 청렴함을 칭찬하며

139. 각조(閣詔): 조서를 버려두다. 즉 조서를 받들지 않는 것을 뜻한다. '각(閣)'은 '각(擱)'의 본자이다.
140. 하이우(何易于): 당(唐)나라 사람으로 익창령(益昌令), 나강령(羅江令) 등을 역임하였다.
141. 각취(榷取): 전매를 통해 관청에서 이익을 독차지하는 것을 이르는 말이다. 옛날에는 소금·철·차 등을 정부에서 전매하였고 이를 관장하는 사신인 염철사(鹽鐵使)를 각지에 파견하였다. '각(榷)', '각(搉)'으로도 쓴다.
142. 관찰사(觀察使): 당나라 때 도(道)나 절도사(節度使)가 없는 주(州)에 두어 군사·재무·민사 등 모든 권한을 행사하던 벼슬이다. '도부(都府)'라고 칭할 만큼 권한이 막강하였다.
143. 《신당서(新唐書)·하이우전(何易于傳)》
144. 최박(崔朴): 내력이 자세하지 않다.
145. 《신당서(新唐書)·하이우전(何易于傳)》
146. 심우(沈瑀): 남조(南朝) 송(宋) 오흥(吳興) 출신으로 자가 백유(伯瑜)이다. 건덕령(建德令), 상서우승(尙書右丞) 등을 역임하였다.
147. 《양서(梁書)·심우전(沈瑀傳)》
148. 반악(潘岳): 진(晉) 형양(滎陽) 출신으로 자가 안인(安仁)이다. 하양령(河陽令), 급사황문시랑(給事黃門侍郎) 등을 역임하였다.
149. 《산당사고(山堂肆考)·신직(臣職)》
150. 백성(百城): 각 고을의 수령(守領)들을 가리키는 말이다.

"관직생활이 이와 같으니 각 지방 수령의 본보기가 될 만하겠소."라고 말하였다.

梁樂法才爲建康令, 不受俸秩. 比去, 積至百金, 竟輸臺庫. 武帝嘉其淸白, 曰居職若此, 可爲百城表矣.

쇠로 만든 배가 바다를 건너다.[철선도해(鐵船渡海)] 오대(五代) 가욱(賈郁)[154]이 선유령(僊遊令)에 보임되었는데 성품이 강직하여 아전들이 잘못을 은폐하는 것[문과(文過)[155]]을 용납하지 않았다. 교대할 때가 되었는데 한 아전이 술에 거나하게 취해 있자 가욱이 화가 나서 "의당 다시 이 현을 맡아 반드시 징계할 것이다."라고 말하였다. 아전이 드러내놓고 "공께서 만약 다시 오신다면 쇠로 만든 배가 바다를 건너는 것이나 마찬가지겠지요."라고 말하였다. 뒤에 가욱이 과연 다시 옛 고을을 맡게 되었는데 당시에 술에 취했던 아전이 창고의 돈 수만 냥을 훔쳐 하옥되었고 소장(訴狀)이 제출되어 있었다. 가욱이 판결문 말미에 "동전을 훔쳐서 집을 부유하게 한 것이 돈의 주조[고주(鼓鑄)[156]]에 의지하지 않았고, 쇠로 만든 배를 만들어 바다를 건넌 것이 화로와 망치[노추(鑪槌)[157]]를 빌리지 않았네."라고 논죄하였다.

五代賈郁補仙遊令, 性峭直, 不容人吏文過. 及受代, 一吏酣酒, 郁怒曰, 當再典此縣, 必懲之. 吏揚言, 公若再來, 猶鐵船渡海. 後郁果再典舊邑, 時醉吏盜庫錢數萬, 下獄具狀. 郁批榜尾曰, 竊銅錢以潤家, 非因鼓鑄, 造鐵船而渡海, 不假鑪槌.[158]

고을의 어떤 사람이 과일을 보내면서 하는 말이, "이것은 저희 집에서 기른 햇과일이라서 남들은 모릅니다."라고 하였다. 가욱이 "자네는 형제가 있는가?"라고 묻자 "형제가 셋이고 아들[돈견(豚犬)[159]]이 몇 놈 있습니다."라고 하였다. 가욱이 이르기를, "옛 사람은 사지(四知)[160]를 두려워하였는데, 지금은 자네의 형이 알고 동생이 알며, 아들들이 알고 가지고 온 자가 알고 있네. 이는 아는 것이 옛 사람에 비해 배나 많은 것일세."라 하고 끝내 받지 않자 그 사람이 부끄러워하며 물러갔다.

有邑客遺果, 其辭曰, 此某家新果, 人皆不知. 郁曰, 君有兄弟否? 答曰, 昆弟三人, 豚犬數輩. 郁曰, 古人畏四知, 今君兄知, 弟知, 子知, 攜來者知. 是知倍于古人也. 竟不受, 客慙而退.[161]

사람들이 닭을 가지고 다투는 것을 판결하다.[단인쟁계(斷人爭鷄)] 남조(南朝) 송(宋) 부염(傅琰)[162]은 자가 계규(季珪)이다. 산음령(山陰令)일 때에 두 농부가 닭을 가지고 다투며 해결을 보지 못 하였다. 부염이 각자에게 닭에게 먹인 것을 묻자 한 사람은 '조'라고 하고, 한 사람은 '콩'이라 하였다. 이에 닭을 잡아 조를 찾아내고 콩이라고 말한 자를 처벌하였다.

151. 악법재(樂法才): 남조(南朝) 양(梁) 남양(南陽) 출신으로 자가 원비(元備)이다. 건강령(建康令), 강하태수(江河太守) 등을 역임하였는데 청렴으로 유명하였다.
152. 백금(百金): 금 백 근(斤)이다. '백금'은 실수(實數)라기보다는 많은 양의 액수를 강조하기 위한 표현이다.
153. 대고(臺庫): 국고(國庫)를 가리킨다. '대(臺)'는 상서대(尙書臺) 등의 조정을 가리킨다.
154. 가욱(賈郁): 오대(五代) 민국(閩國) 출신으로 자가 정문(正文)이다. 선유령(仙遊令), 어사중승(御史中丞) 등을 역임하였다.
155. 문과(文過): 과실을 은폐하거나 속이는 것을 뜻한다.
156. 고주(鼓鑄): 풀무질로 불을 피워 화폐나 기물을 주조하는 일을 일컫는 말이다. 인격 수양을 비유하기도 한다.
157. 노추(鑪槌): 화로와 망치로 금속을 제련하는 도구이다.
158. 《십국춘추(十國春秋)·민(閩)》
159. 돈견(豚犬): 다른 사람에게 자기 아들을 낮추어 부르는 말이다.
160. 사지(四知): 후한(後漢)의 양진(楊震)이 자신의 추천으로 창읍현령(昌邑縣令)이 된 왕밀(王謐)이 황금을 선사하자, '하늘이 알고(天知), 신이 알고(神知), 내가 알고(我知), 그대가 안다(子知)'는 말로 거절하였다고 한다.[《후한서(後漢書)·양진전(楊震傳)》]
161. 《십국춘추(十國春秋)·민(閩)》
162. 부염(傅琰): 남조(南朝) 송(宋)과 남제(南齊) 시기 사람으로, 무강현령(武康縣令), 익주자사(益州刺史) 등을 역임하며 선정을 베풀었다.

南宋傅琰, 字季珪. 爲山陰令, 有二野父爭雞不決. 琰各問以食雞, 一人云粟, 一人云豆. 乃破雞得粟, 罪言豆者.[163]

도적이 호랑이를 때려잡겠다는 것을 허락하다.[허도격호(許盜格虎)] 당(唐) 원덕수(元德秀)[164]가 노산령(魯山令)일 때에 도적을 잡았다. 마침 호랑이가 해악을 끼치자 도적이 호랑이를 때려잡아서 속죄하겠다고 청원하니 이를 허락하였다. 아전이 "저것은 속임수로 장차 도망가려는 것이니 누가 되지 않겠습니까?"라고 하자 원덕수가 대답하였다. "이미 허락하였으니 약속을 어길 수 없네. 비록 누가 된다 해도 내가 마땅히 책임지겠네." 이튿날 도적이 과연 호랑이의 사체를 메고 돌아오자 온 고을 사람들이 감탄하였다.

唐元德秀爲魯山令, 捕獲盜賊. 會有虎爲暴, 盜請格虎自贖, 許之. 吏曰, 彼詭計, 且亡去, 毋乃爲累乎. 德秀曰, 已許之矣, 不可負約. 卽有累, 吾當坐. 明日盜果尸虎還, 擧縣嗟嘆.[165]

현종(玄宗)[166]이 개원(開元)[167] 연간에 오봉루(五鳳樓)[168]에 행차하여 연회를 할 때에 3백 리 안의 자사와 현령들에게 명을 내려 각자 자신들이 거느린 악공들을 데리고 누각 아래 모여 우열을 겨루게 하였다. 회주자사(懷州刺史)는 수레에 악공 수백 명을 태우고 모두에게 비단옷을 입혔다. 원덕수는 고작 악공 몇 명으로 하여금 서로 손을 잡고 〈우위가(于蔿歌)〉를 부르게 하였다. 황제가 듣고서 특별하게 여기면서 "현자의 말이로다. 회주 백성들은 도탄에 빠지겠구나."라고 감탄하고 즉시 회주자사를 산관(散官)[169]으로 삼았다.

玄宗, 開元中御五鳳樓, 酺宴時, 命三百里內刺史縣令各率所部音樂, 集樓下, 較勝負. 懷州刺史以車載樂工數百, 皆衣文繡. 德秀唯遣樂工數人連袂歌于蔿. 帝聞而異之, 歎曰, 賢人之言哉. 懷州之民塗炭乎. 立以刺史爲散官.[170]

토란을 가져가고 값을 보상하다.[취우상치(取芋償直)] 진(晉) 하수(何隨)[171]는 비현(郫縣) 출신이다. 당초에 촉(蜀)에서 벼슬하여 안한령(安漢令)이 되었는데 촉(蜀)이 망하자 관직을 떠났다. 당시에 파촉 지역이 기근이 들자 아전들을 보내 백성들의 토란을 가져다 자급하였는데, 하수는 바로 솜을 그곳에 대어 표시하고 그 값을 보상해 주었다. 뒤에 백성들은 토란을 보다가 솜을 발견하면 서로 "하 안한령이 청렴하다고 들었는데 필시 이분일 것이다."라고 이야기하였다.

宋[172]何隨, 郫縣人. 初仕蜀爲安漢令, 蜀亡去官. 時巴土饑, 送吏取民芋以自給, 隨卽以綿繫其處, 償直. 後民視芋見綿, 相與語曰, 聞何安漢淸廉, 必此人也.[173]

청렴하기는 물이요 공평하기는 저울이로다.[청수평형(淸水平衡)] 송(宋) 섭강직(葉康直)[174]은 광화현(光化縣)을 맡았고 풍직(豐稷)[175]은 곡성현(穀城縣)

---

163. 《남제서(南齊書)·부염전(傅琰傳)》
164. 원덕수(元德秀): 당(唐) 하남(河南) 출신으로 자가 자지(紫芝)이다. 노산령(魯山令)을 역임하였는데 명리(名利)를 초월한 것으로 유명하였다.
165. 《신당서(新唐書)·원덕수전(元德秀傳)》
166. 현종(玄宗): 당(唐) 제8대 황제로 재위 기간은 712-755년이다.
167. 개원(開元): 당(唐) 현종(玄宗)의 연호(713-741)이다.
168. 오봉루(五鳳樓): 당 현종(玄宗)이 낙양(洛陽)에 세운 누각의 이름이다.
169. 산관(散官): 직함만 있을 뿐 직무가 없는 관직을 이른다. 한(漢)나라 때 고관이나 대신에게 명예로 부여하던 데서 유래하였다.
170. 《신당서(新唐書)·원덕수전(元德秀傳)》
171. 하수(何隨): 진(晉) 비현(郫縣) 출신으로 자가 계업(季業)이다. 삼국시대 촉(蜀)에서 안한령(安漢令), 진(晉)에서 강양태수(江陽太守) 등을 역임하였다.
172. 《유원총보》의 '宋'은 '晉'의 오자이다.[《화양국지(華陽國志)·하수전(何隨傳)》]
173. 《화양국지(華陽國志)·하수전(何隨傳)》

을 다스렸는데 백성들이 다음과 같이 노래하였다. "광화현의 섭공과 곡성현의 풍공은 맑기가 물과 같고 공평하기가 저울대와 같다네."

宋葉康直知光化縣, 豐稷爲穀城縣, 民歌之曰. 葉光化, 豐穀城, 淸如水, 平如衡.[176]

현령 노릇하는 최고의 방책[작령일책(作令一策)]

남조(南朝) 제(齊) 유현명(劉玄明)[177]이 산음령(山陰令)이 되었는데 치적이 천하의 으뜸이었다. 부홰(傅翽)[178]가 후임이 되었는데 유현명이 말하였다. "현령 노릇 하려면 오직 하루에 밥을 한 되만 먹고 술을 마시지 않는 것, 이것이 최고의 방책입니다."

齊劉玄明爲山陰令, 政爲天下第一. 傅劌[179]爲代, 玄明曰, 作縣令, 惟日食一升飯, 莫飮酒, 此第一策.[180]

〈백성들을 훈계한 글〉 7편[유민칠편(諭民七篇)]

당(唐) 정지도(鄭至道)[181]가 천태현(天台縣)을 맡아 오로지 교화에 힘쓰자 민심이 기뻐하며 따랐다. 뒤에 임기가 찼는데 고을 사람들이 붙들고 만류하며 그가 떠나는 것을 차마 받아들이지 않자 송관(松關)에 머물러 살았다. 지금까지 '송관에 정지도를 머물게 한 고사'와 〈백성들을 훈계한 글〉 7편이 아직 전한다.

唐鄭至道知天台縣, 專務敎化, 民心悅服. 後秩滿, 邑民攀留, 不忍其行, 因留家松關. 至今有松關留鄭故事·諭民書七篇尙存.[182]

재물을 기울여 재난을 당한 사람을 구해 주다.[경자진액(傾貲賑阨)] 당(唐) 장순(張巡)[183]이 청하령(淸河令)일 때에 사람들 중에 절의를 저버리고 곤경과 재난 때문에 귀순해 오는 자가 있으면 재물을 기울여 구해 주고 보호해 주면서 조금의 인색함도 없었다.

唐張巡爲淸河令, 人有負節義以困阨歸之者, 傾貲賑護無少吝.[184]

〈양읍령(襄邑令)을 송축하는 글〉[양읍령송(襄邑令頌)] 진(晉) 강위(江韋)[185]가 〈양읍령 부혼(傅渾)[186]을 송축하는 글(襄邑令傅渾頌)〉[187]을 지었는데 다음과 같다.

明明君侯,	밝고 밝으신 군후(君侯)[188]께서
臨下有赫.	백성들을 다스림에 혁혁한 공을 세우셨다.
克隆有光,	융성하게 하여 빛을 이루시고
惠我咫尺[189].	우리를 가까이서 도우셨다.
乃氷其淸,	얼음처럼 그렇게 맑고

174. 섭강직(葉康直): 송(宋) 건주(建州) 출신으로 자가 경온(景溫)이다. 광화지현사(光化知縣事), 병부시랑(兵部侍郞) 등을 역임하였다.
175. 풍직(豐稷): 송(宋) 명주(明州) 출신으로 자가 상지(相之)이다. 어사중승(御史中丞), 공부상서겸시독(工部尙書兼侍讀) 등을 역임하였다.
176. 《송사(宋史)·섭강직전(葉康直傳)》
177. 유현명(劉玄明): 남조(南朝) 제(齊) 임회(臨淮) 출신으로 산음령(山陰令), 사농경(司農卿) 등을 역임하였다.
178. 부홰(傅翽): 남조(南朝) 양(梁) 북지(北地) 출신으로 산음령(山陰令), 건강령(建康令) 등을 역임하였다.
179. 《유원총보》의 '부귀(傅劌)'는 '부홰(傅翽)'의 오류이다.[《남사(南史)·부염전(傅琰傳)》]
180. 《남사(南史)·부염전(傅琰傳)》
181. 정지도(鄭至道): 당(唐)나라 사람으로 천태지현사(天台知縣事)가 되어 덕정을 베풀었다.
182. 《산당사고(山堂肆考)·신직(臣職)》
183. 장순(張巡): 당(唐) 남양(南陽) 출신으로 청하령(淸河令), 어사중승(御史中丞) 등을 역임하였다.
184. 《산당사고(山堂肆考)·신직(臣職)》
185. 강위(江韋): 진(晉)나라 사람으로 통사랑(通事郎)을 지냈다.
186. 부혼(傅渾): 진(晉)나라 사람으로 양읍령(襄邑令)을 지냈다.
187. 〈양읍령부혼송(襄邑令傅渾頌)〉: 명(明)나라 매정조(梅鼎祚)가 엮은 《서진문기(西晉文紀)》에 전한다.
188. 군후(君侯): 진한(秦漢) 때는 제후나 승상에 대한 존칭으로 쓰였고 한(漢) 이후로는 고관이나 귀인(貴人)에 대한 존칭으로 두루 쓰였다.
189. 지척(咫尺): '지'는 8촌(寸)이고 '척'은 10촌인 데에서 짧은 길이, 또는 가까운 곳을 비유한다.

乃玉其潔. 옥처럼 그렇게 깨끗하셨다.
風抗其高, 바람처럼 높은 그런 고상함이고,
雲垂其澤. 구름처럼 드리운 그런 은택이로다.
君有遺愛, 군후께서 남기신 사랑이 있음에
民有遺思. 백성들은 남겨진 그리움이 있도다.

晉江革作襄邑令傳渾頌曰. 明明君侯, 臨下有赫, 克隆有光, 惠我咫尺. 乃氷其淸, 乃玉其潔, 風抗其高, 雲垂其澤. 君有遺愛, 民有遺思.[190]

나무가 무성해지고 물이 맑아지다.[수영수징(樹榮水澄)] 당(唐) 유경화(劉敬和)[191]가 고원현(高苑縣)의 현령을 지냈는데 마침 기근이 들자 즉시 독단적으로 창고를 열어 백성들을 구휼하였다. 일찍이 치천현(淄川縣)·장산현(長山縣)·추평현(鄒平縣) 등의 현령을 지낼 때도 모두 명성이 있었으니 백성들이 "고원현의 나무가 시들었다가 다시 무성해지고, 치천현의 물이 더러웠다가 다시 맑아졌네."라고 노래하였다. 또 이석지(李錫之)[192]는 노성령(蘆城令)을 지냈는데 쓴물이 변하여 단물로 되었다.

唐劉敬和令高苑縣, 適歲饑, 卽擅開倉賑民. 嘗令淄川·長山·鄒平等縣, 皆有聲, 民歌曰, 高苑之樹枯已榮, 淄川之水渾已澄. 又李錫之爲蘆城令, 變苦水爲甘泉.[193]

머리를 조아려 바람의 방향을 돌리다.[고두반풍(叩頭反風)] 유곤(劉昆)[194]이 강릉에 있을 때 바람의 방향을 돌렸다.

劉昆在江陵, 反風.[195]

송(宋) 증준(曾準)[196]이 공안현(公安縣)을 맡았을 때 불이 민가를 태우려 하자 증준이 자신이 직접 머리를 조아리니 바람이 방향을 돌려 불이 꺼졌다.

宋曾準知公安縣. 火燔民居, 準以身叩之, 風反滅火.[197]

노인들이 부처에게 빌다.[부로기불(父老祈佛)]

당(唐) 이군석(李君奭)[198]이 예천령(醴泉令)을 지내면서 뛰어난 치적이 있었다. 임기가 만료되어 그만두고 떠나게 되자 노인들이 불당에 모여 부처에게 빌면서 소원이 이루어지기를 기원하였다. 선종(宣宗)[199]이 위수가에서 사냥을 하다가 이를 알게 되었고 회주자사(懷州刺史)가 결원이 되자 황제가 손수 조서를 작성하여 이군석을 제수하였다.

唐李君奭爲醴泉令, 有異政. 考滿, 當罷去, 父老聚于佛祠, 祈佛冀諧所願. 宣宗校獵渭上, 見之, 及懷州刺史闕, 上手筆, 除君奭.[200]

당(唐) 선종(宣宗)이 궁원(宮苑)의 북쪽에서 사냥을 하다가 나무꾼을 만났다. 그의 현령이 누구인지를 묻자 "이행언(李行言)[201]입니다."라고 말하였다. "정사를 행하는 것이 어떠한가?" 나무꾼이 대답하기를, "성품이 고집스럽습니다. 강도 몇 명이 장수의 집에 숨었는데 그들을 색출해 내고 끝내 죄를 인정하지 않자 모두 죽였습니다."라고 하였다. 황제가 돌아와 침전 기둥에 그의 이름을 적은 쪽지를 붙여 놓았다. (이행언이) 자사에 제수되어 사례하러 입궐했을 때 황제가

190. 《고금사문유취외집(古今事文類聚外集)·현관부(縣官部)》
191. 유경화(劉敬和): 당(唐)나라 사람으로 고원현(高苑縣)의 현령을 지냈는데 덕정으로 이름이 있었다.
192. 이석지(李錫之): 내력이 자세하지 않다.
193. 《산당사고(山堂肆考)·신직(臣職)》
194. 유곤(劉昆): 후한(後漢) 동혼(東昏) 출신으로 자가 환공(桓公)이다. 광록훈(光祿勳), 기도위(騎都尉) 등을 역임하였다.
195. 《후한서(後漢書)·유곤전(劉昆傳)》
196. 증준(曾準): 내력이 자세하지 않다.
197. 《산당사고(山堂肆考)·신직(臣職)》
198. 이군석(李君奭): 당(唐)나라 사람으로 예천령(醴泉令)을 지냈다.
199. 선종(宣宗): 당(唐) 제18대 황제로 재위 기간은 847-858년이다.
200. 《자치통감(資治通鑑)·당기(唐紀)》
201. 이행언(李行言): 당(唐)나라 사람으로 경양령(涇陽令), 해주자사(海州刺史) 등을 역임하였다.

그에게 금어(金魚)와 자의(紫衣)[금자(金紫)[202]]를 하사하면서 쪽지를 가져다 보여 주었다.

唐宣宗獵於苑北, 遇樵夫. 問其縣令爲誰, 曰李行言. 爲政如何? 曰性執. 有强盜數人匿軍家, 索之, 竟不與, 盡殺之. 上歸, 帖其名於寢殿之柱. 及除刺史, 入謝, 上賜之金紫, 取帖示之.[203]

귀신도 간이 떨어지다.[귀신파담(鬼神破膽)] 당(唐) 이고(李杲)[204]가 낙양령(洛陽令)일 때에 엄격하고 공정하여 아전과 백성들이 그를 어려워하였다. 유겸(劉兼)이라는 진사가 그 경내에 들렀는데 다음과 같이 밤에 문 밖에서 말하는 소리가 들렸다. "고금에 바른 사람으로는 이현령이 그런 분이지. 그가 하는 일을 보면 사람들로 하여금 간이 떨어지게 하니 우리는 다른 고을에 가서 제삿밥을 얻어먹는 것[혈식(血食)[205]]이 좋겠다." 유겸이 문을 열고 살펴보니 아무것도 없었으니 바로 귀신이었다.

唐李杲爲洛陽令, 嚴毅公正, 吏民畏之. 有進士劉兼者, 過其境, 夜聞戶外語聲曰, 古今正人, 李令是也. 見其行事, 令人破膽, 我輩可於他縣血食. 兼開戶視之, 無物, 乃鬼神也.[206]

호추(胡雛)를 매질하여 죽이다.[장살호추(杖殺胡雛)] 당(唐) 최은보(崔隱甫)[207]가 낙양령(洛陽令)일 때에 이원(梨園)[208]의 악공인 호추(胡雛)라는 자가 피리를 잘 불었는데 일찍이 죄를 짓고서 궁중에 숨어 있었다. 현종이 최은보를 불러들였는데 당시 호추가 옆에 있었다. 현종이 넌지시 그를 가리키며 "경에게 이 사람을 봐주기를 부탁하오."라고 이르자 "폐하의 이 말씀은 신을 업신여기고 악공을 중시하는 것입니다. 신은 관직을 그만두겠습니다."라고 대답하였다. 재배하고 물러나자 황제가 서둘러 "짐은 경에게 농담을 한 것일 뿐이오."라고 말하였다. 결국 그에게 호추를 문 밖으로 끌고 나가게 하니 은보는 즉시 그를 매질하여 죽였고 (현종은) 은보에게 비단 백 필을 하사하였다.

唐隱甫爲洛陽令, 梨園子弟胡雛者, 善吹笛, 嘗負罪, 匿禁中. 玄宗召隱甫入, 時胡雛在側. 從容指曰, 就卿丐此人. 對曰, 陛下此言是輕臣而重樂工也. 臣請解官. 再拜而去, 帝遽曰, 朕與卿戲耳. 遂令將胡雛曳出門外, 隱甫立杖殺之, 賜隱甫百縑.[209]

환관[중사(中使)[210]]을 잡아들이다.[금예중사(擒曳中使)] 당(唐) 최발(崔發)[211]이 호현(鄠縣)의 현령일 때에 오방(五坊)[212] 소속 사람이 백성을 구타했다는 말을 듣고 명을 내려 잡아들이게 하였다. 관서 마당에 그를 끌어다 놓고 조사해 보니 바로 환관이었다. 황제[213]가 화가 나서 최발을 잡아다 어사대 감옥에 가두었다. 급사중(給事中)[214] 이발(李渤) 등이 상소하였으나 모두 받아들이지 않았다. 이봉길(李逢吉)이 넌지

---

202. 금자(金紫): 당송(唐宋) 시기에 3품 이상의 고관이 차던, 붕어 모양의 금빛 주머니인 금어(金魚)와 관복인 자의(紫衣)를 가리킨다. 공로가 있는 신하에게 특별히 하사하기도 하였다.
203. 《자치통감(資治通鑑)·당기(唐紀)》
204. 이고(李杲): 내력이 자세하지 않다.
205. 혈식(血食): 제물(祭物)을 흠향(歆饗)하다. 희생(犧牲)을 잡아서 그 피를 가지고 제를 올린 데서 유래한 말이다.
206. 《고금사문유취외집(古今事文類聚外集)·현관부(縣官部)》
207. 최은보(崔隱甫): 당(唐) 무성(武城) 출신으로 어사대부(御史大夫), 형부상서(刑部尙書) 등을 역임하였다.
208. 이원(梨園): 당(唐) 현종(玄宗) 때 궁중의 악공(樂工)이나 배우들을 가르치던 기관이다.
209. 《신당서(新唐書)·최은보전(崔隱甫傳)》
210. 중사(中使): 궁중에서 파견하는 사자. 주로 환관(宦官)을 임명하였다.
211. 최발(崔發): 내력이 자세하지 않다.
212. 오방(五坊): 당나라 때 선휘원(宣徽院)에 소속되어 황제의 사냥용 매와 개를 조련하던 곳으로, 조방(雕坊)·요방(鷂坊)·골방(鶻坊)·응방(鷹坊)·구방(狗坊)의 다섯 부서를 가리킨다.
213. 《신당서(新唐書)·독고낭전(獨孤郎傳)》에, "경종(敬宗) 초엽에 환관이 호현령 최발을 구타하였다(敬宗初, 宦官毆鄠令崔發)"는 기록이 있는 것으로 보아 경종(敬宗)을 가리키는 것으로 보인다.

시 "최발이 갑자기 환관을 끌고 간 것은 실로 대단히 불경스러운 일입니다. 그러나 그의 노모가 나이가 80에 가까운데 걱정이 쌓여 병이 났으니 마땅히 가엽게 봐주셔야 할 것이옵니다."라고 아뢰었다. 황제가 말하기를, "간관들은 단지 최발이 억울하다고만 하고 그의 불경을 말한 적이 없소. 또한 노모가 있다는 말도 하지 않았소. 경이 말한 대로라면 짐이 어찌 그를 사면하지 않겠소."라 하고 즉시 환관에게 명하여 그의 죄를 사면하고 집까지 바래다주게 하고 또 그의 모친을 위로해 주도록 하였다. 모친은 환관을 대하고 최발에게 40차례 매질을 하였다.

唐崔發爲鄠令, 聞五坊人毆百姓, 命擒以入. 曳之于庭, 詰之, 乃中使也. 上怒收發, 繫臺獄. 給事中李渤等上言, 皆不聽. 李逢吉從容言曰, 崔發輒曳中人, 誠大不敬. 然其母年垂八十, 積憂成疾, 所宜矜念. 上曰, 諫官但言發寃, 未嘗言其不敬. 亦不言有老母, 如卿所言, 朕何爲不赦之. 卽命中使釋其罪, 送歸家, 仍慰勞其母. 母對中使, 杖發四十.[215]

고을을 다스리는 문서[치현보(治縣譜)] 남조(南朝) 제(齊) 부승우(傅僧祐)[216]와 아들 부염(傅琰)[217]이 모두 산음령(山陰令)이 되었는데 부자가 모두 특별한 치적을 드러내었으니 강남[강좌(江左)[218]]에서도 드문 일이었다. 세상 사람들이 "부씨 집안에는 고을을 다스리는 문서가 있는데 자손들이 서로 전하면서 남에게 보여 주지 않는다네."라고 말하였다.

南齊傅僧綽[219]與子琰, 竝爲山陰令, 父子竝著奇績, 江左鮮有. 世云, 諸傅有治縣譜, 子孫相傳, 不以示人.[220]

송(宋) 유이(劉彝)[221]는 회안(懷安) 출신이다. 구산령(朐山令)일 때에 고아와 과부들을 돌봐주고 세금과 부역을 공평하게 하면서 백성에게 혜택이 되는 것은 하지 않는 것이 없었다. 고을 사람들이 그 항목들을 기록하여 《치범(治範)》이라고 하였다.

宋劉彝懷安人. 爲朐山令, 恤孤寡, 平賦役, 凡所以惠民者, 無不至. 邑人紀其事目, 曰治範.[222]

글을 지어 신에게 호소하다.[위문유신(爲文籲神)]

당(唐) 적인걸(狄仁傑)[223]이 창읍령(昌邑令)일 때에 한 노파가 호랑이가 자기 아들을 해쳤다고 울면서 하소연하였다. 적인걸이 글을 지어서 신에게 호소하자 얼마 지나지 않아 호랑이가 섬돌 아래에 와서 엎드렸다. 이에 사람들에게 알리고 호랑이를 죽였다. 뒤에 다시 유주도독(幽州都督)이 되어 공이 있자 자주색 도포와 거북 도장 및 인끈[귀대(龜帶)[224]]을 하사받았다. 측천무후(則天武后)[225]가 손수 금가루로 글씨 12

---

214. 급사중(給事中): 황제의 자문과 정사의 논의에 참여하던 벼슬로, 진한(秦漢) 이래 열후(列侯)나 장군(將軍)의 가관(加官)이었다가 진(晉)나라 이후로 정관(正官)이 되었다. 수당(隋唐) 이후로 문하성(門下省)의 요직으로 정령(政令)에 대한 논의와 시정을 담당하였다.

215. 《자치통감(資治通鑑)·당기(唐紀)》

216. 부승우(傅僧祐): 남조(南朝) 제(齊)나라 사람으로 산음령(山陰令), 안동녹사참군(安東錄事參軍) 등을 역임하였다.

217. 부염(傅琰): 남조(南朝) 제(齊)나라 사람으로 자가 계규(季珪)이다. 산음령(山陰令), 익주자사(益州刺史) 등을 역임하였다.

218. 강좌(江左): 강남(江南)의 별칭이다. 남조(南朝) 때 왕조들이 수도를 장강의 왼쪽, 즉 장강의 동쪽인 건강(建康)에 정한 데서 유래하였다.

219. 《유원총보》의 '傅僧綽'은 '傅僧祐'의 오류이다.[《남제서(南齊書)·부염전(傅琰傳)》]

220. 《남제서(南齊書)·부염전(傅琰傳)》

221. 유이(劉彝): 송(宋) 복주(福州) 출신으로 자가 집중(執中)이다. 구산령(朐山令), 처주지주사(處州知州事) 등을 역임하였다.

222. 《송사(宋史)·유이전(劉彝傳)》

223. 적인걸(狄仁傑): 당(唐) 병주(幷州) 출신으로 자가 회영(懷英)이다. 대리승(大理丞), 지관시랑(地官侍郎), 영주자사(寧州刺史), 위주자사(魏州刺史) 등을 역임하였다.

224. 귀대(龜帶): 거북이 모양의 손잡이가 달린 도장과 인끈을 가리킨다. '귀수(龜綬)', '귀조(龜組)', '귀승(龜繩)'이라고도 한다.

225. 측천무후(則天武后): 본명은 무조(武曌)이고 '측천'은 시호이다. 고종(高宗)의 황후이자 중종(中宗) 및 예종(睿宗)의 모후였지만, 뒤에 스스로 황제에 올라 국호를 당(唐)에서 주(周)로 개칭하고 15년간 전횡을 일삼았으며 무(武)씨 집안사람들

자를 새겨 그의 충성을 표창하였다.

唐狄仁傑爲昌邑令, 有老嫗泣訴虎害其子. 仁傑爲文籲神, 未幾虎伏堦下. 乃告於衆而殺之. 後又爲幽州都督, 有功, 賜紫袍·龜帶. 武后自製金字十二, 以旌其忠.[226]

송(宋) 장일(張逸)[227]이 청신현(青神縣)을 맡았을 때 동남쪽에 송백탄(松栢灘)이라는 여울이 있었는데 해마다 여름과 가을이면 갑자기 물이 불어 백성들의 배를 전복시키는 일이 많았다. 장일이 글을 지어 신에게 기도하자 한 달이 못 되어 여울이 5리 밖으로 이동하였고 이후로 물에 빠지는 이가 없었다.

宋張逸知青神縣, 東南有松柏灘, 每夏秋暴漲, 多覆民舟. 逸爲文禱神, 不踰月而灘爲徙五里, 自是無溺者.[228]

장일이 청신현(青神縣)을 맡아 학교를 세우고 생도들을 교육하였다. 후에 그 고을 사람 진희량(陳希亮)과 양이(楊異)가 서로 이어 과거에 급제하자 장일이 그 마을의 이름을 바꾸어 '계림리(桂林里)'라고 하였다.

逸知青神縣, 興學校, 敎生徒. 後邑人陳希亮·楊異相繼登科, 逸改其居, 曰桂林里.[229]

칼을 잡아 아전을 죽이다.[장검주리(杖劍誅吏)]

송(宋) 장괴애(張乖崖)[230]가 숭양령(崇陽令)일 때에 한 아전이 창고에서 나오는데 그의 살쩍 옆 두건 밑에 동전이 하나 있는 것을 보고 캐물으니 바로 창고의 돈이었다. 장영이 그를 매질하라고 명하자 아전이 발끈화를 내며 "동전 한 닢이 무어 말할 거리가 된다고 저를 매질하는지요. 사또께서 저를 매질할 수는 있어도 저를 죽일 수는 없을 것입니다."라고 말하였다. 장영이 붓을 들어 판결하기를, "하루에 일 전이면 천 일이면 천 전이다. 실톱에 나무가 잘라지고 물방울에 바위가 뚫리는 것이다."라고 쓴 뒤에 직접 칼을 잡고 섬돌을 내려와 그의 목을 벤 뒤에 어사대[대부(臺府)[231]]에 신고하여 스스로를 탄핵하였다.

宋張乖崖公爲崇陽令, 一吏自庫中出, 視其鬢旁巾下有一錢, 詰之, 乃庫中錢也. 乖崖命杖之, 吏勃然曰, 一錢何足道, 乃杖我耶. 爾能杖我, 不能斬我. 乖崖援筆判云, 一日一錢, 千日一千, 繩鋸木斷, 水滴石穿. 自仗劍下堦, 斬其首, 申臺府, 自劾.[232]

숭양현(崇陽縣)의 백성들이 차를 생업으로 삼고 있었는데, 장영이 "차는 이익이 크니 관가에서 장차 전매할 것이다."라 하고는 차를 뽑아버리고 뽕나무를 심게 하자 백성들이 힘들어 하였다. 그 뒤에 차를 전매하니 다른 현의 백성들은 모두 생업을 잃었지만 숭양현은 뽕나무가 이미 성장하여 백성들이 이익을 보았다.

崇陽民以茶爲業, 詠曰, 茶利厚, 官將榷之. 命拔茶植桑, 民以爲苦. 其後榷茶, 他縣民皆失業, 而崇陽之桑已成, 民得其利.[233]

구래공(寇萊公)[234]의 측백나무[내공백(萊公栢)]

구준(寇準)[235]이 파동현(巴東縣)을 맡았을 때 손수 현

이 득세하는 빌미를 제공하였다.

226. 《신당서(新唐書)·적인걸전(狄仁傑傳)》
227. 장일(張逸): 송(松) 형양(滎陽) 출신으로 자가 대은(大隱)이다. 추밀직학사(樞密直學士), 익주지주사(益州知州事) 등을 역임하였다.
228. 《송사(宋史)·장일전(張逸傳)》
229. 《송사(宋史)·장일전(張逸傳)》
230. 장괴애(張乖崖): 송(松) 견성(鄄城) 출신인 장영(張詠)으로 '괴애'는 호이고 자가 복지(復之)이다. 추밀직학사(樞密直學士), 이부상서(吏部尙書) 등을 역임하였다.
231. 대부(臺府): 어사대(御史臺)의 별칭이다.
232. 《산당사고(山堂肆考)·신직(臣職)》
233. 《송명신언행록(宋名臣言行錄)·장영(張詠)》
234. 구래공(寇萊公): 아래에 설명하는 구준(寇準)의 봉호이다.
235. 구준(寇準): 송(宋)의 충신으로 자(字)는 평중(平仲)이다. 진종(眞宗) 때 거란이 남침하자 화친을 반대하고 적극 항전을 주

청사의 뜰에 측백나무 두 그루를 심었다. 백성들이 이를 팥배나무[감당(甘棠)[236]]에 견주어 '구래공의 측백나무[내공백(萊公栢)]'라고 불렀다.

寇準知巴東縣, 手植雙栢於縣庭. 民以比甘棠, 謂之萊公栢.[237]

저작랑(著作郎)의 숲[저작림(著作林)] 범순인(范純仁)[238]이 양성현(襄城縣)을 맡았을 때 선정을 베풀었다. 백성들에게 뽕나무를 심도록 부과하니 백성들이 그 뽕나무숲을 '저작랑(著作郎)의 숲[저작림(著作林)]'이라고 불렀다. 범순인이 일찍이 저작랑을 지낸 적이 있었기 때문이다.

范純仁知襄城縣, 有惠政. 課民種桑, 民號其桑爲著作林. 以純仁嘗爲著作郎也.

모자를 감동시켜 깨우치다.[감오모자(感悟母子)]

당(唐) 위경준(韋景駿)[239]이 귀향령(貴鄕令)일 때 서로 소송을 건 모자가 있었다. 위경준이 "나는 어려서 부모를 여의어[불천(不天)[240]] 늘 가슴이 아팠다. 너는 모친이 계신데도 효를 잊었느냐. 교화가 미덥지 못했던 것이니 나의 죄로다."라고 말하였다. 이어 흐느끼며 눈물을 흘리면서 《효경(孝經)》을 주어 그에게 대의를 익히게 하였다. 이에 모자가 감동하고 깨달아 새로워지겠다고 하였고 마침내 효자가 되었다.

唐韋景駿爲貴鄕令, 有母子相訟者. 景駿曰, 令少不天, 常自痛. 爾有親而忘孝耶. 教之不孚, 令之罪也. 因嗚咽流涕, 付授孝經, 使習大義. 於是母子感悟, 請自新, 遂爲孝子.[241]

머리가 흰 노인이 함께 타다.[백수공재(白首共載)]

자기(子奇)[242]가 나이 18세일 때 제(齊)나라 임금이 그에게 아현(阿縣)을 다스리도록 하였다. 떠난 뒤에 그 일을 후회하여 사자를 보내 쫓게 하면서 이르기를, "아직 아현에 도착하지 않았을 때 따라잡으면 돌아오게 하고 이미 도착하였으면 돌아오게 하지 마라."라고 하였다. 사자가 따라잡았으나 돌아오게 하지 않았다. 임금이 그 까닭을 묻자 "신이 보니 함께 수레를 타고 가는 이가 흰머리의 노인이었습니다. 노인의 지혜와 젊은이의 결단을 쓴다면 반드시 아현을 잘 다스릴 수 있을 것입니다. 이 때문에 돌아오게 하지 않았습니다."라고 대답하였다. 아현에 도착하여 창고의 무기를 녹여 농기구를 만들고 곳간의 곡식을 내어 곤궁한 이들을 구휼하니 아현이 크게 교화되었다.《신서(新序)》

子奇年十八, 齊君使之治阿. 既行矣, 悔之, 使使追之曰, 未至阿及之, 還之, 已至, 勿還也. 使者及之, 而不還. 君問其故, 對曰, 臣見, 所與共載者, 白首也. 夫以老者之智, 以少者之決, 必能治阿矣. 是以不還. 至阿, 鑄其庫兵以爲農耕器, 出倉廩以賑貧窮, 阿縣大化.《新序》[243]

비단을 재단하다.[제금(製錦)] 자피(子皮)[244]가 윤하(尹何)에게 고을을 다스리도록 하려 하자 자산(子

장하였다. 뒤에 내국공(萊國公)에 봉해졌기 때문에 흔히 구래공(寇萊公)으로 불린다. 참지정사(參知政事), 급사중(給事中), 삼사사(三司使) 등을 역임하였다.

236. 감당(甘棠): 팥배나무로 '당리(棠梨)', '두리(杜梨)'라고도 한다. 주(周) 소공(召公)의 선정(善政)을 칭송한 《시경(詩經)·소남(召南)·감당(甘棠)》에서 유래한 말로, 관리의 선정을 상징한다.

237. 《고금사문유취외집(古今事文類聚外集)·현관부(縣官部)》

238. 범순인(范純仁): 송(宋) 시기의 정치가로 자가 요부(堯夫)이다. 범중엄(范仲淹)의 아들로, 왕안석(王安石)의 신법(新法)에 반대하여 지방관을 전전하다가 뒤에 재상에 제수되었다.

239. 위경준(韋景駿): 당(唐) 경조(京兆) 출신으로 조주장사(趙州長史), 방주자사(房州刺史) 등을 역임하였다.

240. 불천(不天): "하늘의 도움을 받지 못 하다, 복을 타고나지 못 하다"의 뜻에서 부모를 여의는 것을 의미한다.

241. 《신당서(新唐書)·위경준전(韋景駿傳)》

242. 자기(子奇): 춘추시대 제(齊)나라 사람으로 18세에 현령(縣令)이 되어 치적을 이루었다.

243. 《천중기(天中記)·현령(縣令)》

244. 자피(子皮): 춘추시대 정(鄭)나라 대부 공손사지(公孫舍之)의 아들인 공손한호(公孫罕虎)로 자가 '자피'이다. 상경(上卿)에 올라 선정을 베풀었고 자산(子産) 공손교(公孫僑)에게 정사(政事)를 넘겼다.

產)[245]이 말하였다. "그대에게 아름다운 비단이 있다면 남에게 재단하는 것을 배우도록 하지 않을 것입니다. 높은 관직과 큰 고을은 자신을 보호하는 방패막이로, 그것은 아름다운 비단이니 역시 중요하지 않겠습니까."

子皮欲使尹何爲邑, 子產曰, 子有美錦, 不使人學製焉. 大官大邑, 身之所庇, 其爲美錦, 不亦多乎.[246]

잃어버린 물건을 주인에게 돌려주다.[유물환주(遺物還主)] 염헌(閻憲)[247]은 자가 맹도(孟度)이다. 면죽령(綿竹令)이 되어 예양(禮讓)으로 교화를 펴니 백성들이 법을 어기는 자가 없었다. 두성(杜成)이라는 남자가 밤길을 가다가 길에 떨어진 물건을 습득하였는데 한 자루 안에 비단 25필이 들어 있었다. 그 주인을 찾아 돌려주면서 "고을에 훌륭하신 원님이 계신데 어떻게 감히 그 교화를 저버리겠습니까?"라고 말하였다. 촉군(蜀郡)으로 옮겨 가게 되자 백성들이 울면서 전송하는데 천으로 수가 헤아려졌다.《화양지(華陽志)》

閻憲字孟度. 爲綿竹令, 以禮讓爲化, 民莫敢犯. 男子杜成夜行得遺物, 一囊中有錦二十五疋. 求其主還之曰, 縣有明君, 何敢負其化. 遷屬[248]郡, 民泣涕送之, 以千數.《華陽志》[249]

귀를 어루만져 옥사를 결단하다.[마이단옥(摩耳斷獄)] 방저(方儲)[250]는 자가 성명(聖明)이다. 낙양령(洛陽令)일 때에 공조(功曹)[251]가 두헌(竇憲)[252]의 문객으로 두헌에게 암시를 받아 밤에 사람을 죽이고 머리를 잘라 상자 안에 넣어 마구간의 문 아래에 두었다. 방저를 관직에서 물러나게 하려는 것이었는데 방저가 죽은 자의 귓가를 어루만지며 "누구에게 죽임을 당하였는가?"라 묻고 얼마 후에 "죽은 사람이 공조에게 죽임을 당하였다고 한다."라고 말하였다. 공조를 잡아다 고문하여 추궁하니 모두 자백하였다.《후한서(後漢書)》

方儲字聖明. 爲洛陽令, 功曺竇憲客, 爲憲所諷, 夜殺人, 斷頭着奩中, 置廄門下. 欲令儲去官, 儲摩死者耳邊, 問誰所殺? 有頃曰, 死人言, 爲功曹所殺. 收功曺, 栲竟具服.《後漢書》[253]

잠을 자고 깨어나 간사한 자들을 잡아들이다.[수오득간(睡寤得奸)] 하지(何祗)[254]는 자가 군숙(君肅)이다. 성도령(成都令)에 보임되었는데 늘 잠을 자지만 그가 깨어나기만 하면 바로 간사한 자들을 잡아들이니 사람들이 모두 그의 적발을 두려워하였다. 어떤 사람이 말하기를, 술법이 있어서 감히 속일 수 있는 자가 없다고 하였다. 남에게 산가지를 던지게 하고 하지는 그가 읽는 것을 듣고 마음속으로 계량하는 데 조금[승합(升合)[255]]도 차이가 나지 않았다.《통지(通志)》

---

245. 자산(子產): 춘추시대 정(鄭)나라 대부 공손교(公孫僑)로 자가 '자산'이다. 간공(簡公) 때 경(卿)에 올라 정사를 주도하며 많은 치적을 남겼다.
246. 《춘추좌전(春秋左傳)·양공(襄公)·31년》
247. 염헌(閻憲): 후한(後漢) 한중(漢中) 출신으로 자가 맹도(孟度)이다. 면죽령(綿竹令)을 지내면서 덕정을 베풀었다.
248. 《유원총보》의 '屬'은 '蜀'의 오류이다.[《화양국지(華陽國志)·한중사녀(漢中士女)》]
249. 《화양국지(華陽國志)·한중사녀(漢中士女)》
250. 방저(方儲): 후한(後漢) 단양(丹陽) 출신으로 자가 성명(聖明)이다. 도참(圖讖)에 정통하였고 천문(天文)에 밝았다.
251. 공조(功曺): 한대(漢代)에 군의 속리(屬吏)로 문서를 관장하던 공조참군(功曹參軍)의 약칭이다.
252. 두헌(竇憲): 후한(後漢) 부풍(扶風) 출신으로 자가 백도(伯度)이다. 장제(章帝) 두황후(竇皇后)의 오빠로 거기장군(車騎將軍)에 올라 흉노를 정벌하는 데에 큰 공을 세웠으나 화제(和帝) 때 외척으로서 전횡을 일삼다가 재산을 몰수당하고 자살하였다.
253. 《후한서(後漢書)》에는 위의 기록이 없고, 《태평어람(太平御覽)·형부(刑部)》에 보인다.
254. 하지(何祗): 삼국시대 촉(蜀) 촉군(蜀郡) 출신으로 자가 군숙(君肅)이다. 성도령(成都令), 문산태수(汶山太守), 건위태수(犍爲太守) 등을 역임하였다.
255. 승합(升合): 한 되와 한 홉으로, 적은 양을 가리킨다.

何祗, 字君甫[256]. 補成都令. 常眠睡, 値其覺寤, 輒得奸詐, 衆咸畏祗之發摘. 或以爲有術, 無敢欺者. 使人投算, 祗聽其讀, 而心計之, 不差升合.《蜀志[257]》[258]

복숭아나무로 만든 사람을 끓이다.[자도인(煮桃人)]

만량(萬亮)[259]이 영강령(永康令)일 때에 엄격하여 사람들이 그를 꺼렸다. 이에 복숭아나무로 만량의 모습을 깎아 놓고 땔감을 태워 물에 끓였다. 불길이 세지자 복숭아나무로 만든 사람이 솥에서 뛰어나와 달아났다.《이원(異苑)》

萬亮爲永康令, 嚴刻, 人憚之. 乃以桃木刻作亮身, 燒柴煮湯. 火熾, 桃人自鼎跳去.《異苑》[260]

무당들에게 명하여 농사를 짓게 하다.[늑무위농(勒巫爲農)] 진희량(陳希亮)[261]은 자가 공필(公弼)이다. 호현(鄠縣)을 맡아 다스릴 때에 무당이 해마다 백성들의 재물을 거두어 귀신에게 제사를 지내는데, 그것을 '춘재(春齋)'라고 하면서 그러지 않으면 화재가 난다고 하였다. 민간에서 떠도는 말에, 붉은 옷을 입은 세 노인이 불을 놓는다고 하였다. 진희량이 그것을 금지시키니 백성들이 감히 어기지 못하였고 불도 일어나지 않았다. 미신을 받드는 사당[음사(淫祠)[262]] 수백 곳을 허물고 무당들에게 명하여 농사를 짓게 한 것이 70여 호였다. 그만두고 떠나게 되자 노인들이 전송하는데 경계를 넘어서며 울면서 "공께서 우리를 떠나시면 붉은 옷을 입은 노인들이 다시 나타날 것입니다."라고 말하였다.《송사(宋史)》

陳希亮, 字公弼. 知鄠縣, 有巫覡歲斂民財祭鬼, 謂之春齋, 否則有火災. 民訛言, 有緋衣三老人行火. 希亮禁之, 民不敢犯, 火亦不作. 毁淫祠數百區, 勒巫爲農者, 七十餘家. 及罷去, 父老送之, 出境泣曰, 公去我, 緋衣老人復出矣.《宋史》[263]

죽은 사람과 대화하다.[여사인어(與死人語)] 후한(後漢) 주우(周紆)[264]는 자가 문통(文通)이다. 박평령(博平令)이 되었다가 소릉후상(召陵侯相)으로 옮겨갔는데 아전[정연(廷掾)[265]]이 주우의 엄격함과 분명함을 꺼려 그의 위엄을 깎아내리려고 새벽에 죽은 사람을 가져다 손과 발을 자르고 관아의 문에 세워 놓았다. 주우가 듣고서 바로 가서 죽은 사람의 옆에 다가가 함께 대화하는 것처럼 하면서 몰래 입과 눈을 살펴보니 벼의 까끄라기가 있었다. 이에 은밀히 문지기에게 "볏짚을 신고 성문으로 들어온 자가 누구인가?"라고 물으니, 오직 아전이 있었을 뿐이라고 대답하였다. 또 하인[영하(鈴下)[266]]에게 "외부에 혹시 내가 죽은 사람과 대화한 것을 의심하는 자가 있었는가?"라고 물으니 "아전이 원님을 의심하였습니다."라고 대답하였다. 이에 정연을 잡아다 고문하니 사람을 죽인 것이 아니라 길가의 죽은 사람을 가져왔다고 모두 자백하였다. 이후로 감히 속임수를 쓰는 사람이 없었다.

後漢周紆, 字文通. 爲博平令, 遷召陵侯相, 廷掾憚紆嚴明, 欲損其威, 乃晨取死人, 斷手足, 立寺門. 紆聞便往, 至死人邊, 若與共語狀, 陰察視口眼, 有稻芒. 乃密問守

---

256. 《유원총보》의 '甫'는 '肅'의 오자이다.[《통지(通志)·하지전(何祗傳)》]
257. 《유원총보》의 '蜀志'는 '通志'의 오류이다.[《통지(通志)·하지전(何祗傳)》]
258. 《통지(通志)·하지전(何祗傳)》
259. 만량(萬亮): 내력이 자세하지 않다.
260. 《광박물지(廣博物志)·직관(職官)》
261. 진희량(陳希亮): 송(松) 미주(眉州) 출신으로 자가 공필(公弼)이다. 봉상지부사(鳳翔知府事), 태상소경(太常少卿) 등을 역임하였다.
262. 음사(淫祠): 미신이나 사악한 신을 받드는 사당을 가리킨다.
263. 《송사(宋史)·진희량전(陳希亮傳)》
264. 주우(周紆): 후한(後漢) 서(徐) 출신으로 자가 문통(文通)이다.
265. 정연(廷掾): 지방관인 현령(縣令)의 아전이다.
266. 영하(鈴下): 호위병이나 문지기, 또는 하인을 가리킨다.

門人曰, 誰載藁入城門者? 對唯有廷掾耳. 又問鈴下, 外頗有疑令與死人語者不? 對曰, 廷掾疑君. 乃收廷掾栲問, 具服不殺人, 取道邊死人. 後人莫敢欺者.[267]

사나운 호랑이가 살쾡이가 되다.[포호성리(暴虎成狸)] 종이의(鍾離意)[268]가 하구령(瑕丘令)으로 전임되었는데 예직(倪直)이라는 남자가 용맹스럽고 힘이 있었다. 3일에 한 번 밥을 먹는데 고기 열 근과 쌀 다섯 말을 먹었다. 활과 쇠뇌를 잘 다루어 화살을 날려 도망가는 짐승을 쏘면 백 번에서 한 번도 벗어나지 않았다. 자주 장리(長吏)[269]들을 거스르자 종이의가 관서의 도둑 잡는 아전을 불러 "내가 예전에 제후국의 군대를 쳐부수는 데에 한 척의 무기도 쓰지 않았고 일찍이 사나운 호랑이를 잡는 데에 한 척의 줄도 쓰지 않았다. 마땅히 조심해야 할 것이다."라고 신칙하였다. 다시 예직의 아들인 예섭(倪涉)을 불러 문하에 두었는데 사사로이 관아의 문을 출입하면서 보고하는 경우가 없었다. 예섭을 잡아다가 매질을 하니 예직이 관아의 문으로 달려와 울분을 토하면서 큰소리를 쳤다. 종이의가 "아들을 위하여 굽힐 수 있다면 자신을 결박하여 나에게 사죄할 것이다. 그렇지 않으면 그의 아들을 매질하여 죽일 것이다."라고 말하니 예직이 과연 자신을 결박하였다. 종이의가 "전에 그대들에게 이르기를, 사나운 호랑이를 잡는 데에 한 척의 줄도 쓰지 않았다고 하였는데 그대들이 직접 보니 어떠한가. 호랑이가 자신을 결박하였구나."라고 말하였다. 예직 부자에게 형구를 씌우고 마주하게 하여 고문하니 아전들이 간언을 올렸다. 그제서야 용서해 주자 이로부터 함께 선행을 하였으니 이른바 최고의 덕으로 하는 정치에는 새매가 비둘기로 변하고 사나운 호랑이가 살쾡이가 된다고 한 것이 이것을 이른 것이다.

鍾離意遷瑕丘令, 男子倪直, 勇悍有力. 三日一飯, 十斤肉, 五斗米. 便弓弩, 飛射走獸, 百不脫一. 好犯長吏, 意召署捕盜掾, 勑云, 令昔嘗破三軍之衆, 不用尺兵, 嘗縛暴虎, 不用尺繩. 宜愼之. 復召直子涉, 置門下, 私出入寺門, 無所關白. 收涉鞭之, 直走之寺門, 吐氣大言. 意曰, 能爲子屈者, 自縛謝令. 不則鞭殺其子, 直果自縛. 意曰, 前告汝曹, 縛暴虎, 不用尺繩, 汝自視何如. 虎自縛耶. 械直父子, 對搒之, 掾吏陳諫. 乃貸之, 由是相率爲善, 所謂上德之政, 鷹化爲鳩, 暴虎成貍, 此之謂也.[270]

종이의가 당읍령(堂邑令)이 되자 조서를 내려 관부의 수레를 동원하여 고을 사람인 진장(陳張)에게 종이의를 낙양까지 전송하도록 하였다. 영양(穎陽)을 지날 때 태수가 "그대의 원님과 나는 누가 더 훌륭한가?"라고 물으니 진장이 말하였다. "원님[명부(明府)[271]]께서 임명된 고을에 가실 때에 송별하는 자가 만 명이었습니다. 남자들은 길에서 수레를 붙들고 여인들은 집에서 소리쳐 울었습니다. 이것으로 보건대 아마 미치지 못하실 것입니다."

意爲堂邑令, 詔徵公車縣人陳張送意到洛陽. 過穎陽, 太守問, 汝君與太守, 孰賢? 張曰, 明府之徵邑, 贈送者萬人. 男子攀車於路, 女人號哭於室, 以此觀之, 殆不及也.[272]

풍요로운 곳에 임명했는데도 부유하지 못하다.[치고불윤(置膏不潤)] 공분(孔奮)[273]은 자가 군어(君魚)이다. 고장현(姑臧縣)을 다스린 지 7년 만에 다스림에

267. 《후한서(後漢書)·주우전(周紆傳)》
268. 종이의(鍾離意): 후한(後漢) 회계(會稽) 출신으로 자가 자아(子阿)이다. 상서복야(尙書僕射), 노상(魯相) 등을 역임하였다.
269. 장리(長吏): 한(漢)나라 때 녹봉이 사백석에서 이백석 사이인 현승(縣丞), 현위(縣尉) 등 지방 장관의 보좌관을 통칭하는 말이다. 후에는 고위 관료를 지칭하는 말로 쓰였다. 녹봉이 백석 이하의 아전들은 '소리(少吏)'라고 하였다.
270. 《태평어람(太平御覽)·직관부(職官部)》
271. 명부(明府): 한위(漢魏) 이래 군수(郡守)나 목사(牧使), 현령(縣令)에 대한 존칭으로 쓰였는데 당(唐) 이후로는 현령(縣令)에 대해서만 쓰이게 되었다.
272. 《천중기(天中記)·현령(縣令)》

뛰어난 업적이 있어 관내후(關內侯)의 작위를 하사받았다. 공분은 평소에 효성스러워 부모 봉양에 지극히 부지런하였다. 고장현에 있으면서 오직 노모에게만 좋은 음식을 잘 차려드리고 처자식은 식사로 푸성귀를 먹었다. 당시 사람들이 그를 비웃었고 어떤 사람은 공분을 조롱하여 풍요로운 곳에 임명했는데도 스스로를 부유하게 하지 못한다고 하였지만 공분은 자신의 지조를 바꾸지 않았다.《동관한기(東觀漢記)》

孔奮, 字君魚. 守姑臧七年, 治有絶迹, 賜爵關內侯. 奮素孝, 供養至謹. 在姑臧, 唯老母極珍膳, 妻子飯食蔥芥. 時人笑之, 或嘲奮曰, 置脂膏中, 不能自潤, 而奮不改其操.《東觀》[274]

제단(祭壇)을 마련하고 잘못을 자기 탓으로 돌리다. [설단인구(設壇引咎)] 공사목(公沙穆)[275]이 홍농령(弘農令)일 때에 경내에 메뚜기가 발생하여 벼를 먹어치웠다. 공사목이 제단을 마련하고 잘못을 자기 탓으로 돌리면서 목숨으로 기도하겠다고 청하자 이에 폭우가 내렸고 메뚜기는 순식간에 사라졌다.

公沙穆爲弘農令, 界有蝗蟲食禾. 穆設壇引咎, 請以身禱, 於是暴雨來, 螟蟲頓消.[276]

영구(靈柩)를 멀리 바라보며 제수를 차려놓다. [망구설전(望柩設奠)] 유번(劉蕃)[277]이 강하(江夏)의 고신령(高新令)을 지내다가 죽자 백성들이 부모상을 당한 듯이 하였다. 장차 (영구가) 떠나려 할 때에 제사를 받지 않자 아전과 백성들이 곳곳에서 길가에 모여 영구를 바라보며 제수를 차려놓고 술을 따르며 곡하였다.

劉蕃爲江夏高新令, 及卒, 百姓如喪父母. 將歸, 不受祭, 吏民往往相聚於路側, 望柩設奠, 酹而哭之.[278]

들에 소를 방목하다. [방우어야(放牛於野)] 《속한서(續漢書)》의 기록이다. 왕환(王渙)[279]이 하남(河南) 온현령(溫縣令)이 되었는데 고을의 풍속이 사납고 거칠었다. 왕환이 고을에 이르러 훌륭한 사람을 등용하고 교활한 자들을 벌하니 길에서 떨어진 물건을 줍는 사람이 없었고 잘 때에 문을 닫지 않았으며 모두가 들에 소를 방목하였다.

續漢書. 王渙爲河南溫縣令, 土俗豪强. 渙到縣, 擧賢誅猾, 道不拾遺, 臥不閉門, 皆放牛於野.[280]

빈왕(邠王)의 하인들을 잡아들이다. [금포왕노(擒捕王奴)] 최교(崔皎)[281]가 장안령(長安令)일 때에 빈왕 이수례(李守禮)[282]의 부하[부곡(部曲)[283]] 여럿이 말을 도둑질하였다. 승위(丞尉)[284] 이상의 책임자들이 감히 조사하지 못하자 그의 부하들이 더욱 심하게 굴었다. 부(府)와 현(縣)에서 감히 말하는 자가 없자 최교가 법을 마련하여 여러 부하들을 잡아들이도록 하니 빈왕의 집으로 숨어 버렸다. 최교가 가서 잡아오도록 명하자 빈왕이 두려워서 모두 목을 졸라 죽이고 거

---

273. 공분(孔奮): 후한(後漢) 무릉(武陵) 출신으로 자가 군어(君魚)이다. 풍요로운 지방관의 자리에 있으면서 청빈한 생활을 하였다는 고사에서 '지고불윤(脂膏不潤)'이란 성어가 생겨났다.
274. 《동관한기(東觀漢記)·공분전(孔奮傳)》
275. 공사목(公沙穆): 후한(後漢) 교동(膠東) 출신으로 자가 문예(文乂)이다. 홍농령(弘農令), 요동국도위(遼東國都尉) 등을 역임하였다.
276. 《후한서(後漢書)·공사목전(公沙穆傳)》
277. 유번(劉蕃): 내력이 자세하지 않다.
278. 《북당서초(北堂書鈔)·설관부(設官部)》
279. 왕환(王渙): 후한(後漢) 광한(廣漢) 출신으로 자가 치자(稚子)이다. 연주자사(兗州刺史), 낙양령(洛陽令) 등을 역임하였다.
280. 《후한서보일(後漢書補逸)·왕환전(王渙傳)》
281. 최교(崔皎): 당대(唐代) 사람으로 시어사(侍御史), 호부시랑(戶部侍郞) 등을 역임하였다.
282. 이수례(李守禮): 당(唐)나라 종실로 처음 이름은 광인(光仁)이다. 중종(中宗) 시기에 빈왕(邠王)에 봉해지고 예종(睿宗) 시기에 사공(司空)에 발탁되었다.
283. 부곡(部曲): 세도가의 사병(私兵)을 가리킨다.
284. 승위(丞尉): 승(丞)과 위(尉)로 현령 아래의 벼슬이다.

리의 나무에 걸어 놓으니 경내가 조용해졌다.

崔皎爲長安令, 邠王守禮部曲數輩盜馬. 丞前[285]以上長兄[286], 不敢按問, 奴輩愈甚. 府懸莫敢言者, 皎設法擒捕群奴, 潛匿王家. 皎命就擒之, 王懼, 盡縊殺, 縣於街樹, 境內肅然.[287]

푸른 두건으로 모욕을 보이다.[벽건시욕(碧巾示辱)] 이봉(李封)[288]이 연릉령(延陵令)일 때에 아전과 백성들이 죄를 지으면 체벌을 가하지 않고 단지 푸른 두건을 매도록 하고 어긴 죄의 경중에 따라 날짜수로 등급을 매겼다. 이 복장을 하고 다니면 고을 사람들이 큰 수치로 여겨 모두가 서로 권선하고 힘썼다. 관직을 떠날 때까지 끝내 한 사람도 매질을 하지 않았다.

李封爲延陵令, 吏人有罪, 不加杖罰, 但令裹碧頭巾, 隨所犯輕重, 以日數爲等級. 着此服出入, 州鄕以爲大恥, 皆相勸勵. 去官, 竟不捶一人.[289]

관을 벗고 마침내 관직을 떠나다.[면구수거(免寇遂去)] 공우(貢禹)[290]가 하남령(河南令)이 된 지 1년여만에 직무상의 작은 잘못으로 주(州)의 장관에게 책망을 받아 관을 벗고 사죄하였다. 공우가 "관을 한 번 벗었으면 어떻게 다시 쓸 수 있겠는가."라 말하고 마침내 관직을 떠났다.

貢禹爲河南令, 歲餘, 以職事少失, 爲府官所責, 免冠謝. 禹曰, 冠一免, 安可復冠也. 遂去官.[291]

칼을 풀어 벽에 걸다.[해검괘벽(解劍掛壁)] 조양(趙咩)[292]이 젊어서 유협(遊俠)을 좋아하여 고을에서 칼을 차고 다녔다. 정장(亭長)[293]을 방문하였는데 정장이 그를 꾸짖자 탄식하며 "큰 뜻이 없기 때문에 하찮은 벼슬아치에게 무시당할 뿐이다."라고 말하였다. 칼을 풀어 벽에 걸어 놓고 "내가 가벼운 수레를 타고 인끈을 차지 못한다면 다시는 칼을 차지 않겠다."라고 말하였다. 이어 경사(京師)로 가서 태학(太學)에 들어가 학업을 받으며 《춘추(春秋)》를 공부하였다. 행실을 바꾸고 절조를 가다듬으니 이름과 덕이 마침내 칭송되었고 야왕령(野王令)에 제수되자 마침내 칼을 풀어서 찼다. 정무를 다스림이 청렴하고 간략하였으며 몸소 아랫사람에게 솔선하였다. 불을 때서 밥을 짓지 않고 항상 말린 양식을 먹었다.

趙咩少好遊俠, 行部帶劍. 過亭長, 亭長譴之, 乃歎曰, 無大志故, 爲竪吏所輕耳. 于是解劍掛壁曰, 咩不乘輕車佩綬, 不復帶劍. 因之京師, 詣太學, 受業治春秋. 變行厲操, 名德遂稱, 除野王令, 乃解劍帶之. 治官清約, 以身率下. 烟火不擧, 常食乾糒.[294]

수레 다섯 대 분량의 책을 읽다.[독오거서(讀五車書[295])] 송(宋) 오정(吳靖)[296]이 장사령(長沙令)일 때에 하루는 스스로 탄식하며 말하였다. "수레 다섯 대 분의 책을 읽으며 10년을 고생하였으나 조정의 반열에 들지 못 한 채, 머리는 벌써 거의 세었고 자취는 떠도는 신세로 아직도 현령을 맡고 있으니 도연명은 또

285. 《유원총보》의 '前'은 '尉'의 오자이다.[《당신어(唐新語)·지법(持法)》]
286. 《유원총보》의 '兄'은 '令'의 오자이다.[《당신어(唐新語)·지법(持法)》]
287. 《당신어(唐新語)·지법(持法)》
288. 이봉(李封): 내력이 자세하지 않다.
289. 《봉씨문견기(封氏聞見記)·기정(奇政)》
290. 공우(貢禹): 전한(前漢) 낭야(琅邪) 출신으로 자가 소옹(少翁)이다. 간대부(諫大夫), 어사대부(御史大夫) 등을 역임하였다.
291. 《한서(漢書)·공우전(貢禹傳)》
292. 조양(趙咩): 한(漢) 파군(巴郡) 출신으로 공거령(公車令)을 역임하였다.
293. 정장(亭長): 진한(秦漢) 시기 고을에 10리마다 설치된 정(亭)에서 치안과 여행객의 숙박을 관장하던 벼슬을 가리킨다. '정리(亭吏)', '정원(亭員)'이라고도 한다.
294. 《태평어람(太平御覽)·직관부(職官部)》
295. 오거서(五車書): 매우 많은 독서량을 비유한다. 당(唐) 두보(杜甫)의 〈백학사의 초가집에 쓰다(題柏學士茅屋)〉의 마지막 구절에, "남자라면 모름지기 수레 다섯 대 분량의 책을 읽어야 하리라(男兒須讀五車書)"고 한 데서 유래한 말이다.
296. 오정(吳靖): 내력이 자세하지 않다.

한 어떤 사람이었던가."

宋吳靖爲長沙令, 一日自嘆曰, 讀五車書, 辛苦十年, 不得掇鴛鷺班[297], 髮已垂白, 縱跡飄零, 尙爲百里[298], 陶元亮[299]復何人耶.[300]

경주용 배를 그만두게 하다.[지긍도선(止兢渡船)]

오대(五代) 소결(蕭結)[301]이 기양령(祁陽令)일 때에 한창 늦봄인데 당시에 주(州)에서 공문이 내려와 용선(龍船) 경주[경도(競渡)[302]]에 필요한 배를 요구하고 자사가 직접 참여하여 관람한다고 하였다. 소결이 화가 나서 공문에 비답을 적기를, "볏모가 잎이 다섯 장 열리고 누에가 자라 세 잠을 자니, 백성들이 모두 바쁘게 쫓기는데 무슨 배를 젓겠다는 것입니까."라고 하자 자사가 그로 인해 그만두었다.

五代蕭結爲祁陽令, 方暮春, 時有州符下, 取競渡船, 刺史將臨觀. 結怒, 批其符曰, 秧開五葉, 蠶長三眠, 人皆忙迫, 划甚[303]閒船. 守爲止之.[304]

물은 댈 수 없다.[수불가도(水不可導)] 송(宋) 장급(張及)[305]이 임공현(臨邛縣)을 맡았는데 태수가 물을 끌어다가 배를 띄우려고 현에 아전을 파견해서 저수지의 물을 트도록 하였다. 이때 농사가 한창 시작될 때라 장급이 아전에게 말하였다. "백성들의 밭을 말려 가며 놀이를 일삼는 것이 옳겠는가. 현령은 그만둘 수 있지만 물은 댈 수 없다." 태수가 이 말을 듣고 안색을 가다듬고 사과하였다.

宋張及知臨邛縣, 太守欲引水泛舟, 遣吏于縣, 決堰水. 時農事方興, 及謂吏曰, 涸民田以事嬉遊, 可乎? 令可去, 水不可導. 守聞之, 斂容以謝.

백성들 위하느라 초췌해지다.[빈위민초(鬢爲民焦)]

남당(南唐) 요응(廖凝)[306]이 도창현(都昌縣)의 현령을 지냈는데 청렴으로 자신을 지켰다. 임기가 끝나자[질만(秩滿)[307]] 수강사(修江寺)[308]에서 다음과 같은 시를 지었다.[309]

五斗徒勞更折腰,	쌀 다섯 말에 헛수고만 했고 또 허리까지 꺾었으며,
三年[310]兩鬢爲民焦.	3년 동안 양쪽 살쩍은 백성들 위하느라 초췌해졌네.
今朝解印[311]言歸去,	오늘 아침 인끈을 풀고 〈귀거래사〉를 읊는데,
還挈來時舊酒瓢.	다시 들고 가는 것은 올 때의 옛 술 바가지로다.

南唐廖凝爲都昌縣宰, 以廉自守. 秩滿, 題詩修江寺, 五斗徒勞更折腰, 三年兩鬢爲民焦, 今朝解印言歸去,

297. 원로반(鴛鷺班): 원추새와 백로가 줄 지어 있듯이 조정에 늘어선 관원의 반열을 비유한다.
298. 백리(百里): 현이나 그 수령인 현령의 별칭이다. 현령이 관할하는 땅이 사방 백 리인 데서 유래하였다.
299. 도원량(陶元亮): 남조(南朝) 동진(東晉)의 도연명(陶淵明)으로 '원량'은 자이다. 팽택령(彭澤令)을 지내다가 독우(督郵)에게 허리를 굽히기 싫어 '오두미(五斗米)' 때문에 소인배에게 허리를 굽힐 수는 없다는 말을 남기고 관직을 그만둔 고사로 유명하다.
300. 《고금사문유취외집(古今事文類聚外集)·현관부(縣官部)》
301. 소결(蕭結): 내력이 자세하지 않다.
302. 경도(競渡): 단오절 때 행하는 용선(龍船) 경주를 이른다. 춘추시대 월왕(越王) 구천(句踐)이 오자서(伍子胥)를 기리기 위해 시작하였다는 설과 전국시대 때 초(楚)나라의 애국시인인 굴원(屈原)의 넋을 기리기 위해 시작하였다는 설이 있다.
303. 甚: 의문사로 '하(何)'의 구어체이다.
304. 《산당사고(山堂肆考)·신직(臣職)》
305. 장급(張及): 내력이 자세하지 않다.
306. 요응(廖凝): 남당(南唐) 형양(衡陽) 출신으로 자가 희적(熙績)이다. 도창령(都昌令), 연주자사(連州刺史) 등을 역임하였다.
307. 질만(秩滿): 관리의 임기가 다 찬 것을 이르는 말이다.
308. 수강사(修江寺): 수강(修江)은 광서성(廣西省) 수인현(修仁縣)에 있는 강 이름인데 이곳에 있는 절 이름으로 보인다.
309. 시제(詩題)는 〈팽택령처럼 사직하다(彭澤解印)〉로 《전당시(全唐詩)·요응(廖凝)》 권740에 전한다.
310. 삼년(三年): 지방관의 임기를 가리킨다. 고대 중국에서는 3년마다 고과성적을 매겨서 지방관을 교체하거나 승진시켰다.
311. 해인(解印): 관인(官印)을 풀어 반납하는 데서 유래하여 관직을 그만두는 것을 뜻한다.

還挈來時舊酒瓢.[312]

부친이 병에 걸리자 벼슬을 그만두다.[부질기관(父疾棄官)] 유검루(庾黔婁)[313]는 유이(庾易)[314]의 아들이다. 어려서부터 학문을 좋아하였고 성품이 지극히 효성스러웠다. 남제에서 벼슬하여 잔릉령(孱陵令)이 되었는데 정무에 뛰어난 업적이 있었다. 부친이 고향에서 병에 걸리자 갑자기 심장이 두근거리고 땀이 흘러 즉시 벼슬을 그만두고 귀향하였다. 매일 저녁 북두성에 이마를 조아리며 자신이 대신할 수 있기를 기도하였다.

庾黔婁, 易子也. 少好學, 性至孝. 仕南齊, 爲孱陵令, 政有異績. 父在家遘疾, 忽心驚流汗, 卽棄官歸. 每夕稽顙北辰, 求以身代.[315]

군대를 옮겨 운송비를 절감하다.[이병성비(移兵省費)] 송(宋) 오시(吳時)[316]가 정현(鄭縣)을 맡았을 때 전운사(轉運使)[317]가 화주(華州)에 격문을 보내 쌀 5만 섬을 장안으로 수송하도록 하였다. 오시가 말하기를, "옛날에는 군대를 동원하면 식량을 싸서 군사들을 먹였고 일이 없으면 군대를 이동시켜 식량이 있는 곳으로 갔습니다. 만일 군대를 화주로 이동시킨다면 운송비를 절감할 수 있을 것입니다."라고 하자 전운사가 그의 말을 따랐다.

宋吳時知鄭縣, 轉運使檄華州, 餽米五萬輸長安. 時曰, 古者用師則裹糧以養兵, 無事則移兵以就食. 誠移兵于華, 則運費可省. 轉運從其言.[318]

괴이한 새가 밤에 울다.[요금야제(妖禽夜啼)] 송(宋) 심희안(沈希顏)[319]이 가우(嘉祐)[320] 연간에 우도현(雩都縣)을 맡았는데 청사 뒤에서 밤에 괴이한 새가 울자 심희안이 그 나무에 다음과 같이 적었다.

此處離朝路幾千, 이곳은 조정에서 수천 리 떨어진 곳이지만,
爲官不取一文[321]錢. 관직을 지내면서 동전 한 닢 취하지 않았네.
平生弗養無情鳥, 평생 무정한 새를 키우지 않았건만,
遮莫[322]妖禽夜哭天? 어찌 괴이한 새가 밤에 하늘 향해 우는가?

이튿날 아침 새는 떠나고 없었다. 현을 다스리는 3년 동안 재난이 일어나지 않았고, 온갖 폐지되었던 것들이 모두 시행되었다.

宋沈希顏, 嘉祐間, 知雩都縣. 公宇後妖禽夜啼, 希顏書其木云, 此處離朝路幾千, 爲官不取一文錢. 平生弗養無情鳥, 遮莫妖禽夜哭天? 詰旦禽去. 治縣三年, 災沴不生, 百廢具擧.[323]

문에 방을 붙여 식량을 받다.[방문수향(牓門受餉)] 양(梁) 장성령(長城令) 하경숙(何敬叔)[324]은 동해(東

312. 《호광통지(湖廣通志)·인물지(人物志)》
313. 유검루(庾黔婁): 남조(南朝) 제량(齊梁) 사람으로 자가 자정(子貞)이다. 남제(南齊)에서 편현령(編縣令), 잔릉령(孱陵令), 촉군태수(蜀郡太守)를 지냈고 양(梁)에서 산기상시(散騎常侍)를 역임하였다.
314. 유이(庾易): 남조(南朝) 제(齊) 사람으로 강릉(江陵)에 은거하며 여러 제왕으로부터 표기참군(驃騎參軍), 태자사인(太子舍人) 등의 관직으로 부름을 받았으나 응하지 않았다.
315. 《남사(南史)·유이전(庾易傳)》
316. 오시(吳時): 송(宋) 공주(邛州) 출신으로 자가 신도(伸道)이다. 벽옹사업(辟雍司業), 제거(提擧) 등을 역임하였다.
317. 전운사(轉運使): 당송 시기 군량의 수송과 교통을 관장하던 벼슬로, '운사(運使)', '대조(大漕)' 등으로도 일컬어진다.
318. 《산당사고(山堂肆考)·신직(臣職)》
319. 심희안(沈希顏): 송(宋) 사명(四明) 출신으로 자가 기성(幾聖)이다.
320. 가우(嘉祐): 송(宋) 인종(仁宗)의 연호(1056-1063)이다.
321. 문(文): 동전을 세는 양사이다. 남북조(南北朝) 이래 동전에 문자를 새긴 데서 유래하였다.
322. 차막(遮莫): 어째서, 설령 …일지라도, …을 막론하고, …하지 말라 등 다양한 의미로 쓰인다.
323. 명(明) 호아곤(胡我琨)《전통(錢通)·사화(詞話)》
324. 하경숙(何敬叔): 남조(南朝) 제량(齊梁) 동해(東海) 출신으로 장성령(長城令), 여요령(餘姚令) 등을 역임하였다.

海) 담현(郯縣) 출신으로 본디 청렴하였다. 하루는 현청사의 문에 식량을 받겠다는 방을 붙여서 쌀 2천 섬을 거두고 다른 물품도 이에 상응하게 하였는데 모두 가난한 사람에게 대여하여 세금을 내도록 하였다.

梁長城令何敬叔, 東海剡人, 素淸廉. 一日牓縣門受餉, 得米二千斛, 他物稱是, 悉以貸貧民輸租.[325]

벼루 하나를 얻은 것을 후회하다.[회취일연(悔取一硯)] 송(宋) 장순민(張舜民)[326]이 양락현(襄樂縣)을 다스리다가 교대하고 떠날 때 오직 벼루 하나를 가져갔는데 뒤에 그것마저 후회하였다.

宋張舜民知襄樂縣, 及代去, 惟取一石硯, 後猶追恨.[327]

배를 붙잡고 울다.[반주이읍(攀舟而泣)] 송(宋) 원우(元祐)[328] 초엽에 하집중(何執中)[329]이 해염현(海鹽縣)을 맡았는데 정사를 시행함에 선후를 잘 알아 고을 사람들이 그의 열 가지 뛰어남을 기록하였다. 임기가 차서 떠나게 되자 노인들이 유임을 청하며 배를 붙잡고 울었다.

宋元祐初, 何執中知海鹽縣, 爲政識先後, 邑人紀其十異. 滿去, 父老乞留, 攀舟而泣.[330]

현령(縣令)이 명령을 어기다.[현령거명(縣令拒命)] 당(唐) 양창(楊瑒)[331]이 인유령(麟遊令)이 되었는데 당시에 두회정(竇懷貞)[332]이 금선관(金僊觀)과 옥진관(玉眞觀)이라는 두 도관(道觀)을 크게 지으면서 경기 지역 백성들의 재물을 거두어 경비에 보태도록 격문을 보냈다. 양창이 완고하게 거절하며 응하지 않자 두회정이 화가 나서 "현령이 대부의 명을 거부하는가?"라고 말하였다. 양창이 "따지는 것은 백성들의 억울함일 뿐인데 어찌 지위의 고하를 따지십니까."라고 말하자 두회정은 그의 답변을 훌륭하게 여겨 결국 그만두고 거두지 않았다.

唐楊瑒爲麟游令, 時竇懷貞大營金僊·玉眞二觀, 檄取畿內民貲, 以佐費. 瑒固拒不應, 懷貞怒曰, 縣令拒大夫命乎? 瑒曰, 所論者, 民冤抑耳, 何論位高下乎. 懷貞壯其對, 遂止不取.[333]

안회(顔回)와 민자건(閔子騫)에게 비웃음을 당하다.[안민소소(顔閔所笑)] 송(宋) 윤천민(尹天民)[334]이 상여현(相如縣)을 맡았다. 당시에 왕보(王黼)[335]가 국정을 담당하고 있었는데 옛날 태학에 있을 때 바로 윤천민이 속해 있던 학사의 유생[재생(齋生)[336]]이었다. 윤천민에게 왕보를 배알하라고 강권하는 이가 있었는데 윤천민이 웃으며 말하였다. "왕승상을 만나면 어찌 좋은 관직을 얻지 못하겠소만 안회와 민자건에게 비웃음을 당할까 염려됩니다."

宋尹天民知相如縣. 時王黼得政, 舊在太學, 乃天民所隷齋生也. 有强天民謁黼者, 天民笑曰, 見王丞相, 豈不得好官. 恐爲顔閔所笑.[337]

---

325. 《태평어람(太平御覽)·인사부(人事部)》
326. 장순민(張舜民): 송(宋) 빈주(邠州) 출신으로 자가 운수(芸叟)이다. 이부시랑(吏部侍郎)을 지냈다.
327. 《산당사고(山堂肆考)·신직(臣職)》
328. 원우(元祐): 송(宋) 철종(哲宗)의 연호(1086-1093)이다.
329. 하집중(何執中): 송(宋) 처주(處州) 출신으로 자가 백통(伯通)이다. 태부(太傅)를 지냈다.
330. 《송사(宋史)·하집중전(何執中傳)》
331. 양창(楊瑒): 당(唐) 괵주(虢州) 출신으로 자가 요광(瑤光)이다. 호부시랑(戶部侍郎), 좌산기상시(左散騎常侍) 등을 역임하였다.
332. 두회정(竇懷貞): 당(唐) 경조(京兆) 출신으로 자가 종일(從一)이다. 좌복야(左僕射)를 지냈다.
333. 《신당서(新唐書)·양창전(楊瑒傳)》
334. 윤천민(尹天民): 송(宋) 회창(會昌) 출신으로 자가 선현(先賢)이다. 태학박사(太學博士), 상여현(相如縣)의 현령 등을 역임하였다.
335. 왕보(王黼): 송(宋) 개봉(開封) 출신으로 자가 장명(將明)이다. 특진(特進), 태위(太尉) 등을 역임하였다.
336. 재생(齋生): 태학 소속의 학생을 가리킨다. 《송사(宋史)·선거지(選擧志)》에, "태학에는 80개의 학사를 두었고, 학사마다 각각 다섯 칸으로 30명을 수용하였다.(太學置八十齋, 齋各五楹, 容三十人)"라는 기록이 있다.

깃발에 글을 써 전별의 선물로 주다.[제기위전(題旗爲餞)] 송(宋) 양근(楊瑾)[338]이 화정현(華亭縣)을 맡았는데 정사를 시행하는 것이 조리가 있어 위아래의 사람들이 모두 믿고 따랐으며 경내 사람들이 다스림을 칭송하였다. 임기가 차니 고을의 노인들이 눈물을 흘리며 전송하였고 아울러 두 개의 깃발을 전별의 선물로 주었는데 그 위에 다음과 같이 쓰여 있었다. "농부들이라 시를 지을 줄 몰라, 단지 한결같이 좋은 원님이었다고만 칭송하네."

宋楊瑾知華亭縣, 施政有條, 上下信服, 境內稱治. 秩滿, 鄕老泣送, 且以二旗爲餞, 題其上曰, 農人不會題詩句, 但稱一味好官人.[339]

창려관(昌黎[340]館) 송(宋) 정화(政和)[341] 초엽에 한관(韓瓘)[342]이 어잠현(於潛縣)을 다스리면서 이로운 일을 일으키고 해로운 일을 제거하니 백성들이 매우 고맙게 여겼다. 정사가 한가로울 때면 항상 작악산(岝㟧山)에 있는 동쪽 정자에서 거닐며 쉬었기 때문에 후세 사람들이 지목하여 '창려관(昌黎館)'이라고 하여 떠난 뒤의 그리움[거사(去思)[343]]을 기탁하였다.

宋政和初, 韓瓘爲於潛縣, 興利除害, 民甚德之. 政暇, 嘗遊憩于岝㟧山之東軒, 後人因目爲昌黎館, 以寓去思.[344]

채소를 내버리고 눈물을 흘리다.[기속이읍(棄蔌而泣)] 제(齊) 악예(樂預)[345]가 영세령(永世令)을 지내다가 병으로 죽었다. 한 노파가 채소를 메고 와서 시장에서 팔다가 이 소식을 듣고 크게 울면서 팔던 채소를 내버리고 눈물을 흘리며 "악현령을 잃었으니 우리는 마땅히 죽어야 할 것이오."라고 말하자 온 시장 사람들이 모두 눈물을 흘렸다.

齊樂豫[346]爲永世令, 病卒. 有老嫗擔蔌, 貨於市, 聞之大泣, 棄所貨蔌, 而泣曰, 失樂令, 我輩應就死爾. 一市人皆泣.[347]

술을 들고 환영하다.[봉주이영(捧酒以迎)] 당(唐) 위경준(韋景駿)[348]이 비향령(肥鄕令)을 지내다가 뒤에 조주장사(趙州長史[349])가 되었다. 길을 나서 비향(肥鄕)에 가게 되었는데 백성들이 기뻐하면서 다투어 술과 음식을 들고서 맞이하여 잔치를 열었다. 한 어린 아이가 그 안에 있자 위경준이 "아직 너희들이 태어나기 전에 내가 고을을 떠났으니 옛 은혜가 있는 것도 아닌데 무슨 연고로 환영하러 왔느냐?"라고 하니 대답하였다. "노인들께서 저희에게 말씀하시기를 학교, 숙소, 다리, 제방 등을 모두 어르신께서 만드셨다고 하였습니다. 저희 생각에는 어르신이 옛날 사람이라고 생각했는데 이제 다행히도 직접 뵙게 되어 환영하러 온 것입니다." 위경준이 그 뜻을 가상히 여겨 종일을 머물렀다.

---

337. 《산당사고(山堂肆考)·신직(臣職)》
338. 양근(楊瑾): 내력이 자세하지 않다.
339. 《산당사고(山堂肆考)·신직(臣職)》
340. 창려(昌黎): 당(唐) 한유(韓愈)가 스스로 관적(貫籍)을 '창려(昌黎)'라고 하였고 송(宋)나라 때에 그의 후손이 '창려백(昌黎伯)'에 봉해졌다.
341. 정화(政和): 북송(北宋) 휘종(徽宗)의 연호(1111-1117)이다.
342. 한관(韓瓘): 참지정사(參知政事)를 지낸 한억(韓億)의 증손자로 자는 덕전(德全)이고 개봉(開封) 출신이다. 수주지주사(秀州知州事)와 어잠현(於潛縣)의 현령 등을 역임하였다.
343. 거사(去思): 관리가 떠난 뒤에 그를 그리워하는 것을 뜻한다.
344. 《산당사고(山堂肆考)·신직(臣職)》
345. 악예(樂預): 남조(南朝) 제(齊) 남양(南陽) 출신으로 자가 문개(文介)이다. 영세령(永世令)을 지냈다.
346. 《유원총보》의 '豫(예)'는 '預'의 오자이다.[《남사(南史)·악예전(樂預傳)》]
347. 《남사(南史)·악예전(樂預傳)》
348. 위경준(韋景駿): 당(唐) 경조(京兆) 출신으로 조주장사(趙州長史), 방주자사(房州刺史) 등을 역임하였다.
349. 장사(長史): 한나라 이후로 승상부(丞相府)나 장군부(將軍府)에서 병마(兵馬)를 관장하던 벼슬 이름이다. 당나라 이후로는 주로 자사(刺史)의 속관이었다.

唐韋景駿歷肥鄕令, 後爲趙州刺史[350]. 道出肥鄕, 民喜, 爭捧酒食, 迎犒. 有小兒亦在其中, 景駿曰, 方兒曹未生, 而吾去邑, 非有舊恩, 何故來迎? 對曰, 耆老爲我言, 學廬 . 館舍 . 橋障, 皆公所爲. 意公爲古人, 今幸親見, 所以來迎. 駿嘉其意, 爲留終日.[351]

청렴하고 결백하며 단정하고 신중하다.[청백단근(淸白端謹)] 송(宋) 포요인(蒲堯仁)[352]이 태화현(太和縣)을 맡았는데 청렴하고 결백하였으며 단정하고 신중하였다. 자신에 대한 대우는 더욱 빈약하게 하여 열흘이 지나도록 고기 맛을 보지 않으면서, "나는 먹는 것으로 남에게 누를 끼치지 않겠다."라고 말하였다. 관직 생활하는 3년이 하루 같았다.

宋蒲堯仁知太和縣, 淸白端謹, 自奉尤薄, 經旬不知肉味, 曰吾不以口腹累人. 爲官三年, 如一日.[353]

백성들을 알아보는 것이 거의 반이 되다.[식민차반(識民且半)] 송(宋) 정번(程璠)[354]이 풍성현(豐城縣)을 맡았는데 식견이 뛰어났다. 산천과 도로, 사람들의 이름을 눈으로 한 번 보거나 귀로 잠시 들은 것이 해가 지나면서 비록 많아지더라도 결코 잊어버리지 않았다. 고을을 다스린 지 3년 만에 백성들을 알아보는 것이 거의 반이나 되었다.

宋程璠知豐城縣, 識見高爽. 凡山川 · 道途 · 人物名氏, 目所一見, 耳所暫聞, 越年雖多, 不復忘廢. 爲邑三年, 識其民且半.[355]

상서로운 연꽃과 특별한 벼[서련가화(瑞蓮[356]嘉禾[357])] 송(宋) 사마흔(司馬掀)[358]이 수창현(遂昌縣)을 맡아서 백성을 돌보는 데에 마음을 기울였다. 교화가 크게 행해지자 상서로운 연꽃과 특별한 벼의 감응이 있었다.

宋司馬掀知遂昌縣, 留心撫字. 敎化大行, 有瑞蓮嘉禾之應.[359]

흰 참새와 푸른 사슴[백작청록(白雀靑鹿)] 오재목(吳在木)[360]이 함평(咸平)[361] 연간에 여간현(餘干縣)을 맡았는데 흰 참새와 푸른 사슴의 상서로움이 있자 백성들이 다음과 같이 노래하였다.

吳公木,	오공께서는
政嚴肅.	정사가 엄격하시네.
惡者憂羈囚,	악한 자는 갇힐 것을 걱정하고,
善者樂化育.	선한 자는 교화에 즐거워하네.
鳥有白翎雀,	조류로 흰 깃털의 참새가 나오고,
獸有靑毛鹿.	짐승으로 푸른 털의 사슴이 나왔네.
不見犬聲急人走,	개 짖는 소리와 급한 사람 달리는 모습 보이지 않고,
昔日屢空今皆足.	예전에는 늘 빈곤하였으나 지금은 모두가 넉넉하네."

吳在木, 咸平中知餘干縣, 有白雀靑鹿之祥, 民歌曰. 吳公木, 政嚴肅. 惡者憂羈囚, 善者樂化育. 鳥有白翎雀, 獸有靑毛鹿. 不見犬聲急人走, 昔日屢空今皆足.[362]

---

350. 《유원총보》의 '刺史'는 '長史'의 오류이다.[《신당서(新唐書) · 위경준전(韋景駿傳)》]
351. 《신당서(新唐書) · 위경준전(韋景駿傳)》
352. 포요인(蒲堯仁): 송(宋) 복주(福州) 출신으로 자가 언성(彦性)이다. 태화현(太和縣) 현령을 지냈다.
353. 《산당사고(山堂肆考) · 신직(臣職)》
354. 정번(程璠): 송(宋) 개봉(開封) 출신으로 자가 중온(仲韞)이다. 화주통판(和州通判), 습주통판(隰州通判) 등을 역임하였다.
355. 《이정문집(二程文集) · 정낭중묘지(程郞中墓誌)》
356. 서련(瑞蓮): 한 줄기에 두 송이의 꽃이 핀다는 상서로운 연꽃을 가리킨다.
357. 가화(嘉禾): 옛날 사람들이 길조로 여기던 특별한 벼를 가리킨다. 혹은 품질이 좋은 쌀을 의미하기도 한다.
358. 사마흔(司馬掀): 송(宋)나라 사람으로 자가 중거(仲擧)이다. 수창현(遂昌縣)의 현령을 지냈다.
359. 《산당사고(山堂肆考) · 신직(臣職)》
360. 오재목(吳在木): 내력이 자세하지 않다.
361. 함평(咸平): 북송(北宋) 진종(眞宗)의 연호(998-1003)이다.
362. 《산당사고(山堂肆考) · 신직(臣職)》

하늘에 부끄럽지 않다.[불괴창천(不愧蒼天)] 송(宋) 장지재(張之才)[363]가 소성(紹聖)[364] 초엽에 양성현(陽城縣)을 맡았는데 임지를 떠나게 되자 탕왕(湯王)의 사당[탕묘(湯廟)[365]]에 작별을 고하면서 다음과 같은 시를 남겼다.

一官來此四經春,	한 번 관직을 맡아 이곳에 와서 봄을 네 번 지내며,
不愧蒼天不愧民.	하늘에 부끄럽지 않았고 백성들에게 부끄럽지 않았네.
神道有靈應信我,	신령께서 영험함이 있다면 응당 나를 믿으시리니,
去時猶似到時貧.	떠날 때도 여전히 올 때와 같이 가난하구나.

宋張之才, 紹聖初知陽城縣, 及去任, 辭湯廟詩云. 一官來此四經春, 不愧蒼天不愧民, 神道有靈應信我, 去時猶似到時貧.[366]

중모(中牟)의 훌륭한 현령[중모양령(中牟良令)]

진후(晉侯)[367]가 조무(趙武)[368]에게 "중모(中牟)는 세 나라의 팔과 다리이고 한단의 어깨와 넓적다리입니다. 과인은 그곳에 훌륭한 현령을 두고자 하는데 누가 좋겠습니까?"라고 물으니 조무가 대답하였다. "형백(邢伯)이 좋겠습니다."〈한비자(韓非子)〉

晉侯問趙武曰, 中牟, 三國之股肱, 邯鄲之肩髀. 寡人欲其得良令也, 誰可爾? 武曰, 邢伯可.〈韓子〉[369]

차라리 세 말의 쑥을 먹겠다.[영식두애(寧食斗艾)] 굴돌개(屈突蓋)[370]가 장안령(長安令)일 때에 위엄으로 소문이 났었다. 당시 사람들이 말을 지어 이르기를, "차라리 세 말의 쑥을 먹지 굴돌개를 보지 않을 것이고, 차라리 세 말의 파를 먹지 굴돌통(屈突通)[371]을 보지 않을 것이다."[372]라고 하였다.

屈突蓋爲長安令, 以威嚴顯. 時爲語曰, 寧食三斗艾, 不見屈突蓋, 寧食三斗葱, 不見屈突通.[373]

훌륭한 현령이라고 칭송하다.[칭위양령(稱爲良令)] 송(宋) 심헌(沈憲)[374]이 산음령(山陰令)일 때에 다스림에 대한 명성이 크게 드러났다. 공규(孔珪)[375]가 사람들에게 "심현령은 일을 헤아리는 데에 특별히 천재성이 있다."라고 말하였다. 당시 사람들이 훌륭한 현령이라고 칭송하였다.

宋沈憲爲山陰令, 政聲大著. 孔珪謂人曰, 沈令料事, 特有天才. 當時稱爲良令.[376]

공덕을 칭송하여 사당을 세우다.[송덕입사(頌德立祠)] 최원(崔瑗)[377]은 자가 자옥(子玉)이다. 급령(汲

363. 장지재(張之才): 내력이 자세하지 않다.
364. 소성(紹聖): 북송(北宋) 철종(哲宗)의 연호(1094-1097)이다.
365. 탕묘(湯廟): 상(商)나라를 건국한 탕왕(湯王)을 모시는 사당이다.
366. 《산당사고(山堂肆考)·신직(臣職)》
367. 진후(晉侯): 춘추시대 진(晉)나라 평공(平公)이다.
368. 조무(趙武): 춘추시대 진(晉)나라 출신으로 평공(平公) 시절에 국정(國政)을 좌우하였다.
369. 《한비자(韓非子)·외저설좌하(外儲說左下)》
370. 굴돌개(屈突蓋): 당(唐) 창려(昌黎) 출신으로 장안령(長安令)을 지냈다.
371. 굴돌통(屈突通): 굴돌개의 형으로 수(隋)에서 관내토포대사(關內討捕大使), 당(唐)에서 병부상서(兵部尙書), 우복야(右僕射) 등을 역임하였다.
372. 두 형제의 엄격함이 쑥과 파보다도 매섭다는 말이다.
373. 《구당서(舊唐書)·굴돌통전(屈突通傳)》
374. 심헌(沈憲): 남조(南朝) 송(宋), 제(齊) 시기 오흥(吳興) 출신으로 자가 언장(彦璋)이다. 송에서 소부경(少府卿), 제에서 광릉태수(廣陵太守) 등을 역임하였다.
375. 공규(孔珪): 남조(南朝) 제(齊) 산음(山陰) 출신인 공치규(孔稚珪)의 다른 이름으로 자가 덕장(德璋)이다. 남군태수(南郡太守), 산기상시(散騎常侍) 등을 역임하였다. 유명한 〈북산이문(北山移文)〉을 지었다.
376. 《남제서(南齊書)·심헌전(沈憲傳)》
377. 최원(崔瑗): 후한(後漢) 안평(安平) 출신으로 자가 자옥(子玉)이다. 급령(汲令), 제북상(濟北相) 등을 역임하였다.

令)이 되었다가 제북상(濟北相)으로 전임되어 죽었다. 관리들과 남녀 백성들이 울부짖으며 함께 돌을 쌓아 제단을 만들고 비석을 세워 공덕을 칭송하면서 제사 지냈다.

崔瑗, 字子玉. 爲汲令, 遷濟北, 卒. 官吏男女號泣, 共壘石作壇, 立碑頌德而祠之.[378]

진(晉) 순욱(荀勖)[379]은 자가 공증(公曾)이다. 안양령(安陽令)일 때에 은애를 남긴 것이 사람들에게 남아 있어 사람들이 그를 위해 생사(生祠)[380]를 세웠다.

晉荀勖, 字公曾. 爲安陽令, 遺愛在人, 人爲立生祠.[381]

적인걸(狄仁傑)[382]은 자가 회영(懷英)이다. 팽택령(彭澤令)을 지냈는데 사람들이 그를 위해 생사를 세웠다.

狄仁傑, 字懷英. 爲彭澤令, 人爲立生祠.[383]

이관(李綰)[384]이 백인령(栢人令)에 제수되었는데 어진 정치를 베풀어 고을 사람들이 그를 위해 사당을 세웠다.

李綰除栢人令, 有仁政, 縣爲立祠.[385]

고을에 높이 날던 난새가 이르다.[현유상란(縣有翔鸞)] 한(漢) 왕고(王皐)[386]가 중천령(重泉令)일 때에 높이 날던 난새가 이르러 고을의 청사에 10여 일을 머물렀다.

漢王皐爲重泉令, 有翔鸞至, 止於縣庭十餘日.[387]

한 해 만에 교화가 크게 행해지다.[기년대화(朞年大化)] 후한(後漢) 구향(仇香)[388]이 포정장(蒲亭長)이 되어 사람들에게 생업을 권하고 농사일이 끝나면 젊은이들에게 함께 모여 공부하도록 하였으며 경솔하고 방자한 자들은 경작과 양잠을 시켰다. 한 해 만에 교화가 크게 행해졌다고 칭송되었다. 구향이 막 도착하였을 때 진원(陳元)이라는 자가 있어 모친과 함께 사는데 모친이 진원이 불효하다고 아뢰었다. 구향이 이르기를, "내가 근래에 보니, 진원의 집이 잘 정돈되어 있고 때맞춰 밭을 갈고 김을 매니 이 자는 나쁜 사람이 아니다. 이것은 내가 지극하지 못한 것일 뿐이다."라 하고 직접 진원의 집에 가서 모자와 함께 술을 마시며 인륜과 효행을 말해 주니 진원이 마침내 효자가 되었다. 고을 사람들이 속담을 지어 이르기를, "부모가 어디에 계시는가, 우리 집에 계시네. 우리의 올빼미를 교화하여 소생[모친]을 봉양하게 하셨네."라고 하였다.

後漢仇香爲蒲亭長, 勸人生業, 農畢, 乃令子弟群居就學, 輕恣者役以田桑. 暮[389]年稱大化. 香初到, 有陳元, 與母居, 母告元不孝. 香曰, 吾近觀, 元井落整頓, 耕耘以時, 此非惡人也. 是仇香未至耳. 乃親到元家, 與母子飮, 因陳人倫孝行, 元遂成孝子. 鄕邑諺曰, 父母何在在我庭, 化我鳲梟哺所生.[390]

---

378. 《후한서(後漢書)·최원전(崔瑗傳)》
379. 순욱(荀勖): 진(晉) 영천(潁川) 출신으로 자가 공증(公曾)이다. 중서감(中書監), 비서감(秘書監) 등을 역임하였다.
380. 생사(生祠): 살아 있는 사람을 위하여 세운 사당이다.
381. 《고금사문유취외집(古今事文類聚外集)·현관부(縣官部)》
382. 적인걸(狄仁傑): 당(唐) 병주(幷州) 출신으로 자가 회영(懷英)이다. 대리승(大理丞), 지관시랑(地官侍郎), 영주자사(寧州刺史), 위주자사(魏州刺史) 등을 역임하였다.
383. 《구당서(舊唐書)·적인걸전(狄仁傑傳)》
384. 이관(李綰): 당(唐) 농서(隴西) 출신으로 자가 권화(權化)이다. 중서사인(中書舍人), 절동관찰사(浙東觀察使) 등을 역임하였다.
385. 《신당서(新唐書)·이의염전(李義琰傳)》
386. 왕고(王皐): 내력이 자세하지 않다.
387. 《고금사문유취외집(古今事文類聚外集)·현관부(縣官部)》
388. 구향(仇香): 후한(後漢) 고성(考城) 출신인 구남(仇覽)의 다른 이름으로 자가 계지(季智)이다. 포정장(蒲亭長)을 지냈다.
389. 《유원총보》의 '暮'는 '朞'의 오자이다.[《후한서(後漢書)·구남전(仇覽傳)》]
390. 《후한서(後漢書)·구남전(仇覽傳)》

몸을 불태우려고 하자 비가 내리다.[분구우지(焚軀雨至)] 대봉(戴封)[391]이 서화령(西華令)일 때에 크게 가뭄이 들었다. 기우제를 지내며 자신의 몸을 불태우려고 하자 비가 내렸다.

戴封爲西華令, 大旱. 祈雨, 將欲焚軀, 而雨至.[392]

두건을 벗어 땅에 팽개치다.[탈책투지(脫幘投地)] 제(齊) 변연지(卞延之)[393]가 약관의 나이에 상우령(上虞令)이 되었는데 강직한 기질이 있었다. 회계태수(會稽太守) 맹의(孟顗)가 상관으로서 그를 제재하자 화를 내며 받아들이지 않고 두건을 벗어 땅에 팽개친 채 옷자락을 휘두르며 가버렸다.

齊卞延之弱冠爲上虞令, 有剛氣. 會稽太守孟凱[394], 以令長裁之, 憤不能容, 脫幘投地, 拂衣而去.[395]

호족들이 두려워하여 눈을 돌리다.[호우측이(豪右側耳[396])] 이백(李白)이 무창재(武昌宰)[한중경(韓仲卿)[397]]를 위해 쓴 글에 다음과 같은 구절이 있다.

未下車,	부임하기 전에는
人懼之,	사람들이 두려워하더니
旣下車,	부임한 뒤에는
人悅之.	사람들이 기뻐하네.
惠如春風,	은혜가 봄바람과 같아
三月大化,	3월의 만물이 자라듯 크게 교화되니
豪右側目.	호족들이 두려워 눈을 돌리네.

李昌[398]爲馬[399]昌宰. 未下車, 人懼之, 旣下車, 人悅之. 惠如春風, 三月大化, 豪右側目.[400]

붉은색 관복과 은으로 만든 인장[비의은장(緋衣[401]銀章)] 왕정아(王正雅)[402]가 만년령(萬年令)이 된 것은 목종(穆宗)[403] 시기로 경성 일대가 다스리기 어렵다고 일컬어졌는데 왕정아가 강한 자를 억누르고 약한 자를 도와주어 다스림에 크게 명성이 있었다. 마침 유공작(柳公綽)[404]이 경조윤(京兆尹)으로 있었는데 황제 앞에서 칭찬을 하자 목종이 명을 내려 붉은색 관복과 은 인장을 만년현에 보내 하사하도록 하였다.

王正雅爲萬年令, 穆宗時, 京兆號難理, 正雅抑強扶弱, 政甚有聲. 會柳公綽爲京兆尹, 上前褒稱, 穆宗命以緋衣·銀章, 就縣賜之.[405]

홀로 말을 타고 적에게 가다.[단마예적(單馬詣賊)] 이대량(李大亮)[406]이 토문령(土門令)에 제수되었는데 오랑캐가 대거 침입하였다. 막을 수 없음을 헤아리

391. 대봉(戴封): 후한(後漢) 강(剛) 출신으로 자가 평중(平中)이다. 서화령(西華令), 태상(太常) 등을 역임하였다.
392. 《고금사문유취외집(古今事文類聚外集)·현관부(縣官部)》
393. 변연지(卞延之): 남조(南朝) 송(宋) 제음(濟陰) 출신으로 상우령(上虞令)을 지냈다.
394. 《유원총보》의 '凱'는 '顗'의 오자이다.[《남사(南史)·변빈전(卞彬傳)》]
395. 《남사(南史)·변빈전(卞彬傳)》
396. 《유원총보》의 '耳'는 '目'의 오자이다.[《이태백문집(李太白文集)·무창재한군거사송비(武昌宰韓君去思頌碑)》]
397. 한중경(韓仲卿): 당나라 때 사람으로 한유(韓愈)의 부친이다. 무창령(武昌令)을 지내면서 선정을 베풀었고 비서랑(祕書郎)을 지냈다.
398. 《유원총보》의 '昌'은 '白'의 오자이다.[《이태백문집(李太白文集)·무창재한군거사송비(武昌宰韓君去思頌碑)》]
399. 《유원총보》의 '馬'는 '武'의 오자이다.[《이태백문집(李太白文集)·무창재한군거사송비(武昌宰韓君去思頌碑)》]
400. 《이태백문집(李太白文集)·무창재한군거사송비(武昌宰韓君去思頌碑)》
401. 비의(緋衣): 붉은색의 관복(官服)으로 고관(高官)의 상징이다. 1품 재상은 주의(朱衣), 3품 이상 고관은 자의(紫衣), 5품 이상 고관은 비의(緋衣), 직급이 낮은 7품 이상 관리는 녹의(綠衣), 9품 이상 관리는 청의(靑衣)를 입었다.
402. 왕정아(王正雅): 당(唐) 병주(幷州) 출신으로 자가 광겸(光謙)이다. 태상소경(太常少卿), 대리경(代理卿) 등을 역임하였다.
403. 목종(穆宗): 당(唐) 제14대 황제로 재위 기간은 821-824년이다.
404. 유공작(柳公綽): 당나라 때 사람으로 이부상서(吏部上書)를 지냈다. 호남관찰사(湖南觀察使)로 나가서는 오원제(吳元濟)를 토벌하며 매번 승리를 거두었다.
405. 《구당서(舊唐書)·왕정아전(王正雅傳)》
406. 이대량(李大亮): 당(唐) 경양(涇陽) 출신으로 문무재략이 있어 우위대장군겸우위솔(右衛大將軍兼右衛率), 공부상서(工部尙書) 등을 역임하였다.

고 마침내 홀로 말을 타고 적의 진영으로 찾아가 그 우두머리를 설득하여 그에게 화가 될지 복이 될지를 판별해 주었다. 적의 무리가 결국 투항하자 이대량은 타고 간 말을 죽여 그들에게 주어 먹도록 하였다.

李大亮授土門令, 胡賊大至. 度不能拒, 乃單馬詣賊營, 說其豪帥, 爲分別禍福. 賊衆遂降, 大亮殺所乘馬, 與之食.[407]

송사를 기회로 재산을 묻다.[인소문산(因訴問產)]

소송(蘇頌)[408]이 강녕현(江寧縣)을 맡았는데 남당(南唐)의 뒤를 이은 지라 호적과 세금이 모두 법도가 없었다. 공이 부임하여 송사를 다스릴 때마다 인구와 재산의 다과를 두루 물어 그 상세한 것을 모두 알았다. 하루는 고을의 노인들을 불러 호적을 다시 정하고 있었는데 백성 중에 스스로 신고한 것이 참되지 못한 자가 있으면 반드시 "너의 집에 성년이 된 아무개가 있는데 어찌 스스로 말하지 않는가?"라고 하니 서로 돌아보고 놀라면서 감히 숨기는 자가 없었다. 온 고을의 사람들이 신명하다고 하였다.

蘇頌知江寧縣, 承南唐後, 板籍賦輿, 皆無法度. 公至, 每因治訴, 旁問丁產多寡, 悉得其詳. 一日召鄕老, 更定戶籍, 民有自占不實者, 必曰, 汝家尙有某丁, 何不自言. 相顧而驚, 無敢隱者, 一縣以爲神明.[409]

명성을 듣고 불러 시험하다.[문명소시(聞名召試)]

왕우칭(王禹偁)[410]은 자가 원지(元之)이다. 소주(蘇州)의 장주현(長洲縣)을 맡았는데 날마다 시 다섯 수를 지으니 사람들이 외워서 전하는 이가 많았다. 태종(太宗)[411]이 그의 명성을 듣고 상부(相府)에 불러 시험해 보고 직사관(直史館)에 제수하고 오품복(五品服)을 하사하면서 서대(犀帶)[412]를 골라 주어 표창하였다.

王禹偁, 字元之. 知蘇州長洲縣, 日賦五題, 人多傳誦. 太宗聞其名, 召試相府, 授直史館, 賜五品服, 擇犀帶, 以寵之.[413]

노공(魯公)의 포구[노공포(魯公浦)] 노종도(魯宗道)[414]가 해염령(海鹽令)일 때에 동남쪽의 옛 항구를 트고 손질하여 바닷물을 끌어들여 고을 안까지 이르게 하였다. 사람들이 편리하게 여기면서 '노공포(魯公浦)'라고 불렀다.

魯宗道爲海鹽令, 疏治東南舊港口, 導海水, 至邑下. 人以爲利, 號魯公浦.[415]

북으로 느낌을 남기다.[인고유감(因鼓有感)] 손포(孫抱)[416]가 연릉령(延陵令)일 때에 광릉(廣陵)의 고상(高爽)[417]이 그를 찾아갔는데 친구의 정리가 없었다. 고상이 밖으로 나와 현의 건물을 내려와서 지나가다가 붓을 잡아 북에다 다음과 같이 썼다.

身有八尺圍, 몸은 8척의 둘레나 되면서,
腹無一寸腸. 배에는 한 치의 내장도 없구나.
面皮如許厚, 낯가죽이 저렇게 두꺼우니

407. 《구당서(舊唐書)·이대량전(李大亮傳)》
408. 소송(蘇頌): 송(宋) 천주(泉州) 출신으로 자가 자용(子容)이다. 경서 및 천문학, 약리학에도 밝았고 이부상서겸시독(吏部尙書兼侍讀), 우복야겸중서시랑(右僕射兼中書侍郎) 등을 역임하였다.
409. 《송사(宋史)·소송전(蘇頌傳)》
410. 왕우칭(王禹偁): 송(宋) 제주(濟州) 출신으로 자가 원지(元之)이다. 우습유(右拾遺), 한림학사(翰林學士) 등을 역임하였다. 성격이 강직하였고 시문(詩文)에 뛰어났다.
411. 태종(太宗): 송(宋) 제2대 황제로 재위 기간은 976-997년이다.
412. 서대(犀帶): 무소의 뿔로 장식한 허리띠로 품계가 있는 관리만이 띨 수 있었다.
413. 《고금사문유취외집(古今事文類聚外集)·현관부(縣官部)》
414. 노종도(魯宗道): 송(宋) 인종(仁宗) 연간의 정치인으로 자가 관지(貫之)이다. 참지정사(參知政事), 예부시랑(禮部侍郎) 등을 역임하였다.
415. 《송사(宋史)·노종도전(魯宗道傳)》
416. 손포(孫抱): 내력이 자세하지 않다.
417. 고상(高爽): 남조(南朝) 양(梁) 광릉(廣陵) 출신으로 중군임천왕참군(中軍臨川王參軍), 진릉령(晉陵令) 등을 역임하였다.

受打未渠央. 얻어맞는 것은 금새 끝나지 않겠구나.

孫抱爲延陵令, 廣陵高爽詣之, 抱無故人之懷. 爽出, 從縣閤下過, 取筆書鼓曰. 身有八尺圍, 腹無一寸腸. 面皮如許厚, 受打未渠央.[418]

쪽지를 문에 붙이다.[편지방문(片紙榜門)] 송(宋) 충세형(种世衡)[419]이 일찍이 무공현(武功縣)을 맡았는데 형벌을 적용하는 것이 엄격하여 사람들이 또한 그의 위엄과 신의에 복종하였다. 혹 세금을 다그칠 일[추호(追呼)[420]]이 있어도 담당자에게 문서를 들고 향리에 들어가지 못 하게 하고 단지 쪽지를 현청의 문에 붙여, "아무개에게 추징하니 어느 날을 기한으로 하여 현에 나올 것"이라고 하면 모두가 기한에 맞춰 도착하였다.

宋种世衡嘗知武功縣, 用刑嚴峻, 人亦服其威信. 或有追呼, 不使人執帖入鄕, 但以片紙榜縣門, 追某人, 期某日, 詣縣. 皆如期而至.[421]

송(宋) 구준(寇準)[422]이 귀주(歸州)의 파동현(巴東縣)을 맡았는데 그 다스림은 은혜와 신뢰를 한결같이 하였다. 매번 부역에 관한 정령을 시행[기회(期會)[423]]할 때마다 문서를 보내지 않고 단지 각 고을과 납세자의 성명을 적어서 현의 출입문에 게시하면 백성들이 다투어 달려왔고 기한을 어기는 자가 없었다.

宋寇準知歸州巴東縣, 其治一以恩信. 每期會賦役, 未嘗出符移, 惟具鄕里姓名, 揭縣門, 而百姓爭赴之, 無稽違者.[424]

현승 縣丞

· 현승(縣丞)은 장리(長吏)[425]이다. 《백관공경표(百官公卿表)》에, "현이 1만 호 이상이면 현령(縣令)을 임명하고, 모두 현승(縣丞)과 현위(縣尉)를 두는데 봉록은 사백석에서 이백석까지이다. 이들이 장리(長吏)이다."라고 하였다.

縣丞, 長吏也.[426] 百官表, 縣百戶[427]以上爲令, 皆有丞 . 尉, 秩四百石至二百石. 是爲長吏.[428]

· 현승(縣丞)은 형벌과 옥사, 죄수를 담당하였다.

丞主刑獄 · 囚徒.[429]

· 한(漢)나라 때 현승과 현위는 대부분 관할 지역의 사람으로 임명하였다. 삼보(三輔)[430]의 현들은 다른

418. 《남사(南史) · 고상전(高爽傳)》

419. 충세형(种世衡): 송(宋) 낙양(洛陽) 출신으로 자가 중평(仲平)이다. 환경로병마검할(環慶路兵馬鈐轄)을 지냈다.

420. 추호(追呼): 아전이 집집마다 돌아다니며 세금이나 요역을 다그치는 것을 가리킨다.

421. 《고금사문유취외집(古今事文類聚外集) · 현관부(縣官部)》

422. 구준(寇準): 송(宋)의 충신으로 자(字)가 평중(平仲)이다. 진종(眞宗) 때 거란이 남침하자 화친을 반대하고 적극 항전을 주장하였다. 뒤에 내국공(萊國公)에 봉해졌기 때문에 흔히 구래공(寇萊公)으로 불린다. 참지정사(參知政事), 급사중(給事中), 삼사사(三司使) 등을 역임하였다.

423. 기회(期會): 규정된 기한 내에 국가 재정과 관련된 정령을 시행하는 것을 이르는 말이다.

424. 《송사(宋史) · 구준전(寇準傳)》

425. 장리(長吏): 한(漢)나라 때 녹봉이 사백석에서 이백석 사이인 현승(縣丞), 현위(縣尉) 등 지방 장관의 보좌관을 통칭하는 말이다. 후에는 고위 관료를 지칭하는 말로 쓰였다. 녹봉이 백석 이하의 아전들은 '소리(少吏)'라고 하였다.

426. 《한서(漢書) · 경제기(景帝紀)》

427. 《유원총보》의 '百戶'는 '萬戶'의 오류이다.[《한서(漢書) · 백관공경표(百官公卿表)》]

428. 《한서(漢書) · 백관공경표(百官公卿表)》

429. 《통전(通典) · 직관(職官)》

430. 삼보(三輔): 경기(京畿) 지역을 가리킨다. 전한(前漢) 경제(景帝) 때 주작중위(主爵中尉)와 좌내사(左內史), 우내사(右內史)를 두었다가, 무제(武帝) 때 장안 동쪽을 관장하는 경조윤(京兆尹)과 장릉(長陵) 이북을 관장하는 좌풍익(左馮翊), 위성(渭城) 서쪽을 관장하는 우부풍(右扶風)으로 바꾸었는데, '삼보'는 이곳의 세 장관, 혹은 그들이 관장하는 지역을 통칭한다.

군의 사람도 아울러 기용하였다.

漢縣丞．尉, 多以本部人爲之. 三輔縣則兼用他郡.[431]

· 중간의 현과 작은 현에는 현승을 두지 않는다. 주(州)에는 상좌(上佐)[432]가 있고 현에는 현승과 주부(主簿)가 있다. 세간에서 이를 '한관(閑官)'이라고 하는데 공무를 맡지 않아 제도를 만든 본 취지에 아예 어긋났다.

中下縣則不置丞. 州有上佐, 縣有丞簿. 俗謂閑官, 不領公事, 殊乖制作之本意.[433]

모두 기개가 있다.[구유성기(俱有聲氣)] 배자우(裴子雨)[434]가 하비령(下邳令)일 때에 장청(張晴)[435]이 현승(縣丞)이었는데 두 사람 모두 기개가 있고 말을 잘하였다. 마침 일을 논하게 되면 많은 시간이 지나자 아전들이 몰래 서로 말하기를, "현의 나으리들이 불화가 심하다. 장관은 비가 오는 얘기만 하고 현승[찬부(贊府)[436]]은 날이 개는 얘기만 하니[437] 하루 종일 이와 같이 화합하지 못한다."라고 하였다.

裴子雨爲下邳令, 張晴爲縣丞, 二人俱有聲氣, 而善言語. 會論事移時, 人吏竊相謂曰, 縣官甚不和. 長官稱雨, 贊府道晴, 終日如此不和也.[438]

몰랐던 것을 해결하고 토론하다.[해몽난문(解矇難問)] 장현(張玄)[439]이 전에 현승(縣丞)일 때에 일찍이 직무를 상부에 보고하게 된 적이 있었는데 관서가 있는 곳을 모르자 아전이 문하(門下)[440]에게 보고하여 질책 받게 하였다. 당시 우부풍(右扶風) 서업(徐業)[441] 역시 뛰어난 유학자였는데 장현이 유학을 공부하는 학생이란 말을 듣고 한 번 그를 불러서 만났다. 함께 대화를 나누고 깜짝 놀라며 "오늘 그대를 만나 정말로 몰랐던 것을 해결하게 되었습니다."라 말하고 마침내 대청에 오르도록 청하여 날이 저물도록 토론하였다.

張玄初爲縣丞, 嘗以職事對府, 不知官曹處, 吏白門下責之. 時扶風徐業, 亦大儒也, 聞玄諸生, 試引見之. 與語, 大驚曰, 今日相遭, 眞解矇矣. 遂請上堂, 難問極日.[442]

단지 청렴함을 지킬 것이다.[단수청백(但守淸白)] 당(唐) 송안공(宋安恭)[443]이 용문승(龍門丞)일 때 나이가 이미 58세였으나 몇 년에 걸쳐 여러 산을 등정하였다. 매번 속관들에게 이르기를, "그대들은 단지 청렴함을 지킬 것이니 어찌 승진하지 못하는 것을 걱정하는가. 속담에 '쌍륙(雙陸)[444] 놀이에서 좋은 상황만 있지는 않다'고 하는데, 내가 생각하기에 벼슬살이 역시 좋은 상황만 있는 것은 아니다. 각자 마땅히 노

431. 《통지(通志)·직관략(職官略)》
432. 상좌(上佐): 주(州) 자사(刺史)의 보좌관 가운데 가장 직위가 높은 별가(別駕), 장사(長史), 사마(司馬) 등을 가리킨다.
433. 《고금사문유취외집(古今事文類聚外集)·현관부(縣官部)》
434. 배자우(裴子雨): 내력이 자세하지 않다.
435. 장청(張晴): 내력이 자세하지 않다.
436. 찬부(贊府): 현승(縣丞)의 별칭이다. 현의 관부(官府)에서 보좌관 역할을 한다는 뜻에서 유래하였다.
437. '비가 오는 얘기'는 배자우(裴子雨)가 자기 얘기만 하는 것을, '날이 개는 예기'는 장청(張晴)이 자기 얘기만 하는 것을 이름에 빗대어 비유한 것이다.
438. 《남부신서(南部新書)》 권8.
439. 장현(張玄): 후한(後漢) 하양(河陽) 출신으로 자가 군하(君夏)이다. 박사(博士)를 지냈다.
440. 문하(門下): 한(漢)나라 때 자사(刺史)나 군수(郡守)가 직접 선발하여 밑에 두었던 속관(屬官)인 문하사(門下史)의 약칭이다. '문하연(門下掾)'이라고도 한다.
441. 서업(徐業): 후한(後漢) 낭야(琅邪) 출신으로 경술(經術)에 밝았다.
442. 《후한서(後漢書)·장현전(張玄傳)》
443. 송안공(宋安恭): 내력이 자세하지 않다.
444. 쌍륙(雙陸): 두 개의 주사위를 가지고 하는 놀이로 '쌍륙(雙六)'이라고도 한다.

력할 것이다."라고 하였다.

唐宋安恭爲龍門丞, 年已五十八, 數年而登列岳, 每諭僚屬曰, 公輩但守淸白, 何憂不遷. 俗云, '雙陸無休勢.' 余以爲仕宦亦無休勢, 各宜勉之.[445]

약속하고 갇힌 죄수들을 풀어 주다.[약종계수(約縱繫囚)] 당임(唐臨)[446]이 만천승(萬泉丞)일 때에 현에 가벼운 죄를 지은 죄수 수십 명이 있었다. 마침 늦봄에 비가 내리는 때에 당임이 현령에게 그들을 (잠시) 내보내줄 것을 청하였다. 현령이 허락하지 않자 당임이 "나으리[명공(明公)[447]]께서 만약 의심스러운 바가 있으시다면 제가 직접 그 죄를 감당하겠습니다."라고 아뢰었다. 현령이 그로 인하여 휴가를 청하도록 하자 (당임은) 죄수들은 불러 놓고 모두 집에 돌아가 농사를 짓도록 하고 그들과 약속하여 감옥으로 돌아오도록 하였다. 죄수들은 은혜에 더욱 감동하여 때가 되자 모두 모였다.《당서(唐書)》

唐臨爲萬泉丞, 縣有輕囚數十人. 會春暮雨時, 臨白令請出之. 令不許, 臨曰, 明公若有所疑, 臨請自當其罪. 令囚[448]請假, 召囚悉令歸家耕種, 與之約, 令歸繫所. 囚等倍感恩義, 至時畢集.[449]

'성(誠)'자로 서재의 이름을 짓다.[이성명재(以誠名齋)] 양만리(楊萬里)[450]가 영릉현(零陵縣)의 현승일 때에 충헌공(忠獻公) 장준(張浚)[451]이 그곳에 귀양살이하고 있었다. 양만리에게 정심성의(正心誠意)의 학문[452]으로 힘쓰도록 하니 그 말에 감복하여 마침내 '성(誠)'자로 서재의 이름을 지었다.

楊萬里丞零陵, 張忠獻公謫寓焉. 勉公以正心誠意之學, 佩服其言, 遂以誠名齋.[453]

대청 위에 지초가 자라다.[당상생지(堂上生芝)] 당(唐) 최희고(崔希高)[454]는 인효와 우애로 이름났었는데 모친상을 당하여 슬픔으로 몸이 상할 정도로 상례를 지나치게 하였다. 업현(鄴縣)의 현승이 되자 지초가 머무는 대청 위에 자라더니 하룻밤 사이에 꽃이 덮인 것이 한 자에 찼다.

唐崔希高以仁孝友悌聞, 丁母憂, 哀毁過禮. 爲鄴縣丞, 芝草生所居堂上, 一宿而葩蓋盈尺.[455]

이실(李實)을 찾아가지 않다.[불예이실(不詣李實)] 당(唐) 위관지(韋貫之)[456]가 장안승(長安丞)일 때에 어떤 사람이 그를 경조윤 이실(李實)에게 추천하였다. 이실이 그의 성명을 홀에 적고서 홀을 들어 추천한 사람에게 보이며 "이것이 그의 성명이오. 나와 동향이고 평소 그가 현명하다는 말을 들었으니 그와 알고 지내기를 원하며 위로 추천하겠소."라고 말하였다. 그가 위관지에게 알리며 "그대가 오늘 이실을 찾아간다면 내일 축하하는 사람들이 이를 것이오."라고 말하였다. 위관지는 "예예[유유(唯唯)[457]]"라 하고는

---

445. 《남부신서(南部新書)》 권9.
446. 당임(唐臨): 당(唐) 장안(長安) 출신으로 자가 본덕(本德)이다. 이부상서(吏部上書), 조주자사(潮州刺史) 등을 역임하였다.
447. 명공(明公): 명성과 지위가 있는 사람에 대한 존칭이다.
448. 《유원총보》의 '수(囚)'는 '인(因)'의 오자이다.[《구당서(舊唐書)·당임전(唐臨傳)》]
449. 《구당서(舊唐書)·당임전(唐臨傳)》
450. 양만리(楊萬里): 송(宋) 길주(吉州) 출신으로 자가 정수(廷秀)이다. 국자박사(國子博士), 보문각대제(寶文閣待制) 등을 역임하였다.
451. 장준(張浚): 송(宋) 면죽(綿竹) 출신으로 자가 덕원(德遠)이다. 추밀사(樞密使), 도독강회군마(都督江淮軍馬) 등을 역임하였다.
452. 《대학(大學)》의 팔조목 가운데 행(行) 공부에 해당하는 두 가지이다.
453. 《고금사문유취외집(古今事文類聚外集)·현관부(縣官部)》
454. 최희고(崔希高): 내력이 자세하지 않다.
455. 《당신어(唐新語)·효행(孝行)》
456. 위관지(韋貫之): 당(唐) 경조(京兆) 출신으로 이름이 순(純)이고 관지는 자이다. 예부시랑(禮部侍郎), 중서시랑(中書侍郎) 등을 역임하였다.

결국 가지 않았다.

唐韋貫之爲長安丞, 或薦之京兆尹李實. 實記其姓名於笏, 因擧笏示所薦者曰, 此其姓名也. 與我同里, 素聞其賢, 願識之而進於上. 或告貫之曰, 子今日詣實, 明日賀者至矣. 貫之唯唯, 竟不往.[458]

홀로 호전(胡銓)[459]을 전송하다.[독송호전(獨送胡銓)] 송(宋) 왕정규(王廷珪)[460]는 안복(安福) 출신으로 호가 노계(瀘溪)이다. 진사 시험에 합격하여 다릉(茶陵)의 현승에 보임되었는데 직무 때문에 상관과 어긋나자 옷자락을 휘두르며 귀향하였다. 호전이 (금나라와의) 화친을 극력 반대하여 영남(嶺南)[461]으로 폄적될 때 친구들 중에 감히 그에게 연락하고 위로하는 이가 없었는데 왕정규만이 홀로 다음과 같이 시를 지어 전송하였다.

癡兒[462]不了公家事,	어린아이는 국가의 일을 알지 못 하지만,
男子要爲天下奇.	남자라면 천하의 특별함이 되어야지.

진회(秦檜)[463]가 화가 나서 그를 신주(辰州)로 유배보냈다.

宋王廷珪, 安福人, 號瀘溪. 擧進士, 調茶陵丞, 以職事忤上官, 拂衣而歸. 胡銓力排和議, 貶嶺南, 親友無敢通問, 廷珪獨送以詩曰. 癡兒不了公家事 男子要爲天下奇. 秦檜怒, 流辰州.[464]

오두선생(五斗先生) 왕적(王績)[465]이 요구하여 육합승(六合丞)이 되었지만 술을 좋아하여 일을 감당하지 못하였다. 당시에 천하가 어지러워 그로 인해 해직되어 떠나면서, "그물이 하늘에 덮였으니 나는 장차 어디로 갈 것인가."라고 탄식하다가 마침내 향리로 돌아갔다. 항상 《주역(周易)》과 《노자(老子)》를 침상 머리에 두고 지내며 〈오두선생전(五斗先生傳)〉과 〈무심자전(無心子傳)〉을 지었다.

王績求爲六合丞, 以嗜酒不任事. 時天下亂, 因解去, 嘆曰, 網羅在天, 吾將安之. 乃還鄕里. 常以周易·老子置於床頭, 著五斗先生傳, 及無心子傳.[466]

몸소 그들에게 경서를 강의하다.[친위강경(親爲講經)] 당(唐) 왕의방(王義方)[467]이 길안현승(吉安縣丞)이 되어 행차가 해남(海南)에 이르렀다. 뱃사공이 술과 육포로 제를 올리려 하자 왕의방이 말하기를, "기장이 향기로운 것이 아니고 향기는 밝은 덕에 있느니라." 하고 마침내 물을 떠서 제를 올렸다. 길안현이 만족(蠻族)이라서 풍속이 거칠었다. 왕의방이 여러 수령들을 소집하고 학생들을 모아 몸소 그들에게 경서를 강의해 주고 석전(釋奠)[468]의 예를 시행하자 만이족(蠻夷族)이 크게 감복하였다.

唐王義方爲吉安丞, 行至海南. 舟人將以酒脯致祭, 義

---

457. 유유(唯唯): "예예"라고 건성으로만 대답하면서 가부를 밝히지 않는 모습이다.
458. 《신당서(新唐書)·위관지전(韋貫之傳)》
459. 호전(胡銓): 송(宋) 길주(吉州) 출신으로 자가 방형(邦衡)이다. 병부시랑(兵部侍郎) 등을 역임하였다.
460. 왕정규(王廷珪): 내력이 자세하지 않다.
461. 영남(嶺南): 광동(廣東), 광서(廣西) 일대를 가리킨다. '영외(嶺外)', '영표(嶺表)'라고도 하는데 유배지나 벽지를 상징한다.
462. 치아(癡兒): 아이, 속인을 가리킨다. 여기서는 진회(秦檜)를 빗대어서 한 말이다.
463. 진회(秦檜): 송(宋)과 남송(南宋) 교체기의 간신으로 자가 회지(會之)이다. 북송에서 어사중승(御史中丞), 남송에서 재상을 역임하였다. 고종(高宗) 때 악비(岳飛)를 죽이고 금(金)나라와 화친을 맺었다. 뒤에 간신으로 몰려 작위를 삭탈당하고 시호도 유추(謬醜)로 바뀌었다.
464. 《산당사고(山堂肆考)·신직(臣職)》
465. 왕적(王績): 당(唐) 강주(絳州) 출신으로 자가 무공(無功)이다. 수대(隋代)에 비서성정자(祕書省正字), 육합승(六合丞) 등을 역임하였다.
466. 《신당서(新唐書)·왕적전(王績傳)》
467. 왕의방(王義方): 당(唐) 사주(泗州) 출신으로 오경에 정통하였다. 시어사(侍御史)를 역임하였다.
468. 석전(釋奠): 학관(學館)에서 공자(孔子)에게 올리는 제사이다.

方曰, 黍稷非馨, 馨在明德. 遂酌水而祭. 吉安蠻, 俗荒梗. 義方召諸首領, 集生徒, 親爲講經, 行釋奠禮, 蠻夷大服.[469]

주부 主簿

· 한나라 이래로 모두 현령이나 현장이 직접 안배하였다. 수나라에 이르러 비로소 주부를 설치하였다.
漢以來, 皆令長自調用, 至隋始置之.[470]

· 《석명(釋名)》에서 일컬었다. 주부(主簿)라는 것은 여러 문서를 주관하는 것이다. '부(簿)'는 '두루'이니 여러 일을 두루 관여하는 것이다.
釋名云. 主簿者, 主諸簿書. 簿, 普也, 普關諸事也.[471]

금릉(金陵)의 훌륭한 사위[금릉가서(金陵佳婿)] 당(唐) 양오릉(楊於陵)[472]이 처음 벼슬길에 올라[석갈(釋褐)[473]] 구용현(句容縣)의 주부가 되었다. 당시 한황(韓滉)이 금릉절도사를 맡고 있었는데 양오릉이 속관으로 찾아뵙고 감사의 인사를 하였다. 한황이 그를 매우 뛰어나게 여기고 아내인 유씨(柳氏)에게 "부인이 늘 훌륭한 사위를 얻고 싶어 하였는데, 내가 많은 사람들을 보아 왔지만 양주부만한 사람이 없구려."라고 말하고는 결국 딸을 그에게 시집보냈다. 뒤에 양오릉은 호부상서가 되었다.
唐楊於陵傳釋褐, 爲句容主簿. 時韓滉節度金陵, 於陵以屬吏謁謝. 滉甚奇之, 謂其妻柳氏曰, 夫人常欲擇佳壻, 吾閱人多矣, 無如楊主簿者. 竟以女妻之. 後於陵爲戶部尙書.[474]

머리를 들 수 없다.[대두부득(擡頭不得)] 당(唐) 장단(張彖)[475]이 과거에 급제하여 화음주부(華陰主簿)가 되었는데 현령에게 억압을 받자 탄식하며 말하기를, "대장부가 구름 위로 솟고 세상을 덮을 기개를 지니고서 낮은 지위에 얽매이는 것은 마치 낮은 집 안에서 몸을 세우니 머리를 들 수 없는 것과 같다."라고 하였다. 결국 관직을 그만두고 떠났다.
唐張彖登科爲華陰簿, 乃爲守令所抑, 嘆曰, 大丈夫有凌雲蓋世之志, 而拘于下位, 若立身矮屋之下, 使人擡頭不得. 遂棄官而去.[476]

특징에 착오가 없다.[물색무차(物色無差)] 당(唐) 안춘경(顔春卿)[477]이 서포주부(犀浦主簿)에 보임되었는데 일찍이 주부(州府)로 죄수를 압송하다가 장부를 잃어버렸다. 청사에 도착하자 구두로 죄수들의 상황을 기술하는데 모두 천여 명이 되는데도 착오가 없었다. 장사(長史)[478] 육상선(陸象先)[479]이 그를 뛰어나게 여겼다.
唐顔春卿調犀浦主簿, 嘗送徒於州, 亡其籍. 至廷, 口

469. 《구당서(舊唐書)·왕의방전(王義方傳)》
470. 《고금사문유취외집(古今事文類聚外集)·현관부(縣官部)》
471. 《직관분기(職官分紀)·주부(主簿)》에, "韋昭辨釋名, 主簿, 主諸簿書. 簿, 普也, 普關諸事"라고 하였다.
472. 양오릉(楊於陵): 당(唐) 괵주(虢州) 출신으로 자가 달부(達夫)이다. 시어사(侍御史), 호부상서(戶部尙書) 등을 역임하였다.
473. 석갈(釋褐): 평민의 옷을 벗는다는 뜻에서, 처음으로 관직에 임명되는 것을 비유한다.
474. 《구당서(舊唐書)·양오릉전(楊於陵傳)》
475. 장단(張彖): 당(唐)나라 사람으로 화음주부(華陰主簿)가 되었다가 물러나 숭산(嵩山)에 은거하면서 벼슬하지 않았다.
476. 《고금사문유취외집(古今事文類聚外集)·현관부(縣官部)》
477. 안춘경(顔春卿): 당(唐) 낭야(琅邪) 출신으로 촉현위(蜀縣尉), 언사승(偃師丞) 등을 역임하였다.
478. 장사(長史): 한(漢)나라 이후로 승상부(丞相府)나 장군부(將軍府)에서 병마(兵馬)를 관장하던 벼슬 이름이다. 당(唐) 이후로는 주로 자사(刺史)의 속관을 가리킨다.
479. 육상선(陸象先): 당(唐) 소주(蘇州) 출신으로 자가 숭현(崇賢)이다. 본명은 육경초(陸景初)이고 '상선'은 예종(睿宗)이 하사한 이름이다. 동중서문하평장사(同中書門下平章事), 검남안찰사(劍南按察使), 태자소보(太子少保) 등을 역임하였다.

記物色, 凡千餘人, 無所差. 長吏[480]陸象先異之.[481]

남이 잘못되게 죽을까 염려하다.[우인오사(憂人誤死)] 진(晉) 습착치(習鑿齒)[482]가 환온(桓溫)[483]의 주부일 때에 마침 천문을 아는 자가 찾아왔다. 환온이 국가의 운명에 대해 묻자 "내내 영원할 것입니다."라고 대답하니 환온이 불쾌해하면서[484] 비단 한 필과 돈 오천 냥을 보냈다. 그 사람이 말을 달려 습착치에게 가서 "비단 한 필을 하사한 것은 저에게 자결하도록 한 것이고 돈 오천 냥은 관을 사라는 것입니다."라고 말하였다. 그러자 습착치는 "그대가 하마터면 잘못되어 죽을 뻔했소. 비단으로 그대에게 장난을 친 것이고 돈으로 도중의 노잣돈을 준 것이니, 이는 그대가 떠나는 것을 허락한 것일 뿐이오."라고 말하였다. 그 사람이 크게 기뻐하면서 환온을 찾아가 작별을 청하고 습착치의 말을 아뢰자 환온이 웃으며 말하였다. "습착치는 그대가 잘못되어 죽을까 염려하였는데, 그대는 정작 잘못 살게 되었구려." 당시 사람들이 "부질없이 30년 동안 유가의 경전을 읽느니 습주부를 한 번 찾아가는 것이 낫다."라고 말하였다.

晉習鑿齒爲桓溫主簿, 時有知天文者至. 溫問國家祚運, 答曰, 方永. 溫不悅, 送絹一匹·錢五千. 其人馳詣習曰, 賜絹一疋, 令僕自裁, 錢五千以買棺耳. 習曰, 君幾誤死. 以絹戲君, 以錢供道中資, 是聽君去耳. 其人大喜, 詣溫請別, 告以習言, 溫笑曰, 習憂君誤死, 君定是誤活. 時語曰, 徒三十年讀儒書, 不如一詣習主簿.[485]

부친이 무고를 당했다고 호소하다.[소부피무(訴父被誣)] 당(唐) 목찬(穆贊)[486]이 제남주부(濟南主簿)가 되었다. 당시에 부친 목녕(穆寧)이 화주자사(和州刺史)를 맡아 강직함으로 염방사(廉訪使)[487]에게 굽히지 않다가 마침내 무고를 당해 천주사호(泉州司戶)로 좌천되었다. 목찬이 대궐의 뜰에 달려가서 울면서 위로 호소하니 조서를 내려 어사에게 다시 조사하도록 하였고 목영은 비로소 억울함을 씻을 수 있었다. 조서를 내려, "훌륭한 아들은 부친의 억울함을 호소하였고, 어사[헌신(憲臣)[488]]는 임금의 명을 받들었구나. 초나라 검[초검(楚劍)[489]]이 우수(牛宿)와 두수(斗宿)에 부딪히지 않았고,[490] 진나라 누대의 거울이 절로 먼지를 씻었구나.[491]"라고 하였다. 목찬은 이 일로 이름이 알려졌다.

唐穆贊爲濟南主簿. 時父寧爲和州刺史, 以剛直不屈於廉訪使, 遂被誣, 貶泉州司戶. 贊奔赴闕庭, 號泣上訴, 詔御史覆問, 寧方得雪. 詔曰, 令子申父之寃, 憲臣

---

480. 《유원총보》의 '吏'는 '史'의 오자이다.[《신당서(新唐書)·안춘경전(顔春卿傳)》]
481. 《신당서(新唐書)·안춘경전(顔春卿傳)》
482. 습착치(習鑿齒): 진(晉) 양양(襄陽) 출신으로 자가 언위(彦威)이다. 별가(別駕), 형양태수(滎陽太守) 등을 역임하였다.
483. 환온(桓溫): 동진(東晉)에서 정서대장군(征西大將軍)을 역임하였으며 후일 왕위를 찬탈하려다 당시 재상(宰相)이었던 사안(謝安)에게 패하였다.
484. 찬탈의 뜻을 품고 있었기 때문이다.
485. 《진서(晉書)·습착치전(習鑿齒傳)》
486. 목찬(穆贊): 당(唐) 회주(懷州) 출신으로 자가 상명(相明)이다. 어사중승(御史中丞), 선섭관찰사(宣歙觀察使) 등을 역임하였다.
487. 염방사(廉訪使): 지방관을 감찰하기 위해 파견하던 사신을 일컫는 말이다.
488. 헌신(憲臣): 법을 관장하는 벼슬을 뜻한다. 당나라 때는 주로 어사(御史)의 별칭으로 쓰였고, 후대에는 안찰사(按察使)를 가리키는 말로도 쓰였다.
489. 초검(楚劍): 초나라에서 생산되는 단단한 쇠로 만든 데서 유래하여 날카로운 검에 대한 범칭(汎稱)이다.
490. 오(吳)가 망하고 진(晉)이 흥성할 때 붉은 기운이 우수(牛宿)와 두수(斗宿)의 두 별자리 사이에 서려 있자, 뇌환(雷煥)이 풍성(豐城)에 있는 보검의 기운이 하늘에 서린 것을 알고 용천검(龍泉劍)과 태아검(太阿劍)을 얻었다는 고사가 《진서(晉書)·장화전(張華傳)》에 전한다.
491. 진대(秦臺)는 진시황(秦始皇)의 누대로, 사람의 선악을 비춰볼 수 있었다고 한다. 진시황은 이 거울로 사람을 비춰 쓸개가 부풀고 심장이 빨리 뛰는 자는 사형에 처했다고 한다. 위의 두 구절은 어사가 공정하게 사건을 심리하여 나라의 기강이 바로잡히게 되었음을 칭찬한 것이다.

奉君之命. 楚劍不衝於牛斗, 秦臺自洗於塵埃. 贊由是知名.[492]

호랑이를 없애다.[제호(除虎)] 당(唐) 고소련(顧少連)[493]은 자가 이중(夷仲)이다. 등봉주부(登封主簿)일 때에 고을에 호랑이의 재앙이 있어 백성들이 걱정하자 고소련은 함정을 메우게 한 뒤 다만 산신에게 글을 보내기만 하였는데[이문(移文)[494]] 호랑이가 해를 끼치지 않았다. 그 뒤 경조윤(京兆尹)에서 이부상서(吏部尙書)와 동도유수(東都留守)에까지 이르렀다.

唐顧少連, 字夷仲. 爲登封主簿, 邑有虎孽, 民患之, 少連命塞陷阱, 獨移文嶽神, 虎不爲害. 其後由京兆尹至吏部尙書東都留守.

위대한 사람을 한 명 얻다.[득일위인(得一偉人)] 설규(薛奎)[495]가 촉(蜀)을 다스릴 때, 어떤 사람이 촉에 들어와서 얻은 것에 대해 묻자 "위대한 사람을 한 명 얻었소. 장차 문장과 학문으로 세상에 이름을 떨칠 것이오."라고 대답하였는데, 범진(范鎭)[496]을 이른 것이었다. 범진은 진사과에 합격하여 신안주부(新安主簿)가 되었다.

宋薛奎守蜀, 或問入蜀所得, 曰得一偉人. 當以文學名世. 謂范鎭也. 鎭擧進士, 爲新安簿.[497]

'삼걸(三傑)'이라고 부르다.[호위삼걸(號爲三傑)] 주광정(朱光庭)[498]이 만년주부(萬年主簿)에 보임되었는데 고을 사람들이 '밝은 거울[명경(明鏡)]'이라고 일컬었다. 당시에 정백순(程伯淳)은 호현(鄠縣)의 주부를 지내고 장산보(張山甫)는 무공현(武功縣)의 주부를 지내면서 주광정과 함께 모두 재능으로 명성을 떨쳐 관중 사람들이 '삼걸(三傑)'이라고 불렀다.

朱光庭調萬年主簿, 邑人謂之明鏡. 時程伯淳主鄠縣簿, 張山甫主武功簿, 與公皆以才名稱, 關中號爲三傑.[499]

당(唐) 위곡의(魏谷倚)[500]가 태원주부(太原主簿)가 되어 부가모(傅嘉謀), 오소미(吳少微)와 함께 '북경삼걸(北京三傑)'이라고 불려졌다.

唐魏谷倚爲太原主簿, 與傅嘉謀·吳少徵[501], 號北京三傑.[502]

새를 부착하여 잡는 장대를 부러뜨리다.[절점조간(折黏鳥竿)] 명도(明道)[503]선생이 재차 상원주부(上元主簿)로 보임되었는데, 항상 "일명(一命)[504]의 선비라도 만약 만물을 사랑하는 데에 마음을 둔다면 사람에 있어서는 반드시 구제해 주는 것이 있을 것이다."라고 말하였다. 처음 고을에 도착하였을 때 길가에서 장대를 들고 날아가는 새를 접착하여 잡는 것을 보고 그의 막대기를 빼앗아 부러뜨렸다.

---

492. 《구당서(舊唐書)·목찬전(穆贊傳)》
493. 고소련(顧少連): 당(唐) 오(吳) 출신으로 자가 이중(夷仲)이다. 이부상서(吏部尙書), 동도유수(東都留守) 등을 역임하였다.
494. 이문(移文): 동급의 관아 사이에 오가는 공문서, 혹은 그런 문서를 발송하는 일을 이르는 말이다.
495. 설규(薛奎): 송(宋) 강주(絳州) 출신으로 자가 숙예(宿藝)·백예(伯藝)이다. 발운사(發運使), 참지정사(參知政事) 등을 역임하였다.
496. 범진(范鎭): 송(宋) 성도(成都) 출신으로 자가 경인(景仁)이다. 지제고(知制誥), 한림학사(翰林學士) 등을 역임하였고 촉군공(蜀郡公)에 봉해졌으며 《신당서(新唐書)》 편찬에 참여하였다.
497. 《송사(宋史)·범진전(范鎭傳)》
498. 주광정(朱光庭): 송(宋) 언사(偃師) 출신으로 자가 공염(公掞)이다. 좌정언(左正言), 좌사간(左司諫) 등을 역임하였다.
499. 《고금사문유취외집(古今事文類聚外集)·현관부(縣官部)》
500. 위곡의(魏谷倚): 당(唐)나라 사람으로 태원주부(太原主簿)를 지냈다.
501. 《유원총보》의 '徵'은 '微'의 오자이다.[《구당서(舊唐書)·부가모전(傅嘉謀傳)》]
502. 《구당서(舊唐書)·부가모전(傅嘉謀傳)》
503. 명도(明道): 송(宋) 정호(程顥)로 명도선생(明道先生)으로 불린다. 태자중윤(太子中允), 감찰어사(監察御史) 등을 역임하였고, 동생인 정이(程頤)와 함께 도학(道學)의 대가로 유명하다. 저서로 《이정문집(二程文集)》 15권이 전한다.
504. 일명(一命): 관직을 일명(一命)부터 구명(九命)까지 나눈 중에서 가장 낮은 품계의 하급 관리를 가리킨다.

明道再調上元主簿, 常曰, 一命之士, 苟存心於愛物, 於人必有所濟. 始至邑, 見人持竿道旁以黏飛鳥, 取其竿折之.[505]

부처의 머리에서 빛이 나지 않다.[불수불광(佛首不光)] 명도(明道)선생이 경조(京兆) 호현(鄠縣)의 주부를 맡았다. 남산의 절에 석불이 있는데 해마다 그 머리에서 빛이 난다고 전해져 남녀가 몰려가 구경하였다. 위정자들은 그 신통력을 두려워하여 감히 금지시키는 자가 없었는데 정호가 그 중에게 "내가 들으니, 석불이 해마다 빛을 낸다고 하던데 다시 (빛을) 낼 때가 되면 장차 그 머리를 가져다가 직접 살펴보아야겠소."라고 말하였다. 그때부터 감히 더 이상 빛이 난다고 말하지 않았다.

明道任京兆鄠縣簿. 南山僧舍有石佛, 歲傳其首放光, 男女聚看. 爲政者畏其神, 莫敢禁, 先生語其僧曰, 吾聞石佛歲現光, 俟復現, 當取其首, 就觀之. 自是不敢復言有光.[506]

고사헌(高士軒) 회암(晦庵) 주희(朱熹)[507]가 동안주부(同安主簿)일 때에 관청에 휴게실이 있었는데 이름을 '고사헌(高士軒)'이라 바꾸고 법령집[영갑(令甲)[508]]을 들여놓게 하고 모든 주부들이 해야 할 것들을 큰 글씨로 써서 상인방[미간(楣間)[509]]에 게시하였다. 현령[당로(當路)[510]]도 존경하여 감히 속관으로 대우하지 않았고 동안(同安) 고을의 백성들이 그가 떠나는 것을 바라지 않아 5년 뒤에야 그만두었다.

朱晦庵爲同安主簿, 廨有燕坐之室, 更名曰, 高士軒, 以令甲內, 凡簿所當爲者, 大書揭之楣間. 當路尊敬, 不敢以屬吏待之, 同安之民, 不忍其去, 五年後罷.[511]

감춰진 돈에 대한 소송을 자백하다.[복장전소(服藏錢訴)] 명도(明道)선생이 호현(鄠縣)의 주부를 지냈는데 현령은 그가 나이가 어리다는 이유로 인정하지 않았다. 백성 가운데 형의 집을 빌려서 살고 있는 자가 있었는데 땅속에 감춰진 돈을 파내자 조카가 소송을 걸면서, "아버지가 감춰 두었던 것입니다."라고 하였다. 명도선생이 "네 부친이 돈을 숨겨둔 것이 어느 때인가?"라고 물으니 대답하기를, "40년 되었습니다."라고 하였다. "저 사람이 집을 빌려 산 것이 몇 년 되었는가?" "20년 되었습니다." 즉시 아전을 시켜 돈 만 냥을 가져다 살피고서 집을 빌린 자에게 이르기를, "지금 관가에서 주조한 돈은 5·6년이 채 되지 않아 천하에 두루 유통되고 있다. 이 돈은 모두 네가 감췄다고 하기 수십 년 전에 주조한 것이니 어찌된 일인가?" 그 사람이 결국 자백하니 현령이 매우 특별하게 여겼다.

明道主鄠縣簿, 令以其年少未知之. 民有借其兄宅以居者, 發地中藏錢, 兄之子訴曰, 父所藏也. 明道問曰, 爾父藏錢, 幾何時? 曰四十年矣. 彼借宅居, 幾何年? 曰二十年矣. 卽遣吏取錢十千[512]視之, 謂借宅者曰, 今官所鑄錢, 不五六年, 卽遍天下. 此錢皆爾未藏前數十年所鑄, 何也? 其人遂服, 令奇之.[513]

---

505. 《이정문집(二程文集)·명도선생행장(明道先生行狀)》
506. 《이정문집(二程文集)·명도선생행장(明道先生行狀)》
507. 주희(朱熹): 송(宋) 휘주(徽州) 출신으로 자가 원회(元晦)·중회(仲晦)이고 호가 회암(晦庵)이다. 성리학(性理學)을 집대성한 학자로 《회암집(晦庵集)》 112권 등 다수의 저서가 전한다. 장주지주사(漳州知州事), 환장각대제(渙章閣待制) 등을 역임하였다.
508. 영갑(令甲): 천자가 내린 법령 가운데 제일 앞선 것을 이른다. 한(漢)나라 때 조령(詔令)을 반포하면서 순서에 따라 영갑(令甲), 영을(令乙), 영병(令丙)이라고 한 데에서 유래하였다.
509. 미간(楣間): 문틀 위의 가로목인 상인방(上引枋)을 가리킨다.
510. 당로(當路): 권력을 쥐고 있는 사람을 지칭하는 말로, 여기서는 현령을 가리킨다.
511. 《송명신언행록외집(宋名臣言行錄外集)·주희(朱熹)》
512. 십천(十千): 1만. 즉 매우 많은 것을 뜻한다.
513. 《송사(宋史)·정호전(程顥傳)》

일을 처리하는 것이 칼과 같다.[우사봉예(遇事鋒銳[514])] 당(唐) 이여(李畬)[515]가 사수주부(汜水主簿)가 되었는데 일을 처리하는 것이 칼과 같아 크게 명성이 났었다. 비록 시골아이나 하인[시양(廝養)[516]]이라 하더라도 한 번 보면 교체된 이름까지 모르는 경우가 없었다. 여러 관직을 거쳐 국자사업(國子司業)에 올랐다.

唐李畬爲汜水主簿, 遇事鋒銳, 甚有聲稱. 雖村童·廝養, 一閱無不知替代姓名. 累轉國子司業.[517]

시비(詩碑) 당(唐) 가도(賈島)[518]가 장강주부(長江主簿)를 지냈는데 시명(詩名)이 있어 사람들이 그를 위해 시비를 세워 주었다.

唐賈島爲長江主簿, 有詩名, 人爲立詩碑.[519]

쌀을 메뚜기와 바꿔 주다.[이미역황(以米易蝗)]

손각(孫覺)[520]이 합비주부(合肥主簿)로 보임되었는데 해가 가뭄이 들었다. 주에서 백성들에게 메뚜기를 잡으라고 독촉하자 손각이 "백성들이 지금 먹고 살기 힘드니 만약 쌀로 바꿔 준다면 해충도 없애고 이익도 누리게 될 것입니다."라고 말하니 태수가 그의 의견을 따랐다.

孫覺調合肥主簿, 歲旱. 州督民捕蝗, 覺言, 民方艱食, 若以米易之, 是爲除害而享利. 守從之.[521]

조급하게 승진하려 하지 않다.[불욕조진(不欲躁進)]

오연(吳淵)[522]이 건덕주부(建德主簿)일 때에 승상(丞相) 사미원(史彌遠)이 숙소를 마련하여 머물게 하면서 하루 종일 대화를 나누고 매우 기뻐하였다. 오연에게 "그대는 나라의 그릇이로다. 지금 개화현(開化縣)에 새로 현승 자리를 두게 되었는데 이 직책을 그대에게 맡기고 싶구려."라고 말하자 오연이 대답하였다. "막 하나의 관직을 얻었는데 어찌 감히 조급하게 승진하겠습니까." 사미원이 그 말에 얼굴빛을 바꾸었다.

吳淵爲建德主簿, 丞相史彌遠館留之, 語竟日, 大悅, 謂淵曰, 君國器也. 今開化新置丞, 欲以此處君. 淵對曰, 甫得一官, 何敢躁進. 彌遠爲之改容.[523]

장관에게 아부하지 않다.[불부장관(不附長官)] 여회(呂誨)[524]가 정덕현(旌德縣)의 주부가 되었는데 낮은 관리였지만 상관에게 아부하려고 하지 않았다. 사람들은 이 때문에 그가 크게 될 것을 알았다.

呂誨爲旌德縣簿, 爲小官, 不肯附官長. 人以是知其遠到.[525]

혐의를 피하지 않다.[불피형적(不避形跡)] 송(宋) 임백우(任伯雨)[526]는 자가 덕옹(德翁)이다. 일찍이 청강주부(淸江主簿)를 지냈는데 백성들에게 괴로움이 되는 일이 있으면 혐의를 피하지 않고 현령에게 적극적으로 건의하였다. 고을이 그 덕택에 잘 다스려졌다.

514. 봉예(鋒銳): 벌침으로, 칼같이 일을 처리하는 것을 비유한다. '봉(鋒)'은 '봉(蜂)'의 이체자이다.
515. 이여(李畬): 당(唐) 조주(趙州) 출신으로 자가 옥전(玉田)이다. 사수주부(汜水主簿), 국자사업(國子司業) 등을 역임하였다.
516. 시양(廝養): 허드렛일을 하는 머슴이나 하인을 가리킨다. '시대(廝臺)', '시도(廝徒)'라고도 한다.
517. 《신당서(新唐書)·이여전(李畬傳)》
518. 가도(賈島): 당(唐) 범양(范陽) 출신으로 자가 낭선(浪仙)이다. 장강주부(長江主簿), 보주사창참군(普州司倉參軍) 등을 역임하였다.
519. 《산당사고(山堂肆考)·신직(臣職)》
520. 손각(孫覺): 송(宋) 고우(高郵) 출신으로 자가 신로(莘老)이다. 어사중승(御史中丞), 용도각학사(龍圖閣學士) 등을 역임하였다.
521. 《송사(宋史)·손각전(孫覺傳)》
522. 오연(吳淵): 송(宋) 선주(宣州) 출신으로 자가 도부(道夫)이다. 참지정사(參知政事) 등을 역임하였다.
523. 《송사(宋史)·오연전(吳淵傳)》
524. 여회(呂誨): 송(宋)나라 사람으로 자가 헌가(獻可)이다. 시어사중승(侍御史中丞)을 지냈다.
525. 《산당사고(山堂肆考)·신직(臣職)》
526. 임백우(任伯雨): 송(宋) 미산(眉山) 출신으로 자가 덕옹(德翁)이다. 우정언(右正言) 등을 역임하였다.

宋任伯雨, 字德翁. 嘗爲淸江簿, 事有戾於民者, 不避形迹, 極言於令. 邑賴以治.[527]

조정에 가서 일을 아뢰다. [예조백사(詣朝白事)]

송(宋) 오택인(吾擇仁)[528]은 자가 지부(智夫)이다. 개봉(開封) 옹구현(雍丘縣)의 주부(主簿)가 되었는데 조정[조당(朝堂)[529]]에 가서 일을 아뢰자 재상 범순인(范純仁)이 그를 특별하게 여겨 "주부[부령(簿領)[530]] 가운데도 이런 사람이 있구나."라고 말하였다.

宋吳擇仁, 字智夫. 爲開封雍丘簿, 詣朝堂白事, 宰相范純仁異之曰, 簿領中, 乃有是人.[531]

'물의 신선'의 석상을 부수다. [쇄수선상(碎水仙像)]

송(宋) 오현(吳縣)의 주부인 손자수(孫子秀)[532]가 하루는 학궁(學宮)을 방문하여 여러 학생들과 도리에 대해 토론하였다. 요술을 부리는 인물이 있어 자칭 '물의 신선'이라고 하자 손자수가 찾아가 그의 집을 불태우고 그의 석상을 부수고는 그 사람을 태호에 빠뜨리며 "너의 '수선'이라는 이름을 사실로 만들어 주겠다."라고 말하니 요술을 부리는 일이 마침내 사라졌다.

宋吳縣主簿孫子秀日詣學宮, 與諸生討論義. 有妖人自稱水仙, 子秀往焚其廬, 碎其像, 沈其人於太湖曰, 實汝水仙之名矣. 妖遂絶.[533]

장상영(張商英)[534]이 만족(蠻族)을 평정하다. [상영평만(商英平蠻)] 송(宋) 장상영이 전에 통천주부(通川主簿)로 보임되었을 때 유주(渝州)의 만족이 반란을 일으켰다. 조서를 내려 전운사(轉運使) 장선(張詵)으로 하여금 토벌하게 하였는데 오직 왕곤(王袞)만이 항복하지 않았다. 공이 장선에게 "만족 역시 사람이니, 화가 될지 복이 될지를 가지고 깨우쳐 준다면 말을 들을 것입니다."라고 아뢰었다. 장선이 격문을 마련하였고 공이 가니 왕곤이 그를 보고 말에서 내려 절을 하였다. 만족이 마침내 평정되자 조변(趙抃)이 그를 추천하였고 황제의 부름을 받아 대궐에 가게 되었다. 처음으로 대면하는 자리에서 바로 벼슬 전[초모(草茅)[535]]에 나라를 걱정하여 쓴 글을 소매에서 꺼내서 올렸고 광록시승(光祿寺丞)에 발탁되었다.

宋張商英初調通州簿, 渝州蠻反. 詔運使張詵討之, 惟王袞未降. 公言於詵曰, 蠻亦人耳, 以禍福諭之, 宜聽. 詵檄公行, 王袞見而下拜. 蠻遂平, 趙抃薦之, 召赴闕. 初對, 卽袖草茅憂國書以進, 擢光祿寺丞.[536]

쇠를 파고드는 주부 [입철주부(入鐵主簿)] 북제(北齊) 허돈(許惇)[537]은 맑은 식견이 명쾌하였고 정사에 밝았다. 일찍이 사도주부(司徒主簿)를 맡았는데, 뛰어난 판단력 때문에 사람들이 '쇠를 파고드는 주부[입철주부(入鐵主簿)]'라고 불렀다.

北齊許惇, 性[538]識敏速, 達于從政. 嘗爲司徒主簿, 以其能判, 人號入鐵主簿.[539]

---

527. 《고금사문유취외집(古今事文類聚外集)·현관부(縣官部)》
528. 오택인(吾擇仁): 송(宋) 흥국(興國) 출신으로 자가 지부(智夫)이다. 대록현지사(大鹿縣知縣事), 휘유각직학사(徽猷閣直學士) 등을 역임하였다.
529. 조당(朝堂): 조정의 고관들이 정사를 의논하던 건물을 일컫는 말로, 정사당(政事堂) 내지 조정(朝廷)을 가리킨다.
530. 부령(簿領): 관청에서 업무를 기록한 문서나 장부인데, 여기서는 그러한 일을 관장하는 벼슬을 가리킨다.
531. 《송사(宋史)·오택인전(吾擇仁傳)》
532. 손자수(孫子秀): 송(宋) 여요(餘姚) 출신으로 자가 원실(元實)이다. 임안부지부사(臨安府知府事) 등을 역임하였다.
533. 《송사(宋史)·손자수전(孫子秀傳)》
534. 장상영(張商英): 송(宋) 촉주(蜀州) 출신으로 자가 천각(天覺)이다. 중서사인(中書舍人), 상서우복야(尙書右僕射) 등을 역임하였다.
535. 초모(草茅): 벼슬에 오르기 전의 재야시절이나 재야인사를 비유한다.
536. 《고금사문유취외집(古今事文類聚外集)·현관부(縣官部)》
537. 허돈(許惇): 북제(北齊) 고양(高陽) 출신으로 자가 계량(季良)이다. 사도주부(司徒主簿), 상서우복야(尙書右僕射) 등을 역임하였다.
538. 《유원총보》의 '性'은 '淸'의 오자이다.[《북제서(北齊書)·허돈전(許惇傳)》]

재상[공보(公輔)[540]]의 자질이 있다.[유공보기(有公輔器)] 장승(張昇)[541]은 자가 고경(杲卿)으로 어려서부터 학문에 힘썼고 지조가 있었다. 영구주부(營丘主簿)를 지낼 때 유수인 왕증(王曾)이 그에게 재상의 자질이 있다고 하였다.

張昇, 字杲卿, 少力學, 有志操. 爲營丘簿, 留守王曾以爲有公輔之器.[542]

정간공(正簡公) 섭옹(葉顒)[543]은 자가 자앙(子昂)으로 남해주부(南海主簿)에 보임되어 현위(縣尉)의 일을 대행하였다. 도적이 발생하자 주에서 순검과 현위[순위(巡尉)[544]]에게 격문을 보내 섭옹과 더불어 체포하도록 하였다. 순검이 도적 10여 명을 잡아 섭옹에게 공로를 돌리자 섭옹이 "남의 업적을 가로채고 임금을 속이며 요행으로 상을 받는 것은 세 가지 모두 죄악이니 차마 그럴 수 없습니다."라고 말하였다. 도독부 원수인 증개(曾開)가 그의 아들 증련(曾連)에게 "벼슬길에서 영달을 추구하지 않고 공을 세우고도 양보할 줄 아니 섭주부는 재상감이다. 네가 가서 찾아뵈어라."라고 이르면서 부사(部使)[545]로 온 자에게 자랑하여 조정에 천거하도록 하였다.

葉正簡公顒, 字子昂, 調南海主簿, 攝尉事. 盜發, 州檄巡尉, 與顒同捕. 巡尉[546]獲盜十數人, 歸勞於顒, 顒曰, 掠美·欺君·倖賞, 三者皆罪, 不忍爲也. 府帥[547]曾聞[548]告其子連曰, 仕不求達, 勞而能遜, 葉主簿, 宰相器也. 汝往見之. 因倡諸部使者, 薦于朝.[549]

《유술통요(儒術通要)》 유안(劉顔)[550]은 자가 자망(子望)으로 경학과 덕행을 모두 갖추었다. 임성주부(任城主簿)일 때에 이적(李迪)이 불러서 종사(從事)[551]로 삼았다. 저서로 《유술통요(儒術通要)》, 《경제추언(經濟樞言)》 등이 있는데 석개(石介)[552]가 그의 글을 보고 감탄하면서 "제자가 되지 못 한 것이 한스럽다."라고 말하였다.

劉顔, 字子望, 經行純備. 爲任城簿, 李迪辟爲從事. 所著有儒術通要·經濟樞言等書, 石介見其文, 嘆曰, 恨不得在弟子之列.[553]

스스로를 탄핵하는 글을 올리고[투핵(投劾)[554]] 옷자락을 휘두르며 떠나다.[투핵불의(投劾拂衣)] 송(宋) 오강주부(吳江主簿) 이형(李衡)[555]은 부사(部使)로 온 자가 권세를 믿고 위세를 부리며 백성들을 괴롭히자 차마 백성들을 매질하면서 영합할 수 없어 상부에

---

539. 《북제서(北齊書)·허돈전(許惇傳)》
540. 공보(公輔): 천자를 보좌하는 삼공(三公)과 사보(四輔), 즉 재상을 이른다.
541. 장승(張昇): 송(宋) 한성(韓城) 출신으로 자가 고경(杲卿)이다. 영구주부(營丘主簿), 태자태사(太子太師) 등을 역임하였다.
542. 《송사(宋史)·장승전(張昇傳)》
543. 섭옹(葉顒): 송(宋) 흥화(興化) 출신으로 자가 자앙(子昂)이다. 상서좌복야겸추밀사(尙書左僕射兼樞密使)를 지냈다.
544. 순위(巡尉): 송나라 때 순찰을 돌며 죄인을 체포하는 것을 주관하던 순검(巡檢)과 현위(縣尉)를 이르는 말이다.
545. 부사(部使): 조정에서 파견한 사신으로, 어사(御使)라고도 한다.
546. 《유원총보》의 '尉'는 '檢'의 오자이다.[《송사(宋史)·섭옹전(葉顒傳)》]
547. 부수(府帥): 당나라 이후 도독부(都督府) 원수(元帥)인 도독(都督)이나 절도사(節度使) 등의 직책을 가리킨다.
548. 《유원총보》의 '聞'은 '開'의 오자이다.[《송사(宋史)·섭옹전(葉顒傳)》]
549. 《송사(宋史)·섭옹전(葉顒傳)》
550. 유안(劉顔): 송(宋) 팽성(彭城) 출신으로 자가 자망(子望)이다. 임성주부(任城主簿), 청주종사(青州從事) 등을 역임하였다.
551. 종사(從事): 한(漢)나라 이후로 승상(丞相)이나 자사(刺史)·태수(太守) 등이 기용하여 잡무를 처리하게 하던 속관(屬官)이다.
552. 석개(石介): 송(宋) 연주(兗州) 출신으로 자가 수도(守道)이다. 송나라 때 대유로 도통(道統)과 문통(文統)의 통일을 주장하면서 불교 및 노장을 배척하였다. 국자감직강(國子監直講), 태자중윤(太子中允) 등을 역임하였다.
553. 《송사(宋史)·유안전(劉顔傳)》
554. 투핵(投劾): 스스로 자신의 죄상을 탄핵하는 글을 올리는 것을 가리킨다. 옛날에 사직하는 한 가지 방법이었다.
555. 이형(李衡): 송(宋) 양주(揚州) 출신으로 자가 언평(彦平)이다. 시어사(侍御史), 비서각수찬(秘書閣修撰) 등을 역임하였다.

스스로를 탄핵하는 글을 올리고 옷자락을 휘두르며 귀향하였다.

宋吳江簿李衡, 有部使者, 怙勢作威, 侵刻下民, 衡不忍以敲朴[556]迎合, 投劾於府, 拂衣而歸.[557]

죽음으로 [태수 하창(何敞)의] 목숨을 구하다.[이사속명(以死贖命)] 주가(周嘉)[558]가 군에 벼슬하여 주부가 되었다. 왕망(王莽) 말엽에 많은 도적들이 여양성(汝陽城)을 쳐들어오자 주가가 태수 하창을 따르며 도적들을 치는데 하창이 날아오는 화살에 맞았다. 도적들이 수십 겹으로 에워싸자 주가가 하창을 막아 가리고 이어 도적들에게 "그대들도 모두 백성들인데 어찌 자기의 주군을 해치는 일이 있겠는가."라고 외치면서 죽음으로 하창의 목숨을 구하고자 하면서 하늘을 우러러 울부짖었다. 많은 도적들이 서로 바라보며 "이 사람은 의로운 선비이다."라고 말하고는 그의 수레와 말을 주어 돌려보냈다.

周嘉仕郡爲主簿. 王莽末, 群賊入汝陽城, 嘉從太守何敞, 討賊, 敞爲流矢所中. 賊圍繞數十重, 嘉乃擁蔽, 因呼賊曰, 卿曹皆民也, 豈有還害其君者邪. 嘉以死贖命, 因仰天號泣. 群賊相視曰, 此義士也. 給其車馬, 送之.[559]

성을 넘어 다급함을 알리다.[유성고급(踰城告急)] 위(魏) 방육(龐淯)[560]이 태수 서읍(徐揖)의 주부일 때에 고을 사람인 황앙(黃昂)이 반란을 일으켜 성을 포위하였다. 방육은 처자식을 버리고 밤에 성을 넘어 장액(張掖)과 돈황(燉煌)의 두 군에 다급함을 알렸다. 처음에는 의심하면서 군대를 출동하려 하지 않다가 방육이 검에 엎어져 죽으려고 하니 두 군에서 그 의리에 감동하여 마침내 군대를 출동시켰으나 도착하기 전에 성은 이미 함락되었고 서읍은 죽었다. 방육은 이에 서읍의 시신을 거두어 장례를 치르고 3년의 상복을 입고 돌아갔다.

魏龐淯爲太守徐揖主簿, 郡人黃昂反, 圍城. 淯棄妻子, 夜踰城, 告急于張掖·燉煌二郡. 初疑, 未肯發兵, 淯欲伏劒, 二郡感其義, 遂興兵軍, 未至而城已陷, 揖死. 淯乃收斂揖喪, 行服三年, 乃還.[561]

적도를 상대하여 따지다.[대적쟁론(對賊爭論)] 진(晉) 역웅(易雄)[562]이 군에 벼슬하여 주부가 되었다. 장창지(張昌之)가 난을 일으켜 태수 만사(萬嗣)를 잡아 목을 베려 하자 역웅이 적도를 상대하여 잘잘못을 따졌다. 적도가 화가 나서 꾸짖으며 그를 끌어다가 목을 베도록 하니 역웅은 태연자약하게 빠른 걸음으로 나왔다. 적도가 다시 소리쳐 물었으나 역웅이 대답하는 것이 처음과 같았고 이와 같이 한 것이 세 번이었다. 적도는 마침내 그를 풀어 주었고 만사는 죽음에서 벗어날 수 있었다.

晉易雄仕郡爲主簿. 張昌之亂, 執太守萬嗣, 將斬之, 雄對賊爭論曲直. 賊怒叱, 使牽雄斬之, 雄趨出自若. 賊又呼問之, 雄對如初, 如此者三. 賊乃舍之, 嗣獲免.[563]

이름을 바꾸고 원수를 잡다.[변명집구(變名執仇)] 합포(合浦)의 윤아(尹牙)[564]가 군의 주부(主簿)가 되었는데 태수가 부임한 지 3년 동안을 웃지 않았다. 윤아가 그 까닭을 물으니 아직 복수하지 못한 큰 원수가 있었다. 윤아가 이에 이름을 바꾸고 복수를 하니 천자

---

556. 《유원총보》의 '朴'은 '扑'의 오자이다.[《송사(宋史)·이형전(李衡傳)》]
557. 《송사(宋史)·이형전(李衡傳)》
558. 주가(周嘉): 후한(後漢) 안성(安城) 출신으로 자가 혜문(惠文)이다. 상서랑(尙書朗), 영릉태수(零陵太守) 등을 역임하였다.
559. 《후한서(後漢書)·주가전(周嘉傳)》
560. 방육(龐淯): 삼국시대 위(魏) 주천(酒泉) 출신으로 서해태수(西海太守)를 지냈다.
561. 《삼국지(三國志)·위지(魏志)·방육전(龐淯傳)》
562. 역웅(易雄): 진(晉) 유양(瀏陽) 출신으로 자가 흥장(興長)이다. 용릉령(舂陵令)을 지냈다.
563. 《진서(晉書)·역웅전(易雄傳)》
564. 윤아(尹牙): 후한(後漢) 광주(廣州) 출신으로 자가 맹덕(猛德)이다. 군의 주부(主簿)를 지냈다.

가 특별하게 여겨 풀어 주고 문제 삼지 않았다.

合浦尹方[565]爲郡主簿, 太守到官三年, 不笑. 方問其故, 有重仇未報. 方乃變名報之, 天子奇之, 舍而不問.[566]

머리를 찧으면서 대신하기를 간청하다.[고두걸대(叩頭乞代)] 광릉(廣陵)의 유준(劉雋)[567]이 군의 주부(主簿)가 되었는데 군수가 적도들에게 잡혔다. 유준이 머리를 찧어 피를 흘리면서 (군수의 목숨을) 대신할 수 있기를 간청하였고 울부짖으며 감싸 안았다. 적도들이 서로 말하기를, "이 사람은 의로운 선비이니 죽이는 것이 상서롭지 못하다."라 하고 마침내 모두 풀어 주어 돌아가게 하였다.

廣陵劉雋爲郡主簿, 郡將爲賊所得. 雋叩頭流血, 乞得代之, 號呼抱持. 賊相謂曰, 此義士, 殺之不祥. 遂俱縱遣.[568]

검을 뽑아 들고 소리를 높이다.[발검여성(拔劍厲聲)] 진류(陳留)의 대빈(戴斌)[569]이 군의 주부(主簿)일 때에 죽은 장수의 영구를 호송하여 향리로 돌아가는데 여오리(蠡吾里) 사람들이 막아섰다. 대빈이 검을 뽑아 들고 소리를 높여, "상여가 나아가지 못 한다면 나의 책임이다."라고 하니 마을 사람들이 그의 의리에 감복하여 비로소 받아들였다.

陳留戴斌爲郡主簿, 送故將喪歸鄕, 蠡吾里人拒之. 斌拔劍厲聲, 喪車不前者, 戴斌也. 里人服其義, 乃納之.[570]

잔을 들어 산소에 하직하다.[거상사묘(擧觴辭墓)] 공손찬(公孫瓚)[571]이 군의 주부(主簿)일 때에 태수 유군(劉君)이 사건에 연루되어 호송수레로 압송되었다. 조정의 법에 속관들이 직접 접대하는 것을 금하였기 때문에 공손찬은 이에 옷을 바꿔 입고 호위 병사라고 사칭하여 몸소 음식의 공급을 맡았다. 수레를 몰아 낙양에 도착하였고 태수가 일남(日南)으로 유배가게 되자 공손찬은 북망산(北邙山) 위에서 돼지고기와 술을 갖추고 울면서 모친의 산소에 하직을 고하였다. 술을 부으며 "전에는 자식이었지만 지금은 남의 신하입니다. 태수가 일을 당하여 장차 일남으로 호송하게 되었습니다. 일남은 장기(瘴氣)가 많아 혹시 돌아오지 못할까 걱정됩니다. 그래서 산소에 길이 하직합니다."라 기도하고 강개하여 슬피 울면서 재배하고 떠났다. 떠난 뒤에 길에서 사면을 받자 공손찬은 군으로 돌아왔다.

公孫瓚爲郡主簿, 太守劉君坐事檻車徵. 官法不聽吏下親迎, 瓚乃改容服, 詐稱侍卒, 身執徒養. 御車到洛陽, 太守當徙日南, 瓚具豚酒於北邙上, 泣辭母墓. 酹觴祝曰, 昔爲人子, 今爲人臣. 太守遭事, 當送日南. 日南多瘴氣, 恐或不還. 便當長辭墳塋. 慷慨悲泣, 再拜而去. 旣行, 於道得赦, 瓚還郡.[572]

춥고 눈이 내리는데 의원을 맞으러 가다.[한설영의(寒雪迎醫)] 도간(陶侃)[573]이 군의 주부(主簿)일 때에 태수 장기(張夔)의 부인이 병이 들어 멀리 의원을 맞아오게 하였다. 날씨가 한창 춥고 눈이 내려 여러 주부(主簿)[강기(綱紀)[574]]들이 모두 어려워하자 도간이 홀로 "부모를 섬기는 것을 바탕으로 주군을 섬

565. 《유원총보》의 '方'은 '牙'의 오자이다.[《설부(說郛)·광주선현전(廣州先賢傳)》]
566. 《설부(說郛)·광주선현전(廣州先賢傳)》
567. 유준(劉雋): 내력이 자세하지 않다.
568. 《태평어람(太平御覽)·직관부(職官部)》
569. 대빈(戴斌): 내력이 자세하지 않다.
570. 《태평어람(太平御覽)·직관부(職官部)》
571. 공손찬(公孫瓚): 후한(後漢) 영지(令支) 출신으로 자가 백규(白珪)이다. 항로교위(降虜校尉), 분무장군(奮武將軍) 등을 역임하였다.
572. 《후한서(後漢書)·공손찬전(公孫瓚傳)》
573. 도간(陶侃): 동진(東晉) 여강(廬江) 출신으로 자가 사행(士行)이다. 형주자사(荊州刺史), 팔주제군사(八州諸軍事)를 역임하였다.

기니 부인은 마땅히 모친에 비견됩니다. 부모가 병이 났는데 의원을 맞으러 가는 것을 어려워하는 도리가 어디에 있습니까."라 말하고 마침내 가겠다고 하자 속관들이 모두 부끄러워하였다.

陶侃爲郡主簿, 太守張夔妻病, 遠迎醫. 天正寒雪, 諸綱紀皆難之, 侃獨曰, 資於事父以事君, 夫人當比母. 安有親病而難迎醫乎. 乃請行, 僚屬皆愧之.[575]

해진 옷을 입은 채 돈을 지니고 가다.[이복재금(羸服齎金)] 주준(朱儁)[576]이 군의 주부(主簿)일 때에 태수 윤단(尹端)이 적도인 허소(許昭)를 토벌하다가 실패한 일로 주(州)에서 상소가 올려졌다. 죄가 기시(棄市)[577]에 해당되자 주준이 해진 옷을 입고 사잇길로 가서 단신으로 수백 냥을 지니고 도성에 도달하였다. 상소문을 담당하는 관리에게 뇌물을 써서 마침내 정주(定州)의 상소문을 고칠 수 있었기 때문에 윤단은 좌교(左校)[578]에 보내져 노역(勞役)하게 되었다. 윤단은 감형된 것을 기뻐하면서도 그 이유를 몰랐고 주준도 역시 끝내 말하지 않았다.

朱雋[579]爲郡主簿, 太守尹端被坐討賊許昭失利, 爲州所奏. 罪應棄市, 雋乃羸服間行, 輕齎數百金, 到京師. 賂主章吏, 遂得刊定州奏, 故端得輸作左校. 端喜放降免, 而不知其由, 雋亦終無所言.[580]

참새 소리를 듣고 웃다.[문작이소(聞雀而笑)] 성자침(成子郴)[581] 지역의 사람이 새의 울음소리를 알아들을 수 있었는데 군의 주부(主簿)가 되었다. 여러 사람들과 함께 앉아 있다가 참새가 우는 소리를 듣고 웃으며 "동쪽 시장에 수레의 곡식이 엎어졌다고 참새들이 서로 불러서 가서 먹자고 한다."라고 말하였다. 여럿이서 사람을 보내 살피게 하니 정말로 그러하였다.

成子郴中人能達鳥音, 爲郡主簿. 與衆俱坐, 聞雀鳴而笑曰, 東市輦粟覆, 雀相呼, 往食之. 衆遣視, 信然.[582]

다섯 곳의 감옥을 전전하다.[전환오옥(轉換五獄)] 후한(後漢) 목융(繆肜)[583]은 자가 예공(豫公)이다. 현에 벼슬하여 주부가 되었는데 당시에 현령이 고소를 당하여 조사를 받게 되었다. 아전들이 모두 두려워서 거짓 자백을 하는데 목융만이 홀로 증인을 서서 근거를 대었으나 매질과 고문이 지독하여 몸에 구더기가 생기기까지 하였다. 다섯 곳의 감옥을 전전하면서 4년의 세월이 지나 현령은 마침내 사면을 받게 되었다.

後漢繆肜, 字儒[584]公. 仕縣爲主簿, 時縣令被章見考. 吏皆畏懼自誣, 而肜獨證據, 掠考苦毒, 至乃體生蟲蛆. 因轉換五獄, 踰涉四年, 令卒以自免.[585]

대궐에 가서 억울함을 호소하다.[예궐소왕(詣闕訴枉)] 영양현(寧陽縣)의 주부가 대궐에 가서 자기 현령의 억울함을 호소한 것이 6, 7년이 되었는데도 살펴지지 않았다. 이에 다시 글을 올려 아뢰기를, "신은 폐하의 아들이고 폐하는 신의 어버이이십니다. 신의 상소가 백 번이나 올라갔는데 끝내 살펴지지 않습니다. 신이 어찌 북쪽으로 선우(單于)에게 가서 억울함을 호소할 수 있겠습니까."라고 하였다. 황제가 크게

574. 강기(綱紀): 관부(官府) 및 주군(州郡)의 사무를 관리하는 주부(主簿)를 가리킨다.
575. 《진서(晉書)·도간전(陶侃傳)》
576. 주준(朱儁): 후한(後漢) 회계(會稽) 출신으로 자가 공위(公偉)이다. 간의대부(諫議大夫), 우중랑장(右中郎將) 등을 역임하였다.
577. 기시(棄市): 사람들이 많이 모인 곳에서 죄인의 목을 베고 그 시체를 길거리에 버리던 형벌이다.
578. 좌교(左校): 오교(五校)의 하나로 재장(宰匠)에 관한 일을 담당한 부서이다.
579. 《유원총보》의 '雋'은 '儁'의 오자이다.[《후한서(後漢書)·주준전(朱儁傳)》]
580. 《후한서(後漢書)·주준전(朱儁傳)》
581. 성자침(成子郴): 지명으로 추측된다.
582. 《예문유취(藝文類聚)·백곡부(百穀部)》
583. 목융(繆肜): 후한(後漢) 여남(汝南) 출신으로 자가 예공(豫公)이다. 중모령(中牟令)을 지냈다.
584. 《유원총보》의 '儒'는 '豫'의 오자이다.[《후한서(後漢書)·목융전(繆肜傳)》]
585. 《후한서(後漢書)·목융전(繆肜傳)》

노하여 대역죄로 다스리도록 하자 우후(虞詡)[586]가 논박하여 아뢰었다. "주부가 호소한 것은 군주에 대한 원망이지만 백 번이나 올라갔는데도 헤아려지지 않은 것은 담당자의 잘못입니다."

寧陽主簿詣闕, 訴其縣令之枉, 積六七歲, 不省. 乃復上書曰, 臣爲陛下子, 陛下爲臣父. 臣章百上, 終不見省. 臣豈可北詣單于以告冤乎. 帝大怒, 劾以大逆, 虞詡駁之曰, 主簿所重[587], 君父之怨, 百上不省, 是有司之過.[588]

옷과 두건을 태우다.[분소의책(焚燒衣幘)] 이선(李宣)[589]의 아들은 이름이 표(表)이다. 송공(宋公)이 구단(寇端)[590]에게 명하여 이표를 불러 주부(主簿)로 삼도록 하자 이표가 아전이 되는 것을 좋아하지 않아 관서의 문 안에서 옷과 두건을 태웠다. 구단이 화가 나서 이표를 잡아다 죽이려고 하자 진중거(陳仲擧)[591]가 이 소식을 듣고 송공에게 가니 이표를 청탁해 주기를 바라면서 먼저 이선을 찾아가도록 하였다. 이선이 무슨 일로 왔는지를 묻자 "구단을 뵙고 그대의 아들을 청탁하고자 합니다."라고 대답하였다. 이선이 "나의 아들이 죄를 범했으면 죄로 마땅히 죽어야 할 것이고 만약 사리에 맞는 군자가 있다면 어찌 함부로 사람을 죽이겠습니까? 마땅히 이대로 돌아가시오."라고 말하였다. 구단이 진중거에게 따져 물으니 진중거가 모두 말해 주었다. 구단이 마침내 감탄하면서 "이선은 의로운 선비이다."라 말하고 즉시 용서해 주었다.

李宣之子, 名表. 宋公令寇端召表爲主簿, 表不樂爲吏, 於寺門中焚燒衣幘. 端怒收表欲殺之, 陳仲擧聞之, 至宋公, 欲請表, 先過宣. 宣問何故來, 曰欲見寇令請足下兒. 宣曰, 吾子犯罪, 罪當死. 如有白君, 豈妄殺人. 宜此還. 端追問仲擧, 仲擧具以語之. 端乃歎曰, 李宣烈士也. 卽原.[592]

황제의 수레를 피하는 것을 타이르다.[유피대가(諭避大駕)] 소변(蘇弁)[593]이 봉천주부(奉天主簿)일 때에 주체(朱泚)[594]의 반란에 덕종(德宗)[595]이 창졸간에 피난을 가게 되었다. 현령 두정원(杜正元)이 관부에 올라가 일을 논의하던 차에 황제의 수레가 이른다는 말을 듣고 관리들이 당황하여 모두 산골짜기로 숨으려고 하였다. 소변이 그들을 타일러 말하기를, "주군께서 오랑캐를 피하시는데 신하들은 마땅히 어려움을 따르고 절의에 죽어야 합니다. 옛날에 숙종(肅宗)[596]이 영무(靈武)에 행차하시면서 신평(新平)과 안정(安定)에 이르셨는데 두 태수가 모두 숨어 버리자 황제께서 그들을 참수하여 돌리도록 명하셨습니다. 그대들도 그 일을 알고 있을 것입니다."라고 하자 사람들의 마음이 안정되었다. 황제의 수레가 이르자 맞이하고 호위하며 물자를 비축하는 것[저치(儲峙)[597]]이 빠짐이 없자 덕종이 칭찬하면서 바로 대리사직(大理司直)을 더하여 맡도록 하였다.

---

586. 우후(虞詡): 후한(後漢) 때 사람으로 자가 승경(升卿)이고 상서복야(尙書僕射), 상서령(尙書令) 등을 역임했다.
587. 《유원총보》의 '重'은 '訴'의 오자이다.[《후한서(後漢書)·우후전(虞詡傳)》]
588. 《후한서(後漢書)·우후전(虞詡傳)》
589. 이선(李宣): 내력이 자세하지 않다.
590. 구단(寇端): 내력이 자세하지 않다.
591. 진중거(陳仲擧): 후한(後漢) 여남(汝南) 출신의 진번(陳蕃)으로 자가 중거(仲擧)이다. 낙안태수(樂安太守), 태부(太傅) 등을 역임하였다. 당시 태학생(太學生)의 존경을 받았으며 환관(宦官)의 전횡을 반대하여 제거하려다가 살해되었다.
592. 《태평어람(太平御覽)·직관부(職官部)》
593. 소변(蘇弁): 당(唐) 경조(京兆) 출신으로 자가 원용(元容)이다. 탁지낭중(度支郎中), 저주자사(滁州刺史) 등을 역임하였다.
594. 주체(朱泚): 당(唐) 창평(昌平) 출신이다. 덕종(德宗) 때에 요영언(姚令言)이 반란을 일으켜 천자가 봉천(奉天)으로 피난하자, 국호를 대진(大秦)이라 하고 황제에 올랐다. 후에 이성(李晟)에게 살해되었다.
595. 덕종(德宗): 당(唐) 제11대 황제로 재위 기간은 780-804년이다.
596. 숙종(肅宗): 당(唐) 제9대 황제로 재위 기간은 756-761년이다.
597. 저치(儲峙): 수요에 대비하여 물자나 인재 등을 비축하는 것이다.

蘇弁爲奉天主簿, 朱泚之亂, 德宗倉卒出幸. 縣令杜正元上府計事, 聞大駕至, 官吏惶恐, 皆欲奔竄山谷. 弁諭之曰, 君上避狄, 臣下當伏難死節. 昔肅宗幸靈武, 至新平·安定, 二太守皆潛遁, 帝命斬之以徇. 諸君知其事乎. 衆心乃安. 及車駕至, 迎扈儲峙無闕, 德宗嘉之, 就加試大理司直.[598]

객사에서 벽에 글을 쓰다.[객사제벽(客舍題壁)] 당(唐) 한완(韓琬)[599]은 젊어서부터 재능을 자부하였는데 장안(長安)[600] 연간에 고우주부(高郵主簿)가 되었다. 도장(都場)[601]에 심부름을 갔다가 주현(州縣)이라는 이유로 헛수고를 하게 되자 갑자기 객사 벽에다가 다음과 같이 썼다. "힘은 고우현에서 소진되었고, 용모는 주부직에서 노쇠하였구나. 아마도 언행이 결함이 있어 친구들이 그냥 지나치는가 보다." 경룡(景龍)[602] 연간에는 박주(亳州)의 사호(司戶)로 황명에 따라 글을 짓는 일로 도성에 이르렀다. 이부원외랑(吏部員外郎) 장흠서(蔣欽緖)가 시험을 주관하였는데 (한완의) 대책문이 높은 등급에 들자 한완에게 말하기를, "오늘은 친구가 그냥 지나친 것이 아니지요?" 라고 하였다. 한완이 사례하며 "선비는 자신을 알아주는 사람에게 감사해하는데, 어찌 10년 뒤에 군자의 깊은 마음을 만나리라고 기대하였겠습니까."라고 말하였다.

唐張琬[603]少負才華, 長安中爲高郵主簿. 使于都場, 以州縣徒勞, 率然題客舍壁曰. 筋力盡于高郵, 容色衰于主簿. 豈言行之缺, 而友朋之過歟. 景龍中自亳州司戶應制, 集于京. 吏部員外蔣欽緖考試, 策入高等, 謂琬曰, 今日非友朋之過歟? 琬謝曰, 士感知己, 豈期十年之外, 見君子之深心乎.[604]

주부(主簿)의 직책[염수지직(髯鬚之職)] 왕건(王建)[605]이 촉(蜀)나라 황제를 참칭하였을 때 이경(李景)[606]을 미산주부(眉山主簿)에 임명하면서 제수하는 글에, "충성된 마음을 표창하여 주부(主簿)의 직책을 맡기노라."라고 하였다. 《고금주(古今注)》[607]에, "양을 '수염주부[염수주부(髯鬚主簿)]'라고 부른다." 라고 하였다.

王建僭蜀, 李景爲眉山主簿, 制曰, 旌其忠藎之心, 委以髯鬚之職. 古今注云, 羊名髯鬚主簿.[608]

현위 縣尉

· 한(漢)나라 때 모든 현에 다 현위가 있었는데 장안에는 현위를 넷 두었고 좌우 두 부서로 나누었다. 후한(後漢)에서는 현령과 현장, 제후국의 재상 역시 모두 현위가 있었다. 큰 현은 두 명이었고 작은 현은 한 명이었는데, 도적을 추적하여 체포하고 간악하여 부정한 자들을 사찰하는 일을 주관하였다.

---

598. 《구당서(舊唐書)·소변전(蘇弁傳)》
599. 한완(韓琬): 당(唐) 등주(鄧州) 출신으로 자가 무정(茂貞)이다. 감찰어사(監察御使), 전중시어사(殿中侍御史) 등을 역임하였다.
600. 장안(長安): 당(唐) 예종(睿宗)의 연호(701-704)이다.
601. 도장(都場): 조정에서 차와 소금을 전매하던 장소이다.
602. 경룡(景龍): 당(唐) 중종(中宗)의 연호(707-710)이다.
603. 장완(張琬): '張琬'은 《산당사고(山堂肆考)·신직(臣職)》에는 '韓琬'으로 되어 있다.
604. 《산당사고(山堂肆考)·신직(臣職)》
605. 왕건(王建): 허주(許州) 출신으로 자가 광도(光圖)이다. 전촉(前蜀)의 창업주로 16년간 재위하였으며 묘호는 고종(高宗)이다.
606. 이경(李景): 전촉(前蜀) 사람으로 왕건에게 봉사(奉事)를 올려 미산주부(眉山主簿)가 되었다.
607. 《고금주(古今注)》: 진(晉)나라 최표(崔豹)가 지은 책으로 사물의 명칭을 고증하였다.
608. 《고금사문유취외집(古今事文類聚外集)·현관부(縣官部)》

漢諸縣皆有尉, 長安有四尉, 分爲左右部. 後漢令長國相, 亦皆有尉. 大縣二人, 小縣一人, 主追捕盜賊, 伺察奸邪.[609]

신선이 된 현위[선위(仙尉)] 매복(梅福)[610]이 남창위(南昌尉)를 지내다가 하루아침에 처자식을 버리고 떠났다. 전해지는 말에 신선이 되었다고 한다.
梅福爲南昌尉, 一朝棄妻子去. 傳以爲仙.[611]

향을 바친 현위[향위(香尉)] 한(漢) 옹중(雍仲)[612]이 남해(南海)의 향을 바쳐 낙양위(洛陽尉)에 제수되자 '향을 바친 현위[향위(香尉)]'라고 하였다.《술이(述異)》
漢雍仲進南海香, 拜洛陽尉, 號曰香尉.《述異》[613]

총명한 현위[총명위(聰明尉)] 위봉고(魏奉古)[614]가 옹구위(雍丘尉)에 제수되었다. 일찍이 9월 9일의 공식 연회에서 한 손님이 서문(序文) 500자를 기초하자 위봉고가 "이것은 옛날에 있었던 글입니다."라 말하고 붓을 들어 차례로 풀이하였다. 서문을 기초한 사람이 말을 못 한 채 망연자실하였고 자리에 있던 사람들은 모두 손뼉을 쳤다. 위봉고가 천천히 웃으며 "방금 보고서 암기한 것이지 옛날에 익혔던 것이 아닙니다."라고 말하니 이 때문에 이름이 알려졌다. 당시에 장정(張挺)이 변주(汴州)를 다스리고 있었는데 위봉고를 불러서 나오게 하여 말하기를, "이 사람이 총명하다던 현위인가?"라고 하였다. 훗날 마구간에 관한 법령[구목령(廐目令)[615]]을 가지고 위봉고에게 보여주자 한 번 보고서 바로 천여 자를 암송하니 장정이 놀라서 일어나며 "벼슬살이 한 것이 40년인데 일찍이 이런 사람을 본 적이 없다."라고 말하였다.
魏奉古授雍丘尉. 嘗九日公燕, 有客草序五百言, 奉古言, 此舊文. 援筆列疏之. 草序者默然自失, 列座撫掌. 奉古徐笑曰, 適覽記之, 非舊習也. 由是知名. 時挺[616]涖汴州, 召奉古前曰, 此聰明尉也? 他日持廐目令示奉古, 一覽便諷千餘言, 挺驚起曰, 仕宦且四十, 未嘗見此.[617]

군수에게 아부하지 않다.[불부군수(不附郡守)] 충간공(忠簡公) 조정(趙鼎)[618]이 상산현(常山縣)으로 돌아와 머물고 있었다. 군수 장걸(章傑)이 조정 안팎의 사대부들이 평소에 편지를 써서 주고받은 것이 많음을 알고서 좋은 빌미로 삼아 당시 재상이던 진회(秦檜)에게 잘 보일 수 있겠다고 여겼다. 은밀히 현위 옹몽지(雍蒙之)[619]에게 지시하여 사사로이 술을 빚는 것[사양(私釀)[620]]을 수색한다는 명분으로 급히 가서 빼앗아 오도록 하였다. 옹몽지는 대충 대답하고 청사에 들어가 쪽지를 써서 알리기를, 서둘러 상자 안의 서신을 불태우고 아울러 활과 칼 등의 무기들을 치우라고 하였다. 옹몽지가 포졸들을 데리고 도착했을 때

609. 《고금사문유취외집(古今事文類聚外集)·현관부(縣官部)》
610. 매복(梅福): 한(漢) 구강(九江) 출신으로 자가 자진(子眞)이다. 남창위(南昌尉)를 지냈는데 왕망의 전횡에 은거다가 신선이 되었다고 한다.
611. 《한서(漢書)·매복전(梅福傳)》
612. 옹중(雍仲): 내력이 자세하지 않다.
613. 《술이기(述異記)·권하(卷下)》
614. 위봉고(魏奉古): 당(唐)나라 사람으로 급사중(給事中), 병부시랑(兵部侍郎) 등을 역임하였다. 암기력이 뛰어난 것으로 유명하였다.
615. 구목령(廐目令): 마구간의 물품 목록 관리에 관한 법령이다.
616. '挺'은 《천중기(天中記)·숙혜(夙慧)》에는 '張挺'으로 되어 있다.
617. 《천중기(天中記)·숙혜(夙慧)》
618. 조정(趙鼎): 남송(南宋)의 정치가 겸 사인(詞人)으로 자가 원진(元鎭)이다. 충성스러운 인품으로 명망이 높았다. 벼슬은 상서좌복야겸추밀사(尙書左僕射兼樞密使)에 이르렀다.
619. 옹몽지(雍蒙之): 송(宋) 건주(建州) 출신으로 자가 자공(子功)이다. 상산주부(常山主簿), 사농승(司農丞) 등을 역임하였다.
620. 사양(私釀): 허가를 안 받고 불법으로 술을 빚는 것을 이르는 말이다.

하나도 찾은 것이 없자 군수가 크게 화를 내면서 옹몽지를 조정에 탄핵하였다.

趙忠簡歸寓常山縣. 郡守章傑知中外士大夫平時多書疏往來, 可爲奇貨以媚時宰. 密諭邑尉雍蒙之以搜私釀爲名, 馳往掩取. 蒙之諾略, 入廨書片紙告之, 趙焚篋中書, 及屏棄弓刀之屬. 比蒙之挾吏亟至, 一無所得, 守大怒, 劾蒙之於朝.621

도운사(都運使)622가 두 사람을 추천하다.[운사양천(運使兩薦)] 사도(査道)623가 관도위(館陶尉)일 때에 청렴하고 강직하여 아내와 함께 야채를 뜯어 죽을 끓여 허기를 채웠다. 사도가 가난을 이기지 못 해 관직을 그만두려고 하는데 마침 도운사(都運使) 번지고(樊知古)가 평소에 사도의 절조 있는 형실을 알고 그를 천거하려고 하자 그 현의 주부인 섭제(葉齊)에게 주도록 사양하였다. 번지고가 "섭제는 내가 평소 모르던 사람이오."라고 말하자 사도가, "공께서 섭제를 추천하지 않으신다면 저는 감히 공의 추천을 받아들일 수 없습니다."라고 하였다. 번지고는 어쩔 수 없이 두 사람을 추천하였다.《장편(長編)》

査道爲館陶尉, 廉介, 與妻採野蔬, 爲粥以療飢. 道不勝貧, 欲去官, 會都運使樊知古素知道節行, 欲薦之, 辭以與其縣主簿葉齊. 知古曰, 齊, 予素不識也. 道曰, 公不薦齊, 道不敢當公薦也. 知古不得已兩薦之.《長編》624

강직한 현위[철면소부(鐵面少府625)] 양왕휴(楊王休)626는 자가 자미(子美)이다. 대주(臺州) 황암위(黃巖尉)로 보임되었는데 고을에 어떤 세력가가 한 지역에서 횡포를 부리자 그의 간악한 죄상을 다 밝혀 군에 보고하고, 묵형을 가해서 다른 주에 노예로 보냈다. [경예(黥隷)627] 고을 사람들이 좋아하면서 서로 전해가며 공을 '강직한 현위[철면소부(鐵面少府)]'라고 칭송하였다.

楊王休, 字子美. 調臺州黃巖尉, 邑有豪民, 武斷一方, 具得其奸狀, 白於郡, 黥隷他州. 閭里歡, 傳稱公爲鐵面少府.628

유생이 목숨을 가벼이 여기다.[유자경생(儒者輕生)] 소함(蘇緘)629이 무양위(武陽尉)로 자리를 옮겼는데, 포악한 도적인 흑리이(黑李二) 등이 주민들에 의탁하여 패거리[낭탁(囊橐)630]를 짓는데도 관리들 중에 체포할 수 있는 자가 없었다. 소함이 종적을 찾아 그들의 소재지를 파악하고 마침내 사람들을 모아 대대적으로 수색하면서 이웃집 수십 채에 마구 불을 지르니 도적의 수괴가 결국 불 속에서 도망쳤다. 소함이 쫓아가 목을 베어서 개봉부로 보내자 개봉윤 가창조(賈昌朝)가 크게 놀라며 "유생이 이처럼 목숨을 가벼이 여긴단 말인가."라고 말하였다.

蘇緘移武陽尉, 劇賊黑李二等倚居民爲囊橐, 吏莫能捕. 緘踪跡, 得其所在, 乃集衆大索, 縱焚傍鄰十數家, 賊酋果自火中逸出. 緘追斬送府, 府尹賈昌朝大駭曰, 儒者乃爾輕生耶.631

---

621. 《고금사문유취외집(古今事文類聚外集)·현관부(縣官部)》
622. 도운사(都運使): 송나라 때 군량의 수송과 교통을 관장하던 벼슬인 전운사(轉運使)의 별칭이다.
623. 사도(査道): 송(宋) 섭주(歙州) 출신으로 자가 담연(湛然)이다. 용도각대제(龍圖閣待制), 우사낭중(右司郎中) 등을 역임하였다.
624. 《속자치통감장편(續資治通鑑長編)·태종(太宗)》
625. 소부(少府): 현위(縣尉)의 별칭이다.
626. 양왕휴(楊王休): 송(宋) 경원(慶元) 출신으로 자가 자미(子美)이다. 남강군판관(南康軍判官), 이부시랑(吏部侍郎) 등을 역임하였다.
627. 경예(黥隷): 묵형을 당해 노예가 된 죄수 또는 그러한 형벌을 뜻한다.
628. 《고금사문유취외집(古今事文類聚外集)·현관부(縣官部)》
629. 소함(蘇緘): 송(宋) 천주(泉州) 출신으로 자가 선보(宣甫)이다. 광주남해주부(廣州南海主簿), 옹주지주사(邕州知州事) 등을 역임하였다.
630. 낭탁(囊橐): 원래는 주머니를 뜻하는 말로, 한통속이 되어 범죄를 저지르거나 그러한 자들의 소굴을 비유한다.

도리어 백성의 목숨을 해치다.[반상민명(反傷民命)] 지화(至和)[632] 연간에 산양위(山陽尉) 이종(李宗)[633]이 백성들이 메뚜기를 신고한 것을 화를 내며 도리어 그것을 먹게 하였다. 제점형옥사(提點刑獄使)[제형(提刑)[634]] 손석(孫錫)이 그를 탄핵하니 황제[인종(仁宗)]가 화가 나서 "현위 또한 백성을 사랑하는 관리이니 그들이 백성을 편안하게 해 줄 수 있으리라고 생각했는데, 백성들에게 해악을 제거해 주지 않고 도리어 백성의 목숨을 해치다니."라고 말하면서 명을 내려 그의 관직을 삭탈하였다.

至和中山陽尉李宗嗔百姓申蝗, 抑令食之. 提刑孫錫奏劾, 上怒曰, 縣尉, 亦親民之官, 謂其能慰安於民, 而不與民除害, 反傷民命. 削其官.[635]

배로 수천 명을 구출하다.[주활수천(舟活數千)] 호숙(胡宿)[636]은 자가 무평(武平)이다. 진주(眞州) 양자현위(楊子縣尉)일 때에 당시 홍수가 주민들을 덮쳤으나 현령이 구하지 못 하자 호숙이 관청과 민가의 배를 이끌고 수천 명을 살려냈다. 장사손의 추천으로 황제의 부름을 받아 집현원(集賢院)[관각(館閣)[637]] 교리(校理)에 임명되었다.

胡宿, 字武平. 爲眞州揚子縣尉, 時大水漂溺居民, 令不能救, 宿率公私舟, 活數千人. 以張士遜薦, 召試爲館閣校理.[638]

크고 작은 몽둥이[대소장(大小杖)] 엄안지(嚴安之)[639]와 최담(崔譚)[640]이 함께 적현위(赤縣尉)일 때에 엄안지가 군사 오백 명에게 큰 몽둥이를 들게 하면 최담은 서까래만큼이나 더 큰 몽둥이를 들게 하였고 엄안지가 다시 부하들에게 작은 몽둥이를 들게 하면 최담은 심지어 젓가락만한 몽둥이를 들게 하였다. 엄안지가 오백 명에게 빈손으로 다니도록 하자 비로소 따라하지 못했다.

嚴安之·崔譚, 俱爲赤縣尉, 安之令伍百執大杖, 譚益大其杖如椽, 安之復令執小杖, 譚益小其杖, 至如筯. 安之令五百人空手行, 乃不能學.[641]

오색 몽둥이[오색봉(五色棒)] 조조(曹操)[642]가 낙양(洛陽) 북부위(北部尉)에 제수되어 처음 현위의 공관에 들어와 네 성문을 수리하고 오색 몽둥이를 만들어 좌우에 각각 10여 개씩 걸어 놓았다. 법을 어기는 자가 있으면 권세가들도 피하지 않고 모두 몽둥이로 때려죽였다. 도성 사람들이 행동을 조심하여 감히 법을 어기는 자가 없었다.

魏曹操除洛陽北部尉, 初入尉廨, 繕治四門, 造五色棒, 懸左右各十餘枚. 有犯禁者, 不避豪强, 皆棒殺之. 京師斂迹, 莫敢犯者.[643]

〈보검편(寶劍篇)〉을 올리다.[상보검편(上寶劍篇)] 곽진(郭震)[644]은 자가 원진(元振)이다. 처음에 통천위

---

631. 《송사(宋史)·소함전(蘇緘傳)》
632. 지화(至和): 송(宋) 인종(仁宗)의 연호(1054-1055)이다.
633. 이종(李宗): 내력이 자세하지 않다.
634. 제형(提刑): 각지의 옥사 및 법 집행을 감찰하기 위해 파견하던 사신인 제점형옥사(提點刑獄使)의 준말이다.
635. 《고금사문유취외집(古今事文類聚外集)·현관부(縣官部)》
636. 호숙(胡宿): 송(宋) 상주(常州) 출신으로 자가 무평(武平)이다. 한림학사(翰林學士), 추밀부사(樞密副使) 등을 역임하였다.
637. 관각(館閣): 당송(唐宋) 시기 도서의 관리와 국사 편찬 등 학문을 관장하던 소문관(昭文館), 사관(史館), 집현원(集賢院), 장서각(藏書閣) 등을 아우르는 말이다. 《송사(宋史)·호숙전(胡宿傳)》에 '집현원교리(集賢院校理)'라고 명시하였다.
638. 《송사(宋史)·호숙전(胡宿傳)》
639. 엄안지(嚴安之): 당(唐) 현종(玄宗) 시기에 하남승(河南丞)을 지냈다.
640. 최담(崔譚): 내력이 자세하지 않다.
641. 《봉씨문견기(封氏聞見記)·능압(陵壓)》
642. 조조(曹操): 후한(後漢) 시기 패국(沛國) 출신으로 자가 맹덕(孟德)이다. 건안(建安) 13년 승상(丞相)에 올랐고 건안(建安) 21년 위왕(魏王)이 되었다.
643. 《고금사문유취외집(古今事文類聚外集)·현관부(縣官部)》

(通泉尉)가 되었을 때 의협심을 발휘하고 호기를 부렸다. 측천무후(則天武后)가 힐문하려고 하다가 함께 얘기를 나누고는 특별하게 여기고 지은 글을 올리라고 하였다. 〈보검편〉을 올리자 무후가 읽고서 칭찬하고 감탄하면서 즉시 개조참군(鎧曹參軍)[645]에 임명하였다.

郭震, 字元振. 初爲通泉尉, 任俠使氣. 武后欲詰, 與語奇之, 索所爲文章. 上寶劍篇, 后覽嘉歎, 卽授鎧曹參軍.[646]

〈금뢰(金瀨)〉라는 시를 짓다. [부금뢰시(賦金瀨詩)] 당(唐) 누사덕(婁師德)[647]이 강도위(江都尉)에 보임되었을 때 〈금뢰(金瀨)〉라는 시를 지었다. 양주장사(楊州長史) 노승업(盧承業)이 그의 재능을 특별하게 여겨 일찍이 그에게 말하였다. "그대는 재상의 국량이 있으니 장차 자손들을 그대에게 부탁하오. 어찌 속관을 대하는 일반적인 예로 대우할 수 있겠는가."

唐婁師德補江都尉, 賦金瀨詩. 楊州長史盧承業奇其才, 嘗謂之曰, 吾子有臺輔器, 當以子孫相委, 豈可以官屬常禮待之.[648]

그대[명공(名公)[649]]의 자리[명공좌(名公座)] 소향(蘇珦)[650]이 호현위(鄠縣尉)에 제수되었는데 옹주장사(雍州長史) 이의염(李義琰)이 "호현은 본래 소송이 많은데 근래에 마침내 근절된 것은 그대가 잘 처리했기 때문이오."라고 말하였다. 이어 청사를 가리키면서 돌아보고 말하였다. "이 자리는 바로 그대의 자리지요. 다만 한스러운 것은 늙은 내가 볼 수 있는 것이 아니라는 것뿐이오."

蘇珦授鄠縣尉, 雍州長史李義琰謂曰, 鄠縣本多詞訟, 近日遂絶, 由公爲其疏理. 因指顧廳事曰, 此座卽名公座也. 但恨非遲暮所見耳.[651]

맑은 물과 밝은 거울[청수명경(淸水明鏡)] 하북위(河北尉) 풍이겸(馮履謙)[652]이 혼잣말로, "맑은 물은 바닥이 보이고, 밝은 거울은 마음을 비춘다."라고 하였다.

河北尉馮謙復[653]自謂, 淸水見底, 明鏡照心.[654]

봄 난초와 가을 국화[춘란추국(春蘭秋菊)] 배자여(裵子餘)[655]가 호현위(鄠縣尉)에 보임되었다. 당시 동렬인 이조은(李朝隱), 정행심(程行諶)은 모두 법률로 이름이 났었는데 배자여만 유독 문장과 학식으로 이름이 알려졌다. 어떤 사람이 장사(長史) 진숭업(陳崇業)에게 세 사람의 우열을 묻자 진숭업이 "봄 난초와 가을 국화는 모두 버릴 수 없지요."라고 대답하였는데 뒤에 감찰어사(監察御史)가 되었다.

裵裴子餘補鄠縣尉. 時同列李朝隱·程行諶, 皆以文法著稱, 子餘獨以文學知名. 或問長史陳崇業三子優劣, 崇業曰, 春蘭·秋菊, 倶不可廢也. 後爲監察御史.[656]

---

644. 곽진(郭震): 당(唐) 위주(魏州) 출신으로 이름이 진(震)이고, 원진(元振)은 그의 자(字)다. 이름보다는 자로 더 알려졌다. 동중서문하삼품(同中書門下三品), 병부상서(兵部尙書), 재상(宰相) 등을 역임하였다.
645. 개조참군(鎧曹參軍): 갑옷에 관한 일을 관장하던 벼슬 이름이다.
646. 《신당서(新唐書)·곽진전(郭震傳)》
647. 누사덕(婁師德): 당(唐) 원무(原武) 출신으로 자가 종인(宗仁)이다. 전중시어사(殿中侍御史), 동평장사(同平章事) 등을 역임하였다.
648. 《구당서(舊唐書)·누사덕전(婁師德傳)》
649. 명공(明公): 명성과 지위가 있는 사람에 대한 존칭이다.
650. 소향(蘇珦): 당(唐) 옹주(雍州) 출신으로 감찰어사(監察御使), 호부상서(戶部尙書) 등을 역임하였다.
651. 《구당서(舊唐書)·소향전(蘇珦傳)》
652. 풍이겸(馮履謙): 당(唐)나라 사람으로 하북위(河北尉), 가부낭중(駕部郎中) 등을 역임하였는데 청렴으로 이름이 있었다.
653. 《유원총보》의 '馮謙復'은 '馮履謙'의 오류이다.[《산당사고(山堂肆考)·신직(臣職)》]
654. 《산당사고(山堂肆考)·신직(臣職)》
655. 배자여(裵子餘): 당(唐) 강주(絳州) 출신으로 자가 진자(眞子)이다. 호현위(鄠縣尉), 기주자사(冀州刺史) 등을 역임하였다.
656. 《신당서(新唐書)·배자여전(裵子餘傳)》

은혜가 일개 현위에게로 돌아가다.[혜귀일위(惠歸一尉)] 운반천(員半千)[657]이 무척위(武陟尉)에 제수되었는데 해가 가뭄이 들고 기근이 나자 현령에게 곳간을 열어 가난하고 주린 이들을 구제할 것을 권하였으나 따르지 않았다. 마침 현령이 주부(州府)에 가자 운반천은 바로 곳간을 열어 굶주린 사람들에게 나눠주니 자사 곽제종(郭齊宗)이 크게 놀라고 이어서 그 일을 조사하였다. 당시 설원초(薛元超)가 존무사(存撫使)[658]로 있으면서 곽제종에게 "공의 백성들이 구제받지 못 하다가 은혜가 일개 현위에게로 돌아가게 하였으니 어찌 부끄럽지 않겠소?"라고 말하자 현령도 부끄럽게 여기며 굴복하였다.

員半千授武涉尉, 歲旱饑, 勸縣令開倉以賑貧餒, 不從. 會令赴州, 半千便發倉廩以給饑人, 刺史郭齊宋[659]大驚, 因而按之. 時薛元超爲存撫使, 謂齊宋曰, 公之百姓不能救, 使惠歸一尉, 豈不愧也. 令亦愧服.[660]

청렴한 마음으로 어려움에도 절개를 지키다.[청심고절(淸心苦節)] 배경승(裵景昇)[661]이 위씨위(尉氏尉)를 지내다가 임기가 만료되었다. 자사 황보량(皇甫亮)이 "배현위를 어찌 최우수 고과[상고(上考)[662]]로 하지 않을 수 있겠는가?"라 말하고 그를 위해 다음과 같이 글을 지었다.

千里無代步之馬,	천 리 길에 걸음을 대신해 줄 말도 없고,
三月乏聚糧之資.	3개월의 거리에 곡식을 마련할 돈도 없네.
淸心苦節,	청렴한 마음으로 어려움에도 절개를 지킨 것을,
從此可知.	이로부터 알 수 있도다.
不旌此人,	이런 사람을 표창하지 않는다면,
無以激勸.	사람들을 격려하고 권면할 수 없으리.

裵景升爲尉氏尉, 考滿. 刺史皇甫亮曰, 裵尉豈可使無上考. 爲之詞曰. 千里無代步之馬, 三月乏聚糧之資. 淸心苦節, 從此可知. 不旌此人, 無以激勸.[663]

'오술(五術)'로 풍속을 살필 것.[오술성속(五術省俗)] 육지(陸贄)[664]가 위남위(渭南尉)에 보임되었는데, 덕종(德宗)[665]이 즉위하여 유하(庾何) 등 11명의 출척사(黜陟使)[666]를 파견하여 천하를 순행하게 하였다. 육지가 사신에게 유세하여 다음과 같이 청원하였다.

五術省風俗.	'오술(五術)[667]'로 풍속을 살필 것.
八計聽吏治.	'팔계(八計)[668]'로 관리의 치적을 다

657. 운반천(員半千): 당(唐) 전절(全節) 출신으로 자가 영기(榮期)이다. 무척위(武陟尉), 태자우유덕겸숭문관학사(太子右諭德兼崇文館學士) 등을 역임하였다.
658. 존무사(存撫使): 당나라 초기에 각 지역의 사정을 살피고 백성들을 위무하기 위해 임시로 설치하였던 벼슬로 후대의 안무사(按撫使)와 유사하다.
659. 《유원총보》의 '郭齊宋'은 '郭齊宗'의 오류이다.[《구당서(舊唐書)·운반천전(員半千傳)》]
660. 《구당서(舊唐書)·운반천전(員半千傳)》
661. 배경승(裵景昇): 내력이 자세하지 않다.
662. 상고(上考): 관리의 고과 성적 중 최상급을 가리키는 말이다.
663. 《고금사문유취외집(古今事文類聚外集)·현관부(縣官部)》
664. 육지(陸贄): 당(唐) 소주(蘇州) 출신으로 자가 경여(敬輿)이다. 한림학사(翰林學士), 동중서문하평장사(同中書門下平章事) 등을 역임하였다. 덕종(德宗) 때의 명상(名相)으로 주의(奏議)에 뛰어났다.
665. 덕종(德宗): 당(唐) 제11대 황제로 재위 기간은 780-804년이다.
666. 출척사(黜陟使): 각 지역 수령(首領)의 고과(考課)를 살펴 승진과 퇴출을 주관하는 사신을 가리킨다.
667. 오술(五術): 민요를 들어서 민심을 살핌, 상인들과 대화하여 선호도를 살핌, 장부와 문서를 조사하여 송사를 살핌, 수레와 복식을 점검하여 사치와 검소함을 살핌, 하는 일을 조사하여 백성들의 취향을 살핌 등 다섯 가지 항목이다.[《신당서(新唐書)·육지전(陸贄傳)》]
668. 팔계(八計): 인구의 증감, 농토의 증감, 부역의 경중, 송사의 다소, 죄수의 다소, 도적의 유무, 인재 추천의 정도, 학교의 흥폐의 여덟 가지 항목이다.[《신당서(新唐書)·육지전(陸贄傳)》]

	룰 것.
三科登俊乂.	'삼과(三科)[669]'로 인재를 등용할 것.
四賦經財實.	'사부(四賦)[670]'로 재정을 경영할 것.
六德係罷察[671].	'육덕(六德)[672]'으로 지치고 병든 백성을 돌볼 것.
五要簡官事.	'오요(五要)[673]'로 관청의 업무를 간소화할 것.

陸贄補渭南尉, 德宗立, 遣黜陟使庾何等十一人, 行天下. 贄說使者請. 以五術省風俗, 八計聽吏治, 三科登俊乂, 四賦經財實, 六德保罷察, 五要簡官事.[674]

거문고를 타고 약초를 키우다.[탄금시약(彈琴蒔藥)] 조원(趙元)[675]은 자가 정고(貞固)로 어려서부터 포부를 지녔고 변론을 좋아하였다. 측천무후(則天武后)가 즉위하여, 두려워서 그의 고상함을 받아들이지 못하고 의록위(宜祿尉)에 보임시켰다. 임지에 도착한 뒤로 공무가 아니면 말을 하지 않았다. 거문고를 타고 약초를 키우면서 은자의 지조와 같이 하였지만 스스로 지위가 재주에 걸맞지 않는다고 상심하다가 생을 마쳤다.

趙元亮[676], 字貞固, 少負志略, 好辯論. 武后稱制, 懼不容其高, 調宜祿尉. 到職, 非公事不言. 彈琴蒔藥, 如隱者之操, 自傷位不能配才, 卒.[677]

그를 위해 임무를 대신하겠다고 청하다.[청위대역(請爲代役)] 배길(裵佶)[678]이 남전위(藍田尉)에 제수되었는데 덕종(德宗)이 조서를 내려 기현(畿縣)의 백성을 징발해서 봉천(奉天)[679]에 성을 쌓도록 하였다. 엄영(嚴郢)이 경조윤을 맡고 있었는데 다스림이 각박하여 본 부서의 현위인 위중규(韋重規)의 아내가 애기를 낳고 병이 들었는데도 감히 벗어날 수 없었다. 배길이 그를 위해 임무를 대신하여 공정을 맞추겠다고 청하자 당시 사람들이 그의 의리를 칭찬하였다

裵佶授藍田尉, 德宗詔, 發畿縣民, 城奉天. 嚴郢爲京兆, 政刻急, 本曹尉韋重規妻乳且疾, 不敢免. 佶請爲代役, 要如程, 當時稱其義.[680]

청렴하면 많은 재산이 없다.[염무후축(廉無厚蓄)] 노탄(盧坦)[681]이 하남위(河南尉)가 되었는데 당시에 두황상(杜黃裳)이 현윤을 맡고 있었다. 노탄을 불러 대청 아래 세우고 "아무개 집 아들 녀석이 나쁜 자들과 어울리면서 가산을 탕진하고 있는데 어찌 그것을 살피지 않으시오?"라고 말하였다. 노탄이 대답하였다. "무릇 관직 생활이 청렴하다면 비록 고관대작이더라도 많은 재산이 없을 것이고, 혹 축재할 수 있는

---

669. 삼과(三科): 재능·덕행·업무 능력의 세 가지 항목이다.[《신당서(新唐書)·육지전(陸贄傳)》]
670. 사부(四賦): 농작물(농업)·생산품(공업)·노동력(임금)·매출액(상업)의 네 분야를 공정하게 조사하여 세금을 매기는 네 가지 항목이다.[《신당서(新唐書)·육지전(陸贄傳)》]
671. 察: 《유원총보》의 '察'은 '瘵'의 오자이다.[《신당서(新唐書)·육지전(陸贄傳)》] '파채(罷瘵)'는 지치고 병들다의 뜻으로, 여기서는 그런 백성을 가리킨다.
672. 육덕(六德): 경로·자애·의료·고아와 과부에 대한 보살핌·빈곤층 구제·일자리 창출 등 여섯 가지 덕정이다.[《신당서(新唐書)·육지전(陸贄傳)》]
673. 오요(五要): 불필요한 군량 낭비를 줄임, 번잡한 법령을 삭제함, 불요불급한 업무를 줄임, 불필요한 물품을 줄임, 중요하지 않은 사안을 줄임 등 다섯 가지 항목이다.[《신당서(新唐書)·육지전(陸贄傳)》]
674. 《신당서(新唐書)·육지전(陸贄傳)》
675. 조원(趙元): 당(唐) 하간(河間) 출신으로 자가 정고(貞固)이다. 의록위(宜祿尉)를 지냈다.
676. 《유원총보》의 '趙元亮'은 '趙元'의 오류이다.[《신당서(新唐書)·조원전(趙元傳)》]
677. 《신당서(新唐書)·조원전(趙元傳)》
678. 배길(裵佶): 당(唐) 강주(絳州) 출신으로 자가 홍정(弘正)이다. 검중관찰사(黔中觀察使), 공부상서(工部尙書) 등을 역임하였다.
679. 봉천(奉天): 섬서성의 속현(屬縣)으로 당(唐) 숙종(肅宗)이 몽진(蒙塵) 중에 즉위하고, 덕종(德宗)이 피신했던 곳으로 유명하다.
680. 《신당서(新唐書)·배길전(裵佶傳)》
681. 노탄(盧坦): 당(唐) 하남(河南) 출신으로 자가 보형(保衡)이다. 하남위(河南尉), 호부시랑(戶部侍郎) 등을 역임하였다.

자라면 필시 아랫사람들에게서 빼앗아 이룬 것입니다. 만약 자손이 (그런 재산을) 잘 지킨다면 이는 하늘이 무도한 집을 부유하게 하는 것이니 차라리 무도한 짓을 멋대로 하여 다른 사람에게 돌아가게 하는 것이 낫습니다." 두황상이 그의 말에 놀라서 그때부터 그를 대우하는 것이 더욱 두터웠다.

盧坦爲河南尉, 時杜黃裳爲尹. 召坦, 立堂下曰, 某家子與惡人游, 破產, 盍察之? 坦曰, 凡居官廉, 雖大臣無厚畜, 其能積財者, 必剝下以致之. 如子孫善守, 是天富不道之家, 不如恣其不道, 以歸于人. 黃裳驚其言, 自是遇之加厚.[682]

성명을 암기하고 있다.[묵지성명(默識姓名)] 왕대유(汪大猷)[683]는 자가 중가(仲嘉)로 구주(衢州) 강산현(江山縣)에 보임되었다. 거느리는 사람 백 명에 대해 성명과 능력의 우열을 암기하고 있었기 때문에 각기 제대로 쓸 수 있었다. 고을을 나누어서 경계하고 방비하도록 하니 경내가 조용하였다.

汪大猷, 字仲嘉, 調衢州江山縣. 所部百人, 默識姓名及幹力優劣, 下[684]得其用. 分鄉警備, 境內肅然.[685]

현위를 맞이하고서 방패를 집어던지다.[영위척순(迎尉擲楯)] 방맹(逄萌)[686]은 자가 자강(子康)이다. 집이 가난하여 현(縣)에서 일을 맡아 정장(亭長)이 되었다. 당시에 현위가 역참에 들르자 방맹이 맞이하고 배알하였는데 얼마 뒤에 방패를 집어던지며 "대장부가 어찌 남에게 부림을 당하겠는가."라고 탄식하면서 마침내 관직을 떠났다.

逄萌, 字子慶[687]. 家貧, 給事縣爲亭長. 時尉行過亭, 前[688]候迎拜謁, 旣而, 擲楯歎曰, 大丈夫安能爲人役哉. 遂去之.[689]

손을 움직이지 않는 이가 없다.[무불동수(舞不動手)] 상칙(商則)[690]이 늠구위(廩丘尉)가 되었는데 본성이 청렴하고 신중하였지만 현령과 현승은 탐욕이 많았다. 연회에서 차례로 춤을 추게 되었는데 현령과 현승이 춤추기를 끝내고 상칙에게 권하자 상칙은 손을 잡고 몸을 돌리기만 하였다. 현령이 그 까닭을 묻자 상칙이 "현령께서 손을 움직이시고[동수(動手)[691]] 현승 역시 손을 움직이는데 한 사람이 또 손을 움직인다면 백성들이 어떻게 살아날 수 있겠습니까."라고 대답하자 사람들이 모두 크게 웃었다.

商則任廩丘尉, 爲性廉謹, 縣令丞多貪濁. 因宴會次第舞, 令丞舞訖, 勸則, 則把手回身而已. 令問其故, 則曰, 長官動手, 贊府亦動手, 唯有一箇更動手, 百姓何容活耶. 人皆大笑.[692]

응대하는 것이 신과 같다.[응대여신(應對如神)] 노장도(盧莊道)[693]는 나이 열여섯에 장안위(長安尉)에 제수되었다. 태종(太宗)[694]이 죄수들을 점검하려고 하자 장안현령은 노장도가 나이가 어려 처리할 수 없을까 염려되어 다른 현위로 대체하려고 하였다. 노장

---

682. 《신당서(新唐書)·노탄전(盧坦傳)》
683. 왕대유(汪大猷): 송(宋) 경원(慶元) 출신으로 자가 중가(仲嘉)이다. 예부원외랑(禮部員外郎), 비서소감(秘書少監), 이부상서(吏部上書) 등을 역임했다.
684. '下'는 《산당사고(山堂肆考)·신직(臣職)》에는 '各'으로 되어 있어 문리상 훨씬 자연스럽다.
685. 《산당사고(山堂肆考)·신직(臣職)》
686. 방맹(逄萌): 후한(後漢) 북해(北海) 출신으로 자가 자강(子康)이다. 《춘추(春秋)》와 음양에 밝았고 은거하며 수도하였다.
687. 《유원총보》의 '子慶'은 '子康'의 오자이다.[《후한서(後漢書)·방맹전(逄萌傳)》]
688. 《유원총보》의 '前'는 '萌'의 오자이다.[《후한서(後漢書)·방맹전(逄萌傳)》]
689. 《후한서(後漢書)·방맹전(逄萌傳)》
690. 상칙(商則): 내력이 자세하지 않다.
691. 동수(動手): 춤을 출 때의 '손을 움직인다'는 뜻과 '뇌물을 받는다'는 중의(重義)의 단어로, 해학과 풍자를 드러낸 말이다.
692. 《금수만화곡전집(錦繡萬花谷前集)·현위(縣尉)》
693. 노장도(盧莊道): 당(唐) 유주(幽州) 출신으로 장안위(長安尉), 감찰어사(監察御使) 등을 역임하였다.
694. 태종(太宗): 당(唐) 제2대 황제로 재위 기간은 627-649년이다.

도는 따르지 않은 채 그저 느긋한 채 그것을 살피지 않았다. 당시에 갇힌 죄수가 4백여 명이라서 현령과 현승은 무척 걱정하였다. 이튿날 태종이 죄수들을 소환하자 노장도가 천천히 보고서를 작성하여 올리고 여러 죄수들을 이끌고 들어왔다. 노장도가 죄의 경중과 갇힌 기간을 평하면서 응대하는 것이 신과 같자 태종이 깜짝 놀라며 감탄하였다.《당신어(唐新語)》

盧莊道, 年十六授長安尉. 太宗將錄囚徒, 京宰以莊道幼年, 懼不擧, 欲以他尉代之. 莊道不從, 但閒暇, 不之省也. 時繫囚四百餘人, 令丞深以爲虞. 翌日太宗召囚, 莊道乃徐書狀, 以進引諸囚入. 莊道評其輕重·留繫日月, 應對如神, 太宗驚歎.《唐新書[695]》[696]

황련(黃連)[697]을 받지 않다.[불수황련(不受黃連)]

주이상(朱履霜)[698]은 학문을 좋아하고 법리(法理)에 밝았다. 측천무후(則天武后) 시기에 산음위(山陰尉)에 보임되었는데 순찰사(巡察使)들이 반드시 그에게 맡겨 사실을 조사하고 밝히게 하였다. 친구들이 혹 몇 량의 황련을 주면 굳게 사양하고 받지 않으면서 "사양하지 않은 채 가지고 집에 가면 모친과 아내가 어디에서 얻었는지를 따질까 두려우니 대답할 방법을 알지 못하겠다."라고 말하였다. 뒤에 고멸령(故蔑令)이 되었는데 위엄과 교화가 절서(浙西) 지역에 행해졌다. 《헌문(憲問)》 5권을 지어 재판의 요점을 모아놓았다.《신어(新語)》

朱履霜好學, 明法理. 則天時補山陰尉, 巡察使必委以推案. 故人或遺以數兩黃連, 固辭不受曰, 不辭而歸, 恐母妻詰問從何而得, 不知所以對也. 後爲故蔑令, 威化行于浙西. 著憲問五卷, 撮刑獄之機要.《신어(新語)》[699]

녹사(錄事)[700]의 고과를 비난하여 쓰다.[책서녹고(讀書錄考)] 이상(李詳)[701]이 염정위(鹽亭尉)일 때에 고과를 매긴 것이 녹사(錄事)에 의해 배제되자 이상이 녹사에 대한 고과를 쓸 것을 청하였다. 자사가 허락하자 바로 다음과 같이 썼다.

怯斷大案,	큰 안건을 결단하는 것은 겁내고,
好勾小稽.	작은 계산을 따지기 좋아한다.
自隱不淸,	스스로는 맑지 못한 데에 숨어서,
言他總濁.	다른 사람은 모두 흐리다고 하네.
階前競鬪,	계단 앞에서 겨루고 다투다가,
鬪困方休.	다툼에 피곤해지면 비로소 쉰다.
獄裏囚徒,	옥 안의 죄수들은,
非赦不出.	사면이 아니면 나오지 못하리.

천하 사람들이 웃었다.《어사대기(御史臺記)》

李詳爲鹽亭尉, 令[702]考爲錄事所擠, 詳請書錄事考. 刺史許之, 卽書曰. 怯斷大案, 好句小稽. 自隱不淸, 言他總濁. 階前競鬪, 鬪困方休. 獄裏囚徒, 非赦不出. 天下笑之.《御史臺記》[703]

치중 治中[704]

· 진(秦)나라 때에 장사(長史)[705]를 두어 병마(兵馬)를 담당하게 하였다. 한(漢)의 치중(治中)과 별가

695. 《유원총보》의 '唐新書'는 '唐新語'의 오류이다.[《당신어(唐新語)·총민(聰敏)》]
696. 《당신어(唐新語)·총민(聰敏)》
697. 황련(黃連): 약재의 일종이다.
698. 주이상(朱履霜): 당대(唐代) 사람으로 산음위(山陰尉)를 지냈다.
699. 《당신어(唐新語)·지법(持法)》
700. 녹사(錄事): 문서를 모아 기록하고 선악(善惡)을 규명하는 것을 관장하던 벼슬 이름이다.
701. 이상(李詳): 내력이 자세하지 않다.
702. '令'은《기찬연해(記纂淵海)·사환부(仕宦部)》에는 '因'으로 되어 있다.
703. 《기찬연해(記纂淵海)·사환부(仕宦部)》
704. 치중(治中): 주(州)·부(府)·군(郡)에 둔 수령의 보좌관을 가리킨다.

(別駕)는 녹봉이 600석이었고 내부에 머물며 일을 처리했는데 각 부서의 문서를 주관하였다. 당(唐)에서는 사마(司馬)로 고쳤고 송(宋) 태조(太祖)가 처음으로 통판(通判)을 두었다.

秦時置長史, 掌兵馬. 漢治中別駕, 秩六百石, 居中治事, 主衆曹文書. 唐改爲司馬, 宋太祖始置通判.[706]

· 유량(庾亮)[707]이 말하였다. "별가(別駕)는 옛날에 자사와 따로 수레를 타고서 왕의 교화를 만 리 밖에 함께 퍼뜨렸으니 그 임무가 자사의 반을 차지합니다."

庾亮云. 別駕舊與刺史別乘, 同宣王化於萬里, 其任居刺史之半.[708]

수레에 병성(屛星)[709]이 있다.[거유병성(車有屛星)] 공순(孔恂)[710]은 자가 거경(巨卿)으로 별가(別駕)를 지냈다. 수레에는 예로부터 자사의 수레처럼 병성이 있었다. 자사가 화가 나서 그것을 없애려 하자 공순이 "병성을 철거하는 것은 나라의 오랜 예법을 훼손하는 것입니다. 별가는 없앨 수 있지만 병성은 없애면 안 됩니다."라고 말하자 결국 그만두었다.

孔恂, 字巨卿, 爲別駕. 車舊有屛星如刺史車. 刺史因怒, 欲去之, 恂曰, 撤去屛星, 毁國舊儀. 別駕可去, 屛星不可去. 乃止.[711]

수레에 이름을 적어 놓자 초빙에 나아가다.[제여취벽(題輿[712]就辟)] 주경(周景)[713]이 예주(豫州)를 다스릴 때 진번(陳蕃)[714]을 초빙하여 별가로 삼았으나 진번이 나아가지 않자 주경은 별가의 수레에 '진중거의 자리'라고 적어 놓고 다시 다른 사람을 초빙하지 않았다. 진번이 송구스러워 벼슬길에 올라 직무를 보다가 간쟁한 것이 받아들여지지 않자 벼슬을 그만두고[투전(投傳)[715]] 떠났다.

周景爲豫州, 辟陳蕃爲別駕, 不就, 景題別駕輿曰, 陳仲擧座也. 不復更辟. 蕃惶懼起視職, 以諫爭不合, 投傳而去.[716]

날을 골라 임명하다.[택일탁배(擇日擢拜)] 최신경(崔神慶)[717]이 측천무후(則天武后) 시절에 병주장사(并州長史)에 임명되었다. 이어 이르기를, "병주는 짐의 고향[분유(枌楡)[718]]이고 또 군마(軍馬)가 있습니다. 근래에 선임한 사람 중에 경만한 이가 없습니다.

---

705. 장사(長史): 승상부(丞相府)나 장군부(將軍府)에서 병마(兵馬)를 관장하던 벼슬 이름이다. 한나라 때 자사를 보좌하여 주를 순찰하는 일을 담당하던 벼슬인 '별가(別駕)'를, 수당 때는 '장사(長史)'로 개칭하였고 송나라 때는 '통판(通判)'이라고 하였다.
706. 《고금사문유취외집(古今事文類聚外集)·노관부(路官部)》
707. 유량(庾亮): 동진(東晉) 영천(穎川) 출신으로 자가 원규(元規)이다. 성제(成帝) 시절에 중서령(中書令)을 역임하였다.
708. 《고금사문유취외집(古今事文類聚外集)·노관부(路官部)》
709. 병성(屛星): 진흙 따위가 옷에 튀는 것을 막기 위해 말안장 양쪽에 늘어뜨린 가리개인 말다래이다. '거번(車轓)'이라고도 한다.
710. 공순(孔恂): 진(晉)나라 사람으로 자가 거경(巨卿)이다. 호군장사(護軍長史), 어사중승(御史中丞), 시중(侍中) 등을 역임하였다.
711. 《고금사문유취외집(古今事文類聚外集)·노관부(路官部)》
712. 제여(題輿): 수레에 이름을 적다. 후한(後漢) 주경(周景)과 진번(陳蕃)의 고사에서 유래하여 현재(賢才)의 출사를 바라는 것을 비유한다.
713. 주경(周景): 후한(後漢) 서(舒) 출신으로 자가 중향(仲饗)이다. 예주자사(豫州刺史), 태위(太尉) 등을 역임하였다.
714. 진번(陳蕃): 후한(後漢) 여남(汝南) 출신으로 자가 중거(仲擧)이다. 낙안태수(樂安太守), 태부(太傅) 등을 역임하였다. 당시 태학생(太學生)의 존경을 받았으며 영제(靈帝) 시절에는 태부(太傅)가 되어 두무(竇武)와 함께 선정에 힘썼다. 태위(太尉)가 되었을 때 환관(宦官)의 전횡을 반대하여 제거하려다가 살해되었다.
715. 투전(投傳): 부신(符信)을 버리다. 벼슬을 그만두는 것을 가리킨다.
716. 《후한서보일(後漢書補逸)·주경전(周景傳)》
717. 최신경(崔神慶): 당(唐) 무성(武城) 출신으로 병주장사(并州長史), 사형경(司刑卿) 등을 역임하였다.
718. 분유(枌楡): 제왕의 고향이나 황궁, 나아가 고향을 두루 이르는 말이다.

전후로 장사는 모두 상서성(尙書省)에서 맡았는데 그 임무가 중요하기 때문에 경을 제수한 것입니다."라고 하였다. 측천무후가 노선도(路線圖)를 만들어 날을 골라 파견하였다.

崔神慶, 則天時擢拜幷州長史. 因曰, 幷州, 朕之枌楡, 又有軍馬. 此[719]日簡擇, 無如卿者. 前後長史皆從尙書爲之, 以其委重, 所以授卿也. 則天爲按行圖, 擇日而遣.[720]

신인(神人)이 나타나 외치며 보호하다.[유신가어(有神呵禦)] 소구(蕭遘)[721]는 자가 득성(得聖)이다. 파주사마(播州司馬)로 좌천되어 길이 삼협(三峽)[722]을 지날 때 한창 두려움에 쫓겨 잠들지 못했는데 마치 어떤 사람이 말하기를, "그대는 두려워하지 말라. 내가 그대를 위해 소리쳐 보호해 줄 것이다"라고 하는 듯하였다. 득성이 백제(白帝)[723]의 사당을 배알하면서 백제를 보니 전에 보았던 모습과 비슷하여 이상하게 여겼다.

蕭遘, 字得聖. 斥播州司馬, 道三峽, 方迫畏不瞑, 若有人謂曰, 公無恐. 予爲公呵禦. 得聖謁白帝祠, 見帝, 類向所睹, 異之.[724]

칼을 주어 재상이 되다.[도수삼공(刀授三公)] 여건(呂虔)[725]이 패도(佩刀)를 가지고 있었는데 기술자가 그것을 보더니 반드시 삼공(三公)에 올라야만 이 칼을 찰 수 있을 것이라고 하였다. 여건이 별가(別駕)[726]인 왕상(王祥)[727]에게 "만약 적임자가 아니면 칼은 간혹 해가 되기도 합니다. 그대가 재상의 국량이 있기 때문에 주는 것입니다."라고 말하였다. 이때에 도적이 들끓자 왕상이 군사들을 독려하여 자주 토벌하니 주의 경내가 평안해졌다. 사람들이 다음과 같이 노래하였다.

海沂[728]之康,	바닷가가 평안한 것은,
實賴王祥.	실로 왕상 덕택이로다.
邦國不空,	나라가 비지 않는 것은,
別駕之功.	별가의 공이로다.

왕상이 죽는 날에 칼을 동생인 왕람(王覽)[729]에게 주면서 "너의 후세가 반드시 흥성하여 이 칼의 예언에 맞게 될 것이다."라고 말하였다. 왕람의 후세가 여러 대에 걸쳐 뛰어난 인재가 많아 강좌(江左)에서 흥성하였다.

呂虔有佩刀, 工相之, 以爲必登三公, 可服此刀. 虔語別駕王祥曰, 苟非其人, 刀或有害. 卿有公輔之量, 故以相與. 于時寇盜充斥, 祥率勵兵士, 頻討破之, 州界淸靖. 人歌之曰. 海沂之康, 實賴王祥. 邦國不空, 別駕之功. 祥死之日, 以刀授弟覽曰, 汝後必興, 足稱此刀. 覽後奕世多賢才, 興於江左.[730]

갈대가 세 마디가 자라나다.[노생삼절(蘆生三節)]

---

719. 《유원총보》의 '此'는 '比'의 오자이다.[《구당서(舊唐書)·최신경전(崔神慶傳)》]
720. 《구당서(舊唐書)·최신경전(崔神慶傳)》
721. 소구(蕭遘): 당(唐) 남난릉(南蘭陵) 출신으로 자가 득성(得聖)이다. 사공(司空), 태자태보(太子太保) 등을 역임하였다.
722. 삼협(三峽): 장강(長江)의 세 험준한 협곡인 무협(巫峽), 서릉협(西陵峽), 구당협(瞿唐峽)을 이른다.
723. 백제(白帝): 중국 고대 신화상의 다섯 천제(天帝)인 청제(靑帝), 적제(赤帝), 황제(黃帝), 백제(白帝), 흑제(黑帝) 가운데 하나로 서쪽 하늘을 관장한다.
724. 《신당서(新唐書)·소구전(蕭遘傳)》
725. 여건(呂虔): 삼국(三國) 위(魏) 출신으로 자가 자각(子恪)이다. 서주자사(徐州刺史)를 역임하였다.
726. 별가(別駕): 한대(漢代) 자사(刺史)를 보좌하던 관직이다. 수당(隋唐)의 장사(長史), 송(宋)의 통판(通判)에 해당한다.
727. 왕상(王祥): 삼국(三國) 위(魏) 임기(臨沂) 출신으로 자가 휴징(休徵)이다. 계모를 효성으로 섬겨 중국 24효(孝) 중의 한 사람으로 일컬어진다. 사공(司空), 태위(太尉), 태보(太保) 등을 역임하였다.
728. 해기(海沂): 동해(東海)와 기수(沂水)이다. 기수는 산동성 기산(沂山)에서 발원하여 강소성으로 흘러드는 강 이름이다. 결국 서주(徐州) 일대를 가리킨다.
729. 왕람(王覽): 서진(西晉) 낭야(琅邪) 출신으로 자가 현통(玄通)이다. 왕상의 이복동생으로, 태중대부(太中大夫)를 역임하였다.
730. 《고금사문유취신집(古今事文類聚新集)·삼사부(三師部)》

이전충(李全忠)[731]이 광명(廣明)[732] 연간에 체주사마(棣州司馬)를 지낼 때 갈대가 방안에서 자랐는데 한 자 길이에 마디가 세 개였다. 마음으로 꺼려져 별가인 장건(張建)에게 말하기를, "내 방에 갈대가 자라는데 괴이하지 않은가?"라고 하자 장건이, "갈대는 은택에 힙 입어 자라니 집안에 왕후에 봉해질[모토(茅土)[733]] 경사가 있을 것입니다. 아마도 하늘의 뜻인가 봅니다. 그것이 세 마디가 자라난 것은 필시 세 사람에게 전해질 것이니 공께서는 공명을 세우는 데 힘쓰면서 이 말을 잊지 마십시오."라고 하였다. 이전충은 임기를 마치고 고향에 돌아가 절도사 이가거를 모시며 아장(牙將)[734]을 맡았다. 이가거가 죽자 (군부에서) 상소를 올려 이전충을 추천하여 유후(留後)[735]가 되었다. 조정에서 이윽고 절도사의 부절과 도끼[절월(節鉞)[736]]를 주었으나 이전충 부자는 삼대에 걸쳐 10년을 맡는 데 그쳤다.

李全忠, 廣明中爲棣州司馬, 有蘆生于室中, 一尺三節. 心惡之, 謂別駕張建曰, 吾室生蘆, 無乃怪歟? 建曰, 蘆芋賴德澤而滋, 家有茅土之慶. 殆天意乎. 其生三節, 必傳三人, 公勉樹功名, 無忘斯言. 全忠秩滿, 還鄕里, 事節度使李可擧, 爲牙將. 可擧死, 上章推全忠, 爲留後. 朝廷因以節鉞授之, 李氏父子三葉十年而已.[737]

한 해에 세 번이나 전보되다.[세중삼전(歲中三轉)]

습착치(習鑿齒)[738]는 젊어서 넓게 공부하였고 재사(才思)가 뛰어나 환온(桓溫)이 그를 각별하게 여겼다. 주(州)의 종사(從事)에서 한 해에 세 번이나 전보되어 치중(治中)에 이르자 감사를 올리는 서신에 "훌륭한 주군을 만나지 못 했으면 형주의 한결같은 종사(從事)일 뿐이었을 것입니다."라고 하였다.

習鑿齒, 少博涉, 才情透逸, 桓溫奇之. 自州從事歲中三轉, 至治中, 謝牋曰, 不遇明君, 荊州老從事耳.[739]

삼왕(三王)[740]에 필적할 만하다.[가적삼왕(可敵三王)] 장인원(張仁愿)[741]이 중종(中宗)[742] 시기에 검교낙주장사(檢校[743]洛州長史)를 맡았는데 당시 도성에 곡식이 귀해지자 도적이 매우 많았다. 장인원이 일괄적으로 모두 잡아 매를 쳐서 죽이니 관서 문 앞에 시체가 쌓였고 원근에서 두려워하였다. 고종(高宗)[744] 시기에 가돈이(賈敦頤)가 낙주자사(洛州刺史)를 맡았는데 역시 치적이 있어 장인원과 함께 모두가 한때의 최고였다. 그래서 당시 사람들이 말하기를, "낙주에서 앞의 가돈이와 뒤의 장인원이 경조윤(京兆尹)을 지낸 삼왕(三王)에 필적할 만하다."라고 하였다.

張仁愿, 中宗時檢校洛州長史, 時都城穀貴, 盜竊甚衆. 仁愿一切皆獲杖殺之, 積屍府門, 遠近震慴. 高宗時,

---

731. 이전충(李全忠): 당(唐) 범양(范陽) 출신으로 아장(牙將), 노룡군절도사(盧龍軍節度使) 등을 역임하였다.
732. 광명(廣明): 당(唐) 희종(僖宗)의 연호(880)이다.
733. 모토(茅土): 왕후(王侯)의 봉작(封爵)을 상징한다. 고대에 천자가 왕후를 봉할 때 봉지(封地)를 상징하는 색깔의 흙을 백모(白茅)로 싸서 하사하면 왕후는 그것을 가지고 봉국(封國)에 가서 사묘(社廟)를 세운 데에서 유래하였다.
734. 아장(牙將): 직위가 중간이거나 비교적 낮은 무관이다.
735. 유후(留後): 당나라 때 절도사나 관찰사의 직무를 대행하던 관직이다. 대개 절도사나 관찰사의 자제나 심복이 맡기도 하고, 반란을 일으킨 장수가 절도사나 관찰사를 죽이고 그 직위를 대행하면서 자칭하기도 하였다.
736. 절월(節鉞): 임금이 장수에게 병권(兵權)의 상징으로 하사하는 부절(符節)과 부월(斧鉞)을 가리킨다. 결국 절도사에 임명하는 것을 뜻한다.
737. 《구당서(舊唐書)·이전충전(李全忠傳)》
738. 습착치(習鑿齒): 진(晉) 양양(襄陽) 출신으로 자가 언위(彦威)이다. 별가(別駕), 형양태수(滎陽太守) 등을 역임하였다.
739. 《세설신어(世說新語)·문학(文學)》
740. 한대(漢代)에 경조윤(京兆尹)을 역임한 왕존(王尊), 왕장(王章), 왕준(王駿)을 가리킨다.
741. 장인원(張仁愿): 당(唐) 화주(華州) 출신으로 본명은 인단(仁亶)이다. 동중서문하삼품(同中書門下三品)을 역임하였다.
742. 중종(中宗): 당(唐) 제5대 황제로 재위 기간은 684년과 705-709년이다.
743. 검교(檢校): 진(晉)나라 때 처음으로 생긴 일종의 산관(散官)으로 대행 내지 점검의 의미를 지닌다.
744. 고종(高宗): 당(唐) 제3대 황제로 재위 기간은 650-683년이다.

賈敦頤洛州刺史, 亦有政績, 與仁愿皆爲一時之最. 故時人語曰, 洛州前賈後張, 可敵京兆三三.[745]

암컷처럼 굽히다가 수컷처럼 날다.[자복웅비(雌伏[746]雄飛)] 후한(後漢) 조온(趙溫)[747]이 경조군승(京兆郡丞)을 지냈는데 탄식하며 "장부가 응당 웅비해야지 어찌 남의 밑에 굽혀 지낼 수 있겠는가."라 말하고 마침내 관직을 버리고 떠났다. 뒤에 관직이 삼공에 이르렀다.

後漢趙溫爲京兆郡丞, 歎曰, 丈夫當雄飛, 安能雌伏. 遂棄官去. 後官至於三公.[748]

군효(君孝)가 자네를 추월할 것이다.[군효초경(君孝超卿)] 고화(顧和)[749]는 자가 군효(君孝)로 어려서 이름이 알려졌다. 집안 어른인 고영(顧榮)[750]이 평소에 그를 매우 중시하고 사랑하여 "이 아이는 우리 집안의 천리마이다. 반드시 쇠락한 집안을 번성하게 할 것이다."라고 말하였다. 당시에 친족인 고구(顧球)가 양주별가(楊州別駕)를 맡았는데 고영이 고구에게 "자네는 빨리 걷게. 군효가 자네를 추월하게 될 걸세."라고 말하였다.

顧和, 字君孝, 總角知名. 族人顧榮雅相器愛曰, 此, 吾家之騏驥也. 必振衰族. 時宗人顧球爲楊州別駕, 榮謂顧曰, 卿速步. 君孝超卿矣.[751]

강좌(江左)의 수재이다.[강좌지수(江左之秀)] 나함(羅含)[752]은 자가 군장(君章)으로 환온(桓溫)이 초빙하여 별가(別駕)로 삼았다. 성 서쪽의 연못가에 초가집을 짓고 살았는데 나무를 베어 침상을 만들고 갈대를 엮어 방석을 만들었으며 베옷을 입고 채소를 먹으면서도 편안하고 여유로웠다. 환온이 일찍이 속관들을 모아놓고 나함이 어떤 사람인가를 묻자 대답하는 자가 "형초(荊楚)의 인재라고 할 만합니다."라고 말하였다. 환온이 "이 사람은 강좌의 청아한 수재이니 어찌 형초뿐이겠는가."라고 하였다. 나함이 관직에 있을 때 흰 참새 한 마리가 집에 깃들어 살았고 벼슬을 그만두고 집으로 돌아갔을 때 섬돌과 정원에 갑자기 난초와 국화가 솟아났으니 어찌 지극한 행실의 감응이 아니었겠는가.

羅含, 字君章, 桓溫辟爲別駕. 城西池洲上, 立茅茨, 伐木爲牀, 織葦爲席, 布衣蔬食, 晏若有餘. 溫常集僚佐, 問羅生何如人, 答者曰, 可謂荊楚之才. 溫曰, 此, 江左之清秀, 豈唯荊楚而已. 含在官, 有一白雀棲集堂宇, 及致仕還家, 階庭忽蘭菊挺生, 豈非至行之徵耶.[753]

외진 곳에 머무르지 않다.[불수편지(不守偏地)] 이모(李貌)[754]가 한미했을 때 한천(漢川)에 살았다. 별가(別駕) 강현(姜顯)과 함께 자사를 전송하는데 강현이 이모를 홀대하자 이모가 "대장부가 어찌 외진 곳에 머물며 강현에게 무시를 당하는 지경에까지 이르렀는가."라 말하고 즉시 다시 집으로 돌아가지 않은 채 그대로 배를 타고 내려갔다. 15년이 되어 익주자사(益州刺史)가 되었는데 강현이 여전히 그대로 지내고 있자 문서로 불러 별가를 삼았다.《진서(晉書)·안

745. 《구당서(舊唐書)·장인원전(張仁愿傳)》
746. 자복(雌伏): 암컷처럼 굽히다. 남에게 복종하며 조용히 지내는 것을 비유한다.
747. 조온(趙溫): 후한(後漢) 촉군(蜀郡) 출신으로 자가 자유(子柔)이다. 경조승(京兆丞), 시중(侍中), 사도(司徒) 등을 역임하였다.
748. 《후한서(後漢書)·조온전(趙溫傳)》
749. 고화(顧和): 진(晉) 오군(吳郡) 출신으로 자가 군효(君孝)이다. 어사중승(御史中丞), 상서령(尚書令), 좌광록대부(左光祿大夫) 등을 역임하였다.
750. 고영(顧榮): 진(晉) 오군(吳郡) 출신으로 자가 언선(彦先)이다. 삼국 오(吳)나라에서 벼슬을 하다가 오가 망하자 육기(陸機), 육운(陸雲) 형제와 함께 낙양(洛陽)으로 들어가 '삼준(三俊)'이란 별명을 얻었고 산기상시(散騎常侍)를 지냈다.
751. 《진서(晉書)·고화전(顧和傳)》
752. 나함(羅含): 동진(東晉) 계양(桂陽) 출신으로 자가 군장(君章)이다. 태수(太守), 정위(廷尉) 등을 역임하였는데 '강좌지재(江左之才)'의 칭이 있었다.
753. 《진서(晉書)·나함전(羅含傳)》
754. 이모(李貌): 내력이 자세하지 않다.

제기(安帝紀)》

李貌微時居漢川. 與別駕姜顯餞送刺史, 顯忽貌, 貌曰, 大丈夫何至守偏地, 爲姜顯所陵. 卽不復還家, 仍附船下. 十五年而爲益州刺史, 顯猶栖遲, 檄爲別駕.《晉·安帝紀》[755]

한 잔의 물을 전별주로 올리다. [배수봉전(盃水奉餞)] 수(隋) 조궤(趙軌)[756]가 제주별가(齊州別駕)를 지냈는데 잘한다는 명성이 있었다. 주에 있은 지 4년 만에 고과가 가장 우수하였다. 조서를 받고 조정으로 들어가게 되자 노인들이 눈물을 흘리면서 따라와 "공께서는 맑기가 물과 같았으니 청컨대 한 잔의 물을 따라 전별주로 올리겠습니다."라고 말하니 조궤가 받아서 마셨다.

隋趙軌爲齊州別駕, 有能名. 在州四年, 考功最優. 詔入朝, 父老揮涕隨送曰, 公淸如水, 請酌一杯水, 奉餞. 軌受而飮之.[757]

임문공(任文公)[758]이 비에 대비하다. [임공방우(任公防雨)] 후한(後漢) 임문공이 치중종사(治中從事)일 때 당시에 날이 크게 가물었는데 자사에게 아뢰기를, "5월 1일에 장차 큰 비가 내릴 것이니 마땅히 백성들에게 미리 대비하도록 해야 합니다."라고 하였지만 자사는 듣지 않았다. 임문공은 직접 큰 배를 준비하였고 백성 중에도 어떤 사람은 듣고서 또한 방비하는 자가 있었다. 그날이 되어 가물고 뜨거운데 임문공은 급히 명하여 짐을 싣도록 재촉하고 자사에게 아뢰도록 하였으나 웃기만 하였다. 정오에 하늘의 북쪽에서 구름이 일어 잠시 후 큰 비가 내렸다. 저녁때가 되자 10여 장(丈)의 높이로 치솟아 가옥들이 떠내려가고 파괴되었으며 피해를 당한 것이 수천 명이었다. 임문공은 마침내 점술(占術)로 이름을 날렸다.

後漢任文公, 爲治中從事, 時天大旱, 白刺史曰, 五月一日, 當有大水, 宜令民預爲備. 刺史不聽. 文公自貯大舟, 百姓或聞, 亦有爲防者. 到其日, 旱烈, 文公急命促載, 使白刺史, 笑之. 日中, 天北雲起, 須臾大雨. 至晡時湍涌十餘丈, 漂壞屋舍, 所害數千人. 文公遂以占術馳名.[759]

예속(禮俗) 밖의 사마 [방외사마(方外司馬)] 진(晉) 사혁(謝奕)[760]은 자가 원혁(元奕)이다. 환온(桓溫)이 불러서 안서사마(安西司馬)에 임명하였는데 사혁이 환온이 있는 자리에서 두건을 벗고[안책(岸幘)[761]] 시를 읊조리자 (환온이 말하기를), "나의 예속(禮俗) 밖의 사마이다."라고 하였다.

晉謝奕, 字元奕. 桓溫辟爲安西司馬, 奕在溫座, 岸幘嘯詠, 曰我方外司馬也.[762]

평상을 옮겨 청담을 나누다. [이상청론(移床淸論)] 기주자사(冀州刺史) 배징(裴徵)이 관노(管輅)[763]를 불러 한 번 만나보고 종일토록 청담을 나누면서 피곤한 줄 몰랐다. 날씨가 당시에 매우 덥자 평상을 옮겨 청사 앞의 나무 아래로 자리 잡았다. 이후로 관노를 초빙하여 별가로 삼았다.

冀州刺史裴徵召管輅一見, 淸論終日, 不覺疲倦. 天時大熱, 移床在庭前樹下. 自是, 引輅爲別駕.[764]

---

755. 《자치통감(資治通鑑)·진기(晉紀)·안황제신(安皇帝辛)》
756. 조궤(趙軌): 수(隋) 하남(河南) 출신으로 제주별가(齊州別駕), 협주자사(硤州刺史) 등을 역임하였다.
757. 《북사(北史)·조궤전(趙軌傳)》
758. 임문공(任文公): 후한(後漢) 낭중(閬中) 출신으로 사공(司空)의 연리(掾吏), 치중종사(治中從事) 등을 역임하였다.
759. 《후한서(後漢書)·임문공전(任文公傳)》
760. 사혁(謝奕): 진(晉) 진군(陳郡) 출신으로 자가 원혁(元奕)이다. 안서장군(安西將軍), 예주자사(豫州刺史) 등을 역임하였다.
761. 안책(岸幘): 두건을 걷어 올려 이마를 드러내는 것으로, 소탈하고 격의 없는 행동을 가리킨다.
762. 《진서(晉書)·사혁전(謝奕傳)》
763. 관노(管輅): 삼국시대 위(魏) 평원(平原) 출신으로 자가 공명(公明)이다. 천문(天文)과 역점(易占)에 정통하여 48세의 나이로 죽으면서 자신의 수명을 미리 알았다고 한다. 뒤에는 재주가 뛰어나지만 장수하지 못 하는 사람을 상징하는 인물이 되었다.

풍속을 독려하다.[독려풍속(督厲風俗)] 고사렴(高士廉)765이 익주대도독부장사(益州大都督府長史)로 승진하였다. 촉 지방 사람들은 귀신을 무서워하고 질병을 싫어하여 비록 부모가 병이 들어도 모두가 내버려둔 채 건물을 멀리 보면서 음식을 던져 먹게 하였고 형제들이 서로 재물을 빌려 주지 않았다. 고사렴이 그들을 위해 법규와 교령을 마련하여 따져서 알리고 독려하니 풍속이 크게 바뀌었다. 또 학생들을 불러다 경전을 가르치니 학교가 부흥하였다.

高士廉進益州大都督府長史. 蜀人畏鬼而惡疾, 雖父母病, 皆去, 望舍授餌哺之, 昆弟不相假財. 士廉爲設條教, 辨告督厲, 風俗翕然爲變. 又引諸生, 講授經藝, 學校復興.766

간악하고 교활한 자들을 쳐서 없애다.[파쇄간활(破碎奸猾)] 왕지음(王志愔)767이 양주장사(楊州長史)로 나갔는데 이르는 곳마다 간악하고 교활한 자들을 쳐서 없애니 명령이 행해지고 금법이 믿어져 경내가 조용하였다.

王志愔出爲楊州長史, 所至破碎奸猾, 令行禁止768, 境內肅然.769

곡식을 나눠 주어 사람들을 살리다.[산속활인(散粟活人)] 이고(李皐)770는 자가 자란(子蘭)이다. 온주장사(溫州長史)를 지내다가 얼마 안 있어 온주지주사의 업무를 대행하였다. 해가 흉년이 들어 이고가 백성들을 구제하려고 하자 아전이 황제의 교지를 기다릴 것을 청하였다. 이고가 "사람들이 날마다 두 끼도 못 먹어 장차 죽게 되었는데 어느 겨를에 황제의 명을 기다리겠는가. 만약 내 한 몸을 죽여 백성 수천 명의 목숨을 살린다면 이보다 더 큰 이익은 없을 것이다."라 말하고 이에 곳간을 열어 모두 나눠 주고 상소를 올려 자신을 탄핵하니 황제[숙종(肅宗)]가 칭찬하였다.

李皐, 字子簡771. 爲溫州長史, 無幾攝行州事. 歲歉, 皐欲行賑救, 掾吏乞候上旨. 皐曰, 夫人日不再食, 當死, 安暇稟君命. 若殺我一身, 活人數千命, 利莫大焉. 於是開倉盡散之, 飛章自劾, 上嘉之.772

이고가 현을 순행하다가 한 노파가 흰 얼굴을 숙이고 슬피 우는 것을 보고 연유를 묻자 대답하였다. "이씨(李氏)의 아내로 균(鈞)과 악(鍔)이라는 두 아들을 두었는데 20년 동안 벼슬살이하면서 집에 오지 않으니 가난하여 스스로 먹고살 수 없습니다." 그때 이균(李鈞)은 전중시어사(殿中侍御史)였고 이악(李鍔)은 경조부법조(京兆府法曹)였는데 함께 문예(文藝)로 급제하여 당시에 이름이 높았다. 이고가 "'들어가서는 효성스럽고 나가서는 공손할 것이니 이것을 실천하고 여력이 있으면 글을 배울 만하다'773라고 하였는데 저 두 아들 같은 자들이 어찌 조정에 설 수 있겠는가."라고 말하고 이로 말미암아 모두 상소를 올려 함께 제명하여 등용되지 않도록 하였다.

皐行縣, 見一媼垂白面泣哀, 而問之. 對曰, 李氏之婦, 有二子鈞鍔, 宦遊二十年, 不歸, 貧無以自給. 時鈞爲

---

764. 《삼국지(三國志)·위지(魏志)·관노전(管輅傳)》
765. 고사렴(高士廉): 당(唐) 발해(渤海) 출신으로 이름이 검(儉)이고 사렴(士廉)은 자이다. 이부상서(吏部尙書), 우복야(右僕射) 등을 역임하였다.
766. 《구당서(舊唐書)·고사렴전(高士廉傳)》
767. 왕지음(王志愔): 당 박주(博州) 출신으로 대리소경(大理少卿), 양주장사(揚州長史) 등을 역임하였다.
768. '止'는 《신당서(新唐書)·왕지음전(王志愔傳)》에는 '信'으로 되어 있다.
769. 《신당서(新唐書)·왕지음전(王志愔傳)》
770. 이고(李皐): 당(唐) 태종(太宗)의 손자이자 조왕(曹王) 이명(李明)의 아들로 자가 자란(子蘭)이다. 호남관찰사(湖南觀察使), 형남절도사(荊南節度使) 등을 역임하였다.
771. 《유원총보》의 '簡'은 '蘭'의 오자이다.[《신당서(新唐書)·사조왕이고전(嗣曹王李皐傳)》]
772. 《신당서(新唐書)·사조왕이고전(嗣曹王李皐傳)》
773. 《논어(論語)·학이(學而)》

殿中侍御史, 鍔爲京兆府法曹, 俱以文藝登科, 名重於時. 皐曰, 入則孝, 出則悌, 行有餘力, 可以學文. 若二子者, 豈可備於列位. 由是擧奏, 竝除名勿齒.[774]

수(隋) 장수타(張須陁)[775]가 제군승(齊郡丞)일 때에 마침 해가 기근이 들자 곳간을 열어 곡식을 백성들에게 나눠 주려고 하였다. 속관들이 모두 아뢰기를, "마땅히 조칙을 기다려야지 마음대로 나눠 주면 안 됩니다."라고 하자 장수타가 "내가 만약 이 일로 죄를 얻는다면 죽어도 여한이 없겠다."라고 말하였다. 먼저 곳간을 열고 뒤에 보고를 올리니 황제[양제(煬帝)]가 이를 알고 문책하지 않았다.

隋張須陁爲齊郡丞, 屬歲飢, 將開倉賑給. 官屬咸曰, 待詔勅, 不可擅與. 須陁曰, 吾若以此獲罪, 死無所恨. 先開而後上狀, 帝知之, 而不責.[776]

왕순(王珣)[777]이 허주장사(許州長史)로 나갔는데 그해에 가뭄이 들었다. 당시에 자사의 직책을 대리하면서 곳간을 열어 백성들을 구휼하고 즉시 자신을 탄핵하니, 현종(玄宗)이 사면하였다.

王恂出許州長史, 歲旱. 時假刺史, 開廩賑民, 卽自劾, 元宗赦之.[778]

도랑을 터서 논에 물을 대다.[결거개전(決渠漑田)]

이청(李聽)[779]이 영주대도독부장사(靈州大都督府長史)로 옮겼다. 경내에 광록거(光祿渠)가 있는데 막힌 것이 여러 해가 되었다. 둔전(屯田)을 일으켜 군량의 수송을 대신하고자 하여 이청은 다시 옛 도랑을 텄고 논 천여 경(頃)에 물을 대니 지금까지 그 덕을 보고 있다.

李聽改靈州大都督府長史. 境內有光祿渠, 廢塞歲久. 欲起屯田, 以代轉輸, 聽復決舊渠, 漑田千餘頃, 至今賴之.[780]

권세가들이 두려워서 복종하다.[권호탄복(權豪憚伏)] 위원충(魏元忠)[781]이 검교낙주장사(檢校洛州長史)를 지낼 때 정령이 엄격하고 분명하였다. 장역지(張易之)[782]의 하인이 심하게 횡포를 부리자 위원충이 매질하여 그를 죽이니 권세가들이 두려워하며 복종하였다.

魏元忠檢校洛州長史, 治號嚴明. 張易之家奴暴橫甚, 元忠笞殺之, 權豪憚伏.[783]

허리띠를 잘라 심지로 하다.[단대위주(斷帶爲炷)] 황보무일(皇甫無逸)[784]이 익주대도독부장사(益州大都督府長史)로 전임되었는데 이르는 곳마다 집무실을 닫고 손님을 맞이하지 않았다. 일찍이 관할 구역을 시찰하다가 민가에서 묵게 되었는데 등불의 심지가 다 타서 주인이 계속 바치려고 하자 황보무일은 패도를 뽑아 허리띠를 잘라 심지로 하였다. 그의 청렴과 강직이 이와 같았다.

皇甫無逸徙益州大都督府長史, 所至, 輒閉閤, 不通賓客. 嘗按部, 宿民家, 燈炷盡, 主人將續進, 無逸抽佩刀,

774. 《신당서(新唐書)·사조왕이고전(嗣曹王李皐傳)》
775. 장수타(張須陁): 수(隋) 문향(閿鄕) 출신으로 제군승(齊郡丞)을 지냈다.
776. 《수서(隋書)·장수타전(張須陁傳)》
777. 왕순(王珣): 당(唐) 태원(太原) 출신으로 자가 백옥(伯玉)이다. 허주장사(許州長史), 공부시랑(工部侍郎) 등을 역임하였다.
778. 《신당서(新唐書)·왕순전(王珣傳)》
779. 이청(李聽): 당(唐) 조주(洮州) 출신으로 자가 정사(正思)이다. 초주자사(楚州刺史), 태자태보(太子太保) 등을 역임하였다.
780. 《구당서(舊唐書)·이청전(李聽傳)》
781. 위원충(魏元忠): 당(唐) 송주(松州) 출신으로 본명은 진재(眞宰)이다. 전중시어사(殿中侍御史), 병부상서(兵部尙書), 중서령(中書令) 등을 역임하였다.
782. 장역지(張易之): 당(唐)나라 사람으로 동생인 장창종(張昌宗)과 함께 태평공주(太平公主)의 추천으로 칙천무후(則天武后)의 총애를 받아 전횡을 일삼았다.
783. 《신당서(新唐書)·위원충전(魏元忠傳)》
784. 황보무일(皇甫無逸): 당(唐) 경조(京兆) 출신으로 자가 인검(仁儉)이다. 어사대부(御史大夫), 익주대도독(益州大都督) 등을 역임하였다.

斷帶爲炷. 其廉介如此.[785]

정사를 펴는 것이 어질고 너그럽다.[위정인서(爲政仁恕)] 육상선(陸象先)[786]이 익주대도독부장사(益州大都督府長史)와 검남안찰사(劍南按察使)를 지냈는데 정사를 펴는 데에 어짊과 너그러움을 숭상하였다. 사마(司馬) 위포진(韋抱眞)이 "공께서는 형벌을 엄격하게 시행하여 위엄을 보이시옵소서. 그렇지 않으면 백성들이 함주로 굴고 두려움이 없어질 것입니다."라고 간언하자 대답하였다. "정치는 백성들을 잘 다스리는 데 달려 있을 뿐이니 반드시 형벌로 위엄을 세워야 하겠는가." 끝내 따르지 않았지만 촉 지방은 교화되었다.

陸象先爲益州大都督府長史·劍南按察使, 爲政尙仁恕. 司馬韋抱眞諫曰, 公當峻扑罰, 以示威. 不然, 民慢且無畏. 答曰, 政在治之而已, 必刑罰以立威乎. 卒不從而蜀化.[787]

호를 '등롱(燈籠)'이라고 하다.[호칭등롱(號稱燈籠)] 유수(劉隨)[788]가 성도통판(成都通判)에 제수되었는데 엄격하고 분명하며 사리에 통달하여 사람들이 그를 '수정등롱(水晶燈籠)'이라고 일컬었다.

劉隨制爲成都通判, 嚴明通達, 人謂之水晶燈籠.[789]

글을 짓고 악어를 죽이다.[위문육악(爲文戮鱷)] 문혜공(文惠公) 진요좌(陳堯佐)[790]가 조주통판(潮州通判)일 때에 조주의 악계(惡溪)에 악어가 사람을 잡아먹었다. 공이 명하여 사로잡아서 글로 알리고 죽이니 그 피해가 사라졌다.

陳文惠公堯佐通判潮州, 潮之惡溪, 有鱷魚食人. 公命捕得, 以文告而戮之, 其患屛息.[791]

고려(高麗)의 문서를 책망하다.[책고려서(責高麗書)] 소식(蘇軾)[792]이 항주통판(杭州通判)일 때에 조공을 바치는 고려(高麗)의 사신이 교만하고 방자하게 문서에 갑자(甲子)로 연도를 표기하였다. 공이 이를 물리치며 말하기를, "고려는 우리 왕조에게 신하를 칭하면서 우리 역법을 칭하지 않으니 내가 어찌 감히 받아들이겠는가."라고 하였다. 사자가 문서를 바꿔 '희녕(熙寧)[793]'을 칭한 뒤에야 그것을 받았다.

蘇軾通判杭州, 高麗入貢使驕橫, 書稱甲子. 公却之曰, 高麗於本朝稱臣, 而不稟正朔, 吾安敢受. 使者易書稱熙寧, 然後受之.[794]

상소하여 내시를 파면시키다.[주파내시(奏罷內侍)] 유항(劉沆)[795]이 서주통판(舒州通判)일 때에 주에 큰 옥사가 있었는데 해가 지나도록 해결되지 않자 유항이 치소를 방문하여 며칠 만에 해결하였다. 이때에 장헌태후(章獻太后)[796]가 조서를 내려 산곡사(山谷寺)의 자성탑(資聖塔)을 수리하도록 하였는데 내시 장회신(張懷信)이 매우 다급하게 공사를 독려하였다. 주의 장수(將帥)가 병을 핑계 대며 감히 나서지 않자 유항이 조정에 항의하여 장회신을 파면시켜 돌아가게

---

785. 《신당서(新唐書)·황보무일전(皇甫無逸傳)》
786. 육상선(陸象先): 당(唐) 소주(蘇州) 출신으로 자가 숭현(崇賢)이다. 본명은 육경초(陸景初)이고 '상선'은 예종(睿宗)이 하사한 이름이다. 동중서문하평장사(同中書門下平章事), 검남안찰사(劍南按察使), 태자소보(太子少保) 등을 역임하였다.
787. 《신당서(新唐書)·육상선전(陸象先傳)》
788. 유수(劉隨): 송(宋) 고성(考城) 출신으로 자가 중예(仲豫)이다. 천장각대제(天章閣待制) 등을 역임하였다.
789. 《송사(宋史)·유수전(劉隨傳)》
790. 진요좌(陳堯佐): 송(宋)나라의 정치가로 자가 희원(希元)이다. 동평장사(同平章事)를 역임하였고 시서(詩書)에 능하였다.
791. 《고금사문유취외집(古今事文類聚外集)·노관부(路官部)》
792. 소식(蘇軾): 송(宋) 미주(眉州) 출신으로 자가 자첨(子瞻)이다. 중서사인(中書舍人), 예부상서(禮部尙書) 등을 역임하였다.
793. 희녕(熙寧): 북송(北宋) 신종(神宗)의 연호(1068-1077)이다.
794. 《송사(宋史)·소식전(蘇軾傳)》
795. 유항(劉沆): 송(宋) 길주(吉州) 출신으로 자가 충지(沖之)이다. 공부상서(工部尙書) 등을 역임하였다.
796. 장헌태후(章獻太后): 송나라 진종(眞宗)의 후처인 장헌명숙황후(章獻明肅皇后) 유(劉)씨로, 이신비(李宸妃)가 인종(仁宗)를 낳자 자신의 아들로 입양하였다.

하였다.

劉沆通判舒州, 州有大獄, 歷歲不決, 沆詣治, 數日而決之. 是時章獻太后詔修山谷寺資聖浮圖, 內侍張懷信督役嚴急. 州將移疾不敢出, 沆抗言于朝, 罷懷信歸.[797]

업무상 의당 언쟁을 하는 일이 있다.[사유당쟁(事有當爭)] 왕질(王質)[798]은 자가 자야(子野)로 소주통판(蘇州通判)을 지내면서 지주사인 황종단(黃宗旦)과 자주 일에 대해 언쟁을 벌였다. 황종단이 "젊은이가 감히 어른과 겨루는가?"라고 말하니 왕질이 "명을 받들어 공을 보좌하니 업무상 의당 언쟁을 하는 것이 직분입니다."라고 대답하였다. 일찍이 병으로 휴가 중이었는데[재고(在告)[799]] 하루는 황종단이 문병을 왔고 이어 "감옥에 화폐위조범이 백여 명 있는데 내가 계략으로 그들을 몰래 잡아들였지."라고 말하였다. 왕질이 "주살질은 하지만 잠자는 새를 쏘지 않는 것은 상대를 몰래 맞추는 것을 싫어하기 때문입니다. 지금 몇 명을 죽이고 유배형에 처한 자 또한 수십 명에서 백 명에 가까운데 공께서 맞추신 것입니다."라고 말하니 황종단이 깜짝 놀라 그 일로 사형수에게 관용을 베풀고 나머지는 모두 가볍게 처리하여 내보냈다.

王質, 字子野, 通判蘇州, 與知州黃宗旦數爭事. 宗旦曰, 少年敢與丈人抗耶? 質曰, 受命佐公, 事有當爭, 職也. 嘗以病在告, 一日宗旦省視, 因言, 獄有盜鑄錢百餘人, 吾以術陰鉤得之. 質曰, 弋不射宿, 惡陰中於物也. 今殺數人, 而徒流者又數十百人, 公中之也. 宗旦大驚爲貸其死罪, 而餘悉輕出之.[800]

통판(通判)이 없는 곳[무통판처(無通判處)] 송(宋) 전곤(錢昆)[801]은 소경(少卿)[802]을 지냈는데 집안이 대대로 여항(餘杭)[803] 출신이라 게를 좋아하여 늘 지방관에 보임되기를 구하였다. 어떤 사람이 원하는 곳이 어느 군인지를 묻자 그저 대답하기를, "다만 게가 있고 통판이 없는 곳을 구하겠소."라고 하였다.

國朝錢昆少卿, 家世杭[804]人也, 嗜蟹, 常求補外郡. 人問所欲何郡, 但曰, 但得有螃蟹無通判處矣.[805]

군(郡)의 간교한 백성을 처형하다.[육군간민(戮郡奸民)] 이급(李及)[806]이 조주통판(曹州通判)이 되었는데 주에 조간(趙諫)이란 자가 권세가와 교류하면서 고을의 장단점을 파악하고 있었다. 마침 도성에 이르러 만나기를 청했지만 이급이 이를 거절하자 욕을 하고 떠났다. 마침 조간의 일을 고발한 자가 있어 이급이 그의 죄상을 조사해서 전후에 했던 짓을 모두 열거하여 보고하자 어사에게 보내 그를 국문하도록 하였고 도성의 저자에서 참수하였다. 이급은 이 일로 명성이 알려졌다.

李及通判曹州, 州有趙諫者, 交通權貴, 持郡長短. 適至京師, 求見, 及及拒之, 乃慢罵而去. 會有發諫事者, 及察其狀, 盡數前後所爲以聞, 下御史鞫之, 斬于都市. 及由是知名.[807]

명을 받드는 데에 뛰어나다.[선어장명(善於將命)]

---

797. 《송사(宋史)·유항전(劉沆傳)》
798. 왕질(王質): 송(宋) 대명(大名) 출신으로 자가 자야(子野)이다. 천장각대제(天章閣待制), 채주자사(蔡州刺史) 등을 역임하였다.
799. 재고(在告): 휴가 중에 있다는 말이다. '재가(在假)'라고도 한다.
800. 《송사(宋史)·왕질전(王質傳)》
801. 전곤(錢昆): 송(宋) 임안(臨安) 출신으로 자가 유지(裕之)이다. 우간의대부(右諫議大夫), 비서감(祕書監) 등을 역임하였다.
802. 소경(少卿): 구경(九卿)이 관장하는 9사(寺)의 버금 장관인 태상소경(太常少卿), 대리소경(大理少卿), 사농소경(司農少卿) 등을 가리킨다.
803. 여항(餘杭): 현 이름으로 지금의 절강성(浙江省) 항주시(杭州市) 일대이다.
804. '杭'은 《고금사문유취외집(古今事文類聚外集)·개충부(介蟲部)》에는 '餘杭'으로 되어 있다.
805. 《고금사문유취외집(古今事文類聚外集)·개충부(介蟲部)》
806. 이급(李及): 송(宋) 범양(范陽) 출신으로 자가 지기(知幾)이다. 공부시랑(工部侍郞), 어사중승(御史中丞) 등을 역임하였다.
807. 《송사(宋史)·이급전(李及傳)》

왕준(王濬)[808]이 익주(益州)를 다스리면서 하반(何攀)[809]을 불러 별가(別駕)로 삼았다. 왕준이 오(吳)나라를 칠 것을 계획하여 하반을 파견하여 표문을 받들고 조정에 보내니 조서를 내려 두 번이나 만나보고 이어 장화(張華)로 하여금 하반과 함께 진격하여 토벌의 적의성을 상의하도록 하였다. 왕준은 아울러 하반을 양호(羊祜)[810]에게 보내 면대하여 오(吳)나라를 칠 계책을 진술하도록 하였는데 하반은 명을 전하는 데에 뛰어났다. 황제가 칭찬하고 조서를 내려 하반을 왕준의 참군(參軍)으로 명하였다.

王濬爲益州, 辟何攀爲別駕. 濬謀伐吳, 遣攀奉表詣臺, 詔再引見, 乃令張華, 與攀籌量進討之宜. 濬兼遣攀過羊祜, 面陳伐吳之策, 攀善於將命. 帝嘉之, 詔攀參濬軍事.[811]

수신(水神)에게 호통을 치다.[가매수신(呵罵水神)] 《후한서(後漢書)》의 기록이다. 진무(陳茂)[812]는 특별한 술법을 지니고 있었는데 교지자사(交趾刺史) 주창(周敞)이 불러 별가(別駕)로 삼았다. 주창이 주애(朱崖)[813]와 담이(儋耳)[814]에 가려고 하자 진무가 충언하기를, "위험한 곳을 가시면 안 됩니다."라고 하였으나 주창은 듣지 않았다. 바다를 건너다가 바람을 만나 배가 뒤집히려 하자 진무가 검을 잡고 수신에게 호통을 쳐서 비로소 건널 수 있었다.

後漢書. 陳茂有異術, 交趾刺史周敞辟爲別駕. 敞欲到朱崖·儋耳, 茂諫曰, 不宜履險, 敞不聽. 涉海遇風, 船欲顚覆, 茂杖劒, 呵罵水神, 方得濟.[815]

진무가 주창과 함께 관할 지역을 순행하다가 양적(陽翟)에 이르렀다. 역참에 좋은 술 한 통을 마련한 이가 있자 주창이 명령하여 술을 싣고 가도록 하였다. 진무가 술통을 빼앗아 기둥에 던져 깨버리자 주창이 "내가 나이가 늙어 술로 기운을 보충하려 하였는데 별가가 술통을 깬 것은 어째서인가?"라고 말하니 진무가 대답하였다. "지나는 곳마다 모두 참마(驂馬)에 술을 싣고 다니는 것은 마땅함이 아닙니다."

茂與敞俱行部, 到陽翟. 傳舍有置美酒一柙者, 敞命載酒以行. 茂取柙, 擊柱破之, 敞曰, 刺史年老, 酒益氣, 別駕破柙, 何也? 茂曰, 所過皆有騑驂載酒, 非宜也.[816]

겸손한 말로 현자를 초빙하다.[비사벽현(卑辭辟賢)] 진(晉) 등찬(鄧粲)[817]이 고결함으로 이름이 나 주군(州郡)의 부르는 명에 응하지 않았다. 형주자사(荊州刺史) 환충(桓沖)이 겸손한 말과 정중한 예로 등찬을 초빙하여 별가로 삼고자 하니 등찬은 그가 현자를 좋아하는 것을 아름답게 여겨 마침내 나서서 부름에 응했다.

晉鄧粲以高潔著名, 不應州郡辟命. 荊州刺史桓沖, 卑辭厚禮, 請粲爲別駕, 粲嘉其好賢, 乃起應召.[818]

허공을 타고 귀가하다.[능허귀가(凌虛歸家)] 노탐(盧耽)[819]이 주에 벼슬하여 치중(治中)을 맡았는데 날

808. 왕준(王濬): 서진(西晉) 홍농(弘農) 출신으로 자가 사치(士治)이다. 오(吳)를 멸망시키는 데 큰 공을 세우고 무군대장군(撫軍大將軍)을 역임하였다.
809. 하반(何攀): 진(晉) 비(郫) 출신으로 자가 혜흥(惠興)이다. 익주별가(益州別駕), 정위평(廷尉平) 등을 역임하였다.
810. 양호(羊祜): 위(魏), 서진(西晉) 시대 사람으로 자가 숙자(叔子)이다. 양조(兩朝)에서 여러 관직을 거쳤는데 청렴(淸廉)으로 이름이 높았다. 정남대장군(征南大將軍)이 되어 오(吳)를 멸망시킬 준비를 하다가 죽었으며 직위와 임무는 두예(杜預)에게 계승되었다.
811. 《진서(晉書)·하반전(何攀傳)》
812. 진무(陳茂): 후한(後漢) 여남(汝南) 출신으로 자가 약은(若恩)이다. 교지별가(交趾別駕)를 지냈다.
813. 주애(朱崖): 지명으로 지금의 해남성(海南省) 해구시(海口市)이다.
814. 담이(儋耳): 한대(漢代)의 군(郡) 이름으로 광동성(廣東省) 담현(儋縣)의 서쪽에 있다.
815. 《후한서보일(後漢書補逸)·진무전(陳茂傳)》
816. 《천중기(天中記)·별가(別駕)》
817. 등찬(鄧粲): 진(晉) 장사(長沙) 출신으로 형주별가(荊州別駕)를 지냈다.
818. 《진서(晉書)·등찬전(鄧粲傳)》

수 있는 신술(神術)이 있었다. 매일 저녁에 번번이 허공을 타고 귀가하였다가 새벽에는 주(州)로 돌아왔다. 일찍이 정월 초하루의 모임에서 새벽에 조회에 이르지 못하게 되자 흰 고니로 변하여 전각 앞에 이르렀다. 빙빙 돌며 내려오려고 하는데 호위병이 빗자루를 던져 신발 한 짝을 얻었다.

盧耽仕州爲治中, 有神術能飛. 每夕輒凌虛歸家, 曉則還州. 曾元會曉不及朝, 則化爲白鵠, 至閣前. 迴翔欲下, 威儀以箒擲之, 得履一隻.[820]

수건으로 얼굴을 닦아 주다.[수건식면(手巾拭面)] 손권(孫權)이 형주(荊州)를 함락하자 장수와 관리들이 모두 귀순하였지만 반준(潘濬)[821]만이 홀로 병을 핑계 대었다. 손권이 사람과 수레를 보내 불러오자 반준은 눈물과 콧물을 종횡으로 흘리며 울었다. 손권이 직접 수건으로 그의 얼굴을 닦아 주고 즉시 치중제사(治中諸事)[822]로 삼았으며 한결같이 그에게 자문하였다.

孫權剋荊州, 將吏悉歸附, 而潘濬獨稱疾. 權遣人輿致之, 濬涕泗交橫. 權親以手巾拭其面, 卽以爲治中諸事, 一以諮之.[823]

손권은 육손(陸遜)[824]의 공덕을 가상하게 여겨 특별하게 드러내 주고자 하였다. 비록 상장군(上將軍)으로 열후(列侯)가 되었지만 그래도 출신 주에서 벼슬을 역임하게 하고자 하여, 명하여 마침내 양주목사(揚州牧使) 여범(呂範)[825]으로 하여금 즉시 불러 별가종사(別駕從事)를 삼도록 하였다.

孫權嘉陸遜功德, 欲殊顯之. 雖爲上將軍列侯, 猶欲令歷本州, 擧命, 乃使揚州牧呂範就辟別駕從事.[826]

천리마의 능력을 펴다.[전기(展驥)] 노숙(魯肅)[827]이 유비(劉備)에게 편지를 보내 이르기를, "방사원(龐士元)[828]은 현령의 재질이 아닙니다. 치중(治中)이나 별가(別駕)를 삼더라도 그 천리마의 다리를 펼 수 있을 뿐입니다."라고 하였다. 선주(先主)가 그와 대화하고 크게 중시하였고 임명하여 별가(別駕)로 삼았다.

魯肅遺劉備書曰, 龐士元非百里才, 爲治中別駕, 乃能展其驥足耳. 先主與言, 大器之, 辟爲別駕.[829]

별도로 걸상 하나를 마련해 놓다.[별시일탑(別施一榻)] 공휴원(孔休源)[830]이 진안왕부(晉安王[831]府)의 장사(長史)가 되었는데 진안왕이 깊이 그에게 의지하여 매사를 자문하고 상의하였다. 항상 청사 안에 별도로 걸상 하나를 마련해 놓고 "이것은 공장사(孔長史)의 자리이다."라고 말하니 다른 사람은 앉을 수 없었

---

819. 노탐(盧耽): 삼국시대 오(吳) 출신으로 남강(南康)의 치중(治中)을 지냈다.
820. 《예문유취(藝文類聚)·원정(元正)》
821. 반준(潘濬): 삼국시대 사람으로 촉(蜀)에서 형주치중종사(荊州治中從事), 오(吳)에서 보군중랑장(輔軍中郎將), 태상(太常) 등을 역임하였다.
822. '治中諸事'는 《통지(通志)·반준전(潘濬傳)》에는 '治中荊州諸軍事'로 되어 있다.
823. 《통지(通志)·반준전(潘濬傳)》
824. 육손(陸遜): 삼국시대 오(吳) 오군(吳郡) 출신으로 자가 백언(伯言)이다. 편장군(偏將軍), 대도독(大都督), 승상(丞相) 등을 역임하였다.
825. 여범(呂範): 삼국시대 오(吳) 서양(西陽) 출신으로 자가 자형(子衡)이다. 완릉령(宛陵令), 양주목사(揚州牧使) 등을 역임하였다.
826. 《태평어람(太平御覽)·직관부(職官部)》
827. 노숙(魯肅): 삼국(三國) 오(吳) 임회(臨淮) 출신으로 자가 자경(子敬)이다. 횡강장군(橫江將軍)을 지냈다.
828. 방사원(龐士元): 한말(漢末) 양양(襄陽) 출신의 방통(龐統)으로 자가 사원(士元)이다. 제갈량(諸葛亮)의 추천으로 유비의 군사(軍師)가 되었다.
829. 《삼국지(三國志)·촉지(蜀志)·방통전(龐統傳)》
830. 공휴원(孔休源): 남조(南朝) 양(梁) 산음(山陰) 출신으로 자가 경서(慶緖)이다. 상서의조랑(尚書儀曹郎), 선혜장군(宣惠將軍) 등을 역임하였다.
831. 진안왕(晉安王): 남조(南朝) 양(梁) 간문제(簡文帝) 소강(蕭綱)이 황제에 즉위하기 전의 봉호이다.

다.《양서(梁書)》

孔休源爲晉安王府長史, 王深相倚杖, 動止詢謀. 常於中齋別施一榻云, 此是孔長史坐. 人莫得預焉.《梁書》[832]

총애가 잘못되어 등급을 건너뛰어 제수하다.[오총초배(誤寵超拜)] 최경사(崔敬嗣)[833]가 방주자사(房州刺史)일 때에 중종(中宗)[834]이 여릉왕(廬陵王)으로 방주에 유배되어 있었다. 관리들이 대부분 무례하였는데 오직 최경사만이 친구와 현자로 그를 대우하였고 물품 공급도 넉넉하게 해 주니 중종이 매우 고맙게 생각하였다. 즉위하게 되자 익주장사(益州長史) 최경사(崔敬嗣)라는 이가 성과 이름이 같아 매번 임용의 논의가 올라오면 어필(御筆)로 등급을 건너뛰어 제수한 것이 여러 차례였다. 뒤에 불러서 함께 이야기하고서 비로소 총애가 잘못되었음을 알았다. 최경사를 찾았으나 이미 죽은 뒤였다. 이에 그의 아들 최왕(崔汪)에게 관직을 제수하였다.

崔敬嗣爲房州刺史, 中宗爲廬陵王, 安置在州. 官吏多無禮, 獨敬嗣以親賢待之, 供給豐贍. 中宗深德之. 及登位, 有益州長史崔敬嗣, 旣同姓名, 每進擬, 御筆超拜者, 數四. 後引與語, 方知誤寵. 訪敬嗣, 已卒. 乃授其子汪官.[835]

잠깐 잠이 들었다가 옥사를 판결하다.[가매변옥(假寐辨獄)] 송(宋) 호숙(胡宿)[836]은 자가 무평(武平)으로 선주통판(宣州通判)을 지냈다. 살인죄로 무고를 당한 자가 있었는데 옥사가 정해져 장차 사형을 당하게 되었다. 공이 이를 의심하여 죄수를 불러다가 심문을 하였지만 죄수는 매질이 무서워 감히 말을 하지 못했다. 공이 의관을 바로하고 당상에 앉아 이를 생각하다가 잠깐 잠이 들었는데 꿈에 어떤 사람이 나타나 "오씨 성을 가진 자입니다."라고 말하였다. 공이 서둘러 죄수를 불러다가 좌우의 사람들을 물리치고 다시 심문하자 죄수가 "새벽에 밭에 가려는데 현의 관리가 붙잡아 관청에 오게 되었고 그 연유는 모르겠습니다."라고 하였다. 공이 판결문을 가져다가 자세히 살펴보니 결국 살해된 자의 아내가 오씨 성을 가진 자와 간통하였고 간통한 자가 그녀의 남편을 죽인 뒤 그녀와 모의하여 평민을 붙잡아 관청에 고발하여 자신의 죄를 감춘 것이었다.

宋胡宿, 字武平, 通判宣州. 有被誣以殺人者, 獄成, 將抵死. 公疑之, 呼囚以訊, 囚憚箠楚不敢言. 公正衣冠坐堂上, 思之, 俄而假寐, 夢有人來告曰, 吳姓也. 公遽引囚, 辟左右, 復訊之, 囚曰, 且將之田, 縣吏執以赴官, 不知其由也. 公取獄辭窮治, 乃被誣[837]者之婦與吳姓者姦, 姦者殺其夫, 與婦謀執平人, 告官以掩己罪也.[838]

이은당(吏隱堂) 송(宋) 조중(趙衆)[839]이 사천(四川)의 용주첨판(龍州簽判[840])이 되어 이은당(吏隱堂)을 짓고 다음과 같은 시를 썼다.

滿耳江聲滿目山,	귀에 가득 강물 소리이고 눈에 가득 산이니,
此身疑不在人寰.	이 몸은 아마도 인간 세상에 있지 않은 듯.
民含古意村村靜,	백성들은 옛사람의 뜻을 지녀 마을마다 고요하고,
吏束刑書日日閒.	아전들은 법전을 묶어 둔 채 날마

832. 《양서(梁書)·공휴원전(孔休源傳)》
833. 최경사(崔敬嗣): 당(唐) 박릉(博陵) 출신으로 방주자사(房州刺史)를 지냈다.
834. 중종(中宗): 당(唐) 제5대 황제로 재위 기간은 684년과 705-709년이다.
835. 《구당서(舊唐書)·최광원전(崔光遠傳)》
836. 호숙(胡宿): 송(宋) 상주(常州) 출신으로 자가 무평(武平)이다. 한림학사(翰林學士), 추밀부사(樞密副使), 관문전학사(觀文殿學士) 등을 역임하였다.
837. '誣'는 문맥상으로 볼 때 '殺'의 오기로 추정된다.
838. 《천중기(天中記)·통판(通判)》
839. 조중(趙衆): 내력이 자세하지 않다.
840. 첨판(簽判): 송나라 때 통판(通判)과 함께 지주사(知州事)를 도와 정무를 처리하던 보좌관이다. '첨판(僉判)'으로도 쓴다.

다 한가롭네.[841]

宋趙衆爲四川龍川[842]簽判, 作吏隱堂, 有詩云. 滿耳江聲滿目山, 此身疑不在人寰. 民含古意村村靜, 吏束刑書日日閒.[843]

허물을 자기 탓으로 돌리고 스스로를 매질하다.[인구자달(引咎自撻)] 당(唐) 소세장(蘇世長)[844]이 섬주장사(陝州長史)를 지낼 때에 고을 사람들이 법을 어겨도 막을 수가 없자 허물을 자기 탓으로 돌리고 저자에서 스스로를 매질하였다. 5백 명의 사람들이 그의 가식을 질시하였지만 피가 흐를 때까지 매질하다가 소세장은 고통을 견디지 못하고 달아났다. 사람들은 그가 정리에 어긋난 것을 비웃었다.

唐蘇世長歷陝州長史, 邑里犯法, 不能禁, 乃引咎, 自撻于市廛. 五百人疾其詭, 鞭之流血, 世長不勝痛楚而走. 人笑其不情.[845]

반군에게 호통치다.[매적(罵賊)] 송(宋) 동원형(董元亨)[846]이 패주통판(貝州通判)일 때에 적도 왕칙(王則)이 성을 점거하고 반란을 일으켰다. 동원형이 청사에 앉아 있는데 적도의 무리가 대문을 밀치고 들이닥치자 좌우의 아전들은 모두 도망쳤다. 적도가 동원형을 협박하며 군수물자 창고의 열쇠를 찾았지만 동원형은 눈을 부릅뜨고 반군에게 호통치다가 결국 살해당했다. 인종(仁宗)[847]은 태상소경(太常少卿)[848]을 추증하였다.

宋董元亨通判貝州, 賊王則據城叛. 元亨坐廳事, 賊黨排闥而入, 左右皆奔. 賊脅元亨, 索車實庫[849]鑰, 元亨張目罵賊, 遂被害. 仁宗贈太常少卿.[850]

몸소 화살과 돌멩이를 맞다.[궁모시석(躬冒矢石)] 송(宋) 황우(黃友)[851]가 단주통판(檀州通判)일 때에 마침 금(金)나라 사람들이 맹약을 어기고 침입하자 연 지방 사람들이 호응하였다. 황우는 홀로 수천 명을 거느리고 적도들과 맞서 몸소 화살과 돌멩이를 맞으며 입술이 찢어지고 이빨이 깨지기까지 하였다. 흠종(欽宗)[852]이 그를 불러 면대하고 칭찬하였다.

宋黃友通判檀州, 會金人背盟, 燕士響應. 友獨領數千人, 與賊躬冒矢石, 破唇裂齒. 欽宗召見稱嘆.[853]

환관을 가두다.[수환자(囚宦者)] 당(唐) 소양사(蘇良嗣)[854]가 형주장사(荊州長史)일 때에 고종(高宗)[855]이 환관을 파견하여 강남에서 특이한 대나무를 채취해서 상림원[상원(上苑)[856]]에 옮겨 심도록 하였다. 환관이 제멋대로 횡포를 부리자 소양사가 그를 가두고는 글을 올려 죄상을 말하니 황제가 조서를 내려 장려해 주고 대나무를 가져다 버렸다.

唐蘇良嗣爲荊州長史, 高宗遣宦者采怪竹於江南, 將

---

841. 시제(詩題)는 〈제쉬청이은당(題倅廳吏隱堂)〉이다.
842. 《유원총보》의 '川'은 '州'의 오자이다.[《방여승람(方輿勝覽)·용주(龍州)》]
843. 《산당사고(山堂肆考)·신직(臣職)》
844. 소세장(蘇世長): 당(唐) 경조(京兆) 출신으로 섬주장사(陝州長史), 간의대부(諫議大夫)를 역임하였다.
845. 《구당서(舊唐書)·소세장전(蘇世長傳)》
846. 동원형(董元亨): 송(宋) 심주(深州) 출신으로 패주통판(貝州通判), 국자박사(國子博士) 등을 역임하였다.
847. 인종(仁宗): 송(宋) 제4대 황제로 재위 기간은 1023-1063년이다.
848. 태상소경(太常少卿): 예악(禮樂)과 천문(天文)에 관련된 업무를 관장하는 태상시(太常寺)의 버금 장관이다.
849. '車實庫'는 《송사(宋史)·동원형전(董元亨傳)》에는 '軍資庫'로 되어 있다.
850. 《송사(宋史)·동원형전(董元亨傳)》
851. 황우(黃友): 송(宋) 온주(溫州) 출신으로 자가 용우(龍友)이다. 단주통판(檀州通判), 제치사참모관(除置使參謀官) 등을 역임하였다.
852. 흠종(欽宗): 송(宋) 제9대 황제로 재위 기간은 1125-1126년이다.
853. 《송사(宋史)·황우전(黃友傳)》
854. 소양사(蘇良嗣): 당(唐) 경조(京兆) 출신으로 섬주장사(陝州長史), 간의대부(諫議大夫) 등을 역임하였다.
855. 고종(高宗): 당(唐) 제3대 황제로 재위 기간은 650-683년이다.
856. 상원(上苑): 천자의 동산인 상림원(上林苑)의 준말이다. '상림(上林)'이라고도 한다.

蒔上苑. 宦者縱暴, 良嗣囚之, 上書言狀, 帝下詔獎慰, 取竹棄之.[857]

바람과 달의 주인[풍월주인(風月主人)] 당(唐) 백거이(白居易)[858]가 원화(元和)[859] 연간에 대책(對策)[860]을 올렸는데 직언을 하면서 거리낌이 없었다. 재상이 그가 본분에서 벗어났다고 혐의하여 강주사마(江州司馬)로 폄적시키자 기뻐하며 말하였다. "여산(廬山)을 염두에 둔 지가 오래되었는데, 이제 푸른 산과 푸른 물을 얻어 그 안에서 바람과 달의 주인이 되리라." 마침내 향로봉(香爐峯) 북쪽에 초당을 짓고 자적하였다.

唐白居易, 元和中對策, 直言無隱. 宰相嫌其出位, 貶江州司馬, 喜曰, 匡廬在念久矣, 今得青山綠水, 中爲風月主人. 乃築草堂于香爐峯北, 以自適.[861]

풍류스러운 별가[풍류별가(風流別駕)] 송(宋) 조보지(晁補之)[862]가 양주통판(楊州通判)을 지내면서 문장으로 이름을 떨치자 태수 소식(蘇軾)이 '풍류스러운 훌륭한 별가'라고 일컬었다.

宋晁補之通判楊州, 以文章著名, 太守蘇軾稱爲風流賢別駕.[863]

누대에 올라 시를 읊다.[등루소영(登樓嘯咏)] 장구령(張九齡)[864]이 형주장사(荊州長史)로 폄적된 뒤 항상 남쪽 누대에 올라 시를 읊기도 하고 짓기도 하였으나 그의 마음은 하루도 조정을 떠난 적이 없었다. 또 맹호연을 막부로 초빙하기도 하였다.

張九齡貶爲荊州長史, 常登南樓, 嘯咏賦詩, 其心未嘗一日不在朝廷. 又辟孟浩然於幕府.[865]

굶주린 자에게 동전을 주다.[기자급전(飢者給錢)] 송(宋) 정강중(鄭剛中)[866]이 온주통판(溫州通判)일 때에 해가 크게 기근이 들어 유랑하는 백성이 매우 많았다. 이에 봉급을 내놓으며 쌀을 내다팔 것을 권고하자 태수가 "실제 혜택이 굶주린 사람들에게 미치지 못 할까 염려가 되오."라고 말하였다. 대답하기를, "이미 조치를 해 두었습니다."라 하고 만 냥을 가지고 동전마다 글자 한 자를 써서 밤에 거리로 나가 굶주린 사람들을 만나면 동전 한 닢씩을 주면서 알리면서 "쓴 글자를 지우지 마시오."라고 하였다. 이튿날 동전을 근거로 쌀을 지급하여 굶주린 사람 중에 빠진 이가 없자 태수 이하로 칭찬을 하지 않는 이가 없었다.

宋鄭剛中爲溫州通判, 歲大饑, 流民甚衆. 乃出俸勸糶, 守曰, 恐實惠不及饑者. 答曰, 已有措置. 乃以萬錢, 每錢押一字, 夜出坊巷, 遇饑者, 給一錢, 戒曰, 勿拭去押字. 翌日憑錢給米, 饑者無遺, 自守以下, 莫不稱賞.[867]

동이족 사람이 믿고 복종하다.[이인신복(夷人信服)] 송(宋) 소송(蘇頌)[868]이 영주통판(潁州通判)을 맡았다. 조지충(趙至忠)은 본래 변방에서 투항한 사람인

857. 《신당서(新唐書)·소양사전(蘇良嗣傳)》

858. 백거이(白居易): 당(唐) 화주(華州) 출신으로 자가 낙천(樂天)이다. 한림학사(翰林學士), 형부상서(刑部尙書), 강주사마(江州司馬), 항주자사(杭州刺史), 소주자사(蘇州刺史) 등을 역임하였으나 만년에는 낙양(洛陽)의 향산(香山)에 은거하여 시와 술로 소일하면서 자호를 향산거사(香山居士)라 하였다.

859. 원화(元和): 당(唐) 헌종(憲宗)의 연호(806-820)이다.

860. 대책(對策): 한나라 때부터 시행된 과거시험의 일종으로 정사(政事)나 경의(經義)에 대해 문제를 내고 답을 제시하도록 한 시험이다. '대책(對冊)'으로도 쓴다.

861. 《산당사고(山堂肆考)·신직(臣職)》

862. 조보지(晁補之): 송(宋) 거야(鉅野) 출신으로 자가 무구(無咎)이다.

863. 《산당사고(山堂肆考)·신직(臣職)》

864. 장구령(張九齡): 당(唐) 현종(玄宗) 때의 명재상이자 뛰어난 문장가로 자가 자수(子壽)이다. 형주장사(荊州長史), 상서우승상(尙書右丞相) 등을 역임하였다. 이임보(李林甫)의 세력을 누르려다 오히려 파직당했다.

865. 《산당사고(山堂肆考)·신직(臣職)》

866. 정강중(鄭剛中): 송(宋) 무주(婺州) 출신으로 자가 형중(亨中)이다. 전중시어사(殿中侍御史), 사천선무부사(四川宣撫副使) 등을 역임하였다.

867. 명(明) 호아곤(胡我琨)《전통(錢通)·복민(福民)》

데 가는 곳마다 수비군들과 다퉜으나 소송은 그를 예로써 대하며 성의를 다하였다. 조지충이 감동하여 눈물을 흘리며 말하였다. "저는 비록 동이족이지만 의리 있는 사람을 보면 복종합니다. 평소에 믿고 복종할 만한 분은 오직 공과 위공(魏公) 한기(韓琦)[869]뿐입니다."

宋蘇頌知潁州通判. 趙至忠本邊傲降者, 所至與守競, 頌待之以禮, 具盡誠意. 至忠感泣曰, 身雖夷人, 然見義則服. 平生所信服者, 惟公與韓魏公耳.[870]

눈물을 흘리며 기도하여 불을 끄다.[읍도멸화(泣禱滅火)] 수(隋) 장상(張祥)[871]이 병주사마(并州司馬)일 때에 당시 한왕(漢王) 양양(楊諒)[872]이 반란을 일으켜 불을 질러 도성을 불태우니 백성들이 놀라고 두려워하였다. 성 옆에 서왕모의 사당이 있었는데 장상이 성에 올라 재배하고 눈물을 흘리며 "신이시여 바라건대 영험함을 내시어 비를 내려 우리를 구원해 주소서."라고 기도하였다. 말이 끝나자 사당 위로 구름이 일더니 갑자기 소나기가 내려 불이 마침내 꺼졌다.

隋張祥爲并州司馬, 時漢王諒作亂, 縱火焚郭下, 百姓驚駭. 城側有西王母廟, 祥登城再拜, 泣禱曰, 神其有靈, 可降雨相救. 言訖, 廟上雲起, 須臾驟雨, 其火遂滅.[873]

마음이 철석같다.[심여철석(心如鐵石)] 수(隋) 경숙(敬肅)[874]은 자가 홍검(弘儉)으로 마음이 철석같았고 늙으면서 더욱 독실하였다. 영천군승(潁川郡丞)일 때에 청렴하다는 명성이 있어 비단 백 필을 하사받았다.

隋陳[875]肅, 字弘儉, 心如鐵石, 老而彌篤. 爲潁川郡丞, 有淸名, 賜絹百匹.[876]

어찌 새매를 잡을 사람이겠는가.[기포요인(豈捕鷂人)] 당(唐) 유제현(劉齊賢)[877]이 출임하여 진주사마(晉州司馬)를 맡았는데 황제[고종(高宗)]는 그의 반듯함과 정직함 때문에 그를 존중하면서도 꺼렸다. 당시에 장군 사흥종(史興宗)이 동산에서 황제를 모시고 사냥하다가 "진주에서 좋은 새매가 나니 잡아오게 하면 좋겠습니다."라고 하자 고종이 말하기를, "유제현이 어찌 새매를 잡을 사람이겠는가?"라고 하였다.

唐劉齊賢出爲晉州司馬, 帝以其方直, 尊憚之. 時將軍史興宗從獵苑中, 言晉州出佳鷂, 可令捕之. 帝曰, 齊賢豈捕鷂人耶.[878]

가공망(賈公望)[879]의 정직하다는 명성[공망직성(公望直聲)] 송(宋) 가공망이 평강부통판(平江府通判)으로 있었는데 정직하다는 명성이 있었다. 당시에 주면(朱勔) 부자가 권력을 휘두르자 가공망이 다음과 같은 시를 썼다.

正直士流少, 정직한 선비는 적고,

---

868. 소송(蘇頌): 송(宋) 천주(泉州) 출신으로 자가 자용(子容)이다. 이부상서겸시독(吏部尙書兼侍讀), 우복야겸중서시랑(右僕射兼中書侍郞) 등을 역임하였다.
869. 한기(韓琦): 송(宋)의 정치로 자가 치규(稚圭)이다. 사마광(司馬光)과 함께 왕안석(王安石)의 신법(新法)에 반대하였으며 추밀사(樞密使)와 재상을 역임하였다. '위공(魏公)'은 그의 봉호이다.
870. 《송사(宋史)·소송전(蘇頌傳)》
871. 장상(張祥): 수(隋) 경조(京兆) 출신으로 자가 홍검(弘儉)이다. 병주사마(并州司馬), 영무태수(靈武太守) 등을 역임하였다.
872. 양양(楊諒): 수나라 문제(文帝)의 막내 아들로 한왕(漢王)에 봉해졌으나 뒤에 반역죄 때문에 서인(庶人)으로 폐위되었다
873. 《수서(隋書)·장계순전(張季珣傳)》
874. 경숙(敬肅): 수(隋) 포판(蒲坂) 출신으로 자가 홍검(弘儉)이다. 안릉령(安陵令), 영천군승(潁川郡丞) 등을 역임하였다.
875. 《유원총보》의 '陳肅'은 '敬肅'의 오류이다.[《수서(隋書)·경숙전(敬肅傳)》]
876. 《수서(隋書)·경숙전(敬肅傳)》
877. 유제현(劉齊賢): 당(唐) 임보(林甫) 출신으로 진주사마(晉州司馬), 동중서문하평장사(同中書門下平章事) 등을 역임하였다.
878. 《신당서(新唐書)·유제현전(劉齊賢傳)》
879. 가공망(賈公望): 송(宋) 개봉(開封) 출신으로 자가 표지(表之)이다. 평강부통판(平江府通判)을 지냈다.

傾邪朋類多. 사악한 무리는 많다.
陽光一鎖鑠, 햇살이 한 번 녹여 버리면,
不復見妖魔. 다시는 요괴들이 나타나지 않을 텐데.

주면의 부친[주대(朱大)[880]]인 주충(朱沖)이 그것을 마음에 두고 있다가 결국 파면시켰다.

宋賈公望通判平江府, 有直聲. 時朱勔父子用事, 公望有詩曰. 正直士流少, 傾邪朋類多. 陽光一鎖鑠, 不復見妖魔. 朱大銜之, 竟罷去.[881]

용수석(龍鬚席)[882]을 돌려주다.[환룡수석(還龍鬚席)] 송(宋) 채항(蔡抗)[883]이 진주통판(秦州通判)을 맡았는데 관직 생활이 청렴하고 검소하였다. 집안사람 중에 용수석을 얻어 침구로 한 자가 있었는데 결국 그것을 물리쳐 되돌려주게 하였다.

宋蔡抗通判秦州, 居官淸約. 家人有得龍鬚席爲臥具者, 乃斥還之.[884]

태수에게 인정받다.[태수견지(太守見知)] 송(宋) 주돈이(周敦頤)[885]는 건주통판(虔州通判)을 지내면서, 복을 구하는 것을 가벼이 여기고 민심을 얻는 것을 중시했으며 자신을 돌보는 것을 등한시하고 외로운 사람[경리(惸嫠)[886]]을 편안하게 해 주었다. 태수인 조변(趙抃)[887]이 그의 행실을 한참 눈여겨보다가 그의 손을 잡고 말하였다. "이제서야 비로소 주무숙을 알겠구려."

宋周敦頤通判虔州, 薄于徼福, 而厚于得民. 省于奉身, 而燕及惸嫠[888]. 守趙林[889]熟視其所爲, 執其手曰, 今而後, 乃知周茂叔也.[890]

죽조차 자급하지 못하다.[전죽불급(飦粥不給)] 당(唐) 팽주사마(彭州司馬) 안천명(顔泉明)[891]은 고경(杲卿)의 아들이다. 집이 가난하였지만 관직 생활이 청렴하였고 고아[고묘(孤藐)[892]]들이 따르는 것이 백명이나 되었다. 죽조차 자급하지 못해도 화내거나 한탄하는 기색이 없었다.

唐彭州司馬顔泉明, 杲卿子也. 家貧, 居官廉而孤藐相從百口. 飦粥不給, 無慍嘆之色.[893]

이불을 직접 가지고 가다.[복피자장(襆被自將)] 당(唐) 소괴(蘇瓌)[894]가 양주장사(楊州長史)가 되었는데 주(州)가 도회지에 자리 잡아 이름난 보물과 진귀한 물품이 많았다. 전임 장사(長史)들이 재물을 엄청나게 챙겼지만 소괴만은 홀로 단신으로 부임하면서 이불을 직접 가지고 갔다.

880. 주대(朱大): 《송사(宋史)·주면전(朱勔傳)》에 의하면 당시 아들인 주면(朱勔)과 함께 권력을 휘두르던 주충(朱沖)을 가리킨다. '대(大)'는 아버지나 연장자에게 붙이는 존칭어이다.
881. 《산당사고(山堂肆考)·신직(臣職)》
882. 용수석(龍鬚席): 골풀과에 속하는 여러해살이풀인 용수초(龍鬚草)의 줄기를 엮어서 만든 자리이다.
883. 채항(蔡抗): 송(宋) 응천(應天) 출신으로 자가 자직(子直)이다. 비각교리(秘閣校理), 광동전운사(廣東轉運使) 등을 역임하였다.
884. 《산당사고(山堂肆考)·신직(臣職)》
885. 주돈이(周敦頤): 송(宋) 도주(道州) 출신으로 자가 무숙(茂叔)이다. 분녕주부(分寧主簿), 남창지사(南昌知事) 등을 역임하였다.
886. 경리(惸嫠): 외로운 과부, 나아가 의지할 데 없는 외로운 사람들을 상징한다.
887. 조변(趙抃): 송(宋) 인종(仁宗), 신종(神宗) 때의 관리로 자(字)는 열도(閱道)이다. 청백리로 이름을 날렸다. 벼슬은 태자소보(太子少保)에 이르렀다.
888. 《유원총보》의 '婺'는 '嫠'의 오자이다.[《송사(宋史)·주돈이전(周敦頤傳)》]
889. 《유원총보》의 '林'은 '抃'의 오자이다.[《송사(宋史)·주돈이전(周敦頤傳)》]
890. 《송사(宋史)·주돈이전(周敦頤傳)》
891. 안천명(顔泉明): 당(唐) 경조(京兆) 출신으로 비현령(郫縣令), 팽주사마(彭州司馬) 등을 역임하였다.
892. 고묘(孤藐): 어린 고아를 가리킨다.
893. 《신당서(新唐書)·안천명전(顔泉明傳)》
894. 소괴(蘇瓌): 당(唐) 경조(京兆) 출신으로 자가 창용(昌容)이다. 호부상서(戶部尙書), 상서우복야(尙書右僕射), 동중서문하삼품(同中書門下三品) 등을 역임하였다.

唐蘇瓌爲楊州長史, 州據都會, 多名珍奇産. 前長史貲取巨萬, 瓌獨單身, 襆被自將.[895]

《존요집(尊堯集)》을 짓다. [저존요집(著尊堯集)]

송(宋) 진관(陳瓘)[896]은 자가 영중(瑩中)이다. 명주통판(明州通判)을 지내면서 직전(職田)[897]의 수입이 꽤 많았지만 관청에 모두 반납하고 돌아갔다. 군에 있으면서 일찍이 《존요집》을 지었다.

宋陳瓘, 字瑩中. 通判明州, 職田之入頗厚, 盡棄于官以歸. 在郡時嘗著尊堯集.[898]

오랑캐를 평정할 계책을 바치다. [헌평융책(獻平戎策)] 장방평(張方平)[899]이 목주통판(睦州通判)일 때에 조원호(趙元昊)[900]가 반란을 일으키려고 하자 오랑캐를 평정할 계책 열 가지를 바쳤다.

張方平通判睦州, 趙元昊欲叛, 獻平戎十策.[901]

버려진 우물에서 시체를 찾다. [폐정득시(廢井得屍)]

송(宋) 황간(黃幹)[902]이 안풍군(安豐軍)의 통판(通判)을 지낼 때 회서(淮西)의 안무사[수사(帥司)[903]]가 격문을 보내 화주(和州)의 해결되지 않고 있던 옥사를 국문하도록 하였다. 황간이 상세하게 심문하였지만 소득이 없었다. 어느 날 밤에 우물에 사람이 있는 꿈을 꾸고서 이튿날 그 일로 죄수를 불러 "네가 사람을 죽여서 우물에 던진 것을 내가 모두 알고 있다."라고 추궁하니 죄수가 결국 놀라며 실토하였고 과연 버려진 우물에서 시체를 찾았다.

宋黃幹通判安豐軍, 淮西師司檄鞫和州疑獄. 幹委曲審問, 無所得. 一夜夢井中有人, 明日因呼囚, 詰之曰, 汝殺人, 投之井, 我悉知之矣. 囚遂驚服, 果於廢井得屍.[904]

봉화루에서 적을 감시하다. [화루사구(火樓伺寇)]

송(宋) 양항(楊抗)[905]이 신주통판(辰州通判)일 때에 만족(蠻族)이 신주 경내를 약탈하였다. 양항이 봉화루를 세워 그들의 출입을 감시하게 하니 북을 울리는 것을 신호로 하여 멀고 가까운 곳에서 서로 협조하였다. 만족이 두려워하여 결국 자취를 감추었다.

宋楊抗通判辰州, 蠻寇剽掠辰境. 抗置立火樓, 伺其出入, 則鳴鼓爲號, 遠近相援. 蠻寇震駭, 遂屛迹.[906]

죄를 떠넘기고 싶지 않다. [불욕위죄(不欲委罪)]

장제현(張齊賢)[907]이 형주통판(衡州通判)일 때에 당시의 지주사가 강도 10여 명을 국문하여 모두에게 사형을 판결하였다. 장제현이 가서 그중 잘못 끼어들어 간 사람 다섯 명을 살려 주었다. 지주사 등이 견책을 당할 것을 두려워하자 장제현이 말하였다. "제가 어찌 여러 사람에게 죄를 떠넘겨서 스스로 공으로 삼고자 하겠습니까. 단지 바로잡도록 한 것일 뿐입니다."

---

895. 《신당서(新唐書)·소괴전(蘇瓌傳)》
896. 진관(陳瓘): 송(宋) 남검주(南劍州) 출신으로 자가 영중(瑩中)이다. 태학박사(太學博士), 교서랑(校書郎)을 역임하였다.
897. 직전(職田): 관리가 세를 거둘 수 있는 토지인 직분전(職分田)의 약칭이다.
898. 《송사(宋史)·진관전(陳瓘傳)》
899. 장방평(張方平): 송(宋) 남경(南京) 출신으로 자가 안도(安道)이다. 참지정사(參知政事), 진주지주사(陳州知州事) 등을 역임하였다.
900. 조원호(趙元昊): 서하국(西夏國)의 왕인 이낭소(李囊霄)가 송나라에 투항한 뒤에 조(趙)씨 성을 하사받아 조원호(趙元昊)로 불렸다.
901. 《송사(宋史)·장방평전(張方平傳)》
902. 황간(黃幹): 송(宋) 복주(福州) 출신으로 자가 직경(直卿)이다. 주희의 제자이자 사위로 신감지현사(新淦知縣事), 안경지부사(安慶知府事) 등을 역임하였다.
903. 수사(帥司): 송나라 때 조정에서 파견되어 1로(路)의 군정(軍政)을 총괄하던 안무사(安撫使)를 일컫던 말이다.
904. 《송사(宋史)·황간전(黃幹傳)》
905. 양항(楊抗): 내력이 자세하지 않다.
906. 《산당사고(山堂肆考)·신직(臣職)》
907. 장제현(張齊賢): 송(宋) 조주(曹州) 출신으로 자가 사량(師亮)이다. 참지정사(參知政事), 동중서문하평장사(同中書門下平章事) 등을 역임하였다.

張齊賢通判衡州, 時知州鞫劫盜十餘, 皆論死. 齊賢至, 活其失入者五人. 知州等懼譴責, 齊賢曰, 齊賢豈欲委罪衆人, 而自爲功乎. 但令改正而已.[908]

충성을 다하고 효도를 생각하다.[복충사효(服忠思孝)] 당(唐) 남승사(南承嗣)[909]는 제운(霽雲)의 아들이다. 시주별가(施州別駕), 부주별가(涪州別駕) 등을 역임하였는데 유종원(柳宗元)이 "충성을 다하고 효도를 생각함이 대신 담당할 수 있는 사람이 없다."라고 칭찬하였다.

唐南承嗣, 霽雲子也. 歷施·涪二州別駕, 柳宗元稱, 其服忠思孝, 無替負荷.[910]

번거로움을 없애고 복잡한 일을 잘 처리하다.[발번단극(撥煩剸劇[911])] 송(宋) 장충서(張忠恕)[912]가 항주통판(杭州通判)을 지내면서 번거로움을 없애고 복잡한 일을 잘 처리하였으며 정성을 다하여 나라와 한 몸이 될 것[체국(體國)[913]]을 마음으로 삼았다.

宋張忠恕通判杭州, 能撥煩剸劇, 拳拳以體國爲心.[914]

황무지의 세금을 면제하다.[면황전조(免荒田租)] 송(宋) 종택(宗澤)[915]이 등주통판(登州通判)일 때에 경내에 관청 소유의 전답 수백 경이 있었다. 모두가 불모지인데도 해마다 만여 민(緡)[916]을 거두는데 모두 백성들에게서 갈취하는 것이었다. 종택이 이를 면제해 줄 것을 주청하였다.

宋宗澤通判登州, 境內有官田數百頃. 皆不毛之地, 歲輸萬餘緡, 率皆橫取于民者. 澤奏免之.[917]

푸닥거리를 일삼는 것을 금하다.[금사기양(禁事祈禳)] 송(宋) 주담(周湛)[918]이 융주통판(戎州通判)일 때에 민간에서 의사를 몰라 병든 자들이 무당에게 푸닥거리하는 것을 일삼았다. 주담이 옛날 의학서를 가져다가 바위에 새겨 그들에게 가르치고 이어 무당 노릇 하는 것을 금지시켰다. 이때부터 사람들이 비로소 의약을 쓰게 되었다.

宋周湛通判戎州, 俗不知醫, 病者以祈禳巫祝爲事. 湛取古方書, 刻于石以敎之, 仍禁爲巫者. 自是人始醫藥.[919]

갑옷과 투구를 입고 도끼를 들다.[개주지부(介胄持斧)] 이봉길(李逢吉)[920]이 전에 진무종사(振武從事)를 지낼 때이다. 하루는 금성사(金城寺)의 승려가 갑자기 한 사람이 갑옷과 투구를 입고 도끼를 들고서 문으로 들어오는 것을 보았다. 잠시 뒤에 판관(判官) 이봉길이 왔다는 보고를 들었고 승려는 자신이 보았던 것을 모두 아뢰었다. 이때부터 이봉길이 다시 그의 방을 찾아가면 그 사람이 이봉길에 앞서서 도착하는 것을 보았는데 거의 일상이 되었다. 그래서 이봉길이 나가서 장수가 되고 들어와서 재상을 한 것이 20여 년이었다.

908. 《송사(宋史)·장제현전(張齊賢傳)》
909. 남승사(南承嗣): 당(唐) 위주(魏州) 출신으로 시주별가(施州別駕), 부주별가(涪州別駕) 등을 역임하였다.
910. 《산당사고(山堂肆考)·신직(臣職)》
911. 단극(剸劇): 복잡한 업무를 능숙하게 처리하는 것을 뜻한다. '전번(剸繁)'이라고도 한다.
912. 장충서(張忠恕): 송(宋) 면죽(綿竹) 출신으로 자가 행보(行父)이다. 직비각(直秘閣), 감주지주사(贛州知州事) 등을 역임하였다.
913. 체국(體國): 나라와 한 몸이 된다는 뜻으로 나라를 깊이 생각하는 것이다.
914. 《산당사고(山堂肆考)·신직(臣職)》
915. 종택(宗澤): 송(宋) 의오(義烏) 출신으로 자가 여림(汝霖)이다. 등주통판(登州通判), 동경유수(東京留守) 등을 역임하였다.
916. 민(緡): 천 냥을 꿰어 놓은 뭉치이다. 한(漢)나라 때 세금 계산의 단위로 사용한 데에서 세금을 뜻하는 말로도 쓰였다.
917. 《송사(宋史)·종택전(宗澤傳)》
918. 주담(周湛): 송(宋) 양(穰) 출신으로 자가 문연(文淵)이다. 융주통판(戎州通判), 우간의대부(右諫議大夫) 등을 역임하였다.
919. 《송사(宋史)·주담전(周湛傳)》
920. 이봉길(李逢吉): 당(唐) 농서(隴西) 출신으로 자가 허주(虛舟)이다. 동중서문하평장사(同中書門下平章事), 상서좌복야(尚書左僕射), 사도(司徒) 등을 역임하였다.

李逢吉始從事振武. 日金城寺僧忽見一人介冑持斧, 由門而入. 俄聞報李判官來, 僧俱以告. 自是逢吉再造其室, 卽見其人先逢吉而至, 率爲常矣. 故逢吉出入將相, 二十餘年.[921]

사롱(紗籠)[922] 안의 사람[사롱중인(紗籠中人)] 장건봉(張建封)[923]이 서주(徐州)를 다스릴 때에 상소를 올려 이번(李藩)[924]을 판관(判官)으로 삼았다. 관상을 잘 보는 승려가 있었는데 "이판관은 사롱 안의 사람(재상감)입니다."라고 말하였다. 이번은 뒤에 과연 재상이 되었다.

張建封鎭徐州, 奏李藩爲判官. 有僧能相人曰, 判官是紗籠中人. 藩後果爲相.[925]

재사(才思)가 뛰어나고 아름답다.[재사준려(才思俊麗)] 당(唐) 영호초(令狐楚)[926]가 태원종사(太原從事)로 임명되었는데 서기(書記)에서 절도판관(節度判官)에 이르기까지 재사(才思)가 뛰어나고 아름다웠다. 덕종(德宗)[927]이 문장을 좋아하였는데 매번 태원(太原)에서 상소문이 이르면 영호초가 지은 것을 판별할 수 있었다.

唐令狐楚辟爲太原從事, 自書記至節度判官, 才思俊麗. 德宗好文, 每太原奏至, 能辨楚之所爲.[928]

작은 조정[소조정(小朝廷)] 당(唐) 정종당(鄭從讜)[929]은 자가 정구(正求)이다. 하동절도사(河東節度使)일 때에 상소하여 왕조(王調), 유숭구(劉崇龜), 조숭(趙崇), 이악(李渥), 최택(崔澤) 등을 판관(判官)으로 삼았고 서기(書記)와 지사(支使)[930]도 모두 당시의 인재들이었다. 도성의 선비들이 태원(太原)을 '작은 조정[소조정(小朝廷)]'으로 비유하였다.

唐鄭從讜, 字正求. 爲河東節度, 表王調·劉崇龜·趙崇·李渥·崔澤等爲判官, 書記·支使皆一時選. 京州士人比太原爲小朝廷.[931]

관리 업무에 대해 마음을 기울여 연구하다.[구심이사(究心吏事)] 장구성(張九成)[932]이 진동군(鎭東軍)의 첨서판관(簽書判官)을 지낼 때 첨서(簽書)의 청사에서 관리 업무에 대해 마음을 기울여 연구하였기에 아전들이 건의하거나 아뢰는 데에 속일 수가 없었다. 일찍이 벽에 다음과 같이 크게 써 놓은 적이 있다. "이 몸이 하루의 편안함을 탐한다면 백성들은 한없는 고통을 겪는다."

張九成簽書鎭東軍判官, 在簽廳究心吏事, 胥曺建白, 不能有所欺. 嘗大書于壁曰. 此身苟一日之閑, 百姓罹無涯之苦.[933]

921. 《고금사문유취외집(古今事文類聚外集)·노관부(路官部)》
922. 사롱(紗籠): 재상은 저승의 관리가 반드시 남몰래 비단으로 된 농으로 그를 보호한다고 하여 재상을 상징하는 말이 되었다.
923. 장건봉(張建封): 당(唐) 등주(鄧州) 출신으로 자가 본립(本立)이다. 시어사(侍御史), 어사대부(御史大夫) 등을 역임하였다.
924. 이번(李藩): 당(唐) 조군(趙郡) 출신으로 자가 숙한(叔翰)이다. 헌종(憲宗) 때에 문하시랑(門下侍郞), 동평장사(同平章事) 등을 역임하였다.
925. 《고금사문유취신집(古今事文類聚新集)·도성부(都省部)》
926. 영호초(令狐楚): 당(唐) 화원(華原) 사람으로 자가 각사(殼士)이다. 중서시랑(中書侍郞), 문하시랑(門下侍郞), 동중서문하평장사(同中書門下平章事) 등과 여러 지방의 절도사(節度使), 관찰사(觀察使)를 역임하였는데 가는 곳마다 선정(善政)을 베풀었다.
927. 덕종(德宗): 당(唐) 제11대 황제로 재위 기간은 780-804년이다.
928. 《구당서(舊唐書)·영호초전(令狐楚傳)》
929. 정종당(鄭從讜): 당(唐) 정주(鄭州) 출신으로 자가 정구(正求)이다. 문하시랑(門下侍郞), 태부겸시중(太傅兼侍中) 등을 역임하였다.
930. 지사(支使): 당송(唐宋) 시기에 절도사와 관찰사에 소속된 관원으로 직무는 장서기(掌書記)와 비슷하였다.
931. 《구당서(舊唐書)·정종당전(鄭從讜傳)》
932. 장구성(張九成): 송(宋) 전당(錢塘) 출신으로 자가 자소(子韶)이다. 양시(楊時)의 제자로 예부시랑(禮部侍郞)을 지냈고 숭국공(崇國公)에 봉해졌다.
933. 《송사(宋史)·장구성전(張九成傳)》

절동(浙東) 제형(提刑)[934] 장종신(張宗臣)[935]이 무주(婺州)의 평민 수십 명을 체포하였다. 부관(府官)[936]이 다가가 말하자 장종신이 크게 화를 내며 "이 일은 좌상(左相)께서 전적으로 사람을 파견하여 명령한 것입니다. 그것을 아시는지요?"라고 말하였다. 장구성이 "다만 황상의 명이 있음을 알 뿐이지 재상이 있는 것은 모르겠습니다. 사신께서는 위로 황상의 뜻을 살피지 못하고 재상만을 바라보십니까."라고 말하니 장종신이 크게 부끄러워하였고 장구성은 문서를 내던지고 떠났다.

浙東提刑張宗臣逮婺州平民數十人. 府官就白, 宗臣大怒曰, 此事, 左相專遣人封來. 知之否? 九成曰, 但知有聖旨, 不知有宰相. 使者不能上體聖意, 而觀望宰相耶. 宗臣大慚, 九成投檄而去.[937]

버드나무를 심어 목책을 만들다.[식류위책(植柳爲柵)] 유수(劉隨)[938]가 영강군(永康軍)의 판관(判官)이 되었는데 영강군에 성가퀴가 없어 나무를 잘라 목책을 만들었기 때문에 썩으면 번번이 그것을 바꾸느라 백성들의 고초가 이만저만 아니었다. 유수가 버드나무 수십 만 그루를 빙 둘러 심어 안과 밖을 막게 하니 백성들이 번거롭지 않을 수 있었다.

劉隨爲永康軍判官, 軍無城堞, 伐木爲柵, 壞輒易之, 頗困民力. 隨令環植柳數十萬株, 以限內外, 民得不擾.[939]

전에 서남이(西南夷)들이 말을 팔아 관부(官府)에 납품하였는데 아전들의 가렴주구에 고생하자 유수가 법에 따라 조치했었다. 유수가 그만두게 되자 서남이 수백 명이 전운사(轉運使)에게 하소연하며 "우리 아버지께서는 어디에 계십니까?"라고 말하였다.

初西南夷市馬入官, 苦吏誅求, 劉隨繩按之. 及隨罷, 夷人數百訴于轉運使, 稱吾父何在.[940]

미인(美人)[941]의 교지(敎旨)를 거절하다.[거미인교(拒美人敎)] 방장민(龐莊敏)[942]이 개봉판관(開封判官)일 때에 상미인(尙美人)이 총애를 받고 있었는데 환관을 시켜 교지(敎旨)를 칭하면서 공인(工人)들에게 시장의 요역을 면제하도록 하였다. 방공이 상소하여 "조종(祖宗) 이래로 미인(美人)이 교지를 칭하여 부(府)의 정사를 간섭한 일은 없습니다."라고 아뢰자 황제가 노하여 환관을 매질하고 미인을 심히 책망하였다. 이어 관부(官府)에 조서를 내려 지금부터는 후궁의 명이 있어도 시행하지 말라고 하였다.

龐莊敏爲開封判官, 尙美人有寵, 遣宦者稱敎旨, 免工人市繇. 公上言, 祖宗以來未有美人稱敎旨, 干撓府政者, 上怒, 杖宦者, 切責美人. 仍詔諸官府, 自今有宮中之命, 毋得施行.[943]

왕균(王均)의 문서를 불태우다.[분왕균서(焚王均書)] 진종이(陳從易)[944]는 자가 간부(簡夫)로 팽주군사판관(彭州軍事判官)으로 전임(轉任)되었다. 왕균이 반란을 일으켰을 때 진종이가 지주사의 업무를 대행하고 있었는데 감시병을 죽이고 반군을 따르기를 모의

934. 제형(提刑): 각지의 옥사 및 법 집행을 감찰하기 위해 파견하던 사신인 제점형옥사(提點刑獄使)의 준말이다.
935. 장종신(張宗臣): 내력이 자세하지 않다.
936. 부관(府官): 주(州), 부(府)의 장관을 가리킨다.
937. 《송사(宋史)·장구성전(張九成傳)》
938. 유수(劉隨): 송(宋) 고성(考城) 출신으로 자가 중예(仲豫)이다. 천장각대제(天章閣待制) 등을 역임하였다.
939. 《송사(宋史)·유수전(劉隨傳)》
940. 《송사(宋史)·유수전(劉隨傳)》
941. 미인(美人): 비빈(妃嬪)에 대한 칭호이다.
942. 방장민(龐莊敏): 송(宋) 선주(單州) 출신인 방적(龐籍)으로 자가 순지(醇之)이고 장민(莊敏)은 시호이다. 개봉판관(開封判官), 전중시어사(殿中侍御史) 등을 역임하였다.
943. 《송사(宋史)·방적전(龐籍傳)》
944. 진종이(陳從易): 내력이 자세하지 않다.

한 자들이 있었다. 진종이는 그 우두머리를 찾아 그의 목을 베었고 왕균이 문서를 보내 주부(州府)에 이르자 진종이는 즉시 명하여 그것을 태워 버렸다.

陳從易, 字簡夫, 調彭州軍事判官. 王均反, 從易攝州事, 有謀殺監兵, 欲從亂者. 從易推其首, 斬之, 均移書至州, 從易卽命焚之.[945]

막관 幕官[946]

· 뛰어난 선비로서 훌륭한 제후를 도우니, 마땅히 공을 이룸이 많고 일을 그르침이 적어진다.《백씨장경집(白氏長慶集)》

以良士而贊賢侯, 宜乎多成功而鮮敗事矣.《白集》[947]

· 수레[교거(翹車)[948]]에 노래를 적고 예물[전백(戔帛)[949]]에 문장을 드리운다. 활과 깃발[궁정(弓旌)[950]]을 중하게 만들고 술그릇과 고기 그릇을 빛나게 한다. 진실로 막부의 책략을 받들어 자리의 귀중함에 맞게 할 것이다.〈건우(乾祐)[951] 연간의 칙령〉

翹車著詠, 戔帛垂文. 式重弓旌, 以光樽俎. 允奉幕中之畫, 以稱席上之珍.〈乾祐敕〉[952]

· 군부(軍府)의 요체는 책임이 막료(幕僚)에 있다.《백씨장경집(白氏長慶集)》

軍府之要, 掌在賓寮.《白集》[953]

· 종사(從事)로 임명하였지만 상빈(上賓)으로 예우한다.《백씨장경집(白氏長慶集)》

任爲從事, 禮以上賓.《白集》[954]

· 깃발 아래에서 붓을 들고 장막 안에서 전략을 짠다. 초빙의 글에 명을 받들고 막부에서 공경히 일한다. 임무는 군사의 요체에 있고 권력은 전쟁의 기틀을 통제한다. 막부에서 계책에 참여하고 연회에서 승리를 결정한다.

載筆旌旄, 運籌帷幄. 受命辟書, 祗事戎府. 任在軍要, 權制兵機. 參謀幕府, 制勝樽俎.[955]

· 종군(從軍)한 것으로는 명망이 중선(仲宣)[956]에게서 대단했고 막부에서 보좌한 것으로는 재능이 완우(阮瑀)[957]에게서 뛰어났다. 노중련(魯仲連)이 글을 날리자 연(燕)나라 장수가 자살하게 되었고[958]

945. 《동도사략(東都事略)·진종이전(陳從易傳)》
946. 막관(幕官): 막부(幕府)에서 장수나 절도사를 보좌하는 속관(屬官)을 가리킨다. '막료(幕僚)', '막료(幕寮)', '막부(幕府)' 등으로도 불린다.
947. 《백씨장경집(白氏長慶集)·중서제고(中書制誥)》
948. 교거(翹車): 현자를 초빙할 때 예를 갖추기 위해 보내는 수레를 가리킨다.
949. 전백(戔帛): 현자를 초빙할 때 예를 갖추기 위해 보내는 예물을 가리킨다.
950. 궁정(弓旌): 옛날에 사(士)를 초빙할 때에는 활을 쓰고 대부(大夫)를 초빙할 때는 깃발을 쓴 데서 유래하여 인재를 초빙하는 것을 비유한다.
951. 건우(乾祐): 후한(後漢) 고조(高祖)의 연호(948)이다.
952. 《오대회요(五代會要)·막부幕府》
953. 《백씨장경집(白氏長慶集)·중서제고(中書制誥)》
954. 《백씨장경집(白氏長慶集)·중서제고(中書制誥)》
955. 《백공육첩(白孔六帖)·막부(幕府)》
956. 중선(仲宣): 후한(後漢) 산양(山陽) 출신인 왕찬(王粲)의 자이다. 건안칠자(建安七子) 가운데 한 사람으로 글재주가 있어 조조(曹操)의 신임을 얻었고 시중(侍中)에 올랐다.
957. 완우(阮瑀): 삼국시대 위(魏) 진류(陳留) 출신으로 자가 원유(元瑜)이다. 장표(章表), 서간(書簡) 등에 뛰어났고 사공군모좨주(司空軍謀祭酒), 관기실(管記室) 등을 역임하였다.
958. '노련서(魯連書)'의 고사이다. 전국시대 제(齊)나라 사람인 노중련(魯仲連)이 연(燕)나라 장수가 침략하여 요성(聊城)을 차지하자 화살에 서신을 매달아서 성 안으로 쏘아 보내 연나라 장수를 설득하니 장수는 자살하고 성을 돌려받게 되었다고 한다.

진임(陳琳)[959]이 격문(檄文)을 기초하자 조조가 읽고서 두통이 나았다. 조정의 중요한 책임은 후백(侯伯)에게 맡기고 군부(軍府)의 여러 일은 막료에게 통제하게 한다.《연감유함(淵鑑類函)》

從軍則望重仲宣, 佐幕則才高阮瑀. 魯連飛書, 燕將得而自殺, 陳琳草檄, 魏祖讀而愈風. 朝廷重寄, 委之以侯伯, 軍府庶務, 制之以賓客.《類函》[960]

·《송서(宋書)》의 기록이다. 육휘(陸徽)[961]가 "여러 차례 주의 기강을 다스리고 몇 차례 막부의 직무를 바로잡았습니다."라고 말하였는데, 모두가 막부의 관료를 가리킨다. 육조(六朝) 때는 승상부의 막관을 '부단(府端)', 주의 막관을 '주단(州端)', 절도사의 막관을 '절단(節端)', 어사[헌사(憲司)]의 막관을 '헌단(憲端)'이라고 하였다.

南史[962]. 陸徽云, 九綜州綱, 三端府職.[963] 皆指幕官也. 六朝稱府幕曰府端, 州幕曰州端, 節度幕曰節端, 憲司幕曰憲端.[964]

· 막부(幕府)라는 것은 군대가 일정한 거처가 없기에 장막으로 가린 것이다. 후대의 막관이라는 명칭이 여기서 비롯되었다.

幕府者, 軍旅無常居止, 故以帳幕遮之.[965] 後世幕官之名始此.[966]

문장을 담당하다.[전문장(典文章)] 후한(後漢) 두헌(竇憲)[967]이 흉노를 평정할 때에 반고(班固)와 부의(傅毅) 등을 모두 막부에 두고서 문장을 담당하게 하였다.

東漢竇憲平匈奴, 班固·傅毅之徒, 皆置幕下, 以典文章.[968]

격문을 짓다.[작서격(作書檄)] 위(魏) 진림(陳琳)은 자가 공장(孔璋)이고 완우(阮瑀)는 자가 원유(元瑜)이다. 태조[조조(曹操)]가 함께 사공군모좨주(司空軍謀祭酒)와 관기실(管記室)에 임명하여 문서를 관장케 하였다. 진임이 격문을 지어 초고가 완성되었을 때 태조는 전에 두통 때문에 고생하였으나 누워서 진임이 지은 글을 읽고서는 두통이 갑자기 나았다.

魏陳琳, 字孔璋, 阮瑀, 字元瑜. 太祖竝以爲司空軍謀祭酒·管書記[969]. 琳作書及檄, 草成, 太祖先苦頭風, 臥讀琳所作, 頭風頓愈.[970]

마조(馬曹)[971] 진(晉) 왕휘지(王徽之)[972]가 환충(桓

959. 진임(陳琳): 후한(後漢) 광릉(廣陵) 출신으로 자가 공장(孔璋)이다. 사공군모좨주(司空軍謀祭酒), 문하독(門下督) 등을 역임하였다.
960. 《어정연감유함(御定淵鑑類函)·설관부(設官部)》
961. 육휘(陸徽): 남조(南朝) 송(宋) 오군(吳郡) 출신으로 자가 휴유(休猷)이다. 시흥태수(始興太守), 평월중랑장(平越中郎將), 광주자사(廣州刺史), 익주자사(益州刺史) 등을 역임하였다.
962. 《유원총보》의 '南史'는 '宋書'의 오류이다.[《송서(宋書)·육휘전(陸徽傳)》]
963. 《송서(宋書)·육휘전(陸徽傳)》
964. 《산당사고(山堂肆考)·신직(臣職)》
965. 《사물기원(事物紀原)·막부(幕府)》
966. 《산당사고(山堂肆考)·신직(臣職)》
967. 두헌(竇憲): 후한(後漢) 부풍(扶風) 출신으로 자가 백도(伯度)이다. 시중(侍中), 거기장군(車騎將軍) 등을 역임하였다. 장제(章帝) 두황후(竇皇后)의 오빠로 흉노를 정벌하는 데에 큰 공을 세웠으나 화제(和帝) 때 외척으로서 전횡을 일삼다가 재산을 몰수당하고 자살하였다.
968. 《후한서(後漢書)·두헌전(竇憲傳)》
969. '管書記'는 《삼국지(三國志)·위지(魏志)·완우전(阮瑀傳)》에는 '管記室'로 되어 있다.
970. 《삼국지(三國志)·위지(魏志)·완우전(阮瑀傳)》
971. 마조(馬曹): 말을 관장하는 부서로 흔히 한직(閑職)이나 하급관리를 일컫는 말이다.
972. 왕휘지(王徽之): 동진(東晉) 사람으로 자가 자유(子猷)이다. 황문시랑(黃門侍郎)을 역임하였는데 재능이 있었으나 행실이 방탕하였다.

沖)의 기병참군(騎兵參軍)일 때에 환충이 "그대는 어느 부서요?"라고 묻자 "어느 부서인지는 모르겠으나 때때로 말을 끌고 오는 것을 보니 아마 말을 담당하는 부서인 듯합니다."라고 대답하였다. 또 "관청에 몇 마리나 있소?"라고 묻자 대답하였다. "말을 모르는데 어떻게 그 숫자를 알겠습니까." 또 "말이 근래에 몇 마리나 죽었소?"라고 물으니 "산 것도 알지 못하는데 어찌 죽은 것을 알겠습니까."라고 대답하였다.

晉王徽之爲桓沖騎兵參軍, 沖問, 卿何署? 對曰, 不知何署, 時見牽馬來, 似是馬曹. 又問, 官有幾馬? 曰不知馬, 何由知其數. 又問, 馬比死多少? 曰未知生, 焉知死[973·974]

연꽃 막부[연막(蓮幕)] 진(晉) 왕검(王儉)[975]은 자가 중보(仲寶)이다. 유고지(庾杲之)[976]를 등용하여 위장군(衛將軍)[977] 장사(長史)로 삼자 소면(蕭沔)이 왕검에게 편지를 써서 "장군 막부의 막료는 실로 선발되기가 어려운데, 유경행은 푸른 물에 배를 띄우고 연꽃을 따르니 그 얼마나 아름답습니까."라고 하였다. 당시 사람들이 왕검의 막부에 들어가는 것을 연꽃 연못이라고 하였다. 그래서 소면이 편지에서 이를 찬미한 것이다. 유고지는 자가 경행(景行)이다.

晉王儉, 字仲寶. 用庾杲之爲衛將軍長史, 蕭沔與儉書曰, 盛府元僚, 實難其選, 庾景行泛綠水, 依芙蓉, 何其麗也. 時人以入儉府爲蓮花池. 故沔書美之. 杲之, 字景行.[978]

치안 담당자[가자(街子)[979]]의 보고서를 보여 주다. [시가자첩(示街子帖)] 두목(杜牧)[980]이 우승유(牛僧孺)[981]의 서기(書記)일 때에 매일 밤마다 미복 차림으로 놀러 다녔다. 우승유가 그 소식을 듣고 치안 담당자 몇 명에게 몰래 두목을 따라다니면서 예기치 못한 사태를 막도록 하였다. 뒤에 두목이 습유(拾遺)[982]로 부름받자 우승유가 멋대로 노는 것을 훈계하고 이어서 상자 하나를 꺼내 보여 주는데 모두 치안 담당자들이 올렸던 보고서였다. 거기에 "두서기는 무사[평선(平善)[983]]합니다."라고 써 있자 두목이 감복하였다.

杜牧爲牛僧孺書記, 每夜微服逸遊. 公聞之, 以街子數輩潛隨牧, 以防不虞. 後牧以拾遺召, 僧孺以縱逸爲戒, 因取一篋示之, 皆街子報帖. 云杜書記平善. 牧大感服.[984]

---

973. 《논어(論語)·선진(先進)》에서, "季路問事鬼神, 子曰, 未能事人, 焉能事鬼, 敢問死, 曰未知生, 焉知死"라고 한 구절을 단장취의하여 풍자와 해학을 깃들인 것이다.
974. 《세설신어(世說新語)·간오(簡傲)》
975. 왕검(王儉): 남제(南齊) 때의 문신으로 자가 중보(仲寶)이다. 어려서부터 예학(禮學)을 좋아하여 송나라 명제(明帝) 때에 비서승(祕書丞)을 지냈고 남제에서 상서좌복야(尙書左僕射)를 역임하였다.
976. 유고지(庾杲之): 남조(南朝) 제(齊) 신야(新野) 출신으로 자가 경행(景行)이다. 상서좌승(尙書左丞), 위군장사(衛軍長史) 등을 역임하였다.
977. 위장군(衛將軍): 궁궐의 수위를 관장하는 기관의 장을 가리킨다. 후에는 좌위장군과 우위장군으로 나누기도 하였다.
978. 《남사(南史)·유고지전(庾杲之傳)》
979. 가자(街子): 길거리의 청소와 치안을 담당하는 벼슬아치를 이른다. '가졸(街卒)'이라고도 한다.
980. 두목(杜牧): 당(唐) 경조(京兆) 출신으로 자가 목지(牧之)이다. 전중시어사(殿中侍御史), 중서사인(中書舍人) 등을 역임하였다.
981. 우승유(牛僧孺): 당(唐) 안정(安定) 출신으로 자가 사암(思黯)이다. 호부시랑(戶部侍郎), 병부상서(兵部尙書), 태자소사(太子少師) 등을 역임하였다. 우파(牛派)의 영수로 이덕유(李德裕)를 영수로 하는 이파(李波)와 당쟁을 일삼아 유명한 우이당쟁(牛李黨爭)을 일으켰다.
982. 습유(拾遺): 당(唐) 측천무후(則天武后) 때 처음 신설되어 규간(規諫)을 관장하던 벼슬 이름이다. 좌·우습유가 있었는데 좌습유는 문하성(門下省) 소속이고 우습유는 중서성(中書省) 소속이었다. 송나라에 들어서는 좌우정언(左右正言)으로 개칭되었다.
983. 평선(平善): 평안하다, 무사하다.
984. 《산당사고(山堂肆考)·신직(臣職)》

수판으로 턱을 괴다.[이판주이(以板拄頤)] 자유(子猷) 왕휘지(王徽之)가 환충(桓沖)의 참군을 지낼 때 환충이 "경은 막부에 있은 지 오래되었으니 막부의 일을 마땅히 처리해야겠지요."라고 말하였다. 왕휘지는 대답하지 않은 채 그저 올려다보면서 홀[수판(手板)[985]]로 턱을 괴고 말하였다. "서산에 아침이 오니 상쾌한 공기가 이를 뿐입니다."

王子猷爲桓沖參軍, 沖謂曰, 卿在府久, 府事當相料理. 子猷不答, 直高視, 以手板拄頤云, 朝來西山, 致有爽氣耳.[986]

침상에 올라 크게 코를 골다.[상상대한(上床大鼾)] 시중(侍中) 허조(許璪)[987]와 사공(司空) 고화(顧和)[988]가 함께 승상(丞相) 왕도(王導)[989]의 종사(從事)가 되었다. 일찍이 밤에 승상에게 가서 논 적이 있었는데 두 사람이 너무 즐거워하자 승상이 명하여 자신의 장막에 들어와 잠을 자도록 하였다. 고화는 새벽까지 뒤척이며 숙면하지 못 했지만 허조는 침상에 오르자마자 드르렁거리며[해대(咍臺)[990]] 크게 코를 골았다. 승상이 여러 손님들을 돌아보며 "이곳에서도 잠 잘 곳 찾기가 어렵겠구나."라고 말하였다.

許侍中璪·顧司空和俱作王丞相從事. 嘗夜至丞相許戲, 二人歡極, 便命使入己帳眠. 顧至曉回轉, 不得快熟, 許上床便咍臺大鼾. 丞相顧諸客曰, 此中亦難得眠處.[991]

관을 짊어진 채 극력 간언하다.[부관극간(負棺極諫)] 당(唐) 가직언(賈直言)[992]이 이사도(李師道)의 왕부에 임용되었는데 이사도가 모반[불궤(不軌)[993]]을 꾀하자 가직언이 칼을 들고 관을 짊어진 채 "바라건대 앞에서 죽을지언정 성이 무너지는 것을 보지 못 하겠습니다."라고 극력 간언하였다. 또 포승줄에 묶인 채 함거(檻車)[994]에 실려 있는 모습과 처자식이 묶여 있는 모습을 그려서 바치자 이사도가 화가 나서 그를 수감시켰다. 뒤에 목종(穆宗)[995]이 불러서 간의(諫議)로 삼았다.

唐賈直言署李師道府, 及師道謀不軌, 直言持刀負棺, 極諫曰, 願前死, 不見城破. 又畫縛載檻車狀及妻子繫纍者以獻, 師道怒囚之. 後穆宗召爲諫議.[996]

비를 만나자 수레로 들어가다.[치우입거(値雨入車)] 진(晉) 왕휘지(王徽之)는 뛰어난 재능이 있어 젊어서 환충(桓沖)의 참군(參軍)이 되었다. 환충을 따르다가 비를 만나자 바로 말에서 내려 환충의 수레 안으로 들어가며 환충에게 말하기를, "어찌 수레를 혼자 독차지하고 국사(國士)[997]를 받아들이지 않는 경우가 있습니까?"라고 하였다.

---

985. 수판(手板): 홀(笏)의 별칭이다. 한위(漢魏) 이전에는 '홀'이라 하였고, 진송(晉宋) 이후로는 주로 '수판'이라고 하였다. '판(板)'은 '판(版)'으로도 쓴다.
986. 《세설신어(世說新語)·간오(簡傲)》
987. 허조(許璪): 내력이 자세하지 않다.
988. 고화(顧和): 진(晉) 오군(吳郡) 출신으로 자가 군효(君孝)이다. 어사중승(御史中丞), 상서령(尙書令), 좌광록대부(左光祿大夫) 등을 역임하였다.
989. 왕도(王導): 동진(東晉) 낭야(琅邪) 출신으로 자가 무홍(茂弘)이다. 사마예(司馬睿)가 낭야왕(琅邪王)이었을 때에 벼슬을 했고 후에 사마예를 황제로 옹립한 후 승상을 역임하였다. 명제(明帝) 즉위 후에 시흥군공(始興郡公)에 봉해졌고, 후에 소준(蘇峻)이 반역한 후에도 그를 공경해 해를 가하지 않았다.
990. 해대(咍臺): 코 고는 소리를 나타내는 의성어이다. '해대(咍嚋)'로도 쓴다.
991. 《세설신어(世說新語)·아량(雅量)》
992. 가직언(賈直言): 당(唐) 하삭(河朔) 출신으로 태자빈객(太子賓客)을 지냈다.
993. 불궤(不軌): 법도에 맞지 않는 일, 반역을 꾀하는 것을 말한다.
994. 함거(檻車): 죄수나 짐승을 운반하기 위해 사면에 울타리를 친 수레이다.
995. 목종(穆宗): 당(唐) 제14대 황제로 재위 기간은 821-824년이다.
996. 《신당서(新唐書)·가직언전(賈直言傳)》
997. 국사(國士): 재능이 나라에서 뛰어난 선비를 일컫는 말이다.

晉王徽之有俊才, 少爲桓沖參軍. 從沖値雨, 便下馬入沖車中, 謂沖曰, 豈有獨擅一車, 不容國士乎.[998]

자손을 그대에게 부탁하다.[자손상위(子孫相委)]

당(唐) 누사덕(婁師德)[999]이 강도위(江都尉)로 보임되었는데 양주장사(楊州長史) 노승경(盧承慶)이 그를 특별하게 여겨 말하였다. "그대는 재상감이니 장차 자손을 그대에게 부탁하오. 어찌 막료를 거론하겠소."

唐婁師德調江都尉, 楊州長史盧承慶異之曰, 子台輔器, 當以子孫相委. 詎論僚吏哉.[1000]

다른 문하로 나가지 못하다.[불출타문(不出他門)]

송(宋) 왕암수(王巖叟)[1001]는 자가 언림(彦霖)이다. 위공(魏公) 한기(韓琦)가 북경유수(北京留守)를 맡으면서 초빙하여 속관으로 삼았다. 뒤에 한강(韓絳)[1002]이 한기를 대신하면서 왕암수를 유임시키려고 하자 왕암수가 "저는 위국공의 빈객이었으므로 다른 문하로 나가지 못하겠습니다."라고 말하였다. 사대부들이 그를 칭찬하였다.

宋王巖叟, 字彦霖. 魏公韓琦留守北京, 辟爲屬. 後韓絳代琦, 欲留巖叟, 巖叟曰, 巖叟, 魏公之客, 不出他門. 士君子稱之.[1003]

양호(羊祜)[1004]의 학[양공학(羊公鶴)] 진(晉) 유원지(劉爰之)[1005]가 젊어서 중군장군(中軍將軍) 은호(殷浩)[1006]에게 인정받아 유량(庾亮)[1007]에게 그를 칭찬하였다. 유량은 매우 기뻐하면서 바로 데려다가 막관으로 삼았다. 만난 뒤에 그를 혼자 앉는 걸상 위에 앉히고 함께 얘기를 나누었는데 유원지가 이날은 아예 말을 하지 않았다. 유양이 약간 실망하고는 마침내 그에게 '양공학'이라고 이름을 붙여 주었다. 살펴보건대 숙자(叔子) 양호에게 춤을 잘 추는 학이 있어 일찍이 손님에게 그것을 자랑한 적이 있었다. 손님이 시험삼아 춤추게 하니 깃털을 늘어뜨린 채[동몽(氃氋)[1008]] 춤을 추려고 하지 않았다. 그래서 거기에 빗댄 것이다.

晉劉爰之少爲殷中軍知, 稱之於庾公. 公甚欣然便取爲佐. 旣見, 坐之獨榻上, 與語, 劉是日殊不稱. 庾少失望, 遂名之爲羊公鶴. 按羊叔子有鶴善舞, 嘗向客稱之. 客試使驅之, 氃氋而不肯舞. 故比之.[1009]

벼락 같이 빠른 솜씨[벽력수(霹靂手)] 당(唐) 배최(裴漼)[1010]의 부친인 배염지(裴琰之)[1011]가 영휘(永徽)[1012] 연간에 동주사호참군(同州司戶參軍)이 되었

---

998. 송(宋) 마영이(馬永易)《실빈록(實賓錄)·국사(國士)》
999. 누사덕(婁師德): 당(唐) 원무(原武) 출신으로 자가 종인(宗仁)이다. 전중시어사(殿中侍御史), 동평장사(同平章事) 등을 역임하였다.
1000.《신당서(新唐書)·누사덕전(婁師德傳)》
1001. 왕암수(王巖叟): 송(宋) 대명(大名) 출신으로 자가 언림(彦霖)이다. 시어사(侍御史), 지추밀원(知樞密院) 등을 역임하였다.
1002. 한강(韓絳): 송(宋) 개봉(開封) 출신으로 자가 자화(子華)이다. 왕안석(王安石)을 추종하였으며 그의 실각 후 재상이 되어 신법을 유지하였다. 강국공(康國公)에 봉해졌다.
1003.《송사(宋史)·왕암수전(王巖叟傳)》
1004. 양호(羊祜): 위(魏), 서진(西晉) 시대 사람으로 자가 숙자(叔子)이다. 양조(兩朝)에서 여러 관직을 거쳤는데 청렴(淸廉)으로 이름이 높았다. 정남대장군(征南大將軍)이 되어 오(吳)를 멸망시킬 준비를 하다가 죽었으며 직위와 임무는 두예(杜預)에게 계승되었다.
1005. 유원지(劉爰之): 내력이 자세하지 않다.
1006. 은호(殷浩): 진(晉)나라 때 사람으로 노자와 장자에 조예가 깊었다. 벼슬은 기실참군(記室參軍), 중군장군(中軍將軍), 도독(都督) 등을 역임하였다.
1007. 유량(庾亮): 동진(東晉) 영천(潁川) 출신으로 자가 원규(元規)이다. 성제(成帝) 시절에 중서령(中書令), 정서장군(征西將軍) 등을 역임하였다.
1008. 동몽(氃氋): 깃털이 축 처진 모양이다.
1009.《세설신어(世說新語)·배조(排調)》
1010. 배최(裴漼): 당(唐) 강주(絳州) 출신으로 감찰어사(監察御使), 중서사인(中書舍人), 이부상서(吏部上書) 등을 역임하였다.
1011. 배염지(裴琰之): 당(唐) 강주(絳州) 출신으로 동주사호참군(同州司戶參軍)을 지냈다.

는데 나이가 너무 어려서 부서의 업무를 주관하지 못했다. 주자사 이숭의(李崇義)가 내심으로 그를 경시하며 "동주는 업무가 상당히 많은데 그대는 어찌하여 편한 관직을 찾지 않는가. 여기에 머물지 말게나."라고 훈계하자 배염지는 예예라고만 하였다. 아전이 아뢰기를, 적체된 안건이 수백에 이른다고 하자 이숭의가 꾸짖으며 빨리 처리하라고 하였다. 배염지가 "어찌 사람을 그리 몰아대십니까."라고 하며 아전에게 종이와 붓을 가져오게 하여 그를 대신하여 살피고 결단하여 하루 만에 마쳤는데 결정한 것이 사리에 맞을 뿐만 아니라 필력이 힘 있고 뛰어났다. 이숭의가 놀라며 "그대는 어찌 자신을 숨겨서 나의 허물을 만들었는가."라고 말하였다. 이 때문에 명성이 온 주에 떨쳐져 '벽력수'라고 불렸다.

唐裴漼字琰之[1013], 永徽中爲同州司戶參軍, 年甚少不主曹務. 州刺史李崇義內輕之, 諭之曰, 同州吏事頗繁, 子盍求便官. 毋留此. 琰之唯唯. 吏白, 積案數百, 崇義讓使趣斷之. 琰之曰, 何至逼人. 乃命吏進紙筆, 爲省決一日而畢, 卽予奪當理, 而筆詞勁妙. 崇義驚曰, 子何自晦, 成吾過耶. 由是名動一州, 號霹靂手.[1014]

학융(郝隆)[1015]이 만족(蠻族) 말을 쓰다.[학융만어(郝隆蠻語)] 학융이 환온(桓溫)의 남만참군(南蠻參軍)일 때에 3월 3일의 모임[1016]에서 시를 짓게 되었다. 학융이 한 구절을 지었는데, "추우(娵隅)가 맑은 연못에서 뛰어오르네."라고 하였다. 환온이 추우가 무엇인지를 묻자 "만족 사람들은 물고기를 '추우'라고 합니다."라고 대답하였다. 환온이, "어째서 만족 말을 쓰시오?"라고 묻자 학융이 "천 리 먼 곳에서 공에게 의탁하여 처음으로 만족 지역 막부의 참군을 얻었으니 어찌 만족 말을 쓰지 않을 수 있겠습니까."라고 대답하였다.

郝隆爲桓溫南蠻參軍, 三月三日會, 作詩. 隆作一句云, 娵隅躍清池. 桓問娵隅是何物, 答曰, 蠻名魚爲娵隅. 溫曰, 何爲作蠻語? 隆曰, 千里投公, 始得一蠻府參軍, 那得不蠻語耶.[1017]

어사의 재목감[어사재(御史才)] 교임(喬琳)[1018]은 과주(果州), 면주(綿州), 수주(遂州), 회주(懷州)의 4개 주 자사를 역임하였다. 일찍이 녹사참군(錄事參軍)[1019] 임소업(任紹業)에게 말하기를, "그대는 한 주의 기강을 담당하고 있으니 나를 탄핵할 수 있겠는가?"라고 하였다. 임소업이 그가 잘못한 항목을 꺼내어 보여 주자 교임이 "나의 잘못을 제대로 알고 있으니 어사의 재목감이로다."라고 말하였다.

喬琳歷果·綿·遂·懷四州刺史. 嘗謂錄事參軍任紹業曰, 子紀綱一州, 能劾刺史乎? 紹業出條所失, 示之, 琳曰, 能知吾失, 御史才也.[1020]

용문(龍門)에서 눈을 감상하다.[용문상설(龍門賞雪)] 송(宋) 천성(天聖)[1021] 연간에 문희공(文僖公) 전유연(錢惟演)[1022]이 서도유수(西都留守)를 지낼 때 희심(希深) 사강(謝絳)[1023]이 통판(通判)을, 영숙(永叔) 구

1012. 영휘(永徽): 당(唐) 고종(高宗)의 연호(650-656)이다.
1013. 《유원총보》의 '字琰之'는 '父琰之'의 오류이다.[《신당서(新唐書)·배최전(裴漼傳)》]
1014. 《신당서(新唐書)·배최전(裴漼傳)》
1015. 학융(郝隆): 진(晉) 급군(汲郡) 출신으로 자가 좌치(佐治)이다. 남만참군(南蠻參軍)을 지냈다.
1016. 상사절(上巳節)을 가리킨다. 물가에 나가 몸을 씻어 불길함을 없애고 함께 모여 연회를 베풀던 날로, 원래는 음력 3월 첫 사일(巳日)이었으나 삼국 위(魏) 이후 3월 3일로 고정되었다.
1017. 《세설신어(世說新語)·배조(排調)》
1018. 교임(喬琳): 당(唐) 태원(太原) 출신으로 공부상서(工部尙書), 이부상서(吏部尙書) 등을 역임하였다.
1019. 녹사참군(錄事參軍): 왕부(王府)나 장군부(將軍府), 자사(刺史) 등의 관아에서 문서를 관장하던 속관이다.
1020. 《신당서(新唐書)·교임전(喬琳傳)》
1021. 천성(天聖): 북송(北宋) 인종(仁宗)의 연호(1023-1031)이다.
1022. 전유연(錢惟演): 송(宋) 항주(杭州) 출신으로 자가 희성(希聖)이다. 공부상서(工部尙書), 숭신군절도사(崇信軍節度使) 등을 역임하였다.

양수(歐陽修)[1024]가 추관(推官)을, 사로(師魯) 윤수(尹洙)[1025]가 서기(書記)를, 성유(聖兪) 매요신(梅堯臣)[1026]이 주부(主簿)를 맡았다. 하루는 사강과 구양수가 함께 숭산을 유람하다가 돌아오는 길에 저녁에 용문산(龍門山)과 향산(香山)에 이르렀는데 눈이 내렸다. 전유연이 아전을 시켜 음식[주전(廚傳)[1027]]과 가기를 보내고 또 위로의 말로, "산행이 실로 힘들었으리니 마땅히 용문산에 잠시 머물며 눈을 감상하시오. 막부의 일은 간단하니 서둘러 돌아올 것 없습니다."라고 하였다.

宋天聖中, 錢文僖公留守西都, 謝希深爲通判, 歐陽永叔爲推官, 尹師魯爲書記, 梅聖兪爲主簿. 一日謝·歐同遊嵩山歸, 暮抵龍門·香山, 雪作. 文僖遣吏以廚傳歌妓至, 且勞之曰山行良勞苦, 當少留龍門, 賞雪. 府事簡, 無遂[1028]歸也.[1029]

재능은 뛰어난 데 관직이 보잘것없다.[재대관소(才大官小)] 당(唐) 왕발(王勃)[1030]은 나이가 약관이 되기 전에 높은 명성으로 괵주참군(虢州參軍)에 보임되었다. 재능은 뛰어난 데 관직이 보잘 것 없자 옷자락을 휘두르며 떠나 천하를 유람하였다.

唐王勃, 年未冠, 以重名調補虢州參軍. 才大官小, 拂衣而遊天下.[1031]

재상감으로 기대하다.[기이공보(期以公輔)] 송(宋) 설규(薛奎)[1032]가 개봉부(開封府)를 다스릴 때 명호(明鎬)[1033]를 막료로 삼았는데 설규는 그를 재상감으로 기대하였다. 어떤 사람이 "어떻게 아십니까?"라고 묻자 설규가 "그의 사람됨이 단아하고 신중하며 또 말은 적으나 이치가 극진합니다. 무릇 사람이 소탈하고 신중하면 존귀하고 위엄스러워지니 이것이 재상이 될 관상입니다."라고 대답하였다. 뒤에 명호는 과연 참지정사(參知政事)[1034]에 올랐다.

宋薛奎爲開封府, 明鎬爲幕吏, 奎以公輔期之. 或問, 何以知? 公曰, 其爲人端重, 且言簡而理盡. 凡人簡重則尊嚴, 此貴臣相也. 後鎬果至參知政事.[1035]

마땅히 법[삼척법(三尺法)[1036]]을 따르다.[당순삼척(當循三尺)] 송(宋) 이승지(李承之)[1037]는 자가 봉세

1023. 사강(謝絳): 송(宋) 항주(杭州) 출신으로 자가 희심(希深)이다. 지제고(知制誥), 등주지주사(鄧州知州事) 등을 역임하였고 부임하는 곳마다 학교를 세워서 유학(儒學)을 장려하였다.
1024. 구양수(歐陽修): 송(宋) 길주(吉州) 출신으로 자가 영숙(永叔)이다. 한림학사(翰林學士), 지제고(知制誥), 참지정사(參知政事) 등을 역임하였다.
1025. 윤수(尹洙): 송(宋) 하남(河南) 출신으로 자가 사로(師魯)이다. 기거사인(起居舍人)을 지냈다.
1026. 매요신(梅堯臣): 송(宋) 선성(宣城) 출신으로 자가 성유(聖兪)이다. 국자감직강(國子監直講), 상서도관원외랑(尙書都官員外郞)을 역임하였다. 시인으로서 평담하고 함축적인 시를 추구하였다.
1027. 주전(廚傳): 나그네에게 음식을 제공하는 곳이나 그러한 음식을 가리킨다.
1028. '遂'는 송(宋) 소백온(邵伯溫)의 《문견록(聞見錄)》에는 '遽'로 되어 있다.
1029. 송(宋) 소백온(邵伯溫) 《문견록(聞見錄)》 권8.
1030. 왕발(王勃): 초당(初唐)의 시인으로 자가 자안(子安)이다. 초당(初唐) 사걸(四傑)의 일원으로 성당시(盛唐詩)의 선구자가 되었다. 괵주참군(虢州參軍)을 지냈다.
1031. 《산당사고(山堂肆考)·신직(臣職)》
1032. 설규(薛奎): 송(宋) 강주(絳州) 출신으로 자가 숙예(宿藝)·백예(伯藝)이다. 발운사(發運使), 참지정사(參知政事) 등을 역임하였다.
1033. 명호(明鎬): 송(宋) 안구(安丘) 출신으로 자가 화기(化基)이다. 경동익주섬서하동전운사(京東益州陝西河東轉運使), 참지정사(參知政事) 등을 역임하였다.
1034. 참지정사(參知政事): 송(宋)나라 때 처음으로 설치하여 재상에 버금가는 권한을 부여했던 벼슬 이름이다.
1035. 《산당사고(山堂肆考)·신직(臣職)》
1036. 삼척법(三尺法): 법률을 이르는 말이다. 세 자 되는 죽간에 법률을 쓴 데서 유래하였다.
1037. 이승지(李承之): 송(宋) 복주(濮州) 출신으로 자가 봉세(奉世)이다. 하동찰방사(夏冬察訪使), 추밀직학사(樞密直學士) 등을 역임하였다.

(奉世)이다. 명주(明州)의 사법(司法)[1038]일 때에 군수가 마음대로 법을 남용하였지만 누구도 감히 항변하는 이가 없었다. 이승지가 의연히 나서서 과감하게 말하자 군수가 "군(郡)의 아전이 감히 이와 같이 하는가."라고 화를 내었다. 이승지가 "일이 공에게 달려 있는 것이라면 공이 직접 결단해도 됩니다만, 만약 담당자에게 달려 있는 것이라면 마땅히 법을 따라야 합니다."라고 말하자 군수가 그의 말에 꺼려져 그만두었다.

宋李承之, 字奉世. 爲明州司法, 郡守任情縱法, 人莫敢辯. 丞之毅然敢言, 守怒曰, 郡掾敢如是耶. 承之曰, 事在公, 公自斷之, 可也, 若在有司, 當循三尺法. 守憚其言而止.[1039]

옹주자사가 선발을 잘하다.[옹주묘선(雍州妙選)]

양(梁) 왕건(王建)[1040]이 옹주자사(雍州刺史)일 때에 강혁(江革)[1041]을 기실참군(記室參軍)으로 삼고 동생 강관(江觀)을 서기로 겸직하게 하였다. 심약(沈約)과 임방(任昉)이 강혁에서 서신을 보내 이르기를, "옹주자사가 영재를 잘 선발하여 문서를 다루는 관직에 경의 형제를 함께 임명하였으니, 가히 먼 길에 두 마리 용을 몰고 천 리 길에 천리마를 달리게 한다고 할 수 있겠습니다."라고 하였다.

梁王建爲雍州刺史, 以江革爲記室參軍, 弟觀兼書記. 沈約·任昉與革書曰, 雍州妙選英才, 文房之職, 總卿昆弟, 可謂馭二龍於長途, 騁騏驥於千里.[1042]

붓의 움직임이 나는 듯하다.[한동여비(翰動如飛)]

당(唐) 건부(乾符)[1043] 연간에 왕중영(王重榮)[1044]이 하중(河中)을 다스릴 때 이거천(李巨川)[1045]을 불러 장서기(掌書記)로 삼았다. 당시에 황제의 수레[거가(車駕)[1046]]가 촉(蜀)에 있었는데 왕중영이 여러 번진들을 규합하여 힘을 합쳐 반도(叛徒)를 물리쳤다. 이거천은 문장 구상이 기민하여 붓의 움직임이 나는 듯하였고 이웃 번진에 전해지면 놀라지 않는 이가 없었다.

唐乾符中, 王重榮鎭河中, 辟李巨川爲掌書記. 時車駕在蜀, 重榮大合諸藩, 協力誅寇. 巨川文思敏速, 翰動如飛, 傳之隣藩, 無不竦動.[1047]

대우하기를 스승과 벗처럼 하다.[대여사우(待如師友)] 당(唐) 유분(劉蕡)[1048]은 박학하고 글을 잘 지었으며 강직하여 악인을 싫어하였다. 문종(文宗)[1049] 시기에 대책(對策)으로 환관의 권력이 센 것을 적극 간언하였다. 영호초(令狐楚)가 원흥(元興)에 있을 때와 우승유(牛僧孺)가 양양(襄陽)에 있을 때 불러서 종사(從事)로 삼고 그를 대우하기를 스승과 벗처럼 하였다.

唐劉蕡博學善屬文, 耿介嫉惡. 文宗時, 對策極言中官權盛. 令狐楚在元興, 牛僧孺在襄陽, 辟爲從事, 待之如師友.[1050]

1038. 사법(司法): 주자사 휘하에서 법률을 관장하는 속관인 사리참군(司理參軍)의 별칭이다.
1039. 《산당사고(山堂肆考)·신직(臣職)》
1040. 왕건(王建): 북위(北魏) 광녕(廣寧) 출신으로 태복(太僕)을 지냈다.
1041. 강혁(江革): 남조(南朝) 양(梁) 제양(濟陽) 출신으로 자가 휴영(休映)이다. 어사중승(御史中丞), 탁지상서(度支尙書) 등을 역임하였다.
1042. 《양서(梁書)·강혁전(江革傳)》
1043. 건부(乾符): 당(唐) 희종(僖宗)의 연호(874-879)이다.
1044. 왕중영(王重榮): 당(唐) 태원(太原) 출신으로 하중절도사(河中節度使), 동중서문하평장사(同中書門下平章事) 등을 역임하였다.
1045. 이거천(李巨川): 당(唐)나라 사람으로 자가 하기(下己)이다. 장서기(掌書記)를 지냈다.
1046. 거가(車駕): 황제의 수레를 가리키는 말로, 황제의 대칭(代稱)으로 쓰인다.
1047. 《구당서(舊唐書)·이거천전(李巨川傳)》
1048. 유분(劉蕡): 당(唐) 창평(昌平) 출신으로 자가 거화(去華)이다. 비서랑(秘書郎)을 지냈다.
1049. 문종(文宗): 당(唐) 제16대 황제로 재위 기간은 826-840년이다.

기초원(起草院) 당(唐) 유삼복(劉三復)[1051]은 상소문에 뛰어났다. 이덕유(李德裕)가 일찍이 그를 중시하여 절서(浙西)를 다스릴 때 막부[빈연(賓筵)[1052]]에서 보좌하도록 명하고 군부의 정무가 한가할 때는 그와 하루종일 시를 읊조렸다. 장안의 사택에 특별히 기초원(起草院)을 마련하고 정사정(精思亭)을 두어 매번 조정에서 군대를 동원하면서 조치[제치(制置)[1053]]하도록 조령을 내리면 유삼복은 혼자서 정자에 머물며 침착하게 붓을 들었고 주변의 시종하는 자들이 관여하지 못 했다.

唐劉三復長于章奏. 李德裕嘗器之, 及鎭浙西, 命參佐賓筵. 軍政之餘, 與之吟咏終日, 長安私第別置起草院, 有精思亭, 每朝廷用兵, 詔令制置, 三復獨處亭中, 凝然握管, 左右侍者無能預之.[1054]

귀신에게 야유를 당하다.[봉귀야유(逢鬼揶揄)] 나우(羅友)[1055]는 학문을 좋아하고 술을 즐겼는데 환온의 막부에 있으면서 집이 가난한 이유로 벼슬을 구했으나 환온은 그가 백성을 다스릴 재목이 아니라고 생각하여 인정은 하면서도 등용하지 않았다. 마침 같은 막부에서 군의 태수를 얻은 사람이 있어 환온이 막료들을 모아 놓고 전송연을 열었는데 나우가 유독 늦게 도착하였다. 환온이 이상하게 생각하여 묻자 "도중에 귀신을 만나 심하게 야유를 당했는데, 귀신이 '오로지 그대가 태수 되는 사람을 전송하는 것만 보았지, 다른 사람이 태수가 되는 그대를 전송하는 것을 보지 못했소'라고 하였습니다. 저는 처음에는 두려웠지만 끝에 가서 부끄러운 생각이 들어 지체하는 죄를 범하는 줄도 몰랐습니다."라고 대답하였다. 환온은 비록 그의 우스갯소리에 웃기는 했지만 속으로 자못 부끄러웠다. 뒤에 그를 양양태수(襄陽太守)로 삼았는데 큰 기강을 다루고 자잘한 살핌에 마음을 두지 않아 아전과 백성들에게 매우 편하게 여겨졌다.

羅友好學嗜酒, 在桓溫府, 以家貧乞祿, 溫以其非治民才, 許而不用. 會同府有得郡者, 溫集僚佐餞之, 友獨後至. 溫怪問之, 答曰, 中路逢一鬼, 大見揶揄, 云只見汝送人作郡, 不見人送汝作郡. 友始怖終慚, 不覺成淹緩之罪. 溫雖笑其滑稽, 心頗愧焉. 後以爲襄陽太守, 擧其宏綱, 不存小察, 甚爲民吏所安.[1056]

황제에게 의지가 되다.[위제의임(爲帝倚任)] 당(唐) 서언약(徐彦若)[1057]이 청해군절도사(淸海軍節度使)를 지내다가 주둔지에서 생을 마치자 행군사마(行軍司馬) 유은(劉隱)이 유수(留守)의 임무를 주관하였다. 당시에 한창 어려움이 많았는데 서언약은 황제[소종(昭宗)]에게 가장 신임을 받았다. 간혹 다른 사람이 일로 황제에게 진언하는 경우가 있으면 황제는 반드시, "그대는 의당 서언약에게 물어보아야 할 것이오."라고 하였으니 그가 의지되고 신임 받음이 이와 같았다.

唐徐彦若爲淸海軍節度使, 卒于鎭, 行軍司馬劉隱, 主留務. 時方多難, 彦若最見信于帝. 或他有以事上陳于帝者, 帝必曰, 汝當問彦若. 其所倚任, 如此.[1058]

노포(露布)[1059]에 감탄하다.[자탄노포(咨歎露布)] 이성(李晟)[1060]이 표를 올려 우공이(于公異)[1061]를 초

1050. 《신당서(新唐書)·유분전(劉蕡傳)》
1051. 유삼복(劉三復): 당(唐) 구용(句容) 출신으로 서기(書記), 홍문관학사(弘文館學士) 등을 역임하였다.
1052. 빈연(賓筵): '막료의 자리'라는 뜻이다.
1053. 제치(制置): 어떤 일을 기획하는 것을 뜻한다.
1054. 《구당서(舊唐書)·이덕유전(李德裕傳)》
1055. 나우(羅友): 진(晉) 양양(襄陽) 출신으로 자가 타인(它仁)이다. 양양태수(襄陽太守), 익주자사(益州刺史) 등을 역임하였다.
1056. 《산당사고(山堂肆考)·신직(臣職)》
1057. 서언약(徐彦若): 당(唐) 신정(新鄭) 출신으로 동중서문하평장사(同中書門下平章事), 태보(太保) 등을 역임하였다.
1058. 《신당서(新唐書)·서언약전(徐彦若傳)》
1059. 노포(露布): 출정의 격문이나 승리를 알리는 문서 등 군사 문서를 가리킨다.
1060. 이성(李晟): 당(唐) 조주(洮州) 출신으로 자가 양기(良器)이다. 사도겸중서령(司徒兼中書令)을 지냈다.

토부(招討府)[1062]의 장서기(掌書記)로 삼았다. 주체(朱泚)[1063]의 난이 평정되고 덕종(德宗)[1064]에게 노포(露布)를 올리니 황제가 읽고 눈물을 흘리면서 여러 차례 감탄하였다.

李晟表于公異爲招討府掌書記. 朱泚平, 露布于德宗, 帝覽泣下, 咨歎至再.[1065]

글로 일을 해치다.[이문해사(以文害事)] 문종(文宗)[1066]이 시종 신하들에게 "근래에 절도사들의 상주문이 너무 실속 없이 화려하여 전고와 실제에 어긋나는 것들이 있으니 마땅히 장서기(掌書記)들을 처벌하여 그 말류를 경계해야 하겠소."라고 하니 이석(李石)[1067]이 "옛사람들은 일에 근거하여 글을 지었는데 요즘 사람들은 글로 일을 해치고 있습니다."라고 아뢰었다.

文宗謂侍臣曰, 近日諸侯奏語太浮華, 有乖典實, 宜罰掌書, 以戒其流. 李石曰, 古人因事爲文, 今人以文害事.[1068]

공을 죽이는 아전[살공연(殺公掾)] 진(晉) 주진(周震)[1069]이 자주 삼공(三公)에게 부름을 받았는데 초빙의 글이 내려오면 공(公)들이 바로 죽었다. 당시 사람들이 '공을 죽이는 아전[살공연(殺公掾)]'이라고 하면서 초빙하는 이가 없었는데 양원(陽元) 위서(魏舒)[1070]가 마침내 그를 초빙하자 끝내 일이 없었다.

晉周振[1071]頻爲三公辟, 辟書下, 公輒亡. 時人號爲殺公掾, 莫有辟者, 魏舒楊源[1072]遂辟之, 竟無事.[1073]

악을 미워함이 바람 같다.[질악여풍(疾惡如風)]

주진(朱震)[1074]은 자가 백후(伯厚)이다. 주종사(州從事)가 되어 제음태수(濟陰太守) 선광(單匡)의 뇌물죄를 상소하자 삼부(三府)[1075]에서 이르기를, "수레는 닭장 같고 말은 개와 같네. 악을 미워함이 바람 같은 주백후(朱伯厚)로다."라고 하였다.

朱震, 字伯厚. 爲州從事, 奏濟陰太守單匡贓罪, 三府語曰, 車如雞栖馬如狗, 疾惡如風朱伯厚.[1076]

중상시(中常侍) 선초(單超)[1077]의 조카인 선광(單匡)이 제음태수(濟陰太守)일 때에 세력을 믿어 탐욕을 부리고 방자하였다. 자사 제오종(第五種)이 그를 잡아들이려고 하여 종사(從事) 위우(衛羽)에게 "그대가 횡포부리는 권세가들을 두려워하지 않는다고 들어서 지금 중대한 일을 맡기려고 하오."라고 하니 위우가 "바라건대 한 칼에 베고자 합니다."라고 아뢰고 마침내 말을 달려 정도(定陶)에 가서 선광의 빈객(賓客)과 가까운 아전 40여 명을 잡아들이고 장물 5,6천

1061. 우공이(于公異): 당(唐) 소주(蘇州) 출신으로 초토부장서기(招討府掌書記)를 지냈다.
1062. 초토부(招討府): 투항을 권유하거나 반역을 토벌하는 일을 맡은 부서이다.
1063. 주체(朱泚): 당(唐) 창평(昌平) 출신이다. 덕종(德宗) 때에 요영언(姚令言)이 반란을 일으켜 천자가 봉천(奉天)으로 피난하자 국호를 대진(大秦)이라 하고 황제에 올랐다. 후에 이성(李晟)에게 살해되었다.
1064. 덕종(德宗): 당(唐) 제11대 황제로 재위 기간은 780-804년이다.
1065. 《신당서(新唐書)·우공이전(于公異傳)》
1066. 문종(文宗): 당(唐) 제16대 황제로 재위 기간은 826-840년이다.
1067. 이석(李石): 당(唐) 종실로 자는 중옥(仲玉)이다. 호부시랑(戶部侍郞), 검교사도(檢校司徒) 등을 역임하였다.
1068. 《구당서(舊唐書)·고개전(高鍇傳)》
1069. 주진(周震): 내력이 자세하지 않다.
1070. 위서(魏舒): 진(晉) 임성(任城) 출신으로 자가 양원(陽元)이다. 복야(僕射), 사도(司徒) 등을 역임하였다.
1071. 《유원총보》의 '周振'은 '周震'의 오류이다.[《진서(晉書)·위서전(魏舒傳)》]
1072. 《유원총보》의 '楊源'은 '陽元'의 오류이다.[《진서(晉書)·위서전(魏舒傳)》]
1073. 《진서(晉書)·위서전(魏舒傳)》
1074. 주진(朱震): 후한(後漢) 진류(陳留) 출신으로 자가 백후(伯厚)이다. 주종사(州從事), 질령(銍令) 등을 역임하였다.
1075. 삼부(三府): 삼공(三公)이 정무를 보는 관아를 가리킨다.
1076. 《후한서(後漢書)·진번전(陳蕃傳)》
1077. 선초(單超): 후한(後漢) 하남(河南) 출신이다. 중상시(中常侍)로 거기장군(車騎將軍)을 지냈다.

만 종(種)을 찾아내 즉시 모두 보고하자 온 고을의 사람들이 놀라고 두려워하였다.

常侍單超兄子匡爲濟陰太守, 負勢貪放. 刺史第五種欲收之, 謂從事衛羽曰, 聞公不畏强禦, 今欲委以重事. 羽曰, 願庶幾於一割. 遂馳至定陶, 收匡賓客·親吏四十餘人, 發其贓五六七[1078]萬種, 卽擧奏, 一州震慄.[1079]

흰 말을 탄 종사(從事)[백마종사(白馬從事)] 진중(陳衆)[1080]이 주종사(州從事)로 임명되었는데 큰 적도인 순우림(淳于臨) 등 수천 명이 현을 공격하였다. 광무제(光武帝)가 사공(司空) 이통(李通)으로 하여금 군대를 이끌고 가서 치도록 하였는데 진중이 자청하여 은혜와 신의로 깨우쳐 항복하게 하겠다고 하였다. 한 대의 수레를 타고 흰 말을 채워서 적도가 있는 곳에 가서 의리로 깨우치자 순우림이 평소 훌륭한 덕에 신복(信服)하였기 때문에 즉시 항복하였다. 백성들이 생사(生祠)[1081]를 세우고 '흰 말을 탄 종사[백마종사(白馬從事)]'라고 하였다.

陳衆辟州從事, 有劇賊淳于臨等數千人攻縣. 光武遣司空李通帥師擊之, 衆自請以恩信曉諭降之. 乘單車, 駕白馬, 往到賊所, 以義告諭, 臨素服名德, 卽降. 民立生祠, 曰白馬從事.[1082]

덕행이 당당하다.[덕행당당(德行堂堂)] 형옹(邢顒)[1083]이 주종사(州從事)가 되었는데 사람들이 "덕행이 당당한 것은 형자앙(邢子昂)이로다."라고 칭송하였다.

邢顯[1084]爲州從事, 人稱之曰, 德德[1085]堂堂, 邢子昂.[1086]

위(魏) 가홍(賈洪)[1087]과 엄포(嚴包)[1088]가 주의 부름에 응했는데, 재능과 학문이 가장 높았다. 많은 사람들이 그들에 대해 "주 안에서 빛나는 것은 가숙업(賈叔業)이고 변론이 세찬 것은 엄문통(嚴文通)이로다."라고 말하였다.

魏賈洪與嚴包應州辟, 才學最高. 衆爲之語曰, 州中曄曄賈叔業, 辨論洶洶嚴文通.[1089]

스승과 벗의 도리로 대하다.[접이사우(接以師友)] 반표(班彪)[1090]가 지역을 피해 있었는데 하남대장군(河南大將軍) 두융(竇融)이 종사(從事)로 삼아 깊이 경애하고 스승과 벗의 도리로 대했다.

班彪避地, 河南大將軍竇融以爲從事, 深相敬愛, 接以師友之道.[1091]

부신(符信)을 버리고[투전(投傳)[1092]] 관직을 떠나다.[투전거관(投傳去官)] 진(晉) 유의(劉毅)[1093]를 주에서 불러 도관종사(都官從事)로 삼으니 도성이 조

1078. 《유원총보》의 '七'은 '千'의 오자이다.[《후한서(後漢書)·제오종전(第五種傳)》]
1079. 《후한서(後漢書)·제오종전(第五種傳)》
1080. 진중(陳衆): 후한(後漢) 여강(廬江) 출신으로 양주종사(揚州從事)를 지냈다.
1081. 생사(生祠): 살아 있는 사람을 위하여 세운 사당이다.
1082. 《태평어람(太平御覽)·직관부(職官部)》
1083. 형옹(邢顒): 삼국시대 위(魏) 하간막(河間鄚) 출신으로 자가 자앙(子昂)이다. 태자태부(太子太傅), 상서복야(尙書僕射) 등을 역임하였다.
1084. 《유원총보》의 '邢顯'은 '邢顒'의 오류이다.[《삼국지(三國志)·위지(魏志)·형옹전(邢顒傳)》]
1085. 《유원총보》의 '德'은 '行'의 오자이다.[《삼국지(三國志)·위지(魏志)·형옹전(邢顒傳)》]
1086. 《삼국지(三國志)·위지(魏志)·형옹전(邢顒傳)》
1087. 가홍(賈洪): 삼국시대 위(魏) 경조(京兆) 출신으로 자가 숙업(叔業)이다. 군모연(軍謨掾)을 지냈다.
1088. 엄포(嚴包): 내력이 자세하지 않다.
1089. 《삼국지(三國志)·위지(魏志)·고증(考證)》
1090. 반표(班彪): 후한(後漢) 부풍(扶風) 출신으로 자가 숙피(叔皮)이다. 《한서(漢書)》를 편찬하다 죽었다.
1091. 《동관한기(東觀漢記)·반표전(班彪傳)》
1092. 투전(投傳): 부신(符信)을 버리다. 벼슬을 그만두는 것을 가리킨다.
1093. 유의(劉毅): 진(晉) 동래(東萊) 출신으로 자가 중웅(仲雄)이다. 간관(諫官), 상서좌복야(上書左僕射) 등을 역임하였으며,

용해졌다. 하남윤(河南尹)의 일을 탄핵하는데 사예(司隸)가 허락하지 않으면서 "호랑이를 잡으려던 개가 생쥐에게 그 등을 밟히리다."라고 말하자 유의가 "제대로 호랑이를 잡은 뒤에 다시 쥐를 잡을 수 있다면 개에게 무슨 손상이 있겠습니까."라고 한 뒤 벼슬을 그만두고 떠났다.

晉劉毅州辟爲都官從事, 京邑肅然. 彈河南尹事, 司隸徐不過[1094]曰, 躩[1095]虎之犬, 鼷鼠蹈其背. 毅曰, 既能躩虎, 又能殺鼠, 何損於犬. 投傳而去.[1096]

세상 사람들이 얼음처럼 맑다고 일컫다.[세칭빙청(世稱氷淸)] 번준(樊準)[1097]은 자가 유릉(幼陵)이다. 별가종사(別駕從事)를 지내면서 직무를 감독하는 것이 공정하였고 개인적인 서간을 보내지 않았으니 세상 사람들이 얼음처럼 맑다고 하였다.

樊準, 字幼陵. 爲別駕從事, 監職公正, 不發私書, 世稱氷淸.[1098]

위엄이 얼음과 서리와 같다.[위려빙상(威厲氷霜)] 우지(虞芝)[1099]가 남양종사(南陽從事)일 때에 태수 예씨(芮氏)가 왕실과 가까이 관계를 맺고 그것을 믿어 세력을 부렸다. 우지가 이에 비판하고 법에 따라 안건을 처리하니 위엄이 얼음과 서리와 같아 만 리가 조용하고 맑아졌다.

虞芝爲南陽從事, 太守芮氏親連王室, 自恃豪援. 芝乃諷諫, 依法執案, 威厲氷霜, 萬里肅淸.[1100]

'누워 있는 호랑이[와호(臥虎)]'라고 불리다.[호왈와호(號曰臥虎)] 고신(高愼)[1101]은 후덕하고 질박하여 화려함이 적었으며 요란하게 대화를 나누지 못하고 말없이 깊은 계획하기를 좋아하였다. 주종사(州從事)일 때에 '누워 있는 호랑이[와호(臥虎)]'라고 불려졌다.

高愼敦質少華, 不能劇譚, 嘿好沈深之謀. 爲州從事, 號曰臥虎.[1102]

함께 일을 계획할 수 있다.[가여계사(可與計事)] 오한(吳漢)[1103]은 자가 자안(子顔)이다. 경시제(更始帝)[1104]가 즉위하여 사자 한홍(韓鴻)으로 하여금 하북(河北)을 순찰하도록 하였는데 어떤 사람이 한홍에게 "오자안(吳子顔)은 뛰어난 선비입니다. 함께 일을 계획할 수 있을 것입니다."라고 말하였다. 한홍이 오한을 불러 만나보고 매우 좋아하였다.

吳漢, 字子顔. 更始立, 使使者韓鴻徇河北, 或謂鴻曰, 吳子顔, 奇士也. 可與計事. 鴻召見漢, 甚悅之.[1105]

격문이 이르렀지만 열지 않다.[격지불발(檄至不發)] 교현(橋玄)[1106]은 자가 공조(公祖)이다. 양현공조(梁縣功曹)일 때에 형주(荊州)·하주(河州)의 자사인 주

위(魏)의 구품중정제(九品中正制)를 비판한 〈구품팔손소(九品八損疏)〉를 올렸다.

1094. '徐不過'는 《진서(晉書)·유의전(劉毅傳)》에는 '不許'로 되어 있다.

1095. 《유원총보》의 '躩'은 '攫'의 오자이다.[《진서(晉書)·유의전(劉毅傳)》]

1096. 《진서(晉書)·유의전(劉毅傳)》

1097. 번준(樊準): 후한(後漢) 남양(南陽) 출신으로 자가 유릉(幼陵)이다. 거록태수(鉅鹿太守), 하내태수(河內太守) 등을 역임하였다.

1098. 《동관한기(東觀漢記)·번준전(樊準傳)》

1099. 우지(虞芝): 내력이 자세하지 않다.

1100. 《태평어람(太平御覽)·수부(獸部)》

1101. 고신(高愼): 후한(後漢) 진류(陳留) 출신으로 자가 효보(孝甫)이다. 동래태수(東萊太守)를 역임하였다.

1102. 《태평어람(太平御覽)·직관부(職官部)》

1103. 오한(吳漢): 후한(後漢) 남양(南陽) 출신으로 자가 자안(子顔)이다. 편장군(偏將軍), 대사마(大司馬) 등을 역임하였다.

1104. 경시제(更始帝): 전한(前漢) 유현(劉玄)으로 광무제(光武帝) 유수(劉秀)의 족형(族兄)이다. 광무제가 왕망(王莽)을 칠 때 경시장군(更始將軍)이었고, 제위에 올라 연호를 경시(更始)라고 하였다. 뒤에 주색에 빠져 제위에 오른 지 2년 만에 적미(赤眉)의 난에 죽었다.

1105. 《후한서(後漢書)·오한전(吳漢傳)》

1106. 교현(橋玄): 후한(後漢)의 무신(武臣)으로 자가 공조(公祖)이다. 탁월한 지략이 있었다고 한다.

경(周景)이 관할 지역을 순행하다가 양국(梁國)에 이르렀다. 교현이 주경을 알현하고 이어서 땅에 엎드려 진상(陳相)인 양창(羊昌)의 죄악을 말하고 그의 죄를 끝까지 다스릴 것을 간청하였다. 주경이 교현의 뜻을 장하게 여기고 즉시 명하여 그를 파견하였다. 교현이 가서 자세히 심문하여 간악한 뇌물죄를 밝혀내자 양기(梁冀)[1107]가 격문을 보내 그를 구하려고 하였다. 주경이 격문을 받고 교현을 돌아오도록 불렀으나 격문이 이르렀지만 열지 않은 채 더욱 서둘러 처리하였고 양창은 호송 수레에 올라 압송되었다. 교현은 이 일로 이름이 알려졌다.

喬玄[1108], 字公祖. 爲梁縣功曹, 荊·河州刺史周景行部, 到梁國. 玄謁景, 因伏地, 言陳相羊昌罪惡, 乞窮理其罪. 景壯玄意, 卽署遣之. 玄到具考, 得姦贓, 梁冀馳檄救之. 景承旨召玄還, 檄至不發, 案之益急, 昌坐檻車徵. 玄由是知名.[1109]

도관종사(都官從事) 한(漢) 호등(胡騰)[1110]이 형주부(荊州部)의 남양종사(南陽從事)로 임명되었다. 남쪽으로 순행하다가 남양(南陽)에 이른 환제(桓帝)[1111]를 만나자 호등이 진언하기를, 수레가 행차하는 곳은 바로 도성이니 형주자사(荊州刺史)를 사례교위(司隷校尉)에 비견되게 하고 자신의 직책을 도관종사(都官從事)에 비견되게 해 달라고 요청하였다.

漢胡騰辟荊州部南陽從事. 遇桓帝南巡到南陽, 騰上言, 乘輿所幸, 便爲京師, 請荊州刺史比於司隷校尉, 臣職比於都官從事.[1112]

관노(管輅)[1113]는 문학종사(文學從事)가 되었다.

管輅爲文學從事.[1114]

장양(張楊)[1115]은 영제(靈帝)[1116] 시기에 병주(幷州)의 무맹종사(武猛從事)가 되었다.

張揚[1117], 靈帝時爲幷州武猛從事.[1118]

맹가(孟嘉)[1119]는 권학종사(勸學從事)가 되었다.

孟嘉爲勸學從事.[1120]

교수 敎授

· 한(漢) 무제(武帝) 시기에 천하의 군국(郡國)[1121]에

1107. 양기(梁冀): 후한(後漢) 안정(安定) 출신으로 자가 백탁(伯卓)이다. 황문시랑(黃門侍郞), 대장군(大將軍) 등을 역임하였다. 온갖 악행을 저지르다가 환관 선초(單超)에게 몰려 자살하였다.

1108. 《유원총보》의 '喬玄'은 '橋玄'의 오류이다.[《후한서(後漢書)·교현전(橋玄傳)》]

1109. 《후한서(後漢書)·교현전(橋玄傳)》

1110. 호등(胡騰): 후한(後漢) 계양(桂陽) 출신으로 자가 자승(子升)이다. 남양종사(南陽從事), 상서(尙書) 등을 역임하였다.

1111. 환제(桓帝): 후한(後漢) 제11대 황제로 재위 기간은 147-167년이다.

1112. 《후한서보일(後漢書補逸)·호등전(胡騰傳)》

1113. 관노(管輅): 삼국시대 위(魏) 평원(平原) 출신으로 자가 공명(公明)이다. 천문(天文)과 역점(易占)에 정통하여 48세의 나이로 죽으면서 자신의 수명을 미리 알았다고 한다. 뒤에는 재주가 뛰어나지만 장수하지 못 하는 사람의 상징이 되었다.

1114. 《삼국지(三國志)·위지(魏志)·관노전(管輅傳)》

1115. 장양(張楊): 후한(後漢) 운중(雲中) 출신으로 자가 치숙(稚叔)이다. 건의장군(建義將軍), 하내태수(河內太守) 등을 역임하였다.

1116. 영제(靈帝): 후한(後漢) 제11대 황제로 재위 기간은 168-189년이다.

1117. 《유원총보》의 '張揚'은 '張楊'의 오류이다.[《삼국지(三國志)·위지(魏志)·장양전(張楊傳)》]

1118. 《삼국지(三國志)·위지(魏志)·장양전(張楊傳)》

1119. 맹가(孟嘉): 진(晉) 강하(江夏) 출신으로 자가 만년(萬年)이다. 종사중랑(從事中郞), 장사(長史) 등을 역임하였다.

1120. 《옥해(玉海)·학교(學校)》

1121. 군국(郡國): 한(漢)나라 때 행정 구역 명칭이다. '군(郡)'은 천자가 직접 관할하는 행정 구역이고 '국(國)'은 친왕(親王)이나 공신을 봉한 제후국을 가리킨다.

모두 학교와 관리를 세웠는데, 문옹(文翁)[1122]으로부터 시작된 것이다.

漢武帝時天下郡國皆立學校·官, 自文翁爲之始.[1123]

· 평제(平帝)[1124] 시기에 학교에 경전을 가르치는 스승을 한 명 두었다. 향(鄕)에 있는 것은 '상(庠)'이라 하고, 취(聚)[1125]에 있는 것은 '서(序)'라고 하였는데 '서'와 '상'에는 《효경》을 가르치는 스승을 한 명 두었다.

平帝時學校置經師一人. 鄕曰庠, 聚曰序, 序庠置孝經師一人.[1126]

· 한(漢)나라 때 군국(郡國)에 문학연(文學掾)을 두었고 위진(魏晉) 시기에는 중정(中正)을 두었으며, 당(唐)에서는 경학박사(經學博士)를 두어 오경(五經)으로 학사(學士)들을 가르쳤다. 송(宋) 초기에 네 개의 서원(書院)을 두었으니, 여산(廬山)의 백록동서원(白鹿洞書院) 및 숭양서원(崇陽書院), 악록서원(嶽麓書院), 응천부서원(應天府書院)이다.

漢郡國皆有文學掾, 魏晉置中正, 唐置經學博士, 以五經教授學士.[1127] 宋初有四書院, 廬山白鹿洞及崇陽書院, 嶽麓書院, 應天府書院. 茅山書院[1128·1129]

자신을 바르게 하여 상대를 규율하다.[정신율물(正身律物)] 호안국(胡安國)[1130]이 형남교수(荊南教授)에 제수되었는데 자신을 바르게 하여 상대를 규율하였다. 대개 그가 강설한 것들은 충과 효의 큰 단서를 밝히는 데 힘쓰는 것이었다. 관직을 그만둘 때에 귀산(龜山) 양시(楊時)가 그를 대신하게 되었는데 아침밥을 준비하여 공을 머물게 하였다. 생선요리[해채(鮭菜)[1131]]가 소박하였는데 술잔을 당겨 천천히 술을 따랐다. 책상에는 《논어》와 《맹자》가 놓여 있고 한가로이 앉아 담론을 나누느라 해가 저무는 줄도 몰랐다.

胡安國除荊南教授, 正身律物. 凡所稱說, 務明忠孝之大端. 及罷官, 龜山楊公爲代, 具朝膳留公. 鮭菜蕭然, 引觴徐酌. 置語孟案間, 淸坐談論, 不覺日晷云暮也.[1132]

안빈낙도[낙도안빈(樂道安貧)] 진사도(陳師道)[1133]가 서주교수(徐州教授)를 지냈는데 고상한 절조를 지녔고 안빈낙도하였다. 희녕(熙寧)[1134] 연간에 왕안석(王安石)의 경학이 성행하자 진사도는 마음속으로 그의 학설이 틀렸다고 여겨 마침내 벼슬에 나아갈 뜻을 접었다. 뒤에 왕안석이 죽고 나서 소식의 추천으로 이 직책을 맡았다.

陳師道爲徐州教授, 高介有節, 安貧樂道. 熙寧中, 王

1122. 문옹(文翁): 한(漢) 여강(廬江) 출신으로 경제(景帝) 말엽에 촉군태수(蜀郡太守)가 되어 성도(成都)에 학관(學館)을 설치함으로써 문풍(文風)을 일으키고 교화를 펴서 양리(良吏)로 칭송을 받았다.
1123. 《한서(漢書)·문옹전(文翁傳)》
1124. 평제(平帝): 전한(前漢) 제12대 황제로 재위 기간은 1-5년이다.
1125. 취(聚): 한나라 때 향(鄕)보다 작은 취락을 가리키던 말이다.
1126. 《한서(漢書)·평제기(平帝紀)》
1127. 《직관분기(職官分紀)·문학(文學)》
1128. 《산당사고(山堂肆考)·신직(臣職)》에는 "모산서원(茅山書院)은 아직 주(州)의 학교로 세워지지 않았다.(茅山書院未建州學也)"라고 되어 있다. 《유원총보》의 편집상 오류로 보인다.
1129. 《산당사고(山堂肆考)·신직(臣職)》
1130. 호안국(胡安國): 송(宋) 건주(建州) 출신으로 자가 강후(康侯)이다. 태학박사(太學博士), 중서사인(中書舍人) 등을 역임하였다.
1131. 해채(鮭菜): 생선요리에 대한 총칭이다.
1132. 《이락연원록(伊洛淵源錄)·호문정공행장략(胡文定公行狀略)》
1133. 진사도(陳師道): 송(宋) 서주(徐州) 출신의 정치가이자 문학가로 자가 무기(無己)이다. 태학박사(太學博士), 비서성정자(祕書省正字) 등을 역임하였다.
1134. 희녕(熙寧): 북송(北宋) 신종(神宗)의 연호(1068-1077)이다.

氏經學盛行, 師道心非其說, 遂絶意進取. 後安石卒, 以蘇軾薦, 授是職.[1135]

심학(心學)을 강론하여 밝히다.[강명심학(講明心學)] 송(宋) 요덕명(廖德明)[1136]이 희녕 연간에 심주교수(潯州敎授)를 지내면서 배우는 자들에게 성현의 심학(心學)의 요체를 강론하여 밝혀 주었다. 학교에 손수 측백나무 세 그루를 심었는데 심주의 선비들이 그것을 마치 팥배나무[감당(甘棠)[1137]]처럼 소중히 여겼다.

宋廖德明, 熙寧間爲潯州敎授, 爲學者, 講明聖賢心學之要. 手植三栢於學, 潯士愛敬之如甘棠.[1138]

노래가사 짓는 것을 사절하다.[사찬악어(辭撰樂語)] 추호(鄒浩)[1139]가 영창교수(穎昌敎授)로 보임되었는데 범순인(范純仁)이 태수로 있었다. 한 번은 (범순인이 추호에게) 노래가사를 짓게 하니 사절하며 짓지 않았다. 범순인이 "한림학사도 이 노래가사를 지었습니다."라고 말하자 추호가 "한림학사는 괜찮습니다만 국자좨주나 국자사업[좨주사업(祭酒司業)[1140]]은 안 됩니다."라고 말하니 범순인이 그에게 사과하였다.

鄒浩調穎昌敎授, 范純仁爲守. 嘗令撰樂語, 辭不爲. 純仁曰, 翰林學士亦作此語. 浩曰, 翰林學士, 則可, 祭酒司業, 則不可. 純仁謝之.[1141]

적임자가 아닌 사람을 뽑지 않다.[불취비인(不取非人)] 소흥(紹興)[1142] 연간에 송주(宋宙)[1143]가 교관(敎官)들을 모두 복귀시킬 것을 주청하자 황제가 "교수는 모름지기 주마다 설치해야 하고, 게다가 경전에 통달하고 심술이 바른 자를 골라서 임명해야 한다. 만약 교관이 적임자가 아니라면 선비들의 심술이 한 번에 무너져 다시 정돈하려면 힘이 드니 마땅히 신중하게 선발해야 한다."라고 말하였다.

紹興中宋宙奏乞盡復敎官, 上曰, 敎授須逐州置, 仍須擇通經心術正者爲之. 若敎官非其人, 則士人心術一壞, 再整頓便費力, 切宜遴選也.[1144]

절조를 굳게 지키며 굽히지 않다.[항절불요(抗節不撓)] 이도전(李道傳)[1145]이 봉주교수(蓬州敎授)일 때에 금(金)나라 사람들이 산관(散關)[1146]을 엿봐 상황이 급박한데 오희(吳曦)가 다시 반란을 일으켰다. 이도전은 몰래 서신을 안무사 양보(楊輔)에게 보내 오희가 반드시 패할 것이니 의당 의병을 일으켜 그를 토벌해야 한다고 주장하였다. 오희의 무리가 이도전을 찾아와 협박하자 이도전은 도리로 거절하고 절조를 굳게 지키며 굽히지 않았고 관직을 버린 채 귀향하였다.

李道傳爲蓬州敎授, 金人窺散關, 急而吳曦復叛. 道傳密遺書安撫楊輔, 論曦必敗, 宜擧義討之. 曦黨來脅道

1135. 《송사(宋史)·진사도전(陳師道傳)》
1136. 요덕명(廖德明): 송(宋) 순창(順昌) 출신으로 자가 자회(子晦)이다. 이부좌선낭관(吏部左選郎官)을 지냈다.
1137. 감당(甘棠): 팥배나무이다. 주(周) 소공(召公)의 선정(善政)을 칭송한 《시경(詩經)·소남(召南)·감당(甘棠)》에서 유래한 말이다. 여기서는 뛰어난 가르침을 상징한다.
1138. 《송사(宋史)·요덕명전(廖德明傳)》
1139. 추호(鄒浩): 송(宋) 상주(常州) 출신으로 자가 지완(志完)이다. 병부시랑(兵部侍郎)을 역임하였다. 《논어해의(論語解義)》, 《맹자해의(孟子解義)》를 저술하였다.
1140. 좨주사업(祭酒司業): 국학(國學)인 국자감(國子監)을 관장하는 장관인 국자좨주(國子祭酒)와 차관인 국자사업(國子司業)을 가리킨다. 추호가 실제로 그러한 관직을 맡은 것은 아니지만 교육을 담당하는 사람으로서 한림학사와 대비하기 위해 한 말이다.
1141. 《송사(宋史)·추호전(鄒浩傳)》
1142. 소흥(紹興): 남송(南宋) 고종(高宗)의 연호(1131-1162)이다.
1143. 송주(宋宙): 내력이 자세하지 않다.
1144. 《고금사문유취외집(古今事文類聚外集)·노관부(路官部)》
1145. 이도전(李道傳): 송(宋) 정연(井研) 출신으로 자가 관지(貫之)이다. 저작랑(著作郎), 병부시랑(兵部侍郎) 등을 역임하였다.
1146. 산관(散關): 섬서성(陝西省) 남서쪽에 있던 관문의 이름이다.

傳, 道傳折之以義, 抗節不撓, 棄官而歸.[1147]

책을 치워 놓고 보지 않다.[치서불관(置書不觀)] 담세적(譚世勣)[1148]이 유주교수(柳州敎授)를 지냈는데 당시에 왕안석(王安石)의 경학이 성행하였으나 담세적은 그의 책을 치워 놓고 보지 않으며 말하기를, "학설이 자주 바뀌는 것이 많아 변함없는 이론이 없다." 라고 하였다.

譚世勣爲柳州敎授, 時王氏學盛行, 世勣置其書不觀曰, 說多屢變, 無不易之論.[1149]

많은 군사들을 대하듯이 하다.[여림대중(如臨大衆)] 육구령(陸九齡)[1150]이 흥국군(興國軍)에서 교수를 지내면서 법도를 단정히 지키고 의관을 엄숙히 하여 마치 많은 군사들을 대하듯이 하였다. 권면하고 지도하여 많은 선비들을 이끌어 학문에 나서게 하였다.

陸九齡敎授興國, 端矩矱, 肅衣冠, 如臨大衆. 勸綏引翼多士向於學.[1151]

《본정서(本政書)》를 바치다.[헌정본서(獻政本書[1152])] 건염(建炎)[1153] 연간에 임훈(林勳)[1154]이 광주교수(廣州敎授)를 지내면서 《본정서(本政書)》 13편을 바쳤는데 주희가 그 책을 무척 아꼈다. 동양(東陽)의 진량(陳亮)이 일찍이 말하였다. "임훈은 옛것을 고찰하여 현재에 징험함에 생각이 주도면밀합니다. 오늘날 정전제도를 공부하는 사람 중에 누가 이 사람보다 나을 자가 있겠습니까."

建炎中林勳爲廣州敎授, 獻本政書十三篇, 朱熹甚愛其書. 東陽陳亮嘗曰, 勳考古驗今, 思慮周密. 今世爲井田之學者, 孰有加於此者乎.[1155]

훈도에 방법이 있다.[훈독유방(訓督有方)] 승상 안수(晏殊)[1156]가 남경유수(南京留守)를 맡았을 때 문정공(文正公) 범중엄(范仲淹)[1157]에게 부의 학교를 담당해 줄 것을 청하였다. 범중엄은 항상 학교에서 숙박하며 학생들을 훈도하였는데 모두에게 (다른) 방법을 두었다. 이 때문에 사방에서 공부하려는 자들이 폭주하였다. 그 뒤로 송나라 사람 중에 문학(文學)으로 과장(科場)이나 조정에서 명성을 떨친 사람들 가운데에는 그가 가르친 이들이 많았다.

晏丞相殊留守南京, 請范文正公掌府學. 公嘗宿學中, 訓督諸生, 皆有方法. 由是四方從學者輻輳. 其後宋人以文學有聲名於場屋·朝廷者, 多其所敎也.[1158]

응대의 기회가 내려져 뜻에 맞다.[사대합의(賜對合意)] 시사점(施師點)[1159]이 임안교수(臨安敎授)를 맡았을 때, 효종(孝宗)[1160]이 자나깨나 인재를 찾자 문

1147. 《송사(宋史)·이도전전(李道傳傳)》

1148. 담세적(譚世勣): 송(宋) 담주(湛州) 출신으로 자가 언성(彦成)이다. 예부시랑(禮部侍郎), 비서성정자(祕書省正字) 등을 역임하였다.

1149. 《송사(宋史)·담세적전(譚世勣傳)》

1150. 육구령(陸九齡): 송(宋) 무주(撫州) 출신으로 자가 자수(子壽)이다. 이정(二程)의 학문을 존중하였고 음양(陰陽), 복서(卜筮)에도 밝았다.

1151. 《송사(宋史)·육구령전(陸九齡傳)》

1152. 《유원총보》의 '政本書'는 '本政書'의 오류이다.[《송사(宋史)·임훈전(林勳傳)》]

1153. 건염(建炎): 남송(南宋) 고종(高宗)의 연호(1127-1130)이다.

1154. 임훈(林勳): 송(宋) 하주(賀州) 출신으로 광주교수(廣州敎授), 계주절도장서기(桂州節度掌書記) 등을 역임하였다.

1155. 《송사(宋史)·임훈전(林勳傳)》

1156. 안수(晏殊): 송(宋) 임천(臨川) 출신으로 자가 동숙(同叔)이다. 추밀사(樞密使), 중서문하평장사(中書門下平章事)를 역임하였으며 범중엄(范仲淹), 구양수(歐陽修) 등이 그의 문하에서 나왔다.

1157. 범중엄(范仲淹): 송(宋)의 정치가이며 문학가로 자가 희문(希文)이다. 참지정사(參知政事), 섬서사로안무사(陝西四路按撫使) 등을 역임하였고 구양수(歐陽修) 등과 개혁 정책을 추진하였다. 시호가 문정(文正)이다.

1158. 《고금사문유취외집(古今事文類聚外集)·노관부(路官部)》

1159. 시사점(施師點): 송(宋) 상요(上饒) 출신으로 자가 성여(聖與)이다. 가한림학사(假翰林學士), 참지정사(參知政事) 등을 역임하였다.

공(文公) 진강백(陳康伯)이 공의 성명을 열거하여 올렸다. 얼마 안 있어 응대의 기회가 내려졌는데 황제의 뜻에 맞았다.

施點[1161]任臨安教授, 孝宗寤寐英賢, 陳文公列公姓名以進. 旋賜對, 合上意.[1162]

향음주례(鄕飮酒禮)[1163]를 거행하다.[행향음례(行鄕飮禮)] 서적(徐積)[1164]이 초주교수(楚州教授)를 지내면서 향음주례가 세상에 오래도록 실현되지 않은 것을 염려하여 군수를 모시고 그 의식을 거행하였다. 고을의 노인들을 모두 향음에 참여하게 하고 또 글을 지어 권면하였다. 그날 선비와 백성 중에 학궁에 참석한 사람이 대략 천 명쯤 되었다.

徐積爲楚州教授, 患鄕飮之禮世久不見, 率郡守, 擧行其儀. 閭巷鄕老皆使與飮. 又著文勸諭, 是日士民在泮者, 蓋千人.[1165]

명성이 동남 지역에서 뛰어나다.[명중동남(名重東南)] 송(宋) 대표원(戴表元)[1166]이 함순(咸淳)[1167] 연간에 진사(進士)로 건녕교수(建寧教授)가 되었는데 학식이 넓고 재능이 풍부하였으며 특히 자부심이 강하여 쉽게 친교를 맺지 않았다. 문장의 대가로서 명성이 동남 지역에서 뛰어났다.

宋戴表元, 咸熙[1168]中進士爲建寧教授, 學博而才贍, 尤自秘重, 不輕許與. 以文章大家, 名重東南.[1169]

《논어》를 강의하다.[강논어(講論語)] 사양좌(謝良佐)[1170]가 진주교수(秦州教授)를 지낼 때 지주사(知州事)인 여대충(呂大忠)이 매번 그에게 들러 《논어》 강의를 들었는데 반드시 옷깃을 바로 하고 안색을 가다듬고 말하였다. "성인의 언행이 여기에 있으니 내가 감히 공경하지 않을 수 없다."

謝良佐爲秦州教授, 州守呂大中[1171]每過之, 聽講論語, 必正襟斂容. 曰聖人言行在焉, 吾不敢不敬.[1172]

《자치통감(自治通鑑)》[1173]을 강론하다.[강통감(講通鑑)] 원추(袁樞)[1174]가 원주교수(袁州教授)일 때에 《자치통감(資治通鑑)》 읽기를 좋아하였는데 방대함에 고생스러웠다. 이에 사건들을 구별해서 관통이 되게 하고 《통감기사본말(通鑑紀事本末)》이라고 불렀다.

袁樞爲袁州教授, 喜誦資治通鑑, 苦其浩博. 乃區別其事, 而貫通之, 號通鑑紀事本末.[1175]

학교의 비문을 짓다.[작학비(作學碑)] 송(宋) 임양

1160. 효종(孝宗): 남송(南宋) 제2대 황제로 재위 기간은 1163-1189년이다.
1161. 《유원총보》의 '施點'은 '施師點'의 오류이다.[《송사(宋史)·시사점전(施師點傳)》]
1162. 《송사(宋史)·시사점전(施師點傳)》
1163. 향음주례(鄕飮酒禮): 주(周)나라 때 향대부(鄕大夫)가 3년에 한 번씩 향학(鄕學)의 우수한 학생을 조정에 추천하면서 베풀던 환송연을 일컫는다. 후에는 지방관이 고을에서 베푸는 일종의 경로잔치를 가리키는 말로도 쓰였다.
1164. 서적(徐積): 송(宋) 산양(山陽) 출신으로 자가 중거(仲車)이다. 초주교수(楚州教授)를 지냈다.
1165. 《절효집(節孝集)·사실(事實)》
1166. 대표원(戴表元): 송원(宋元) 시기의 봉화(奉化) 출신으로 자가 수초(帥初)이다. 건녕교수(建寧教授)를 지냈다.
1167. 함순(咸淳): 남송(南宋) 도종(度宗)의 연호(1265-1274)이다.
1168. 《유원총보》의 '咸熙'는 '咸淳'의 오류이다.[명(明) 이현(李賢) 《명일통지(明一統志)·영파부(寧波府)·인물(人物)》]
1169. 《명일통지(明一統志)·영파부(寧波府)·인물(人物)》
1170. 사양좌(謝良佐): 송(宋) 채주(蔡州) 출신으로 자가 현도(顯道)이다. 응성지현사(應城知縣事)를 지냈다.
1171. 《유원총보》의 '中'은 '忠'의 오자이다.[《송사(宋史)·여대충전(呂大忠傳)》]
1172. 《송사(宋史)·여대충전(呂大忠傳)》
1173. 자치통감(資治通鑑): 송(宋) 사마광(司馬光)이 영종(英宗)의 칙명으로 주(周) 위렬왕(威烈王)부터 오대(五代) 후주(後周)의 세종(世宗)에 이르기까지 113왕 1362년 간의 사적을 편년체로 엮은 역사책으로 총 294권이다.
1174. 원추(袁樞): 송(宋) 건녕(建寧) 출신으로 자가 기중(機仲)이다. 태부승(太府丞), 권공부시랑겸국자좨주(權工部侍郞兼國子祭酒)를 역임하였다. 저서로 《역전해의(易傳解義)》 등이 있다.
1175. 《송사(宋史)·원추전(袁樞傳)》

(任諒)[1176]이 회주교수(懷州敎授)일 때에 휘종(徽宗)[1177]이 그가 지은 〈새로 설립된 학교의 비문[신학비(新學碑)]〉을 보고 "문사(文士)로다."라고 말하였다. 마침내 기로(夔路)의 교육 담당관[제거기로학사(提擧[1178]夔路[1179]學事)]으로 발탁하였다.

宋任諒爲懷州敎授, 徽宗見其所作新學碑, 曰文士也. 遂擢提擧夔路學事.[1180]

선비들의 풍습이 크게 바뀌다.[사습비변(士習丕變)]

오창예(吳昌裔)[1181]가 가정(嘉定)[1182] 연간에 미주교수(眉州敎授)가 되었다. 미주의 선비들은 원래 소식의 학문을 숭상하였는데 오창예가 여러 경서를 가져다가 그들에게 강의하고 주돈이(周敦頤), 정자(程子), 장재(張載), 주희(朱熹)를 제사 지내며 〈백록동학규(白鹿洞學規)〉[1183]를 게시하였다. 석전(釋奠) 의식에 따라 제기를 정리하여 바로잡으니 선비들의 풍습이 크게 바뀌었다.

吳昌裔, 嘉定中爲眉州敎授. 眉士故尙蘇軾學, 昌裔取諸經, 爲之講說, 祠周·程·張·朱, 揭白鹿洞學規. 倣釋奠儀, 簿正祭器, 士習丕變.[1184]

추관 推官[1185]

강직한 말이 거리낌이 없다.[경언무기(鯁言無忌)]

한퇴지(韓退之)[1186]가 장건봉(張建封)[1187]의 추관(推官)이 되었는데 몸가짐이 굳세고 반듯하였으며 강직한 말이 거리낌이 없었다.

韓退之爲張建封推官, 操行堅正, 鯁言無忌.[1188]

적겸모(狄兼謨)[1189]가 양양추관(襄陽推官)이 되었는데 언행이 강직하여 부(府)에 이름이 알려졌다.

狄兼謨爲襄陽推官, 言行剛直, 使府知名.[1190]

반듯함과 중후함으로 자신을 지키다.[방중자지(方重自持)] 이상(李常)[1191]이 선주추관(宣州推官)을 지내면서 반듯함과 중후함으로 자신을 지켰다. 발운사(發運使) 양좌(楊佐)가 이상을 천거하여 관직을 바꿔 주려고 하자 이상은 자신의 친구인 유기(劉錡)를 추천하였다. 양좌가 "이런 풍모를 보지 못 한 지가 오래되었구나."라고 말하였다.

李常爲宣州推官, 以方重自持. 發運使楊佐欲薦常改

1176. 임양(任諒): 송(宋) 미산(眉山) 출신으로 자가 자량(子諒)이다. 회주교수(懷州敎授), 휘유각대제(徽猷閣待制) 등을 역임하였다.
1177. 휘종(徽宗): 송(宋) 제8대 황제로 재위 기간은 1101-1125년이다.
1178. 제거(提擧): 한 기관을 관장하는 업무나 그러한 벼슬을 일컫는 말이다.
1179. 기로(夔路): 송(宋)나라 행정 구역의 하나인 기주로(夔州路, 지금의 사천성 동부 일대)의 약칭이다.
1180. 《송사(宋史)·임양전(任諒傳)》
1181. 오창예(吳昌裔): 송(宋) 동천(潼川) 출신으로 자가 계영(季永)이다. 감찰어사(監察御使), 보장각대제(寶章閣待制) 등을 역임하였다.
1182. 가정(嘉定): 남송(南宋) 영종(寧宗)의 연호(1208-1224)이다.
1183. 〈백록동학규(白鹿洞學規)〉: 송(宋) 주희(朱熹)가 백록군지군사(白鹿軍知軍事)로 있으면서 백록동서원(白鹿洞書院)에서 강의할 때 만든 학규(學規)로 이후 서원 학규의 전범이 되었다.
1184. 《송사(宋史)·오창예전(吳昌裔傳)》
1185. 추관(推官): 당나라 때 사신이나 지방 장관의 속관으로 형옥(刑獄)을 관장하던 벼슬 이름이다.
1186. 한퇴지(韓退之): 당(唐) 하남(河南) 출신인 한유(韓愈)로 자가 퇴지(退之)이다. 국자박사(國子博士), 중서사인(中書舍人), 이부시랑(吏部侍郎) 등을 역임하였다.
1187. 장건봉(張建封): 당(唐) 등주(鄧州) 출신으로 자가 본립(本立)이다. 시어사(侍御史), 어사대부(御史大夫) 등을 역임하였다.
1188. 《신당서(新唐書)·한유전(韓愈傳)》
1189. 적겸모(狄兼謨): 당(唐) 병주(幷州) 출신으로 자가 여해(汝諧)이다. 좌습유(左拾遺), 어사중승(御史中丞) 등을 역임하였다.
1190. 《구당서(舊唐書)·적겸모전(狄兼謨傳)》
1191. 이상(李常): 송(宋) 건창(建昌) 출신으로 자가 공택(公擇)이다. 어사중승(御史中丞) 등을 역임하였다.

官, 常推其友劉錡. 佐曰, 不見此風, 久矣.[1192]

재상감이 있습니다.[유재상재(有宰相才)] 여몽정(呂蒙正)[1193]이 벼슬을 그만두고 낙양(洛陽)에 머무는데 진종(眞宗)[1194]이 분음(汾陰)[1195]에서 제사를 지내고 그의 집에 행차하였다. (진종이) "경의 자제들 중에 누가 등용할 만하오?"라고 묻자 대답하였다. "여이간(呂夷簡)이라는 조카가 영주추관(穎州推官)을 맡고 있는데 재상감입니다."

呂蒙正致政居洛, 眞宗祀汾陰, 幸其宅. 問曰, 卿諸子, 孰可用? 對曰, 有姪夷簡, 任穎州推官, 宰相才也.[1196]

한기(韓琦)[1197]가 개봉부추관(開封府推官)으로 자리를 옮겨 일을 처리하는 데에 게으르지 않아 여름철에 땀이 흘러 등을 적셨다. 부윤 왕박문(王博文)이 그를 크게 중시하면서 말하였다. "이 사람은 요직이 앞에 있는데도 백성들을 다스리는 것이 이와 같으니 진정 재상의 그릇이로다."

韓琦徙開封府推官, 理事不倦, 暑月汗流浹背. 府尹王博文大器重之曰, 此人, 要路在前, 而治民如此, 眞宰相器也.[1198]

명호(明鎬)[1199]는 자가 화기(化基)이다. 설규(薛奎)는 명호가 재상의 자질[낭묘재(廊廟才)[1200]]이 있다고 칭찬하면서 마침내 개봉부추관(開封府推官)에 임명하였다.

明鎬, 字化基. 薛奎稱鎬有廊廟才, 遂除開封府推官.[1201]

대간(臺諫)[1202]의 기풍이 있다.[유대간풍(有臺諫風)] 사천(四川)의 총령(總領) 부행중(符行中)이 일찍이 간주(簡州)의 염세[염책(鹽筴)[1203]]를 늘리고자 하여 그 일을 아주추관(雅州推官) 이도(李燾)[1204]에게 맡겼다. 이도가 강력하게 거절하자 장준(張浚)[1205]은 대간의 기풍이 있다고 일렀다.

四川總領符行中嘗欲增簡州鹽筴, 以其事屬雅州推官李燾. 燾力拒之, 張浚謂有臺諫風.[1206]

일 처리가 정밀하고 꼼꼼하다.[처사정심(處事精審)] 소송(蘇頌)[1207]이 남경유수(南京留守)의 추관(推官)

1192. 《고금사문유취외집(古今事文類聚外集)·노관부(路官部)》
1193. 여몽정(呂蒙正): 송(宋) 하남(河南) 출신으로 자가 성공(聖功)이다. 이부상서(吏部尙書), 호부상서(戶部尙書), 평장사(平章事) 등을 역임하였는데 명상(名相)의 평이 있다.
1194. 진종(眞宗): 송(宋) 제3대 황제로 재위 기간은 998-1022년이다.
1195. 분음(汾陰): 지금의 산서성(山西省) 만영현(萬榮縣) 일대로 전한(前漢) 무제(武帝)가 토지신에게 제사 지내던 사당이 있었던 곳으로 유명하다.
1196. 《송사(宋史)·여몽정전(呂蒙正傳)》
1197. 한기(韓琦): 송(宋)의 정치로 자가 치규(稚圭)이다. 사마광(司馬光)과 함께 왕안석(王安石)의 신법(新法)에 반대하였으며 추밀사(樞密使)와 재상을 역임하였다.
1198. 《송명신언행록(宋名臣言行錄)·한기(韓琦)》
1199. 명호(明鎬): 송(宋) 안구(安丘) 출신으로 자가 화기(化基)이다. 경동익주섬서하동전운사(京東益州陝西河東轉運使), 참지정사(參知政事) 등을 역임하였다.
1200. 낭묘재(廊廟才): 낭묘(廊廟)는 궁전의 외곽 건물과 태묘(太廟), 즉 조정을 가리킨다. 따라서 '낭묘재(廊廟才)'는 나라의 중임을 맡을 인재, 즉 재상을 비유한다.
1201. 《고금사문유취외집(古今事文類聚外集)·노관부(路官部)》
1202. 대간(臺諫): 당송(唐宋) 시기에 탄핵을 담당하는 어사대(御史臺)의 어사(御史)를 대관(臺官)이라 하고, 건의를 담당하는 문하성(門下省)의 급사중(給事中)과 간의대부(諫議大夫) 등을 간관(諫官)라고 하였는데, '대간'은 이들을 합친 명칭이다.
1203. 염책(鹽筴): 소금세를 징수하는 정책이나 법령을 이른다. '책(筴)'은 '책(策)'의 이체자이다.
1204. 이도(李燾): 송(宋) 미주(眉州) 출신으로 자가 인보(仁甫)이다. 예부시랑(禮部侍郎), 부문각학사(敷文閣學士) 등을 역임하였다.
1205. 장준(張浚): 송(宋) 면죽(綿竹) 출신으로 자가 덕원(德遠)이다. 추밀사(樞密使), 도독강회군마(都督江淮軍馬) 등을 역임하였다.
1206. 《고금사문유취외집(古今事文類聚外集)·노관부(路官部)》
1207. 소송(蘇頌): 송(宋) 천주(泉州) 출신으로 자가 자용(子容)이다. 경서 및 천문학, 약리학에도 밝았고 이부상서겸시독(吏部

이 되었는데 구양수(歐陽修)가 부중의 정무(政務)를 일체 그에게 맡기며 "소송은 일 처리가 정밀하고 꼼꼼하여 한 번 열람을 거치고 나면 내가 다시 살필 필요가 없다."라고 말하였다.

蘇頌爲南京留守推官, 歐陽公一以府政委之曰, 子容處事精審, 一經閱覽, 則某不復省矣.[1208]

결단이 정밀하고 민첩하다.[결단정민(決斷精敏)]

소식(蘇軾)[1209]이 개봉부추관(開封府推官)을 대행하였는데 결단이 정밀하고 민첩하여 명성이 더욱 멀리 알려졌다.

蘇軾攝開府推官, 決斷精敏, 聲聞益遠.[1210]

부중(府中)의 일을 모두 자문하다.[부사실자(府事悉咨)] 범여규(范如圭)[1211]는 자가 백달(伯達)로 무안군절도추관(武安軍節度推官)에 제수되었다. 막 임지에 도착했을 때 절도사가 죄수의 목을 베려고 하자 범여규가 그 잘못을 아뢰었지만 절도사는 이미 서명을 하였다고 바꾸지 않았다. 공이 정색을 하며 말하였다. "절도사께서는 어찌하여 글자 하나 바꾸는 것은 중시하면서 여러 사람의 목숨은 가볍게 여기십니까." (절도사가) 깜짝 놀라서[확연(矍然)[1212]] 그의 말을 따랐고 이때부터 부중의 일은 크고 작은 것을 모두 그에게 자문하였다.

范如圭, 字伯達, 授武安軍節度推官. 始至, 帥將斬人, 公白其誤, 帥已署不易也. 公正色曰, 節下奈何重易一字, 而輕數人之命. 矍然從之. 自是府中事, 大小悉以咨焉.[1213]

직무로 언쟁하다.[직사쟁변(職事爭辯)] 진희점(陳希點)[1214]은 자가 자여(子與)로 평강부관찰추관(平江府觀察推官)에 제수되었다. 추밀사(樞密使) 구숭(丘崈)이 태수가 되자 자주 직무로 언쟁을 벌였다. 구숭이 간혹 홧김에 그를 꺾어대면 진희점은 물러서서 숨을 죽인 채 그의 화가 좀 가라앉기를 기다렸다가 처음처럼 의견을 고수하였다. 두세 번에 이르기까지 하여 끝내 그의 뜻을 꺾을 수 없었다.

陳希點, 字子與, 授平江府觀察推官. 樞密丘公崈爲守, 屢以職事爭辯. 丘公或憑怒折之, 公退立屛息, 俟其少霽, 執論如初. 至于再三, 竟不能奪.[1215]

여러 사람의 억울함을 씻어 주다.[설원수인(雪冤數人)] 선정공(宣靖公) 전약수(錢若水)[1216]가 동주추관(同州推官)을 지낼 때 사형수의 억울함을 풀어 준 것이 여러 명이 되자 각지에서 한결같이 그를 칭송하였다. 얼마 되지 않아 태조가 그 말을 듣고 서둘러 승진 발탁하여 막부의 직책에서 반년 만에 지제고(知制誥)가 되었고 2년 안에 추밀부사(樞密副使)가 되었다.

錢宣靖公若水爲同州推官, 雪冤死者數人, 遠近翕然稱之. 未幾太祖聞之, 驟加進擢, 自幕職半歲中爲知制誥, 二年中遷爲樞密副使.[1217]

간숙공(簡肅公) 설규(薛奎)[1218]가 습주추관(隰州推

尙書兼侍讀), 우복야겸중서시랑(右僕射兼中書侍郞) 등을 역임하였다.

1208. 《송사(宋史)·소송전(蘇頌傳)》

1209. 소식(蘇軾): 송(宋) 미주(眉州) 출신으로 자가 자첨(子瞻)이다. 중서사인(中書舍人), 예부상서(禮部尙書) 등을 역임하였다.

1210. 《송사(宋史)·소식전(蘇軾傳)》

1211. 범여규(范如圭): 송(宋) 건주(建州) 출신으로 자가 백달(伯達)이다. 비서랑(秘書郞), 천주지주사(泉州知州事) 등을 역임하였다.

1212. 확연(矍然): 깜짝 놀라는 모습이다.

1213. 《송사(宋史)·범여규전(范如圭傳)》

1214. 진희점(陳希點): 내력이 자세하지 않다.

1215. 《공괴집(攻媿集)·신도비(神道碑)》

1216. 전약수(錢若水): 송(宋) 하남(河南) 출신으로 자가 담성(澹成)이다. 우간의대부동지추밀원사병대경략사(右諫議大夫同知樞密院使幷代經略使)를 역임하였다.

1217. 《고금사문유취외집(古今事文類聚外集)·노관부(路官部)》

1218. 설규(薛奎): 송(宋) 강주(絳州) 출신으로 자가 숙예(宿藝)·백예(伯藝)이다. 발운사(發運使), 참지정사(參知政事) 등을 역

官)에 제수되어 막 부임하자마자 주의 옥사에서 이미 판결된 서류를 가져다가 억울한 자를 살려준 것이 네 명이었다.

薛簡肅公奎授隰州推官, 始至, 取州獄已成書, 活冤者, 四人矣.[1219]

홀(笏)을 들어 뱀을 치다.[거홀격사(擧笏擊蛇)] 공도보(孔道輔)[1220]는 자가 원로(原魯)로 영주군사추관(寧州軍事推官)이 되었는데 자주 주의 장수와 일에 대해 논쟁하였다. 뱀이 천경관(天慶觀)의 진무전(眞武殿) 안에 나타난 일이 있었는데 온 군의 사람들이 신이라고 하자 주의 장수가 속관들을 데리고 진무전에 가서 절을 하면서 그 일을 보고하려 하였다. 공도보가 곧장 앞으로 가서 홀(笏)로 뱀을 쳐서 그 머리를 깨뜨렸다. 보는 자들이 처음에는 놀랐지만 뒤에 탄복하지 않는 이가 없었다.

孔道輔, 字原魯, 爲寧州軍事推官, 數與州將爭事. 有蛇出天慶觀眞武殿中, 一郡以爲神, 州將帥官屬, 往殿拜之, 欲上其事. 道輔徑前, 以笏擊蛇, 碎其首. 觀者初驚, 後莫不歎服.[1221]

도장을 위조한 일을 의혹의 죄안(罪案)으로 판결하다.[위인의얼(僞印疑讞)] 청헌공(淸獻公) 조변(趙抃)[1222]이 무안군절도추관(武安軍節度推官)일 때에 백성 중에 도장을 위조한 자가 있었다. 아전들이 모두 사형에 해당한다고 하였지만 공만은 "위조한 것은 사면 받기 전이고 사용한 것은 사면 받은 후입니다. 사면받기 전에는 사용하지 않았고 사면 받은 뒤에는 위조하지 않았으니 법리상 모두 사형에 해당하지 않습니다."라고 홀로 말하였다. 결국 의혹의 죄안으로 판결하여 끝내 사형을 면하게 하자 온 관부의 사람들이 모두 탄복하였다.

趙淸獻公抃爲武安軍節度推官, 民有僞造印者. 吏皆以爲當死, 公獨云, 造在赦前, 而用在赦後. 赦前不用, 赦後不造, 法皆不死. 遂以疑讞之, 卒免死, 一府皆服.[1223]

두 아들이 수학하다.[이자수학(二子受學)] 송(宋) 강정(康定)[1224] 연간에 정향(程珦)[1225]이 남안군통판(南安軍通判)일 때에 당시 주돈이(周敦頤)가 사리(司理)를 맡고 있었다. 정향이 그의 기상과 용모가 비범함을 보고 함께 말해 보니 과연 도를 아는 자였다. 그래서 두 아들[정호(程顥)·정이(程頤)]에게 명하여 그에게 수학하도록 하였다.

宋康定間, 程珦通判南安軍, 時周敦頤爲司理. 珦視其氣貌不凡, 與語, 果知道者. 因命二子受學焉.[1226]

한 죄수가 법률상 사형에 해당되지 않는데 전운사(轉運使) 왕규(王逵)가 그를 엄하게 치죄하려고 하였다. 주돈이가 그와 언쟁을 벌였지만 듣지 않자 홀(笏)[手版[1227]]을 두고 귀가한 뒤 임명장[고신(告身)[1228]]을 가져와 맡기고 떠나면서 "이러면서도 벼슬을 할

임하였다.

1219. 《고금사문유취외집(古今事文類聚外集)·노관부(路官部)》

1220. 공도보(孔道輔): 송(宋) 곡부(曲阜) 출신으로 자가 원로(原魯)이다. 좌정언(左正言), 운주지주사(鄆州知州事) 등을 역임하였다.

1221. 《송사(宋史)·공도보전(孔道輔傳)》

1222. 조변(趙抃): 송(宋) 인종(仁宗), 신종(神宗) 때의 관리로 자(字)는 열도(閱道)이다. 청백리로 이름을 날렸다. 벼슬은 태자소보(太子少保)에 이르렀다.

1223. 《송사(宋史)·조변전(趙抃傳)》

1224 강정(康定): 북송(北宋) 인종(仁宗)의 연호(1040)이다.

1225. 정향(程珦): 송(宋) 낙양(洛陽) 출신으로 자가 백온(伯溫)이다. 정호(程顥), 정이(程頤)의 부친으로 황피위(黃陂尉), 태중대부(太中大夫) 등을 역임하였다.

1226. 《산당사고(山堂肆考)·신직(臣職)》

1227. 수판(手版): 홀(笏)의 별칭이다. 한위(漢魏) 이전에는 '홀'이라고 하였고, 진송(晉宋) 이후로는 주로 '수판'이라고 하였다. '판(版)'은 '판(板)'으로도 쓴다.

수 있겠소? 사람을 죽여서 남에게 잘 보이는 짓을 나는 할 수 없소."라고 말하였다. 왕규가 잘못을 깨우쳤고 죄수는 죽지 않게 되었다.

有囚法不當死, 轉運使王逵欲深治之. 先生與之辯, 不聽, 則置手板歸, 取告身委而去之曰, 如此尙可仕乎? 殺人以媚人, 吾不爲也. 逵悟, 囚得不死.[1229]

시험에 응시하고 싶지 않다.[불원고교(不願考校)]

송(宋) 영종(寧宗)[1230] 시기에 '거짓 학문[위학(僞學)[1231]]'을 추구하는 무리들을 기용하는 것을 금지하였다. 향시(鄕試) 때가 되면 조사(漕司)[1232]가 기한 이전에 이력서[가장(家狀)[1233]]를 가져다 '도학을 하는 사람이 아니다'라는 다섯 글자를 반드시 쓰게 하였다. 무주추관(撫州推官) 시중행(柴中行)[1234]이 홀로 조사에게 견해를 밝혀 말하였다. "어려서부터 《역경》을 공부하면서 정이(程頤)의 《역전》을 공부하였는데, 거짓 학문인지 아닌지에 대해서는 미처 마음을 두지 않았습니다. 만약 거짓 학문이라고 한다면 시험에 응시하고 싶지 않습니다."라고 하였다. 선비들의 여론이 그를 장하게 여겼다.

宋寧宗時禁用僞學之黨, 會鄕試漕司前期取家狀, 必令書以不是僞學人五字. 撫州推官柴中行獨申漕司云, 自幼習易, 讀程氏易傳, 未委是與不是僞學. 如以爲僞, 不願考校. 士論壯之.[1235]

말을 팔고 고향으로 돌아가다.[육마귀향(鬻馬歸鄕)]

범중엄(范仲淹)[1236]이 광덕군사리(廣德軍司理)일 때에 날마다 송사 문건을 가지고 태수와 시비를 다투었다. 태수가 심히 화를 내며 그를 대했지만 공은 굽히지 않았고 매번 청사로 돌아가면 반드시 태수와 주고받으며 변론했던 말들을 병풍에 적어 놓았다. 관직을 그만둘 때가 되자 글자를 적어 넣을 공간이 없을 정도였다. 가난하여 겨우 말 한 마리뿐이었는데 말을 팔고 걸어서 고향으로 돌아갔다.

范仲淹爲廣德軍司理, 日抱其獄與太守爭是非. 守盛怒臨之, 公不爲屈, 每歸廨, 必記往復辨論之說于屛上. 比及去官, 至字無所容. 貧止一馬, 鬻馬徒步而歸.[1237]

변방의 일을 특별히 묻다.[변사특방(邊事特訪)] 송(宋) 양호(梁顥)[1238]가 대명부관찰추관(大名府觀察推官)일 때에 진종(眞宗)[1239]이 대명부에 행차하여 여러 신하들에게 변방의 일을 물었다. 양호가 이 일로 상소를 올리자 당시 사람들의 의론이 훌륭하게 여겼다.

宋梁顥爲大名府觀察推官, 眞宗幸大名, 訪群臣邊事. 顥因上疏, 時論偉之.[1240]

옥사에 그 억울함을 살피다.[옥찰기원(獄察其冤)]

송(宋) 진전(陳戩)[1241]이 회주사리(懷州司理)일 때에

1228. 고신(告身): 관원(官員)의 임명 사령장을 가리킨다.

1229. 《송사(宋史)·주돈이전(周敦頤傳)》

1230. 영종(寧宗): 남송(南宋) 제4대 황제로 재위 기간은 1195-1224년이다.

1231. 위학(僞學): 송(宋)나라 때 한탁주(韓侂胄)가 정권을 잡은 뒤 자신과 뜻을 달리하는 주희(朱熹)와 조여(趙汝) 등을 제거하기 위해 도학(道學)을 폄하하여 일컬은 말이다.

1232. 조사(漕司): 남송 때 전운사(轉運使)를 개칭한 이름이다.

1233. 가장(家狀): 직계존속 3대와 개인 이력·관적·나이·용모 등, 가문과 개인의 이력을 상세하게 기술한 글이다.

1234. 시중행(柴中行): 송(宋) 여간(餘干) 출신으로 자가 여지(與之)이다. 우문관수찬(右文館修撰)을 지냈다.

1235. 《송사(宋史)·시중행전(柴中行傳)》

1236. 범중엄(范仲淹): 송(宋)의 정치가이며 문학가로 자가 희문(希文)이다. 참지정사(參知政事), 섬서사로안무사(陝西四路按撫使) 등을 역임하였고, 구양수(歐陽修) 등과 개혁 정책을 추진하였다. 시호가 문정(文正)이다.

1237. 《송명신언행록(宋名臣言行)·범중엄(范仲淹)》

1238. 양호(梁顥): 송(宋) 운주(鄆州) 출신으로 자가 태소(太素)이다. 한림학사(翰林學士), 권지개봉부(權知開封府) 등을 역임하였다.

1239. 진종(眞宗): 송(宋) 제3대 황제로 재위 기간은 998-1022년이다.

1240. 《송사(宋史)·양호전(梁顥傳)》

1241. 진전(陳戩): 송(宋) 송계(松溪) 출신으로 자가 충휴(沖休)이다. 감찰어사(監察御使), 급사중(給事中) 등을 역임하였다.

법을 적용하는 것이 공평하고 적절하였다. 속현(屬縣)에서 도둑을 잡아 주의 감옥에 올려보내자 공은 이미 그가 억울하다는 것을 파악하였는데 현위가 인척들을 끼고서 사사로이 공에게 청탁을 하였다. 공이 정색을 하며 "죄 없는 사람을 죽여 상을 바라는 것이 편안한가?"라 말하고 결국 그를 석방해 주자 사람들이 더욱 그의 훌륭함을 알게 되었다.

宋陳戩爲懷州司理, 用法平允. 屬縣得盜, 上之州獄, 公已得其冤狀, 而尉挾姻黨, 私請于公. 公正色曰, 殺無罪以希賞, 安乎? 遂釋之, 人益知其賢.[1242]

왕평(王平)[1243]은 자가 보형(保衡)으로 장성(章聖)[1244] 초엽에 허주사리(許州司理)가 되었다. 마을에서 여자가 나귀를 타고 혼자 가는데 강도가 밭 사이에서 그녀를 죽이고 옷을 벗겨 달아났다. 나귀가 도망가자 밭 옆의 집에서 잡아 묶어 놓았는데 아전이 체포하고 나귀를 찾아 여자를 죽인 자라고 지목하였다. 사리(司理) 보형(保衡)이 마음으로 심히 의심이 들었는데 주의 장수가 서둘러 문서를 갖추어 옥사를 판결하려 하자 보형이 더욱 굳세게 주장하였다. 며칠 후 하남(河南)에서 도망친 자가 허주(許州)로 왔는데 조사해 보니 바로 여자를 죽인 자였다. 주의 장수가 "사리(司理)가 아니었다면 자칫 사람을 잘못 죽일 뻔 했소."라고 사과하였다.

王平, 字保衡, 章聖初爲許州司理. 里中女乘驢單行, 盜殺諸田間, 褫其衣而去. 驢逸, 田旁家收繫之, 吏捕得驢, 指爲殺女子者. 理保衡意疑甚, 州將趣具獄, 保衡持益堅. 數日河南逃移至許, 劾之, 乃實殺女子者. 州將謝曰, 微司理, 幾誤殺人.[1245]

이윤량(李允良)의 간교함을 적발하다.[발윤량간(發允良姦)] 송(宋) 왕주(王疇)[1246]가 황우(皇祐)[1247] 연간에 개봉부추관(開封府推官)이 되었는데 내시 이윤량(李允良)이 호소하기를, 자신의 숙부가 죽었는데 원수에 의해 독살당한 것 같다고 하면서 관을 열어 검사해 줄 것을 청탁하였다. 왕주가 말하기를, "이윤량이 간교함을 부리는 것은 아닌지 어찌 알겠소?" 끝까지 조사해 보니 과연 그러하였다.

宋王疇, 皇祐中爲開封府推官, 內侍李允良訴, 其叔父死, 疑爲仇家所毒, 請發棺檢視. 疇曰, 安知非允良有姦. 窮治之, 果然.[1248]

냉청(冷淸)의 죄를 다스리다.[치냉청죄(治冷淸罪)] 한강(韓絳)[1249]이 개봉부추관(開封府推官)일 때에 냉청이라는 남자가 스스로 이르기를, 어머니가 궁중에서 임신하여 민간에서 자신을 낳았다고 하며 황태자를 사칭하였다. 도성 사람들이 모여서 보고는 자못 의심스러워하였다. 포졸이 그를 붙잡아 심문하니 사실이 아니었는데 단지 가까운 고을에 억류시키는 데 그쳤다. 공이 상소문을 올리면서 기존 관례를 인용하였는데 상주하여 주장한 것이 매우 적절하였다. 냉청이 결국 죄를 자복하였다.

韓絳爲開封府推官, 有男子冷淸自謂, 母娠宮中, 生民間, 稱皇太子. 都人聚觀, 頗以爲疑. 吏收捕驗問, 無實, 猶止羈置近郡. 公上疏, 引成方遂事[1250], 論奏甚切. 淸遂伏罪.[1251]

봉록을 나누어 친족들을 돕다.[분봉섬족(分俸贍族)]

1242.《산당사고(山堂肆考)·신직(臣職)》

1243. 왕평(王平): 내력이 자세하지 않다.

1244. 장성(章聖): 송(宋) 제3대 황제인 진종(眞宗: 998-1022 재위)의 시호(諡號)이다.

1245. 송(宋) 왕명청(王明淸)《휘주후록(揮麈後錄)》권6.

1246. 왕주(王疇): 송(宋) 조주(曹州) 출신으로 자가 경이(景彝)이다. 한림학사(翰林學士), 추밀부사(樞密副使) 등을 역임하였다.

1247. 황우(皇祐): 북송(北宋) 인종(仁宗)의 연호(1049-1053)이다.

1248.《송사(宋史)·왕주전(王疇傳)》

1249. 한강(韓絳): 송(宋) 개봉(開封) 출신으로 자가 자화(子華)이다. 왕안석(王安石)을 추종하였으며 그의 실각 후 재상이 되어 신법을 유지하였다. 강국공(康國公)에 봉해졌다.

1250. 성방수사(成方遂事): 기존의 처방과 이미 이루어진 일, 즉 기존 관례를 가리킨다.

송(宋) 주요경(周堯卿)[1252]이 형주사리참군(衡州司理參軍)을 지냈는데 관직에 있는 동안 직분을 다하였다. 봉록이 비록 적었지만 반드시 나누어 친족과 친구들을 도우면서 조금도 아까워하지 않았다.

宋周堯卿爲衡州司理參軍, 居官盡職. 俸祿雖簿, 必分以贍宗族朋友, 不少吝惜.[1253]

곡식을 비축했다가 군대에 공급하다.[적곡궤군(積穀饋軍)] 송(宋) 유헌경(俞獻卿)[1254]이 소주군사추관(昭州軍事推官)을 지냈는데 전부터 소주에서는 돈을 수만 꿰미를 저축해 놓고 있었다. 유헌경이 그것을 다 써서 곡물을 사들이니[평적(平糴)[1255]] 곡식 수만 섬이 쌓이게 되었다. 뒤에 대군이 쳐들어왔지만 그 덕에 군대에 공급할 수 있었다.

宋俞獻卿爲昭州軍事推官, 初州積緡錢鉅萬. 獻卿盡用平糴, 至積穀數萬. 後大兵至, 賴以饋軍.[1256]

수재(水災)에 대해 논하다.[논수재(論水災)] 송(宋) 영종(英宗)[1257]이 수재(水災) 때문에 직언을 구하였다. 소주추관(蘇州推官)인 포종맹(蒲宗孟)[1258]이 상소문을 올려 "신하는 음기의 형상이고 부녀자는 음기의 부류이며, 무기는 음기의 물체이고 환관은 음기의 나머지이며, 간신은 음기의 극치이고 간교한 자는 음기의 근본이며, 사방 오랑캐는 중국의 음기입니다. 장마의 변고는 대개 이 일곱 가지가 초래하는 것입니다."라고 아뢰었다.

宋英宗以水災求直言. 蘇州推官蒲宗孟上疏曰, 臣陰象, 婦女陰類, 兵陰物, 閹宦陰之餘, 姦臣陰之極, 邪佞陰之本, 四夷中國之陰. 雨潦之變殆爲七者所召也.[1259]

병을 핑계로 사직하고 귀향하다.[탁질이귀(托疾而歸)] 송(宋) 영주사리(永州司理) 유예(劉芮)[1260]가 옥사를 국문하다가 법률 담당자에게 논박을 당했다. 유예가 "지금 보건대 논박하는 이의 취지는 옛사람들의 마음 씀씀이와 크게 다릅니다. 예로부터 오로지 죽을 길에서 살 길을 찾아 준다는 말은 들었어도 살 길에서 죽을 길을 찾는다는 말은 들어보지 못 했소."라 말하고 병을 핑계 대고 귀향하였다.

宋永州司理劉芮鞫獄, 爲法家疏駁. 芮謂, 今觀, 疏駁者之設意, 大與古人用心不同. 從古惟聞死中求生, 不聞生中求死. 托疾而歸.[1261]

문서를 덮으며 탄식하다.[폐서이탄(廢書而歎)] 송(宋) 구양관(歐陽觀)[1262]은 여릉(廬陵) 출신으로 진사시험에 급제하여 면주(綿州), 수주(隨州), 영주(穎州) 등 세 주의 추관을 역임하였다. 명절에 제사를 지낼 때마다 반드시 눈물을 흘리며 "제사를 지내면서 음식을 풍성하게 하는 것보다 살아 계셨을 때 잘 모시는 것이 나았을 것을."이라고 말하였다. 늘 밤에 촛불을 켜 놓고 공문서를 처리하다가 자주 문서를 덮으며 탄

1251. 《송사(宋史)·한강전(韓絳傳)》
1252. 주요경(周堯卿): 송(宋) 영명(永明) 출신으로 자가 자유(子俞)이다. 태상박사(太常博士)를 지냈다.
1253. 《송사(宋史)·주요경전(周堯卿傳)》
1254. 유헌경(俞獻卿): 송(宋) 흡(歙) 출신으로 자가 간신(諫臣)이다. 형부시랑(刑部侍郎), 항주지주사(杭州知州事) 등을 역임하였다.
1255. 평적(平糴): 흉년에 대비하여 관청에서 곡식을 사들여 비축해 두는 것이다.
1256. 《송사(宋史)·유헌경전(俞獻卿傳)》
1257. 영종(英宗): 송(宋) 제5대 황제로 재위 기간은 1064-1067년이다.
1258. 포종맹(蒲宗孟): 송(宋) 낭주(閬州) 출신으로 자가 전정(傳正)이다. 한림학사(翰林學士), 상서좌승(尙書左丞) 등을 역임하였다.
1259. 《동도사략(東都事略)·포종맹전(蒲宗孟傳)》
1260. 유예(劉芮): 송(宋) 동평(東平) 출신으로 자가 자구(子駒)이다. 영주사리(永州司理)를 지냈다.
1261. 《호광통지(湖廣通志)·명환지(名宦志)》
1262. 구양관(歐陽觀): 송(宋) 여릉(廬陵) 출신으로 자가 중빈(仲賓)이다. 면주추관(綿州推官), 태주판관(泰州判官) 등을 역임하였다.

식하였다. 아내가 그 연유를 묻자 "이것은 사형에 관한 옥사인데 내가 그의 목숨을 구해 주려고 해도 할 수가 없구려."라고 대답하였다. 뒤에 아들인 구양수(歐陽修)가 지위가 높아져 여러 봉작을 거쳐 숭국공(崇國公)에 추증되었다.

宋歐陽觀, 廬陵人, 擧進士, 歷綿·隨·潁三州推官. 歲時祭祀, 必涕泣曰, 祭而豐, 不如養之厚也. 常夜點燭, 治官書, 屢廢書而歎. 妻問其故, 曰此, 死獄也, 我求其生而不得也. 後以子脩貴, 累贈崇國公.[1263]

다리를 허물지 않다.[불훼교(不毁橋)] 송(宋) 오보(吳輔)[1264]가 도주추관(道州推官)일 때에 마침 만료족(蠻獠族)[1265]이 소동을 일으켰다. 군의 관리들이 다리를 허물어서 성의 수비에 편리하게 하려고 하자 오보가 "교량 남쪽에 사는 사람들도 모두 우리 백성입니다. 어찌 먼저 백성을 포기하여 자신들만 안전하게 하기를 추구할 수 있겠습니까."라고 말하였다. 듣던 사람들이 그 말을 훌륭하게 여겼고 외적들도 결국 쳐들어오지 않았다.

宋吳輔爲道州推官, 會蠻獠騷動. 群僚欲毁橋梁以便城守, 輔曰, 自橋而南者, 皆吾民也. 安可先棄民, 以求自全耶. 聞者壯其言, 而寇卒不至.[1266]

연회의 모임에 가지 않다.[불부연집(不赴宴集)] 송(宋) 진준경(陳俊卿)[1267]이 소흥(紹興)[1268] 연간에 천주관찰추관(泉州觀察推官)을 지냈는데 직무에 힘쓰느라 동료들이 연회로 모여도 항상 사양하며 가지 않았다. 하루는 고을에서 불이 나 태수 왕조(汪藻)가 달려가 살피는데, 동료들은 연회 때문에 늦게 도착하였다. 힐문을 당하는데도 진준경은 "예! 예!"라고 대답하며 몸을 굽혀 사죄하고 있었다. 얼마 뒤 태수가 실정을 알고는 연유를 묻자 진준경이 "저는 동료들이 가는 것을 막지 못 하였는데 또 차마 자기를 해명하느라 그들의 죄를 무겁게 할 수 있겠습니까."라고 대답하자 왕조가 탄복하였다.

宋陳俊卿, 紹興中爲泉州觀察推官, 服勤職事, 同僚宴集, 恒謝不往. 一日郡中失火, 太守汪藻走視, 同僚以宴會後至. 被詰問, 俊卿唯唯推謝[1269]. 已而, 守知其實, 問故, 俊卿曰, 某不能止同僚之行, 又忍自解, 以重人之罪乎. 藻歎服.[1270]

독우 督郵[1271]

· 한(漢)나라 때에 두었는데 속현(屬縣)을 감독하는 일을 맡았다. 동부(東部), 서부(西部), 남부(南部), 북부(北部), 중부(中部)를 두어 오부(五部)라고 하였는데 허물을 감독하는 것이다. 그래서 독우(督郵)는 공조(功曹)[1272]의 최고 지위이다.

漢有之, 掌監屬縣. 有東西南北中部, 謂之五部, 督郵也. 故督郵, 功曹之極位.[1273]

1263. 《산당사고(山堂肆考)·신직(臣職)》
1264. 오보(吳輔): 송(宋) 남검주(南劍州) 출신으로 도주추관(道州推官)을 지냈다.
1265. 만료족(蠻獠族): 중국 서남방에 거주하던 소수민족의 이름이다.
1266. 《호광통지(湖廣通志)·명환지(名宦志)》
1267. 진준경(陳俊卿): 송(宋) 흥화군(興化郡) 출신으로 자가 응구(應求)이다. 중서사인(中書舍人), 상서우복야(尚書右僕射) 등을 역임하였다.
1268. 소흥(紹興): 남송(南宋) 고종(高宗)의 연호(1131-1162)이다.
1269. '推謝'는 《송사(宋史)·진준경전(陳俊卿傳)》에는 '摧謝'로 되어 있다.
1270. 《송사(宋史)·진준경전(陳俊卿傳)》
1271. 독우(督郵): 태수(太守)의 보좌관으로 속현(屬縣)을 관할·순찰하며 관리의 과실을 조사하는 업무를 맡았다.
1272. 공조(功曹): 한대(漢代)에 군의 속리(屬吏)로 문서를 관장하던 공조참군(功曹參軍)의 약칭이다.

향례(饗禮)[1274]에서 술잔을 받들다.[향회봉굉(鄕會奉觥)] 구양흡(歐陽歙)[1275]이 여남태수(汝南太守)가 되었는데 여남의 풍속은 10월에 향례(饗禮)를 행하는데 백 리 안의 현에서 모두 소고기와 술을 가지고 와서 잔치를 열고 술을 마셨다. 향례가 끝나자 구양흡이 교령(敎令)을 내려, "서군독우(西郡督郵) 요연(繇延)은 타고난 자질이 충성스럽고 곧으니 조정에 추천해야 할 것이다."라고 하였다. 주부(主簿)가 교령을 읽자 공조(功曹) 질운(郅惲)[1276]이 앞으로 나서 "요연은 천성이 탐욕스럽고 간사하며 윗사람을 속이고 남을 해칩니다. 명부(明府)[1277]께서는 악을 선이라 하시고 측근들은 곧음으로 굽음을 따르니 제가 감히 재배하고 술잔을 받들겠습니다."라고 말하였다. 구양흡이 부끄러워하며 말할 바를 알지 못하자 문하연(門下椽) 정경(鄭敬)이 나서서 아뢰었다. "주군이 명철하면 신하가 정직합니다. 공조(功曹)가 간절하고 곧은 것은 명부의 덕입니다. 잔을 받지 않을 수 있겠습니까." 구양흡이 "나의 잘못이오. 공경히 잔을 받겠소."라고 말하였다.

歐陽歙爲汝南太守, 汝南俗十月鄕會, 百里內縣皆齎牛酒宴飮. 饗禮畢, 歙敎曰, 西郡督郵繇延, 天資忠貞, 宜顯之於朝. 主簿讀敎, 功曹郅惲前曰, 延資性貪邪, 罔上害人. 明府以惡爲善, 股肱以直從曲, 惲敢再拜奉觥. 歙慚不知所言, 門下椽鄭敬進曰, 君明臣直. 功曹切直, 明府德也. 可無受觥. 歙曰, 歙之罪也, 敬受觥.[1278]

번양령(繁陽令)을 쫓아내지 않다.[불축번양(不逐繁陽)] 진구(陳球)[1279]가 번양령이 되었는데 당시에 위군(魏郡) 태수가 넌지시 현에 뇌물을 요구하였다. 진구가 주지 않자 태수가 화가 나서 독우(督郵)를 때리며 진구를 쫓아내도록 하였다. 독우가 하려 하지 않으면서 "위군(魏郡)의 15성 가운데 유독 번양현만이 뛰어난 치적이 있는데 지금 그를 쫓아낸다면 장차 천하에 의론을 불러올 것입니다."라고 말하였다. 태수가 이에 그만두었다.

陳球爲繁陽令, 時魏郡守諷縣求賄. 球不與, 太守怒, 撾督郵令逐球. 督郵不肯曰, 魏郡十五城, 獨繁陽有異政, 今逐之, 將致議於天下. 太守乃止.[1280]

북해상(北海相)의 귀와 눈이 되다.[위상이목(爲相耳目)] 후한(後漢) 장숭(蔣崇)[1281]이 북해상일 때에 독우가 결원이 되어 다시 선발하게 되었는데 공조리(功曹吏)인 서몽(徐蒙)이 "할 만한 사람이 없고 오직 공조(功曹)뿐입니다."라고 하였다. 장숭은 마침내 서몽을 임명하여 현을 순시하게 하면서 "나는 독우를 귀와 눈으로 삼았소."라고 말하였다.

後漢蔣崇爲北海相, 督郵缺, 更選, 功曹吏徐蒙曰, 無可爲者, 唯功曹耳. 崇遂署蒙, 遣行縣, 謂曰, 相以督郵爲耳目也.[1282]

다스림에 큰 벼리를 세우다.[정거대강(政擧大綱)] 종이의(鍾離意)[1283]가 회계독우(會稽督郵)일 때에 태

1273. 《통전(通典)·직관(職官)》

1274. 향례(鄕禮): 주(周)나라 때 향대부(鄕大夫)가 3년에 한 번씩 향학(鄕學)의 우수한 학생을 조정에 추천하면서 베풀던 환송연을 일컫는다. 후에는 지방관이 고을에서 베푸는 일종의 경로잔치를 가리키는 말로도 쓰였다.

1275. 구양흡(歐陽歙): 후한(後漢) 천승(千乘) 출신으로 자가 정사(正思)이다. 여남태수(汝南太守), 대사도(大司徒) 등을 역임하였다.

1276. 질운(郅惲): 후한(後漢) 여남(汝南) 출신으로 자가 군장(君章)이다. 장사태수(長沙太守)를 지냈다.

1277. 명부(明府): 한나라 이후 군수(郡守)나 현윤(縣尹)을 높여 부르던 말이다.

1278. 《후한서(後漢書)·질운전(郅惲傳)》

1279. 진구(陳球): 후한(後漢) 하비(下邳) 출신으로 자가 백진(伯眞)이다. 번양령(繁陽令), 영릉태수(零陵太守) 등을 역임하였다.

1280. 《후한서(後漢書)·진구전(陳球傳)》

1281. 장숭(蔣崇): 내력이 자세하지 않다.

1282. 《후한서보일(後漢書補逸)·장숭전(蔣崇傳)》

1283. 종이의(鍾離意): 후한(後漢) 회계(會稽) 출신으로 자가 자아(子阿)이다. 상서복야(尙書僕射), 노상(魯相) 등을 역임하였다.

수를 대하고 말하였다. "천리(千里)에 다스림의 도를 세우는 것은 다만 큰 벼리를 세우는 것일 뿐입니다. 큰 벼리가 만약 세워지면 온갖 세목은 저절로 펼쳐집니다."

鍾離意爲會稽督郵, 對太守曰. 夫千里立政, 但當擧大綱. 大綱若擧, 百目自張矣.[1284]

거행하는 것이 법에 맞다.[소거응법(所擧應法)] 전연년(田延年)[1285]이 하동태수(河東太守)일 때에 윤옹귀(尹翁歸)[1286]를 전임시켜 독우(督郵)에 임명하였다. 하동(河東)의 28현을 2부(部)로 나누고 굉유(閎孺)가 분수(汾水)의 북쪽을 담당하고 윤옹귀가 분수(汾水)의 남쪽을 담당하였는데 거행하는 바를 법에 따르니 죄를 밝혀내면 속현(屬縣)의 장리(長吏)[1287]들이 비록 상해를 당해도 원한을 갖는 이가 없었다.

田延年爲河東太守, 尹翁歸徙署督郵. 河東二十八縣, 分爲兩部, 閎孺部汾北, 翁歸部汾南, 所擧應法, 得其罪辜, 屬縣長吏雖中傷, 莫有怨也.[1288]

초거독우(軺車[1289]督郵) 후한(後漢) 허경(許慶)[1290]은 집이 가난하여 군(郡)의 독우(督郵)일 때에 작은 수레를 타고 다녔다. 고을 사람들이 '초거독우(軺車督郵)'라고 불렀다.

後漢許慶家貧, 爲郡督郵, 乘牛車. 鄕里號曰, 軺車督郵.[1291]

뛰어난 매와 같다고 감탄하다.[탄여양응(歎如良鷹)] 《동관한기(東觀漢記)》의 기록이다. 조근(趙勤)[1292]은 남양(南陽) 출신이다. 태수 환우(桓虞)가 부임하였는데 섭령(葉令)인 옹패(雍霸)와 신야령(新野令)이 모두 법을 따르지 않자 이에 조근을 독우(督郵)에 임명하였다. 조근은 섭현에 이르러 옹패를 만나 현의 일을 묻지 않고 다만 고상한 대화로 그를 격려하자 옹패는 바로 인끈을 풀고 관직을 떠났다. 조근이 다시 신야현의 경내로 들어가니 현령은 옹패가 이미 관직을 떠났다는 소식을 듣고 아전을 시켜 주기(奏記)[1293]로 죄를 나열하고 또한 인끈을 반납하고 관직을 떠났다. 환우가 이에 감탄하면서 "훌륭한 관리는 뛰어난 매와 같아 토시[구(韝)[1294]]에서 내려가자마자 바로 잡는구나."라고 말하였다.

東觀漢記. 趙勤, 南陽人. 太守桓虞下車, 葉令雍霸及新野令皆不遵法, 乃署勤督郵. 到葉見霸, 不問縣事, 但高譚淸論以激勵之, 霸卽解印綬去. 勤還入新野界, 令聞霸已去, 遣吏奏記陳罪, 復還印綬去. 虞乃歎曰, 善吏如良鷹, 下韝卽中.[1295]

군현(郡縣)의 사람들이 손을 모아 공경하다.[군현염수(郡縣斂手)] 양보(諒輔)[1296]는 신군(新郡) 출신이다. 독우(督郵)일 때에 주(州)의 크고 작은 일들이 모두 거행되자 군현(郡縣)의 사람들이 손을 모아 공경

1284. 출전이 자세하지 않다.

1285. 전연년(田延年): 한(漢) 풍익(馮翊) 출신으로 자가 자빈(子賓)이다. 하동태수(河東太守), 대사농(大司農) 등을 역임하였다.

1286. 윤옹귀(尹翁歸): 한(漢) 평양(平陽) 출신으로 자가 자황(子況)이다. 동해태수(東海太守), 우부풍(右扶風) 등을 역임하였는데 청렴으로 이름이 있었다.

1287. 장리(長吏): 한(漢)나라 때 녹봉이 사백석에서 이백석 사이인 현승(縣丞), 현위(縣尉) 등 지방 장관의 보좌관을 통칭하는 말이다. 후에는 고위 관료를 지칭하는 말로 쓰였다. 녹봉이 백석 이하의 아전들은 '소리(少吏)'라고 하였다.

1288. 《한서(漢書)·윤옹귀전(尹翁歸傳)》

1289. 초거(軺車): 작고 가벼운 수레를 가리킨다.

1290. 허경(許慶): 내력이 자세하지 않다.

1291. 《후한서보일(後漢書補逸)·허경전(許慶傳)》

1292. 조근(趙勤): 내력이 자세하지 않다.

1293. 주기(奏記): 관청의 장관에게 의견을 적어 아뢰는 글이다.

1294. 구(韝): 사냥매를 올려놓는 토시이다.

1295. 《동관한기(東觀漢記)·조근전(趙勤傳)》

1296. 양보(諒輔): 후한(後漢) 신군(新郡) 출신으로 자가 한유(漢儒)이다. 군의 독우(督郵)와 오관연(五官掾) 등을 역임하였다.

하였다.

諒輔, 新郡人. 爲督郵, 州事大小, 畢擧, 郡縣斂手焉.[1297]

시어사(侍御史)의 죄를 용서하다.[대어사죄(貸御史罪)] 광무제(光武帝)가 동쪽으로 순수하다가 길이 소황(小黃)을 지나게 되었는데 한(漢) 고조(高祖)의 모후인 소령후(昭靈后)의 원릉(園陵)이 거기에 있었다. 당시에 우연(虞延)[1298]이 부(部)의 독우(督郵)로 있었는데 불러오도록 하여 직접 만나 원릉(園陵)의 일을 물었다. 우연이 움직임이 차분하고 대답하고 절하는 것이 볼만하였으며 원릉의 나무를 그 숫자까지 모두 알고 있었고 제기와 희생에 대해서도 그 도리에 매우 밝았다. 황제가 칭찬하고 우연에게 명하여 어가를 따르도록 하였다. 봉구(封丘)에 이르렀는데 성문이 작아 어가가 들어갈 수 없었다. 황제가 화를 내며 시어사(侍御史)를 매질하도록 하자 우연이 허물을 자기 탓으로 돌리며 죄가 자신에게 있다고 하였다. 황제가 "우연 때문에 시어사의 죄를 용서한다."라고 말하였다.

光武東巡, 路過小黃, 高帝母昭靈后園陵在焉. 時虞延爲部督郵, 詔呼引見, 問園陵之事. 延進止從容, 占拜可觀, 其園陵樹蘗, 皆諳其數, 俎豆犧牲, 頗曉其理. 帝善之, 勅延從駕. 到封丘, 城門小, 不容羽蓋. 上怒, 使撻侍御史, 延引咎以爲罪在督郵. 上詔曰, 以虞延故, 貸御史罪.[1299]

된서리의 벌[엄상지주(嚴霜之誅)] 한(漢) 손보(孫寶)[1300]가 경조윤(京兆尹)일 때에 입추(立秋)일로 후문(侯文)[1301]을 동부독우(東部督郵)에 임명하면서 이르기를, "오늘 새매가 처음 출격하니 마땅히 천기(天氣)를 따라 간악한 자들을 잡아 된서리의 벌을 이룰 것이다. 관할지역에 혹시 그런 사람이 있는가?"라고 하니 후문이 우러러 "그런 사람이 없다면 감히 이 직책을 헛되이 받지 않겠습니다."라고 대답하였다. 손보가 "누구인가?"라고 물으니 후문이 대답하였다. "패릉(覇陵)의 두치계(杜稚季)입니다." 손보가 "그 다음은?"이라고 묻자 후문이 대답하였다. "승냥이가 길을 차지하고 있으니 다시 여우를 물으실 것이 없습니다."

漢孫寶爲京兆尹, 以立秋日署侯文爲東部督郵曰, 今日鷹隼始擊, 當順天氣, 取姦惡以成嚴霜之誅. 掾部詎有其人乎? 文卬曰, 無其人, 不敢空受職. 寶曰, 誰也? 文曰, 覇陵杜稚季. 寶曰, 其次? 文曰, 豺狼當道, 不宜復問狐狸.[1302]

문무(文武)가 겸비되어 있습니다.[문무겸비(文武兼備)] 전연년(田延年)[1303]이 하동태수(河東太守)일 때에 현을 순행하면서 옛 아전들을 모두 불러 모으고 문재(文才)가 있는 자는 동쪽에, 무재(武才)가 있는 자는 서쪽에 서도록 하였다. 윤옹귀(尹翁歸)[1304]가 엎드려 일어나지 않으며 "문무(文武)가 겸비되어 있으니 쓰시기 나름일 뿐입니다."라고 아뢰자 그의 대답을 뛰어나게 여겨 독우(督郵)로 전임시켰다.

田延年爲河東太守, 行縣, 悉召故吏, 有文者東, 武者西. 尹翁歸伏不起曰, 文武兼備, 惟所施用. 奇其對, 徙署督郵.[1305]

어린 나이의 독우[소년독우(少年督郵)] 한(漢) 송목지(宋穆之)[1306]는 나이 20에 군(郡)의 독우(督郵)가

1297. 진(晉) 간보(干寶) 《수신기(搜神記)》 권11.

1298. 우연(虞延): 후한(後漢) 진류(陳留) 출신으로 자가 자대(子大)이다. 낙양령(洛陽令), 태위(太尉), 사도(司徒) 등을 역임하였다.

1299. 《후한서(後漢書)·우연전(虞延傳)》

1300. 손보(孫寶): 한(漢) 언릉(鄢陵) 출신으로 자가 자엄(子嚴)이다. 경조윤(京兆尹), 대사농(大司農) 등을 역임하였다.

1301. 후문(侯文): 한(漢)나라 사람으로 동부독우(東部督郵)를 지냈다.

1302. 《한서(漢書)·손보전(孫寶傳)》

1303. 전연년(田延年): 한(漢) 풍익(馮翊) 출신으로 자가 자빈(子賓)이다. 하동태수(河東太守), 대사농(大司農) 등을 역임하였다.

1304. 윤옹귀(尹翁歸): 한(漢) 평양(平陽) 출신으로 자가 자황(子況)이다. 동해태수(東海太守), 우부풍(右扶風) 등을 역임하였는데 청렴으로 이름이 있었다.

1305. 《한서(漢書)·윤옹귀전(尹翁歸傳)》

되었다. 새로 부임하는 태수를 맞이하는데 태수가 "그대는 어린 나이에 독우가 되었으니 아마 대대로 원래 아름다운 덕이 있었기 때문인가?"라고 물으니 송목지가 "군(郡)에서 명공(明公)을 우러러 공자(孔子)로 여기니 안연(顔淵)이 아니면 감히 맞이하지 못하게 하였습니다."라고 대답하였다. 태수가 그의 재주를 매우 뛰어나게 여기며 "정부(貞婦)와 효자가 가리워져 드러나지 않으니 관부에 보고하라"고 하자 송목지가 "바야흐로 지금은 성스러운 교화가 크게 행해져 가정마다 정부(貞婦)가 있고 집집마다 효자가 있습니다. 모든 집이 그러하여 이루 다 기록할 수 없습니다."라고 대답하였다. 태수가 감탄하며 말하였다. "나는 공자가 아니지만 독우(督郵)는 이른바 안회(顔回)로다."

漢宋穆之, 年二十爲郡督郵. 迎新太守, 太守問曰, 君年少爲督郵, 將因族世自有令德. 穆之曰, 郡中瞻仰明公以爲孔子, 非顔淵不敢使迎. 太守大奇其才, 問曰, 貞婦孝子隱闇未彰, 言於府. 穆之曰, 方今聖化大行, 家有貞婦, 戶有孝子. 比屋連棟, 不可勝記. 太守歎曰, 吾非仲尼, 督郵所謂顔回者也.[1307]

한 번의 식사 대접도 받지 않다.[불수일찬(不受一餐)] 후한(後漢) 문인통(聞人統)[1308]은 자가 문공(文公)이다. 군(郡)의 독우가 되었는데 집이 가난하여 말이 없어서 길을 나설 때는 짐을 메고 다녔으며 잘 때는 이불이 없어 노루 가죽을 연결하여 덮었으나 한 번도 남이 식사 대접하는 것을 받지 않았다.

後漢聞人統, 字文公. 爲郡督郵, 家貧無馬, 行則負擔, 臥則無被, 連麕皮以自覆, 不受人一餐之饋.[1309]

연조 掾曹[1310]

· 양한(兩漢)에 공조사(功曹史)가 있었는데 공로자들을 선발하고 임명하는 것을 주관하였다. 당대(唐代)에는 사공참군(司功參軍)으로 바꿔 불렀다. 공조(功曹)는 여러 아전 중의 우두머리이다. 또 사창참군(司倉參軍), 사호참군(司戶參軍), 사병참군(司兵參軍), 사법참군(司法參軍), 사사참군(司士參軍)이 있었다. 또 오관연(五官掾), 서공조(署功曹) 및 제조사(諸曹事)가 있었다.

兩漢有功曹史, 主選署功勞.[1311] 唐改曰, 司功參軍. 功曹, 衆吏之師.[1312] 又有司倉·司戶·司兵·司法·司士參軍. 又有五官掾·署功曹及諸曹事.[1313]

재상의 재질[낭묘재(廊廟才)[1314]] 손소(孫卲)[1315]는 북해(北海) 출신으로 공융(孔融)의 공조(功曹)를 지냈다. 공융이 "재상의 재질이다."라고 말하였는데 뒤에 오(吳)의 승상(丞相)이 되었다.

孫卲, 北海人, 爲孔融功曹. 融曰, 廊廟才也. 後爲吳丞相.[1316]

1306. 송목지(宋穆之): 내력이 자세하지 않다.
1307. 《후한서보일(後漢書補逸)·송목지전(宋穆之傳)》
1308. 문인통(聞人統): 내력이 자세하지 않다.
1309. 《후한서보일(後漢書補逸)·문인통전(聞人統傳)》
1310. 연조(掾曹): 관아에서 장관의 일을 돕는 하급 관리를 통칭한다.
1311. 《후한서(後漢書)·백관지(百官志)》 주(注)
1312. 《북당서초(北堂書鈔)·설관부(設官部)》
1313. 《후한서(後漢書)·백관지(百官志)》 주(注)
1314. 낭묘재(廊廟才): 낭묘(廊廟)는 궁전의 외곽 건물과 태묘(太廟), 즉 조정을 가리킨다. 따라서 '낭묘재(廊廟才)'는 나라의 중임을 맡을 인재, 즉 재상을 비유한다.
1315. 손소(孫卲): 삼국시대 오(吳)나라 북해(北海) 출신으로 자가 장서(長緖)이다. 공조(功曹), 승상(丞相) 등을 역임하였다.

친구를 사귀는 예로 대하다.[접이우례(接以友禮)]
우번(虞翻)[1317]은 회계(會稽) 출신이다. 태수 왕랑(王朗)이 공조(功曹)로 임명하고 친구를 사귀는 예로 대했다.
虞翻, 會稽人. 太守王朗命爲功曹, 接以交友之禮.[1318]

상중(湘中)의 아름다운 옥[상중임랑(湘中琳瑯)]
나함(羅含)[1319]은 자가 군장(君章)이다. 태수 사인조(謝仁祖)가 한 번 보고 '상중(湘中)의 아름다운 옥'이라고 칭찬하였다. 강하종사(江下從事)에서 주부(主簿)로 전임되었다.
羅含, 字君章. 太守謝仁祖一見, 稱爲湘中之琳瑯. 自江下從事, 轉主簿.[1320]

공의 잘못을 거론하겠습니다.[청거공과(請擧公過)]
한신경(韓神卿)[1321]이 양주녹사참군(楊州錄事參軍)일 때에 옛 재상이었던 최원(崔圓)을 섬기는데 (최원이) 주(州)의 백성인 정(丁) 아무개를 오랫동안 가까이하여 그의 집을 돌봐주기까지 하였다. 뒤에 관아에서 회의하는 날에 한신경[사록군(司錄君)[1322]]이 잰걸음으로 나와서 "공의 잘못을 거론하겠습니다. 공께서 백성과 가까이하여 그의 집에까지 이르는 것은 다스림에 해가 됩니다."라고 아뢰었다. 최원이 놀라서 사과하며 "녹사(錄事)의 말이 맞소. 내가 정말로 잘못했소."라 말하고 스스로를 벌하였다.
韓神卿爲楊州錄事參軍事, 故相崔圓, 久狎愛州民丁某, 至顧省其家. 後大衙會日, 司錄君趨以前曰, 請擧公過. 公與小臣狎, 至其家, 害於政. 圓驚謝曰, 錄事言是. 圓實過. 乃自罰.[1323]

놀라서 참군(參軍)에게 사과하다.[경사참군(驚謝參軍)] 장괴애(張乖崖)[1324]가 촉(蜀)에 있을 때 한 녹사참군(錄事參軍)이 늙고 병들어 직무를 제대로 처리하지 못하자 공이 그를 나무라며 "어찌 사직을 하지 않소."라고 말하였다. 이튿날 참군이 사직을 청하고 아울러 다음과 같이 시를 남겨 고별하였다. "가을 풍광은 모두 벼슬길처럼 각박하여, 산 색깔은 돌아가는 흥취만큼 진하지 못 하네." (공이) 놀라서 사과하며 말하였다. "내가 잘못했소. 동료 중에 시인이 있었는데 내가 알아보지를 못했구려." 마침내 만류하고 그를 추천하였다.
張乖崖在蜀, 有錄事參軍老病廢事, 公責之曰, 胡不歸. 明日參軍求去, 且以詩留別曰. 秋光都似宦情薄, 山色不如歸興濃. 驚謝之曰, 吾過矣. 同寮有詩人而吾不知. 因留而薦之.[1325]

변방에 대한 계책을 묻다.[문이변책(問以邊策)] 호칙(胡則)[1326]은 자가 자정(子正)이다. 헌주녹사참군(憲州錄事參軍)에 보임되었는데 당시에 영무(靈武)와 서하(西夏) 일대에 군대를 동원하면서 전운사(轉運使) 색상(索湘)이 호칙을 파견하여 조정에 들어가 상주하도록 하였다. 태종(太宗)[1327]이 그로 인해 변방

1316.《태평어람(太平御覽)·직관부(職官部)》
1317. 우번(虞翻): 삼국시대 오(吳) 회계(會稽) 출신으로 자가 중상(仲翔)이다. 부춘장(副春長), 기도위(騎都尉) 등을 역임하였다.
1318.《삼국지(三國志)·오지(吳志)·우번전(虞翻傳)》
1319. 나함(羅含): 동진(東晉) 계양(桂陽) 출신으로 자가 군장(君章)이다. 태수(太守), 정위(廷尉) 등을 역임하였는데, '강좌지재(江左之才)'의 칭이 있었다.
1320.《진서(晉書)·나함전(羅含傳)》
1321. 한신경(韓神卿): 당(唐) 하남(河南) 출신이다. 양주녹사참군(楊州錄事參軍), 경양령(涇陽令) 등을 역임하였다.
1322. 사록군(司錄君): 녹사참군(楊州錄事參軍)의 별칭이다.
1323.《고금사문유취외집(古今事文類聚外集)·노관부(路官部)》
1324. 장괴애(張乖崖): 송(松) 견성(鄄城) 출신인 장영(張詠)으로 '괴애'는 호이고 자가 복지(復之)이다. 추밀직학사(樞密直學士), 이부상서(吏部尙書) 등을 역임하였다.
1325.《고금사문유취외집(古今事文類聚外集)·노관부(路官部)》
1326. 호칙(胡則): 송(宋) 무주(婺州) 출신으로 자가 자정(子正)이다. 항주지주사(杭州知州事), 병부시랑(兵部侍郞) 등을 역임하였다.

에 대한 계책을 물었는데 대답이 마음에 들었다. 태종이 측근들을 돌아보며 "주현(州縣)에 어찌 사람이 없겠는가."라 말하며 마침내 중서성(中書省)에 그의 성명을 기록해 두도록 하였다.

胡則, 字子正. 調憲州錄事參軍, 時靈夏用兵, 轉運使索湘遣則入奏. 太宗因問以邊策, 對稱旨. 帝顧左右曰, 州縣豈乏人. 遂令記姓名中書.[1328]

벗을 얻은 것을 기뻐하다.[희득우(喜得友)] 기국공(祁國公) 두연(杜衍)[1329]이 영흥군(永興軍)을 맡았을 때 지한(之翰) 손보(孫甫)[1330]를 사록(司錄)에 임명하고 일을 한결같이 그에게 맡겼다. 손보가 탄식하면서 "나를 이런 식으로 대하시니 떠나야 하겠습니다."라고 말하자 기국공이 그에게 사과하였다. 이에 조용히 당시의 급선무를 진술하자 기국공이 "벗을 얻은 것을 기뻐하노라."라고 말하였다.

杜祁公知永興軍, 辟孫甫之翰司錄, 事一以委之. 公歎曰, 待我以此, 可以去矣. 祁公爲謝之. 乃從容陳當世之務, 祁公曰, 喜得友矣.[1331]

북을 울리며 갖옷을 벗기다.[명고철구(鳴鼓撤裘)] 위랑(魏朗)[1332]이 태수를 따라 봄 순행[행춘(行春)[1333]]을 하다가 건물 밖에서 자게 되었는데 시절에 느낌을 받아 뜻이 격동되어 한밤중에 길게 탄식을 하였다. 태수가 아침이 되어 지난밤 탄식한 자가 누구인지를 물었다. 주부(主簿)가 "서좌(書佐)[1334] 위랑(魏朗)이었습니다."라고 아뢰었다. 태수는 이 일로 위랑이 초연한 뜻을 가지고 있음을 알았다. 공조좌(功曹佐)로 전임되었는데 정월 초하루에 연사(掾史)와 조회에 참여하게 되었다. 당시에 공조리(功曹吏) 고흡(顧翕)이 갖옷을 입고 조복(朝服)을 걸치자 위랑이 갖옷은 신하의 복장이 아니어서 고흡이 불경하다고 하면서 포졸에게 명하여 벗기도록 하였다. 고흡이 화를 내며 듣지 않고 손으로 포졸을 때렸다. 위랑이 오른손으로 북을 울리고 왼손으로 갖옷을 벗기며 태수에게 아뢰니 이르기를, "위랑은 조정에 서서 안색을 바로 하고 굽히지 않을 절개가 있다."라 하고 마침내 고흡을 물리치고 위랑으로 대신하게 하였으나 위랑은 병을 핑계대고 가지 않았다.

魏朗從太守行春, 寢於閤外, 感時志激, 中夜長歎. 府君朝問, 昨歎息者是誰. 主簿曰, 書佐魏朗. 府君由是知朗有凌雲之志. 轉功曹佐, 正旦與掾史上朝. 時功曹吏顧翕被裘以加朝服, 朗以裘非臣服, 翕不敬, 勅卒撤去. 翕恚而不聽, 以手毆卒. 朗右手鳴鼓, 左手撤裘, 以聞府君, 曰朗當朝正色, 有不撓之節. 遂退翕以朗代之, 朗辭病不就.[1335]

인륜(人倫)을 좋아하다.[호인륜(好人倫)] 방통(龐統)[1336]이 군공조(郡功曹)가 되었는데 본성이 인륜을 좋아하여 길러주고 봉양하는 데에 힘썼고 매번 칭찬하는 것이 그 사람의 재능보다 지나친 경우가 많았다. 당시 사람들이 이상하게 여기자 방통이 말하였다. "오늘날 천하가 크게 어지럽고 정도가 쇠퇴하여 선인이 적고 악인이 많습니다. 바야흐로 풍속을 일으키고 도덕을 장려하고자 하는데 그 말을 아름답게 하지 않

1327. 태종(太宗): 송(宋) 제2대 황제로 재위 기간은 976-997년이다.
1328. 《송사(宋史)·호칙전(胡則傳)》
1329. 두연(杜衍): 송(宋) 월주(越州) 사람으로 자가 세창(世昌)이다. 옥사를 잘 다루었고 일처리가 분명하였다. 동평장사(同平章事)를 역임하였고 태자소사(太子少師)로 치사하였으며 기국공(祁國公)에 봉해졌다.
1330. 손보(孫甫): 송(宋) 양적(陽翟) 출신으로 자가 지한(之翰)이다. 하북도전운사(河北都轉運使), 시독(侍讀) 등을 역임하였다.
1331. 《송사(宋史)·손보전(孫甫傳)》
1332. 위랑(魏朗): 후한(後漢) 회계(會稽) 출신으로 자가 소영(少英)이다. 구진도위(九眞都尉), 상서(尙書) 등을 역임하였다.
1333. 행춘(行春): 관리가 봄에 관할 지역을 순시하는 일을 가리킨다.
1334. 서좌(書佐): 문서나 기록을 맡아보던 관원이다.
1335. 《태평어람(太平御覽)·직관부(職官部)》
1336. 방통(龐統): 한말(漢末) 양양(襄陽) 출신으로 자가 사원(士元)이다. 제갈량(諸葛亮)의 추천으로 유비의 군사(軍師)가 되었다.

으면 명성이 족히 추앙되지 않아 선을 행하는 자가 적어집니다. 열 명을 뽑아서 다섯 명을 잃더라도 오히려 그 반을 얻는 것이니, 뜻이 있는 사람들로 하여금 스스로 힘쓰게 하려는 것이오."

龐統爲郡功曺, 性好人倫, 勤於長養, 每所稱述, 多過其才. 時人怪之, 統曰, 當今天下大亂, 雅道陵遲, 善人少而惡人多. 方欲興風俗, 長道業, 不美其談, 卽聲名不足慕企, 而爲善者, 少矣. 今拔十失五, 猶得其半, 使有志者自勵.[1337]

삼첩지명(三牒之命)[1338]으로 표창하다.[현이삼첩(顯以三牒)] 진(晉) 오규(吳逵)[1339]는 온 집안이 어른과 아이 해서 13명이 죽자 품을 팔아가면서 3년 동안에 일곱 좌의 묘와 13개의 관을 완성하였다. 태수 장숭지(張崇之)가 그의 절조를 칭찬하고 불러 공조(功曺)로 삼았으며 삼첩지명과 고안지례(羔雁之禮)[1340]로 표창하였다.

晉吳逵, 合門大小一十三人亡, 傭倩三年內, 成七墓十三棺. 太守張崇之嘉其節操, 召爲功曺, 顯三牒之命·羔雁之禮.[1341]

열 번의 임명으로 부르다.[소이십명(召以十命)] 이업(李業)[1342]은 젊어서부터 마음가짐이 맑고 깨끗하였다. 태수 유함(劉咸)이 그의 명성을 사모하여 공조(功曺)로 삼으려고 불렀다. 열 번을 임명해도 나아가지 않자 유함이 화가 나서 그를 죽이려고 하였다. 이업은 결국 수감되었지만 유함이 마침내 풀어 주었다. 《화양국지(華陽國志)》

李業, 少執志淸白. 太守劉咸慕其名, 召爲功曺. 十命不詣, 咸怒, 欲殺之. 業竟入獄, 咸乃釋之.《華陽國志》[1343]

벽으로 들어가 호랑이로 변하다.[입벽성호(入壁成虎)] 난파(欒巴)[1344]는 젊어서부터 도술을 좋아하였고 세속의 일을 하지 않았다. 당시에 태수가 직접 찾아가 공조(功曺)로 나서줄 것을 청하였고 스승과 벗의 예로 대우했다. 태수가 이르기를, "듣자하니 공조께서는 도술을 지녔다고 하시는데 좀 시험 삼아 기예를 한 가지 보여 주실 수 있는지요?"라고 하니 난파가 대답하였다. "예. 복도[평좌(平坐)[1345]]에서 바로 벽 속으로 들어가겠습니다."라고 하였다. 가물가물 구름이 피어오르는 것 같더니 순식간에 난파가 없어졌는데 벽의 밖에 있던 사람이 보니 한 마리의 호랑이로 변하였다. 사람들이 모두 놀라는데 호랑이는 바로 난파로 되돌아왔다. 하인들이 가서 호랑이를 보았는데 호랑이는 바로 난파가 변한 것이었다.

欒巴少而好道, 不修俗事. 時太守躬詣, 請屈爲功曺, 待以師友之禮. 太守曰, 聞功曺有道, 寧可試見一奇乎? 巴曰, 唯. 卽平坐, 却入壁中去. 冉冉如雲氣之狀, 須臾失巴所在, 壁外人見化成一虎. 人竝驚, 虎徑還功曺. 舍人往視虎, 虎乃巴成也.[1346]

직무를 맡아 결단하다.[당직할단(當職割斷)] 왕환(王渙)[1347]이 태수 진총(陳寵)의 공조(功曺)일 때에 직무를 맡아 결단하면서 권세가들을 피하지 않았다. 진

1337.《삼국지(三國志)·촉지(蜀志)·방통전(龐統傳)》

1338. 삼첩지명(三牒之命): 세 번 공문서를 보내 공조(功曺)의 벼슬에 임명한 것을 이르는 듯하다.

1339. 오규(吳逵): 진(晉) 오정(烏程) 출신이다.

1340. 고안지례(羔雁之禮): 훌륭한 사람을 초빙하거나 혼례, 알현 등에서 어린 양과 기러기를 예물로 쓰는 예이다.

1341.《진서(晉書)·오규전(吳逵傳)》

1342. 이업(李業): 후한(後漢) 재동(梓潼) 출신으로 자가 거유(巨游)이다. 왕망(王莽) 시기의 혼란함을 이유로 벼슬에 나가지 않았다.

1343.《화양국지(華陽國志)·재동인사(梓潼人士)》

1344. 난파(欒巴): 후한(後漢) 위군(魏郡) 출신으로 자가 숙원(叔元)이다. 황문령(黃門令), 상서(尙書) 등을 역임하였다.

1345. 평좌(平坐): 복도(複道), 각도(閣道)를 의미하는 건축용어이다.

1346.《태평광기(太平廣記)·신선(神仙)》

1347. 왕환(王渙): 후한(後漢) 광한(廣漢) 출신으로 자가 치자(稚子)이다. 연주자사(兗州刺史), 낙양령(洛陽令) 등을 역임하였다.

총이 입조하여 대사농(大司農)이 되었는데 화제(和帝)[1348]가, "군에 있을 때 어떻게 다스렸는지요?"라고 물었다. 진총이 "공조(功曹) 왕환(王渙)을 임명함으로써 뛰어나고 능력 있는 이들을 선발하게 되었습니다."라고 대답하였다. 황제가 크게 기뻐하였고 왕환은 이 때문에 이름이 알려졌다.《여남선현(汝南先賢)》

王渙爲太守陳寵功曹, 當職割斷, 不避豪右. 寵入爲大司農, 和帝聞[1349]在郡何以爲理? 寵對曰, 任功曹王渙, 以簡賢選能. 帝大悅, 渙由此顯名.《汝南先賢》[1350]

절조를 바꾸고 행동을 조심하다.[개조칙행(改操飭行)] 허소(許劭)[1351]가 군의 공조(功曹)가 되었는데 태수 서구(徐璆)가 매우 공경하였다. 부중(府中)에서 허소가 관원이 되었다는 말을 듣고 절조를 바꾸고 행동을 조심하지 않는 이가 없었다. 같은 군의 원소(袁紹)가 공족(公族)으로 호탕하였는데 복양령(濮陽令)을 그만두고 귀향하면서 수레와 사람이 매우 많았다. 장차 군의 경내로 들어오게 되자 빈객들을 사절하여 물리치며 "나의 수레와 의장을 어찌 허선생에게 보게 할 수 있겠는가."라 말하고 수레 한 대로 돌아왔다.

許劭爲郡功曹, 太守徐璆甚敬之. 府中聞子將爲吏, 莫不改節飭行. 同郡袁紹, 公族豪俠, 去濮陽令歸, 車徒甚盛. 將入郡界, 乃謝遣賓客曰, 吾輿服, 豈可使許子將見. 遂以單車歸來.[1352]

나라를 다스릴 기량이 있다.[유간국기(有幹國器)] 잠질(岑晊)[1353]은 뛰어난 재능이 있었다. 임종(林宗) 곽태(郭太)와 공숙(公叔) 주목(朱穆) 등이 모두 벗이었고 이응(李膺)과 왕양(王暢)은 그가 나라를 다스릴 기량이 있다고 칭송하였다. 비록 시골에 있어도 호기롭게 천하를 바로잡을 뜻을 지니고 있었는데 태수인 홍농(弘農)의 성진(成瑨)이 부임하면서 위엄을 떨치고자 하여 잠질의 고상한 명망을 듣고 초청하여 공조로 삼았다.

岑晊有高才. 郭林宗·朱公叔等皆爲友, 李膺·王暢稱其有幹國器. 雖在閭里, 慨然有董正天下之志, 太守弘農成瑨下車, 欲振威嚴, 聞晊高名, 請爲功曹.[1354]

세상에서 특별한 선비[해내기사(海內奇士)] 장홍(臧洪)[1355]이 태수 장초(張超)의 공조(功曹)가 되었는데 장초의 형인 장막(張邈)이 장초에게 "듣자하니 동생은 태수인데도 다스림과 교화, 위엄과 은혜가 자신에게서 나오지 않고 매번 장홍에게 맡긴다고 하는데 장홍이라는 자는 어떤 사람인가?"라고 물으니 장초가 대답하였다. "장홍은 재능과 지략이 저보다 뛰어나 제가 매우 좋아합니다. 세상에서 뛰어난 선비입니다." 장막이 장홍을 불러들여 만나서 그와 말을 나누고 매우 특별하게 여겼다.

滅洪[1356]爲太守張超功曹, 超兄邈謂超曰, 聞弟爲郡守, 政教·威恩不由己出, 動任滅洪, 洪者何人? 超曰, 洪才略智數優超, 超甚愛之. 海內奇士也. 邈引見洪, 與語, 大異之.[1357]

정색하고 간절하게 충고하다.[정색고간(正色苦諫)] 진(晉) 임욱(任旭)[1358]은 임해(臨海) 출신이다. 군수인 장수(蔣秀)가 그의 명망을 칭송하면서 초청하여 공조(功曹)로 삼았다. 장수가 관직 생활이 탐욕스럽자 임욱이 정색하고 간절하게 충고하였다. 한참 후에

1348. 화제(和帝): 후한(後漢) 제4대 황제로 재위 기간은 89-105년이다.
1349. 《유원총보》의 '聞'은 '問'의 오자이다.[《후한서(後漢書)·왕환전(王渙傳)》]
1350. 《후한서(後漢書)·왕환전(王渙傳)》
1351. 허소(許劭): 후한(後漢) 여남(汝南) 출신으로 자가 자장(子將)이다. 여러 번 관직에 초빙되었으나 나아가지 않았다.
1352. 《후한서(後漢書)·허소전(許劭傳)》
1353. 잠질(岑晊): 후한(後漢) 극양(棘陽) 출신으로 자가 공효(公孝)이다. 공조(功曹)를 지냈다.
1354. 《후한서(後漢書)·잠질전(岑晊傳)》
1355. 장홍(臧洪): 후한(後漢) 광릉(廣陵) 출신으로 자가 자원(子源)이다. 즉구장(即丘長), 청주자사(清州刺史) 등을 역임하였다.
1356. 《유원총보》의 '滅洪'은 '臧洪'의 오류이다.[《후한서(後漢書)·장홍전(臧洪傳)》]
1357. 《후한서(後漢書)·장홍전(臧洪傳)》

장수가 일에 연루되어 수감되었다. 임욱이 낭패스러워하면서 병영에서 전송하자 장수가 탄식하며 "임공조(任功曺)는 참된 사람이다. 내가 그의 직언을 어겨서 이 지경에 이르렀다."라고 말하였다.

晉任旭, 臨海人. 郡將蔣秀嘉其名, 請爲功曺. 秀居官貪穢, 旭正色苦諫. 久之秀坐事被收. 旭狼狽營送, 秀歎曰, 任功曺, 眞人也. 吾違其讜言, 以至於此.[1359]

의롭지 못한 자와 발길을 끊다.[불의소적(不義掃迹)] 범방(范滂)[1360]이 공조(功曺)를 지냈는데 엄정하고 악을 미워하였다. 혹시 행실이 효도와 공손을 어기거나 인의(仁義)를 따르지 않는 자가 있으면 모두 발길을 끊고 내쳐서 함께 조정에 서지 않았으며 뛰어난 절개를 지닌 이를 드러내 추천하고 숨어 있는 이들을 발탁하였다.

范滂爲功曺, 嚴正疾惡. 其有行違孝弟, 不軌仁義者, 皆掃迹斥逐, 不與共朝, 顯薦異節, 抽拔幽陋.[1361]

간악한 아전들이 관직에서 물러나다.[간리인거(姦吏引去)] 위(魏) 원환(袁渙)[1362]은 맑고 고요함을 좋아하였으며 움직임은 반드시 예에 따랐다. 군에서 공조(功曺)로 임명하니 군 안의 간악한 아전들이 모두 관직에서 스스로 물러났다.

魏袁渙好淸靜, 擧動必以禮. 郡命爲功曺, 郡中姦吏, 皆自引去.[1363]

그가 굽히지 않을 것을 알다.[지기불굴(知其不屈)] 영천태수(潁川太守)가 유곤(庾袞)[1364]을 불러 공조(功曺)로 삼으려고 하자 유곤은 부역(賦役)하는 자의 옷을 입은 채 가래를 잡고 도끼를 메고서 수레가 준비되기를 기다리지 않고 길을 나섰다. 아뢰기를, "잡역부의 일을 받고자 합니다."라고 하였다. 태수가 수레를 장식하여 맞이하자 유곤은 뒷걸음질하며 사양하고 걸어서 군부(郡府)에 들어갔다. 명을 받드는 자가 억지로 부축하여 수레에 오르게 하고 공조(功曺)의 관사로 안내하였다. 유곤은 자신의 수레를 가져다 거기에서 휴식을 취하는데 모습은 비록 공손하였지만 정신은 동요시킬 수 없는 기색이 있었다. 태수는 그가 굽히지 않을 것을 알고 이에 감탄하면서 "보통의 선비가 아니다. 내가 어찌 그를 꺾겠는가."라고 말하였다.

潁川太守徵庾袞爲功曺, 袞服造役之衣, 杖鍤荷斧, 不俟駕而行. 曰請受下夫之役. 太守飾車而迎, 袞逡巡辭退, 徒行入郡. 將命者遂逼扶升車, 納於功曺舍. 袞自取己車, 而寢處焉, 形體雖恭, 而神有不可動之色. 太守知其不屈, 乃歎曰, 非常士也. 吾何以降之.[1365]

말의 가슴걸이를 끊다.[절마앙(絶馬鞅)] 주장(周章)[1366]이 처음에 군의 공조(功曺)로 벼슬살이를 하였다. 당시에 두헌(竇憲)이 관군후(冠軍侯)에 봉해져 봉지에 가 있었다. 주장이 태수를 따라 봄 순행을 하다가 관군(冠軍)에 이르자 태수가 두헌을 알현하려고 하였다. 주장이 "오늘 공께서는 봄 순행을 하고 계십니다. 어찌 규정을 어기며 사사로이 교류할 수 있겠습

1358. 임욱(任旭): 진(晉) 임해(臨海) 출신으로 자가 차룡(次龍)이다. 효렴(孝廉)으로 천거되어 여러 번 관직에 초빙되었으나 나아가지 않았다.

1359. 《진서(晉書)·임욱전(任旭傳)》

1360. 범방(范滂): 후한(後漢) 여남(汝南) 출신으로 자가 맹박(孟博)이다. 청조사(淸詔使), 광록훈주사(光祿勳主事) 등을 역임하였다.

1361. 《후한서(後漢書)·범방전(范滂傳)》

1362. 원환(袁渙): 삼국(三國) 위(魏) 진군(陳郡) 출신으로 자가 요경(曜卿)이다. 낭중령(郎中令), 어사대부(御史大夫) 등을 역임하였다.

1363. 《삼국지(三國志)·위지(魏志)·원환전(袁渙傳)》

1364. 유곤(庾袞): 진(晉) 언릉(鄢陵) 출신으로 자가 숙포(叔褒)이다. 학문에 독실하였고 효성으로 이름이 났었다.

1365. 《진서(晉書)·유곤전(庾袞傳)》

1366. 주장(周章): 후한(後漢) 수(隨) 출신으로 자가 차숙(次叔)이다. 태상(太常), 사공(司空) 등을 역임하였다.

니까. 또 두헌은 초방(椒房)[1367]의 친척이니 화복(禍福)을 헤아릴 수 없습니다."라고 아뢰었다. 태수가 듣지 않고 마침내 수레에 오르자 주장이 나서서 패도를 뽑아 말의 가슴걸이를 끊으니 결국 그만두었다. 두헌이 사형을 당하게 되자 교유 관계로 죄를 얻은 자가 많았는데 태수는 다행스럽게 벗어났다.

周章, 初仕郡功曺. 時竇憲封冠軍侯, 就國. 章從太守行春, 到冠軍, 太守欲謁之. 章曰, 今日公行春. 豈可越儀私交. 且憲椒房之親, 禍福難量. 太守不聽, 遂便升車, 章前拔佩刀, 絶馬鞅, 乃止. 及憲誅, 多以交關得罪, 太守幸免.[1368]

포영(鮑永)[1369]이 공조(功曺)에 임용되었는데 당시에 시중(侍中)을 사칭하며 역참에 머물던 자가 있었다. 진흥(陳興)이 그를 뵈려고 하자 포영은 그가 사기치는 것인가 의심이 되어 충고하였으나 듣지 않고 나갔다. 진흥이 마침내 수레를 준비시켜 출발하자 포영은 이에 패도를 뽑아 말의 가슴걸이를 끊으니 그제야 그만두었다. 며칠 뒤에 왕망(王莽)의 조서가 과연 내려왔고 사칭한 자를 체포하였다. 포영은 이 일로 이름이 알려졌다.

鮑永署功曺, 時有矯稱侍中, 止傳舍者. 陳興欲謁之, 永疑其詐, 諫, 不聽而出. 興遂駕往, 永乃拔佩刀, 截馬當胸, 乃止. 後數日王莽詔書果下, 捕矯稱者. 永由是知名.[1370]

뜰 가운데에서 스스로 웃통을 벗다.[자폭정중(自曝庭中)] 양보(諒輔)[1371]는 자가 한유(漢儒)이다. 군(郡)의 오관연(五官掾)이 되었는데 군내가 크게 가물자 태수(太守)가 3일 동안 기우제를 지냈지만 보응이 없었다. 양보가 이에 뜰 가운데에서 스스로 웃통을 벗고서 "제가 군의 중요한 신하가 되어 간언을 올리거나 충성을 바치지 못했고 현자를 추천하고 악한 자를 물리치지 못했으며, 음양을 조화하지 못하고 하늘의 뜻을 받들지 못하여 천지의 보응이 이르지 않고 있습니다. 정오에 이르기까지 비가 오지 않으면 청컨대 몸으로 공적 없는 것을 때우겠습니다."라고 기원하였다. 이에 섶나무를 모아 자신을 에워쌓고 그 옆에 불을 갖춰 놓은 채 만약 정오에 비가 오지 않으면 자신을 불태우려고 하였다. 정오가 되자 비가 세차게 내렸다.

諒輔, 字漢儒. 爲郡五官椽, 郡枯旱, 太守祈禱三日, 無應. 輔乃自曝庭中, 祝曰, 輔爲郡股肱, 不能進諫納忠, 薦賢去惡, 和調陰陽, 順承天意, 令天地不格. 至日中不雨, 請以身塞無狀. 乃積薪以自環, 構火其旁, 若日中不雨, 將自焚. 至日中, 雨大作.[1372]

문서를 안고 불 속에 뛰어들다.[포서투화(抱書投火)] 후한(後漢) 왕위(王威)[1373]가 여남(汝南)의 오관연(五官掾)일 때에 태수 곽공(郭公)이 죄가 있어 징계를 받게 되자 두려워서 자살하려고 하였다. 왕위가 문서를 안고 스스로 불 속에 뛰어들어 죽자 태수가 그 죄에서 벗어날 수 있었다.

後漢王威爲汝南五官掾, 太守郭公有罪當懲, 怖欲自殺. 威抱書, 自投火中而死, 太守得解其罪.[1374]

황금으로 모두 돌려주다.[이금실환(以金悉還)] 여남(汝南) 왕신(王申)[1375]이 군의 오관연(五官掾)일 때

1367. 초방(椒房): 후비가 거처하는 궁실을 이르는 말에서 후비를 가리킨다.
1368. 《후한서(後漢書)·주장전(周章傳)》
1369. 포영(鮑永): 후한(後漢) 상당(上黨) 출신으로 자가 군장(君長)이다. 간의대부(諫議大夫), 사례교위(司隷校尉) 등을 역임하였다.
1370. 《후한서(後漢書)·포영전(鮑永傳)》
1371. 양보(諒輔): 후한(後漢) 광한(廣漢) 출신으로 자가 한유(漢儒)이다. 군의 독우(督郵)와 오관연(五官掾) 등을 역임하였다.
1372. 《후한서(後漢書)·양보전(諒輔傳)》
1373. 왕위(王威): 내력이 자세하지 않다.
1374. 《후한서보일(後漢書補逸)·왕위전(王威傳)》
1375. 왕신(王申): 내력이 자세하지 않다.

에 태수가 관가의 돈 일부를 도둑질하여 몰래 왕신에게 맡겨 놓았는데 태수가 갑자기 죽었다. 왕신이 모두 황금을 사서 그 집에 돌려주었다. 여남(汝南)에서 선현(先賢)의 화상(畵像)에 진열하려고 하자 포박자(抱朴子)가 마땅하지 않다고 하였다.

汝南王申爲郡五官掾, 太守盜割官錢, 密寄申, 太守暴亡. 申盡買黃金, 還其家. 汝南欲以列於先賢畵像, 抱朴子以爲不宜.[1376]

감창(闞敞)[1377]이 오관연(五官掾)일 때에 태수 제오상(第五常)이 30만 전을 감창에게 맡겼다. 제오상이 뒤에 죽자 그의 손자인 장경(長敬)에게 모두 돌려주었다.

闞敞爲五官椽, 太守第五常以錢三十萬寄掾. 常後卒, 其孫長敬盡還之.[1378]

모습이 무리에서 뛰어나다.[의상절중(儀狀絶衆)]

두현(竇玄)[1379]이 군의 상계리(上計吏)[1380]일 때에 조회에 수백 명이 모였는데 현의 모습이 무리에서 뛰어났다. 천자가 그의 모습을 특별하게 여겨 공주를 시집보냈다.

竇玄爲郡上計吏, 朝會數百人, 玄儀狀絶衆. 天子異其貌, 以公主妻之.[1381]

공문(孔文)이 지조를 닦다.[공부여조(孔父[1382]勵操)]

고대(高岱)[1383]는 자가 공문(孔文)이다. 젊어서부터 높은 지조를 닦아 나이 27세에 군수인 함헌(咸憲)이 불러 상계(上計)로 삼고자 하였다. 고대가 사양하며 나서지 않자 함헌이 "경은 천 권의 책을 가슴에 품고 빛을 감추고 있으니 그대를 선발하여 벼슬하게 하려는 것이오. 내가 요즈음 굽힌 채 다니며 진실로 뜻을 펴지 못하고 있지만 봉황이 날개를 펴고 용과 호랑이가 몸소 나선다면 그만둘 수 없으니 그대는 바라건대 힘쓰시오."라고 말하자 고대가 마침내 나섰다.

高岱, 字孔父. 少勵高操, 年二十七郡將咸憲辟以爲上計. 岱辭不行, 憲曰, 卿懷書千卷, 隱光藏輝, 擇君而仕. 太守今日屈行, 誠不展志, 然鳳凰舒翼, 龍虎躬步, 而不得已, 君其勉之. 岱遂行.[1384]

불러서 난대(蘭臺)[1385]에 있게 하다.[징재난대(徵在蘭臺)] 양자산(楊子山)[1386]이 군의 상계리일 때에 삼부(三府)[1387]에서 〈애뇌전(哀牢傳)〉[1388]을 지은 것이 제대로 되지 않은 것을 보고 군으로 돌아와 지어서 올리자 효명제(孝明帝)[1389]가 훌륭하게 여기고 불러서 난대에 있게 하였다.

王楊字子出爲郡上計吏見郡爲哀帝傳不成歸郡作上孝明奇之徵在蘭臺[1390]

판순(板楯)[1391]족의 반란에 대책을 올리다.[대판순

1376. 《어정연감유함(御定淵鑑類函)·설관부(設官部)》
1377. 감창(闞敞): 내력이 자세하지 않다.
1378. 《예문유취(藝文類聚)·산업부(産業部)》
1379. 두현(竇玄): 내력이 자세하지 않다.
1380. 상계리(上計吏): 지방 관청에서 호구, 조세, 소송 등을 장부로 작성하여 정부에 보고하는 일을 맡은 관리이다.
1381. 《고금사문유취후집(古今事文類聚後集)·인륜부(人倫部)》
1382. '孔父'는 명(明) 왕오(王鏊)의 《고소지(姑蘇志)·인물(人物)》에는 '孔文'으로 되어 있다.
1383. 고대(高岱): 후한(後漢) 오군(吳郡) 출신으로 자가 공문(孔文)이다. 높은 지조를 지녔고 《춘추좌전(春秋左傳)》에 뛰어났다.
1384. 《고소지(姑蘇志)·인물(人物)》
1385. 난대(蘭臺): 한대(漢代) 이후 궁중의 장서실(藏書室)을 가리키는 말이다.
1386. 양자산(楊子山): 후한(後漢) 성도(成都) 출신의 양종(楊終)으로 자가 자산(子山)이다. 교서랑(校書郎), 낭중(郎中) 등을 역임하였다.
1387. 삼부(三府): 삼공(三公)이 정무를 보는 관아를 가리킨다.
1388. 〈애뇌전(哀牢傳)〉: 운남성(雲南省)에 살던 소수민족의 기록이다.
1389. 효명제(孝明帝): 후한(後漢) 제2대 황제인 명제(明帝)로 재위 기간은 58-75년이다.
1390. 이 글은 《논형(論衡)·일문편(佚文篇)》에, "楊子山爲郡上計吏, 見三府作哀牢傳, 不能成, 歸郡作上. 孝明奇之, 徵在蘭臺"로 되어 있어, 이를 근거로 번역하였다.

반(對板楯反)] 정기(程己)[1392]는 자가 원도(元道)이다. 군의 계리(計吏)일 때에 도성에 갔는데 마침 판순족이 반란을 일으켰다. 천자가 근심하여 계리들에게 책문(策問)을 내어 방도를 시험하였다. 원도(元道)가 대책을 올리기를, "판순족은 본래 충성스럽고 용맹하여 공을 세웠으니 전한(前漢) 시기의 의로운 백성이었습니다. 위무(慰撫)와 구휼을 받지 못하자 반란을 일으킨 것이니 많은 군대로 상대하면 평정하지 못할 것은 없겠지만, 현능한 태수를 선발하여 위엄과 덕으로 굴복시켜 저들이 저절로 안정되게 하는 것이 나을 것입니다."라고 하였다.

程己, 字元道. 爲郡計吏至都, 會板楯反. 天子患之, 策問計吏, 考以方略. 元道對曰, 板楯本忠勇立功, 先漢之義民也. 由不蒙撫恤, 以致反亂, 重兵臨之, 無不平, 然不如選賢能太守, 服以威德, 彼自定矣.[1393]

오랑캐의 이름을 기억하다.[기호노명(記胡奴名)]

응봉(應奉)[1394]은 책을 읽을 때 다섯 줄을 함께 읽었다. 젊어서 허훈(許訓)의 계연(計掾)으로 있었는데 함께 도성에 가게 되었다. 허훈은 고을에서 출발하여 도중에 지나거나 머무르면서 만났던 장리(長吏), 빈객(賓客), 정장(亭長), 이졸(吏卒), 노복(奴僕) 등과 눈으로 보았던 것을 모두 꼼꼼하게 성명을 기록하였다. 군에 돌아와 기록을 꺼내어 응봉에게 보이자 응봉이 살펴 읽어 보고 "전에 영천(穎川)의 윤씨(綸氏) 역참에서 식사를 할 때, 정장(亭長)의 오랑캐 노복으로 이름이 녹(祿)이라는 자가 음료를 가지고 왔었는데 어찌하여 기록에 없습니까?"라고 말하자 좌중에 있던 사람들이 모두 놀랐다.

應奉讀書, 五行俱下. 少爲許訓計掾, 俱到京師. 訓自發鄕里, 在路所經, 頓宿所見, 長吏·賓客·亭長·吏卒·奴僕, 目所更見, 訓皆密疏姓名. 還郡, 出疏示奉, 奉省讀之云, 前食穎川綸氏都亭, 亭長胡奴名祿以漿來, 何不在疏? 坐中皆驚.[1395]

《유원총보(類苑叢寶)》 권17 끝

1391. 판순(板楯): 파군(巴郡) 일대에 살던 소수민족 이름이다.
1392. 정기(程己): 내력이 자세하지 않다.
1393. 《화양국지(華陽國志)·한중사녀(漢中士女)》
1394. 응봉(應奉): 후한(後漢) 남돈(南頓) 출신으로 자가 세숙(世叔)이다. 사예교위(司隸校尉) 등을 역임하였다.
1395. 《후한서보일(後漢書補逸)·응봉전(應奉傳)》

【유원총보 권 18】

관직문(官職門)

절도사 節度使

· 바로 옛날 방백이나 연수(連帥)[1]의 직책이다. 당나라 초기에 군대를 출동하여 정벌에 나서면 '대총관(大總管)'이라고 하였고, 본래의 도(道)에 있으면 '대도독(大都督)'이라고 하였다. 고종(高宗)[2] 이후로 도독으로서 사지절(使持節)[3]을 겸임한 자를 처음으로 '절도사'라고 하였다. 그러나 아직 관직명으로 삼지는 않았다. 경운(景雲)[4] 2년에 하발연사(賀拔延嗣)[5]를 하서절도사로 삼았다. 이로부터 이어서 개원(開元)[6] 연간까지 삭방(朔方)과 농우(隴右) 등의 번진에 모두 절도사를 두었다. 지방관 중에 그 비중이 이에 견줄 만한 것이 없었다.

卽古方伯連帥之職. 唐初行軍征討曰大總管, 在其本道曰大都督. 自高宗以後, 都督帶使持節者, 始謂之節度使. 然猶未以名官. 景雲二年, 以賀拔延嗣爲河西節度使. 自此接于開元, 朔方隴右等鎭, 皆置焉. 外任之重無比焉.[7]

· 당 절도사가 병부(兵部)에 가서 인사를 올리는 날, 황제는 깃발 한 쌍과 부절 한 쌍을 하사하였다. 떠날 때에는 부절을 쥐고 육독(六纛)[8]을 세우며 환관들이 길 제사를 지내 전송하였다.

唐節度使詣兵部, 辭日, 上賜雙旌雙節. 行則建節樹六纛, 中官祖道.[9]

· 살펴보건대 《황제내전(黃帝內傳)》[10]에 "현녀(玄女)[11]가 황제(黃帝)를 위해 현독(玄纛)[12] 열두 장을 제작하여 군대를 주관하게 하였다."라고 하였으니, 이 대장 깃발 '독(纛)'은 황제에게서 비롯된 것이다. 생김새는 치우(蚩尤)[13]의 머리 비슷하다.

按黃帝內傳, 玄女爲帝制玄纛十二, 以主兵. 是纛自黃帝始也. 似蚩尤首.[14]

· 당나라 때 절도사가 경내에 들어서면 주와 현에서는 절루(節樓)[15]를 세우고 북과 뿔피리로 맞이하였다. 관아의 의장대가 앞에 위치하고, 깃발들이 중간

---

1. 연수(連帥): 고대 십국(十國) 제후의 우두머리이다. 《예기(禮記)·왕제(王制)》 권11에 "10개국을 '연'이라 하는데 '연'에는 장수가 있다(十國以爲連, 連有帥)"는 말에서 유래하였다.
2. 고종(高宗): 당(唐) 제3대 황제로 재위 기간은 650-683년이다.
3. 사지절(使持節): 고대 사신으로 나갈 때는 부절(符節)을 지녀 신표로 삼았으니, 이른바 지절(持節)의 내원이다. 위진남북조 때에 지방의 군정을 담당한 관리들은 흔히 사지절(使持節)의 칭호가 더해져, 중급 이하 관리를 죽일 수 있는 권한이 주어졌다. 권한의 범위에 따라 '지절', '가절(假節)' 등으로 차등이 있었다. 수(隋), 당(唐)의 자사(刺史)들에겐 관례적으로 '사지절'의 관함이 더해졌는데, 고종 영휘(永徽) 이후 도독(都督)으로서 '사지절'의 관함을 갖게 된 이들이 절도사(節度使)라 칭해졌다.
4. 경운(景雲): 당(唐) 예종(睿宗)의 연호(710-712)이다.
5. 하발연사(賀拔延嗣): 당(唐) 하남(河南) 출신으로 탁지낭중(度支郎中), 우금오장군(右金吾將軍) 등을 역임하였다. 경운 2년 하서절도사가 되어 당대 최초로 절도사 관호를 지니게 되었다.
6. 개원(開元): 당(唐) 현종(玄宗)의 연호(713-741)이다.
7. 《산당사고(山堂肆考)·신직(臣職)·절도사(節度使)》
8. 육독(六纛): 당나라 때 절도사가 사용하던 여섯 면으로 이루어진 큰 깃발이다.
9. 《산당사고(山堂肆考)·신직(臣職)·절도사(節度使)》
10. 《황제내전(黃帝內傳)》: 작자 미상의 도가류(道家類) 서적이다.
11. 현녀(玄女): 황제(黃帝)에게 병법을 전수하여 치우(蚩尤)를 제압하게 했다는 전설상의 신녀(神女)이다.
12. 현독(玄纛): 검고 큰 깃발이다.
13. 치우(蚩尤): 전하는 내용이 일정치 않으나 대체로 황제(黃帝)와 탁록(涿鹿)에서 전투를 벌이다 패하여 죽임을 당했다고 하는 전설상의 인물이다.
14. 《산당사고(山堂肆考)·신직(臣職)·절도사(節度使)》
15. 절루(節樓): 절도사가 독기(纛旗)를 세우기 위한 누각을 가리킨다.

에 위치하며, 대장의 말과 징, 북, 뿔피리가 뒤에 위치한다.

唐節度使入境, 則州縣築節樓, 迎以鼓角. 衙仗居前, 旌幢居中, 大將鳴珂金鉦鼓角居後.[16]

· 8월에 절도사의 치적 여부를 평가하는데, 전쟁이 없도록 한 것을 상급 고과로 여기고, 식량을 풍족하게 한 것을 중급 고과로 여기며, 변방에서의 군공을 하급 고과로 여겼다.

以八月考其治否, 銷兵爲上考, 足食爲中考, 邊功爲下考.[17]

· 절도사는 문기(門旗)가 둘, 용호정(龍虎旌)[18]이 하나, 절(節)[19]이 하나, 휘창(麾槍)[20]이 둘, 표미(豹尾)[21]가 둘로 도합 물품이 여덟이었다. '기'는 붉은 비단으로 만들었고, '절'과 '휘창'은 청록색 유포 장막을 두르기에 이를 '벽유홍패(碧油紅旆)'라고 부른다. 하사품을 받은 사람은 관청과 사가에 보관하는데, 별도로 대청을 만들고 '절당(節堂)'이라고 부른다. 매월 초하루와 보름의 다음 날에 제를 올리는데, '아일(衙日)'이라고 불렀다.

節度使, 門旗二, 龍虎旌一, 節一, 麾槍二, 豹尾二, 凡八物. 旗, 以紅繒爲之, 節及麾槍, 則綢以碧油, 故謂之碧油紅旆. 受賜者藏于公宇私室, 別爲堂, 號節堂. 每朔望次日祭之, 號衙日.[22]

술통과 구기를 하사하다.[사이준작(賜以樽勺)] 우승유(牛僧孺)[23]는 자가 사암(思黯)이다. 산동도절도사에 임명되면서 제례용 술그릇과 용문양 구기를 하사하며 조서를 내려 "순정한 금으로 만든 옛 그릇으로써 군자를 비유한다."라고 하였다.

牛僧孺字思黯. 爲山東道節度使, 賜彝樽龍勺, 詔曰, 精金古器, 以比况君子.[24]

백성이 다른 곳으로 이주하는 것을 허락하다.[허민타천(許民它遷)] 장연상(張延賞)[25]이 회남절도사가 되었는데, 그해 가뭄이 들어 백성들이 다른 곳으로 옮겨갔다. 아전들이 금지하자, 장연상이 "이곳을 고수하다 쓰러져 죽기보다는 차라리 다른 곳으로 가서 살아남는 것이 낫다."라 하고, 바로 배를 마련하여 보냈다.

張延賞爲淮南節度, 歲旱, 民它遷. 吏禁之, 延賞曰, 抱此而斃, 不如適彼以生, 乃具舟遣之.[26]

의지하여 견고해지다.[의이위고(倚以爲固)] 이고(李皐)[27]는 형남절도사로 승진하여 모두 서른두 차례의 크고 작은 전투를 치러 주 5개와 현 20개를 손에 넣고, 머리를 벤 것이 3만 2천 명, 생포가 1만 6천 명의 전과를 올리면서 일찍이 패한 적이 없었다. 군대가 지나는 곳에서는 감히 뽕나무와 대추나무를 베거나 농작물을 밟지 않았다. 조정은 장강(長江)과 회수(淮水)의 물길에 양식을 의지하고 있었는데, 회서(淮西)에

16. 《신당서(新唐書)·백관지(百官志)》
17. 《신당서(新唐書)·백관지(百官志)》
18. 용호정(龍虎旌): 용과 호랑이를 그려 넣은 큰 깃발이다.
19. 절(節): 부절(符節). 대나무나 옥 등으로 만들어 신표로 삼던 물건으로 주로 사신이 사용했다. 둘로 갈라서 하나는 조정에 보관하고 하나는 본인이 가지고 다니면서 신분의 증거로 사용했다.
20. 휘창(麾槍): 깃발을 건 긴 창으로 장수가 수하를 지휘할 때에 사용한다.
21. 표미(豹尾): 표범 꼬리를 걸거나 그려 넣은 장수의 깃발에 달던 장식물이다.
22. 《산당사고(山堂肆考)·신직(臣職)·절도사(節度使)》
23. 우승유(牛僧孺): 당(唐) 안정(安定) 출신으로 자가 사암(思黯)이다. 우파(牛派)의 영수로 이덕유(李德裕)를 영수로 하는 이파(李波)와 당쟁을 일삼아 유명한 우이당쟁(牛李黨爭)을 일으켰다.
24. 《신당서(新唐書)·우승유전(牛僧孺傳)》
25. 장연상(張延賞): 당(唐) 의지(猗氏) 출신으로 동중서문하평장사(同中書門下平章事)를 역임하였다.
26. 《고금사문유취(古今事文類聚)·절사부(節使部)·절도사(節度使)》
27. 이고(李皐): 당 태종(太宗)의 계자 조왕(曹王) 이명(李明)의 현손으로 자는 자란(子蘭)이다. 형주(衡州), 조주(潮州) 등지의 자사를 역임했다.

서 구강(九江)으로 나와 대별(大別)에 이르기까지의 길이 모두 반군과 접해 있었다. 이고가 천 리 먼 길을 가며 이곳저곳에서 전투를 치러 식량 운송로가 마침내 통하게 되었고, 장강과 한수 일대가 이고 덕분에 견고하게 되었다.

李皐遷荊南節度, 凡戰大小三十二, 取州五, 縣二十, 斬首三萬二千, 生擒六千, 未嘗敗. 師所過, 不敢伐桑棗踐禾稼. 朝廷仰食江淮, 而淮西道出九江至大別, 皆與賊接. 皐轉戰數千里, 餉路遂通, 江漢倚皐爲固.[28]

시신을 매장하지 않는 습속을 금하다.[금속부장(禁俗不葬)] 이호(李鄠)[29]는 태원(太原) 이북 여러 군진의 검교절도사(檢校節度使)를 지냈다. 태원의 습속은 부처의 법을 믿어 사람이 죽으면 매장하지 않고 시신을 산골짜기에 버려 짐승들이 먹게 하면서 그 땅을 '황갱(黃坑)'이라고 하였다. 개 수백 마리가 습관적으로 시신의 썩은 살을 먹곤 하였으니 사람들에게 커다란 근심거리가 되었지만 관리들이 감히 금하지 못하고 있었다. 이호가 이르자마자 무리를 이룬 개들을 포획하여 죽이도록 하고, 반복적으로 금지령을 엄히 내려 마침내 그 풍속을 바꾸었다.

李鄠, 檢校太原以北諸軍節度使. 太原俗爲浮屠法, 死不葬, 以尸投山谷, 飼鳥獸, 號其地曰黃坑. 有狗數百頭, 習食胔, 頑爲人患, 吏不敢禁. 鄠至, 遣捕群狗殺之, 申厲禁條, 遂革其風.[30]

빚쟁이 장수라 부르다.[호위채수(號爲債帥)] 당(唐) 충무절도사(忠武節度使) 왕패(王沛)가 죽자, 재상 배도(裴度)[31]와 위처후(韋處厚)[32]가 고우(高瑀)[33]에게 충무절도사를 맡게 하였다. 대력(大曆)[34] 이래로 절도사의 선발은 모두 관군중위(管軍中尉)[35]에 의하여 이루어졌다. 바치는 돈은 부자에게서 빌렸으며, 원하는 바대로 절도사가 되면 백성의 고혈을 짜내 두 배로 이자를 갚는데 열에 예닐곱 정도를 갚을 수 있을 뿐이었다. 고우가 절도사에 임명되자, 사대부들이 서로 "위처후와 배도가 재상에 임직하고 있으니, 천하에 빚쟁이 장수는 없어지게 되겠구나!"라고 말하였다.

唐忠武節度王沛死, 宰相裴度韋處厚, 以高瑀領忠武節度. 自大曆後, 擇帥悉出管軍中尉. 所輸貨者, 假貸富人後, 得所欲, 則椎髓斵膏, 倍以酬息, 十償六七. 及瑀有命, 士夫相告曰, 韋裴任相, 天下無債帥.[36]

채찍을 주어 하사품으로 삼다.[사편위황(賜鞭爲況)] 당(唐) 정원(貞元)[37] 중에 장건봉(張建封)[38]을 서주(徐州), 사주(泗州), 호주(濠州)절도사로 삼았다. 정치

28. 《신당서(新唐書)·이고전(李皐傳)》
29. 이호(李鄠): 당(唐) 종실의 후손으로 신통(神通)의 현손(玄孫). 여주자사(汝州刺史), 공부상서(工部尚書), 태자소부(太子少傅)를 역임하였다.
30. 《고금사문유취(古今事文類聚)·절사부(節使部)·절도사(節度使)》
31. 배도(裴度): 당(唐) 하동(河東) 출신으로 자가 중립(中立)이다. 어사중승(御史中丞), 동중서문하평장사(同中書門下平章事) 등을 역임하였다.
32. 위처후(韋處厚): 당(唐) 경조(京兆) 출신으로 자가 덕재(德載)이다. 중서시랑(中書侍郎)과 동중서문하장평사(同中書門下章平事) 등을 역임하였다. 현상(賢相)으로 이름이 높았으며, 역사 편찬에도 능력이 있어 《덕종실록(德宗實錄)》과 《원화실록(元和實錄)》의 편수에 참여하였다.
33. 고우(高瑀): 당(唐) 발해(渤海) 출신으로 우금오주조(右金吾冑曹), 진(陳), 채(蔡) 등지의 자사를 거쳐 태복경(太僕卿)을 지냈다. 태화(太和) 초 충무절도사에 임명된 이후 서주(徐州)자사, 무녕(武寧)절도사를 거쳐 형부상서, 태자소부, 검교우복야, 진(陳), 허(許), 채(蔡) 절도사에 이르렀다.
34. 대력(大曆): 당(唐) 대종(代宗)의 연호(766-779)이다.
35. 관군중위(管軍中尉): 신책군(神策軍)의 지휘임무를 맡은 환관을 가리킨다. 《구당서(舊唐書)》에는 '禁軍中尉', 《신당서(新唐書)》에는 '宦人中尉'로 되어 있다. 당(唐) 덕종(德宗) 때에 신책군(神策軍)을 두어 천자의 금군(禁軍)으로 삼고 환관으로 호군중위(護軍中尉)에 임명하여 통솔하게 했다. 《고금사문유취(古今事文類聚)》에 '管軍中尉'로 되어 있는 것을 《유원총보(類苑叢寶)》가 그대로 따른 것으로 보인다.
36. 《고금사문유취(古今事文類聚)·절사부(節使部)·절도사(節度使)》
37. 정원(貞元): 당(唐) 덕종(德宗)의 연호(785-805)이다.

가 관후하면서도 기강이 있어 용서하는 법이 없이 법대로 처리하였다. 뒤에 조정에 왔다가 주둔지로 돌아갈 때, 임금이 좌우 신하를 시켜 지니고 있던 채찍을 하사하며 "그대의 절의는 세밑 추위 속에서도 변치 않을 정도이기에 이것을 주는 것이오."라고 말하였다. 장건봉은 시를 지어 스스로를 경계하였다.

唐貞元中, 以張建封爲徐泗濠節度使. 爲政寬厚而有紀綱, 不貸人以法. 後來朝還鎭, 帝使左右, 以所持鞭, 賜之曰, 卿節義, 歲寒不渝, 故用此爲況. 建封賦詩, 以自警.[39]

준마를 바치지 않다.[불헌준마(不獻駿馬)] 당나라 목종(穆宗)[40]이 즉위하자 유주(幽州) 군진에서 반란이 일어나 명망 있는 신하를 골라 절도사에 임명하였다. 당초 이청(李聽)[41]이 우림(羽林)[42]장군이었을 때 준마를 가지고 있었다. 목종이 동궁(東宮) 시절 좌우 신하들로 하여금 넌지시 뜻을 비쳐 그것을 취하도록 하였다. 이청은 숙위에 필요하다고 말하며 감히 바치지 않았었다. 이때에 이르러 목종은 "이청은 예전에 군중에 있을 때 짐에게 말을 주지 않았었다. 이는 정녕 필시 쓸 만한 인물일 것이다."라고 말하고, 하동절도사에 제수하였다. 또 문종(文宗)[43] 개성(開成)[44] 원년의 일이다. 임금이 감탄하며 말했다. "병권을 주어도 의심이 가지 않고 한직에 두어도 원망하지 않는 것은 오직 이청만이 그럴 수 있을 것이다." 살펴보건대, 이성(李晟)[45]에게 아들이 열다섯이 있었는데, 그중 이름이 알려진 사람은 원(愿), 헌(憲), 소(愬), 청(聽)이다.

唐穆宗卽位, 幽鎭反, 擇名臣爲節度使. 初李聽爲羽林, 有駿馬. 穆宗在東宮, 使左右諷取之. 聽白以備宿衛, 不敢獻. 至是, 上曰, 聽往在軍中, 不與朕馬, 是必可用, 乃授河東節度使. 又文宗開成元年. 上嘆曰, 付之兵權, 不疑, 置之散地, 不怨, 惟李聽可以爲然. 按, 李晟有子十五人, 其聞者, 愿憲愬聽云.[46]

흰 토끼에 대해 아뢰지 않다.[부주백토(不奏白兔)] 두종(杜悰)[47]은 자가 영유로 두우(杜佑)의 손자이다. 당나라 문종 태화(太和)[48] 말엽 봉상(鳳翔)을 진수할 때 흰 토끼를 잡았는데, 감군(監軍)이 이를 아뢰려 하였다. 이에 두종은 "들짐승이라 아직 길들여지지 않았으니 잠시 키우는 것이 좋겠소."라고 말하였다. 열흘 정도가 지나 죽어 버리자, 감군이 그림으로 그려 바쳤다. 두종이 판탁지(判度支)로 있을 때에 하중(河中)에서 추우(騶虞)[49]가 나타났다고 아뢰었다. 문종이 두종에게 말했다. "이훈(李訓)과 정주(鄭注) 모두 길조를 빌미로 반란을 일으켰으니 상서로운 물건이 나라의 경사가 아님을 알겠소. 경이 봉상에 있을 때 흰 토끼에 대해 아뢰지 않았으니, 진정 선각자라 하겠소."

杜悰字永裕, 佑之子. 唐文宗太和末, 鎭鳳翔時, 獲白

---

38. 장건봉(張建封): 당(唐) 등주(鄧州) 출신으로 자가 본립(本立)이다. 시어사(侍御史), 어사대부(御史大夫) 등을 역임하였다.
39. 《산당사고(山堂肆考)·신직(臣職)·독부(督府)》
40. 목종(穆宗): 당(唐) 제14대 황제로 재위 기간은 821-824년이다.
41. 이청(李聽): 당(唐) 조주(洮州) 출신으로 자가 정사(正思)이다. 어사중승(御史中丞), 태자태보(太子太保) 등을 역임하였다.
42. 우림(羽林): 황제 측근에서 호위를 담당하는 금위군의 일종으로 우림군(羽林軍), 우림기(羽林騎)라고도 한다.
43. 문종(文宗): 당(唐) 제16대 황제로 재위 기간은 826-840년이다.
44. 개성(開成): 당(唐) 문종(文宗) 때 연호(836-840)이다.
45. 이성(李晟): 당(唐) 조주(洮州) 출신으로 자는 양기(良器)이다. 변진비장(邊鎭裨將)으로 벼슬길에 올라 우신책군도장(右神策軍都將)이 되었으며, 주체(朱泚)의 난을 평정하여 서평군왕(西平郡王)에 봉해졌다.
46. 《산당사고(山堂肆考)·신직(臣職)·독부(督府)》
47. 두종(杜悰): 당(唐) 경조(京兆) 출신으로 자가 영유(永裕)이다. 동중서문하평장사(同中書門下平章事), 태부(太傅) 등을 역임하였다.
48. 태화(太和): 위(魏) 명제(明帝)의 연호(227-232)이다.
49. 추우(騶虞): 호랑이 비슷하게 생긴 전설상의 의로운 동물로 인정(仁政)이 행해질 때 나타난다고 한다.

冤, 監軍欲奏之. 悰曰, 野獸未馴, 且宜畜之. 旬日而斃, 監軍畵圖以獻. 及悰判度支, 河中奏騶虞見. 上謂悰曰, 李訓鄭注皆因瑞以售其亂, 乃知瑞物非國之慶. 卿在鳳翔, 不奏白冤, 眞先覺也.[50]

청해를 건너다.[도청해(渡青海)] 당나라 왕군환(王君奐)[51]이 하서농우절도사(河西隴右節度使)를 지내면서 양주도독(涼州都督)의 업무를 겸임하게 되었다. 개원(開元)[52] 14년에 토번(吐蕃)[53]의 추장인 실낙라(悉諾邏)[54]가 대계원곡(大計援谷)을 침입하였다. 왕군환은 그의 경계가 태만한 틈을 이용할 만하다는 말을 듣고서, 진주도독 장경순(張景順)을 인솔하여 얼음이 언 틈을 타 청해를 건너 그를 격파하였다. 그 전공으로 인하여 대장군으로 승진하였다.

唐王君奐爲河西隴右節度使, 判涼州都督事. 開元十四年, 吐蕃酋悉諾邏寇大計援谷. 君奐聞其怠可乘也, 率秦州都督張景順, 乘氷渡青海, 擊破之. 以功遷大將軍.[55]

법조문을 왜곡하여 사리를 취한 관리를 죽이다.[주무문리(誅舞文吏)] 당나라 목종(穆宗) 장경(長慶)[56] 연간에 유공작(柳公綽)[57]이 산동도절도사(山東道節度使)가 되었을 때의 일이다. 관할 지역을 순시하던 중에 등현(鄧縣)에 이르렀을 때에, 관리 두 명이 법을 어겼는데, 한 사람은 뇌물을 받았고 한 사람은 법조문을 곡해하여 사리를 취하였다. 현령은 유공작이 법규를 준수하여 반드시 뇌물 받은 관리를 죽일 것이라고 생각하여, 죄명을 사전에 정해 놓았다. 유공작이 판결을 내리길 "뇌물 받은 관리는 법을 어기긴 했어도 법은 그대로 남아 있다. 간교한 관리의 경우 법을 망가뜨렸으니, 법이 없어져 버린 것이다."라고 하고는 법조문을 곡해하여 사리를 취한 자를 죽였다.

唐穆宗長慶中, 柳公綽爲山東道節度使. 行部至鄧縣, 有二吏犯法, 一贓賄, 一舞文. 縣令以公綽守法, 必殺贓吏, 獄具. 公綽判之曰, 贓吏犯法, 法在, 奸吏壞法, 法亡. 誅舞文者.[58]

복을 기원하는 사람을 말리다.[지기복인(止祈福人)] 송(宋) 왕사종(王嗣宗)[59]은 분주(汾州) 사람으로 절도사를 지냈는데 성품이 강직하였다. 일찍이 병으로 자리에 눕자 집안사람이 은밀히 종이돈을 태워 복을 빌었다. 왕사종이 이를 알고서 크게 소리치며 말렸다. "신이 만약 지각이 있다면, 어찌 복을 비는 물건을 함부로 받으려 하겠느냐?"

宋王嗣宗, 汾州人, 爲節度使, 性剛正. 嘗臥病, 家人私爇紙錢, 以祈福. 嗣宗知而大呼止之曰, 神苟有知, 豈肯枉受福[60]耶?[61]

---

50. 《산당사고(山堂肆考)·신직(臣職)·독부(督府)》
51. 왕군환(王君奐): 당(唐) 과주(瓜州) 출신으로 자가 위명(威明)이다. 하서절도사(河西節度使), 농우절도사(隴右節度使)를 역임하였다.
52. 개원(開元): 당(唐) 현종(玄宗)의 연호(713-741)이다.
53. 토번(吐蕃): 중국 서부 티베트에 사는 종족으로 한나라 때는 서강(西羌)이라고 하였다. 서역을 제패하여 강대한 세력을 떨쳤으나, 당 희종(僖宗) 이후로 세력이 약해졌다.
54. 실낙라(悉諾邏): 토번의 본부 소비(蘇毗)의 왕자로서 천보(天寶) 14년 당(唐)에 귀부했다. 당에서는 회의왕(懷義王)으로 삼고 이성(李姓)을 하사하였다.
55. 《산당사고(山堂肆考)·신직(臣職)·독부(督府)》
56. 장경(長慶): 당(唐) 목종(穆宗)의 연호(821-824)이다.
57. 유공작(柳公綽): 당나라 때 사람으로 이부상서를 지냈다. 호남관찰사(湖南觀察使)로 나가서는 오원제(吳元濟)를 토벌하며 매번 승리를 거두었다.
58. 《산당사고(山堂肆考)·신직(臣職)·독부(督府)》
59. 왕사종(王嗣宗): 송(宋) 분주(汾州, 지금의 산서성 분양汾陽) 출신으로 자는 희완(希阮)이다. 송(宋) 태조 개보(開寶) 8년에 을해과(乙亥科)에 장원으로 급제하였다.
60. 《산당사고(山堂肆考)》에는 '福'이 '賂'로 되어 있다.
61. 《산당사고(山堂肆考)·신직(臣職)·독부(督府)》

악어가 성문에 모이다.[타집성문(鼉集城門)] 당나라 등경산(鄧景山)[62]은 청제절도사(青齊節度使)에 배수되었다가 회남(淮南)으로 옮겼는데, 정사가 엄격하고 분명하였다. 악어가 성문에 모여드는 일이 발생하자, 수하 관원들이 등경산에게 말했다. "악어는 껍질이 있는 물건입니다. 머물 곳을 잃은 것은 쇠가 사람의 의지를 따르지 않을 징조[63]로서 아마도 병란이 일어날 것입니다." 얼마 지나지 않아 송주절도사(宋州節度使) 유전(劉展)이 반란을 일으켰다.

唐鄧景山拜青齊節度使, 徙淮南, 爲政嚴明. 有鼉集城門, 鄧班謂景山曰, 鼉, 介物也. 失所次, 金不從革之象, 其有兵乎. 未幾, 宋州節度使劉展反.[64]

까마귀가 창을 걸어두는 시렁에 모여들다.[오집계가(烏集棨架)] 유중영(柳仲郢)[65]은 처음에 간의(諫議)[66]를 지냈다. 뒤에 매번 승진할 때마다, 늘 무리를 이룬 까마귀 떼가 승평제(昇平第)[67]에 대거 모여들어, 뜰의 심어진 나무를 가득 메웠다가 닷새가 지나서야 흩어지곤 했는데, 집안사람들은 좋은 징후라고 여겼다. 그러다가 이때에 이르러 천평절도사(天平節度使)가 되면서 까마귀들이 다시는 모여들지 않았는데, 마침내 주둔지에서 세상을 떠났다.

柳仲郢初爲諫議. 後每遷官, 必群烏大集于昇平第, 庭樹皆滿, 五日乃散, 家人以爲候. 至是爲天平節度使, 烏不復集, 遂卒于鎭.[68]

종이에 주름을 넣어 갑옷을 만들다.[벽지위개(襞紙爲鎧)] 당나라 서상(徐商)[69]이 하중절도사(河中節度使)에 임명되었는데, 돌궐(突厥)[70] 잔당들이 천 개의 거장(車帳)[71]을 거느리고 황하를 건너서 스스로 귀순해 왔다. (조정에서는) 서상에게 조서를 내려 그들을 안정시키도록 하였다. 서상은 표문을 올려 산동(山東)의 관향(寬鄕)[72]에 머물게 하고 정벌군 천 명을 채우도록 하겠다고 아뢰었다. 종이에 주름을 넣어 갑옷을 만들게 하니 강한 화살이라도 뚫지 못 했다.

唐徐商拜河中節度使, 突厥殘種, 以千帳渡河, 自來歸附. 詔商綏定之. 商表處山東寬鄕, 置備征軍千人. 襞紙爲鎧, 卽勁矢不能入.[73]

촉 지역 풍속이 크게 변하다.[촉풍대변(蜀風大變)] 이덕유(李德裕)[74]가 서천절도사(西川節度使)가 되었

62. 등경산(鄧景山): 당나라 때 복건(福建) 출신으로 벼슬이 하동절도사(河東節度使)에 이르렀다. 보응(寶應) 원년 하동군이 난을 일으켜 피살되었다.
63. 쇠가 사람의 의지를 따르지 않을 징조(金不從革之象): 《서경·홍범(洪範)》 권11의 "나무는 굽을 수도 곧을 수도 있고, 쇠는 사람의 의지를 따라 변한다(木曰曲直, 金曰從革)"는 말에서 유래하였다. '不從革'은 군사들이 지휘관을 따르지 않는 것이 되니, '金不從革之象'은 반란의 징조를 뜻한다.
64. 《신당서(新唐書)·등경산전(鄧景山傳)》
65. 유중영(柳仲郢): 당(唐) 경조(京兆) 출신으로 자가 유몽(諭蒙)이다. 경조윤(京兆尹), 형부상서(刑部尙書) 등을 역임하였다.
66. 간의(諫議): 한나라 이래로 임금에게 간언하는 일을 관장하던 벼슬인 간의대부(諫議大夫)의 약칭이다.
67. 승평제(昇平第): 유중영의 저택 이름을 가리키는 말로 보인다.
68. 《산당사고(山堂肆考)·신직(臣職)·독부(督府)》
69. 서상(徐商): 당조(唐朝) 대신으로 대중(大中) 13년 진사에 급제 후 한림학사(翰林學士), 중서사인(中書舍人), 하중절도사(河中節度使), 형부상서(刑部尙書), 제도염철전운사(諸道鹽鐵轉運使) 등의 여러 벼슬을 거쳐 이부상서(吏部尙書), 태자태보(太子太保)를 지냈다.
70. 돌궐(突厥): 6세기 초에 알타이산맥을 중심으로 일어나 약 2세기 동안 몽골고원에서 중앙아시아 일대를 지배했던 터키계 유목민족. 수(隋)나라의 이간책으로 동돌궐과 서돌궐로 분리되었다.
71. 거장(車帳): 북방 민족이 전차에 휘장을 덮어 영지로 삼은 데에서 나온 말이다.
72. 관향(寬鄕): 인구에 비하여 농토가 많은 고을을 말한다.
73. 《산당사고(山堂肆考)·신직(臣職)·독부(督府)》
74. 이덕유(李德裕): 당조(唐朝) 재상으로 자는 문요(文饒)이고 조주(趙州) 출신이다. 재상을 지냈으며 시인으로도 이름이 높다. 위국공(衛國公)에 봉해져 이위공(李衛公)이라고 불린다. 중만당(中晩唐) '우이당쟁(牛李黨爭)' 중의 이당(李黨)의 영수이다.

는데, 촉 지방 사람들 중에는 딸을 남의 첩으로 팔아 넘기는 이가 많았다. 이덕유가 법규를 만들어 나이가 13세 이상이면 3년간의 노역을 치르게 하고 13세 이하이면 5년간의 노역을 치르게 하되, 기한이 되면 부모에게 돌려보내도록 하였으며, 승려의 개인 집 수천 채를 헐어 그 땅을 농토로 만들었다. 선주사(先主祠)[75] 옆에 '노촌'이란 마을이 있었는데, 그곳 백성들은 승려처럼 머리를 깎고 태연스럽게 처자를 두고 지냈다. 이덕유가 명을 내려 금지시키니, 촉 지역 풍속이 크게 변하였다.

李德裕爲西川節度使, 蜀人多鬻女爲人妾. 德裕著爲科約, 凡年十三已上, 執三年勞, 已下, 執五年勞, 及期則歸之父母, 毀浮屠私廬數千, 以地爲農. 先主祠旁, 有名曰獠村者, 其民剔髮若浮屠, 畜妻子自如. 德裕下令禁止, 蜀風大變.[76]

밭을 개간하여 비용을 줄이다.[간전성비(墾田省費)] 당나라 필함(畢諴)[77]은 자가 존지(存之)이다. 빈녕절도사(邠寧節度使)일 때 필함이 군진에 도착해서 관리를 보내 강인(羌人)[78]을 회유하자 강인이 모두 귀순하였다. 이전에는 수자리서는 병사들이 늘 식량 조달의 곤란함으로 인하여 고생하였다. 필함이 병사를 모집하여 둔전을 개간하자, 해마다 30만 섬의 곡식을 수확하여 지출 경비를 줄였다.

唐畢諴, 字存之. 爲邠[79]寧節度使, 諴到軍, 遣吏懷諭羌人, 羌人皆順. 向時戍兵常苦調餉之艱. 諴募士墾屯田, 歲收穀三十萬斛, 以省度支經費.[80]

뽕나무 가래나무에 경의를 표하다.[경상재(敬桑梓)] 당나라 소종(昭宗) 대순(大順)[81] 중에 왕사범(王師範)[82]이 평로절도사(平盧節度使)를 지냈다. 왕사범은 성품이 온화하고 신중하며 학문을 좋아하였다. 매번 해당 현의 현령이 부임하게 되면, 그때마다 의장을 갖추고 가서 배알하면서 스스로 백성이라고 칭하며 뜰에서 현령에게 절하였다. 보좌관 중에 누군가 간언하자, 왕사범이 말했다. "내가 뽕나무 가래나무에 경의를 표하는 것은 자손들에게 근본을 잊지 말 것을 가르치는 것이오."

唐昭宗大順中, 王師範爲平盧節度使. 師範和謹好學. 每本縣令到官, 輒備儀衛, 往謁之, 自稱百姓, 拜之于庭. 僚佐或諫, 師範曰, 吾敬桑梓[83], 所以敎子孫不忘本也.[84]

상금을 주어 도둑을 잡다.[상전포도(賞錢捕盜)] 당나라 희종(僖宗)[85] 건부(乾符)[86] 연간에 최안잠(崔安潛)[87]이 서천절도사(西川節度使)가 되었을 때의 일이다. 고을에 이르러 도둑질을 금하는 조처를 취하지 않

---

75. 선주사(先主祠): 촉(蜀) 유비(劉備)의 사당을 가리킨다.
76. 《신당서(新唐書)·이덕유전(李德裕傳)》
77. 필함(畢諴): 당(唐) 운주(鄆州) 출신으로 자가 존지(存之)이다. 한림학사(翰林學士), 병부상서(兵部尙書) 등을 역임하였다.
78. 강인(羌人): 중국 서남부에 사는 강족(羌族)을 지칭한다.
79. 《신당서(新唐書)》 등에 의거하여 '邢'을 '邠'으로 수정하였다.
80. 《신당서(新唐書)·필함전(畢諴傳)》
81. 대순(大順): 당(唐) 소종(昭宗)의 연호(890-891)이다.
82. 왕사범(王師範): 당(唐) 산동(山東) 출신으로 당말(唐末) 평로절도사(平盧節度使)가 되어 지방 할거세력의 우두머리가 되었으나 당조(唐朝)에 충성을 다하여, 태위(太尉), 평장사(平章事)에 봉해졌다.
83. 상재(桑梓): 뽕나무와 가래나무로 보통은 고향이나 고향에 계신 부모를 비유하는 말로 쓰인다. 여기서는 웃어른을 비유하는 말로 쓰여 현령(縣令)을 가리킨다.
84. 《산당사고(山堂肆考)·신직(臣職)·독부(督府)》
85. 희종(僖宗): 당(唐) 제20대 황제로 재위 기간은 873-888년이다.
86. 건부(乾符): 당(唐) 희종(僖宗)의 연호(874-879)이다.
87. 최안잠(崔安潛): 당(唐) 전절(全節) 출신으로 자가 진지(進之)이다. 강서관찰충무절도사(江西觀察忠武節度使), 서천절도사(西川節度使) 등을 역임하였다.

고는 바로 곳간에서 돈 1천5백 민(緡)을 내서 세 저자에 나누어 놓고, 그 위에 다음과 같이 방문을 붙여 두었다. "도둑 한 명을 고발하거나 붙잡는 자에게는 상금 5백 민을 준다. 동료가 고발하거나 붙잡으면 그 죄를 풀어 주고 상금은 일반 사람과 똑같이 준다." 얼마 지나지 않아 도둑을 붙잡아 온 사람이 있었다. 도둑이 그를 잡아온 사람에게 말했다. "너는 나와 같이 함께 17년 동안이나 도둑질을 해 왔다. 훔쳐 온 물건은 모두 공평하게 나누었는데, 네가 어찌 나를 잡을 수 있겠는가? 나는 너와 더불어 같이 죽을 따름이다." 최안잠이 말했다. "너는 내가 방문을 붙였다는 사실을 이미 알고서도 어찌하여 저 사람을 잡아 오지 않았느냐? 그리 했다면 응당 저 사람이 죽고 네가 상을 받았을 것이다. 저 사람에게 뒤쳐졌으니 죽는다 해도 무슨 말을 하겠느냐?" 즉시 명을 내려 고발한 자에게는 상금을 주고 도둑은 저자에서 참하였다. 이에 도둑들이 더욱 서로를 의심하여 옴짝달싹할 수 없게 되자, 다른 지역으로 흩어져 달아났다.

唐僖宗乾符中, 崔安潛爲西川節度使. 到官, 不詰盜, 乃出庫錢千五百緡, 分置三市, 榜其上曰, 能告捕一盜, 賞錢五百緡, 同侶告捕, 釋其罪, 賞同凡人. 未幾, 有捕盜至者, 盜謂之曰, 汝與我同爲盜十七年, 贓皆平分, 汝安能捕我? 我與汝同死耳. 安潛曰, 汝旣知吾有榜, 何不捕彼以來? 則彼應死, 汝受賞矣. 旣爲彼所先, 死復何辭? 立命給告者錢, 斬盜于市. 于是諸盜益相疑, 無地容足, 散逃他境.[88]

오랑캐 왕이 신하라 칭하다. [표신칭신(驃信[89]稱臣)]

당나라 희종 때 신당(辛讜)[90]이 영남서도절도사(嶺南西道節度使)를 지냈는데, 초기에 남조(南詔)[91]가 쳐들어왔다. 신당은 가굉(賈宏) 등을 남조에 사신으로 파견했으나 연이어 길에서 죽고 말았다. 당시 신당은 이미 중풍을 앓고 있어서 순시를 담당하던 관리인 서운건(徐雲虔)을 불러 말했다. "이번 사행 길을 맡아 볼 수 있겠소?" 서운건이 말했다. "선비는 자기를 알아주는 사람을 위해 죽습니다. 감히 명을 받들지 않을 수 있겠습니까?" 선천성(善闡城)[92]에 이르자 표신으로 하여금 칭신하여 공물을 바치게 하려고, 우선 그를 책망하여 말했다. "표신의 선조는 우리 대당의 명으로 말미암아 육조(六詔)[93]를 하나로 통합할 수 있었소. 지금 와서 표신이 어찌 조상 때의 선례를 어길 수 있겠는가? 조상의 뜻에 따르는 것이 '효'이고, 큰 나라를 섬기는 것이 '의'이며, 전쟁을 그치는 것이 '인'이고, 명분을 살피는 것이 '예'가 되오. 힘쓰지 않을 수 있겠소?" 표신은 서운건을 매우 후하게 대접하고, 목협(木夾)[94]을 주어 돌아가게 하였다. '표신'은 오랑캐 말로 군주를 뜻한다.

唐僖宗時, 辛讜爲嶺南西道節度使, 初南詔入寇. 讜遣賈宏等使南詔, 相繼道死. 時讜已風痺, 召攝巡官徐雲虔曰, 能爲此行乎? 雲虔曰, 士爲知己者死, 敢不承命? 至善闡城, 欲驃信稱臣進貢, 且責之曰, 驃信之先, 由大唐之命, 得合六詔爲一, 今驃信, 豈可違祖考之故事乎? 順祖考, 孝也, 事大國, 義也, 息戰爭, 仁也, 審名分, 禮也. 可不勉乎? 驃信待雲虔甚厚, 授以木夾遣還. 驃信, 夷語, 謂君也.[95]

---

88. 《산당사고(山堂肆考)·신직(臣職)·독부(督府)》
89. 표신(驃信): 당(唐)대 남조(南詔)의 군주를 부르던 칭호이다.
90. 신당(辛讜): 당(唐) 난주(蘭州) 출신으로 박주자사(亳州刺史), 영남절도사(嶺南節度使) 등을 역임하였다.
91. 남조(南詔): 만족(蠻族)의 하나가 운남(雲南) 지역을 기반으로 세운 나라로 당나라와 끊임없이 갈등을 빚었다.
92. 선천성(善闡城): 9세기 중엽 남조(南詔) 국왕 권풍우(勸豊佑)가 척동성(拓東城)을 고쳐 선천성이라 했다. 후에 부(府)를 두고 선천절도사의 치소로 썼다.
93. 육조(六詔): 당나라 때 몽준조(蒙嶲詔), 월석조(越析詔) 등 운남성과 사천성 일대에 거주하던 만족(蠻族)의 여섯 개 부락을 가리킨다.
94. 목협(木夾): 문서를 전달하거나 보호하기 위해 문서를 끼워두는 목판인 고비를 가리킨다.
95. 산당사고(山堂肆考)·신직(臣職)·독부(督府)》

오랑캐의 사정을 모조리 알게 되다.[진지노정(盡知虜情)] 당나라 이덕유(李德裕)[96]는 서천(西川) 절도사를 지내면서 주변루(籌邊樓)[97]를 세우고 촉 지역의 형세를 그림으로 그렸다. 남조(南詔)와 접해 있는 남도 산천은 왼쪽에 그리고, 토번과 접해 있는 서도 산천은 오른쪽에 그렸다. 부락의 많고 적음, 식량 운송의 멀고 가까움 등의 구체적인 사항들이 모두 갖추어지자, 바로 군대에서 늙어 변방 일을 잘 아는 사람을 불러다가 손가락으로 가리키며 상의하여 수정을 가하니, 오랑캐의 사정에 대한 모든 것을 다 알 수 있었다.

唐李德裕節度西川, 建籌邊樓, 圖蜀地形. 南道山川與南詔相接者, 圖之左, 西道山川與吐蕃相接者, 圖之右. 其部落衆寡, 饋糧遠近, 曲折咸具, 乃召老于軍旅習邊事者, 指畫商訂, 凡虜之情僞, 盡知之.[98]

신하로서의 절조를 잃지 않다.[불실신절(不失臣節)] 당나라 덕종(德宗)[99] 때 선무절도사(宣武節度使) 유현좌(劉玄佐)[100]는 위엄과 지략을 갖추고 있었다. 매번 이납(李納)[101]의 사신이 올 때마다 유현좌는 그와 긴밀한 관계를 맺었다. 그리하여 항상 이납의 음모를 알아낼 수 있어 먼저 대비하였다. 그의 모친은 비록 신분이 귀하였으나, 매일 비단을 한 필씩 짜면서 유현좌에게 말했다. "너는 본래 한미한 집안 출신인데 천자께서 너를 이 정도에 이르도록 부귀하게 해 주셨다. 그러니 마땅히 죽음으로써 보답해야 할 것이다." 그래서 유현좌는 시종 신하로서의 절조를 잃지 않았다.

唐德宗時, 宣武節度使劉玄佐有威略. 每納[102]使至, 玄佐厚結之. 故常得其陰事, 先爲之備. 其母雖貴, 日織絹一匹, 謂玄佐曰, 汝本寒微, 天子富貴汝至此, 宜以死報之. 故玄佐始終不失臣節.[103]

자신에 대하여는 청렴하고 검소하다.[봉신청검(奉身淸儉)] 당나라 때 (감숙성) 경원절도사(涇原節度使) 마린(馬璘)이 죽자 단수실(段秀實)[104]에게 대행케 하였다. 단수실은 군령이 간소하면서도 위엄과 은덕이 있었고 자신에 대하여는 청렴하고 검소하여 집에 시첩을 두지 않았으며 공적인 모임이 아니면 술을 마시거나 음악을 듣지 않았다.

唐涇原節度使馬璘卒, 以段秀實代之. 秀實軍令簡約有威惠, 奉身淸儉, 室無姬妾, 非公會, 未嘗飮酒聽樂.[105]

정사가 엄격하다.[위치엄릉(爲治嚴稜)] 당나라 배분(裴玢)[106]은 동주절도사(同州節度使)에 제수되었다가 산남동도(山南東道)로 옮겼다. 배분은 정사가 엄격하고 조정에 물품을 올리는 일에 힘쓰지 않았으

---

96. 이덕유(李德裕): 당조(唐朝) 재상으로 자는 문요(文饒)이고, 조주(趙州) 출신이다. 재상을 지냈으며 시인으로도 이름이 높다. 위국공(衛國公)에 봉해져 이위공(李衛公)이라고 불린다. 중만당(中晩唐) '우이당쟁(牛李黨爭)' 중의 이당(李黨)의 영수이다.
97. 주변루(籌邊樓): 당(唐) 이덕유(李德裕)가 변방의 일을 도모하기 위해 사천(四川) 성도(成都) 서쪽에 세운 성루이다.
98. 《산당사고(山堂肆考)·신직(臣職)·독부(督府)》
99. 덕종(德宗): 당(唐) 제11대 황제로 재위 기간은 780-805년이다.
100. 유현좌(劉玄佐): 당(唐) 활주(滑州) 출신으로 본명은 유흡(劉洽)이다. 대종(代宗) 대력(大歷) 연간에 영평군(永平軍) 아장(牙將)이 된 뒤에 여러 차례 혁혁한 전공을 거두었다. 정원(貞元) 8년 선무절도사(宣武軍節度使)로 세상을 떠났다.
101. 이납(李納): 당나라 때 사람으로 고구려의 후예 이정기(李正己)의 아들이다. 봉례랑(奉禮郎), 전중승(殿中丞), 시어사(侍御史) 등을 역임하였고 이희열(李希烈) 등과 반란을 일으켜 제왕(齊王)이라 칭하다가 귀순하여 농서군왕(隴西郡王)에 봉해졌다.
102. 《자치통감(資治通鑑)·당기(唐紀)》에 '李納'으로 되어 있다.
103. 《자치통감(資治通鑑)·당기(唐紀)》
104. 단수실(段秀實): 당(唐) 농주(隴州) 출신으로 자가 성공(成功)이다. 경원절도사(涇原節度使)를 역임하였다.
105. 《자치통감(資治通鑑)·당기(唐紀)》
106. 배분(裴玢): 당대 경조(京兆) 출신으로 덕종(德宗) 때 이 전공으로 충의군왕(忠義郡王)에 봉해졌다. 방주자사(坊州長史), 행군사마(行軍司馬), 부주자사(鄜州刺史) 등을 지냈으며 충의군왕(忠義郡王)에 봉해졌다.

며 입조할 때에는 수행원과 의장대를 일삼지 않았다. 아내는 대나무 가마를 타고 두 시녀에게는 노란색과 푸른색의 거친 명주옷을 입혔다. 사는 곳은 비바람을 가릴 수 있으면 그만이었다.

唐裴坋[107]授同州節度使, 徙山南東道. 坋爲治嚴稜, 不務貢奉, 入朝不事騶仗. 妻乘竹輿, 二侍婢黃碧縑服. 其所居處, 取庇風雨而已.[108]

유상을 보면 반드시 절한다.[견상필배(見像必拜)] 당나라 위고(韋皐)[109]는 자가 무성(城武)으로 정원(貞元)[110] 초에 장연상(張延賞)[111]을 대신하여 검남서천절도사(劍南西川節度使)가 되었다. 운남(雲南)을 초무하고 토번의 48만 군사를 물리쳐 5만이 넘는 적군의 목을 베었으니 그 공렬은 서남 지역에 으뜸이었다. 위고가 죽자 촉 지역 사람들은 그의 덕을 기려 그의 유상을 보면 반드시 절을 하였다. 육창(陸暢)[112]이 일찍이 〈촉도이(蜀道易)〉[113]를 지어 그를 찬미한 적이 있다.

唐韋皐, 字城武, 貞元初, 代張延賞爲劍南西川節度使. 招來雲南, 破吐蕃四十八萬, 斬首五萬餘級, 其功烈爲西南最. 皐沒, 蜀人德之, 見其遺像, 必拜. 陸暢嘗爲蜀道易以美之.[114]

사당을 세워 제를 올리다.[입사축제(立祠祝祭)] 당나라 원자(袁滋)[115]는 의성절도사(義成節度使)로 자리를 옮겼다. 의성 동쪽엔 치주(淄州)와 청주(靑州)가 있고 북쪽엔 위주(魏州)와 박주(博州)가 있었으니, 바로 자신의 재략을 발휘할 수 있는 지역이었다. 원자는 설비에 엄밀함을 기하고 성의와 신의를 다해 회유에 힘썼다. 이사도(李師道)[116]와 전계안(田季安)[117]이 모두 두려워 굴복하였다. 절도사로 7년을 지냈는데 백성들이 사당을 세워 제를 올렸다.

唐袁滋徙義成節度使. 義成東有淄靑, 北有魏博, 乃用武之國也. 滋嚴設備, 而推誠信, 務在懷來. 李師道田季安, 皆畏服之. 居七年, 百姓立祠祝祭.[118]

새로 편제한 군사를 포위하여 죽이다.[위살신군(圍殺新軍)] 태화(太和)[119] 연간에 남조(南詔)[120]가 성도를 침략하자 산남서도절도사(山南西道節度使) 이강(李絳)[121]에게 조서를 내려 군대를 동원하여 구원하게 하였다. 이강이 병사 천 명을 모집하여 달려가자

107. '坋'은 《신당서(新唐書)·배분전(裴玢傳)》에 '玢'으로 되어 있다.
108. 《산당사고(山堂肆考)·신직(臣職)·독부(督府)》
109. 위고(韋皐): 당(唐) 경조(京兆) 출신으로 자가 성무(城武)이다. 검남서천절도사(劍南西川節度使)를 지냈다.
110. 정원(貞元): 당(唐) 덕종(德宗)의 연호(785-805)이다.
111. 장연상(張延賞): 당(唐) 의지(猗氏) 출신으로 동중서문하평장사(同中書門下平章事)를 역임하였다.
112. 육창(陸暢): 당(唐) 오군(吳郡) 출신으로 자는 달부(達夫)이다. 당(唐) 헌종(憲宗) 원화(元和) 원년에 진사에 급제하였으며 봉상소윤(鳳翔少尹)을 지냈다.
113. 〈촉도이(蜀道易)〉: '촉으로 가는 길이 험난하다'는 의미의 〈촉도난(蜀道難)〉에 대하여 '촉으로 가는 길이 쉽다'는 의미로 지어 위고(韋皐)를 찬미한 시라고 한다. 노랫말은 전하지 않는다.
114. 《산당사고(山堂肆考)·신직(臣職)·독부(督府)》
115. 원자(袁滋): 당(唐) 채주(蔡州) 출신으로 자가 덕심(德深)이다. 중서시랑(中書侍郎), 동중서문하평장사(同中書門下平章事) 등을 역임하였다.
116. 이사도(李師道): 당조(唐朝)의 지방할거세력으로 조부가 고구려 사람 이정기(李正已)이다. 부친 이납(李納)과 형 이사고(李師古)를 이어 치청절도사(淄靑節度使)를 맡았다. 원화(元和) 14년 휘하 장수 유오(劉悟)에게 살해당하였다.
117. 전계안(田季安): 당(唐)에서 위박절도사(魏博節度使)를 지냈다. 주색에 빠져 중풍을 앓았으며 무도하게 살육을 자행하였다. 원화(元和) 7년 8월 갑자기 죽었다.
118. 《산당사고(山堂肆考)·신직(臣職)·독부(督府)》
119. 태화(太和): 진(晉) 해서공(海西公)의 연호(366-371)이다.
120. 남조(南詔): 만족(蠻族)의 하나가 운남(雲南) 지역을 기반으로 세운 나라. 당나라와 끊임없이 갈등을 빚었다.
121. 이강(李絳): 당나라 때 사람으로 굉사과(宏辭科)에 급제하여 감찰어사, 한림학사 등의 벼슬을 역임하면서, 적절한 시책(時策)를 건의하고 기무(機務)를 보좌하였다. 명망이 높았으나 지나치게 강직하여 난군에게 살해당했다.

만족이 군사를 물려 돌아갔다. 이에 모든 것을 중지하라는 조서가 내려졌다. 이강이 신군을 소집하여 황제의 뜻을 알리고 곳간의 보리를 주고서 돌아가게 하자, 모두 불평을 하며 물러갔다. 감군 양숙원(楊叔元)은 평소 이강을 미워하여 신군을 자극하였다. 군인들이 화가 나서 크게 소란을 피웠고 그 와중에 이강이 살해당했다. 문종(文宗)[122]이 온조(溫造)[123]로 대신하게 하고는 그에게 토벌하도록 하였다. 온조가 포성(褒城)에 이르러 흥원도장(興元都將) 위지충(衛志忠)을 만나 은밀히 모의하여, 친위병으로 신군 8백 명을 포위하여 모두 죽였다. 양숙원이 온조의 신발을 끌어안고 살기를 애걸하였다. 온조는 명을 내려 그를 감옥에 가두었다. 강주(康州)로 유배하라는 조서가 내려졌다.

太和中, 南詔寇成都, 詔山南西道節度使李絳, 發兵救之. 絳募兵千人赴之, 蠻退兵還. 詔悉罷之. 絳召新軍諭旨, 賜以廩麥而遣之, 皆怏怏而退. 監軍楊叔元, 素惡絳, 激新軍. 衆怒大譟, 絳遇害. 上以溫造代之, 使討之. 造行至褒城, 遇興元都將衛志忠, 密與之謀, 以牙兵圍新軍八百人, 皆殺之. 叔元擁造靴, 求生. 造命囚之. 詔流康州.[124]

늙은 병졸을 버리지 않다.[불기모졸(不棄耄卒)] 당나라 주충량(朱忠亮)[125]은 사진절도사(四鎭節度使)를 역임했는데, 관리가 늙은 병졸 중에 싸울 수 없는 자는 면직시키는 것이 좋겠다고 아뢰었다. 이에 "옛 사람은 늙은 말조차도 버리지 않았거늘 하물며 병사야 말할 나위가 있겠는가?"라고 대답하였다. 이 말을 들은 사람들은 누구나 감동을 받아 분발하였다.

唐朱忠亮歷四鎭節度使, 吏白耄卒不任戰者可罷之, 答曰, 古人于老馬不棄, 況戰士乎? 聞者莫不感奮.[126]

베풀기를 좋아하고 선비를 아끼다.[호시낙사(好施樂士)] 소종(昭宗)[127] 때에 왕건(王建)[128]이 서천절도사가 되었다. 정사에 마음을 기울여 직언을 받아들였으며 은혜를 베풀기를 좋아하고 선비를 아꼈다. 사람을 기용하면 각각 그들의 재주를 온전히 발휘하도록 했다.

昭宗時, 王建爲西川節度使. 留心政事, 容納直言, 好施樂士. 用人各盡其材.[129]

회골이 감읍하다.[회골감읍(回鶻感泣)] 유공작(柳公綽)[130]이 하동절도사가 되었는데, 이보다 앞서 회골(回鶻)[131]이 조공을 바치고 무역을 하였다. 그들이 변고를 일으킬까 두려워 늘 군대를 배치하여 방위하였다. 유공작이 주둔지에 도착하자 회골이 매록(梅錄)[132] 이창(李暢)을 보내서 말 만 필로 무역을 하고자 하였다. 유공작은 단지 아장(牙將)[133]에게 단기로 변경에서 맞이하게 하였다. 그들이 이르자 아문을 활짝 열고 행례를 받으니, 이창이 감읍하였다.

122. 문종(文宗): 당(唐) 제16대 황제로 재위 기간은 826-840년이다.
123. 온조(溫造): 당(唐) 태원(太原) 출신으로 자가 간여(簡輿)이다. 시어사(侍御史), 어사중승(御史中丞), 예부상서(禮部尙書) 등을 역임하였다.
124. 《산당사고(山堂肆考)·신직(臣職)·독부(督府)》
125. 주충량(朱忠亮): 당(唐) 준의(浚儀) 출신으로 자가 인보(仁輔)이다. 사진절도사(四鎭節度使)를 지냈다.
126. 《산당사고(山堂肆考)·신직(臣職)·독부(督府)》
127. 소종(昭宗): 당(唐) 제20대 황제로 재위 기간은 873-888년이다.
128. 왕건(王建): 당(唐) 대력(大曆) 연간의 시인으로 악부(樂府)에 능하여 장적(張籍)과 나란히 이름이 났으며 특히 궁사(宮詞) 100수가 널리 인구에 회자되었다.
129. 《산당사고(山堂肆考)·신직(臣職)·독부(督府)》
130. 유공작(柳公綽): 당나라 때 사람으로 이부상서를 지냈다. 호남관찰사(湖南觀察使)로 나가서는 오원제(吳元濟)를 토벌하며 매번 승리를 거두었다.
131. 회골(回鶻): 중국 서역의 소수민족으로 회흘(回紇)이라고도 한다.
132. 매록(梅錄): 돌궐어(突厥語)를 음역한 것으로 회골족의 관직 이름이다.
133. 아장(牙將): 직위가 비교적 낮은 무관을 일컫는 말이다.

柳公綽爲河東節度使, 先是, 回鶻入貢及互市. 懼其爲變, 皆嚴兵防衛之. 公綽至鎭, 回鶻遣梅錄李暢, 以馬萬匹互市. 公綽但遣牙將單騎, 迎勞于境. 至則大闢牙門[134], 受其禮謁, 暢感泣.[135]

병사 둘이서 성문을 지키다.[이졸수문(二卒守門)]

태화(太和)[136] 연간에 이재의(李載義)[137]를 하동절도사로 삼았다. 회골 측 사신 이창(李暢)이 조공을 바치러 들어왔다. 이재의가 그에게 "귀국 가한(可汗)[138]이 조공을 바쳐 우호를 닦도록 한 것은 상국을 능멸하라는 것이 아니오. 장군께서 군사들을 단속하지 않는다면 나 또한 그들을 죽일 수 있을 것이오. 중국의 법을 소홀히 다루어도 된다고 생각하지 마시오."라 말하고는, 방위를 맡은 병사들을 모두 물리고 두 병졸에게만 성문을 지키게 하였다. 그러자 이창이 두려워 굴복하여 감히 법령을 범하지 않았다.

太和中, 以李載義爲河東節度使. 回鶻使者李暢入貢. 載義謂之曰, 可汗入貢脩好, 非陵踐上國也. 將軍不戢部曲, 載義亦得殺之. 勿謂中國之法可忽也. 悉罷防衛兵, 使二卒守門. 暢畏服, 不敢犯令.[139]

개인 주방을 모두 없애다.[실파사주(悉罷私廚)] 당(唐) 치사미(郗士美)[140]는 소의절도사(昭義節度使)가 되었다. 이포진(李抱眞) 이래로 절도사가 된 사람들은 개인 주방에서 매달 쌀 6천 석, 양 천 마리, 술 수천 섬을 소비하여 왔는데, 치사미가 이를 모두 혁파하고 자신의 봉급을 내서 물건을 사서 자급하였다.

唐郗士美充昭義節度使. 自李抱眞以來爲節度者, 私廚月費米六千石羊千首酒數千斛, 士美悉罷之, 出廩錢, 市物自給.[141]

치사미가 왕승종(王承宗)[142]을 토벌하면서 대장 왕헌(王獻)을 보내 1만 군사를 독려하여 전봉을 삼게 하였다. 왕헌이 전횡하자 치사미가 목을 베어서 여러 사람들에게 보이고 적을 대파하였다. 헌종(憲宗)이 "정말로 치사미가 우리 일을 잘 해낼 수 있다는 것을 알았다."라고 말하였다. 왕승종이 크게 두려워하였고 위엄이 하남(河南)과 하북(河北)에 진동하였다.

郗士美討王承宗, 爲[143]大將王獻督萬人爲前鋒. 獻恣橫, 士美斬以徇, 大破賊. 憲宗曰, 固知士美能辦吾事. 承宗大震懼, 威震兩河.[144]

장수를 베어 군중에 조리돌리다.[참장순군(斬將徇軍)] 원화(元和)[145] 연간에 성덕절도사(成德節度使) 왕승종이 죽었다. 그의 수하들이 동생인 왕승원(王承元)을 옹립하였는데, 당시 나이가 24세였다. 왕승원은 천자에게 절의를 다하겠다고 청하고, 원수에 제수해 줄 것을 청하는 표문을 올렸다. 그러나 전홍정(田弘正)[146]을 성덕절도사로 하고 왕승원은 활주(滑州)로 옮기라는 조서가 내려졌다. 장병들이 소란을 피우

---

134. 아문(牙門): 주둔지에서 주장(主將)이나 원수(元帥)가 상아를 장식한 아기(牙旗)를 꽂아 군문(軍門)으로 삼은 것에서 비롯된 말이다.
135. 《자치통감(資治通鑑)·당기(唐紀)》
136. 태화(太和): 진(晉) 해서공(海西公)의 연호(366-371)이다.
137. 이재의(李載義): 당(唐)나라 사람으로 자는 방곡(方谷)이다. 벼슬은 문종(文宗) 때 동평장사(同平章事)를 역임하였다.
138. 가한(可汗): 선비(鮮卑), 돌궐(突厥), 회흘(回紇) 등 서북방 민족의 임금을 부르던 말로 '선우(單于)'와 의미가 비슷하다.
139. 《자치통감(資治通鑑)·당기(唐紀)》
140. 치사미(郗士美): 당(唐) 연주(兗州) 출신으로 자가 화부(和夫)이다. 공부상서(工部尙書), 소의절도사(昭義節度使) 등을 역임하였다.
141. 《신당서(新唐書)·치사미전(郗士美傳)》
142. 왕승종(王承宗): 당대(唐代) 거란족(契丹族) 출신이다.
143. '爲'는 《신당서(新唐書)·치사미전(郗士美傳)》에 '遣'으로 되어 있다.
144. 《신당서(新唐書)·치사미전(郗士美傳)》
145. 원화(元和): 당(唐) 헌종(憲宗)의 연호(806-820)이다.
146. 전홍정(田弘正): 당(唐) 평주(平州) 출신으로 자가 안도(安道)이다. 동중서문하평장사(同中書門下平章事)를 역임하였다.

며 황제의 명령을 받들지 않자 왕승원은 조지(詔旨)를 그들에게 일깨워 주었다. 여러 장수들이 울부짖으며 따르려 하지 않으니 왕승원이 일러 말했다. "여러분들의 성의는 매우 두텁습니다. 그러나 만약 저 왕승원으로 하여금 천자의 조서를 어기도록 한다면 그 죄가 큽니다." 대장 이적(李寂) 등이 한사코 왕승원을 붙잡아 두려 하자 왕승원이 그의 목을 베어 조리돌렸다. 군중이 그제야 안정되었다.

元和中, 成德節度使王承宗卒. 其下立其弟承元, 時年二十四. 承元請盡節天子, 表請除帥. 詔以田弘正爲成德帥, 承元移鎭滑州. 將士諠譁, 不受命, 承元以詔旨諭之. 諸將號哭, 不肯從, 承元謂曰, 諸公之意甚厚, 然使承元違天子之詔, 其罪大矣. 大將李寂等, 固留承元. 承元斬以徇, 軍中乃定.[147]

피를 내서 표문을 적다.[자혈위표(刺血爲表)] 황소(黃巢)[148]가 장안(長安)에서 '대제황제(大齊皇帝)'라 칭하였다. 봉상절도사(鳳翔節度使) 정전(鄭畋)[149]이 피로써 표문을 적어 사신을 행재소로 보내면서 장령과 좌리를 불러 순종과 반역에 대해 깨우쳐 주자 모두 명을 좇았다. 또 은밀히 이웃한 도(道)와 약조하여 병사들을 모아 반군을 토벌하려고 하자 이웃한 도들이 모두 동의하였다.

黃巢在長安稱大齊皇帝. 鳳翔節度使鄭畋刺血爲表, 遣使詣行在, 召將佐, 諭以順逆, 皆聽命. 又密約鄰道, 合兵討賊, 鄰道皆許之.[150]

군문을 나설 때 노새를 타다.[출군승라(出軍乘騾)] 당나라 봉상청(封常淸)[151]은 북정도호(北庭都護)의 신분으로 이서절도사(伊西節度使)를 맡았다. 성품이 근면하고 검소하였으며 힘든 일을 잘 견뎌냈다. 군문을 나설 때면 늘 노새를 탔으며 자신의 마구간에 겨우 말 두 필뿐이었다. 상과 벌을 분명하게 집행했다.

唐封常淸, 以北庭都護持節伊西節度使. 性勤儉, 耐勞苦. 每出軍乘騾, 私廐纔二馬. 賞罰分明.[152]

명성과 지위를 먹지 않다.[불식명위(不食名位)] 당나라 선종(宣宗)[153] 때에 한림학사 위오(韋澳)[154]가 일찍이 정사에 대해 상주한 적이 있었기에 임금이 위오에게 호부를 관장하는 직책을 맡기려 하였다. 위오가 심신이 쇠약해져 번거로운 업무를 처리하기 어렵다는 이유로 사양하자 임금이 언짢아하였다. 돌아올 때에 그의 생질인 유빈(柳玭)이 자신을 허물하자, 위오가 말했다. "주상께서 재상들과 함께 논의하지 않고 개인적으로 나를 기용하려고 하신 것이다. 사람들은 필시 내가 다른 수작을 부려 그 자리를 얻었다고 생각할 것인데, 무슨 수로 내 입장을 밝힐 수 있겠는가? 게다가 자네도 세상사가 점점 좋지 않게 변하고 있음을 알 터인데, 이는 우리들이 명성과 지위를 탐낸 결과라네." 결국 하양절도사(河陽節度使)로 나가게 되었다.

唐宣宗時, 翰林學士韋澳嘗奏事, 上欲以澳爲判戶部. 以心力衰耗難處繁劇辭, 上不悅. 及歸, 其甥柳玭尤之, 澳曰, 主上不與宰輔僉議, 私欲用我, 人必謂我以他岐得之, 何以自明? 且爾知時事浸不佳乎, 由吾曹貪名位

---

147. 《산당사고(山堂肆考)·신직(臣職)·독부(督府)》
148. 황소(黃巢): 당(唐) 조주(曹州) 출신으로 소금장수였는데, 후에 공부했으나 과거에 급제하지 못했다. 반란을 일으켜 따르던 무리가 백만에 달했으며, 장안에 입성하여 황제라 칭하고 국호를 대제(大齊)라 했다. 884년 당(唐)의 군대에 쫓기다 태산(泰山)에서 자살하였다.
149. 정전(鄭畋): 당(唐) 형양(滎陽) 출신으로 자가 태문(台文)이다. 사공(司空) 태자태보(太子太保) 등을 역임하였다.
150. 《산당사고(山堂肆考)·신직(臣職)·독부(督府)》
151. 봉상청(封常淸): 당(唐) 포주(浦州) 출신으로 범양절도부대사(范陽節度副大使), 이서절도사(伊西節度使) 등을 역임하였다.
152. 《산당사고(山堂肆考)·신직(臣職)·독부(督府)》
153. 선종(宣宗): 당(唐) 제18대 황제로 재위 기간은 847-858년이다.
154. 위오(韋澳): 당(唐) 경조(京兆) 출신으로 자가 자비(子斐)이다. 한림학사승지(翰林學士承旨), 이부시랑(吏部侍郞) 등을 역임하였다.

所致耳. 遂出爲河陽節度使.[155]

분수를 지키고자 하다.[욕존사분(欲存事分)] 당나라 덕종 정원(貞元)[156] 연간에 이자량(李自良)[157]이 마수(馬燧)[158]를 따라 입조하자, 덕종이 이자량을 마수 대신 하동절도사에 임명하려고 하였다. 이자량이 굳이 사양하며 말했다. "신이 마수를 섬긴 지 오래되었습니다. 그를 대신하고 싶지 않습니다." 덕종이 말했다. "경이 마수에 대해 군중에서의 분수를 지키려 하는 것은 참으로 합당한 일이오. 그러나 북문을 지키는 임무는 경이 아니면 할 수 없다오."

唐德宗貞元中, 李自良從馬燧入朝, 上欲以自良代燧爲河東節度使. 自良固辭曰, 臣事馬燧久, 不欲代之. 上曰, 卿於馬燧欲存軍中事分, 誠爲得體. 然北門之任, 非卿不可.[159]

대신의 체통을 지켜내다.[득대신체(得大臣體)] 두종(杜悰)[160]이 회남절도사(淮南節度使)를 지낼 때 무종(武宗)[161]이 양주(揚州)의 기녀가 주령(酒令)[162]을 잘 한다는 소문을 듣고 감군(監軍)에게 칙령을 내려 열 명을 뽑아 올리라고 하였다. 두종이 따르지 않자 감군이 노하여 표문으로 상황을 아뢰었다. 좌우 측근의 신하들이 칙령을 내려 두종에게 함께 선발하게 하라고 청하자 무종이 말했다. "두종은 대신의 체통을 지켜냈소. 짐이 매우 부끄럽구려." 선발하지 말라는 칙령을 서둘러 내리고 두종을 불러서 재상의 직위에 들게 하고 위로하며 말했다. "경이 감군의 말을 따르지 않은 것을 통해, 짐은 경에게 임금을 훌륭한 임금으로 인도하고자 하는 마음이 있음을 알게 되었소. 이제 경을 재상으로 삼았으니, 마치 한 사람의 위징(魏徵)[163]을 얻은 것 같구려."

杜悰爲淮南節度使, 武宗聞揚州倡女善酒令, 勅監軍選十人以獻. 悰不從, 監軍怒, 表其狀. 左右請勅悰同選, 上曰, 杜悰得大臣體, 朕甚愧之. 遽勅勿選, 召悰入相, 勞之曰, 卿不從監軍之言, 朕知卿有致君之心. 今相卿, 如得一魏徵也.[164]

탐욕스럽고 난폭한 자들을 모두 참형에 처하다.[탐폭개참(貪暴皆斬)] 대종(代宗)[165]이 곽자의(郭子儀)[166]에게 "북방의 장병들이 공을 생각하기를 마치 가뭄에 비를 바라듯이 한다고 들었소. 공이 짐을 위해 하동을 다스려주시오."라고 말하고는 곧 곽자의를 하동절도사로 삼았다. 곽자의가 임지에 도착해 보니 장수들은 난폭하고 병사들은 탐욕스러워 온 군부의 근심거리가 되어 있었다. 곽자의는 14명을 참형에 처하고 30명은 장형을 가하였다. 군부가 마침내 안정되었다.

代宗謂郭子儀曰, 朔方將士思君, 如枯旱之望雨, 公爲朕鎭撫河東, 乃以子儀爲河東節度使. 旣至, 將暴卒貪, 爲一府患. 子儀斬十四人, 杖三十人. 府中遂安.[167]

---

155. 《산당사고(山堂肆考)·신직(臣職)·독부(督府)》
156. 정원(貞元): 당(唐) 덕종(德宗)의 연호(785-805)이다.
157. 이자량(李自良): 당(唐) 연주(兗州) 출신으로 우용무대장군(右龍武大將軍), 검교공부상서(檢校工部尙書) 등을 역임하였다.
158. 마수(馬燧): 당(唐) 여주(汝州) 출신으로 자가 순미(洵美)이다. 동중서문하평장사(同中書門下平章事), 시중(侍中)을 역임하였다.
159. 《산당사고(山堂肆考)·신직(臣職)·독부(督府)》
160. 두종(杜悰): 당(唐) 경조(京兆) 출신으로 자가 영유(永裕)이다. 동중서문하평장사(同中書門下平章事), 태부(太傅) 등을 역임하였다.
161. 무종(武宗): 당(唐) 제17대 황제로 재위 기간은 841-846년이다.
162. 주령(酒令): 술자리에서 주흥을 돋우기 위한 벌주놀이로 '주정(酒政)', '상령(觴令)', '상정(觴政)'이라고도 한다.
163. 위징(魏徵): 당초(唐初)의 정치가로 자가 현성(玄成)이다. 간의대부(諫議大夫), 비서감(秘書監), 시중(侍中) 등의 벼슬을 역임하였다. 그의 주장은 《정관정요(貞觀政要)》에 실려 있고 《군서치요(群書治要)》를 주편하였다.
164. 《산당사고(山堂肆考)·신직(臣職)·독부(督府)》
165. 대종(代宗): 당(唐) 제10대 황제로 재위 기간은 762-779년이다.
166. 곽자의(郭子儀): 당(唐)나라의 무장(武將)이자 고관(高官)으로 안녹산(安祿山)의 난이 일어나자 중원(中原)의 반란군을 토벌했고 위구르의 원군을 얻어 장안(長安)과 낙양(洛陽)을 수복하는 데 큰 공을 세웠다.

깃발의 빛깔이 변하다.[정기변채(旌旗變彩)] 건원(乾元)[168] 연간에 곽자의를 경사로 부르고, 이광필(李光弼)[169]을 삭방절도사(朔方節度使)로 삼았다. 이광필은 군대를 다스림이 엄정하여, 처음 도착하여 한 차례 호령을 내리자 사병과 보루와 깃발의 기상이 모두 변하였다. 당시 삭방의 장병들은 모두 곽자의의 관대함을 즐거워하고 이광필의 엄격함에 겁을 먹었다.

乾元中, 召郭子儀還京, 以李光弼爲朔方節度使. 光弼治軍嚴整, 始至, 號令一施, 士卒壁壘旌旗, 精彩皆變. 是時朔方將士, 皆樂子儀之寬, 憚光弼之嚴.[170]

충과 의로 병사를 격발시키다.[충의격사(忠義激士)] 건중(建中)[171] 4년(783)에 풍하청(馮河淸)[172]과 요황(姚況)[173]은 덕종이 섬서성 봉천(奉天)으로 행차한다는 말을 듣고는 장병을 집합시키고 크게 울어 충의심을 격발시켰다. 병장기를 내서 행재소로 보내니 성 안 사람들이 그것들을 얻고서 사기가 크게 진작되었다. 풍하청은 경원절도사(涇原節度使)에, 요황은 사마(司馬)에 임명한다는 조서가 내려졌다.

建中四年, 馮河淸與姚況聞上幸奉天, 集將士大哭, 激以忠義. 發甲兵, 輸行在, 城中得之, 士氣大振. 詔以河淸爲涇原節度使, 況爲司馬.[174]

귤을 먹고 값을 치르다.[식귤납치(食橘納直)] 당나라 유빈(柳玭)[175]은 영남절도부사(嶺南節度副使)를 지낼 때 관청 안의 귤이 익으면 먹고 나서 관아에 값을 치렀다.

唐柳玭爲嶺南節度副使, 廨中橘熟, 旣食, 納直於官.[176]

매실을 갖다 쓰자 사다가 돌려주다.[취매시환(取梅市還)] 당나라 소방(蕭倣)[177]은 영남절도사(嶺南節度使)를 지냈는데, 남녘의 진귀한 물건이 많았으나 집안에 들이지 않았다. 집안사람이 병이 나자 관청 주방에서 마른 매실을 가져다가 약을 짓는 데에 썼다. 소방이 이를 알고 저자로 달려가 사다가 돌려주었다.

唐蕭倣爲嶺南節度使, 南方珍賄叢夥, 不以入門. 家人病, 取槁梅于公廚, 以和劑. 倣知, 趣市還之.[178]

짐의 장성이 되어 주오[위짐장성(爲朕長城)] 전홍정(田弘正)[179]은 위박절도사(魏博節度使)에 임명되었다가 공훈을 세워 평장사(平章事)의 직책이 더해졌다. 조정에 오자 임금[180]의 대우가 각별하였다. 한사코 궁궐에 남을 수 있기를 청하자 임금이 위로하며 말했다. "위주(魏州) 사람들이 경의 정치를 좋아하고 사방의 이웃나라들은 경의 위엄에 두려워하고 있소. 짐

167. 《산당사고(山堂肆考)·신직(臣職)·독부(督府)》
168. 건원(乾元): 당(唐) 숙종(肅宗)의 연호(758-760)이다.
169. 이광필(李光弼): 거란족 출신으로 무예에 뛰어나 안녹산(安祿山)과 사사명(史思明)의 난을 평정하는 데 큰 공을 세웠다. 곽자의(郭子儀)와 함께 '이곽(李郭)'으로 불렸다. 동중서문하평장사(同中書門下平章事), 천하병마도원수(天下兵馬都元帥) 등을 역임하였고, 임회군왕(臨淮郡王)에 봉해졌다.
170. 《산당사고(山堂肆考)·신직(臣職)·독부(督府)》
171. 건중(建中): 당(唐) 덕종(德宗)의 연호(780-783)이다.
172. 풍하청(馮河淸): 당(唐) 경조(京兆) 출신으로 좌위대장군(左衛大將軍), 경원절도사(涇原節度使) 등을 역임하였다.
173. 요황(姚況): 당대(唐代) 사람으로 태자중사인(太子中舍人)을 지냈다.
174. 《산당사고(山堂肆考)·신직(臣職)·독부(督府)》
175. 유빈(柳玭): 당조(當朝) 관원으로 명경과에 합격하여 비서성정자(秘書省正字)에 임명되고 여러 벼슬을 거쳐 문덕(文德) 원년(888) 어사대부(御史大夫)에 이르렀다. 이부상서를 지내다 호남관찰사(湖南觀察使)로 나가 오원제(吳元濟)를 토벌하며 매번 승리를 거두었던 유공작(柳公綽)의 손자이다.
176. 《신당서(新唐書)·유빈전(柳玭傳)》
177. 소방(蕭倣): 당(唐) 희종(僖宗) 때에 재상을 지냈으며 난릉후(蘭陵侯)에 봉해졌다. 자는 사도(思道)이다.
178. 《산당사고(山堂肆考)·신직(臣職)·독부(督府)》
179. 전홍정(田弘正): 당(唐) 평주(平州) 출신으로 자가 안도(安道)이다. 동중서문하평장사(同中書門下平章事)를 역임하였다.
180. 임금: 당(唐) 헌종(憲宗)을 가리킨다.

의 장성과 같은 존재인데, 또 어떻게 사양하시겠소?"

田弘正充魏博節度使, 以功加平章事. 來朝, 上眷待殊等. 固請留闕下, 帝勞曰, 魏人樂卿之政, 四鄰畏卿之威. 爲朕長城, 又安用辭?"[181]

정사량을 풀어 주라고 명하다.[명석사량(命釋士良)]

이소(李愬)[182]는 채주(蔡州)를 기습할 계획을 세우고 대장 마소량(馬少良)을 보냈는데, 오원제의 착생우후(捉生虞候)[183] 정사량(丁士良)을 만나 전투를 벌여 그를 사로잡았다. 이소가 그의 포박을 풀어 주라고 명하자, 정사량이 사력을 다하여 은덕에 보답하겠다고 하면서 이소에게 말했다. "오수림(吳秀琳)[184]은 문성책(文城柵)[185]을 거점으로 반군의 왼쪽 팔이 되고 있는데, 진광흡(陳光洽)이 그 모주입니다. 공을 위해 그를 사로잡기를 청합니다. 그러면 오수림이 항복할 것입니다." 마침내 진광흡을 사로잡아 오수림에게 보내니 과연 문성책을 바치고 항복하였다.

李愬謀襲蔡州, 遣大將馬少良, 遇吳元濟捉生虞候丁士良, 與戰擒之. 愬命釋其縛, 士良請盡死以報德, 言于愬曰, 吳秀琳據文城柵, 爲賊左臂, 陳光洽爲之謀主. 請爲公擒之. 則秀琳降矣. 遂擒光洽, 以歸秀琳, 果以文城柵降.[186]

이소(李愬)는 오수림(吳秀琳)을 매우 후하게 대우하며 그와 함께 채주를 취할 계획을 세웠다. 오수림이 말했다. "이우(李祐)를 얻지 못하면 불가능합니다." 이소가 우후(虞候)[187] 사용성(史用誠)을 불러 이우를 유인하여 붙잡도록 하였다. 이소는 포박을 풀어 주라고 명하고 그를 손님에 대한 예로써 대우하였다. 이우가 감읍하며 이소에게 "채주의 정예 병력은 모두 회곡(洄曲)[188]에 있어 허점을 틈타면 바로 그 성까지 들어갈 수 있습니다."라고 하니, 이소가 그렇다고 여겼다.

愬待秀琳甚厚, 與謀取蔡. 秀琳曰, 非得李祐, 不可. 愬召虞候史用誠, 誘擒之. 愬命釋縛, 待以客禮. 祐感泣, 言于愬曰, 蔡之精兵, 皆在洄曲, 可以乘虛, 直抵其城. 愬然之.[189]

백성들을 풀어 주어 생업에 복귀하게 하다.[종민복업(縱民復業)] 고변(高駢)[190]이 서천절도사(西川節度使)가 되었을 때의 일이다.[191] 검주(劍州)에 도착하자, 먼저 사자를 보내 성도(成都)의 성문을 열게 하였다. 누군가가 "오랑캐가 지근의 거리에 있습니다. 만에 하나 갑자기 쳐들어온다면 어찌하시겠습니까?"라고 간언하였다. 이에 고변이 대답하였다. "오랑캐들이 내가 왔다는 소식을 들으면 달아나느라 겨를이 없을 것이니 어찌 감히 성도를 범하겠는가? 지금 봄기운이 따뜻해지고 있다. 수십만 명의 사람들이 성 안에 모여 있으면 전염병이 생길 것이다. 늦출 수 없다." 사자가 도착하여 백성들에게 성을 나와 각자 일상의 생업에 복귀하게 하니 백성들이 크게 기뻐하였다.

---

181. 《신당서(新唐書)·전홍정전(田弘正傳)》
182. 이소(李愬): 당(唐) 조주(洮州) 출신으로, 자(字)는 부직(符直)이다. 태자우서자(太子右庶子), 방진(坊·晉) 이주자사(二州刺史), 태자첨사(太子詹事), 태자소보(太子少保) 등을 역임하였다. 사후 태위(太尉)에 증직되었으며, 시호는 무(武)이다.
183. 착생우후(捉生虞候): 무관(武官) 이름. 북조(北朝) 서위(西魏) 이후로 우후도독(虞候都督), 우후(虞候) 등 다양한 명칭으로 설치되었다.
184. 오수림(吳秀琳): 당나라 때 사람으로 정사량(丁士良)과 함께 오원제(吳元濟: 783-817)의 핵심 부하 장수였다.
185. 문성책(文城柵): 지금의 산서성 길현(吉縣)에 해당하는 문성(文城)에 설치한 목책(木柵)을 가리킨다.
186. 《산당사고(山堂肆考)·신직(臣職)·독부(督府)》
187. 우후(虞候): 당나라 때 하급 무관의 하나이다.
188. 회곡(洄曲): 하남성 탑하시(漯河市)의 사하(沙河)와 풍하(澧河)가 합류하는 곳에 있는 지명으로, 은수(溵水)가 돌아 흐르기 때문에 만들어진 이름이다.
189. 《산당사고(山堂肆考)·신직(臣職)·독부(督府)》
190. 고변(高駢): 당(唐) 유주(幽州) 출신으로 자가 천리(千里)이다. 여러 지방의 절도사(節度使)를 역임하였다.
191. 당나라 희종(僖宗) 건부(乾符: 874-879) 연간의 일이다.

高駢爲西川節度使. 至劍州, 先遣使開成都門. 或諫曰, 蠻寇逼近, 萬一豨突, 奈何? 駢曰, 蠻聞我來, 逃竄不暇, 何敢輒犯成都? 今春氣向暖, 數十萬人蘊積城中, 將成癘疫, 不可緩也. 使者至, 縱民出城, 各復常業, 民大悅.192

군문에서 비단을 나누다.[군문분백(軍門分帛)] 무종(武宗)193이 석웅(石雄)을 진주(晉州)와 강주(絳州) 일대의 행영절도사(行營節度使)로 임명하니, 이튿날 바로 병사들을 이끌고 오령(烏嶺)194을 넘어 성채 다섯을 함락하고 죽이거나 사로잡은 적의 숫자가 천으로 헤아릴 정도였다. 무종이 첩서를 받고 매우 기뻐하며 재상에게 말했다. "석웅은 참으로 훌륭한 장수요.." 그러자 이덕유(李德裕)195가 말했다. "근자에 노주(潞州) 저자에 한 남자가 유장한 가락으로 '석웅의 7천 명 병사가 이를 것이네'라고 노래하였는데, 유종간(劉從諫)196이 요언이라고 여겨 목을 베었습니다. 이제 노주를 함락한 것은 과연 석웅입니다." 조서를 내려 석웅에게 비단을 하사했다. 석웅은 그것들을 모두 군문에 놓아두고 자신은 한 필만 취한 뒤 나머지는 모두 장병들에게 나눠 주었다.

武宗以石雄爲晉絳行營節度使, 使197明日卽引兵, 踰烏嶺, 破五寨, 殺獲千計. 上得捷書, 喜甚, 謂宰相曰, 雄眞良將. 李德裕因言, 比年潞州市有男子, 磬折唱曰, 石雄七千人至矣. 劉從諫以爲妖言, 斬之. 今破潞州者, 果雄也. 詔賜雄帛. 雄悉置軍門, 自取一匹, 餘, 悉分賜將士.198

활에 성명을 적어 두다.[궁지주명(弓誌姓名)] 왕충사(王忠嗣)199가 절도사로 있을 때 속관을 불러 병기를 건네주며 사병들에게 나눠 주도록 하면서 비록 활과 화살이라 하더라도 반드시 그 성명을 써 두게 하였다. 군대가 돌아왔을 때 잃어버린 활과 화살들을 모두 적어 둔 이름에 의거하여 죄를 다스리니, 부하 모든 사람들이 스스로 조심하였다.

王忠嗣在節鎭, 召屬長, 付以兵器, 使授士卒, 雖弓矢, 必誌其姓名. 軍還, 遺弦亡鏃, 皆按姓名治罪, 部下人人自勸.200

일꾼들로 이루어진 정예기병[시역정기(厮役精騎)] 마수(馬燧)201가 하동절도사(河東節度使)가 되었을 때의 일이다. 하동의 기병이 약하다고 여겨 말을 기르는 일꾼들을 모두 불러 수천 명을 얻고는 그들을 수개월 동안 가르치니 모두 정예 기병이 되었다. 또 전차를 만들어 행군할 때는 갑옷과 무기를 싣고, 주둔할 때는 진영으로 삼았다. 1년 만에 정예병력 3만 명을 얻게 되었다.

馬燧爲河東節度使. 以河東騎士單弱, 悉召牧馬厮役, 得數千人, 敎之數月, 皆爲精騎. 又造戰車, 行則載甲兵, 止則爲營陣. 居一年, 得選兵三萬人.202

막료가 소년들로 채워지다.[막료소년(幕僚少年)]

---

192. 《자치통감(資治通鑑)·당기(唐紀)》
193. 무종(武宗): 당(唐) 제17대 황제로 재위 기간은 841-846년이다.
194. 오령(烏嶺): 산서성 안택현(安澤縣)과 익성현(翼城縣)을 잇는 고개 이름으로 '흑수령(黑水嶺)'이라고도 한다.
195. 이덕유(李德裕): 당조(唐朝) 재상. 자는 문요(文饒)이고, 조주(趙州) 찬황(贊皇) 사람이다. 재상을 지냈으며 시인으로도 이름이 높다. 위국공(衛國公)에 봉해져 '이위공(李衛公)'이라고 불린다. 중만당(中晩唐) '우이당쟁(牛李黨爭)' 중의 이당(李黨)의 영수이다.
196. 유종간(劉從諫): 당나라 때 범양(范陽, 지금의 북경 일대) 출신으로 소의절도사(昭義節度使)를 지냈다.
197. '使'는 연문(衍文)으로 삭제하는 것이 옳다.
198. 《산당사고(山堂肆考)·신직(臣職)·독부(督府)》
199. 왕충사(王忠嗣): 당(唐) 태원(太原) 출신이다. 하서, 농우절도사(河西隴右節度使), 권삭방, 하동절도사(權朔方河東節度使) 등을 역임하였으며, 이임보(李林甫)로 인하여 한양태수(漢陽太守)로 좌천되었다.
200. 《신당서(新唐書)·왕충사전(王忠嗣傳)》
201. 마수(馬燧): 당(唐) 여주(汝州) 출신으로 자가 순미(洵美)이다. 동중서문하평장사(同中書門下平章事), 시중(侍中)을 역임하였다.

장경(長慶)[203] 중에 노룡(盧龍) 절도사 유총(劉總)[204]이 벼슬을 버리고 승려가 되자, 장홍정(張弘靖)[205]에게 대행케 하였다. 장홍정은 무게를 잡으며 자만심이 강하였다. 열흘이 지나서야 겨우 한 번 나와서 업무를 결재하였는데 정사를 대부분 막료인 위옹(韋雍) 등에게 맡겼다. 위옹 등은 모두가 나이가 젊고 경박하며 술을 좋아하고 멋대로 굴었다. 일찍이 군사들에게 말하기를 "지금 천하가 태평하니 너희들은 2석짜리 활을 당길 수 있기보다는 차라리 '고무래 정[丁]'자 하나 알아보는 것이 나을 것이다."라고 하였다.

長慶中, 盧龍節度使劉總棄官爲僧, 以張弘靖代之. 莊默自尊. 涉旬乃一出坐決事, 政事多委之幕僚韋雍輩. 又皆少年[206]輕薄, 嗜酒豪縱. 嘗謂軍士曰, 今天下太平, 汝能挽兩石弓, 不如識一丁字.[207]

흩어진 백성들을 불러 모아 위로하다.[초무유산(招撫流散)] 태화(太和)[208] 연간에 은유(殷侑)[209]는 산동성 제주(齊州), 덕주(德州)와 하북성 창주(滄州), 경주(景州) 일대의 절도사를 지냈다. 창주는 난리를 겪은 후라서 해골이 땅을 뒤덮을 정도였고 호구 중에 남은 것은 열에 서넛도 되지 않았다. 은유는 주둔지에 도착하여 사병들과 고락을 함께하며 흩어진 백성을 불러 위로하고 농사와 누에치기를 권장하였다. 3년이 지나 가구가 늘어나고 곳간이 가득 찼다.

太和中, 殷侑爲齊德滄景節度使. 滄州承喪亂之後, 骸骨蔽地, 戶口存者, 十無三四. 侑至鎭, 與士卒同甘苦, 招撫流散, 勸之耕桑. 三年之後, 戶口滋殖, 倉庫充盈.[210]

청렴하고 공평한 관리를 가려 기용하다.[택용염평(擇用廉平)] 주행봉(周行逢)[211]은 무평(武平) 절도사를 지내는 동안 백성 다스리는 일에 전념하여 마씨(馬氏)[212]의 폭정을 모두 없앴다. 청렴하고 공평한 관리를 가려 자사와 현령으로 기용했는데, 한 대장이 자신의 무리 10여 명과 반란을 모의했다. 이에 여러 장수들을 모두 모이게 한 뒤 좌중에서 그를 사로잡아, 책망하여 "내가 나쁜 옷과 거친 음식으로 지내고 있는 것은 바로 그대들을 위해서인데, 어찌하여 배신하여 모반했는가? 오늘 모임에서 그대와 결별하노라."라 말하고는 즉시 그를 쳐서 죽였다.《오대사(五代史)》

周行逢爲武平節度使, 留心民事, 悉除馬氏橫政. 擇廉平吏, 用爲刺史縣令, 有大將與其黨十餘人謀作亂. 乃大會諸將, 于坐中擒之, 數曰, 吾惡衣糲食, 正爲汝曹, 何負而反? 今日之會, 與汝訣. 立撾殺之.《五代史》

오직 베고 찌르는 것만을 익히게 하다.[유습참자(惟習斬刺)] 당나라 유전(劉瑑)[213]은 자가 자전(子全)으로 선무절도사(宣武節度使)에 올랐다. 이보다 앞서 대연회의 경우 노래하고 춤추는 여인들을 잡다하게 출연시키곤 했었다. 유전이 "이것이 어찌 군대의 음악이겠나?"라고 말하고, 장사 천 명을 뽑아 갑옷을 입히고 창과 방패를 들려서 치고 찌르는 무술을 익히게 하였다. 또 야간통행을 금하지 않도록 하령하여 백성

---

202. 《산당사고(山堂肆考)·신직(臣職)·독부(督府)》
203. 장경(長慶): 당(唐) 목종(穆宗)의 연호(821-824)이다.
204. 유총(劉總): 유주절도사(幽州節度使) 유제(劉濟)의 차자이며, 초국공(楚國公)에 봉해졌다.
205. 장홍정(張弘靖): 당(唐) 의지(猗氏) 출신으로 자가 원리(元理)이다. 태자소사(太子少師)를 역임하였다.
206. 표제의 '幕僚少年' 및 《신당서(新唐書)》를 참고하여 '少年' 두 글자를 보충하였다.
207. 《산당사고(山堂肆考)·신직(臣職)·독부(督府)》
208. 태화(太和): 위(魏) 명제(明帝)의 연호(227-232)이다.
209. 은유(殷侑): 당(唐) 곡아(曲阿) 출신으로 간의대부(諫議大夫), 형부상서(刑部尙書) 등을 역임하였다.
210. 《자치통감(資治通鑑)·당기(唐紀)》
211. 주행봉(周行逢): 오대(五代)시기 낭주(朗州) 무릉(武陵) 출신으로 무평(武平) 절도사를 지냈다.
212. 마씨(馬氏): 오대 때 사람인 마희악(馬希萼)을 가리킨다.
213. 유전(劉瑑): 당대(唐代) 사람으로 자가 자전(子全)이다. 공부상서(工部尙書), 선무절도사(宣武節度使) 등을 역임하였다.

들을 편하게 하였다.

唐劉瑑, 字子全, 進宣武節度使. 先是, 大饗雜進倡舞. 瑑曰, 豈軍樂耶? 取壯士千人, 被鎧甲, 擁矛盾, 習擊刺. 又下令不呵止夜行, 使民自便.[214]

변변찮은 벼슬[추관(麤官)] 당나라 상서(尙書)를 지내던 설능(薛能)[215]은 문장으로 자부하였다. 군진(軍鎭)을 맡아 나가면서 일찍이 마음이 울적해져 탄식하며 시를 짓기를, "변변찮은 벼슬을 내주심이 진정 내버리시는 것이로되, 시인의 이름으로 보상이 될 수 있을 거네."[216]라고 하였다. 이는 대체로 절도사를 변변찮은 벼슬로 생각한 것이다.

唐薛尙書能以文章自負. 出爲戎鎭, 嘗鬱鬱嘆息, 有詩云, 麤官乞與眞抛却, 賴有詩名合得償. 蓋以節將爲麤官也.[217]

적군 무리 가운데서 팻말을 빼앗다.[중중탈패(衆中奪牌)] 당나라 숙종(肅宗) 보응(寶應)[218] 중에 사조의(史朝義)[219]가 반란을 일으키자 옹왕(雍王) 괄(适)[220]을 원수로 삼았다. 마침 여러 도의 병사들이 반군의 성채 동북쪽으로 나와서 안팎으로 협공하여 그들을 대파하였다. 사조의가 자신의 정예부대 10만 명을 전부 동원하여 구원에 나섰다. 관군의 공격에도 움직임이 없자 진서절도사(鎭西節度使) 마린(馬璘)[221]이 "일이 급하게 되었다."라고 말하고는, 마침내 혼자서 말을 타고 진격하였다. 반군의 양쪽 팻말을 빼앗고 1만 군사의 적진 속으로 돌입하자 반군이 좌우로 흩어졌다. 대군이 이를 틈타 진입하니 반군이 대패하였다.

唐肅宗時寶應中, 史朝義反, 以雍王适爲元帥. 會諸道兵出賊柵東北, 表裏合擊, 大破之. 朝義悉其精兵十萬救之. 官軍擊之不動, 鎭西節度使馬璘曰, 事急矣, 遂單騎奮擊. 奪賊兩牌, 突入萬衆中, 賊左右披靡. 大軍乘之而入, 賊衆大敗.[222]

이민족이 공경하고 복종하다.[만이외복(蠻夷畏服)] 당나라 단문창(段文昌)[223]은 자가 묵경(墨卿)이고 서하(西河) 사람으로 기개가 넘치고 정의심이 강했다. 위고(韋皐)가 촉 지방에 있을 때 표문을 올려 교서랑에 임명되었다. 장경(長慶) 중에 조정에서는 단문창이 젊어서 서촉에서 지냈다 하여, 조서를 내려 서천절도사에 제수하였다. 단문창은 평소 촉 지방 사람들의 정서를 잘 알고 있었는데, 이때에 이르러 관대함으로 정사를 베푸니 이민족들이 공경하고 복종하였다.

唐段文昌, 字墨卿, 西河人, 倜儻有義氣. 韋皐在蜀表, 授校書郎. 長慶中, 朝廷以文昌少遊西蜀, 詔授西川節度使. 文昌素洽蜀人之情, 至是, 以寬爲政, 蠻夷畏服.[224]

강족과 토욕혼이 맞이하러 왔다.[강혼내영(羌渾來迎)] 송나라 태조는 조찬(趙贊)[225]을 창무(彰武) 절

214. 《신당서(新唐書)·유전전(劉瑑傳)》
215. 설능(薛能): 당(唐) 분주(汾州) 출신으로 자가 대졸(大拙)이다. 공부상서(工部尙書), 서주절도사(徐州節度使) 등을 역임하였다.
216. 칠언율시 〈유승상께서 천주산에서 생산되는 차를 보내주신 것에 감사하여(謝劉相寄天柱茶)〉의 미련(尾聯)이다.
217. 《북몽쇄언(北夢瑣言)》 권4.
218. 보응(寶應): 당(唐) 숙종(肅宗)의 연호(762-763)이다.
219. 사조의(史朝義): 안녹산(安祿山: 703-757)의 반란에 동참했던 사사명(史思明)의 장자이다. 상원(上元) 2년(761) 부친 사사명을 죽이고 반란을 이어갔으나, 762년 당나라 군사의 반격과 휘하 장수의 이반으로 도주 중에 자살하였다.
220. 옹왕(雍王) 괄(适): 당나라 덕종(德宗) 이괄(李适: 742-805). '옹왕'은 덕종이 즉위하기 전의 봉호이다.
221. 마린(馬璘): 중당(中唐) 시기 명장으로 자는 인걸(仁傑)이고 기주(岐州) 출신이다. 대종(代宗) 때에 사진(四鎭), 북정행영절도사(北庭行營節度使) 등을 지내면서 토번을 대파하여 부풍군왕(扶風郡王)에 봉해졌다.
222. 《자치통감(資治通鑑)·당기(唐紀)》
223. 단문창(段文昌): 당(唐) 제주(齊州) 출신으로 자가 묵경(墨卿)이다. 동중서문하평장사(同中書門下平章事), 어사대부(御史大夫) 등을 역임하고 형남절도사(荊南節度使)가 되었는데 덕정으로 이름이 있었다.
224. 《산당사고(山堂肆考)·신직(臣職)·독부(督府)》
225. 조찬(趙贊): 당(唐) 하동(河東) 출신으로 자가 이다. 중서사인(中書舍人), 호부시랑(戶部侍郎), 창무절도사(彰武節度使) 등

도사에 임명하였다. 조찬이 연주(延州)에 이르러 앞뒤로 보병과 기병을 나누어 배치했는데 길게 이어져 끊이지 않게 하였다. 온통 초목이 무성한 곳 사이로 멀리 깃발을 보고서 관할 구역의 강족과 토욕혼이 맞이하러 왔다. 그 숫자가 헤아릴 수 없을 정도로 많으니, 서로 바라보며 기가 죽어 두려워하며 복종하지 않는 사람이 없었다.

宋太祖, 以趙贊爲彰武節度使. 贊至延州, 前後分置步騎, 使綿綿不絕. 林莽之際, 遠見旌旗, 所部羌渾來迎. 莫測其數, 相視奪氣, 莫不畏服.[226]

누워서 북문을 지키다.[와호북문(臥護北門)] 배도(裴度)[227]가 하동(河東) 절도사에 임명되었으나 (늙고 병들었다는 이유로 사직하자) 황제가 노홍선(盧弘宣)에게 명하여 "짐을 위해 누워서라도 북문을 지켜주면 좋겠소."라고 선유하게 했다.

裴度爲河東節度使, 帝命盧弘宣諭曰, 爲朕臥護北門可也.[228]

군령이 간이하고 엄숙하다.[위령간숙(威令簡肅)] 이원(李愿)[229]이 원화(元和)[230] 초에 창주(鋹州) 등지의 절도사가 되었는데, 군령이 간이하고 엄숙하여 위무하고 포섭하는 방법을 깊이 체득하고 있었다.

李愿, 元和初爲鋹州等節度使, 威令簡肅, 甚得綏懷之術.[231]

주체의 사신을 참수하다.[참주체사(斬朱泚使)] 위고(韋皐)[232]가 영전판관(營田判官)에 임명되고 농주유후사(隴州留後事)를 대리하게 되었다. 주체(朱泚)[233]가 반란을 일으키고는 마침내 노복을 위고에게 사신으로 보내고, 또 유도빈(劉陶賓)을 보내 위고에게 봉상절도사를 제수하였다. 위고는 이들을 모두 참수하여 조리돌렸다. 이에 위고를 어사대부 및 농주자사로 승진시켰다.

韋皐爲營田判官, 權知隴州留後事. 朱泚旣僭, 遂令家僮使于皐, 又遣劉陶賓授皐鳳翔節度使. 皐俱斬以徇. 於是, 進皐爲御史大夫隴州刺史.[234]

첩문을 품속에 넣어 두다.[납첩회중(納牒懷中)] 당나라 가탐(賈耽)[235]이 산남절도사를 지내면서 행군사마 번택(樊澤)[236]에게 (행재소로) 사무를 아뢰게 하였다. 번택이 임무를 다하고 돌아와 보고를 마쳤는데, 가탐은 한창 크게 연회를 베풀고 있는 중이었다. 그때 급한 첩보가 이르렀는데 내용은 번택으로 가탐의 직책을 대신하라는 내용이었다. 가탐은 첩문을 품안에 넣었는데 안색이 바뀌지 않고 그대로였다. 연회가 파하자 번택을 불러 내용을 알렸다. 아장 장헌보(張獻甫)가 노하여 말했다. "행군사마 번택이 스스로 절도사의 직위를 도모했던 것입니다. 청컨대 그를 죽입시다." 가탐은 그날로 군진을 떠나면서 장헌보를

을 역임하였다.

226. 《산당사고(山堂肆考)·신직(臣職)·독부(督府)》
227. 배도(裴度): 당(唐) 하동(河東) 출신으로 자가 중립(中立)이다. 어사중승(御史中丞), 동중서문하평장사(同中書門下平章事) 등을 역임하였다.
228. 《신당서(新唐書)·배도전(裴度傳)》
229. 이원(李愿): 당(唐) 임조(臨洮) 출신으로 봉상절도사(鳳翔節度使), 창주절도사(鋹州節度使) 등을 역임하였다.
230. 원화(元和): 당(唐) 헌종(憲宗)의 연호(806-820)이다.
231. 《구당서(舊唐書)·이원전(李愿傳)》
232. 위고(韋皐): 당(唐) 경조(京兆) 출신으로 자가 성무(城武)이다. 검남서천절도사(劍南西川節度使)를 지냈다.
233. 주체(朱泚): 당(唐) 창평(昌平) 출신이다. 덕종(德宗) 때에 요영언(姚令言)이 반란을 일으켜 천자가 봉천(奉天)으로 피난하자, 국호를 대진(大秦)이라 하고 황제에 올랐다. 후에 이성(李晟)에게 살해되었다.
234. 《고금사문유취(古今事文類聚)·절사부(節使部)·절도사(節度使)》
235. 가탐(賈耽): 당(唐) 현종(玄宗)과 덕종(德宗) 때의 관리로 자(字)는 돈시(敦詩)로 평장사(平章事), 좌복야(左僕射) 등을 역임하였다.
236. 번택(樊澤): 당(唐) 하중(河中, 지금의 산서성) 출신으로 자는 안시(安時)이다. 당말 대신으로 산남동도절도사(山南東道節度使), 검교상서우복야(檢校尚書右僕射), 양주자사(襄州刺史)를 지냈다.

따르게 하니 군부가 마침내 안정되었다. 홍원(興元)[237] 원년 가탐을 공부상서에 임명했다.

唐賈耽爲山南節度使, 使行軍司馬樊澤奏事. 澤旣復命, 耽方大宴. 有急牒至, 以澤代耽. 耽納牒懷中, 顏色不改. 宴罷, 召澤告之. 牙將張獻甫怒曰, 行軍自圖節鉞, 請殺之. 耽卽日離鎭, 以獻甫自隨, 軍府遂安. 興元元年, 以耽爲工部尙書.[238]

원수 元帥

·《좌전(左傳)》에 "진(晉)나라에서는 삼군(三軍)을 편성하고 원수(元帥)에 대하여 모의했다."라고 하였는데, 비록 '원수'의 칭호는 있었지만 관직 이름은 아니었다. 수(隋)나라 때 친왕(親王)[239]으로 원수를 삼았다. 당나라 때 친왕이 군사를 총괄하면 '원수'라 하고 문무관원으로서 전체를 통괄하면 '총관(總管)'이라고 하였다. 고조(高祖)가 좌우 원수를 두었으며, 천보(天寶)[240] 말에 천하병마원수(天下兵馬元帥)를 두었는데, 모두 친왕이 거느리게 하였으며 또 대신으로 부원수를 삼았다.

左傳, 晉作三軍, 謀元帥. 雖有元帥之稱而非官名. 隋以親王爲之. 唐親王總戎曰, 元帥. 文武官總統, 則曰總管. 高祖置左右元帥, 天寶末置天下兵馬元帥, 皆以親王領之, 又以大臣爲副.[241]

시서에 조예가 깊은 원수[시서원수(詩書元帥)] 진(晉)나라에서는 삼군(三軍)을 편성하고, 원수(元帥)에 대하여 모의했다. 조최(趙衰)[242]가 말했다. "극곡(郤穀)[243]이 좋습니다. 신은 그가 말하는 것을 자주 들었는데, 예(禮)와 악(樂)을 좋아하고 《시경(詩經)》과 《서경(書經)》에 조예가 깊습니다."

晉作三軍, 謀元帥. 趙衰曰, 郤穀可. 臣亟聞其言矣, 說禮樂而敦詩書.[244]

무군을 겸한 원수[무군원수(撫軍元帥)] 당나라 건녕왕(建寧王) 이담(李倓)[245]은 영명하고 과감하며 재략을 지니고 있었다. 말타기와 활쏘기를 잘하여 매번 어려움을 당할 때마다 전방에서 혈전을 벌이곤 하였다. 당시 숙종이 즉위하여, 광평왕(廣平王)[246]이 원자(元子)가 되자 이담을 병마원수(兵馬元帥)로 삼으려고 하였다. 좌우 신하들이 말했다. "태자는 군주를 따라 싸우러 나가면 무군(撫軍)이라 하고 도성을 지키면 감국(監國)이라 합니다. 지금의 원수는 무군이니, 광평왕이 마땅합니다."

237. 홍원(興元): 당(唐) 덕종(德宗)의 연호(784)이다.
238. 《산당사고(山堂肆考)·신직(臣職)·형부상서(刑部尙書)》
239. 친왕(親王): 황제의 아들이나 형제를 가리키는 말이다.
240. 천보(天寶): 당(唐) 현종(玄宗)의 연호(742-756)이다.
241. 《고금사문유취(古今事文類聚)·통군사부(統軍司部)·도원수(都元帥)》
242. 조최(趙衰): 진(晉) 문공(文公)을 보좌하여 패자가 되게 했던 다섯 신하 중 한 사람으로 자는 자여(子餘)이다. 시호는 성계(成季)로, 흔히 조성자(趙成子)로 불린다.
243. 극곡(郤穀): 춘추시대 진(晉)나라 대장(大將)이다. 진(晉) 문공(文公) 4년, 시서와 예악에 능하다는 이유로 조최(趙衰)가 천거하여 중군(中軍)의 대장에 임명되었다.
244. 《좌전(左傳)·희공(僖公)·27년》
245. 이담(李倓): 당(唐) 숙종(肅宗)의 셋째 아들로 천보(天寶) 중에 건녕군왕(建寧郡王)에 봉해졌다. 안녹산의 난중에 부친인 태자 이형(李亨)에게 군사를 수습하여 반군에 대한 저항을 건의하였다. 이에 이형은 영무에서 즉위하여 반군을 패퇴시킬 수 있었으나 광평왕(廣平王) 이숙(李俶)을 해치려 한다는 측근의 참언을 들어 이담에게 죽음을 내렸다. 이숙이 즉위하여 대종(代宗)이 된 후 이담을 제왕(齊王)으로 추봉하고, 또 승천황제(承天皇帝)에 추시하였다.
246. 광평왕(廣平王): 당(唐) 대종(代宗) 이예(李豫(726-779)이다. 숙종(肅宗)의 장자이며 초명은 숙(俶)이다. 광평군왕(廣平郡王)에 봉해졌다가 초왕(楚王), 성왕(成王)에 개봉되었다. 당 제8대 황제로 재위기간은 762-779년이다.

唐建寧王倓, 英毅有才略. 善騎射, 每血戰在前. 時肅宗卽位, 廣平旣爲元子, 欲以倓爲天下兵馬元帥.[247] 左右曰, 太子從曰撫軍, 守曰監國. 今之元帥, 撫軍也, 廣平爲宜.[248]

표를 올려 조칙을 바치다.[표진조칙(表進詔勅)] 대종(代宗)[249]이 즉위하자 내관(內官)[250] 정원진(程元振)[251]이 곽자의(郭子儀)[252]를 시기하였다. 그는 교묘히 이간책을 행하여 부원수(副元帥)를 혁파하라고 청하였다. 곽자의가 사은숙배 후에 표문을 올려 숙종(肅宗)이 내려준 전후 조칙 1천여 수를 포함한 20권을 바치며 말하였다. "밝으신 임금의 뜻이 정미하고 곡진하며 위로하고 깨우쳐주심이 간절히 얽혀 있어 보잘것없는 신의 한 시절 공적을 드러내주셨으니, 진실로 자손만대로 전할 만한 보물입니다." 대종이 다음과 같이 조서를 내려 답하였다. "짐이 덕이 모자라고 밝지 못하여 대신으로 하여금 걱정하고 두려워하게 하였으니, 짐의 잘못이오."

代宗卽位, 內官程元振忌嫉郭子儀. 巧行離間, 請罷副元帥. 子儀旣謝恩, 上表進肅宗所賜前後詔勅, 一千餘首凡二十卷曰, 聖旨微婉, 慰諭綢繆, 彰微臣一時之功, 誠子孫萬代之寶. 詔答曰, 朕不德不明, 俾大臣憂疑, 朕之過也.[253]

누대에 올라 예를 행하다.[상루행례(上樓行禮)] 곽자의(郭子儀)가 경양(涇陽)에서 입조하니 임금이 안복문(安福門)에 납시어 기다렸다. 곽자의에게 명하여 누대 위에서 조현(朝見)의 예를 행하게 하였으며 연향이 매우 융숭했다.

郭子儀自涇陽入朝, 帝御安福門待之. 命子儀樓上行朝見之禮, 宴賜隆厚.[254]

능연각에 화상을 그려 넣다.[도형능연(圖形凌烟)] 사조의(史朝義)[255]가 동도(東都)[256]를 점거하자 대종(代宗)이 덕종(德宗)[257]을 파견하니, 덕종은 여러 군대를 모아 크게 격파하였다. 사조의가 하북(河北)으로 달아났는데, 얼마 뒤에 반군의 장수[258]가 사조의의 목을 베어 바쳤다. 덕종은 원수(元帥)의 공훈으로 [상서령(尙書令)에] 배수되었으며 곽자의(郭子儀) 등 8인과 더불어 능연각(凌烟閣)에 화상이 그려졌다.

史朝義據東都, 代宗遣德宗, 會諸軍大破之. 朝義走河北, 俄而賊將斬朝義以獻. 以元帥功拜郭子儀等八人, 圖形于凌烟閣.[259]

피로 변한 물을 마시다.[음화혈수(飮化血水)] 당나라 보공석(輔公祏)이 강동을 거점으로 반란을 일으켰다. (조정에서는) 하간왕(河間王) 효공(孝恭)[260]을 행군원수로 삼아 격파하게 하였다. 발진을 앞두고 여러

---

247. '欲以廣平王爲元子, 以倓爲兵馬元帥.'로 되어 있는 것을 《구당서(舊唐書)·승천황제담전(承天皇帝倓傳)》에 의거하여 "廣平旣爲元子, 欲以倓爲天下兵馬元帥."로 수정하였다.
248. 《구당서(舊唐書)·승천황제담전(承天皇帝倓傳)》
249. 대종(代宗): 당(唐) 제8대 황제로 재위 기간은 762-779년이다.
250. 내관(內官): 환관(宦官)과 같은 의미이다.
251. 정원진(程元振): 당(唐) 숙종(肅宗), 대종(代宗) 때 환관(宦官)이다.
252. 곽자의(郭子儀): 당(唐)나라의 무장(武將)이자 고관(高官)으로 안녹산(安祿山)의 난이 일어나자 중원(中原)의 반란군을 토벌했고 위구르의 원군을 얻어 장안(長安)과 낙양(洛陽)을 수복하는 데 큰 공을 세웠다.
253. 《구당서(舊唐書)·곽자의전(郭子儀傳)》
254. 《구당서(舊唐書)·곽자의전(郭子儀傳)》
255. 사조의(史朝義): 안녹산(安祿山: 703-757)의 반란에 동참했던 사사명(史思明)의 장자이다. 상원(上元) 2년(761) 부친 사사명을 죽이고 반란을 이어 갔으나, 762년 당나라 군사의 반격과 휘하 장수의 이반으로 도주 중에 자살하였다.
256. 동도(東都): 낙양(洛陽).
257. 덕종(德宗): 당(唐) 제11대 황제로 재위 기간은 780-805년이다.
258. 반군의 장수: 유주절도사(幽州節度使) 이회선(李懷仙)을 가리킨다.
259. 《구당서(舊唐書)·본기(本紀)·덕종(德宗)》
260. 이효공(李孝恭): 당(唐) 종실(宗室)로 예부상서(禮部尙書)를 역임하였다.

장수들에게 연회를 베풀면서 물을 떠 왔는데 별안간 피로 변하였다. 참석해 있던 사람들이 크게 놀라 안색이 변하였으나 효공은 그것을 마시면서 말하였다. "이것은 보공석이 머리를 내놓을 징조라오." 여러 사람들이 그의 식견과 도량에 대하여 탄복하였다. 뒤에 과연 보공석을 사로잡았다.

唐輔公祏據江東反. 命河間王孝恭爲行軍元帥擊之. 將發, 宴諸將, 取水, 忽化爲血. 在坐失色, 孝恭飮之曰, 此公祏授首之徵也. 衆服其識度. 後果擒公祏.[261]

청하공은 장강의 신령이다.[청하강신(淸河江神)] 수(隋)나라 양소(楊素)[262]가 행군원수(行軍元帥)가 되어 진(陳)을 정벌하였다. 양소는 수군을 거느리고 동쪽으로 내려가는데 꼬리를 문 배들이 강을 뒤덮고 깃발과 갑옷이 햇빛에 반짝였다. 양소는 평승(平乘, 큰 배)의 큰 뱃전에 앉았는데 용모가 헌걸차고 씩씩하였다. 진나라 사람들이 멀리서 바라보고 말하였다. "청하공(淸河公)께선 바로 장강의 신령이시다."

隋楊素爲行軍元帥, 伐陳. 素率水軍東下, 舟艫蔽江, 旌甲耀日. 素坐平乘大舩, 容貌雄偉. 陳人望之曰, 淸河公, 卽江神也.[263]

장수를 보내 군사들을 향해 작전의 의지를 밝히게 하다.[견장서사(遣將誓師)] 개운(開運)[264] 3년, 전홍좌(錢弘佐)[265]가 동남병마원수(東南兵馬元帥)가 되었다. 이유빈(李孺贇)[266]이 구원을 요청하자, 여러 장수들은 모두 "산수의 형세가 험악하여 군사를 일으킬 수 없습니다."라고 하였다. 전홍좌가 얼굴색을 바꾸며 말하였다. "'입술이 없어지면 이가 시리다'고 한 것은 옛 사람이 남겨 준 밝은 가르침이다. 내가 천하의 원수가 되어 가지고 어찌 이웃의 어려움을 구휼할 수 없단 말이냐? 만약 이의가 있는 사람은 목을 벨 것이다!" 여러 사람들이 모두 두려워 굴복하였다. 곧바로 장수를 보내 군사들을 향해 작전의 결연한 의지를 밝히도록 했는데, 말이 분명하고 엄숙하였다. 과연 성공을 거두었다.

開運三年, 錢弘佐爲東南兵馬元帥. 李孺贇之求救也, 諸將皆言, 山水險惡, 不可興兵. 弘佐變色曰, 脣亡齒寒, 古之明戒. 吾爲天下元帥, 豈不能恤隣? 若有異議者, 斬. 衆皆慴伏. 乃遣將誓師, 辭令明肅. 果有成功.[267]

총관 總管

· 후주(後周)[268] 때 도독(都督)을 총관(總管)으로 고쳤는데, '총관'의 이름은 여기에서 비롯된다. 수나라 문제(文帝)[269]가 병주(幷州), 익주(益州), 형주(荊州), 양주(楊州)의 4개 주에 대총관(大總管)을 두고, 그 나머지 총관부(總管府)를 여러 주에 두면서 상, 중, 하 3등급으로 구분했다. 당나라 때 여러 주에 다시 총관을 두었다.

後周改都督爲總管, 總管之名始此. 隋文帝, 以幷益

261. 《고금사문유취(古今事文類聚)·통군사부(統軍司部)·도원수(都元帥)》
262. 양소(楊素): 수(隋)나라의 정치가이자 군사가로 자가 처도(處道)이다. 수(隋) 문제(文帝) 양견(楊堅)을 도와 천하를 평정하였다. 양제(煬帝) 때에 사도(司徒)에 오르고 초국공(楚國公)에 봉해졌다.
263. 《고금사문유취(古今事文類聚)·통군사부(統軍司部)·도원수(都元帥)》
264. 개운(開運): 후진(後晉) 출제(出帝)의 연호(944-946)이다.
265. 전홍좌(錢弘佐): 오대(五代) 시기 오월(吳越)의 군주로 자는 원우(元祐)이다.
266. 이유빈(李孺贇): 오대(五代) 광주(光州) 출신으로 오대십국시기에 민국(閩國)의 장수로 복주(福州)를 할거지로 삼았다. 초명은 인달(仁達), 뒤에 홍의(弘義), 홍달(弘達) 유빈(孺贇) 등으로 개명하였다.
267. 《고금사문유취(古今事文類聚)·통군사부(統軍司部)·도원수(都元帥)》
268. 후주(後周): 북조(北朝)의 하나로 북주(北周: 557-581)라고도 한다.
269. 문제(文帝): 양견(楊堅: 541-604)으로, 재위 기간은 581-604년이다.

荊楊四州, 置大總管, 其餘總管府, 置於諸州, 列爲上中下三等. 唐諸州, 復有總管.[270]

이 시대의 명장[당금명장(當今名將)] 태종(太宗)이 "지금의 이름난 장수로 오직 이적(李勣)[271], 설만철(薛萬徹), 강하왕 이도종(李道宗)이 있을 따름이다."라 하고, 청구도행군총관(靑丘道行軍總管)으로서 고려를 쳐서 그 성을 함락하게 하였다.

太宗曰, 當今名將, 惟李勣, 薛萬徹, 江夏王道宗而已, 以靑丘道行軍總管, 伐高麗拔其城.[272]

고종(高宗)[273] 때에 이적이 요동대총관(遼東大總管)에 임명되어 병사 2만을 거느리고 고장(高藏), 남건(男建) 등을 잡았다. 이적에게 포로들을 소릉(昭陵)[274]에 바치라는 조서가 내려졌다.

高宗時, 李勣爲遼東大總管, 率兵二萬, 執高藏男建等. 詔勣獻俘昭陵.[275]

식량운송 수레로 적을 죽이다.[양거살적(糧車殺敵)] 배행검(裴行儉)[276]이 정양(定襄) 대총관이 되었을 때의 일이다. (거짓으로) 식량 운송용 수레를 만들고 (그 안에다) 건장한 병사 다섯 명을 매복시켰다. 또 정예 병사를 숨겨 그 뒤를 따르게 하였다. 오랑캐가 과연 수레를 노략질하였을 때에 (수레 속에 숨어 있던) 건장한 병사들이 갑자기 나오고 또 숨어서 따르던 정예 병사들이 이르렀다. 오랑캐들을 거의 모두 죽이거나 생포하였다.

裴行儉爲定襄大總管. 爲糧車, 伏壯士五輩. 又伏精兵, 踵其後. 虜果掠車, 壯士突出, 伏兵至. 殺獲幾盡.[277]

국왕을 포로로 잡고 삼국을 멸하다.[부멸삼국(俘滅三國)] 소열(蘇烈)[278]은 자가 정방(定方)이다. 신구도대총관(神丘道大總管)에 임명되어 백제를 쳐서 의자왕을 포로로 잡았다. 멸망시킨 삼국에서는 (모두) 그 왕을 산 채로 잡은 것이다. 소열이 이려도대총관(伊麗道大總管)으로 발탁되어 다시 하로(賀魯)[279]를 정벌하였다. 하로는 돌궐의 10개 성씨로 이루어진 10만 병력으로 맞서 싸우면서 소열의 병사가 적은 것을 가볍게 여기고 좌우로 날개를 펴서 포위하였다. 소열은 보졸들로 하여금 고지대에 의지해서 창을 모아 바깥쪽을 향하게 하였다. 적들이 세 차례나 보졸의 진영에 돌진하였으나 뚫고 들어올 수 없었다. 그들이 혼란한 틈을 타서 타격을 가하니, 적들이 크게 흩어져 달아났다.

蘇烈, 字定方. 爲神丘道大總管, 討百濟, 俘其王義慈. 所滅三國, 先[280]執其王. 烈擢伊麗道大總管, 復征賀魯. 賀魯率十姓兵十萬拒戰, 輕烈兵少, 舒左右翼包之. 烈令步卒據高, 攢矟外向. 賊三突步陣, 不能入. 因其亂, 擊之, 賊大奔.[281]

---

270. 《문헌통고(文獻通考)·직관고(職官考)·도총관(都總管)》
271. 이적(李勣): 본명은 서세적(徐世勣)이다. 당나라에 귀의하여 조국공(曹國公)에 봉해지고 이(李)씨 성을 하사받았으며, 당 태종 이세민(李世民)의 휘(諱)를 피해 이름을 '이적(李勣)'이라고 하였다. 상서좌복야(尙書左僕射), 사공(司空) 등 고관에 올랐고, 고구려 정벌에 참여하기도 하였다.
272. 《고금사문유취(古今事文類聚)·통군사부(統軍司部)·관군총관(管軍總管)》
273. 고종(高宗): 당(唐) 제3대 황제로 재위 기간은 650-683년이다.
274. 소릉(昭陵): 당(唐) 제2대 황제 태종(太宗) 이세민(李世民)의 능묘이다.
275. 《고금사문유취(古今事文類聚)·통군사부(統軍司部)·관군총관(管軍總管)》
276. 배행검(裴行儉): 당나라 때 사람으로 이부시랑, 예부상서 등을 역임하였고, 초서(草書)와 예서(隸書)에 조예가 깊었다.
277. 《고금사문유취(古今事文類聚)·통군사부(統軍司部)·관군총관(管軍總管)》
278. 소열(蘇烈): 당(唐) 기주(冀州) 출신으로 자가 정방(定方)이다. 이려도대총관(伊麗道大總管), 좌효위대장군(左驍衛大將軍) 등을 역임하였다.
279. 하로(賀魯): 아사나하로(阿史那賀魯: ?-659). 서돌궐의 대장으로 자립하여 서돌궐 사발라가한(沙鉢羅可汗)이 되었다.
280. 《고금사문유취(古今事文類聚)》에는 '先'이 '生'으로 되어 있다.
281. 《고금사문유취(古今事文類聚)·통군사부(統軍司部)·관군총관(管軍總管)》

5층의 갑옷을 쏘아 뚫다.[사통오갑(射洞五甲)] 설인귀(薛仁貴)[282]가 철륵도총관(鐵勒道總管) 정인태(鄭仁泰)의 부관이 되어 떠나려 할 때에 내전에서 연회가 베풀어졌다. 고종(高宗)이 말했다. "옛날 활을 잘 쏘는 사람 중에는 7층의 갑옷을 뚫는 이가 있었소. 경이 한 번 5층의 갑옷에 쏘아보시오." (설인귀가) 한 발에 꿰뚫었다.

薛仁貴副鄭仁泰鐵勒道總管, 將行, 宴內殿. 帝曰, 古善射有穿七札者. 卿試以五甲射焉. 一發洞貫.[283]

강 가운데 전함을 풀어 두다.[종함강중(縱艦江中)] 강하왕(江夏王)[284] 이효공(李孝恭)[285]이 형상도총관(荊湘道總管)으로 승진했을 때의 일이다. 수륙 12군을 통솔하여 이릉(夷陵)을 출발해 소선(蕭銑)[286]의 두 진영을 깨뜨리고, 전함을 강 가운데 풀어두었다. 여러 장수들이 말했다. "배를 획득했으면 마땅히 우리 쪽에 유용하게 써야 하는데 버려두어 적을 돕는 것은 어찌된 것입니까?" 효공이 말했다. "강에 인접하여 진수(鎭守)하고 있는 소선의 군사들은 전함이 강에 가득 떠서 내려가는 모습을 보게 되면, 반드시 소선이 이미 패하였다고 여기고, 바로 진격하지 않고 형편을 살피면서 오고갈 것이오. 이렇게 되면 우리는 강릉을 함락하게 될 것이오." 구원병이 파릉(巴陵)[287]에 도착했으나 배를 보고 의심하여 나아가지 않았다. 소선은 안팎으로 단절되어 마침내 항복하였다.

江夏王孝恭, 進荊湘道總管. 統水陸十二軍發夷陵, 破蕭銑二鎭, 縱戰艦於江中. 諸將曰, 得舷當濟吾用, 棄之反資賊, 奈何? 孝恭曰, 銑之瀕江鎭戍, 見艦舟蔽江下, 必謂銑已敗, 不卽進兵, 覘候往返, 吾拔江陵矣. 救兵到巴陵, 見船, 疑不進. 銑內外阻絶, 遂降.[288]

오랑캐 마당에 피가 흥건하게 하다.[접혈노정(蹀血虜庭)] 이정(李靖)[289]이 정양도(定襄道) 대총관이 되었을 때의 일이다. 힘센 기병 3천을 거느리고 마읍(馬邑)을 거쳐 악양령(惡陽嶺)으로 내달리니, 힐리가한(頡利可汗)[290]이 크게 놀랐다. 태종이 말했다. "이정이 오랑캐 마당에 피가 흥건하게 하여 마침내 정양 땅을 손에 넣었는데, 예전에는 일찍이 이런 사람이 없었다. 내가 위수(渭水)에서 당한 치욕[291]을 씻어 주기에 충분하다."

李靖爲定襄道大總管. 率勁騎三千, 由馬邑趨惡陽嶺, 頡利可汗大驚. 太宗曰, 靖蹀血虜庭, 遂取定襄, 古未有輩. 足澡吾渭水之恥矣.[292]

충성스러워 자신을 돌아보지 않는다.[충불고신(忠不顧身)] 당나라 장사귀(張士貴)[293]가 공주도행군총관(龔州道行軍總管)이 되었다. 태종은 그가 화살과

---

282. 설인귀(薛仁貴): 당(唐) 강주(絳州) 용문(龍門) 출신으로 이름은 예(禮)이며, 인귀(仁貴)는 그의 자이다. 당 태종, 고종 때의 장수이다.
283. 《고금사문유취(古今事文類聚)·통군사부(統軍司部)·관군총관(管軍總管)》
284. 강하왕(江夏王): 하간왕(河間王)의 오기(誤記)이다.
285. 이효공(李孝恭): 당(唐) 종실(宗室)로 예부상서(禮部尙書)를 역임하였다.
286. 소선(蕭銑): 당(唐) 무덕(武德) 원년 악양(岳陽)에서 국호를 양(梁)이라 하고 칭제하였다. 무덕 4년 당군에 패하여 장안에서 참수되었다.
287. 파릉(巴陵): 악양(岳陽)의 옛 이름이다.
288. 《고금사문유취(古今事文類聚)·통군사부(統軍司部)·관군총관(管軍總管)》
289. 이정(李靖): 당나라 때 무장(武將)으로 자는 약사(藥師)이고 시호는 경무(景武)이다. 병법에 밝아 고조(高祖) 때 행군총관(行軍總管)을 지냈고, 태종(太宗) 때 형부상서(刑部尙書)와 병부상서(兵部尙書) 등을 역임하였으며 위국공(衛國公)에 봉해졌다.
290. 힐리가한(頡利可汗): 동돌궐의 가한(可汗)으로 이름은 돌필(咄苾)이다.
291. 정관(貞觀) 원년 돌궐의 수령 힐리(頡利)가 10여 만 정병을 인솔하여 장안의 위수(渭水)까지 쳐들어와 태종이 그와 함께 백마를 목 베어 '편교(便橋)의 맹약'을 맺었던 일을 가리킨다.
292. 《고금사문유취(古今事文類聚)·통군사부(統軍司部)·관군총관(管軍總管)》
293. 장사귀(張士貴): 당대 명장으로 본명은 홀률(忽峍), 자는 무안(武安)이며, 괵주(虢州) 사람이다. 말타기와 활쏘기를 잘했다.

돌을 무릅쓰고 먼저 오른 것을 위로하여 "일찍이 '충성으로써 나라에 보답하는 사람은 자신의 몸을 돌아보지 않는다'고 들었는데 공에게서 그러한 점을 보게 되었다."라고 하였다.

唐張士貴爲龔州道行軍總管. 太宗以其冒矢石先登, 勞之曰, 嘗聞以忠報國者不顧身, 於公見之.[294]

조서를 내려 공로를 기리고 위로하다.[새서포로(璽書褒勞)] 언기(焉耆)[295] 왕이 반란을 일으키자 곽효각(郭孝恪)[296]이 칠 것을 청하니 즉시 서천도총관(西川道總管)에 임명하였다. 보병과 기병 3천 명을 거느리고 은산도(銀山道)를 나서 야간에 그 왕 용돌기지(龍突騎支)[297]를 습격하여 사로잡았다. 태종이 기뻐하여 조서를 내려 공로를 기리고 위로하였다.

焉耆王叛, 郭孝恪請擊之, 卽拜西川道總管. 率步騎三千出銀山道, 夜襲其王龍突騎支虜之. 帝悅, 降璽書褒勞.[298]

황금 병을 하사하며 위로하다.[금병사로(金甁賜勞)] 진숙보(秦叔寶)[299]가 진왕부(秦王府)[300]를 섬겨 마군총관(馬軍總管)에 임명되었다. 미량천(美良川)[301]에서 싸워 울지징(尉遲徵)[302]을 깨뜨리는 데에 공로가 있었다. 고조가 황금 병을 하사하며 위로하여 말했다. "경은 처자를 돌보지 않고 내게 귀의했고 게다가 또 공을 세웠다. 만약 짐의 살이 먹을 수 있다면 마땅히 베어서 그대에게 먹일 것이거늘 자녀나 옥백 따위야 말할 나위가 있겠는가?"

秦叔寶事秦王府, 拜馬軍總管. 戰美良川, 破尉遲徵[303]有功. 帝賜以黃金甁, 勞曰, 卿不恤妻子而來歸我, 且又立功, 使朕肉可食, 當割以啖爾, 況子女玉帛乎?[304]

용맹스러움이 삼군에 으뜸이다.[용관삼군(勇冠三軍)] 설만균(薛萬鈞)[305]이 옥저도총관(沃沮道總管)이 되어 이정(李靖)을 따라 토욕혼(吐谷渾)[306]을 토벌하였다. 다시 진격하여 수천 명의 목을 베어 용맹스러움이 삼군(三軍)에 으뜸이었다.

薛萬鈞爲沃沮道總管, 從李靖討吐谷渾. 復馳進擊, 斬數千級, 勇冠三軍[307]

싸우지 않고 오랑캐를 포박하다.[부전박로(不戰縛虜)] 이적(李勣)[308]이 통막도총관(通漠道總管)이 되어 운중(雲中)으로 나가 돌궐과 전투를 벌여 패주시켰다. 병사를 이끌고 이정(李靖)과 회합하여 말하였다. "힐리(頡利)[309]가 만약 사막을 건넌다면 구성(九

---

294. 《고금사문유취(古今事文類聚)·통군사부(統軍司部)·관군총관(管軍總管)》
295. 언기(焉耆): 신강(新疆) 타림분지 동북부의 옛 나라 이름이다.
296. 곽효각(郭孝恪): 당나라 초기 장수로 허주(許州) 양적(陽翟) 사람이다.
297. 용돌기지(龍突騎支): 7세기 서역(西域) 언기(焉耆)의 국왕이다.
298. 《고금사문유취(古今事文類聚)·통군사부(統軍司部)·관군총관(管軍總管)》
299. 진숙보(秦叔寶): 당(唐) 태종(太宗)의 용장(勇將)으로 이름은 경(瓊)이고 숙보(叔寶)는 자이다. 제주(齊州) 역성(曆城, 지금의 濟南) 사람이다.
300. 진왕부(秦王府): 태종(太宗) 이세민(李世民)이 즉위 전 진왕(秦王)으로 있을 때의 왕부(王府)이다.
301. 미량천(美良川): 산서(山西) 문희현 남쪽에 있다.
302. 울지징(尉遲徵): 수말 당초의 명장 울지공(尉遲恭)으로 자는 경덕(敬德)이다. '徵'은 '恭'의 오기이다.
303. '徵'은 '恭'의 오기이다.
304. 《고금사문유취(古今事文類聚)·통군사부(統軍司部)·관군총관(管軍總管)》
305. 설만균(薛萬鈞): 당(唐) 돈황(敦煌) 출신으로 뒤에 옹주(雍州) 함양(咸陽)으로 이주하였다. 당조(唐朝)로부터 상주국(上柱國), 영안군공(永安郡公)에 봉해졌다.
306. 토욕혼(吐谷渾): 옛날 선비족(鮮卑族)의 한 지파로 본래는 요동(遼東)에 거주했는데, 서진(西晉) 때에 영수였던 토욕혼(吐谷渾)의 통솔 하에 서쪽인 감숙(甘肅), 청해(靑海) 사이로 이주했고 그 후손들이 세운 나라를 토욕혼(吐谷渾)이라 했다.
307. 《고금사문유취(古今事文類聚)·통군사부(統軍司部)·관군총관(管軍總管)》
308. 이적(李勣): 본명은 서세적(徐世勣)이다. 당나라에 귀의하여 조국공(曹國公)에 봉해지고 이(李)씨 성을 하사받았으며, 당태종 이세민(李世民)의 휘(諱)를 피해 이름을 '이적(李勣)'이라고 하였다. 상서좌복야(尙書左僕射)·사공(司空) 등 고관에 올랐고, 고구려 정벌에 참여하기도 하였다.

姓) 부락으로부터 보호를 받을 것이니 그때엔 이길 수가 없을 것이다. 우리가 만약 가벼운 무장으로 쳐들어간다면 싸우지 않고도 오랑캐를 묶을 수 있을 것이오." 이정은 자신과 뜻이 합치됨을 기뻐하여 군사를 이끌고 밤에 발진하고 이적은 군사를 지휘하여 그를 따랐다. 힐리는 사막으로 달아나려 했으나 지나갈 수 없었다. 추장(酋長)이 부락의 5만 명을 이끌고 이적에게 항복했다.

李勣爲通漠道總管, 出雲中, 與突厥戰, 走之. 引兵與李靖合, 因曰, 頡利若渡磧, 保於九姓, 果不可得, 我若約齎薄之, 不戰縛虜矣. 靖喜與己合, 率衆夜發, 勣勒兵從之. 頡利欲走磧不得度. 酋長率部落五萬降于勣.[310]

단안을 내려 깊숙이 들어가다.[결책심입(決策深入)]

토욕혼(吐谷渾)이 국경을 침입하자,[311] 이정(李靖)이 방현령(房玄齡)[312]에게 가서 말하였다. "내가 비록 늙었으나 아직 한번 갈 만합니다." 황제가 서해행군대총관(西海行軍大總管)으로 삼으니, 이정은 단안을 내려 깊숙이 들어갔다. 마침내 적석산(積石山)을 넘어 크게 싸워 수천 수백 명의 많은 사람들이 항복했다. 토욕혼 군주 윤복(伏允)[313]이 스스로 목을 매어 죽었다.

吐谷渾寇邊, 李靖往見房玄齡曰, 吾雖老, 尙堪一行. 帝以爲西海行軍大總管, 靖決策深入. 遂踰積石山, 大戰, 數千百人多降. 吐谷渾伏允[314]自縊死.[315]

화상을 그려 바치게 하다.[도상이진(圖像以進)]

적청(狄青)[316]은 자가 한신(漢臣)으로 경원부총관(涇原副總管)이 되었을 때의 일이다. 임금이[317] 한 번 보고자 하여 조서를 내려 입조하게 했는데, 마침 평원(平原)이 침략당할 위기에 처해지자 바로 서둘러 부임하도록 하고는 화상을 그려 바치게 하였다. 임금이 그의 의표를 보고서 말했다. "짐의 관우(關羽)와 장비(張飛)이다." 이에 '적만인(狄萬人)'이란 칭호가 있게 되었다.

狄青, 字漢臣, 爲涇原副總管. 上欲一見之, 詔令入朝, 會寇逼平原, 乃令亟往, 俾圖像以進. 觀其儀表曰, 朕之關張也. 於是有狄萬人之稱.[318]

경략 經略

· 당나라 정관(貞觀)[319] 2년 변방의 주에 별도로 경략사(經略使)를 설치하였는데, 이것이 아마도 '경략사'란 명칭의 기원일 것이다. 송(宋)대에 상설하지는 않았는데, 함평(咸平)[320] 5년에 처음으로 우복야(右僕射) 장제현(張齊賢)[321]을 빈녕(邠寧) 등 로(路)

309. 힐리(頡利): 동돌궐의 가한(可汗)으로 이름은 돌필(咄苾)이다.
310. 《고금사문유취(古今事文類聚)·통군사부(統軍司部)·관군총관(管軍總管)》
311. 당(唐) 태종(太宗) 정관(貞觀) 8년의 일이다.
312. 방현령(房玄齡): 당(唐) 제주(齊州) 출신으로 자가 교(喬)이다. 15년 동안 재상으로 있으면서 태종(太宗)을 도와 정관지치(貞觀之治)를 이루었다. 왕명으로 《진서(晉書)》를 중찬(重撰)하였다.
313. 윤복(伏允): 모용복윤(慕容伏允)으로 토욕혼(吐谷渾)의 가한(可汗)이다.
314. 《신당서(新唐書)·이리전(二李傳)》 등에 의거하여 '見'을 '允'으로 수정하였다.
315. 《고금사문유취(古今事文類聚)·통군사부(統軍司部)·관군총관(管軍總管)》
316. 적청(狄青): 송(宋) 분주(汾州) 출신으로 자가 한신(漢臣)이다. 추밀사(樞密使)를 역임하였다.
317. 송(宋) 인종(仁宗)이다.
318. 《고금사문유취(古今事文類聚)·통군사부(統軍司部)·관군총관(管軍總管)》
319. 정관(貞觀): 당(唐) 태종(太宗)의 연호(627-649)이다.
320. 함평(咸平): 북송(北宋) 진종(眞宗)의 연호(998-1003)이다.
321. 장제현(張齊賢): 송(宋) 조주(曹州) 출신으로 자가 사량(師亮)이다. 참지정사(參知政事), 동중서문하평장사(同中書門下平

의 경략(經略)으로 임명하였다. 보원(寶元)[322] 연간에는 서하(西夏) 사람들이 침입하여 처음으로 섬서(陝西) 일대 변경에 접해 있는 지역의 대장을 임명하면서 모두 경략을 겸임시켰다. 《신당서(新唐書)·백관지(百官志)》에 "경략사는 전략을 잘 짜는 것을 상급 고과로 삼았고 일을 잘 성사시키는 것을 중급 고과로 삼았으며 군의 장비를 수리하고 제조하는 것을 하급 고과로 삼았다."라고 하였다.

唐貞觀二年, 邊州別置經略使, 此蓋使名之起也. 宋不常置, 咸平五年, 始以右僕射張齊賢爲邠寧等路經略. 寶元中夏人入寇, 始命陝西沿邊大將皆兼經略. 唐志, 經略使, 計度爲上考, 集事爲中考, 脩造爲下考.[323]

중화절 시를 내려주다.[사중화시(賜中和詩)] 당 대숙륜(戴叔倫)[324]은 용관경략사(容管經略使)일 때에 이민족을 위무함으로써 위명이 널리 알려졌다. 그의 다스림은 맑고 분명하며 관대하면서도 좋은 책략이 많았다. 덕종(德宗)[325]이 일찍이 중화절(中和節)[326]을 읊은 시를 지어서 사신을 보내 은사한 일이 있다.

唐戴叔倫爲容管經略使, 綏徠夷落, 威名流聞. 其治淸明仁恕, 多方略. 德宗嘗賦中和節詩, 遣使寵賜.[327]

비석을 세워 덕을 송양하다.[입석송덕(立石頌德)] 당나라 원결(元結)[328]이 용관경략사(容管經略使)일 때 직접 만족의 토호들을 효유하고 여덟 주를 안정시켰다. 백성들이 그의 교화에 즐거워하여 비석을 세워 덕을 칭송하였다.

唐元結爲容管經略使, 自諭蠻豪, 綏定八州. 民樂其教, 立石頌德.[329]

위명이 널리 전해지다.[위성풍행(威聲風行)] 당나라 배행립(裴行立)[330]은 안남경략사(安南經略使)일 때 위명이 널리 전해졌다.

唐裴行立爲安南經略使, 威聲風行.[331]

문무의 자질을 겸비하다.[유문무재(有文武材)] 당나라 고종(高宗)이 누사덕(婁師德)[332]을 하원경략부사(河源經略副使)에 임명하며 "경은 문무의 자질을 겸비했으니 사양하지 마시오."라고 말했다.

唐高宗, 以婁師德爲河源經略副使曰, 卿有文武材, 勿辭也.[333]

더 많은 세금을 요구한 적이 없었다.[미상잉색(未嘗賸索)] 당나라 서신(徐申)[334]은 자가 유강(維降)인데, 옹관경략사(邕管經略使)를 지낼 적에 황동(黃洞)[335]이 인질과 부세의 납기를 감히 미루지 않았고 번국이 해마다 구슬과 대모, 향, 무소뿔을 바다를 통

章事), 사공(司空) 등을 역임하였다.

322. 보원(寶元): 북송(北宋) 인종(仁宗)의 연호(1038-1039)이다.
323. 《산당사고(山堂肆考)·신직(臣職)·경략사(經略使)》
324. 대숙륜(戴叔倫): 당(唐) 금단(金壇) 출신으로 자가 유공(幼公)이다. 무주자사(撫州刺史), 용관경략사(容管經略使) 등을 역임하였다.
325. 덕종(德宗): 당(唐) 제11대 황제로 재위 기간은 780-805년이다.
326. 중화절(中和節): 덕종(德宗) 정원(貞元) 5년에 정월 그믐 대신 2월 초하루를 중화절로 지정하였다. 이날 관리들은 공무를 쉬었으며 민간에서는 푸른 주머니에 오곡과 과실을 담아 선물하며 자손의 번창을 빌었다.
327. 《산당사고(山堂肆考)·신직(臣職)·경략사(經略使)》
328. 원결(元結): 당(唐) 하남(河南) 출신으로 자는 차산(次山), 호는 만랑(漫郎), 의간자(猗玕子)이다. 저서에 《원차산집(元次山集)》이 있다.
329. 《산당사고(山堂肆考)·신직(臣職)·경략사(經略使)》
330. 배행립(裴行立): 당(唐) 강주(絳州) 출신으로 원화(元和) 2년 이기(李錡)의 반란을 평정하여 심주자사(沁州刺史)에 발탁된 이후 비주자사(費州刺史), 기주자사(蘄州刺史), 안남도호(安南都護) 등을 역임하였다.
331. 《산당사고(山堂肆考)·신직(臣職)·경략사(經略使)》
332. 누사덕(婁師德): 당(唐) 고종(高宗) 때의 대신(大臣) 겸 명장으로 자(字)는 종인(宗仁)이다.
333. 《산당사고(山堂肆考)·신직(臣職)·경략사(經略使)》

해 가져왔다. 서신이 일정한 세금 외에 더 많은 것을 요구한 적이 없었기에 상인들은 충분한 이익을 남길 수 있었다.

唐徐申, 字維降, 爲邕管經略使. 黃洞納質供賦, 不敢後, 外蕃歲以珠瑇瑁香文犀浮海至. 申於常賦外, 未嘗賸[336]索, 商賈饒益.[337]

용도각직학사께서 장성이 되어 주다.[용도장성(龍圖長城)] 범중엄(范仲淹)[338]이 경주지주(慶州知州)를 맡고 경략초토사(經略招討使)를 겸임한 지 얼마 지나지 않아 적군 3만 명이 성을 침범하였다. 범중엄이 병사들을 지휘하여 혈전을 벌이자 적군이 결국 패주하였다. 여러 장수들에게 경계하여 추격하지 말도록 하였는데, 과연 복병이 있었다. 또 대순성(大順城) 및 세요(細腰)와 호로(胡蘆) 등의 성채를 축조하고 명주(明珠)와 멸장(滅臧)의 두 강한 부족을 초무하니 만여 명의 사람들이 적을 떠나서 중국에 쓰이게 되었다. 충세형(种世衡)[339]이 하북성 정주(定州)에서 불리한 상황에 몰려 민심이 동요하였다. 범중엄이 군사를 검열하면서 호령을 엄격하고 분명히 하여 위엄이 융족의 부락에 떨쳐지자 민심이 마침내 안정되었다. 서로 축하하며 말했다. "변방에 용도공(龍圖公)께서 계셔서 장성이 되어 주시니 우리들이 무엇을 근심하겠습니까?"

范仲淹知慶州, 兼經略招討使, 未幾, 賊兵三萬叩城. 仲淹麾兵血戰, 賊遂奔北. 戒諸將無追奔, 旣而果有伏兵. 又築大順城, 及細腰胡蘆等寨, 招明珠滅臧二强族, 萬餘人皆去賊爲中國用. 种世衡不利于定州, 人心動搖. 及見仲淹耀兵, 號令嚴明, 威震戎落, 人心遂安. 相賀曰, 邊上自有龍圖公爲長城, 吾屬何憂?[340]

곽대공을 흠모하다.[모곽대공(慕郭代公)] 정전(鄭戩)[341]은 자가 천휴(天休)로 범중엄을 대신하여 경략에 임명되었다. 일찍이 강개하여 곽대공(郭代公)[342]의 공업을 사모한 적이 있었다. 원호(元昊)[343]가 군대를 이끌고 흑산(黑山)에 다다르자, 정전은 병사들을 지휘하여 변방을 순시하다가 진융군(鎭戎軍)까지 가서는 연화보(蓮花堡)로 달려가 술을 차려두고 크게 잔치를 열었다. 깃발이 들판을 덮고 징소리 북소리가 하늘에 가득하니, 오랑캐 병사 10만 명이 서로 돌아보며 감히 옴짝도 하려 들지 않았다. 원호가 수하들에게 말했다. "내가 이미 사신을 보내 칭신하였는데, 조정이 어찌하여 또 이분을 기용했단 말인가?" 그가 두려워하기가 이와 같았다.

鄭戩, 字天休, 代仲淹爲經略. 嘗慨然慕郭代公功業. 元昊擁衆臨黑山, 戩勒兵巡邊, 抵鎭戎, 趍蓮花堡, 置酒高會. 旗幟絡野, 鐃鼓喧天, 虜衆十萬, 相顧不敢動. 元昊謂其下曰, 我已遣使稱臣, 朝廷何爲復用此公. 其畏如此.[344]

---

334. 서신(徐申): 당(唐) 경조(京兆) 출신으로 자가 유강(維降)이다. 홍주장사(洪州長史), 영남절도사(嶺南節度使) 등을 역임하였다.
335. 황동(黃洞): 중국 남방 소수민족인 만족(蠻族)의 한 갈래이다.
336. 《신당서(新唐書)·서신전(徐申傳)》 등에 의거하여 '賞賸'을 '嘗賸'으로 수정하였다.
337. 《산당사고(山堂肆考)·신직(臣職)·경략사(經略使)》
338. 범중엄(范仲淹): 북송(北宋)의 정치가이자 문학가로 자가 희문(希文)이며 시호는 문정(文正)이다. 용도각직학사(龍圖閣直學士), 참지정사(參知政事), 섬서사로안무사(陝西四路按撫使) 등을 역임하였고, 구양수(歐陽修) 등과 개혁 정책을 추진하였다.
339. 충세형(种世衡): 송(宋) 낙양(洛陽) 출신으로 자는 중평(仲平)이며 공부시랑(工部侍郎) 충방(种放)의 조카이다. 범중엄의 발탁으로 강족(羌族)을 초무하는 데에 많은 공을 세웠다. 서화가로서도 이름이 높다.
340. 《산당사고(山堂肆考)·신직(臣職)·경략사(經略使)》
341. 정전(鄭戩): 송(宋) 소주(蘇州) 출신으로 자가 천휴(天休)이다. 추밀부사(樞密副使), 이부시랑(吏部侍郎) 등을 역임하였다.
342. 곽대공(郭代公): 당(唐) 곽자의(郭子儀: 697-781)의 별칭이다.
343. 원호(元昊): 다른 이름은 낭소(曩霄), 당항족 출신으로 서하(西夏)의 개국황제이다.
344. 《동도사략(東都事略)》 권55.

독부 督府

· 건무(建武)[345] 초에 사방을 정벌하고 임시로 독군어사(督軍御史)를 두었다가 일이 끝나자 폐지하였다. 위(魏)에서 사마의(司馬懿)[346]를 정촉대도독(征蜀大都督)에 임명하였다. 진(晉)나라가 오(吳)나라를 칠 때에 가충(賈充)[347]을 대도독으로 삼고 황월(黃鉞)을 빌려 주어[348] 육사(六師)[349] 총괄하게 하였다. 당나라에서는 대부(大府)에 모두 도독(都督)을 설치하였다. 경운(景雲)[350] 2년에 스물네 명을 두어 자사 이하 관리들의 선행과 악행을 살피게 하였는데, 양주(揚州), 익주(益州), 병주(幷州), 형주(荊州) 등 네 주는 '대도독'이라고 하였고 변주(汴州)와 연주(兗州) 이하 열 주는 '중도독'이라고 하였으며, 제주(齊州)와 부주(鄜州) 이하 열 주는 '하도독'이라고 하였다. 뒤에 권한이 강해져 제어하기 어려웠기 때문에 오직 네 개의 대도독부만 존치하고 나머지는 모두 폐지하였다.

建武初, 征伐四方, 權置督軍御史, 竟則罷. 魏, 以司馬懿爲征蜀大都督. 晉伐吳, 以賈充爲大都督, 假黃鉞總督六師. 唐, 大府皆置都督. 景雲二年, 置二十四人, 察刺史以下善惡, 楊益幷荊四州爲大都督, 汴兗以下十州爲中都督, 齊鄜以下十州爲下都督. 後以權重難制, 唯存四大都督府, 餘皆罷之.[351]

장강과 한수의 마음을 얻다.[득강한심(得江漢心)] 양호(羊祜)[352]가 도독형주제군사(都督荊州諸軍事)가 되어 떨어져 있는 자는 예로써 오게 하고 멀리 있는 자는 덕으로써 그리워하도록 하는[353] 정사를 베풀어 장강과 한수 일대의 민심을 얻으니 오(吳)나라 사람들이 기뻐 복종하였다.

羊祜都督荊州諸軍事, 招攜以禮, 懷遠以德, 得江漢之心, 吳人悅服.[354]

남쪽 땅 사람들이 찬미하며 노래하다.[남토미요(南土美謠)] 두예(杜預)[355]가 형주도독(荊州都督)을 맡자 남방 사람들이 그를 찬미하며 노래하였다. "후세에 반란이 일어나지 않는 것은 두공 덕분이겠으나 슬기의 힘과 용맹의 공로를 누가 알아줄까?"

杜預都督荊州, 南土美而謠之曰, 後世無叛由杜公, 孰識智力與勇功?[356]

---

345. 건무(建武): 후한(後漢) 광무제(光武帝)의 연호(25-55)이다.
346. 사마의(司馬懿): 삼국시대 위(魏)의 대신(大臣)으로 대장군 조상(曹爽)이 그를 배척하려 하자 반란을 일으켜 그를 죽이고 249년 승상(丞相)이 되어 정치의 실권을 장악했다.
347. 가충(賈充): 진(晉)나라 무제(武帝) 때의 권신(權臣)으로 거기장군상서복야(車騎將軍尙書僕射)가 되어 《진율령(晉律令)》을 편찬하였다. 오(吳)나라 토벌 시에는 토벌군 총사령관을 지냈다.
348. 황월(黃鉞)은 황금으로 장식한 도끼로서 황제의 의장이다. 이것을 빌려 준다는 것은 황제를 대신하여 정벌의 권한을 위임한다는 의미를 갖는다.
349. 육사(六師): 천자의 군대인 육군(六軍)의 별칭이다.
350. 경운(景雲): 당(唐) 예종(睿宗)의 연호(710-712)이다.
351. 《고금사문유취(古今事文類聚)·부사부유(府司部遺)·독부(督府)》
352. 양호(羊祜): 위(魏), 서진(西晉)시대 사람으로 양조(兩朝)에서 여러 관직을 거쳤는데 청렴(淸廉)으로 이름이 높았다. 정남대장군(征南大將軍)이 되어 오(吳)를 멸망시킬 준비를 하다가 죽었으며 직위와 임무는 두예(杜預)에게 계승되었다.
353. 《좌전(左傳)·희공(僖公)》에 "招攜以禮, 懷遠以德"이라 하였다.
354. 《고금사문유취(古今事文類聚)·부사부유(府司部遺)·독부(督府)》
355. 두예(杜預): 서진(西晉) 경조(京兆) 출신으로 자는 원개(元凱). 사마소(司馬昭)의 매부(妹夫)였다. 진 무제(武帝) 때에 진남대장군(鎭南大將軍)이 되었고, 오(吳)를 멸할 준비를 세웠다. 박학다식하여 저서에 《춘추좌씨전집해(春秋左氏傳集解)》가 있다.
356. 《고금사문유취(古今事文類聚)·부사부유(府司部遺)·독부(督府)》

그의 재주와 예지를 칭송하다.[칭기재명(稱其才明)] 유익(庾翼)[357]이 강주(江州), 형주(荊州)의 도독을 지내면서 법도를 세우고 계책을 마련한 것이 매번 보통 사람들의 생각을 벗어났다. 수년 동안에 군국(軍國)이 충실해지니 인정이 흡족해하여 그의 재주와 예지를 칭송하게 되었다. 하남 지역이 모두 귀부할 뜻을 갖게 되었다.

庾翼都督江荊, 制度規模, 每出於人. 數年之中, 軍國充實, 人情翕然, 稱其才明. 河南皆懷歸附.[358]

정사를 맑고 깨끗이 하기에 힘쓰다.[정무청정(政務淸淨)] 당나라 한양왕(漢陽王) 이괴(李瓌)[359]는 형주도독을 지내며 정사를 펼침에 맑고 깨끗이 하기에 힘썼다. 영남 일대의 토호들이 서로 침략을 일삼았는데, 이괴가 사자를 보내 위엄과 덕으로 인도하자 모두 약속이라도 한 듯이 감히 난을 일으키려들지 않았다.

唐漢陽王瓌爲荊州都督, 政務淸淨. 嶺外酋豪, 數相攻, 瓌使諭威德, 皆如約不敢亂.[360]

매를 요구한 것에 대하여 은밀히 표문을 올리다.[밀표구응(密表求鷹)] 당나라 이대량(李大亮)[361]이 양주도독(涼州都督)이 되었을 때의 일이다. 일찍이 대사(臺使)[362]가 품질이 뛰어난 매를 보고 넌지시 이대량에게 그것을 바치라고 권하였다. 이대량이 은밀히 표문을 올려 말하였다. "폐하께서는 사냥을 끊으신지 오래되셨습니다. 그런데 사신이 매를 요구하고 있는데, 정말로 폐하의 뜻입니까? 그러시다면 이는 곧 폐하의 예전 뜻과 위배됩니다. 만약 그가 제멋대로 요구하는 것이라면 이는 사신이 적절한 인물이 아닌 경우가 됩니다." 태종이 답하였다. "이와 같은 신하가 있으니 짐이 무엇을 걱정하겠는가?"

唐李大亮爲涼州都督. 嘗有臺使見名鷹, 諷大亮獻之. 大亮密表曰, 陛下絶畋獵, 久矣. 而使者求鷹, 信陛下意邪? 乃乖昔旨. 如其擅求, 是使非其人也. 太宗報曰, 有臣如此, 朕何憂?[363]

위엄이 남방에 크게 떨쳐지다.[위행남복(威行南服)] 진나라 유홍(劉弘)[364]은 형주도독(荊州都督)을 지내는 동안 위엄이 남방에 크게 떨쳐졌다. 새로 시작하거나 폐지시켜야 할 일이 있으면 손수 태수와 제후국의 승상들에게 편지를 써서 간곡하고 정성스럽게 뜻을 알렸다. 사람들이 모두 감동하고 기뻐하여 다투어 그에게 갔다. 모두들 말하기를 "유공의 서신 한 장을 얻는 것이 십부종사(十部從事)[365]보다 낫구려!"라고 하였다.

晉劉弘爲荊州都督, 威行南服. 凡有興廢, 手書守相, 丁寧款密. 人皆感悅, 爭赴之. 咸曰, 得劉公一紙書, 賢于十部從事.[366]

비로소 마룻대와 들보를 알다.[시지동량(始知棟樑)] 당나라 송경(宋璟)[367]이 광주도독(廣州都督)으로 자리를 옮겼다. 광주 사람들은 대나무와 띠로 집을 지었기 때문에 화재가 자주 일어났다. 송경이 사람들에게 기와 굽는 법을 가르치고 또 상가처럼 담장을 쌓게 하

---

357. 유익(庾翼): 동진(東晉) 영천(潁川) 출신으로 자가 치공(稚恭)이다. 형주자사(荊州刺史)를 역임하였다.
358. 《고금사문유취(古今事文類聚)·부사부유(府司部遺)·독부(督府)》
359. 이괴(李瓌): 당조(唐朝) 종실(宗室)로 고조(高祖) 이연(李淵)의 일곱째 숙부 이울(李蔚)의 손자이다.
360. 《고금사문유취(古今事文類聚)·부사부유(府司部遺)·독부(督府)》
361. 이대량(李大亮): 당(唐) 경조(京兆) 출신으로 당조(唐朝) 개국공신이다. 벼슬이 금주총관(金州總管), 행군총관(行軍總管)에 이르렀고, 사후에 병부상서, 진주도독(秦州都督)에 추증되었다.
362. 대사(臺使): 당대 정식으로 명명되기 이전의 감찰어사(監察御使)를 이르던 말이다.
363. 《고금사문유취(古今事文類聚)·부사부유(府司部遺)·독부(督府)》
364. 유홍(劉弘): 서진(西晉) 패국(沛國) 출신으로 자는 화계(和季)이다. 벼슬이 거기장군(車騎將軍)에 이르렀다.
365. 십부종사(十部從事): 소속되어 있는 구실아치들에 대한 총칭이다. 줄여서 '십부(十部)'라고도 한다.
366. 《산당사고(山堂肆考)·신직(臣職)·독부(督府)》
367. 송경(宋璟): 당(唐) 현종(玄宗) 때의 현상(賢相)으로, 요숭(姚崇)과 함께 개원(開元) 연간의 훌륭한 치적을 이루었다. 직언을 잘 하고 법집행에 공평무사하였다.

니 월 지방 사람들이 비로소 마룻대와 들보를 알게 되었다.

宋璟徙廣州都督. 廣人以竹茅結屋, 多火患. 璟敎人陶瓦, 又築堵如邸肆, 越俗始知棟梁.368

백성들이 함께 경축하다.[사녀상경(士女相慶)] 도간(陶侃)369이 형주와 상주 등지의 도독에 임명되니 백성들이 함께 경축하였다. 도간은 슬기롭고 기민하며 공손하고 성실하여 군부의 모든 일을 감독함에 있어서 빠뜨림이 없었기에 조금도 한가한 적이 없었다.

陶侃都督荊湘等州, 士女相慶. 侃聰敏恭勤, 軍府衆事, 檢攝無遺, 未嘗少閒.370

아이들 또한 알았다.[아동역지(兒童亦知)] 송나라 장준(張浚)371이 장강 가에서 열병식을 가지면 사방의 선비들이 모두들 마음을 기울여 존경하는 마음을 가졌다. 건장하고 씩씩한 장수와 병사들을 보는 사람들은 반드시 감탄하여 길게 탄식하였으며 아래로 아이들까지도 장도독이 계시다는 것을 알았다. 사신이 금나라에 가면 매번 그 나라에서는 반드시 이렇게 묻곤 하였다. "장준은 지금 어디 계시오?"

宋張浚視師江上, 四方之士, 莫不傾372心. 健將悍卒, 見之者, 必咨嗟太息, 下至兒童, 亦知有張都督. 每使者至金, 其國必問, 浚今何在?373

탐천을 마시다.[음탐천(飮貪泉)] 당나라 풍립(馮立)374이 광주도독(廣州都督)에 임명되었을 때의 일이다. 전후로 이 지역에서 백성을 다스렸던 사람들은 대부분 재물을 탐하여 이민족들의 원성과 반란을 초래했었다. 풍립이 부임하여 재산을 불리는 일을 도모하지 않고 그저 입고 먹는 데서 넉넉함을 취할 따름이었다. 일찍이 탐천(貪泉)375에 이르자 탄식하며 말했다. "이것이 아마 오은지(吳隱之)376가 마셨던 물일 것이다. 내 비록 날마다 이 물을 길어 마신다 한들 어찌 내 천성이 바뀌겠는가?" 마침내 실컷 마시고서 떠났다.

唐馮立拜廣州都督. 前後作牧者, 多以黷貨, 以致蠻夷377怨叛. 立至, 不營產業, 衣食取給而已. 嘗至貪泉378, 嘆曰, "此豈隱之所酌耶! 吾雖日汲此水, 庸易吾性哉?" 遂極飮而去.379

허물어진 방죽을 수리하다.[수훼언(修毁堰)] 당나라 장수규(張守珪)380가 과주도독(瓜州都督)이 되었을 때의 일이다. 고을의 땅이 모래가 많고 척박하여 곡식을 재배할 수 없었다. 당시 방죽의 둑이 오랑캐에

---

368. 《산당사고(山堂肆考)·신직(臣職)·독부(督府)》
369. 도간(陶侃): 동진(東晉) 여강(廬江) 출신으로 자가 사행(士行)이다. 형주자사(荊州刺史), 팔주제군사(八州諸軍事)를 역임하였다.
370. 《산당사고(山堂肆考)·신직(臣職)·독부(督府)》
371. 장준(張浚): 남송(南宋) 항금(抗金) 명장이다. 한주(漢州) 출신으로 자는 덕원(德遠), 시호는 충헌(忠獻)이며 자암선생(紫巖先生)이라 불렸다. 고종(高宗) 때 금(金)나라 군대를 막다가 진회(秦檜)의 무함을 받고 영주(永州)로 귀양을 갔으며, 효종(孝宗) 때에 관직이 도독강회군마(都督江淮軍馬)에 이르렀다.
372. 《산당사고(山堂肆考)》 등에 의거하여 '顧'를 '傾'으로 수정하였다.
373. 《산당사고(山堂肆考)·신직(臣職)·독부(督府)》
374. 풍립(馮立): 당(唐) 동주(同州) 풍익(馮翊) 사람이다. 태자 이건성(李建成) 휘하의 거기장군(車騎將軍)으로서 태자에 대한 충의를 다하였다.
375. 탐천(貪泉): 광동성 남해현(南海縣)에 있는 샘물 이름이다. 속설에 청렴한 사람이라도 이 샘물을 마시면 탐욕이 일어난다고 하였다.
376. 오은지(吳隱之): 자(字)는 처묵(處默)이다. 청백리로 명망이 높았다. 벼슬은 중서시랑(中書侍郎), 좌위장군(左衛將軍), 광주자사(廣州刺史)를 거쳐 탁지상서(度支尙書)에 이르렀다.
377. 만이(蠻夷): 이민족에 대한 총칭이다.
378. 탐천(貪泉): 광동성 남해현(南海縣)에 있는 샘물 이름. 아무리 청렴한 사람이라도 이 샘물을 마시면 탐욕을 일으킨다는 속설이 전한다.
379. 《산당사고(山堂肆考)·신직(臣職)·독부(督府)》
380. 장수규(張守珪): 당(唐) 섬주(陝州) 출신으로 과주자사(瓜州刺史), 보국대장군(輔國大將軍)을 역임하였다.

의해 훼손되었지만 재목을 구할 수가 없었는데, 하루 저녁에 강물이 갑자기 쏟아져 나오는 바람에 큰 나무 수천 그루가 물줄기를 막으며 흘러 내려왔다. 이에 그것들을 가져다 둑을 수리해서 복구하니 농부들이 전처럼 농사를 짓게 되었다. 과주 사람들이 그를 신처럼 생각하여 돌에 새겨 그 일을 기록하였다.

唐張守珪爲瓜州都督. 州地沙瘠不可藝. 是時渠堰爲虜毁, 材木無所出, 一夕水暴出, 大木千章, 塞流而下. 因取之, 修復堰坊, 耕者如舊. 州人神之, 刻石記事.[381]

농사를 권장하다.[권영전(勸營田)] 당나라 정관(貞觀)[382] 연간에 사결(思結)[383] 부락에 기근이 들자 장검(張儉)[384]이 그들을 초무하였는데, 따르지 않는 자들은 여전히 적북(磧北)[385]에 거주하였다. 장검이 직무가 바뀌어 떠나게 되었는데, 사결이 반란을 일으키려고 하자 장검에게 그곳으로 가서 살피라는 조서가 내려졌다. 장검은 혼자서 말을 타고 찾아가 훈시하여 그들을 대주(代州)로 이주시키니 바로 장검을 대주도독에 임명하였다. 장검은 이에 사람을 보내 그들에게 농사를 짓도록 하였더니 한 해 농사가 풍년이 들었다. 장검은 또 그들이 축적된 곡식이 많아지면 다른 뜻을 품게 될까 염려하여 값을 흥정해 곡식을 수매하여 변방의 비축 군량을 채울 것을 주청하자 사결 부락 사람들이 기뻐하였다. 농사를 짓는 데에 힘을 돌렸고 변방의 비축된 군량도 채워지게 되었다.

唐貞觀中, 思結部落饑貧, 張儉招集之, 其不來者, 仍居磧北. 及儉以代去, 思結將叛, 詔儉往察之. 儉單騎說諭, 徙之代州, 卽以儉爲代州都督. 儉因遣使營田, 歲大稔. 儉又恐其畜積多, 有異志, 奏請和糴, 以充邊儲, 部落喜. 營田轉力, 而邊備實焉.[386]

식량 운송을 그만두게 하다.[식전조(息轉漕)] 당나라 왕준(王晙)은 경룡(景龍)[387] 말에 계주도독(桂州都督)에 제수되었다. 계주는 오래전부터 병사들이 머물고 있으면서 늘 형주(衡州)와 영주(永州)에 식량을 요구하곤 했었다. 왕준이 처음으로 외성을 쌓아 수자리 병사를 없애고 장강과 통하는 곳에 둔전 수천 경을 개간하여 식량 운송을 그만두게 하였기에 백성들이 그를 믿고 따랐다. 1년 만에 사람들이 그의 공덕을 칭송하는 글을 바위에 새겼다.

唐王晙, 景龍末, 授桂州都督. 州舊有兵, 嘗仰餉衡永. 晙始築羅郛, 罷戍卒, 開屯田數千頃, 以息轉漕, 百姓賴之. 期年, 人刻石頌德.[388]

비단을 하사하여 선정을 표창하다.[사금표정(賜錦表政)] 당나라 왕방경(王方慶)[389]은 무후(武后)[390] 시기에 여러 관직을 거쳐 광주도독(廣州都督)에 올랐다. 남해에선 매년 곤륜박(崑崙舶)[391]으로 보옥을 사들였는데, 전임 도독 노원예(路元睿)가 그 재물을 함부로 취하자 선장이 분노를 이기지 못하여 그를 죽였다. 왕방경이 부임해서는 털끝만치도 요구하는 일이 없었다. 당초 각 고을의 수령들이 부정을 저질러 백성들이 도독부를 찾아 호소했으나 도독부의 관원들은

381. 《산당사고(山堂肆考)·신직(臣職)·독부(督府)》
382. 정관(貞觀): 당(唐) 태종(太宗)의 연호(627-649)이다.
383. 사결(思結): 중국 고대 북방의 소수민족인 칙륵(敕勒) 부족의 하나이다.
384. 장검(張儉): 자는 사약(師約), 태종(太宗) 정관(貞觀) 중에 영주도독(營州都督)이 되었다.
385. 적북(磧北): 몽골고원의 고비사막 북쪽 지역을 가리키는 말이다.
386. 《산당사고(山堂肆考)·신직(臣職)·독부(督府)》
387. 경룡(景龍): 당(唐) 중종(中宗)의 연호(707-710)이다.
388. 《산당사고(山堂肆考)·신직(臣職)·독부(督府)》
389. 왕방경(王方慶): 당대(唐代) 사람으로 이름은 침(綝)이며, 방경(方慶)은 자이다. 태자좌서자(太子左庶子)를 역임하였다.
390. 무후(武后): 측천무후(則天武后)로 성이 무(武)이고 이름이 조(曌)이다. 고종(高宗)의 후(后)로 중종(中宗)과 예종(睿宗)을 몰아내고 즉위하여 국호를 주(周)라고 하였다.
391. 곤륜박(崑崙舶): 옛날 남해의 여러 나라에서 무역에 사용하던 선박을 이르는 말이다.

평소 향응을 받아 온 관계로 이를 바로잡은 적이 없었다. 왕방경이 속관들과 약조하여 서로 왕래하지 못 하게 하자 평하는 이들은 그가 광주를 다스린 것 가운데 최고라고 하였다. 서금(瑞錦)[392]과 오색 비단을 하사하여 선정을 표창하라는 조서가 내려졌다.

唐王方慶, 武后時, 累遷廣州都督. 南海歲有崑崙舶, 市珠琲, 前都督路元叡, 冒取其貨, 舶首不勝忿, 殺之. 方慶至秋毫無索. 部中首領, 詣府訴[393], 府曹素有相餉, 方慶約官屬, 不得與交通, 議者謂其治廣第一. 詔賜瑞錦雜綵, 以表善政.[394]

모아 준 돈을 받지 않다.[불납부금(不納裒金)] (당나라) 이상은(李尙隱)[395]이 광주도독(廣州都督)으로 승진하여 갔다. 돌아가게 되었을 때, 어떤 사람이 돈을 모아 주자 받지 않으며 말했다. "나는 천성을 바꿀 수 없는 것이지 남이 알까 두려워하는 것이 아니오."

李尙隱[396]遷廣州都督. 及還, 人或裒金以贈, 不納曰. 吾自性分不可易, 非畏人知也.[397]

백성들이 모두 농업에 종사하다.[민개추본(民皆趨本)] 당나라 두궤(竇軌)[398]는 낙주도독(洛州都督)을 지냈다. 낙양 일대는 수(隋)나라 때 혼란으로 인하여 사람들이 잘 정착하지를 않았다. 두궤는 여러 현에 명을 내려 노는 사람이나 상업에 종사하는 사람이 있으면 조사하도록 하였다. 이로부터 위엄과 신뢰가 크게 알려져 백성들이 모두 농업에 종사하게 되었다.

唐竇軌爲洛州都督. 周洛間, 因隋亂, 人不土着. 軌下令諸縣, 有游手末作者, 按之. 由是威信甚行, 民皆趨本.[399]

적에게 재앙과 행복이 어찌 갈리게 될지 보여 주다.[시적화복(示賊禍福)] 당나라 풍원상(馮元常)[400]이 광주도독(廣州都督)에 배수되었다. 안남(安南)[401]의 수령인 이사선(李嗣僊)이 도호(都護) 유연우(劉延祐)를 죽이고 주현을 약탈하자 풍원상에게 토벌하라는 조서가 내려졌다. 풍원상이 군대를 이끌고 바다를 건너 달려가서 먼저 재앙과 행복이 어찌 갈리게 될지에 대하여 보여 주니 반군이 대부분 항복하였다. 풍원상은 병사를 풀어 수괴의 목을 베고 돌아왔다.

唐馮元常拜廣州都督. 安南酋領李嗣僊, 殺都護劉延祐, 劫掠州縣, 詔元常討之. 元常率士卒, 航海馳赴, 先示禍福, 賊黨多降. 元常縱兵, 斬其首惡而還.[402]

눈물을 흘리며 가기를 청하다.[유체청행(流涕請行)] 천자의 군대가 채주(蔡州)를 토벌하였으나 순조롭지 않자 배도(裴度)[403]가 직접 독전하겠다고 청하였다. 헌종(憲宗)이 배도를 주시하며 말하였다. "과연 짐을 위해 떠나겠는가?" 배도가 엎드려 눈물을 흘리면서

392. 서금(瑞錦): 당대(唐代) 두사륜(竇師綸)의 그림을 바탕으로 짠 화려한 비단으로, 용(龍), 봉(鳳) 등의 서물(瑞物)이 수놓아져 있어서 붙여진 이름이다.
393. '部中首領, 詣府訴'는 《신당서(新唐書)·왕침전(王綝傳)》에 '部中首領沓墨, 民詣府訴'라 되어 있다. 번역은 이에 따랐다.
394. 《산당사고(山堂肆考)·신직(臣職)·독부(督府)》
395. 이상은(李商隱): 만당(晩唐)의 시인으로 자가 의산(義山)이다. 전고(典故)를 많이 인용하고 화려한 자구(字句)를 구사하여 당대(唐代) 수사주의(修辭主義)의 극치를 보여 주었다.
396. 《신당서(新唐書)·이상은전(李尙隱列傳)》에 의거하여 '李商'을 '李尙隱'으로 고쳤다.
397. 《산당사고(山堂肆考)·신직(臣職)·독부(督府)》
398. 두궤(竇軌): 당(唐) 부풍(扶風) 출신으로 자가 사칙(士則)이다. 우위대장군(右衛大將軍), 낙주도독(洛州都督) 등을 역임하였다.
399. 《산당사고(山堂肆考)·신직(臣職)·독부(督府)》
400. 풍원상(馮元常): 당(唐) 상주(常州) 출신으로 상서좌승(尙書左丞), 미주자사(眉州刺史), 광주도독(廣州都督) 등을 역임하였다.
401. 안남(安南): 지금의 베트남 일대를 이르는 말. 당나라 때 안남도호부(安南都護府)를 설치한 적이 있다.
402. 《산당사고(山堂肆考)·신직(臣職)·독부(督府)》
403. 배도(裴度): 당(唐) 하동(河東) 출신으로 자가 중립(中立)이다. 어사중승(御史中丞), 동중서문하평장사(同中書門下平章事) 등을 역임하였다.

말했다. "신은 맹세코 반군과는 같이 살아 있지 않을 것입니다!" 즉시 창의군절도(彰義軍節度), 회서선무초토처치사(淮西宣撫招討處置使)에 배수하였다.

王師討蔡不利, 裴度請身督戰. 帝目度曰, 果爲朕行乎? 度俯伏流涕曰, 臣誓不與賊偕存. 卽拜彰義軍節度淮西宣撫招討處置使.404

도교장에서 군사를 위로하다.[노사교장(勞師敎場)]

추밀부사(樞密副使) 왕서(王庶)405가 잠시 변경의 방위와 관련한 조치를 취하고자 강회(江淮) 일대로 가게 되었다. 왕서는 평소 위엄을 갖추고 있었다. 출발에 임하여 도교장(都敎場)에서 군사들을 위로하는데 군대의 위용이 엄정하였다. 왕서가 편복(便服) 차림으로 단상에 앉으니 양기중(楊沂中)406 이하 모두가 군복을 입고 원문(轅門)을 통하여 뜰에서 종종걸음으로 나아가 명을 받고 절하고 나가면서 감히 올려다보는 사람이 없었다. 변란이 있었던 이래로 아직 없던 일이었다.

樞密副使王庶暫往江淮措置邊防. 庶素有威嚴. 臨發, 勞師於都敎場, 軍容嚴整. 便服坐壇上, 自楊沂中而下, 悉以戎服, 由轅門, 庭趨受命, 拜賜而出, 莫敢仰視. 自多事以來所未有.407

문서를 전하여 적을 패주시키다.[이서주적(移書走敵)] 위국공(魏國公) 장준(張浚)408이 장강 가에서 군사를 시찰할 때 금나라 올출(兀朮)409이 회수 북쪽에서 10만 병사를 거느리고 있었다. 공이 장수인 한세충(韓世忠), 장준(張俊), 유광세(劉光世)를 불러 함께 논의하고 또 군사를 위로하였다. 장병들은 공이 온 것을 보고 용기가 열 배가 되었다. 공이 한세충을 시켜 올출에게 글을 보내 "추밀 장공이 이미 진강(鎭江)에 와 계시다."라고 전하게 하였다. 당초 적군은 공이 죄를 지어 멀리 폄적되었다는 첩보를 얻었기에 온 힘을 기울여 침략해 온 것이다. 이때 올출은 한세충이 보낸 휘하 장수 왕유(王愈)에게 물었다. "내가 듣기로 추밀(樞密) 장공은 영남으로 폄적되었다고 하던데, 어떻게 이곳에 있을 수 있습니까?" 왕유가 공이 내려 준 문서를 내놓자 올출이 공의 서명을 보고서 안색이 변하면서 즉시 날짜를 약속하여 싸우자고 억지를 부렸다. 공이 다시 한세충에게 서신을 보내 싸울 시기를 묻게 했다. 왕유가 돌아온 지 하루 만에 적군은 밤중에 달아났다.

張魏公視師江上時, 兀朮擁兵十萬于淮陽. 公召大帥韓世忠張俊劉光世與議, 且勞其軍. 將士見公來, 勇氣十倍. 令韓世忠移書兀朮言, 張樞密已在鎭江. 初虜諜報, 公得罪遠貶, 故悉力來寇. 至是, 兀朮問世忠所遣麾下王愈曰, 吾聞張樞密貶嶺外, 何得在此? 愈出所下文書, 兀朮見公書押色動, 卽强言約日當戰. 公再遣以世忠書, 問戰期. 愈回一日, 而虜宵遁矣.410

고종(高宗)이 친필 서신을 내려주며 말했다. "경이 병사들을 인솔하여 적을 앞에 두고 더욱 씩씩해져 마침내 적의 괴수를 밤중에 도망치게 하였소. 악인과 함께 불에 타 죽을 각오로 자나 깨나 충성으로 힘을 다하니 내 잊지 않고 아름답게 여겨 찬탄하고 있다오."

上賜手書曰, 卿獎率師徒, 臨敵益壯, 遂使兇渠宵遁. 同惡自焚, 寤寐忠勤, 不忘嘉嘆.411

---

404. 《고금사문유취(古今事文類聚)·부사부유(府司部遺)·독부(督府)》

405. 왕서(王庶): 송나라 때 사람으로 진회의 화친을 비난하여 면직되었다가 효종(孝宗) 때 복직되었다.

406. 양기중(楊沂中): 남송 대주(代州) 출신으로 자는 정보(正甫)이다. 벼슬이 소사(少師), 영원군절도사(寧遠軍節度使), 영전전도지휘사직사(領殿前都指揮使職事)에 이르렀으며, 공국공(恭國公)에 봉해졌다.

407. 《고금사문유취(古今事文類聚)·부사부유(府司部遺)·독부(督府)》

408. 장준(張浚): 송(宋)나라의 충신으로 고종(高宗) 때 송나라의 회복을 위해 금(金)나라 군대를 막다가 진회(秦檜)의 무함을 받고 영주(永州)로 귀양을 갔으며, 효종(孝宗) 때에 관직이 도독강회군마(都督江淮軍馬)에 이르렀다.

409. 올출(兀朮): 금(金)나라 태조(太祖)의 넷째 아들인 완안종필(完顔宗弼)이다. 본명은 알철(斡啜)인데, 올출(兀朮) 외에 알출(斡出) 등으로도 불린다.

410. 《산당사고(山堂肆考)·신직(臣職)·독부(督府)》

진준경(陳俊卿)[412] 및 장준(張浚)의 아들 장식(張栻)[413]이 행재소로 달려가자, 효종(孝宗)이 진준경 등을 보고서 장준의 동정과 식사, 얼굴 등에 대하여 물으며 말했다. "짐은 장위공에 의지함이 마치 장성(長城)과 같다. 소문으로 흔들어대는 일은 용납하지 않을 것이다."

俊卿及浚子栻赴行在. 上見俊卿等, 問浚動靜飮食顔貌曰, 朕倚魏公如長城. 不容浮言搖奪.[414]

봉사 奉使

· 《주관(周官)》[415]의 기록이다. "[소행인(小行人)은] 사방의 각 제후국에 사신으로 나간다. 조(朝), 근(覲), 종(宗), 우(遇), 회(會), 동(同)은 제후 나라의 임금이 천자를 배견(拜見)하는 예절이다. 존(存), 근(覲), 조(頫), 성(省), 빙(聘), 문(問)은 천자의 사신과 제후의 사신이 쓰는 예절이다.

周官曰. 使適四方, 朝覲宗遇會同, 君之禮也. 存頫省聘問[416], 臣之禮也.[417]

· 주(周)대에 행인(行人)의 직책을 두어 때로 찾아가 우호를 맺고 이따금 안부를 물어 뜻을 전하게 했다. 춘추시대 열국 중에는 대부분 이 직책을 두고 있었다.

周有行人之職, 時聘以結好, 間問以諭志. 春秋列國多有之.[418]

· 《주례(周禮)·지관(地官)·장절(掌節)》에 "큰 나라와 작은 나라의 사절은, 산이 많은 나라에서는 호절(虎節)을 쓰고 평지가 많은 나라에서는 인절(人節)을 쓰며, 연못이 많은 나라에서는 용절(龍節)을 쓰는데, 모두 금으로 만들고 영탕(英蕩)[419]으로 보완한다."라고 하였는데, 주에 "이는 모두 금을 주조하여 부절을 만들면서 각각 호랑이, 사람, 용의 형상을 본떴다. 산으로 이루어진 나라는 호랑이가 많은데 진나라와 초나라가 그러하고 연못으로 이루어진 나라는 용이 많은데 오나라와 월나라가 그러하며, 평평한 흙으로 이루어진 대지는 사람이 모이니 진나라와 정나라의 평원과 광야가 그러한 예이다. 그들이 손에 드는 부절을 보면 그들이 가는 나라를 알 수 있다. '탕(蕩)'은 대나무이다. 대나무로 상자를 만들고 그림을 그려 넣어 문채를 내서 화려함이 겉으로 드러나게 하니, 안에는 변하지 않는 강인함이 있고 겉에는 볼 만한 무늬가 있도록 하는 것은 왕명을 높이고 사신을 존중하는 뜻이다."라고 하였다.

周禮, 地官掌節, 掌邦國之使節. 山國用虎節, 土國用人節, 澤國用龍節, 皆金也, 以英蕩輔之. 注云, 此皆鑄金爲節, 各爲虎人龍之象. 以山國多虎, 如晉楚, 澤國多龍, 如吳越, 平土之地則人之, 如陳鄭之平原曠野. 視其所執之節, 可知其所往之邦. 蕩, 竹也, 以蕩爲函, 畵爲文采, 使其英華外著, 內有不變之剛,

411. 《산당사고(山堂肆考)·신직(臣職)·독부(督府)》
412. 진준경(陳俊卿): 송(宋) 홍화군(興化郡) 출신으로 자가 응구(應求)이다. 중서사인(中書舍人), 상서우복야(尙書右僕射) 등을 역임하였다.
413. 장식(張栻): 승상 장준(張浚)의 아들로, 자는 경보(敬甫), 호는 남헌(南軒)이며, 한주(漢州) 면죽(綿竹) 사람이다. 벼슬이 우문전수찬(右文殿修撰)에 이르렀다. 성리학자로 이름이 높다.
414. 《고금사문유취(古今事文類聚)·부사부유(府司部遺)·독부(督府)》
415. 《주관(周官)》: 주공(周公)이 지었다고 하는 《주례(周禮)》로 《주관경(周官經)》이라고도 한다.
416. 《십삼경주소정리본(十三經注疏整理本)》에 의거하여 '存覲頫省聘問'을 '存頫省聘問'으로 수정하였다.
417. 《주례(周禮)·추관사구(秋官司寇)·소행인(小行人)》
418. 《산당사고(山堂肆考)·신직(臣職)·사신(使臣)》
419. 영탕(英蕩): 대나무로 상자를 만들고 그림을 그려 넣어 문채를 낸 것으로 부절을 담는 데 사용한다.

外有可觀之文, 尊王命而重使臣也.[420]

·《예기(禮記)·교특생(郊特牲)》의 기록이다. "군주를 조알할 때, 대부가 사적으로 예물을 갖추어 상대 임금을 알현하는 것은 예의가 아니다. 대부가 홀을 들고서 사신으로 가는 것은 신의를 보이기 위함이다."

禮記. 朝覲, 大夫之私覿, 非禮也. 大夫執圭而使, 所以申信也.[421]

·《공양전(公羊傳)·장공(莊公)·19년》에 이르기를, "빙례(聘禮)에 대부는 명령을 받고 구체적인 지시를 받지 않는다. 국경을 나서서는 사직을 편안히 하고 국가를 이롭게 하는 것이 있다면 스스로 처리하게 하는 것이 좋다."라고 하였다. 주(注)에는 "바깥 일은 평소처럼 제어할 수 없고 미리 설계할 수 없기에 구체적 지시를 받지 않는다고 한 것이다."라고 하였다.

公羊傳云, 聘禮[422], 大夫受命, 不受辭. 出境有可[423]以安社稷利國家者, 則專之可也. 注曰, 外事不素制, 不豫設, 故云不受辭.[424]

·《풍속통(風俗通)》에 이르기를, "주(周)나라와 진(秦)나라에서는 항상 매년 8월에 가벼운 수레를 탄 사신을 보내서 이전 시대의 방언을 채집하게 하였다. 돌아와 그것을 아뢰면 영구히 비실(秘室)[425]에 보관하였다.

風俗通云, 周秦常以歲八月遣輶軒之使, 採異[426]代方言. 還奏之, 永藏秘室.[427]

·《한구의(漢舊儀)》의 기록이다. "조서를 받들어 가는 사신은 치전(馳傳)[428]을 탔는데, 그 역참의 거마(車馬)[429]는 세 필의 역마가 밤낮으로 천 리를 가는 것을 행정(行程)으로 삼았다."

漢舊儀. 奉璽書使者乘馳傳, 其驛駒也, 三騎行日夜千里爲程.[430]

·《설원(說苑)》의 기록이다. 훌륭한 군주가 사람을 사신으로 보낼 때에는 일을 맡길 뿐 말로 제약하지 않는다. 좋은 일을 만나면 축하하고 흉한 일을 만나면 위로하니 이것이 명을 받들어 사신으로 나가는 이의 일이다.

說苑曰. 明君之使人也, 任之以事, 不制以辭. 遭吉則賀之, 凶則弔之, 此奉使之事也.[431]

·한나라 당나라 이래로 순행박사(巡行博士), 직지수의(直指繡衣)[432], 관풍팔사(觀風八使)[433], 안찰육조(按察六條)[434]를 두었는데, 모두가 황제의 덕의를

420. 《주례(周禮)·지관(地官)·장절(掌節)》
421. 《예기(禮記)·교특생(郊特牲)》
422. 《십삼경주소정리본(十三經注疏整理本)》에 의거하여 '聘'자를 보충하였다.
423. 《십삼경주소정리본(十三經注疏整理本)》에 의거하여 '有可' 2자를 보충하였다.
424. 《공양전(公羊傳)·장공(莊公)·19년》
425. 비실(秘室): 제왕이 책을 보관하는 곳, 즉 궁중 도서관을 뜻하는 말이다.
426. '二'를 '異'로 수정하였다.
427. 《어정연감유함(御定淵鑑類函)·봉사(奉使)》
428. 치전(馳傳): 역참(驛站)에서 쓰는 마차를 가리킨다.
429. 원문의 '驛駒'는 《한구의(漢舊儀)》에 '驛騎'로 되어 있다. '驛駒'로 적은 것은 《초학기(初學記)》를 따른 것으로 보인다. '驛騎'는 역참의 거마(車馬)를 뜻한다.
430. 《초학기(初學記)·정리부(政理部)·봉사(奉使)》
431. 《설원(說苑)·봉사(奉使)》
432. 직지수의(直指繡衣): 어사대부(御史大夫) 소속의 임시 벼슬. 전한 때 무제(武帝)가 지방의 반란을 진압하기 위하여 파견하였던 사자이다.
433. 관풍팔사(觀風八使): 당나라 때 각지의 풍속을 살피기 위해 파견했던 사신. 순찰사(巡察使), 채방사(採訪使) 등으로도 불렸다.
434. 안찰육조(按察六條): 지방 관리의 여섯 가지 고과(考課) 조항을 사찰하던 안찰사(按察使)를 가리킨다.

널리 알리고 백성의 질고를 물으며 관리의 잘잘못을 알아내고 풍속이 순박한지 각박한지를 살피기 위함이었다.

漢唐以來, 有巡行博士, 直指繡衣, 觀風八使, 按察六條, 皆所以宣達德意, 延問疾苦, 究吏治之得失, 考風俗之淳漓也.[435]

- 〈사모(四牡)〉는 사신이 온 것을 위로하는 것으로, 공이 있어 알아줌을 받으면 기뻐하게 된다.

  四牡, 勞使臣之來也, 有功而見知則說矣.[436]

- 〈황황자화(皇皇者華)〉는 임금이 사신을 파견할 때에 예악으로 보내는 것으로 멀리까지 광영이 있음을 말한 것이다.

  皇皇者華, 君遣使臣也, 送之以禮樂, 言遠而有光華也.[437]

범소(范昭)[438]가 정치를 관찰하다.[범소관정(范昭觀政)] 진(晉) 평공(平公)이 제(齊)나라를 치고자 하여 범소에게 제나라의 정치를 살피러 가게 하였다. 범소가 돌아와 보고하였다. "제나라는 아직 칠 수 없습니다. 신이 그 임금에게 모욕을 주려고 하자 안자(晏子)[439]가 알아챘고, 신이 그 예법을 범하려 하자 태사(太師)가 알아챘습니다." 중니(仲尼)[440]가 "연회 석상에서 벗어나지 않고도 천 리 밖의 적을 막아낸다고 한 것은 안자를 두고 한 말이다."라고 하였다.

晉平公欲伐齊, 使范昭往觀齊國之政. 歸報曰. 齊未可伐. 臣欲辱其君, 晏子知之, 臣欲犯其禮, 太師識之. 仲尼曰, 不越罇俎之間, 而折衝千里之外, 晏子之謂也.[441]

촉지무(燭之武)[442]가 군사를 퇴각시키다.[촉무퇴사(燭武退師)]

진(晉) 문공(文公)과 진(秦) 목공(穆公)이 정(鄭)나라를 포위하였다. 일지호(佚之狐)[443]가 정(鄭) 문공(文公)에게 말했다. "나라가 위태롭게 되었습니다. 만약 촉지무에게 진(秦)나라 임금을 뵙게 한다면 적군은 틀림없이 물러갈 것입니다." 촉지무가 밤중에 밧줄을 타고 성을 나서서 진 목공을 뵈었다. 진(秦)나라와 진(晉)나라 군사가 마침내 물러갔다.

晉侯秦伯圍鄭. 佚之狐言於公曰, 國危矣. 若使燭之武見秦君, 師必退. 武夜縋而出, 見秦伯. 秦晉遂退.[444]

전희(展喜)[445]가 군사들에게 음식을 보내 위로하다.[전희호사(展喜犒師)] 제(齊) 효공(孝公)이 노(魯)나라를 쳤다. 노나라 희공(僖公)이 전희로 하여금 군사들에게 잔치를 베풀고 전금(展禽)[446]에게 명을 받도록 하였다. 전희가 그를 호종하며 말했다. "저희 임금님은 왕께서 친히 귀하신 발걸음을 하셨다는 말을 들으시고 저에게 왕께 연회를 열어 드리라고 하셨습니다." 제 효공이 말했다. "무엇을 믿고 두려워하지

---

435. 《산당사고(山堂肆考)·신직(臣職)·사신(使臣)》
436. 《어정연감유함(御定淵鑑類函)·봉사(奉使)》
437. 《어정연감유함(御定淵鑑類函)·봉사(奉使)》
438. 범소(范昭): 춘추시대 진(晉)나라 대부이다.
439. 안자(晏子): 춘추시대 제(齊)나라에서 재상을 지낸 안영(晏嬰)으로 시호가 평(平)이고 자가 중(仲)이다. 보통 안평중(晏平仲)으로 불렸다.
440. 중니(仲尼): 공자(孔子), 즉 춘추시대 노(魯)나라 사람 공구(孔丘)의 자(字)이다.
441. 《산당사고(山堂肆考)·신직(臣職)·사신(使臣)》
442. 촉지무(燭之武): 춘추시대 정(鄭)나라 사람이다. BC 630년 진(秦)나라와 진(晉)나라가 정(鄭)나라를 포위하자 진(秦)나라 진영으로 가서 진(秦) 목공(穆公)에게 정나라가 향후 진(秦)나라의 이른바 동도주(東道主)가 되어 줄 수 있다는 논리를 펴서 퇴각시켰다.
443. 일지호(佚之狐): 춘추시대 정(鄭)나라 대부(大夫)이다.
444. 《좌전(左傳)·희공(僖公)·30년》
445. 전희(展喜): 춘추시대 노(魯)나라 대부(大夫)이다.
446. 전금(展禽): 춘추시대 노(魯)나라 대부(大夫)이다.

않소?" 대답하였다. "선왕의 명령[447]이 있음을 믿습니다." 제나라 군대가 마침내 물러갔다.

齊孝公伐魯. 僖公使展喜犒師, 使受命于展禽. 展喜從之曰, 寡君聞君親擧玉趾, 使下臣犒執事. 齊侯曰, 何恃而不恐? 對曰, 恃有先王之命. 齊師遂退.[448]

해양이 임금의 명령을 실천하다.[해양성명(解楊成命)] 진(晉) 경공(景公)이 해양(解揚)[449]으로 하여금 송(宋)나라에 가서 초(楚)나라에 항복하지 말도록 "진나라 군사가 모두 일어나 곧 이르게 될 것입니다."라고 말하게 했다. 정(鄭)나라 사람이 도중에 그를 잡아다가 초나라에 바쳤다. 초나라 임금이 그에게 그 말을 뒤집어 말하게 하였으나, 응낙하지 않다가 세 번째 권유에 응낙하였다. 그를 누거(樓車)[450]에 올려보내 송나라 사람을 불러서 말하게 하였으나 끝내 자기 임금의 명령을 실천했다. 초나라 임금이 죽이려고 하자 해양이 말했다. "군주의 명령을 받고 나왔으니 죽음이 있을지라도 임금의 명령을 저버리는 일은 없을 것이오. 우리 임금께는 신의를 지키는 신하들이 있소. 미천한 신하가 할 일을 하고서 죽는데 또 무엇을 구하겠소?" 초나라 임금이 그를 놓아주어 돌아가게 하였다.

晉侯使解楊[451]如宋, 使無降楚曰, 晉師悉起, 將至矣. 鄭人囚而獻諸楚. 楚子使反其言, 不許, 三而許之. 登諸樓車, 使呼宋人而告之, 遂致其君命. 楚子將殺之, 解楊曰, 受命以出, 有死無實. 寡君有信臣, 下臣獲考死, 又何求? 楚子舍之以歸.[452]

제나라의 환난이 이것에서 시작되다.[제환시차(齊患始此)] 노나라 계손행보(季孫行父)는 대머리이고 진(晉)나라 극극(郤克)은 한쪽 눈이 멀었으며 위(衛)나라 손양부(孫良夫)는 발을 절었는데, 같은 시기에 제나라에 사신으로 갔다. 제나라에서는 대머리가 대머리를 맞이하고, 애꾸눈이 애꾸눈을 맞이하고, 발을 저는 사람이 발을 저는 사람을 맞이하게 하였다. 소동숙자(蕭同叔子)[453]가 누대 위에서 그들을 보고 웃었는데, 빈객들에게까지 들렸다. 빈객들이 기분이 안 좋아져 떠나서, 함께 서려문(胥閭門)에 서서 얘기하는데 한참이 지나도록 떠나지 않았다. 제나라 사람이 말했다. "제나라의 환난은 여기에서 비롯될 것이다."

《곡량전(穀梁傳)》

魯季孫行父禿, 晉郤克眇, 衛孫良夫跛, 同時而聘于齊. 齊使禿者逆禿者, 眇者逆眇者, 跛者逆跛者. 蕭同叔子處臺上而笑之, 聞於客. 客不悅而去, 相與立胥閭而語, 移日不解. 齊人曰, 齊之患, 自此始也.《穀梁傳》[454]

옷을 걸치고 나가서 사죄하다.[피의출사(披衣出謝)] 월나라 왕 구천(句踐)이 염계(廉稽)를 시켜 형(荊)나라 왕에게 백성을 바쳤다. 형나라 왕의 사신이 말했다. "월나라는 오랑캐의 나라입니다. 신은 그 사신을 속이기를 청합니다." 형나라 왕이 말했다. "월나라 왕은 현명한 사람이오. 그 사신 또한 현명할 것이오. 그대는 조심해야 될 것이오." 형나라 사신이 나가서 염계를 만나 말했다. "관을 쓰면 풍속에 따라 뵐 수 있으나 관을 쓰지 않으면 뵐 수 없습니다." 염계가 말했다. "월나라는 강해의 한 구석에 처하여 물고기 자라와 짝이 되고 몸에 그림을 그려 넣고 머리를 깎은 후에

447. 선왕의 명령이란 주(周)나라 성왕(成王)이 주공(周公)을 노(魯)나라에 봉하고 강태공(姜太公)을 제(齊)나라에 봉하면서 자자손손 서로 침범하지 말라고 명을 내린 것을 가리킨다.
448. 《좌전(左傳)·희공(僖公)·26년》
449. 해양(解揚): 진(晉)나라 곽읍(霍邑) 출신으로, 자가 자호(子虎)라서 곽호(霍虎)로 불린다.
450. 누거(樓車): 높이 올라 멀리까지 조망할 수 있도록 만들어진 수레이다.
451. '楊'은 《좌전(左傳)》에 '揚'으로 되어 있다.
452. 《좌전(左傳)·선공(宣公)·15년》
453. 소동숙자(蕭同叔子): 제(齊) 혜공(惠公)의 부인이며 경공(頃公)의 모친이다.
454. 《곡량전(穀梁傳)·성공(成公)·원년》

그곳에 살고 있습니다. 지금 관을 쓰지 않으면 뵐 수 없다고 하시는데, 상국 사신이 저희 월나라에 가시면 역시 코를 베어 먹색을 넣고 문신한 다음에 예속에 따라 알현하겠습니까?" 형나라 왕이 듣고서 옷을 걸치고 나와서 사죄하였다.《한시외전(韓詩外傳)》

越王句踐使廉稽獻民於荊王. 荊王使者曰, 越, 夷狄之國也. 臣請欺其使者. 荊王曰, 越王, 賢人也. 其使者亦賢. 子其愼之. 使者出見廉稽曰, 冠則得以俗見, 不冠不得見. 廉稽曰, 越處江海之陂, 與魚鱉爲伍, 文身翦髮, 而後處焉. 今曰, 不冠不得見, 上國使適越, 亦將劓墨文身翦髮, 而後得以俗見乎? 荊王聞之, 披衣出謝.《韓詩外傳》[455]

월나라 왕이 제발(諸發)을 시켜 매화 한 가지를 가져다가 양(梁)나라 왕에게 전하게 하였다. 양왕의 신하 한자(韓子)가 좌우를 돌아보며 "어찌 매화 한 가지를 열국의 임금에게 바칠 수 있단 말인가? 청컨대 그대들 앞에서 그를 부끄럽게 하겠소."라고 말하고, 나가서 제발에게 말했다. "대왕께서 명령이 계시오. 객이 관을 쓰면 예로써 알현케 하고, 관을 쓰지 않으면 그리하지 못한다 하셨소." 제발이 말했다. "저 월나라 또한 천자께서 봉해 주신 나라입니다. 기주(冀州), 연주(兗州) 등지의 땅을 얻지 못했기에 바닷가 끝자락에서 살게 되었습니다. 그런데 교룡이 또 우리와 땅을 다투고 있습니다. 이 때문에 머리를 깎고 문신하여 화려하게 무늬를 이루어 용의 자식의 모습을 꾸미는 것은 장차 물귀신을 피하고자 하는 때문입니다. 지금 대국의 명령이 관을 쓰면 알현케 하고 관을 쓰지 않으면 그렇게 하지 못한다고 한다면, 만약 대국의 사신이 때로 저희 임금께 들러주었을 때에 역시 '객은 반드시 머리를 깎고 문신한 다음에야 알현하시오.'라는 명이 있게 된다면, 대국은 어떠하겠습니까? 마음에 편안하시다면 바라건대 관을 빌려 쓰고 알현하겠습니다. 마음이 만약 편안치 않으시다면 나라 풍속을 변경함이 없기를 바랍니다." 양왕이 듣고서 옷을 걸치고 나와 제발을 접견하고 바로 한자를 쫓아냈다.

越王使諸發執一枝梅遺梁王. 梁王之臣曰韓子, 顧謂左右曰, 惡有以一枝梅, 以遺列國之君者乎? 請爲二三子慙之, 出謂諸發曰, 大王有命, 客冠則以禮見, 不冠則否. 諸發曰, 彼越亦天子之封也. 不得冀兗之州, 乃處海垂之際, 而蛟龍又與我爭焉. 是以翦髮文身, 爛然成章以像龍子者, 將避水神也. 今大國其命冠則見, 不冠則否. 假令大國之使, 時過弊邑之君, 亦有命矣, 曰客必翦髮文身, 然後見之, 於大國何如? 意而安之, 願假冠以見. 意如不安, 願無變國俗. 梁王聞之, 披衣出, 見諸發. 乃逐韓子.[456]

창당이 사신으로 가기를 청하다.[창당청사(倉唐請使)] 위문후(魏文侯)가 태자 격(擊)을 중산(中山)에 봉했는데, 3년이 지나도록 사신이 왕래하지 않았다. 조(趙)나라 출신 창당(倉唐)이 말했다. "그대는 어찌 큰 나라에 사람을 사신으로 보내지 않습니까?" 태자가 말했다. "그리 하기를 바란 지 오래되었습니다만, 아직 사신으로 파견할 만한 사람을 얻지 못했습니다." 창당이 대답하여 말했다. "신이 명을 받들어 사신으로 가기를 바랍니다. 문후께서는 무엇을 좋아하십니까?" 태자가 말했다. "문후께서는 들오리[457]를 잘 드시고 북방의 개를 좋아합니다." 이에 창당으로 하여금 북방의 개를 끌고 들오리를 받들고 가게 하였다. 문후가 기뻐하며 "격이 나를 사랑하는구나!"라고 말하고는 바로 태자 격을 돌아오게 하였다. 그래서 말하기를, "창당이 한 차례 사신으로 가니 문후는 자애로운 부친이 되었고 격은 효자가 되었다."라고 하였다.

魏文侯封太子擊於中山, 三年, 使不往來. 趙倉唐曰, 君何以不遣人使大國? 太子曰, 願之久矣. 未得可使者. 對曰, 臣願奉使. 侯何嗜好? 太子曰, 侯嗜晨鳧, 好北犬.

455. 《한시외전(韓詩外傳)》 권8.

456. 《설원(說苑)·봉사(奉使)》

457. 원문의 晨鳧(신부)는 들오리이다. 늘 새벽에 날기 때문에 '신부(晨鳧)'라 부른다.

於是遣倉唐緤北犬奉晨鳧. 文侯悅曰, 擊愛我矣, 乃復太子擊. 故曰, 倉唐一使, 文侯爲慈父, 擊爲孝子.[458]

개가 드나드는 문으로 들어가지 않다.[불입구문(不入狗門)] 안자(晏子)[459]는 키가 작았다. 초나라에 사신으로 갔는데, 초나라에서 작은 문을 만들어 안자를 인도하였다. 안자는 들어가지 않고 말하기를, "개 나라에 사신으로 간 자는 개가 다니는 문으로 들어갑니다. 그러나 신은 초나라에 사신으로 왔으니 개가 다니는 문으로 들어가서는 안 됩니다."라고 말하였다.

晏子短. 使楚, 楚爲小門而延晏子. 不入曰, 使狗國者從狗門入. 而臣使楚, 不當從狗門入.[460]

사신으로 나가 돈을 뿌리다.[봉사산금(奉使散金)]

한(漢)나라 누호(樓護)가 간대부(諫大夫)가 되어서 군국(郡國)[461]에 사신으로 갔는데, 예물을 많이 지니고 제나라에 들렀다. 글을 올려 조상의 묘소를 찾아 성묘할 수 있기를 요구하였다. 그 김에 종족과 친지를 모아놓고 각각 친소에 따라 비단을 주니 하루에 100금의 비용을 썼다. 사신의 임무를 마치고 돌아와 보고하니, 임금의 뜻에 맞아 천수(天水) 태수로 발탁되었다.

漢樓護爲諫大夫, 使郡國, 多持幣帛, 過齊. 上書求先人冢. 因會宗族故人, 各以親疏與束帛, 一日散百金之費. 使還奏事, 稱意, 擢爲天水太守.[462]

넉넉하게 예우하다.[후위지례(厚爲之禮)] 오(吳)나라에서 기척(紀陟)[463]과 홍구(弘璆)[464]를 위(魏)나라에 사신으로 가게 했다. 사마소(司馬昭)[465]가 연회를 베풀면서 물었다. "오나라의 수비는 어느 정도입니까?" 대답하였다. "서릉(西陵)에서 강도(江都)까지 5천7백 리입니다." 또 물었다. "길이 매우 머니 견고하게 하기는 어렵겠지요?" 대답하였다. "강계가 멀기는 하지만 지세가 험하고 방어하는 데에 중요하여 반드시 다투게 되는 땅은 서너 곳에 불과합니다. 사람이 비록 8척의 몸을 가지고 있어 어느 부분이나 병을 앓을 수 있으나, 바람과 추위를 가리는 것은 역시 몇 군데일 뿐인 것과 같습니다." 사마소가 훌륭하다고 생각하여 넉넉하게 예우하였다.

吳使陟璆如魏. 司馬昭饗之, 問吳之戍備幾何? 對曰, 自西陵以至江都, 五千七百里. 又問, 道里甚遠, 難爲堅固? 對曰, 疆界雖遠, 而其險要必爭之地, 不過數四. 猶人雖有八尺之軀, 靡不受患, 其護風寒, 亦數處耳. 昭善之, 厚爲之禮.[466]

보도를 주다.[증이보도(贈以寶刀)] 비의(費禕)[467]가 오(吳)나라에 사신으로 갔는데, 손권(孫權)은 매번 따로 좋은 술을 따라서 비의에게 마시게 하고 그가 이미 취한 것을 본 다음에야 나랏일을 묻고 아울러 당시 힘써야 될 일들에 대하여 논하였다. 담론이 답하기 어려운 경우가 자주 있었는데 비의는 그때마다 술에 취했다고 사양하고 물러나 질문한 내용을 정리하여 일

---

458. 《설원(說苑) · 봉사(奉使)》
459. 안자(晏子): 춘추시대 제(齊)나라에서 재상을 지낸 안영(晏嬰). 시호가 평(平)이고 자가 중(仲)인 까닭에 보통 안평중(晏平仲)으로 불렸다.
460. 《설원(說苑) · 봉사(奉使)》
461. 군국(郡國): 일반적인 군(郡)과 제후왕의 봉국(封國)을 통칭하여 군국(郡國)이라 한다.
462. 《한서(漢書) · 유협전(遊俠傳)》
463. 기척(紀陟): 삼국(三國) 오(吳)나라 단양(丹陽) 출신으로 자가 자상(子上)이다. 중서령(中書令), 예장태수(豫章太守) 등을 역임하였다.
464. 홍구(弘璆): 삼국(三國) 오(吳)나라 홍자(弘咨)의 손자이며 손권(孫權) 외생(外甥)이다. 중서령(中書令), 태자소부(太子少傅)를 역임하였다.
465. 사마소(司馬昭): 위(魏) 하내(河內) 출신으로 자는 자상(子上)이다. 서진(西晉)의 개국황제 사마염(司馬炎)의 부친이다.
466. 《간보(干寶) · 진기(晉紀)》
467. 비의(費禕): 삼국(三國) 촉(蜀) 강하(江夏) 출신으로 자가 문위(文偉)이다. 시중(侍中), 상서령(尙書令), 대장군(大將軍) 등을 역임하였다.

마다 조목별로 대답하여 빠뜨리는 것이 없었다. 손권이 이에 손에 지니고 있던 보도를 주자 비의가 답하였다. "신이 재주가 모자란데 어찌 밝으신 명령을 감당하겠습니까? 그러나 칼은 신복하지 않는 무리를 토벌하여 반란을 금하는 것입니다. 다만 대왕께서 공업을 세우시는 데에 힘쓰시고 함께 한나라 황실을 도우시기를 바랄 뿐입니다. 제가 비록 나약하고 사리에 어둡지만 끝까지 동방을 돌아보는 일을 저버리지 않을 것입니다."

費禕使吳, 孫權每別酌好酒以飮禕, 視其已醉, 然後問以國事, 竝論當世之務. 辭難累至, 禕輒辭以醉, 退而撰次所問, 事事條答, 無所遺失. 權乃以手中寶刀贈之, 禕答曰. 臣不才, 何以堪明命? 然刀所以討不庭, 禁暴亂者也. 但願大王勉建功業, 同奬漢室. 臣雖闇弱, 終不負東顧.[468]

사거(莎車)[469] 왕을 격파하다.[격파사거(擊破莎車)] 선제(宣帝)[470] 때에 신하들에게 서역에 사신으로 보낼 만한 사람을 추천하게 하니 전장군 한증(韓增)[471]이 풍봉세(馮奉世)[472]를 추천하여 부절을 지니고 사신으로 나가게 되었다. 풍봉세가 여러 나라의 손님들을 전송하여 이순성(伊循城)[473]에 이르렀는데, 마침 옛 사거 왕의 동생인 호도징(呼屠徵)이 이웃 나라와 함께 자신의 왕인 만년(萬年) 및 한나라에서 온 사신을 죽이고 스스로 왕위에 올랐다. 풍봉세가 거짓으로 황제의 명이라 하여 여러 나라의 병사들을 동원하여 그를 격파하였다. 풍봉세를 광록대부(光祿大夫)에 임명하였다.

宣帝時, 令羣臣薦可使西域者, 前將軍韓增擧馮奉世, 持節. 送諸國客, 至伊循城. 會故莎車王弟呼屠徵, 與旁國共殺其王萬年及漢使者, 自立. 奉世矯發諸國兵, 擊破之. 以奉世爲光祿大夫.[474]

누란 왕을 찔러 죽이다.[자살누란(刺殺樓蘭)] 원봉(元鳳)[475] 중에 누란(樓蘭)[476]이 자주 길을 막고 한나라 사신을 죽였다. 부개자(傅介子)가 곽광(霍光)[477]에게 말했다. "가서 그를 죽여 여러 나라에 위엄을 보이고 싶습니다." 조서가 내려져 부개자가 부절을 지니고 길을 떠났다. 누란의 왕이 찾아와 알현하자, 장사를 시켜 찔러 죽이고 그 나라를 '선선(鄯善)'으로 개명하였다.

元鳳中, 樓蘭國數遮殺漢使. 傅介子謂霍光曰, 願往刺之, 以威示諸國. 詔介子持節以行. 王來見, 使壯士刺殺之, 更其國爲鄯善.[478]

황명을 사칭하여 군대를 동원하다.[교제발병(矯制發兵)] 한나라 원제(元帝) 때에 진탕(陳湯)[479]이 서역부교위(西域副校尉)로 승진했을 때이다. 황명을 사칭하여 군대를 동원하여 도호(都護) 감연수(甘延壽)

---

468. 《삼국지(三國志)·비의전(費禕傳)》
469. 사거(莎車): 서역의 신강(新疆) 사거현(莎車縣) 일대에 있던 나라 이름. 거사국(渠莎國)이라고도 하였다.
470. 선제(宣帝): 전한(前漢) 제8대 황제로 재위 기간은 BC 73-BC 49년이다.
471. 한증(韓增): 한왕신(韓王信)의 형으로 한나라의 대신이다. 무제(武帝) 때 선조의 작위인 용액후(龍頟侯)에 복봉되었다.
472. 풍봉세(馮奉世): 한(漢) 상당(上黨) 출신으로 자가 자명(子明)이다. 수형도위(水衡都尉), 좌장군광록훈(左將軍光祿勳) 등을 역임하였다.
473. 이순성(伊循城): 지금의 신강(新疆) 약강현(若羌縣) 미란진(米蘭鎭)에 있다.
474. 《한서(漢書)·풍봉세전(馮奉世傳)》
475. 원봉(元鳳): 한(漢) 소제(昭帝)의 연호(BC 80-BC 75)이다.
476. 누란(樓蘭): 중국 고대 때 서역에 있던 나라 이름이다. 한(漢)과 흉노(匈奴) 사이에서 등거리 외교를 펼치자 한에서 부개자(傅介子)를 보내 평정하고 국호를 선선(鄯善)으로 고쳤다.
477. 곽광(霍光): 전한(前漢) 하평(河平) 출신으로 자가 자맹(子孟)이다. 대사마대장군(大司馬大將軍)을 역임하였으며 정치를 전횡하였다.
478. 《산당사고(山堂肆考)·신직(臣職)·사신(使臣)》
479. 진탕(陳湯): 한(漢) 산양(山陽) 출신으로 자가 자공(子公)이다. 서역부교위(西域副校尉), 사성교위(射聲校尉) 등을 역임하였다.

와 함께 흉노의 질지선우(郅支單于)를 습격해 그를 참수하였다.

漢元帝時, 陳湯遷西域副校尉. 矯制發兵, 與都護甘延壽襲擊匈奴郅支單于, 斬之.[480]

당나라 복장으로 자신을 지켜내다.[당의자장(唐儀自將)] 당나라 태화공주(太和公主)[481]가 회흘(回紇)[482]로 시집가자 공부상서(工部尙書) 호증(胡證)[483]을 화친사(和親使)로 삼았다. 사막 남쪽에 머무는데, 오랑캐가 그를 굴복시키고자 하여 윽박지르며 말하였다. "사자는 반드시 우리 호인의 복장으로 갈아입어야 하오." 호증은 전혀 따르지 않았으며, 당나라 복장으로 자신을 지켜내 끝까지 왕명을 욕되게 하지 않았다.

唐太和公主降回紇, 以工部尙書胡誕[484]爲和親使. 次漢[485]南. 虜人欲屈, 脅之且言, 使者必易胡服. 證固不從, 以唐儀自將, 訖不辱命.[486]

오나라 물건을 받지 않다.[불수오물(不受吳物)]

후당(後唐)[487] 명종(明宗)은 이부시랑 장문보(張文寶)[488]를 파견하여 바닷길로 항주(杭州)에 사신으로 가게 했다. 배가 부서지고 바람에 표류하여 천장(天長)[489]에 다다랐다. 오왕(吳王)이 후하게 예우하여, 수행원을 통해 예복과 돈 수만 냥을 주었다. 장문보는 단지 음식만 받고 나머지는 모두 사양하며 말했다. "당나라와 오나라는 사람들이 서로 소식을 전하지 않으니 지금 임금과 신하의 관계도 아니고 또 주인과 빈객의 관계도 아닙니다. 만약 이 예물들을 받는다면 무슨 말로 사례하겠습니까?" 오나라 왕이 이를 가상히 여겼다. 마침내 임금의 명을 항주에 전달하고 돌아왔다.

後唐明宗遣吏部侍郞張文寶, 泛海使杭州. 船壞風飄, 至天長. 吳王厚禮之, 資以從者儀服錢帛數萬. 文寶獨受飮食, 餘皆辭之曰. 唐朝與吳人不通問, 今旣非君臣, 又非賓主. 若受此物, 何辭以謝? 吳主嘉之. 竟達君命于杭而還.[490]

한나라 사신의 부절을 잃지 않다.[불실한절(不失漢節)] 장건(張騫)[491]이 월지(月氏)[492]에 사신으로 가는데 흉노를 경유하게 되었다. 선우(單于)[493]가 장건을 10여 년이나 억류해 두는 동안 아내를 주어 자식까지 두게 되었다. 그러나 장건은 한나라 사신의 부절을 지닌 채 잃지 않았다.

張騫使月氏, 道經匈奴. 單于留之十餘載, 與妻有子.

---

480. 《산당사고(山堂肆考)·신직(臣職)·사신(使臣)》
481. 태화공주(太和公主): 당나라 헌종(憲宗)의 딸로 회흘족에 시집갔다. 처음에 태화공주에 봉해졌다가 뒤에 정안공주(定安公主)에 봉해졌다.
482. 회흘(回紇): 중국 서역의 소수민족인 위구르족으로 회골(回鶻)이라고도 한다.
483. 호증(胡證): 당(唐) 하중(河中) 출신으로 자가 계중(啓中)이다. 공부시랑(工部侍郞), 영남절도사(嶺南節度使) 등을 역임하였다.
484. '誕'은 《신당서(新唐書)》에 '証'으로 되어 있다.
485. '漢'은 《신당서(新唐書)》에 '漠'으로 되어 있다.
486. 《산당사고(山堂肆考)·신직(臣職)·사신(使臣)》
487. 후당(後唐): 923년에 이존욱(李存勖)이 후량(後梁)을 멸하고 낙양(洛陽)을 도읍지로 하여 세운 나라. 936년에 후진(後晉)의 석경당(石敬塘)에게 망하였다.
488. 장문보(張文寶): 오대(五代) 후당(後唐) 출신으로 이부시랑(吏部侍郞)을 지냈다.
489. 천장(天長): 지금의 안휘성 북쪽의 지명으로 당나라 때 천추현(千秋縣)을 고쳐 부른 이름이다.
490. 《산당사고(山堂肆考)·신직(臣職)·사신(使臣)》
491. 장건(張騫): 한대(漢代)에 중국 사상 최초로 서역 교통을 개척한 사람이다. 오손(烏孫)에서 그가 파견한 사람들이 서역 제국의 사절(使節)과 대상(隊商)들을 데리고 돌아왔다. 그의 여행으로 서역의 지리, 민족, 산물 등에 관한 지식이 중국으로 유입되어 동서 간의 교역과 문화가 발전하게 되었다.
492. 월지(月氏): 중국 북서쪽 변방에 살던 이민족 이름이다. 전한 문제(文帝) 때 흉노에 쫓겨 서쪽으로 이주하였는데, 서쪽으로 이주한 월지를 대월지(大月氏), 기련산(祁連山)으로 들어가 강족(羌族)과 섞인 월지를 소월지(小月氏)라고 하였다.
493. 선우(單于): 흉노족의 왕을 일컫는 말이다.

然奮持漢節不失.[494]

군막 아래에다 금을 묻다.[매금막하(埋金幕下)]
개원(開元)[495] 중에 두섬(杜暹)[496]이 어사(御史)가 되어 서번(西番)[497]에 갔다. 서번 사람들이 금을 가져와 그에게 주었으나 두섬이 받지 않았다. 좌우의 수행원이 "서번 사람들의 정을 잃어서는 안 됩니다."라고 말했다. 두섬은 그것을 받아 군막 아래에 묻고는 국경을 벗어나서 문서를 띄워 그들로 하여금 회수하게 했다.
開元中, 杜暹爲御史, 往西番. 番人賫金遺之, 暹不受. 左右曰, 不可失番人之情. 暹受之, 埋于幕下, 旣出境, 移牒令取之.[498]

말로 오랑캐왕을 정벌하다.[구벌가한(口[499]伐可汗)]
당나라 정원숙(鄭元璹)[500]은 자가 덕방(德芳)이다. 돌궐(突厥)이 태원(太原)을 공격하자 부절을 지니고 가서 위무하라는 조서가 내려졌다. 정원숙이 그들이 하는 말에 따라 꾸짖으며 맹약을 저버린 죄상을 추궁하였다. 돌궐이 부끄러워하며 승복하여 군사를 이끌고 돌아갔다. 태종이 글을 내려 말했다. "그대가 말로써 가한(可汗)[501]을 정벌했음을 알고 있다."
唐鄭元璹, 字德芳. 突厥攻太原, 詔持節往勞. 元璹隨語折讓, 數其背約之罪. 突厥愧服, 引還. 太宗賜書曰, 知公口伐可汗.[502]

말이 궁해진 고구려왕[사굴고려(辭屈高麗)] 당나라 때 이의염(李義琰)[503]이 고구려에 사신으로 갔는데, 고구려 왕이 평상에 기댄 채 그를 불러 접견하였다. 이의염이 절을 하지 않고 말했다. "나는 천자의 사신이오. 어찌하여 거만하게 나를 접견하는 것이오?" 고구려 왕이 말이 궁해져 그에게 예를 갖췄다. 동생 이의침(李義琛)이 다시 고구려에 사신으로 갔는데 고구려 왕이 역시 앉은 채로 그를 부르자 이의침은 기어가서 엎드려 절하였다. 이로 말미암아 형제의 우열을 알게 되었다.
唐李義琰使高麗, 其主據榻召見. 義琰不拜曰, 吾天子使. 奈何倨見我? 其主辭屈, 爲之加禮. 弟義琛再使高麗, 其主亦坐召之, 義琛匍匐拜伏. 由是見兄弟優劣.[504]

적인걸이 대신 가겠다고 청하다.[인걸청행(仁傑請行)] 적인걸(狄仁傑)[505]이 하북성의 병주(并州) 법조(法曹)[506]를 지낼 때이다. 같은 관부의 참군(參軍)으로 있던 정숭질(鄭崇質)이 멀리 떨어진 지역에 사신으로 나가게 되었는데, 모친이 늙고 병을 앓고 있었다. 적인걸이 "그의 모친이 이러한데 어찌 다시 만 리 멀리 떠나야 하는 근심을 지니게 할 수 있으리오?"라 말하고, 장사(長史) 인인기(藺仁基)에게 가서 자기가 대신 가겠다고 청하였다. 인인기는 평소 사마(司馬) 이효렴(李孝廉)과 서로 마음이 맞지 않았는데, 이 일로 인하여 얘기를 주고받으며 "우리가 어찌 스스로 부끄러워하지 않을 수 있겠소?"라 하고 마침내 서로 화목하게 되었다.
狄仁傑, 爲幷州法曹. 同府參軍鄭崇質當使絶域, 母老

494. 《산당사고(山堂肆考)·신직(臣職)·사신(使臣)》
495. 개원(開元): 당(唐) 현종(玄宗)의 연호(713-741)이다.
496. 두섬(杜暹): 당(唐) 복양(濮陽) 출신으로 동중서문하평장사(同中書門下平章事), 예부상서(禮部尙書) 등을 역임하였다.
497. 서번(西番): 중국 서쪽 이민족인 토번(吐蕃)의 별칭. 서번(西蕃) 또는 서번(西藩)으로도 쓴다.
498. 《산당사고(山堂肆考)·신직(臣職)·사신(使臣)》
499. 《신당서(新唐書)·정원숙전(鄭元璹傳)》에 의거하여 '只'를 '口'로 수정하였다.
500. 정원숙(鄭元璹): 당(唐) 개봉(開封) 출신으로 자가 덕방(德芳)이다. 태상경(太常卿), 의주자사(宜州刺史) 등을 역임하였다.
501. 가한(可汗): 선비(鮮卑), 돌궐(突厥), 회흘(回紇) 등 서북방 민족의 임금을 부르던 말. '선우(單于)'와 의미가 비슷하다.
502. 《산당사고(山堂肆考)·신직(臣職)·사신(使臣)》
503. 이의염(李義琰): 당(唐) 위주(魏州) 출신으로 동중서문하삼품(同中書門下三品)을 지냈다.
504. 《산당사고(山堂肆考)·신직(臣職)·사신(使臣)》
505. 적인걸(狄仁傑): 당(唐) 병주(并州) 출신으로 자가 회영(懷英)이다. 대리승(大理丞), 지관시랑(地官侍郎), 위주자사(魏州刺史) 등을 역임하였다.
506. 법조(法曹): 자사(刺史)나 태수(太守) 밑에서 법률을 관장하는 벼슬인 법조참군(法曹參軍)의 약칭이다.

且病. 仁傑曰, 彼母如此, 豈可復使有萬里之憂? 詣長史藺仁基, 請代行. 仁基素與司馬李孝廉不相協, 因相謂曰, 吾輩豈可不自愧乎? 遂相與輯睦.[507]

조경이 사신 길을 꿈꾸다.[조경몽행(趙璟夢行)]

당나라 조경(趙璟)[508]이 입번부사(入番副使)[509]가 되어 출발한 뒤에 두 장씨 성의 판관에게 말했다. "몇 리쯤 앞에 마침 황하가 나타날 것이고, 황하 가의 나무 아래에는 한 관리가 상복을 입고 마침 서 있을 것이오." 얼마 뒤에 과연 그러하였다. 두 장씨가 묻기를, "어떻게 아셨습니까?"라고 하자 조경이 대답하였다. "내가 나이 서른 전에 벌써 이번 사신 길을 꿈꾼 적이 있오. 역시 현재의 상황에 대하여 원망해서는 아니 될 것이오."

唐趙璟爲入番副使, 旣行, 謂二張判官曰, 前幾里合有河, 河邊木下合有一官, 着𩣡[510]立. 旣而果然. 二張問, 何以知之? 趙曰. 某年三十前, 已夢此行. 亦不當怨時相[511]也.[512]

화가 될지 복이 될지에 대하여 분명히 깨우쳐 주다.[명유화복(明諭禍福)] 서주절도사(徐州節度使) 장건봉(張建封)[513]이 죽자 병사들이 반란을 일으켜 감군(監軍)[514]을 옥에 가두었다. 황제[515]는 이용(李鄘)[516]이 강직하고 용감하다고 생각하여 선위사(宣慰使)에 임명하였다. 그는 부절을 지니고 바로 그 군영으로 들어가 화가 될지 복이 될지에 대하여 분명히 깨우쳐 주고 감군을 옥에서 꺼내 복직시켰다. 조정으로 돌아오자 황제의 뜻에 맞았기에 낭중(郎中)으로 승진하였다.

徐州節度使張建封卒, 兵亂, 囚監軍. 帝以李鄘剛敢, 拜宣慰使. 持節, 直入其軍, 明諭禍福, 出監軍獄中, 使復位. 及還, 稱旨, 遷郎中.[517]

이익과 해로움에 대한 의견을 말하다.[개진이해(開陳利害)] 당나라 누사덕(婁師德)[518]이 감찰어사일 때에 토번에 사신으로 갔다. 토번의 수령인 논찬파(論贊婆)[519] 등이 적령(赤嶺)[520]에서부터 쇠고기와 술을 가지고 영접하여 위로연을 베풀었다. 누사덕이 나라의 위신에 대하여 깨우쳐 주고 이익과 해로움에 대하여 개진하자 토번 사람들이 두려워하면서도 기뻐하였다.

唐婁師德爲監察御史, 使吐番. 其首領論贊婆等, 自赤嶺持牛酒迎勞. 師德諭國威信, 開陳利害, 虜人畏而悅之.[521]

---

507. 《산당사고(山堂肆考)·신직(臣職)·사신(使臣)》
508. 조경(趙璟): 동중서문하평장사(同中書門下平章事)에 제수되어 재상에 오른 조경(趙憬)을 가리킨다. '趙璟'은 '趙憬'의 오기이다. 자는 퇴옹(退翁)이며 위주(渭州) 농서(隴西) 사람으로 급사중(給事中) 등의 직책을 역임했으며 덕종(德宗) 정원(貞元) 중에는 재상을 지냈다.
509. 입번부사(入番副使): 번국에 들어가는 사신의 부관이다.
510. 《유빈객가화록(劉賓客嘉話錄)》에는 '𩣡'이 '慘服'으로 되어 있다. '慘服'은 상복을 뜻한다.
511. 시상(時相): 《유빈객가화록(劉賓客嘉話錄)》에는 '他時相'으로 되어 있다. '미래의 모습', 여기서는 인과로 인하여 맞게 된 현재의 모습으로 이해할 수 있을 것이다.
512. 《산당사고(山堂肆考)·신직(臣職)·사신(使臣)》
513. 장건봉(張建封): 당(唐) 등주(鄧州) 출신으로 자가 본립(本立)이다. 시어사(侍御史), 어사대부(御史大夫) 등을 역임하였다.
514. 감군(監軍): 군대를 감독하는 벼슬 이름으로 대개 환관(宦官)이 담당하였다.
515. 《신당서(新唐書)·이용전(李鄘傳)》에 의하면 덕종(德宗)을 가리킨다.
516. 이용(李鄘): 당(唐) 대종(代宗) 대력(大曆) 중에 진사에 급제한 뒤 여러 벼슬을 거쳐 감찰어사(監察御使)를 지냈다. 북해태수(北海太守) 옹(邕)의 종손으로 자는 건후(建侯)이다.
517. 《산당사고(山堂肆考)·신직(臣職)·사신(使臣)》
518. 누사덕(婁師德): 당(唐) 고종(高宗) 때의 대신(大臣) 겸 명장으로 자(字)는 종인(宗仁)이다.
519. 논찬파(論贊婆): 토번(吐蕃) 왕의 이름이다.
520. 적령(赤嶺): 청해성(青海省) 서녕(西寧) 서쪽에 있는 산 이름이다.
521. 《산당사고(山堂肆考)·신직(臣職)·사신(使臣)》

공소보(孔巢父)[522]의 말재주[소보변재(巢父辯才)] 당나라 공소보는 위주(魏州)와 박주(博州) 일대의 선위사를 지냈는데, 말재주가 있었다. 전열(田悅)[523]을 만나게 되자 (그의 휘하 장병들에게)[524] 군신 간의 대의와, 순종과 반역의 이해에 대하여 말해 주었다. 당시 전열이 신복하지 않은 지가 오래였기에, (휘하 장병들이) 기뻐하며 "오늘 다시 황제의 신민이 되리라고는 생각지도 못했습니다."라고 말하였다. 술자리 도중에 전열이 일어나 스스로 말타기와 활쏘기의 기량에 대하여 이야기하면서 이렇게 말했다. "폐하께서 만약 써 주신다면 어느 적인들 꺾지 못하겠소?" 공소보가 말했다. "나라가 한참 어려움이 많으니, 그대에게 힘입으면 안정될 수 있을 것이오. 그대가 일찍 군사를 데리고 물러가지 않는다면 그저 하나의 큰 도둑일 따름이오." 며칠 후 전서(田緖)[525]가 전열을 죽이고 마침내 대장 형조준(邢曹俊)[526] 등과 함께 명을 따랐다. 공소보는 즉시 전서에게 임시로 군무를 관장케 하여 환난을 풀었다.

唐孔巢父爲魏博宣慰使, 有辯才. 及見田悅, 與言君臣大義, 利害順逆. 時悅久不臣, 喜曰, 不圖今日還爲王人. 酒中, 悅起. 自陳騎射之工, 曰, 陛下若見用, 何敵不摧? 巢父曰, 國方多難, 待子而息. 爾不早引歸, 乃一劇賊耳. 數日後, 田緖殺悅, 遂與大將邢曹俊[527]等聽命. 巢父卽以緖權知軍務, 紓其難.[528]

예전 세법을 따르지 않다.[불순구세(不徇舊稅)] 송나라 초에 왕방지(王方贄)[529]가 명을 받들어 양절(兩浙)[530]의 잡다한 세금을 균등하게 해 주었다. (오대십국 때) 전씨(錢氏) 오월국(吳越國)[531]의 옛 세법에 의하면 1무(畝)에 세 말의 세금을 냈으나 왕방지는 한 말만 내게 하였다. 사신의 업무를 마치고 돌아오자 조정에서는 그가 마음대로 국세를 감면해 주었다고 질책하였다. 왕방지가 아뢰기를, "1무에 한 말을 내는 것은 천하에 공통된 법입니다. 양절 지역이 이미 폐하의 백성이 되었으니 어찌 다시 불법정권인 오월국 시절의 옛 제도를 따르겠습니까?"라고 하자 임금이[532] 그의 주장을 받아들였다.

宋初王方贄奉命, 均兩浙雜稅. 錢氏舊法, 畝稅三斗, 方贄令出一斗. 使還, 朝廷責其擅減國稅. 方贄曰. 畝稅一斗, 天下通法. 兩浙旣爲王民, 豈可復徇僞國之舊? 上從之.[533]

예전의 예법을 사용하지 않다.[불용구례(不用舊禮)] 송나라 홍매(洪邁)[534]는 자가 경노(景盧)이고, 호는

522. 공소보(孔巢父): 당나라 때 조래산(徂來山)에 은거하다 나와서 선위사(宣慰使), 어사대부(御史大夫) 등을 역임하였다.

523. 전열(田悅): 위박절도사(魏博節度使) 전승사(田承嗣)의 조카이다. 대력(大歷) 4년 전승사가 죽자 뒤를 이어 위박절도사가 되었다. 건중(建中) 2년 치청절도사(淄青節度使) 이정기(李正己)가 병사하자 그의 아들 이납(李納)이 스스로 군정(軍政)을 맡아 전열과 모의하여 반란을 일으키니, 이때 전열은 위왕(魏王)을 자칭하였다. 덕종(德宗) 흥원(興元) 원년 종제 위박병마사(魏博兵馬使) 전서(田緖)에 의하여 죽음을 당했다.

524. 《신당서(新唐書)》와 《구당서(舊唐書)》에 따라 빠진 부분을 보충하여 번역하였다.

525. 전서(田緖): 전승사(田承嗣)의 아들이다.

526. 형조준(邢曹俊): 전승사(田承嗣)의 옛 장수로서 패주자사(貝州刺史)를 지냈다.

527. 《신당서(新唐書)·공소보전(孔巢父傳)》에 의거하여 '邢曹'를 '邢曹俊'으로 수정하였다.

528. 《산당사고(山堂肆考)·신직(臣職)·사신(使臣)》

529. 왕방지(王方贄): 내력이 자세하지 않다.

530. 양절(兩浙): 절동(浙東)과 절서(浙西)의 합칭(合稱)이다. 당(唐) 숙종(肅宗) 시절에 강남(江南)의 동쪽 지역을 절강동로(浙江東路)와 절강서로(浙江西路)로 나누었는데, 전당강(錢塘江)을 기준으로 그 이남이 절동(浙東)이고 그 이북(以北)이 절서(浙西)이다.

531. 전씨(錢氏) 오월국(吳越國): 전유(錢鏐)가 절강성 일대에 세운 오월국(吳越國)을 가리킨다.

532. 임금은 송(宋)나라 초기라 한 것으로 보아 태조(太祖)로 추측된다.

533. 《산당사고(山堂肆考)·신직(臣職)·사신(使臣)》

534. 홍매(洪邁): 송(宋) 요주(饒州) 출신으로 자가 경노(景盧)이다. 중서사인(中書舍人), 단명전학사(端明殿學士) 등을 역임하였다.

용재(容齋)이며, 홍호(洪皓)의 막내아들로 기거사인(起居舍人)을 지냈다. 소흥(紹興)[535] 연간에 군주의 즉위를 축하하러 금나라에 사신으로 가게 되었는데 연경(燕京)에 도착하자, 금나라 측에서는 각문(閣門)에서 국서(國書)가 예전의 방식대로 되어 있지 않음을 보고서 억지로 사인에게 표문에 '배신(陪臣)'[536] 두 글자로 고치게 하였으며, 조현(朝見) 의식은 반드시 예전의 예법을 사용하게 하려고 하였다. 홍매가 그것이 불가함을 고수하자 금나라는 사신의 관사를 봉쇄하여 사흘 동안 물조차 들여보내지 않았다. 금나라 사람을 만나게 되었을 때에 그들은 언어가 불손하였으며 홍매를 억류하려고 하였다. 장호(張浩)[537]가 불가하다고 입장을 견지하자 돌려보냈다.

宋洪邁, 字景盧, 號容齋, 皓季子也, 爲起居舍人. 紹興中, 使金賀卽位. 至燕, 金閣門見國書不如式, 抑令于表中改陪臣二字, 朝見之儀, 必欲用舊禮. 邁執不可. 金鎖使館, 三日水漿不入. 及見金人, 語不遜, 欲留邁. 張浩不可, 乃遣還.[538]

오랑캐의 산천을 알다.[지로산천(知虜山川)] 송나라 유창(劉敞)[539]은 자가 원보(原父)로 박문강기하여 평소에 오랑캐 거란의 산천과 지리를 잘 알고 있었다. 황명을 받들어 거란에 사신으로 가니 거란 사람들이 말하기를, "예로부터 북방의 입구로부터 구불구불 천여 리 길을 지나야 유하(柳河)[540]에 이를 수 있습니다."라고 하자 이에 유창이 물었다. "송정(松亭)[541]에서 유하로 가는 길이 매우 빠르고 가까워 며칠 걸리지 않고도 중도(中都)[542]에 도착할 수 있는데, 어째서 저쪽 길을 얘기하지 않고 이쪽 길을 얘기하는 것이오?" 거란 사람들이 서로 쳐다보며 놀라고 부끄러워하면서 말했다. "사실 공의 말씀대로입니다만, 수교를 맺은 이래로 역참을 이처럼 설치하였기에 감히 바꾸지 못하고 있는 것입니다." 유창이 사신의 업무를 마치고 돌아오자 양주지주에 임명하였다.

宋劉敞, 字原父, 博聞強記, 素知虜山川道里. 及奉使契丹, 虜人道, 自古北口回曲千餘里, 方至柳河. 敞問曰. 自松亭趨柳河, 甚徑而近, 不數日, 可至中都, 何不道彼而道此? 虜人相顧驚愧曰. 誠如公言, 但自通好以來, 置驛如此, 不敢易也. 敞使還, 命知揚州.[543]

오랑캐의 업신여김을 질책하다.[책로모만(責虜侮慢)] 공도보(孔道輔)[544]가 명을 받들어 거란에 사신으로 갔는데, 광대가 문선왕(文宣王)[545]을 소재로 연극을 하였다. 공도보가 정색을 하고 그를 꾸짖으니 거란 임금이 말없이 있다가 다시 큰 잔에 술을 따르며 말했다. "날씨가 추우니 이것을 마시면 화기가 돌 것입니다." 공도보가 대답했다. "화기가 돌지 않더라도 본디 해로울 게 없소."

孔道輔奉使契丹, 優人以文宣王爲戲. 道輔正色責之, 君王默然, 又酌大巵曰. 天寒, 飮此, 可致和氣. 道輔曰. 不和, 固無害.[546]

자기 나라의 역법을 따르다.[종본조력(從本朝曆)]

---

535. 소흥(紹興): 남송(南宋) 고종(高宗)의 연호(1131-1162)이다.
536. 배신(陪臣): '신하의 신하'라는 뜻에서 유래한 말로, 제후의 가신(家臣)이 천자에 대하여 '배신'이 된다.
537. 장호(張浩): 금(金)나라 사람으로 좌승상(左丞相), 태사(太師)를 역임하였으며 남양군왕(南陽郡王)에 봉해졌다.
538. 《산당사고(山堂肆考)·신직(臣職)·사신(使臣)》
539. 유창(劉敞): 송(宋) 신유(新喩) 출신으로 자가 원보(原父)이다. 집현원학사(集賢院學士), 판남경어사대(判南京御史臺) 등을 역임하였다.
540. 유하(柳河): 요(遼)나라 때 요령성(遼寧省) 창도현(昌圖縣) 부근에 설치했던 현 이름이다.
541. 송정(松亭): 하북성 관성현(寬城縣) 남서쪽에 있는 관문 이름이다.
542. 중도(中都): 경사(京師), 도읍을 뜻하는 말이다.
543. 《산당사고(山堂肆考)·신직(臣職)·사신(使臣)》
544. 공도보(孔道輔): 송(宋) 곡부(曲阜) 출신으로 자가 원로(原魯)이다. 좌정언(左正言), 운주지주사(鄆州知州事) 등을 역임하였다.
545. 문선왕(文宣王): 당나라 현종(玄宗)이 추증한 춘추시대 노(魯)나라 공자(孔子)의 시호.

송나라 소송(蘇頌)[547]이 (요 임금의 생일을 축하하기 위한) 북조생신사(北朝生辰使)에 충원되어 오랑캐 땅에서 동지를 맞았다. 남송의 역법이 북조의 역법보다 하루 빨라 북조 사람들이 소송에게 물었다. "어느 것이 옳은가요?" 소송이 대답하였다. "역법(曆法)을 다루는 사람들의 계산법은 조금씩 달라서 늦고 빠름이 같지 않습니다. 혹 빠르기도 하고 혹 늦기도 하지만 각자 자기 나라의 역법을 따르면 됩니다." 요나라 사람들이 지극히 타당하다고 여겼다.

宋蘇頌充北朝生辰使, 在虜中遇冬至. 本朝曆先北朝曆一日, 北人問公. 孰是? 答曰, 曆家筭術小異, 遲速不同. 或先或後, 各從本朝之曆, 可也. 虜深然之.[548]

외국의 물정을 기록하다.[녹외국사(錄外國事)] 당나라 위홍기(韋弘機)[549]가 돌궐에 사신으로 갔다가 길이 막혀 3년 동안 돌아올 수 없게 되자 옷자락을 찢어서 지나쳤던 여러 나라의 풍속과 인물을 기록하여 《서정기(西征記)》를 지었다. 돌아와서 태종이 외국의 물정에 대해 묻자 바로 그 책을 바쳤다.

唐韋弘機使突厥, 道梗, 三年不得歸, 裂裾, 錄所過諸國風俗人物, 爲西征記. 比還, 太宗問外國事, 卽以書獻之.[550]

중국 사람을 보다.[견중국인(見中國人)] 당나라 정관(貞觀)[551] 중에 직방랑(職方郎)[552] 진대덕(陳大德)[553]을 고구려에 사신으로 파견했다. 진대덕은 처음으로 고구려 경내로 들어왔기에 산천과 풍속을 알고자 하여 다다르는 성이나 고을마다 수령에게 비단을 주어 마침내 두루 유람할 수 있었다. 중국인을 만났는데, 수(隋)나라 때 종군하여 고구려에 편입된 사람들이었다. 그들은 그 참에 친척들의 생사를 물었다. 그를 바라보고 통곡하는 사람이 교외에 가득했다.

唐貞觀中, 遣職方郎陳大德使高麗. 大德初入其境, 欲知山川風俗, 所至城邑, 以綾綺遺其守者, 遂得遊歷. 見中國人, 隋時從軍, 沒于高麗者. 仍問親戚存沒. 望之而哭者, 徧于郊野.[554]

인장을 끌어안고 늘 함께하다.[포인와기(抱印臥起)] 주변(朱弁)[555]이 왕윤(王倫)[556]의 부관이 되어 금나라에 사신으로 갔다. 금나라가 화친을 논의하려는 과정에서 한 사람을 보내 국서를 받아와야만 했는데, 주변과 왕윤으로 하여금 제비를 뽑아 누가 갈 것인지를 결정하게 하려고 하였다. 주변이 말하기를, "제가 왔을 때는 본디 반드시 죽는 것만이 제 몫입니다. 어찌 오늘 먼저 돌아가는 행운을 바라서야 되겠습니까?"라고 하였다. 왕윤이 돌아가려 할 때 주변이 말했다. "옛날 사신들은 부절을 가지고 신표로 삼았습니다. 이제

546. 《산당사고(山堂肆考)·신직(臣職)·사신(使臣)》
547. 소송(蘇頌): 송(宋) 천주(泉州) 출신으로 자가 자용(子容)이다. 이부상서겸시독(吏部尙書兼侍讀), 우복야겸중서시랑(右僕射兼中書侍郎) 등을 역임하였다.
548. 《산당사고(山堂肆考)·신직(臣職)·사신(使臣)》
549. 위홍기(韋弘機): 당(唐) 경조(京兆) 출신으로 단주자사(檀州刺史), 사농소경(司農少卿) 등을 역임하였다.
550. 《산당사고(山堂肆考)·신직(臣職)·사신(使臣)》
551. 정관(貞觀): 당(唐) 태종(太宗)의 연호(627-649)이다.
552. 직방랑(職方郎): 상서성(尙書省) 병부(兵部) 휘하의 직방사(職方司)에서 지도(地圖)와 공물(貢物)을 담당하는 벼슬 이름이다.
553. 진대덕(陳大德): 내력이 자세하지 않다.
554. 《산당사고(山堂肆考)·신직(臣職)·사신(使臣)》
555. 주변(朱弁): 송(宋) 무원(婺源) 출신으로 자는 소장(少章), 호는 관여거사(觀如居士)이다. 고종(高宗) 연간에 하동대금군전통문부사(河東大金軍前通問副使)로 정사(正使) 왕륜(王倫)을 따라 금(金)에 사신으로 가서 17년간 억류되었다. 소흥(紹興) 13년(1143) 금과 화의가 성립되자 홍호(洪皓), 장소(張卲)와 더불어 반대하였다. 저서로 《곡유구문(曲洧舊聞)》, 《풍월당시화(風月堂詩話)》 등이 있다.
556. 왕윤(王倫): 송나라 대명부(大名府) 신현(莘縣) 출신으로 자는 정도(正道)이다. 건염(建炎) 원년 봉조랑(朝奉郎), 가형부시랑(假刑部侍郎) 등을 역임하였다. 금(金)나라에서 준 벼슬을 사양하여 피살되었다.

부절은 없는 대신 인장이 있는데, 인장 또한 부절입니다. 바라옵건대 그것을 남겨 주시어 제가 끌어안고 죽을 수 있다면 죽어도 썩지 않을 것입니다." 왕윤이 인장을 풀어서 주변에게 주자 주변은 받아서 품에 간직하고 자나 깨나 몸에서 놓지 않았다.

朱弁副王倫使金. 金將議和, 當遣一人受書還, 欲弁與倫探策決去留. 弁曰, 吾來, 固自分必死. 豈應今日覬幸先歸? 倫將歸, 弁曰. 古之使者, 有節以爲信. 今無節有印, 印亦節也. 願留之, 使弁得抱以死, 死不腐矣. 倫解印授弁, 弁受而懷之, 臥起與俱.[557]

죽음으로써 땅을 떼어 주는 일을 거부하다.[사거할지(死拒割地)] 조이용(曹利用)[558]이 거란에 사신으로 가게 되자 진종(眞宗)[559]이 말했다. "거란이 만약 세폐(歲幣)를 탐낸다면 국가의 자잘한 일이지만 혹시라도 관남(關南)[560] 땅을 요구한다면 의당 이치에 따라 거절해야 할 것이오." 조이용이 거란을 만나자 과연 맨 먼저 관남 땅을 이야기했다. 조이용이 대답하였다. "땅을 떼어 달라는 논의는 죽더라도 감히 들을 수 없소." 거란은 그의 뜻을 꺾을 수 없음을 헤아리고 결국 우호관계를 맺는 논의를 결정하였다.

曹利用使契丹, 眞宗曰. 契丹如貪歲幣, 乃國家細事, 或求關南之地, 當以理絶之. 利用見虜, 果首及關南地. 利用曰. 割地之議, 死不敢聞. 虜度不可奪, 遂決通好之議.[561]

여섯 해나 굴복하지 않다.[육세불굴(六歲不屈)] 당나라 최윤(崔倫)[562]은 우서자(右庶子)[563]로서 토번에 사신으로 나갔다. 토번이 최윤을 붙잡아 성 중에서 항복할 것을 약속하는 문서를 쓰라고 핍박하였다. 최윤이 따르지 않자 다시 나파성(邏娑城)에 가두었는데 여섯 해가 지나도록 굴복하지 않자 결국 돌려보냈다. 대종이 그를 보고서 감동하여 흐느껴 울었다. 최윤이 즉시 토번의 실정과 산천의 형세를 빠짐없이 아뢰어 덕종 앞에서 손가락으로 가리키듯 분명히 설명하니, 사람들이 그의 의견에 감복하였다.

唐崔倫以右庶子使吐蕃. 虜執倫, 逼爲書, 約城中降. 倫不從, 更囚邏娑城, 閱六歲不屈, 乃遣還. 代宗見之, 爲感動嗚咽. 倫卽具陳虜之情僞, 及山川險易, 指畫帝前, 人服其議.[564]

적을 물리칠 계책을 잘 마련하다.[극회사기(克會事機)] 당나라 최돈례(崔敦禮)[565]는 자가 안상(安上)으로 어려서부터 소무(蘇武)[566]의 사람됨을 흠모하였다. 그래서 여러 차례 돌궐에 사신으로 갔고, 전후로 좋은 의견을 내서 적을 물리칠 계책을 잘 마련하였다.

唐崔敦禮, 字安上, 少慕蘇武爲人. 故屢使突厥, 前後建明, 克會事機.[567]

관작을 굳이 사양하다.[고사관작(固辭官爵)] 경력(慶曆)[568] 연간에 거란이 와서 관남(關南)[569] 땅을 요구하자 인종(仁宗)이 여이간(呂夷簡)[570]에게 답방할

557. 《산당사고(山堂肆考)·신직(臣職)·사신(使臣)》
558. 조이용(曹利用): 송(宋) 월주(越州) 출신으로 자가 용지(用之)이다. 추밀사(樞密使), 동중서문하평장사(同中書門下平章事) 등을 역임하였다.
559. 진종(眞宗): 송(宋) 제3대 황제로 재위 기간은 998-1022년이다.
560. 관남(關南): 하북성의 와교관(瓦橋關), 익진관(益津關), 어구관(於口關) 이남 지역을 가리킨다.
561. 《산당사고(山堂肆考)·신직(臣職)·사신(使臣)》
562. 최윤(崔倫): 당(唐) 안평(安平) 출신으로 자가 서(敍)이다. 우서자(右庶子), 상서좌승(尙書左丞) 등을 역임하였다.
563. 우서자(右庶子): 태자궁(太子宮)의 좌우 춘방(春坊) 중 우춘방의 업무를 총괄하던 벼슬인 태자우서자의 약칭이다.
564. 《산당사고(山堂肆考)·신직(臣職)·사신(使臣)》
565. 최돈례(崔敦禮): 당(唐) 옹주(雍州) 함양(咸陽) 사람으로 자는 안상(安上), 본명은 원례(元禮)이다. 수(隋)나라 예부상서(禮部尙書) 최중방(崔仲方)의 손자이다.
566. 소무(蘇武): 한(漢) 경조(京兆) 출신으로 자가 자경(子卿)이다. 흉노에 사신 갔다가 억류되어 19년을 지내면서 절개를 지켰다. 귀국하여 전속국(典屬國)을 역임하였다.
567. 《산당사고(山堂肆考)·신직(臣職)·사신(使臣)》

사신을 고르게 하였다. 여이간은 부필(富弼)[571]을 좋아하지 않아 그런 까닭에 그를 추천하자 부필이 입궐하여 대면하는 자리에서 말했다. "임금께 우환이 있으면 그것이 곧 신하의 치욕입니다. 신은 목숨이 아깝지 않습니다." 인종은 감동을 받은 표정을 짓고는 부필을 추밀직학사(樞密直學士)[572]로 승진시키자 부필이 사양하여 말했다. "나라에 위급한 일이 있으면 의리상 수고로움도 꺼리지 말아야 하거늘, 어찌 또한 관작을 내려주시는 겁니까?" 결국 사신으로 길을 떠났는데, 거란의 군주가 말했다. "남조(南朝)[573]에서 기왕 우리에게 주는 선물을 늘리기로 하였으니, 말을 '바친다[獻]'라고 해야 할 것이오." 그러자 부필이 대답하였다. "우리 송나라가 형인데, 어찌 형이 동생에게 바치는 경우가 있겠습니까?" 거란의 군주가 말했다. "그렇다면 '들인다[納]'로 하면 되겠소?" 부필은 역시 안 된다고 대답하였다. 거란의 군주는 그의 뜻을 꺾을 수 없다는 것을 알고 바로 직접 사람을 파견하여 부필과 함께 내조하였다. 인종은 안수(晏殊)[574]의 의견을 따라 결국 '납(納)'자를 허락하였다.

慶曆中, 契丹來求關南地, 上令呂夷簡擇報聘者. 夷簡不悅富弼, 因薦之, 弼入對曰. 主憂臣辱, 臣不愛其死. 帝爲動色, 進弼樞密直學士, 弼辭曰, 國家有急, 義不憚勞, 奈何亦以官爵賂之? 遂往, 契丹主曰, 南朝旣增我幣, 其詞當曰獻. 弼曰, 南朝爲兄, 豈有兄獻于弟? 曰, 然則爲納字, 可乎? 弼亦不可. 契丹知其不可奪, 乃自遣人與弼偕來. 帝用晏殊議, 竟以納字與之.[575]

폐백을 놓아두고 돌아오다.[치폐이반(置幣而返)]

휘종(徽宗)[576] 시기에 비서랑 위부민(衛膚敏)[577]이 임시로 급사중의 직책을 받아 금나라 임금의 생일을 축하하러 가게 되자 상주하였다. "그의 생일이 천녕절(天寧節)[578]보다 닷새 뒤입니다. 금나라 사람이 축하하러 오지 않는데, 도리어 그들보다 앞서면 나라의 체통을 잃게 됩니다. 만에 하나 금나라 사신이 오지 않는다면 조정의 수치가 될 터인데 어쩌시겠습니까? 청컨대 연산(燕山)까지 가서 살펴보아 저들이 만약 오지 않으면 폐백을 국경에다 놓아두면 그만일 것입니다." 휘종이 그가 올린 말이 옳다고 여겼는데 연산에 이르자 금나라 사신이 과연 오지 않았다. 결국 폐백을 놓아두고 돌아왔다.

徽宗時, 祕書郎衛膚敏假給事中, 往賀金主生辰, 奏曰. 彼生辰, 後天寧節五日. 金人未及入賀, 而反先之, 已失國體. 萬一金使不來, 爲朝廷羞, 奈何? 請至燕山, 觀之, 彼若不來, 則以幣置境上而已. 帝可其奏, 旣至, 金使果不來. 遂置幣而返.[579]

병사를 거두고 혼자 가다.[철병독왕(徹兵獨往)] 장가(牂牁)[580]에서 땅을 바치자 송나라에서는 당각(唐

568. 경력(慶曆): 송(宋) 인종(仁宗)의 연호(1041-1048)이다.
569. 관남(關南): 하북성의 와교관(瓦橋關), 익진관(益津關), 어구관(於口關) 이남 지역을 가리킨다.
570. 여이간(呂夷簡): 송(宋) 수주(壽州) 출신으로 자가 탄부(坦夫)이다. 참지정사(參知政事), 사공(司空), 평장군국중사(平章軍國重事) 등을 역임하였다.
571. 부필(富弼): 북송(北宋) 시기의 정치가로, 자는 언국(彦國)이다. 범중엄(范仲淹) 등과 '경력신정(慶曆新政)'을 추진하였다. 중서문하평장사(中書門下平章事), 추밀사(樞密使) 등을 역임하였다.
572. 추밀직학사(樞密直學士): 송나라 때 군정(軍政)을 총괄하는 추밀원(樞密院) 소속의 벼슬 이름이다. 직학사는 6품 이상의 직급을 가리킨다.
573. 남조(南朝): 거란이 남쪽에 위치한 송나라를 부르던 이름이다.
574. 안수(晏殊): 북송(北宋)의 정치가이자 문인으로 자는 동숙(同叔)이다.
575. 《산당사고(山堂肆考)·신직(臣職)·사신(使臣)》
576. 휘종(徽宗): 송(宋) 제8대 황제로 재위 기간은 1101-1125년이다.
577. 위부민(衛膚敏): 송(宋) 수주(秀州) 출신으로 자가 상언(商彦)이다. 이부원외랑(吏部員外郞), 예부시랑(禮部侍郎) 등을 역임하였다.
578. 천녕절(天寧節): 송나라 휘종(徽宗)의 생일을 이르는 말이다.
579. 《산당사고(山堂肆考)·신직(臣職)·사신(使臣)》

恪)[581]에게 명하여 그들을 위무하러 가게 하였다. 그곳 사람들이 처음에는 의심하여 갑옷을 속에 입고 맞이하였다. 당각이 병사들을 모두 철수시키고 홀로 하인 수십 명만 데리고 가자, 그곳 사람들이 멀리서 보고 환호하며 무기를 버리고 명을 받들고는, 감읍하여 절하고 춤추며 말하였다. "오늘 천자의 교화를 입게 되리라고는 생각지도 못 했습니다."

牂牁獻地, 宋命唐恪往撫慰之. 夷人始自疑, 衷甲以逆之. 恪盡徹兵衛, 獨將騶卒數十人往, 夷人望見歡呼, 投兵聽命, 感泣拜舞曰. 不圖今日得沾王化.[582]

반열에 서서 꿈쩍도 하지 않다.[입반부동(立班不動)] 송나라 시사점(施師點)[583]이 금나라에 사신으로 갔다. 자리가 이미 정해졌는데 상의(相儀)[584]가 친왕(親王)이 곧 올 것이라 하여 시사점에게 자리에서 물러서라고 명하였다. 시사점은 꿋꿋이 선채로 움직도 하지 않으니 서로 돌아보며 놀라워했다. 그에게 지조가 있음을 알고는 더 이상 감히 청하려 들지 않았다. 금나라 사신이 이르자 관반(館伴)[585]에게 물었다. "시사점은 지금 무슨 관직을 맡고 있습니까?" 관반이 반열 속에서 손가락으로 가리켜 보이자, 금나라 사신이 홀연히 말했다. "올바른 사람을 한 번 보았더니, 눈이 밝아집니다."

宋施師點使金. 立班既定, 相儀者以親王將至, 命師點退位. 師點屹立不動, 相顧駭愕. 知其有守, 不敢復請. 及金使至, 問館伴云, 師點今居何官? 館伴于班中指以示之, 金使怳然曰, 一見正人, 令人眼明.[586]

대등한 국가의 예법으로 바로잡다.[정적국례(正敵國禮)] 위기(魏杞)[587]가 금나라에 사신으로 가서 갖추어 말했다. "화친하면 두 나라가 그 복을 누리지만, 싸우면 장병들이 날카로운 병기에 다칠 것이오." 금나라 임금과 신하들이 빙 둘러서서 두 손을 모으고 긴장된 모습으로 경청하였다. 금나라 관사(館使)[588] 장공유(張恭愈)가 국서에 '대송(大宋)'이라고 한 것을 가지고 위기에게 '대(大)'자를 없애라고 강요했다. 위기가 이를 거절하여 마침내 적국(敵國)[589]의 예법으로 바로잡았다.

魏杞, 使金具言, 和則兩國享其福, 戰則將士蒙其利. 金君臣, 環聽拱竦. 館使張恭愈, 以國稱大宋, 脇杞去大字. 杞拒之, 卒正敵國禮.[590]

사절하고 반열에 나아가지 않다.[사불취열(辭不就列)] 송나라 심기(沈起)[591]가 거란에 사신으로 갔다. 거란 조정에 도착하니, 그의 자리는 서하(西夏)에서 온 사신과 같은 반열이었다. 심기가 "서하국 사신은 배신(陪臣)[592]이니 황제의 사신과 나란히 앉는 것은

---

580. 장가(牂牁): 한(漢)나라 때 설치한 소수민족의 군(郡) 이름으로 지금의 귀주성 개리시(凱里市) 북서쪽 일대이다.
581. 당각(唐恪): 북송(北宋) 말 항주(杭州) 전당(錢塘) 출신으로 자는 흠수(欽叟)이다. 흠종(欽宗) 때에 재상을 지냈다.
582. 《산당사고(山堂肆考)·신직(臣職)·사신(使臣)》
583. 시사점(施師點): 송(宋) 상요(上饒) 출신으로 자가 성여(聖與)이다. 참지정사(參知政事)를 지냈다.
584. 상의(相儀): 의전을 도와주는 사람이다.
585. 관반(館伴): 외국 사신을 접대하기 위하여 임시로 임명하는 직책을 뜻한다.
586. 《산당사고(山堂肆考)·신직(臣職)·사신(使臣)》
587. 위기(魏杞): 송(宋) 수주(壽州) 출신으로 자는 남부(南夫)이다. 소흥(紹興) 12년 진사에 급제한 이후 종정소경(宗正少卿)으로 금(金)에 사신으로 나갔다. 참지정사(參知政事), 우복야겸추밀사(右僕射兼樞密使), 단명전학사(端明殿學士) 등을 역임했다.
588. 관사(館使): 외국 사신의 영접을 총괄하는 관리로 관반(館伴)이라고도 한다.
589. 적국(敵國): 지위나 세력이 대등한 나라를 이르는 말이다.
590. 《산당사고(山堂肆考)·신직(臣職)·사신(使臣)》
591. 심기(沈起): 송(宋) 명주(明州) 은(鄞) 출신으로 자는 흥종(興宗)이다. 저주판관(滁州判官), 지해문현(知海門縣) 등을 역임하였다.
592. 배신(陪臣): '신하의 신하'라는 뜻에서 유래한 말로, 제후의 가신(家臣)이 천자에 대하여 '배신'이 된다.

마땅하지 않소."라고 말하고는 사절하고 반열에 나아가지 않은 채 힘껏 따졌다. 결국 송나라 사신의 반열을 올려 주었다.

宋沈起, 使契丹. 至其庭, 其著位與西夏使同班. 起曰, 西夏陪臣, 不當與王人齒. 辭不就列, 力爭之. 遂升本朝使者班.[593]

비파를 타 주흥을 돕다.[비파유음(琵琶侑飮)] 송나라 왕공신(王拱辰)[594]은 자가 군황(君貺)이다. 지화(至和)[595] 3년에 삼사사(三司使)[596]의 신분으로 거란에 사신으로 가서 그 임금을 혼동강(混同江)에서 만났다. 거란 임금은 주연을 베풀고 낚시를 드리웠는데, 물고기가 잡힐 때마다 반드시 술을 따라 손님에게 마시게 했고, 직접 비파를 타서 주흥을 도우며 재상에게 말했다. "이분은 어린 나이에 장원급제한 사람이오."

宋王拱辰, 字君貺. 至和三年, 以三司使聘契丹, 見其主于混同江. 設宴垂釣, 每得魚, 必酌酒飮客, 親鼓琵琶以侑飮, 謂其相曰, 此少年狀元也.[597]

지붕에 걸터앉아 모여서 구경하다.[기옥취관(騎屋聚觀)] 송나라 허장(許將)[598]은 자가 충원(冲元)이다. 거란에 사신으로 가니 주민들이 지붕에 걸터앉아 함께 모여 구경하며 말했다. "남쪽 조정에서 장원급제한 사람을 보세나."

宋許將, 字冲[599]元. 使契丹, 居人騎屋棟, 聚觀曰, 看南朝狀元.[600]

염온(閻溫)[601]이 거짓으로 승낙하다.[염온위허(閻溫僞許)] 위(魏) 염온은 자가 백검(伯儉)이다. 당시에 마초(馬超)[602]가 기성(冀城)을 포위했는데 상황이 급박했다. 주(州)에서는 염온을 은밀히 내보내 하후연(夏侯淵)[603]에게 구원해 달라고 전하려 하였는데, 마초에게 붙잡히고 말았다. 마초는 그에게 "동쪽에는 구원병이 없다."라고 기성에 말하도록 시켰다. 염온은 거짓으로 승낙하고는 곧 기성 아래에 가까워지자 말하였다. "하후연의 군대가 사흘이면 당도하니 힘을 내시오, 힘을 내시오." 마초가 마침내 그를 죽였다.

魏閻溫, 字伯儉. 時, 馬超圍冀城急. 州遣溫密出, 告救於夏侯淵, 爲超所獲. 超令言於冀城云, 東方無救. 溫僞許之, 乃將至城下曰, 淵軍三日至, 勉之勉之. 遂殺之.[604]

사신을 참하여 성을 항복하게 하다.[참시항성(斬使降城)] 구순(寇恂)[605]은 자가 자익(子翼)이다. 고준(高峻)[606]을 치니, 고준이 군사(軍師) 황보문(皇甫文)으로 하여금 나가서 알현하게 하였으나 말과 예절에 굽히는 바가 없었다. 구순이 노하여 목을 베려고 하자 여러 장수들이 안 된다고 하였다. 구순이 듣지 않고서

---

593. 《산당사고(山堂肆考)·신직(臣職)·사신(使臣)》
594. 왕공신(王拱辰): 송(宋) 개봉(開封) 출신으로 자가 군황(君貺)이다. 어사중승(御史中丞)을 역임하였다.
595. 지화(至和): 북송(北宋) 인종(仁宗)의 연호(1054-1055)이다.
596. 삼사사(三司使): 오대(五代)와 송나라 때 염철사(鹽鐵使), 호부사(戶部使), 탁지사(度支使)의 업무를 총괄하는 장관을 이르는 말이다.
597. 《산당사고(山堂肆考)·신직(臣職)·사신(使臣)》
598. 허장(許將): 송(宋) 복건(福建) 복주(福州) 출신으로 자는 충원(冲元), 시호는 문정(文定)이다. 가우(嘉祐) 8년 장원으로 급제하여, 복주가 배출한 첫 번째 장원이 되었다.
599. 《신당서(新唐書)·허장전(許將傳)》에 의거하여 '仲'을 '冲'으로 수정하였다.
600. 《산당사고(山堂肆考)·신직(臣職)·사신(使臣)》
601. 염온(閻溫): 후한(後漢) 천수(天水) 출신으로 자가 백검(伯儉)이다. 상규령(上邽令)을 지냈다.
602. 마초(馬超): 한나라 말 삼국시기 촉한(蜀漢)의 부풍(扶風) 무릉(茂陵) 출신으로 자는 맹기(孟起)이다.
603. 하후연(夏侯淵): 후한(後漢) 말 패국(沛國) 초현(譙縣) 출신으로 자는 묘재(妙才)이다. 조조(曹操)를 따라 기병하여 원소(袁紹), 한수(韓遂) 등을 치는 데에 용명을 떨쳤다. 건안(建安) 20년 정서장군(征西將軍)에 제수되어 한중(漢中)을 진수하였다. 뒤에 유비(劉備)의 장수 황충(黃忠)에게 죽었다. 시호는 민후(愍侯)이다.
604. 《삼국지(三國志)·위지(魏志)·염온전(閻溫傳)》
605. 구순(寇恂): 후한(後漢) 창평(昌平) 출신으로 자가 자익(子翼)이다. 하내태수(河內太守), 집금오(執金吾) 등을 역임하였다.

목을 베니 고준은 바로 그날로 항복하였다. 여러 장수들이 연유를 물으니 구순이 말했다. "황보문은 고준의 복심이다. 그를 죽이면 고준은 쓸개를 잃어버리게 되어 항복한 것이다."

寇恂, 字子翼. 擊高峻, 峻遣軍師皇甫文出謁, 辭禮不屈. 恂怒, 欲斬, 諸將以爲不可. 恂不聽, 斬之, 峻卽日降. 諸將問之, 恂曰, 文, 峻之腹心. 殺之, 則峻亡其膽, 所以降耳.[607]

칼을 뽑아 스스로 맹세하다.[발도자서(拔刀自誓)]

《동관한기(東觀漢記)》[608]의 기록이다. 북흉노가 사신을 보내 화친을 요구하자 명제(明帝)는 정중(鄭衆)[609]을 흉노에 사신으로 파견하였다. 정중이 북정(北庭)[610]에 이르자 흉노가 절을 하게 하려고 하였으나 정중은 굽히지 않았다. 선우가 크게 성내서 가두어 막아 놓고는 물과 음식을 제공하지 않았다. 정중이 칼을 뽑아 맹서하자 선우가 두려워하면서 그만두었다.

東觀漢記. 北凶奴遣使求和親, 上遣鄭衆使匈奴. 衆至北庭, 虜欲令拜, 衆不爲屈. 單于大怒, 圍守閉之, 不與水火. 衆拔刀自誓, 單于恐而止.[611]

칼을 당겨 자신을 찌르다.[인인자자(引刃自刺)]

오(吳)나라 중대부(中大夫) 풍희(馮熙)[612]가 위(魏)나라에 사신으로 가니 위나라에서는 진군(陳羣)을 시켜 회유하게 하면서 큰 이익으로 꾀도록 하였다. 풍희가 회답하지 않자 마피(摩陂)[613]로 보내서 괴롭히고자 하였다. 풍희는 핍박을 당하면서 따르지 않으면 필시 자신을 위태롭게 하고 임금의 명령을 더럽히게 될까 두려웠다. 이에 칼을 당겨 자신을 찔렀는데, 마부가 알아채어 죽지 않을 수 있었다. 손권이 눈물을 떨구며 말했다. "이 사람이 소무(蘇武)[614]와 어찌 다를 바 있겠는가?" 끝내 위나라에서 죽었다.

吳中大夫馮熙使於魏, 魏使陳羣誘之, 啗以重利. 熙不爲廻, 送至摩陂, 欲困苦之. 熙懼見迫不從, 必危身辱命. 乃引刀自刺, 御者覺之, 得不死. 孫權垂涕曰, 此與蘇武何異? 竟死于魏.[615]

조간자가 병사를 출동하지 않다.[간자안병(簡子按兵)] 조간자(趙簡子)[616]가 위(衛)나라를 치고자 하여 사암(史黯)으로 하여금 가서 살피게 하니, 한 달 엿새 후에 돌아온다고 하였다. 조간자가 말했다. "어찌 시간이 오래 걸리는가?" 사암이 말했다. "거백옥(蘧伯玉)[617]이 재상을 맡고 사추(史鰌)[618]가 보좌하고 있으며 공자가 빈객으로 있고 자공(子貢)이 임금 앞에서 사령(使令)을 담당하고 있으니, 그 보좌진에 현명한 사람이 많습니다." 조간자가 군사를 머물게 하여 출

---

606. 고준(高峻): 왕망(王莽) 말엽에 유수(劉秀)에게 귀부(歸附)했던 외효(隗囂)의 장수이다. 외효가 죽은 뒤 군대를 지니고 고평(高平) 일대를 점거하고 있었다.
607. 《후한서(後漢書)·구순전(寇恂傳)》
608. 《동관한기(東觀漢記)》: 유진(劉珍), 연독(延篤) 등이 중심이 되어 광무제(光武帝)로부터 영제(靈帝)까지 후한(後漢)의 역사를 기전체로 엮은 관찬 사서이다.
609. 정중(鄭衆): 후한(後漢) 하남(河南) 출신으로 자가 중사(仲師)이다. 급사중(給事中), 대사농(大司農) 등을 역임하였다.
610. 북정(北庭): 북흉노(北匈奴)의 왕정을 가리킨다.
611. 《후한서(後漢書)·정중전(鄭衆傳)》
612. 풍희(馮熙): 자는 자유(子柔)이며 손권(孫權)의 모신이다.
613. 마피(摩陂): 하남(河南) 겹현(郟縣) 동남쪽의 지명으로 용피(龍陂)라고도 한다.
614. 소무(蘇武): 한(漢) 경조(京兆) 출신으로 자가 자경(子卿)이다. 흉노에 사신 갔다가 억류되어 19년을 지내면서 절개를 지켰다. 귀국하여 전속국(典屬國)을 역임하였다.
615. 《책부원구(冊府元龜)·봉사부(奉使部)·수절(守節)》
616. 조간자(趙簡子): 이름은 조앙(趙鞅)으로 춘추시대 말기 진(晉)나라의 정경(正卿)이다.
617. 거백옥(蘧伯玉): 춘추시대 위(衛)나라 사람으로 이름이 원(瑗)이고 백옥(伯玉)은 자이다. 영공(靈公) 때의 대부였다.
618. 사추(史鰌): 춘추시대 위(衛)나라의 대부로 자는 자어(子魚)이다. 죽은 뒤에 위(衛) 영공(靈公)의 잘못을 깨닫게 한 '시간(屍諫)'의 고사로 유명하다.

동하지 않았다.

趙簡子將襲衛, 使史黯往視之, 期以一月六月[619]而後反. 簡子曰, 何其久也? 黯曰, 蘧伯玉爲相, 史鰌佐焉, 孔子爲客, 子貢使令於君前, 其佐多賢矣. 簡子按兵不動.[620]

부차가 뵙기를 청하다.[부차청견(夫差請見)] 안자(晏子)가 오(吳)나라에 사신으로 가게 되었다. 오왕 부차가 빈객을 안내하는 자에게 빈객이 알현할 때에 '천자'라 칭하도록 명하였다. 이튿날 안자가 궁에 들어가 오왕을 뵐 때에 안내하는 자가 말했다. "천자께서 알현하라 하십니다." (이렇게 말하기를 세 차례 하니) 안자가 불안한 모습을 보인 것이 세 차례나 하고서 말했다. "신은 남루한 고을의 군주로부터 명을 받아 오나라 왕에게 사신으로 오려 했던 것인데, 영리하지 못해 정신을 못 차려서 천자의 조정에 들어오고 말았습니다. 감히 여쭙나니, 오나라 왕은 어디에 있습니까?" 그런 후에야 오왕은 "부차가 뵙기를 청합니다."라고 말했다. 제후의 예로써 알현했다.

晏子使吳. 吳王命儐者, 客見則稱天子. 明日, 晏子有事, 行人曰, 天子請見. 晏子蹙然者三, 曰, 臣受命弊邑之君, 將使於吳王之所, 不佞而迷惑, 入於天子之朝. 敢問吳王惡乎存? 然後吳王曰, 夫差請見. 見之以諸侯之禮.[621]

초나라 백성이 도둑질을 잘하다.[초민선도(楚民善盜)] 안자(晏子)가 초(楚)나라에 사신으로 갔는데 자리에 앉으니 한 사람을 포박해서 데려왔다. 초나라 왕이 물었다. "무슨 짓을 했소?" 데려온 사람이 대답했다. "제나라 사람인데 도둑질을 했습니다." 왕이 안자를 보면서 말했다. "제나라 사람은 본디 도둑질을 잘하는가보오." 안자가 말했다. "안영 제가 듣기에 귤은 회수 남쪽에서 자라면 귤이 되고 회수 북쪽에서 자라면 탱자가 된다고 합니다. 이파리만 그저 비슷할 뿐 그 열매는 맛이 같지 않습니다. 그렇게 된 까닭은 무엇이겠습니까? 풍토가 다르기 때문입니다. 지금 백성들이 제나라에서 태어나서 자라면 도둑질을 하지 않는데 초나라에 들어가면 도둑질을 하니 설마 초나라의 풍토가 백성들로 하여금 도둑질을 잘하게 만드는 것이 아닌지요?" 왕이 웃으며 말했다. "과인이 도리어 허물을 얻었구려."

晏子使楚. 坐定而縛一人來. 王問, 何爲? 對曰, 齊人也, 坐盜. 王視晏子曰, 齊人固善盜乎? 晏子曰, 嬰聞之, 橘生淮南, 則爲橘, 生淮北, 則爲枳. 葉徒相似, 其實味不同. 所以然者何? 水土異也. 今民生長於齊不盜, 入楚則盜, 得無楚之水土使民善盜耶? 王笑曰, 寡人反取病.[622]

기러기를 보내고 고니를 바치다.[유홍헌곡(遺鴻獻鵠)] 《노련자(魯連子)》[623]의 기록이다. 전무소(展無所)[624]가 노(魯) 임금의 사신이 되어 제나라 양군(襄君)에게 기러기를 선물로 가져가게 되었다. 면수(澠水)에 이르러 기러기를 목욕시키다가 기러기는 잃어버리고 그 장식물만 남았다. 말을 모는 사람이 말했다. "기러기의 털빛은 똑같이 할 수 있지요. 기러기를 살 수 있답니다." 전무소가 말했다. "내가 기러기를 살 수 없는 것이 아니다. 그것은 위로 임금을 속이고 아래로 폐백을 가벼이 여기는 것이라, 이러한 일은 있을 수 없으니 내가 감히 하지 않는다."

魯連子曰. 展無所爲魯君使, 遺齊襄君鴻. 至澠而浴鴻, 鴻失, 其裝在. 御者曰, 鴻之毛物, 可使若一. 能買鴻耳. 無所曰, 吾非不能買鴻也. 是上隱君, 下易幣, 無所不敢.[625]

---

619. '月'은 《설원(說苑)》에 '日'로 되어 있다.
620. 《설원(說苑)·봉사(奉使)》
621. 《설원(說苑)·봉사(奉使)》
622. 《설원(說苑)·봉사(奉使)》
623. 《노련자(魯連子)》: 전국시대 제(齊)나라 노중련(魯仲連)의 저서이다.
624. 전무소(展無所): 내력이 자세하지 않다.

《설원(說苑)》의 기록이다. 위문후(魏文侯)가 사인(舍人) 무택(無擇)[626]으로 하여금 제후(齊侯)에게 고니를 바치게 하였는데, 무택이 길을 가다 잃어버렸다. 뒤에 빈 새장을 바치며 말하였다. "고니를 살 돈이 없었던 것이 아닙니다. 어찌 군주의 선물을 경솔하게 바꾸겠습니까?"

說苑. 魏文侯使舍人無擇獻鵠於齊侯, 無擇行道失之. 後獻空籠曰. 非無錢以買鵠. 惡輕易其幣?[627]

별이 날아서 두수 아래로 들다.[성비입두(星飛入斗)] 《한서(漢書)》의 기록이다. 크기가 동이만 한 유성이 서남방에서 나와 두수(斗宿) 아래로 들어갔다. "한나라가 흉노에 사신을 보낸다."라는 점사가 나왔다. 이듬해 흉노 선우(單于) 조도막고(雕陶莫皐)가 죽었다. 중랑장 양흥(楊興)을 흉노에 사신으로 보냈다.

漢書. 飛星大如缶, 出西南, 入斗下. 占曰, 漢使匈奴. 明年, 匈奴單于雕陶莫皐死. 遣中郎將楊興使匈奴.[628]

동풍이 율려에 들어맞다.[동풍입률(東風入律)] 《십주기(十洲記)》[629]에 보이는 내용이다. 천한(天漢)[630] 3년 서역 국왕의 사신이 와서 말했다. "늘 점을 쳤는데, 동풍이 '율'에 들어맞아 천 날이나 계속되고 청운이 '려'에 들어맞아 몇 달이나 연이어 흩어지지 않았기에, 중국에 장차 도를 좋아하는 임금이 나타날 것이라 생각했습니다. 우리나라에서는 이 때문에 특별히 간직해 오던 물건을 찾아내어 신향(神香)을 바치느라 모거(毛車)를 타고 약수(弱水)[631]를 건넌 지가 지금까지 13년이 되었습니다."

十洲記. 天漢三年, 西國王使來曰. 常占, 東風入律, 百旬不休, 青雲干呂, 連月不散, 中國將有好道之君. 我國故搜奇蘊而貢神香, 乘毛車以濟弱水, 于今十三年矣.[632]

별이 익부를 향하다.[성향익부(星向益部)] 이합(李郃)의 사적은 《유원총보(類苑總報)》 제1권 성문(星門)에 보인다.

李郃事, 見星門.

구슬 한 섬을 주다.[유주일석(遺珠一石)] 촉(蜀) 종예(宗預)[633]가 명을 받들어 오나라에 사신으로 갔는데 손권이 종예에게 물었다. "서쪽으로 백제(白帝)[634]의 수비를 늘리는 것이 어떻겠소?" 종예가 대답하여 말했다. "동쪽으로 파구(巴丘)[635]의 병사를 증익하는 것과 서쪽으로 백제(白帝)의 수비를 늘리는 것은 모두 일의 형편상 마땅히 그렇게 해야 하는 것이니 다 물으실 것이 없습니다." 손권은 종예의 손을 잡고 울며 이별하며 "그대는 임금의 명을 받아 두 나라의 우호를 맺었소. 지금 그대는 나이가 많고 나 또한 쇠약해졌으니, 아마 다시는 보지 못할 것이오."라 말하고, 종예에게 큰 구슬 한 섬을 주었다.

蜀宗預將命使吳, 孫權問預曰. 西增白帝之守, 何如? 對曰, 東益巴丘之兵, 西增白帝之守, 皆事勢宜然, 俱不足相問. 權捉預手, 泣涕而別曰, 君銜命, 結二國之好. 今君年長, 孤亦衰矣, 恐不復相見. 遺預大珠一

625. 《춘추전국이사(春秋戰國異辭)》
626. 무택(無擇): 춘추시대 위(魏) 현인으로 성은 전(田)이고 이름이 자방(子方)이다.
627. 《설원(說苑)·봉사(奉使)》
628. 《한서(漢書)·천문지(天文志)》
629. 《십주기(十洲記)》: 한(漢) 동방삭(東方朔)이 신선에 대해 엮었다는 《해내십주기(海內十洲記)》의 약칭이다.
630. 천한(天漢): 한(漢) 무제(武帝)의 연호(BC 100-BC 97)이다.
631. 약수(弱水): 신선이 산다는 봉래도(蓬萊島)에서 약 30만 리쯤 떨어져 인간 세상과 신선 세계를 격리시키고 있다는 전설 속의 물 이름이다.
632. 《해내십주기(海內十洲記)》
633. 종예(宗預): 삼국시대 촉(蜀) 형주(荊州) 출신으로 자는 덕염(德艶)이다. 동오(東吳)와의 외교에 공헌이 있었다.
634. 백제(白帝): 봉절현(奉節縣) 구당협(瞿塘峽) 어귀의 장강(長江) 북안 백제산(白帝山) 위에 있는 백제성(白帝城)을 가리킨다.
635. 파구(巴丘): 지금의 악양루(岳陽樓) 일대를 가리킨다.

石.[636]

굶주린 사람을 모두 살리다.[전활기인(全活饑人)] 한기(韓琦)[637]가 안무사(安撫使)[638]일 때에 당시 익로(益路)[639] 사람들이 굶주리자 공은 조세를 감면해 주고 사람들을 모집하여 곡식을 들여와 굶주린 사람들 백만 여를 전부 살렸다. 촉 지역 사람들이 말했다. "사자가 오셔서, 우리를 다시 살려 줬네."

韓琦爲安撫使, 時益路人饑, 公蠲租減稅, 募人入粟, 全活百餘萬. 蜀人曰, 使者之來, 更生我也.[640]

황금과 주옥의 어사[금주어사(金珠御史)] 왕사(王絲)[641]가 시어사(侍御史)로서 광남운사(廣南運使)가 되었다. 예전에는 번족이 부세를 낼 때에 반드시 정미한 것만을 가렸었다. 왕사가 정미한 것과 거친 것을 겸하여 취하도록 하니, 번족들이 기뻐하면서 '황금과 주옥의 어사'라고 지목했다.

王絲以侍御史爲廣南運使. 舊, 番稅之來, 必擇精者. 絲令精粗兼取, 夷人悅之, 目爲金珠御史.[642]

나라의 거대한 좀 벌레[국지거두(國之巨蠹)] 당나라 영남(嶺南) 시박사(市舶使)[643] 주경립(周慶立)이 기이한 기물을 만들어 올리자 시어사 유택(柳澤)이 (상소하여) 말했다. "주경립이 괴이한 물건을 만들고 기이한 기물을 지어 냈으니, 곧 나라를 다스림에 있어서 거대한 좀 벌레입니다." 현종이 유택의 상소가 훌륭하다고 하였다.

唐嶺[644]南市舶使周慶立, 造奇器以進. 侍御史柳澤曰, 慶立雕製詭物, 造作奇器, 乃治國之巨蠹也. 玄宗稱善. [645]

《유원총보(類苑叢寶)》 권18 끝

---

636. 《삼국지(三國志) · 촉서(蜀書) · 종예전(宗預傳)》
637. 한기(韓琦): 북송(北宋)의 정치가로 자가 치규(稚圭)이다. 사마광(司馬光)과 함께 왕안석(王安石)의 신법(新法)에 반대하였으며 추밀사(樞密使)와 재상을 역임하였다. '충헌공(忠獻公)'은 그의 시호이다.
638. 안무사(安撫使): 송나라 때 천하를 13개의 로(路)라는 행정구역으로 나누었는데, 로(路)의 요충지에 주둔한 황제 직속 금군(禁軍)의 사령관을 일컫는 말로 도총관(都摠管) 또는 경략사(經略使)라고도 한다.
639. 익로(益路): 송나라 때 대단위 행정 구역 중의 하나인 익주로(益州路)의 약칭으로, 지금의 사천성 일대이다.
640. 《산당사고(山堂肆考) · 신직(臣職) · 안무사(安撫使)》
641. 왕사(王絲): 송(宋) 월주(越州) 출신으로 자가 돈소(敦素)이다. 광남동로전운안찰사(廣南東路轉運按察使), 삼사염철판관(三司鹽鐵判官) 등을 역임하였다.
642. 《산당사고(山堂肆考) · 신직(臣職) · 제거(提擧)》
643. 시박사(市舶使): 해상에서 이루어지는 대외무역을 관리하던 관청으로 당대(唐代)로부터 송(宋), 원(元)을 거쳐 명(明)초까지 존속하였으나, 이후 '해금(海禁)' 조치로 인하여 철폐되는 일이 많았다.
644. 《山堂肆考》 등에 의거하여 '唐嶺' 2자를 보충하였다.
645. 《산당사고(山堂肆考) · 신직(臣職) · 제거(提擧)》

【유원총보 권 19】

이부(吏部)

입사 入仕[1]

· 《예기(禮記)》[2]의 기록이다. 마흔 살이 되면 '강하다'고 하며 벼슬에 나간다. 오십 살이 되면 '늙었다'고 하며 조정의 정사를 맡는다.
禮記. 四十曰强, 而仕. 五十曰艾, 服官政.[3]

· 《서경(書經)》의 기록이다. 옛 것을 배워서 관직에 들어가고 정사를 논의하여 제정한다.
書. 學古入官, 議事以制.[4]

· 배우고서 여력이 있으면 벼슬에 나간다.
學而優則仕.[5]

· 송나라 유학자[6]가 말하였다. 옛날에 학문하던 이들은 자기 수양을 위해서 했기 때문에 그가 벼슬하는 것은 남을 위했고 오늘날에 학문하는 이들은 남의 평판을 위해서 하기 때문에 그가 벼슬하는 것은 자신을 위한다.
宋儒曰. 古之學者爲己, 故其仕也爲人, 今之學者爲人, 故其仕也爲己.[7]

벼슬길을 점쳐서 둔괘를 얻다.[서사우둔(筮仕遇屯)] 《춘추좌전(春秋左傳)》의 기록이다. 필만(畢萬)[8]이 진(晉)나라에서 벼슬하는 것에 대해 점을 쳤는데 둔괘가 비괘로 변하는 점괘를 얻었다. 신료(辛廖)가 점을 풀이하였다. "길합니다. 둔괘는 견고이고 비괘는 들어감이니, 길함이 어느 점괘가 이보다 크겠습니까? 아마 틀림없이 번창할 것입니다."
左傳. 畢萬筮仕於晉, 遇屯之比. 辛廖占之曰, 吉. 屯固比入, 吉孰大焉. 其必蕃昌.[9]

갓을 손질하고 옷을 세탁하다.[제관완의(製冠浣衣)] 초(楚) 장왕(莊王)이 이사(里史)를 죽이자 손숙오(孫叔敖)[10]가 갓을 마련하고 옷을 세탁하였다. 이사는 총애 받던 신하였기 때문이다.
楚莊王誅史里[11], 孫叔敖製冠浣衣. 史里, 倖臣也.[12]

신분을 안정되게 하고 명예를 취하다.[안신취예(安身取譽)] 《공자가어(孔子家語)》의 기록이다. 자장(子張)이 공자에게 관직에 들어가는 것에 대해 묻자 공자가 대답하였다. "신분을 안정되게 하고 명예를 취하는 것이 어려운 일이다. 자신이 장점을 지녔다고 독점하지 말고 능력 없는 사람을 가르치는 일에 게을리 하지 마라. (상대방이) 이미 한 실수를 들추지 말고 (상대방의) 실언을 꼬투리 잡지 마라. 나쁜 짓을 성사시키지 말고 일을 시행하면서 지체하지 마라. 이 여섯 가지가 있으면 신분이 안정되고 명예가 이르러 정사가 잘 될 것이다."

---

1. 입사(入仕): 벼슬에 나아가는 것을 가리킨다.
2. 《예기(禮記)》: 예법과 관련한 내용을 서술한 책으로 전한 선제(宣帝) 때 대덕(戴德)이 정리한 85편의 《대대례기(大戴禮記)》와 대덕의 조카인 대성(戴聖)이 정리한 49편의 《소대례기(小戴禮記)》가 있는데, 오늘날 '예기'라고 하는 것은 후자를 가리킨다.
3. 《예기(禮記)·곡례상(曲禮上)》
4. 《서경(書經)·주서(周書)·주관(周官)》
5. 《논어(論語)·자장(子張)》
6. 송(宋) 정이(程頤: 1033-1107)를 가리킨다.
7. 《이정유서(二程遺書)》 권6.
8. 필만(畢萬): 춘추시대 진(晉)나라 대부로 후에 위(魏)에 봉해졌다.
9. 《춘추좌전(春秋左傳)·민공(閔公)·원년》
10. 손숙오(孫叔敖): 춘추시대 초(楚)나라 장왕(莊王) 때 영윤(令尹)을 지냈다. 성이 손숙(孫叔)이다. 어려서 남을 위해 양두사(兩頭蛇)를 죽인 고사로 유명하다.
11. 《유원총보》의 '史里'는 '里史'의 오류이다.[《회남자(淮南子)·설산훈(說山訓)》]
12. 《회남자(淮南子)·설산훈(說山訓)》

家語. 子張問入官於孔子, 子曰. 安身取譽爲難. 己有善勿專, 教不能勿怠. 已過勿發, 失言勿掎. 不善勿遂, 行事勿留. 有此六者, 則身安譽至, 而政從矣.[13]

인장(印章)을 씻다.[세인척전(洗印滌篆)] 《직관분기(職官分紀)》의 기록이다. 절도사가 업무를 볼 때는 3일마다 인장을 씻어 그 흠결을 살핀다. 또 "이를 '척전(滌篆: 도장을 씻다)'이라고도 한다.

職官分紀. 節度使視事, 三日洗印, 視其刓缺. 又曰滌篆.[14]

열 번 은도장과 녹색의 인끈을 허리에 차다.[십요은애(十腰銀艾)] 동한(東漢) 장환(張奐)[15]이 말하기를, "내가 전후로 벼슬에 올라 모두 열 번 은도장과 녹색의 인끈을 허리에 찼다."라고 하였는데, 은도장과 녹색 인끈인데 쑥으로 그것을 물들인다.

東漢張奐曰, 吾前後仕進, 十腰銀艾. 銀印綠綬也, 以艾染之.[16]

담쟁이 옷을 벗고 풀숲을 헤치고 나오다.[해벽피초(解薜披草)] 은자가 난초를 허리에 찼다가 그것을 푸는 것은 장차 벼슬길에 나서는 것이다. 또 벼슬길에 나서는 것을 '해벽(解薜)[17]'이라고도 한다. 또 '피초(披草)'라고도 하는데 초야로부터 나와 군주에게 벼슬을 구한다는 것이다. 당시(唐詩)에, "담쟁이 옷을 벗고 천자의 조정에 올랐네."라고 하였다.[18]

幽人佩蘭解之, 將入仕也. 又入仕曰解薜, 又曰披草, 謂出自草澤, 而求仕於君也. 唐詩, 解薜登天朝.[19]

위대(韋帶)[20]를 풀고 군주의 말씀을 따르다.[해위견사(解韋牽絲)] 위대는 아직 벼슬하기 전의 복장이다. 벼슬을 구했으면 혁대(革帶)[21]를 찬다. 그래서 '위대를 푼다'라고 한다. 견사(牽絲)는 처음 벼슬하는 것이다. 군주의 말씀[여사지언(如絲之言)[22]]을 띠고서 벼슬하는 것을 이른다.

韋帶, 未仕之服也. 求仕則服革帶. 故曰解韋. 牽絲, 初仕也. 謂牽王如絲之言而仕也.[23]

기린훤(麒麟楦)[24] 양형(楊炯)[25]은 조정의 관료들을 볼 때마다 지목하여 '기린훤(麒麟楦)'이라고 하면서, "머리의 뿔을 새기고 가죽과 털을 꾸며 노새의 위에 덮었다가 가죽을 벗기면 도로 노새가 되니 덕이 없으면서 붉은 관복을 입고 있는 자들이 이와 무엇이 다른가."라고 하였다.

楊炯每見朝官, 目爲麒麟楦, 刻畫頭角, 修飾皮毛, 覆之驢上, 脫皮還是驢, 無德而衣朱紫, 與此何異.[26]

---

13. 《공자가어(孔子家語)·입관(入官)》
14. 《산당사고(山堂肆考)·신직(臣職)》
15. 장환(張奐): 동한(東漢) 주천(酒泉) 출신으로 자가 연명(然明)이다. 호흉노중랑장(護匈奴中郎將)을 역임하였다.
16. 《고금사문유취속집(古今事文類聚續集)·새인부(璽印部)》
17. 해벽(解薜): 은자의 상징인 담쟁이덩굴 잎사귀로 만든 옷을 벗는다는 뜻에서 벼슬에 나서는 것을 비유한다.
18. 당나라 시인 왕유(王維)의 오언고시(五言古詩)인 〈산속의 온고상인 형에게 시를 남겨 헤어지고 아울러 동생 왕진(王縉)에게 보이다(留別山中溫古上人兄, 幷示舍弟縉)〉 가운데 첫 구절이다.
19. 《산당사고(山堂肆考)·신직(臣職)》
20. 위대(韋帶): 장식이 없는 가죽띠이다.
21. 혁대(革帶): 고급 가죽띠이다.
22. 여사지언(如絲之言): 고치의 실이 한번 풀리면 되돌릴 수가 없는 것처럼 군주의 말은 한번 나오면 거두어들일 수가 없다는 데에서 군주의 말을 비유한다.[《예기(禮記)·치의(緇衣)》]
23. 《고금사문유취별집(古今事文類聚別集)·문장부(文章部)》
24. 기린훤(麒麟楦): 당대(唐代) 연희(演戲)에서 기린으로 분장시킨 노새를 가리키는 말로 허우대는 멀쩡하나 재능이 없는 인물을 비유한다.
25. 양형(楊炯): 당(唐) 화음(華陰) 출신으로 영천령(盈川令)을 지내 양영천(楊盈川)으로 불린다. 왕발과 함께 초당 사걸로 일컬어졌으며 교서랑(校書郎)을 역임하였다.
26. 《고금사문유취후집(古今事文類聚後集)·초모부(肖貌部)》

천제 遷除[27]

·《설문(說文)》의 기록이다. '천(遷)'은 오르는 것이다.

說文. 遷, 登也.[28]

·《한서(漢書)》의 기록이다. '제(除)'라고 말하는 것은, 옛 관직을 그만두게 하고 새로운 관직으로 나아가게 하는 것이다.

漢書. 凡言除者, 除故官, 就新官也.[29]

갑자기 중서시랑(中書侍郎)이 되다.[취득중서(驟得中書)] 당(唐) 소정(蘇頲)[30]이 공부시랑(工部侍郎)일 때에 현종(玄宗)이 승상에게 "공부(工部)에서 갑자기 중서시랑이 된 자가 있었는지요?"라고 묻자 승상이 "폐하께서 현자를 임명하시는데 무슨 자격을 따지시겠습니까?"라고 대답하였다. 이에 조서를 내려 소정을 중서시랑에 임명하였다.

唐蘇頲爲工部侍郎, 帝[31]問丞相, 有自工部驟得中書侍郎者乎? 對曰, 陛下任賢, 何資之計. 乃詔頲爲中書侍郎.[32]

3년 동안 승진하지 못 하다.[삼년불천(三年不遷)] 송(宋) 채조(蔡肇)[33]는 자가 천계(天啓)로 시가(詩歌)에 뛰어나 박사가 되었으나 3년 동안 승진하지 못 했다. 그의 〈다른 사람의 '치(治)'자에 화운한 시〉에서, "선생이 떨친 만고의 명성이 무슨 소용이던가, 박사로 지낸 3년 동안 무능하게 치적을 이루지 못 했네."라고 하였다.

宋蔡肇, 字天啓, 長於歌詩, 爲博士, 三年不遷. 其和人治字韻詩, 先生萬古名何用, 博士三年宂不治.[34]

1년에 아홉 번 승진하다.[일세구천(一歲九遷)] 전천추(田千秋)[35]는 1년에 아홉 번이나 관직에서 승진하였다.

田千秋, 一歲九遷其官.[36]

송(宋) 효종(孝宗)[37] 시기에 홍괄(洪适)[38]은 학문으로 명망이 알려졌다. 때를 만나고 군주를 잘 만나 중서사인(中書舍人)에서 반 년 동안 네 차례 승진하여 우승상에 올랐다.

宋孝宗時, 洪适以文學聞望. 遭時遇主, 自中書舍人, 半歲四遷至右相.[39]

남조(南朝) 양(梁) 장찬(張纘)[40]은 집에서 부름 받아 비서랑이 된 지 3년 만에 태자사인(太子舍人)으로 승진하였다. 다시 이부상서랑(吏部上書郎)으로 승진하

---

27. 천제(遷除): 관리를 승진시켜 임명하는 것을 가리킨다.
28. 《설문해자(說文解字)·착부(辵部)》
29. 《한서(漢書)·경제본기(景帝本紀)》 여순(如淳) 주.
30. 소정(蘇頲): 당(唐) 경조(京兆) 출신으로 자가 정석(廷碩)이다. 동자미황문평장사(同紫微黃門平章事), 예부상서(禮部尙書) 등을 역임하였다.
31. 《신당서(新唐書)·소정전(蘇頲傳)》에 의하면 현종(玄宗)을 가리킨다.
32. 《신당서(新唐書)·소정전(蘇頲傳)》
33. 채조(蔡肇): 송(宋) 윤주(潤州) 출신으로 자가 천계(天啓)로 호부원외랑겸편수국사(戶部員外郎兼編修國史), 중서사인(中書舍人) 등을 역임하였다.
34. 《산당사고(山堂肆考)·신직(臣職)》
35. 전천추(田千秋): 전한 무제(武帝) 시기에 대홍려(大鴻臚)를 거쳐 승상(丞相)에 올랐다. 본성은 '전(田)'이었으나, 소제(昭帝) 때 연로하여 수레를 타고 조정을 출입함으로써 '차승상(車丞相)'이란 별명이 생겼고 후손들이 성씨를 '차(車)'씨로 바꿨다.
36. 《한서(漢書)·차천추전(車千秋傳)》
37. 효종(孝宗): 남송(南宋) 제2대 황제로 재위 기간은 1163-1189년이다.
38. 홍괄(洪适): 송(宋) 요주(饒州) 출신으로 자가 경백(景伯)이다. 한림학사겸중서사인(翰林學士兼中書舍人), 동중서문하평장사겸추밀사(同中書門下平章事兼樞密使) 등을 역임하였다.

고 얼마 안 있어 시중을 겸하자 당시 사람들이 '이른 출세'라고 하였다.

南梁張纘, 自起居[41]秘書郎三載, 遷太子舍人. 又遷吏部尙書郎, 俄兼侍中, 時人以爲早達.[42]

남조(南朝) 제(齊) 진현달(陳顯達)[43]이 강주자사(江州刺史)가 되자 스스로 가문이 한미한데 지위가 높다고 생각하여 매번 승진할 때마다 항상 부끄러워하는 기색이 있었다.

齊陳顯達爲江州刺史, 自以門寒位重, 每遷官, 常有愧懼之色.[44]

당(唐) 분양군왕(汾陽郡王) 곽자의(郭子儀)[45]는 매번 승진할 때마다 얼굴이 세 치가 길어지고 이마에 빛이 돌았는데 일이 끝나면 원래대로 돌아갔다.

唐郭汾陽每遷官, 面長三寸, 額上有光氣, 事已乃復.[46]

남관 濫官[47]

· 공자(孔子)가 말씀하였다. 오직 명호(名號)와 기물(器物)은 남에게 빌려 줄 수 없다

孔子曰. 惟名與器, 不可以假人.[48]

관직을 팔다. [매관(賣官)] 장석지(張釋之)[49]는 자가 계(季)이다. 문제(文帝)[50] 시기에 돈 5백만 냥을 바쳐 상시랑(常侍郞)이 되었다.

張釋之, 字季. 文帝時入貲五百萬, 得爲常侍郞.[51]

최열(崔烈)[52]이 돈 5백만 냥을 바쳐 사도(司徒)를 얻었다.

崔烈入錢五百萬, 得司徒.[53]

조숭(曹嵩)[54]이 서원(西園)[55]에 돈을 보내 지위가 태위(太尉)[56]까지 올랐다.

曹嵩輸西園錢, 位至太尉.[57]

---

39. 《송사(宋史) · 홍괄전(洪适傳)》
40. 장찬(張纘): 남조(南朝) 양(梁) 사람으로 자가 백서(伯緖)이다. 평북장군(平北將軍), 영만교위(寧蠻校尉) 등을 역임하였다.
41. 《유원총보》의 '巨'는 '可'의 오자이다.[《남사(南史) · 장찬전(張纘傳)》]
42. 《남사(南史) · 장찬전(張纘傳)》
43. 진현달(陳顯達): 남조(南朝) 제(齊) 남팽성(南彭城) 출신으로 태위(太尉), 강주자사(江州刺史) 등을 역임하였다.
44. 《남제서(南齊書) · 진현달전(陳顯達傳)》
45. 곽자의(郭子儀): 당(唐)의 유명한 장수인 곽분양(郭汾陽)이다. 안사(安史)의 난 때 삭방절도사(朔方節度使)를 역임하며 하북(河北)에서 사사명(史思明)을 대패시켰다. 이 공으로 분양군왕(汾陽郡王)에 봉해졌고 그 권세가 20여 년 간 조야(朝野)를 풍미하였다.
46. 《산당사고(山堂肆考) · 신직(臣職)》
47. 남관(濫官): 뇌물을 받고 법을 어기는 관리를 가리킨다.
48. 《춘추좌전(春秋左傳) · 성공(成公) · 2년》
49. 장석지(張釋之): 서한(西漢) 남양(南陽) 출신으로 자가 계(季)이다. 공거령(公車令), 정위(廷尉) 등을 역임하였다.
50. 문제(文帝): 서한(西漢) 제4대 황제로 재위 기간은 BC 179-BC 157년이다.
51. 《산당사고(山堂肆考) · 사진(仕進)》
52. 최열(崔烈): 후한(後漢) 사람으로 구경(九卿), 사도(司徒) 등을 역임하였다.
53. 《후한서(後漢書) · 최열전(崔烈傳)》
54. 조숭(曹嵩): 후한(後漢) 초(譙) 출신으로 자가 거고(巨高)이다. 본래의 성은 하후씨(夏后氏)였으나 환관 조등(曹騰)의 양자가 되어 조씨로 바꿨다. 조조(曹操)의 부친으로 대사농(大司農), 태위(太尉) 등을 역임하였다.
55. 서원(西園): 천자의 동산인 상림원(上林苑)의 별칭이다.
56. 태위(太尉): 진한(秦漢) 이래 군정(軍政)을 총괄하는 벼슬로, 대사마(大司馬)로 불리기도 하였다. 후에는 사도(司徒) · 사공(司空)과 함께 삼공(三公)으로 불렸는데 태위가 서열이 가장 높았다.

환관 장양(張讓)[58]이 권력을 독점하자 맹타(孟陀)[59]가 포도주 한 말을 그에게 선물하여 양주자사(涼州刺史)가 되었다.

宦者張讓專權, 孟陀以蒲萄酒一斗遺之, 得涼州.[60]

남조(南朝) 송(宋) 문제(文帝)[61]가 사람들에게 명을 내려 쌀 7백 석을 바치는 자는 군수에 임명하도록 하였다.

宋文帝令人, 入米七百石者, 除郡.[62]

당(唐) 덕종(德宗)[63]이 양주(梁州)에 행차하였는데 백성 중에 참외를 바친 자가 있었다. (덕종이) 그에게 산시관(散試官)[64]을 제수하려고 하자 육지(陸贄)[65]가 그만두도록 간하였다.

唐德宗幸梁州, 民有獻瓜果者. 欲以散試官授之, 陸贄諫止.[66]

송(宋) 정가간(鄭可簡)[67]은 차를 바쳐 복건전운사(福建轉運使)로 승진하였고, 그의 아들 정대문(鄭待問)은 주초(朱草)[68]를 바쳐 관직을 얻었다. 사람들이 다음과 같은 시를 지었다. "아버지가 고관이 된 것은 찻잎이 흰 까닭이었고 아들이 영화로워진 것은 풀이 붉었기 때문이라네."

宋鄭可簡以貢茶遷福建運使, 其子待問獻朱草, 得官. 人作詩云. 父貴因茶白, 兒榮爲草朱.[69]

양의 머리를 삶다.[난양두(爛羊頭)] 경시제(更始帝)[70]가 조맹(趙萌)[71]에게 정권을 맡기자 상인과 요리사·주방장에 이르기까지 모두에게 관작을 남발하였다. 장안 사람들이 다음과 같이 풍자하였다. "부뚜막 아래서 일하면 중랑장(中郎將)[72]이 되고 양의 위장을 삶으면 기도위(騎都尉)[73]가 되며 양의 머리를 삶으면 관내후(關內侯)[74]가 된다네."

更始委政於趙萌, 以至賈豎·膳夫[75]·庖人皆濫官爵. 長安語曰. 竈下養中郎將, 爛羊胃騎都尉, 爛羊頭關內侯.[76]

개꼬리를 잇다.[속구미(續拘尾)] 조왕(趙王) 사마윤(司馬倫)[77]이 왕위를 찬탈하니 초선관(貂蟬冠)[78]을

57. 《후한서(後漢書)·조등전(曹騰傳)》
58. 장양(張讓): 동한(東漢) 영천(潁川) 출신이다. 영제(靈帝) 때에 중상시(中常侍)가 되었다.
59. 맹타(孟陀): 후한(後漢) 부풍(扶風) 출신으로 자가 백랑(伯郎)이다. 양주자사(涼州刺史)를 지냈다.
60. 《산당사고(山堂肆考)·사진(仕進)》
61. 문제(文帝): 남조(南朝) 송(宋) 제3대 황제로 재위 기간은 424-453년이다.
62. 《남사(南史)·송본기(宋本紀)》
63. 덕종(德宗): 당(唐) 제11대 황제로 재위 기간은 780-804년이다.
64. 산시관(散試官): 직함만 있고 실제 권한이나 직책은 없는 임시 관원을 이른다.
65. 육지(陸贄): 당(唐) 소주(蘇州) 출신으로 자가 경여(敬輿)이다. 한림학사(翰林學士), 동중서문하평장사(同中書門下平章事) 등을 역임하였다. 덕종(德宗) 때의 명상(名相)으로 주의(奏議)에 뛰어났다.
66. 《신당서(新唐書)·육지전(陸贄傳)》
67. 정가간(鄭可簡): 내력이 자세하지 않다.
68. 주초(朱草): 붉은색의 풀로 천하가 태평할 때 자란다고 하여 상서롭게 여겨졌다.
69. 《산당사고(山堂肆考)·사진(仕進)》
70. 경시제(更始帝): 전한(前漢) 유현(劉玄)으로 광무제(光武帝) 유수(劉秀)의 족형(族兄)이다. 광무제가 왕망(王莽)을 칠 때 경시장군(更始將軍)이었고, 제위에 올라 연호를 경시(更始)라고 하였다. 뒤에 주색에 빠져 제위에 오른 지 2년 만에 적미(赤眉)의 난에 죽었다.
71. 조맹(趙萌): 전한(前漢) 남양(南陽) 출신으로 유현(劉玄)의 장인이다. 우대사마(右大司馬)를 지냈다.
72. 중랑장(中郎將): 한나라 때 삼서(三署)의 장관인 오관중랑장(五官中郎將), 좌중랑장(左中郎將), 우중랑장(右中郎將)을 이르는 말로 궁중 호위를 관장하던 벼슬이다.
73. 기도위(騎都尉): 전한 무제(武帝) 때 처음 설치된 삼도위(三都尉) 가운데 하나로 기병(騎兵)을 통솔하던 벼슬이다.
74. 관내후(關內侯): 진한(秦漢) 때 작호(爵號)를 받아 경기 일대에 거주할 수는 있지만 식읍(食邑)은 없었던 작위 이름이다.
75. 선부(膳夫): 궁중 음식을 관장하던 하급 관원이다.
76. 《후한서(後漢書)·유현전(劉玄傳)》

쓴 자들이 좌석을 가득 메웠다. 당시 사람들이 "담비 꼬리가 부족하니 개꼬리가 이었구나."라고 말하였다.
趙王倫簒位, 貂蟬盈坐. 時人語曰, 貂不足, 狗尾續.[79]

바둑으로 군수에 임명되다.[혁기보군(奕棋補郡)]
《남사(南史)》의 기록이다. 문제(文帝)가 양현보(羊玄保)[80]와 바둑을 두면서 군수 자리를 걸었는데, (양현보가 이겨) 선성태수(宣城太守)에 임명될 수 있었다.
南史. 文帝與羊保[81]奕棋, 賭郡, 得補宣城太守.[82]

저자를 메우고 거리에 가득하다.[색시전가(塞市塡街)] 양(梁) 천감(天監)[83] 초엽에 종영(鍾嶸)[84]이 말하였다. "영평(永平)[85] 시기의 폐해가 아직도 개혁되지 않아 기도위(騎都尉)들이 저자를 메우고 낭장(郎將)들이 거리에 가득하며 원외상시(員外常侍)가 길에 이어지고 자의참군(諮議參軍)이 저자에 무수하다."
梁天監初, 鍾嶸言, 永平時弊尙未革, 都騎塞市, 郎將塡街, 員外常侍, 路上比肩, 諮議參軍, 市中無數.[86]

앉을 곳도 없는 세 벼슬[삼무좌처(三無坐處)] 당(唐) 중종(中宗)[87] 시기에 위황후(韋皇后)와 태평공주(太平公主), 안락공주(安樂公主), 장녕공주(長寧公主) 등이 황제의 친필 조서[묵칙(墨勅)[88]]로 관직을 제수하였다. 모두 수천 명이 궁궐 안팎으로 넘쳐나 당시 사람들이 이를 '삼무좌처(三無坐處)'라고 하였는데, 재상(宰相), 어사(御史) 그리고 원외랑(員外郎)을 말한 것이다.
唐中宗時, 韋后·太平·安樂·長寧公主等, 墨勅除官. 凡數千員內外盈溢, 當時謂之三無坐處, 言宰相·御史及員外郎也.[89]

어린아이도 높은 관직에 오르다.[해포청관(孩抱淸貫[90])] 고종(高宗)[91] 시기에 이의부(李義府)[92]가 총애를 받았다. 여러 자식 중에 어린아이까지 모두 높은 관직에 올랐는데도 매관매직을 하여 그의 대문은 저잣거리와 같았다.
高宗時李義府有寵. 諸子孩抱者竝列淸貫, 而賣官鬻爵, 其門如市.[93]

회파무(迴波舞)[94]를 추어 임명된 학사(學士)[95][회파학사(回波學士)] 당(唐) 최일용(崔日用)[96]이 내전에서 연회에 참석하였다가 술자리가 무르익자 일어나 회파무를 추며 학사 자리를 청하였다. 중종이 즉시 조

---

77. 사마윤(司馬倫): 진(晉)나라 선제(宣帝) 사마의(司馬懿)의 아홉 번째 아들이다.
78. 초선관(貂蟬冠): 한나라 이후로 시종관(侍從官)이 쓰던 모자로 매미 모양의 장식품과 담비 꼬리를 꽂았다. 관직을 비유하는 말이다.
79. 《진서(晉書)·조왕사마윤전(趙王司馬倫傳)》
80. 양현보(羊玄保): 남조(南朝) 송(宋) 태산(泰山) 출신으로 선성태수(宣城太守), 산기상시(散騎常侍) 등을 역임하였다.
81. 양보(羊保): 《남사(南史)·양현보전(羊玄保傳)》에 의하면 양현보(羊玄保)에서 '현(玄)'자가 누락되었다.
82. 《남사(南史)·양현보전(羊玄保傳)》
83. 천감(天監): 남조(南朝) 양(梁) 무제(武帝)의 연호(502-519)이다.
84. 종영(鍾嶸): 남조(南朝) 양(梁) 영천(潁川) 출신으로 자가 중위(仲偉)이다. 진안왕(晉安王)의 기실(記室)을 지냈다.
85. 영평(永平): 진(晉) 혜제(惠帝)의 연호(291-299)이다.
86. 위의 기록은 《진서(陳書)·서릉전(徐陵傳)》에 서릉(徐陵)의 말로 나와 있다.
87. 중종(中宗): 당(唐) 제5대 황제로 재위 기간은 684년과 705-709년이다.
88. 묵칙(墨敕): 다른 행정기관을 거치지 않고 제왕이 직접 내리는 친필 조서를 이른다.
89. 《신당서(新唐書)·선거지(選擧志)》
90. 청관(淸貫): 고귀한 관직을 이르는 말이다. '청요(淸要)', '청직(淸職)', '청관(淸官)', '청환(淸宦)'이라고도 한다.
91. 고종(高宗): 당(唐) 제3대 황제로 재위 기간은 650-683년이다.
92. 이의부(李義府): 당(唐) 영주(瀛州) 출신으로 태자사인(太子舍人), 이부상서(吏部尙書) 등을 역임하였다. 겉으로는 부드러운 모습이었으나 뜻에 맞지 않는 이들을 몰래 해쳐 사람들이 소중도(笑中刀)라고 불렀다.
93. 《구당서(舊唐書)·이의부전(李義府傳)》
94. 회파무(迴波舞): 당나라 때 교방(敎坊) 가사의 하나인 회파사(迴波詞)의 곡조에 맞춰 추던 춤 이름이다.
95. 학사(學士): 위진(魏晉) 이후로 문학과 저술을 관장하던 벼슬이다. 당송(唐宋) 때는 학사원(學士院)을 두어 제고(制誥)를

서를 내려 소문관학사(昭文館學士)를 겸하게 하였다.
唐崔日用宴內殿, 酒酣, 起爲回波舞, 求爲學士. 中宗即詔, 兼昭文館學士.[97]

달리기를 잘 하여 임명된 절도사(節度使)[98][선주절도(善走節度)] 오대(五代) 왕진(王進)[99]은 발이 빨라 달리기를 잘 하여 후주(後周) 태조가 절도사에 제수하였다.
五代王進疾足善走, 周太祖授以節度使.[100]

동관 同官[101]

· 《시경(詩經)》의 기록이다. 내가 비록 일이 다르나, 그대와 동료(同僚)이다.
詩. 我雖異事, 及爾同僚.[102]

· 《서경(書經)》의 기록이다. 삼감을 한가지로 하고 공경을 함께 하소서.
書. 同寅協恭.[103]

· 《주례(周禮)》[104]의 기록이다. 총재(冢宰)[105]는 여덟 가지 법[팔법(八法)[106]]으로 관청을 다스린다. 셋째를 '관련(官聯)'이라고 하는데 그것으로 나라의 다스림을 연합한다.(한 관직에서 다스릴 수 없으면 육관(六官)이 함께 시행하니, 일을 연합하여 서로 돕는 것을 이른다.)
周禮. 冢宰以八法治官府. 三曰官聯, 以會官治.[107] (謂一官不能爲治, 則六官共擧之, 謂聯事相佐助也.)

함께 관리를 지내면 동료이다.[동관위료(同官爲僚)] 선멸(先蔑)[108]이 진(秦)나라로 망명할 때 사회(士會)가 그를 따랐다. 선멸이 [진(秦)나라로] 사신갈 때 순임보(荀林父)가 그를 만류하며 말했다. "함께 관리를 지내면 동료입니다. 제가 일찍이 동료였으니 어찌 감히 마음을 다하지 않겠습니까." 선멸이 그의 말을 듣지 않고 망명하자 순백(순임보)이 그의 처자식과 가재도구, 재물 등을 모두 진(秦)나라로 보내면서 말했다. "동료이기 때문입니다."
先蔑奔秦, 士會從之. 先蔑之使也, 荀林父止之曰. 同

전담케 하였다. 한림학사(翰林學士), 홍문관학사(弘文館學士), 집현전학사(集賢殿學士), 숭문관학사(崇文館學士) 등이 있었다.

96. 최일용(崔日用): 당(唐)나라 사람으로 황문시랑(黃門侍郞), 이부상서(吏部上書) 등을 역임하였다.
97. 《신당서(新唐書)·최일용전(崔日用傳)》
98. 절도사(節度使): 당송(唐宋) 시기 한 도(道)나 여러 주(州)의 군사·민정·재정 등을 관할하던 벼슬이다. 송 이후로는 실권이 없이 직함만 있었다.
99. 왕진(王進): 오대(五代) 유주(幽州) 출신으로 후주(後周)에서 창덕군절도사(彰德軍節度使)를 지냈다.
100. 《신오대사(新五代史)·잡전(雜傳)》
101. 동관(同官): 같은 관청에서 일하는 사람, 즉 동료(同僚)를 가리킨다.
102. 《시경(詩經)·대아(大雅)·판(板)》
103. 《서경(書經)·우서(虞書)·고도모(皐陶謨)》
104. 《주례(周禮)》: 주(周)나라의 관제(官制)를 정리한 경서(經書)로 13경 가운데 하나이다. 후한 정현(鄭玄)이 주(注)를 달고, 당나라 가공언(賈公彦)이 소(疏)를 단 《주례주소(周禮注疏)》가 널리 통용되었다.
105. 총재(冢宰): 주나라 때 육경(六卿) 중 우두머리인 천관(天官)의 장관이다. 후대에는 이부상서(吏部尙書)의 별칭으로 쓰였다. '태재(太宰)'라고도 한다.
106. 팔법(八法): 관속(官屬:관청의 속관), 관직(官職: 관원들의 직무), 관련(官聯: 관원들의 협동), 관상(官常: 관원들의 업무), 관성(官成: 관원들의 성과), 관법(官法: 관청의 법률), 관형(官刑: 관원들에 대한 징계), 관계(官計: 관원들에 대한 판단)이다.[《주례(周禮)·천관(天官)·태재지직(太宰之職)》]
107. 《주례(周禮)·천관(天官)·태재지직(太宰之職)》
108. 선멸(先蔑): 춘추시대 진(晉)나라의 대부로 자가 사백(士伯)이다.

官爲僚. 吾嘗爲僚, 敢不盡心乎. 弗聽, 及亡, 荀伯盡送其帑及其器用·財賄於秦曰. 爲同僚故也.[109]

동료로서 비방을 분담하다.[동관분방(同官分謗)]

진(晉) 극극(郤克)[110]이 중군(中軍)을 통솔하고 한궐(韓厥)[111]이 사마를 맡았다. 한헌자(韓獻子)가 사람을 참수하려고 하자 극극이 말을 달려 그를 구해 주려고 하였으나 도착하니 이미 참수하였다. 극극이 사람을 시켜 서둘러 시신을 군중에 돌리게 하고 말하기를, "(한헌자가 받을) 비방을 분담하려는 것이다."라고 하였다.《좌전(左傳)》

晉郤克將中軍, 韓厥爲司馬. 韓獻子將斬人, 郤克馳, 將救之, 至則斬之矣. 郤子使速以徇曰, 以分謗也.《左傳》[112]

연배가 서로 차이나다.[연배상료(年輩相遼)] 육장원(陸長源)[113]은 공훈과 덕행으로 선무사마(宣武司馬)가 되었고 한유(韓愈)[114]는 순관(巡官)이었다. 함께 절도사의 막부에 있었는데 어떤 사람이 그들의 연배가 서로 차이나는 것을 가지고 농담을 하자 주원(周愿)[115]이 말하기를, "호랑이와 쥐가 함께 십이지에 속하는 동물이니 무슨 이상할 것이 있겠소"라고 하였다.《후청록(侯鯖錄)》

陸長源以勳德爲宣武司馬, 韓愈爲巡官. 同在使幕, 或戲年輩相遼, 周愿曰, 大虫老鼠俱是十二相屬, 何怪之有.《侯鯖錄》[116]

고집스러워 화합이 부족하다.[견개과합(狷介寡合)]

소우(蕭瑀)[117]는 성품이 고집스러워 동료들과 화합하지 못하는 경우가 많았다.《당태종기(唐太宗紀)》

蕭瑀, 性狷介, 與同僚多不合.《唐太宗紀》[118]

몰래 빚을 갚아 주다.[밀환부식(密還負息)] 동한(東漢) 진중(陳重)[119]은 순제(順帝)[120] 시기에 낭관의 부서에서 재직하고 있었다. 동료 낭관이 이자 돈 수십만 냥을 빚지고 있어 채권자가 끊임없이 독촉하자 진중이 몰래 돈을 주인에게 갚아 주었다. 동료 낭관이 뒤에 이를 알고서 후하게 사례하려고 하자 진중이 "제가 한 게 아니오. 아마 성명이 같은 자일 것이요."라 말하고 끝내 은혜를 베푼 것을 말하지 않았다.

東漢陳重, 順帝時在郎署. 有同舍郎負息錢數十萬, 債主求追不已, 重密以錢還其主. 同舍郎後知之, 將以厚謝, 重曰, 非我之爲. 恐是同姓名者. 終不言惠.[121]

직접 상소문을 올려 죄를 받다.[자표취죄(自表取罪)]

후한(後漢) 뇌의(雷義)[122]가 상서랑(尙書郎)일 때에 동시에 낭관이 된 사람이 일에 연루되어 형벌을 당하자 뇌의가 몰래 직접 상소문을 올려 그의 죄를 받았다. 같은 부서의 낭관이 그것을 알고 자리에서 물러나

---

109. 《춘추좌전(春秋左傳)·문공(文公)·7년》
110. 극극(郤克): 춘추시대 진(晉)나라 대부로 구백(駒伯) 또는 극헌자(郤獻子)로도 불린다. 극결(郤缺)의 아들이다.
111. 한궐(韓厥): 춘추시대 진(晉)나라 대부로 별호가 헌자(獻子)이다. 한만현(韓萬玄)의 손자이고 한기(韓起)의 아버지다.
112. 《춘추좌전(春秋左傳)·성공(成公)·2년》
113. 육장원(陸長源): 당(唐) 소주(蘇州) 출신으로 자가 영지(泳之)이다. 여주자사(汝州刺史), 선무군행군사마(宣武軍行軍司馬) 등을 역임하였다.
114. 한유(韓愈): 당(唐) 하남(河南) 출신으로 자가 퇴지(退之)이다. 국자박사(國子博士), 중서사인(中書舍人), 형부시랑(刑部侍郎), 이부시랑(吏部侍郎) 등을 역임하였다.
115. 주원(周愿): 내력이 자세하지 않다.
116. 《후청록(侯鯖錄)》 권3.
117. 소우(蕭瑀): 수(隋)나라에 벼슬하였으나 당(唐)나라에 귀순한 학자로, 고조(高祖)의 총애를 받아 송국공(宋國公)에 봉해졌다.
118. 《자치통감(資治通鑑)·당기(唐紀)·태종(太宗)》
119. 진중(陳重): 후한(後漢) 예장(豫章) 출신으로 자가 경공(景公)이다. 회계태수(會稽太守), 시어사(侍御史) 등을 역임하였다.
120. 순제(順帝): 동한(東漢) 제7대 황제로 재위 기간은 126-144년이다.
121. 《후한서(後漢書)·진중전(陳重傳)》
122. 뇌의(雷義): 후한(後漢) 예장(豫章) 출신으로 자가 중공(仲公)이다. 상서시랑(尙書侍郎), 시어사(侍御史) 등을 역임하였다.

며 글을 올려 뇌의의 죄를 속죄할 것을 청하자 순제가 조서를 내려 모두 형벌을 면제시켜 주었다.

漢雷義爲尚書郎, 有同時郎坐事當刑, 義默自表, 取其罪. 同臺郎覺之, 委位上書, 乞贖義罪, 順帝詔皆除刑.123

동료의 죄를 함께 받다. [해수요죄(偕受僚罪)] 항주참군(杭州參軍) 서태현(徐太玄)124은 자신의 동료인 장혜(張惠)가 뇌물죄로 사형에 처해지게 되고 장혜의 모친 또한 연로한 것을 안타깝게 여겼다. 이에 감옥으로 가서 장혜와 함께 그 뇌물을 받았다고 말하여 그의 죄를 덜어 주려고 하였다. 이로 말미암아 장혜는 사형을 당하지 않을 수 있었고 서태현은 그 일로 관직을 삭탈당했다. 이경현(李敬玄)이 이를 조사하여 알고서 서태현을 정주사공(鄭州司功)에 추천하였다.

杭州參軍徐太玄, 哀其僚張惠以贓抵死, 而惠母且老. 乃詣獄, 自言與惠偕受此贓, 冀薄其罪. 由是惠得不死, 太玄坐免官. 李敬玄廉知之, 薦太玄爲鄭州司功.125

함께 같은 반열에 서는 것을 부끄러워하다. [치여동렬(耻與同列)] 당(唐) 현종(玄宗)[명황(明皇)126]이 우선객(牛仙客)127을 상서(尙書)에 임명하려고 하자 장구령(張九齡)이 말하였다. "우선객은 서리에서 발탁되어 눈으로 글을 볼 줄도 모릅니다. 회음후(淮陰侯) 한신(韓信)도 오히려 강후(絳侯) 주발(周勃), 영음후(潁陰侯) 관영(灌嬰)[강관(絳灌)128]과 같은 반열에 서는 것을 부끄러워하였습니다. 폐하께서 반드시 우선객을 등용하려 하시니 신은 진실로 이 점을 수치스러워합니다."

明皇欲以牛仙客爲尙書, 張九齡曰, 仙客擢自胥吏, 目不知書. 淮陰尙羞與絳灌等列. 陛下必用仙客, 臣實耻之.129

동료가 대신하여 폄적되다. [동렬대폄(同列代貶)] 당(唐) 두참(竇參)130이 만년위(萬年尉)일 때 동료 중에 숙직을 맡은 자가 부모의 병환 소식을 듣고 당황해 하자 두참이 그를 위해 숙직을 대신하였다. 마침 죄수가 탈옥하였는데 경조윤이 숙직 장부를 조사하여 그 사람을 추궁하자 두참이 "그 사람이 미처 조정해 놓지 않고 갔으니 제가 죄를 받아야 합니다."라고 말하여 결국 폄적되었다. 사람들이 모두 그를 의롭게 여겼다.

唐竇參爲萬年尉, 同舍當夕直者, 聞親疾惶遽, 參爲代之. 會失囚, 京兆按直簿, 劾其人, 參曰, 彼以不及謂而往, 參當坐. 遂被貶. 人皆義之.131

곽자의(郭子儀)132와 이광필(李光弼)133이 서로 권면하다. [이곽상면(李郭相勉)] 당(唐) 안사순(安思

---

123. 《후한서(後漢書)·뇌의전(雷義傳)》
124. 서태현(徐太玄): 당(唐) 연주(兗州) 출신으로 창부낭중(倉部郎中), 비서소감(秘書少監) 등을 역임하였다.
125. 《산당사고(山堂肆考)·신직(臣職)》
126. 명황(明皇): 당나라 현종(玄宗)의 시호인 '지도대성대명효황제(至道大聖大明孝皇帝)'의 약칭이다.
127. 우선객(牛仙客): 당대(唐代) 사람으로 하서절도판관(河西節度判官), 하서절도사(河西節度使), 공부상서(工部上書), 지문하사(知門下使) 등을 역임했다. 봉호는 빈국공(豳國公)이다.
128. 강관(絳灌): 전한 고조 유방 때 건국공신인 강후(絳侯) 주발(周勃)과 영음후(潁陰侯) 관영(灌嬰)을 아우르는 말이다.
129. 《신당서(新唐書)·장구령전(張九齡傳)》
130. 두참(竇參): 당(唐) 부풍(扶風) 출신으로 자가 시중(時中)이다. 어사중승(御史中丞), 중서시랑동평장사(中書侍郎同平章事) 등을 역임하였다.
131. 《신당서(新唐書)·두참전(竇參傳)》
132. 곽자의(郭子儀): 당나라 때 명장으로 '분양(汾陽)'은 봉호(封號)이다. 안녹산(安祿山)과 사사명(史思明)의 반란을 진압하는 등 혁혁한 무공을 세워 당대 최고의 무장(武將)으로 칭송받으며 '곽령공(郭令公)'으로 불렸다. 삭방절도사(朔方節度使), 중서령(中書令) 등을 역임하였다.
133. 이광필(李光弼): 당나라 때 명장으로 '임회(臨淮)'는 봉호이다. 거란족 출신으로 무예에 뛰어나 장수직에 올라서 안사의 난을 평정하는 데 큰 공을 세워 곽자의와 함께 '이곽(李郭)'으로 불렸다. 동중서문하평장사겸절도사(同中書門下平章事兼節度使), 천하병마도원수(天下兵馬都元帥) 등을 역임하였다.

順)이 삭방절도사(朔方節度使)일 때 당시에 분양군왕(汾陽郡王) 곽자의(郭子儀)와 임회군왕(臨淮郡王) 이광필(李光弼)이 함께 아문도장(牙門都將)을 맡고 있었다. 두 사람이 서로 맞지 않아 비록 같은 자리에서 식사를 해도 늘 눈을 흘기고 쳐다보면서 한 마디 말도 나누지 않았다. 곽자의가 안사순의 절도사직을 대신 맡게 되자 이광필은 도망치려고 하였지만 떠나는 계획을 미처 실행하지 못하였다. 열흘 뒤 이광필과 곽자의에게 조서가 내려 병사를 이끌고 동쪽으로 조와 위 지역으로 출동하게 되자 이광필이 들어가 말하였다. "저 하나 죽는 것은 감수하겠으나 처자식만은 죽음을 면케 해 주십시오." 곽자의가 아래로 뛰어 내려가 손을 잡고 대청에 오르며 말하기를, "지금 나라가 어지럽고 주상께서 거처를 옮기셨으니 공이 아니면 동쪽으로 정벌할 수 없습니다. 어찌 사사로운 원망을 생각할 때이겠습니까."라고 하였다. 헤어지게 되자 손을 잡고 눈물을 흘리며 서로 충성과 의리를 권면하였다. 마침내 반군을 평정하였으니 진실로 두 사람의 힘이었다.

唐安思順爲朔方節度使, 時郭汾陽·李臨淮俱爲牙門都將. 兩人不相能, 雖同盤飮食, 常睇目相視, 不交一言. 及汾陽代思順, 臨淮欲亡, 去計未決. 旬日詔臨淮·汾陽, 率兵東出趙魏, 臨淮入曰, 一死固甘, 乞免妻子. 汾陽趨下, 持手上堂曰, 今國亂主遷, 非公不能東伐. 豈懷私忿時耶. 及別, 執手泣涕, 相勉以忠義. 訖平劇賊, 實二公之力.[134]

수레를 미는 듯이 하다.[여추거자(如推車子)] 한위공(韓魏公)[135]이 경력(慶曆)[136] 연간에 범희문(范希文)[137], 부언국(富彦國)[138]과 함께 서부(西府)[139]에 있었다. 황제의 앞에서 일을 논쟁할 때에 의론(議論)이 각기 달랐지만 궁전을 내려오면서는 화목한 분위기를 잃지 않아 아예 논쟁하지 않은 듯하였으니 당시 사람들이 세 사람을 훌륭하게 여겼다. 마치 수레를 미는 듯하여 그들의 마음은 수레가 갈 수 있게 하는 것을 위주로 할 뿐이지 자신을 위하지 않았다.《별록(別錄)》

韓魏公, 慶曆中與范希文·韓彦國同在西府. 上前爭事, 議論各別, 下殿各不失和氣, 如未嘗爭, 當時相善三人. 正如推車子, 蓋其心主於車可行而已, 不爲己也.《別錄》[140]

세 장수가 협력하다.[삼장협심(三將協心)] 고종(高宗)[141] 시기에 세 대장인 유광세(劉光世), 장준(張俊), 한세충(韓世忠)이 권한이 서로 대등한 데다 사적인 틈이 있어 협력하려들지 않았다. 황제가 위강(魏矼)에게 조서를 내려 유광세에게 다음과 같이 전하게 하였다. "적군은 많고 아군은 적으니 힘을 합쳐도 지탱하지 못할까 염려되는데, 하물며 군대가 각자 딴 마음을 먹는다면 장차 어떻게 싸울 수 있겠는가. 공들을 위해 헤아려보건대 마땅히 원한을 없앨 것이니 비단 국가에 보답할 수 있을 뿐만 아니라 자신에게도 이익이 될 것이오." 위강이 유광세에게 권하여 두 장수에게 편지를 보내 다른 마음이 없음을 보이도록 하니 두 장수도 모두 답장을 써서 각자 자신의 마음을 보냈다.

---

134. 《신당서(新唐書)·동이열전(東夷列傳)》
135. 한위공(韓魏公): 송(宋)의 정치가 한기(韓琦)로 자가 치규(稚圭)이다. 사마광(司馬光)과 함께 왕안석(王安石)의 신법(新法)에 반대하였으며 추밀사(樞密使)와 재상을 역임하였다. '위공(魏公)'은 그의 봉호이다.
136. 경력(慶曆): 송(宋) 인종(仁宗)의 연호(1041-1048)이다.
137. 범희문(范希文): 송(宋)의 정치가이며 문학가 범중엄(范仲淹)으로 자가 희문(希文)이다. 참지정사(參知政事), 섬서사로안무사(陝西四路按撫使) 등을 역임하였고, 구양수(歐陽修) 등과 개혁 정책을 추진하였다. 시호는 문정(文正)이다.
138. 부언국(富彦國): 송(宋) 하남(河南) 출신의 부필(富弼)로 자가 언국(彦國)이다. 범중엄(范仲淹) 등과 '경력신정(慶曆新政)'을 추진하였다. 중서문하평장사(中書門下平章事), 추밀사(樞密使) 등을 역임하였다.
139. 서부(西府): 송대(宋代) 추밀사의 관아(官衙)를 가리킨다.
140. 《고금사문유취신집(古今事文類聚新集)·추밀원부(樞密院部)》
141. 고종(高宗): 남송(南宋) 초대 황제로 재위 기간은 1127-1162년이다.

한세충이 두 진(鎭)의 부절(符節)과 부월(斧鉞)[절월(節鉞)[142]]을 받을 때 고종이 손수 〈곽자의전(郭子儀傳)〉을 써서 하사하였고 장준이 일을 아뢴 것도 또한 곽자의의 일로 밝힌 것이다.

高宗朝. 劉光世·張俊·韓世忠三大將, 權相敵, 兼持私隙, 莫肯叶心. 上詔魏矼, 諭光世曰, 賊衆我寡, 合力猶懼不支, 況軍自爲心, 將何以戰? 爲諸公計, 當滅怨隙, 不獨可以報國, 身亦有利. 矼勸光世, 貽書二帥, 以示無他, 二帥皆復書, 交致其情. 世忠之受兩鎭節鉞也, 高宗手書郭子儀傳, 以賜之, 張俊奏事, 則又諭以子儀之事.[143]

동료가 마음이 평안해지다.[동렬평심(同列平心)]

기지(器之) 유안세(劉安世)[144]와 동파(東坡) 소식(蘇軾)[145]이 원우(元祐)[146] 연간에 함께 조정에 있었다. 소식은 올바름을 추구하는 데 용감하였는데 간혹 지나치는 잘못이 있으면 유안세가 반드시 전례를 들어 제약하였다. 또 조정에서 하는 말에, "민(閩)과 촉(蜀)은 풍속이 같으니 뱃속에 벌레가 들어 있기 때문이다."라고 하였는데 두 글자가 각기 충(蟲)자로 되어 있기 때문이었다. 동파가 여러 사람이 앉아 있는 곳에서 낯빛을 붉히면서 "책에서, '현자를 등용하는 데 부류를 둠이 없다[立賢無方]'[147]라고 말하였는데 어찌 그럴 수 있겠는가."라고 하였다. 유안세가 "저도 전에 그런 말을 들은 적이 없습니다. 그러나 '현자를 등용하는 데 부류를 둠이 없다'는 데에는 모름지기 현자라야 가능하지 중인(中人) 이하의 경우에는 지역의 풍속에 연관되는 경우가 많습니다."라고 말하자 동파가 말이 없었다. 원부(元符)[148] 말엽에 이르러 두 사람이 각자 영해(嶺海)[149] 지역으로 폄적되어 가다가 길에서 만났을 때 비로소 서로 반가워하였다. 유안세가 사람들에게 "밖으로 내세우던 습성이 다 사라져 옛날의 자첨(소식)이 아니로다."라고 말하였다. 소식은 "기지(유안세)는 철석같은 사람이지."라고 말하였다.

劉器之與東坡, 元祐同朝. 東坡勇於爲義, 或失之過, 則器之必約以典故. 又朝中有語云, 閩蜀同風, 腹中有蟲. 以二字各從蟲也, 東坡在廣坐作色曰, 書稱立賢無方, 何得乃爾. 器之曰, 某初不聞其語, 然立賢無方, 須是賢者乃可, 若中人以下, 多係土地風俗. 東坡默然. 至元符末, 東坡·器之各謫嶺海, 相遇於道, 始交歡. 器之語人云, 浮華習盡去, 非昔日子瞻也. 東坡則曰, 器之鐵石人也.[150]

같은 방에 있은 적이 없었다.[미상동당(未嘗同堂)]

원앙(袁盎)[151]이 평소에 조조(晁錯)[152]를 싫어하여 (조조가) 앉아 있는 자리를 원앙은 번번이 피했다. 원앙이 앉아 있는 자리를 조조 역시 피하여 두 사람은 같은 방에서 말을 나눈 적이 없었다.

袁盎素不好晁錯, 所居坐盎輒避. 盎所坐錯亦避, 兩人未嘗同堂語.[153]

---

142. 절월(節鉞): 부절(符節)과 부월(斧鉞)로 임금이 장수에게 병권의 상징으로 주던 물건이다.
143. 《송사(宋史)·유광세전(劉光世傳)》
144. 유안세(劉安世): 송(宋) 위(魏) 출신으로 자가 기지(器之)이다. 사마광(司馬光)의 제자로 성품이 강직하여 직간을 잘 해서 '전상호(殿上虎)'라는 별명을 얻었고 어사대부(御史大夫), 간의대부(諫議大夫) 등을 역임하였다.
145. 소식(蘇軾): 송나라 때 대문호로 자가 자첨(子瞻)이고 호가 동파(東坡)이다. 저서로 《동파전집(東坡全集)》 115권이 전한다.
146. 원우(元祐): 북송(北宋) 철종(哲宗)의 연호(1086-1093)이다.
147. 《맹자(孟子)·이루하(離婁下)》
148. 원부(元符): 북송(北宋) 철종(哲宗)의 연호(1098-1100)이다.
149. 영해(嶺海): 광동(廣東)과 광서(廣西) 양 지역을 가리킨다.
150. 《고금사문유취전집(古今事文類聚前集)·사진부(仕進部)》
151. 원앙(袁盎): 서한(西漢) 초(譙) 출신으로 자가 사(絲)이다. 오상(吳相)을 지냈다.
152. 조조(晁錯): 전한(前漢) 영천(潁川) 출신으로 태자가령(太子家令), 어사대부(御史大夫) 등을 역임하였다.
153. 《사기(史記)·원앙전(袁盎傳)》

동료가 원망하다.[동렬원망(同列怨望)] 급암(汲黯)[154]이 우내사(右內史)가 되어 비로소 구경(九卿)에 들었는데 공손홍(公孫弘)[155]과 장탕(張湯)[156]은 소리(小吏)였다. 공손홍이 점점 지위가 올라 급암과 지위가 같아지자 급암은 다시 공손홍과 장탕을 비방하였다. 얼마 후 공손홍이 승상에 오르고 장탕이 어사대부가 되니 급암 당시에 승사(丞史)[157]였던 이들이 모두 급암과 동렬이거나 누구는 높이 등용되어 그를 앞서니 급암의 좁은 마음에 작은 원망이 없을 수 없었다. 황제를 알현하고 아뢰었다. "폐하께서는 군신을 등용하는 것이 땔감을 쌓듯이 하실 뿐입니다. 뒤에 오는 자가 윗자리에 있도록 하십니다." 급암이 물러나자 황제가 말하였다. "사람은 배우지 않으면 안 된다. 급암이 하는 말을 보니 날마다 더욱 심해지는구나."

汲黯爲右內史, 始列爲九卿, 而公孫弘·張湯爲小吏. 及弘稍貴, 黯同位, 黯又非毁弘湯. 已而弘至丞相, 湯御史大夫, 黯時丞史, 昔[158]與同列, 或尊用過之, 黯褊心不能無少望. 見上曰, 陛下用群臣, 如積薪耳. 後來者居上. 黯罷, 上曰, 人不可以無學. 觀黯之言, 日益甚矣.[159]

더불어 반열을 같이하지 않는다.[불여동렬(不與同列)] 촉(蜀) 선주(先主) 유비(劉備)가 한중왕(漢中王)이 되자 비시(費詩)[160]를 파견해서 관우(關羽)를 전장군(前將軍)에 제수하였다. 관우는 황충(黃忠)이 후장군(後將軍)이 되었다는 말을 듣고 화를 내며 "대장부는 끝내 노병(老兵)과 반열을 같이하지 않는다."라 말하고 제수를 받아들이려고 하지 않았다. 비시가 관우에게 말하기를, "무릇 왕업을 이루는 사람은 임용하는 이가 한 명이 아닙니다. [전한(前漢)의] 소하(蕭何)와 조참(曹參)[소조(蕭曹)[161]]은 한 고조와 젊어서부터 친구였고 진평(陳平)과 한신(韓信)[진한(陳韓)[162]]은 망명하여 뒤에 왔는데도 반열을 논할 때 한신이 가장 높은 자리를 차지했지만 소하와 조참이 이를 가지고 원망하였다는 말을 듣지 못 했습니다. 군후(君侯)[163]께서 임명을 받아들이지 않으신다면 그저 군후를 위해 이런 행동을 안타까워할 뿐이니 후회가 있을까 염려될 뿐입니다."라고 하였다. 관우가 크게 깨닫고 즉시 제수를 받아들였다.

蜀先主爲漢中王, 遣費詩, 拜關羽爲前將軍. 羽聞黃忠爲後將軍, 怒曰, 大丈夫終不與老兵同列, 不肯受拜. 費詩謂羽曰, 夫立王業者, 所用非一. 蕭·曹與高祖少小親舊, 而陳·韓亡命後至, 論其班列, 韓最居上, 未聞蕭·曹以此爲怨. 君侯不受拜, 但相爲惜此擧, 恐有後悔耳. 羽大感悟, 卽受拜.[164]

동료가 상대를 경시하다.[동렬상경(同列相輕)] 왕희지(王羲之)[165]는 젊어서부터 좋은 평판이 있어 왕

---

154. 급암(汲黯): 서한(西漢) 동군(東郡) 출신으로 자가 장유(長孺)이다. 태자세마(太子洗馬), 회양태수(淮陽太守) 등을 역임하였다. 직간을 잘 하여 무제가 '사직지신(社稷之臣)'이라고 하였다.
155. 공손홍(公孫弘): 한(漢) 무제(武帝) 때의 승상(丞相)이다. 동각(東閣)을 열어 인재(人才)를 맞이하였고, 그 봉록을 모두 빈객 접대에 썼다고 한다.
156. 장탕(張湯): 한(漢) 두릉(杜陵) 출신으로 어사대부(御史大夫)를 역임하였다.
157. 승사(丞史): 장관을 보좌하는 승(丞)과 사(史)의 직책이다.
158. 《유원총보》의 '昔'은 '皆'의 오류이다[《사기(史記)·급암전(汲黯傳)》].
159. 《사기(史記)·급암전(汲黯傳)》
160. 비시(費詩): 삼국시대 촉(蜀) 남안(南安) 출신으로 자가 공거(公擧)이다. 독군종사(督軍從事), 간의대부(諫議大夫) 등을 역임하였다.
161. 소조(蕭曹): 한 고조 유방(劉邦)을 도와 한나라를 건국한 공신인 소하(蕭何)와 조참(曹參)을 가리킨다.
162. 진한(陳韓): 한 고조 유방을 도와 한나라를 건국한 공신인 진평(陳平)과 한신(韓信)을 가리킨다.
163. 군후(君侯): 진한(秦漢) 때는 제후나 승상에 대한 존칭으로 쓰였고, 한나라 이후로는 고관이나 귀인(貴人)에 대한 존칭으로 두루 쓰였다.
164. 《삼국지(三國志)·촉지(蜀志)·비시전(費詩傳)》
165. 왕희지(王羲之): 진(晉) 낭야(琅邪) 출신으로 자가 일소(逸少)이다. 우군장군(右軍將軍), 회계내사(會稽內史) 등을 역임하

술(王述)[166]과 이름을 나란히 하였으나 왕희지는 그를 매우 경시하였다. 왕술이 먼저 회계내사(會稽內史)가 되었는데 모친상을 당하여 군의 경내에 있었다. 왕희지가 왕술을 대리하게 되자 다만 한 번 조문을 갔을 뿐 끝내 다시 가지 않았다. 왕술은 매번 화각(畵角) 소리[각성(角聲)[167]]를 들으면 왕희지가 장차 자신을 만나러 오리라 여겨 청소하고 기다렸다. 왕희지가 끝내 오지 않자 왕술은 매우 유감으로 여겼다. 왕술이 양주자사(楊州刺史)가 되어 취임하려 할 때에 군의 경내를 두루 돌아보면서도 왕희지에게 들르지 않다가 출발에 임하여 한 차례 만나 작별하고 떠났다. 왕술이 뒤에 회계(會稽)를 시찰하면서 형옥과 정사를 판결하자 왕희지는 매우 부끄럽게 여기면서 마침내 병을 핑계로 군을 떠나 부모의 산소 앞에서 스스로 맹세하였다. 조정에서는 그 맹세 때문에 다시는 그를 임명하지 않았다.

王羲之少有美譽, 與王述齊名, 而羲之甚輕之. 述先爲會稽, 以母喪居郡境. 羲之代述, 止一弔, 遂不重詣. 述每聞角聲, 謂羲之當候己, 洒掃以待. 羲之竟不顧, 述深以爲恨. 及述爲楊州刺史, 將就徵, 周行郡界, 而不過羲之, 臨發一別而去. 述後檢察會稽, 辨其刑政, 羲之深耻之, 遂稱病去郡, 父母墓前自誓. 朝廷以其誓不復徵之.[168]

내가 버리면 그가 번번이 가지다.[차기피취(此棄彼取)] 진(晉) 은호(殷浩)[169]가 파면된 뒤 환온(桓溫)이 사람들에게 말하기를, "어려서 그와 함께 죽마를 탔는데 내가 버리고 가면 얼마 후에 은호가 번번이 가졌지. 그래서 그가 내 아래에 있는 것은 당연하다."라고 하였다.《세설(世說)》

晉殷浩旣廢, 桓溫語人曰, 少時與之共騎竹馬, 我棄去, 已而浩輒取之. 故當出我下.《世說》[170]

노자(老子)와 한비자(韓非子)가 같은 전기에 실리다.[노한동전(老韓同傳)] 남조(南朝) 제(齊) 왕경칙(王敬則)[171]이 왕검(王儉)과 함께 의동삼사(儀同三司)[172]에 제수되었다. 서효사(徐孝嗣)가 왕검에게 농담조로 "오늘은 연벽(連璧)[173]이라고 할 만합니다."라고 말하자 왕검이 "(춘추시대의) 노자[왕검]가 마침내 (전국시대의) 한비자[왕경칙]와 같은 전기에 실리리라고는 생각하지 못했소."라고 대답하였다. 왕경칙은 그 말을 듣고 유감의 기색이 없었다.

齊王敬則與王儉, 同拜儀同三司. 徐孝嗣嘲儉曰, 今日可謂連璧. 儉曰, 不意老子遂與韓非同傳. 敬則聞之無恨色.[174]

지위가 아래에 있는 것을 원망하다.[원위거하(怨位居下)] 유문정(劉文靜)[175]은 스스로 재주와 공적이 배적(裴寂)[176]에 앞서는데도 지위가 그의 아래에 있

였다. 해서(楷書)·행서(行書)·초서(草書) 방면에 달인의 경지에 올라 '서성(書聖)'으로 불렸다.

166. 왕술(王述): 진(晉) 태원(太原) 출신으로 자가 회조(懷祖)이다. 회계내사(會稽內史), 상서령(尙書令) 등을 역임하였다.
167. 각성(角聲): 화각(畵角) 소리로 아침과 저녁을 알리던 것이다.
168. 《진서(晉書)·왕희지전(王羲之傳)》
169. 은호(殷浩): 진(晉)나라 때 사람으로 노자와 장자에 조예가 깊었다. 벼슬은 기실참군(記室參軍), 중군장군(中軍將軍), 도독(都督) 등을 역임하였다.
170. 《세설(世說)·상예(賞譽)》
171. 왕경칙(王敬則): 남조(南朝) 제(齊) 진릉(晉陵) 출신으로 남조(南朝) 송(宋) 후폐제(後廢帝)를 시해하고 제나라 건국에 공을 세웠다. 도독(都督), 남연주자사(南兗州刺史) 등을 역임하였다.
172. 의동삼사(儀同三司): 일종의 산관(散官)으로 한나라 때 태위(太尉)·사도(司徒)·사공(司空) 삼공을 '삼사(三司)'라고 하였는데 삼사는 아니지만 의제(儀制)와 대우가 삼사와 동등한 벼슬을 '의동삼사'라고 하였다.
173. 연벽(連璧): 나란히 늘어놓은 아름다운 옥이라는 말에서, 아름다운 두 사람이나 두 사물을 비유한다.
174. 《남사(南史)·왕경칙전(王敬則傳)》
175. 유문정(劉文靜): 당(唐) 무공(武功) 출신으로 자가 조인(肇仁)이다. 민부상서(民部尙書)를 지냈다.
176. 배적(裵寂): 당(唐) 포주(蒲州) 출신으로 자가 현진(玄眞)이다. 이연(李淵)과 친구로서 그의 기병(起兵)을 권했다. 칭제(稱帝) 후에 신임을 받았고, 좌복야(左僕射), 사공(司空) 등을 역임하였다.

다고 여겨 마음속으로 매우 불평하였다. 술이 거나해지자 칼을 뽑아 기둥을 치며 말하기를, "반드시 배적의 머리를 벨 것이다."라고 하였다.

劉文靜自以才略功勳在裴寂之右, 而位居其下, 意甚不平. 酒酣, 拔刀擊柱曰, 會當斬裴首.[177]

동료 두 사람을 모두 파면시키다.[동렬양파(同列兩罷)] 당(唐) 이신(李紳)[178]이 어사중승(御史中丞)일 때에 재상 이봉길(李逢吉)이 그의 강경함을 싫어하여 한유(韓愈)가 굳세고 곧으니 한유를 경조윤(京兆尹) 겸 어사대부(御史大夫)로 삼고 어사대에서 (어사중승을) 문안하는 예를 없앰으로써 이신을 자극하였다. 이신과 한유가 과연 서로 낮추지 않으면서 비난과 비방이 무성하자 이에 두 사람 모두 파면시켰다.

唐李紳爲御史中丞, 宰相李逢吉忌其剛, 而韓愈勁直, 乃以愈爲京兆尹兼大夫, 免臺參, 以激紳. 紳愈果不相下, 詆訐紛然, 於是兩罷之.[179]

무슨 공으로 윗자리에 있소?[하공거상(何功居上)]

당(唐) 경덕(敬德) 울지공(尉遲恭)[180]이 경선궁(慶善宮)에서 태종을 모시고 연회에 참석하였는데 반열이 자신의 위인 자가 있었다. 울지공이 "그대는 무슨 공으로 내 윗자리에 있소?"라고 말하자 임성왕(任城王) 이도종(李道宗)[181]이 그에게 해명하였다. 울지공이 화를 내며 이도종의 눈을 때려 거의 애꾸가 될 뻔하니 태종이 불쾌해하였다.

唐尉遲敬德侍宴慶善宮, 有班其上者. 敬德云, 爾何功居我上? 任城王道宗解喩之. 敬德勃然擊道宗目, 幾眇, 太宗不悅.[182]

중서성에서 언쟁이 생기다.[중서훤경(中書喧競)]

정전(鄭畋)[183]과 노휴(盧攜)[184]가 함께 중서성에서 근무하였는데 정사를 논의하다가 언쟁이 생겨 벼루를 던져 깨뜨렸다. 왕역이 탄식을 하며 말하였다. "중서성에 기왓장이 부서지는 일이 생기리라곤 생각지도 못했다."

鄭畋·盧攜同在中書, 因議政喧競, 撲碎硯. 王繹嘆曰, 不意中書有瓦解事.[185]

새로 들어온 젊은이들과 함께 있는 것을 부끄러워하다.[치동신진(恥同新進)] 왕중서(王仲舒)[186]가 부름 받아 중서사인(中書舍人)이 되었다. 도착한 뒤에 동료들을 보니 대부분 새로 들어온 젊은이들이었다. 함께 지나면서 기뻐하지 않으면서 말하였다. "어찌 다시 그 사이에서 글을 쓸 수 있겠는가."

王仲舒召爲中書舍人. 旣至視同列率新進少年. 居不樂曰, 豈可復治筆硏於其間哉.[187]

동료가 서로 원수가 되다.[동렬상구(同列相仇)] 이문정공(李文定公)이 정진공(丁晉公)과 함께 재상을 지낼 때 의논이 맞지 않는 일이 많았다. 하루는 상주

177. 《구당서(舊唐書)·유문정전(劉文靜傳)》
178. 이신(李紳): 당(唐) 박주(亳州) 출신으로 자가 공수(公垂)이다. 우습유(右拾遺), 한림학사(翰林學士) 등을 역임하였다.
179. 《신당서(新唐書)·이신전(李紳傳)》
180. 울지공(尉遲恭): 당(唐) 삭주(朔州) 출신으로 자가 경덕(敬德)이다. 현무문지변(玄武門之變)에서 이세민(李世民)을 도와 제위(帝位)에 오르게 하였다. 양주도독(襄州都督)을 역임하였다.
181. 이도종(李道宗): 당(唐) 고조(高祖) 이연(李淵)의 조카이자 태종(太宗) 이세민(李世民)의 종형제(從兄弟)이다. 처음에는 임성왕에 봉해졌다가 뒤에 강하왕(江夏王)에 봉해졌다.
182. 《신당서(新唐書)·울지경덕전(尉遲敬德傳)》
183. 정전(鄭畋): 당(唐) 형양(滎陽) 출신으로 자가 태문(台文)이다. 사공(司空), 태자태보(太子太保) 등을 역임하였다.
184. 노휴(盧攜): 당(唐) 유주(幽州) 출신으로 자가 자승(子升)이다. 간의대부(諫議大夫), 동중서문하평장사(同中書門下平章事) 등을 역임하였다.
185. 《고금사문유취전집(古今事文類聚前集)·사진부(仕進部)》
186. 왕중서(王仲舒): 당(唐) 병주(幷州) 출신으로 자가 홍중(弘中)이다. 중서사인(中書舍人), 강서관찰사(江西觀察使) 등을 역임하였다.
187. 《신당서(新唐書)·왕중서전(王仲舒傳)》

하는 일로 마주하게 되었는데 홀(笏)로 진공(晉公)을 내리쳤다. 이 일로 모두 재상에서 파면되었다.

李文定公同丁晉公相, 議多不合. 一日因奏對, 乃以笏擊晉公. 由是竝罷相.[188]

재상들이 서로 화목하다.[보신상화(輔臣相和)] 당(唐) 소구(蕭遘)[189]가 왕탁(王鐸)과 함께 재상의 지위에 있었다. 황제[희종(僖宗)[190]]가 재상들을 불러 접견한 적이 있었는데 왕탁이 나이가 많아 계단을 오르다가 황궁[구진(勾陳)[191]]에서 발을 헛디디자 소구가 옆에서 부축하여 일으켰다. 희종이 이를 목격하고 기뻐하며 말하기를, "재상들이 서로 화목하니 짐의 복이로다."라고 하였다. 소구에게 이르기를, "마침 경이 왕탁을 부축하는 것을 보았는데 나는 경이 연장자를 잘 섬기는 것이 기쁘구려."라고 하자 소구가 대답하였다. "신이 왕탁을 부축한 것은 단지 연장자를 섬겨서만은 아닙니다. 신이 과거시험에 응시했을 때 왕탁이 역시 (저를) 선발하였으니 문하생[문생(門生)[192]]이 됩니다." 황제가 웃으며 말했다. "왕탁은 경을 진사로 선발하고 짐은 경을 재상으로 선발하였으니, 경에게 빚진 것이 없구려." 소구가 머리를 조아려 사례를 올리고 물러났다.

唐蕭遘與王鐸竝居相位. 帝嘗召見宰相, 鐸年高, 升階足跌勾陳中, 遘從旁腋起. 帝目之, 喜曰, 輔臣相和, 朕之幸也. 謂遘曰適見卿扶王鐸, 予喜卿善事長矣. 遘對曰, 臣扶王鐸, 不獨事長. 臣應擧時, 鐸亦中選, 門生也. 上笑曰, 王鐸選進士, 朕選宰相, 於卿無負矣. 遘頓首謝而退.[193]

왕사(王思)[194]와 양습(梁習)[195]이 죄를 다투다.[왕양쟁죄(王梁爭罪)] 위(魏) 왕사가 양습과 함께 서조영사(西曹令史)를 맡고 있었다. 왕사가 일을 아뢰었는데 태조[조조(曹操)]의 의도에서 벗어나 장차 사형[중벽(重辟)]을 가하려고 하였다. 당시 왕사가 가까운 곳에 나가 있어 양습이 대신 구금되자 왕사가 이에 말을 달려 돌아와 스스로 자신의 잘못을 진술하였다. 태조가 감탄하여 말하였다. "막부에 의로운 선비가 두 사람이 있었구나."

魏王思與梁習俱爲西曹令史. 思白事, 失太祖意, 將加重辟. 時思近出, 習代被收, 思乃馳還, 自陳己罪. 太祖嘆曰, 幕中有義士二人.[196]

교승 交承[197]

· 도끼자루를 베고 도끼자루를 베는데, 그 법이 멀리 있지 않다.
  伐柯伐柯, 其則不遠.[198]
· 바라볼 때에 앞에 있더니 홀연히 뒤에 있다.
  瞻之在前, 忽焉在後.[199]

188. 《고금사문유취전집(古今事文類聚前集)·사진부(仕進部)》
189. 소구(蕭遘): 당(唐) 남난릉(南蘭陵) 출신으로 자가 득성(得聖)이다. 사공(司空), 태자태보(太子太保) 등을 역임하였다.
190. 희종(僖宗): 당(唐) 제20대 황제로 재위 기간은 873-888년이다.
191. 구진(勾陳): 원래는 별자리 이름인데 별자리 모양으로 금위군(禁衛軍)이 에워싼 채 숙위하는 황궁이나 후궁을 비유한다.
192. 문생(門生): 당송 때 시험에 합격하거나 천거에 의해 승진한 사람들이 시험담당관이나 추천자에 대해 자신을 낮추어 일컫는 말이다.
193. 《구당서(舊唐書)·소구전(蕭遘傳)》
194. 왕사(王思): 삼국(三國) 위(魏) 제음(濟陰) 출신으로 서조영사(西曹令史), 대사농(大司農) 등을 역임하였다.
195. 양습(梁習): 삼국시대 위(魏) 진군(陳郡) 출신으로 자가 자우(子虞)이다. 병주자사(幷州刺史), 대사농(大司農) 등을 역임하였다.
196. 《삼국지(三國志)·위지(魏志)·양습전(梁習傳)》
197. 교승(交承): 전임관이 교체되어 후임자가 그 자리를 계승하는 것을 가리킨다.
198. 《시경(詩經)·국풍(國風)·벌가(伐柯)》

· 겨와 쭉정이는 앞에 있고 기와와 자갈은 뒤에 있다.
糠粃在前, 瓦礫在後.[200]

전임의 정무를 반드시 신임자에게 알려 주다.[구정고신(舊政告新)] 영윤(令尹)인 자문(子文)이 세 번 벼슬에 나가 영윤이 되었는데 전임 영윤의 정무를 반드시 새 영윤에게 알려 주었다.

令尹子文三仕爲令尹, 舊令尹之政, 必以告新令尹.[201]

장차 죽게 되자 정사를 전해 주다.[장사수정(將死授政)] 자산(子産)[202]이 병이 들자 자태숙(子太叔)에게 "내가 죽으면 그대가 틀림없이 정사를 맡을 것이다. 오직 덕 있는 자만이 관대함으로 백성들을 복종시킬 수 있고 그 다음은 엄격함만한 것이 없다."라고 말하였다.

子産疾謂子太叔曰, 我死, 子必爲政. 惟有德者, 能以寬服民, 其次莫如猛.[203]

잘 지켜서 실추시키지 않다.[수이물실(守而勿失)] 조참(曹參)이 소하(蕭何)를 대신하였는데 잘 지켜서 실추시키지 않았다.

曹參代蕭何, 守而勿失.[204]

전에는 소신신(召信臣)[205]이시더니 뒤에는 두시(杜詩)[206]이시다.[전소후두(前召後杜)] 두시가 남양태수(南陽太守)일 때에 사람들이 소신신에 비기면서 그들에 대해 "전에는 소씨 아버지가 계시더니, 뒤에는 두씨 어머니가 계시네."라고 말하였다.

杜詩爲南陽太守, 人方於召信臣, 爲之語曰, 前有召父, 後有杜母.[207]

말씀한 것이 평범하다.[소언평평(所言平平)] 임상(任尙)[208]이 반초(班超)를 대신하게 되자 "소인이 외람되게 그대의 뒤를 잇게 되었으니 마땅히 가르침을 주십시오."라고 말하였다. 이에 반초가 말하였다. "변방의 관리와 인사들은 본디 효순한 자제들이 아니고 모두 잘못을 저질러 보임되어 온 이들이고, 오랑캐들은 금수의 마음을 지니고 있어 다루기 어렵고 동요되기 쉽습니다. 물이 맑으면 큰 고기가 없고 세밀한 다스림에는 아랫사람들이 화합할 수 없습니다. 작은 잘못은 용서하고 큰 줄기를 다루어야 합니다." (뒤에) 임상이 말하였다. "말씀한 것이 평범할 뿐이다." 몇 년 만에 서역(西域) 사람들이 반란을 일으켰고 임상은 그 죄로 소환되었다.

任尙代班超, 謂曰, 小人猥承君後, 宜有以誨之. 超曰, 塞外吏士, 本非孝子順孫, 皆以罪過徙補, 而蠻夷懷鳥獸, 必難養易動. 水淸無大魚, 察政不得下和. 宜寬小過, 總大綱. 尙曰, 所言平平耳. 數年西域反亂, 尙以罪被徵.[209]

한연수(韓延壽)[210]가 기시(棄市)[211]되다.[연수기시

---

199. 《논어(論語)·자한(子罕)》
200. 《고금사문유취전집(古今事文類聚前集)·사진부(仕進部)》
201. 《논어(論語)·공야장(公冶長)》
202. 자산(子産): 춘추시대 정(鄭)나라 대부(大夫)인 공손교(公孫僑)로 자가 자산(子産)이다. 정(鄭)나라의 정경(正卿)이 되어 훌륭한 정치를 폈다.
203. 《춘추좌전(春秋左傳)·소공(昭公)·20년》
204. 《사기(史記)·조상국세가(曹相國世家)》
205. 소신신(召信臣): 한(漢) 수춘(壽春) 출신으로 자가 옹경(翁卿)이다. 남양태수(南陽太守)를 역임하였다.
206. 두시(杜詩): 동한(東漢) 급(汲) 출신으로 자가 군공(君公)이다. 여남도위(汝南都尉), 남양태수(南陽太守) 등을 지내며 선정을 베풀어 백성들에게 칭송을 받았다.
207. 《후한서(後漢書)·두시전(杜詩傳)》
208. 임상(任尙): 후한(後漢) 사람으로 중랑장(中郎將), 서역도호(西域都護) 등을 역임하였다.
209. 《후한서(後漢書)·반초전(班超傳)》
210. 한연수(韓延壽): 한(漢) 경조(京兆) 출신으로 자가 장공(長公)이다. 간대부(諫大夫), 동군태수(東郡太守), 좌풍익(左馮翊) 등을 역임하였다. 소망지(蕭望之)의 무고로 사형당했다.

(延壽棄市)] 한연수가 소망지(蕭望之)[212]를 대신하여 좌풍익(左馮翊)이 되었고 소망지는 어사대부(御史大夫)로 승진하였다. 마침 어사(御史)가 동군(東郡)에서 일을 조사하게 되자 소망지가 명령하기를, 한연수가 동군에 있을 때 관청의 돈 천여 만 냥을 낭비한 것을 아울러 조사하도록 하였다. 한연수도 소망지가 좌풍익으로 있을 때 관청의 돈 백여 만 냥을 낭비한 것을 조사하였다. 황제가 조사를 끝까지 하도록 하였는데, 소망지가 그런 사실이 없자 한연수는 시가지에서 처형되었다.

韓延壽代蕭望之, 爲左馮翊, 而望之遷御史大夫. 會御史當問事東郡, 望之令, 幷問延壽在東郡時, 放散官錢千餘萬. 延壽按校望之在馮翊時, 放散官錢百餘萬. 上各令窮竟所考, 望之無事實, 延壽棄市.[213]

등만사추(鄧挽謝推) 등유(鄧攸)[214]의 일은 [《유원총보(類苑叢寶)》 제16권] 〈태수문(太守門)〉에 보인다.

鄧攸事, 見太守門.

매번 화각(畵角) 소리를 듣다.[매문각고(每聞角鼓)] 왕술(王述)[215]이 회계태수(會稽太守)로 있다가 모친상을 당하여 군의 경내에 있었다. 왕희지가 왕술을 대리하게 되었는데 다만 한 번 조문을 갔다. 왕술은 매번 화각(畵角) 소리[각성(角聲)[216]를 들으면 (왕희지가) 장차 자신을 만나러 오리라 여겼다. 이와 같이 한 것이 여러 해인데 왕희지는 끝내 보러 오지 않았다.

王述爲會稽太守, 以母喪居郡境. 王羲之代述, 止一弔. 述每聞角聲, 謂當詣己. 如此者累年, 羲之竟不顧.[217]

거의 이루어지는데 대체되다.[수성이대(垂成而代)] 조적(祖逖)[218]이 예주(豫州)를 다스릴 때 바야흐로 적진으로 돌격하여 황하를 넘어 기주(冀州)와 삭주(朔州)를 소탕하려고 하는데 조정에서 대연(戴淵)을 도독(都督)으로 삼았다. 조적은 감정이 격해져 병들어 죽었다.

祖逖爲豫州, 方推鋒越河, 掃淸冀朔, 朝廷以戴淵爲都督. 逖感激, 發病卒.[219]

찾을 만한 흔적이 없다.[무적가심(無迹可尋)] 사방명(謝方明)[220]은 군(郡)을 잘 다스려 이르는 곳마다 잘한다는 명성이 있었다. 전임자를 이어 그의 다스림을 바꾸지 않았고 반드시 바꿔야 할 것은 점차적으로 변화시켜 찾을 만한 흔적이 없었다.《진공기(晉恭紀)》

謝方明善治郡, 所至有能名. 承代前人, 不易其政, 必當改者, 則以次漸移變, 無迹可尋.《晉恭紀》[221]

문하생이 교대하다.[문생위대(門生爲代)] 범진(范津)[222]이 전에 부섭(傅燮)[223]을 추천하였는데 범진이 한양(漢陽)을 다스리게 되자 부섭과 교대하게 되었고

211. 기시(棄市): 사람들이 많이 모인 곳에서 죄인의 목을 베고 그 시체를 길거리에 버리던 형벌이다.
212. 소망지(蕭望之): 서한(西漢) 난릉(蘭陵) 출신으로 자가 장천(長倩)이다. 태자태부(太子太傅)를 역임하였고 유조(遺詔)를 받아 어린 임금 원제(元帝)를 보필(輔弼)하였다.
213. 《한서(漢書)·한연수전(韓延壽傳)》
214. 등유(鄧攸): 진(晉) 평양(平陽) 출신으로 자가 백도(伯道)이다. 태자중서자(太子中庶子), 상서좌복야(尙書左僕射) 등을 역임하였다.
215. 왕술(王述): 진(晉) 태원(太原) 출신으로 자가 회조(懷祖)이다. 회계내사(會稽內史), 상서령(尙書令) 등을 역임하였다.
216. 각성(角聲): 화각(畵角) 소리로 아침과 저녁을 알리던 것이다.
217. 《진서(晉書)·왕희지전(王羲之傳)》
218. 조적(祖逖): 동진(東晉) 초 인물로 자가 사아(士雅)이다. 중원 회복을 위해 북벌을 주장하였다. 민제(愍帝) 건흥(建興) 원년(313) 분위장군(奮威將軍)으로 임명되어 중원 회복에 나섰다.
219. 《진서(晉書)·조적(祖逖傳)》
220. 사방명(謝方明): 남조(南朝) 송(宋) 진군(陳郡) 출신으로 진릉태수(晉陵太守), 회계태수(會稽太守) 등을 역임하였다.
221. 《남사(南史)·사방명전(謝方明傳)》
222. 범진(范津): 후한(後漢) 남양(南陽) 출신으로 자가 문연(文淵)이다. 군장(郡將), 한양태수(漢陽太守) 등을 역임하였다.
223. 부섭(傅燮): 동한(東漢) 영주(靈州) 출신으로 자가 남용(南容)이다. 한양태수(漢陽太守)를 역임하였다.

부절을 맞추고 떠났다.《본전(本傳)》

范津初薦傅燮, 及津爲漢陽, 與燮交代合符而去.《本傳》[224]

비방을 받아 교체되다.[조방제대(遭謗除代)] 양(梁) 강혁(江革)[225]이 강주부(江州府)를 다스릴 때 정직함으로 처신하여 전첨(典籤)[226] 조도지(趙道智)와 함께 앉지 않았다. 조도지가 도성으로 돌아가 강혁이 일을 게을리 하고 술을 좋아한다고 말하여 왕담총(王曇聰)으로 교체되었다. 남주(南州) 사람들이 이에 대해 말하였다. "옛사람은 조도지편이 아니었는데 새사람은 산기상시(散騎常侍)에게 아첨하네. 갈지 안 갈지를 모르겠지만 새사람은 옛사람만 못하네."

梁江革爲江州府, 正直自居, 不與典籤趙道智坐. 道智還都, 言革惰事好酒, 以王曇聰代之. 南州爲之語曰. 故人不道智, 新人佞散騎. 莫知度不度, 新人不如故.[227]

각기 잘하는 바대로 하다.[각임소장(各任所長)] 구양수(歐陽脩)가 개봉부(開封府)를 맡아 포증(包拯)[228]을 대신하였는데 간략하게 도리를 따르고 혁혁한 명성을 구하지 않았다. 포증의 치적으로 공에게 권면하는 자가 있자 공이 말하였다. "무릇 사람은 재능과 자질이 한결같지 않소. 잘하지 못하는 것을 억지로 힘쓴다면 정황상 반드시 미치지 못할 것이오. 나 또한 내가 잘하는 것을 맡을 뿐이오."

歐陽公知開封府, 代包孝肅, 簡易循理, 不求赫赫之譽. 有以包公之政勵公者, 公曰, 凡人才性不一. 强其所短, 勢必不逮. 吾亦任吾所長耳.[229]

대신하면서 원망을 지니고 있다.[위대회원(爲代懷怨)] 첨견로(詹堅老)[230]가 작은 잘못에 연루되어 대리(大理)[231]에 넘겨졌다. 이단초(李端初)[232]가 소경(少卿)이었는데 첨견로가 슬피 울자 이단초가 속담을 들어 꾸짖으며 "너의 입이 이렇게 뾰족하니 진정 간사한 사람이리라."라고 말하였다. 10년 뒤에 이단초가 회남전운부사(淮南轉運副使)가 되었다가 임기가 끝나면서 첨견로가 낭관(郎官)에서 출임하여 대신하게 되었다. 이단초가 "낭중(郎中)은 본디 면식이 있었던 분 같습니다. 혹시 조정에서 만난 적이 있었지요. 풍채가 당당하니 옛날과 비할 바가 아닙니다."라고 말하자 대답하였다. "풍채가 당당한 것은 제가 알 바가 아니고 다만 지난날에 비해 입이 더 뾰족해지지 않았는지 모르겠습니다." 이단초가 부끄러워하면서 잘못을 깨달았다.

詹堅老坐微累, 下大理. 李端初爲少卿, 堅老哀鳴, 端初操俚談詬曰, 子之觜尖如此, 誠奸人也. 後十年端初爲淮南轉運副使, 旣及瓜, 堅老自郎官出爲代. 端初曰, 郎中若有素知者. 豈嘗邂逅朝路中耶. 風采堂堂, 非曩日比也. 答曰, 風采堂堂, 固非某所見. 但不知比往時觜不尖否. 端初愧怍而悟.[233]

동기가 대신하다.[동년위대(同年爲代)] 문정공(文正公) 왕증(王曾)[234]과 문정공(文定公) 이적(李迪)[235]

224. 《후한서(後漢書)·부섭전(傅燮傳)》
225. 강혁(江革): 남조(南朝) 양(梁) 제양(濟陽) 출신으로 자가 휴영(休映)이다. 어사중승(御史中丞), 탁지상서(度支尙書) 등을 역임하였다.
226. 전첨(典籤): 벼슬 이름으로 지방의 왕과 자사를 감시하는 임무로 파견되어 권력이 컸다.
227. 《남사(南史)·강혁전(江革傳)》
228. 포증(包拯): 송(宋) 여주(廬州) 출신으로 자가 희인(希仁)이고 효숙(孝肅)은 시호이다. 감찰어사(監察御使), 추밀부사(樞密副使) 등을 역임하였다. 중국 역사상 청백리의 대명사로 불린다.
229. 《송명신언행록(宋名臣言行錄)·후집(後集)》
230. 첨견로(詹堅老): 내력이 자세하지 않다.
231. 대리(大理): 형법(刑法)을 주관하는 관직이다.
232. 이단초(李端初): 내력이 자세하지 않다.
233. 《고금사문유취전집(古今事文類聚前集)·사진부(仕進部)》
234. 왕증(王曾): 송(宋) 인종(仁宗) 연간의 정치가로 자가 효선(孝先)이다. 참지정사(參知政事), 동중서문하평장사(同中書門下

은 모두 장원급제한 이들이다. (왕증이) 재상을 그만두고 청주(青州)를 다스리게 되자 다시 교대하게 되었다. 그래서 왕증이 이적을 전송하는 시를 주었는데 다음과 같다. "장원급제[금표(錦標)[236]]를 일찍이 서로 이었는데 재상[금정(金鼎)[237]]으로 국정을 관장하는 것도 교대하게 되었네."

王文正公曾·李文定公廸, 皆狀元. 及罷相領青, 又爲交承. 故文正送文定詩曰. 錦標得雋曾相繼, 金鼎調元亦踐更.[238]

악공이 올린 구어체의 글[악인구어(樂人口語)] 양숙보(楊叔寶)[239]가 미주(眉州)를 맡아 일을 본 지 3일 뒤에 큰 잔치[대배(大排)[240]]를 열자 악공이 구어체의 글을 올렸는데 마지막 구가 다음과 같았다. "백성들에게 알려 경축해야 하니, 재앙의 별이 가고 복을 주는 별[복성(福星)[241]]이 왔구나." 태수가 기뻐하며 악공에게 "큰 잔치에서 올린 글은 누가 지은 것인가?"라고 하자 대답하였다. "본주에서 이전부터 관례로 이 시를 썼습니다."

楊叔寶典眉州, 視事後三日作大排, 樂人獻口語, 末句云. 爲報士民須慶賀, 災星去了福星來. 守喜謂優人曰, 大排致語, 誰做? 對曰, 本州自來舊例用此一首.[242]

추천하여 자신을 대신하게 하다.[거이자대(擧以自代)] 소하(蕭何)[243]가 병이 심해지자 혜제(惠帝)[244]가 직접 찾아가 문병하면서, "누가 그대를 대신할 만하겠소?"라고 묻자 대답하였다. "신하를 아는 것은 군주만한 이가 없습니다." 황제가 "조참이 어떻습니까?"라고 묻자 소하가 머리를 조아리며 말하였다. "폐하께서 적임자를 얻으셨습니다. 신은 죽어도 여한이 없겠습니다."

蕭何病, 惠帝自臨視問曰. 誰可代君? 對曰, 知臣莫如主. 帝曰, 曺參何如? 何頓首曰, 帝得之矣. 臣死不恨矣.[245]

병길(丙吉)[246]이 병이 심해지자 황제가 그를 대신할 만한 사람을 물었다. 병길이 "서하태수(西河太守) 두연년(杜延年)이 법도에 밝고 국가의 일을 잘 압니다. 정위(廷尉) 우정국(于定國)은 법을 집행하는 것이 자세하고 공평하여 천하 사람들이 스스로 억울하지 않다고 여깁니다. 태복(太僕) 진만년(陳萬年)은 계모를 모시는 것이 효성스럽고 성실합니다."라고 아뢰자 차례로 재상을 삼았다.

丙吉病, 上問可以自代者. 吉曰, 西河守杜延年, 明於法度, 曉國家事. 廷尉于定國, 執憲詳平, 天下自以爲不冤. 太僕陳萬年, 事後母孝謹. 相次用以爲相.[247]

제갈량(諸葛亮)이 매번 "장사(長史) 장완(蔣琬)[248]

平章事) 등을 역임하였다. 봉호(封號)가 기국공(沂國公)이다.

235. 이적(李廸): 송(宋) 복주(濮州) 출신으로 자가 복고(復古)이다. 집현전태학사(集賢殿大學士), 동평장사(同平章事) 등을 역임하였다.
236. 금표(錦標): 비단으로 만든 깃발로 우승자에게 주던 상품이었는데, 장원급제를 이르는 말로 쓰였다.
237. 금정(金鼎): 재상을 비유하는 말이다.
238. 《고금사문유취전집(古今事文類聚前集)·사진부(仕進部)》
239. 양숙보(楊叔寶): 내력이 자세하지 않다.
240. 대배(大排): 성대한 잔치를 여는 것을 가리킨다.
241. 복성(福星): 복을 주관한다는 목성(木星)을 가리킨다.
242. 《시화총구(詩話叢龜)·배우문(俳優門)》
243. 소하(蕭何): 진대(秦代) 말엽 사람으로 유방(劉邦)을 도운 개국공신이고 뒤에 상국(相國)에 봉해졌다.
244. 혜제(惠帝): 전한(前漢) 제2대 황제로 재위 기간은 BC 194-BC 188년이다.
245. 《사기(史記)·소상국세가(蕭相國世家)》
246. 병길(丙吉): 서한(西漢) 노국(魯國) 출신으로 자가 소경(少卿)이다. 선제(宣帝)를 잘 보좌하여 박양후(博陽侯)에 봉해졌고 승상(丞相)으로 승진되었다.
247. 《한서(漢書)·병길전(丙吉傳)》
248. 장완(蔣琬): 삼국시대 촉(蜀) 영릉(零陵) 출신으로 자가 공염(公琰)이다. 상서령(尚書令), 대사마(大司馬) 등을 역임하였다.

은 뜻을 지닌 것이 충성스럽고 아정하여 나와 함께 왕업을 도울 수 있는 사람이다."라고 말하곤 하였다. 몰래 후주에게 글을 올려 "만약 신이 죽으면 뒷일을 장완에게 맡기셔야 할 것입니다."라고 아뢰었다. 제갈량이 죽자 후주는 장완을 상서령(尙書令)에 임명하였다.

諸葛亮每言, 長史蔣琬, 託志忠雅, 當與吾共贊王業者也. 密表後主曰, 臣若不幸, 後事宜以付琬. 亮卒, 後主以琬爲尙書令.[249]

진식(陳寔)[250]은 한미한 집안 출신이었다. 종호(鍾皓)가 군공조(郡功曹)를 지내다가 사도부(司徒府)에 임용되어 하직하게 되자 태수가 "누가 그대를 대신할 만한 자이겠소?"라고 물었다. 종호가 "나으리께서 반드시 적임자를 얻고자 하신다면 서문정장(西門亭長)인 진식이 좋습니다."라고 아뢰었다. 진식이 그 말을 듣고 말하기를, "종군(鍾君)은 사람을 잘 못 보는 것 같다. 어찌 유독 나만을 아는지 모르겠다."라고 하였다. 태수가 마침내 진식을 공조로 삼았다.《한질기(漢質紀)》

陳寔出於單微. 鍾皓爲郡功曹, 辟司徒府, 臨辭, 太守問, 誰可代卿者? 皓曰, 明府必欲得其人, 西門亭長陳寔, 可. 寔聞之曰, 鍾君似不察人. 不知何獨識我. 太守遂以寔爲功曹.《漢質紀》[251]

주유(周瑜)[252]가 병이 위독해지자 상소를 올려 아뢰기를, "노숙(魯肅)[253]은 지략이 맡길 만합니다. 저를 대신하게 하기를 청합니다."라고 하였다.《노숙전(魯肅傳)》

周瑜病困, 上疏曰, 魯肅, 智略足任, 乞以代瑜.《肅傳》[254]

여몽(呂蒙)[255]이 도성에 이르자 손권(孫權)이 묻기를, "누가 그대를 대신할 만한 자이겠소?"라고 물었다. 여몽이 "육손(陸遜)은 재능이 중책을 맡을 만합니다."라고 대답하였다. 이에 육손을 불러 편장군우도독(偏將軍右都督)에 제수하여 여몽을 대신하게 하였다.《한헌기(漢獻紀)》

呂蒙至都, 權問, 誰可代卿者? 蒙對曰, 陸遜才堪負重. 乃召遜, 拜偏將軍右都督, 以代蒙.《漢獻紀》[256]

양호(羊祜)[257]가 병이 심해지자 두예(杜預)가 스스로 대신하였다.《진세조기(晉世祖紀)》

羊祜疾篤, 杜預自代.《晉世祖紀》[258]

왕단(王旦)[259]이 병이 오래도록 낫지 않자 황제가 명을 내려 견여(肩輿)로 궁중에 모시게 하였다. 이어 묻기를, "경이 만일 돌아가신다면 짐으로 하여금 천하의 일을 누구에게 맡기게 하겠소?"라고 하자 왕단이 힘들게 홀을 들어 아뢰었다. "신의 어리석음으로는 구준(寇準)[260]만한 이가 없다고 생각합니다." 진종

249. 《삼국지(三國志)·촉지(蜀志)·장완전(蔣琬傳)》
250. 진식(陳寔): 동한(東漢) 영천(潁川) 출신으로 자가 중궁(仲弓)이다. 호학(好學)으로 이름이 높았다.
251. 《후한기(後漢紀)·효환황제기(孝桓皇帝紀)》
252. 주유(周瑜): 삼국시대 오(吳) 서(舒) 출신으로 자가 공근(公瑾)이다. 건위중랑장(建威中郎將)으로 적벽대전을 승리로 이끌었다.
253. 노숙(魯肅): 삼국(三國) 오(吳) 임회(臨淮) 출신으로 자가 자경(子敬)이다. 횡강장군(橫江將軍)을 지냈다.
254. 《삼국지(三國志)·오지(吳志)·노숙전(魯肅傳)》
255. 여몽(呂蒙): 삼국(三國) 오(吳) 부파(富坡) 출신으로 자가 자명(子明)이다. 남군태수(南郡太守)를 지냈다.
256. 《삼국지(三國志)·오지(吳志)·육손전(陸遜傳)》
257. 양호(羊祜): 진(晉)나라 사람으로 자가 숙자(叔子)이다. 채옹(蔡邕)의 외손이자 사마사(司馬師)의 처남으로 무제(武帝) 때 도독형주제군사(都督荊州諸軍事)로 선정을 베풀어 백성들이 타루비(墮淚碑)를 세워 준 고사로 유명하다. 정남대장군(征南大將軍)이 되어 오(吳)를 멸망시킬 준비를 하다가 죽었으며 직위와 임무는 두예(杜預)에게 계승되었다.
258. 《진서(晉書)·세조기(世祖紀)》
259. 왕단(王旦): 송(宋) 대명(大名) 출신으로 자가 자명(子明)이다. 진종(眞宗) 때 명신(名臣)으로 벼슬이 태보(太保)에 이르렀고 위국공(魏國公)에 봉해졌다.
260. 구준(寇準): 송(宋)의 충신으로 자(字)는 평중(平仲)이다. 진종(眞宗) 때 거란이 남침하자 화친을 반대하고 적극 항전을 주장하였다. 뒤에 내국공(萊國公)에 봉해졌기 때문에 흔히 구래공(寇萊公)으로 불린다. 참지정사(參知政事), 급사중(給事中), 삼사사(三司使) 등을 역임하였다.

이 실망하여 잠시 있다가 "구준은 성품이 강직하고 편협하니 경은 다시 다른 사람을 생각해 보시오."라고 말하자 왕단이 아뢰었다. "다른 사람은 신이 잘 모르겠습니다." 왕단이 죽고 1년여 만에 결국 구준을 재상에 임명하였다.

王旦疾久不愈, 上命肩輿入禁中. 因命曰, 卿萬一有不諱, 使朕以天下事付之誰乎? 旦强擧笏曰, 以臣之愚, 莫如寇準. 上憮然有間曰, 準性剛偏, 卿更思其他. 旦曰, 他人臣不知也. 旦死歲餘, 卒用準爲相.[261]

한퇴 閑退[262]

· 한가로운 삶은 뜻을 기를 수 있고 《시경(詩經)》과 《서경(書經)》은 스스로 즐길 만하다.《양송전(梁竦傳)》
閑居可以養志, 詩書足以自娛.《梁踈[263]傳》[264]

· 지내면서 해야 할 것을 몰랐고 다니면서 가야 할 곳을 몰랐다. 음식을 먹으면서 기뻐하고 배를 두드리며 놀았다.《장자(莊子)》
居不知所爲, 行不知所之. 含哺而熙, 鼓腹而遊.《莊》[265]

그저 말로만 벼슬에서 물러나 한가롭겠다고 하다.[도언퇴한(徒言退閑)] 시인(詩人)들은 대개 관직을 버리고 은거생활을 추구하는 것을 고상하다 하고, 높은 벼슬자리의 부귀영화를 외적인 것이라고 이른다. 그러나 그 말을 제대로 실천에 옮길 수 있었던 사람이 드물었다. 그래서 위단(韋丹)[266]은 승려 영철(靈澈)과 형식에 구애되지 않는 우정을 맺고 영철에게 다음과 같은 시를 보냈다.

王事紛紛無暇日,	국사가 복잡하여 한가한 날이 없는데,
浮生冉冉只如雲.	덧없는 인생은 그저 구름 같이 흐르네.
已爲子午[267]歸休計,	이미 장형(張衡)처럼 돌아갈 계획을 세웠으니,
五老峯前必共論.	오로봉 앞에서 필시 함께 토론하게 될 것입니다

이에 영철이 화답한 다음과 같은 시가 있다.

年老心閑無外事,	나이 들어 마음 한가하니 외적인 일이 없고,
麻衣草坐只容身.	삼베옷과 풀방석에 그저 몸을 맡길 뿐.
相逢盡道休官去,	만나면 모두들 관직을 그만두고 떠난다고 하지만,
林下何曾見一人.	숲속에서 언제 한 사람인들 본 적이 있었던가.

이는 위단을 놀리는 말이었다.《운계우의(雲溪友議)》

詩人類以棄官歸隱爲高, 而謂軒冕榮貴爲外物. 然鮮有能踐其言者. 故韋丹與僧靈澈爲忘形之契. 寄澈詩云. 王事紛紛無暇日, 浮生冉冉只如雲. 已爲子午歸休計, 五老峯前必共論. 澈訓詩曰. 年老心閑無外事, 麻衣草坐只容身. 相逢盡道休官去, 林下何曾見一人. 蓋譏之也.《雲溪友議》[268]

---

261. 《송사(宋史)·왕단전(王旦傳)》
262. 한퇴(閑退): 벼슬에서 물러나는 것을 가리킨다.
263. 《유원총보》의 '踈'는 '竦'의 오자이다.[《후한서(後漢書)·양송전(梁竦傳)》]
264. 《후한서(後漢書)·양송전(梁竦傳)》
265. 《장자(莊子)·마제(馬蹄)》
266. 위단(韋丹): 당(唐) 경조(京兆) 출신으로 자가 문명(文明)이다. 여러 관직을 거치면서 선정(善政)을 편 것으로 유명하다.
267. 《유원총보》의 '子午'는 '平子'의 오류이다. 평자(平子)는 후한(後漢) 장형(張衡)의 자로, 경학과 천문에 정통하였고 태사령(太史令)과 상서(尙書), 시중(侍中) 등을 역임하였다.

또 조하(趙嘏)[269]가 이르기를, "조만간 대략 마음먹었던 일 끝나는 대로 물가로 돌아가 하나의 한적한 사람이 되리라."라고 하였는데, 만약 일상의 일이 끝나면 벼슬에 나아가고 싶은 마음이 더 치열해져 더욱 돌아갈 기약이 없게 된다. 왕이간(王易簡)[270]은 이르기를, "청산으로 갈 수 있다면 장차 돌아가겠지만 관직이 찾아온다면 다시 스스로 돌아올 것이다."라고 하였다. 이들이 어찌 잠시라도 높은 벼슬자리를 잊을 수 있었겠는가. 내가 일찍이 역사(驛舍)에서 어떤 사람이 벽에 써놓은 시를 본 적이 있는데 다음과 같았다. "생업을 도모하면서 만족하기를 기대한다면 언제 만족하겠는가. 늙기 전에 한가로움을 얻는 것이 바로 한가로움이라네." 내가 이 말을 깊이 음미하면서 그 정확한 표현에 감탄하였으나 실행에 옮기지 못 한 것이 부끄럽다. 이는 '어느날 관직을 제수하는 문서를 보면 3년 동안 닦았던 도심을 잃는(一日看除目, 三年損道心)'[271] 자와는 다르다.《둔제한람(遯齊閑覽)》

又趙嘏云, 早晩粗訓心事了, 水邊歸去一閑人. 若身事了, 則仕進之心益熾, 愈無歸期矣. 王易簡云, 靑山得去且歸去, 官職有來還自來. 是豈能須臾忘情於軒冕耶. 余嘗於驛舍見人題壁云. 謀生待足何時足, 未老得閑方是閑. 余深味其言, 服其精當, 而愧未能行也. 此與夫一日看除目, 三年損道心者, 異矣.《遯齊閑覽》[272]

두 용이 한가로이 머물다. [이룡한와(二龍閑臥)]

희녕(熙寧)[273] 4년에 신공(申公) 여공저(呂公著)[274]가 숭산(嵩山) 숭복궁(崇福宮)의 제거(提擧)로 낙양에 머물며 강절(康節) 소옹(邵雍)[275], 온공(溫公) 사마광(司馬光)[276] 등과 수시로 서로 왕래하였다. 신공(申公)은 말수가 적었는데 하루는 강절을 마주하고 길게 탄식하면서 "백성들이 명령을 감당하기 어렵겠습니다."라고 말하였다. 당시에 형공(荊公) 왕안석(王安石)이 권력을 쥐고 있었으며 신법(新法)을 밀고 나가는 자들이 새로 들어온 경박한 인사들이었기 때문이다. 강절이 말하기를, "왕안석이라는 자는 먼 지역 사람인데 그대와 사마광이 끌어주고 추천하여 이 지경에 이르렀으니 오히려 무슨 말을 하시겠습니까."라고 하자 신공이 일어나서 "저의 잘못입니다."라고 말하였다. [신종(神宗)] 10년 봄에 신공이 기용되어 하양(河陽)을 맡게 되자 사마광과 백순(伯淳) 정호(程顥)[277]가 복선사(福先寺)의 상동원(上東院)에서 전송연을 베풀었는데 강절은 병으로 오지 못하였다. 다음날 백순이 강절에게 말하였다. "사마광과 여공저가 연석에서 각각 출사와 은거에 대해 논변하기에 제가 다음과 같은 시로 해결해 주었지요."

二龍閑臥洛波清, 두 용이 한가로이 머물러 낙수의 물결이 맑더니,

---

268. 《운계우의(雲溪友議)·사귀은(思歸隱)》
269. 조하(趙嘏): 당(唐) 산양(山陽) 출신으로 자가 승우(承祐)이다. 위남위(渭南尉)를 지냈는데 시에 뛰어났다.
270. 왕이간(王易簡): 송초(宋初) 경조(京兆) 출신으로 자가 국보(國寶)이다. 소부(少傅)를 지냈다.
271. 당(唐) 요합(姚合)의 〈무공현에서 지은 시 30수(武功縣中作三十首)〉 가운데 제8수의 첫 연이다.
272. 《고금사문유취전집(古今事文類聚前集)·퇴은부(退隱部)》
273. 희녕(熙寧): 송(宋) 신종(神宗)의 연호(1068-1077)이다.
274. 여공저(呂公著): 송(宋) 수주(壽州) 출신으로 자가 회숙(晦叔)이고 봉호가 신국공(申國公)이며 시호가 정헌공(正獻公)이다. 상서우복야겸중서시랑(尙書右僕射兼中書侍郎)을 역임하였다.
275. 소옹(邵雍): 송(宋) 범양(范陽) 출신으로 자가 요부(堯夫)이고 시호가 강절(康節)이다. 이정지(李挺之)에게서 도가(道家)의 도서선천상수(圖書先天象數)의 학을 배웠고, 신비적인 수리 학설을 세워 역학(易學)의 대가가 되었다. 대표적인 저서로 《황극경세서(皇極經世書)》, 《관물편(觀物篇)》, 《선천도(先天圖)》, 《이천격양집(伊川擊壤集)》 등이 있다.
276. 사마광(司馬光): 송(宋) 섬주(陝州) 출신으로 자가 군실(君實)이다. 한림겸시독학사(翰林兼侍讀學士), 좌복야(左僕射) 등을 역임하였고 《자치통감(資治通鑑)》을 편찬하였다. 사후에 온국공(溫國公)에 봉해졌기 때문에 온공(溫公)으로 칭해진다.
277. 정호(程顥): 송(宋) 낙양(洛陽) 출신으로 자가 백순(伯淳)이다. 명도선생(明道先生)으로 불린다. 태자중윤(太子中允), 감찰어사(監察御史) 등을 역임하였고, 동생인 정이(程頤)와 함께 도학(道學)의 대가로 유명하다.

此日都門獨餞行. 오늘 도성의 문에서 홀로 전송하네.
願得賢人均出處, 현자를 만나 출사와 은거를 함께 하기를 바랐는데,
始知深意在蒼生. 비로소 깊은 뜻이 창생(蒼生)에 있음을 알았네.

신공이 하양(河陽)을 다스린 지 1년여 만에 부름 받아 추밀부사(樞密副使)에 제수되었다. 철종(哲宗)[278]이 즉위하자 좌승(左丞)에 제수되었다가 문하시랑(門下侍郎)으로 승진하여 온공과 함께 재상이 되니 원우(元祐)[279] 연간에는 백순이 지었던 시의 내용처럼 되었다.

熙寧四年, 呂申公以提擧嵩山崇福宮居洛, 與康節·溫公時相往來. 申公寡言, 一日對康節長嘆曰, 民不堪命矣. 時荊公用事, 推行新法者, 皆新進險薄之士故也. 康節曰, 王介甫者, 遠人, 公與君實引薦至此, 尙何言哉. 公作曰, 公著之罪也. 十年春公起知河陽, 溫公·程伯淳餞於福先寺上東院, 康節以病不赴. 明日伯淳語康節曰, 君實與晦叔席上各辨論出處, 顥以詩解之曰. 二龍閑臥洛波淸, 此日都門獨餞行. 願得賢人均出處, 始知深意在蒼生. 申公鎭河陽, 歲餘召拜樞密副使. 哲宗卽位, 拜左丞, 遷門下侍郎, 與溫公竝相, 元祐如伯淳之詩云.[280]

관원과 수행원을 물리치다. [사관병종(辭官屛從)]

온공(溫公) 사마광(司馬光)이 서경유대(西京留臺[281]) 일 때에 매번 출행할 때마다 전구(前驅)[282]가 삼절(三節)[283]에 불과하였고 뒤따르는 관원이나 궁사(宮祠)[284]들이 말을 타면서 간혹 덮개도 펼치지 않아 직접 부채를 들고 해를 가렸다. 정이천(程伊川)이 "공께서 출행하실 때 따르는 기마가 없으면 도시의 사람들이 알아보지 못하여 혹시 불편한 일이 있을 수 있습니다."라고 하자 공이 "나는 오직 사람들이 몰라보기를 구할 뿐이오."라고 말하였다. 왕안석이 종산(鍾山)에 있을 때 오직 노새만을 타고 다녔다. 어떤 사람이 그의 하인에게 가마로 모실 것을 권하자 공이 정색을 하며 말하기를, "자고로 왕공(王公)과 귀인(貴人)들이 비록 무도했더라도 일찍이 사람으로 가축을 대신하게 하지는 않았다."라고 하였다.《문견록(聞見錄)》

司馬溫公爲西京留臺, 每出, 前驅不過三節, 後官·宮祠乘馬, 或不張蓋, 自持扇障日. 程伊川謂曰, 公出無從騎, 市人或不識, 有未便者. 公曰, 某惟求人不識耳. 王荊公居鍾山, 惟乘驢. 或勸其令人肩輿, 公正色曰, 自古王公貴人雖不道, 未嘗敢以人代畜也.《聞見錄》[285]

문을 닫고 자신을 지키다. [폐문자보(閉門自保)]

풍연(馮衍)[286]은 자가 경통(敬通)이다. 외척(外戚)과 교류한 것 때문에 죄를 얻자 서쪽으로 고향에 돌아가 문을 닫고 자신을 지키면서 감히 친구들과도 소통하지 않았다.

馮衍, 字敬通, 以交結外戚得罪, 西歸故里, 閉門自保, 不敢與親故通.[287]

가을바람에 수레를 준비시키다. [추풍명가(秋風命駕)]

진(晉) 장한(張翰)[288]이 제왕(齊王)[289]의 속관일 때에

---

278. 철종(哲宗): 송(宋) 제7대 황제로 재위 기간은 1086-1100년이다.
279. 원우(元祐): 송(宋) 철종(哲宗)의 연호(1086-1093)이다.
280. 송(宋) 소백온(邵伯溫)《문견록(聞見錄)》 권12.
281. 유대(留臺): 임금이 순행(巡行)하거나 친정(親征)할 때 임시로 수도를 관할하는 벼슬이다. '유도(留都)', '유수(留守)'라고도 한다.
282. 전구(前驅): 행렬의 앞에 서는 선두 부대를 가리킨다.
283. 삼절(三節): 수행원의 단계를 가리킨다.
284. 궁사(宮祠): 이궁과 별관, 또는 그곳의 관원을 가리킨다.
285. 송(宋) 소백온(邵伯溫)《문견록(聞見錄)》 권11.
286. 풍연(馮衍): 후한(後漢) 경조(京兆) 출신으로 자가 경통(敬通)이다. 곡양령(曲陽令), 사례종사(司隷從事) 등을 역임하였다.
287. 《후한서(後漢書)·풍연전(馮衍傳)》

가을바람이 일자 (고향의) 고채(菰菜)와 순채국·농어회가 생각나 마침내 수레를 준비시켜 귀향하였다. 얼마 뒤 사마경이 패배하였다.

晉張翰爲齊王椽, 秋風思菰菜·蓴·鱸, 遂命駕歸. 俄而冏敗.290

〈수초부(遂初賦)〉를 짓다.[작수초부(作遂初賦)]

진(晉) 손작(孫綽)291은 자가 흥공(興公)이다. 회계(會稽)에 머물며 10여 년 동안 산수를 유람하였고 〈수초부(遂初賦)〉를 지어 뜻을 드러내었다.

晉孫綽, 字興公. 居會稽, 遊放山水十餘年, 作遂初賦以見志.292

〈기우가(騎牛歌)〉를 짓다.[작기우가(作騎牛歌)]

유환(劉渙)293은 자가 응지(凝之)이다. 강직하여 윗사람에게 굽히지 않다가 관직을 버리고 여산(廬山)의 남쪽으로 귀향하였다. 노래를 지어, "내가 소를 타고 다닌다고 그대여 비웃지 마소. 모든 일을 내가 좋아하는 대로 따르리."라고 하였다. 백시(伯時) 이공린(李公麟)294이 그를 위해 〈기우도(騎牛圖)〉를 그려 주었다. 구양수(歐陽修)는 유환과 같은 해에 진사시험에 합격하였는데 그의 절조를 높이 여겨 〈여산고(廬山高)〉라는 시를 지어 그를 찬미하였다. 여산에서 30여 년을 살다가 죽었는데 황산곡이 그의 초상에 절을 하고 다음과 같은 시를 지었다.

棄官淸穎尾,	관직을 버린 뒤 사는 곳은 맑은 영수(潁水)가이고,
買田落星灣.	밭을 산 곳은 낙성만(落星灣)이라네.
身在菰蒲中,	몸은 초야에 있지만,
名滿天地間.	이름은 천지 사이에 가득하네.
誰能四十年,	누가 40년 동안
保此淸靜退.	이런 청정한 은거를 지킬 수 있겠나.
往來澗谷中,	계곡 안을 오가는데,
神光射牛背.	신령스런 광채가 소의 등에 비치네.

劉渙, 字凝之, 剛直不屈於上位, 棄官歸家於廬山之陽. 作歌曰, 我騎牛, 君莫笑. 萬事從吾好. 李伯時爲畫騎牛圖. 歐陽公與渙爲同年進士, 高其節, 作廬山高以美之. 居廬山三十餘年而終, 山谷拜其像, 賦詩云. 棄官淸穎尾, 買田落星灣. 身在菰蒲中, 名滿天地間. 誰能四十年, 保此淸靜退. 往來澗谷中, 神光射牛背.295

반우암(飯牛庵) 송(宋) 정수(鄭脩)296가 양주(梁州)를 다스리다가 노년[인년(引年)297]이 채 되기도 전에 갑자기 사직하고 귀향하였다. 머무는 초가에, '반우암(飯牛庵)'이라고 편액을 적었다.

宋鄭脩知梁州, 未及引年, 翻然而歸. 所居結茅, 扁曰飯牛庵.298

봄을 간직한 동산[장춘오(藏春塢)] 송(宋) 조약(刁約)299은 자가 경순(景純)이다. 구양수(歐陽修)와 함

---

288. 장한(張翰): 서진(西晉) 오군(吳郡) 출신으로 자가 계응(季鷹)이다. 박학(博學)하였고 글에 능하였다.
289. 제왕(齊王): 진(晉) 종실로 문제(文帝) 사마(司馬)의 손자 사마경(司馬冏)이다. 혜제(惠帝) 때 권력 투쟁을 벌여 국력을 쇠퇴시킨 '팔왕(八王)' 중의 한 사람이다.
290. 《진서(晉書)·장한전(張翰傳)》
291. 손작(孫綽): 진(晉) 태원(太原) 출신으로 자가 흥공(興公)이다. 경안령(景安令), 정위경(廷尉卿) 등을 역임하였다.
292. 《진서(晉書)·손작전(孫綽傳)》
293. 유환(劉渙): 송(宋) 균주(筠州) 출신으로 자가 응지(凝之)이다. 영상령(潁上令)을 역임하였으나 세속과 맞지 않아 여산(廬山)에 은거하였다.
294. 이공린(李公麟): 송(宋) 서주(舒州) 출신으로 자가 백시(伯時)이다. 중서문하후성산정관(中書門下後省刪定官)을 역임하였다. 시를 잘 지었으며 특히 그림에 조예가 깊어 송대 제일 화가로 손꼽힌다.
295. 《송사(宋史)·유서전(劉恕傳)》
296. 정수(鄭脩): 송(宋)나라 사람으로 양주군지군사(梁州軍知軍事)를 지냈다.
297. 인년(引年): 나이 많은 어진이를 잘 받드는 일을 가리킨다. 나이가 들어 벼슬을 사양하는 것을 뜻하는 말로도 쓰인다.
298. 《산당사고(山堂肆考)·치사(致仕)》
299. 조약(刁約): 송(宋)나라 사람으로 자가 경순(景純)이다. 관각교리(館閣校理)를 지냈다.

께 관각(館閣)[300]에서 근무하였는데 호연(浩然)히 산림에 은거하려는 뜻이 생겨 갓을 벗어 걸어 놓고 윤주(潤州)로 돌아와 정원을 만들고 '봄을 간직한 동산[장춘오(藏春塢)]'이라고 이름을 지었다. 소동파가 시를 지어 주었는데 다음과 같다.

白首歸來種萬松,	백발로 돌아와 만 그루 소나무를 심고서,
待看千尺舞春風.	천 척으로 자라 봄바람에 춤추는 것을 보려 하시네.
年抛造化甄陶[301]外,	세월을 조화옹의 조화 밖으로 던져 버리니,
春在先生杖屨中.	봄은 선생의 지팡이와 신발 안에 있구나.

宋刁約, 字景純. 與歐公同在館閣, 浩然有山林志, 桂冠而歸潤州, 築園號藏春塢. 坡公贈詩曰. 白首歸來種萬松, 待看千尺舞春風. 年抛造化甄陶外, 春在先生杖屨中.[302]

집안일을 아들에게 맡기다.[가사부아(家事付兒)]

송(宋) 유안(幼安) 신기질(辛棄疾)[303]은 이름이 기질(棄疾)이고 호가 가헌거사(稼軒居士)이다. 영종(寧宗)[304] 시절에 몸 바쳐 일하다가 용퇴한 뒤 집안일을 모두 아들에게 맡겼다. 〈서강월(西江月)〉이란 사를 한 수 지었는데 다음과 같다.

萬里雲烟忽過,	만 리에 구름과 안개 홀연 지나듯이,
一身蒲柳先衰.	이 한 몸 갯버들처럼 먼저 시들었구나.
而今何事最相宜,	이제 무슨 일이 가장 적당할까 하니,
宜醉宜遊宜睡.	술에 취하고 놀러 다니고 잠을 자야지.
早起催科了納,	아침에 일어나 독촉 받던 세금 다 내고,
更量出入收支.	다시 수입과 지출을 헤아려 보네.
乃翁依舊管些兒,	이 늙은이가 여전히 이런 일들 돌보지만,
管竹管山管水.	대나무를 돌보고 산을 돌보고 물을 돌봐야 하리."

宋辛幼安, 名棄疾, 號稼軒居士. 寧宗朝奉身勇退, 悉以家事付兒曹. 作西江月一首. 萬里雲烟忽過, 一身蒲柳先衰. 而今何事最相宜, 宜醉宜遊宜睡. 早起催科了納, 更量出入收支. 乃翁依舊管些兒, 管竹管山管水.[305]

치사 致仕[306]

· 70세를 '늙었다'라 하며 (집안일을 자식에게) 전한다. 주(注)의 기록이다. 집안일을 전하여 자식에게 맡기는 것이다.《예기(禮記)》

七十曰老, 而傳. 注. 傳家事任子孫.《禮》[307]

· 대부는 70세가 되어 벼슬을 그만두는데, 만약 (사직을) 허락할 수 없다면 반드시 그에게 안궤와 지팡이

300. 관각(館閣): 당송 때 도서의 관리와 국사 편찬 등 학문을 관장하던 소문관(昭文館), 사관(史館), 집현원(集賢院)이나 여러 장서각(藏書閣)에 대한 총칭이다.
301. 견도(甄陶): 진흙을 구워 도자기를 빚는 것을 뜻하는 말로 자연의 조화를 비유한다.
302. 《산당사고(山堂肆考)·치사(致仕)》
303. 신기질(辛棄疾): 남송(南宋)의 정치가이자 사인(詞人)으로 자가 유안(幼安)이고 호는 가헌(稼軒)이다. 금(金)의 압박에 대한 격정을 많이 읊은 애국시인이다.
304. 영종(寧宗): 남송(南宋) 제4대 황제로 재위 기간은 1195-1224년이다.
305. 《산당사고(山堂肆考)·사진(仕進)》
306. 치사(致仕): 관직에서 물러나는 것을 가리킨다. '치사(致事)', '치정(致政)'이라고도 한다.
307. 《예기(禮記)·곡례상(曲禮上)》

를 하사한다.〈상동〉

大夫七十而致事, 若不得謝[308], 則必賜之几杖.〈同〉[309]

· 70세에도 덕이 있으면 군주는 물러나는 것을 허락하지 않는다.《예소(禮疏)》

七十有德, 君不許致仕.《禮疏》[310]

· 공이 완성되고 명성이 이루어지면 자신은 물러나는 것이 하늘의 도이다.《노자(老子)》

功成名遂, 身退, 天之道也.《老子》[311]

· 관직에서 비녀[잠(簪)[312]]를 벗고 사가(私家)에 돌아와 지팡이를 짚네.〈적양공표(狄梁公[313]表)〉

脫簪公府, 歸杖私門. 狄梁公[314]

· 집을 옮기니 청산(青山)이 깊지 않을까가 걱정이고 안석에 기대니 그저 하루해가 긴것을 알겠네.[사경산(謝景山)[315]]

移家尚恐青山淺, 隱几惟知白日長. 謝景山[316]

· 천 겹의 파도 속에서 물결 따라 나왔고 백 척의 장대 끝에서 험난함을 겪었네. 송공서(宋公序)[317]

千重浪裏隨流出, 百尺竿頭試險回. 宋公序[318]

기해(祁奚)[319]가 사직을 청[청로(請老)[320]]하다.[기해청로(祁奚請老)] 기해가 진(晉) 중군위(中軍尉)로 있다가 사직을 청하고 아들 기오(祁午)를 추천하여 대신하게 하였다.

祁奚爲晉中軍尉, 請老, 擧子午代之.[321]

장양(張良)[322]이 병을 핑계대다.[장양칭병(張良稱病)] 장양(張良)은 세속의 일을 버리고 적송자(赤松子)[323]를 따라 노닐고자 하였다.

張良願棄人間事, 從赤松子遊.[324]

두 소(疏)씨가 늙어 벼슬에서 물러나다.[이소귀로(二疏[325]歸老)] 소광(疏廣)은 조카 소수(疏受)와 함께 사직을 청하고[걸해(乞骸)[326]] 돌아갔다.

疏廣與兄子受, 乞骸而歸.[327]

---

308. 사(謝): 허락하다, 윤허하다.
309. 《예기(禮記)·곡례상(曲禮上)》
310. 《예기(禮記)·곡례상(曲禮上)》 소(疏)
311. 《노자(老子)·제9장》에는, "功成身退, 天之道"로 되어 있다.
312. 잠(簪): 갓을 고정하는 비녀이다.
313. 적양공(狄梁公): 당(唐) 적인걸(狄仁傑)의 시호가 양공(梁公)이다. 측천무후(則天武后)에게 직간(直諫)을 하였고 요숭(姚崇) 등 유능한 선비를 천거하여 왕실의 회복과 수호에 힘썼다. 연국공(燕國公)에 봉해졌다.
314. 《고금사문유취전집(古今事文類聚前集)·퇴은부(退隱部)》
315. 사경산(謝景山): 송(宋) 천주(泉州) 출신의 사백경(謝伯景)으로 자가 경산(景山)이다. 허주법조(許州法曹)를 지냈는데 시문(詩文)에 뛰어났다.
316. 《고금사문유취전집(古今事文類聚前集)·퇴은부(退隱部)》
317. 송공서(宋公序): 송(宋) 안륙(安陸) 출신의 송상(宋庠)으로 자가 공서(公序)이다. 병부시랑(兵部侍郎), 동평장사(同平章事), 추밀사(樞密使) 등을 역임하였다.
318. 《고금사문유취전집(古今事文類聚前集)·퇴은부(退隱部)》
319. 기해(祁奚): 춘추(春秋)시대 진(晉)나라의 대부(大夫)로 공평무사한 인재 천거로 이름이 높았다.
320. 청로(請老): 관리가 벼슬에서 물러나기를 청하는 것을 가리킨다.
321. 《춘추좌전(春秋左傳)·양공(襄公)·3년》
322. 장양(張良): 한(漢)나라 사람으로 자가 자방(子房)이다. 한 고조를 도와 진(秦)과 초(楚)를 평정하고 유후(留侯)에 봉해졌다.
323. 적송자(赤松子): 적송산(赤松山)에 들어가 도를 닦은 뒤 백성들을 재난에서 구해 주었다고 하는 신선(神仙) 이름이다.
324. 《사기(史記)·유후세가(留侯世家)》
325. 이소(二疏): 서한(西漢)의 동해(東海) 출신인 소광(疏廣)과 소수(疏受)이다. 소광(疏廣)은 태자태부(太子太傅)로, 소수(疏受)는 태자소부(太子少傅)로 있다가 물러났다.
326. 걸해(乞骸): '고향에 뼈를 묻을 수 있게 해 달라고 간청한다'는 의미에서 황제에게 사직을 요청할 때 쓰는 겸사(謙辭)이다. 유사한 의미로 '걸귀(乞歸)', '걸병(乞病)', '걸사(乞祠)', '걸신(乞身)', '걸양(乞養)', '걸퇴(乞退)', '걸휴(乞休)' 등 다양한 표현이 있다.

만석군(萬石君)[328]이 고향에 돌아가 여생을 보내다.[만석귀로(萬石歸老)] 만석군이 대부의 벼슬로 있다가 고향에 돌아가 여생을 보냈다. 명절에는 궁궐에 찾아가 반드시 수레에서 내려 종종걸음으로 걸었고 황제의 수레[노마(路馬)[329]]를 보면 반드시 예를 표했다.

萬石君以大夫祿, 歸老于家. 以歲時過宮闕, 必下車趨, 見路馬, 必式焉.[330]

중요한 안건에 매번 자문하다.[대의매자(大議每咨)] 교동왕(膠東王)의 승상인 동중서(董仲舒)[331]는 늙고 병이 들자 벼슬을 그만두었다. 조정에서는 매번 중요한 안건이 있으면 자주 정위(廷尉) 장탕(張湯)을 파견하여 직접 누추한 골목까지 찾아가 득실에 대해 묻게 하였다. 이에 《춘추결옥(春秋決獄)》 232항목을 지었으며 항상 경(經)으로 응대하였다.

膠東相董仲舒, 老病致仕. 朝廷每有大議, 數遣廷尉張湯親至陋巷, 問其得失. 於是作春秋決獄二百三十二事, 動以經對.[332]

수레를 걸어 놓아 영예로 삼다.[현거위영(懸車爲榮)] 설광덕(薛廣德)[333]이 사직을 청하였는데, 원제(元帝)[334]가 안거(安車)[335]와 네 마리 말을 하사하였다. 패(沛)로 돌아가자 안거를 걸어 놓고 영예로 삼아 자손들에게 물려주었다.

薛廣德乞骸骨, 賜安車·駟馬. 歸沛, 懸安車以爲榮, 傳之子孫.[336]

일로 수고롭게 한 것을 안타까워하다.[민로이사(愍勞以事)] 공승(龔勝)[337]과 병한(邴漢)[338]이 함께 사직을 요청하자 조서를 내려 "옛날에는 담당관이 나이가 이르면 벼슬을 그만두었는데 이제 두 대부가 나이가 이르렀도다. 짐은 관직의 일로 대부들을 수고롭게 한 것이 안타깝다."라고 말하였다.

龔勝·邴渙[339]乞骸骨, 詔古者有司年至, 則致仕, 今大夫年至矣. 朕愍以官職之事, 勞大夫.[340]

신무문(神武門)[341]에 갓을 걸다.[괘관신무(掛冠[342]神武)] 도홍경(陶弘景)[343]이 사촌형에게 서신을 보

---

327. 《한서(漢書)·소광전(疏廣傳)》
328. 만석군(萬石君): 서한(西漢) 하내(河內) 출신으로 이름이 석분(石奮)이고 만석군(萬石君)은 별호이다. 한(漢) 고조(高祖)를 모셨고 태중대부(太中大夫)를 역임하였는데 공근(恭謹)한 인품으로 이름이 있었다. 그의 네 아들이 모두 봉록이 이천석인 벼슬에 올라 부자지간의 봉록이 도합 만석에 달한 데서 유래하였다.
329. 노마(路馬): 황제의 수레를 끄는 말, 나아가 황제의 수레를 가리킨다.
330. 《사기(史記)·만석군전(萬石君傳)》
331. 동중서(董仲舒): 서한(西漢)의 경학가(經學家)이다. 한 무제에게 건의하여 유학(儒學)을 통치이념으로 채택하도록 하였다. 《춘추(春秋)》에 뛰어났고 경제(景帝) 시절에 박사가 되었다. 많은 저술 중에 유명한 것이 《춘추번로(春秋繁露)》이다.
332. 《후한서(後漢書)·응소전(應劭傳)》
333. 설광덕(薛廣德): 서한(西漢) 패군(沛郡) 출신으로 자가 장경(長卿)이며 《노시(魯詩)》를 공부했다. 간대부(諫大夫), 어사대부(御史大夫) 등을 거쳤으며 삼공(三公)이 되어서는 직언으로 간쟁하였다.
334. 원제(元帝): 서한(西漢) 제9대 황제로 재위 기간은 BC 48-BC 33년이다.
335. 안거(安車): 연로한 고관이나 귀부인이 편히 탈 수 있게 제작한 수레이다.
336. 《한서(漢書)·설광덕전(薛廣德傳)》
337. 공승(龔勝): 한(漢) 초국(楚國) 출신으로 자가 군빈(君賓)이다. 간대부(諫大夫), 발해태수(渤海太守) 등을 역임하였다.
338. 병한(邴漢): 한(漢) 낭야(琅邪) 출신으로 자가 유군(游君)이다. 경조윤(京兆尹), 태중대부(太中大夫) 등을 역임하였다.
339. 환(渙): 《유원총보》의 '渙'은 '漢'의 오자이다.
340. 《한서(漢書)·공승전(龔勝傳)》
341. 신무문(神武門): 남조(南朝) 때 세운 건강궁(建康宮)의 서문 이름이다.
342. 괘관(挂冠): 갓을 걸어 놓다. 전한 때 봉맹(逢萌)이 왕망(王莽)의 신하가 되는 것이 싫어 낙양(洛陽) 성문에 의관(衣冠)을 걸어 놓고 떠났다는 고사에서 유래하여 벼슬을 그만두는 것을 비유한다.
343. 도홍경(陶弘景): 남조(南朝)시대 제(齊)·양(梁) 간 사람으로 자가 통명(通明)이다. 은거하면서 도술(道術)을 익혔고 본초학(本草學)에 관심을 가져 《본초경집주(本草經集注)》를 펴냈다. 양(梁) 소연(蕭淵)의 자문에 응해 '산중재상(山中宰相)'의 칭호를 얻었다.

내 "옛날에 벼슬할 때 나이 사십 전후에 상서랑이 된 뒤 관직을 그만두고 은거하리라 기약하였습니다. 이제 나이 서른여섯이 되어 막 봉조청(奉朝請)[344]이 되고 보니 사직할 때[두로(頭顱)[345]]임을 알겠습니다." 라고 하였다. 마침내 신무문에 갓을 걸고 상소문을 올려 벼슬을 사직하였다.

陶弘景與從兄書, 曰昔仕宦, 期四十左右作尙書郞, 投簪高邁. 今三十六, 方奉朝請, 頭顱可知. 遂掛冠神武門, 上表辭祿.[346]

평민 신분의 상서[백의상서(白衣尙書)] 정균(鄭均)[347]이 상서(尙書)로 있다가 병으로 사직을 청하자 의랑(議郞)[348]에 제수하여 돌아가게 하였다. 황제가 순행하다가 임성(任城)을 들려 정균의 집에 행차하였고 죽을 때까지 상서의 녹봉을 지급하라는 칙명을 내리자 (사람들이) '평민 신분의 상서[백의상서(白衣尙書)]'라고 불렀다.

鄭均爲尙書, 以病乞骸骨, 拜議郞以歸. 帝巡過任城, 乃幸均舍, 勅賜尙書祿以終身, 號爲白衣尙書.[349]

각건(角巾)[350]을 쓰고 집으로 돌아가다.[각건귀제(角巾歸第)] 양호(羊祜)[351]가 동생 양수(羊琇)에게 서신을 보내 "이미 변방의 일을 안정시켰으니 각건을 쓰고 동쪽 길로 나서리라. 고향으로 돌아가거든 관 하나 묻을 만한 땅을 구해야겠다. 가난한 선비[백사(白士)[352]]로 막중한 자리를 차지했으니 어찌 가득함 때문에 책망을 받지 않을 수 있겠느냐."라고 하였다.

羊祜與弟琇書曰, 旣定邊事, 當角巾東路. 歸故里, 爲容棺之墟. 以白士而居重位, 何能不以盛滿受責乎.[353]

종이 울렸고 물시계도 다 되다.[종명누진(鍾鳴漏盡)] 전예(田豫)[354]가 벼슬에서 물러나겠다고 청하며 "나이가 70이 넘어서도 지위에 있는 것은 비유하자면 종도 울렸고 물시계도 다 됐는데 밤에 다니면서 쉬지 않는 것과 같으니 이는 죄인입니다."라 말하고는 마침내 병을 핑계 대었다.

田豫乞遜位曰, 年過七十, 而以位居, 譬猶鍾鳴漏盡, 而夜行不休, 罪人也. 遂稱疾.[355]

향산사(香山社)를 결성하다.[결향산사(結香山社)] 백거이(白居易)[356]가 형부상서(刑部尙書)로 벼슬을 그만두고 이도리(履道里)에 머물면서 향산(香山)의 스님 여만(如滿)과 향산사(香山社)를 결성하고 자칭

---

344. 봉조청(奉朝請): 퇴직한 대신이나 황실의 외척이 정기적으로 조회에 참여하는 데에서 유래한 벼슬 이름이다. 남북조(南北朝) 때는 일정한 직책이 없는 산관(散官)이었고 당송 때는 조청대부(朝請大夫)라고 하였다.
345. 두로(頭顱): 해골. 노년, 은퇴를 비유한다. '걸해골(乞骸骨)'의 뜻과 같다.
346. 《고금사문유취전집(古今事文類聚前集)·퇴은부(退隱部)》
347. 정균(鄭均): 후한(後漢) 동평(東平) 출신으로 자가 중우(仲虞)이다. 상서(尙書)와 의랑(議郞) 등을 역임하였다.
348. 의랑(議郞): 한나라 때 광록훈(光祿勳) 소속의 낭관(郞官)으로 자문에 응하고 인재를 초빙하는 업무를 맡아 보던 벼슬 이름이다.
349. 《후한서(後漢書)·정균전(鄭均傳)》
350. 각건(角巾): 모난 두건으로 주로, 은사가 써서 은사 또는 은거하는 것을 가리킨다.
351. 양호(羊祜): 진(晉)나라 사람으로 자가 숙자(叔子)이다. 도독형주제군사(都督荊州諸軍事)로 선정을 베풀어 백성들이 타루비(墮淚碑)를 세워준 고사로 유명하다. 정남대장군(征南大將軍)이 되어 오(吳)를 멸망시킬 준비를 하다가 죽었으며 직위와 임무는 두예(杜預)에게 계승되었다.
352. 백사(白士): 가난한 선비, 청빈한 서생을 이르는 말이다.
353. 《진서(晉書)·양호전(羊祜傳)》
354. 전예(田豫): 삼국(三國) 위(魏) 어양(漁陽) 출신으로 자가 국양(國讓)이다. 병주자사(幷州刺史), 태중대부(太中大夫) 등을 역임하였다.
355. 《삼국지(三國志)·위지(魏志)·전예열전(田豫列傳)》
356. 백거이(白居易): 당(唐) 화주(華州) 출신으로 자가 낙천(樂天)이다. 한림학사(翰林學士), 형부상서(刑部尙書), 강주사마(江州司馬), 항주자사(杭州刺史), 소주자사(蘇州刺史) 등을 역임하였으나 만년에는 낙양(洛陽)의 향산(香山)에 은거하여 시와 술로 소일했다. 자호를 향산거사(香山居士)라 하였다.

'향산거사'라고 하였다. 용문(龍門)의 팔절탄(八節灘)을 뚫어 노닐고 감상하는 즐거움으로 삼았다.

白居易以刑部尚書致仕, 居履道里, 與香山僧如滿, 結香山社, 自稱香山居士. 鑿龍門八節灘爲遊賞之樂.[357]

삼휴정(三休亭)을 짓다.[작삼휴정(作三休亭)] 사공도(司空圖)[358]가 중조산(中條山) 왕관곡(王官谷)에서 지냈는데 조상의 전답이 있어 마침내 은거하여 나오지 않았다. 정자를 짓고 이름을 '삼휴정(三休亭)'이라 하고 "재주를 헤아려 보니 첫째도 쉬어야 하고 분수를 헤아려보니 둘째도 쉬어야 하며, 늙어서 눈이 침침하니 셋째도 쉬어야 한다."라고 말하였다. 자호를 내욕거사(耐辱居士)라고 하였다. 소종(昭宗)[359] 시기에 조서로 부름받아 입궐하여 알현하였으나 일부러 노쇠하고 거친 체하면서 홀을 떨어뜨리고 예의를 갖추지 않아 풀려나 산으로 돌아왔다.

司空圖居中條山王官谷, 有先人田, 遂隱不出. 作亭, 名曰三休, 曰量才一宜休, 揣分二宜休, 耄而聵三宜休. 自號耐辱居士. 至昭宣帝時, 詔徵入見, 陽爲衰野, 墮笏失儀, 放還山.[360]

소달구지를 타고 돌아가다.[승우거귀(乘牛車歸)] 태위(太尉)인 원탁(元卓) 이함(李咸)[361]이 늙음을 이유로 사직을 청하였다. 허락을 받자 하사받은 물건을 모두 반납하고 낡은 소달구지를 타고 아들에게 몰게 하였다. 새벽에 도성을 출발하니 백관들이 좇아 나와 전송하려고 길을 메웠지만 만날 수 없었다. 집이 예전부터 가난하고 좁아 초가에 가리고 살았지만 이함은 고고하고 확고하였다. 태위(太尉)에 제수되었을 때 검소하게 지내며 아랫사람들을 이끌었다. 항상 껍질만 벗긴 쌀을 먹고 간장과 채소를 반찬으로 할 뿐이었다. 진번(陳蕃)[362]과 같은 시대 사람이다.

太尉李咸元卓以老乞骸骨. 見許, 悉還所賜物, 乘敝牛車, 使子男御. 晨發京師, 百寮追送盈塗, 不能得見. 家舊貧狹, 庇蔭草廬, 咸孤特自立. 拜太尉, 約身率下, 常食脫粟, 飯醬菜而已. 與陳蕃同時.[363]

말을 타고 저자로 들어가다.[과사입시(跨駟入市)] 두우(杜佑)[364]가 사도(司徒)일 때에 일찍이 말하기를, "벼슬을 그만둔 뒤에는 반드시 말[소사(小駟)[365]]을 사서 배불리 먹은 뒤에 그것을 탄 채 거친 베로 만든 옷을 입고 저자에 들어가 반령으로 연주하는 인형극[반령괴뢰(盤鈴傀儡)[366]]을 구경한다면 좋겠다."라고 하였다. 뒤에 벼슬을 그만두고 과연 자신의 생각을 실행하자 간관이 상소하여 "삼공은 저자에 들어가면 안 됩니다."라고 하자 공이 말하기를, "나의 계획 중에 있던 일이오."라고 하였다.《우석가화(禹錫嘉話)》

杜佑爲司徒, 嘗言, 致仕之後, 必買小駟, 飽食訖, 跨之, 著麄布襴衫, 入市看盤鈴傀儡, 卽足矣. 後致仕, 果行其志, 諫官上疏言, 三公不合入市. 公曰, 在吾計中矣. 《禹錫嘉話》[367]

---

357. 《고금사문유취전집(古今事文類聚前集)·퇴은부(退隱部)》
358. 사공도(司空圖): 당(唐) 하중(河中) 사람으로 자가 표성(表聖). 예부원외랑(禮部員外郞)·중서사인(中書舍人)을 역임했다. 당의 애제(哀帝)가 피살되었다는 말에 절식(節食)하고서 죽었다.
359. 소종(昭宗): 당(唐) 제21대 황제로 재위 기간은 889-904년이다.
360. 《구당서(舊唐書)·사공도전(司空圖傳)》
361. 이함(李咸): 동한(東漢) 여남(汝南) 출신으로 자가 원탁(元卓)이다. 태위(太尉)를 역임하였다.
362. 진번(陳蕃): 동한(東漢) 여남(汝南) 출신으로 자가 중거(仲擧)이다. 낙안태수(樂安太守), 태부(太傅) 등을 역임하였다. 당시 태학생(太學生)의 존경을 받았으며 영제(靈帝) 시절에는 태부(太傅)가 되어 두무(竇武)와 함께 선정에 힘썼다. 태위(太尉)가 되었을 때 환관(宦官)의 전횡을 반대하다가 살해되었다.
363. 《후한서보일(後漢書補逸)·이함전(李咸傳)》
364. 두우(杜佑): 자가 군경(君卿)으로 당(唐)나라 정치가이자 사학가이다. 경조(京兆) 만년(萬年) 사람으로 벼슬이 재상에 이르렀다. 《통전(通典)》을 저술하였다.
365. 소사(小駟): 춘추시대 때 말의 이름이었는데, 일반적으로 말을 이르기도 한다.
366. 반령괴뢰(盤鈴傀儡): 반령으로 연주하며 하는 인형극을 이른다. '반령'은 악기 이름이다.

부귀해진 뒤에 그칠 줄을 알다.[부귀지지(富貴知止)] 이정(李靖)[368]이 발에 병이 생겨 간곡히 사직을 청하자 황제[태종(太宗)]가 잠문본(岑文本)을 시켜 교지를 내려 말했다. "부귀해진 뒤에 그칠 줄을 아는 사람은 대개 드무니, 짐은 공의 미덕을 완성시켜 한 시대의 모범이 되게 하고자 하노라. 들어주지 않을 수 없도다." 이에 검교특진(檢校特進)에 제수하고 집으로 돌아가게 하였다.

李靖足疾, 懇乞骸骨, 帝遣岑文本諭旨曰. 自富貴而知止者, 蓋少, 朕欲成公美爲一代法. 不可不聽. 乃授檢校特進, 就第.[369]

사직을 청하고 봉양을 받다.[청로취양(請老就養)] 소숭(蕭嵩)[370]이 태자태사(太子太師)에 제수되자 굳게 사직을 청하였다. 아들 소화(蕭華)는 공부시랑(工部侍郎)이 되었고 소형(蕭衡)은 공주에게 장가들어[371] 위계가 3품에 이르렀어도 부모를 봉양하였다. (소숭은) 나이가 80을 넘었으니 선비들이 그의 영광을 부러워하였다.

蕭嵩拜太子太師, 固請老. 而子華爲工部侍郎, 衡以尙主, 位三品, 就養. 年踰八十, 士艶其榮.[372]

벼슬을 그만두고 책을 저술하다.[치사저서(致仕著書)] 참지정사(參知政事) 조개(趙槩)[373]는 벼슬을 그만두고 수양(睢陽)에서 15년 동안 은거하면서 책을 읽고 글을 지으며 나라와 군주를 염려하는 것으로 일을 삼았다. 고금의 간쟁을 모아 《간림(諫林)》 120권을 지어 바치자 조서를 내려 이르기를, "좌우(座右)에 두고 수시로 열람하도록 하겠다."라고 하였다.

參政趙公槩致仕, 居睢陽十五年, 猶以讀書著文憂國愛君爲事. 集古今諫諍, 爲諫林一百二十卷, 奏之, 賜詔曰, 當置座右, 以時觀閱.[374]

녹야당(綠野堂) 개성(開成)[375] 3년에 배도(裵度)[376]가 병을 이유로 동도(東都)의 녹야당(綠野堂)으로 돌아갈 것을 청하자 황제가 다음과 같이 시를 써서 주었다.

注想待老成,	마음을 기울여 노성한 인재를 기다리다가,
識君恨不早.	그대를 앎이 늦은 것이 한스러웠지요.
我家柱石衰,	우리 집의 기둥과 주춧돌이 쇠약해졌으니,
憂來學丘禱[377].	근심이 되어 공자의 기도를 배우겠습니다.

(이어 말하기를), "짐은 공의 시를 보고 싶어 이 시를 보이는 것이니 훗날 보내주면 좋겠소."라고 하였다. 사자가 문에 들어가니 배도는 죽었고 나이 76세였다.

開成三年, 裵度以病丐還東都綠野堂, 帝賜詩曰. 注想

---

367. 당(唐) 위현(韋絢) 《유빈객가화록(劉賓客嘉話錄)》
368. 이정(李靖): 당(唐)나라의 무장(武將)으로 자가 약사(藥師)이고 시호는 경무(景武)이다. 병법에 밝아 고조(高祖) 때 행군총관(行軍總管)을 지냈고, 태종(太宗) 때 형부상서(刑部尙書), 병부상서(兵部尙書), 상서우복야(尙書右僕射) 등을 역임하였다.
369. 《신당서(新唐書)·이정전(李靖傳)》
370. 소숭(蕭嵩): 당(唐) 남난릉(南蘭陵) 출신으로 중서령(中書令), 태자태사(太子太師) 등을 역임하였다.
371. 당나라 현종의 딸인 신창공주(新昌公主)이다.[《신당서(新唐書)·제제공주열전(諸帝公主列傳)》]
372. 《신당서(新唐書)·소숭전(蕭嵩傳)》
373. 조개(趙槩): 송(宋) 응천부(應天府) 출신으로 자가 숙평(叔平)이다. 한림학사(翰林學士), 태자소사(太子少師), 참지정사(參知政事) 등을 역임하였다.
374. 《송명신언행록후집(宋名臣言行錄後集)·조개(趙槩)》
375. 개성(開成): 당(唐) 문종(文宗)의 연호(836-840)이다.
376. 배도(裵度): 당(唐) 하동(河東) 출신으로 자가 중립(中立)이다. 어사중승(御史中丞), 동중서문하평장사(同中書門下平章事) 등을 역임하였다.
377. 구도(丘禱): 공자의 기도라는 뜻에서 재앙이나 병이 물러가기를 기원하는 말로 쓰인다.[《논어(論語)·술이(述而)》, "子疾病, 子路請禱, 子曰有諸, 子路對曰有之, 誄曰, 禱爾于上下神祇, 子曰, 丘之禱久矣."]

待老成, 識君恨不早. 我家柱石衰, 憂來學丘禱. 朕欲見公詩, 故示此, 異日可進. 使者入門, 而度薨, 年七十六.[378]

연로함으로 사직을 청하고 대궐에서 아뢰다.[고로사궐(告老辭闕)] 원풍(元豐)[379] 7년 봄에 태사(太師) 문언박(文彦博)[380]은 연로함으로 사직을 청하고 상소문을 올려, "대궐에 이르러 조정에서 직접 아뢰면서 신하로서의 성심을 다 밝힐 수 있기를 바랍니다."라고 하였다. 신종을 알현하자 그날로 연회를 베풀어 주고 자문하는 것이 온화하고 자상하였다. 도성에 머무는 한 달 동안 모두 불러서 독대한 것이 다섯 번, 연회를 베푼 것이 세 번, 시를 하사한 것이 두 번이나 되었다. 자문을 구할 때는 이름을 부르지 않고 '태사'라고 칭했으니 총애의 정도가 특별하여 근세까지 견줄 바가 없다.

元豐七年春, 文太師告老, 奏乞赴闕親辭天陛, 庶盡臣子之誠. 旣見神宗, 卽日賜宴, 顧問溫密. 留京師一月, 凡召對者五, 錫燕者三, 賜詩者再. 顧問不名, 稱曰太師, 寵數優異, 近世無比.[381]

시골사람의 복장으로 손님을 만나다.[야복견객(野服見客)] 경인(景仁) 범진(范鎭)[382]은 벼슬에서 물러난 뒤 도성에 정원과 저택을 마련한 채 오로지 책을 읽고 시를 짓는 일로 즐거움을 삼았다. 손님이 찾아오면 귀천을 가리지 않고 시골사람의 복장으로 만났으며 다시 답례하지는 않았다.

范景仁旣退居, 有園第在京師, 專以讀書·賦詩自娛. 客至, 無貴賤, 皆野服見之, 不復報謝.[383]

사람마다 각각 뜻이 있다.[인각유지(人各有志)]

원우(元祐)[384] 초엽에 집에 있던 범진(范鎭)을 기용하자 굳게 사양하면서 다음과 같이 표를 올렸다. "63살이 되어 벼슬을 그만두었으니 진실로 79살이 되어 다시 나설 것은 기대하지 않았습니다. 어찌 예에 맞다고 하겠습니까." 이때에 문로공(文潞公)[385]은 나이 80여 세였는데 한번 부르자 나섰으니 사람마다 각각 뜻이 있다.

元祐初起范蜀公於家, 固辭, 其表曰. 六十三而致仕, 固不待年七十九而復來. 豈云中禮. 是時文潞公年八十餘, 一召而來, 人各有志也.[386]

(과장되게) 그려짐을 모면하다.[면위묘화(免爲描畫)] 문충공(文忠公) 구양수(歐陽修)가 채주(蔡州)에 있으면서 여러 차례 글을 올려 사직을 청하였다. 문하생인 채승희(蔡承禧)가 틈을 보아 아뢰기를, "공은 덕망이 조정 사람들의 의지와 존중을 받고 있고 또 아직 사직할 연세도 되지 않으셨는데 어찌 서둘러 떠나려 하십니까?"라고 하였다. 구양수가 대답하였다. "나의 평소 명예와 절개는 후배들에 의해 (과장되게) 그려진 것이니 오직 일찍 물러나 만년의 절조를 지킴이 있을 뿐이다. 어찌 다시 쫓겨나기를 기다릴 수 있겠느냐."

歐陽文忠公在蔡州, 屢抗章乞致仕. 門生因間言曰, 公德望爲朝廷倚重, 且未及引年, 豈容遽去也. 歐公答曰, 脩平生名節, 爲後生輩描畫, 惟有蚤退以全晩節. 豈可更俟驅逐乎.[387]

---

378. 《구당서(舊唐書)·배도전(裵度傳)》
379. 원풍(元豐): 북송(北宋) 신종(神宗)의 연호(1078-1085)이다.
380. 문언박(文彦博): 송(宋) 분주(汾州) 출신으로 자가 관부(寬夫)이다. 인종(仁宗)·영종(英宗)·신종(神宗)·철종(哲宗) 등 네 조정에 걸쳐 50년 동안 출장입상(出將入相)하였다.
381. 《고금사문유취전집(古今事文類聚前集)·퇴은부(退隱部)》
382. 범진(范鎭): 송(宋) 성도(成都) 출신으로 자가 경인(景仁)이다. 지제고(知制誥), 한림학사(翰林學士) 등을 역임하였고, 촉군공(蜀郡公)에 봉해졌다. 《신당서(新唐書)》 편찬에 참여하였다.
383. 《고금사문유취전집(古今事文類聚前集)·퇴은부(退隱部)》
384. 원우(元祐): 북송(北宋) 철종(哲宗)의 연호(1086-1093)이다.
385. 문로공(文潞公): 송(宋)나라 명재상이었던 문언박(文彦博)의 봉호(封號)이다.
386. 《고금사문유취전집(古今事文類聚前集)·퇴은부(退隱部)》

청산은 나를 저버리지 않으리.[벽산불부(碧山不負)]

장포(張褒)[388]가 양(梁) 천감(天監)[389] 연간에 학사(學士)의 직무를 제대로 수행하지 않아 어사가 탄핵하려고 하였다. 장포가 "청산은 나를 저버리지 않으리"라 말하고 문서를 태우고 길게 휘파람을 불며 떠났다.

張褒, 梁天監中不供學士職, 御史欲彈劾. 褒曰, 碧山不負吾. 乃焚章, 長嘯而去.[390]

황제가 시를 지어 송별하다.[어시송행(御詩送行)]

하지장(賀知章章)[391]은 나이 86세에 상소문을 올려 도사가 되기 위해 귀향하겠다고 청하였다. 현종이 이를 허락하고 이어 (고향인 회계의) 감호(鑑湖)[392]와 섬천(剡川) 지역을 하사하면서 명을 내려 동문(東門)에 천막을 치고 백관들에게 전송연을 베풀게 하였다. 손수 송별시를 지었는데 다음과 같다.

遺榮期入道,	영화를 버리고 도의 길로 들기를 기약하여,
辭老競抽簪.	늙었다고 사직하며 서둘러 비녀를 뽑네.
豈不惜賢達,	어찌 뛰어난 이를 아까워하지 않으리오만,
其如高尙心.	그 고상한 마음을 어찌하겠는가.
寰中得秘要,	속세에서 비결을 얻더니,
方外散幽襟.	속세 밖에서 그윽한 심회를 풀겠지.
獨有靑門餞,	단지 동문에서 전별연을 열어드리지만,
群英悵別深.	뭇 영웅들의 이별을 슬퍼하는 마음 깊구나.

賀知章, 年八十六上表乞爲道士還鄕. 明皇許之, 仍賜鑑湖剡川一曲, 詔令供帳東門, 百寮祖餞. 御製送詩云. 遺榮期入道, 辭老競抽簪. 豈不惜賢達, 其如高尙心. 寰中得秘要, 方外散幽襟. 獨有靑門餞, 群英悵別深.[393]

오교장(午橋莊)을 얻다.[득오교장(得午橋莊)] 장제현(張齊賢)[394]은 사공(司空)으로 벼슬을 그만두고 낙양으로 돌아가 편안하게 복과 장수를 누렸다. 진국공(晉國公) 배도(裴度)[395]의 오교장(午橋莊)을 얻어 도랑을 파서 물을 흐르게 하고 화초를 재배하고 대나무를 심고는 날마다 친구들과 함께 작은 수레를 타고서 술잔을 들고 다니며 낚시를 즐겼다. 문에는 방을 붙여, "이 늙은이는 이미 관모(官帽)를 찢었으니 혹시 고관[공불(公紱)[396]]들이 들러도 감히 영접하지 않겠습니다."라고 하였다. 일찍이 시를 지어서 친구에게 다음과 같이 농담하기도 하였다.

午橋今得晉公廬,	오교에서 진공(晉公)의 오두막을 얻으니,
水竹烟花興有餘.	물과 대나무, 안개와 화초에 흥취가 넉넉합니다.
師亮白頭心已足,	내가 백발이 되어 마음이 이미 흡

387. 《송명신언행록후집(宋名臣言行錄後集)·구양수(歐陽修)》
388. 장포(張褒): 내력이 자세하지 않다.
389. 천감(天監): 남조(南朝) 양(梁) 무제(武帝)의 연호(502-519)이다.
390. 《고금사문유취전집(古今事文類聚前集)·퇴은부(退隱部)》
391. 하지장(賀知章): 당(唐) 현종(玄宗) 때의 문인이며 명사(名士)로 자가 계진(季眞)이다. 예부시랑(禮部侍郞), 태자빈객(太子賓客), 비서감(秘書監) 등을 역임하였다. 시문(詩文)과 서법에 뛰어났고 음주팔선(飮酒八仙), 오중사사(吳中四士)로 유명하다.
392. 감호(鑑湖): 절강성 회계에 있는 호수인 '경호(鏡湖)'의 별칭이다.
393. 《당시기사(唐詩紀事)·하지장(賀知章)》
394. 장제현(張齊賢): 송(宋) 조주(曹州) 출신으로 자가 사량(師亮)이다. 참지정사(參知政事), 동중서문하평장사(同中書門下平章事) 등을 역임하였다.
395. 배도(裴度): 당(唐) 하동(河東) 출신으로 자가 중립(中立)이다. 어사중승(御史中丞), 동중서문하평장사(同中書門下平章事) 등을 역임하였다.
396. 공불(公紱): 삼공(三公)의 인끈. 즉 고관을 비유한다.

족하니,

四登兩府九尙書. 네 번 양부(兩府)[397]에 오르고 아홉 번 상서가 되었지요.

張齊賢以司空致仕, 歸洛康寧福壽. 得晉公午橋莊, 鑿渠通流, 栽花植竹, 日與故舊乘小車携觴遊釣. 牓於門曰. 老夫已裂冠冕, 或公紱垂訪, 不敢迎見. 嘗以詩戲故人云. 午橋今得晉公廬, 水竹烟花興有餘. 師亮白頭心已足, 四登兩府九尙書.[398]

시를 적어 놓고 바로 돌아가다.[제시경귀(題詩徑歸)] 집현전학사(集賢殿學士) 손면(孫冕)[399]이 천희(天禧)[400] 연간에 직사관(直史館)[401]을 맡은 것이 거의 30년이었다. 만년에 소주자사(蘇州刺史)를 맡았는데 이미 1년이 되자 청사 벽에 큰 글씨로 시를 적어 놓고는 옷을 떨치고 떠났는데 조서가 내려왔을 때는 공이 이미 돌아간 뒤였다. 그 시는 다음과 같다.

人生七十鬼爲隣, 사람이 나이 70이 되면 귀신이 이웃이 되니,

已覺風光屬別人. 세월이 남의 것이라는 것을 이미 깨달았네.

莫待朝廷差致仕, 조정에서 사직을 명함을 기다릴 것 없이,

早謀泉石養閑身. 일찌감치 산수 간에 한가한 몸을 기를 계획이네.

去年河北曾逢李, 작년에 하북에서 이공을 만났고,

今日淮西又見陳. 오늘은 회수 서쪽에서 다시 진공을 만났지.

寄語姑蘇孫太守[402], 고소성(소주)의 손태수에게 말 좀 전해 주시게,

也須抖擻[403]老精神. 모름지기 늙은 정신을 분발시키시라고.

孫集賢冕, 天禧中直史館, 幾三十年. 晩守蘇, 已及期年, 大書詩於廳壁, 拂衣而去, 詔下, 公已歸矣. 其詩曰. 人生七十鬼爲隣, 已覺風光屬別人. 莫待朝廷差致仕, 早謀泉石養閑身. 去年河北曾逢李, 今日淮西又見陳. 寄語姑蘇孫太守, 也須抖擻老精神.[404]

한 사람은 벼슬하고 한 사람은 은거하다.[일출일처(一出一處)] 태부(太傅)에서 물러난 장사손(張士遜)[405]은 문혜공(文惠公) 진요좌(陳堯佐)[406]와 같은 시기에 집정하였다. 장사손이 태부(太傅)의 신분으로 벼슬을 그만두면서 다음과 같이 시를 지어 진요좌에게 주었다.

赭案[407]當年竝命時, 폐하의 붉은 책상 앞에서 한창 때에 함께 시정을 다스렸고,

蒹葭[408]衰颯倚瓊枝. 갈대가 시들었으나 아름다운 가지에 기대었지요.

皇恩乞與桑榆[409]老, 황은으로 뽕나무·느릅나무와 함께 늙기를 청하니,

鴻入高冥鳳在池. 기러기는 높은 하늘로 들어가

---

397. 양부(兩府): 중서성(中書省)와 추밀원(樞密院)을 가리킨다.
398. 《시화총구(詩話叢龜)·은일문(隱逸門)》
399. 손면(孫冕): 송(宋) 신감(新淦) 출신으로 자가 백순(伯純)이다. 소주자사(蘇州刺史)를 지냈다.
400. 천희(天禧): 북송(北宋) 진종(眞宗)의 연호(1017-1021)이다.
401. 직사관(直史館): 당송 때 사관(史館)에 소속되어 사서(史書)를 기록하던 벼슬 이름이다.
402. 손태수(孫太守): 손면(孫冕) 자신을 가리킨다.
403. 두수(抖擻): 분발하다.
404. 《고금사문유취전집(古今事文類聚前集)·퇴은부(退隱部)》
405. 장사손(張士遜): 송(宋) 광화(光化) 출신으로 자가 순지(順之)이다. 시어사(侍御史), 동중서문하평장사(同中書門下平章事) 등을 역임하였다.
406. 진요좌(陳堯佐): 송(宋) 시기의 정치가로 자가 희원(希元)이다. 동평장사(同平章事)를 역임하였고 시서(詩書)에 능하였다.
407. 자안(赭案): 황제가 정무를 처리할 때 사용하는 붉은색의 책상으로, 황제를 비유한다.
408. 겸가(蒹葭): 갈대. 미천한 신분을 상징하거나 자신을 낮추는 겸사이다.
409. 상유(桑榆): 뽕나무와 느릅나무. 해가 지는 곳을 가리키는 말로, 만년이나 은거를 상징한다.

봉황은 연못에 남으리다.

張退傅, 與文惠同時秉政. 張以帝傅致政, 有詩寄文惠曰. 赭案當年竝命時, 兼葭衰颯倚瓊枝. 皇恩乞與桑榆老, 鴻入高冥鳳在池.[410]

풍월을 즐기는 한가한 사람[풍월한인(風月閑人)]

숙평(叔平) 조개(趙槩)[411]가 수양현에 은퇴하여 머물 때 구양수(歐陽修)는 벼슬을 그만두고 영주(潁州)에 머물렀다. 조개가 구양수를 예방하자 당시에 회숙(晦叔) 여공저(呂公著)[412]가 영주를 맡고 있었는데 연회를 열어 두 사람을 부르니 구양수가 직접 말을 전하면서 다음과 같은 시를 지었다.

欲知盛席繼荀陳, 성대한 자리가 순숙(荀淑)과 진식(陳寔)을 이을 만한지 알고 싶어,
請看當筵主與賓. 연회에 참여한 주인과 손님을 보았네.
金馬玉堂[413]三學士, 금마문 옆 한림원의 세 학사요,
清風明月兩閑人. 청풍명월을 즐기는 한적한 두 사람이로다.
紅芳已過鶯猶囀, 붉은 꽃 이미 지났어도 꾀꼬리는 여전히 울고,
青杏初嘗酒正醇. 푸른 살구 처음 맛보는데 술도 정말 순정하네.
好景難逢良會少, 아름다운 경치는 만나기 어렵고 좋은 모임은 드무니,
乘歡擧白莫辭頻. 즐거운 기회에 빈번히 잔 비우는 일 자꾸 사양 마시게.

趙叔平退居睢陽, 歐陽永叔致政, 居潁. 叔平來訪永叔, 時呂晦叔知潁, 開宴召二公, 永叔自爲致語, 其詩曰. 欲知盛席繼荀陳, 請看當筵主與賓. 金馬玉堂三學士, 清風明月兩閑人. 紅芳已過鶯猶囀, 青杏初嘗酒正醇. 好景難逢良會少, 乘歡擧白莫辭頻.[414]

늙은 봉황이 떠나지 않다.[노봉불거(老鳳不去)]

증노공(曾魯公)[415]이 가우(嘉祐)[416] 연간부터 정권을 잡아 희녕(熙寧)[417] 연간까지도 중서성(中書省)에 재직하고 있었다. 나이가 비록 매우 많았지만 정력이 쇠퇴하지 않았기 때문에 대간(臺諫)에서 시비를 거는 자가 없었다. 오직 이복규(李復圭)만이 일찍이 시를 지어 "늙은 봉황이 못가에서 걸터앉아 떠나지 않으니, 굶주린 새들이 누대 위에서 부리 닫은 채 소리가 없구나."라고 비판하였다. 노공(魯公)이 마침내 벼슬을 그만두고 떠났다.

曾魯公自嘉祐秉政, 至熙寧中尙在中書. 年雖甚高, 而精力不衰, 故臺諫無非之者. 惟李復圭嘗作詩譏之云, 老鳳池邊蹲不去, 饑烏臺上噤無聲. 魯公遂致仕去.[418]

숙질(叔姪)이 함께 귀향하다.[숙질동귀(叔姪同歸)]

희안(希顔) 장주(張鑄)[419]는 상부(祥符)[420] 연간에 진사 갑과(甲科)[421]에 올라 네 군의 태수(太守)를 역임

---

410. 《고금사문유취전집(古今事文類聚前集)·퇴은부(退隱部)》
411. 조개(趙槩): 송(宋) 응천부(應天府) 출신으로 자가 숙평(叔平)이다. 한림학사(翰林學士), 태자소사(太子少師), 참지정사(參知政事) 등을 역임하였다.
412. 여공저(呂公著): 송(宋) 수주(壽州) 출신으로 자가 회숙(晦叔)이고 봉호가 신국공(申國公)이다. 상서우복야겸중서시랑(尙書右僕射兼中書侍郎)을 역임하였다.
413. 금마(金馬), 옥당(玉堂) 모두 한림원(翰林院)의 별칭이다.
414. 송(宋) 위태(魏泰)《권유록(倦游錄)》
415. 증노공(曾魯公): 내력이 자세하지 않다.
416. 가우(嘉祐): 송(宋) 인종(仁宗)의 연호(1056-1063)이다.
417. 희녕(熙寧): 송(宋) 신종(神宗)의 연호(1068-1077)이다.
418. 《자경편(自警編)·출처류(出處類)》
419. 장주(張鑄): 송(宋) 낙양(洛陽) 출신으로 자가 사화(司化)이다. 검교형부상서(檢校刑部尙書)를 지냈다.
420. 상부(祥符): 송(宋) 진종(眞宗)의 연호(1008-1016)이다.
421. 갑과(甲科): 과거시험의 하나이다. 당(唐) 초기에는 명경과(明經科)를 갑·을·병·정 4과로 구분하였고, 당송 때는 진사과

하고 다섯 차례 전운사(轉運使)와 안찰사(按察使)[조헌(漕憲)[422]]를 맡았으며, 한 번 남양군(南陽軍)의 원수(元帥)를 지냈다. 개보(介甫) 왕안석(王安石)이 바로 그의 문하생이다. 조카인 장맹(張盟)과 나란히 광록경(光祿卿)[423]으로 벼슬을 그만두고 함께 귀향하자 고관들이 영광스럽게 여겼다. 기국공(祁國公) 두연(杜衍)이 시를 증정하였는데 다음과 같다

七十引年遵禮經,	70세에 퇴임하여《예기(禮記)》의 가르침을 따르니,
君家何事最爲榮.	그대의 집에 무슨 일이 가장 영광스러운가.
淸朝叔姪同辭祿,	깨끗한 조정에서 숙질이 함께 벼슬을 물러나,
歸去田園盡列卿.	전원으로 돌아오니 도두 경(卿)의 반열이로다.

張鑄希顔, 祥符中登進士甲科, 歷四郡守, 五任漕憲, 嘗帥南陽. 王介甫, 乃其門人也. 與姪顯並以光祿卿致仕, 同歸鄕, 縉紳榮之. 杜祁公贈詩云. 七十引年遵禮經, 君家何事最爲榮. 淸朝叔姪同辭祿, 歸去田園盡列卿.[424]

고향에 돌아와 재산을 나눠 주다.[환향산재(還鄕散財)] 경인(景仁) 범진(范鎭)[425]은 시 짓기를 좋아하였는데 나이 63세에 벼슬을 그만두었다. 어느 날 고향 생각이 나자 바로 떠나 촉(蜀)으로 들어갔다. 친구인 재원(才元) 이대림(李大臨)이 재주(梓州)를 맡고 있자 경인은 길을 돌아 그를 찾았다가 성도(成都)로 돌아갔다. 날마다 고향 사람들과 술자리를 즐기고 친척과 친구들 중 가난한 이들에게 재산을 나눠 주었다. 마침내 아미산(峨眉山)과 청성산(靑城山)을 유람하고 무협으로 내려갔다가 형문산(荊門山)으로 나와 1년 만에 도성으로 돌아왔는데 지은 시가 모두 205편이었다. 그중의 한 구절에서, “촌사람이 사마(駟馬)를 몬다고 자랑하는 것 본뜨지 않지만, 우리 조부께서 일엽편주 띄운 것에는 충분하지 못하네.”라고 하였는데 이 두 가지 전고는 다른 사람들은 쓸 수 없는 것이었다.

范景仁鎭喜爲詩, 年六十三致仕. 一朝思鄕里, 遂徑行入蜀. 故人李才元大臨知梓州, 景仁枉道過之, 歸至成都. 日與鄕人樂飮, 散財於親舊之貧者. 遂遊峨眉靑城山, 下巫峽, 出荊門, 凡朞歲乃還京師, 作詩凡二百五篇. 其一聯云. 不學鄕人誇駟馬, 未饒吾祖泛扁舟. 此二事他人所不能用.[426]

낙양에 은거하다.[각건동낙(角巾[427]東洛)] 당(唐) 설평(薛平)[428]이 좌산기상시(左散騎常侍)에 제수되었는데 (사직할) 나이에 이르러서도 병이 없었지만 사직을 청하고 낙양에 은거하였다. 당시 사람들이 그를 매우 고상하게 여겼다.

唐薛平除左散騎常侍, 年至而無疾, 請告角巾東洛. 時甚高之.[429]

승상(丞相)으로 벼슬을 그만두다.[승상치사(丞相致仕)] 한(漢) 위현(韋賢)[430]은 자가 장유(長孺)로 노국

(進士科)를 갑·을로 구분하기도 하였다. 여기서는 갑과 시험에 합격한 사람을 가리킨다.

422. 조헌(漕憲): 송나라 때 전운사(轉運使)의 별칭인 조사(漕使)와 안찰사(按察使)의 별칭인 헌사(憲司)를 아우르는 말이다.
423. 광록경(光祿卿): 황제의 호위와 궁중 음식을 관장하던 벼슬로서 구경(九卿)의 하나이다. 뒤에는 궁중 음식만 전담하였다.
424. 《고금사문유취전집(古今事文類聚前集)·퇴은부(退隱部)》
425. 범진(范鎭): 송(宋) 성도(成都) 출신으로 자가 경인(景仁)이다. 지제고(知制誥), 한림학사(翰林學士) 등을 역임하였고, 촉군공(蜀郡公)에 봉해졌다. 《신당서(新唐書)》 편찬에 참여하였다.
426. 《촉중광기(蜀中廣記)·시화기(詩話記)》
427. 각건(角巾): 모난 두건으로 주로 은사가 써서, 은사 또는 은거하는 것을 가리킨다.
428. 설평(薛平): 당(唐) 강주(絳州) 출신으로 자가 탄도(坦途)이다. 태자태보(太子太保), 사도(司徒) 등을 역임하였다.
429. 《구당서(舊唐書)·설평전(薛平傳)》
430. 위현(韋賢): 서한(西漢) 노국(魯國) 출신으로 자가 장유(長儒)이다. 급사중(給事中), 광록대부첨사(光祿大夫詹事), 승상(丞相) 등을 역임하였다.

(魯國) 추(鄒) 출신이다. 선제(宣帝)[431] 시절에 승상에 제수되어 5년 동안 자리에 있었다. 늙고 병이 들어 사직하자 최고 좋은 집 한 채와 황금 백 근 및 안거와 네 마리 말을 하사하였다. 그만두고 집으로 돌아올 때 부양후(扶陽侯)에 봉해 주었다.

漢韋賢, 字長孺, 魯國鄒人. 宣帝朝拜相, 在位五年. 以老病致仕, 賜第一區·黃金百斤·安車·駟馬. 罷就第, 封扶陽侯.[432]

마을 사람들이 덕에 감화되다.[이중화덕(里中化德)] 진(晉) 방환(龐奐)[433]은 자가 세문(世文)으로 방덕공(龐德公)의 아들이다. 태강(太康)[434] 연간에 장가태수(牂牁太守)를 지내다가 관직을 그만두고 귀향하여 백사리(白沙里)에 거주하였다. 고향 사람들이 그를 존경하여 서로 말하기를, "우리 집안에 용의 종자[용종(龍種)[435]]가 돌아오자 마을 사람들이 그의 덕에 감화되었네. 젊은이들이 모두 노인을 대신해서 짐을 지게 하였네."라고 하였다.

晉龐興[436], 字世文, 德公之子. 太康中爲牂牁太守, 去官歸鄕, 居白沙里. 鄕人宗敬之, 相語曰, 我家龍種來, 里中化其德. 讓少者皆代老者負擔.[437]

선물을 주고받지 않다.[궤유불통(餽遺不通)] 당(唐) 왕구(王丘)[438]는 벼슬을 그만둔 뒤 지키는 것이 청렴하고 검약하여 선물을 주고받지 않았다. 집과 수레가 모두 낡고 초라하자 황제[현종(玄宗)]는 그에게 옛사람의 절조가 있다고 감탄하여 봉록 전액을 지급함으로써 청렴한 관리를 표창하였다.

唐王丘致仕, 所守淸約, 不通餽遺. 室廬車騎皆敝陋, 帝嘆其有古人之節, 給全祿以旌潔吏.[439]

인장과 인끈을 반납하다.[송환장완(送還章綬)] 진(晉) 위서(魏舒)[440]는 자가 양원(陽元)으로 사도를 지냈다. 원년(元年)[441] 정월에 관복[법복(法服)[442]]을 갖춰 입고 조정에 들어갔다가 조회가 끝나자 즉시 인장과 인끈을 반납하였다. 안팎에서 위서가 관직을 그만둔 사정을 아는 사람이 아무도 없었다.

晉魏舒, 字陽元, 爲司徒. 元年正月整法服, 入殿朝會罷, 徑送還章綬. 內外莫有知舒遜位之情者.[443]

수레와 말을 내다 팔다.[척매거기(斥賣車騎)] 당(唐) 관파(關播)[444]는 태자소사(太子少師)로 벼슬을 그만둔 뒤 수레와 말을 내다 팔고 문을 닫은 채 손님을 사절하여 바깥일에 얽매이지 않았다.

唐關播以太子少師致仕, 斥賣車騎, 闔門謝客, 不嬰外事.[445]

장패(張霸)[446]가 병을 핑계로 상소하다.[장패상병(張霸上病)] 한(漢) 장패가 영천태수(潁川太守)를

---

431. 선제(宣帝): 서한(西漢) 제8대 황제로 재위 기간은 BC 73-BC 49년이다.
432. 《한서(漢書)·위현전(韋賢傳)》
433. 방환(龐奐): 진(晉) 양양(襄陽) 출신으로 자가 세문(世文)이다. 장가태수(牂牁太守)를 지냈다.
434. 태강(太康): 진(晉) 무제(武帝)의 연호(280-289)이다.
435. 용종(龍種): 인품이 훌륭하고 재주가 뛰어난 사람을 비유한다.
436. 《유원총보》의 '龐興'은 '龐奐'의 오류이다.[《금수만화곡(錦繡萬花谷)·기관(棄官)》]
437. 《금수만화곡(錦繡萬花谷)·기관(棄官)》
438. 왕구(王丘): 당(唐) 상주(相州) 출신으로 자가 중산(仲山)이다. 이부시랑(吏部侍郞), 예부상서(禮部尙書) 등을 역임하였다.
439. 《신당서(新唐書)·왕구전(王丘傳)》
440. 위서(魏舒): 진(晉) 임성(任城) 출신으로 자가 양원(陽元)이다. 복야(僕射), 사도(司徒) 등을 역임하였다.
441. 원년(元年): 《진서(晉書)·위서전(魏舒傳)》에 의하면 무제(武帝) 태희(太熙) 원년(290)이다.
442. 법복(法服): 예의와 법률에 따라 등급별로 정해져 있는 복장으로, 관복(官服), 조복(朝服)을 뜻한다.
443. 《진서(晉書)·위서전(魏舒傳)》
444. 관파(關播): 당(唐)나라 사람으로 천보(天寶) 때 진사가 되어 동중서문하평장사(同中書門下平章事), 병부상서(兵部尙書), 태자소사(太子少師) 등을 역임하였다.
445. 《신당서(新唐書)·관파전(關播傳)》
446. 장패(張霸): 동한(東漢) 촉군(蜀郡) 성도(成都) 사람이다. 화제(和帝) 때 효렴(孝廉)으로 추천되어 광록주사(光祿主事)가

지내면서 아전들에게 "나는 외로운 사람으로 출발하여 태수 자리까지 올랐소. 노자(老子)가 이르기를, '만족할 줄 알면 욕을 당하지 않는다'고 하였소."라 말하고 마침내 병을 핑계로 상소하여 돌아갈 것을 주청하였다.

漢張覇爲潁川太守, 謂椽吏曰, 太守起自孤生, 致位郡守. 老氏有言, 知足不辱. 遂上病求歸.[447]

벼슬을 그만두게 하는 것에 복종하지 않다.[불복치사(不伏致仕)] 《조야첨재(朝野僉載)》의 기록이다. 측천무후(則天武后) 시기에 하관시랑(夏官侍郎) 후지일(侯知一)[448]이 나이가 많은 이유로 칙령을 내려 벼슬을 그만두게 하였다. 후지일이 조정에 가서 뛰면서 날렵함을 보이자 당시 사람들이 이르기를, "후지일은 벼슬을 그만두게 하는 것에 복종하지 않는다."라고 하였다.

朝野僉載. 武后時, 夏官侍郎侯知一以年老, 勅令致仕. 知一乃詣朝堂, 跳躍以示輕捷, 時謂知一不伏致仕.[449]

사직한 것을 후회하다.[추회치사(追悔致仕)] 당(唐) 박주(博州) 출신의 중서사인(中書舍人) 최함(崔咸)[450]은 자가 중이(重易)로 일찍이 장공[張公: 장정보(張正甫)]의 인정을 받았다. 장공이 장차 사직을 하려고 하여 최함과 처신에 대해 상의하니 최함이 간절한 말로 찬동하여 장공은 곧 상주문을 작성하여 사직을 청하였다. 몇 개월 뒤 집안이 고요하고 적막해지자 가족들이 몰래 그를 욕하였고 장공 역시 후회하면서 자제들에게 "이후로 중요한 일이 있거든 젊은 친구와는 상의하지 말거라."라고 말하였다.

唐博州崔咸舍人, 字重易, 嘗受張公之知. 公將欲乞歸, 與咸議行止, 咸極言贊美. 公便製奏請. 數月後門館閴靜寂寞, 家人輩竊罵之, 公亦追悔, 遂語諸子弟曰, 後有大段事, 勿與少年郎議.[451]

대충 보고서 애통해하며 뛰다.[초열벽용(草閱躄踊[452])] 요즈음 간혹 사직을 요청하는 자가 있으면 친척들이 서로 이상하게 여기며 장차 그가 죽게 될 것이라고 애통해 한다. 나의 동기인 수부(粹夫) 구백옥(仇伯玉)[453]이 호부시랑(戶部侍郎)일 때에 하루는 사직 요청을 보고하였는데 얼마 지나지 않아 길에서 만났다. 그 일로 묻기를, "일찍이 병이 있었던 것도 아니고 또한 아직 사직을 요청하면 안 될 텐데 어찌된 일인지 모르겠소."라고 하니 수부는 농담을 잘하는데 이에 말하기를, "전날에 아들도 역시 풍익(馮翊)에서 달려와 죽게 될 것이라 하였다. 또 다가와 대충 보고서 한 바탕 애통해하였다."라고 하였다. 또 이르기를, "근래에 사대부들은 병이 위독하여 벼슬을 그만두는 이들이 많은데 나는 대농(大農)[454]으로 있을 때 갑자기 눈병이 생겨 궁관(宮觀)[455]의 직책을 청원했지요. 얼마 후 벼슬을 그만두는데 나이 62살이라 사방의 친구들이 놀랄까 염려되어 상소문을 수정하여 사리를 서술한 것이 꽤나 상세하였소. 그 끝에 쓰기를, '사직을 요청하고 돌아가 감히 한(漢)나라 사부들의 고상한 풍도를 기대하고, 배를 두드리고 기뻐하며 요임금 백성의 지극한 즐거움을 이루고자 하옵니다'라고 하였소"라고 하였다.《왕언보주사(王彦輔塵史)》

近年或有乞致仕者, 親戚相怪, 且痛其死矣. 予同年仇

되었고 회계태수(會稽太守)를 거쳐 시중(侍中)에 이르렀다.

447. 《후한서(後漢書)·장패전(張霸傳)》
448. 후지일(侯知一): 당(唐) 상곡(上谷) 출신으로 하관시랑(夏官侍郎), 사부경(司府卿) 등을 역임하였다.
449. 《조야첨재(朝野僉載)》 권4.
450. 최함(崔咸): 당(唐) 박평(博平) 출신으로 자가 중이(重易)이다. 시어사(侍御史), 비서감(秘書監) 등을 역임하였다.
451. 당(唐) 장고(張固) 《유한고취(幽閒鼓吹)》
452. 벽용(躄踊): 가슴을 치고 발을 구름, 애통해하는 모양이다.
453. 구백옥(仇伯玉): 내력이 자세하지 않다.
454. 대농(大農): 대사농(大司農) 또는 대농령(大農令)의 준말이다.
455. 궁관(宮觀): 사당(祠堂), 사묘(祠廟)를 가리킨다.

伯玉粹夫, 爲戶部侍郎, 一日報乞致仕, 未幾逢於朝路. 因訊之曰, 未嘗有疾, 亦未當告老, 不知何爲也. 粹夫善恢諧, 乃告曰, 前日兒子亦自馮翊奔而來, 以爲死矣. 且來草閱躃踊一巡. 又云, 近時士大夫多因病篤下致仕, 予在大農, 忽得目疾, 乞宮觀, 已而掛冠, 年六十二矣. 恐四方親友驚歎, 乃自削奏牘, 敍致頗詳. 其末云, 乞骸以去, 敢希漢傳之高風, 鼓腹而嬉, 願遂堯民之至樂.《王彦輔麈史》456

떠나야 할 두 가지 이유[이의거(二宜去)] 당(唐) 공규(孔戣)457는 자가 군엄(君嚴)이다. 목종(穆宗)458이 즉위하여 불러서 좌승(左丞)에 임명하였다. 늙음을 이유로 사직을 청하며 아뢰기를, "저의 나이가 이른 것이 첫 번째 떠나야 할 이유이고 낭관(郎官)들을 제대로 앉히지 못한 것이 두 번째 떠나야 할 이유입니다."라고 하였다. 마침내 예부상서(禮部尙書)로 벼슬을 그만두니 해마다 양고기와 술을 보내 은자[징사(徵士)459]의 예로 대우하였다.

唐孔戣, 字君嚴. 穆宗立, 召爲左丞. 以老自乞曰, 吾年至, 一宜去. 不能進退郎官, 二宜去. 竟以禮部尙書致仕, 歲致羊酒, 如徵士禮.460

누대와 연못으로 자신을 받들다.[대지봉양(臺池奉養)] 당(唐) 울지공(尉遲恭)461은 자가 경덕(敬德)이다. 사직을 청하고 집으로 돌아간 뒤 말년에는 신선술을 굳게 믿어 단약을 제련하며 연못을 파고 누대를 쌓았으며 비단으로 장식하고 청상악(淸商樂)462을 연주하여 자신을 받들었으며 속인들과 교유하지 않았다.

唐尉遲恭, 字敬德. 乞致仕還家, 末年篤信仙方, 飛鍊金石, 穿池築臺, 崇飾羅綺, 奏請463商樂以自奉養, 不與俗交.464

시를 짓고 술을 마시며 즐기다.[시주상영(詩酒賞詠)] 당(唐) 노간구(盧簡求)465는 노륜(盧綸)의 아들인데 태자태사(太子太師)로 벼슬을 그만두고 낙양으로 돌아갔다. 원림과 별장을 소유하고 있어 명절마다 행락을 하는데 자제들이 옆에서 시립하고 공경들이 자리에 참석하였다. 시를 짓고 술을 마시며 즐기느라 하루가 다가도 돌아갈 것을 잊었다.

唐盧簡求, 綸之子, 以太子太師致仕, 還東都. 有園林別墅, 歲時行樂, 子第侍側, 公卿在席. 詩酒賞詠, 竟日忘歸.466

오지당(五知堂)을 짓다.[작오지당(作五知堂)] 송(宋) 임포(任布)467는 자가 응지(應之)이다. 하남(河南) 출신으로 후당(後唐) 때 재상이었던 임환(任圜)의 4대손이다. 경력(慶曆)468 원년에 부름을 받아 추밀부사(樞密副使)에 제수되었으나 낙양으로 귀향하여

---

456. 송(宋) 왕득신(王得臣)《주사(麈史)·잡지(雜志)》
457. 공규(孔戣): 당대(唐代) 사람으로 자가 군엄(君嚴)이다. 화주자사(華州刺史), 예부상서(禮部尙書) 등을 역임하였다.
458. 목종(穆宗): 당(唐) 제14대 황제로 재위 기간은 821-824년이다.
459. 징사(徵士): 조정의 초빙을 받았으나 응하지 않는 덕망이 높은 은사에 대한 존칭이다. '징군(徵君)'이라고도 한다.
460. 《구당서(舊唐書)·공규전(孔戣傳)》
461. 울지공(尉遲恭): 당(唐) 삭주(朔州) 출신으로 자가 경덕(敬德)이다. 현무문지변(玄武門之變)에서 이세민(李世民)을 도와 제위(帝位)에 오르게 하였다. 양주도독(襄州都督)을 역임하였다.
462. 청상악(淸商樂): 한(漢)나라 때 민간가요인 상화가(相和歌)에서 유래한 전통 음악으로 곡조가 맑고 깨끗하다. 궁중 음악인 아악(雅樂) 및 외래 음악인 호악(胡樂)과 구별되었다.
463. 《유원총보》의 '請'은 '淸'의 오자이다[《구당서(舊唐書)·울지공전(尉遲恭傳)》].
464. 《구당서(舊唐書)·울지공전(尉遲恭傳)》
465. 노간구(盧簡求): 당(唐) 하중(河中) 출신으로 자가 자장(子臧)이다. 경원절도사(涇原節度使), 태자태사(太子太師) 등을 역임하였다.
466. 《구당서(舊唐書)·노간구전(盧簡求傳)》
467. 임포(任布): 송(宋) 하남(河南) 출신으로 자가 응지(應之)이다. 판관(判官), 태자소보(太子少保) 등을 역임하였다.
468. 경력(慶曆): 송(宋) 인종(仁宗)의 연호(1041-1048)이다.

오지당(五知堂)을 짓고 이르기를, "은혜를 알고, 도리를 알고, 운명을 알고, 만족을 알고, 행복을 안다"라고 하였다. 죽어서 '충혜(忠惠)'라는 시호를 받았다.

宋任布, 字應之. 河南人, 後唐宰相圜四世孫也. 慶曆元年召拜樞密副使, 歸休洛中, 作五知堂曰知恩·知道·知命·知足·知幸也. 卒諡忠惠.[469]

난초와 국화가 무더기로 자라나다.[난국총생(蘭菊叢生)] 진(晉) 나함(羅含)[470]은 자가 군장(君章)으로 어려서 고아가 되어 숙모 송씨에게 길러졌다. 장성해서는 포부를 지니고 있었는데, 일찍이 낮잠을 자다가 문채나는 새 한 마리가 입 안으로 날아드는 꿈을 꾸고서 이후로 문학적 재능이 날로 새로워졌다. 사상(謝尙)과 속세를 벗어난 우정을 맺었는데 사상이 그를 칭찬하여, '상강(湘江)의 아름다운 옥'이라고 하였다. 일찍이 환온(桓溫)의 별가(別駕)가 되어 성 서쪽에 초가집을 짓고 거주하며 풀을 엮어 방석을 만들고 삼베옷을 입고 채소 음식을 먹으면서도 편안하였다. 조정의 부름을 받고 상서랑(尙書郎)이 되었다가 산기상시(散騎常侍)를 역임하였다. 나이가 들자 벼슬을 그만두고 집으로 돌아갔는데 섬돌과 정원에 난초와 국화가 무더기로 자라나 사람들이 덕행의 감응이라고 하였다. 당나라 양국공(梁國公) 적인걸(狄仁傑)의 상소문에, "나함이 벼슬을 그만두었을 때 자랐던 난초를 따겠습니다."라고 한 말이 여기에 근거한 것이다.

晉羅含, 字君章, 幼孤爲叔母宋氏所養. 及長有志尙, 嘗晝臥, 夢一文鳥飛入口中, 自是藻思日新. 與謝尙爲方外友, 尙稱之曰, 湘中琳瑯也. 嘗爲桓溫別駕, 於城西立茅舍以居, 織草爲席, 布衣蔬食, 晏如也. 徵爲尙書郎, 歷散騎常侍. 年老致仕還家, 階庭蘭菊叢生, 人以爲德行之感也. 唐狄梁公表云, 採羅含致仕之蘭, 本此.[471]

의식(衣食)은 맞게 하면 된다.[의식가적(衣食可適)] 당(唐) 원연조(元延祖)[472]는 나이 마흔이 넘어 다시 용릉현(舂陵縣)의 현승으로 전임되자 바로 관직을 버리고 떠나며 "사람이 살면서 의식은 허기와 추위에 맞게 하면 되니 더 이상 필요한 것이 있을 수 없다. 항상 밭에 물을 주고 땔나무를 하여 생계를 위한 일로 삼고 이것을 넘어서는 것을 나는 생각하지 않는다."라고 말하였다. 살펴보건대 원연조는 원결(元結)의 부친이다.

唐元延祖, 年過四十, 再調舂陵丞, 輒棄官去曰, 人生衣食可適饑寒, 不宜復有所須. 每灌畦掇薪, 以爲有生之役, 過此吾不思也. 按延祖, 結之父.[473]

청양리(靑陽里)에 집을 짓다.[치청양제(治靑陽第)] 남당(南唐) 송제구(宋齊丘)[474]는 시중(侍中)인 주종(周宗)과 틈이 생기자 상소문을 올려 옛 은거지로 돌아가겠다고 주청하였다. 남당(南唐) 후주(後主) 이경(李璟)은 그의 거짓을 알고서 즉시 그의 요청을 받아주고 이어 '구화선생(九華先生)'이란 호를 하사하고 청양공(靑陽公)에 봉했다. 이에 청양리(靑陽里)에 집을 짓고는 의복과 거마 및 휘하 군관들을 모두 왕공(王公)과 같이하였다. 소동파(蘇東坡)의 시에, "몇 사람이나 숲속에서 진짜 은거를 하였나."라고 하였다.

唐宋齊丘, 與侍中周宗有隙, 上表乞歸舊隱. 唐主知其詐, 卽從之, 仍賜號九華先生, 封靑陽公. 乃治第於靑陽里, 服御將吏皆如王公. 東坡詩, 幾人林下是眞

469. 《송사(宋史)·임포전(任布傳)》
470. 나함(羅含): 동진(東晉) 계양(桂陽) 출신으로 자가 군장(君章)이다. 태수(太守), 정위(廷尉) 등을 역임하였는데, '강좌지재(江左之才)'의 칭이 있었다.
471. 《산당사고(山堂肆考)·사진(仕進)》
472. 원연조(元延祖): 당(唐) 낙양(洛陽) 출신으로 벼슬에 뜻을 두지 않고 제자 양성에 힘썼다.
473. 《신당서(新唐書)·원결전(元結傳)》
474. 송제구(宋齊丘): 오대(五代) 남당(南唐) 여릉(廬陵) 출신으로 우승상(右丞相), 사도(司徒) 등을 역임하며 공을 세운 뒤 구화산(九華山)에 은거하였다. '구화선생(九華先生)'이란 호를 하사받고 청양공(靑陽公)에 봉해졌다. 명리를 좋아하고 시기심이 많았다.

休.[475]

황벽산(黃蘗山)을 유람하다.[유황벽산(遊黃蘗山)] 송(宋) 최언(崔鷃)[476]은 자가 덕부(德符)로 선화(宣和)[477] 말엽에 시어사(侍御史)에 제수되었는데 마비증으로 벼슬을 그만두고 정원 몇 마지기를 꾸미고 '파사원(婆娑[478]園)'이라고 불렀다. 전에 황벽산을 유람하다가 산중에서 뛰어난 네 선비[묘사(妙士)[479]]를 얻었으니, 유란(幽蘭), 방국(芳菊), 석창포(石菖蒲), 금성초(金星草)[480]였다.

宋崔鷃, 字德符, 宣和末除侍御史, 以攣疾致仕, 治園數畝, 號婆娑園. 嘗遊黃蘗山, 中得四妙士, 幽蘭·芳菊·石菖蒲·金星草也.[481]

한적함을 추구하고 싶다.[욕구한적(欲求閒適)] 남당(南唐) 이건훈(李建勳)[482]은 재상에서 파직되어 사도로 사직한 뒤 종산(鍾山)에 별장을 지었다. 어떤 사람이 이르기를, "공께서는 아직 연로하지도 않고 큰 병도 없으신데 이 명을 받으시는 것은 구화선생(九華先生)[483]이 되려는 것인지요?"라고 묻자 이건훈이 대답하였다. "평소에 늘 공경을 비웃으며 출사와 은거를 신경 쓰지 않았으니 어찌 평소의 뜻을 저버릴 수 있겠소. 장수할 사람이 아님을 스스로 알고 있기에 몇 년이라도 한적함을 추구하고 싶을 뿐이오."

唐李建勳罷相, 以司徒致仕, 營別墅於鍾山. 或謂曰, 公旣未老, 無大疾苦, 今受此命, 欲爲九華先生耶. 建勳曰, 平生常笑公卿, 不審出處, 豈可違素志. 自知非壽老者, 欲求數年間適耳.[484]

다행히 전전긍긍할 일을 면하다.[행면전긍(幸免戰兢)] 당익(唐翊)[485]이 관직을 그만두고 나서 자제들에게 말했다. "전에 간성(諫省)에 있을 때는 날이 갈수록 마치 살얼음판을 걷는 듯하였는데, 이제 다행히 전전긍긍할 일을 면하니 역시 좋은 일이로다."

唐翊旣致仕, 語子弟曰, 昔居諫省, 日久如履薄氷, 今幸免戰兢, 亦佳事也.[486]

산사의 승려와 어울리다.[여산승유(與山僧遊)] 송(宋) 조변(趙抃)[487]은 자가 열도(閱道)이다. 태자태보(太子太保)로 벼슬을 그만두고 구주(衢州)에 은거하였는데 시냇물과 돌, 소나무와 대나무의 승경이 있어 산사의 승려나 촌노와 어울리면서 더 이상 귀인의 모습이 있지 않았다.

宋趙抃, 字閱道. 以太子太保致仕, 退居於衢, 有溪石松竹之勝, 與山僧野老遊, 不復有貴勢態.[488]

오래된 집[노옥(老屋)] 송(宋) 양만리(楊萬里)[489]는

---

475. 《신오대사(新五代史)·남당세가(南唐世家)》
476. 최언(崔鷃): 송(宋) 양적(陽翟) 출신으로 자가 덕부(德符)이다. 상주교수(相州教授), 용도각직학사(龍圖閣直學士) 등을 역임하였다.
477. 선화(宣和): 북송(北宋) 휘종(徽宗)의 연호(1119-1125)이다.
478. 파사(婆娑): 가지와 잎이 무성하게 펴져 있는 모양이다.
479. 묘사(妙士): 재능과 덕망이 높은 선비를 이르는 말인데 여기서는 아름다운 화초를 비유한 것이다.
480. 금성초(金星草): 바위에 붙어 사는 풀로 금빛의 점이 있다. '봉미초(鳳尾草)', '칠성초(七星草)'라고도 한다.
481. 《산당사고(山堂肆考)·사진(仕進)》
482. 이건훈(李建勳): 남당(南唐) 사람으로 자가 치요(致堯)이다. 중서시랑동평장사(中書侍郎同平章事), 사공(司空), 사도(司徒) 등을 역임하였다.
483. 구화선생(九華先生): 오대(五代) 남당(南唐) 송제구(宋齊丘)의 호이다. 시중(侍中) 주종(周宗)과의 불화로 사직을 청했다가 후주(後主) 이경(李璟)으로부터 '구화선생'이란 호를 하사받고 실제로 구화산(九華山)에 은거하게 되었다. 따라서 '구화선생'은 진심이 아니면서 은거를 원하는 척하는 거짓 은자를 비유한다.
484. 《남당서(南唐書)·이건훈전(李建勳傳)》
485. 당익(唐翊): 송(宋) 산음(山陰) 출신으로 자가 절사(浙師)이다. 영수지주사(靈壽知州事)를 지냈다.
486. 《산당사고(山堂肆考)·사진(仕進)》
487. 조변(趙抃): 송(宋) 인종(仁宗), 신종(神宗) 때의 관리로 자(字)가 열도(閱道)이다. 청백리로 이름을 날렸다. 벼슬은 태자소보(太子少保)에 이르렀다.

호가 성재(誠齋)이다. 나이가 칠십도 되기 전에 은퇴하였는데 남계(南溪) 가의 오래된 가옥 한 채는 겨우 비바람을 막을 정도였고 사내종[장수(長鬚)[490]]과 계집종[적각(赤脚)[491]]이 고작 서넛뿐이었다. 총기가 있고 건강한데도 16년을 한가로이 물러나 있었다. 일찍이 다음과 같은 〈자찬시(自贊詩)〉를 지었다.

江風索我吟, 강바람은 나에게 시를 지으라 하고,
山月喚我飲. 산의 달은 나를 불러 술을 마시라 하네.
醉倒花落前, 술에 취해 떨어진 꽃 앞에 누웠더니,
天地爲衾枕. 천지가 이불과 베개로구나.[492]

또 다음과 같은 시가 있다.

青白不飛眼底, 청안시와 백안시를 눈에서 날리지 않고,
雌黃不出口中. 함부로 하는 비평을 입 밖에 내뱉지 않네.
只有一罪不赦, 단지 용서받지 못 할 죄가 하나 있다면,
唐突明月淸風. 멋대로 청풍명월을 즐기는 것이리라.

서영휘(徐靈暉)가 시를 기증하여, "맑기는 출입문이 시내뿐이고 가난하기는 허리띠에 쇠고리뿐이로다."라고 하였다.

宋楊萬里, 號誠齋. 年未七十退休, 南溪之上老屋一區, 僅庇風雨, 長鬚赤脚, 纔三四人. 聰明彊健, 閒退十有六年. 嘗自贊曰, 江風索我吟, 山月喚我飮. 醉倒花落前, 天地爲衾枕. 又曰, 青白不飛眼底, 雌黃不出口中. 只有一罪不赦, 唐突明月淸風. 徐靈暉贈詩, 淸得門如水, 貧惟帶有金.[493]

현자의 길을 막고 싶지 않다.[불욕방현(不欲妨賢)]

송(宋) 왕수지(王秀之)[494]가 진평태수(晉平太守)를 지내다가 1년 만에 퇴직을 청하면서 말하였다. "이 고을은 토양이 비옥하고 진귀한 재물이 날로 이른다. 사람을 미혹시키는 것이 재물이니 재물이 생기면 화가 뒤따른다. 지혜로운 사람은 재물에 미혹되지도 않고 또한 화가 뒤따르게 하지도 않는다. 나의 은거 비용[산자(山資)[495]]이 이미 넉넉해졌으니, 어찌 오래 머물면서 현자의 길[현로(賢路)[496]]을 방해할 수 있겠는가."

宋王秀之爲晉平太守, 期年求退曰, 此郡沃壤, 珍貨日至. 人所昧者財, 財生則禍逐. 智者不昧財, 亦不逐禍. 吾山資已足, 豈可久留以妨賢路.[497]

아직 나라를 잊을 수 없다.[미능망국(未能忘國)]

송(宋) 기국공(祁國公) 두연(杜衍)[498]이 은퇴하여 집에 머물 때 하루는 안색에 근심스런 빛이 드러났다. 문하생이, "선생님께서는 오늘 어째서 근심스러워하십니까?"라고 묻자 두연이 대답하였다. "마침 조보(朝報)[499]를 보니 어떤 일을 시행하는 데 알맞은 일이 아니다. 그래서 근심스러워하는 것일 뿐이다." 또 하

---

488. 《동도사략(東都事略)·조변전(趙抃傳)》
489. 양만리(楊萬里): 송(宋) 길주(吉州) 출신으로 자가 정수(廷秀)이다. 국자박사(國子博士), 보문각대제(寶文閣待制) 등을 역임하였다.
490. 장수(長鬚): 사내종을 가리킨다.
491. 적각(赤脚): 계집종을 뜻하는 '적각비(赤脚婢)'의 준말이다. 맨발로 돌아다닌다는 뜻에서 유래하였다.
492. 시제(詩題)는 〈다시 자찬시를 짓다(又自贊)〉이다.
493. 《산당사고(山堂肆考)·사진(仕進)》
494. 왕수지(王秀之): 남조(南朝) 송(宋)·제(齊) 때 사람으로 송(宋)에서 이부상서(吏部尙書), 제(齊)에서 보국장군(輔國將軍), 오흥태수(吳興太守) 등을 역임하였다.
495. 산자(山資): 은거하는 데 드는 비용을 이르는 말이다.
496. 현로(賢路): 현자가 벼슬에 나설 수 있는 기회를 가리킨다.
497. 《남제서(南齊書)·왕수지전(王秀之傳)》
498. 두연(杜衍): 송(宋) 월주(越州) 사람으로 자가 세창(世昌)이다. 옥사를 잘 다루었고 일처리가 분명하였다. 동평장사(同平章事)를 역임하였고 태자소사(太子少師)로 치사하였으며 기국공(祁國公)에 봉해졌다.

루는 기뻐하며 "조보를 보니 어떤 사람이 등용되었으니 나라의 복이로다."라고 말하였다. 또 일찍이 이르기를, "공자께서 '그 지위에 있지 않으면 그 정사를 도모하지 말라'고 하셨지만 내가 나라의 큰 은혜를 입어서 물러난 이래로 집안일은 전혀 관심을 갖지 않고 그저 아직은 나라를 잊을 수 없을 뿐이다."라고 하였다.

宋杜祁公衍退居於家, 一日憂見於色. 門生曰, 公今日何以不悅? 公曰, 適覩朝報, 行某事非便. 所以憂爾. 又一日喜曰, 見朝報, 某人進用, 社稷之福也. 又嘗曰, 孔子稱, 不在其位, 不謀其政. 衍荷國深恩, 退居以來, 家事百不關心, 獨未能忘國耳.[500]

손석(孫奭)[501]이 질장구를 두드리다. [손석고부(孫奭鼓缶)] 송(宋) 선공(宣公) 손석이 태자소보(太子少保)로 벼슬을 그만두고 운주(鄆州)에 머물렀다. 하루는 어시청(御詩廳)[502]에서 연회를 열고 손님에게 "태자소보를 지낸 백거이[백부(白傅)[503]]의 말에, '얼마나 많은 저택[주문(朱門)[504]]이 대문을 닫아 건 채 빈집인지, 주인은 늙도록 돌아온 적이 없네'라고 하였는데 이제 저는 돌아왔습니다."라고 말하면서 기쁜 빛이 얼굴에 감돌았다. 다시 수도(守道) 석개(石介)[505]를 돌아보고 《역경·이괘》 구삼효의 효사[506]를 암송하면서 또 "즐거워서 근심을 잊으면[507] 자연 젊은이의 뜻을 이루고 노래 부르며 질장구를 연주하면 노년[대질(大耋)[508]]에 대한 한탄이 일어나지 않지요."라고 말하였다. 손석은 순수한 덕과 깊은 학문으로 20여 년을 궁중에서 강의하였고 만년에 용퇴하여 마을에서 한가로이 지내면서 내내 덕을 온전히 보존하였으니, 요즘 세상에 비견되는 인물이 드물다.

宋孫宣公奭以太子少保致仕, 居鄆. 一日置宴御詩廳, 語客曰, 白傅有言, 多少朱門鎖空宅, 主人到老不曾歸. 今老夫歸矣. 喜動於色. 復顧石守道, 誦易離卦九三爻辭, 且曰, 樂以忘憂, 自得小人之志, 歌而鼓缶, 不興大耋之嗟. 公以醇德奧學, 勸講禁中二十餘年, 晚節勇退, 優游里中, 始終全德, 今世罕比.[509]

나귀를 타고 서호를 유람하다. [기려유호(騎驢遊湖)] 송(宋) 한세충(韓世忠)[510]이 태부(太傅)로 봉조청(奉朝請)[511]이 되어 나귀를 타고 술을 지닌 채 어린 종 한둘을 데리고 서호의 산수를 유람하면서 호를 '청량거사(淸涼居士)'라고 하였다. 관심 있던 자가 이를 그림으로 그리고는 '한왕기려도(韓王騎驢圖)'라고 하였다.

宋韓世忠以太傅奉朝請, 騎驢携酒, 從一二童奴, 放浪西湖泉石間, 號淸涼居士. 好事者繪爲韓王騎驢.[512]

---

499. 조보(朝報): 조정의 포고, 법령, 인사 등을 지방 제후와 중앙관료들에게 전하는 관보.
500. 《송명신언행록전집(宋名臣言行錄前集)·두연(杜衍)》
501. 손석(孫奭): 송(宋) 박평(博平) 출신으로 자가 종고(宗古)이다. 병부시랑(兵部侍郎), 태자소부(太子少傅) 등을 역임하였다.
502. 어시청(御詩廳): 송(宋) 인종(仁宗)이 하사한 시를 새겨놓은 대청을 가리킨다.
503. 백부(白傅): 백거이(白居易)가 태자소부(太子少傅)를 지낸 데에서 한 말이다.
504. 주문(朱門): 붉게 칠한 대문으로, 귀족이나 부호의 집을 비유한다.
505. 석개(石介): 송(宋) 연주(兗州) 출신으로 자가 수도(守道)이고 호는 조래선생(徂徠先生)이다. 국자감직강(國子監直講), 태자중윤(太子中允) 등을 역임하였다. 도통(道統)과 문통(文統)의 통일을 주장하면서 불교 및 노장사상을 배척하였다.
506. 《주역(周易)·이괘(離卦)》, "구삼은 해가 기울어 걸려 있음이니 질장구를 두드리며 노래하지(일상을 즐기지) 않으면 나이 많음을 탄식함이라서 흉하리라.(九三, 日昃之離, 不鼓缶而歌, 則大耋之嗟, 凶.)"
507. 《논어(論語)·술이(述而)》, "(알지 못하면) 발분하여 먹는 것도 잊고 (알게 되면) 즐거워서 근심을 잊어 늙음이 장차 이르는 것도 알지 못할 뿐입니다.(發憤忘食, 樂以忘憂, 不知老之將至云爾.)"
508. 대질(大耋): 나이가 70세에서 80세 사이의 노인을 이르는 말이다.
509. 《송명신언행록전집(宋名臣言行錄前集)·손석(孫奭)》
510. 한세충(韓世忠): 송(宋) 연안(延安) 출신으로 자가 양신(良臣)이다. 시호는 충무(忠武)이고 봉호는 기왕(蘄王)이다. 훌륭한 장수로 고종(高宗) 때에 평구좌장군(平寇左將軍), 추밀사(樞密使), 태위(太尉) 등을 역임하였다. 뒤에 악비(岳飛)가 처형당하자 진회(秦檜)에게 항의하다가 사직하고 은거하였다.
511. 봉조청(奉朝請): 퇴직한 대신이나 황실의 외척이 정기적으로 조회에 참여하는 것을 일컫는 말에서 유래한 벼슬 이름이다. 남북조(南北朝) 때는 일정한 직책이 없는 산관(散官)이었고 당송 때는 조청대부(朝請大夫)라고 하였다.

섭몽득(葉夢得)[513]이 길을 내다.[몽득개경(夢得開徑)] 송(宋) 섭몽득은 자가 소온(少縕)으로 고향이 소주(蘇州)이다. 참지정사(參知政事)로 벼슬을 그만두고 삽천(霅川)에 머물면서 산을 뚫어 길을 내고 초목을 아름답게 가꿨다. 호를 '석림거사'라고 하고 시와 술로 즐기니 많은 복이 다 갖춰졌다.

宋葉夢得, 字少縕, 家蘇州. 以參政致仕, 居霅川, 開山爲徑, 玲瓏秀發. 號石林居士, 詩酒自娛, 諸福全備.[514]

휴가 休假

· 살피건대 '급(急)', '고(告)', '영(寧)'은 모두 휴가의 명칭이다. 《석명(釋名)》에 이르기를, "급(急)은 급(及)이니, 다급한 심부름꾼이 이르는 것을 말한다"[515]라고 하였다. 《한서(漢書)》에 이르기를, "고(告)는 청(請)이니 말미를 주기를 청하는 것이다. 영(寧)은 안(安)이니 고(告)를 영(寧)이라고 한다.[516] 한(漢)나라 법률에 이천석(二千石)의 관원에게 여고(予告)[517]와 사고(賜告)[518]가 있었다. 여고(予告)라는 것은 관직에서 공이 있는 것이 최고라서 법률상 마땅히 얻는 것이다. 사고(賜告)라는 것은 병이 3개월을 채워 면직시켜야 할 때 천자가 너그럽게 휴가를 내려주어 인끈을 지닌 채 속관을 거느리고 집에 돌아가 병을 관리하게 하는 것이다."[519]라고 하였다.

按, 急·告·寧, 皆休假名也. 釋名曰, 急, 及也, 言操切之使相逮及也. 漢書曰, 告, 請也, 言請休謁也. 寧, 安也, 告曰寧也. 漢律, 吏二千石有予告, 有賜告. 予告者, 在官有功最, 法所當得者, 賜告者, 病滿三月, 當免, 天子優賜其告, 使得印綬將官屬, 歸家理疾.[520]

· 휴가는 '휴목(休沐)'이라고도 하는데 5일에 한 번의 휴목(休沐)을 얻는다.

休假, 亦曰休沐, 五日得一休沐.[521]

· 진(晉)의 법률에 휴가라는 것은 한 달에 다섯 번 휴가를 주었다.

晉令, 急假者, 一月五急.[522]

· 문서에서 일컫는 것은 '귀휴(歸休)'라고 한다. 또 '휴급(休急)', '휴한(休澣)', '취급(取急)', '청급(請急)'이라고 한다. 또 '장가(長假)', '병가(併假)'가 있다.

書記所稱, 曰歸休. 亦曰, 休急·休澣·取急·請急. 又有長假·併假.[523]

· 이배(李裵)[524]가 "휴가의 이름은 길한 것은 '고(告)'라 하고 흉한 것은 '영(寧)'이라 한다."라고 말하였다.

---

512. 《산당사고(山堂肆考)·치사(致仕)》
513. 섭몽득(葉夢得): 남송(南宋) 소주(蘇州) 출신으로 자가 소온(少蘊)이다. 호부상서(戶部尙書), 상서좌승(尙書左丞) 등을 역임하였고, 《석림연어(石林燕語)》, 《석림시화(石林詩話)》를 저술하였다.
514. 《산당사고(山堂肆考)·치사(致仕)》
515. 《석명(釋名)·석언어(釋言語)》
516. 《한서(漢書)·고제기(高帝紀)》 주에, "길한 일은 '고(告)'라 하고 흉한 일은 '영(寧)'이라 한다(吉曰告, 凶曰寧)"라고 하였다.
517. 여고(予告): 한대(漢代)에 이천석(二千石) 이상의 관원으로 공로가 있는 사람에게 주던 휴가이다.
518. 사고(賜告): 한대(漢代)에 병이 든 관리에게 주던 휴가이다.
519. 《한서(漢書)·고제기(高帝紀)》 주의 기록이다.
520. 《초학기(初學記)·정리부(政理部)》
521. 《고금사문유취전집(古今事文類聚前集)·사진부(仕進部)》
522. 송(宋) 황정견(黃庭堅) 《산곡별집(山谷別集)·전주(箋注)》
523. 《초학기(初學記)·정리부(政理部)》
524. 이배(李裵): 내력이 자세하지 않다.

李褒曰, 休謁之多, 吉曰吉[525], 凶曰寧.[526]

· 안사고(顔師古)[527]가 말하였다. "어떤 사람은 이르기를, '사(謝)'라고 하는데 사(謝) 역시 '고(告)'이다." 여러 책에서 '사병(謝病)'이라고 하는 것이 모두 같은 의미이다.

師古曰. 或謂之謝, 謝亦告也. 諸書云謝病, 皆同義.[528]

휴가에도 외출하지 않다.[휴목불출(休沐不出)] 장안세(張安世)[529]는 휴가에도 일찍이 외출한 적이 없다.

張安世休沐, 未嘗出.[530]

죄가 있으면 장기 휴가를 주다.[유죄장고(有罪長告)] 병길(丙吉)[531]이 승상일 때에 속관 중에 죄가 있거나 사람이 직책에 걸맞지 않으면 항상 장기 휴가를 주고 끝내 조사하는 일이 없으면서, "재상의 관부에서 속관을 조사한다는 말을 나는 매우 부끄럽게 여긴다."라고 말하였다. 재상의 관부에서 속관을 조사하지 않는 것이 병길로부터 시작되었다.

丙吉爲丞相, 掾史有罪, 人不稱職, 輒與長休告, 終無所案驗. 曰夫以三公之府, 有案吏之名, 吾切陋焉. 公府不案吏, 自吉始.[532]

짐을 메다.[하담(荷擔)] 동한(東漢) 허형(許荊)[533]은 자가 소장(少張)이다. 젊어서 부친을 여의고 모친을 봉양하는데 효성스러웠다. 집이 가난하여 소리(小吏)가 되었는데 배나 수레가 없어 휴가 때에는 항상 걸어서 짐을 메고 오르내리자 청절(淸節)을 향리에서 칭송하였다.

東漢許荊, 字子長[534]. 少喪父, 養母孝順. 家貧爲吏, 無有船車, 休假常單步荷擔上下, 淸節稱於鄕里.[535]

지팡이를 짚다.[장책(杖策)] 범단(范丹)[536]이 군(郡)의 공조(功曹)일 때에 매번 휴가를 받아 오르내리면서 항상 걸어갔고 지팡이를 짚었다. 동료들이 수레를 빌려주면 받지 않았다.

范丹爲郡功曹, 每休假上下, 常單步杖策. 同類以車牛與之, 不取.[537]

문병하다.[문질(問疾)] 축호(祝皓)[538]는 자가 자춘(子春)으로 지조와 절개가 뛰어났고 인의(仁義)에 독실하였다. 관리로 있다가 휴가를 가면 먼저 향리를 돌면서 죽은 이를 조문하고 병자를 문병한 뒤에 다 마쳐

---

525. 《유원총보》의 '吉'은 '告'의 오자이다.[《한서(漢書)·고제기(高帝紀)》 주]
526. 《한서(漢書)·고제기(高帝紀)》 주.
527. 안사고(顔師古): 당(唐)나라 초기의 대학자인 안주(顔籒)로 사고(師古)는 그의 자이다. 《한서(漢書)》를 주석하여 전대(前代)의 여러 주석을 집대성하였다.
528. 《고금사문유취전집(古今事文類聚前集)·사진부(仕進部)》
529. 장안세(張安世): 서한(西漢) 경조(京兆) 출신으로 자가 자유(子孺)이다. 장탕(張湯)의 아들로 상서령(尙書令), 대사마거기장군(大司馬車騎將軍)을 역임하였다.
530. 《한서(漢書)·장안세전(張安世傳)》
531. 병길(丙吉): 서한(西漢) 노국(魯國) 출신으로 자가 소경(少卿)이다. 선제(宣帝)를 잘 보좌하여 박양후(博陽侯)에 봉해졌고 승상(丞相)으로 승진되었다.
532. 《한서(漢書)·병길전(丙吉傳)》
533. 허형(許荊): 동한(東漢) 회계(會稽) 출신으로 자가 소장(少張)이다. 계양태수(桂陽太守), 간의대부(諫議大夫) 등을 역임하였다.
534. 《유원총보》의 '子長'은 '少張'의 오류이다.[《후한서(後漢書)·허형전(許荊傳)》]
535. 《후한서보일(後漢書補逸)·허형전(許荊傳)》
536. 범단(范丹): 후한(後漢) 범염(范冉)의 다른 이름이다. 진류(陳留) 출신으로 자가 사운(史雲)이다. 내무(萊蕪)의 장관을 지냈는데 청빈함으로 이름이 있었다.
537. 《후한서(後漢書)·범염전(范冉傳)》
538. 축호(祝皓): 내력이 자세하지 않다.

야 비로소 집으로 갔다.

祝皓, 字子春, 志節抗烈, 篤於仁義. 爲吏歸休, 先周旋鄕里, 弔死問疾, 畢乃還家.539

노인들에게 절하다.[배로(拜老)] 오풍(吳馮)540은 자가 자고(子高)이다. 주군(州郡)의 소리가 되었는데 휴가를 가면 먼저 상을 치룬 효자를 찾아가 문상하고 다음으로 병자를 돌아봤다. 다 마치고 향리의 노인들과 선배들을 뵙고 절한 뒤에 집으로 가니 이름이 원근에 알려졌다.[모두 《후한서(後漢書)》이다.]

吳馮, 字子高. 爲州郡吏, 休假先存恤行喪孝子, 次瞻病. 畢, 拜覲鄕里耆老先進, 然後到家, 名昭遠近.[竝後漢書]541

휴가를 내어 모여서 놀기로 하다.[청급유집(請急遊集)] 진(晉) 차무자(車武子)542가 시중(侍中)일 때에 왕동정(王東亭)543 등 여러 사람과 함께 모여서 놀기로 약속했다. 차무자가 아침에 휴가를 내고 나가려고 왕자경을 찾아갔다. 차무자가 나갈 것을 청하자 왕자경이 "그대는 어찌하여 이리 서두르시오?"라고 물었다. 차무자가 "왕동정 등 여러 사람과 함께 나들이하려고 합니다."라고 대답하자 왕자경이 말하였다. "그대는 어찌하여 이런 급하지도 않은 나들이를 하려는 것이오." 차무자는 결국 감히 떠나지 못하고 황급히 (관청으로) 돌아갔다.

晉車武子爲侍中, 與東亭諸人期共遊集. 車早急出, 過王子敬. 車求去, 王問何以忽忽. 車答曰, 東亭諸人共行. 王曰, 卿何乃作此不急行. 車遂不敢去, 盡急而還.544

비단옷을 입고 낮에 나서다.[의금주유(衣錦晝遊)] 위원충(魏元忠)545이 우복야(右僕射)일 때에 고향에 돌아가 성묘하기를 청하자[중종(中宗)이] 특별히 비단 도포 한 벌과 은(銀) 천 냥을 하사하였다. 아울러 4인의 무관[천기(千騎)546]을 주어 좌우를 지키도록 하였으며 손수 칙령을 내려, "비단옷을 입고 낮에 나서는 것이 오늘에 있게 되고 돈을 뿌려 은혜를 펴는 것이 바로 이때에 해당하도다."라고 하였다.

魏元忠爲右僕射, 請歸鄕拜掃, 特賜錦袍一領·銀千兩. 幷給千騎四人, 充其左右, 手勅曰, 衣錦晝遊, 在乎玆日, 散金敷惠, 諒屬斯辰.547

폄적 貶謫548

· 사방 변경의 끝으로 보내 요괴(妖怪)를 막도록 하였다.

投諸四裔, 以禦魑魅.549

· 다섯 유배형에 머무는 곳이 있게 하고, 다섯 머무는 곳은 세 등급으로 하라.

539. 《후한서보일(後漢書補逸)·축호전(祝皓傳)》

540. 오풍(吳馮): 내력이 자세하지 않다.

541. 《후한서보일(後漢書補逸)·오풍전(吳馮傳)》

542. 차무자(車武子): 진(晉) 남평(南平) 출신의 차윤(車胤)으로 자가 무자(武子)이다. 이부상서(吏部上書)를 지냈으며 형설지공(螢雪之功)으로 유명하다.

543. 왕동정(王東亭): 진(晉) 낭야(琅邪) 출신의 왕순(王珣)으로 자가 원림(元琳)이고 봉호가 동정(東亭)다. 산기상시(散騎常侍)를 지냈다.

544. 《세설신어(世說新語)·부록(附錄)》

545. 위원충(魏元忠): 당(唐) 송주(松州) 출신으로 본명은 진재(眞宰)이다. 전중시어사(殿中侍御史), 병부상서(兵部尙書), 중서령(中書令) 등을 역임하였다.

546. 천기(千騎): 당대(唐代) 무관의 명칭이다.

547. 《구당서(舊唐書)·위원충전(魏元忠傳)》

548. 폄적(貶謫): 벼슬이 강등되어 귀양가는 것을 가리킨다.

549. 《춘추좌전(春秋左傳)·문공(文公)·18년》

五流有宅, 五宅三居.[550]

· 사형을 면하여[완사(緩死)[551](은혜를 펴서) 장기(瘴氣)가 있는 곳으로 보낸다.《백공육첩(白孔六帖)》

緩死(申恩), 徙於瘴癘.《六帖》[552]

우번(虞翻)[553]이 강학하다.[우번강학(虞翻講學)]

오(吳) 우번은 성품이 간략하고 솔직하여 손권(孫權)이 포용하지 못하다가 일에 걸려 교주(交州)로 유배되었다. 비록 죄를 지어 추방당했지만 강학(講學)을 게을리하지 않아 문하생과 찾아오는 이들이 늘 수백 명이나 되었다. 글을 올려 "살아서 더불어 말을 나눌 이가 없다가 죽어서 똥파리를 조문객으로 삼겠습니다."라고 말하였다.

吳虞翻, 性疏直, 孫權不能容, 坐徙交州. 雖處罪放, 而講學不倦, 門徒與遊者常數百人. 上書曰, 生無可與語, 死以靑蠅爲弔客.[554]

허공에 "허허"라고 쓰다.[서공돌돌(書空咄咄)] 은호(殷浩)[555]는 유배되었는데도 담론하고 시 읊기를 그치지 않았다. 비록 가족들도 그가 유배의 감개를 지닌 것을 보지는 못 했지만 다만 종일토록 허공에 글씨를 쓰면서 '허허! 괴이한 일이로다[돌돌괴사(咄咄怪事)]'라는 네 글자를 쓰기만 할 뿐이었다. 은호의 생질인 한강백(韓康伯)[556]이 유배지까지 따라갔다가 1년이 지나 도성으로 돌아가게 되자 은호는 물가까지 그를 전송하며 조안환(曺顔還)[557]의 시에서 "부귀할 때는 남들도 모여들더니, 빈천해지자 친척들도 멀어지네"[558]라는 구절을 읊고서는 눈물을 흘렸다.

殷浩被黜, 談詠不輟. 雖家人不見其有流放之感, 但終日書空作咄咄怪事四字而已. 浩甥韓康伯隨至徙所, 經歲還都, 浩送至渚側, 詠曺顔還詩云, 富貴他人合, 貧賤親戚離. 因而泣下.[559]

앉아서 약방문을 베끼다.[좌초악방(坐抄藥方)] 육선공(陸宣公)[560]이 충주(忠州)에 이르러 흙으로 출입문을 막고 소금과 채소를 개구멍으로 받아들이면서 단정히 앉아서 약방문을 베끼니 아들이나 조카들도 그와 대화를 나누는 일이 드물었다. 마침 전운사(轉運使)가 도성에 도착하자 덕종이 "그대가 삼협을 지났으니 육지가 어떤 모습인지 들었겠지요?"라고 물었다. 전운사가 자세히 상황을 아뢰자 덕종이 측은한 생각이 들어 태자빈객에 제수하였지만 육지는 이미 죽은 뒤였다.

陸宣公至忠州, 土塞其門, 鹽菜由狗竇中入, 端坐抄藥方, 兒姪亦罕與語. 會轉運使至京, 上問, 爾從峽中過, 聞陸贄何面孔. 具以狀對, 上惻然拜太子賓客, 贄已卒.[561]

원숭이나 새와 벗하다.[원조위오(猿鳥爲伍)] 오무

550. 《서경(書經)·순전(舜典)》
551. 완사(緩死): 죽음을 늦추다. 즉 사형을 면하는 것을 말한다.
552. 《백공육첩(白孔六帖)·유죄(流罪)》
553. 우번(虞翻): 삼국시대 오(吳) 회계(會稽) 출신으로 자가 중상(仲翔)이다. 부춘장(副春長), 기도위(騎都尉) 등을 역임하였다.
554. 《고금사문유취전집(古今事文類聚前集)·상사부(喪事部)》
555. 은호(殷浩): 진(晉)나라 때 사람으로 노자와 장자에 조예가 깊었다. 벼슬은 기실참군(記室參軍), 중군장군(中軍將軍), 도독(都督) 등을 역임하였다.
556. 한강백(韓康伯): 진(晉) 한백(韓伯)으로 '강백'은 자이다. 청담(淸談)을 잘 하였고 산기상시(散騎常侍), 시중(侍中), 이부상서(吏部尙書) 등을 역임하였다.
557. 조안환(曺顔還): 진(晉) 초(譙) 출신의 조터(曹攄)로 자가 안원(顔遠)이다. 임치령(臨淄令), 양성태수(襄城太守) 등을 역임하였다.
558. 시제(詩題)는 〈옛날을 회상하며 지은 시(感舊詩)〉이다.
559. 《진서(晉書)·은호전(殷浩傳)》
560. 육선공(陸宣公): 당(唐) 소주(蘇州) 출신의 육지(陸贄)로 자가 경여(敬輿)이고 시호가 선(宣)이다. 한림학사(翰林學士), 동중서문하평장사(同中書門下平章事) 등을 역임하였다. 덕종(德宗) 때의 명상(名相)으로 주의(奏議)에 뛰어났다.
561. 《고금사문유취전집(古今事文類聚前集)·사진부(仕進部)》

릉(吳武陵)[562]이 맹간(孟簡)에게 주는 편지에서 다음과 같이 말하였다. "유자후(柳子厚)가 12년 동안 쫓겨나 있는 사이에 정이(程異), 유우석(劉禹錫), 한간(韓諫), 한태(韓泰) 등은 모두 잘못이 덮여졌으나, 오직 유자후만은 원숭이나 새들과 벗하고 있습니다."

吳武陵與孟簡書曰. 柳子厚擯斥十二年, 程·劉·二韓, 俱已拔拭, 獨子厚與猿鳥爲伍.[563]

좋은 땅을 주지 않다.[불여선지(不與善地)] 장구령(張九齡)[564]이 건의하기를, "추방당한 신하에게는 좋은 땅을 주어서는 안 되니, 모두 오계(五溪)[565] 등의 불모지에 보내야 합니다."라고 하였다. (그러나) 장구령이 시안태수(始安太守)로 나가서는 장기(瘴氣)에 대한 탄식이 있었고 형주자사(荊州刺史)가 되어서는 구속된 신세에 대한 시름이 있었다. 말하는 이들이 이르기를, "개원(開元)[566] 연간의 훌륭한 재상이었지만 후사가 없었으니, 아마도 시기심으로 관대함을 잃어 보이지 않는 책임이 가장 커서 비록 다른 장점으로도 속죄할 수가 없었나 보다."라고 하였다.

張九齡建言, 放臣不宜與善地, 悉徙五溪不毛處. 九齡出始安, 有瘴癘之歎, 守荊州, 有拘囚之思, 議者以爲開元良臣而卒無嗣, 豈忮心失恕, 陰責最大, 雖他美莫贖耶.[567]

유배되어 주애(朱厓)에서 죽다.[폄사주애(貶死朱厓)] 신번현(新繁縣)에 동호(東湖)가 있는데 이덕유(李德裕)[568]가 현령일 때에 판 것이다. 밤에 꿈을 꾸는데 한 노인이 나타나 말하기를, "저는 호수 아래에 몸을 숨기고 있으니, 공께서 보호해 주시기 바랍니다. 나으리의 부귀는 이제 마침[정래(鼎來)[569]] 7·9의 해가 되었으니 장차 만 리 밖에서 서로 만나게 될 것입니다."라고 하였다. 뒤에 흙 속에서 길이가 몇 척이나 되는 두꺼비를 얻어 물속에 던져 주었는데 이덕유는 63세로 주애(朱厓)에서 죽으니 과연 7·9라는 예언과 맞아떨어졌다. 공이 죽었는데 영호도의 꿈속에 나타나 "바라건대 공께서 나를 불쌍히 여기셔서 내가 돌아가 묻힐 수 있게 해 주십시오."라고 말하였다. 영호도가 "위국공(이덕유)은 넋이 두려워할 만하니 보고하지 않으면 장차 화가 미칠 것이다."라 하고 황제에게 아뢰어 상여가 고향으로 돌아갈 수 있게 하였다.

新繁縣有東湖, 德裕爲宰日所鑿. 夜夢, 一老父曰, 某潛形其下, 幸庇之. 明府富貴, 今鼎來七九之年, 當相見於萬里外. 後於土中得一蟆, 徑數尺, 投之水中, 而德裕以六十三卒於朱厓, 果應七九之讖. 公卒, 見夢於令狐綯曰, 公幸哀我, 使我歸葬. 綯曰, 衛公精爽可畏, 不言禍將及. 乃白于帝, 得以喪還.[570]

정위(丁謂)[571]가 애주(崖州)로 유배되었을 때 일찍이 객에게 "천하의 주군(州郡) 가운데 어느 곳이 가장 큰가요?"라고 물었다. 객이 "도성이지요."라고 대답하자 정위가 "그렇지 않습니다. 조정의 재상이 애주

---

562. 오무릉(吳武陵): 당(唐) 신주(信州) 출신으로 태학박사(太學博士), 소주자사(蘇州刺史) 등을 역임하였다.
563. 《신당서(新唐書)·오무릉전(吳武陵傳)》
564. 장구령(張九齡): 당(唐) 현종(玄宗) 때의 명재상이며 뛰어난 문장가로 자가 자수(子壽)이다. 상서우승상(尙書右丞相)을 역임하였다. 이임보(李林甫)의 세력을 누르려다 파직 당하였다.
565. 오계(五溪): 호남성(湖南省) 무릉군(武陵郡)에 속해 있는 다섯 지역을 가리킨다. 이에 대해서는 웅계(雄溪), 만계(樠溪), 무계(無溪), 유계(酉溪), 진계(辰溪)라는 설과 웅계(雄溪), 포계(蒲溪), 유계(酉溪), 원계(沅溪), 진계(辰溪)라는 설이 있다.
566. 개원(開元): 당(唐) 현종(玄宗)의 연호(713-741)이다.
567. 《구당서(舊唐書)·유우석전(劉禹錫傳)》
568. 이덕유(李德裕): 당(唐) 말기의 정치가로 자가 문요(文饒)이고 봉호가 위국공(衛國公)이다. 재상 이길보(李吉甫)의 아들로 병부상서(兵部尙書), 중서문하평장사(中書門下平章事) 등을 역임하였다.
569. 정래(鼎來): 마침, 바야흐로.
570. 《고금사문유취(古今事文類聚)·(사진부仕進部)》
571. 정위(丁謂): 송(宋) 소주(蘇州) 출신으로 자가 위지(謂之)이다. 진종(眞宗) 시기에 공(工), 형(刑), 병(兵), 이(吏) 사부(四部)의 상서(尙書)를 역임하였고 진국공(晉國公)에 봉해졌다.

사호(崖州司戶)가 되었으니 애주(崖州)가 더 크지요." 라고 말하였다.

丁謂謫崖州, 嘗謂客曰, 天下州郡, 孰爲大? 客曰, 京師也. 謂曰, 不然. 朝廷宰相爲崖州司戶, 則崖州爲大也.[572]

춘주(春州)는 나쁜 지역이다.[춘주악지(春州惡地)] 노다손(盧多遜)[573]이 주애(朱崖)로 유배되자 간의대부(諫議大夫) 이부(李符)[574]가 조보(趙普)[575]를 뵙기를 청하고 "춘주(春州)는 비록 내지에 있지만 가는 자는 반드시 죽습니다. 앞서 내렸던 명을 바꾸어 밖으로 관대함을 드러내십시오."라고 아뢰자 조보가 고개를 끄덕였다. 한 달여 뒤에 이부가 일에 연루되어 선주(宣州)로 유배되었다. 황제의 노여움이 그치지 않아 다시 영외(嶺外)로 유배하도록 명을 내렸는데 조보가 그 일을 말하자 즉시 이부로 하여금 춘주(春州)를 맡게 하였다. 군(郡)에 도착하여 한 달여 만에 죽었다.

盧多遜貶朱崖, 諫議大夫李符求見趙普, 言春州雖在內地, 至者必死, 追改前命, 外彰寬宥, 普頷之. 後月餘, 符坐事貶宣州. 上怒未已, 令再貶嶺外, 普述其事, 卽以符知春州. 到郡, 月餘卒.[576]

거정주인(居停主人)[577] 정위(丁謂)는 문정공(文定公) 이적(李迪)[578]을 형주(荊州)로 쫓아내고 나서 중사(中使)[579]로 하여금 조서를 가져다 내려 주게 하면서 까닭을 말하지 않았다. 이적은 듣고서 스스로 자살하려 하였으나 그의 아들 간지(柬之)가 말려 죽음을 면할 수 있었다. 정위는 멋대로 유배형을 행사하여 왕흠약(王欽若), 정도(丁度) 등을 모두 먼 지방으로 유배 보냈다. 당시 기국공(沂國公) 왕증(王曾)이 이에 불만을 품고 말하기를, "벌이 너무 무겁습니다."라고 하자 정위가 한참 쳐다보더니 "주인장 역시 아마도 면치 못 할 것이오."라고 대답하였다. 왕증이 두려워져 몰래 계획을 세워서 그를 제거하였으나 공론은 잘못으로 여기지 않았다.

丁謂旣逐李文定於衡州, 遣中使賫詔賜之不道, 所以李聞之欲自裁, 其子東[580]之救之得免. 謂因肆行貶竄, 王欽若·丁度等, 皆投之遠方. 時王沂公不平之曰, 責太重矣. 謂熟視曰, 居停主人恐亦不免也. 沂公因密謀去之, 公議不以爲非.[581]

실명하여 폄적을 당하다.[실명조폄(失明遭貶)] 충선공(忠宣公) 범순인(范純仁)[582]은 평소에 눈병으로 고생하다가 갑자기 완전히 실명하게 되었다. 이 일로 상소를 올려 사직을 청하자 장자후(章子厚)[583]가 당

572. 《고금사문유취(古今事文類聚)·(사진부仕進部)》
573. 노다손(盧多遜): 송(宋) 회주(懷州) 출신으로 한림학사(翰林學士), 중서시랑(中書侍郞), 병부상서(兵部尚書) 등을 역임하였다.
574. 이부(李符): 송(宋) 내황(內黃) 출신으로 자가 덕창(德昌)이다. 경서남면전운사(京西南面轉運使), 개봉지부사(開封知府事) 등을 역임하였다.
575. 조보(趙普): 송(宋) 유주(幽州) 출신으로 자가 칙평(則平)이다. 송(宋) 태조(太祖)를 도와 천하를 평정하는 데에 공이 컸고, 태종(太宗) 때에 태사(太師)가 되어 위국공(魏國公)에 봉해졌다. 중서령(中書令), 태사(太師) 등을 역임하였다.
576. 《송사(宋史)·이부전(李符傳)》
577. 거정주인(居停主人): 집주인을 이르는 말이다. '거정(居停)', '거정주(居停主)'라고도 한다.
578. 이적(李迪): 송(宋) 복주(濮州) 출신으로 자가 복고(復古)이다. 집현전태학사(集賢殿太學士), 동평장사(同平章事) 등을 역임하였다.
579. 중사(中使): 궁중에서 파견하는 사자(使者)를 가리키는데 대개 환관(宦官)들이 맡는다.
580. 《유원총보》의 '東'은 '柬'의 오류이다.[《《용천별지(龍川別志)》 권상]
581. 송(宋) 소철(蘇轍) 《용천별지(龍川別志)》 권상.
582. 범순인(范純仁): 송(宋) 시기의 정치가로 범중엄(范仲淹)의 아들이다. 자가 요부(堯夫)이다. 왕안석(王安石)의 신법(新法)에 반대하여 지방관을 전전하다가 뒤에 재상에 제수되었다.
583. 장자후(章子厚): 송대(宋代) 사람인 장돈(章惇)으로, 자후(子厚)는 그의 자이다. 철종(哲宗) 시기에 상서좌복야겸문하시랑(尚書左僕射兼門下侍郞)을 역임하였는데, 원한이 있는 사람들을 해친 일이 많았다.

리(堂吏)[584]에게 경계하여 다시는 올라오지 못하도록 공을 폄적시켜 영주(永州)에 안치시키자 공은 기쁜 마음으로 길을 나섰다. 영주에 있을 때에 손님이 찾아오면 두 개의 평상을 마주 설치하고는 스스로 늙고 병이 들어 오래 앉아 있을 수 없다고 하며 바로 베개를 베었고 손님에게도 베개를 하나 주며 함께 마주 보고 누우라고 하였는데 몇 마디 말을 나눈 뒤에 우레처럼 코를 골았다. 손님은 그가 깨기를 기다렸다가 돌아갔다. 아들과 손자들에게 책을 읽도록 시키고 항상 한밤중까지 기다렸으며, 손님을 대하면 오직 성현의 수양과 행실 및 의약 처방서에 대해 논할 뿐 다른 일은 한 마디도 입 밖에 꺼내지 않았는데, 기력과 모습이 더욱 건강해져 도성에 있을 때와 같았다.

范忠宣公素苦目疾, 忽全失其明. 因上表乞致仕, 章子厚戒堂吏更不得上, 貶公永州安置. 公怡然就道. 在永客至, 對設兩榻, 自稱老病不能久坐, 徑就枕, 亦授客一枕, 使與對臥, 數語之後, 鼻息如雷. 客待其覺, 然後去. 課兒孫讀書, 常至夜分, 對賓客, 惟論聖賢修身行己及醫藥方書, 他事一語不出口, 而氣貌益康, 如在中州時.[585]

큰 뱀이 마중나오다.[대사상영(大蛇相迎)] 유안세(劉安世)[586]가 장돈(章惇)과 채변(蔡卞)의 미움을 사서 멀리 영외(嶺外)로 폄적되었다. 한여름에 노모를 모시고 길을 나서자 사람들이 모두 그를 안타깝게 여겼다. 하루는 산속을 가다가 대나무 가마에 모친을 모신 채 나무 아래서 쉴 때에 커다란 뱀이 천천히 다가오는데 초목들이 모두 휩쓸렸다. 가마꾼들이 놀라 도망갔지만 유안세는 움직이지 않았다. 뱀은 마치 그를 환영하는 듯하더니 한참 있다가 사라졌다. 마을 사람들이 줄지어 절을 하며 "나으리는 특별한 분이십니다. 뱀은 이 산의 신인데 나으리를 보고 반가워서 마중나온 것입니다."라고 말하였다.

劉安世爲章惇·蔡卞所忌, 遠謫嶺外. 盛夏奉老母以行途, 人皆憐之. 一日行山中, 扶其母籃輿, 憩樹下, 有大蛇冉冉而至, 草木皆披靡. 擔夫驚走, 器之不動. 蛇若相迎向者, 久之乃去. 村民羅拜曰, 官異人也. 蛇, 此山之神, 見官喜相迎耳.[587]

당고(黨錮)[588]의 전기(傳記)를 쓰다.[사당고전(寫黨錮傳)] 황산곡(黃山谷)[589]이 부주(涪洲)로 유배되었다가 얼마 후 의주(宜州)로 옮겨졌다. 당시 당적에 오른 사람들에 대한 제약[당금(黨禁)]이 매우 엄격하였음에도 부관(副官)이던 유약저(兪若著)가 그를 위해 관사를 마련해 주었다. (유약저가) 청하기를, "선생은 동도(東都)에서 일어난 당고사건(黨錮事件)의 여러 현자에게 부끄럽지 않습니다. 원컨대 맹박(孟博)[590]의 전기 한 편을 써 주셨으면 합니다."라고 하자 이를 허락하고 마침내 말없이 큰 글씨로 썼는데 책이 끝나도록 겨우 두세 자만 오자로 의심되는 것이 있었을 뿐이었다. 이듬해에 마침내 세상을 떠났다.

黃山谷謫涪洲, 尋移宜州. 時黨禁甚嚴, 倅兪若著爲之經理館舍. 請曰, 先生無愧東都黨錮諸賢. 願寫孟博一傳. 許之, 遂默誦大書, 盡卷僅有二三字疑誤. 次年遂

---

584. 당리(堂吏): 당송(唐宋) 시기 중서성(中書省)의 실무관리이다.

585. 《산당사고(山堂肆考)·사진(仕進)》

586. 유안세(劉安世): 송(宋) 위(魏) 사람으로 자가 기지(器之)이다. 간의대부(諫議大夫)를 역임하였는데, 강직하여 '전상호(殿上虎)'라고 일컬어졌다.

587. 송(宋) 소백온(邵伯溫)《문견록(聞見錄)》권13.

588. 당고(黨錮): 후한 말엽에 관료들이 붕당을 만든다는 환관(宦官)들의 무고로 이응(李膺), 가표(賈彪) 등 당시 명사들이 금고(禁錮)에 처해진 사건을 가리킨다.

589. 황산곡(黃山谷): 송(宋)의 황정견(黃庭堅)으로 자가 노직(魯直)이고 호(號)가 산곡(山谷)이다. 소식(蘇軾)과 더불어 송대(宋代)를 대표하는 시인으로 꼽힌다. 교서랑(校書郞)을 역임하였다.

590. 맹박(孟博): 후한(後漢) 여남(汝南) 출신의 범방(范滂)으로 자가 맹박(孟博)이다. 청조사(淸詔使), 광록훈주사(光祿勳主事) 등을 역임하였는데 부정한 관리의 색출에 힘썼다.

仙去.[591]

아들의 손을 잡고 데리고 가다.[설자수시(挈子隨侍)] 소동파(蘇東坡)가 혜주(惠州)로 좌천될 때 단지 어린 아들 소과(蘇過)만을 데리고 갔다. 재상이 아직 부족하다고 여겨 다시 창화(昌化)에 안치시켰다. 땅을 사서 집을 짓는데 창화의 주민들이 흙을 담고 기와를 옮겨 그를 도와서 세 칸의 집을 완성하였다. 남들은 그 어려움을 감당할 수 없었으나 공은 토란을 먹고 물을 마시면서 책을 쓰는 것을 즐거움으로 삼았다.

東坡謫惠州, 獨以少子過自隨. 大臣猶以爲未足, 安置昌化. 買地築室, 昌化士人, 畚土運甓以助之, 爲屋三間. 人不堪其憂, 公食芋飮水, 著書以爲樂.[592]

담이(儋耳)에 있을 때 하루는 여자운(黎子雲)의 집에 들렀다가 비를 만나 농가에서 삿갓[약립(箬笠)[593]]을 빌려서 쓰고 나막신을 신고 돌아왔다. 부녀자와 아이들이 그를 뒤따르며 웃어댔다.

在儋耳, 一日過黎子雲, 遇雨, 乃從農家借箬笠戴之, 着屐而歸. 婦人小兒相隨爭笑.[594]

민가를 빌려 살다.[추거민옥(僦居民屋)] 소철(蘇轍)[595]이 뇌주(雷州)로 좌천되었는데 관사(官舍)에 머무는 것을 허락받지 못하자 결국 민가를 빌렸다. 장자후(章子厚)[596]가 민가를 강탈했다고 하면서 주에 명을 내려 주민들을 조사하여 끝까지 다스리도록 하였으나 빌린 문서가 분명하자 그만두었다. 장자후가 뇌주로 좌천되어 주민에게 민가에 대해 묻자 주민이 "전에 소공(蘇公)이 오셨을 때 장재상께서 저의 집을 거의 망가뜨렸기 때문에 지금은 안 됩니다."라고 대답하였다. 사람들은 보복으로 생각하였다.

蘇轍謫雷, 不許占官舍, 遂僦民屋. 章子厚以爲强奪民居, 下州追民究治, 以僦券甚明, 乃已. 及子厚謫雷州, 亦問舍于民, 民曰, 前蘇公來, 爲章丞相幾破我家, 今不可也. 人以爲報.[597]

소철이 돌아온 뒤에 허하(許下)[598]에 머물면서 문을 닫고 손님과 만나지 않았다. 마을 사람 중에 만나기를 청한 이가 있었는데 열흘이나 만날 수 없자 문지기와 상의하였다. 문지기가 집 남쪽의 대숲 속 정자에서 기다리게 하니 열흘 만에 과연 나왔다. 마을 사람이 좇아가자 소철이 크게 놀라며 힘들어하다가 한참 만에 말하기를, "그대는 잠시 여기에서 나를 기다리시오" 라 하고 갑자기 다시 들어가더니 끝내 나오지 않았다.

子由旣還, 卜居許下, 杜門不通賓客. 有鄕人求見之, 彌旬不得通, 謀之閽人. 閽人使待於宅南竹中小亭, 旬日果出. 鄕人趨進, 子由大驚勞, 久之曰, 子姑待我於此. 翩然復入, 竟不出.[599]

모두 상공(相公)이라고 부르다.[진호상공(盡呼相公)] 진형중(陳瑩中)[600]이 이르기를, "영남(嶺南) 사람들은 귀양 온 이들을 보면 관직의 고하를 막론하고 모두 상공(相公)이라고 부른다. 아마도 상공(相公)이 이곳에 머물기를 좋아한 때문이 아니겠는가."라고 하였다.

陳瑩中云, 嶺南人見逐客, 不問官之尊卑, 盡呼相公. 豈非相公愛遊此乎.[601]

노파가 지나가기를 기다리다.[노구사과(老嫗俟過)]

---

591. 《고금사문유취전집(古今事文類聚前集)·사진부(仕進部)》
592. 《송명신언행록후집(宋名臣言行錄後集)·소식(蘇軾)》
593. 약립(箬笠): 대오리를 엮어서 만든 삿갓이다.
594. 《산당사고(山堂肆考)·사진(仕進)》
595. 소철(蘇轍): 송(宋) 문학가로 자가 자유(子由)이다. 우사간(右司諫), 문하시랑(門下侍郎) 등을 역임하였다.
596. 장자후(章子厚): 송대(宋代) 사람인 장돈(章惇)으로, 자후(子厚)는 그의 자이다. 철종(哲宗) 시기에 상서좌복야겸문하시랑(尙書左僕射兼門下侍郎)을 역임하였는데, 원한이 있는 사람들을 해친 일이 많았다.
597. 《고금사문유취전집(古今事文類聚前集)·사진부(仕進部)》
598. 허하(許下): 지금의 하남성(河南省) 허창시(許昌市)이다.
599. 《고금사문유취전집(古今事文類聚前集)·사진부(仕進部)》
600. 진형중(陳瑩中): 내력이 자세하지 않다.

송(宋) 노다손(盧多遜)[602]이 주애(朱崖)로 좌천되어 대유령(大庾嶺)을 넘다가 한 작은 집에서 쉬는데 그 집의 노파가 자못 말을 잘하여 물었더니 다음과 같이 말하였다. "저는 중원 땅의 사대부 집안 사람으로 관직이 높은 아들이 있었는데 재상 노다손이 사적인 감정으로 귀양을 보내 죽었습니다. 노다손은 악독한 성품을 지니고 있으니 틀림없이 법을 어길 것입니다. 내가 지금 이 고개에 머물며 그가 지나가기를 기다리고 있는 중입니다." 노파는 전혀 노다손을 알아보지 못했지만 노다손은 행동이 곤란해져 즉시 서둘러 피해 떠났다.

宋盧多遜貶朱崖, 度大庾嶺, 憩一小家, 其老嫗頗能言, 因問之則曰. 我中州仕族, 有子官亦顯, 爲宰相盧多遜挾私貶竄以死. 多遜懷毒螫, 當犯法禁. 我且留此嶺, 以俟其過. 嫗固不識多遜, 而多遜之行甚窘, 卽倉皇避去.[603]

춘몽파(春夢婆) 소동파(蘇東坡)가 창화(昌化)에 좌천되어 있을 때 일찍이 커다란 표주박을 등에 짊어지고 논밭 사이를 걸으며 노래를 부르는데 나이가 70세 된 한 노파가 그에게 말하기를, "한림학사[내한(內翰)[604]]께서는 옛날에는 부귀하셨는데 지금 보시기에 일장춘몽 같겠지요."라고 하였다. 마을 사람들이 그래서 노파를 '춘몽파(春夢婆)'라고 불렀다.

東坡謫昌化, 嘗負大瓢, 行歌田野間. 有老婦年七十謂曰, 內翰昔日富貴, 由今日觀之, 如一場春夢. 里人因呼老婦爲春夢婆.[605]

전에 소식(蘇軾)이 동생 소철(蘇轍)과 이별하면서 바다를 건널 때 배에 오른 후 웃으면서 말하기를, "아마도 이른바, '도가 행해지지 않아 뗏목을 타고 바다로 떠가리라'[606]고 한 것이로다."라고 하였다. 원부(元符)[607] 연간에 정상참작이 되어 옮겨지면서 북쪽으로 건너올 때, "남쪽 변방에서 아홉 번 죽을 고비를 넘겼어도 나는 후회하지 않으니, 이 유람이 빼어나고 뛰어나 평생에 으뜸이기 때문이다."[608]라고 읊은 구절이 있다.

初軾與弟轍相別渡海, 旣登舟笑曰, 豈所謂, 道不行, 乘桴, 浮於海者耶. 元符間量移北渡, 有九死南荒吾不恨, 玆遊奇絶冠平生之句.[609]

살아서 귀문관(鬼門關)을 넘다.[생도귀문(生度鬼門)] 용주(容州) 북류현(北流縣) 남쪽에 두 개의 바위가 마주하고 있는데 '귀문관(鬼門關)'이라고 부른다. 그 남쪽은 장기(瘴氣)가 많아 간 사람은 거의 살아서 돌아오지 못 한다. 속담에 이르기를, "귀문관은 열 명이 가면 아홉 명이 돌아오지 못 하네."라고 하였다. 당나라 이덕유(李德裕)[610]가 이곳을 지나다가 다음과 같은 시를 지었다.

一去一萬里,	한번 만 리 밖으로 가고 나면,
千之千不還.	천 명 중에 천 명 돌아오지 못하네.
崖州在何處,	애주는 어디쯤 있는가,
生度鬼門關.	살아서 귀문관을 넘는데.

601. 《고금사문유취전집(古今事文類聚前集)·사진부(仕進部)》
602. 노다손(盧多遜): 송(宋) 회주(懷州) 출신으로 한림학사(翰林學士), 중서시랑(中書侍郎), 병부상서(兵部尙書) 등을 역임하였다.
603. 송(宋) 소박(邵博)《문견후록(聞見後錄)》 권22.
604. 내한(內翰): 당송(唐宋) 때 한림학사(翰林學士)의 별칭이다. '내상(內相)'이라고도 한다.
605. 《산당사고(山堂肆考)·사진(仕進)》
606. 《논어(論語)·공야장(公冶長)》, "道不行, 乘桴, 浮於海."
607. 원부(元符): 송(宋) 철종(哲宗)의 연호(1098-1100)이다.
608. 시제(詩題)는 〈바다를 건너면서(過海)〉이다.
609. 《고금사문유취전집(古今事文類聚前集)·사진부(仕進部)》
610. 이덕유(李德裕): 당(唐) 말기의 정치가로 자가 문요(文饒)이고 봉호가 위국공(衛國公)이다. 재상 이길보(李吉甫)의 아들로 병부상서(兵部尙書), 중서문하평장사(中書門下平章事) 등을 역임하였다.

황산곡(黃山谷)은 다음과 같은 시를 지었다.[611]

人鮓甕[612]中危萬死,	인자옹은 위험하여 만 명이 다 죽고,
鬼門關外更千岑.	귀문관 밖에는 다시 천 개의 산봉우리라네.
問君底事[613]向前去,	그대에게 묻노니 무슨 일로 앞으로 가시는지,
要試平生鐵石心.	평소의 강심장을 시험해 보려 함이네.

容州北流縣南, 兩石相對, 號鬼門關. 其南多瘴癘, 去者罕得生還. 諺曰, 鬼門關, 十去九不還. 唐李德裕經此賦詩, 一去一萬里, 千之千不還. 崖州在何處, 生度鬼門關. 黃山谷詩, 人鮓甕中危萬死, 鬼門關外更千岑. 問君底事向前去, 要試平生鐵石心.[614]

이덕유(李德裕)가 전에 조주(潮州)에 좌천되어 잡문 수십 편을 짓고서 《궁수지(窮愁志)》라고 이름 붙였다. 그의 〈운명을 논하는 글(論冥數[615])〉에서 이르기를, "내가 형초(荊楚)로부터 동주(東周) 일대를 다스리다가[보리(保釐)[616]] 도중에 방성현(方城縣)으로 나섰다. 어느 은자가 방성현장[나]에게 말하기를, "이 나으리께서는 태수를 지내다가 2년 뒤에 남쪽으로 만 리 길을 가시겠습니다."라고 하였다. 그런즉 나를 원망한 사람은 필시 천벌에 근거하였고 나를 모함한 사람은 귀신의 계책을 이용하였음을 알게 되었다. 비록 지극히 억울한 생각은 가졌지만 실로 유감으로 여기지는 않는다."라고 하였다.

德裕初貶潮州, 著雜序數十篇, 號曰窮愁志. 其論冥數曰, 予自荊楚保釐東周, 道出方城. 有隱者謂方城長曰, 此官人居守後二年, 當南行萬里. 則知憾予者必因天譴, 譖予者乃爲鬼謀. 雖抱至冤, 固不爲恨.[617]

허물을 자기 탓으로 돌리고 말을 하지 않다.[인구불언(引咎不言)] 조정(趙鼎)[618]이 진회(秦檜)의 미움을 받아 조주(潮州)에 안치되었다. 조주에 있던 5년 동안 두문불출하면서 손님을 사절하였고 시사에 관한 말을 일체 입에 올리지 않았으며 누군가 묻는 자가 있으면 단지 허물을 자기 탓으로 돌릴 뿐이었다. 조정이 전에 조주에 폄적될 때 막내아들의 죽음에 통곡을 하고 떠났는데 떠난 뒤에는 맏아들마저 잃었다. 일찍이 쪽지에 쓴 글이 있었는데 이르기를, "친구들 중에 불교 서적을 읽으라고 권하는 이들이 많은데 만약 석가나 노자가 나의 이 사정을 듣는다면 틀림없이 감동받을 것이다."라고 하였다.

趙鼎爲秦檜所忌, 潮州安置. 在潮五年, 杜門謝客, 口不言時事, 人有問者, 但引咎而已. 鼎初謫潮, 哭其季子而行, 旣行又喪長子, 嘗有帖云, 知舊多勸讀佛書, 使釋伽老子聞鼎此事, 亦當感動.[619]

까치가 한 치의 종이를 떨어뜨리다.[작추촌지(鵲墜寸紙)] 당(唐) 공온유(孔溫裕)[620]는 공규(孔戣)[621]의 조카로 기주(冀州) 출신이다. 직간을 하다가 침주(郴州)로 좌천되었는데 까치가 뜰에서 반갑게 맞아주었

611. 시제(詩題)는 〈장난삼아 문학(文學) 유지명(劉知命)에게 답하는 시(戲答劉文學詩)〉이다.
612. 인자옹(人鮓甕): 호북성 자귀현(秭歸縣)에 있는 장강(長江)의 험난한 여울 이름이다.
613. 저사(底事): 무슨 일, '하사何事'의 구어체이다.
614. 《산당사고(山堂肆考)·사진(仕進)》
615. 명수(冥數): 하늘이 정한 운수나 운명을 이르는 말이다.
616. 보리(保釐): 백성을 보호하고 안정시키는 일을 가리킨다.
617. 《구당서(舊唐書)·이덕유전(李德裕傳)》
618. 조정(趙鼎): 남송(南宋)의 정치가 겸 사인(詞人)으로 자가 원진(元鎭)이다. 충성스러운 인품으로 명망이 높았다. 벼슬은 상서좌복야겸추밀사(尙書左僕射兼樞密使)에 이르렀다.
619. 《산당사고(山堂肆考)·사진(仕進)》
620. 공온유(孔溫裕): 당(唐)의 문장가로 경조윤(京兆尹), 천평군절도사(天平軍節度使) 등을 역임하였다.
621. 공규(孔戣): 당대(唐代) 사람으로 자가 군엄(君嚴)이다. 화주자사(華州刺史), 예부상서(禮部尙書) 등을 역임하였다.

다. 자손들이 절을 하니 날아가면서 사방 한 치의 종이를 떨어뜨렸는데 그 위에 '보궐(補闕)[622]'이란 두 글자가 있었다. 얼마 지나지 않아 황제의 부름을 받고 돌아가니 정말로 이 관직의 제수가 있었다.

唐孔溫裕, 戣之兄子, 冀州人. 因直諫貶郴州, 有鵲喜迎於庭. 兒孫拜之, 飛去墜下方寸紙, 上有補闕二字. 未幾徵還, 果有此拜.[623]

크게 '태(台)'자를 쓰다.[대서태자(大書台字)] 개원(開元)[624] 연간에 장가정(張嘉貞)[625]이 재상을 지낼 때 화와 복[휴구(休咎)[626]]을 잘 맞추는 장경장(張憬藏)이란 사람이 있었다. 하루는 갑자기 공을 찾아와 종이 한 장에 크게 '태(台)'자를 써서 공에게 주었다. 공이 묻기를, "내가 지금 재상 자리[태사(台司)[627]]에 있는데 이게 무슨 뜻이오?"라고 하였다. 며칠 뒤 태주자사(台州刺史)로 좌천되었다.

開元中張嘉貞爲相, 有張憬藏能言休咎. 一日忽詣公, 以一幅紙大書台字, 授公. 公曰余見居台司, 此何意也? 後數日貶台州刺史.[628]

도사(道士)가 시를 지어 주다.[도사증시(道士贈詩)] 정위(丁謂)[629]가 도사 유둔(劉遁)과 교유할 때에 하루는 유둔이 다음과 같은 시를 지어 정위에게 주었는데, "훗날 학을 타고서 동해에서 노닐며, 함께 봉래산 정상의 봄을 보겠지요."라고 하였다. 정위는 그 의미를 이해하지 못했는데 남쪽으로 좌천당하였다. 유둔이 애산(崖山)에서 그를 만나자 정위는 비로소 그 시의 뜻을 깨닫고 유둔이 기인임을 알았다. 그와 함께 바다에 배를 띄우고 술을 마시다가 이르기를, "그대가 지은 시의 뜻을 완성했구려."라고 하였다.

丁謂與道士劉遁往來, 一日遁作詩贈謂曰. 他時駕鶴遊滄海, 同看蓬萊頂上春. 謂莫曉其意, 及南遷. 遁見之於崖山, 謂方悟其詩意, 乃知遁異人也. 與之泛舟海上而飮, 且曰, 成子之詩意也.[630]

바다까지 10리이다.[도해십리(到海十里)] 구준(寇準)[631]이 정위(丁謂)에게 무고를 당해 다시 뇌주사호(雷州司戶)로 좌천되었다. 뇌주 경계에 이르렀을 때 아전이 지도를 바쳤는데 해안까지 모두 10리가 되었다. 구준이 갑자기 말하기를, "내가 젊었을 때 '바다까지 다만 10리밖에 안 되는데, 산을 지나려면 첩첩산중이라네'라는 구절을 지은 적이 있는데 바로 오늘의 의미였구나. 사람이 살아가면서 득실이 어찌 우연이겠는가"라고 하였다. 전에 구준이 좌천될 때 정위와 풍증(馮拯)이 중서성에 있으면서 정위가 막 붓을 잡고서 처음에 구준을 애주(崖州)로 좌천시키려고 하였는데 정위가 갑자기 의문이 생겨 승상 풍증에게 묻기를, "애주를 다시 밟아보니 큰 파도가 어떠하였소?"라고 하니 승상 풍증은 "예, 예"라고만 하였다. 정위가

---

622. 보궐(補闕): 황제의 잘못을 간언하고 바로잡는 일을 담당하던 벼슬이다. 당나라 때 좌·우보궐로 나뉘었는데, 좌보궐은 문하성(門下省), 우보궐은 중서성(中書省) 소속이었다. 송나라 때는 좌우사간(左右司諫)으로 개칭되었다.
623. 《산당사고(山堂肆考)·사진(仕進)》
624. 개원(開元): 당(唐) 현종(玄宗)의 연호(713-741)이다.
625. 장가정(張嘉貞): 당(唐) 포주(蒲州) 출신으로 자가 가정(嘉貞)이다. 감찰어사(監察御使), 동중서문하평장사(同中書門下平章事), 중서령(中書令) 등을 역임하였다.
626. 휴구(休咎): 좋은 일과 나쁜 일, 길흉(吉凶), 화복(禍福), 선악(善惡) 등을 가리킨다.
627. 태사(台司): 삼공(三公)이나 재상을 지칭하는 말이다. '태(台)'는 삼공을 비유하는 별인 삼태성(三台星)을 의미하고 '사(司)'는 기관을 뜻하는 데서 유래하였다.
628. 《태평광기(太平廣記)·방사(方士)》
629. 정위(丁謂): 송(宋) 소주(蘇州) 출신으로 자가 위지(謂之)이다. 진종(眞宗) 시기에 공(工), 형(刑), 병(兵), 이(吏) 사부(四部)의 상서(尙書)를 역임하였고 진국공(晉國公)에 봉해졌다.
630. 송(宋) 강소우(江少虞)《사실류원(事實類苑)》 권45.
631. 구준(寇準): 송(宋)의 충신으로 자(字)는 평중(平仲)이다. 진종(眞宗) 때 거란이 남침하자 화친을 반대하고 적극 항전을 주장하였다. 뒤에 내국공(萊國公)에 봉해졌기 때문에 흔히 구래공(寇萊公)으로 불린다. 참지정사(參知政事), 급사중(給事中), 삼사사(三司使) 등을 역임하였다.

그래서 천천히 뇌주를 생각하게 되었다. 얼마 안 있어 정위가 좌천되자 풍증은 결국 애주를 생각하게 되었다. 당시의 관심 있던 사람들은 서로 말하기를, "뇌주의 사호 구준을 만날 듯한데, 사람이 살면서 어디선들 서로 만나지 않겠는가."라고 하였는데 정위가 남쪽으로 가는 것을 비유한 것이다. 구준은 다시 도주(道州)로 옮기게 되었는데 구준의 시종이 정위가 온다는 말을 듣고서 유감을 풀어 주려고 하자 구준이 알아채고서 하인들을 불러들여 문을 닫고 내보내지 않고는, 사람을 시켜 양고기찜을 준비해서 경계에서 정위를 맞이하게 하고 자신은 피해서 만나지 않았다. 사람들은 구준이 도리에 맞았다고 하였다.

寇準爲丁謂所誣, 再貶雷州司戶. 及境, 吏以圖獻, 抵海岸凡十里. 公恍然曰, 少時有到海祗十里, 過山應萬重之句, 乃今日意耳. 人生得喪, 豈偶然耶. 初公之貶也, 丁謂與馮拯, 在中書, 丁當秉筆, 初欲貶準崖州, 而丁忽自疑, 語馮曰, 崖州再涉, 鯨波如何? 馮唯唯而已. 丁乃徐擬雷州. 未幾謂貶, 馮遂擬崖州. 當時好事者相語曰, 若見雷州寇司戶, 人生何處不相逢. 比丁之南也. 寇復移道州, 準從者聞謂至, 欲釋憾, 準知, 收其僮僕, 閉門不放出, 遣人以蒸羊逆於境上而避之不見, 人以爲得體.[632]

하강남도(下江南圖) 송(宋) 조한(曹翰)[633]은 태조(太祖) 시기에 명장이었으나 태종(太宗) 시절에 여주(汝州)로 좌천되었다. 환관이 찾아오자 조한이 눈물을 흘리며 말하기를, "여러 식구들이 먹을 것이 부족하오. 가난하여 살 수가 없구려."라 하고 보자기로 오래된 옷을 한 뭉치를 싸서 돈 만 냥을 빌리고자 하였다. 환관이 돌아와 보고하자 태종이 열어 보니 바로 한 폭의 그림 병풍[화장(畵障)[634]]으로 '하강남도(下江南圖)'라는 제목이 달려 있었다. 태종이 측은하게 여겨 다시 불러들였다.

宋曹翰, 太祖時名將也, 太宗朝貶汝州. 有中使至, 翰泣謂曰, 衆口乏食. 貧不能活. 以袱封故衣一包, 願質錢十千. 中使回奏之, 太宗開視, 乃一畫障題曰下江南圖. 帝惻然憐之, 乃召還.[635]

오두막을 짓고 수레바퀴 자국을 쓸어내다.[결려소궤(結廬掃軌[636])] 송(宋) 장구성(張九成)[637]은 자가 자소(子韶)이고 호가 무구(無垢)로 전당(錢塘) 출신이다. 예부시랑(禮部侍郎)일 때에 진회(秦檜)가 그가 정사에 대해 말하는 것을 싫어하여 소주(邵州)로 좌천시켰다. 또 뜬소문을 내는 자들이 그가 조정을 비난한다고 논란을 일으켜 다시 남안군(南安軍)으로 좌천되었다. 도착한 뒤에 오두막을 짓고 수레바퀴 자국을 쓸어내고서 기둥에 기대어 책만 보았기에 정원 벽돌에 두 발을 디딘 흔적이 없었고 남루한 옷과 거친 밥에 가족들이 거의 버틸 수 없었다. 친지들이 사정을 알아 다투어 음식을 보내왔지만 장구성은 모두 사절하여 보냈다. 또 호를 '횡포거사(橫浦居士)'라고 하였다.

宋張九成, 字子韶, 號無垢, 錢塘人. 爲禮部侍郎, 秦檜惡其言事, 謫居邵州. 又諷言者論其謗訕朝政, 謫南安軍. 旣至結廬掃軌, 倚柱觀書, 庭磚雙趺之迹隱然, 縕袍糲食, 家人輩幾無以自存. 親知聞知, 爭致餽遺, 公皆謝遣. 又號橫浦居士.[638]

윤공정(尹公亭) 경력(慶曆)[639] 연간에 기거사인직

632. 송(宋) 구양수(歐陽修) 《귀전록(歸田錄)》 권상.
633. 조한(曹翰): 송(宋) 대명(大明) 출신으로 자가 좌천우위상장군(左千牛衛上將軍)을 지냈다.
634. 화장(畵障): 그림 병풍이다.
635. 《산당사고(山堂肆考)·사진(仕進)》
636. 소궤(掃軌): 수레바퀴 자국을 지우다. 세상 사람들과 단절한 채 은거하는 것을 비유한다.
637. 장구성(張九成): 송(宋) 전당(錢塘) 출신으로 자가 자소(子韶)이다. 양시(楊時)의 제자이다. 예부시랑(禮部侍郎)을 지냈고 숭국공(崇國公)에 봉해졌다.
638. 《산당사고(山堂肆考)·사진(仕進)》

용도각(起居舍人直龍圖閣)을 지낸 윤수(尹洙)[640]가 수주(隨州)로 좌천되었는데 날마다 도서를 연구하여 고금에 통하는 것을 일거리로 삼으면서 자신의 관직이 좌천된 것을 알지도 못하였다. 일찍이 띠풀을 엮어 정자를 지었는데 떠나고 나서도 사람들이 차마 없애지 못했다. 그래서 그것을 '윤공정(尹公亭)'이라고 이름 지었다.

慶曆間起居舍人直龍圖閣尹洙謫隨州, 日以考圖書, 通古令爲事, 而不知其官之爲謫也. 嘗結茅爲亭, 既去而人不忍廢. 因名之曰尹公亭.[641]

백암(白巖)에 거처하며 《역경(易經)》에 주를 달다.

[거암주역(居巖註易)] 이천선생(伊川先生)이 부주(涪州)에 유배되어 백암(白巖)에 거처하며 《역경(易經)》에 주를 달았는데 가르침을 받아 영향을 받은 이들이 모두 유명인사가 되었다. 뒤에 부주에서 낙양으로 돌아왔는데 모습과 안색, 수염과 머리칼이 모두 예전보다 나아졌다. 문하생들이 "어떻게 이러실 수 있습니까?"라고 묻자 정이가 "학문의 힘이지. 무릇 학자는 고난과 빈천에서 처신하는 것을 배우게 되고 부귀와 영달 같은 것은 배우지 않아야 한다."라고 대답하였다.

伊川先生竄涪州, 居白巖註易, 淵源所漸, 皆爲名士. 後自涪還洛, 氣貌·容色·髭髮, 皆勝平昔. 門人問曰, 何以得此? 先生曰, 學問之力. 凡學者, 學處患難貧賤, 若富貴榮達, 卽不須學也.[642]

천거 薦擧

·《대대례(大戴禮)》의 기록이다. 옛날에 제후가 (천자에게) 인재를 추천하였는데, 한 번 잘한 것을 '호덕(好德)'이라 하고 두 번 잘한 것을 '현현(賢賢)'이라 하며 세 번 잘한 것을 '유공(有功)'이라 하여 구석(九錫)[643]을 더해 주었다. 인재를 추천하지 못한 경우, 한 번이면 작위를 박탈하고 두 번이면 봉지를 박탈하고 세 번이면 작위와 봉지를 다 박탈하였다.

大戴禮. 古者諸侯貢士, 一適謂之好德, 再適謂之賢[644], 三適謂之有功, 乃加九錫. 不貢士, 一則黜爵, 再則黜地, 三則黜爵地畢矣.[645]

·《주례(周禮)》의 기록이다. 소사도(小司徒)의 직분은 3년마다 크게 결산[대비(大比)[646]]을 한다. 그들의 덕행(德行)과 학문, 기예를 살피고 어진 자와 능력 있는 자를 추천한다.

周官. 小司徒之職, 三年則大比. 考其德行·道藝, 而興賢者·能者.[647]

·유학자는 안에서 천거함에 친척이라고 피하지 않고, 밖에서 천거함에 원한이 있다고 하여 피하지 않는다. 훌륭한 자를 추천하여 나아가게 하고 그 보답을 기대하지 않는다.《예기(禮記)》

儒有內稱不避親, 外擧不避怨. 推賢而進達之, 不望其報.《禮記》[648]

639. 경력(慶曆): 북송(北宋) 인종(仁宗)의 연호(1041-1048)이다.
640. 윤수(尹洙): 송(宋) 하남(河南) 출신으로 자가 사로(師魯)이다. 기거사인(起居舍人)을 지냈다.
641. 송(宋) 증공(曾鞏)《원풍류고(元豐類藁)》 권18.
642. 《송사(宋史)·정이전(程頤傳)》
643. 구석(九錫): 차마(車馬), 의복(衣服), 악기(樂器), 주호(朱戶), 납폐(納陛), 호분(虎賁) 100명, 부월(鈇鉞), 궁시(弓矢), 거창(秬鬯)의 아홉 가지이다.
644. 《유원총보》의 '賢'은 '賢賢'의 오류이다.
645. 《전한서(前漢書)·무제기(武帝紀)》
646. 대비(大比): 주대에 3년마다 인구와 재산, 또는 인재를 조사하는 일을 가리킨다.
647. 《주례(周禮)·지관(地官)·향대부(鄕大夫)》에 "鄕大夫之職, … 三年則大比. 考其德行·道藝, 而興賢者·能者"라고 하였다.
648. 《예기(禮記)·유행(儒行)》

· 최고의 신하는 사람[인재 추천]으로 군주를 섬기다.
上臣, 事君以人.[649]

모두 빈객의 자리로 가다.[개취빈위(皆就賓位)]
한비자(韓非子)가 말하였다. 조무(趙武)[650]가 그 군주에게 46명을 추천하였는데 그가 죽었을 때에 46인이 모두 빈객의 자리로 갔으니[651] 그 사적인 은혜가 없었음이 이와 같았다.
韓子曰. 趙武薦四十六人於其君, 及武之死也, 四十六人皆就賓位, 其無私德者若此.[652]

말을 하지 않았더라면 거의 잃을 뻔했다.[무언기실(無言幾失)] 가신(賈辛)[653]이 장차 자신의 고을을 다스리러 갈 때에 위헌자(魏獻子)[654]를 찾아가 만났다. 위헌자가 이르기를, "가신! 어서 오시오. 옛날에 숙향(叔向)이 정(鄭)나라에 갔을 때 종멸(鬷蔑)이라는 못생긴 사람이 숙향을 만나보고자 하여 그릇을 거두는 심부름꾼을 따라 들어가 당하에 서서 한 마디 말을 했는데 훌륭했다고 하오. 숙향이 막 술을 마시려다가 그 말을 듣고 말하기를 '반드시 종명(鬷明)일 것이다'라 하고 당(堂) 아래로 내려가 그의 손을 잡고 올라가서, '지금 그대는 좀 못생겼지만 그대가 만약 말을 하지 않았더라면 나는 거의 그대를 잃을 뻔했소. 말은 하지 않으면 안 되는 것이 이와 같습니다'라 하고 드디어 전부터 친한 사이와 같았다고 하오. 이제 그대가 왕실에 공을 세운 것을 알아 내가 그 때문에 그대를 추천한 것이니 임지에 가서 정성껏 하여 그대의 공력을 헛되이 하지 마시오."라고 하였다.
賈辛將適其縣, 見於魏子. 魏子曰, 辛來. 昔叔向過鄭, 鬷蔑惡, 欲觀叔向, 從使之收器者而往, 立于堂下, 一言而善. 叔向將飮酒, 聞之曰, 必鬷明也. 下執其手以上. 今子少不颺, 子若無言, 吾幾失子矣. 言之不可以已也, 如是. 遂如故. 知今女有力於王室, 吾是以擧女, 行乎敬之哉, 毋墮乃力.[655]

70명을 천거하다.[거칠십가(擧七十家)] 문자(文子) 조무(趙武)가 진(晉)나라의 창고 관리인으로 천거한 사람이 70여 명이었다.《예기(禮記)》
趙文子所擧於晉國管庫之士, 七十有餘家.《禮記》[656]

60명을 추천하다.[천육십가(薦六十家)] 조무가 추천한 가난한 선비[백옥지사(白屋之士)]가 60명이었다.《한비자(韓非子)》
趙武薦白屋之士, 六十家.《韓子》[657]

네가 아는 이들을 등용하라.[거이소지(擧爾所知)]
중궁(仲弓)이 정치에 대해 묻자 공자가 말씀하였다. "훌륭한 자와 유능한 자를 등용해라." "어떻게 훌륭한 자와 유능한 자를 알아서 등용합니까?" "네가 아는 자들을 등용하면 네가 알지 못하는 자들을 사람들이 설마 버려두겠느냐."
仲弓問政, 子曰. 擧賢才. 曰焉知賢才而擧之? 曰擧爾所知, 爾所不知, 人其舍諸.[658]

그 말을 감칠맛 있게 하다.[유미기언(有味其言)]
한(漢) 정당시(鄭當時)[659]는 자가 장(莊)으로 대사농(大司農)을 지냈는데 당시에 대신이면서도 문지기에

---

649. 《순자(荀子)·대략(大略)》에, "下臣事君以貨, 中臣事君以身, 上臣事君以人"이라고 하였다.
650. 조무(趙武): 춘추(春秋) 시기 진(晉)나라 대부로 시호가 헌문자(獻文子)이다. 진(晉) 평공(平公) 시기에 국정(國政)을 좌우하였다.
651. 46인이 자신을 추천해 주었다고 사사로이 하지 않고 빈객의 자리에서 손님으로 문상하였음을 말한다.
652. 《한비자(韓非子)·외저설좌하(外儲說左下)》
653. 가신(賈辛): 춘추시대 진(晉)나라 대부이다.
654. 위헌자(魏獻子): 춘추시대 진(晉) 위서(魏舒)로 시호가 헌자(獻子)이다. 한기(韓起)를 이어 정권을 잡았다.
655. 《춘추좌전(春秋左傳)·소공(昭公)·28년》
656. 《예기(禮記)·단궁하(檀弓下)》
657. 《고금사문유취전집(古今事文類聚前集)·사진부(仕進部)》
658. 《논어(論語)·자로(子路)》

게 "손님이 오면 귀천을 막론하고 문에서 머물게 하지 마라."라고 경계하였다. 매번 조회 때 황제를 기다리는 사이에 천하의 훌륭한 사람에 대하여 말하지 않는 적이 없었다. 그가 선비들과 속관 및 여러 관원들을 천거[추곡(推轂)660]할 때는 실로 감칠맛이 있었다. 그가 말할 때 다른 사람의 좋은 말을 들으면 황제에게 보고하면서 오직 늦을까를 염려하였다. 산동 지방의 여러 사람들이 이 때문에 한결같이 정장을 칭송하였다.

漢鄭當時, 字莊, 爲大司農, 當時爲大吏, 戒門下, 客至, 亡貴賤, 亡留門下. 每朝候上間, 未嘗不言天下長者. 其推轂士及官屬·丞吏丞史661, 誠有味乎. 其言之也, 聞人之善言, 進之上, 唯恐後. 山東諸公以此翕然稱鄭莊.662

경학(經學)으로 추천하다.[천경학(薦經學)] 《한서(漢書)》의 기록이다. 양흥(楊興)663이 거기장군(車騎將軍) 사고(史高)에게 이르기를, "장군의 막부는 천하 사람들이 우러러보는 곳인데 천거한 사람들은 사적인 손님들이나 유모의 자제들에 불과하기에 부귀가 몸에 있다 해도 열사들이 참가하지 않습니다. 이는 여우의 흰 털가죽 옷을 거꾸로 입는 것이 됩니다. 평원(平原)의 문학(文學)664인 광형(匡衡)665은 재능과 지혜가 풍부하고 경학이 특별히 뛰어나지만 조정에 오르지 못 하였습니다. 그래서 사령장[수첩(隨牒)666]을 받고서 먼 곳에 있으니 진정 막부로 불러들이고 조정에 추천하신다면 틀림없이 나라에 크게 쓰일 사람이 될 것입니다."라고 하였다.

漢書. 楊興說車騎將軍史高曰, 以將軍之幕府, 海內所仰望, 而所擧不過私門賓客·乳母子弟, 富貴在身而烈士不擧. 是爲狐白之裘而反衣之也. 平原文學匡衡, 才智有餘, 經學絶倫, 以無階朝廷. 故隨牒在遠方, 誠召置幕府, 貢之朝廷, 必爲國器.667

아랫사람들을 추천하고 총애하다.[천총하사(薦寵下士)] 관부(灌夫)668는 사람됨이 강직하였고 술주정이 있었다. 귀족들에게 아첨하기를 좋아하지 않아서 세력가들이 자신의 위에 있으면 반드시 능멸하려고 하였고 자신의 아래에 있는 선비는 빈천할수록 더욱 예로 공경하여 그들에게 평등하게 하였다. 여러 사람들이 많은 가운데에서 아랫사람들을 추천하고 총애하니 선비들이 또한 이 때문에 그를 중시하였다.

灌夫爲人, 剛直使酒. 不好面諛貴戚, 諸勢在己之右, 欲必陵之, 士在己左, 愈貧賤, 尤益禮敬, 與鈞. 稠人廣衆, 薦寵下輩, 士亦以此多之.669

추천한 것이 모두 명사들이다.[거개명사(擧皆名士)] 한안국(韓安國)670은 재물을 밝혔으나 그가 추천한 사람들은 모두 청렴한 선비로서 자신보다 훌륭한 사

659. 정당시(鄭當時): 서한(西漢) 회양(淮陽) 출신으로 자가 장(莊)이다. 대사농(大司農)을 역임하였는데 청렴(淸廉)으로 이름이 났었다.
660. 추곡(推轂): 장수가 출정할 때 황제가 격려의 뜻으로 수레바퀴를 밀어 주는 의식에서 유래하여 선비를 천거하거나 뒤를 봐주는 것을 뜻한다.
661. 《유원총보》의 '丞吏'는 '丞史'의 오류이다.[《사기(史記)·정장전(鄭莊傳)》] '승(丞)'과 '사(史)' 모두 속관이다.
662. 《사기(史記)·정장전(鄭莊傳)》
663. 양흥(楊興): 한(漢)나라 사람으로 자가 군란(君蘭)이다. 장안령(長安令), 부지사(部知事) 등을 역임하였다.
664. 문학(文學): 교육과 문서 처리를 담당하는 관직명이다. 시대에 따라 문학연(文學掾), 문학사(文學史), 문학종사(文學從事), 경학박사(經學博士), 문학(文學) 등 다양한 이름으로 불렸다.
665. 광형(匡衡): 한(漢) 동해(東海) 출신으로 자가 치규(稚圭)이다. 경의(經義)에 두루 통하여 태자소부(太子少傅), 승상(丞相) 등을 역임하였다.
666. 수첩(隨牒): 벼슬을 임명할 때 수여하는 사령장이다.
667. 《한서(漢書)·광형전(匡衡傳)》
668. 관부(灌夫): 한(漢) 영천(穎川) 출신으로 자가 중유(仲儒)이다. 회양태수(淮陽太守), 태복(太僕) 등을 역임하였다.
669. 《사기(史記)·위기무안후열전(魏其武安侯列傳)》
670. 한안국(韓安國): 한(漢) 양국(梁國) 출신으로 자가 장유(長孺)이다. 어사대부(御史大夫), 중위(中尉) 등을 역임하였다.

람들이었다. 양(梁)나라에서 호수(壺遂), 장고(臧固), 질타(郅佗)를 추천하였는데 모두가 천하의 명사들이었다. 사람들이 역시 이 때문에 그를 칭송하였다.

韓安國嗜於財, 然所推擧皆廉士, 賢於己者. 於梁擧壺遂·臧固·郅佗, 皆天下之名士. 人亦以此稱慕之.[671]

사적인 사례를 용납하지 않다. [불용사사(不容私謝)] 장안세(張安世)[672]가 일찍이 어떤 사람을 추천한 적이 있었는데 그 사람이 찾아와 사례하였다. 장안세는 크게 유감스러워 하며 이르기를, "어질고 능력 있는 사람을 추천하였는데 어찌 사적인 사례가 있는가."라 하고 절대 다시는 왕래하지 않았다.

張安世嘗有所薦擧, 其人來謝. 安世大恨, 以爲擧賢達能, 豈有私謝耶. 絶不復爲通.[673]

물수리 한 마리가 낫다. [불여일악(不如一鶚)] 후한(後漢) 방참(龐參)[674]은 자가 중달(仲達)이다. 좌교령(左校令)일 때에 선령(先零)[675]이 반란을 일으키자 어사중승(御史中丞) 번준(樊準)이 방참을 추천하며 "새매 수백 마리보다 물수리 한 마리가 낫습니다."라고 말하였다.

後漢龐參, 字仲達. 爲左校令, 先零反, 御史中丞樊準薦參曰, 鷙鳥累百, 不如一鶚.[676]

후한(後漢) 공융(孔融)[677]이 예형(禰衡)을 천거하는 상소문에서 아뢰기를, "엎드려 살피건대 처사 예형은 아름다운 자질에, 바르고 밝으며 뛰어난 재능이 탁월합니다. 만약 용이 하늘에서 달리고 봉황이 은하에서 날 수 있게 한다면 빛을 드리운 무지개처럼 주변 관서의 많은 선비들을 밝혀 줄 것입니다."라고 하였다.

後漢孔融薦禰表曰, 伏見, 處士禰衡, 淑質正亮, 奇才卓犖. 若得龍躍天衢, 鳳奮雲漢, 垂光虹蜺, 足以昭近署之多士.[678]

여릉(廬陵)에서 반군이 일어났는데 장수들이 굴복시키지 못 하자 손권이 말하기를, "새매가 비록 백 마리가 되어도 물수리 한 마리만 못하다."라고 하고 여몽에게 명하여 그들을 토벌하게 하였다.

廬陵賊起, 諸將不能下, 孫權曰, 鷙鳥雖百, 不如一鶚. 令呂蒙討平之.[679]

상소를 올려 처사(處士)를 천거하다. [소천처사(疏薦處士)] 진번(陳蕃)[680]과 호광(胡廣)[681]이 상소문을 올려 아뢰기를, "엎드려 살피건대 처사인 예장(豫章)의 서치(徐穉), 팽성(彭城)의 강굉(姜肱), 여남(汝南)의 원굉(袁閎), 경조(京兆)의 위저(韋著), 영천(穎川)의 이담(李曇) 등은 덕행이 순정하게 갖추어져 백성들의 소문에 드러나 있습니다. 만약 그들을 삼공의 자리[삼사(三事)[682]]에 발탁하여 황제의 일을 잘 돕도록

---

671. 《사기(史記)·한안국전(韓安國傳)》
672. 장안세(張安世): 서한(西漢) 경조(京兆) 출신으로 자가 자유(子孺)이다. 장탕(張湯)의 아들로 상서령(尙書令), 대사마거기장군(大司馬車騎將軍)을 역임하였다.
673. 《한서(漢書)·장안세전(張安世傳)》
674. 방참(龐參): 동한(東漢) 구씨(緱氏) 출신으로 자가 중달(仲達)이다. 태위록상서사(太尉錄尙書事) 등을 역임하였다.
675. 선령(先零): 한(漢)나라 때 지금의 감숙성과 청해성 일대에 살던 강족(羌族)의 한 부류이다.
676. 《후한서(後漢書)·방참전(龐參傳)》
677. 공융(孔融): 동한(東漢) 노국(魯國) 출신으로 자가 문거(文擧)이다. 북해상(北海相)을 역임하였다.
678. 《고금사문유취전집(古今事文類聚前集)·사진부(仕進部)》
679. 《삼국지(三國志)·오지(吳志)·여몽전(呂蒙傳)》
680. 진번(陳蕃): 동한(東漢) 여남(汝南) 출신으로 자가 중거(仲擧)이다. 낙안태수(樂安太守), 태부(太傅) 등을 역임하였다. 당시 태학생(太學生)의 존경을 받았으며 영제(靈帝) 시절에는 태부(太傅)가 되어 두무(竇武)와 함께 선정에 힘썼다. 태위(太尉)가 되었을 때 환관(宦官)의 전횡을 반대하여 제거하려다가 살해되었다.
681. 호광(胡廣): 동한(東漢) 남군(南郡) 출신으로 자가 백시(伯始)이다. 상서랑(尙書郎), 사공(司空), 태부(太傅) 등을 역임하며 여섯 황제를 섬겼다.
682. 삼사(三事): 삼공(三公)의 별칭이다. '삼공'은 주(周)나라 때는 태사(太師), 태부(太傅), 태보(太保)를 지칭하였고 진(秦)나라 때는 승상(丞相), 어사대부(御史大夫), 태위(太尉)를 지칭하였다. 한(漢)나라 때는 진나라의 제도를 답습하다가 애제

한다면 필시 성덕을 펼치는 데 도움을 받고 해와 달에 빛을 더할 수 있을 것입니다."라고 하였다. 환제가 이에 안거(安車)와 검은 비단과 붉은 비단으로 그들을 초빙하였다.

陳蕃·胡廣上疏曰, 伏見, 處士豫章徐穉·彭城姜肱·汝南袁閎·京兆韋著·穎川李曇, 德行純備, 著于民聽. 若使擢登三事, 協亮天工, 必能翼宣盛美, 增輝日月. 桓帝乃以安車玄纁徵之.683

천거하고서 사람들이 알까를 염려하다.[천공인지(薦恐人知)] 공광(孔光)684은 천거하고서 오직 사람들이 들어서 알까를 염려하였다.

孔光薦擧, 惟恐其人之聞知.685

열 명을 뽑아서 다섯 명을 얻다.[발십득오(拔十得五)] 촉(蜀) 방통(龐統)686은 자가 사원(士元)이다. 군공조(郡功曹)가 되었는데 본성이 인륜을 좋아하였고 매번 칭찬하는 것이 그 사람의 재능보다 지나친 경우가 많았다. 사람들이 이상하게 여겨 묻자 말하였다. "오늘날 정도(正道)가 쇠퇴하여 선인이 적고 악인이 많습니다. 열 명을 뽑아서 다섯 명을 얻더라도 오히려 세상의 가르침을 높이고 나아가게 할 수 있으리니 뜻이 있는 사람들로 하여금 스스로 힘쓰게 하려는 것이오."

蜀龐統, 字士元. 爲郡功曹, 性好人倫, 每所稱述, 多過其才. 人怪問之, 曰當今雅道陵遲, 善人少. 惡人多. 今拔十得五, 猶可以崇邁世敎, 使有志者自勵.687

많은 경상(卿相)을 천거하다.[천다경상(薦多卿相)] 순욱(荀彧)688은 자가 문약(文若)이다. 전후로 천거한 이들이 일세에 뛰어난 큰 인재들이었고 마침내 경상(卿相)이 된 이들이 10여 명이었다. 사람들이 "순령군(荀令君)이 훌륭한 이를 천거함은 등용되지 않으면 그만두지 않는다."라고 말하였다.

荀彧, 字文若. 前後所擧, 命世大才, 終爲卿相十數人. 人曰, 荀令君之擧善, 不進不休.689

자(字) 하나로 사람을 뽑다.[일자발인(一字拔人)] 전에 채극(蔡克)690이 벼슬에 오르지 않았을 때 하내(河內)의 산간(山簡)이 일찍이 낭야(琅琊)의 왕연(王衍)에게 편지를 써서 "채자니(채극)는 오늘날의 바른 사람입니다."라고 하자 왕연이 편지를 사람들에게 보이며 말했다. "산선생(산간)은 자 하나 때문에 사람을 발탁하였습니다."691라고 하였다.

初蔡克未仕時, 河內山簡嘗與琅琊王衍書曰, 蔡子尼, 今之正人. 衍以書示衆曰. 山子以一字拔人.692

산도(山濤)693가 은밀히 아뢰다.[산공밀계(山公密啓)] 산도가 이부상서(吏部尙書)가 되어 사람을 등용할 때 항상 먼저 은밀히 아뢰고 그런 뒤에 공식적으로 상소하니 천거에 인재를 잃는 일이 없었다. 기주(冀州)를 다스릴 때 30여 명을 선발하였는데 어떤 사람은 시중(侍中)과 상서(尙書)가 되었다.

(哀帝)와 평제(平帝) 때에 대사마(大司馬), 대사도(大司徒), 대사공(大司空)을 지칭하였다.

683. 《후한서(後漢書)·서치전(徐穉傳)》
684. 공광(孔光): 서한(西漢) 사람으로 자가 자하(子夏)이다. 어사대부(御史大夫), 승상(丞相), 대사도(大司徒), 태부(太傅), 태사(太師) 등을 역임하였다.
685. 《한서(漢書)·공광전(孔光傳)》
686. 방통(龐統): 한말(漢末) 양양(襄陽) 출신으로 자가 사원(士元)이다. 제갈량(諸葛亮)의 추천으로 유비의 군사(軍師)가 되었다.
687. 《삼국지(三國志)·촉지(蜀志)·방통전(龐統傳)》
688. 순욱(荀彧): 동한(東漢) 영천(穎川) 출신으로 자가 문약(文若)이다. 조조(曹操)의 모사(謀士)로 시중(侍中)을 역임하였다.
689. 《고금사문유취전집(古今事文類聚前集)·사진부(仕進部)》
690. 채극(蔡克): 진(晉)나라 때 사람으로 자가 자니(子尼)이다. 거기장군(車騎將軍), 종사중랑(從事中郎) 등을 역임했다.
691. 채극(蔡克)의 자가 공자의 자인 '중니(仲尼)'와 유사한 것을 보고 발탁했다는 말이다.
692. 《진서(晉書)·채모전(蔡謨傳)》
693. 산도(山濤): 진(晉) 하내(河內) 사람으로 자가 거원(巨源)이다. '죽림칠현(竹林七賢)'의 한 사람으로 노장(老莊)을 좋아하였고, 이부상서(吏部尙書), 좌복야(左僕射), 시중(侍中) 등을 역임하였다.

山濤爲吏部尙書, 用人皆先密啓, 然後公奏, 擧無失才. 爲冀州, 甄拔三十餘人, 或爲侍中尙書.694

모친의 말씀으로 천거하다.[이모언천(以母言薦)]

오은지(吳隱之)695가 태상(太常) 한강백(韓康伯)과 이웃하여 살았는데 한강백의 모친은 은호(殷浩)의 누님으로 현명한 부인이었다. 오은지가 모친상을 치를 때 매번 그의 곡소리를 들으면 밥을 물리치고 젓가락을 놓은 채 슬피 울면서 한강백에게 "네가 만약 전형(銓衡)696에 있게 되면 마땅히 이런 사람들을 천거해야 한다."라고 말하였다. 한강백이 이부상서(吏部尙書)가 되자 오은지가 마침내 높은 자리[청급(淸級)697]에 올랐다.

吳隱之, 與太常韓康伯隣居, 康伯母, 殷浩之姊, 賢明婦人也. 隱之執母喪, 每聞其哭, 輟飡投筯, 爲之悲泣, 謂康伯曰, 汝若居銓衡, 當擧如此輩人. 及康伯爲吏部尙書, 隱之遂階淸級.698

형제가 함께 천거되다.[형제병거(兄弟竝擧)] 유요(劉繇)699는 자가 정례(正禮)이고 형인 유대(劉岱)는 자가 공산(公山)이다. 도구홍(陶丘洪)이 유요를 무재(茂才)700로 추천하자 자사(刺史)가 이르기를, "작년에 공산(유대)을 추천하였는데 어째서 또 정례(유요)를 추천하는 것이오?"라고 하자 도구홍이 대답하였다. "명철하신 나으리께서 전에 공산을 기용하고 뒤에 정례를 발탁하신다면 이른바 먼 길에 용 두 마리를 몰고 천 리 길에 명마 두 마리를 달리게 하는 격이니 역시 좋지 않겠습니까."라고 하였다.

劉繇, 字正禮, 兄岱, 字公山. 陶丘洪薦繇茂才, 刺史曰, 前年擧公山, 奈何復擧正禮? 丘洪曰. 明使君用公山於前, 擢正禮於後, 所謂御二龍於長途, 騁騏驥於千里, 不亦可乎.701

아름다운 자들이 문하에 있다.[도리재문(桃李在門)]

당(唐) 측천무후(則天武后)가 적인걸(狄仁傑)에게 묻기를, "훌륭한 선비를 하나 기용하고 싶은데 누가 적당하겠소?"라고 하자 적인걸이 대답하였다. "형주장사(荊州長史) 장간지(張柬之)가 있는데 그 사람이 비록 늙었지만 재상감입니다." 또 일찍이 하관시랑(夏官侍郎) 요숭(姚崇), 감찰어사(監察御史) 환언범(桓彦範), 태평주자사(太平州刺史) 경휘(敬暉) 등 여러 사람들을 천거하였는데 거의 명신(名臣)이 되었다. 어떤 사람이 적인걸에게 "천하의 아름다운 자들이 모두 공의 문하에 있소이다."라고 하자 적인걸이 대답하였다. "훌륭한 사람을 천거하는 것은 나라를 위한 것이지 개인을 위한 것이 아닙니다."

唐武后問狄仁傑, 朕欲得一佳士, 用誰可者? 仁傑曰, 有荊州長史張柬之, 其人雖老, 宰相才也. 又嘗薦夏官侍郞姚崇·監察御史桓彦範·太平州刺史敬暉數人, 率爲名臣. 或謂仁傑曰, 天下桃李, 盡在公門. 仁傑曰, 薦賢爲國, 非爲私也.702

평민을 추천하는 상소를 올리다.[표천포의(表薦布衣)] 소숭(蕭嵩)703이 좌습유(左拾遺)일 때에 항상 평민인 장호(張鎬)와 사귀면서 그에게 거처를 마련해 주고 예우하였다. 추천의 상소를 올려 "장호 같은 자

---

694. 《고금사문유취전집(古今事文類聚前集)·사진부(仕進部)》
695. 오은지(吳隱之): 동진(東晉) 복양(濮陽) 출신으로 자가 처묵(處默)이다. 광주자사(廣州刺史), 광록대부(光祿大夫) 등을 역임하였는데 청백리로 명망이 높았다.
696. 전형(銓衡): 관리 선발을 맡은 직위, 또는 그 관서의 우두머리를 가리킨다.
697. 청급(淸級): 높고 귀한 벼슬자리를 가리킨다.
698. 《진서(晉書)·오은지전(吳隱之傳)》
699. 유요(劉繇): 삼국시대 오(吳) 모평(牟平) 출신으로 자가 정례(正禮)이다.
700. 무재(茂才): 한대(漢代)에 인재 선발과목의 하나로, 수재(秀才)의 다른 이름이다.
701. 《삼국지(三國志)·오지(吳志)·유요전(劉繇傳)》
702. 《자치통감(資治通鑑)·당기(唐紀)·측천순성황후하(則天順聖皇后下)》
703. 소숭(蕭嵩): 당(唐) 남난릉(南蘭陵) 출신으로 중서령(中書令), 태자태사(太子太師) 등을 역임하였다.

는 그를 기용하면 황제의 스승이 되지만 기용하지 않으면 깊은 골짜기의 일개 노인이 될 것입니다."라고 아뢰었다. 현종이 장호를 습유에 발탁하였는데 몇 년이 되지 않아, 나가서는 장수가 되고 입궐해서는 재상이 되었다.

蕭嵩爲左拾遺, 常與布衣張鎬爲友, 館而禮之. 表薦曰, 如鎬者, 用之則爲王者師, 不用則幽谷一叟矣. 元宗擢鎬拾遺, 不數年, 出將入相.[704]

관리를 제수한 것이 8백 명이었다.[제리팔백(除吏八百)] 상곤(常袞)[705]이 국정을 맡았을 때 모든 주청을 일체 막아 버리고 선발하는 일이 없자 뛰어난 이나 어리석은 이나 모두 정체되어 버렸다. 최우보(崔祐甫)[706]에 이르러서는 천거하는 것이 오직 자기 사람들뿐이었는데 1년도 지나지 않아 관리들을 8백 명이나 제수하였지만 모두 적당하지 않은 이가 없었다.

常袞當國, 凡奏請一杜絶之, 無所甄別, 賢愚同滯. 及崔祐甫, 則薦擧惟其人, 未踰年, 除吏幾八百員莫不諧允.[707]

한 번에 네 사람을 추천하다.[일천사인(一薦四人)] 한유(韓愈)[708]가 육사부(陸祠部)에게 주는 편지에서 말하였다. "문장이 뛰어난 자로 후희(侯喜)와 후운장(侯雲長)이라는 이들이 있고 유술고(劉述古)라는 이가 있습니다. 그들의 글은 시에 뛰어나 지금 예부(禮部)에 천거된 자들도 그들과 비교될 자가 없습니다. 최군옥(崔群玉)이란 자는 그 글이 진보하기만 하고 그침이 없으며 사람됨이 어질면서도 재능이 있고 뜻이 강하면서도 기상은 온화합니다. 이 네 사람은 모두 우선 추천할 사람에 해당할 만합니다."

韓愈與陸祠部書曰, 文章之尤者, 有侯喜·侯雲長者, 有劉述古者. 其文長於詩, 當今擧於禮部者, 無與爲比. 有崔群玉者, 其文進而未止, 爲人賢而有材, 志剛而氣和. 此四人, 皆可以當首薦.[709]

훌륭한 보물을 길가에 함부로 버리다.[기보횡도(奇寶橫道)] 한유(韓愈)가 번종사(樊宗師)를 재상인 원자(袁滋)에게 추천하는 글에서 이르기를, "진실로 차마 훌륭한 보물을 길가에 함부로 버려둘 수 없습니다."라고 하였다.

韓愈薦樊宗師於袁滋相公書曰, 誠不忍奇寶橫棄道側.[710]

고령선생(古靈先生)이 어진이를 천거하다.[고령천현(古靈薦賢)] 진양(陳襄)[711]은 자가 술고(述古)이고 호가 고령선생(古靈先生)이다. 소성(紹聖)[712] 초엽에 조서를 내려 이르기를, "근래에 진양(陳襄)의 천장(薦章)[713]을 받았는데 살펴보니 추천한 바와 같으니 훌륭한 일이다. 이제 마땅히 여러 왕들에게 보여 각자 아는 이들을 추천해야 할 것이다."라고 하였다.

陳襄, 字述古, 號古靈先生. 紹聖初詔曰, 近得陳襄薦章, 審如所薦, 斯爲盛矣. 今宜示百辟, 各擧所知.[714]

---

704. 《구당서(舊唐書)·소흔전(蕭昕傳)》
705. 상곤(常袞): 당(唐) 경조(京兆) 출신이다. 중서사인(中書舍人), 동평장사(同平章事), 복건관찰사(福建觀察使) 등을 역임하였다.
706. 최우보(崔祐甫): 당(唐) 장안(長安) 출신으로 자가 이손(貽孫)이다. 문하시랑동평장사(門下侍郎同平章事), 중서시랑(中書侍郎) 등을 역임하였다.
707. 《신당서(新唐書)·최우보전(崔祐甫傳)》
708. 한유(韓愈): 당(唐) 하남(河南) 출신으로 자가 퇴지(退之)이다. 국자박사(國子博士), 중서사인(中書舍人), 형부시랑(刑部侍郎), 이부시랑(吏部侍郎) 등을 역임하였다.
709. 《고금사문유취전집(古今事文類聚前集)·사진부(仕進部)》
710. 《고금사문유취전집(古今事文類聚前集)·사진부(仕進部)》
711. 진양(陳襄): 송(宋) 복주(福州) 출신으로 자가 술고(述古)이다. 시어사(侍御史), 판상서도성(判尙書都省) 등을 역임하였다.
712. 소성(紹聖): 송(宋) 철종(哲宗)의 연호(1094-1097)이다.
713. 천장(薦章): 인재를 추천하는 상소문을 가리킨다.
714. 《고금사문유취전집(古今事文類聚前集)·사진부(仕進部)》

두 대관(臺官)을 추천하다. [천이대관(薦二臺官)]

손변(孫抃)[715]이 어사중승이 되어 당개(唐介)[716]와 오중복(吳中復)[717]을 추천하여 어사로 삼았다. 어떤 사람이 "그대는 일찍이 두 사람과 서로 안 적이 없는데 대번에 그들을 추천한 것은 어째서입니까?"라고 묻자 손변이 "옛사람들은 자신을 드러내어 어사 자리를 구하는 것을 부끄럽게 여겼으니 지금 어찌 얼굴을 아는 대관(臺官)으로 뽑겠소."라고 대답하였다. 뒤에 두 사람은 모두 기개로 천하에서 칭송되었다. 손변이 만년에 집정대신(執政大臣)이 되었는데 일찍이 탄식하기를, "내가 무슨 공으로 정사를 보좌하게 되었나. 다만 두 대관(臺官)을 추천한 것이 부끄러움이 없는 것일 뿐이다."라고 하였다.《동헌필록(東軒筆錄)》

孫抃爲御史中丞, 薦唐介·吳中復, 爲御史. 人問曰, 公未嘗與二人相識, 遽薦之, 何也? 孫曰, 昔人耻呈身御史, 今豈求識面臺官耶. 後二人皆以風力聞天下. 孫晩爲執政, 嘗嘆曰, 吾何功以輔政. 惟薦二臺官, 爲無愧耳.《東軒筆錄》[718]

자루 속에 책을 가지고 다니다. [협대책(夾袋冊)]

여몽정(呂蒙正)[719]이 재상일 때에 자루를 가지고 다녔는데 그 안에는 책자가 있었다. 사방의 사람들이 교대로 뵙기를 마치면 반드시 그가 어떤 인재를 알고 있는지를 물었고 객이 간 뒤에 바로 기록하고 모두 부류별로 구분해 놓았다. 간혹 어떤 한 사람을 여러 사람들이 칭송하는 이는 반드시 현능한 사람이기 때문에 조정에서 현인(賢人)을 구할 때 자루 속에서 그를 취했다. 그래서 공이 재상일 때에 문무백관(文武百官)이 각각 직책에 맞았다.《치사(巵史)》

呂蒙正爲相, 夾袋中有冊子. 四方人替罷謁見, 必問其有何人才, 客去, 隋卽疏之, 悉分門類. 或有一人而數人稱之者, 必賢也, 朝廷求賢, 取之囊中. 故公爲相, 文武百官各稱職.《巵史》[720]

추천하고 은혜를 과시하지 않다. [천불시은(薦不示恩)] 충선공(忠宣公) 범순인(范純仁)[721]이 재상의 자리에 있을 때 인재를 천거하여 등용하는 것은 반드시 천하의 공론을 따랐기 때문에 추천된 인사가 일찍이 공을 알지 못하였고 공도 남들에게 은혜를 과시한 적이 없었다.《언행록(言行錄)》

范忠宣公在相位, 凡薦引人才, 必以天下公議, 所薦士, 未嘗知公, 公未嘗示恩意於人.《言行錄》[722]

내가 추천하였는데 그는 공격한다. [아천피공(我薦彼攻)] 태위(太尉) 왕단(王旦)[723]이 내공(萊公) 구준(寇準)[724]을 천거하여 재상이 되었는데 구준은 황제 앞에서 자주 태위를 비판하였지만 태위는 오로지 그의 장점만을 칭찬하였다. 황제가 하루는 태위에게 "경은 비록 그의 장점을 칭찬하지만 그는 오로지 경

715. 손변(孫抃): 송(宋) 미주(眉州) 출신으로 자가 몽득(夢得)이다. 참지정사(參知政事), 호부시랑(戶部侍郞) 등을 역임하였다.
716. 당개(唐介): 송(宋) 강릉(江陵) 출신으로 자가 자방(子方)이다. 어사중승(御史中丞), 참지정사(參知政事) 등을 역임하였다.
717. 오중복(吳中復): 송(宋) 영흥(永興) 사람이다. 인종(仁宗) 때 진사가 되어 감찰어사(監察御使)·전중시어사(殿中侍御史) 등을 역임하였다.
718. 송(宋) 위태(魏泰), 《동헌필록(東軒筆錄)》
719. 여몽정(呂蒙正): 송(宋) 하남(河南) 출신으로 자가 성공(聖功)이다. 이부상서(吏部尙書), 호부상서(戶部尙書), 평장사(平章事) 등을 역임하였는데 명상(名相)의 평이 있다.
720. 《송명신언행록별집(宋名臣言行錄別集)·여몽정(呂蒙正)》
721. 범순인(范純仁): 송(宋) 시기의 정치가로 범중엄(范仲淹)의 아들이다. 자가 요부(堯夫)이다. 왕안석(王安石)의 신법(新法)에 반대하여 지방관을 전전하다가 뒤에 재상에 제수되었다.
722. 《송사(宋史)·범순인전(范純仁傳)》
723. 왕단(王旦): 송(宋) 대명(大名) 출신으로 자가 자명(子明)이다. 진종(眞宗) 때 명신(名臣)으로, 벼슬이 태보(太保)에 이르렀고 위국공(魏國公)에 봉해졌다.
724. 구준(寇準): 송(宋)의 충신으로 자(字)는 평중(平仲)이다. 진종(眞宗) 때 거란이 남침하자 화친을 반대하고 적극 항전을 주장하였다. 뒤에 내국공(萊國公)에 봉해졌기 때문에 흔히 구래공(寇萊公)으로 불린다. 참지정사(參知政事), 급사중(給事中), 삼사사(三司使) 등을 역임하였다.

의 잘못만을 말하는구려."라고 말하자 태위가 아뢰었다. "이치상 진실로 당연합니다. 신이 재상의 자리에 있은 지가 오래되어 정사에 잘못된 것이 반드시 많을 것입니다. 구준이 폐하를 면대하여 숨기는 것이 없음이 더욱 그의 충직함을 보이는 것입니다. 이것이 신이 구준을 중시하는 이유입니다." 황제가 이 일로 태위를 더욱 훌륭하게 여겼다.

王太尉薦寇萊公爲相, 萊公數短太尉于上前, 而太尉專稱其長. 上一日謂太尉曰, 卿雖稱其美, 彼專談卿惡. 太尉曰, 理固當然. 臣在相位久, 政事闕失必多. 準對陛下, 無所隱謚, 見其忠直. 此臣所以重準也. 上由是益賢太尉.[725]

은혜가 자기에게서 나가는 것을 경계하다.[은계기출(恩戒己出)] 기공(沂公) 왕증(王曾)[726]이 재상일 때에 사대부 중에 차견(差遣)[727]을 청탁하는 사람이 있으면 공은 그가 기용할 만한 사람임을 살폈어도 반드시 정색을 하고 그를 물리쳤다. 얼마 뒤에 발탁하고서도 입을 다문 채 아무 말도 하지 않았다. 자제들이 "어찌 그들이 알게 하지 않으십니까?"라고 아뢰자 공은, "현자를 기용하는 것은 군주의 일이다. 만약 그들에게 알려 주면 이는 내가 사적인 청탁을 따르고 사적인 은혜를 팔아먹는 것이다. 은혜를 자기에게 돌리려고 한다면 원망은 누구에게 돌아가게 하겠느냐."라고 하였다.

王沂公曾爲相, 士大夫有以差遣爲請者, 公察其可用, 必正色却之. 旣而擢用, 絶口未嘗與言. 子弟曰, 獨不使之知乎? 公曰, 用賢, 人主之事. 若使之知, 是我徇私請, 而市私恩也. 恩欲歸己, 怨使誰歸.[728]

차라리 백 사람에게 속임을 당하는 것이 낫다.[영수백기(寧受百欺)] 정헌공(正獻公) 여공저(呂公著)[729]가 상질(常秩)[730]을 추천하였는데 뒤에 약간 지조를 바꾸자 일찍이 백순(伯淳) 정호(程顥)[731]를 대하여 천거를 후회하는 의향을 드러내었다. 백순이 "바라건대 시랑(侍郎)께서는 차라리 백 사람에게 속임을 당할지언정 가령 현자를 좋아하는 마음이 조금이라도 바뀌시면 안 됩니다."라고 말하자 공이 공경히 받아들였다.《동몽훈(童蒙訓)》

呂正獻旣薦常秩, 後差改節, 嘗對伯淳, 有悔薦之意. 伯淳曰, 願侍郎寧受百人欺, 不可使好賢之心少替, 公敬納焉.《童蒙訓》[732]

장재(張載)[733]를 추천하다.[천장횡거(薦張橫渠)] 여공저(呂公著)는 장재를 추천하여 수신(修身)과 강학(講學)에서 관서(關西) 지역 선비들의 사표(師表)로 삼았다. 또 변경의 이해 관계를 깊이 알고 있어 황제가 특별히 불러서 면대하고 숭문원교서(崇文院校書)로 삼았다.

呂公著薦張載, 修身講學爲關右士人師表. 且深知邊境利害, 上特召對, 以爲崇文院校書.[734]

---

725. 《송사(宋史)·왕단전(王旦傳)》
726. 왕증(王曾): 송(宋) 인종(仁宗) 연간의 정치가로 자가 효선(孝先)이다. 참지정사(參知政事), 동중서문하평장사(同中書門下平章事) 등을 역임하였다. 봉호(封號)가 기국공(沂國公)이다.
727. 차견(差遣): 송대(宋代)에 실직(實職)에 차출되는 것을 이르는 말이었다.
728. 《송사(宋史)·왕증전(王曾傳)》
729. 여공저(呂公著): 송(宋) 수주(壽州) 출신으로 자가 회숙(晦叔)이고 봉호가 신국공(申國公)이며 시호가 정헌공(正獻公)이다. 상서우복야겸중서시랑(尙書右僕射兼中書侍郎)을 역임하였다.
730. 상질(常秩): 송(宋) 여음(汝陰) 출신으로 자가 이보(夷甫)이다. 보문각대제겸시독(寶文閣待制兼侍讀)을 지냈다.
731. 정호(程顥): 송(宋) 낙양(洛陽) 출신으로 자가 백순(伯淳)이다. 명도선생(明道先生)으로 불린다. 태자중윤(太子中允), 감찰어사(監察御史) 등을 역임하였고 동생인 정이(程頤)와 함께 도학(道學)의 대가로 유명하다.
732. 송(宋) 여본중(呂本中)《동몽훈(童蒙訓)》 권상.
733. 장재(張載): 송(宋) 봉상(鳳翔) 출신으로 자가 자후(子厚)이고 횡거선생(橫渠先生)으로 불렸다. 숭문원교서(崇文院校書)를 역임하였으나 병을 핑계로 그만두고 남산에 은거하면서 독서(讀書)와 강학(講學)을 일삼았다.
734. 《고금사문유취전집(古今事文類聚前集)·사진부(仕進部)》

정이천(程伊川)을 추천하다. [천정이천(薦程伊川)] 정헌공(正獻公) 여공저(呂公著)가 사마온공(司馬溫公)과 함께 상소문을 올려 하남(河南)의 처사인 정이(程頤)를 추천하면서 특별하게 소환하여 서열에 상관없이 대우할 것을 청하였다. 조서를 내려 영주추관(穎州推官)과 국자감교수(國子監敎授)에 임명하였으나 취임하지 않았다. 다시 비서성(秘書省) 교서랑(校書郞)에 임명하였으나 역시 취임하지 않았다. 얼마 뒤 편전으로 불러 면대하고 숭정(崇政) 설서(說書)[735]에 제수하자 비로소 명을 받았다. 말하는 자들은 정이가 낮은 자리를 사양하다가 높은 자리를 차지했다고 비평하였다.

呂正獻公與溫公同奏, 擧河南處士程頤, 乞特加召命, 待以不次. 詔以爲穎州推官·國子監敎授, 不就. 又以秘書省校書郞徵, 亦不就. 已而詔對便殿, 拜崇政說書, 乃受命. 議者譏頤辭卑而居尊.[736]

윗사람은 마땅히 아랫사람을 찾아야 한다. [상당구하(上當求下)] 정이천(程伊川)이 지국(持國) 한유(韓維)[737], 범이수(范夷叟)와 함께 영창(穎昌)의 서호(西湖)에서 배를 띄웠는데 잠시 후 아전[객장(客將)[738]]이 아뢰기를, "어느 관원이 글을 올려 자정전태학사[대자(大資)[739]: 한유]를 알현하겠다고 합니다."라고 하였다. 정이는 아마도 매우 급한 공무가 있는가 생각했으나 결국 자기를 알아줄 사람을 찾는 것이었다. 정이가 이르기를, "자정전태학사께서는 자리에 계실 때는 도리어 사람을 찾지 않더니 이제 거꾸로 다른 사람이 자신을 찾으러 오게 하니 무슨 도리입니까?"라고 하였다. 범이수가 말하기를, "정숙(정이)은 너무 고집 부리십니다. 추천장을 요구하는 것은 일상사지요."라고 하자 정이가 말하였다. "그렇지 않습니다. 단지 아예 찾지 않는 사람은 주지 말 것이고 와서 찾는 자는 주는 것입니다."라고 하였다. 결국 사람을 불러들이는 것이 이와 같자 한유도 곧 승복하였다.

程伊川與韓持國·范夷叟泛舟于穎昌西湖, 須臾客將云, 有一官員上書, 謁見大資. 頤將謂有甚急切公事, 乃是求知己. 頤云, 大資居位, 却不求人, 乃使人倒來求己, 是甚道理. 夷叟云, 只爲正叔太執. 求薦章, 常事也. 頤云, 不然. 只爲曾有不求者不與, 來求者與之. 遂致人如此, 持國便服.[740]

구양수(歐陽脩)를 추천하다. [천구양공(薦歐陽公)] 위공(魏公) 한기(韓琦)[741]가 여러 차례 구양수(歐陽脩)를 추천하였지만 인종(仁宗)[742]이 그를 기용하지 않았다. 훗날 다시 그를 추천하며 "한유(韓愈)는 당나라 때 명사로 천하 사람들이 재상이 되기를 바랐지만 결국 등용되지 않았습니다. 가령 한유가 재상이 되었더라면 반드시 당(唐)에만 도움이 있지 않았을 것이니 말하는 자들이 지금까지도 그것을 비방거리로 삼고 있습니다. 구양수는 오늘날의 한유입니다. 폐하께서 등용하지 않으시면 후세 사람들이 당나라 때처럼 비방하는 것이 나라에 이를 것입니다. 폐하께서는 어찌 그를 한 번 등용해 세상과 후세 사람들을 깨우쳐 보시지 않으십니까?"라고 아뢰자 인종이 그의 말을 따랐다.

韓魏公屢薦歐陽公, 仁宗不用. 他日復薦之曰, 韓愈,

---

735. 설서(說書): 제왕(帝王)에게 경전(經典)을 강론하는 일을 전담하던 벼슬이다.
736. 《고금사문유취전집(古今事文類聚前集)·사진부(仕進部)》
737. 한유(韓維): 송(宋) 개봉(開封) 출신으로 자가 지국(持國)이다. 한림학사승지(翰林學士承旨), 문하시랑(門下侍郞) 등을 역임하였다.
738. 객장(客將): 아전, 구실아치의 별칭이다.
739. 대자(大資): 자정전태학사(資政殿大學士)의 약칭으로 한유(韓維)를 지칭한 것이다.
740. 송(宋) 주자(朱子)《이정유서(二程遺書)》권19.
741. 한기(韓琦): 송(宋)의 정치가로 자가 치규(稚圭)이다. 사마광(司馬光)과 함께 왕안석(王安石)의 신법(新法)에 반대하였으며 추밀사(樞密使)와 재상을 역임하였다. '위공(魏公)'은 그의 봉호이다.
742. 인종(仁宗): 송(宋) 제4대 황제로 재위 기간은 1023-1063년이다.

唐之名士, 天下望以爲相, 而竟不用. 使愈爲之, 未必有補於唐, 而談者至今以爲謗. 歐陽脩, 今之韓愈. 陛下不用, 臣恐後人如唐謗必及國. 陛下何不一試之, 以曉天下·後世也. 上從之.[743]

통제를 받지 않다.[불수농락(不受籠絡)] 한위공(韓魏公)[744]이 말하였다. "신공(申公) 여공저(呂公著)[745]는 현자 천거를 자임하면서 은혜를 자신에게 돌리니 당시의 선비들이 모두 그의 통제에서 나왔다. 유독 구(歐), 범(范), 윤(尹), 선(旋)[746]만이 거두어들이는 데에 실패하여 끝내 그의 통제를 받지 않았다."

韓魏公曰, 呂申公以進賢自任, 恩歸於己, 時士皆出其籠絡. 獨歐·范·尹·旋, 收旋失之, 終不受其籠絡.[747]

그의 얼굴을 모르다.[불식기면(不識其面)] 한위공(韓魏公)은 이름이 알려진 인사를 등용하기를 좋아하였는데 간혹 그의 얼굴을 모르기도 하였다. 그를 등용하고 난 뒤에 그 사람도 또한 천거한 이를 몰랐다.

韓魏公喜用知名士, 或不識其面. 旣用之 其人亦不知所薦.[748]

남의 천거를 구하지 않다.[불간인천(不干人薦)] 형양공(滎陽公) 여희철(呂希哲)[749]이 여러 사람들에게 "젊어서부터 관직 자리에서 일찍이 남의 천거를 구하지 않아 후배들의 경계로 삼게 하였다."라고 말하였다.《동몽훈(童蒙訓)》

滎陽呂公希哲與諸人云, 自少官守處, 未嘗干人薦擧, 以爲後生之戒.《童蒙訓》[750]

다시 범중엄을 추천하다.[경천범공(更薦范公)] 범공(范公)이 상중에 재상에게 서신을 올려 조정의 득실에 대해 말하자 왕증(王曾)이 그것을 보고 훌륭하게 여겼다. 당시 안수(晏殊) 역시 도성에 있었는데 일찍이 한 사람을 관리의 우두머리로 추천하자 왕증이 안수에게 "공은 범중엄을 알면서 버려둔 채 추천하지 않고 이 사람을 추천하셨습니까. 이미 공을 위해 그대로 둔 채 집행하지 않고 있으니 의당 다시 범중엄을 추천하시지요."라고 하니 안수가 그의 말을 따랐다.

范公服中上宰相書, 言朝政得失, 王曾見而偉之. 時晏殊亦在京師, 薦一人爲官職, 曾謂殊曰, 公知范仲淹, 捨不薦, 而薦斯人乎. 已爲公置不行, 宜更薦仲淹. 殊從之.[751]

추밀원직학사 장일(張逸)[752]을 추천하다.[천장밀학(薦張密學)] 간의대부(諫議大夫) 사필(謝泌)[753]은 관직에 있는 동안 함부로 선비를 천거하지 않았다. 혹 어떤 사람을 천거할 때에는 향을 태우고 상소문을 공손히 받들고 대궐을 바라보며 두 번 절하고 보냈다. 추천한 사람이 비록 젊더라도 뛰어나지 않은 자가 없었다. 사필이 양주를 다스릴 때에 추밀원직학사 장일(張逸)이 등성현령(鄧城縣令)이었는데 훌륭한 정사

---

743. 《송명신언행록후집(宋名臣言行錄後集)·한기(韓琦)》
744. 한위공(韓魏公): 송(宋)의 정치가 한기(韓琦)로 자가 치규(稚圭)이다. 사마광(司馬光)과 함께 왕안석(王安石)의 신법(新法)에 반대하였으며 추밀사(樞密使)와 재상을 역임하였다. '위공(魏公)'은 그의 봉호이다.
745. 여공저(呂公著): 송(宋) 수주(壽州) 출신으로 자가 회숙(晦叔)이고 봉호가 신국공(申國公)이며 시호가 정헌공(正獻公)이다. 상서우복야겸중서시랑(尚書右僕射兼中書侍郎)을 역임하였다.
746. 구(歐), 범(范), 윤(尹), 선(旋): 사람의 성씨인 듯한데 내용이 자세하지 않다.
747. 《고금사문유취전집(古今事文類聚前集)·사진부(仕進部)》
748. 《기찬연해(記纂淵海)·식견부(識見部)》
749. 여희철(呂希哲): 송(宋) 수주(壽州) 출신으로 자가 원명(原明)이다. 병부원외랑(兵部員外郎), 광록소경(光祿少卿) 등을 역임하였다.
750. 송(宋) 여본중(呂本中)《동몽훈(童蒙訓)》권중.
751. 《송명신언행록후집(宋名臣言行錄後集)·범중엄(范仲淹)》
752. 장일(張逸): 송(松) 형양(滎陽) 출신으로 자가 대은(大隱)이다. 추밀직학사(樞密直學士), 익주지주사(益州知州事) 등을 역임하였다.
753. 사필(謝泌): 송(宋) 섭주(歙州) 출신으로 자가 종원(宗源)이다. 좌정언(左正言), 우간의대부(右諫議大夫) 등을 역임하였다.

가 있었다. 등성은 양성(襄城)에서 한수(漢水)를 건너면 10여 리밖에 되지 않아 한가한 날에는 작은 수레를 타고 몇 명의 아전을 데리고 한수를 건너 등성의 경내에 들어가 풍속과 민요를 살피는 일이 많았다. 간혹 술을 싣고 장야(張野)를 불러 하루 종일 술을 마시고 시를 읊다가 돌아갔으니 그의 고상함과 선을 좋아하는 것이 이와 같았다. 장야 역시 그가 추천한 사람이다.《동헌필록(東軒筆錄)》

謝泌諫議居官不妄薦士. 或薦一人, 則焚香捧表, 望闕再拜而遣之. 所薦雖少, 而無不顯者. 泌知襄州日, 張密學逸爲鄧城縣令, 有善政. 鄧城去襄城, 度漢水纔十餘里, 以暇日多乘小車, 從數吏, 渡漢水入鄧城界, 以觀風謠. 或載酒邀張野, 酌吟嘯終日而去, 其高逸樂善如此. 張亦其薦也.《東軒筆錄》[754]

재관록(材館錄) 우윤문(虞允文)[755]이 재상일 때에 소매 안에 소책자를 지니고 다녔는데 이름을 '재관록(材館錄)'이라고 하였다. 왕응신(汪應辰), 조웅(趙雄), 호전(胡銓), 장진(張震), 홍준(洪遵), 양극가(梁克家), 유정(留正) 등 당시 인재를 발굴한 성대함이 경력(慶曆)[756], 원우(元祐)[757]의 풍모가 있었다.《행장(行狀)》

虞允文爲相, 懷袖有一小方冊, 目曰材館錄. 如汪應辰·趙雄·胡銓·張震·洪遵·梁克家·留正, 一時得人之盛, 有慶曆·元祐風.《行狀》[758]

원수를 천거하고 친척을 천거하다.[거수거친(擧讎擧親)] 기해(祁奚)[759]가 사직을 청하자 진(晉)나라 군주가 그에게 뒤를 이을 사람을 물었다. (기해가) 해호(解狐)를 일컬었는데 그의 원수였다. 그를 임명하려고 하였는데 죽으니 다시 묻자 "기오(祁午)[760]가 좋겠습니다."라고 대답하였다. 이때에 양설직(羊舌職)이 죽으니 진나라 군주가 묻기를, "누가 그를 대신할 만하겠소?"라고 하자 대답하기를, "(아들인) 양설적(羊舌赤)이 적당합니다."라고 하였다. 이에 기오를 중군위(中軍尉)에 임명하고 양설적에게 그를 보좌하도록 하였다. 군자가 평하였다. "기해는 훌륭한 사람을 잘 추천하였다. 원수를 일컬었으나 아첨한 것이 아니고 아들을 세웠으나 편애한 것이 아니며, 부하[편(偏)[761]]를 천거한 것은 패거리를 지은 것이 아니었다. 해호가 천거를 받고 기오가 지위를 얻었으며 양설적[백화(伯華)[762]]이 관직을 얻었으니, 중군위라는 관직을 하나 세우면서 세 가지 일이 완성되어 훌륭한 사람을 잘 추천한 것이다."

祁奚請老, 晉侯問嗣焉. 稱解狐, 其讎也. 將立之而卒, 又問焉, 對曰, 午也可. 於是羊舌職死矣, 晉侯曰, 孰可以代之? 對曰, 赤也可. 於是使祁午爲中軍尉, 羊舌赤佐之. 君子謂, 祁奚能擧善矣. 稱其讎不爲諂諂, 立其子不爲比, 擧其偏不爲黨. 解狐得擧, 祁午得立, 伯華得官, 建一官而三物成, 能擧善也.[763]

해호(解狐)는 형백(荊伯) 유(柳)씨와 원수지간이었다. 조간자(趙簡子)가 해호에게 "누가 상당태수(上黨太守)에 임명할 만하오?"라고 묻자 해호가 "형백 유씨가 좋습니다."라고 대답하였다. 조간자가 "그대 원수가 아니오?"라고 말하자 대답하였다. "신이 듣자하니

---

754. 《동헌필록(東軒筆錄)》 권10.
755. 우윤문(虞允文): 송(宋) 융주(隆州) 출신으로 자가 빈보(彬甫)이다. 참지정사겸지추밀원사(參知政事兼知樞密院事), 좌승상겸추밀사(左丞相兼樞密使) 등을 역임하였다.
756. 경력(慶曆): 송(宋) 인종(仁宗)의 연호(1041-1048)이다.
757. 원우(元祐): 송(宋) 철종(哲宗)의 연호(1086-1093)이다.
758. 《고금사문유취전집(古今事文類聚前集)·사진부(仕進部)》
759. 기해(祁奚): 춘추(春秋)시대 진(晉)나라의 대부(大夫)로 공평무사한 인재 천거로 이름이 높았다.
760. 기오(祁午): 기해(祁奚)의 아들이다.
761. 편(偏): 부하, 속관을 뜻하는 말이다.
762. 백화(伯華): 양설적(羊舌赤)의 자이다.
763. 《춘추좌전(春秋左傳)·양공(襄公)·3년》

충신은 현자를 천거할 때 원수도 마다하지 않는다고 하였습니다."《한비자(韓非子)》

解狐與荊伯柳爲怨. 趙簡子問於解狐曰, 孰可以爲上黨守? 對曰, 荊伯柳可. 趙簡曰, 非子之讎乎? 對曰, 臣聞, 忠臣擧賢, 不避仇讎.《韓子》[764]

진(晉) 문공(文公)이 구범(舅犯)에게 "누가 서하태수(西河太守)에 임명할 만합니까?"라고 묻자 "우자고(虞子羔)입니다."라고 대답하였다. 문공이 "우자고는 그대의 원수가 아닌가요?"라고 하자 "전하께서 태수로 삼을 사람을 물으셨지 신의 원수에 대해 물으신 것이 아닙니다."라고 하였다. 우자고가 구범을 만나 사례를 올리면서 "귀하께서 돌보아 신의 허물을 용서해 주시고 전하께 추천해서 서하태수가 될 수 있었습니다."라고 말하자 구범이 "그대를 추천한 것은 공적인 일이오. 나는 사적인 일로 공론을 해치지 않은 것이니 그대는 떠나시오. 돌아보면 내가 그대를 화살로 쏠 것이오."라고 말하였다.《설원(說苑)》

晉文公問於舅犯, 誰可使爲西河守者? 對曰, 虞子羔. 曰子羔, 非汝之仇歟? 曰君問爲守者, 非問臣之仇也. 子羔見舅犯謝之, 曰君幸赦臣之過, 薦之於君, 得爲西河守. 舅犯曰薦子者, 公也. 吾不以私事害公議, 子其去矣. 顧吾射子矣.《說苑》[765]

사안(謝安)[766]이 조카를 천거하다.[사안천형자(謝安薦兄子)] 부견(符堅)[767]이 강성하여 변경이 자주 침략을 당하였다. 조정에서 문무를 겸비한 장수를 얻어 진압하려 하자 사안이 조카인 사현(謝玄)으로 천거에 응하였다. 치초(郗超)가 감탄하며 말하였다. "사안이 여론을 무릅쓰고 친척을 천거한 것은 현명함이다. 사현은 틀림없이 천거한 뜻을 저버리지 않을 인재이다."

符堅强盛, 邊境數被寇侵. 朝廷求文武將鎭禦, 謝安以兄子玄應擧. 郗超嘆曰, 安違衆擧親, 明也. 玄必不負擧才也.[768]

적인걸(狄仁傑)이 아들을 추천하다.[인걸천자(仁傑薦子)] 적인걸(狄仁傑)의 아들인 적광사(狄光嗣)[769]가 사공승(司空丞)일 때에 측천무후(則天武后)가 승상들에게 조서를 내려 각자 상서랑(尙書郎)을 한 사람씩 추천하도록 하였다. 적인걸이 적광사를 추천하였는데 뒤에 직책을 잘 수행하자 무후가 이르기를, "기해(祁奚)가 아들을 추천하였듯이 과연 적임자를 얻었구려."라고 하였다.

狄仁傑子光嗣爲司空丞, 武后詔丞相, 各擧尙書郎一人. 仁傑薦光嗣, 後稱職, 后曰, 祁奚內擧, 果得人.[770]

위순(韋純)[771]이 동생을 천거하다.[위관지거제(韋貫之擧弟)] 위순은 자가 관지(貫之)이다. 감찰어사(監察御史)일 때에 자신의 동생인 위훈(韋纁)을 천거하여 자신을 대신하게 하였지만 여론이 이를 사사롭다고 하지 않았다.

韋純, 字貫之. 爲監察御史, 擧其弟纁自代, 議者不謂之私.[772]

---

764. 《한비자(韓非子)·외저설좌하(外儲說左下)》
765. 《설원(說苑)·지공(至公)》
766. 사안(謝安): 동진(東晉) 진군(陳郡) 출신으로 자가 안석(安石)이고 시호는 문정(文靖)이다. 명문가의 후예로 왕희지(王羲之)·지둔(支遁) 등과 사귀다 40여 세에 출사(出仕)했다. 태원(太元) 8년에 전진(前秦)의 대군이 남하하자 정토대도독(征討大都督)을 맡아 비수(淝水) 전투에서 대승을 거뒀고 이어 여러 도시들을 수복했다.
767. 부견(符堅): 16국시대 전진(前秦)의 왕으로 부생(苻生)을 죽이고 스스로 왕위에 올랐다.
768. 《진서(晉書)·사현전(謝玄傳)》
769. 적광사(狄光嗣): 당(唐) 병주(幷州) 출신으로 지관원외랑(地官員外郎), 양주자사(揚州刺史) 등을 역임하였다.
770. 《구당서(舊唐書)·적인걸전(狄仁傑傳)》
771. 위순(韋純): 당(唐) 경조(京兆) 출신으로 이름이 순(純)이고 관지(貫之)는 자이다. 예부시랑(禮部侍郎), 중서시랑(中書侍郎) 등을 역임하였다.
772. 《신당서(新唐書)·위관지전(韋貫之傳)》

최우보(崔祐甫)[773]가 계획하는 것이 대부분이 친지들이다. [우보다친고(祐甫多親故)] 숙종(肅宗)[774]이 최우보에게 "사람들이 말하기를, 경은 관리를 등용하려고 계획하는 것의 대부분이 친지들이라고 하는데 어찌된 일이오?"라고 묻자 "폐하께서 신에게 여러 관직을 추천하여 계획하라 하셨으니 추천하여 계획하는 자는 그들의 재능과 품행을 잘 알아야 합니다. 만약 들어서 알지 못 한다면 어떻게 실상을 파악할 수 있겠습니까?"라고 대답하였다. 숙종이 그의 말을 옳게 여겼다.

肅宗謂崔祐甫曰, 人言, 卿擬官, 多親故, 何也? 對曰, 陛下令臣薦擬庶官, 夫薦擬者必悉其才行. 如不聞知, 何由得實. 帝然之.[775]

시중(侍中) 조위(曹瑋)[776]가 아들을 추천하다. [조시중천자(曹侍中薦子)] 시중 조위가 장차 죽게 되었을 때 황제가 친히 가서 만나보고 후사(後事)를 묻자 "신은 드릴 말씀이 없습니다."라고 대답하였다. 굳이 묻자 "신의 두 아들 조엽(曹燁)과 조위(曹煒)가 재능과 기량이 취할 만한 것이 있습니다. 신이 만약 연고가 있는 자를 추천한다면 모두가 장수로 삼을 만합니다."라고 대답하였다. 황제가 우열을 묻자 "조엽이 조위만 못합니다."라고 대답하였는데 뒤에 보니 과연 그러하였다.

曹侍中將薨, 車駕親臨視之, 問以後事, 對曰, 臣無可言. 固問之, 對曰, 臣二子燁與煒, 材器有取. 臣若內擧, 皆堪爲將. 上問優劣, 對曰, 燁不如煒. 已而果然.[777]

문목공(文穆公) 여몽정(呂蒙正)[778]이 조카를 추천하다. [문목천질(文穆薦姪)] 문목공 여몽정이 벼슬을 그만두고 낙양(洛陽)에 머무는데 진종(眞宗)[779]이 분음(汾陰)[780]에서 제사를 지내고 낙양에 들렀다. 여몽정이 그런대로 맞이하여 뵐 수 있었는데 황제가 돌아갈 때에는 이미 병이 깊었다. 황제가 그의 집에 행차하여 "경의 자제들 중에 누가 등용할 만하오?"라고 묻자 "신의 여러 자식들은 모두 그저 그래서 쓸 만하지 못하고 조카 여이간(呂夷簡)이 영주추관(穎州推官)을 맡고 있는데 재상감입니다."라고 대답하였다. 황제가 그 말을 기억하고 있다가 마침내 크게 쓰기에 이르렀다.

呂文穆(蒙正)致政居洛, 眞宗祀汾陰, 過洛. 文穆尙能迎謁, 至回鑾, 已病. 帝幸其宅, 問曰, 卿諸子孰可用? 對曰, 臣諸子皆豚犬, 不可用, 有姪夷簡任穎州推官, 宰相才也. 帝記其語遂至大用.[781]

사촌동생을 추천하다. [거기표제(擧其表弟)] 정호(程顥)[782]가 어사(御史)일 때에 신종(神宗)[783]이 일찍이 그에게 인재를 추천하라고 하였다. 선생이 수십 명을 추천하였는데 부친의 사촌동생인 장재(張載) 및

---

773. 최우보(崔祐甫): 당(唐) 장안(長安) 출신으로 자가 이손(貽孫)이다. 문하시랑동평장사(門下侍郎同平章事), 중서시랑(中書侍郎) 등을 역임하였다.
774. 숙종(肅宗): 당(唐) 제9대 황제로 재위 기간은 756-761년이다.
775. 《신당서(新唐書)·최우보전(崔祐甫傳)》
776. 조위(曹瑋): 송(宋) 영수(靈壽) 출신으로 자가 보신(寶臣)이다. 내주관찰사(萊州觀察使), 창무군절도사(彰武軍節度使) 등을 역임하였다.
777. 《송명신언행록후집(宋名臣言行錄後集)·조위(曹瑋)》
778. 여몽정(呂蒙正): 송(宋) 하남(河南) 출신으로 자가 성공(聖功)이다. 이부상서(吏部尙書), 호부상서(戶部尙書), 평장사(平章事) 등을 역임하였는데 명상(名相)의 평이 있었다.
779. 진종(眞宗): 송(宋) 제3대 황제로 재위 기간은 998-1022년이다.
780. 분음(汾陰): 지금의 산서성(山西省) 만영현(萬榮縣) 일대로 전한(前漢) 무제(武帝)가 토지신에게 제사 지내던 사당이 있었던 곳으로 유명하다.
781. 《송사(宋史)·여몽정전(呂蒙正傳)》
782. 정호(程顥): 송(宋) 낙양(洛陽) 출신으로 자가 백순(伯淳)이다. 명도선생(明道先生)으로 불린다. 태자중윤(太子中允), 감찰어사(監察御史) 등을 역임하였고, 동생인 정이(程頤)와 함께 도학(道學)의 대가로 유명하다.
783. 신종(神宗): 송(宋) 제6대 황제로 재위 기간은 1068-1085년이다.

자신의 동생 정이(程頤)가 명단 맨 앞에 있었다.《행장(行狀)》

程顥爲御史, 神宗嘗使推擇人材. 先生薦數十人, 而父表弟張載及弟頤, 居首.《行狀》[784]

단지 자신을 자랑하다.[적이자벌(適以自伐)] 한(漢) 좌웅(左雄)[785]이 상서령(尙書令)일 때에 기주자사(冀州刺史) 주거(周擧)를 추천하여 상서(尙書)로 삼았다. 얼마 뒤 좌웅이 사례교위(司隷校尉)가 되어 다시 옛 기주자사 풍직(馮直)을 추천하여 장수에 임명하였다. 풍직은 일찍이 뇌물죄로 벌을 받은 적이 있었기에 주거가 이를 이유로 좌웅을 탄핵하자 좌웅이, "그대를 추천했더니 단지 자신을 자랑하려고만 하는구려."라고 하자 주거가 "옛날에 진(晉)나라 조선자(趙宣子)[786]는 한궐(韓厥)을 사마에 임명했지만 한궐이 조선자의 하인을 죽이자 조선자가 대부들에게 '나를 축하해 줄 만합니다.'라고 했습니다. 지금 공께서 저를 재능이 없다고 여기지 않으시고 잘못되게 조정에 오르게 하셨으니 감히 공께 아부하여 공의 수치가 되지 않으려는 것입니다. 공의 의향이 조선자와 다르리라고는 생각지도 못 했습니다."라고 말하였다. 좌웅이 기뻐서 사례를 올리며 "내가 잘못되었소."라고 하였다. 세상 사람들이 이 때문에 더욱 그를 훌륭하게 여겼다.

漢左雄爲尙書令, 薦冀州刺史周擧爲尙書. 旣而雄爲司隷校尉, 復擧故冀州刺史馮直任將帥. 直嘗坐贓受罪, 擧以此劾奏雄, 雄曰, 進君, 適所以自伐也. 擧曰, 昔趙宣子任韓厥爲司馬, 厥戮宣子僕, 宣子曰, 可賀我矣. 今君不以擧之不才, 誤升諸朝, 不敢阿君以爲君羞. 不寤君之意與宣子殊也. 雄悅, 因謝曰, 吾之過也. 天下益以此賢之.[787]

불러서 거문고 연주를 책망하다.[소책고금(召責鼓琴)] 환담(桓譚)[788]은 자가 군산(君山)으로 송홍(宋弘)이 천거하여 의랑(議郞)이 되었다. 세조(世祖)[789] 광무제(光武帝)가 환담에게 거문고를 연주하라고 하면서 그 화려한 소리를 좋아하였다. 송홍이 이 말을 듣고 환담을 불러 책망하였다. 환담이 뒤에 황제 앞에서 거문고를 연주하는데 평소의 가락을 잃자 황제가 이상하게 여겨 물으니 송홍이 갓을 벗고 사죄하며 "신이 본래 환담을 천거한 것은 충직함으로 군주를 모시기를 바란 것인데, 조정의 사람들로 하여금 정(鄭)나라 음악[정성(鄭聲)[790]]을 좋아하게 만들었으니 신의 죄입니다."라고 아뢰었다. 광무제가 안색을 바꾸고 송홍에게 사과하였다.

桓譚, 字君山, 宋弘薦爲議郞. 世祖令君山鼓琴, 好其繁聲. 弘聞, 召譚責之. 譚後于帝前鼓琴, 譚失其常度, 帝怪問之, 弘免冠謝曰, 臣本擧譚, 望以忠直事主, 而令朝廷欣悅鄭聲, 臣之罪也. 帝改容謝弘.[791]

종묘[청묘(淸廟)[792]]의 귀중한 그릇[청묘위기(淸廟

784. 《송명신언행록외집(宋名臣言行錄外集)·정호(程顥)》
785. 좌웅(左雄): 동한(東漢) 열양(涅陽) 출신으로 자가 백호(伯豪)이다. 기주자사(冀州刺史), 상서령(尙書令) 등을 역임하였다.
786. 조선자(趙宣子): 춘추시대 진(晉)나라 대부인 조돈(趙盾)으로 '선(宣)'은 시호이다. 영공(靈公)을 옹립하였다가 영공이 자신을 죽이려고 하자 망명하였고 영공이 살해당하자 영공의 동생 흑둔(黑臀)을 성공(成公)에 옹립하였다.
787. 《후한서(後漢書)·좌웅전(左雄傳)》
788. 환담(桓譚): 후한(後漢) 상(相) 출신으로 자가 군산(君山)이다. 음률(音律)과 오경(五經)에 밝았다. 의랑급사중(議郞給事中)을 지냈다.
789. 세조(世祖): 후한 광무제(光武帝) 유수(劉秀)의 묘호(廟號)이다. 후한 명제(明帝)가 즉위하던 해 광무제를 원릉(原陵)에 장사지내고 '세조'라는 묘호를 올렸다.
790. 정성(鄭聲): 음탕한 노래를 가리킨다.《시경(詩經)·국풍(國風)·정풍(鄭風)》에 대해 공자가 "정나라 음악을 내치고 간사한 사람을 멀리해야 한다. 정나라 음악은 음탕하고 간사한 사람은 위태롭다(放鄭聲, 遠佞人. 鄭聲淫, 佞人殆)"[《논어(論語)·위령공(衛靈公)》]라고 한 말에서 유래하였다.
791. 《후한서(後漢書)·송홍전(宋弘傳)》
792. 청묘(淸廟):《시경(詩經)·주송(周頌)》의 한 편명으로 주(周) 문왕(文王)을 칭송하는 노래이다. 후에는 제왕의 종묘(宗廟)

偉器)] 진(晉) 육운(陸雲)[793]이 장첨(張瞻)을 천거하는 글에서 이르기를, "만약 태학에서 예복[단위(端委)[794]]을 입고서 육예의 문장을 모으며 옥섬돌에 갓끈을 드리우고서 궁중에서 도리를 논할 수 있게 된다면, 진실로 황궁의 훌륭한 인재요 종묘의 귀중한 그릇이 될 것입니다."라고 하였다.

晉陸雲薦張瞻曰, 若得端委太學, 錯綜藝文, 垂纓玉陛, 論道紫宮, 則誠帝宮之瑰玉, 淸廟之偉器.[795]

그의 재능과 기량을 칭찬하다. [칭기재기(稱其才器)]

당(唐) 선종(宣宗)[796]이 백민중(白敏中)[797]에게 이르기를, "짐이 예전에 헌종(憲宗)[798]의 상여를 따르다가 도중에 비바람을 만났을 때 백관들이 모두 흩어졌지만 오직 키가 크고 수염이 많은 산릉사(山陵使)[799]만이 영구를 잡고서 떠나지 않았는데 누구지요?"라고 물었다. 백민중이 "영호초(令狐楚)[800]입니다."라고 대답하자 선종이, "아들이 있소?"라고 물었다. 백민중이 영호도(令狐綯)라고 대답하고 또 그의 재능과 기량을 칭찬하자 황제는 특별히 영호도를 발탁하여 고공낭지제고(考功郎知制誥)로 임명하였다.

唐宣宗謂白敏中曰, 朕昔從憲宗之喪, 道遇風雨, 百官皆散, 惟山陵使, 長而多鬚, 攀靈駕不去, 誰也? 對曰, 令狐楚. 上曰, 有子乎? 敏中以綯對, 且稱其才器, 上特擢綯爲考功郎知制誥.[801]

서신을 보내 칭찬해 주다. [치서연예(致書延譽)]

송(宋) 이원량(李元亮)[802]은 재능이 있고 기개를 중시하였다. 숭녕(崇寧)[803] 연간에 태학(太學)에 있을 때 채의(蔡嶷)가 학록(學錄)[804]을 맡고 있었는데 이원량이 그를 경시하였다. 뒤에 채의는 화주자사(和州刺史)가 되었고 이원량은 여전히 평민 신분이었다. 이원량이 화주를 지나다가 찾아뵙지 않자 채의가 수레를 준비하여 먼저 그의 숙소에 도착하였다. 이원량이 글을 올려 사죄하여 "숙소를 정하고 어르신을 뵙는 것은 옛날에 그러지 않았던 것이고 몸을 가벼이 하여 필부보다 앞서는 것은 오늘날 그런 일이 없겠습니다."라고 말하였다. 채의가 감탄하면서 돈 50만 냥을 주고 또 여러 공들에게 서신을 보내 칭찬해 주었다. 마침내 과거에 급제하였다.

宋李元亮抱才尙氣. 崇寧中處太學時, 蔡嶷爲學錄, 元亮輕之. 後嶷守和州, 元亮猶布衣也. 過州不謁, 嶷命駕先至其館. 元亮以啓謝曰, 定館而見長者, 古所不然, 輕身以先匹夫, 今無此事. 蔡嗟嘆, 餉錢五十萬, 且致書延譽于諸公. 遂登科.[805]

편지로 추천해 주었지만 기회를 만나지 못하다. [서천불우(書薦不遇)] 종신사(終愼思)[806]는 집이 가난하

인 태묘(太廟)를 비유하는 말로 쓰였다.

793. 육운(陸雲): 진(晉) 문인으로 자가 사룡(士龍)이며 당대에 저명한 학자였던 육기(陸機)의 동생이다.
794. 단위(端委): 예복(禮服)의 일종이다.
795. 《진서(晉書)·육운전(陸雲傳)》
796. 선종(宣宗): 당(唐) 제18대 황제로 재위 기간은 847-858년이다.
797. 백민중(白敏中): 당(唐) 화주(華州) 출신으로 자가 용회(用晦)이다. 중서시랑겸형부상서(中書侍郎兼刑部尙書), 중서령(中書令) 등을 역임하였다.
798. 헌종(憲宗): 당(唐) 제13대 황제로 재위 기간은 806-820년이다.
799. 산릉사(山陵使): 황제나 황후의 붕어(崩御) 때에 장례를 관장하는 임시 벼슬을 이른다.
800. 영호초(令狐楚): 당(唐) 화원(華原) 사람으로 자가 각사(殼士)이다. 중서시랑(中書侍郎), 문하시랑(門下侍郎), 동중서문하평장사(同中書門下平章事) 등과 여러 지방의 절도사(節度使), 관찰사(觀察使)를 역임하였는데 가는 곳마다 선정(善政)을 베풀었다.
801. 《신당서(新唐書)·영호초전(令狐楚傳)》
802. 이원량(李元亮): 송(宋) 남강군(南康軍) 출신으로 자가 광록(光祿)이다.
803. 숭녕(崇寧): 북송(北宋) 휘종(徽宗)의 연호(1102-1106)이다.
804. 학록(學錄): 국자감(國子監)에서 박사(博士), 학정(學正) 등과 함께 교육을 분담하던 벼슬 이름이다.
805. 《산당사고(山堂肆考)·사진(仕進)》

여 어렵게 공부하였다. 동저(董儲)가 편지를 써서 사대부 가운데 부유한 사람에게 추천해 주었지만 기회를 만나지 못하자 편지를 가지고 동저에게 되돌려 주면서 글을 올려 이르기를, "노중련의 화살이 높이 날아 요성(聊城)이 반드시 함락되리라 생각했건만[807], 진나라의 도성을 떼어 주지 않아 조나라 구슬을 품고 그냥 돌아왔습니다.[808]"라고 하였다.

終愼思, 家貧苦學. 董儲以書薦于士人之富者, 不遇, 取書歸董啓云, 魯箭高飛, 謂聊城之必下, 秦都不割, 懷趙璧以空歸.[809]

물에 가깝고 해를 향하다.[근수향양(近水向陽)] 문정공(文正公) 범중엄(范仲淹)[810]이 항주(杭州)를 다스릴 때 소린(蘇麟)이 속현(屬縣)의 순검(巡檢)이었다. 성안의 무관들이 왕왕 모두가 추천서를 얻는데 유독 소린만은 외지의 고을에 있어 받아들여지지 않았다. 공무로 관부에 들어오게 되자 시를 바쳤는데 다음과 같다. "물에 가까운 누대가 먼저 달빛을 받고 해를 향한 꽃나무가 쉽게 봄을 맞이한다네." 문정공이 그를 추천하였다.

范文正知杭州, 蘇麟爲屬縣巡檢. 城中兵官往往皆獲薦書, 獨麟在外邑, 未見收錄. 因公事入府, 獻詩曰. 近水樓臺先得月, 向陽花木易爲春. 文正薦之.[811]

가사(歌詞)를 지어 추천에 사례하다.[작사사천(作詞謝薦)] 신국공(申國公) 여공저(呂公著)[812]가 누차 사직을 청하자 인종(仁宗)[813]이 "경이 떠나면 누가 대신할 만하오?"라고 물으니 여공저가 "폐하께서 필시 영준하고 경륜이 있는 선비를 원하신다면 신은 잘 모르겠습니다. 만약 여러 가지로 천하를 안정시키고 천하의 일을 두루 아는 노신(老臣)에게 맡기고자 하신다면 진요좌(陳堯佐)[814]만한 이가 없습니다."라고 아뢰자 인종이 옳게 여겼다. 진요좌가 마침내 재상에 제수되었고 추천해 준 은덕을 깊이 고마워하여 〈제비 노래(燕詞)〉를 짓고 술을 휴대하여 방문하였다. 여공저가 그에게 노래를 부르게 하니 가사가 다음과 같았다.

二社良辰,	춘사(春社)의 좋은 시절,
千家庭院,	수많은 집 정원에,
翩翩又見新歸燕,	훨훨 다시 돌아온 제비가 보이니,
鳳凰巢穩許爲隣	봉황 둥지는 평온히 이웃됨을 허락하네.
瀟湘烟暝來何晩.	소수와 상수에 안개 자욱한데 어찌 이리 늦었는가.
亂入紅樓,	붉은 누대에 마구 날아들고,
低飛綠岸,	푸른 강 언덕 낮게 날더니,
畫梁時拂歌塵散.	아름다운 들보 때로 스치면 노랫소리에 먼지 날린다.

806. 종신사(終愼思): 송(宋)나라 사람으로 학문에 힘썼다.

807. '노련서(魯連書)'의 고사이다. 전국시대 제(齊)나라 사람인 노중련(魯仲連)이 연(燕)나라 장수가 침략하여 요성(聊城)을 차지하자 화살에 서신을 매달아서 성 안으로 쏘아 보내 연나라 장수를 설득하니 장수는 자살하고 성을 돌려받게 되었다고 한다.

808. '화씨벽(和氏璧)'의 고사이다. 전국시대 때 진(秦) 소왕(昭王)이 조(趙)나라에게 화씨벽(和氏璧)과 성을 바꾸자고 요구하였는데, 인상여(藺相如)가 조나라 군주의 명을 받들어 사신으로 가서 소왕의 협박을 물리치고 화씨벽을 되찾아 돌아왔다고 한다.

809. 《산당사고(山堂肆考)·사진(仕進)》

810. 범중엄(范仲淹): 송(宋)의 정치가이며 문학가로 자가 희문(希文)이고 시호가 문정(文正)이다. 참지정사(參知政事), 섬서사로안무사(陝西四路按撫使) 등을 역임하였고 구양수(歐陽修) 등과 개혁 정책을 추진하였다.

811. 《기찬연해(記纂淵海)·사환부(仕宦部)》

812. 여공저(呂公著): 송(宋) 수주(壽州) 출신으로 자가 회숙(晦叔)이고 봉호가 신국공(申國公)이며 시호가 정헌공(正獻公)이다. 상서우복야겸중서시랑(尙書右僕射兼中書侍郞)을 역임하였다.

813. 인종(仁宗): 송(宋) 제4대 황제로 재위 기간은 1023-1063년이다.

814. 진요좌(陳堯佐): 송(宋) 시기의 정치가로 자가 희원(希元)이다. 동평장사(同平章事)를 역임하였고 시서(詩書)에 능하였다.

爲誰歸去爲誰來,	누굴 위해 돌아갔다가 누굴 위해 날아오나?
主人恩重朱簾捲.	주인의 은혜 깊어 붉은 발이 올라갔네.

여공저가 웃으며 다음과 같이 읊었다. "발을 올린 사람은 이미 늙어 한스럽지만 솥에 요리할 그대는 공이 없을 것을 근심하지 마시게." 조정에서 늙고서도 너그러움이 이와 같았다.《상산야록(湘山野錄)》

呂申公累乞致仕, 仁宗曰, 卿去, 誰堪代者? 申公曰, 陛下必欲得英俊經綸之臣, 則臣所不知. 若圖任老臣鎭安百度·周知天下, 無如陳堯佐. 仁宗然之. 堯佐遂大拜, 極懷薦引之德, 因作燕詞, 携酒過之. 申公使之歌, 詞曰, 二社良辰, 千家庭院, 翩翩又見新歸燕, 鳳凰巢穩許爲隣. 瀟湘烟暝來何晩, 亂入紅樓低飛綠. 岸畫梁時, 拂歌塵散. 爲誰歸去爲誰來, 主人恩重朱簾捲. 申公笑曰, 自恨捲簾人已老, 莫愁調鼎子無功. 老於廊廟, 而醞藉如此.《湘山野錄》815

추천하였는데 크게 기용되다.[천이대용(薦而大用)] 왕안석(王安石)은 한미한 선비를 한두 명 천거하여 시종관에 앉히면서 애당초 크게 기용하는 데에는 마음이 없었다. 공이 재상직을 떠난 뒤 그들이 마침내 참지정사(參知政事)가 되자 공은 그때 시를 지어 뜻을 기탁하였는데 다음과 같다.

本種酴醾架,	본래 도미화(酴醾花)를 기르는 시렁이라서,
金沙只謾栽,	금사화를 단지 잠시 심었는데,
自矜顔色好,	스스로 빛깔이 곱다고 자랑하더니,
飛度臘前開.	훌쩍 넘어가서 납월 전에 꽃을 피웠구나. 《고재시화(高齋詩話)》

王荊公薦進一二寒士, 位侍從, 初無意於大用也. 公去位後, 遂參政, 公時有詩, 寄意云. 本種酴醾架, 金沙只謾栽. 自矜顔色好, 飛度臘前開.《詩話》816

그의 추천을 바라지 않다.[불원기천(不願其薦)] 장주(張鑄)817가 경동전운사(京東轉運使)에서 태평주 통판(太平州通判)으로 좌천되었다. 당시에 갈원(葛源)이 제거(提擧)로 장주의 이력서를 얻어 추천장을 발부하려 하자 장주가 시를 보냈는데 다음과 같다.

提司坑冶是新差,	채광과 재련을 맡은 제거(提擧)께서 새로 부임하셨으니,
職比催綱勝一階.	직책이 최강(催綱)818보다 한 등급이 높구나.
若發薦章求脚色,	만약 추천장을 발부하고자 이력서[각색(脚色)819]를 요구한다면,
下官蹤迹轉沈埋.	하급관료의 종적은 갈수록 매몰되리라. 《권유록(倦遊錄)》

張鑄以京東轉運, 降通判太平州. 時葛源爲提擧, 取張色欲發薦狀, 張以詩與之云. 提司坑冶是新差, 職比催綱勝一階. 若發薦章求脚色, 下官蹤迹轉沈埋.《倦遊錄》820

수레에서 내려 연속으로 임용하다.[하거연벽(下車連辟)] 진(晉) 강통(江統)821은 자가 응원(應元)이다. 동해왕(東海王) 사마월(司馬越)이 연주자사(兗州刺史)일 때에 강통을 별가(別駕)에 기용하여 주의 업무를 위임하면서 강통에게 서신을 보내 이르기를, "옛날에 자사(子師) 왕윤(王允)이 예주자사(豫州刺史)를 맡았을 때 수레에서 내리기도 전에 자명(慈明) 순상(荀爽)을 임명하였고 부임하고 나서는 문거(文擧) 공

---

815. 송(宋) 문영(文瑩)《상산야록(湘山野錄)》
816. 《고금사문유취전집(古今事文類聚前集)·사진부(仕進部)》
817. 장주(張鑄): 송(宋) 낙양(洛陽) 출신으로 자가 사화(司化)이다. 비서감(秘書監), 검교형부상서(檢校刑部尙書) 등을 역임하였다.
818. 최강(催綱): 중요 화물의 운송을 담당하던 관청인 최강사(催綱司)를 가리킨다.
819. 각색(脚色): 관직에 나가는 사람이 작성하던 이력서이다.
820. 《송시기사(宋詩紀事)·장주(張鑄)》
821. 강통(江統): 진(晉) 진류(陳留) 출신으로 자가 응원(應元)이다. 박사(博士), 산기상시(散騎常侍) 등을 역임하였다.

융(孔融)을 임명하였소. 귀주(貴州)의 인사 가운데 이를 감당할 만한 사람이 있겠소?"라고 하였다. 강통이 치감(郗鑒)을 현량(賢良)으로, 완수(阮脩)를 직언(直言)으로, 정수(程收)를 방정(方正)으로 천거하니 당시 사람들이 사람을 볼 줄 안다고 하였다.

晉江統, 字應元. 東海王越爲兗州收, 以統爲別駕, 委以州事, 與統書曰. 昔王子師爲豫州, 未下車辟荀慈明, 下車辟孔文擧. 貴州人士, 有堪應此者不? 統擧郄覽爲賢良, 阮脩爲直言, 程收爲方正, 時以爲知人.[822]

뒷일을 주관하도록 하다.[사주류후(使主留後)] 곽자의(郭子儀)[823]가 두황상(杜黃裳)을 임용하여 삭방부(朔方府)의 막료로 삼았다. 곽자의가 입조하면서 그로 하여금 뒷일을 주관하도록 하니 무례한 여러 장수들을 곽자의의 명으로 바꿔 배치하였다. 사람들이 감히 난동을 부리지 못하였다.

郭子儀辟杜黃裳, 佐朔方府. 子儀入朝, 使主留後, 諸將驕蹇者, 皆以子儀令易置. 衆不敢亂.[824]

군법이라 감히 사사로이 하지 못하다.[법불감사(法不敢私)] 농지고(儂智高)[825]가 반란을 일으키자 인종(仁宗)[826]이 추밀부사(樞密副使) 적청(狄青)[827]을 파견하여 선무사(宣撫使)로 임명하였다. 적청이 명을 받았는데 귀척(貴戚)을 통하여 적청을 수행하기를 청한 자가 있자 적청이 불러서 만나보고 그에게 "그대가 나를 수행하고자 하는데 이는 내가 청하려는 바이다. 어찌 꼭 남의 말을 통하는가. 그러나 반적을 격퇴하여 공이 있으면 조정에서 큰 상을 내릴 것이니 내가 청하지 않을 수 없는 것이다. 만약 가서 반적을 격퇴하지 못하면 군중의 법이 엄격하여 내가 감히 사사로이 하지 못한다. 그대는 잘 생각하기를 바란다."라고 말하니 듣던 자가 크게 놀랐다. 그 임명하여 거둔 자들은 모두 적청이 평소에 인정하여 쓸 만하다고 여기던 자들이었다. 사람들의 신망이 결국 그에게로 돌아갔다.《남풍잡지(南豐雜誌)》

儂智高叛, 仁宗遣樞密副使狄青爲宣撫使. 青受命, 有因貴近求從青行者, 青延見, 謂之曰, 君欲從青行, 此青之所求也. 何必因人之言乎? 然能擊賊有功, 朝廷有厚賞, 青不敢不爲之請也. 若往而不能擊賊, 則軍中法重, 青不敢私也, 君其思之. 聞者大駭. 其所辟取, 皆青之素所予以爲可用者, 人望固已歸矣.《南豐雜誌》[828]

사람이 스승이 될 만한 이여야 한다.[객가위사(客可爲師)] 문정공(文正公) 범중엄(范仲淹)이 말하기를, "막부(幕府)에서 사람을 임명하는 것은 모름지기 스승이 될 만한 사람이어야 임명할 수 있다. 비록 친구라도 또한 임명할 수 없다."라고 하였다.《유사(遺事)》

范文正公言, 幕府辟客, 須可爲師者, 乃辟之. 雖朋友, 亦不可辟.《遺事》[829]

---

822. 《진서(晉書)·강통전(江統傳)》
823. 곽자의(郭子儀): 당(唐)의 유명한 장수인 곽분양(郭汾陽)이다. 안사(安史)의 난 때 삭방절도사(朔方節度使)를 역임하며 하북(河北)에서 사사명(史思明)을 대파시켰다. 이 공으로 분양군왕(汾陽郡王)에 봉해졌고 그 권세가 20여 년 간 조야(朝野)를 풍미하였다.
824. 《고금사문유취전집(古今事文類聚前集)·사진부(仕進部)》
825. 농지고(儂智高): 송나라 때 만이족(蠻夷族) 사람으로 반란을 일으켜 나라 이름을 남천국(南天國)이라고 하고 인혜황제(仁惠皇帝)라고 자칭하였다가 적청(狄青)에게 토벌당했다.
826. 인종(仁宗): 송(宋) 제4대 황제로 재위 기간은 1023-1063년이다.
827. 적청(狄青): 송(宋) 분주(汾州) 출신으로 자가 한신(漢臣)이다. 명장(名將)으로 병법에 탁월하였다. 추밀사(樞密使)를 역임하였다.
828. 《송명신언행록전집(宋名臣言行錄前集)·적청(狄青)》
829. 《송명신언행록전집(宋名臣言行錄前集)·범중엄(范仲淹)》

과거 科擧

· 옛날에 천자의 제도에 의하면, 제후는 해마다 천자에게 선비를 추천하고 천자는 활터에서 그들을 시험하였다.《사의(射義)》

古者天子之制, 諸侯歲獻貢士於天子, 天子試之於射宮.《射義》830

· 옛날에 인재를 선발할 때는 평소 행실의 근원을 살피고 고을의 평판을 물었습니다. 겸손을 높이고 절의를 밝혔으며 순박함을 우선시하고 꾸밈을 뒤로 하였습니다. 요즈음에 선비를 천거하는 것은 폐하의 조서가 막 내려오자마자 이미 관부의 뜰로 뛰어가고 친왕과 삼공의 저택을 드나들면서 글을 올려 은혜를 바라고 글을 아뢰어 보답을 기대하고 있습니다. 그래서 세간에서 과거응시자를 '멱거(覓擧: 천거를 찾아다니다)'라고 부릅니다."〈설등소(薛登疏)〉

古之取士, 考素行之原, 詢鄕曲之譽. 崇禮遜, 明節義, 以朴厚爲先, 雕文爲後. 方今擧士, 明詔方下, 固已驅馳府寺之廷, 出入王公之道, 陳篇希恩, 奏記讎報. 故俗號擧人, 皆稱覓擧.〈薛登疏〉831

· 몇 치의 붓을 잡고 한 척이 되는 종이에 글을 쓴다.

操數寸之管, 書盈尺之紙.832

· 주(周)나라 관제(官制)에 무릇 선비 중의 뛰어난 자를 사도에게 올리니 '선사(選士)'라고 한다. (사도가) '선사' 가운데 뛰어난 자를 살펴서 태학에 올리니 '준사(俊士)'라고 한다. (태학에) 올라와 요역이 부과되지 않는 자를 '조사(造士)'라고 한다. 대악정(大樂正)833이 '조사' 가운데 뛰어난 자를 살펴서 사마(司馬)에게 올리니 '진사(進士)'라고 한다."라고 하였다. 사마가 진사 가운데 훌륭한 자 및 고을의 어른과 여러 관리들이 바친 훌륭한 자의 명단을 왕에게 아뢰면 왕은 재배하고 받아서 조정[천부(天府)834]에 올리고 종묘에 보관한다. 내사(內史)835가 그 부본을 써 놓고 실행한다.['이(貳)'는 부본을 이른다.] 한(漢) 무제(武帝) 때에 처음으로 천하에 조서를 내려 현량방정(賢良方正)과 직언극간(直言極諫)의 선비를 등용하였다.

周官, 凡士之秀者, 升諸司徒, 曰選士. 選士之秀者, 升諸學, 曰俊士. 旣升而不征者, 曰造士. 大樂正論造士之秀者, 升諸司馬曰進士.836 司馬論進士之賢者及鄕老群吏, 獻賢能之書于王, 王再拜受之, 登于天府, 藏於祖廟. 內史書其貳而行焉. 漢武帝始詔天下, 擧賢良方正·直言極諫之士.837

· 또 제정하기를, 군국(郡國)에 인구가 20만 이상이면 매해 1인을 심사하여 선발하고 40만이면 2인, 60이면 3인, 80만이면 4인, 100만이면 5인이다. 네 가지 등급으로 제한하는데, 첫째, 덕행이 고결함(德行高潔), 둘째, 도를 배워 행실이 수양됨(學道行修), 셋째, 법령을 잘 앎(明習法令), 넷째, 굳세고 지략이 많음(剛毅多略)이다.

又制, 郡國口二十萬以上, 歲察一人, 四十萬二人, 六十萬三人, 八十萬四人, 百萬五人. 限以四科, 一

---

830. 《예기(禮記)·사의(射義)》
831. 《신당서(新唐書)·설등전(薛登傳)》
832. 당(唐) 한유(韓愈) 〈답두수재서(答竇秀才書)〉
833. 대악정(大樂正): 태학의 교육과 음악을 관장하는 장관이다.
834. 천부(天府): 조정을 가리킨다.
835. 내사(內史): 법전(法典)을 관장하던 벼슬 이름이다.
836. 《예기(禮記)·왕제(王制)》에, "命鄕論秀士, 升之司徒, 曰選士. 司徒論選士之秀者, 而升之學, 曰俊士. 升於司徒者, 不征於鄕, 升於學者, 不征於司徒, 曰造士. … 司馬辨論官材, 論進士之賢者, 以告於王而定其論. 論定然後, 官之"라고 하였다.
837. 《통전(通典)·선거(選擧)》

曰德行高潔, 二曰學道行修, 三曰明習法令, 四曰剛毅多略.[838]

· 효소제(孝昭帝)[839] 시원(始元)[840] 초엽에 사지절(使持節)[841]을 파견하여 군국(郡國)을 순형하고 현량(賢良)을 추천하도록 하였다.

孝昭始元初遣使持節, 行郡國, 擧賢良.[842]

· 소제(昭帝) 시기에 현량문학(賢良文學) 갑과(甲科) 40인을 낭중(郎中)으로 삼았고 을과(乙科) 30인을 태자사인(太子舍人)으로 삼았으며 병과(丙科) 20인을 문학장고(文學掌故)[843]에 보임하였다.

昭帝時, 擧賢良文學甲科四十人爲郎中, 乙科三十人爲太子舍人, 丙科二十人補文學掌故.[844]

· 한(漢) 광무제(光武帝)[845]는 삼공(三公)에게 조서를 내려 뛰어난 인재 각 1인, 청렴한 관리 각 1인을 천거하도록 하였다.

漢光武詔三公, 擧茂材各一人, 廉吏各一人.[846]

· 환제(桓帝)[847]는 조서를 내려 여러 학생 중에 나이 16세 이상이면 군국(郡國)의 명경시(明經試)에서 겨루어 차례로 이름을 올리게 하고 최고 성적을 얻은 15인과 좋은 성적을 얻은 16인을 중랑(中郎)에 임명하고 중간 성적을 얻은 17인을 태자사인(太子舍人)에 임명하고 낮은 성적을 얻은 17인을 왕가랑(王家郎)에 임명하도록 하였다.

桓帝詔, 諸學生年十六以上, 比郡國明經試, 次第上名, 高第十五人 · 上第十六人爲中郎, 中第十七人爲太子舍人, 下第十七人爲王家郎.[848]

· 조서를 내려 제생(諸生)들을 다시 시험을 쳐서 이경(二經)에 통한 자는 문학장고(文學掌故)에 보임하고 이미 문학(文學)이 된 자가 만 2년이 되어 삼경(三經)에 능통하게 된 자는 그중의 최고 성적자를 발탁하여 태자사인(太子舍人)에 임명하고 태자사인(太子舍人)으로 사경(四經)에 능통한 자는 낭중(郎中)에 제수하고 낭중으로 오경(五經)에 능통한 자는 관리에 보임하여 재능에 따라 임용하게 하였다.

詔復課試諸生, 通二經者, 補文學掌故, 已爲文學者, 滿二歲, 能通三經者, 擢其高第, 爲太子舍人, 舍人能通四經者, 拜郎中, 郎中能通五經者, 補吏, 隨才而用.[849]

· 대업(大業)[850] 연간에 처음으로 진사과(進士科)를 두었다.

大業中, 始建進士科.[851]

· 당(唐)의 인사추천 제도는 대부분 수(隋)나라의 제도를 따랐다. 일정한 천거 과목으로는 수재(秀才),

---

838. 《송서(宋書) · 백관지(百官志)》
839. 효소제(孝昭帝): 서한(西漢) 제7대 황제로 재위 기간은 BC 86-BC 74년이다.
840. 시원(始元): 한(漢) 소제(昭帝)의 연호(BC 86-BC 81)이다.
841. 사지절(使持節): 부절(符節), 혹은 이를 행사하는 권한이나 벼슬을 가리키는 말이다. 위진(魏晉) 이후로 지절(持節), 사지절(使持節), 가지절(假持節), 가절(假節) 등 여러 명칭이 있었는데, 자사나 태수가 군대를 동원할 수 있는 권한을 나타낸다. 당나라 때 절도사(節度使)가 생기면서 폐지되었다.
842. 《한서(漢書) · 효소제기(孝昭帝紀)》
843. 문학장고(文學掌故): 기존의 문서나 전고(典故)에 관한 일을 관장하는 벼슬 이름이다. 후에는 이를 다루는 전문적인 관원을 '문학(文學)'이라고 칭하기도 하였다.
844. 《한서(漢書) · 유림전(儒林傳)》
845. 광무제(光武帝): 동한(東漢) 초대 황제로 재위 기간은 25-57년이다.
846. 《통전(通典) · 선거(選擧)》
847. 환제(桓帝): 동한(東漢) 제11대 황제로 재위 기간은 147-167년이다.
848. 《통전(通典) · 선거(選擧)》
849. 《통전(通典) · 선거(選擧)》
850. 대업(大業): 수(隋) 양제(煬帝)의 연호(605-617)이다.
851. 《통지(通志) · 선거(選擧)》

명경(明經), 진사(進士), 명법(明法), 서(書), 산(算)이 있다. 도성으로부터 군현(郡縣)에까지 모두 학교가 있고 매년 11월에 군현(郡縣)에서 감독하여 그중의 성취된 자를 시험 보인다. 장리(長吏)[852]는 속관들을 모아 빈주(賓主)의 예를 갖추고 제기를 마련하고 관현(管絃)을 갖춘다. 전별을 하고 나면 계리(計吏)[853]와 함께 (도성으로) 간다. 그중에서 관학에서 공부하지 않고 향시에 합격한 자를 일러 '향공(鄕貢)'이라고 하였다.

唐貢士之法, 多循隋制. 其常貢之科, 有秀才, 有明經, 有進士, 有明法, 有書, 有算. 自京師郡縣, 皆有學焉. 每歲仲冬郡縣館監課試其成者, 長吏會屬僚, 設賓主, 陳俎豆, 備管絃, 旣餞而與計偕. 其不在館學而擧者, 謂之鄕貢.[854]

· 전에는 수재과(秀才科)가 등급에 가장 높았다. 정관(貞觀)[855] 연간에 추천받고도 합격하지 못한 자가 있으면 그 주(州)의 장관이 연루되었다. 이로 말미암아 폐지되었고 단지 명경(明經)과 진사(進士)의 두 과(科)만 남게 되었다.

初秀才科, 等最高. 貞觀中有擧而不第者, 坐其州長. 由是廢絶, 唯明經·進士, 二科而已.[856]

· 측천무후(則天武后) 시기에 낙양(洛陽)의 궁전에서 공인(貢人)[857]에게 대책(對策)으로 질문하였다. 궁전 앞에서 사람들을 시험 보인 것이 여기에서 시작되었다.

武后時策問貢人于洛陽殿, 殿前試人, 自此始.[858]

· 측천무후(則天武后)는 선발된 인사가 실력을 갖추지 못한 자가 많다고 여겨 이에 스스로 그 이름을 지우고 모르게 고과하도록 하여 등급을 정하였다.

武后以選人多不實, 乃令自糊其名, 暗考以定等第.[859]

· 측천무후(則天武后)는 사람들에게 무예(武藝)를 익히도록 가르치게 하여 매년 명경과(明經科)와 진사과(進士科)의 규정과 같이 향음주례(鄕飮酒禮)를 행하고 병부(兵部)에 보냈다. 그 시험제도는 다음과 같다. 비단에 그림을 그려 다섯 개의 원을 만들어 과녁 받침에 두고 105보가 떨어진 거리에서 줄지어 앉아 쏘게 하였으니 명칭이 '장타(長垜)'이다. 또 땅을 파고 둑을 만드는데 그 거리는 장타와 같게 하고 가죽을 엮어 두 마리의 사슴을 만들어 그 위에 차례로 올려놓고 말을 달리며 쏘게 하였으니 명칭이 '마사(馬射)'이다. 또 나무를 잘라 사람을 만들고 머리 위에 네모난 판자를 올려놓고 네 모퉁이에 있는 사람들이 모두 둑 위에 줄지어 있다가 말을 달리며 둑으로 가서 창을 놀려 좌우로 찌르는데 반드시 판자는 떨어지고 사람은 넘어지지 않아야 하니 명칭이 '마창(馬槍)'이다. 아울러 보사(步射: 걸으면서 활쏘기), 천찰(穿札: 활을 쏘아 갑옷 뚫기), 교관(翹關: 무거운 것 들어올리기), 부중(負重: 무거운 것 짊어지기), 신재(身材: 체격), 언어(言語: 말재주) 등의 선발 방식이 있었는데 통틀어 다섯 가지 상(上)을 얻은 자가 급제하였다.

武后教人習武藝, 每歲如明經進士之法, 行鄕飮酒禮, 送于兵部. 其課試之制, 畫帛爲五規, 置之於垜, 去之百有五步, 列坐引射, 名曰長垜. 又穿土爲埒, 其長與垜均, 綴皮爲兩鹿, 歷置其上, 馳馬射之, 名曰馬

852. 장리(長吏): 주현(州縣) 장관(長官)의 보좌관을 가리킨다.
853. 계리(計吏): 주군(州郡)의 회계 처리와 이를 조정에 보고하는 업무를 관장하는 관원이다.
854. 《통전(通典)·선거(選擧)》
855. 정관(貞觀): 당(唐) 태종(太宗)의 연호(627-649)이다.
856. 《통전(通典)·선거(選擧)》
857. 공인(貢人): 지방 관아의 추천을 받아 조정에 들어온 인재를 가리킨다.
858. 《통전(通典)·선거(選擧)》
859. 《사물기원(事物紀原)·학교거공부(學校擧貢部)》

射. 又斷木爲人, 戴方版於項上, 凡四隅人互列埒上, 馳馬入埒, 運槍左右觸, 必版落而人不踣, 名曰馬槍. 兼有步射·穿札·翹關·負重·身材·言語之選, 通得五上者爲第.[860]

· 그 도회(都會)[861]를 '거장(擧場)'이라 하였고 통칭하여 '수재(秀才)'[862]라 하였으며 명함을 보내는 것을 '향공(鄕貢)'[863]이라 하였고 급제하는 것을 '전진(前進)'이라 하였다. 선비들이 서로 존중하여 '선배(先輩)'라 하였으며 함께 급제한 것을 '동년(同年)'이라 하였고 시험 담당관을 '좌주(座主)'라 하였다. 경조부(京兆府)에서 시험 보고 올라온 자를 '등제(等第)'라 하였고 외부(外府)에서 시험 보지 않고 추천된 자를 '발해(拔解)'라 하였으며 시험 보려 할 때에 서로 돌봐주는 것을 '합보(合保)'라 하였고 함께 지내면서 글을 지어보는 것을 '사시(私試)'라고 하였다. 권세가들에게 청탁을 넣는 것을 '관절(關節)'이라 하였고 이름값을 높이는 것을 '환왕(還往)'이라고 하였다. 급제한 뒤에 자은사(慈恩寺)의 탑에 성명을 열거하는 것을 '제명(題名)'이라 하였고 곡강(曲江)의 정자에서 크게 연회를 베푸는 것을 '곡강(曲江)'이라 하였으며 문서에 올라 선발에 드는 것을 '춘위(春闈)'라 하였고 낙방하여 술에 만취하는 것을 '타모소(打毷氉)'라고 하였다. 이름을 숨기고 비방하는 것을 '무명자(無名子)'라 하였고 물러나 학업을 닦는 것을 '과하(過夏)'라 하였으며 책을 읽고 문장을 짓는 것을 '하과(夏課)'라 하였고 몰래 책을 숨기고 들어와 시험 보는 것을 '서책(書策)'이라고 하였다. 이것이 그 대략이다.

其都會謂之擧場, 通稱謂之秀才, 投刺謂之鄕貢, 得第謂之前進. 士互相推敬謂之先輩, 俱捷謂之同年, 有司謂之座主. 京兆府考而升者謂之等第, 外府不試而貢者謂之拔解. 將試相保謂之合保, 群居而賦謂之私試. 造請權要謂之關節, 激揚聲價謂之還往. 旣捷列姓名於慈恩寺塔謂之題名, 大讌於曲江亭子謂之曲江, 會籍而入選謂之春闈, 不捷而醉飽謂之打毷氉. 匿名造謗謂之無名子, 退而肄業謂之過夏, 執業作文謂之夏課, 挾藏入試謂之書策, 此其大略也.[864]

· 한(漢)나라의 '석책(射策)'과 '대책(對策)'은 달랐다. 《한서(漢書)·소망지전(蕭望之[865]傳)》을 살펴보면, '석(射)'이란 의심스러운 뜻을 논란하여 죽간에 적고 그 경중을 헤아려 갑과(甲科)와 을과(乙科)를 적으니 따진 것을 겉으로 드러나지 않게 한 뒤 터득한 바에 따라 해석하게 하는 것이다. '대(對)'란 정사(政事)나 경전에 대해 드러내 놓고 질문하고 대답한 문장을 살펴 고하를 정하는 것이다.

漢射策與對策不同. 按蕭望之傳, 射謂爲難問疑義, 書於策, 量其大小, 署爲甲乙之科, 不使彰顯射者, 隨其所得而釋之. 對者, 顯問以政事經義, 觀其所對文詞, 定高下.[866]

· 북제(北齊)의 인재 선발 제도는 대부분 북위(北魏)의 제도를 답습하였다. 황제가 나와 조정의 중앙 기둥에 앉는데, 지나치게 열등한 자는 먹물을 한 되 마시게 하고 문장의 논리가 허무맹랑한 자는 방석을 빼앗고 패도[佩刀: 용도(容刀)[867]]를 벗겼다.

北齊選擧, 多沿後魏之制. 皇帝出坐於朝堂中楹, 其

---

860. 《통전(通典)·선거(選擧)》
861. 도회(都會): '모인다'는 뜻에서 당대(唐代)에 과거장(科擧場)을 이르던 말이었다.
862. 수재(秀才): 과거(科擧)의 이름이다. 당송대에는 과거응시자를 가리키는 말로 쓰였다.
863. 향공(鄕貢): 주현(州縣)의 추천으로 과거에 응시하는 일, 또는 그런 사람을 가리킨다.
864. 당(唐) 이조(李肇)《국사보(國史補)》
865. 소망지(蕭望之): 서한(西漢) 난릉(蘭陵) 출신으로 자가 장천(長倩)이다. 태자태부(太子太傅)를 역임하였고 유조(遺詔)를 받아 어린 임금 원제(元帝)를 보필(輔弼)하였다.
866. 송(宋) 공평중(孔平仲)《공씨잡설(孔氏雜說)》

有濫劣者, 飮墨水一升, 文理孟浪者, 奪席脫容刀.[868]

· 무덕(武德)[869] 이래로 예부(禮部)에서 시험을 보는 날에는 모두 병사들의 호위를 삼엄하게 배치하고 가시나무를 둘러놓으며 의복을 수색하고 출입자를 심문해서 부정행위를 방지하였다.

武德以來, 禮部閱試之日, 皆嚴設兵衛, 荐棘圍之, 搜索衣服, 譏訶出入, 以防假濫焉.[870]

· 당(唐)나라 제도에, 예부(禮部)에서 거인(擧人)들에게 시험을 실시할 때 밤 3경으로 제한하였다. 송(宋)에서는 대개 낮 시간을 이용하여 밤까지 계속하는 것을 허락하지 않았다.

唐制, 禮部試擧人, 夜以三鼓爲限. 宋率用白晝, 不許繼燭.[871]

· 송(宋) 도곡(陶穀)[872]의 아들 도병(陶邴)이 급제하자 황제가 중서성(中書省)에 명하여 2차 시험을 치도록 하였다. 이어 조서를 내려, "이제부터 봉록을 먹는 가문과 관련되어 있으면 모두 2차 시험을 치르도록 하라."라고 하였다.《국사(國史)》

宋陶穀子邴登第, 上遽命中書覆試. 因詔, 自今凡關食祿之家, 皆令覆試.《國史》[873]

· 여공저(呂公著)[874]가 지공거(知貢擧)일 때에 은밀히 상주하기를, "천자께서 직접 누대에 나와 선비들을 시험하시면서 시부(詩賦)를 적용하시는 것은 현량(賢良)을 등용하여 다스림을 구하는 뜻이 아닙니다. 지금 이후로는 정시(庭試)에서 바라옵건대 마음속으로 오직 대책을 내어 다스림의 도를 자문하시기를 간청하옵니다."라고 하였다. 이로부터 황제가 직접 누대에 나와 비로소 대책으로 진사들을 시험하였다.

呂公著知貢擧密奏曰, 天子臨軒策士, 而用詩賦, 非擧賢良求治之意. 今來庭試, 乞出自宸衷, 唯以詔策, 咨訪治道. 自是上臨軒, 始以策試進士.[875]

· 조광(趙匡)[876]이 〈거선의(擧選議)〉에서 다음과 같이 말하였다. "응시자들은 대개 20인 가운데 겨우 한 사람만 합격되니 죽을 때까지 급제하지 못하는 자들이 아주 많습니다. 그 일이 어렵고 그 길이 좁아 합격자가 적으니 합격을 다투는 것이 다급하여 서로 공경(公卿)을 찾아가 이끌어주기를 간청하고 같은 처지의 사람들을 비방하면서 앞서기를 다툽니다. 그러므로 학업은 유학을 따르면서 행실은 경박하니 타고난 성품이 이와 같은 것이 아니라 형편이 그렇게 만든 것입니다."

趙臣[877]擧選議曰. 擧人大率二十人中, 方收一人, 故沒齒而不登科者, 甚衆. 其事難, 其路隘也, 收人既少, 則爭第急切, 交馳公卿以求汲引, 毁訾同類, 用以爭先. 故業因儒雅, 行成險薄, 非受性如此, 勢使然也.[878]

· 과거의 종목이 많아진 것은 당말(唐末)부터이지만 그래도 모두가 여기에서 나온 것은 아닙니다. 글을 올려 관직을 얻는 경우가 있으니 화봉요(和逢堯),

867. 용도(容刀): 장식용 패도(佩刀)를 가리킨다.
868. 《통전(通典)·선거(選擧)》
869. 무덕(武德): 당(唐) 고조(高祖)의 연호(618-626)이다.
870. 《통전(通典)·선거(選擧)》
871. 《고금사문유취전집(古今事文類聚前集)·사진부(仕進部)》
872. 도곡(陶穀): 송(宋) 빈주(邠州) 출신으로 자가 수실(秀實)이다. 형부상서(刑部尙書), 호부상서(戶部尙書) 등을 역임하였다.
873. 《송사(宋史)·선거지(選擧志)》
874. 여공저(呂公著): 송(宋) 수주(壽州) 출신으로 자가 회숙(晦叔)이고 봉호가 신국공(申國公)이며 시호가 정헌공(正獻公)이다. 상서우복야겸중서시랑(尙書右僕射兼中書侍郎)을 역임하였다.
875. 《송명신언행록후집(宋名臣言行錄後集)·여공저(呂公著)》
876. 조광(趙匡): 당(唐) 하동(河東) 출신으로 자가 백순(伯循)이다. 양주자사(洋州刺史)를 지냈다.
877. 《유원총보》의 '臣'은 '匡'의 오자이다.[《문원영화(文苑英華)·선거(選擧)》]
878. 《문원영화(文苑英華)·선거(選擧)》

운반천(員半千) 같은 이들이 그러하고 은거하다가 부름 받아 등용된 경우가 있으니 양성(陽城), 이발(李渤) 같은 이들이 그러합니다.《항안세(項安世) 대책(對策)》

科目之盛, 自唐季起, 而猶未盡出於此也. 有上書而得官, 如和逢堯·員半千之類, 是也, 有隱逸而召用, 如陽城·李渤之類, 是也.《項安世策》[879]

· 이덕유(李德裕)[880]는 자신이 과거급제 출신이 아니라는 이유로 진사(進士)로 등용된 자들을 항상 질투하였다. 이덕유가 일찍이 번부종사(藩府從事)일 때에 동원(同院)의 이평사(李評事)가 진사 출신으로 마침 이덕유와 관계(官階)가 같았는데 응시자가 지은 글을 잘못하여 이덕유에게 보냈다가 다시 찾으면서 "저의 글은 과거에 합격하신 이평사(李評事)에게 드릴 것이지 공에게 드리는 것이 아니었습니다."라고 말하였다. 이로 말미암아 이덕유는 내칠 뜻을 갖게 되었다.

李德裕以己非由科第, 恒嫉進士擧者. 德裕嘗爲藩府從事, 同院李評事, 以詞科進, 適與德裕官同, 有擧子投文軸, 誤與德裕, 復請之曰, 某文軸當與及第李評事, 非與公也. 由是德裕志在排斥.[881]

· 과거시험 과목은 한나라 때 시작되어 수나라와 당나라 때에 이르러 비로소 완비되었다.

科目始于漢, 至于隋唐而始備.[882]

· 송(宋)에서 태조(太祖)[883] 이래로 진사가 성시(省試)를 통과하여 전시(殿試)를 보러 온 사람 중에 여전히 낙방하는 이가 있었다. 먼 곳에서 온 한미한 선비들은 가난하여 돌아갈 수도 없어 황하에 뛰어들어 죽는 이들도 있었다. 인종(仁宗)[884]은 이 말을 듣고서 측은하게 여겨 그때부터 전시에서는 낙방시키지 않고 비록 잘못했더라도 그들 역시 마지막 명단에 포함시키는 것을 규정으로 삼게 하였으니 어진 마음이라고 하겠다.

宋自太祖以來, 進士過省越殿試, 尙有被黜者. 遠方寒士, 貧不能歸, 多至失所, 有赴河而死者. 仁宗聞之惻然, 自此殿試不黜落, 雖犯亦收之末名, 爲定法, 可以謂之仁矣.[885]

· 진사(進士)의 합격자 명단은 황지(黃紙)를 네 장 붙이고 옅은 먹물을 묻힌 양털붓으로 '예부공원(禮部貢院)' 네 자를 써서 방문 머리에 붙인다. 예부시랑(禮部侍郎) 이우(李紆)가 합격자 명단을 발표하면서 필기사에게 종이에 적어서 방문을 쓰게 했는데, '예부공원'이란 네 글자를 다 채우기 전에 필기사가 병이 났다. 영사(令史)[886] 왕맥(王脉)이 또한 조령(詔令)을 잘 써서 그에게 명하여 그 일을 마치게 하려는데 마침 왕맥이 술에 취해 있었다. 양털붓을 적시면서 먹물을 더 묻히지 못하여 새벽이 되어서야 자체(字體)의 농담이 차이나는 것을 알았지만 도리어 아름답게 되었다. 이후로는 그것을 본받아 결국 관례가 되었다.

進士榜, 粘黃紙四張, 以淡墨氈筆, 書禮部貢院四字, 粘於榜首. 李紆侍郎放擧人, 命筆史勒紙書榜, 未及塡禮部貢院字, 吏得疾. 令史王脉亦善書詔令, 終其事, 値脉醉. 以氈筆染不加墨, 迨明方覺字體濃淡相

---

879. 항안세(項安世) 〈의대학사원시책(擬對學士院試策)〉

880. 이덕유(李德裕): 당(唐) 말기의 정치가로 자가 문요(文饒)이고 봉호가 위국공(衛國公)이다. 재상 이길보(李吉甫)의 아들로 병부상서(兵部尙書), 중서문하평장사(中書門下平章事) 등을 역임하였다.

881. 무명씨《옥천자(玉泉子)》

882. 《산당사고(山堂肆考)·사진(仕進)》

883. 태조(太祖): 송(宋) 초대 황제로 재위 기간은 960-975년이다.

884. 인종(仁宗): 송(宋) 제4대 황제로 재위 기간은 1023-1063년이다.

885. 송(宋) 소백온(邵伯溫)《문견록(聞見錄)》권2.

886. 영사(令史): 난대상서(蘭臺尙書)의 벼슬 이름으로 문서를 담당하였다.

間, 反致其姸. 自後法之, 遂爲故事.[887]

· 옛 관례에 의하면, 정시(庭試)에서 응시자들은 날이 저물면 촛불을 하사하는 것을 허락하였다. 경원(慶元)[888] 5년에 황제가 처음으로 선비들에게 책문을 냈는데 강서(江西)의 정주명(正奏名)[889] 진사 황식(黃寔)과 엄주(嚴州)의 특주명(特奏名) 진사 황보감(皇甫鑑)이 맨 나중에 시험지를 냈다. 염주(廉州)의 특주명(特奏名) 진사 유가유(劉嘉猷)는 촛불을 하사받아 1경 4점까지 있었는데 황제가 낙원(樂院)에 들러 이르기를, "관례에 촛불을 하사받으면 정주명은 일갑(一甲)을 강등시키고 특주명은 일등(一等)을 강등시킨다고 하였지."라고 하였다.《조야잡기(朝野雜記)》

舊例, 廷試擧人至暮, 許賜燭. 慶元五年上初策士, 江西正奏名進士黃寔·嚴州特奏名進士皇甫鑑, 納卷最後. 廉州特奏名進士劉嘉猷, 賜燭至一更四點, 御樂院言, 故事賜燭, 正奏名降一甲, 特奏名降一等.《朝野雜記》[890]

· 당(唐) 대중(大中)[891] 연간에 천문을 관장하는 관리가 "문성(文星)[892]이 어두워졌으니 과거시험장에 장차 일이 있을 것입니다."라고 아뢰었다. 뒤에 세 차례 시험을 치르면서 모두 2차 시험을 치뤘는데도 다시 탈락하자 시험 감독관들이 모두 감봉의 징벌을 받았다.《첨재(僉載)》

唐大中間, 天官奏, 文星暗, 科場當有事. 後經三科, 盡覆試, 復落, 考官皆罰俸.《僉載》[893]

· 특주명(特奏名)에서 1등급 두 명은 정주명 5등급의 여분으로 붙이고 모두 등사랑(登仕郎)[894]에 제수하였다. 2등급은 경조부(京兆府) 조교(助敎)에, 3등급은 상주(上州)[895]의 문학에, 4등급은 하주(下州)의 문학에 임명하는데, 모두 교제사의 은혜[교은(郊恩)[896]]를 입고 5등급의 여러 주 조교로 출관(出官)하였다.

特奏名第一等二名, 附前五甲餘, 竝登仕郎. 第二等京府助敎. 第三等上州文學. 四等下州文學, 竝候郊恩, 出官五等諸州助敎.[897]

· 송(宋) 고종(高宗)[898]과 효종(孝宗)[899]이 다스릴 때 매 3년마다 대비(大比)[900]를 행하였다. 조서를 내리기 하루 전에 노천에서 분향하며 조용히 기도하기를, "바라건대 하늘이시어 훌륭한 몇 사람을 내려주시어 나라를 보좌하게 해 주소서."라고 하였다. 직접 누대에 나와 합격자 명단을 부를 때에는 반드시 3일 전에 정성껏 하늘에 기도하였다.

宋高宗·孝宗在御, 每三年大比. 下詔前一日, 露香默禱曰, 願天生幾個好人來輔國家. 及臨軒唱榜, 必三日前, 精禱于天.[901]

---

887. 송(宋) 가황중(賈黃中)《담록(談錄)》
888. 경원(慶元): 남송(南宋) 영종(寧宗)의 연호(1195-1200)이다.
889. 정주명(正奏名): 진사과에 합격한 사람을 정식으로 황제에게 보고하고 인가받는 일을 가리킨다. 반면 여러 차례 낙방한 사람들에게 별도로 시험을 실시하여 특별히 합격자 명단을 황제에게 보고하는 것을 '특주명(特奏名)'이라고 하였다.
890. 《조야잡기(朝野雜記)·취사(取士)》
891. 대중(大中): 당(唐) 선종(宣宗)의 연호(847-859)이다.
892. 문성(文星): 문운(文運)이나 문재(文才) 등을 주관한다는 별 이름이다.
893. 《고금사문유취전집(古今事文類聚前集)·사진부(仕進部)》
894. 등사랑(登仕郎): 문산관(文散官) 가운데 정9품하에 해당하는 직책 이름이다.
895. 상주(上州): 인구·면적·재정 등에서 우수한 주를 가리킨다. 그만 못한 주가 하주(下州)이다.
896. 교은(郊恩): 황제가 교제사(郊祭祀)를 지낸 뒤 베푸는 은혜를 가리킨다.
897. 남송(南宋) 이유(李攸)《송조사실(宋朝事實)》
898. 고종(高宗): 남송(南宋) 초대 황제로 재위 기간은 1127-1162년이다.
899. 효종(孝宗): 남송(南宋) 제2대 황제로 재위 기간은 1163-1189년이다.
900. 대비(大比): 3년마다 치르는 과거를 가리킨다.

주시 主試[902]

· 손에 인재를 선발하는 권한[문병(文柄)[903]]을 쥐자 온 세상을 눈 아래 두었다.《척언(摭言)》
手持文柄, 高眡寰海.《摭言》[904]
· 등용이 명철하고 선발이 공정하다.
登明選公.[905]
· 요직을 담당한 자들이 또한 모두 훌륭한 관리였다.
當道者, 又皆良有司.[906]
· 갑과(甲科), 을과(乙科)를 마련하여, 고관(高官)에 오를 선비[청자(青紫)[907]]를 구한다.
懸甲乙之科, 拾青紫之士.[908]
· 영사(靈蛇)[909]를 잡아오고 정곡을 맞춰서 가져온다.
握靈蛇而來, 中正鵠而取.[910]
· 상서성(尙書省)[예위(禮闈)[911]]의 관리는 그 임무를 중시하고, 문단[문유(文囿)[912]]의 맹주는 적임자를 신중히 해야 한다.
禮闈之司重其任, 文囿之主難其人.[913]
· 종을 치는 소리에 따라 하문(下問)[914]에 대비하고, 명경지수의 거울이 어찌 뛰어난 인재를 놓치겠는가.
撞鍾之鳴以待下問,[915] 止水之鑑寧遺上才.[916]
· 직책은 마땅히 시험해 보아야 하니 누가 인재를 잃을 것을 염려하리오. 경전에 만약 밝지 못하다면 등용하기에 쉽지 않다.
職當可試, 雖[917]慮遺才. 經苟未明, 難用拾芥[918]·[919]
· 명확한 시험을 유지하는 관리가 어찌 선비를 잃을 것인가. 문장을 담당한 대표는 반드시 뛰어난 인재 얻기를 기대한다.
守明試之司, 豈宜失士. 當文思之代, 必待得賢.[920]
· 군자가 자신을 확립함에 도를 오직 전진시키기 어렵고 시험담당관[주사(主司)[921]]이 신비를 취함에

901. 《산당사고(山堂肆考)·사진(仕進)》
902. 주시(主試): 고시(考試)를 주관함, 또는 그런 벼슬을 가리킨다. '주고(主考)'라고도 한다.
903. 문병(文柄): 문사(文士)를 선발하는 권한이나 문단을 좌우하는 권위를 가리킨다.
904. 오대(五代) 왕정보(王定保)《당척언(唐摭言)》
905. 당(唐) 한유(韓愈) 〈진학해(進學解)〉
906. 당(唐) 한유(韓愈) 〈답두수재서(答竇秀才書)〉
907. 청자(青紫): 공경(公卿)이 차는 청색과 자색의 인끈을 가리키는 말이다. '금자(金紫)'가 금도장과 자색 인끈, '은청(銀青)'이 은도장과 청색 인끈이니 '청자(青紫)'는 고관이 차는 인끈으로 높은 관직이나 작위를 상징한다.
908. 《어정연감유함(御定淵鑑類函)·정술부(政術部)》
909. 영사(靈蛇): 뛰어난 문재를 지닌 사람을 비유한다.
910. 《백공육첩(白孔六帖)·공거(貢擧)》
911. 예위(禮闈): 상서성(尙書省)의 별칭이다. 한나라 때 상서성의 두 출입문인 숭례위(崇禮闈)와 건례문(建禮門)에 모두 '예(禮)'자가 붙은 데서 유래하였다.
912. 문유(文囿): 문단(文壇)을 가리킨다. '문원(文苑)'이라고도 한다.
913. 《어정연감유함(御定淵鑑類函)·정술부(政術部)》
914. 하문(下問): 아랫사람에게 묻는 것을 가리킨다.
915. 《예기(禮記)·학기(學記)》, "善待問者如撞鐘, 叩之以小者則小鳴, 叩之以大者則大鳴."
916. 《백공육첩(白孔六帖)·공거(貢擧)》
917. '雖'는 《백공육첩(白孔六帖)·공거(貢擧)》에는 '誰'로 되어 있다.
918. 습개(拾芥): 검불 줍기처럼 매우 쉽게 얻는 것을 비유한다.
919. 《백공육첩(白孔六帖)·공거(貢擧)》
920. 《어정연감유함(御定淵鑑類函)·정술부(政術部)》
921. 주사(主司): 과거시험을 감독하는 주관 부서, 또는 그 담당자인 예부시랑(禮部侍郎)을 가리킨다. '주고(主考)', '주문(主文)'이라고도 한다.

인재를 알기 어렵다.

君子立身, 道惟難進, 主司取士, 才不易知.[922]

〈햇살의 오색빛 부[일오색부(日五色賦)]〉 이정(李程)[923]이 정원(貞元)[924] 연간에 〈햇살의 오색빛 부(日五色賦)〉로 시험을 치렀는데 먼저 방문이 내려갔고 처음으로 시험장을 나왔다. 양오릉이 이정을 만났는데 그가 시험 본 것에 대해 묻자 이정이 보여 주었다. 첫머리[파제(破題)[925]]에, "덕은 하늘의 보심을 감동시키고 상서로움은 해의 광채를 여네."라고 하였다. 양오릉이 그것을 보고 이정에게 "공은 이제 틀림없이 장원급제할 것이오."라고 말하였다. 이튿날 합격자 명단에 그의 이름이 없자 양오릉이 심히 불평하면서 이에 오래된 책의 말미에 옮겨 적고 그의 이름을 없앤 뒤 그것을 들고서 시험담당관을 찾아갔다. 시험담당관이 감탄을 그치지 않자 양오릉이 말하기를, "이제 시험장에 이 부가 있다면 시랑께서는 이미 인재를 잃은 것입니다. 이것은 바로 이정이 지은 것입니다."라고 하였다. 서둘러 이정이 제출한 답안지를 가져오게 하여 대조하니 한 자도 어긋나지 않았다. 시험담당관이 그래서 양오릉과 상의하여 장원(狀元)으로 발탁하였다.

李程, 正元[926]中試日五色賦, 先以榜落, 初出試場. 楊於陵遇程, 詢其所試, 程示之, 其破題曰, 德動天鑑, 祥開日華. 於陵覽之, 謂程曰, 公今須作狀元. 翌日無名, 於陵深不平, 乃於故冊子末, 繕寫而斥其名氏, 携之以謁主文, 主文嘆賞不已. 於陵曰, 當令文場中若有此賦, 侍郎已遺賢矣. 此乃李程所作. 亟命取程納卷, 對之, 不差一字. 主文因謀之於陵, 擢爲狀元.[927]

〈아방궁부(阿房宮賦)〉 예부시랑(禮部侍郎) 최언(崔郾)[928]이 동도(東都)에서 진사과 시험을 실시하였는데 오무릉(吳武陵)이 최언에게 "공이 지금 천하를 위해 인재를 찾으시니 감히 도움이 될 만한 것을 바치고자 합니다."라 말하고 소매 안의 책을 꺼냈다. 홀을 꽂고서 최언에게 그것을 읽어 주는데 바로 두목이 지은 〈아방궁부(阿房宮賦)〉였다. 글이 빼어난데다가 오무릉의 읽는 소리가 시원하자 좌중의 사람들이 모두 깜짝 놀랐다. 오무릉이 말하기를, "두목은 막 시험을 치렀는데 담당관께서 일등으로 처리하셨으면 합니다."라고 하자 최언이 사죄하기를 이미 적임자를 뽑았다고 하였다. 5등에 이르기까지 최언이 대답하지 않자 오무릉이 성을 내며 말하기를, "그러지 않으시면 부를 돌려주어야 할 것입니다."라고 하자 최언이 대답하기를, "가르침대로 하겠습니다."라고 하였다. 두목이 과연 등급이 달라졌다.

禮部侍郎崔郾試進士東都, 吳武陵謂郾曰, 君方爲天下求奇才, 敢獻所益. 因出袖中書. 搢笏爲郾讀之, 乃杜牧所賦阿房宮詞. 旣讐拔而武陵音吐條暢, 坐客大驚. 武陵謂曰, 牧方試, 有司請以第一人處之. 郾謝已得其人. 至第五, 郾未對, 武陵勃然曰, 不爾, 宜以賦見還. 郾曰, 如教. 牧果異等.[929]

부화(浮華)함을 몰아내다.[출거부염(黜去浮艶)] 정관(貞觀)[930] 연간에 고공원외랑(考功員外郎) 왕사단(王師旦)[931]이 지공거(知貢擧)[932]일 때 기주(冀州)의

---

922. 《어정연감유함(御定淵鑑類函)·정술부(政術部)》
923. 이정(李程): 당(唐) 농서(隴西) 출신으로 자가 표신(表臣)이다. 한림학사(翰林學士), 동도유수(東都留守) 등을 역임하였다.
924. 정원(貞元): 당(唐) 덕종(德宗)의 연호(785-805)이다.
925. 파제(破題): 당송 때 과거시험에서 답안지를 작성할 때 제목의 뜻을 밝히기 위해 다는 두 구절이나, 명청 때 과거시험인 팔고문(八股文)에서 첫머리의 두 구절을 가리킨다.
926. 《유원총보》의 '正元'은 '貞元'의 오류이다.[《당척언(唐摭言)》 권8.]
927. 《당척언(唐摭言)》 권8.
928. 최언(崔郾): 당(唐) 패주(貝州) 출신으로 자가 광략(廣略)이다. 한림시독학사(翰林侍讀學士), 검교이부상서(檢校吏部尙書) 등을 역임하였다.
929. 《신당서(新唐書)·오무릉전(吳武陵傳)》

진사인 장창령(張昌齡)과 왕공근(王公瑾)이 함께 뛰어난 재주가 있어 명성이 도성에 진동하였는데 왕사단은 그들의 책문을 심사하여 모두 떨어뜨렸다. 태종(太宗)[933]이 장창령 등의 이름이 없는 것을 이상하게 여겨 그를 불러 묻자 "이 자들은 정말 문채의 화려함은 있지만 품성이 경박하고 문장이 부화(浮華)하여 반드시 훌륭한 그릇이 되지 못할 것입니다. 신이 만약 발탁한다면 후생들이 서로 본받아 폐하의 교화[풍아(風雅)[934]]를 변화시킬까 염려됩니다."라고 대답하였다. 이후로는 모두 그의 말대로 하였다.

正觀[935]中考功員外郎王師旦知貢擧, 時冀州進士張昌齡·王公瑾竝有俊才, 聲振京邑, 而師旦考其文策, 全下. 太宗怪無昌齡等名, 因召問之, 對曰, 此輩誠有文華, 然體性輕薄, 文章浮艶, 必不成令器. 臣若擢之, 恐後生相效, 有變陛下風雅. 後竝如其言.[936]

시험담당관이 권한이 약하다.[주사권경(主司權輕)]

개원(開元)[937] 연간에 고공원외랑(考功員外郎) 이앙(李昂)이 준수과(俊秀科)의 시험을 주관하였는데 이앙은 성격이 강직하고 급했다. 이앙의 외숙부가 이앙에게 이권(李權)을 천거하자 이앙이 화가 나서 이권을 불러 조정에서 그를 꾸짖었다. 또 이권의 문장의 결점에 대해 지적하자 이권이 "제 글이 좋지 못 한 것은 이미 가르침을 받았습니다만 어르신께서는 시에서, '맑은 위수에 다가가 귀를 씻고, 흰 구름을 향하니 마음이 한가롭네'라고 하셨습니다. 지금 천자께서 춘추가 한창이시고 당신에게 제위를 선양하지 않았는데 귀를 씻는다니 무슨 말씀이신지요?"라고 말하였다. 이앙이 집정관에게 호소하자 황제는 원외랑의 비중이 약하다고 생각하여 마침내 공거(貢擧)를 예부로 옮겨 인재를 선발하였으니 이때부터 시작된 것이다. 예부시랑(禮部侍郎)과 친고(親故) 관계가 있는 이들은 고공원(考功員)으로 옮겨 시험 치렀는데 이것을 '별두(別頭)'[938]라고 하였다.

開元中考功員外郎李昂, 主俊秀科, 昂性剛急. 昂外舅薦李權於昂, 昂怒召權庭數之. 又斥權章句之疵, 權曰, 鄙文不臧, 已聞命矣. 執事詩云, 耳臨淸渭洗, 心向白雲閑. 今天子春秋鼎盛, 不揖遜於下而洗耳, 何哉. 昂訴於執政, 帝以員外望輕, 遂移貢擧於禮部選士, 自此始. 侍郎親故, 移試考功, 謂之別頭.[939]

명사(名士)를 방문하다.[방문명사(訪問名士)] 정원(貞元) 7년에 두황상(杜黃裳)[940]이 지공거(知貢擧)일 때에 윤추(尹樞)[941]가 당시에 명성이 자자하다는 소문을 듣고 이에 미복으로 그를 찾아가 과장 중의 명사에 대해 물으니 윤추는 "예예"라고만 하였다. 두황상이 이에 자세하게 "제가 금년의 시험담당관입니다. 명을 받은 지 오래되었는데 오직 한 사람만을 얻었고 그

---

930. 정관(貞觀): 당(唐) 태종(太宗)의 연호(627-649)이다.
931. 왕사단(王師旦): 내력이 자세하지 않다.
932. 지공거(知貢擧): 당송 시기에 진사(進士) 시험을 총괄하기 위해 특별히 설치한 벼슬이다. 처음에는 예부(禮部)의 속관인 고공원외랑(考功員外郎)이 맡았으나, 뒤에는 예부시랑(禮部侍郎)이 맡기도 하고 각 부서의 상서(尙書)가 맡기도 하였다.
933. 태종(太宗): 당(唐) 제2대 황제로 재위 기간은 627-649년이다.
934. 풍아(風雅): 《시경》의 국풍(國風)과 이아(二雅)[대아(大雅)와 소아(小雅)]를 아우르는 말로 《시경》을 가리키며 문단의 기풍 또는 교화를 비유하기도 한다.
935. 《유원총보》의 '正觀'은 '貞觀'의 오류이다.
936. 《통전(通典)·선거(選擧)》
937. 개원(開元): 당(唐) 현종(玄宗)의 연호(713-741)이다.
938. 별두(別頭): 과거응시자가 시험담당관과의 친고(親故) 관계 때문에 별도로 실시하던 과거이름이다.
939. 《신당서(新唐書)·선거지(選擧志)》
940. 두황상(杜黃裳): 당(唐) 경조(京兆) 출신으로 자가 준소(遵素)이다. 동중서문하평장사(同中書門下平章事), 하중진강절도사(河中晉絳節度使) 등을 역임하였다.
941. 윤추(尹樞): 당(唐)의 문장가로 진사시에 1등으로 합격하였다.

나머지는 다 알 수가 없어 감히 묻는 것입니다."라고 말하였다. 윤추가 공손히 사죄하며 이르기를, "이미 욕되게도 하문하시니 감히 숨기는 것이 있겠습니까." 라고 하고 바로 제자들 가운데 출신이 한미한 최원략(崔元略)이 있고 임조(林藻), 영호초(令狐楚) 등 여럿이 있다고 말하였다. 두황상이 크게 기뻐하였고 그해에 윤추가 장원급제하였다. 〈진주(眞珠)가 합포(合浦)로 돌아온 것에 대한 부(珠還合浦賦)〉[942]로 시험을 보았는데 임조가 부(賦)를 짓다가 안석에 기대어 졸았는데 갑자기 어떤 사람이 나타나 그에게 "그대의 부는 매우 아름답습니다. 다만 진주가 떠났다가 돌아온 뜻을 서술하지 못한 것이 유감입니다."라고 말하였다. 임조가 깨어나 초고를 보고 마침내 네 구를 추가하여, "진주가 떠나니 산도 색이 없어져 안개만 자욱하고 바다도 빛이 없어져 물결만 넘실거린다. 진주가 돌아오니 시내도 아름다워져 상서로운 바람이 불어오고 땅도 윤기를 머금어 생물들이 무성하다."라고 하였다. 그해에 급제하여 사은하러 가니 두황상이 이르기를, "임선생이 진주가 떠났다가 돌아온 뜻을 서술한 것은 신의 도움이 있었던 것 같구려."라고 하였다.

貞元七年杜黃裳知擧, 聞尹樞時名籍籍, 乃微服訪之, 問場中名士, 樞唯唯. 黃裳乃具告曰, 某卽今年主司也. 受命久矣, 惟得一人, 其他不能盡知, 敢以爲請. 樞聳然謝云, 旣辱下問, 敢有所隱. 卽言子弟有崔元略孤寒, 有林藻·令狐楚數人. 黃裳大喜, 其年樞狀頭及第. 試珠還合浦賦, 藻製賦, 憑几假寐, 恍惚見人語之云, 君賦甚佳. 但恨未敍珠去來之意爾. 藻寤視其草, 乃足四句曰, 珠之去也, 山無色兮氣霧冥冥, 海無光兮空水浩浩. 珠之來也, 川有媚兮祥風習習, 地有潤兮生物振振. 其年擢第, 及謝恩, 黃裳謂曰, 林生序珠去來之意, 若有神助.[943]

용호방(龍虎榜) 당(唐) 정원(貞元)[944] 8년에 육지(陸贄)[945]가 시험담당관을 맡아 〈맑은 물에 대한 부(明水賦)〉와 〈궁중 도랑에 새로 돋은 버들을 읊은 시(御溝新柳詩)〉로 시험을 보았다. 가릉(賈稜), 진우(陳羽), 구양첨(歐陽詹), 이박(李博), 풍숙(馮宿), 왕애(王涯), 장계우(張季友), 제효약(齊孝若), 유준고(劉遵古), 허계동(許季同), 후계(侯繼), 목지(穆贄), 한유(韓愈), 이강(李絳), 온상(溫商), 유승선(庾承宣), 원결(員結), 호량(胡諒), 최군(崔群), 형책(邢冊), 배원보(裵元輔), 만당(萬當) 등이 이해에 함께 급제하였는데 천하의 뛰어난 인재들이 많아 '용호방(龍虎榜)'이라고 하였다.

唐貞元八年, 陸贄主司, 試明水賦·御溝新柳詩. 賈稜·陳羽·歐陽詹·李博·馮宿·王涯·張季友·齊孝若·劉遵古·許季同·侯繼·穆贄·韓愈·李絳·溫商·庾承宣·員結·胡諒·崔群·邢冊·裵元輔·萬[946], 是年一榜, 多天下名雋偉傑之士, 號龍虎榜.[947]

조서(詔書)를 담당할 수 있다.[감장윤고(堪掌綸誥)] 손적(孫逖)[948]이 고공원외랑(考功員外郎)을 맡아 응시생들을 2년 동안 선발하면서 대부분 준재를 뽑았다. 첫 해에는 두홍점(杜鴻漸)을 선발하였는데 뒤에 재상에 올랐고, 안진경(顔眞卿)은 상서에 올랐다. 이듬해에는 이화(李華), 소영사(蕭穎士), 조화(趙驊)를 선발하였는데 모두가 우수한 성적으로 합격하였다. 손적이 사람들에게 "이 세 사람은 조서를 담당할 만하다."라고 말하였다.

942. 동한(東漢) 맹상(孟嘗)이 합포태수(合浦太守)가 되자 전임 태수가 탐욕을 부려 사라졌던 진주가 다시 돌아왔다는 내용이다.
943. 《천중기(天中記)·주시(主試)》
944. 정원(貞元): 당(唐) 덕종(德宗)의 연호(785-805)이다.
945. 육지(陸贄): 당(唐) 소주(蘇州) 출신으로 자가 경여(敬輿)이다. 한림학사(翰林學士), 동중서문하평장사(同中書門下平章事) 등을 역임하였다. 덕종(德宗) 때의 명상(名相)으로 주의(奏議)에 뛰어났다.
946. '萬'은 《고금사문유취전집(古今事文類聚前集)·사진부(仕進部)》에는 '萬瑠'으로 되어 있다.
947. 《고금사문유취전집(古今事文類聚前集)·사진부(仕進部)》
948. 손적(孫逖): 당(唐) 무수(武水) 출신으로 중서사인(中書舍人), 태자소첨사(太子少詹事) 등을 역임하였다.

孫逖爲考功員外郞, 選貢士二年, 多得俊才. 初年杜鴻漸, 至宰相, 顔眞卿爲尙書. 後年拔李華·蕭穎士·趙驊, 登上第. 逖謂人曰, 此三人, 堪掌綸誥.[949]

사공도(司空圖)[950]를 중시하다.[중사공도(重司空圖)] 왕응(王凝)[951]이 강주(絳州)를 맡고 있을 때 당시에 사공도가 막 과거에 응시하려고 별장에서 군(郡)에 이르러 찾아뵙고 이후로 다시는 방문하지 않았다. 친지들이 뒤에 성에 들어오자 친지들을 방문하면서도 군의 청사에 들르지 않았다. 낭야(瑯琊)[952]가 그것을 알고 그에 대한 존경을 말하면서 더욱 그를 중시하였다. 지공거를 맡게 되었을 때 사공도가 급제하자 동기들이 그의 성명이 전혀 알려지지 않았는데 조치하는 것이 너무 빠른 것을 의아해하였다. 어떤 비천한 자는 사도공(司徒空)이라고 부르기도 하였다. 이런 말이 있음을 알고서 급제한 한 문생들을 불러 잔치를 열게 하고 여러 사람들에게 "내가 외람되이 문병(文柄)을 맡게 되었는데 올해의 방문(榜文)은 전적으로 사공(司空) 선배 한 사람을 위한 것일 뿐이다."라고 선언하였다. 이 일로 명성이 더욱 떨쳐졌다.

王凝典絳州, 時司空圖方應擧, 自別墅到郡謁見, 後更不訪. 親知後入郭, 訪親知, 卽不造郡齋. 瑯琊知之, 謂其尊敬, 愈重之. 及知擧日, 司空登科, 同年訝其姓名甚暗, 所圖太速. 有鄙薄者號爲司徒空. 知有此說, 因召一榜門生開筵, 宣言於衆曰, 某叨忝文柄, 今年榜帖全爲司空先輩一人而已. 由是聲名益振.[953]

금을 가지고 와서 청탁하다.[회금청촉(懷金請囑)] 위집의(韋執誼)의 6촌 형인 위하경(韋夏卿)[954]이 이부시랑(吏部侍郞)일 때에 위집의는 한림학사(翰林學士)였는데 뇌물을 받고 어떤 사람을 위해 과거합격을 청탁하였다. 위하경이 호응하지 않자 마침내 품속에 있던 금을 꺼내어 위하경의 소매에 넣으니 위하경은 소매를 뿌리치고 몸을 일으켜 떠났다.

韋執誼從祖兄夏卿爲吏部侍郞, 執誼爲翰林學士, 受財爲人求科第. 夏卿不應, 乃探出懷中金, 以內夏卿袖, 夏卿擺袖, 引身而去.[955]

육씨(陸氏)의 농장 하나[육씨일장(陸氏一庄)] 최군(崔群)[956]이 지공거(知貢擧)를 맡자 그의 아내 이씨(李氏)가 집과 밭을 마련하여 자손들의 재산으로 삼을 것을 권하였다. 최권이 웃으면서 "내게는 아름다운 집과 좋은 밭이 천하에 두루 있소이다."라고 말하였다. 부인이 "당신이 이런 재산이 있다는 말은 들어본 적이 없습니다."라고 하자 최군이 말하였다. "내가 작년 봄에 시행한 과거에서 30명을 합격시켰으니 어찌 좋은 밭이 아니겠소."라고 하였다. 부인이 "당신은 육지 재상의 문하생이 아닌가요? 지난날에 당신이 문병을 잡았을 때 사람을 시켜 그의 아들에게 간찰로 약조하여 시험에 응시하지 못 하게 하였으니, 만약 당신을 좋은 밭이라고 한다면 육씨의 농장 하나는 황량하군요."라고 말하자 최군이 대답하지 못하였다.

崔群知擧, 其妻李氏嘗勸樹庄田, 以爲子孫之業, 笑曰, 予有美庄·良田, 遍在天下. 夫人曰, 不聞君有此業. 群曰, 吾前歲放春榜三十人, 豈非良田耶. 夫人曰, 君非陸相門生乎. 往年君掌文柄, 使人約其子簡札, 不令就試, 如以君爲良田, 陸氏一庄荒矣. 群無以答.[957]

---

949. 《구당서(舊唐書)·손적전(孫逖傳)》
950. 사공도(司空圖): 당(唐) 하중(河中) 사람으로 자가 표성(表聖). 예부원외랑(禮部員外郞)·중서사인(中書舍人)을 역임했다. 당의 애제(哀帝)가 피살되었다는 말에 절식(節食)하고서 죽었다.
951. 왕응(王凝): 당(唐) 병주(并州) 출신으로 자가 성서(成庶)이다. 예부시랑(禮部侍郞), 병부시랑(兵部侍郞) 등을 역임하였다.
952. 낭야(瑯琊): 왕응(王凝)의 별호인 듯한데 확실하지 않다.
953. 당(唐) 손광헌(孫光憲)《북몽쇄언(北夢瑣言)》권3.
954. 위하경(韋夏卿): 당(唐) 경조(京兆) 출신으로 자가 운객(雲客)이다. 이부시랑(吏部侍郞), 경조윤(京兆尹), 검교병부상서(檢校兵部尙書) 등을 역임하였다.
955. 송(宋) 반자목(潘自牧)《기찬연해(記纂淵海)·과거부(科擧部)》
956. 최군(崔群): 당(唐) 무성(武城) 출신으로 자가 돈시(敦詩)이다. 이부상서(吏部尙書)를 역임하였다.

아름다운 죽순 같은 사람들[옥순반(玉笋班)] 이종민(李宗閔)[958]이 중서사인(中書舍人)일 때에 과거시험을 관장하면서 선발한 사람들이 당중(唐仲), 설상(薛庠), 원도(袁都) 등처럼 뛰어나고 훌륭한 인재들이 많았다. 그래서 세간에서는 그들을 '옥순반(玉笋班)'이라고 하였다.

李宗閔爲中書舍人, 典貢擧, 門生多淸秀俊茂, 唐仲·薛庠·袁都等. 時謂之玉笋班.[959]

시험담당관이 흐릿하다.[주사동홍(主司冬烘)] 시랑(侍郞) 정훈(鄭薰)[960]이 시험담당관일 때에 안표(顔標)를 노군공(魯郡公) 안진경(顔眞卿)의 후손으로 잘못 알고 합격시켰다. 후에 그렇지 않자 (사람들이) 〈거자부시(擧子賦詩)〉를 지어, "시험담당관의 머리가 너무 흐릿해져 안표를 노공으로 잘못 알았네."라고 하였다.

鄭薰侍郎主文, 誤以顔標爲顔魯公後, 取之. 後非是, 遂爲擧子賦詩曰, 主司頭腦太冬烘, 錯認顔標作魯公.[961]

시를 지었다가 조롱을 받다.[제시피조(題詩被嘲)] 대중(大中)[962] 원년에 위부(魏扶)[963]가 상서성(尙書省)[예위(禮闈)[964]]을 맡아 공원(貢院)[965]에 들어가 시를 지었는데 다음과 같다.

梧桐葉落滿庭陰, 오동잎이 떨어지고 뜰 가득 그늘인데,
鎖閉朱門試院深. 붉은 대문은 잠겨 있고 시험장은 깊구나.
曾是昔年辛苦地, 일찍이 예년부터 마음고생 심했던 곳,
不將今日負初心. 오늘도 초심을 저버리지 말아야 하리.

무명씨가 깎아서 오언시(五言詩)로 만들어 그를 비판하였다.

大中元年魏扶知禮闈, 入貢院, 題詩曰. 梧桐葉落滿庭陰, 鎖閉朱門試院深. 曾是昔年辛苦地, 不將今日負初心. 無名子削爲五言, 以譏之.[966]

시험담당관을 공경하다.[경좌주(敬座主[967])] 영호환(令狐峘)[968]이 제영(齊映)에게 배척되어 구주별가(衢州別駕)로 좌천되었는데 구주자사(衢州刺史) 전돈(田敦)은 영호환이 지공거(知貢擧)일 때에 진사에 오른 문생(門生)이었다. 전에 영호환이 공부(貢部)[969]에서 방을 걸던 날 좌천되어 마침내 전돈과 얼굴을 마주한 적이 없었는데 전돈은 영호환이 온다는 말을 듣고 기뻐하여 "비로소 시험담당관을 뵙게 되는구나."라고 말하면서 맞이하고 뵙는 예가 매우 융숭하였으며 매달 봉록의 반을 나누어 영호환을 봉양하였다. 영호환이 구주에 있었던 것이 거의 10년이었다.

---

957. 《고금사문유취전집(古今事文類聚前集)·사진부(仕進部)》
958. 이종민(李宗閔): 당(唐)나라 사람으로 자가 손지(損之)이다. 예부원외랑(禮部員外郞), 중서사인(中書舍人) 등을 역임하였다.
959. 《산당사고(山堂肆考)·과제(科第)》
960. 정훈(鄭薰): 당(唐)나라 사람으로 이부시랑(吏部侍郎), 태자소사(太子少師) 등을 역임하였다.
961. 《고금사문유취전집(古今事文類聚前集)·사진부(仕進部)》
962. 대중(大中): 당(唐) 선종(宣宗)의 연호(847-859)이다.
963. 위부(魏扶): 당(唐)나라 사람으로 자가 상지(相之)이다. 한림학사(翰林學士), 예부시랑(禮部侍郎), 동평장사(同平章事) 등을 역임하였다.
964. 예위(禮闈): 상서성(尙書省)의 별칭이다. 한나라 때 상서성의 두 출입문인 숭례위(崇禮闈)와 건례문(建禮門)에 모두 '예(禮)'자가 붙은 데서 유래하였다.
965. 공원(貢院): 공거(貢擧)를 치르는 장소, 즉 과거시험장을 뜻한다. '공위(貢闈)', '시원(試院)', '시위(試闈)'라고도 한다.
966. 《시화총구(詩話總龜)·기초문(譏誚門)》
967. 좌주(座主): 당송(唐宋) 때 진사(進士)들이 시험담당관을 일컫던 말이다.
968. 영호환(令狐峘): 당(唐)나라 사람으로 비서소감(秘書少監)을 지냈다.
969. 공부(貢部): 공거(貢擧)를 주관하는 부서로 예부(禮部)를 가리킨다.

令狐峘爲齊映所擠, 貶衢州別駕, 衢州刺史田敦, 峘知擧時, 進士門生也. 初峘當貢部放榜日貶, 遂與敦不相面, 敦聞峘來, 喜曰, 始見座主. 迎謁之禮, 甚厚, 月分俸之半, 以奉峘. 峘在衢州, 殆十年.[970]

신선의 이슬[항해(沆瀣)[971]] 기운을 함께 마시다.[항해일기(沆瀣一氣)] 두심권(杜審權)[972]이 대중(大中) 12년에 지공거(知貢擧)를 맡아 노처권(盧處權)을 합격시키자 어떤 사람이 "시험담당관이 권력을 심사하니[심권(審權)] 문하생이 권력을 차지하네[처권(處權)]. 권(權)이 권(權)을 잃지 않았다고 할 만하다."라고 농담하였다. 또 건부(乾符)[973] 2년에 최항(崔沆)[974]이 최해(崔瀣)를 합격시키자 말하는 사람들이 "시험담당관(최항)과 문하생(최해)이 신선의 이슬[항해(沆瀣)] 기운을 함께 마시네."라고 말하였다.

杜審權大中十二年知擧, 放盧處權, 有獻[975]之曰, 座主審權, 門生處權. 可謂權不失權. 又乾符二年, 崔沆放崔瀣, 譚者稱, 座主門生, 沆瀣一氣.[976]

동창생 사이의 곤궁과 영달[동창궁달(同窓窮達)]

유허백(劉虛白)[977]은 옛날에 배탄(裴坦)[978]과 함께 공부하였는데 배탄이 시험담당관이 되었을 때 유허백은 여전히 응시생이었다. 잡문(雜文)[979]을 시험 보는 날 주렴 앞에서 절구 한 수를 바쳤는데 다음과 같다.

二十年前此夜中, 20년 전의 이날 밤에,
一般燈燭一般風. 같은 등불 아래 같은 바람을 쐬었지.
不知歲月能多少, 얼마나 지났는지 모르는 세월에,
猶著麻衣待至公. 여전히 삼베옷 입고 지공(至公)[980]을 기다리네.

劉虛白昔與裴坦同硯席, 及公主文, 虛白猶是擧子. 試雜文日, 簾前獻一絶云. 二十年前此夜中, 一般燈燭一般風. 不知歲月能多少, 猶著麻衣待至公.[981]

사촌이 불우하다.[중표불우(中表不遇)] 한수(韓洙)[982]는 상서(尙書) 심순(沈詢)[983]과 내외종 간이었다. 심순이 일을 봐주기로 허락한 것이 4·5년이 지났고 모친[태부인(太夫人)[984]]이 또한 여러 차례 심순에게 부탁하였다. 대중(大中)[985] 9년에 심순이 지공거를 맡았을 때 2등에서 조정하여 7등으로 막 결정하였다. 합격자를 발표하고 보니 나수(羅洙)라는 사람을 잘못 올린 것이었다. 뒤에 심순이 한수를 볼 때마다 그 운명을 심히 탄식하곤 하였다.

---

970. 《구당서(舊唐書)·영호환전(令狐峘傳)》
971. 항해(沆瀣): 신선이 마신다는 전설상의 이슬을 가리킨다.
972. 두심권(杜審權): 당(唐)나라 사람으로 자가 은형(殷衡)이다. 한림학사승지(翰林學士承旨), 상서좌복야(尙書左僕射) 등을 역임하였다.
973. 건부(乾符): 당(唐) 희종(僖宗)의 연호(874-879)이다.
974. 최항(崔沆): 당(唐)나라 사람으로 자가 내융(內融)이다. 동중서문하평장사(同中書門下平章事), 중서시랑(中書侍郎) 등을 역임하였다.
975. '獻'은 《남부신서(南部新書)》 권5에는 '戲'로 되어 있다.
976. 송(宋) 전역(錢易) 《남부신서(南部新書)》 권5.
977. 유허백(劉虛白): 내력이 자세하지 않다.
978. 배탄(裴坦): 당(唐) 강주(絳州) 출신으로 자가 지진(知進)이다. 좌습유(左拾遺), 동중서문하평장사(同中書門下平章事) 등을 역임하였다.
979. 잡문(雜文): 당송(唐宋) 시기 과거과목의 하나이다.
980. 지공(至公): 과거시험을 주관하는 시험담당관에 대한 경칭이다.
981. 《당척언(唐摭言)·절조(節操)》
982. 한수(韓洙): 내력이 자세하지 않다.
983. 심순(沈詢): 당(唐) 소주(蘇州) 출신으로 자가 성지(誠之)이다. 호부시랑(戶部侍郎), 소의절도사(昭義節度使) 등을 역임하였다.
984. 태부인(太夫人): 관원(官員)의 어머니에 대한 칭호이다.
985. 대중(大中): 당(唐) 선종(宣宗)의 연호(847-859)이다.

韓洙與沈詢尙書中表. 詢許與成事, 歷四五年, 太夫人復累付於詢. 大中九年詢知擧, 自第二人邐迤改爲第七人, 方定. 及放榜, 悞爲羅洙. 後詢見韓洙, 未嘗不深嗟其命.[986]

의발(衣鉢)[987]을 전하다.[전의발(傳衣鉢)] 합격자를 발표하면 장원급제자 이하 모두가 시험담당관의 관서에 이르러 사례를 올리는데 명칭을 '사의발(謝衣鉢)'이라고 하였다. '의발(衣鉢)'은 시험담당관의 좋은 점수[명제(名第)[988]]를 얻은 것을 말하는데 그중에 시험담당관이 남보다 앞세우거나 좋은 점수를 같이 주면 "큰 의발에 사례를 올린다."라고 하였다.《척언(摭言)》

放榜後, 狀元以下到主司庭謝, 名曰謝衣鉢. 衣鉢謂得主司名第, 其或主司先人同名第, 卽謝大衣鉢也.《摭言》[989]

당(唐) 말기에 예부(禮部)의 지공거(知貢擧)는 답안지[정문(程文)[990]]가 우수한 자를 얻으면 즉시 급제했을 때의 이름을 순서대로 처리하고 갑을(甲乙)로 고하를 매기지 않았다. 이것을 "의발(衣鉢)을 전하다[전의발(傳衣鉢)]"라고 하였다. 화응(和凝)[991]이 급제하였을 때 이름이 13번째에 있었는데 뒤에 노공(魯公) 범질(范質)[992]을 얻어 마침내 13등으로 처리하고서 범질에게 "그대의 문장이 마땅히 최고이고 많은 선비들이 미치지 못하네. 13등으로 처리한 것은 이 노인의 의발(衣鉢)을 전수하고자 함이네."라고 말하였다. 그 뒤에 범질은 재상의 지위에 오르고 관직이 태자태부(太子太傅)에 이르렀으며 노국공(魯國公)에 봉해졌으니 화응과 모두가 같은 시대를 살면서 특별하게 되었던 것이다. 범질이 아름답게 여기고 시를 바쳐, "이로부터 조정에 전례(前例)가 더해졌으니, 등용하고 의발(衣鉢) 또한 전한다네."라고 하였다.

唐末禮部知貢擧, 有得程文優者, 卽以已登第時名, 次處之, 不以甲乙爲高下也. 謂之傳衣鉢. 和凝登第, 名在十三, 後得范魯公質, 遂處以十三, 謂質曰, 君之文宜冠, 多士屈. 居十三, 欲傳老夫衣鉢也. 其後范登相位, 官至太子太傳, 封國於魯, 與凝皆同世以爲異也. 質以爲美, 有獻詩云, 從此廟堂添故事, 登庸衣鉢亦相傳.[993]

가시나무를 제거하고 문을 열다.[철극개문(撤棘開門)] 화응(和凝)이 지공거(知貢擧)를 맡았는데 이때에 진사들이 대부분 경박하여 소란을 떨면서 시험담당관을 동요시키기를 좋아하였다. 시험담당관이 매번 방문을 내릴 때면 가시나무를 두르고 시험장의 문을 닫아 사람들의 출입을 막는 것이 일상이 되었다. 화응이 가시나무를 제거하고 문을 열자 진사들이 모두 숙연해져 떠드는 일이 없어졌고 합격시킨 이들은 모두 당시의 뛰어난 자들이어서 사람을 얻었다고 일컬어졌다.

和凝知貢擧, 是時進士多浮薄, 喜爲諠譁以動主司. 主司每放榜, 則圍以棘, 閉省門, 絶人出入, 以爲常. 凝撤棘開門, 而士皆肅然無譁, 所取皆一時之秀, 稱爲得人.[994]

---

986. 송(宋) 전역(錢易)《남부신서(南部新書)》 권5.
987. 의발(衣鉢): 옷과 바리때이다. 불가에서 큰 스님이 제자에게 자신이 쓰던 옷과 바리때를 물려주는 데서 유래한 말로 스승이 제자에게 학문이나 기술을 전수하는 것을 비유한다.
988. 명제(名第): 과거에 좋은 성적으로 합격함, 또는 과거에 합격한 석차를 가리킨다.
989. 《척언(摭言)·사은(謝恩)》
990. 정문(程文): 과거시험 응시자가 제출한 답안지를 이르는 말로 '고권(考卷)'이라고도 한다.
991. 화응(和凝): 오대(五代) 운주(鄆州) 출신으로 자가 성적(成績)이다. 다섯 왕조에 걸쳐 중서시랑(中書侍郞), 동중서문하평장사(同中書門下平章事), 좌복야(左僕射), 태자태부(太子太傅) 등을 역임하였다.
992. 범질(范質): 송(宋) 대명(大名) 출신으로 자가 문소(文素)이다. 후주(後周) 세종(世宗) 때에 급제하여 송(宋)나라 태조(太祖) 때에 재상이 되었다.
993. 송(宋) 소백온(邵伯溫)《문견록(聞見錄)》 권7.

시험담당관이 미리 정해지다.[주사전정(主司前定)] 진촉(陳蜀)[995]은 자가 문욱(文郁)으로 당(唐) 건부(乾符)[996] 5년에 급제하였다. 전에 꿈을 꾸었는데 신인(神人)이 "장차 산 아래 물가에서 급제할 것이다."라고 말하였다. 이때에 이르러 시험담당관이 바로 최담(崔澹)이었다.

陳蜀, 字文郁, 唐乾符五年及第. 初夢, 神人謂曰, 當在山下水邊及第. 至是, 主司乃崔澹也.[997]

화가 나서 조서(詔書) 뒷면에 쓰다.[노제칙배(怒題勅背)] 대중상부(大中祥符)[998] 연간에 진팽년(陳彭年)[999]이 동지공거(同知[1000]貢擧)를 맡았는데 성시(省試)[1001]에서 방문(榜文)이 나갔다. 그의 생질이 과거에 참여하지 못하게 되자 화가 나서 그의 집에 갔는데 마침 진팽년은 아직 돌아오지 않았고 책상 위에 황제의 조서가 있자 그 뒷면에 다음과 같이 썼다.

彭年頭腦大冬烘,	진팽년은 머리가 흐릿하고,
眼似朱砂鬢似蓬.	눈은 주사(朱砂)처럼 붉고 귀밑머리는 쑥대머리.
紕繆幸叨三字內,	잘못되게 요행히도 지공거를 차지했으나,
荒唐仍在四人中.	황당함은 여전히 네 사람 안에 드네.
取他權勢欺明主,	자신의 권세를 취하여 밝은 군주를 속이고,
落却親情賣至公.	친척의 정을 물리쳐 지극한 공정을 사네.
千百孤寒齊下淚,	외롭고 추운 수많은 사람들이 모두 눈물 흘리는데,
斯言無路達堯聰.	이 말을 황제의 귀에 이르게 할 길이 없구나.

진팽년이 화가 나서 그 조서를 지니고 입궐하여 아뢰니 장성(章聖)[1002] 황제가 보고서 불쾌해하였다. 그러나 그 죄를 용서해 주었다.

大中祥符中陳彭年同知貢擧, 省試榜出. 有甥不預選, 怒入其第, 會彭年未來, 於几上得黃勅, 乃題其背曰. 彭年頭腦大冬烘, 眼似朱砂鬢似蓬. 紕繆幸叨三字內, 荒唐仍在四人中. 取他權勢欺明主, 落却親情賣至公. 千百孤寒齊下淚, 斯言無路達堯聰. 彭年怒, 抱其勅入奏, 章聖見而不悅. 然釋其罪.[1003]

붉은 옷을 입은 사람이 고개를 끄덕이다.[주의점두(朱衣點頭)] 구양수(歐陽修)가 지공거(知貢擧)일 때 매번 시험답안지를 채점할 때면 자리 뒤에서 늘 붉은 옷을 입은 사람이 그때그때 고개를 끄덕이는 것을 느낀 뒤라야 그 글이 합격점에 들었고 그렇지 않으면 다시 채점하지 못하였다. 처음에는 시중을 드는 아전인가 하여 돌아보면 아무도 보이지 않았다. 그래서 그 일을 동료에게 얘기해 주고 여러 차례 탄식을 하고는 다음과 같은 시구(詩句)를 지었다. "오직 붉은 옷을 입은 사람이 한 번 고개를 끄덕여 주기를 바라네."

歐陽修知貢擧日, 每遇考試卷, 坐後常覺一朱衣人時復點頭, 然後其文入格, 不爾則無復與考. 始疑侍吏, 及回視之, 一無所見. 因語其事於同列, 爲之三嘆. 嘗

994. 《신오대사(新五代史)·화응전(和凝傳)》
995. 진촉(陳蜀): 내력이 자세하지 않다.
996. 건부(乾符): 당(唐) 희종(僖宗)의 연호(874-879)이다.
997. 《천중기(天中記)·주시(主試)》
998. 대중상부(大中祥符): 송(宋) 진종(眞宗)의 연호(1008-1016)이다.
999. 진팽년(陳彭年): 송(宋) 건창군(建昌軍) 출신으로 자가 영년(永年)이다. 참지정사(參知政事), 의위부사(儀衛副使) 등을 역임하였다.
1000. 동지(同知): 본 직책 이외에 업무를 함께 관장하는 것을 가리킨다. '지(知)'보다는 한 등급 아래의 부직(副職)이다.
1001. 성시(省試): 당송(唐宋) 시기 예부(禮部)에서 주관하던 과거시험을 가리킨다.
1002. 장성(章聖): 송(宋) 제3대 황제 진종(眞宗)의 시호(諡號)로 재위 기간은 998-1022년이다.
1003. 《시화총구(詩話總龜)·기초문(譏誚門)》

有句云. 唯願朱衣一點頭.[1004]

향을 태우고 장막을 철거하다. [분향철막(焚香撤幕)] 예부(禮部)의 과거시험장에서 진사시험을 실시할 때는 섬돌 앞에 향을 태우는 책상을 설치하고 시험담당관과 응시생이 마주하여 절하는데 이는 당나라 때부터의 관례이다. 좌석을 배열하여 자리를 정하고 장막을 성대하게 설치하며 또 차와 탕을 마련한다. 그러나 과거시험장에서 학구과(學究科)[1005]의 시험을 치를 때는 좌석과 장막을 철거하고 또 차와 탕도 마련하지 않아 갈증이 일면 벼룻물을 마셨기에 모두들 입술이 까맣게 되었다. 일부러 막은 것이 아니고 아마도 장막 안에 글을 감추거나 응시자에게 경전의 뜻을 제공하는 것을 방지한 것이다. 그래서 구양수(歐陽修)는 시에서, "향을 태워 진사시험에 응하고, 장막을 철거하고 학생들을 기다리네."라고 하였다.

禮部貢院試進士, 設香案於階前, 試官與擧人對拜, 此唐故事也. 列坐設位, 供帳亦盛, 乃具茶湯, 至於試院學究, 則撤去席幕, 亦無茶湯, 渴則飮硯水, 皆黔其吻. 非固閑之, 蓋防氈幕中藏文字, 供應人傳義耳. 故歐公詩云, 焚香荅進士, 撤幕待諸生.[1006]

고향 사람들을 봐주다. [사기향인(私其鄕人)] 양대년(楊大年)[1007]이 한림학사(翰林學士)일 때에 마침 예부(禮部)에서 천하 선비들에게 시험을 실시하였다. 하루는 고향에서 온 응시자들을 만났는데 누군가가 그에게 "학사께서 필시 문단의 권위를 갖고 계시니 미리 가르침을 주시기 바랍니다."라고 말하였다. 양억이 이에 낯빛을 바꾸고서 옷을 털고 들어가면서 "지극히 아름답도다."라고 말하였다. 양억이 과연 지공거를 맡게 되었고 답안지에 '지극히 아름답도다'란 말을 쓴 사람들은 모두 합격하였으나, 당시에 좌중에 있던 사람들 가운데 생각지를 못 해 그 말을 쓰지 않은 사람도 반이나 되었다.

楊大年爲翰林學士, 適禮部試天下士. 一日會鄕里待試者, 或云學士必持文衡, 幸預有以敎之. 大年乃作色拂衣而入曰, 丕休哉. 大年果知貢擧, 凡程文之用丕休哉, 皆中選, 而當時坐中之客, 亦半有不以爲意而不用者.[1008]

구양수가 문체(文體)를 바꾸다. [구변문체(歐變文體)] 가우(嘉祐)[1009] 연간에 선비 유기(劉幾)[1010]가 여러 차례 국학에서 수석을 차지하였는데, 갑자기 해괴한 글을 짓기 시작하자 구양수가 그를 몹시 싫어하여 새로운 문체의 글을 쓰는 자들을 모두 축출해 버리자 당시의 문체가 순식간에 바뀌었다. 한 응시자가 "하늘과 땅이 부딪혀야 만물이 소생하고 성인이 출현한다."라고 논하자 구양수가 "이는 유기이다."라 하고 붉은 먹의 큰 붓으로 가로로 그어서 지우고는 이를 '홍륵백(紅勒帛: 붉은 띠 모양의 비단자락)'이라고 하였다. 그리고는 '크게 잘못된 글'이라고 판결하였다. 방문을 발표하니 과연 유기였다. 몇 년 뒤 공이 전시(殿試)의 감독관이 되었는데 유기가 시험장에 있었다. 구양수가 "사악함을 없애고 근본에 힘쓰라. 이제 반드시 경박하게 글을 쓰는 사람을 철저하게 배척하여 문단의 해악을 없앨 것이다."라고 하였다. 한 선비가 "주상께서 면류관 아래 정기를 거두고 지혜를 숨

1004. 송(宋) 조영치(趙令畤) 《후청록(侯鯖錄)》

1005. 학구과(學究科): 과거시험 과목 가운데 하나이다. 당나라 때는 명경과(明經科)에 '학구일경(學究一經)'이란 과목이 있었고, 송나라 때는 십과(十科) 가운데 하나였다.

1006. 《몽계필담(夢溪筆談)·고사(故事)》

1007. 양대년(楊大年): 송(宋) 건주(建州) 출신의 양억(楊億)으로 자가 대년(大年)이다. 한림학사(翰林學士), 공부시랑(工部侍郞) 등을 역임하였다. 유균(劉筠) 등과 교유하면서 화려한 사조(詞藻)의 '서곤체(西崑體)' 시파를 이루었다. 시호(諡號)가 문공(文公)이다.

1008. 《고금사문유취전집(古今事文類聚前集)·사진부(仕進部)》

1009. 가우(嘉祐): 송(宋) 인종(仁宗)의 연호(1056-1063)이다.

1010. 유기(劉幾): 송(宋) 연산(鉛山) 출신의 유휘(劉煇)로 자가 지도(之道)이다. 대리평사(大理評事)를 지냈다.

기셨네."라고 논하였다. 구양수가 "내가 이미 유기라는 것을 알고 있다."라 하고 내쫓았는데 바로 오(吳) 지방 출신인 소직(蕭稷)이었다. 당시에 〈요순(堯舜)은 성품이 어질다〉는 제목의 부로 시험을 실시하였는데, 어떤 사람의 글에, "고요한 채 목숨을 늘리면 특별하게 오제의 수명보다 오랠 수 있지만, 움직이며 용기가 있으면 몸은 네 죄인[사죄(四罪)[1011]]의 죽음처럼 될 것이다."라고 하자 공이 크게 칭찬하면서 수석으로 발탁을 하였는데 바로 유휘(劉輝)였다. 그를 알아본 사람이 "이 사람이 유기인데 이름을 바꾼 것입니다."라고 말하자 공이 무척 놀랐다. 시험담당관이 간혹 꿈을 꾸었는데, 화산군(火山軍)에서 이름난 자였으니 바로 '휘(輝)'이다.

嘉祐中士人劉幾累爲國學第一人, 驟爲險怪之語. 歐公深惡之, 凡爲新文者, 一切棄黜, 時體爲之一變. 有一擧人論曰, 天地軋, 萬物茁, 聖人發. 公曰, 劉幾也. 乃以大朱筆橫抹之, 謂之紅勒帛. 判大紕繆字, 榜之, 果幾也. 後數年公爲御試考官, 幾在廷. 公曰, 除惡務本. 今必痛斥輕薄子, 以除文章之害. 有一士人論曰, 主上收精藏明於冕旒之下. 公曰, 吾已得劉幾矣. 旣黜, 乃吳人蕭稷也. 是時試堯舜性仁賦, 有曰, 靜而延年, 獨高五帝之壽, 動而有勇, 形爲四罪之誅. 公大稱賞, 擢爲第一, 乃劉輝. 人有識之者曰, 此劉幾也. 易名也. 公愕然. 主司或夢火山軍得名, 乃輝也.[1012]

차라리 운(韻)을 놓친 것을 선발하다.[영취낙운(寧取落韻)] 이적(李迪)[1013]과 가변(賈邊)[1014]은 모두 과거시험장에서 명성이 있었으나 예부(禮部)에서 합격자 명단을 올릴 때 두 사람 모두 들어 있지 않았다. 그들의 글을 가져다 보니 이적은 시를 지으면서 운(韻)을 놓쳤고 가변은 "인을 담당해서는 스승에게도 양보하지 않는다(當仁不遜於師[1015])"를 논하면서 스승 '사(師)'자를 무리 '중(衆)'자로 여겼기에 특별히 전시(殿試)에 나가게 하였다. 왕단(王旦)이 의견을 내기를, "운(韻)을 놓친 것은 세심하게 살피지 않은 데에서 실수한 것이지만, 주소(注疏)를 버리고 다른 논리를 세운 것은 인정할 수 없다."라고 하였다. 결국 이적을 선발하고 가변을 낙방시켰다.

李迪與賈邊皆有名場屋, 禮部奏名, 皆不與. 取其文觀之, 迪賦落韻, 邊論當仁不遜於師, 以師爲衆, 特令就御試. 王旦議, 落韻者失於不詳審, 捨注疏而立異論, 不可許. 遂取迪而黜邊.[1016]

벽돌을 지닌 채 소란을 떨다.[회벽훤조(懷甓喧噪)] 사필(謝泌)[1017]이 국학(國學)의 응시생들의 방문(榜文)을 발표하였는데 탈락자가 많이 나오자 여론이 비등하였고 벽돌을 지닌 채 그가 나오기를 기다렸다. 사필이 몰래 다른 길로 해서 사관에 머물며 며칠을 지냈다. 태종이 이 소문을 듣고서 웃으며 측근에게 이르기를, "사필의 직책이 채점하고 비교하는 데에 있으니 어찌 감히 함부로 소인배들을 뽑을 수 있겠소. 제 분수를 헤아리지 못하고 도리어 시험담당관을 원망하는구려. 그러나 우선은 대비하여 피해야 하겠소."라고 하였다. 또 "어느 관직이 길을 인도하는 기병[추도(騶導)[1018]]들이 권위가 있어 도성 사람들이 몸을 거두어 피하는가?"라고 묻자 측근이 "오직 조정의 지잡

1011. 사죄(四罪): 순(舜)임금 때 악명이 높았던 공공(共工), 환도(驩兜), 삼묘(三苗), 곤(鯀)을 가리킨다. '사영(四佞)', '사흉(四凶)'이라고도 한다.

1012. 《몽계필담(夢溪筆談)·인사(人事)》

1013. 이적(李迪): 송(宋) 복주(濮州) 출신으로 자가 복고(復古)이다. 집현전태학사(集賢殿太學士), 동평장사(同平章事) 등을 역임하였다.

1014. 가변(賈邊): 내력이 자세하지 않다.

1015. 《논어(論語)·위령공衛靈公》, "當仁, 不讓於師."

1016. 《고금사문유취전집(古今事文類聚前集)·사진부(仕進部)》

1017. 사필(謝泌): 송(宋) 섭주(歙州) 출신으로 자가 종원(宗源)이다. 좌정언(左正言), 우간의대부(右諫議大夫) 등을 역임하였다.

1018. 추도(騶導): 고관(高官)이 행차할 때 앞에서 길을 인도하는 기마병이다.

(知雜)[1019]이 엄중하게 호위를 받아 접근하기 힘듭니다."라고 아뢰었다. 결국 사필을 지잡에 제수하여 벽돌을 던지는 근심을 피하게 해 주었다.

謝泌解國學擧子, 黜落甚衆, 群言沸搖, 懷甓以伺其出. 泌潛由他途, 投史館, 宿數日. 太宗聞之, 笑謂左右曰, 泌職在考校, 豈敢濫收小人. 不自揣分, 反怨主司. 然固須防避. 又問曰, 何官職, 騶導雄偉, 都人斂避? 左右曰, 惟臺省知雜, 呵擁難近. 遂授知雜, 以避擲甓之患.[1020]

시를 지어 비방을 당하다.[부시피방(賦詩被謗)] 가우(嘉祐)[1021] 연간에 구양수(歐陽修)가 경인(景仁) 범진(范鎭), 우옥(禹玉) 왕규(王珪), 공의(公儀) 매지(梅摯), 자화(子華) 한강(韓絳)과 함께 지공거를 맡았고 성유(聖兪) 매요신(梅堯臣)이 참상관(參詳官)이 되었는데, 시험장에서의 50일 동안 서로 주고받으면서 지은 시가 170여 편이 되자 모아서 3권으로 만들었다. 이전에는 시험담당관이 된 자들은 얽매이고 제재를 받아 조금도 마음을 놓을 수가 없었는데 여섯 사람은 즐겁게 뜻이 맞아 장편이나 어려운 운자(韻字)도 많이 지어 주고받았다. 간혹 우스갯소리와 농담도 서로 주고받아 왕왕 여럿이 크게 웃곤 하였다. 구양수는 시에서, "조용함은 병사들이 하무를 문 용기이고 붓을 놀림은 봄누에가 뽕잎을 갉아먹는 소리로다."라고 하였고, 매요신은 시에서, "수많은 개미가 전투가 한창일 때는 봄날 낮이 길더니 오성(五星)이 밝은 곳에 밤 대청은 깊구나."라고 하였다. 합격 방문이 발표되었는데 평소에 명성이 있던 유휘(劉輝) 같은 자들이 모두 탈락되자 응시자들의 의론이 일면서 "시험담당관들이 시나 주고받으면서 자세히 채점하지 않았다."라고 말하였다. 또 "오성은 자기들을 비유한 것이고 우리들은 누에와 개미로 대했다."라고 말하면서 추한 말들을 만들어 내었다. 이때부터 시험담당 부서에서 다시는 시를 짓지 않았다.

嘉祐間歐公與范景仁·王禹玉·梅公儀·韓子華, 同知貢擧, 梅聖兪作參詳官, 凡鏁院五十日, 相與唱和, 爲古律詩, 一百七十餘篇, 集爲三卷. 前此爲試官者多窘束條制, 不少放懷, 六人懽然相得, 長篇險韻, 衆制交作. 間以滑稽嘲謔, 更相酬酢, 往往哄堂絶倒. 歐公詩, 無譁戰士銜枚勇, 下筆春蠶食葉聲. 聖兪詩, 萬蟻戰酣春晝永, 五星明處夜堂深. 及放榜, 平時有聲如劉輝者, 皆不預選, 士論洶洶, 以爲主司惟酬唱, 不復詳考. 且言以五星自比, 待我曹爲蠶蟻, 因造爲醜語, 自是禮闈不復作詩.[1022]

시험을 감독하여 장원으로 선정하다.[감시괴선(監試魁選)] 풍당세(馮當世)[1023]가 고을에서 추시(秋試)[1024]를 보았는데 시험담당관이 한사코 탈락시키려고 하다가 마침내 방의 끝에 붙여 주었다. 당시에 악주(鄂州)의 부관이었던 남궁성(南宮誠)이 시험을 감독하였는데 잘못된 평가에 크게 불평하면서 힘써 주장하여 마침내 장원으로 선정하게 되었다. 다음해 정시(庭試)에서 장원하여 형남(荊南)의 부관으로 제수되었는데 남궁성이 장사(長沙)의 부관으로 임명되자 풍당세가 시로 축하해 주었는데 다음과 같다.

常思鵬海隔飛翻, 항상 남쪽 바다를 생각하여 날아가고 싶으니,
曾得天風送羽翰. 언제나 바람을 얻어 날개를 솟구치나.
恩比丘山何以戴, 은혜가 산과 같으니 어떻게 받들려나,

1019. 지잡(知雜): 부서 내의 잡다한 일을 처리하거나, 혹은 그러한 업무를 담당하는 벼슬이다.

1020. 《사실류원(事實類苑)·지인천거(知人薦擧)》

1021. 가우(嘉祐): 송(宋) 인종(仁宗)의 연호(1056-1063)이다.

1022. 송(宋) 섭몽득(葉夢得)《석림시화(石林詩話)》

1023. 풍당세(馮當世): 송(宋) 악주(鄂州) 출신의 풍경(馮京)으로 자가 당세(當世)이다. 한림학사(翰林學士), 개봉지부사(開封知府事), 어사중승(御史中丞) 등을 역임하였다.

1024. 추시(秋試): 향시(鄕試)를 가리킨다. 가을에 시행하여 붙여진 이름이다.

心同金石欲移難.	마음은 금석 같아 옮기기 어려워라.
經年空歎音書絶,	오랜 동안 소식 끊긴 것 그저 탄식하지만,
千里常思道義寬.	천 리에서도 항상 너그러웠던 도의를 생각하네.
每向江陵訪遺跡,	매번 강릉으로 향하여 남기신 자취 찾노라면,
邑人猶指縣題看.	마을 사람들 아직도 고을의 편액을 가리키며 보네.

[강릉현(江陵縣)의 편액은 남궁성이 쓴 것이다.]

馮當世秋試于鄕里, 主司堅欲黜落, 已而綴之榜末. 時鄂倅南宮誠監試, 當折封, 大不平, 力主之, 遂至魁選. 明年庭試第一, 除荊南倅, 誠選長沙倅, 當世以詩賀曰. 常思鵬海隔飛翻, 曾得天風送羽翰. 恩比丘山何以戴, 心同金石欲移難. 經年空歎音書絶, 千里常思道義寬. 每向江陵訪遺跡, 邑人猶指縣題看.(江陵縣額誠所書也.)[1025]

문하생이 찾아뵙다.[수알문생(受謁門生)] 상유한(桑維翰)[1026]은 배호(裵皡)의 문하생이었다. 늘 배호를 찾아뵐 때마다 배호는 그를 반갑게 맞아주지도 전송해 주지도 않았다. 어떤 사람이 묻자 배호가 대답하였다. "내가 중서성에서 상유한을 봤을 때는 동료이지만 상유한이 집으로 나를 찾아올 때에는 문하생이니 어찌 전송하고 영접할 수 있겠습니까."

桑維翰, 裵皡之門生也. 嘗謁皡, 皡不迎不送. 或問之, 答曰, 皡見翰於中書, 則庶僚也, 維翰見皡於私館, 則門生也, 何送迎之有.[1027]

마예손(馬裔孫)[1028] 역시 배호(裵皡)의 문하생인데 지공거(知貢擧)를 맡았다. 막 합격자 명단을 발표하고 사은회를 열었는데 문하생들을 이끌고 자신의 시험담당관 저택을 방문하여 배호를 찾아뵙고 다음과 같은 시를 보였다.

宦途最重是文衡,	벼슬길에서 가장 중시되는 것이 문형의 자리인데,
天與愚夫著盛名.	하늘이 못난 제게 주어서 성대한 명예가 드러났습니다.
三主禮闈年八十,	세 번이나 과거시험을 주관하시고 연세 80세 되심에,
門生門下見門生.	문하에서 배출된 문하생이 다시 문하생을 접견하였습니다.

馬裔孫, 亦皡門生也, 知貢擧. 纔放榜謝恩, 引諸生詣座主宅, 謁拜裵公, 以詩示之曰. 宦途最重是文衡, 天與愚夫著盛名. 三主禮闈年八十, 門生門下見門生.[1029]

시험담당관에게 시를 바치다.[헌시주사(獻詩主司)] 맹빈우(孟賓于)[1030]가 시험담당관에게 다음과 같이 시를 바쳤다.

那堪雨後更鳴蟬,	어찌하겠습니까 비온 뒤에 다시 우는 매미소리,
溪隔重湖路七千.	시내는 많은 호수로 격리되어 길이 7천 리입니다.
憶昔故園楊柳岸,	생각나니 옛날 고향의 버드나무 언덕에서,
全家送上渡頭船.	온 집안사람들이 나룻배를 전송하였지요.

시험담당관이 시를 받고 혼잣말로 "맹빈우를 만난 것

1025. 《고금사문유취전집(古今事文類聚前集)·사진부(仕進部)》
1026. 상유한(桑維翰): 오대(五代) 시기 하남(河南) 출신으로 자가 국교(國僑)이다. 후진(後晋)에서 중서령겸추밀사(中書令兼樞密使)를 역임하였다.
1027. 《고금사문유취전집(古今事文類聚前集)·사진부(仕進部)》
1028. 마예손(馬裔孫): 내력이 자세하지 않다.
1029. 《신오대사(新五代史)·배호전(裵皡傳)》
1030. 맹빈우(孟賓于): 후진(後晋) 연주(連州) 출신으로 자가 국의(國儀)이다. 영릉종사(零陵從事), 수부원외랑(水部員外郞) 등을 역임하였다.

이 늦었구나."라고 하였다.

孟賓于獻主司詩. 那堪雨後更鳴蟬, 溪隔重湖路七千. 憶昔故園楊柳岸, 全家送上渡頭船. 主司得詩, 自謂得賓于之晩.[1031]

금어(金魚)[1032]를 바치다.[헌금어(獻金魚)] 유승선(庾承宣)[1033]이 시험담당관을 맡은 지 6, 7년 만에 비로소 금자(金紫)[1034]를 하사받았다. 당시에 문하생인 이석(李石)이 먼저 내정(內庭)에서 은사(恩賜)를 받았는데 유승선이 명을 받던 처음에 이석이 입고 있던 자의(紫衣)와 금어(金魚)를 시험담당관[유승선]에게 절하고 바쳤다.

庾承宣主文六七年, 方授金紫. 時門生李石先於內庭恩賜矣, 承宣拜命之初, 石以所服紫袍·金魚, 拜獻座主.[1035]

시로 문하생을 축하하다.[시하문생(詩賀門生)] 오대(五代) 왕인유(王仁裕)[1036]가 지공거(知貢擧)일 때에 왕보(王溥)[1037]가 장원을 하였는데 당시 나이가 26세였다. 6년 후에 마침내 후주(後周) 세종(世宗)의 재상이 되자 왕인유가 시로 축하하였다. 왕보가 관직에 있는 동안 매번 휴가 때면 반드시 왕인유를 찾아가 종일토록 머물렀다. 왕인유는 아들이 몇 명 있었으나 일찍 죽었고 손자들은 모두 나이가 어렸다. 매번 문하생들이 집에 찾아오면 반드시 중앙 대청에 맞이하여 부인과 나란히 앉아 문하생들의 절을 받았다. 어느 날 문하생들이 다 모이자 시를 적은 종이를 꺼냈는데 다음과 같았다.

二百一十四門生,	214명의 문하생들이,
春風初長羽毛成.	봄바람이 막 길어지자 깃털이 다 자랐구나.
衰翁漸老兒孫小,	쇠약한 늙은이 점점 늙고 손자들은 어리니,
他日誰知[1038]略有情.	훗날 누가 조금이나마 정이 있었는지를 알리라.

五代王仁裕知貢擧, 王溥爲狀元, 時年二十六. 後六年遂相周世宗, 仁裕以詩賀之. 溥在位, 每休沐, 必詣仁裕, 從容終日. 仁裕有數子早亡, 諸孫竝幼. 每諸生至門, 必延於中堂, 與夫人偶坐受諸生拜. 一日生徒畢集, 出一詩牋曰. 二百一十四門生, 春風初長羽毛成. 衰翁漸老兒孫小, 他日誰知略有情.[1039]

문하생의 윤필(潤筆)[1040][문생윤필(門生潤筆)] 이한(李翰)[1041]은 화응(和凝)의 문하생으로 함께 한림학사를 맡았다. 화응이 재상이 되었을 때 이한은 승지가 되어 마침 황제의 비답을 담당하게 되었다. 이튿날 한림원[옥당(玉堂)[1042]]에서 문득 재상인 화응의 옛 누각을 열고서 도서와 기물을 다 꺼내 다음과 같은 시를 걸상에 남기고 모두 가져갔다.

1031. 《시화총귀(詩話總龜)·자천문(自薦門)》

1032. 금어(金魚): 공신 등이 관복을 입을 때 차던 붕어 모양의 금빛 주머니인 금어대(金魚袋)의 준말이다.

1033. 유승선(庾承宣): 당(唐) 등주(鄧州) 출신으로 지공거(知貢擧), 검교이부상서(檢校吏部尙書), 천평절도사(天平節度使) 등을 역임하였다.

1034. 금자(金紫): 당송(唐宋) 시기에 3품 이상의 고관이 차던 금으로 만든 물고기 모양의 부절인 금어(金魚)와 관복인 자의(紫衣)를 가리킨다. 공로가 있는 신하에게 특별히 하사하기도 하였다.

1035. 《당척언(唐摭言)·잡기(雜記)》

1036. 왕인유(王仁裕): 오대(五代)시대에 전촉(前蜀)에서 한림학사(翰林學士)를 지냈다. 저서에 《개원천보유사(開元天寶遺事)》가 있다.

1037. 왕보(王溥): 송(宋) 병주(并州) 출신으로 자가 제물(齊物)이다. 사공(司空), 태자태사(太子太師) 등을 역임하였다.

1038. '誰知'는 《고금사문유취전집(古今事文類聚前集)·사진부(仕進部)》에는, '知誰'로 되어 있다.

1039. 《고금사문유취전집(古今事文類聚前集)·사진부(仕進部)》

1040. 윤필(潤筆): 당송대에 사령장을 쓴 한림원(翰林院)의 관리에게 선물을 한 데에서 비롯되어 시문(詩文)이나 서화(書畵)에 대한 보수를 가리킨다.

1041. 이한(李翰): 당(唐) 조주(趙州) 출신으로 좌보궐(左補闕), 한림학사(翰林學士) 등을 역임하였다.

1042. 옥당(玉堂): 한림원(翰林院)의 별칭이다.

座主登庸歸鳳閣[1043],	시험담당관께서는 등용되어 중서성으로 가시고,
門生批詔立鰲頭[1044].	문하생은 조서를 담당하여 한림원에 섰네.
玉堂舊閣多珍玩,	한림원의 오랜 누각에 진귀한 물건이 많으니,
可作西齋潤筆不.	서재의 윤필로 삼아도 되지 않을까?

李瀚[1045], 和凝門生也, 同任學士. 會凝作相, 瀚爲承旨, 適當批詔. 次日於玉堂輒開和相舊閣, 悉取圖書·器玩, 留一詩於榻, 携之盡去. 座主登庸歸鳳閣, 門生批詔立鰲頭. 玉堂舊閣多珍玩, 可作西齋潤筆不.[1046]

두 장씨(章氏)가 문제지를 훔치다.[이장절제(二章竊題)] 원우(元祐)[1047] 연간에 소동파(蘇東坡)가 지공거(知貢擧)를 맡았는데 한림원[쇄원(鎖院)[1048]]의 편지 한 통을 이방숙(李方叔)에게 보냈다. 마침 이방숙이 외출하여 하인이 서간을 받아 책상 위에 두었다. 얼마 뒤에 장지(章持), 장원(章援)이라고 하는 장자후(章子厚)의 두 아들이 왔다가 편지를 집어 몰래 보니 바로 〈유향(劉向)이 양웅(揚雄)보다 뛰어나다〉는 논문 한 편이었다. 두 장씨가 놀라 기뻐하면서 가지고 가버리니 이방숙이 돌아와 편지를 찾았으나 찾을 수 없었다. 과연 이 문제가 출제되었고 발표에 이르러 소동파는 장원(壯元)은 반드시 이방숙일 것으로 여겼다. 그런데 장원(章援)이 10등이었고 글 뜻이 장원(壯元)과 비슷하였는데 바로 장지(章持)였다. 소동파가 얼굴빛이 변하였다. 20명 사이에 한 권이 상당히 뛰어나자 소동파가 동료에게 말하기를, "이 사람이 반드시 이방숙일 것입니다."라 하고 보았으나 바로 갈민수(葛敏修)였다. 황산곡도 미리 문장을 검토하고 말하기를, "축하할 일입니다. 내한(內翰)[1049]께서는 사람을 얻으셨군요. 이 사람은 바로 내가 태화(太和)를 다스릴 때에 학자로 교유하던 자입니다."라고 하였다. 소동파가 한림원을 나와 그 까닭을 듣고는 크게 탄식하면서 다음과 같은 시를 지어 보냈다.

平生謾說古戰場,	평생 〈옛 전쟁터를 조문하는 글〉을 부질없이 말했는지,
過眼終迷日五色.	눈앞을 지나쳐도 끝내 〈햇살의 오색빛〉이란 글을 놓쳤구나.
我慚不出君大笑,	나는 부끄러워 나오지도 못할 때 그대는 크게 웃는데,
行止皆天子何責.	움직임이 모두 하늘에 달려 있으니 그대를 어찌 책하리오.

그의 모친이 탄식하며 말하기를, "소학사(蘇學士)가 지공거인데도 네가 이름을 이루지 못했으니 다시 무엇을 기대하겠는가."라 하고 번민하다가 죽었다.

元祐中東坡知貢擧, 將鎖院緘封一簡, 送于李方叔. 值方叔出, 其僕受簡, 置几上. 有頃章子厚二子曰持曰援者來, 取簡竊觀, 乃楊雄優於劉向論一篇. 二章驚喜, 携之以去, 方叔歸求簡不得. 果出此題, 及圻號, 坡意魁必方叔也, 乃章援. 第十名文意與魁相似, 乃章持. 坡失色. 二十名間一卷頗奇, 坡謂同列曰, 此必李方叔. 視之, 乃葛敏修. 山谷亦預校文曰, 可賀. 內翰得人. 此乃僕宰太和時, 一學子相從者也. 坡出院聞其故, 大歎恨, 作詩送之曰, 平生謾說古戰場, 過眼終迷日五色. 我慚不出君大笑, 行止皆天子何責. 其母歎曰, 蘇學士知貢擧, 而汝不成名, 復何望哉. 抑鬱而卒.[1050]

고자(古字) 3개를 쓰다.[용삼고자(用三古字)] 순희

1043. 봉각(鳳閣): 황명의 기초와 출납을 관장하는 중서성(中書省)의 별칭이다.
1044. 오두(鰲頭): 한림원(翰林院)의 별칭이다.
1045. '瀚'은 《고금사문유취전집(古今事文類聚前集)·사진부(仕進部)》에는, '翰'으로 되어 있다.
1046. 《고금사문유취전집(古今事文類聚前集)·사진부(仕進部)》
1047. 원우(元祐): 송(宋) 철종(哲宗)의 연호(1086-1093)이다.
1048. 쇄원(鎖院): 한림원(翰林院)의 별칭이다.
1049. 내한(內翰): 한림학사(翰林學士)의 별칭이다.

(淳熙)[1051] 연간에 왕조(汪藻)[1052]가 지공거(知貢擧)일 때 한 친구가 여러 차례 예부(禮部) 시험에서 낙방하자 그에게 은밀히 "성시(省試)의 답안지에 고자(古字) 3개를 쓰면 좋겠다."라고 말하였다. 답안지를 살펴보니 과연 고자(古字) 3개가 있자 마침내 앞부분의 석차에 두었다. 합격자를 발표하였는데 그의 친구가 아니라서 개인적으로 몰래 이상하게 생각하였다. 친구가 찾아오자 왕조가 화를 내며 그를 책망하자 친구가 말하기를, "내가 갑작스런 병으로 거의 죽을 뻔하여 시험에 참가할 수 없었네. 감히 약속을 어기려고 한 것이 아닐세."라고 하였다. 얼마 후에 고자(古字)를 얻은 자가 찾아뵈러 오자 그 연유를 물으니 대답하기를, "제가 시험 보러 올 때 부양(富陽)의 소사(蕭寺)에서 임시 머문 적이 있었는데 복도 아래에 관이 하나 있었습니다. 승려가 말하기를, '이것은 어떤 관원(官員)의 딸인데 여기에 가매장한 지 10년이 되었습니다.'라고 하였습니다. 그날 밤에 꿈을 꾸는데 어떤 여자가 저에게 이르기를, '성시(省試)에서 고자(古字) 3개를 쓰면 좋을 것입니다'라고 하였습니다. 과거에 급제한 것은 다행히 (그것을) 잊지 않은 것입니다. 유골을 빨리 흙속에 안치하려고 근자에 이미 절에 가서 그녀를 매장하였습니다."라고 하였다.

淳熙中汪藻知貢擧, 有一知友屢黜於禮部, 密語之曰, 省試程文可用三古字. 旣閱卷, 果有三古字者, 遂置前列. 及圻號, 非其友人也, 私竊怪之. 及友人來, 藻怒責之, 友人曰, 某以暴疾幾死, 不能就試. 非敢相負也. 旣而以古字得者來謁, 詰其故曰, 某來就試, 假宿富陽蕭寺中, 廡下見一棺. 僧曰, 此一官員女也, 殯此十年矣. 是夕夢一女子謂某曰, 省試可用三古字. 發科, 幸勿相忘. 使朽骨早入土, 近已往寺中, 葬其女矣.[1053]

모자를 집어던져 공정함을 보이다.[저모시공(抵帽示公)] 당(唐) 고식(高湜)[1054]은 자가 징지(澄之)이다. 예부시랑(禮部侍郎)이 되어 당시에 선비들을 시험 치르는데 권세가들로부터의 청탁이 많았다. 고식이 제재할 수 없자 이윽고 모자를 땅에 집어던지며 말하기를, "나는 반드시 지극한 공정함으로 인재를 취할 것이니 견책을 받는 것은 진실로 나의 분수이다."라고 하였다.

唐高湜, 字澄之. 爲禮部侍郎, 時試士多由權要干請. 湜不能裁, 旣而抵帽于地曰, 吾決以至公取之, 得譴, 固吾分也.[1055]

사람들이 그의 공정함에 탄복하다.[인복기공(人服其公)] 왕연(王延)[1056]이 중서사인겸지공거(中書舍人兼知貢擧)에 제수되었을 때 이부상서 노기(盧紀)와 전임 재상 최협(崔協)이 서로 사이가 좋지 않았다. 당시에 최협의 아들 최기(崔頎)가 진사과에 응시하자 노기가 왕연에게 "진사를 선발하려면 의당 실제적인 결과를 구해야지 헛된 명성을 따르지 마시오. 옛날에 월나라 사람 중에 헤엄을 잘 치는 이가 있었는데 아들을 낳아 막 돌이 되자 그의 모친이 그 아이를 물 위에 띄웠소. 사람들이 의아스러워 묻자 말하기를, '아버지가 헤엄을 잘 치니 아들도 분명 헤엄을 잘 치겠지요'라고 대답하였소. 이와 같은 일이 가능하겠소?"라고 하였다. 왕연이 물러나서 "노공의 말씀은 최협 때

1050. 《고금사문유취전집(古今事文類聚前集)·사진부(仕進部)》
1051. 순희(淳熙): 남송(南宋) 효종(孝宗)의 연호(1174-1189)이다.
1052. 왕조(汪藻): 송(宋) 요주(饒州) 출신으로 자가 언장(彦章)이다. 한림학사(翰林學士), 현모각학사(顯謨閣學士) 등을 역임하였다.
1053. 송(宋) 나대경(羅大經)《학림옥로(鶴林玉露)》권2.
1054. 고식(高湜): 당(唐) 발해(渤海) 출신으로 자가 징지(澄之)이다. 예부시랑(禮部侍郎), 중서사인(中書舍人), 간의대부(諫議大夫) 등을 역임하였다.
1055. 《신당서(新唐書)·고식전(高湜傳)》
1056. 왕연(王延): 오대(五代) 후주(後周) 사람으로 자는 세미(世美)이다. 형부상서(刑部尙書), 태자소보(太子少保) 등을 역임하였다.

문이니, 그의 부친을 미워하여 아들에게까지 미친 것이다."라고 말하였다. 이듬해에 최기를 갑과 급제자로 선발하자 사람들이 그의 공정함에 탄복하였다.

王延拜中書舍人知貢擧, 吏部尙書盧紀與故相崔協, 有隙. 時協子頎應進士擧, 紀謂延曰, 貢擧進士, 當求實效, 無以虛名. 昔有越人善泅, 生子方晬, 其母浮之水上. 人怪問之, 則曰其父善泅, 子必能之. 若是可乎. 延退曰, 盧公之言爲崔協, 恨其父, 因及其子. 至明年, 乃選頎爲甲科, 人服其公.[1057]

미친놈을 합격시키다.[방풍한(放風漢)] 당(唐) 유분(劉蕡)[1058]은 자가 거화(去華)이다. 보력(寶曆)[1059] 3년에 양사복(楊嗣復)[1060]이 배휴(裴休) 등 35명의 합격자 명단을 발표하였을 때 유분이 15등을 차지하였다. 그믐날 유분이 동료들과 함께 곤명지에서 배를 띄우고 놀자 환관 구사량이 양사복에게 "어찌 나라의 과거시험에 이런 미친놈을 합격시켰습니까?"라고 말하였다. 양사복이 두려워하며 "전에 유분을 합격시킬 때에는 아직 미치지 않았었습니다."라고 말하였다.

唐劉蕡, 字去華. 寶曆三年楊嗣復放裴休等三十五人, 蕡在第十五. 晦日蕡與同志, 昆明池泛舟, 中官仇士良謂嗣復曰, 奈何以國家科第放此風漢耶? 嗣復懼曰, 昔與蕡及第時, 猶未風耳.[1061]

위아래로 문하생을 거느리다.[상하문생(上下門生)] 당(唐) 보력(寶曆) 연간에 양사복(楊嗣復)이 지공거(知貢擧)를 맡아 합격자 명단을 발표하였을 때, 부친인 복야(僕射) 양오릉(楊於陵)이 동쪽 낙양(洛陽)에서 천자를 배알하러 들어왔다. 양사복은 문하생들을 거느리고 동관(潼關)에서 맞이하고 신창리(新昌里) 저택에서 연회를 열었다. 양오릉은 친구들과 함께 당상에 앉고 양사복은 문하생들과 함께 양쪽 복도에 앉았다. 전에 양오릉이 고공(考功)[1062]으로 있을 때 절동관찰사 이사직(李師稷)을 발탁하여 급제시킨 적이 있는데 당시 양사복도 그 자리에 있었다. 사람들이 이르기를, "양씨가 위아래로 문하생을 거느렸다"고 하였고 당시 사람들이 영예로 여겼다.

唐寶曆中, 楊嗣復知貢擧下榜時, 父僕射於陵自東洛入覲. 嗣復率門生, 迎于潼關, 宴新昌里第. 於陵與故人坐堂上, 嗣復與諸生坐兩序. 始於陵在考功, 擢浙東觀察李師稷及第, 時亦在焉. 人謂楊氏上下門生, 時以爲榮.[1063]

문하생이라고 칭하지 않다.[불칭문생(不稱門生)] 송(宋) 유안세(劉安世)[1064]는 자가 기지(器之)이다. 만년에 남경(南京)에 거처하였는데 거제(巨濟) 마연(馬涓)이 소윤(少尹)을 맡고 있었다. 마연이 정시에 응시하던 날 유안세가 상정관(詳定官)[1065]을 맡았고 그때 선발한 선비였는데 마연은 유안세를 보고서도 문하생의 예를 갖춘 적이 없었다. 유안세가 불만스럽게 여겨 손님에게 말하였다. 손님이 이를 마연에게 넌지시 알려 주자 마연이 대답하였다. "그렇지 않습니다. 무릇 예부의 시험[성위(省闈)[1066]]에서 사람을 선

1057. 《신오대사(新五代史)·왕연전(王延傳)》

1058. 유분(劉蕡): 당(唐) 창평(昌平) 출신으로 자가 거화(去華)이다. 비서랑(秘書郎)을 지냈다.

1059. 보력(寶曆): 당(唐) 경종(敬宗)의 연호(825-826)이다.

1060. 양사복(楊嗣復): 당(唐) 괵주(虢州) 출신으로 자가 계지(繼之)이다. 중서사인(中書舍人), 동중서문하평장사(同中書門下平章事), 이부상서(吏部尙書) 등을 역임하였다.

1061. 《산당사고(山堂肆考)·과제(科第)》

1062. 고공(考功): 상서성(尙書省)의 속관으로 관리의 고과(考課)를 담당하던 벼슬 이름이다.

1063. 《신당서(新唐書)·양사복전(楊嗣復傳)》

1064. 유안세(劉安世): 송(宋) 위(魏) 출신으로 자가 기지(器之)이고 시호는 충정(忠定)이다. 성품이 강직하여 직간을 잘 해서 '전상호(殿上虎)'라는 별명을 얻었고 어사대부(御史大夫), 간의대부(諫議大夫) 등을 역임하였다.

1065. 상정관(詳定官): 전시(殿試)에서 시험답안지를 검토하여 등수를 최종적으로 결정하는 업무를 관장하는 관리이다. 보통 고관(高官)이 맡던 겸관(兼官)이었다.

1066. 성위(省闈): 상서성(尙書省) 소속 예부(禮部)에서 실시하는 과거시험으로 '예위(禮闈)'라고도 한다.

발하여 보내면[해송(解送)[1067] 주인이 있습니다. 그래서 선발한 인재들이 문하생이라고 칭할 수 있습니다. 전시(殿試)는 천자께서 직접 시험담당관을 맡으시니 어찌 다시 다른 사람에게 문하생이라고 칭할 수 있겠습니까? 바라건대 이 말씀으로 유공에게 사죄해 주십시오." 손님이 이를 유안세에게 말해 주자 그 주장에 탄복하였다.

宋劉安世, 字器之. 晩居南京, 馬涓巨濟作少尹. 巨濟廷試日, 器之作詳定官, 蓋所取士也, 而巨濟見器之, 未嘗修門生之敬. 器之不平, 因以語客, 客以諷巨濟, 曰不然. 凡省圍解送則有主人. 故所取士, 得以稱門生. 殿試蓋天子自爲座主, 豈復可稱門生于他. 幸以此謝劉公. 客以此告器之, 嘆服其說.[1068]

시험담당관으로 모시지 못하다.[불배좌주(不拜座主)] 송(宋) 왕기(王奇)[1069]는 자가 한모(漢謀)로 감주(贛州) 출신이다. 어려서부터 과거시험장에 명성을 떨쳐 문정공(文定公) 이방(李昉)의 문객이 되었다. 이방이 벼슬을 맡고 있다가 세상을 뜨자 장성(章聖)[1070] 황제가 제사에 참여하였는데 병풍 사이에 다음과 같은 시가 적혀 있는 것을 보았다. "기러기 울음소리 노래하는 누각에 이르지 않아, 가을색이 나그네의 길을 속이네." 진종이 그 시를 좋게 여겨 물어보고 왕기가 지은 것임을 알았다. 그를 불러 접견하였는데 대답[점대(占對)[1071]]하는 것이 마음에 맞아 특별히 전시에 응시하도록 허락하였다. 전시에 급제하고 나서 다음과 같은 사례의 시를 지었다. "춘관(예부시랑)에게 절을 올려 시험담당관으로 모시지 못 하더니, 친히 천자를 만나 문하생이 되었네."

宋王奇, 字漢謀, 贛州人. 幼有聲場屋間, 爲李文定客. 文定薨于位, 章聖臨奠, 見屛間有詩曰. 雁聲不到歌樓上, 秋色偏欺客路中. 愛之問知爲奇作. 因召見, 占對稱旨, 特許殿試. 旣登科有謝詩曰. 不拜春官爲座主, 親逢天子作門生.[1072]

등제 登第

· 선비가 처음 과거시험에 급제하면 반드시 축하연을 여는데 이를 '소미(燒尾)'라고 한다. 해설하는 자가 이르기를, "호랑이가 사람으로 변했는데 꼬리만이 바뀌지 않아 모름지기 태워 버려야 사람으로 변한다."라고 하였다. 또 다른 해설로는, "새로 나타난 양이 무리지은 양 속에 들어가면 부딪히기 때문에 모름지기 꼬리를 태워야 달린다."라고 하였고, 또 다른 해설로는, "물고기가 용문(龍門)을 오르면 용이 되는데, 그때 반드시 우레가 그 꼬리를 태워야 비로소 용으로 변할 수 있다."라고도 하였다.

士人初登第, 必展歡宴, 謂之燒尾. 說者云, 虎化爲人, 惟尾不化, 須得燒去, 乃化. 又說, 新羊入群羊, 抵觸, 須燒尾, 乃走. 又說, 魚躍龍門, 化爲龍, 時必雷爲燒其尾, 乃得化.[1073]

· 《교주기(交州記)》의 기록이다. 용문(龍門)이 있는데 물의 깊이가 100길이다. 큰 물고기가 이곳을 오르면 용이 되고 통과하지 못 하면 아가미를 햇볕에 그을리고 이마를 찧어 이 물에 피가 흘러 항상 붉은 연못과 같다.

1067. 해송(解送): 사람을 선발하여 보내는 것을 가리킨다.
1068. 《고금사문유취전집(古今事文類聚前集)·사진부(仕進部)》
1069. 왕기(王奇): 송(宋) 감주(贛州) 출신으로 자가 한모(漢謀)이다. 전중시어사(殿中侍御史)를 지냈다.
1070. 장성(章聖): 송(宋) 제3대 황제 진종(眞宗)의 시호(諡號)로 재위 기간은 998-1022년이다.
1071. 점대(占對): 구두로 응답하는 것을 가리킨다.
1072. 《고금사문유취전집(古今事文類聚前集)·인도부(人道部)》
1073. 송(宋) 소백온(邵伯溫) 《문견록(聞見錄)》 권5.

交州記. 有龍門, 水深百尋. 大魚登此, 化成龍, 不得過, 曝腮點額, 血流此水, 常如丹池.[1074]

· 당(唐)나라에서는 진사시험에 급제하면 이금(泥金)[1075]을 장식한 서신을 집으로 보내는데 서신 속에 과거급제의 기쁨을 전하였다. 문종(文宗)[1076] 시기에 이르러 마침내 이 의식이 폐지되었다.

唐進士及第, 以泥金書帖附家, 書中報登科之喜. 至文宗朝, 遂罷此儀.[1077]

· 위조(韋肇)[1078]가 전에 과거급제하고 우연히 자은사(慈恩寺)의 탑 아래에 이름을 적었는데, 후배들이 이것을 모방하여 마침내 관례가 되었다.

韋肇初及第, 偶于慈恩塔下題名, 後進慕效之, 遂成故事.[1079]

· 신룡(神龍)[1080] 이래로 행원(杏園)의 연회 뒤에 모두 자은사 탑 아래에 이름을 적었는데 동기 중에 글씨를 잘 쓰는 자가 기록하였다. 훗날 장수나 재상을 지낸 사람은 붉은색으로 썼다. 전에 어떤 비구승이 기러기 떼가 나는 것을 보고 염원하기를, "이 기러기가 나의 먹을 것으로 충당되었으면"이라고 하자 불승이 이르기를, "이것은 안왕(雁王)[1081]이니 바로 먹으면 안 된다."라고 하였다. 이에 탑을 세우고 안탑(雁塔)이라고 하였다.

神龍以來, 杏園宴後, 皆於慈恩寺塔下題名, 同年中有一善書者, 紀之. 他時有將相, 則朱書之. 初有比丘見群雁飛, 乃念曰, 此雁可充我之食. 佛曰, 此雁王也, 不可輒食. 乃爲營塔, 故謂之雁塔.[1082]

· 행원(杏園)의 처음 모임을 '탐화연(探花宴)'이라고 한다. 나이가 어린 두 사람을 탐화사(探花使)로 정하고 명원(名園)을 두루 돌아다니게 하는데, 만약 다른 사람이 먼저 아름다운 꽃을 꺾으면 두 사람은 벌을 받는다고 하였다. 《낙중기(洛中記)》

杏園初會, 謂之探花宴. 以少俊二人爲探花使, 遍遊名園, 若他人先折得名花, 則二人被罰. 《洛中記》[1083]

· 가장 나이가 어린 두 사람을 뽑아 탐화사(探花使)로 정하는데 세간에서 탐화랑(探花郎)이라고 하였다. 《동헌필록(東軒筆錄)》

選最年少者三[1084]人, 爲探花使, 世謂之探花郎. 《東軒筆錄》[1085]

· 당(唐) 대중(大中)[1086] 이래로 예부(禮部)에서 급제자 명단을 발표할 때 희귀 성씨가 있으면 '방화(榜花)'라고 불렀다.

唐大中以來, 禮部放榜, 有姓氏稀僻者, 號曰榜花.[1087]

멋대로 나이를 보태지 않다.[불사증년(不私增年)]

구래공(寇萊公)[1088]이 19살에 진사에 응시하였는데

1074. 《후한서(後漢書)·군국지(郡國志)·교주기(交州記)》
1075. 이금(泥金): 금박을 아교에 섞어서 만든 물감 이름이다.
1076. 문종(文宗): 당(唐) 제16대 황제로 재위 기간은 826-840년이다.
1077. 《개원천보유사(開元天寶遺事)·희신(喜信)》
1078. 위조(韋肇): 당(唐) 경조(京兆) 출신으로 자가 이다. 중서사인(中書舍人), 경조소윤(京兆少尹) 등을 역임하였다.
1079. 송(宋) 전역(錢易) 《남부신서(南部新書)》 권2.
1080. 신룡(神龍): 당(唐) 중종(中宗)의 연호(705-706)이다.
1081. 안왕(雁王): 부처의 다른 이름이다.
1082. 《당척언(唐摭言)》 권3.
1083. 당(唐) 이작(李綽) 《진중세시기(秦中歲時記)》
1084. 《유원총보》의 '三'은 '二'의 오류이다.[《동헌필록(東軒筆錄)》 권6]
1085. 송(宋) 위태(魏泰) 《동헌필록(東軒筆錄)》 권6.
1086. 대중(大中): 당(唐) 선종(宣宗)의 연호(847-859)이다.
1087. 《고금사문유취전집(古今事文類聚前集)·사진부(仕進部)》
1088. 구래공(寇萊公): 송(宋)의 충신인 구준(寇準)으로 자(字)가 평중(平仲)이다. 진종(眞宗) 때 거란이 남침하자 화친을 반대

당시 태종(太宗)[1089]은 사람을 취할 때 대개 그의 나이를 물어보고 어린 사람들은 왕왕 낙제시켜 보냈다. 어떤 사람이 공에게 나이를 더하라고 시키자 공이 "내가 처음으로 나서면서 군주를 속일 수 있겠는가." 라고 말하였다.

寇萊公十九擧進士, 時太宗取人, 多問其年, 少者往往罷遣. 或敎公增其年, 公曰, 吾初進取, 可欺君耶.[1090]

여덟 번 손을 맞잡는 사이에 시가 완성되다.[팔차수성(八叉手成)] 온정균(溫庭筠)[1091]은 구사(構思)가 아름다웠고 소부(小賦)에 뛰어났다. 매번 시험장에 들어가 관운(官韻)[1092]에 따라 압운 할 때 모두 여덟 번 손을 맞잡는 사이에 여덟 운이 완성되었다. 옆자리 사람을 위하여 글을 지어 주는 경우가 많아 하루에도 여러 명을 도와주었으니 사대부의 행실로는 결함이 있어 벼슬아치들은 그를 경시하였다.

溫庭筠, 才思艶麗, 工於小賦, 每入試押官韻, 凡八叉手而八韻成. 多爲隣鋪假手, 日救數人, 而士行有缺, 縉紳薄之.[1093]

한 집안의 세 수재(秀才)[1094][일문삼수(一門三秀)]

두정현(杜正玄)[1095]이 수재(秀才)로 천거되어 책문 시험에서 높은 성적으로 합격하였다. 양소(楊素)[1096]가 화를 내며 "주공(周公), 공자(孔子)가 다시 살아나도 수재로 삼을 수 없다. 자사가 천거하면서 어찌 함부로 이런 사람을 천거하였는가."라고 말하면서 책문을 땅바닥에 집어던졌다. 사마상여(司馬相如)의 〈상림부(上林賦)〉 등 5편을 본떠 짓게 하였는데 양소가 몇 번을 읽어 보더니 크게 놀라면서 이르기를, "정말 훌륭한 수재로다."라고 하였다.

杜正玄擧秀才, 試策高第, 楊素怒曰, 周孔更生, 尙不得爲秀才. 刺擧何忽妄擧此人. 乃以策抵地. 使擬司馬相如上林賦等五篇, 素讀數遍, 大驚曰, 誠好秀才.[1097]

수(隋)나라 시기에 수재(秀才)로 천거하는 것을 신중히 하여 온 세상에 열 명이 되지 않았는데, 두정륜(杜正倫)[1098] 한 집안에 세 명의 수재(秀才)가 나왔다.

隋時重擧秀才, 天下不十人, 而杜正倫一門, 三秀才.[1099]

삼대에 걸쳐 탐화랑이 되다.[삼세탐화(三世探花)]

창무(昌武) 이종악(李宗諤)[1100]의 아들 이소구(李昭遘)는 18세에 쇄청(鎖廳)[1101]에 응시하여 급제하였고, 이소구의 아들인 이고경(李杲卿)과 이고경의 아

하고 적극 항전을 주장하였다. 뒤에 내국공(萊國公)에 봉해졌기 때문에 흔히 구래공(寇萊公)으로 불린다. 참지정사(參知政事), 급사중(給事中), 삼사사(三司使) 등을 역임하였다.

1089. 태종(太宗): 송(宋) 제2대 황제로 재위 기간은 976-997년이다. 태조 조광윤(趙匡胤)의 동생이며, 중국 전토의 통일을 완성하여 형과 함께 송나라의 기초를 확립하였다.

1090. 《송명신언행록전집(宋名臣言行錄前集)·구준(寇準)》

1091. 온정균(溫庭筠): 당(唐) 태원(太原) 출신으로 자가 비경(飛卿)이다. 국자조교(國子助敎), 방성위(方城尉) 등을 역임하였다.

1092. 관운(官韻): 관아에서 정한 운서(韻書)의 운(韻)을 가리킨다.

1093. 《당시기사(唐詩紀事)·온정균(溫庭筠)》

1094. 수재(秀才): 한(漢)나라 때 관리 선발 제도의 하나였으나, 당송 때는 과거시험 응시자를 일컫기도 하였다.

1095. 두정현(杜正玄): 수(隋) 업(鄴) 출신으로 자가 신휘(愼徽)이다. 진왕행참군(晉王行參軍), 예장왕기실(豫章王記室) 등을 역임하였다.

1096. 양소(楊素): 수(隋)나라의 정치가이자 군사가로 자가 처도(處道)이다. 수(隋) 문제(文帝) 양견(楊堅)을 도와 천하를 평정하였다. 양제(煬帝) 때에 사도(司徒)에 오르고 초국공(楚國公)에 봉해졌다.

1097. 《북사(北史)·두정현전(杜正玄傳)》

1098. 두정륜(杜正倫): 당(唐) 원수(洹水) 출신이다. 중서문하삼품(中書門下三品), 중서령(中書令) 등을 역임하였다.

1099. 《신당서(新唐書)·두정륜전(杜正倫傳)》

1100. 이종악(李宗諤): 송(宋) 심주(深州) 출신으로 자가 창무(昌武)이다. 지제고(知制誥), 우간의대부(右諫議大夫) 등을 역임하였다.

1101. 쇄청(鎖廳): 송나라 때 과거시험의 일종으로 현직 관리나 작위가 있는 사람이 응시하는 시험이다. '쇄청시(鎖廳試)', '쇄시(鎖試)', '쇄응(鎖應)'이라고도 한다.

들인 이사렴(李士廉)도 모두 이 나이를 넘지 않아 갑과(甲科)에 합격하였다. 모두 삼대에 걸쳐 탐화랑이 되었으니 역시 사대부들의 훌륭한 일이었다.

李昌武宗諤之子昭遘, 十八歲鎖廳及第, 昭遘子杲卿·杲卿子士廉, 皆不逾是歲, 登甲科. 凡三世俱曾爲探花郎, 亦衣冠盛事也.[1102]

자신임을 밝히려 하지 않다.[불긍자진(不肯自陳)]

범진(范鎭)[1103]이 진사시험에 응시하여 예부에서 합격자 명단을 보고할 때 1등이었다. 관례에 의하면 조정에서 등수를 부를 때는 세 명을 넘어가며 하는데, 예부시에서 수석합격자는 반드시 순서를 넘어서서 큰 소리로 자신을 밝혀 상위 순서에 들게 하였다. 그러나 범진은 자신임을 밝히려 하지 않고 79등에 이르러서야 나가서 절을 하고 물러나 대열로 돌아가며 한 마디 말도 없자 조정 사람들이 모두 특별하게 여겼다.

范鎭擧進士, 禮部奏名, 第一. 故事殿庭唱第, 過三人則禮部第一人者, 必越次抗聲自陳, 因擢寘上第. 鎭不肯自言, 至第七十九人, 乃出拜, 退就列無一言, 廷中皆異之.[1104]

꿈에 머리를 베이다.[몽차낙두(夢斫落頭)] 상국(相國) 유항(劉沆)[1105]이 천성(天聖)[1106] 연간에 성시(省試)에 응시하러 가다가 어느 날 밤에 누군가에게 머리를 베이는 꿈을 꾸고는 마음속으로 매우 언짢아하였다. 고을 사람이 풀어 해몽하기를, "장원이 그대에게 찾아오지는 않고, 그저 2등을 할 것입니다."라고 하였다. 유항이 따져 묻자 "비록 머리를 잘리긴 했지만 목이 안에 남아 있으니까요."라고 대답하였다. 과연 2등으로 급제하였다.

相國劉沆天聖中赴省試, 一夕夢被人斫落頭, 心甚惡之. 有鄕人釋之曰, 狀元不到十二郞, 做只得第二人. 公詰之, 曰斫却頭, 留項在裏. 果第二人及第.[1107]

오로방(五老榜) 소종(昭宗)[1108] 천복(天復)[1109] 원년에 새로 급제한 진사들 중에 나이가 너무 많은 자도 전례에 구애되지 않고 각각 관직을 하나씩 주었다. 진광문(陳光問)은 69세, 조송(曹松)은 54세, 왕희우(王希禹)는 73세, 유상(劉象)은 70세, 가숭(柯崇)은 64세, 정희안(鄭希顔)은 59세였는데, 조서를 내려 진광문과 조송, 왕희우는 비서정자(秘書正字)에, 유상과 가숭, 정희안은 태자교서(太子校書)에 임명하자 당시 사람들이 이번 과거를 '오로방(五老榜)'이라고 하였다.《척언(摭言)》

昭宗天復元年, 新及第進士, 年齒已高者, 不拘常例, 各授一官. 陳光問年六十九, 曹松年五十四, 王希禹年七十三, 劉象年七十, 柯崇年六十四, 鄭希顔年五十九, 詔光問·松·希禹, 可秘書正字, 象·崇·希顔, 可太子校書, 時謂此擧爲五老榜.《摭言》[1110]

직언(直言)을 버리지 않다.[직언불기(直言不棄)]

가우(嘉祐)[1111] 6년에 현량방정과(賢良方正科) 시험을 실시하여 소식(蘇軾)이 3등이었고 소철(蘇轍) 등이 4등이었다. 소철의 글이 절실하고 솔직하여 사마광(司馬光)은 3등으로 매겼으나 한림학사 범진(范鎭)이 난색을 드러내면서 그 등급을 내리려고 하였고 시

1102. 송(宋) 왕명청(王明淸)《휘주전록(揮麈前錄)》 권3.
1103. 범진(范鎭): 송(宋) 성도(成都) 출신으로 자가 경인(景仁)이다. 지제고(知制誥), 한림학사(翰林學士) 등을 역임하였고, 촉군공(蜀郡公)에 봉해졌다. 《신당서(新唐書)》 편찬에 참여하였다.
1104.《송사(宋史)·범진전(范鎭傳)》
1105. 유항(劉沆): 송(宋) 길주(吉州) 출신으로 자가 충지(沖之)이다. 공부상서(工部尙書) 등을 역임하였다.
1106. 천성(天聖): 북송(北宋) 인종(仁宗)의 연호(1023-1031)이다.
1107.《청상잡기(靑箱雜記0》 권7.
1108. 소종(昭宗): 당(唐) 제21대 황제로 재위 기간은 889-904년이다.
1109. 천부(天復): 당(唐) 소종(昭宗)의 연호(901-903)이다.
1110.《당척언(唐摭言)》 권8.
1111. 가우(嘉祐): 송(宋) 인종(仁宗)의 연호(1056-1063)이다.

험감독관인 호숙(胡宿)은 그를 낙방시키려고 하였다. 사마광이 "이 사람은 유독 백성을 사랑하고 나라를 걱정하는 마음이 있으니 합격시키지 않으면 아니 될 것이오."라고 말하고 황제도 "직언을 구하면서 직언 때문에 그를 버린다면 천하 사람들이 장차 나에게 무어라 하겠소."라고 말하였다. 마침내 4등급으로 합격시켰다.

嘉祐六年試賢良方正, 蘇軾第三, 第轍等四等. 轍語切直, 司馬光考入第三等, 翰林學士范鎭難之, 欲降其等, 考官胡宿欲黜之. 光言, 是獨有愛君憂國之心, 不可不收. 上曰, 求直言而以直棄之, 天下其謂我何. 乃收入第四等.[1112]

한 집안에서 대과(大科)에 급제하다.[일문대과(一門大科)] 전역(錢易)[1113]은 자가 희백(希白)으로 전곤(錢昆)의 동생이다. 현량방정과(賢良方正科)에 급제하였는데 그의 아들인 전명일(錢明逸)과 전언원(錢彦遠)이 서로 이어 제과(制科)에 급제하였다. 소식(蘇軾) 형제도 같은 해에 책문으로 등수에 들었으니 사대부들이 훌륭한 일이라고 하였다. 전역의 종손(從孫)인 전조(錢藻)는 진사과에 급제하였고 10년 뒤에는 제과(制科)에 급제하였다. 그 사례로 올린 글에서, "10년에 두 번 급제하면서 자주 시험담당관에게 누를 끼쳤지만 한 집안에서 네 사람이 조상께 부끄럽지 않았습니다."라고 하였다.《민수연담(澠水燕談)》

錢易, 字希白, 昆之弟也. 賢良方正擢第, 子明逸子彦遠子高,[1114] 相繼登制科. 蘇軾兄弟同年制策入等, 衣冠以爲盛事. 希白從孫藻登進士第, 後十年復登制科. 其謝啓云, 十年二第, 屢玷於主司, 一門四人, 無慚於祖烈.《澠水燕談》[1115]

가우(嘉祐) 2년에 구양수(歐陽修)가 지공거(知貢擧)일 때 자고(子固) 증공(曾鞏)[1116] 형제 네 명이 함께 과거에 급제하였다.

嘉祐二年歐陽公知貢擧, 曾子固兄弟四人, 同登科.[1117]

당(唐) 풍숙(馮宿)[1118]의 세 아들인 풍함(馮陷), 풍도(馮韜), 풍도(馮圖)가 해를 이어 진사에 급제하였고 해를 이어 굉사과(宏詞科)에 합격하였다. 태화(太和)[1119] 초엽에 이르러 풍씨(馮氏) 집안의 급제자가 천하에 열 명인 가운데 공 집안의 형제 숙질이 여덟 명이었다.

唐馮宿之三子陷·韜·圖, 連年進士及第, 連年登宏詞科. 當太和初, 馮氏及第者, 海內十人, 而公家兄弟叔姪八人.[1120]

마땅히 대과[大科: 전시(殿試)]를 선택해야 하오.[당취대과(當取大科)] 부필(富弼)[1121]이 예전에 과거시험장을 드나들자 백장(伯長) 목수(穆修)가 이르기를, "마땅히 대과(大科)로 세상에 명성을 날려야 할 것이오"라고 하였다. 과연 예부시에 낙방하여 서쪽으로 섬서(陝西) 지역으로 돌아가는데 문정공(文正公) 범중엄(范仲淹)이 사람을 시켜 공을 뒤쫓게 하여 이르기를, "교지(敎旨)가 내려 대과로 인재를 뽑으니 서둘

1112.《송사(宋史)·사마광전(司馬光傳)》

1113. 전역(錢易): 송(宋) 임안(臨安) 출신으로 자가 희백(希白)이다. 지제고(知制誥), 한림학사(翰林學士) 등을 역임하였고 회화와 행서(行書), 초서(草書)에 뛰어났다.

1114.《송사(宋史)·전역전(錢易傳)》에, "子彦遠·明逸相繼, 皆以賢良方正應詔"라고 되어 있어 이에 따라 번역하였다.

1115. 송(宋) 왕벽지(王闢之)《민수연담록(澠水燕談錄)》권7.

1116. 증공(曾鞏): 송(宋) 건창(建昌) 출신으로 자가 자고(子固)이고 남풍선생(南豐先生)으로 불렸다. 여러 주의 지주사(知州事)와 중서사인(中書舍人) 등을 역임하였다.

1117.《고금사문유취전집(古今事文類聚前集)·사진부(仕進部)》

1118. 풍숙(馮宿): 당(唐)나라 사람으로 공부시랑(工部侍郞), 형부시랑(刑部侍郞), 동천절도사(東川節度使) 등을 역임하였다.

1119. 태화(太和): 당(唐) 문종(文宗)의 연호(827-835)이다.

1120. 송(宋) 왕당(王讜)《당어림(唐語林)》권4.

1121. 부필(富弼): 송(宋) 하남(河南) 출신으로 자가 언국(彦國)이다. 범중엄(范仲淹) 등과 '경력신정(慶曆新政)'을 추진하였다. 중서문하평장사(中書門下平章事), 추밀사(樞密使) 등을 역임하였다.

러 돌아오는 것이 좋겠소."라고 하였다. 당시 원헌공(元獻公) 안수(晏殊)가 재상을 맡고 있으면서 범중엄에게 혼사를 청하자 범중엄이 대답하기를, "반드시 나라의 최고 선비를 얻으시려면 부필만한 사람이 없습니다."라고 하였다. 안수가 부필을 한 번 보더니 무척 마음에 들어 즉시 혼사를 의논하였다. 부필은 결국 현량방정과로 급제하였다.

富弼初遊場屋, 穆伯長謂曰, 當以大科名世. 果下禮部試, 西歸陜, 范文正追公曰, 有旨以大科取士, 可亟還. 時晏元獻公爲相, 求婚于文正, 文正曰, 必欲國士, 無如富弼者. 元獻一見大愛重之, 卽議婚. 公遂以賢良方正登第.1122

극적궁(克敵弓)1123에 대해 묻다.[문극적궁(問克敵弓)] 경백(景伯) 홍괄(洪适)1124 형제가 박학굉사(博學宏詞)에 응시하였는데 극적궁(克敵弓)이라는 이름이 시험문제였다. 홍괄이 멍하니 써낼 바를 모르고 있는데 과거시험장을 순시하던 한 늙은 나졸이 책상을 훑어보다가 말하기를, "나으리께서는 알고 싶으십니까?"라고 하였다. 홍경백이 웃으며 말하기를, "그대가 알 바가 아니네."라고 하자 나졸이, "저는 본래 태위(太尉) 한세충(韓世忠)의 부하였습니다. 종군하던 때 어떤 사람이 신비궁(神臂弓)1125의 옛 양식을 태위에게 바치자 태위께서 그 양식대로 제작하도록 하여 황제께 바쳐서 '극적(克敵)'이라는 활 이름을 하사받는 것을 보았습니다."라고 하였다. 아울러 날짜까지 알려 주자 홍괄은 그의 말을 다 썼다. 시험담당관이 크게 놀라면서 기뻐하였고 결국 과거에 급제하였다.

洪景伯兄第應博學宏詞, 以克敵弓名爲題. 洪惘然不知所出, 有巡鋪老卒, 覘于案間曰, 官人欲知之否? 洪笑曰, 非而所知. 卒曰, 我本韓太尉世忠之部曲. 從軍日見有人以神臂弓舊樣獻于太尉, 太尉令如其制度製, 以進御, 賜名克敵. 幷以歲月告之, 洪盡用其語. 主文大驚喜遂中科.1126

미리 시험의 제목을 꿈꾸다.[예몽시제(預夢試題)]

오규(吳奎)1127가 장차 현량과(賢良科)에 응시하려고 할 때 꿈을 꾸었는데, 위(魏)나라 문제(文帝)의 사당에 들어가 전각에 올라가니 여러 신하들의 우열을 물었다. 공이 대답하지 못하자 문제가, "한연수(韓延壽)1128가 가장 뛰어나지요."라고 하였다. 그날 밤 문하생 중에 글을 필사하는 속관인 양개(楊開)라는 사람 역시 꿈을 꾸었는데, 오규가 〈양부전(楊阜1129傳)〉을 읽는 꿈이었다. 이튿날 오규에게 이야기하자 오규는 두 전기를 읽었다. 여섯 가지 논제를 시험 치렀는데, 하나가 바로 한연수와 양부 중에 누가 뛰어난가 하는 문제였다. 오규는 결국 장원으로 급제하였다.

吳奎將擧賢良, 夢入魏文帝廟, 升殿, 問群臣優劣. 公未對, 帝曰, 韓延壽爲最. 是夕門下抄書吏楊開者, 亦夢公讀楊阜傳. 翌日告公, 公覽二傳. 及試六論, 一乃韓延壽·楊阜孰優? 公果中首選.1130

《맹자주(孟子註)》에 나오다.[출맹자주(出孟子註)]

1122.《문견록(聞見錄)》권9.

1123. 극적궁(克敵弓): 송나라 때 한세충(韓世忠)이 만든 활의 이름이다.

1124. 홍괄(洪适): 송(宋) 요주(饒州) 출신으로 자가 경백(景伯)이다. 한림학사겸중서사인(翰林學士兼中書舍人), 동중서문하평장사겸추밀사(同中書門下平章事兼樞密使) 등을 역임하였다.

1125. 신비궁(神臂弓): 송나라 신종(神宗) 시기에 이굉(李宏)이 만들었다고 전하는 쇠뇌 이름이다.

1126.《산당사고(山堂肆考)·과제(科第)》

1127. 오규(吳奎): 송(宋) 북해(北海) 출신으로 자가 장문(長文)이다. 지정사(知政事), 청주지사(青州知事) 등을 역임하였다.

1128. 한연수(韓延壽): 전한(前漢) 사람으로 자가 장공(長公)이다. 간대부(諫大夫)와 동군태수(東郡太守), 좌풍익(左馮翊) 등을 역임하였는데 소망지(蕭望之)의 무고로 사형 당했다.

1129. 양부(楊阜): 삼국시대 위(魏)나라 사람으로 자가 의산(義山)이다. 양주자사(涼州刺史), 장작대장(將作大匠), 소부(少府) 등을 역임하였다.

현량(賢良) 장함(張咸)[1131]은 한천(漢川) 출신으로 무과(茂科)에 응시하려고 처음으로 촉(蜀)을 나와 기주(夔州)를 지나는데, 군수[군장(郡將)[1132]]가 명사를 잘 알아주는 사람이라 한 번 장함을 보자 그를 매우 후하게 대접하였다. 이어 "사과(四科)[1133]의 우열의 차가 어느 책에 보이오?"라고 물었다. 장함이 대답하지 못하자 군수가 "《맹자주》에 실려 있소."라 말하고 이어서 그것을 모아 보여 주었다. 장함은 도중에 천천히 사색하면서 논문을 지었다. 도성에 도착하자 문론(文論)으로 시험을 치루는데 이것을 첫 번째 문제로 냈다. 장함은 더 이상 생각을 기울이지 않고도 완성하였고 시험담당관인 목보(穆父) 전협(錢勰)이 이를 보고 크게 기뻐하며 1등으로 올렸다. 장함은 바로 위국공(魏國公) 장준(張浚)[1134]의 부친이다.

張賢良咸, 漢川人, 應茂科, 初出蜀, 過夔州, 郡將知名士也, 一見遇之甚厚. 因問曰, 四科優劣之差, 見于何書? 張無以對, 守曰, 孟子註中. 因掇示之. 張道中漫思索著論. 及至都閣, 試文論, 以此爲首題. 張更不注思而就, 主文錢穆父覽之, 大喜, 過閣第一. 張卽魏公之翁也.[1135]

아이를 거꾸로 싸서 안다.[도붕해아(倒綳孩兒)] 묘진(苗振)[1136]이 4등으로 급제하여 황제의 부름을 받고 관직(館職)[1137]을 시험 받게 되었다. 안수(晏殊)가 "좀 더 공부를 해야 할 것이오."라고 하자 묘진이 대답하였다. "어찌 30년 동안 보모 노릇을 하고서 아이를 거꾸로 싸서 안는 일이 있겠습니까." 얼마 뒤 시험을 치렀는데 결국 합격하지 못하자 안수가 웃으면서 "묘군이 끝내 아이를 거꾸로 싸서 안았구나."라고 말하였다.《권유록(倦遊錄)》

苗振第四人及第, 召試館職, 晏相曰, 宜稍溫習. 振曰, 豈有三十年爲老娘, 而倒綳孩兒者乎. 旣試, 果不中選, 公笑曰, 苗君竟倒綳孩兒矣.《倦遊錄》[1138]

격려를 잊지 않다.[불망격려(不忘激勵)] 충헌공(忠獻公) 한억(韓億)[1139]과 경문공(景文公) 송기(宋祁)[1140]가 함께 황제의 부름을 받고 시험을 치뤄 합격하였다. 왕덕용(王德用)[1141]이 평장사(平章事)를 맡고 있어 관례대로 사례를 해야 했다. 두 사람이 공허하고 산만하다는 혐의가 있었는데 왕덕용이 이르기를, "역시 전에 답안지를 보니 정말로 공허하고 산만하였소. 젊은이들은 마땅히 학문을 넓혀야 할 것이오."라고 하였다. 두 사람이 크게 당황하였고 송기는 심지어 "우리가 한 늙은 속관을 만나 모욕을 당하다니."라고까지 하였다. 뒤에 두 사람은 모두 큰 이름을 이루었고 왕덕용은 이미 죽은 뒤에 한억이 송기에게 "왕공은 비록 무인(武人)이었지만 그래도 선배로서 후배를 격려하여 성취시키려는 뜻이 있었으니 잊을 수 없소."라고

1130. 송(宋) 왕벽지(王闢之)《승수연담(澠水燕談)·선조(先兆)》 권7.
1131. 장함(張咸): 송(宋) 한천(漢川) 출신으로 성도절도판관(成都節度判官)을 지냈다.
1132. 군장(郡將): 군수(郡守), 태수(太守)의 별칭이다. 군수가 장수로서 병권(兵權)도 함께 가지고 있는 데서 유래하였다.
1133. 사과(四科): 맹자가 나눈 네 종류의 인물을 가리킨다.
1134. 장준(張浚): 송(宋) 면죽(綿竹) 출신으로 자가 덕원(德遠)이다. 추밀사(樞密使), 도독강회군마(都督江淮軍馬) 등을 역임하였다.
1135 송(宋) 왕명청(王明淸)《휘주전록(揮塵前錄)》 권3.
1136 묘진(苗振): 송(宋) 사명(四明) 출신으로 광록경(光祿卿), 명주지주사(明州知州事) 등을 역임하였다.
1137 관직(館職): 당송 때 소문관(昭文館), 사관(史館), 집현원(集賢院)에서 수찬·편집·교정 등의 일을 맡아 보던 관직에 대한 총칭이다.
1138 송(宋) 위태(魏泰)《동헌필록(東軒筆錄)》 권7.
1139 한억(韓億): 송(宋) 진정(眞定) 출신으로 자가 종위(宗魏)이다. 참지정사(參知政事), 상서우승(尙書右丞) 등을 역임하였다.
1140. 송기(宋祁): 송(宋) 안륙(安陸) 출신으로 자가 자경(子京)이다. 용도각학사(龍圖閣學士), 공부상서(工部尙書), 한림승지(翰林承旨) 등을 역임하였다.
1141. 왕덕용(王德用): 송(宋) 정주(鄭州) 출신으로 자가 원보(元輔)이다. 정주로도총관(定州路都摠管), 추밀사(樞密使) 등을 역임하였다.

말하였다.

韓忠獻公·宋景文公, 同召試中選. 王德用帶平章事, 例當謝. 二公有空疏之謙, 德用曰, 亦曾見程文, 誠空疏. 少年更宜廣問學. 二公大不堪, 景文至曰, 吾屬見一老衙官, 是納侮海也. 後二公俱成大名, 德用已薨, 忠獻謂景文曰, 王公, 雖武人, 尙有前輩激勵成就後學之意, 不可忘也.1142

귀신의 노래[귀요(鬼謠)] 전기(錢起)1143는 오흥(吳興) 출신으로 낭사원(郞士元)과 이름을 나란히 하자 당시 사람들의 말에, "앞에는 심전기(沈佺期)와 송지문(宋之問)이었고 뒤에는 전기(錢起)와 낭사원(郞士元)이로다."라고 하였다. 천보(天寶)1144 10년에 〈상수(湘水)의 신령[상령(湘靈)1145]이 거문고를 연주하다(湘靈鼓瑟)〉라는 시로 시험을 봐서 진사가 되었다. 전에 고을에서 추천을 받아 출발하여 강호(江湖)의 객사에 있는데 뜰에서, "노래는 끝났는데 사람은 보이지 않고, 강가에 몇 개의 봉우리만 푸르네."라고 노래하는 소리가 들려 돌아보아도 보이는 것이 없었다. 다음 해에 이위(李暐)가 출제한 〈상수(湘水)의 신령이 거문고를 연주하다(湘靈鼓瑟)〉라는 시로 시험을 치를 때 전기가 바로 그것을 마지막 구절로 하자 사람들이 '귀신의 노래'라고 하였다.《당시기사(唐詩紀事)》

錢起, 吳興人, 與郞士元齊名, 時語曰, 前有沈宋, 後有錢郞. 天寶十載, 試湘靈鼓瑟詩, 登進士. 初起從鄕薦, 江湖客舍聞吟於庭中曰, 曲終人不見, 江上數峯靑. 視之無所見矣. 明年崔暐1146試湘靈鼓瑟詩, 起卽用爲末句, 人以爲鬼謠.《唐詩紀事》1147

연회에 참여하지 않은 것을 징계하다.[규불부연(糾不赴宴)] 당(唐)의 진사들은 곡강(曲江)에서 연회를 가졌는데 최단(崔象)1148이 휴가를 청해 불참하면서 따로 화려한 수레에 기녀들을 태우고 야유회를 즐기다가 단사(團司)1149)에게 발각되었다. 최항(崔沆)1150이 주벌녹사(主罰錄事)로 다음과 같은 판결을 내렸다. "교외의 길[자맥(紫陌)1151]을 따라 봄놀이 하느라 동기들을 멀리하니, 청운의 꿈을 실현하고 나면 훗날의 마음을 알 수 있겠다."《척언(摭言)》

唐進士會燕曲江, 崔象請告假不赴, 乃以彫幰載妓遊觀, 爲團司所發. 崔沆爲主罰錄事, 判云. 紫陌尋春, 便隔同年之面, 靑雲得路, 可知異日之心.《摭言》1152

일제혼자(一第溷子)1153 당(唐) 원결(元結)1154이 진사에 응시하였는데 예부시랑(禮部侍郎) 양준(陽浚)이 그의 글을 보고서 "일등도 그 사람을 욕보이는 말일 뿐이다. 담당관이 그 사람을 얻는다면 큰 힘이 될 것이다."라고 말하였다. 과연 우수한 성적으로 발탁

1142.《송명신언행록전집(宋名臣言行錄前集)·왕덕용(王德用)》

1143. 전기(錢起): 당(唐) 오흥(吳興) 출신으로 자가 중문(仲文)이다. 남전현위(藍田縣尉), 고공낭중(考功郎中) 등을 역임하였다.

1144. 천보(天寶): 당(唐) 현종(玄宗)의 연호(742-756)이다.

1145. 상령(湘靈): 상수(湘水)의 수신(水神)을 이르는 말이다. 요(堯)임금의 딸이자 순(舜)임금의 황후인 아황(娥皇)과 여영(女英)이 순임금이 죽은 뒤 슬픔을 못 이겨 상수에 투신자살하여 수신이 되었다고 한다.

1146.《유원총보》의 '崔暐'는 '李暐'의 오류이다.[《구당서(舊唐書)·전휘전(錢徽傳)》]

1147.《구당서(舊唐書)·전휘전(錢徽傳)》

1148. 최단(崔象): 내력이 자세하지 않다.

1149. 단사(團司): 당나라 때 진사시험에 합격한 사람들이 연회와 관련한 제반업무를 위해 임의로 설치한 기구나 그 기구를 관장하는 사람을 뜻한다.

1150. 최항(崔沆): 당(唐)나라 사람으로 자가 내융(內融)이다. 동중서문하평장사(同中書門下平章事), 중서시랑(中書侍郎) 등을 역임하였다.

1151. 자맥(紫陌): 도성 교외의 길을 가리킨다.

1152.《당척언(唐摭言)》권3.

1153. 일제혼자(一第溷子): 뛰어난 성적으로 과거에 급제한 사람을 가리킨다.

1154. 원결(元結): 당(唐) 하남(河南) 출신으로 자가 차산(次山)이고 호는 만랑(漫郎), 의간자(猗玕子)이다. 용관경략사(容管經略使)를 지냈고 저서에 《원차산집(元次山集)》이 있다.

되었다.

唐元結擧進士, 禮部侍郎揚浚見其文曰, 一第溷子耳. 有司得子是賴. 果擢上第.[1155]

천불명경(千佛名經) 장탁(張倬)[1156]은 장간지(張柬之)의 손자이다. 여러 차례 진사에 응시했으나 낙방하자《등과기(登科記)》[1157]를 받들어 머리 위에 올려놓고 "이것이 여러 부처님들의 훌륭한 경전이다."라고 말하였다.《척언(摭言)》

張倬, 柬之之孫. 數擧進士不第, 捧登科記, 頂上戴之曰, 此千佛名經.《摭言》[1158]

동도서말(東塗西抹)[1159] 설봉(薛逢)[1160]이 만년에 벼슬길에 운이 안 좋아 야윈 말을 타고 조정으로 가다가 새로 합격한 진사들이 줄지어 나서는 행렬을 만났다. 단사(團司)가 인솔하는 수십 명의 사람들이 설봉의 행색이 초라한 것을 만났는데 전도(前導)[1161]들이 진사[신낭군(新郎君)[1162]]들을 피하라고 하였다. 설봉이 웃으면서 심부름꾼을 보내 "궁상맞다고 하지 마시게. 나[아파(阿婆)[1163]]도 열다섯 젊은 시절에는 일찍이 글 좀 썼다네."라고 하였다.《척언(摭言)》

薛逢晩年厄於宦途, 策羸馬赴朝, 値新進士綴行而出. 團司所由數十人, 見逢行李蕭然, 前導曰, 回避新郎君. 逢輾然遣价語曰, 莫貧相. 阿婆三五少年時也, 曾東塗西抹來.《摭言》[1164]

동생 때문에 형에게 매를 때리다.[인제달형(因弟撻兄)] 이경장(李景莊)[1165]은 과거시험장에서 늙어 갔다. 매번 낙방할 때마다 모친은 항상 (경장의 형인) 경양(景讓)에게 매를 때렸다. 재상이 시험담당관에게 "이경장을 올해에는 합격시키지 않으면 안 되겠소. 그 형이 가련하오. 매년 매를 맞다니."라고 말하였다. 이로 말미암아 비로소 급제할 수 있었다.

李景莊老於場屋. 每被黜, 母輒撻景讓, 宰相謂主司曰, 李景莊今歲不可不收. 可憐彼兄, 每歲受撻. 由是始得及第.[1166]

바로《춘추좌전(春秋左傳)》을 읽다.[취독좌전(就讀左傳)] 애영(艾穎)[1167]이 젊은 나이에 향시에 응시하러 가다가 여관에서 한 시골 선비를 만났는데 모습이 매우 옹색하였다. 애영을 돌아보며 "자네는 이번에 가면 급제하게 될 거네."라고 말하였다. 애영이 "저는 운주(鄆州)에 사는데 스승과 벗도 없고 게다가 문수(汶水) 지역은 책도 없습니다. 이제 학문도 짧고 도와주는 이도 적지만 그냥 과거시험장이나 구경하려는 것일 뿐입니다."라고 대답하자 선비가 "내게 책이 한 권 있으니 그것을 자네에게 주겠네. 새벽에 갖다 주리다."라고 말하였다. 이튿날 과연 가지고 왔는데 바로《좌전》제10권이었다. 애영에게 이르기를, "이 책을 잘 익히면 분명 부귀를 얻을 것이네. 40년

1155.《신당서(新唐書)·원결전(元結傳)》

1156. 장탁(張倬): 내력이 자세하지 않다.

1157.《등과기(登科記)》: 과거시험 급제와 관련한 일들을 기록해 놓은 책이다.

1158.《당척언(唐摭言)》권10.

1159. 동도서말(東塗西抹): 원래는 여자가 연지나 분을 여기저기 발라 화장하는 것을 뜻하는 말인데, 문인이 글을 아름답게 꾸미는 것을 겸허하게 비유하는 말로도 쓰인다.

1160. 설봉(薛逢): 당(唐) 포주(蒲州) 출신으로 자가 도신(陶臣)이다. 시어사(侍御史), 상서랑(尙書郎), 비서감(秘書監) 등을 역임하였다.

1161. 전도(前導): 벼슬아치의 출행 때 길을 인도하는 병졸이다.

1162. 신낭군(新郎君): 새로 진사가 되거나 과거시험에 급제한 사람을 부르는 말이다.

1163. 아파(阿婆): 자기 자신을 낮추어 부르는 말이다.

1164.《당척언(唐摭言)》권3.

1165. 이경장(李景莊): 당(唐) 태원(太原) 출신으로 간의대부(諫議大夫), 형부시랑(刑部侍郎) 등을 역임하였다.

1166.《자치통감(資治通鑑)·당무종기(唐武宗紀)》

1167. 애영(艾穎): 내력이 자세하지 않다.

뒤에 또한 이 책으로 갑과(甲科)에 급제할 사람이 있을 텐데 수명이나 봉록은 자네에게 미치지 못할 것이네. 기억하고 있게나."라고 하였다. 애영이 자못 이상하게 여겼지만 당시 역시 읽고 외웠다. 마침 이우(李愚)가 지공거(知貢擧)를 맡아 '주정상물(鑄鼎象物)'1168이라는 제목의 부로 시험을 치르는데 사적이 (《좌전》) 제10권에 나오는 것이다. 일필휘지로 완성하니 이우가 칭찬하면서 갑과(甲科)에 발탁하였다. 40년 뒤 상부(祥符)1169 5년에 전시(殿試)에서 서석(徐奭)이 이 문제로 장원을 하였는데 애영은 뒤에 호부시랑(戶部侍郎)으로 치사하여 78세에 죽었고 서석은 40세에 한림학사(翰林學士)로 있다가 죽었다.《승수연담(澠水燕談)》

艾穎少年赴鄕擧, 逆旅中遇一村儒, 狀極闒茸. 顧謂艾曰, 君此行, 登第矣. 艾曰, 賤子家於鄆, 無師友, 加之汶上少典籍. 今學疏援寡, 聊覘場屋耳. 儒者曰, 吾有書一卷以授君, 詰旦奉納. 翌日果持至, 乃左傳第十也. 謂艾曰, 此書卷宜熟讀, 取富貴. 後四十年, 亦有人因此書登甲第科. 然齡祿俱不及君, 記之. 艾頗爲異, 時亦諷誦. 會李愚知擧, 試鑄鼎象物賦, 事在卷中. 一揮而就, 愚賞之, 擢甲科. 後四十年當祥符五年, 御試此題徐奭爲狀元, 艾後以戶部侍郎致仕, 七十八薨, 徐四十爲翰林學士卒.《澠水燕談》1170

오직 《악기(樂記)》를 읽었을 뿐이다.[취독악기(就讀樂記)] 객성사(客省使)1171 장퇴부(張退夫)1172가 과거에 응시할 때 술에 취해 나귀를 타고 저자를 지나다가 실수로 잡화를 파는 봇짐장수와 부딪혀 넘어뜨렸다. 그 사람이 계속 소리쳐대어 봇짐 안을 보았더니 단지 《악기소(樂記疏)》라는 책 한 권이 있을 뿐이었다. 결국 50냥으로 그것을 사자 그 사람이 비로소 떠났다. 장퇴부는 원래 책을 가지고 오지 않아서 단지 자신이 산 《악기소》를 읽었을 뿐이다. 얼마 뒤 예부시에서, '황종(黃鐘)1173이 음악의 마지막 절조이다(黃鍾爲樂之末節)'에 대한 논제를 냈는데, 오직 《악기》에서만 상세한 논의를 하였다. 시험장에서 뛰어나게 우수한 성적으로 합격하였고 이듬해에는 갑과에 급제하였다.《권유록(倦遊錄)》

張客省退夫應擧時, 因醉乘驢過市, 誤觸倒雜賣檐子. 其人喧呼不已, 視檐中, 止有樂記疏一冊. 遂以五十金市之, 其人乃去. 張初不攜文字, 止閱所買樂記疏一冊. 無何省試, 出黃鍾爲樂之末節論, 獨樂記爲詳論. 擅場遂高選, 明年擢甲科.《倦遊錄》1174

쥐가 《효경정의(孝經正義)》를 물어오다.[서함효경(鼠啣孝經)] 두호(杜鎬)1175가 전에 과거 합격할 때의 일이다. 시험 치려는 전날 밤에 큰 쥐가 앞에서 책을 한 권 물고 있는 것을 보았다. 쫓아가 보니 바로 《효경정의(孝經正義)》였다. 이튿날 과연 《효경정의》에서 세 문제가 나왔다.

杜鎬初登第時. 將試前夕, 見大鼠啣卷於前. 追之乃孝經正義. 明日果於正義中, 出題三道.1176

1168. 주정상물(鑄鼎象物): 우(禹)임금이 구정(九鼎)을 주조하여 만물을 상징한 일로, 뒤에는 군왕의 공덕을 칭송하는 말로 쓰였다.[《춘추좌전(春秋左傳)·선공(宣公)·3년》]

1169. 상부(祥符): 송(宋) 진종(眞宗)의 연호인 대중상부(大中祥符: 1008-1016)이다.

1170. 《승수연담(澠水燕談)·선조(先兆)》 권7.

1171. 객성사(客省使): 외국 손님의 접대를 관장하는 벼슬 이름이다.

1172. 장퇴부(張退夫): 송(宋) 복주(濮州) 출신으로 장항(張亢)으로 자가 공수(公壽)이고 호가 퇴부(退夫)이다. 미주방어사(眉州防禦使), 서주총관(徐州總管), 태위(太尉) 등을 역임하였다.

1173. 황종(黃鐘): 음의 높낮이를 조절하는 황종(黃鐘)부터 응종(應鐘)까지의 십이율려(十二律呂) 가운데 첫 번째 양률(陽律)을 가리킨다. 이를 기준으로 만든 음악을 뜻하기도 한다.

1174. 송(宋) 위태(魏泰) 《권유록(倦遊錄)》

1175. 두호(杜鎬): 송(宋) 무석(無錫) 출신으로 자가 문주(文周)이다. 직비각(直秘閣), 예부시랑(禮部侍郎) 등을 역임하였다.

1176. 《고금사문유취전집(古今事文類聚前集)·사진부(仕進部)》

꿈을 꾸고 이름을 바꾸다.[몽중개명(夢中改名)]

손몽득(孫夢得)[1177]은 처음 이름이 '관(貫)'이었고 자가 '도경(道卿)'이다. 일찍이 나에게 다음과 같은 말을 하였다. "제가 진사시험에 응시하려고 장안에 들렀을 때입니다. 꿈을 꾸었는데, 탑에 오르니 커다란 문서를 들고 있는 자가 보여 그에게 물었더니 '내년 봄의 합격자의 방문(榜文)이오'라고 하였습니다. 요구해서 보려고 했더니 안 된다고 하여, 그 속에 손관(孫貫)이란 이름이 있는지 물었습니다. 대답하기를, '없소. 다만 3등으로 손변(孫抃)이란 사람이 있소'라고 하여 꿈에서 깬 뒤 결국 이름을 '변'으로 고쳤는데 다음해에 과연 그러하였습니다."《동재기사(東齋記事)》

孫夢得, 初名貫, 字道卿. 嘗語予曰, 某擧進士, 過長安. 夢登塔, 見持一大文卷者, 問之, 云來年春榜. 索而視之, 不可. 問其間有孫貫否? 曰無. 惟第三人有孫抃. 旣寤, 遂改名抃, 明年果然.《東齋記事》[1178]

과거 급제자를 배출하지 못 하던 관례[천황(天荒)]를 깨다.[파천황(破天荒)] 당(唐) 형주(荊州)는 선비의 고장인데 매년 응시생들을 뽑아서 보냈지만 대부분 과거시험에 합격하지 못 하여 '천황해(天荒解)[과거 급제자를 배출하지 못 하는 해시(解試)]'라고 불렸다. 사인(舍人)[1179] 유태(劉蛻)[1180]가 형주의 해시 통과자로서 과거시험에 급제하자 '파천황(破天荒)'이라고 하였다. 당시에 최위공(崔魏公)이 형주를 다스리고 있었는데 '파천황전(破天荒錢)'이라고 70만 전을 유태에게 주자 유태가 사절하며 "30년 이래 바로 사람이 못한 것이지 천 리 밖을 어찌 '천황(天荒)'이라고 하겠습니까."라고 아뢰었다.《척언(摭言)》

唐荊州, 衣冠藪澤, 每歲解送擧人, 多不成名, 號曰天荒解. 劉蛻舍人以荊解及第, 號爲破天荒. 時崔魏公作鎭, 以破天荒錢七十萬, 資蛻, 蛻謝曰, 三十年來, 自是人廢, 一千里外, 豈曰天荒.《摭言》[1181]

고위직의 환관이 시를 청하다.[중귀걸시(中貴乞詩)]

하송(夏竦)[1182]이 지은 글들을 가지고 문정공(文靖公) 이항(李沆)[1183]에게 보냈는데, 그 중에 "산세는 벌의 허리처럼 끊겼고 시내는 제비 꼬리처럼 나뉘었네(山勢蜂腰斷, 溪流燕尾分)"라고 한 구절이 있었다. 뒤에 제과(制科)에 응시하여 조정에서 책문을 작성하는데 나이 든 환관이 말하기를, "현량(하송)께서는 훗날 틀림없이 고귀한 분이 되실 것입니다."라 하면서 오(吳) 지방의 고급 비단으로 만든 수건을 가지고 시를 써 달라고 요청하자 하송이 다음과 같은 시를 써 주었다.

殿上袞衣明日月,	전각 위의 곤룡포에는 해와 달이 밝고,
硯中旗影動龍蛇.	벼루 안의 깃발 그림자는 용처럼 꿈틀대네.
縱橫禮樂三千字,	종횡으로 써내려 간 예와 악에 관한 3천 자,
獨對丹墀日未斜.	홀로 궁중에서 책문을 쓰는데 해는 아직 기울지 않았네.

夏竦攜所業, 投李文靖公沆, 有山勢蜂腰斷, 溪流燕尾分之句. 後擧制科對策庭下, 有老宦者曰, 賢良他日必貴. 以吳綾手巾乞詩, 題曰. 殿上袞衣明日月, 硯中旗

1177. 손몽득(孫夢得): 송(宋) 미주(眉州) 출신의 손변(孫抃)으로, 몽득(夢得)은 그의 자이다. 참지정사(參知政事), 호부시랑(戶部侍郎) 등을 역임하였다.

1178. 송(宋) 범진(范鎭)《동재기사(東齋記事)》권5.

1179. 사인(舍人): 지위가 높은 집안의 자제를 가리키는 말이다.

1180. 유태(劉蛻): 당(唐) 장사(長沙) 출신으로 자가 복우(復愚)이다. 우습유(右拾遺), 중서사인(中書舍人) 등을 역임하였다.

1181.《당척언(唐摭言)》권2.

1182. 하송(夏竦): 송(宋) 강주(江州) 출신으로 자가 자교(子喬)이다. 인종(仁宗) 때에 추밀부사(樞密副使)에 올랐고, 후에 참지정사(參知政事)를 맡았다. 재지(才智)가 있었으나 권술(權術)을 숭상했고 탐욕스러웠으며 간사하다는 평을 받았다.

1183. 이항(李沆): 송(宋) 명주(洺州) 출신으로 자가 태초(太初)이다. 참지정사(參知政事), 평장사(平章事), 상서우복야(尙書右僕射) 등을 역임하였는데 '성상(聖相)'의 칭호가 있었다.

影動龍蛇. 縱橫禮樂三千字, 獨對丹墀日未斜.[1184]

붉은 비단으로 싼 떡을 하사하다.[사홍릉병(賜紅綾餠)] 희종(僖宗)[1185]이 남내궁(南內宮)의 흥경지(興慶池)에 행차하여 배를 띄우고 막 떡을 먹고 있었는데 당시 진사들이 곡강에서 과거시험 합격 축하연을 열고 있었다. 황제가 주방에 명하여 사람 수에 따라 붉은 비단으로 싼 떡을 하사하게 하니 담당자가 금합(金合)에 담아 왔다. 황제는 환관에게 명하여 빨리 가서 하사하도록 하였다. 그래서 서연(徐演)이 시에서, "늙고 병들어 이빨이 빠졌다고 속이지 말게, 일찍이 붉은 비단으로 하사한 떡을 먹은 적이 있다네."라고 한 것이다.《낙중기이(洛中紀異)》

僖宗幸南內興慶池泛舟, 方食餠餤, 時進士在曲江有聞喜宴. 上命御廚, 依人數, 各賜紅綾餠餤, 所司以金合進. 上命中官馳以賜. 故徐演詩云, 莫欺老缺殘牙齒, 曾喫紅綾餠餤來.《洛中紀異》[1186]

꽃을 하사하다.[사화(賜花)] 의종(懿宗)[1187]은 새로 급제한 자들이 곡강(曲江)에서 연회를 한다는 말을 듣고 명을 내려 금합(金合) 하나에 꽃을 꺾어서 환관을 시켜 연회 장소로 급히 보내게 하였다. 구두로 칙령을 전하기를 "바로 명하노니 꽃을 꽂고 술을 들도록 하라."고 하자 영광스런 일로 여기지 않는 이가 없었다.

懿宗聞新第宴於曲江, 乃命折花一金合, 令中官馳至宴所. 宣口勅曰, 便令戴花飮酒. 無不爲榮.[1188]

특별한 성취의 단약(丹藥)[고진환단(孤進還丹)] 허당(許棠)[1189]은 노년에 급제하였다. 일찍이 "급제한 뒤로 근육과 뼈가 젊었을 때보다 가볍고 건강하니, (과거급제의) 다른 이름이 바로 '특별한 성취의 단약(孤進還丹)'인 것을 알겠다."라고 말하였다.《금화자(金華子)》

許棠, 晩年登第. 嘗曰, 自得第筋骨, 輕健于少年, 則知一名乃孤進之還丹.《金華子》[1190]

낙려교(落驢橋) 팽항(彭伉)[1191]과 담분(湛賁)[1192]은 모두 원주(袁州) 의춘(宜春) 출신이다. 또 팽항의 아내는 담분의 이모이다. 팽항이 진사에 응시하여 합격하였는데 담분은 여전히 현의 아전이었다. 처가의 친척들이 잔치를 베풀어 주는데 모두가 관원과 명사들이었고 팽항은 상석에 앉은 채 온 좌석의 사람들이 모두 우러렀다. 담분은 심지어 뒤 건물에서 식사하도록 명을 받자 그의 아내가 성내면서 "사나이가 스스로 힘쓰지 않아 군색하고 모욕됨이 이와 같으니 다시 어떻게 용납 받겠습니까."라고 말하였다. 담분이 그 말에 느낌을 받아 부지런히 공부하여 몇 년이 되지 않아 단번에 급제하였다. 팽항이 한참 나귀를 타고 교외를 유람하고 있었는데 갑자기 집안의 하인이 달려와 담분이 급제하였다는 소식을 알리자 팽항은 말을 잃은 채 나귀에서 떨어졌다. 원주 사람들이 "담분이 급제하자 팽항이 나귀에서 떨어졌다네.(湛貴登第, 彭伉落驢)"라고 놀렸다. 지금 원주의 서쪽에 낙려교(落驢橋)가 있다.

彭伉·湛貴[1193], 俱袁州宜春人. 伉妻, 又湛姨也. 伉擧進士擢第, 湛猶縣吏. 妻族爲置賀宴, 皆官人名士, 伉居席之右, 一座盡傾. 湛至命飯于後閣, 其妻忿然曰,

---

1184. 송(宋) 위태(魏泰)《동헌필록(東軒筆錄)》권2.
1185. 희종(僖宗): 당(唐) 제20대 황제로 재위 기간은 873-888년이다.
1186.《산당사고(山堂肆考)·과제(科第)》
1187. 의종(懿宗): 당(唐) 제19대 황제로 재위 기간은 859-872년이다.
1188.《산당사고(山堂肆考)·과제(科第)》
1189. 허당(許棠): 당(唐) 선주(宣州) 출신으로 자가 문화(文化)이다. 예부시랑(禮部侍郎)을 지냈다.
1190. 남당(南唐) 유숭원(劉崇遠)《금화자잡편(金華子雜編)》권하.
1191. 팽항(彭伉): 당(唐) 원주(袁州) 출신으로 대리평사(大理評事)를 지냈다.
1192. 담분(湛賁): 당(唐) 원주(袁州) 출신으로 강음현주부(江陰縣主簿), 비릉태수(毗陵太守) 등을 역임하였다.
1193.《유원총보》의 '湛貴'는 '湛賁'의 오류이다.[《당척언(唐摭言)》권8]

男子不能自勵, 窘辱如此, 復何爲容. 湛感其言, 孜孜學業, 未數歲一擧登第. 沆方跨長耳, 縱遊于郊外, 忽有家童馳報湛郎及第, 沆失聲而墜. 袁人謔曰, 湛貴登第, 彭沆落驢. 今袁州西有落驢橋.[1194]

강신(江神)의 속세의 정[강신세정(江神世情)] 시견오(施肩吾)[1195])가 원화(元和)[1196] 10년에 급제하였는데 뒤에 양자강(楊子江)을 지나며 다음과 같은 시를 남겼다.

憶昔將貢年, 생각해 보니 옛날 과거보러 가던 해,
抱愁此江邊. 수심을 지닌 채 이 강변을 거닐었지.
魚龍互閃鑠, 물고기들은 비늘을 번쩍이고,
白浪高于天. 흰 물결은 하늘로 솟구쳤지.
今日步青草, 오늘 푸른 풀을 밟으며,
還來經此道. 다시 돌아와 이 길을 지나는구나.
江神也世情, 양자강의 신도 속세의 정이 있는지,
爲我風色好. 나를 위해 경치를 아름답게 하였구나.

《당시기사(唐詩紀事)》

庚肩吾[1197]元和十年登第, 後過楊子江詩云. 憶昔將貢年, 抱愁此江邊. 魚龍互閃鑠, 白浪高于天. 今日步青草, 還來經此道. 江神也世情, 爲我風色好.《唐詩紀事》[1198]

계단을 내려와 감사를 표하다.[강계칭사(降階稱謝)] 전례에 진사가 호명될 때에는 시종관이 측근에 시립해 있다가 자제 중에 선발에 낀 자가 있으면 반드시 계단을 내려와 감사를 표하였다. 건염(建炎)[1199] 초엽에 황제가 양주(楊州)에 행차하여 마침 진사합격자를 발표할 때 양중립(楊中立)[1200]이 시독(侍讀)으로 시립하고 있었는데 그의 아들 양휼(楊遹)이 호명되자 양중립도 역시 계단을 내려와 감사를 표하였다. 당시에 양휼의 나이가 이미 50여 살이었고 양중립은 70여 살이었다.

故事進士唱名, 從官侍立左右, 有子弟與選者, 必降階稱謝. 建炎初車駕在楊州, 會放進士時, 楊中立以侍讀侍立, 而其子遹預唱名, 中立亦降階稱謝. 時遹之年已五十餘, 中立七十餘矣.[1201]

계수나무 다섯 가지[단계오지(丹桂五枝)] 두우균(竇禹鈞)[1202]에게는 두의(竇儀), 두엄(竇儼), 두간(竇侃), 두칭(竇稱), 두희(竇僖)라는 다섯 아들이 있었는데 모두 과거에 급제하였다. 풍도(馮道)가 그에게 시를 증정하여, "신령스런 한 그루 참죽나무는 늙었는데, 계수나무 다섯 가지는 꽃이 피었네."라고 하였다.

竇禹鈞有子五人儀·儼·侃·稱·僖, 俱登科. 馮道贈之詩曰, 靈椿一株老, 丹桂五枝芳.[1203]

관기(官妓)를 부르고 잔치를 열다.[명기개연(命妓開燕)] 상서(尚書) 양여사(楊汝士)[1204]가 동천(東川)을 다스릴 때 그의 아들이 급제하였다. 양여사가 잔치를 열었는데 영내의 관기(官妓)가 모두 모였다. 양여사

1194. 《당척언(唐摭言)》 권8.
1195. 시견오(施肩吾): 당(唐) 홍주(洪州) 출신으로 자가 희성(希聖)이다. 원화(元和) 연간에 진사가 되었으며 시에 뛰어났다.
1196. 원화(元和): 당(唐) 헌종(憲宗)의 연호(806-820)이다.
1197. 《유원총보》의 '庚肩吾'는 '施肩吾'의 오류이다.[《당시기사(唐詩紀事)》 권41]
1198. 송(宋) 계민부(計敏夫) 《당시기사(唐詩紀事)》 권41.
1199. 건염(建炎): 남송(南宋) 고종(高宗)의 연호(1127-1130)이다.
1200. 양중립(楊中立): 송나라 때 유학자 양시(楊時)로 자가 중립(中立)이고 호가 구산(龜山)이며 시호는 문정(文靖)이다. 공부시랑(工部侍郎), 용도각직학사(龍圖閣直學士) 등을 역임하였다.
1201. 《고금사문유취전집(古今事文類聚前集)·사진부(仕進部)》
1202. 두우균(竇禹鈞): 오대(五代) 후주(後周) 출신으로 자가 어양(漁陽)이다. 우간의대부(右諫議大夫)를 역임하였다. 자신은 검소하면서 베풀기를 잘하였다.
1203. 《송사(宋史)·두의전(竇儀傳)》
1204. 양여사(楊汝士): 당(唐) 괵주(虢州) 출신으로 자가 모소(慕巢)이다. 중서사인(中書舍人), 형부상서(刑部尚書) 등을 역임하였다.

가 사람들에게 명하여 비단 한 단[端: 6장(丈)]씩을 주도록 하고 다음과 같은 시를 남겼다.

郎君得意正靑春, 낭군(郎君)[1205]이 뜻을 이룬 것이 한창 젊은 때이고,
蜀國將軍又不貧. 촉국(蜀國)의 장군이 또한 가난하지 않네.
一曲高歌綾一疋, 한 곡조 높은 노래 가락에 비단이 한 필이니,
兩頭娘子拜夫人. 두 갈래 머리의 낭자들이 부인에게 절하네.

楊汝士尙書鎭東川, 其子及第. 汝士開宴, 營妓咸集. 汝士命人, 與綾一端, 詩曰. 郎君得意正靑春, 蜀國將軍又不貧. 一曲高歌綾一疋, 兩頭娘子拜夫人.[1206]

자식이 급제한 것을 기뻐하다.[희자등과(喜子登科)] 시랑(侍郞) 장사석(張師錫)[1207]이 나이 80에 〈자식이 급제한 것을 기뻐하는 시〉를 지었는데 다음과 같다.

御榜今朝至, 황제의 방문(榜文)이 오늘 아침에 이르러,
見名心始安. 이름을 보니 마음이 비로소 안심되네.
爾能俱中第, 네가 이제 급제하였으니,
吾可遂休官. 나는 드디어 관직을 그만둘 수 있겠다.
賀客留連飮, 하객들은 머물며 계속 마셔대고,
家書反覆看. 집으로 온 편지를 반복해서 본다.
世科雖不繼, 대대로 벼슬자리 이어지지는 못했지만,
得慰二親難. 양친의 어려움을 위로할 수는 있겠다.

張師錫侍郎年八十, 有喜子登第詩曰. 御榜今朝至, 見名心始安. 爾能俱中第, 吾可遂休官. 賀客留連飮, 家書反覆看. 世科雖不繼, 得慰二親難.[1208]

사위 고르는 수레[택서거(擇壻車)] 당(唐)나라 때 진사들이 연회를 열면 항상 곡강(曲江)의 정자에서 하였다. 그날 공경 집안의 사람들이 마음 놓고 구경나와 화려한 수레가 줄 지어 도착하면 사윗감[동상(東牀)[1209]]에 적합한 자가 열에 여덟아홉은 되었다. 그래서 소동파(蘇東坡)의 시에, "주머니 텅 빈 것도 헤아리지 않고 봄철 말을 찾아 나섰더니, 눈 어질어질한 가운데 길에서 사위 고르는 수레를 구경하게 되었네."라고 하였다.

唐進士開宴, 常寄曲江亭, 其日公卿家縱觀, 鈿車珠鞅櫛比而至, 中東牀者十八九. 故坡詩云, 囊空不辦尋春馬, 眼眩行看擇壻車.[1210]

헌옷을 바꿔 입다.[환구의(換舊衣)] 장적(張籍)[1211]이 〈과거에 급제한 이여(李餘)를 전송하는 시〉에서, "돌아가면 오로지 황제께서 새로 내리실 직첩을 기다릴지니, 뒤에는 헌옷을 다투어 취하겠지요."라고 하였다. 새로 진사가 된 사람들은 옷을 남에게 준다는 것을 또한 알 수 있다.

張籍送李餘及第詩, 歸去惟將新誥牒, 後來爭取舊衣裳. 又知新進士以衣與人.[1212]

형제가 연이어 과거에 급제하다.[형제계등(兄弟繼登)] 백낙천(白樂天)[1213]과 동생들인 백민중(白敏中)과 백행간(白行簡)이 연이어 과거에 급제하자 백낙천

1205. 낭군(郎君): 귀족의 자제에 대한 통칭이다.
1206. 《시화총구(詩話總龜)·지기문(志氣門)》
1207. 장사석(張師錫): 송(宋) 개봉(開封) 출신으로 전중승(殿中丞)을 지냈다.
1208. 《시화총구(詩話總龜)·기실문(紀實門)》
1209. 동상(東牀): 사위를 비유하는 말이다. 진(晉)나라 때 치감(郗鑒)이 왕도(王導)에게 사윗감을 부탁하자 왕도가 자제들을 살피게 하였는데, 다른 사람들은 모두 자기 자랑을 하지만 왕희지(王羲之)만이 동쪽 곁채의 평상에서 배를 드러내 놓고 떡을 먹고 있는 것을 보고 그를 사위로 선택했다고 한다.[《진서(晉書)·왕희지전(王羲之傳)》]
1210. 《고금사문유취전집(古今事文類聚前集)·사진부(仕進部)》
1211. 장적(張籍): 당(唐) 오강(烏江) 출신으로 자가 문창(文昌)이다. 전쟁의 비정함과 전란 속에 겪는 백성들의 고난을 사실적으로 잘 묘사한 시인으로 국자사업(國子司業)을 지냈다.
1212. 《고금사문유취전집(古今事文類聚前集)·사진부(仕進部)》

이 다음과 같은 시를 지었다.

自憐郡姓爲儒少, 고을 사람 중에 유생이 적은 것이 아쉬웠는데,
豈料詞場中第頻. 과장에서 급제가 빈번할 줄을 어찌 생각했으랴.
折桂一枝先語我, 계수나무 한 가지 꺾는 것이 먼저 내게 말해지더니,
穿楊三葉[1214]盡驚人. 버드나무 세 잎을 꿰뚫어 사람들을 모두 놀라게 했구나."[1215]

白樂天·弟敏中·行簡, 相繼中第, 樂天作詩云. 自憐郡姓爲儒少, 豈料詞場中第頻. 折桂一枝先語我, 穿楊三葉盡驚人.[1216]

스승과 제자의 곤궁과 영달[사생궁달(師生窮達)]

이빈(李頻)[1217]은 방간(方干)의 수제자였다. (이빈이) 과거에 급제하자 방간이 시를 보내, "제자는 이미 계수나무 가지를 잡았는데, 선생은 아직도 구름 속에 누워 있구나."라고 하였다.

李頻, 方干高弟也. 登第後, 干寄詩曰, 弟子已攀桂, 先生猶臥雲.[1218]

모두 한문(寒門) 출신이 뽑히다.[개취한소(皆取寒素)] 원화(元和)[1219] 2년에 이원공(李源公)이 장원인 합격자 명단에 든 33인은 모두 한문(寒門) 출신이 뽑히자 당시 이런 시가 있었다.

元和天子丙申年, 원화 연간의 천자 치하인 병신년에,
三十三人同得仙. 33인이 함께 신선이 되었네.
袍似爛銀衣似錦, 도포는 찬란한 은빛이고 옷은 비단 같은데,
相將白日上青天. 서로 이끌어 대낮에 청천(青天)에 올랐네.

元和二載李源公榜三十三人, 皆取寒素, 時有詩曰. 元和天子丙申年, 三十三人同得仙. 袍似爛銀衣似錦, 相將白日上青天.[1220]

진사들에게 시를 하사하다.[사진사시(賜進士詩)]

태종(太宗)[1221]은 글을 좋아하여 진사들이 급제하면 문희연(聞喜宴)을 베풀어 주고 항상 시를 지어 하사하였다. 인종(仁宗)[1222]이 시를 하사한 것이 특히 많은데 경우(景祐)[1223] 연간에 시를 하사한 것 가운데 끝 연에서, "한미한 선비가 좋은 시운을 만났으니, 덕에 보답함이 어떠해야 할지."라고 하였다. 논자들이 이르기를, "질박하고 후덕하며 크고 웅장하니 진정 조서의 뜻이로다."라고 하였다.

太宗好文, 進士及第, 賜聞喜宴, 常作詩賜之. 仁宗賜詩尤多, 景祐年, 賜詩落句云, 寒儒逢景運, 報德合如何. 論者謂, 質厚宏壯, 眞詔旨也.[1224]

이정신(李廷臣)[1225]이 경관(瓊管)[1226]에서 벼슬할

1213. 백낙천(白樂天): 당(唐) 화주(華州) 출신으로 이름이 거이(居易)이고 낙천(樂天)은 자이다. 한림학사(翰林學士), 형부상서(刑部尚書), 강주사마(江州司馬), 항주자사(杭州刺史), 소주자사(蘇州刺史) 등을 역임하였으나 만년에는 낙양(洛陽)의 향산(香山)에 은거하여 시와 술로 소일했다. 자호를 향산거사(香山居士)라 하였다.
1214. 천양삼엽(穿楊三葉): 활을 쏘아 버드나무 세 잎을 꿰뚫는 훌륭한 활솜씨로, 세 형제가 과거에 급제한 것을 비유한 것이다.
1215. 시제(詩題)는 〈백민중이 급제한 것을 기뻐하다가 소회를 우연히 보이다(喜敏中及第偶示所懷)〉이다.
1216. 《산당사고(山堂肆考)·과제(科第)》
1217. 이빈(李頻): 당(唐) 수창(壽昌) 출신으로 자가 덕신(德新)이다. 시어사(侍御史), 건주자사(建州刺史) 등을 역임하였다.
1218. 《시화총구(詩話叢龜)·기증문(寄贈門)》
1219. 원화(元和): 당(唐) 헌종(憲宗)의 연호(806-820)이다.
1220. 《시화총구(詩話叢龜)·기실문(紀實門)》
1221. 태종(太宗): 송(宋) 제2대 황제로 재위 기간은 976-997년이다.
1222. 인종(仁宗): 송(宋) 제4대 황제로 재위 기간은 1023-1063년이다.
1223. 경우(景祐): 송(宋) 인종(仁宗)의 연호(1034-1037)이다.
1224. 《시화총구(詩話叢龜)·성제문(聖製門)》
1225. 이정신(李廷臣): 내력이 자세하지 않다.

때 한 이민족 사람이 비단 토시를 바쳤는데 비단 자락 위에, "은사한 도포에 남색(藍色)이 감돌고 선적(仙籍)[1227]에 계수나무 향기가 떠오른다."라는 한 연이 수놓아져 있었다. 바로 인종(仁宗)이 진사 급제자에게 하사한 시였다. 이정신이 천 금과 바꾸어 진귀한 보물로 소장하였다.

李廷臣官於瓊管, 有一夷人獻錦臂, 條上織成一聯云, 恩袍藍色動, 仙籍桂香浮. 乃仁廟朝賜進士及第人詩也. 廷臣以千金易之, 藏爲珍寶.[1228]

단지 한 사람보다 앞서다.[지압일인(止壓一人)]

주사후(周師厚)[1229]는 정해(鄭獬)가 장원인 합격자 명단에 급제하였는데 단지 진전(陳傳) 한 사람보다 앞서자 스스로 시를 지어 다음과 같이 말했다. "눈이 있어도 정해를 쳐다볼 수 없지만, 고개를 돌리면 그래도 진전을 볼 수 있어 기쁘네."

周師厚在鄭獬榜及第, 只壓得陳傳, 自賦云云. 有眼不堪看鄭獬, 回頭猶喜看陳傳.[1230]

소흥(紹興)[1231] 병오년(丙午年)에 정식 합격자의 일등은 왕십붕(王十朋)[1232]이고 특별 합격자의 일등은 이삼석(李三錫)[1233]이었다. 당시 종실의 자제가 (정식) 합격자 명단의 말미에 들어 있는 것을 보고 불쾌해 하자 어떤 사람이 시를 지어 그를 놀렸다. "머리를 들어도 비록 왕십붕을 보지 못 하지만, 다리를 쭉 펴면 그래도 이삼석을 밟을 수는 있으리라."

紹興丙午正奏名第一人, 王十朋, 特奏名第一人, 李三錫. 時宗室子居覩榜尾不樂, 或以詩戲之曰. 擧頭雖不窺王十, 伸脚猶能踏李三.[1234]

봉래산에서 최고이다.[수관봉산(首冠蓬山)] 노조(盧肇)[1235]가 시험관에게 사례하는 글에, "커다란 자라가 힘이 세고 튼튼하니[희희(屓贔)[1236]], 봉래산에서 최고입니다."라고 하였다. 시험관이 묻기를, "어떻게 봉래산에서 으뜸이라고 할 수 있는가?"라고 하자 대답하기를, "대개 거칠고 단단한 돌덩이가 위에 있는데 커다란 자라가 그것을 머리에 이고 있으니 최고가 아니겠습니까?"라고 하였다. 온 좌중의 사람들이 크게 웃었다.

盧肇謝試官啓云, 巨鰲屓贔, 首冠蓬山. 試官曰, 烏得首冠蓬山之謂? 肇曰, 大凡頑石在上, 巨鰲戴之, 豈非首冠耶. 一坐大笑.[1237]

겨우 5등을 얻다.[지득제오(止得第五)] 정의부(鄭毅夫)[1238]가 당시의 명성을 자부하고 있었는데 국자감에서 5등으로 보내자 마음속으로 매우 불만스럽게 여겨 시험담당관에게 사례하는 글에, "이광(李廣)은 업적이 최고라고 여겼는데 두목(杜牧)의 문장이 겨우 5등을 얻었습니다. 천리마가 이미 늙어 둔마가 앞서는 것을 달게 받아들이고 큰 자라가 영험하지 못해 단

1226. 경관(瓊管): 해남성 경주부(瓊州府)의 별칭이다. '관(管)'은 당나라 때 장강(長江) 이남에 설치했던 특별 관할 구역이다.
1227. 선적(仙籍): 과거급제자의 명부를 비유한다.
1228. 《시화총구(詩話叢龜)·성제문(聖製門)》
1229. 주사후(周師厚): 송(宋) 은(鄞) 출신으로 자가 돈부(敦夫)이다. 형호남로전운판관(荊湖南路轉運判官)을 지냈다.
1230. 《고금사문유취전집(古今事文類聚前集)·사진부(仕進部)》
1231. 소흥(紹興): 남송(南宋) 고종(高宗)의 연호(1131-1162)이다.
1232. 왕십붕(王十朋): 송(宋) 온주(溫州) 출신으로 자가 구령(龜齡)이다. 여러 주의 지사(知事)와 태자첨사(太子詹事), 용도각학사(龍圖閣學士) 등을 역임하였다.
1233. 이삼석(李三錫): 내력이 자세하지 않다.
1234. 《고금사문유취전집(古今事文類聚前集)·사진부(仕進部)》
1235. 노조(盧肇): 당(唐) 원주(袁州) 출신으로 자가 자발(子發)이다. 저작랑(著作郞), 집현원직학사(集賢院直學士)를 역임하였다.
1236. 희희(屓贔): 힘 있고 튼튼한 모양이다.
1237. 《당척언(唐摭言)》 권2.
1238. 정의부(鄭毅夫): 송(宋)의 정치가이자 사인(詞人)인 정해(鄭獬)로 자가 의부(毅夫)이다. 한림학사(翰林學士), 권지개봉부(權知開封府) 등을 역임하였으나, 왕안석(王安石)의 미움을 사서 항주(杭州), 청주(青州) 등의 지방관으로 나갔다.

단한 돌덩이가 위에 있게 되었습니다."라고 하였다. 《필담(筆談)》

鄭穀夫自負時名, 國子監以第五人送. 意甚不平, 謝主司啓云, 李廣事業, 自謂無雙, 杜牧文章, 止得第五. 騏驥已老, 甘駑馬以先之, 巨鼇不靈, 因頑石之在上.《筆談》[1239]

위의 주자사(州刺史)를 대단하게 여기지 않다.[불박상주(不博上州)] 당(唐) 문종(文宗)[1240] 이 일찍이 진사의 성대함을 말하자 재상이 "향시 과거장에서 자기들끼리 말하기를, '향시에서 추천된 진사들은 위의 주자사를 대단하게 여기지 않는다'라고 하옵니다." 라고 대답하였는데, 황제가 웃었다.

唐文宗曾言進士之盛, 宰相對曰, 鄉場中自云, 鄉貢進士, 不博上州刺史. 上笑.[1241]

진사를 매우 좋아하다.[혹애진사(酷愛進士)] 당(唐) 선종(宣宗)[1242]은 진사 급제자를 매우 좋아하여 매번 조정 신하들에게 급제자에 대해 물었다. 만약 과거에서 잘 대답한 자가 있으면 크게 기뻐하며 곧바로 시험본 시부(詩賦)의 제목과 시험담당관의 성명을 물었다. 간혹 어떤 사람이 그런대로 괜찮은데 우연히 합격하지 못했으면 안타까워하고 시간이 지나면 항상 내정에서 자체로 시험을 보았으니 향시 추천 진사인 이도룡(李道龍)이 그런 경우이다.

唐宣宗酷愛進士及第, 每對朝臣問及第. 苟有科名對者, 必大喜, 便問所試詩賦題目, 併主司姓名. 或有人物稍好者, 偶不中第, 嘆惜, 移時常於內自題, 鄉貢進士李道龍.[1243]

눈을 씻고 보다.[세안간(洗眼看)] 이신(李紳)[1244]이 양주(楊州)를 다스릴 때 장효표(章孝標)[1245]가 객으로 있으면서 〈춘설시(春雪詩)〉를 지었다. 급제 후에 다음과 같은 시를 지어 이신에게 보냈다.

及第全勝十政官,	급제하여 열 정관(政官)[1246]을 이기니,
金鞍鍍了出長安.	도금한 금 안장으로 장안을 나서네.
馬頭漸入楊州郭,	말머리가 점차 양주(楊州)의 외곽으로 들면서,
爲報時人洗眼看.	이 사람들에게 알리니 눈을 씻고 보네.

이신이 절구 한 수로 그에게 다음과 같이 경계하였다.

假金方用眞金鍍,	가짜 금에 막 진짜 금으로 도금하니,
若是眞金不鍍金.	만약 진짜 금이라면 도금하지 않는다네.
十載長安得一第,	10년 동안 장안에 있다가 한 번 급제하고서,
何須空腹用高心.	어찌 꼭 텅빈 배로 자존심을 부려야 하겠는가. 《당시화(唐詩話)》

李紳鎭楊州, 章孝標爲客, 賦春雪詩, 及第後, 寄紳曰, 及第全勝十政官, 金鞍鍍了出長安. 馬頭漸入楊州郭, 爲報時人洗眼看. 紳以一絶箴之曰. 假金方用眞金鍍, 若是眞金不鍍金. 十載長安得一第, 何須空腹用高心. 《唐詩話》[1247]

왕노인이 재상이 되다.[왕로위상(王老爲相)] 당(唐)

1239.《몽계필담(夢溪筆談)·인사(人事)》
1240. 문종(文宗): 당(唐) 제16대 황제로 재위 기간은 826-840년이다.
1241.《태평광기(太平廣記)》 권181.
1242. 선종(宣宗): 당(唐) 제18대 황제로 재위 기간은 847-858년이다.
1243.《천중기(天中記)》 권38.
1244. 이신(李紳): 당(唐) 박주(亳州) 출신으로 자가 공수(公垂)이다. 우습유(右拾遺) 한림학사(翰林學士) 등을 역임하였다.
1245. 장효표(章孝標): 내력이 자세하지 않다.
1246. 정관(政官): 군정을 담당하던 관리를 가리킨다.
1247.《당시기사(唐詩紀事)》 권41.

왕파(王播)[1248]가 50에 비로소 급제하자 동기인 진통방(陳通方)이 나이가 가장 어렸는데 장난삼아 왕파의 등을 어루만지며 "왕노인, 왕노인, 한 번의 급제를 받으셨군요."라고 말하였다. 해는 기울고 길은 먼데 자신과 함께 관직을 받았다는 말이다. 왕파가 "아마 세 번은 받겠지."라고 말하자 진통방이 "한 번도 심하다고 하겠는데 어찌 두 번인들 가능하겠습니까."라고 하였다. 왕파가 그것을 마음에 두고 있었는데 재상이 되었고 진통방은 끝내 곤경을 겪다가 죽었다.《민천명사전(閩川名士傳)》

唐王播五十始第, 同年陳通方年最少, 因戲拊播背曰, 王老, 王老, 奉贈一第. 言日暮途遠, 便同贈官也. 播曰, 擬應三篇. 通方曰, 一之謂甚, 其可再乎. 王銜之, 及爲相, 通方竟爲所困而終.《閩川名士傳》[1249]

비단 도포에 도롱이를 걸치다.[금상피사(錦上披蓑)] 허맹용(許孟容)[1250]이 진사에 급제하였고 학구(學究)[1251]로 제과(制科)에 오르자 당시 사람들이 "비단 도포에 도롱이를 걸쳤다."라고 하였다.《척언(摭言)》

許孟容進士及第, 學究登科, 時號, 錦襖子上着蓑衣.《摭言》[1252]

채경(蔡京)[1253]이 진사로 학구과(學究科)에 오르자 당시 사람들이 "급제를 잘 하여 과명(科名)을 더럽혔다."라고 하면서 '비단 도포에 도롱이를 걸쳤다'는 조롱이 있었다.《당시기사(唐詩紀事)》

蔡京以進士登學究科, 時謂, 好及第, 惡科名. 有錦上披蓑之誚焉.《唐詩紀事》[1254]

'봉(鳳)'자를 꿈꾸다.[몽봉자(夢鳳字)] 정부(鄭傅)[1255]가 과거에 응시할 때 일찍이 꿈에서 급제자의 방문(榜文)을 보았는데 방문에는 단지 큰 글씨의 '봉(鳳)'자만 보였다. 대중(大中)[1256] 원년 겨울에 봉상(鳳翔)의 해시를 보는데 봉상부의 향시 시험지 위의 글자가 '봉(鳳)'자인 것이 보였다. 동도(東都)에 이르러 〈구산(緱山)의 달밤에 왕자진(王子晉)이 생황 부는 소리를 듣는다(緱山月夜聞王子晉吹笙)〉는 시로 시험을 보는데 좌석 옆에 있는 모든 시에 '봉(鳳)'자가 있었다. 다음해에 과연 급제하였다.

鄭傅應擧時, 曾夢看及第榜, 榜上但見大書鳳字. 大中元年冬, 求解鳳翔, 偶看本府鄉貢試紙之首, 便是鳳字. 至東都, 試緱山月夜聞王子晉吹笙詩, 坐側諸詩, 悉有鳳字. 明年果登第焉.[1257]

다시 '사극(四克)'을 만나다.[재우사극(再遇四克)] 장규(張奎)[1258]는 자가 중야(仲野)로 순희(淳熙)[1259] 정유(丁酉)년의 진사에 급제하였다. 전에 융흥(隆興)[1260] 을유(乙酉)년에 향시를 칠 때에 시험담당관

1248. 왕파(王播): 당(唐) 태원(太原) 출신으로 자가 명양(明敭)이다. 중서시랑(中書侍郎), 동평장사(同平章事) 등을 역임하였다.
1249. 《태평광기(太平廣記)》 권181.
1250. 허맹용(許孟容): 당(唐) 경조(京兆) 출신으로 자가 공범(公範)이다. 경조윤(京兆尹), 병부낭중(兵部郎中) 등을 역임하였다.
1251. 학구(學究): 과거시험 과목 가운데 하나이다. 당나라 때는 명경과(明經科)에 '학구일경(學究一經)'이란 과목이 있었고 송나라 때는 예부시(禮部試)의 십과(十科) 가운데 하나였다.
1252. 《당척언(唐摭言)》 권9.
1253. 채경(蔡京): 송(宋) 선유(仙遊) 출신으로 자가 원장(元長)이다. 송나라 때 간신으로 우복야(右僕射), 사공(司空), 태사(太師) 등 요직을 거치면서 네 차례나 재상의 자리에 올랐다.
1254. 《당시기사(唐詩紀事)》 권49.
1255. 정부(鄭傅): 내력이 자세하지 않다.
1256. 대중(大中): 당(唐) 선종(宣宗)의 연호(847-859)이다.
1257. 《천중기(天中記)》 권38.
1258. 장규(張奎): 송(宋) 임복(臨濮) 출신으로 자가 중야(仲野)이다. 하동도전운사(河東都轉運使), 하남부지부사(河南府知府事) 등을 역임하였다.
1259. 순희(淳熙): 남송(南宋) 효종(孝宗)의 연호(1174-1189)이다.
1260. 융흥(隆興): 남송(南宋) 효종(孝宗)의 연호(1163-1164)이다.

이 낸 제목이, "강(彊)하여 순하지 않은 자는 강(剛)으로 다스리고 화(和)하여 순한 자는 유(柔)로 다스리며, 침잠(沈潛)한 자는 강(剛)으로 다스리고 고명(高明)한 자는 유(柔)로 다스린다(彊不友剛克, 燮友柔克, 沈潛剛克, 高明柔克)."[1261]로 나왔다. 얼마 후에 봄 과거에서 낙방하였는데 꿈에 신인(神人)이 말해 주기를, "네가 만약 다시 '사극(四克)'을 만나면 성공할 것이다."라고 하였는데 순희 정유년의 시험 제목이 "삼가고 두려워하소서. 하루 이틀 사이에도 기미가 만 가지나 됩니다(兢兢業業. 一日二日, 萬幾)."[1262]로 나왔다. 시험장에서 정삼외(程三畏)를 만났는데 큰 소리로 "장규, 축하하네. 이제 과연 '사극(四克)'이 나왔네."라고 말하였다. 마침내 다시 천거되었고 정삼외는 해시의 수석을 차지하였다.

張奎, 字汝弼[1263], 登淳熙丁酉進士. 初隆興乙酉鄕擧時, 主司命題云. 彊不友剛克, 燮友柔克, 沈潛剛克, 高明柔克. 已而春官失科, 夢神人告曰, 汝若再遇四克, 有濟. 淳熙丁酉試題云, 兢兢業業. 一日二日, 萬幾. 場中遇程三畏, 厲聲曰, 汝弼可賀矣. 今果有四克. 遂再薦三畏爲解首.[1264]

아버지와 아들이 급제하다. [부자등과(父子登科)]

당(唐) 한사언(韓思彦)[1265]은 하필성장과(下筆成章科)[1266]와 지열추상과(志烈秋霜科)에 응시하여 급제하였다. 아들인 한완(韓琬)은 무재과(茂才科)에 응시하여 급제하였고, 또 문예우장과(文藝優長科)와 현량방정과(賢良方正科)에 응시하여 급제하였다.

唐韓思彦擧下筆成章·志烈秋霜科, 擢第. 子琬擧茂才, 擢第, 又擧文藝優長·賢良方正科, 擢第.[1267]

소괴(蘇瓌)[1268]는 자가 창용(昌容)으로 진사시험에 급제하였다. 아들 소정(蘇頲)은 자가 정석(廷碩)으로 역시 진사시험에 급제하였고 또 현량방정과에 응시하여 우수한 성적으로 합격하였다.

蘇瓌, 字昌容, 擢進士第. 子頲, 字廷碩, 亦擢進士, 又擧賢良方正, 異等.[1269]

귀숭경(歸崇敬)[1270]은 대책(對策)으로 장원을 차지하였고 아들 귀등(歸登)은 정원(貞元)[1271] 초엽에 대책(對策)으로 현량과에 합격하였다.

歸崇敬, 對策第一, 子登, 貞元初策賢良.

조불기(趙不器)[1272]와 아들 조하일(趙夏日), 조동희(趙冬曦), 조화벽(趙和璧), 조안정(趙安貞), 조거정(趙居貞), 조이정(趙頤貞), 조휘정(趙彙貞) 부자는 여덟 명이 모두 진사시험에 급제하여 사람들이 '과제조가'(科第趙家: 과거 급제자를 배출한 조씨 가문)라고 불렀다.

趙不器, 與子夏日·冬曦·和璧·安貞·居貞·頤貞·彙貞, 父子八人, 俱進士及第, 人稱科第趙家.

위수(韋綬)[1273]는 효렴과에 합격하고 또 진사과에 합격하였으며 명경과에도 합격하였다. 아들 위온(韋溫)은 겨우 일곱 살에 글 수천 자를 암송하였고 열한 살 때 양경과(兩經科)에 응시해서 급제하였다. 또 위

1261. 《서경(書經)·주서(周書)·홍범(洪範)》
1262. 《서경(書經)·우서(虞書)·고요모(皐陶謨)》
1263. 《유원총보》의 '汝弼'은 '仲野'의 오류이다. [《송사(宋史)·장규전(張奎傳)》]
1264. 《천중기(天中記)》 권38.
1265. 한사언(韓思彦): 당(唐) 등주(鄧州) 출신으로 자가 영원(英遠)이다. 감찰어사(監察御使)를 역임하였다.
1266. 하필성장과(下筆成章科): 당(唐)나라의 과거시험 과목의 하나이다. 아래의 과목들도 마찬가지이다.
1267. 《신당서(新唐書)·한사언전(韓思彦傳)》
1268. 소괴(蘇瓌): 당(唐) 경조(京兆) 출신으로 자가 창용(昌容)이다. 호부상서(戶部尙書), 상서우복야(尙書右僕射), 동중서문하삼품(同中書門下三品) 등을 역임하였다.
1269. 《산당사고(山堂肆考)·사진(仕進)》. 이하 아버지와 아들이 함께 급제한 내용은 출전이 동일하다.
1270. 귀숭경(歸崇敬): 당(唐) 오(吳) 출신으로 자가 정례(正禮)이다. 좌습유(左拾遺), 병부상서(兵部尙書) 등을 역임하였다.
1271. 정원(貞元): 당(唐) 덕종(德宗)의 연호(785-805)이다.
1272. 조불기(趙不器): 당(唐) 정주(定州) 출신으로 일곱 아들과 함께 모두 진사시험에 급제하였다.

수의 동생 위순(韋純)은 진사과에 합격하고 다시 현량방정과에 응시하여 우수한 성적으로 급제하였다. 위순의 아들 위오(韋澳) 역시 진사과에 응시하여 급제하였다.

韋綬擧孝廉, 又擧進士, 擢明經. 子溫方七歲, 誦書數千言, 十一歲擧兩經, 及第. 又綬弟純, 擧進士, 又擢賢良方正, 異等. 純子澳, 亦擧進士第.

영호초(令狐楚)[1274]는 영호덕분(令狐德棻)의 후손으로 다섯 살에 문장을 잘 지었고 약관의 나이가 되어 진사과에 합격하였다. 아들 영호도(令狐綯)가 또 진사과에 합격하였다.

令狐楚, 德芬之裔, 五歲能詞章, 及冠擧進士. 子綯, 復擧進士.

배수진(裵守眞)[1275]은 진사과에 급제한 뒤 여섯 종류의 과거[육과(六科)[1276]]에 연이어 합격하였다. 아들 배자여(裴子餘)는 명경과에 합격하였다.

裵守眞擧進士, 六科連中. 子子餘, 中明經.

설존성(薛存誠)[1277]은 진사시험에 급제하였고 아들 설정로(薛廷老) 역시 진사시험에 급제하였는데 곧고 바름이 부친의 기풍을 지녔다.

薛存誠中進士第, 子廷老亦第進士, 讜正有父風.

송(宋) 여이간(呂夷簡)[1278]은 자가 탄부(坦夫)로 진사과에 급제하였다. 아들 여공저(呂公著)도 진사과에 급제하였다.

宋呂夷簡, 字坦夫, 及進士第. 子公著, 中進士第.

사마광(司馬光)[1279]은 진사과의 갑과(甲科)에 급제하였고 아들 사마강(司馬康)은 자가 공휴(公休)로 명경과에 급제하였다. 사마광이 "나는 천성적으로 화려하고 사치스러운 것을 좋아하지 않았다. 이십 세에 과거에 급제하였을 때 합격 축하연에서 혼자만 머리에 꽃을 꽂지 않자 동기생이 '임금께서 하사하신 것이니 어길 수 없다'라고 하여 꽃 한 송이만을 머리에 꽂았다."라고 말하였다.

司馬光擧進士甲科, 子康, 字公休, 明經中第. 溫公曰, 吾性不喜華靡. 二十忝科名, 聞喜宴獨不簪花, 同年曰, 君賜, 不可違也. 乃簪一花.

홍호(洪皓)[1280]는 정화(政和)[1281] 5년에 진사시험에 급제하였다. 아들 홍준(洪遵)은 사과(詞科)[1282]에 장원급제하였고 홍괄(洪适)과 홍매(洪邁)도 역시 사과에 합격하였다.

洪皓, 政和五年登進士第. 子遵冠詞科, 适·邁亦中詞科.

1273. 위수(韋綬): 당(唐) 경조(京兆) 출신으로 자가 자장(子章)이다. 예부상서(禮部尙書), 검교호부상서(檢校戶部尙書) 등을 역임하였다.

1274. 영호초(令狐楚): 당(唐) 화원(華原) 사람으로 자가 각사(殼士)이다. 중서시랑(中書侍郞), 문하시랑(門下侍郞), 동중서문하평장사(同中書門下平章事) 등과 여러 지방의 절도사(節度使), 관찰사(觀察使)를 역임하였는데 가는 곳마다 선정(善政)을 베풀었다.

1275. 배수진(裵守眞): 당(唐) 강주(絳州) 출신으로 자가 방충(方忠)이다. 사부승(司府丞), 성주자사(成州刺史) 등을 역임하였다.

1276. 육과(六科): 당나라 때 수재(秀才), 명경(明經), 진사(進士), 명법(明法), 명서(明書), 명산(明算)의 여섯 종류 과거시험을 가리킨다.

1277. 설존성(薛存誠): 당(唐) 하중(河中) 출신으로 자가 자명(資明)이다. 감찰어사(監察御史), 어사중승(御史中丞), 상서랑(尙書郞) 등을 역임하였다.

1278. 여이간(呂夷簡): 송(宋) 수주(壽州) 출신으로 자가 탄부(坦夫)이다. 참지정사(參知政事), 사공(司空), 평장군국중사(平章軍國重事) 등을 역임하였다.

1279. 사마광(司馬光): 송(宋) 섬주(陝州) 출신으로 자가 군실(君實)이다. 한림겸시독학사(翰林兼侍讀學士), 좌복야(左僕射) 등을 역임하였고 《자치통감(資治通鑑)》을 편찬하였다. 사후에 온국공(溫國公)에 봉해졌기 때문에 온공(溫公)으로 칭해진다.

1280. 홍호(洪皓): 송(宋) 요주(饒州) 출신으로 자가 광필(光弼)이다. 수주사록(秀州司錄), 휘유각대제(徽猷閣待制) 등을 역임하였다.

1281. 정화(政和): 북송(北宋) 휘종(徽宗)의 연호(1111-1117)이다.

1282. 사과(詞科): 학문이 폭넓고 문장이 뛰어나 조정의 문서를 기초할 만한 인재를 뽑기 위한 과거시험에 대한 총칭으로 '굉사과(宏詞科)'라고 한다.

사호(史浩)[1283]와 아들 사미원(史彌遠) 모두 과거시험에 합격하여 재상에 제수되었다.

史浩及子彌遠, 皆登科拜相.

양호(梁顥)[1284]는 자가 태소(太素)로 〈궁정의 횃불을 읊은 부〉로 급제하였고 아들 양고(梁固)는 진사 시험에 〈큰 덕을 '생(生)'이라고 한다(大德曰生)[1285]는 부〉로 부자가 모두 장원급제하였다.

梁顥, 字太素, 試庭燎賦, 登第, 子固, 試進士大德曰生賦, 父子皆第一.

장거화(張去華)[1286]는 진사과에 장원급제하였다. 아들 장사덕(張師德) 역시 급제하였다.

張去華登進士第一, 子師德, 亦登科.

할아버지와 손자가 급제하다.[조손등과(祖孫登科)]

당(唐) 적인걸(狄仁傑)[1287]은 명경과에 급제하였고 손자인 적겸모(狄兼謨)가 또 진사과에 급제하였다.

唐狄仁傑擧明經第, 孫兼謨, 又及進士第.[1288]

엄정지(嚴挺之)[1289]는 제과(第科)에 합격하였고 손자인 엄수(嚴綬)도 진사과에 급제하였다.

嚴挺之擢第科, 孫綬, 又擢進士第.

공규(孔戣)[1290]는 진사과에 합격하였고 손자인 공위(孔緯)도 진사과에 급제하였다.

孔戣擢進士第, 孫緯又第進士.

정여경(鄭餘慶)[1291]과 손자인 정당(鄭讜)이 모두 진사에 급제하였다.

鄭餘慶及孫讜, 皆第進士.

우승유(牛僧孺)[1292]는 대책(對策)으로 장원급제하였고 손자인 우휘(牛徽)도 진사에 급제하였다.

牛僧孺對策第一, 孫徽亦擧進士.

최융(崔融)[1293]은 여덟 가지 과거시험[팔과(八科)[1294]]에 우수한 성적으로 합격하였고 증손자인 최종(崔從)은 진사과에 합격하였다. 최종의 아들인 최신유(崔愼由)는 처음에는 진사과에 합격하였다가 다시 현량방정과에 우수한 성적으로 합격하였다.

崔融擢八科高第, 曾孫從擢進士第. 從子愼由初擢進士, 又擢賢良方正異等.

위인약(韋仁約)[1295]은 자가 사겸(思謙)으로 진사과에 급제하였다. 아들 위승경(韋承慶)도 진사과에 급제하였고 위사립(韋嗣立)은 위승경과 배다른 형제로

1283. 사호(史浩): 송(宋) 은(鄞) 출신으로 자가 직옹(直翁)이다. 국자박사(國子博士), 왕부교수(王府敎授) 등을 역임하였다.
1284. 양호(梁顥): 송(宋) 운주(鄆州) 출신으로 자가 태소(太素)이다. 한림학사(翰林學士), 권지개봉부(權知開封府) 등을 역임하였다.
1285. 대덕왈생(大德曰生): 《역경(易經)·계사하(系辭下)》, "天地之大德曰生, 聖人之大寶曰位."
1286. 장거화(張去華): 송(宋) 양읍(襄邑) 출신으로 자가 신신(信臣)이다. 공부시랑(工部侍郎)을 지냈다.
1287. 적인걸(狄仁傑): 당(唐) 병주(并州) 출신으로 자가 회영(懷英)이다. 대리승(大理丞), 지관시랑(地官侍郎), 영주자사(寧州刺史), 위주자사(魏州刺史) 등을 역임하였다.
1288. 《산당사고(山堂肆考)·사진(仕進)》. 이하 할아버지와 손자가 함께 급제한 내용은 출전이 동일하다.
1289. 엄정지(嚴挺之): 당(唐) 화음(華陰) 출신의 엄준(嚴浚)으로 자가 정지(挺之)이다. 급사중(給事中)을 지내다가 재상의 노여움을 사 복주자사(濮州刺史)와 변주자사(汴州刺史)로 좌천되었고, 뒤에 상서좌승(尙書左丞)과 낙주자사(洛州刺史)를 지냈다.
1290. 공규(孔戣): 당대(唐代) 사람으로 자가 군엄(君嚴)이다. 화주자사(華州刺史), 예부상서(禮部尙書) 등을 역임하였다.
1291. 정여경(鄭餘慶): 당(唐) 정주(鄭州) 출신으로 자가 거업(居業)이다. 중서시랑(中書侍郎), 동중서문하평장사(同中書門下平章事), 태자소사(太子少師) 등을 역임하였다.
1292. 우승유(牛僧孺): 당(唐) 안정(安定) 출신으로 자가 사암(思黯)이다. 우파(牛派)의 영수로 이덕유(李德裕)를 영수로 하는 이파(李波)와 당쟁을 일삼아 유명한 우이당쟁(牛李黨爭)을 일으켰다.
1293. 최융(崔融): 당(唐) 전절(全節) 출신으로 자가 안성(安成)이다. 시독(侍讀), 국자사업(國子司業) 등을 역임하였다.
1294. 팔과(八科): 당대(唐代)의 과거시험인 수재(秀才), 명경(明經), 개원례(開元禮), 삼전(三傳), 사(史), 진사(進士), 명법(明法), 서학(書學) 등에 대한 총칭이다.
1295. 위인약(韋仁約): 당대(唐代) 사람으로 자가 사겸(思謙)이다. 봉각난대삼품(鳳閣鸞臺三品)과 태중대부(太中大夫) 등을 역임했다.

역시 진사과에 급제하였으며, 위사립의 아들 위홍경(韋弘景) 역시 진사과에 급제하였다.

韋仁約, 字思謙, 及進士第. 子承慶又擢第, 嗣立與承慶異母, 亦第, 嗣立子弘景, 亦第.

유공작(柳公綽)[1296]은 현량방정과(賢良方正科)와 직언극간과(直言極諫科)에 합격하였고 아들 유중영(柳仲郢)은 진사과에 합격하였으며 손자인 유빈(柳玭)도 명경과에 합격하였다.

柳公綽擧賢良方正·直言極諫, 子仲郢進士第, 孫玭擢明經.

갈대 모자[석모(蓆帽)[1297]]를 벗다.[이석모(離蓆帽)] 《청상잡기(青箱雜記)》의 기록이다. 송(宋) 초기에는 여전히 당(唐)의 제도를 답습하여 선비들이 모두 도포를 입고 외출할 때는 갈대 모자를 썼다. 이손(李巽)[1298]이 여러 차례 과거에 응시했다가 낙방하자 고향 사람이 "이수재는 언제쯤이나 갈대모자를 몸에서 벗을지 모르겠다."라고 말하였는데 과거시험에 급제한 뒤에 고향 사람에게 다음과 같은 시를 주었다.

當年蹤跡困泥塵,	당시에 발자취가 진흙과 먼지로 애를 먹더니,
不意乘時亦化鱗	뜻밖에 때를 타고서 나도 용이 되었네.
爲報鄉閭親戚道,	나를 위해 고향 사람과 친척들에게 말해 주시게,
如今蓆帽已離身.	이제는 갈대 모자를 몸에서 벗었다고.

살펴보건대, '석모(蓆帽)'는 본래 강족 사람들의 머리 복식으로 양털로 만드는데 바로 요즘의 양털삿갓이다. 진나라와 한나라 때는 다투어 그것을 착용하였고 뒤에는 개조해서 갈대를 뼈대로 하고 가죽을 씌웠다. 그래서 그것을 '석모'라고 하였다.

青箱雜記. 宋初猶襲唐制, 士子皆曳袍, 出則蓆帽隨身. 李巽累擧不第, 鄉人曰, 李秀才不知甚時蓆帽離身. 及第後, 遺詩鄉人曰. 當年蹤跡困泥塵, 不意乘時亦化鱗 爲報鄉閭親戚道, 如今蓆帽已離身. 按, 蓆帽本羌人首服, 以羊毛爲之, 卽今氈笠. 秦漢時競服之, 後改以蓆爲骨而鞔之. 故謂之蓆帽.[1299]

담요를 덮다.[개번전(蓋番氈)] 《진중세시기(秦中歲時記)》의 기록이다. 당(唐) 태화(太和)[1300] 8년에 진사시험 합격자 명단을 발표했는데, 가난한 선비가 많자 무명인이 다음과 같은 시를 지었다.

乞兒還有大通年,	거지도 운수가 대통하는 해가 있어,
六十三人籠伏[1301]全.	63명이 옷궤[농장(籠杖)[1302]]를 갖추게 되었구나.
薛庶準前騎瘦馬,	(그런데도) 설서(薛庶)는 전처럼 야윈 말을 타고,
苑鄭依舊蓋番氈.	범찬(苑鄭)은 여전히 담요를 덮는구나.

秦中記. 唐太和八年放進士, 多貧士, 無名子作詩. 乞兒還有大通年, 六十三人籠伏[1303]全. 薛庶準前騎瘦馬, 苑鄭依舊蓋番氈.[1304]

영웅들이 내 통제 안[구중(彀中)[1305]]에 들어왔다.[영웅입구(英雄入彀)] 당(唐) 태종(太宗)[1306]이 사

1296. 유공작(柳公綽): 당(唐) 경조(京兆) 출신으로 자가 기지(起之)이다. 이부상서(吏部尙書), 호남관찰사(湖南觀察使) 등을 역임하였다.
1297. 석모(蓆帽): 갈대나 대로 만든 모자이다.
1298. 이손(李巽): 송(宋) 광택(光澤) 출신으로 자가 중권(仲權)이다. 강서제형(江西制刑), 양절운사(兩浙運使) 등을 역임하였다.
1299. 송(宋) 오처후(吳處厚)《청상잡기(青箱雜記)》권2.
1300. 태화(太和): 당(唐) 문종(文宗)의 연호(827-835)이다.
1301. '籠伏'은《고금사문유취전집(古今事文類聚前集)·사진부(仕進部)》에는 '籠杖'으로 되어 있다.
1302. 농장(籠杖): 옷을 넣어두는 대상자이다.
1303. '籠伏'은《고금사문유취전집(古今事文類聚前集)·사진부(仕進部)》에는 '籠杖'으로 되어 있다.
1304.《고금사문유취전집(古今事文類聚前集)·사진부(仕進部)》

적으로 궁궐 남문에 행차하였다가 진사들이 줄지어 나가는 것을 보고 기뻐하며 말하기를, "천하의 영웅들이 내 통제 안에 들어왔구나."라고 하였다.

唐太宗私幸端門[1307], 見進士綴行而出, 喜曰, 天下英雄入吾彀中矣.[1308]

대라천(大羅天)[1309]에 합격자의 방문을 걸다.[대라방방(大羅放榜)] 세간에 전하는 말에 의하면 대라천에서는 예주궁(蘂珠宮)[1310]에 합격자의 방문을 건다고 한다. 합격자의 방문을 건 뒤에는 반드시 한 사람이 세상에 내려오는데 이를 '보라사(報羅使)'라고 한다. 대라천에 보고한다는 말이다.

世傳, 大羅天放榜于蕊珠宮. 放榜後, 必有一人下世者, 謂之報羅使. 言報于大羅天也.[1311]

나개(羅玠)[1312]는 정원(貞元)[1313] 5년에 급제하였다. 곡강(曲江)에서 잔치를 열고 배를 띄웠는데 배가 가라앉아 나개가 익사하였다. 이후로 시험과 관련되어 일찍 죽는 자를 일러 '보라(報羅)'라고 하였다.

羅玠, 貞元五年及第. 開宴曲江泛舟, 舟沈, 玠溺死. 後有開[1314]試前卒者, 謂之報羅.[1315]

경림원(瓊林苑)에서 연회를 베풀어 주다.[경림사연(瓊林賜宴)] 태평흥국(太平興國)[1316] 8년에 태종이 몸소 강무전(講武殿)에서 예부시에 통과한 응시생들에게 시험을 실시하였다. 처음으로 5등급으로 나누고 경림원에서 연회를 베풀었으며 모두에게 푸른 도포, 신발과 홀을 하사하였다. 또 시를 지어 총애하니 마침내 관례가 되었다.

太平興國八年, 帝親試禮部貢士于講武殿. 始分五甲, 錫宴于瓊林苑, 皆賜綠袍鞋笏. 又寵之以詩, 遂爲定制.[1317]

개가 화살을 빗겨가는 꿈을 꾸다.[몽구별전(夢狗擊箭)] 배원질(裵元質)[1318]이 진사에 응시하면서 밤에 꿈을 꾸었는데, 개 한 마리가 개구멍에서 나오기에 활을 당겨 맞췄지만 화살이 스쳐 지나가자 불길하다고 생각하였다. 꿈속에서 신선이 나타나 해몽해 주기를, "개는 '제(第)'자의 머리이고 활은 '제'자의 몸통이며 화살은 '제'자의 세로획이다. 삐침이 생겨 '제(第)'자가 되었으니 곧 시험에 급제할 것이다."라고 하였다.

裵元質擧進士, 夜夢, 一狗從竇出, 挽弓射之, 其箭遂撇, 以爲不祥. 夢神人解之曰, 狗第字頭也, 弓第字身也, 箭者第字豎也. 有撇爲第也, 尋登第.[1319]

북두칠성 아래에 서 있는 꿈을 꾸다.[몽립두하(夢立斗下)] 송(宋) 원곽(袁郭)[1320]이 처음 과거시험에 응시할 때 북두칠성 아래에 서 있는 꿈을 꾸었다. 과연

1305. 구중(彀中): 사정거리, 손아귀, 올가미 등을 뜻하는 말이다.
1306. 태종(太宗): 당(唐) 제2대 황제로 재위 기간은 627-649년이다.
1307. 단문(端門): 궁성의 정남쪽에 있는 대문을 가리킨다.
1308. 《당척언(唐摭言)》 권15.
1309. 대라천(大羅天): 도교에서 말하는 36천 가운데 가장 높은 하늘을 가리킨다.
1310. 예주궁(蘂珠宮): 도교 경전에 나오는 선궁(仙宮)을 가리킨다.
1311. 《산당사고(山堂肆考)·과제(科第)》
1312. 나개(羅玠): 내력이 자세하지 않다.
1313. 정원(貞元): 당(唐) 덕종(德宗)의 연호(785-805)이다.
1314. 《유원총보》의 '開'는 '關'의 오류이다.[《당척언(唐摭言)》 권3.]
1315. 《당척언(唐摭言)》 권3.
1316. 태평흥국(太平興國): 송(宋) 태종(太宗)의 연호(976-983)이다.
1317. 《산당사고(山堂肆考)·과제(科第)》
1318. 배원질(裵元質): 내력이 자세하지 않다.
1319. 《조야첨재(朝野僉載)》 권3.
1320. 원곽(袁郭): 내력이 자세하지 않다.

7등으로 급제하였다.

宋袁郭, 初應擧, 夢立斗下. 果第七人及第.[1321]

꿈의 실현을 기원하고 북을 치다.[기몽격고(祈夢擊鼓)] 서산(西山) 진덕수(眞德秀)[1322]는 급제하기 전 장차 회시(會試)를 보려고 하면서 친구 정달도(鄭達道)와 약속하기를, 재동현(梓潼縣)의 사당 아래서 꿈의 실현을 함께 기원하기로 하였다. 마침내 북을 치고서 그 위에 다음과 같은 시를 적었다.

大叩則大鳴.[1323]	크게 두드리면 크게 울리리라.
我來一叩動天地,	내가 한 번 두드려 천지를 진동시키리니,
四海五湖聞其聲.	사해와 오호가 모두 그 소리를 들으리라.

그날 밤 길몽을 꾸었고 그해에 과연 과거에 급제하였다.

眞西山未第時, 將會試約友鄭達道, 同祁夢于梓潼廟下. 遂擊其鼓, 題詩于上曰. 大叩則大鳴 我來一叩動天地, 四海五湖聞其聲. 是夜得吉夢, 其年果中.[1324]

아홉 번 과거시험에 급제하다.[구등과선(九登科選)] 당(唐) 풍만석(馮萬石)은 성력(聖曆)[1325] 초엽에 진사시험에 급제하였고 대족(大足)[1326] 초엽에 다시 질악과(嫉惡科)에 합격하였으며, 신룡(神龍)[1327] 초엽에 재고위하과(才高位下科)에 합격하였고 경운(景雲)[1328] 연간에 회능포기과(懷能抱器科)에 합격하였으며, 개원(開元)[1329] 초엽에 다시 응시하여 급제하였고 6년에 초군발류과(超群拔類科)에 합격하였으며, 13년에 자격시험에 응시하여 등수에 들었고 16년에 다시 등수에 들었으며 26년에는 문사장려과(文詞壯麗科)에 합격하였다.

唐馮萬石, 聖曆初第進士, 大足初又中嫉惡科, 神龍初中才高位下科, 景雲中中懷能抱器科, 開元初重考及第, 六年中超群拔類科, 十三年考判入等, 十六年又入等, 二十六年中文詞壯麗科.[1330]

당(唐) 육원방(陸元方)[1331]은 처음에 명경과(明經科)에 응시하고 뒤에 여덟 번의 과거에 응시하여 모두 합격하였다. 장작(張鷟)은 여덟 번 응시하여 모두 갑과에 급제하였고 운반천(員半千) 역시 같았다.

唐陸元方, 初學明經, 後學八科皆中. 張鷟八擧, 皆登甲科, 員半千亦同.[1332]

4등에 있는 것이 합당하다.[합거제사(合居第四)] 정위(丁謂)[1333]는 손하(孫何)와 명성이 나란한데도 손하가 응시생들 가운데 일등을 차지하고 정위 4등이 되자 그의 아래에 있는 것을 수치스러워 하였다. 황제의 조서를 전할 때[여전(臚傳)[1334]] 전각 아래서 말이

1321. 《산당사고(山堂肆考)·과제(科第)》
1322. 진덕수(眞德秀): 송(宋) 건녕(建寧) 출신으로 자가 경원(景元)이다. 호부상서(戶部尙書), 한림학사(翰林學士), 참지정사(參知政事) 등을 역임하였다. 《대학연의(大學衍義)》를 저술하였다.
1323. 《예기(禮記)·학기(學記)》에, "善待問者如撞鐘, 叩之以小者則小鳴, 叩之以大者則大鳴, 待其從容, 然後盡其聲. 不善答問者反此. 此皆進學之道也"라고 하였다.
1324. 《산당사고(山堂肆考)·과제(科第)》
1325. 성력(聖曆): 당(唐) 예종(睿宗)의 연호(698-700)이다.
1326. 대족(大足): 당(唐) 예종(睿宗)의 연호(701)이다.
1327. 신룡(神龍): 당(唐) 예종(睿宗)의 연호(705)이다.
1328. 경운(景雲): 당(唐) 예종(睿宗)의 연호(710-712)이다.
1329. 개원(開元): 당(唐) 현종(玄宗)의 연호(713-741)이다.
1330. 《산당사고(山堂肆考)·과제(科第)》
1331. 육원방(陸元方): 당(唐) 소주(蘇州) 출신으로 자가 희중(希仲)이다. 감찰어사(監察御使), 동봉각난대평장사(同鳳閣蘭臺平章事) 등을 역임하였다.
1332. 《산당사고(山堂肆考)·과제(科第)》
1333. 정위(丁謂): 송(宋) 소주(蘇州) 출신으로 자가 위지(謂之)이다. 진종(眞宗) 시기에 공(工), 형(刑), 병(兵), 이(吏)의 사부(四部) 상서(尙書)를 역임하였고 진국공(晉國公)에 봉해졌다.

있자 태종이 그의 성씨를 물었다. "정가입니다."라는 대답이 있자 태종이 "갑을병정이니 4등에 있는 것이 합당한데 다시 무슨 말을 하는가."라고 말하였다.

丁謂與孫何齊名, 而何冠多士, 謂占第四, 恥居其下. 臚傳之際, 殿下有言, 太宗問其姓. 對曰姓丁. 上曰, 甲乙丙丁, 合居第四, 復何言.[1335]

장문경(張文景)[1336]은 고문(古文)으로 이름을 떨쳤으나 4등으로 급제하자 다음과 같은 시를 남겼다. "경천동지하던 장문경이 고작 상서성의 예부시[남궁(南宮)[1337]]에서 4등을 하였다네."

張文景, 以古文馳名, 第四人登第, 有詩云. 驚天動地張文景, 只得南宮第四人.[1338]

전각 아래서 다섯 번 절하다.[오배전하(五拜殿下)] 인종(仁宗)[1339]이 직접 누대에 나와 진사합격증을 하사할 때 상의관(詳議官)[1340] 축간(祝諫)이 궁정에서 시립해 있는데 그의 아들 축당(祝唐), 차남 축담(祝談), 막내아들 축허(祝許) 및 두 사위가 모두 합격하였다. 매번 한 사람의 이름을 부를 때마다 축간은 즉시 사례를 올렸다. 그날 축간이 전각 아래서 다섯 번이나 절을 올리자 인종이 그를 축하해 주었다.

仁宗臨軒, 賜進士, 詳議官祝諫侍廷中, 其子唐·次談·季許及二壻, 皆擢第. 每唱一名, 祝卽稱謝. 是日諫五拜殿下, 仁宗賀賞之.[1341]

전각을 맴도는 우렛소리[요전뢰(繞殿雷)] 진사시에서 합격자를 발표하는 날에는 황제가 직접 누대에 나와 앉는다. 재상이 성명을 뜯어서 보고 '아무개'라고 하면 합문(閤門)[1342]에서 이를 받아 섬돌 아래로 전달하고 호위병 예닐곱 명이 모두 목소리를 맞춰 그 이름을 전달하면서 부르는데, 이를 '여전(臚傳)'이라고 한다. 또한 '전각을 맴도는 우렛소리[요전뢰(繞殿雷)]'라고도 한다.

進士唱第日, 皇帝臨軒. 宰臣拆視姓名, 曰某人. 閤門承之, 以傳于階下, 衛士六七人齊聲傳其名而呼之, 謂之臚傳. 亦謂之繞殿雷.[1343]

신인(神人)이 말을 남기다.[신인유어(神人留語)] 송(宋) 허숙미(許叔微)[1344]는 경전과 역사에 뜻을 힘쓰면서도 특히 의학에 조예가 깊었다. 건염(建炎)[1345] 초엽에 큰 전염병이 돌자 허숙미는 몸소 고을을 돌며 진료하여 살려낸 사람이 무척 많았다. 꿈을 꾸었는데 신인이 "옥황상제께서 그대의 남모르는 공덕 때문에 그대에게 관직을 내리실 것이다."라고 말하였다. 이어 말을 남기기를, "약시장에서 성공을 거두고 진루(陳樓)[1346] 사이에 있을 것인데, 당상에서 '노(盧)'와 '육(六)'을 외치면[호로갈륙(呼盧喝六)[1347]] '오(五)'

1334. 여전(臚傳): 황제의 조서를 전달하여 알리는 것을 이르는 말이다. '여(臚)'도 '전(傳)'의 뜻이다.
1335. 송(宋) 왕칭(王稱) 《동도사략(東都事略)》 권49.
1336. 장문경(張文景): 내력이 자세하지 않다.
1337. 남궁(南宮): 원래는 별자리 이름인데 상서성(尙書省)이 이 별자리를 본뜬 것이라고 하여 상서성의 별칭으로도 쓰였다. 여기서는 상서성 휘하의 예부(禮部)에서 실시한 성시(省試), 즉 예부시(禮部試)를 가리킨다.
1338. 송(宋) 주흥중(朱興仲) 《속귀전록(續歸田錄)》
1339. 인종(仁宗): 송(宋) 제4대 황제로 재위 기간은 1023-1063년이다.
1340. 상의관(詳議官): 송나라 때 상서성(尙書省) 휘하의 벼슬 이름이다.
1341. 《승수연담(澠水燕談)·공거(貢擧)》 권7.
1342. 합문(閤門): 송나라 때 관원의 조참(朝參), 연회(宴會), 의례(儀禮) 따위를 관장하던 부서를 가리키는 말이다. '합(閤)'은 '합(閣)'과 통용자이다.
1343. 《산당사고(山堂肆考)·과제(科第)》
1344. 허숙미(許叔微): 송(宋) 진주(眞州) 출신으로 자가 지가(知可)이다. 집현전학사(集賢殿學士)를 지냈다.
1345. 건염(建炎): 남송(南宋) 고종(高宗)의 연호(1127-1130)이다.
1346. 진루(陳樓): 뒤의 '호로갈륙(呼盧喝六)'이 나오는 것으로 보아 도박장을 말하는 듯하다.
1347. 호로갈륙(呼盧喝六): 윷 모양의 나무패로 하는 도박에서 제일 좋은 패인 '노(盧)'나 '육(六)'이 나오라고 외치는 것을 가리킨다.

가 될 것이다."라고 하였다. 뒤에 허숙미는 6등으로 과거에 급제하였는데 5등으로 올라 진조언(陳祖言)과 누재(樓材) 사이에 있게 되었다.

宋許叔微篤志經史, 尤邃于醫. 建炎初大疫, 叔微親行閭巷, 爲之診親, 所活甚衆. 夢神人曰, 上帝以汝陰功, 錫汝以官. 因留語云, 藥市收功, 陳樓間處, 堂上呼盧喝六作五. 後叔微第六人登科, 升爲第五人, 在陳祖言·樓材之間.[1348]

나귀를 타다.[기려(騎驢)] 당(唐) 함통(咸通)[1349] 연간에 진사들의 복장이나 용품이 지나치게 사치하자 말 타는 것을 금지시켰다. 당시 과거시험장에 응시생이 천 명이 넘었는데 모두들 나귀를 타고 왔다. 어떤 사람이 이를 조롱하는 시를 지었다.

今年勅下盡騎驢,	올해는 칙령이 내려져 모두들 나귀를 타니,
短轡長鞦滿九衢.	짧은 고삐와 기다란 밀치끈이 대로를 가득 채웠네.
淸瘦兒郎猶自可,	비쩍 마른 젊은이는 그래도 괜찮지만,
就中愁殺鄭昌圖.	그중에 몹시 걱정스러운 것은 정창원(鄭昌圓)이라네.

정창원이 뚱뚱하고 컸기 때문이다.

唐咸通中, 以進士服用僭侈, 不許乘馬. 時場中不下千人, 皆跨長耳. 或嘲之曰, 今年勅下盡騎驢, 短轡長鞦滿九衢. 淸瘦兒郎猶自可, 就中愁殺鄭昌圓. 以鄭肥偉故云.[1350]

추가로 급제를 하사하다.[추사급제(追賜及第)] 광화(光化)[1351] 연간에 위장(韋莊)[1352]이 아뢰기를, "문인(文人) 재자(才子) 가운데 때로 버림받은 인재가 있어 폐하의 조정에서 하급직도 맡지 못 한 채 그저 천년을 두고 한을 품고 죽는 유골이 되고 있습니다. 예를 들어 이하(李賀), 육구몽(陸龜蒙), 나업(羅鄴), 방천(方干), 가도(賈島), 온정윤(溫庭筠), 유덕인(劉德仁)과 같은 사람들은 모두 뛰어난 재능이 있습니다. 엎드려 바라옵건대 추가로 진사급제를 하사하시고 보궐이나 습유의 관직을 주시옵소서."라고 하자 황제가 그 말에 따랐다.

光化中韋莊奏, 詞人才子, 時有遺賢, 不沾一命于聖朝, 徒作千年之恨骨. 如李賀·陸龜蒙·羅鄴·方干·賈島·溫庭筠·劉德仁, 皆有奇才. 伏望追賜進士及第, 贈補闕·拾遺. 上從之.[1353]

특별히 급제를 하사하다.[특사급제(特賜及第)] 당(唐) 유업(劉業)[1354]이 특별히 급제를 하사받자 위수(韋峀)가 그를 축하하여 "서른 살에 헛된 이름뿐이었는데 매년 모두가 천자의 알아주심이 있으니 역대로 없었던 일입니다."라고 말하였다.

唐劉業特賜及第, 韋峀賀之曰, 三十浮名, 每年皆有九重知己, 曠代所無.[1355]

앵두연(櫻桃宴)] 축하연의 이름에는 아홉 가지가 있다. 다섯 번째를 '앵두연(櫻桃宴)'이라 하고 여섯 번째를 '월등연(月燈宴)'이라고 하는데, 새로 급제한 진사들은 이를 더욱 중시한다. 앵두가 막 익으면 달콤한 연유와 섞어서 이것을 가지고 진사들에게 연회를 베풀었기 때문에 '앵두연'이라고 하였다.

1348. 《산당사고(山堂肆考)·과제(科第)》
1349. 함통(咸通): 당(唐) 의종(懿宗)의 연호(860-873)이다.
1350. 《산당사고(山堂肆考)·과제(科第)》
1351. 광화(光化): 당(唐) 소종(昭宗)의 연호(898-900)이다.
1352. 위장(韋莊): 당말(唐末) 경조(京兆) 출신으로 자가 단기(端己)이다. 전촉(前蜀)에서 이부상서(吏部尙書), 동평장사(同平章事) 등을 역임하였다.
1353. 《용재삼필(容齋三筆)》 권7.
1354. 유업(劉業): 내력이 자세하지 않다.
1355. 《당척언(唐摭言)》 권9.

宴名有九. 五曰櫻桃, 六曰月燈, 新進士尤重之. 櫻桃初熟, 和以糖酪, 以此宴進士, 故云櫻桃宴.1356

귤껍질 합격 방문[귤피방(橘皮榜)] 《남당근사(南唐近事)》의 기록이다. 급사중(給事中) 교순(喬舜)1357이 지공거(知貢擧)를 맡아 진사시 급제자 다섯 명 모두를 응시 횟수로 등수를 조절하자 무명씨가 "교순이 작성한 합격자 명단은 귤껍질을 늘어놓은 것과 같아 나이 많은 사람이 윗자리를 차지했구나."라고 말하였다.

南唐近事. 給事中喬舜知貢擧, 進士及第者五人, 皆以擧數升降等甲, 無名子謂, 喬之榜類陳橘皮, 年多者居上.1358

지위와 수명이 모두 같다.[위수개동(位壽皆同)] 송(宋) 풍증(馮拯)1359은 자가 도제(道濟)로 젊어서 글을 지니고 조보(趙普)를 배알하자 조보가 "그대는 훗날 지위와 수명이 모두 나와 같을 것이다."라고 말하였다. 태평흥국(太平興國)1360 3년에 이르러 급제하였다.

宋馮拯, 字道濟. 少時以文謁趙普, 普曰, 子他日位與壽, 皆我若也. 至太平興國三年, 及第.1361

과거에 급제하여 아내를 얻다.[과취내인(科娶內人)] 송(宋) 진민수(陳敏修)1362가 〈온세상이 중흥의 미덕을 생각하다(四海想中興之美)〉라는 부를 지었는데 다섯 번째 운자에, "(감숙성) 총령(蔥嶺)에서 (하남성) 금제(金堤)에 이르기까지 날마다 천하[광륜(廣輪)1363]의 인재를 보고하지 않는다면, 태산의 옥첩에서 언제 봉선제[봉선(封禪)1364]의 먼지를 깨끗이 할 수 있으리오."라고 하였다. 고종(高宗)1365이 친필로 이 글귀를 써서 궁전 벽에 붙이고 합격자 명단을 호명할 때 물었다. "경이 바로 진수인가? 다시 이 글귀를 읽자니 처량한 심경이 들어 눈물이 나는구려." 다시 "경은 나이가 얼마이고 아들은 몇 명이나 두었는가?"라고 묻자 "신은 나이가 일흔셋이고 아직 장가를 들지 못 했나이다."라고 대답하였다. 이에 조서를 내려 궁녀 시씨(施氏)를 보내 그에게 시집보냈는데, 나이가 서른으로 혼수품을 매우 풍성하게 장만해 주었다. 당시 사람들이 장난삼아 말하기를, "신부가 만약 신랑의 나이를 묻거든, 50년 전에 23세였다고 하시게."라고 하였다.

宋陳敏修試四海想中興之美賦, 第五韻云, 蔥嶺金堤, 不日復廣輪之土, 泰山玉牒, 何時淸封禪之塵. 高宗親書此聯, 粘之殿壁, 及唱名, 問云, 卿便是陳敏修耶? 復誦此聯, 凄然出淚. 又問, 卿年幾何, 有幾子? 對曰, 臣年七十三, 尙未娶. 乃詔出內人施氏, 嫁之, 年三十, 貲奩甚厚. 時人戲爲語曰, 新人若問郎年紀, 五十年前二十三.1366

버드나무 액으로 옷을 물들이다.[유즙염의(柳汁染衣)] 이고언(李固言)1367이 일찍이 버드나무 아래를

1356.《당척언(唐摭言)》 권9.

1357. 교순(喬舜): 내력이 자세하지 않다.

1358. 송(宋) 정문보(鄭文寶)《남당근사(南唐近事)》

1359. 풍증(馮拯): 송(宋) 맹주(孟州) 출신으로 자가 도제(道濟)이다. 추밀직학사(樞密直學士), 동평장사(同平章事) 등을 역임하였다.

1360. 태평흥국(太平興國): 송(宋) 태종(太宗)의 연호(976-983)이다.

1361.《산당사고(山堂肆考)·과제(科第)》

1362. 진민수(陳敏修): 내력이 자세하지 않다.

1363. 광륜(廣輪): 동서남북, 즉 천하를 이르는 말이다. 동서를 '광(廣)'이라 하고 남북을 '윤(輪)'이라 하는 데서 유래하였다.

1364. 봉선(封禪): 천신(天神)에게 올리는 제사를 '봉(封)', 지신(地神)에게 올리는 제사를 '선(禪)'이라고 한다.

1365. 고종(高宗): 남송(南宋) 초대 황제로 재위 기간은 1127-1162년이다.

1366.《산당사고(山堂肆考)·과제(科第)》

1367. 이고언(李固言): 당(唐) 조군(趙郡) 출신으로 자가 중추(仲樞)이다. 이부시랑(吏部侍郞), 동평장사(同平章事), 태자태부(太子太傅) 등을 역임하였다.

지나가다가 손가락을 튕기는 소리를 들었다. 물으니 대답하기를, "나는 버드나무 신인 구열군(九烈君)이오. 버드나무 액으로 그대의 옷을 물들이는 것이오. 푸른 도포를 얻으면[급제하면] 마땅히 대추떡[조고(棗糕)[1368]]으로 내게 제사를 지내 주어야 하오."라고 하였다. 얼마 지나지 않아 과거에 급제하였다.《삼봉집(三峯集)》

李固[1369]行古柳下, 聞彈指聲. 問之, 曰吾柳神九烈君. 用柳汁染子衣矣. 得藍袍, 當以棗糕祀我. 未久及第. 《三峯集》[1370]

동년 同年[1371]

· 함께 과거에 급제한 사람을 '동년(同年)'이라고 한다.
俱捷, 謂之同年.[1372]

· 함께 (과거에) 오른 사람을 '동년(同年)'이라고 한다.
偕升者, 謂之同年.[1373]

· 동년(同年)을 차례 짓는 것은 우의를 분명하게 드러내고 정의를 두텁게 펴려는 것이다.
敍同年, 所以明章風期, 篤敍事契.[1374]

· 한퇴지(韓退之)[1375]의 〈구양첨(歐陽詹)[1376]을 애도하는 글(歐陽生哀詞)〉에, "[정원(貞元)[1377]] 8년 봄에 마침내 문장가 구양첨과 함께 과거시험을 쳐서 급제하였다"라고 하였다. 〈후참의(侯參議)가 하중(河中)의 막료로 부임하는 것을 전송하는 시(送侯參議赴河中幕)〉에, "옛날 처음 급제했을 때를 생각하면 각자 젊은이로 칭해졌지."라고 하였다. 〈장계우(張季友) 제문(祭虞部張員外文)〉에서는, "옛날 정원(貞元) 연간에 함께 과거시험[빈천(賓薦)[1378]]을 치렀지. 각자 문장으로 합격하니 다행히 모두 젊은이였지."라고 하였다. 또 〈육원외(陸員外)에게 주는 글(與陸員外書)〉에서는, "옛날에 상공(相公) 육지(陸贄)[1379]가 지공거(知貢擧)를 맡았을 때 역시 다행히 합격되었지. 그 1·2년 뒤에 함께 급제했던 이들이 모두 화려하게 명성이 있었지."라고 하였다.
退之歐陽哀詞云,　八年春遂與詹文詞同考試登第. 送侯參議赴河中幕云, 憶昔初及第, 各以少年稱. 祭張季友云, 往在貞元, 俱從賓薦. 名以文售, 幸皆少年. 又與陸員外書云, 往者陸相公司貢士, 亦幸在得中. 其後一二年, 所與及第者, 皆赫然有聲.[1380]

기집원(期集院)[1381]에 모이다.[회기집원(會期集院)]

당(唐)나라 때 진사들은 명단이 공표되고 사례를 표

1368. 조고(棗糕): 대추로 만든 떡이다. 대추는 신선이 좋아하는 과일이다.
1369. '李固'는 《금수만화곡전집(錦繡萬花谷前集)·길조(吉兆)》에는, '李固言'으로 되어 있다.
1370. 《금수만화곡전집(錦繡萬花谷前集)·길조(吉兆)》
1371. 동년(同年): 같은 해에 과거에 급제한 사람을 가리킨다. '동방(同榜)'이라고도 한다.
1372. 《당척언(唐摭言)》 권1.
1373. 《고금사문유취전집(古今事文類聚前集)·사진부(仕進部)》
1374. 송(宋) 범성대(范成大) 〈고소동년회시서(姑蘇同年會詩序)〉
1375. 한퇴지(韓退之): 당(唐) 하남(河南) 출신의 한유(韓愈)로 자가 퇴지(退之)이다. 국자박사(國子博士), 중서사인(中書舍人), 형부시랑(刑部侍郎), 이부시랑(吏部侍郎) 등을 역임하였다.
1376. 구양첨(歐陽詹): 당(唐) 천주(泉州) 출신으로 자가 행주(行周)이다. 국자감사문조교(國子監四門助敎)를 지냈다.
1377. 정원(貞元): 당(唐) 덕종(德宗)의 연호(785-805)이다.
1378. 빈천(賓薦): '추천하다'의 뜻에서 과거시험을 가리킨다.
1379. 육지(陸贄): 당(唐) 소주(蘇州) 출신으로 자가 경여(敬輿)이다. 한림학사(翰林學士), 동중서문하평장사(同中書門下平章事) 등을 역임하였다. 덕종(德宗) 때의 명상(名相)으로 주의(奏議)에 뛰어났다.
1380. 《고금사문유취전집(古今事文類聚前集)·사진부(仕進部)》

한 뒤에 바로 기집원으로 갔다. 장원과 합격동기생들이 상견례를 하고 한 사람을 청하여 녹사(錄事)로 삼았다. 그 나머지 연회 주관자, 술 주관자, 악대 주관자, 탐화랑, 차 주관자 등은 모두 나이에 따라 그 임무를 맡겼다.《척언(摭言)》

唐進士, 榜出謝後, 便往期集院. 壯元與同年相見, 請一人爲錄事. 其餘主宴·主酒·主樂·探花·主茶之類, 咸以其年辟之.《摭言》[1382]

불월곡강(不越曲江) [급제문(及第門)]에 보인다.

見及第門.

합격동기생에게 정을 두다.[동년유정(同年有情)]

당(唐) 이강(李絳)[1383]이 덕종(德宗)[1384]의 조정에서 재상을 지낼 때 원의방(元義方)이 그가 합격동기생인 허계동(許季同)을 편애한다고 말하였다. 덕종이 그에게 "사람들은 합격동기생에게 정을 두는가?"라고 묻자 이강이 대답하였다. "합격동기생은 온 세상 사람 중에 하나로 우연히 함께 과거를 보거나 혹은 급제한 뒤에 서로 알게 된 사이인데 정에 있어 무엇을 두겠습니까. 만약 그 사람이 진정 인재라면 비록 형제나 아들조카라 할지라도 그를 기용할 것입니다. 하물며 합격동기생이겠습니까."《당기(唐紀)》

唐李絳相德宗, 元義方言, 其私同年許季同. 德宗問之曰, 人於同年, 有情乎. 絳曰, 同年乃九州四海之人, 偶同科第, 或登科然後相識, 於情何有. 若其果才, 雖在兄弟子姪之中, 猶將用之. 況同年乎.《唐紀》[1385]

새벽별이 서로 바라보다.[신성상망(晨星相望)]

유우석(劉禹錫)[1386]은 〈과거에 응시하러 가는 장관(張盥)을 전송하며 지은 시(送張盥赴擧詩)〉의 서문에서, "내 불행하게도 일전에 말한 합격동기생 친구들이 전성기였을 때에는 마치 병풍처럼 말을 나란히 탄채 대로를 끝까지 달렸으나 이제는 서로 멀리 떨어져[낙락(落落)[1387]] 마치 새벽별이 서로 바라보는 꼴이 되고 말았구나."라고 하였다.

劉禹錫送張盥赴擧詩序云, 吾不幸向所謂同年友, 當其盛時, 連轡擧鑣, 亘絶九衢, 若屛風然, 今來落落, 如晨星之相望.[1388]

합격동기생의 자제(子弟)를 대우하다.[대년가자(待年家子)] 오대(五代) 왕호(王祜)[1389]의 부친 왕철(王徹)은 동광(同光)[1390] 초엽에 상유한(桑維翰)과 함께 과거에 급제하여 좌습유에 제수되었고 상유한은 재상에 올랐다. 왕호는 상유한이 부친의 합격동기생이었기에 서신을 써서 자신을 소개하자 상유한이 그를 훌륭하게 여겨 예우가 무척 두터웠다. 그때부터 문장의 가치가 날로 높아졌다.

五代王祜父徹同光初, 與桑維翰同年登第, 拜左拾遺, 維翰入相. 祜以父同門生, 裁書自陳, 維翰奇之, 禮待甚厚. 自是文價日重.[1391]

합격동기생으로서 의심받을 일을 멀리하다.[동년원혐(同年遠嫌)] 내국공(萊國公) 구준(寇準)[1392]이 추밀원(樞密院)에 있을 때 황제가 그를 면직시키려고

1381. 기집원(期集院): 새로 진사시험에 급제한 사람들이 모임을 갖던 장소이다.
1382.《당척언(唐摭言)》 권3.
1383. 이강(李絳): 당(唐) 적(蓨) 출신으로 자가 문기(文紀)이다. 감찰어사(監察御使), 한림학사(翰林學士) 등의 벼슬을 역임하면서 적절한 시책(時策)를 건의하고 기무(機務)를 보좌하였다.
1384. 덕종(德宗): 당(唐) 제11대 황제로 재위 기간은 780-804년이다.
1385.《자치통감(資治通鑑)·당기(唐紀)》 권238.
1386. 유우석(劉禹錫): 당(唐) 낙양(洛陽) 출신으로 자가 몽득(夢得)이다. 태자빈객(太子賓客), 검교예부상서(檢校禮部尙書) 등을 역임하였다. 시가 뛰어나 백거이(白居易)로부터 '시호(詩豪)'라는 칭송을 받았다.
1387. 낙락(落落): 고고하여 남과 잘 어울리지 못 하는 모양, 또는 멀리 떨어진 모양을 형용한다.
1388. 당(唐) 유우석(劉禹錫)《유빈객문집(劉賓客文集)》 권28.
1389. 왕호(王祜): 오대(五代) 송(宋) 대명(大明) 출신으로 자가 경숙(景叔)이다. 병부시랑(兵部侍郎)을 지냈다.
1390. 동광(同光): 후당(後唐) 장종(莊宗)의 연호(923-926)이다.
1391.《고금사문유취전집(古今事文類聚前集)·사진부(仕進部)》

하였다. 구준이 이를 알고 문정공(文正公) 왕단(王旦)에게 "이제 밖으로 사상(使相)[1393] 자리를 하나 청하려는데 합격동기생인 그대가 도와주었으면 하오."라고 하자 왕단이 크게 놀라며 "장수나 재상의 직임은 고귀하기가 신료 가운데 최고이니 가령 조정에서 제수한다 해도 간곡하게 사양해야 하거늘 어찌 이런 사사로움으로 남에게 부탁할 수 있겠소."라고 말하였다. 뒤에 황제가, 구준이 이제 출임하는데 무슨 관직을 주어야 할지 상의하자 왕단이 말하기를, "구준은 재주와 명망이 있으니 사상 자리를 주어서 한 지역을 담당하도록 하신다면 그의 기풍은 충분히 조정의 빛이 될 것입니다."라고 하였다. 황제가 그 말을 옳게 여기고 이튿날 조서를 내렸다. 구준이 황제 앞에서 사례를 올리자 황제가 이르기를, "왕단이 경을 알아준 것이오."라 하고는 그의 말을 자세히 말해 주었다. 구준이 조정을 나서며 사람들에게 "왕공은 기량과 식견이 내가 헤아릴 수 있는 바가 아닙니다."라고 말하였다. 왕단이 승상부에 있으면서 사심을 억제하고 의심받을 일을 멀리한 것이 모두 이와 같았다.

寇萊公在樞府, 上欲罷. 萊公知之, 乃告王文正曰, 今出求一使相, 幸同年贊之. 公大驚曰, 將相之任極人臣之貴, 苟朝廷有授, 亦當懇辭, 豈得以此私有干於人也. 後上議, 準今出與一甚官? 公曰, 準有才望, 與一使相, 使當方面, 其風采足以爲朝廷之光. 上然之, 翌日降制. 萊公謝於上前, 上曰, 王某知卿. 具道其言. 出謂人曰, 王同年, 器識非準所可測也. 公在相府, 抑私遠嫌皆此類.[1394]

동서가 합격동기생이었다.[우서동년(友壻同年)]

의각공(懿恪公) 왕공신(王拱辰)[1395]은 문충공(文忠公) 구양수(歐陽修)와 같은 해에 진사에 합격하였다. 구양수는 전시에 응시하면서 장원급제를 차지하는 데 신경을 쏟고 있었다. 이튿날 합격자를 호명할 때가 되자 전날 밤에 새 옷을 한 벌 미리 준비하였으나 왕공신은 전에 입던 옷을 입고서 입궐하였다. 구양수가 이상하게 여기자 왕공신이 웃으며 "장원이 될 사람이라야 이런 옷을 입을 수 있지요."라고 말하였다. 합격자를 호명하자 과연 구양수가 일등이었다. 뒤에 왕공신과 구양수가 함께 간숙공(簡肅公) 설규(薛奎)의 사위가 되었는데 구양수는 마음속으로 그를 경시하였다. 참지정사(參知政事)가 되었을 때 관리들이 왕공신을 복야(僕射)로 올릴 것을 논의하자 구양수가 안 된다고 하여 종신토록 집정(執政)에 오르지 못하게 하였다. 왕공신은 문정공(文正公) 이항(李沆)의 문하생이고 구양수는 문정공(文正公) 범중엄(范仲淹)의 문하생이어서 그 숭상하는 바가 달랐기 때문이었다.

王懿恪公拱辰, 與歐陽文忠公同年進士. 文忠赴廷試, 銳意魁天下. 明日當唱名, 夜備新衣一襲, 懿恪先衣以入. 文忠怪焉, 王公笑曰, 爲壯元者, 當衣此. 至唱名, 果第一. 後王公·歐陽同爲薛簡肅公子壻, 然歐陽心少之. 爲參政時, 吏擬進王公僕射, 歐陽不可, 使終身不至執政. 蓋王公主李文靖, 文忠主范文正, 其倘不同.[1396]

합격자 명단에서 인재를 얻다.[방중득인(榜中得人)]

상서(尙書) 장영(張詠)[1397]이 일찍이 사람들에게 말하였다. "제가 합격한 과거시험 합격자 명단에서 인재를 얻은 것이 가장 많지요. 신중하며 좋은 명성이

1392. 구준(寇準): 송(宋)의 충신으로 자는 평중(平仲)이다. 진종(眞宗) 때 거란이 남침하자 화친을 반대하고 적극 항전을 주장하였다. 뒤에 내국공(萊國公)에 봉해졌기 때문에 흔히 구래공(寇萊公)으로 불린다. 참지정사(參知政事), 급사중(給事中), 삼사사(三司使) 등을 역임하였다.

1393. 사상(使相): 송대(宋代)에 절도사(節度使)를 칭하는 말이다.

1394. 《산당사고(山堂肆考)·과제(科第)》

1395. 왕공신(王拱辰): 송(宋) 개봉(開封) 출신으로 자가 군황(君貺)이다. 어사중승(御史中丞)을 역임하였다.

1396. 송(宋) 소백온(邵伯溫)《문견록(聞見錄)》

1397. 장영(張詠): 송(宋) 견성(鄄城) 출신으로 자가 복지(復之)이다. 추밀직학사(樞密直學士), 이부상서(吏部尙書) 등을 역임하였다.

있는 사람으로는 문정공(文正公) 이항(李沆)만한 이가 없고 침착하면서 덕이 있어 천하를 감복시킬 사람으로는 왕단(王旦)만한 이가 없으며, 면대하여 기탄없이 간쟁을 하면서 평소 기품이 있는 사람으로는 구준(寇準)만한 이가 없고 한 지역을 담당하도록 맡긴다면 저 장영은 감히 사양하지 않겠습니다."

尙書張詠嘗謂人曰, 吾榜中, 得人最多. 謹重有雅望, 無如李文靖, 深沈有德, 鎭服天下, 無如王公, 面折廷爭, 素有風采, 無如寇公, 當方面寄, 則詠不敢辭.1398

세 이씨가 합격동기생이다.[삼리동년(三李同年)]

원우(元祐)1399 연간에 서주(舒州)에 이양공(李亮工)이란 사람이 있었는데, 문장으로 관리들 사이에 이름을 떨쳐 소식(蘇軾), 황정견(黃庭堅)과 교유하였다. 백시(伯時) 이공린(李公麟)1400은 그림에 뛰어나 세상에 최고였고 또한 옛것을 좋아하고 박식단아하였다. 또 이원화(李元和)라는 사람이 있었는데 자가 획지(畫之)로 [삼국 위(魏)] 종요(鍾繇)와 [진(晉)] 왕희지(王羲之)의 서체를 따랐다. 세 이씨가 같은 해에 진사시험에 급제하여 벼슬길이 서로 비슷하였는데, 약조하기를 먼저 귀해져도 상대를 잊지 말자고 하였다. 그 뒤로 지위가 모두 현달하지는 못 했다.

元祐中舒州有李亮工者, 以文鳴縉紳間, 與蘇黃游. 李伯時以丹青妙絶世, 且好古博雅. 又有李元和, 字畫之, 工追蹤鍾·王. 三李同年登進士, 出處相若, 約先貴無相忘. 其後位俱不顯.1401

연분이 겹치다.[계분조첩(契分稠疊)] 이지(李摯)1402와 이민(李敏)은 성씨가 같고 나이가 같으며 문하가 같고 같은 해에 과거에 급제하였다. 이지가 시를 지어, "인연은 36년 동안 달랐지만, 연분은 네 가지가 같구나."라고 하였다.

李摯與李敏, 同姓·同歲·同門·同年登第. 摯詩曰, 因緣三紀異, 契分四般同.1403

합격동기생이 은혜가 없다.[동년무은(同年無恩)]

당(唐) 왕탁(王鐸)1404과 양수(楊收)1405는 모두 설봉(薛逢)의 합격동기생이었다. 양수가 재상이 되자 설봉이 다음과 같은 시를 지었다.

須知金印朝天客,	모름지기 알아야 하리니 금도장 차고 천자께 조회하는 손님도,
同是沙堤避路人.	똑같이 사제(沙堤)1406에서 길을 비키던 사람이었음을.
威鳳偶時皆瑞聖,	위엄스런 봉황도 때를 만나야 모두 상서롭고,
應龍無水謾通神.	날개 달린 용도 물이 없으면 신통함을 그르친다네.

양수가 이 말을 듣고서 화를 냈다. 왕탁이 재상이 되자 설봉이 다시 시를 지어 말했다.

昨日鴻毛萬鈞重,	지난날에는 기러기 털이 만 균만큼 무겁더니,
今朝山岳一毫輕.	오늘 아침에는 산악이 터럭처럼 가벼워졌구나.

1398. 《송명신언행록전집(宋名臣言行錄前集)》 권2.
1399. 원우(元祐): 송(宋) 철종(哲宗)의 연호(1086-1093)이다.
1400. 이공린(李公麟): 송(宋) 서주(舒州) 출신으로 자가 백시(伯時)이다. 중서문하후성산정관(中書門下後省刪定官)을 역임하였다. 시를 잘 지었으며 특히 그림에 조예가 깊어 송대 제일 화가로 손꼽힌다.
1401. 《고금사문유취전집(古今事文類聚前集)·사진부(仕進部)》
1402. 이지(李摯): 내력이 자세하지 않다.
1403. 《당척언(唐摭言)》 권4.
1404. 왕탁(王鐸): 당(黨) 태원(太原) 출신으로 자가 소범(昭範)이다. 동중서문하평장사(同中書門下平章事), 사도(司徒) 등을 역임하였다.
1405. 양수(楊收): 당(唐) 동주(同州) 출신으로 자가 장지(藏之)이다. 동중서문하평장사(同中書門下平章事), 형부상서(刑部尙書) 등을 역임하였다.
1406. 사제(沙堤): 당나라 때 재상의 수레나 말의 통행을 수월하게 하기 위해 모래를 깐 넓은 도로를 이르는 말이다.

왕탁도 역시 화를 냈다.

唐王鐸·楊收, 皆薛逢同年. 收作相, 逢有詩曰. 須知金印朝天客, 同是沙堤避路人. 威鳳偶時皆瑞聖, 應龍無水謾通神. 收聞之怒. 王鐸作相, 逢又有詩曰. 昨日鴻毛萬鈞重, 今朝山岳一毫輕. 鐸又怒之.[1407]

합격동기생이 함께 현달하다.[동년구귀(同年俱貴)]

문간공(文簡公) 상민중(向敏中)[1408]과 충민공(忠愍公) 구준(寇準) 두 재상은 태평흥국(太平興國)[1409] 5년에 함께 과거에 급제하였다. 뒤에 상민중이 재상에 올랐을 때 구준이 사상(使相)으로 장안을 다스리며 다음과 같은 시를 지어 상민중에 주었다.

玉殿登科四十年,	전시(殿試)에서 과거에 급제한 지 40년,
當時僚友盡英賢.	당시 동료들은 모두 훌륭한 인재들이었지요.
歲寒唯有公兼我,	나이 들어 단지 공과 저만 남아서,
白首猶持將相權.	백발에도 여전히 장수와 재상의 권력을 쥐고 있구려.

상민중이 다음과 같이 화답하였다.

九萬鵬霄振翼時,	구만 리 하늘을 나는 붕새가 날갯짓할 때,
與君同折月中枝.	공과 함께 달 속의 월계수 가지를 꺾었지요.
細思淳化持衡者,	순화(淳化)[1410] 연간 인재를 선발하던 이들을 곰곰이 생각해 보니,
得到于今更有誰.	지금에 와서는 다시 누가 있는지요.

向文簡敏中·寇忠愍準二相, 同以太平興國五年登第. 後文簡秉鈞, 忠愍以使相守長安, 作詩寄文簡曰. 玉殿登科四十年, 當時僚友盡英賢. 歲寒唯有公兼我, 白首猶持將相權. 忠愍訓之曰. 九萬鵬霄振翼時, 與君同折月中枝. 細思淳化持衡者, 得到于今更有誰.[1411]

합격동기생이 돈을 빌리다.[동년대전(同年貸錢)]

진국공(晉國公) 정위(丁謂)[1412]는 처음 벼슬길에 올라 요주(饒州)의 부관이 되었고 합격동기생인 백정(白禎)[1413]은 판관에 임명되었다. 백정이 하루는 편지를 써서 정위에게 돈 다섯 꿰미를 빌려 달라고 하였다. 정위가 웃으면서 말하기를, "방이 발표되고 도성의 부호에게 장가간 사람이 어찌 오백 냥이 없으리오. 내가 귀찮게 할까 염려하여 속임수를 쓰는 것이로다."라 하고 서신 말미에 다음과 같이 절구 한 수를 써서 장난삼아 보냈다.

欺天行詐吾何有,	하늘을 속이려고 속임수를 쓰지만 내게 무엇이 있는가,
立地機關子太乖.	지금의 계책은 그대가 너무 잘못이로다.
五百青蚨[1414]兩家闕,	오백 냥의 돈이 두 집 모두 없거늘,
朱洪崖[1415]打白洪崖.	붉은 옷의 신선이 흰 옷의 신선을 때리는구나.

1407. 《시화총구(詩話叢龜)·기초문(譏誚門)》

1408. 상민중(向敏中): 송(宋) 개봉(開封) 출신으로 자가 상지(常之)이다. 중서문하동평장사(中書門下同平章事), 좌복야(左僕射) 등을 역임하였다. 진종(眞宗) 때의 명신으로 30년 동안 대임(大任)에 있으면서 민정(民政)을 익숙하게 깨달아 인재를 잘 등용하였다.

1409. 태평흥국(太平興國): 송(宋) 태종(太宗)의 연호(976-983)이다.

1410. 순화(淳化): 송(宋) 태종(太宗)의 연호(990-994)이다.

1411. 《시화총구(詩話叢龜)·기증문(寄贈門)》

1412. 정위(丁謂): 송(宋) 소주(蘇州) 출신으르 자가 위지(謂之)이다. 진종(眞宗) 시기에 공(工), 형(刑), 병(兵), 이(吏) 사부(四部)의 상서(尙書)를 역임하였고 진국공(晉國公)에 봉해졌다.

1413. 백정(白禎): 내력이 자세하지 않다.

1414. 청부(青蚨): 전설상의 벌레인 파랑강충이로 돈을 비유한다. 파랑강충이의 어미와 새끼의 피를 돈에 발라서 사용하면 그 돈이 다시 되돌아온다는 고사에서 유래한 말이다.

1415. 홍애(洪崖): 전설상의 신선 이름이다.

사람들은 (정위가) 주애현(朱崖縣)으로 좌천되어 가는 일이 여기서 조짐이 있었다고 하였다.

丁晉公初釋褐爲饒倅, 同年白稹爲判官. 稹一日以片紙, 假緡伍環於公. 公笑曰, 榜下來, 婚京國富室, 豈無半千質物耶. 懼我撓之, 故矯耳. 於簡尾書一絶, 戲之曰. 欺天行詐吾何有, 立地機關子太乖. 五百靑蚨兩家鬪, 朱洪崖打白洪崖. 人以爲朱崖之行, 亦兆於此[1416]

합격동기생이 서로 원수가 되다.[동년상구(同年相仇)] 이처매(李處邁)[1417]는 이한단(李邯鄲)의 손자로 직비각(直秘閣)을 지내다가 상주(常州)를 다스리게 되었다. 당시에 원산(遠山) 섭귀(聶貴)가 군의 박사(博士)였고 장명(將明) 왕보(王甫)는 결조연(決曹掾)[1418]으로 왕보와 섭귀는 합격동기생이었다. 처음에는 무척 사이가 좋았지만 섭귀에게 관기의 명부[악적(樂籍)[1419]] 가운데 마음을 기울이는 기생이 생겼는데 왕보 역시 그녀를 좋아하여 매번 접근하지 말라고 경고하자 섭귀가 그에게 원한을 품었다. 이 일로 마침내 원수가 되었는데 그 뒤로 왕보가 이름을 '보(黼)'로 바꾸고 재상이 되었으며, 섭귀는 원장(元長) 채경(蔡京)이 그의 강직하고 바름을 칭찬하면서 바로 추천해 주자 이름을 '창(昌)'으로 바꾸고 시종관(侍從官)으로 발탁되었다. 왕보가 크게 권력을 쥐면서 섭귀를 산관으로 폄적시키고 형주(衡州)에 안치시키자 더욱 왕보에게 앙심을 품게 되었다. 정강(靖康)[1420] 연간에 사태가 크게 바뀌면서 부름을 받고 승상부에 등용되었다. 왕보의 죽음은 섭창이 힘을 넣은 것이었는데 섭창도 그해에 출임되어 강주(絳州)에 이르렀다가 해를 당했다.《휘주록(揮麈錄)》

李處邁, 邯鄲之孫, 政和初以直秘閣知相州. 時聶貴遠山爲郡博士, 王將明甫爲決曹椽, 王聶同年生也. 始甚歡, 而聶于樂籍中有所屬意, 王亦昵之, 每戒不令前, 聶恨之. 因而遂成仇怨, 其後甫改名黼爲相, 聶以蔡元長稱其剛方, 有立薦之, 改名昌擢爲侍從. 黼大用事, 貶聶散官, 安置衡州, 益嗡黼矣. 靖康時事大變, 召登政府. 黼之誅死, 聶有力焉, 而聶以是歲出使至絳州被害.《揮麈錄》[1421]

서로 만나 시를 주다.[상우증시(相遇贈詩)] 등순미(鄧洵美)[1422]는 연주(連州) 출신으로 건우(乾祐)[1423] 6년에 진사과에 급제하였는데 소보(少保) 사공방(司空昉)과 합격동기생이었다. 사공방이 먼저 한림원[금림(禁林)[1424]]에 있다가 무릉현에 사신으로 갔을 때 등순미와 만나 다음과 같은 시를 주었다.

憶昔詞場共着鞭,	생각해 보면 옛날 문단에서 함께 채찍질할 때,
當時鶯谷喜同遷.	당시 꾀꼬리 골짜기에서 같이 나온 것을 기뻐하였건만,
關河契闊三千里,	관문과 황하로 3천 리나 떨어져 지내며,
音信稀疏二十年.	소식 끊긴 지 20년이 되었습니다.

《치언계술(稚言系述)》

鄧洵美, 連山[1425]人, 乾祐六年中進士第, 與司空昉少保同年. 司空先在禁林, 出使武陵, 與洵美相遇, 贈詩曰. 憶昔詞場共着鞭, 當時鶯谷喜同遷. 關河契闊三千里, 音信稀疏二十年.《稚言系述》[1426]

1416.《시화총구(詩話叢龜)·시참문(詩讖門)》
1417. 이처매(李處邁): 내력이 자세하지 않다.
1418. 결조연(決曹掾): 한나라 때 지방 관청에 설치하여 옥사(獄事)나 형벌에 관한 일을 관장케 하던 벼슬 이름이다.
1419. 악적(樂籍): 관기(官妓)나 악사(樂士)에 대한 명부를 가리킨다.
1420. 정강(靖康): 송(宋) 흠종(欽宗)의 연호(1126-1127)이다.
1421. 송(宋) 왕명청(王明淸)《휘주록(揮麈錄)·여화(餘話)》권2.
1422. 등순미(鄧洵美): 오대(五代) 연주(連州) 출신으로 호남절도사(湖南節度使)를 지냈다.
1423. 건우(乾祐): 오대(五代) 후한(後漢) 고조(高祖)와 은제(隱帝)의 연호(948-950)이다.
1424. 금림(禁林): 한림원(翰林院)의 별칭이다.
1425.《유원총보》의 '連山'은 '連州'의 오류이다.[《십국춘추(十國春秋)·등순미전(鄧洵美傳)》]

합격동기생이 모두 어리다.[동년구소(同年俱少)] 황태부(黃台符)[1427]는 나이 열여섯 살에, 장속(張續)은 나이 열일곱 살에 동기생으로 진사에 합격하여 정훈(鄭薰)의 선주(宣州) 막부에서 지냈다. 일찍이 서명사(西明寺)[1428]의 동쪽 행랑에 이름을 나란히 적어 놓았는데 어떤 사람이 몰래 주를 달아, "한 쌍의 동기생 진사는 두 명의 어린애라네."라고 하였다. 황태부는 열일곱 살에 죽었고 장속은 지위가 예부시랑(禮部侍郎)에까지 올랐다.《고금시화(古今詩話)》

黃台符十六歲, 張續年十八歲, 同年登科, 在鄭宣州幕. 嘗列題于西明寺之東廡, 或竊注之曰, 一雙同進士, 兩個阿孩兒. 台符十七不祿, 續位至禮部侍郎.《古今詩話》[1429]

추밀부사(樞密副使)의 집에 모여 술마시다.[회음추제(會飮樞第)] 조창언(趙昌言)[1430]이 추밀부사일 때 진의(陳儀)와 두엄(竇儼)이 함께 삼사염철부사(三司鹽鐵副使)를 맡고 호단(胡旦)이 지제고(知制誥)를 맡아 원내(院內)가 다 합격동기생이었고 모두 젊은이로 당시의 뛰어난 이들이었다. 양호(梁顥)[1431]는 또한 일찍이 그들과 동료로서 다섯 사람이 아침저녁으로 추밀부사의 집에서 음주 모임을 가져 차와 술잔, 투호가 빠지는 적이 없었다. 날마다 매번 취한 채 한밤중이 되어야 귀가하니 금오(金吾)[1432]의 아전들이 밤마다 말이 우는 소리를 기다렸는데 으레 취한 채 채찍으로 관리들을 가리키면서 "금오는 밤 시간을 아까워하지 말고 재촉하지 마라."라고 말하였다. 이에 항간의 말에, "진의(陳儀)는 3경에, 두엄(竇儼)은 5경에 귀가한다."라고 하였다.《옥청시화(玉淸詩話)》

趙昌言爲樞密副使時, 陳儀與竇儼, 俱爲三司鹽鐵副使, 胡旦知制誥, 院盡同年生, 俱少年爲一時之俊. 梁顥又嘗與同幕, 五人者旦夕飮會於樞第, 茶觴壺矢未嘗虛. 日每乘醉夜方歸, 金吾吏逐夜候馬首聲喏, 儀以醉鞭指其吏曰, 金吾不惜夜玉漏, 莫相催. 於是諺曰, 陳三更, 竇五更.《玉淸詩話》[1433]

곤궁과 영달이 달랐다.[궁달부동(窮達不同)] 조무자(晁武子)[1434]가 말하였다. 문목공(文穆公) 왕흠약(王欽若)[1435]이 전임 승상의 신분으로 항주(杭州)를 다스리는데 당시 전당현(錢塘縣)의 한 늙은 현위가 창백한 얼굴에 허옇게 센 머리였다. 왕흠약은 처음에 그를 전혀 좋아하지 않았는데 그의 이력을 물어보니 바로 자신의 합격동기생이었다. 측은한 마음에 안타까워하여 마침내 조정에 상소문을 올리니 조서를 내려 특별히 경조부(京兆府)의 위(尉)로 승진시켜 주자 다음과 같은 시로 사례하였다.

當年同試大明宮,	그해에 함께 대명궁에서 과거시험을 치렀는데,
文字雖同命不同.	문장은 비록 같았으나 운명이 달랐네.
我作尉曹君作相,	나는 현위가 되고 그대는 재상이 되었지만,

1426. 《고금사문유취전집(古今事文類聚前集)·사진부(仕進部)》
1427. 황태부(黃台符): 내력이 자세하지 않다.
1428. 서명사(西明寺): 섬서성 장안 근처에 있는 절 이름이다.
1429. 《시화총구(詩話叢龜)·기초문(譏誚門)》
1430. 조창언(趙昌言): 송(宋) 분주(汾州) 출신으로 자가 중모(仲謨)이다. 참지정사(參知政事), 호부시랑(戶部侍郎) 등을 역임하였다.
1431. 양호(梁顥): 송(宋) 운주(鄆州) 출신으로 자가 태소(太素)이다. 한림학사(翰林學士), 권지개봉부(權知開封府) 등을 역임하였다.
1432. 금오(金吾): 황제와 대신의 경호, 의장(儀仗) 및 궁궐의 경비와 순찰을 관장하는 금위군(禁衛軍)을 가리킨다.
1433. 《시화총구(詩話叢龜)·기초문(譏誚門)》
1434. 조무자(晁武子): 내력이 자세하지 않다.
1435. 왕흠약(王欽若): 송(宋) 임강군(臨江軍) 출신으로 자가 정국(定國)이다. 한림학사(翰林學士), 참지정사(參知政事), 상서좌복야겸중서시랑(尙書左僕射兼中書侍郎) 등을 역임하였다.

東風元沒兩般風. 봄바람은 원래 두 줄기가 없구나.

《휘주록(揮麈錄)》

晁武子云. 王文穆欽若以故相來守杭州, 錢塘一老尉, 蒼顔華髮矣. 文穆初甚不樂之, 詢其履歷, 乃同年生. 惻然哀之, 遂封章於朝, 詔特改京秩尉. 以詩謝之云. 當年同試大明宮, 文字雖同命不同. 我作尉曺君作相, 東風元沒兩般風.《揮麈錄》[1436]

행원(杏園)[1437]에서 시를 짓다.[행원부시(杏園賦詩)] 당(唐) 조업(曺鄴)[1438]은 자가 업지(業之)로 〈행원에서 즉석으로 합격동기생에게 올린 시(杏園即席上同年詩)〉가 있는데 다음과 같다.

岐路不在天, 갈림길이 하늘에 있지도 않은데,
十年行不至. 10년을 다녔어도 이르지 못 하였네.
一旦公道開, 하루아침에 큰 길이 열려,
青雲任平地. 청운의 길이 평지에 놓였구나.
枕上數聲鼓, 베개 위에서 몇 번의 북소리 들었는데,
衡門已如市. 누추한 집은 이미 저자처럼 되었구나.
白日探得珠, 대낮에 구슬을 찾았으니,
不待驪龍[1439]睡. 흑룡이 잠들기를 기다릴 것 없었네.
悤悤出九衢, 서둘러 큰길에 나서니,
僮僕顔色異. 동복들도 낯빛이 달라진다.
故衣未及換, 헌 옷을 아직 바꾸지 않은 것은,
尙有去年淚. 아직도 작년에 흘렸던 눈물이 남았기 때문이다.
晴陽照花影, 비 갠 뒤 햇살이 꽃을 비춰 그림자 지고,
落絮浮野翠. 떨어지는 버들 솜이 푸른 들에 떠다니네.
對面時忽驚, 마주하고도 때때로 깜짝 놀라며,
猶疑夢中事. 아직도 꿈속의 일인가 의아스러워하네.
自憐孤飛雁, 홀로 나는 기러기 스스로 가여워했는데,
得接鸞鳳翅. 봉황새의 날개를 잡게 되었구나.
永懷共濟心, 함께 세상을 구할 마음을 길이 지닌 채,
莫起吳越意. 오월(吳越)의 원수 같은 마음을 일으키지 맙시다.

唐曺鄴, 字業之, 杏園即席上同年詩. 岐路不在天, 十年行不至. 一旦公道開, 青雲任平地. 枕上數聲鼓, 衡門已如市. 白日探得珠, 不待驪龍睡. 悤悤出九衢, 僮僕顔色異. 故衣未及換, 尙有去年淚. 晴陽照花影, 落絮浮野翠. 對面時忽驚, 猶疑夢中事. 自憐孤飛雁, 得接鸞鳳翅. 永懷共濟心, 莫起吳越意.[1440]

합격동기생들이 방문하다.[동년상방(同年相訪)] 희문(希文) 범중엄(范仲淹)[1441]은 두 합격동기생인 등자경(滕子京)과 위개지(魏价之)가 단양군(丹陽郡)으로 방문하였을 때 다음과 같은 시를 지었다.

長江天下險, 장강은 천하의 험지라서,
涉者利名驅. 건너는 이들은 이름나기에 좋다지요.
二公訪貧交, 두 공께서 가난한 친구를 방문하면서,
過之如坦途. 마치 탄탄대로처럼 지났군요.

1436. 송(宋) 왕명청(王明淸)《휘주록(揮麈錄)·여화(餘話)》권1.

1437. 행원(杏園): 장안 동쪽 곡강지(曲江池)에 있는 살구나무 정원으로, 진사과 합격자들에게 축하연을 베풀어 주던 곳이다. 따라서 진사시의 급제를 상징한다.

1438. 조업(曺鄴): 당(唐) 양삭(陽朔) 출신으로 자가 업지(業之)이다. 태상박사(太常博士), 사부낭중(祠部郎中) 등을 역임하였다.

1439. 여룡(驪龍): 여주(驪珠)를 지키고 있는 용으로 귀한 사람이나 사물을 비유하는 말로 쓰인다.

1440.《고금사문유취전집(古今事文類聚前集)·사진부(仕進部)》

1441. 범중엄(范仲淹): 송(宋)의 정치가이며 문학가로 자가 희문(希文)이고 시호가 문정(文正)이다. 참지정사(參知政事), 섬서사로안무사(陜西四路按撫使) 등을 역임하였고 구양수(歐陽修) 등과 개혁 정책을 추진하였다.

風波豈不惡,	풍파가 어찌 험하지 않으리오만,
忠信天所扶.	충정과 신의에 하늘이 도운 것입니다.
相見發大笑,	서로 만나 크게 웃음 지으며,
命歌倒金壺.	노래를 청하고 금항아리를 기울이네.
同年三百人,	동기생들 3백 명이,
大半空名呼.	태반이 공허하게 이름만 불리네.
歿者草自綠,	죽은 이들은 풀이 절로 푸르고,
存者顔無朱.	남은 이들은 홍안이 없어졌네.
功名若在天,	공명이 만일 하늘에 달려 있다면,
何必心區區.	어찌 구차하게 마음 쓰리오.
莫競富貴路,	부귀영화 다툴 것 없고,
休誇讒嫉夫.	참언하는 이들은 자랑하지 말라.
孔子作旅人,	공자도 나그네 신세가 되었고,
孟軻號迂儒.	맹자도 세상물정 모르는 선비라고 불렸지.
吾輩不飮酒,	우리가 술을 마시지 않는다면,
笑殺高陽徒[1442].	술꾼들에게 특히 비웃음 받겠지.[1443]

范希文, 二同年滕子京·魏价之, 相訪于丹陽郡, 作詩云. 長江天下險, 涉者利名驅. 二公訪貧交, 過之如坦途. 風波豈不惡, 忠信天所扶. 相見發大笑, 命歌倒金壺. 同年三百人, 大半空名呼. 歿者草自綠, 存者顔無朱. 功名若在天, 何必心區區. 莫競富貴路, 休誇讒嫉夫. 孔子作旅人, 孟軻號迂儒. 吾輩不飮酒, 笑殺高陽徒.[1444]

장원 狀元

· 대부들께서는 훌륭하게 현량과의 우두머리들입니다.

子大夫, 裒然爲擧首.[1445]

· 옛날 빈천의 모욕 속에 지낼 때에 모든 것이 지금의 하루아침에 호걸들의 앞에 있는 것과 다르지 않았으니 사람들은 그런 뒤에야 그 고귀함을 알게 되었습니다.〈동파(東坡)〉

昔者處貧賤之辱, 所有無以異於今, 一朝居豪傑之先, 而人然後知其貴.〈坡〉[1446]

· 3년이 되어 조책(詔策)[1447]을 받드는 것은 진실로 성시[省試: 남궁(南宮)[1448]]에 참여하는 진사들의 공통적인 것이지만, 한 번 응시하여 유과(儒科)[1449]에 으뜸이 되는 것은 동각(東閣)[1450]의 낭군(郎君)[1451]에게 있지 않았던 일입니다.

三年而奉詔策, 固南宮進士之所同, 一擧而冠儒科, 蓋東閣郎君之未有.[1452]

1442. 고양도(高陽徒): 고양주도(高陽酒徒)의 준말로 술꾼을 비유한다. 전한 때 역이기(酈食其)가 유방(劉邦)을 방문하였는데, 유방의 문지기가 '패공께서는 유생을 만날 시간이 없다'고 하자 역이기가 '나는 유생이 아니라 고양의 술꾼'이라고 한 데에서 유래한 말이다.

1443. 시제(詩題)는 〈등자경(등종량)과 위개지 두 동기생이 단양군을 방문해 주다(滕子京魏介之二同年相訪丹陽郡)〉이다.

1444. 《고금사문유취전집(古今事文類聚前集)·사진부(仕進部)》

1445. 《한서(漢書)·동중서전(董仲舒傳)》

1446. 송(宋) 소식(蘇軾) 〈답허장원계(答許狀元啓)〉[《동파전집(東坡全集)》 권70]

1447. 조책(詔策): 제왕이 친히 과거장에 나가 시험을 보여 인재를 뽑던 과거제도의 하나이다.

1448. 남궁(南宮): 상서성(尙書省)의 별칭이다. 상서성이 가장 남쪽에 위치한 기관인 데서 유래하였다. 나아가 상서성 휘하 예부(禮部)에서 실시한 성시(省試), 즉 예부시(禮部試)를 가리킨다.

1449. 유과(儒科): 진사과(進士科)를 이르는 말이다.

1450. 동각(東閣): 재상(宰相)이 빈객(賓客)을 접대하던 공관(公館)을 가리킨다.

1451. 낭군(郎君): 귀족 자제에 대한 통칭이다.

계림(桂林)의 나뭇가지 하나[계림일지(桂林一枝)] 극선(郄詵)[1453]이 무제(武帝)[1454]를 면대하여 "신이 현량과의 대책에 응시하여 천하의 제일이 된 것은 계림(桂林)의 나뭇가지 한 개나 곤산(昆山)의 옥 한 조각과 같습니다."라고 아뢰었다.

郄詵對武帝曰, 臣奉賢良對策, 爲天下第一, 猶桂林之一枝, 崑山之片玉.[1455]

홀로 장원이 되다.[독위제일(獨爲第一)] 장간지(張柬之)[1456]는 자가 맹장(孟將)이다. 진사에 합격하였고 현량과로 전시에 참여하였는데 동시에 대책에 응시한 사람이 천 명이 되었지만, 장간지가 홀로 장원으로 합격하여 감찰어사에 배수되었다.

張柬之, 字孟將. 進士擢第, 以賢良詔試, 同時對策者, 千餘人, 柬之獨爲第一擢, 拜監察御史.[1457]

무(武)씨의 3장원[무씨삼두(武氏三頭)] 무익황(武翊黃)[1458]은 경조부(京兆府)에서 해두(解頭)[1459]로 선발되었고 과거에서는 장원을 하였고 굉사과(宏詞科)[1460]에서도 장원을 하였다. 당시 사람들이 '무(武)씨의 3장원[무씨삼두(武氏三頭)]'이라고 하였다.《당어림(唐語林)》

武翊黃, 府選爲解頭, 及第爲狀頭, 宏詞爲勅頭. 時謂武氏三頭.《唐語林》[1461]

최원한(崔元翰)[1462]은 만년에 과거에 응시하여 모두 수석을 차지하였다. 경조부(京兆府)에서 해두(解頭), 예부(禮部)에서 장두(狀頭), 굉사과(宏詞科)에서 칙두(勅頭)를 차지하였다.《남부신서(南部新書)》

崔元翰晩年取應, 咸爲首捷. 京兆解頭, 禮部狀頭, 宏詞勅頭.《南部新書》[1463]

장우신(張又新)[1464]은 당시 사람들이 '장(張)씨 3장원[장삼두(張三頭)]'이라고 불렀다.《척언(摭言)》

張又新, 時號張三頭.《摭言》[1465]

배차원(裵次元)[1466]이 제책(制策)과 굉사(宏詞)를 시험 치렀는데 같은 날에 조서가 내려와 모두 장원이 되었다. 당시 사람들이 영광스럽게 여겼다.《남부신서(南部新書)》

裵次元, 制策宏詞, 同日勅下, 竝爲勅頭. 時人榮之.《南部新書》[1467]

장원을 겨루기로 얻다.[장원각승(狀元角勝)] 태조(太祖)[1468] 시기에 왕사종(王嗣宗)[1469]과 조창언(趙昌言)이 전각 앞에서 장원을 다투자 태조가 두 사람에

1452. 송(宋) 왕조(汪藻) 〈하진상자장원급제계(賀秦相子狀元及第啓)〉[《오백가파방대전문수(五百家播芳大全文粹)》]
1453. 극선(郄詵): 진(晉) 제음(濟陰) 출신으로 자가 광(廣)기(基)이다. 대책(對策)에서 최우수 성적을 받아 의랑(議郎)에 제수되고 뒤에 상서좌승(尙書左丞), 옹주자사(雍州刺史) 등을 역임하였다.
1454. 무제(武帝): 진(晉) 초대 황제로 재위 기간은 265-289년이다.
1455. 《진서(晉書)·극선전(郄詵傳)》
1456. 장간지(張柬之): 당(唐) 양주(襄州) 출신으로 자가 맹장(孟將)이다. 감찰어사(監察御使)를 역임하였고, 측천무후(則天武后)가 건국한 주(周)에서 재상을 역임하였다. 705년 무측천의 병이 심해지자 환언범(桓彦范), 경휘(敬暉) 등과 정변을 일으켜 무측천을 몰아내고 중종(中宗)을 복위시켰다. 이후 중서령(中書令)이 되었다.
1457. 《구당서(舊唐書)·장간지전(張柬之傳)》
1458. 무익황(武翊黃): 당(唐) 하남(河南) 출신으로 대리경(大理卿)을 지냈다.
1459. 해두(解頭): 지방에서 실시하는 해시[解試:향시(鄕試)]에서 장원을 차지하는 것을 가리킨다.
1460. 굉사과(宏詞科): 조정의 문서를 기초할 만한 인재를 뽑기 위한 과거시험의 하나이다.
1461. 《당어림(唐語林)》 권6.
1462. 최원한(崔元翰): 당(唐)나라 사람으로 이름이 붕(鵬)이고 자가 원한(元翰)이다. 비부낭중(比部郎中)을 지냈다.
1463. 송(宋) 전역(錢易) 《남부신서(南部新書)》 권3.
1464. 장우신(張又新): 당(唐) 육택(陸澤) 출신으로 자가 공소(孔昭)이다. 좌사낭중(左司郎中)을 지냈다.
1465. 《당척언(唐摭言)》 권2.
1466. 배차원(裵次元): 당(唐) 하동(河東) 출신으로 태부경(太府卿), 강서관찰사(江西觀察使) 등을 역임하였다.
1467. 송(宋) 전역(錢易) 《남부신서(南部新書)》 권3.
1468. 태조(太祖): 송(宋) 초대 황제로 재위 기간은 960-975년이다.

게 맨손 격투를 시켜 이기는 자에게 장원을 주겠다고 약속하였다. 조창언은 대머리인데 왕사종이 그의 두건을 쳐서 땅에 떨어뜨리고는 앞으로 달려가 말했다. "신이 이겼나이다." 태종이 웃으면서 왕사종을 장원으로 삼았다.

太祖朝, 王嗣宗與趙昌言, 爭狀元於殿前, 乃命二人手搏, 約勝者與之. 趙昌言髮禿, 嗣宗毆其幞頭墜地, 趨前曰, 臣勝矣. 上笑, 以嗣宗爲狀元.[1470]

대소장원[대소장원(大小狀元)] 함평(咸平)[1471] 원년과 2년 모두 진사시 합격자가 발표되었는데, 손근(孫僅)과 손기(孫暨)가 이어서 장원으로 급제하였다. 그들은 모두 여주(汝州) 사람이었다. 백성들에게조차 역시 대장원(大狀元), 소장원(小狀元)으로 불렸다. 가우(嘉祐)[1472] 8년에 장원으로 급제한 허장(許將)과 치평(治平) 4년 장원으로 급제한 허세안(許世安)은 당시 대허(大許), 소허(小許)로 일컬어졌다.

咸平元年·二年, 皆放進士擧, 孫僅·孫暨相繼魁天下, 皆汝州人. 至於百姓, 亦以大狀元·小狀元呼之. 嘉祐八年許將, 治平四年許世安, 時謂大許·小許.[1473]

진요수(陳堯叟)[1474], 요자(堯咨) 형제도 모두 장원으로 급제하였다.

陳堯叟(陳堯叟)·堯咨兄弟, 皆狀元.

손하(孫何)[1475]·손근(孫僅)[1476] 형제가 명성을 떨쳤는데, 이들은 여주(汝州) 사람이 아니다. 왕황주(王黃州)[1477]가 손근의 문장을 보고서 다음과 같이 서후(書後)를 적었다. "내년 다시 궁전에[1478] 나아가 시험을 치르면, 틀림없이 사람들에게 소장원이라 불리리라." 손근이 과연 장원으로 급제하자, 왕황주가 아래의 시를 보냈다.

病中何事忽開顔,	병중에 무슨 일로 갑자기 기쁜 얼굴 하겠는가?
記得時稱小狀元.	당시 소장원으로 불릴 것이라 했던 일이 생각나네.
粉壁每題龍虎榜,	하얀 벽에 매번 용호방(龍虎榜)[1479]에 올랐으니,
錦標終屬鶺鴒原.	금표(錦標[1480], 장원급제)가 끝내 그대들 형제에게 돌아갔네.

孫何·孫僅兄弟馳名, 此則非汝州人. 王黃州覽僅文編, 書其後曰, 明年再就堯堦試, 應被人呼小狀元. 僅果第一, 王黃州以詩寄之曰, 病中何事忽開顔, 記得時稱小狀元. 粉壁每題龍虎榜, 錦標終屬鶺鴒原.[1481]

기러기 울음소리를 듣고 시를 쓰다.[문안제시(聞雁

1469. 왕사종(王嗣宗): 송(宋) 분주(汾州) 출신으로 자는 희완(希阮)이다. 송(宋) 태조 개보(開寶) 8년에 을해과(乙亥科)에 장원으로 급제하였다.
1470. 송(宋) 사마광(司馬光)《속수기문(涑水記聞)》권3.
1471. 함평(咸平): 송(宋) 진종(眞宗)의 연호(998-1003)이다.
1472. 가우(嘉祐): 북송(北宋) 인종(仁宗)의 연호(1056-1063)이다.
1473. 《고금사문유취(古今事文類聚)·사진부(仕進部)》
1474. 진요수(陳堯叟): 송(宋) 낭주(閬州) 낭중(閬中) 출신으로 자는 당부(唐夫). 시호는 문충(文忠). 단공(端拱) 연간에 진사에 급제하여, 교주국신사(交州國信使), 동지추밀원사(同知樞密院事), 우복야(右僕射) 등을 역임하였다.
1475. 손하(孫何): 송(宋) 순화(淳化) 연간의 진사로 자는 한공(漢公)이다. 진종(眞宗) 초에 오의(五議)를 올려 가납되었다. 양절전운사(兩浙轉運使), 지제고(知制誥) 등을 역임하였다.
1476. 손근(孫僅): 손하(孫何)의 동생으로 자는 인기(鄰幾)이다. 함평(咸平) 연간의 진사로 급사중(給事中)을 역임하였다.
1477. 왕황주(王黃州): 송(宋) 왕우칭(王禹偁)을 말한다. 태종(太宗) 태평흥국(太平興國) 8년에 진사에 급제하여 우습유(右拾遺), 좌사간(左司諫), 지제고(知制誥) 등을 역임하였다. 황주(黃州)에 폄적된 적이 있어 왕황주라 불린다.
1478. 원문의 요계(堯堦)는 요(堯)임금의 궁전이다. 일반적인 궁전의 뜻으로 사용되었다.
1479. 용호방(龍虎榜): 당(唐) 정원(貞元) 8년 구양첨(歐陽詹)과 한유(韓愈), 이강(李絳) 등 23명의 명사들이 함께 과거에 급제한 것을 이르는 말로 여기서는 회시(會試) 합격자의 뜻으로 사용되었다.
1480. 금표(錦標): 비단으로 만든 깃발. 배 경주에서 선두에 선 사람에게 주던 것이다. 여기서는 장원급제를 가리킨다.
1481. 《산당사고(山堂肆考)·과제(科第)》

題詩)] 호단(胡旦)[1482]은 뛰어난 재주를 지니고 있었으나, 기개를 숭상하고 외물을 낮춰보았다. 일찍이 "과거에 응시하여 장원으로 급제하지 못하고, 벼슬을 하면서 재상이 되지 못한다면 헛된 인생이다!"라고 큰소리를 친 적이 있었다. 응시하러 갈 때가 되어, 마침 좌중에서 기러기 울음소리를 듣고 바로 다음과 같이 시를 지었다. "내년 봄빛 속에서, 일등을 거머쥐고 돌아오리라." 과연 장원을 차지하였다.

胡旦有俊才, 尙氣凌物. 嘗大言曰, 應擧不作狀元, 仕宦不爲宰相, 乃虛生也. 及隨計之秋, 適坐中聞雁, 乃題詩曰, 明年春色裏, 領取一行歸. 果魁天下.[1483]

잠에 목마른 사람[갈수한(渴睡漢)] 여몽정(呂蒙正)이 과거에 급제하기 전에 잠깐 한 현에서 지낸 적이 있었다. 당시 비서감(祕書監) 호단(胡旦)이 이 고을을 다스리는 부친을 따라와 있었는데, 여몽정을 아주 박하게 대우하였다. 손님 중에 누군가가 호단에게 깨우쳐 주기를 "여공(呂公)은 시에 능하니 약간이나마 예우해 주어야 될 것입니다."라고 하였다. 호단이 여몽정 시의 뛰어난 구절에 대해 묻자, 손님이 "추운 밤을 밝힌 등불 심지를 다 돋웠건만 아직 잠을 이루지 못했다네."라는 구절을 들어 보였다. 호단이 웃으며 말했다. "그저 잠에 목말라 하는 사람일 뿐이군요." 여몽정은 몹시 유감을 품고 떠났다. 이듬해 갑과에 장원으로 급제하자, 호단에게 소식을 전하였다. "잠에 목말라 하던 사람이 장원으로 급제하였답니다." 호단이 말했다. "내가 내년에 장원으로 급제하게 되면 그대에게 한 수 정도 지는 것일 따름이오." 얼마 뒤 다음 합격자 발표에서 호단 또한 수석으로 합격하였다.

呂蒙正未第時, 薄遊一縣. 時胡大監旦隨其父, 宰是邑, 遇呂甚薄. 客有喩胡曰, 呂公能詩, 宜少加禮. 胡問警句, 客擧曰, 挑盡寒燈未成眠. 胡笑曰, 乃一渴睡漢耳. 呂甚恨而去. 明年首中甲科, 寄聲於胡曰, 渴睡漢狀元及第矣. 胡曰, 待我明年第一人及第, 輸君一籌. 旣而次榜, 亦中首選.[1484]

따뜻이 입고 배불리 먹는 데에 있지 않다.[부재온포(不在溫飽)] 왕증(王曾)[1485]이 청주(青州) 발해(發解)[1486]로 남성(南省, 예부시)과 정시(廷試)에서 모두 장원으로 합격하였다. 한림학사로 있던 중산(中山) 유자의(劉子儀)가 농담으로 "세 차례 시험에서 장원을 하였으니, 한 평생 밥걱정은 없겠구려."라고 말했다. 기공(沂公, 왕증)이 정색하여 대답하였다. "왕증 저의 평생의 뜻은 따뜻이 입고 배불리 먹는 데에 있지 않습니다."

王曾青州發解, 及南省廷試, 皆爲首冠. 中山劉子儀爲翰林學士, 戲語之曰, 狀元試三場, 一生喫着不盡. 沂公正色答曰, 曾平生之志, 不在溫飽.[1487]

왕증이 장원으로 급제하고 청주로 돌아왔다. 고을 군수가 그가 돌아온다는 소식을 듣고서 바로 부로(父老)들과 악단에게 일러 교외에서 맞이하게 하였다. 공은 옷을 바꿔 입고 작은 나귀를 타고 다른 문으로 들어와 바로 군수에게 인사를 드렸다. 군수가 놀라며 말했다. "그대가 온다는 말을 듣고서, 이미 사람들을 보내 맞이하라 하였소. 문을 지키는 사람으로부터 그

1482. 호단(胡旦): 송(宋) 빈주(濱州) 출신으로 자는 주보(周父)이다. 태평흥국(太平興國) 연간의 진사시에 장원으로 급제하였으며, 직사관(直史館), 전중승(殿中丞), 비서감(秘書監) 등을 역임하였다.

1483. 《산당사고(山堂肆考)·과제(科第)》

1484. 구양수(歐陽脩) 《육일시화(六一詩話)》

1485. 왕증(王曾): 송(宋) 청주(青州) 익도(益都) 출신으로 자는 효선(孝先), 시호는 문정(文正)이다. 함평(咸平) 연간에 향공(鄕貢)에서 예부(禮部), 정대(廷對)까지 모두 일등으로 합격하였다. 인종(仁宗) 때 중서시랑(中書侍郎), 동중서문하평장사(同中書門下平章事)를 역임하고, 기국공(沂國公)에 봉해졌다.

1486. 발해(發解): 공거(貢擧, 해시解試)에 합격하여 출신 고을로부터 중앙의 회시(會試) 응시자격을 부여받은 사람을 일컫는 말이다.

1487. 《고금사문유취(古今事文類聚)·사진부(仕進部)》

대가 도착했다는 기별이 없었는데, 어떻게 여기까지 이르렀소?" 공이 사실대로 말해 주었다. '재주가 없는 제가 요행히 과거에 합격한 것인데, 감히 태수와 부로들께 맞이해 주시는 번거로움을 끼칠 수 있겠습니까? 그렇게 한다면 잘못을 거듭하는 것이 될 것입니다."

曾狀元及第, 還青州. 故郡府帥聞其歸, 乃命父老娼樂迎於郊. 公易服乘小驢, 由他門入, 遽謁守. 守驚曰, 聞君來, 已遣人奉迎. 門司未報君至, 何爲抵此? 公以實告之曰, 不才幸忝科第, 敢煩太守父老致迓? 是重其過也.[1488]

오색구름이 나타나다.[오색운현(五色雲見)] 천성(天聖)[1489] 5년 인종(仁宗)이 진사시를 비풀 때에 한위공(韓魏公)[1490]은 이름이 두 번째였다. 당시 합격자를 호명하는데 제1갑이 막 끝나자, 태사(太史)가 "오색구름이 나타났습니다."라고 아뢰었다. 따르는 관원들이 모두 축하했다.

天聖五年, 仁宗試進士, 韓魏公名在第二. 時唱名, 第一甲方終, 太史奏曰, 五色雲見. 從官皆賀.[1491]

태산에서 합격자명단을 보내오다.[태산송방(泰山送榜)] 광명(廣明)[1492] 연간 봉상부사(鳳翔副使) 정창도(鄭昌圖)[1493]가 아직 급제하기 전의 일이다. 친척의 하인이 경락(京洛)을 지나면서 곡수점(穀水店) 근처에서 두 명의 누런 옷을 입은 사자(使者)가 서쪽에서 오는 것을 만났다. 그들은 "우리 두 사람은 올해 합격자 명단을 전하는 사자로, 태산에서 왔소."라고 하였다. 하인이 마침내 그 명단을 한 번 몰래 보자고 청하자, 사자는 "올해 장원의 성은 편방(偏傍)에 '阝'가 있고, 이름은 두 글자인데, 아래 글자는 입 안에 있소. 꼴찌합격자의 성은 편방에 역시 이 '阝'가 있고, 이름이 두 글자이며, 아래 글자는 역시 입 안에 있소. 기억해 두시오."라고 말하고는 마침내 떠나갔다. 정공(鄭公)의 친척이 그 일을 자못 기이하게 여겼다. 정창도는 그해 장원으로 급제하였고, 꼴찌합격자는 추희회(鄒希回)였으니, 성명의 점획이 모두 같았다.

廣明中, 鳳翔副使鄭昌圖未及第前. 有親表家僕, 過京洛, 於穀水店邊逢見二黃衣使人西來曰, 吾二人, 乃是今年送榜之使也, 自泰山來到. 僕遂請竊觀其榜, 使者曰, 此年狀頭姓, 偏傍有阝, 名兩字, 下一字在口中. 榜尾之人姓, 偏傍亦有此阝, 名兩字, 下一字亦在口中. 記之. 遂辭去. 鄭公親表頗異其事. 昌圖其年狀頭及第, 榜尾鄒希回也, 姓名點畫皆同.[1494]

두 대에 걸쳐 장원하다.[양세장원(兩世狀元)] 진종(眞宗)[1495]이 동쪽으로 태산에 가서 봉선(封禪)을 행하고, 6월 양고(梁固) 이하 진사급제자를 발표하였다. 분음(汾陰)에서 후토(后土, 토신)를 제사 지내고, 장사덕(張師德) 이하 진사급제자를 발표하였다. 양고는 장원 양호(梁顥)의 아들이고, 장사덕은 역시 장원 장거화(張去華)의 아들이었다. 위야(魏野)가 시로써 "태산에 봉선하고 분음에서 후토에 제사 지내면서 해마다 합격자를 발표하니, 장원급제한 이들은 모두가 장원급제한 이들의 아들이었네."라고 축하하였다.

眞宗東封六月, 放梁固以下進士及第. 祀后土于汾陰,

1488. 《고금사문유취(古今事文類聚)·사진부(仕進部)》

1489. 천성(天聖): 북송(北宋) 인종(仁宗)의 연호(1023-1031)이다.

1490. 한위공(韓魏公): 송(宋) 한기(韓琦)이다. 추밀부사(樞密副使), 동중서문하평장사(同中書門下平章事)를 역임하며 범중엄(范仲淹)과 함께 이름을 날렸다. 왕안석(王安石)과 대립하여 관직에서 물러났다. 위국공(魏國公)에 봉해졌다.

1491. 《고금사문유취(古今事文類聚)·사진부(仕進部)》

1492. 광명(廣明): 당(唐) 희종(僖宗)의 연호(880)이다.

1493. 정창도(鄭昌圖): 당(唐) 의종(懿宗) 함통(咸通) 13년 장원으로 급제하여, 봉상부사(鳳翔副使), 사훈원외랑(司勛員外郎), 호부시랑(戶部侍郎) 등을 역임하였다.

1494. 《천중기(天中記)·등제(登第)》

1495. 진종(眞宗): 송(宋) 제3대 황제로 이름은 원간(元侃)인데 항(恒)으로 개명하였으며 재위 기간은 998년부터 1022년까지 25년이다.

放張師德以下進士及第. 固狀元梁顥子, 師德亦狀元去華子. 魏野以詩賀曰, 封禪汾陰連歲榜, 狀元俱是狀元兒.[1496]

장원이라 소리쳐 부르다.[전호장원(傳呼狀元)] 채제(蔡齊)[1497]는 자(字)가 자사(子思)이다. 진종(眞宗)이 직접 누대에 임하여 선비들을 시험하였다. 그날 밤 꿈에, 전각 아래에 채소가 가꾸어져 있는데 한 포기가 아주 무성하여 전각의 기단과 같은 높이로 자라 있었다. 시권(試卷)을 뜯자 제1권이 채제의 것이었다. 임금은 그의 모습이 당당한 것을 보고서 "인재를 얻었도다!"라고 말하고, 집금오(執金吾)에게 조서를 내려 호위병 7인을 보내 청도(淸道)[1498]하고 양쪽으로 마주서서 인도하면서 큰소리로 외치도록 하였다. 장원이라고 외치는 것은 여기에서 시작되었다.

蔡齊, 字子思. 眞宗臨軒策士. 夜夢殿下有菜, 一苗甚盛, 與殿基相高. 及拆第一卷, 蔡齊. 上見其狀堂堂曰, 得人矣, 詔金吾, 給衛士七人淸道, 兩對引喝. 傳呼狀元, 始於此也.[1499]

금패에 씌어 있는 큰 글자[금패대서(金牌大書)]

원풍(元豐)[1500] 연간에 문상(汶上) 양적(樑逖)이 어느 날 밤 꿈에 어전(御殿)에서 사정을 아뢰는데 어좌(御座) 앞에 금박으로 '황상(黃裳)'이란 두 글자가 크게 씌어 있는 패(牌) 하나가 게시되어 있는 것을 보았다. 필시 귀하게 될 조짐이라 생각되어, 황상(黃裳)[1501]으로 이름을 고쳤다. 이듬해 어좌에서 진사급제자를 발표할 때에 남검(南劍) 황상이 천하제일의 장원으로 급제하였다.《면수연담록(澠水燕談錄)》

元豐中, 汶上樑逖, 一夕, 夢奏事殿中, 見御座前揭一牌, 箔金大書黃裳二字. 意必貴兆也, 因改名黃裳. 明年, 御座唱進士第, 南劍黃裳爲天下第一.《澠水燕談錄》

유도자(柳道者)는 천주(泉州) 사람이다. 기이한 중을 만났는데 그가 요지(要旨)를 주어, 조짐조차 없는 일에 대하여 예언하는 능력을 갖게 되었다. 누군가 그에게 "올해 장원은 어떤 성(姓)을 가진 사람일까요?"라고 물으니, 대답하였다. "검지도 않고 희지도 않으며, 붉지도 않고 푸르지도 않소." "역시 그의 이름도 알고 계신가요?"라고 다시 물으니, 바로 옷소매를 들어서 그에게 보여 주었다. 며칠 뒤에 장원급제자의 소식이 전해졌는데, 바로 황상(黃裳)이었다.《둔재한람(遯齋閑覽)》

柳道者, 泉州人. 遇異僧, 授以要旨, 能預言未兆. 或問之曰, 今歲狀元何姓? 答曰, 不黑不白, 非朱非綠. 復曰, 亦知其名乎? 乃擧衣裾以示人. 後數日, 捷音至, 乃黃裳也.《遯齋閑覽》[1502]

속이지 말라고 말해 주다.[어이불기(語以不欺)]

내한(內翰, 한림학사) 가암(賈黯)[1503]이 장원으로 급제하여 등주(鄧州)로 돌아갔다. 범문정공(范文正公)[1504]이 태수로 있어, 내한이 문정공을 배알하고서

1496. (《면수연담록(澠水燕談錄)·공거(貢擧)》)
1497. 채제(蔡齊): 송(宋) 내주(萊州) 교수(膠水) 출신으로 자는 자사(子思), 시호는 文忠(文忠)이다. 대중상부(大中祥符) 연간에 진사에 급제하여 예부시랑(禮部侍郎), 참지정사(參知政事) 등을 역임하였다.
1498. 청도(淸道): 임금이나 관원이 출행할 때에 잡인의 출입을 막고 길을 치우던 일을 가리킨다.
1499. 《산당사고(山堂肆考)·등제(登第)》
1500. 원풍(元豐): 북송(北宋) 신종(神宗)의 연호(1078-1085)이다.
1501. 황상(黃裳): 송(宋) 남검주(南劍州) 검포(劍浦) 출신으로 자(字)는 면중(勉仲 또는 冕仲), 자호는 자현옹(紫玄翁)이다. 원풍(元豐) 연간 진사에 급제하여 단명전학사(端明殿學士), 예부상서(禮部尙書) 등을 역임하였다. 도교서적을 좋아하였다. 시호는 충문(忠文)이다.
1502. 《천중기(天中記)·등제(登第)》
1503. 가암(賈黯): 송(宋) 등주(鄧州) 양현(穰縣) 출신으로 자는 직유(直孺)이다. 경력(慶曆) 연간 진사에 급제하여 좌사낭중(左司郎中), 중서사인(中書舍人), 급사중(給事中), 권어사중승(權御史中丞) 등을 역임하였다.
1504. 범문정공(范文正公): 북송(北宋)의 정치가이자 문학가인 범중엄(范仲淹)이다. 자가 희문(希文)이며 문정(文正)은 시호이다. 참지정사(參知政事), 섬서사로안무사(陝西四路按撫使) 등을 역임하였고, 구양수(歐陽修) 등과 개혁 정책을 추진하였다.

말했다. "저는 말학 후배로 어쩌다 과거에 급제하였습니다. 가르침을 받고 싶습니다." 문정공이 대답하였다. "자네는 현달하지 못함에 대하여 걱정하지 말고, 오직 '불기(不欺, 속이지 않음)' 두 글자만을 평생 행하면 될 것이네." 내한은 그 말을 공손히 받아 잊지 않았다.

賈內翰黯以狀元及第歸鄧州. 范文正公爲守, 內翰謁文正曰, 某晩生, 偶得科第. 願受教. 文正曰, 君不憂不顯, 惟不欺二字, 可終身行之. 內翰拜其言不忘.[1505]

먼저 새옷을 입다.[선의신의(先衣新衣)] 왕공신(王拱辰)[1506]은 구공(歐公, 구양수)과 같은 해에 진사에 급제하였다. 문충(文忠, 구양수)은 감원(監元, 국자감시 장원)과 성원(省元, 예부시 장원)으로 정시(廷試)를 치르면서 장원급제에 대한 확고한 의지를 지니고 있었다. 이튿날 창명(唱名)[1507]할 때가 되어 새 옷 한 벌을 준비해 두고 있었는데, 왕공신은 곧바로 먼저 새 옷을 입고 들어갔다. 구양수가 이상하게 여기자, 왕공신이 웃으면서 말했다. "장원이 된 사람은 꼭 이것을 입어야 한다네." 합격자 발표에 과연 장원으로 급제하였다.

王拱辰與歐公同年進士. 文忠自監元·省元, 赴廷試, 銳意魁天下. 明日當唱名, 備新衣一襲, 拱辰輒先衣以入. 文忠怪焉, 拱辰笑曰, 爲狀元者當衣此. 唱名, 果第一.[1508]

천문(天門)에 방(榜)이 걸리다.[천문방방(天門放榜)] '천(天)'문에 보임.

見天門.[1509]

글을 반포하여 보게 하다.[이문반시(以文頒示)] 채의(蔡嶷)[1510]는 자(字)가 군요(君饒)로 숭녕(崇寧)[1511] 5년에 정시(廷試, 전시)에서 장원으로 급제하였다. 임금이 그의 글을 좋아하여 어보(御寶, 옥새)를 찍어 시권(試卷)을 봉해서 국자감에 넘겨 천하에 반포하게 하였다. 얼마 뒤에 소대(召對)[1512]하였다.《기찬연해(記纂淵海)》

蔡嶷, 字君饒, 崇寧五年, 廷試第一. 上甚喜其文, 以御寶封試卷, 付國子監, 頒示四方. 俄召對.《記纂淵海》[1513]

제왕의 인척을 아내삼지 아니하다.[불취귀척(不娶貴戚)] 풍경(馮京)[1514]은 진사시험에 응시하여, 향시부터 전시에 이르기까지 모두 장원으로 급제하였다. 장요좌(張堯佐)가 외척 신분에 기대어 딸을 시집보내고자 하였다. 사람을 시켜 풍경을 자신의 집으로 데려왔는데, 잠시 뒤에 궁중에서 환관이 술과 안주를 가져왔다. 또 혼수품을 보여 주었는데 매우 풍성하였다. 풍경은 가까이 하려 하지 않았으며 결연히 사양하였다.

馮京擧進士, 自鄕選至廷對, 俱策名第一. 張堯佐倚外戚, 欲妻以女. 使擁入其家. 頃之, 中人以酒殽至. 且示以奩具, 甚厚. 京不肯就, 力辭之.[1515]

남이 수염을 깎아 버리는 꿈을 꾸다.[몽인체자(夢人剃髭)] 이적(李廸)[1516]은 아름다운 수염을 기르고 있었다. 전시(殿試) 하루 전날 수염이 다른 사람에게 전

1505.《문견록(聞見錄)》 권8.

1506. 왕공신(王拱辰): 송(宋) 개봉(開封) 함평(咸平) 출신으로 자(字)는 군황(君貺)이다. 천성(天聖) 연간 17세에 진사에 장원으로 급제하였다. 한림학사(翰林學士), 어사중승(御史中丞)을 역임하였다. 시호는 의각(懿恪)이다.

1507. 창명(唱名): 전시(殿試) 후에 천자가 직접 이름을 불러 급제한 사람을 만나는 일을 가리킨다.

1508.《산당사고(山堂肆考)·과제(科第)》

1509.【유원총보 권 01】 천도문(天道門) '하늘[천(天)]' 조항을 가리킨다.

1510. 채의(蔡嶷): 송(宋) 개봉(開封) 사람. 예부상서(禮部尙書), 용도각직학사(龍圖閣直學士) 등을 역임하였다.

1511. 숭녕(崇寧): 북송(北宋) 휘종(徽宗)의 연호(1102-1106)이다.

1512. 소대(召對): 임금이 신하를 불러 정사(政事) 또는 경의(經義) 등의 문제에 대하여 대답하도록 하는 것을 말한다.

1513.《산당사고(山堂肆考)·과제(科第)》

1514. 풍경(馮京): 송(宋) 악주(鄂州) 출신으로 자가 당세(當世)이다. 한림학사(翰林學士), 개봉지부사(開封知府事), 어사중승(御史中丞) 등을 역임하였다.

1515.《송사(宋史)·풍경전(馮京傳)》

부 깎여 없어지는 꿈을 꾸었다. 내심 몹시 언짢게 생각되었는데, 해몽하는 사람이 말했다. "장원으로 급제하실 인연입니다. 올해 예부시 장원이 유자(劉滋)인데, 이미 유자를 교체하였으니, 장원이 아니면 무엇이겠습니까?"[1517]

李廸, 美髭髯. 御試前一日, 夢被人剃削俱盡. 心惡之, 有解者曰, 爲狀元緣. 今歲省元是劉滋, 已替滋矣, 非狀元而何?[1518]

꿈속에서 구름사다리에 오르다.[몽등운제(夢登雲梯)] 정교(鄭僑)[1519]는 성시(省試, 예부시)에 합격하고, 아직 정대(廷對, 전시)가 시행되기 전에 꿈을 꾸었다. 공중에 사다리 하나가 놓여 있는데 구름이 에워싸고 있어, 올라가 보았다. 높은 층에 이르러 위를 올려다보니 커다란 돌이 있었다. 자신을 짓누를까 벌벌 떨고 있는데 홀연 둥실둥실 몸이 떠올라서 바위 위에 서게 되었다. 놀라서 잠에서 깨어나, 스스로 기뻐하였다. 얼마 뒤에 천하제일의 장원으로 급제하였다. 차석(次席)은 온릉(溫陵)의 석기종(石起宗)이었다. 앞서 시험관이 채점할 때에는 석기종이 수석을 차지하였으나, 창명(唱名)[1520]할 때에 비로소 그로 바뀌었다고 한다.

鄭僑, 省試中選, 未廷對, 夢空中一梯, 雲氣圍繞, 遂登之. 及高層仰望, 則有大石. 正懼壓已, 忽冉冉升騰, 立于石上. 驚覺, 自喜. 旣而爲天下第一. 其次曰, 溫陵石起宗. 先是, 考官用分數, 石君當居上, 臨唱名, 始易之云.[1521]

평강리에서 기생을 찾아보다.[평강알기(平康謁妓)] 배사겸(裴思謙)은 장원으로 급제하고, 붉은 종이로 명함을 만들어 평강리(平康里)[1522]의 여러 기생들에게 건네고는, 그 동네에서 묵으면서 다음과 같이 시를 지었다.

銀釭斜背解鳴璫,	은백색 등잔불을 비스듬히 등지고 머리 장식 풀고서,
小女低聲喚玉郎.	어린 여인이 나직한 소리로 낭군을 부르네.
從此不知蘭麝貴,	이제부턴 난초나 사향이 귀한 줄을 모를 거네.
夜來新惹桂枝香.	밤새 새로 계지(桂枝)의 향기에 물들었을 터이니.[1523]

裴思謙狀元及第, 以紅牋作名紙, 謁平康里諸妓, 因宿于里中, 有詩曰, 銀釭斜背解鳴璫, 小女低聲喚玉郎. 從此不知蘭麝貴, 夜來新惹桂枝香.[1524]

장원으로 급제하는 것에 뜻을 두다.[지괴천하(志魁天下)] 황면중(黃冕仲)[1525]이 아직 급제하기 전, 일찍이 장원으로 급제하고자 하는 의지가 있었다. 원풍(元豐)[1526] 4년 남검주(南劍州)의 성루 아래로 난 문

1516. 이적(李廸): 송(宋) 복주(濮州) 견성(鄄城) 출신으로 자는 복고(復古)이다. 경덕(景德) 초에 장원으로 급제하여 집현전태학사(集賢殿太學士), 동평장사(同平章事)를 역임하였다.

1517. 유자(劉滋)의 이름 '자(滋)'가 수염을 뜻하는 '자(髭)'자와 음이 같아, 꿈에 수염이 깎인 것은 이미 유자의 장원 자리가 교체되었음을 의미한다는 말이다.

1518. 《산당사고(山堂肆考)·장원(壯元)》

1519. 정교(鄭僑): 송(宋) 흥화군(興化軍) 보전(莆田) 출신으로 자는 혜숙(惠叔), 호는 회계(回溪)이다. 건도(乾道) 연간 장원으로 급제하여 저작랑겸국사실록원속관(著作郎兼國史實錄院屬官)으로 동궁(東宮)에서 좌전(左傳)을 교수하였고, 영종(英宗) 즉위 후 지추밀원사(知樞密院事), 관문전학사(觀文殿學士)를 역임하였다.

1520. 창명(唱名): 전시(殿試) 후에 천자가 직접 이름을 불러 급제한 사람을 만나는 일을 가리킨다.

1521. 《산당사고(山堂肆考)·장원(壯元)》

1522. 평강리(平康里): 당(唐)나라 때 장안에 있던 홍등가로 유명한 동네 이름이다.

1523. 계지(桂枝), 즉 계수나무 가지는 과거급제를 비유한다. 그 향기에 밤새 물들었다는 것은 어린 기생이 장원급제한 배사겸과 하룻밤을 지냈다는 말이다.

1524. 《고금사문유취(古今事文類聚)·사진부(仕進部)》

1525. 황면중(黃冕仲): 이름은 황상(黃裳)이다. 송(宋) 남검주(南劍州) 출신으로 면중(冕仲)은 자(字)이다. 원풍(元豐) 연간 진사에 급제하여 단명전학사(端明殿學士), 예부상서(禮部尙書) 등을 역임하였다. 도교서적을 좋아하였다. 시호는 충문(忠文)이다.

의 기둥 하나가 갑자기 벼락을 맞았다. 황면중이 듣고서 구두(口頭)로 읊어 네 구절을 이루었다.

風雷昨夜破枯株,	간밤의 바람과 우레가 마른 그루를 부쉈는데,
借問天公有意無.	하늘의 뜻인지 아닌지를 물어보네.
莫是臥龍蹤跡困,	아마도 누워 지내던 용이 형편이 곤란해져,
放開頭角入天衢.	머리 뿔을 쳐들고서 천구(天衢)[1527]로 들어선 것이겠지.

이듬해 대책(對策)에서 천하제일의 성적으로 급제하였다.

黃冕仲未第時, 嘗有魁天下之志. 元豐四年, 南劍州譙門一柱, 忽爲迅雷所擊. 冕仲聞之, 占成四句云, 風雷昨夜破枯株, 借問天公有意無. 莫是臥龍蹤跡困, 放開頭角入天衢. 次年對策, 爲天下第一.[1528]

문권을 건네서 사위가 되다.[투권위서(投卷爲壻)] 이고(李翱)[1529]가 강회군(江淮郡) 태수로 재직할 때의 일이다. 진사 노저(盧儲)가 문권(文卷)을 건네며 와서 인사를 올렸다. 이고는 그를 예로써 대접하고, 문권은 책상에다 놓아두고서 청사로 나가 공무를 보았다. 이고의 장녀는 열다섯 나이였는데[1530], 노저의 문권을 보고 서너 차례 반복하여 음미하고는, 어린 계집종에게 "이 사람은 필시 장원으로 급제할 것이다."라고 하였다. 이고가 듣고 그 말을 매우 기이하게 여기고는, 바로 사위로 삼고자 했다.[1531] 이듬해 과연 장원으로 급제했는데, 전시(殿試)를 치르고 나서 바로 혼인을 맺었다. (노저가) 다음과 같이 시를 지었다.

昔年將去玉京遊,	지난해 옥경(玉京)[1532]으로 가서 노닐고자 했는데,
第一仙人許狀頭.	첫째가는 선인(仙人)께서 장원을 기대해 주었었지.
今日已成秦晉約,	오늘 이미 진진(秦晉)의 약속[1533]을 이루었으니,
早教鸞鳳下粧樓.	일찌감치 난봉[1534]으로 하여금 장루[1535]에 내려오도록 하였네.

李翱牧江淮郡日. 進士盧儲投卷來謁. 李禮待之, 投文卷几案間, 赴公宇視事. 長女及笄, 見文, 尋繹數四, 謂小青衣曰, 此人必爲狀元. 李公聞之, 深異其語, 乃募爲壻. 來年, 果狀元及第. 纔過殿試, 徑成佳姻. 詩曰, 昔年將去玉京遊, 第一仙人許狀頭. 今日已成秦晉約, 早教鸞鳳下粧樓.[1536]

몸이 재상에 이르다.[신도황비(身到黃扉)] 송(宋)나라 때 장원으로 급제하고 재상에 오른 사람은 여몽정(呂蒙正)[1537], 왕증(王曾)[1538], 이적(李廸)[1539], 송상(宋庠)[1540]이었다. 지제고(知製誥) 석양휴(石楊休)[1541]

1526. 원풍(元豐): 북송(北宋) 신종(神宗)의 연호(1078-1085)이다.
1527. 천구(天衢): 하늘 길. 경사(京師)의 큰 길을 뜻하며 조정을 상징한다.
1528. 《고금사문유취(古今事文類聚)·사진부(仕進部)》
1529. 이고(李翱): 당(唐), 조군(趙郡) 또는 성기(成紀) 출신으로 자는 습지(習之)이다. 정원(貞元) 연간 진사에 급제하여 사관수찬(史館修撰), 중서사인(中書舍人) 등을 역임하였다.
1530. 원문의 급계(及笄)는 여자 나이 15세를 이른다. 여자가 15세에 계례(笄禮)를 행한 데서 유래한 말이다.
1531. 원문 '乃募爲壻'의 '募'는 《시화총구(詩話總龜)》에 '慕'로 되어 있다. 번역문은 이를 따른 것이다.
1532. 옥경(玉京): 천제(天帝)가 사는 곳. 서울을 가리킨다.
1533. 진진(秦晉)의 약속: 춘추시대 진(秦)나라와 진(晉)나라 두 나라가 대대로 혼인을 맺었는데, 이때부터 양가의 혼인을 가리키는 말이 되었다.
1534. 난봉(鸞鳳): 난새와 봉황. 현명한 선비를 비유한다.
1535. 장루(粧樓): 곱게 단장한 누각. 부인의 거실을 뜻한다.
1536. 《고금사문유취(古今事文類聚)·사진부(仕進部)》
1537. 여몽정(呂蒙正: 944 혹 946-1011): 송(宋) 하남(河南) 출신으로 자가 성공(聖功)이다. 이부상서(吏部尚書), 호부상서(戶部尚書), 평장사(平章事) 등을 역임하였는데 명상(名相)의 평이 있다.

가 시를 지어 송상을 "우리나라 43명의 장원급제자 가운데, 황비(黃扉)1542에 이른 사람은 네 사람에 그친다네."라고 축하하였다. 추밀부사(樞密副使) 왕백용(王伯庸) 요신(堯臣)1543이 "어찌하여 '이미 넷이다.[已四]'라고 말하지 않고, 다만 '그쳤다.[止]'라고만 말했는가? 애석하기도 하다!"라고 하였는데, 이는 대체로 왕백용이 송상을 이어서 장원으로 급제했었기 때문이다. 얼마 지나지 않아 재직 중에 세상을 떠났다. 40년 뒤에 이사미(李士美)와 하문진(何文縝) 역시 정시(廷試)에서 장원으로 정석(鼎席, 재상의 지위)에 이르렀다. 남송(南宋) 시기에는 양극가(梁克家)가 있었다.
宋朝狀頭入相者, 呂蒙正·王曾·李迪·宋庠. 知製誥石楊休, 以詩賀庠曰, 皇朝四十三龍首, 身到黃扉止四人. 副樞王伯庸堯臣曰, 何不道已四而特言止, 惜哉. 蓋伯庸繼庠魁天下, 未幾薨于位. 後四十年, 李士美·何文縝, 亦以廷魁至鼎席. 渡江則梁克家.1544

장원으로 급제하길 맹세하다.[서작상원(誓作狀元)]

여몽정(呂蒙正)이 일찍이 공숙(恭肅) 온중서(溫仲舒)1545 및 또 한 친구와 낙양(洛陽)의 용문산(龍門山)에서 독서하면서, "장원으로 급제하지 않으면 벼슬하지 않겠다."라고 맹세하였다. 급제자를 차례로 호명할 때에 여몽정은 장원을 하였고, 온공숙은 그래도 갑과(甲科)에 합격하였다. 그 친구는 옷을 떨치고 돌아가 은거하였다. 뒤에 여몽정이 정승에 임명될 때, 누구와 친구로 사귀었느냐는 태종(太宗)의 물음에 은거한 사람이었다고 대답하였다. (태종은) 마침내 그를 저작랑(著作郎)으로 불렀으나, 벼슬길에 나가지 않았다. 여몽정이 재상을 그만두고 낙양에 살면서 그에게 다음과 같이 시를 지어 주었다.

昔作儒生謁貢闈,	옛날엔 선비 몸으로 과거시험장을 찾았었는데,
今提相印出黃扉.	지금은 상인(승상의 인장)을 들고 황비(黃扉)를 나선다네.
九重鵷鷺醉中別,	구중궁궐의 원로(鵷鷺)1546와 술에 취해 이별하니,
萬里煙霄達後歸.	만 리 높은 하늘까지 도달한 뒤에 돌아가는 거라네.
隣叟盡垂新白髮,	이웃집 늙은이들은 모두가 새로 희어진 머리칼을 드리웠고,
故人猶着舊麻衣.	친구는 여전히 예전의 삼베옷을 입으셨네.
洛陽謾詫多才子,	낙양에 재사가 많다고 말하지 말아야지,
自歎遭逢似我稀.	스스로 탄식하거니와 인생역정이 나와 같은 사람 드물다네.

《청상잡기(青箱雜記)》

1538. 왕증(王曾): 송(宋) 인종(仁宗) 때의 정치가로 자는 효선(孝先)이다. 기국공(沂國公)에 봉해졌다.
1539. 이적(李迪): 송(宋) 복주(濮州) 견성(鄄城) 출신으로 자는 복고(復古)이다. 경덕(景德) 초에 장원으로 급제하여 집현전태학사(集賢殿太學士), 동평장사(同平章事)를 역임하였다.
1540. 송상(宋庠: 996-1066): 병부시랑(兵部侍郎)과 동중서문하평장사(同中書門下平章事), 추밀사(樞密使) 등을 역임하였다. 정국공(鄭國公)에 봉해졌으며, 시호는 원헌(元憲)이다.
1541. 석양휴(石楊休): 송(宋) 미주(眉州) 출신으로 경우(景祐) 연간 진사에 급제하여 지제고(知制誥), 동판태상시(同判太常寺) 등을 역임하였다. 유익한 정책을 상소하여 국정에 도움을 주었다.
1542. 황비(黃扉): 승상(丞相), 삼공(三公), 급사중(給事中) 등의 고위 관료가 정무를 처리하는 곳으로 문을 누렇게 칠했으므로 생긴 이름이다. 승상(丞相), 삼공(三公), 급사중(給事中) 등의 고위 관료를 가리키는 말로 쓰인다.
1543. 왕요신(王堯臣): 송(宋) 응천부(應天府) 출신으로 자가 백용(伯庸)이다. 한림학사(翰林學士), 권삼사사(權三司使), 추밀부사(樞密副使), 참지정사(參知政事) 등을 역임하였다.
1544. 《고금사문유취(古今事文類聚)·사진부(仕進部)》
1545. 온중서(溫仲舒): 송(宋) 하남(河南) 출신으로 자(字)는 병양(秉陽)이며, 시호는 공숙(恭肅)이다. 태평흥국(太平興國) 연간에 진사에 급제하여 순화(淳化) 연간에 우간의대부(右諫議大夫), 동지추밀원사(同知樞密院事) 등을 역임하였다.
1546. 원로(鵷鷺): 원추새와 백로. 이 두 새는 모습이 한아(閑雅)하고 질서가 있다 하여 조정 반열에 늘어선 백관을 비유하는 말로 쓰인다.

呂蒙正嘗與溫恭肅仲舒及一友人, 讀書於洛陽龍門山, 誓不作狀元, 不仕. 及唱第, 蒙正爲狀元, 溫恭肅尙中甲科. 其友人拂衣歸隱. 後蒙正大用, 太宗問, 與誰爲友? 以隱者對. 遂以著作郎召, 不起. 蒙正罷相居洛, 作詩贈之曰, 昔作儒生謁貢闈, 今提相印出黃扉. 九重鵷鷺醉中別, 萬里煙霄達後歸. 隣叟盡垂新白髮, 故人猶着舊麻衣. 洛陽謾詑多才子, 自歎遭逢似我稀.《靑箱雜記》1547

시를 읊게 하여 뜻을 보다. [부시견지(賦詩見志)]

하문장공(夏文莊公)1548이 안륙(安陸)에서 태수를 지낼 때에, 송(宋) 거공(莒公) 형제1549가 아직 모두 나이가 어렸지만, 문장(文莊)은 그들을 특별히 대우하였다. 낙화시(落花詩)를 지으라 명하자 거공은 "한수(漢水) 언덕에서 패옥(佩玉)을 차서 서늘했지만 강가에서 잃었고, 금곡(金谷) 높은 누대에서 땅에 떨어져도 향기롭네."라 읊었고, 자경(子京)1550은 "날아가려다 다시 회오리바람이 되어 춤을 추고, 떨어지고 나서도 여전히 반쪽 화장은 이룬다네."라 읊었다. 이해에 조서가 내려져, 형제가 과거에 응시하려 하는데, 문장이 이렇게 말하였다. "낙화(洛花)를 읊으면서도 '떨어진다.[落]'는 것을 말하지 않았으니, 대송(大宋)은 틀림없이 장원으로 급제하고, 훗날 재상이 될 것이다. 소송(小宋)은 그에 미치지 못하겠으나 또한 임금을 가까이 모시는 자리에 오를 것이다." 뒤에 모두 그의 말처럼 되었다. 그리하여 문장이 하양(河陽)에 있을 때 거공이 등용되었다는 소식을 듣고, 별지(別紙)를 보내 "예전에 안륙에서 이미 태광(台光)1551을 알아봤소.."라고 축하하였는데, 대체로 이것을 말한 것이다.

夏文莊公守安陸, 宋莒公兄弟尙皆年少, 文莊異待之. 命作落花詩, 莒公曰, 漢皐珮冷臨江失, 金谷樓危到地香. 子京曰, 將飛更作回風舞, 已落猶成半面粧. 是歲詔下, 兄弟皆應擧, 文莊曰, 詠落花而不言落, 大宋須狀元及第, 異日作宰相. 小宋非所及, 然亦須登嚴近. 後皆如其言. 故文莊在河陽, 聞莒公登庸, 以別紙賀曰, 昔年安陸已識台光, 蓋謂是也.1552

늙어서 장원하다. [노작대괴(老作大魁)] 양호(梁灝)1553는 82세인 옹희(雍熙)1554 10년에 장원으로 급제하여, 사계(謝啓)1555를 올려 "흰머리로 경전을 궁구하니, 복생(伏生)1556보다 여덟 살이 적고, 청운의 길을 얻으니, 태공(太公)1557보다 두 살이 많습니다."

1547. 《고금사문유취(古今事文類聚)·사진부(仕進部)》

1548. 하문장공(夏文莊公): 본명은 하송(夏竦)인데, 문장(文莊)은 시호이다. 송(宋) 덕안(德安) 출신으로 자는 자교(子喬)이다. 무녕군절도사(武寧郡節度使)를 역임하였고 정국공(鄭國公)에 봉해졌다.

1549. 거공(莒公) 형제: 송(宋) 송상(宋庠)과 송기(宋祁) 형제를 가리킨다. 송상은 병부시랑(兵部侍郞), 동중서문하평장사(同中書門下平章事), 추밀사(樞密使) 등을 역임하였다. 시호는 원헌(元憲)이고, 봉호는 정국공(鄭國公)이다. 인종(仁宗) 때 거국공(莒國公)에 봉해진 바 있어, 거공(莒公)이라 칭하였다.

1550. 자경(子京): 송기(宋祁)의 자(字). 구양수(歐陽修)와 함께 《신당서(新唐書)》 편찬에 참여하였고, 용도각학사(龍圖閣學士), 공부상서(工部尙書), 한림승지(翰林承旨) 등을 역임하였다.

1551. 태광(台光): 삼태성(三台星)의 빛. 재상을 비유한다.

1552. 《시화총구(詩話總龜)·지기문(志氣門)》

1553. 양호(梁灝): 송(宋) 운주(鄆州) 수성(須城) 출신으로 자(字)는 태소(太素)이다. 태종(太宗) 옹희(雍熙) 2년 장원으로 급제하여, 개봉지부(開封知府)를 역임하였다.

1554. 옹희(雍熙): 북송(北宋) 태종(太宗)의 연호(984-987)이다.

1555. 사계(謝啓): 감사의 뜻을 표시하는 문체의 하나이다.

1556. 복생(伏生): 한(漢) 제남(濟南) 출신으로 이름은 승(勝)이고 자가 자천(子賤)이다. 진시황이 서적을 불사를 때 《상서(尙書)》를 벽 속에 숨겨 두었다. 문제(文帝)가 조조(晁錯)를 보내 전수받도록 했는데, 그때 나이가 90여 세였다.

1557. 태공(太公): 동해(東海) 사람이며 성은 강(姜), 여씨(呂氏)이고 이름이 상(尙)이며, 자는 자아(子牙)이다. 나이 80에 위수(渭水)가에서 낚시질하다 문왕(文王)을 만났다. 태공망(太公望)이라 하며 속칭 강태공(姜太公)이라고도 한다. 문왕(文王)과 무왕(武王)을 도와 은(殷)을 멸하는 데 공을 세웠다. 제(齊)의 시조가 되었으며, 병서인 《육도(六韜)》를 지었다고 전해진다.

라 하였다. 나중에 비서감(秘書監)에 이르러 세상을 떠나니 향년 90여 세였다.

梁灝年八十二, 雍熙十年狀元及第, 謝啓曰, 白首窮經, 少伏生之八歲. 青雲得路, 多太公之二年. 後至秘監, 卒年九十餘.[1558]

장원으로 급제한 초도[상원초(狀元焦)] 원풍(元豐)[1559] 연간에 예부(禮部)의 공원(貢院, 과거시험장)에서 화재가 발생했다. 그 뒤에 치러진 별시(別試)에서 초도(焦蹈)가 장원을 차지하자, 민간에 "남성(南省, 상서성)에 화재가 나지 않았더라면, 어찌 초도가 장원으로 급제할 수 있었겠냐?"라는 말이 돌았다.[1560]

元豐中, 禮部貢院火. 其後別試焦蹈爲魁, 諺云, 不因南省火, 安得狀元焦?[1561]

장원 급제한 젊은이들[장원연소(狀元年少)] 선휘사(宣徽使) 왕공진(王拱辰)과 단명전학사(端明殿學士) 왕응진(汪應辰)은 (장원급제했을 때) 나이가 18세였고, 한림학사(翰林學士) 심구(沈遘)는 20세, 한림학사 막주(莫儔)는 22세였다. 한림학사 양호(梁灝)와 중서사인(中書舍人) 장효상(張孝祥), 상서(尙書) 왕좌(王佐)는 모두 23세였다. 추밀사(樞密使) 양려(梁礪)와 참지정사(參知政事) 소이간(蘇易簡), 상서 목대문(木待問)은 모두 24세였다. 승상(丞相) 왕증(王曾)과 참지정사 왕요신(王堯臣), 비서감승(祕書監丞) 장당경(張唐卿), 한림학사 가암(賈黯), 상서 팽여려(彭汝礪), 중서사인 위경(衛徑)은 모두 25세였다. 복야(僕射) 하로(何櫓)와 승상 조여우(趙汝愚)는 모두 27세였다. 추밀사 채제(蔡齊)와 승상 송상(宋庠), 추밀사 풍경(馮京), 감승(監丞) 양치(楊寘), 비서감 요영(姚穎), 숙흥(叔興) 왕앙(王昻)은 모두 29세였다. 추밀사 겸 재상 진요수(陳堯叟)와 참지정사 장관(張觀), 중서사인 첨규(詹騤), 첨판(簽判) 허혁(許奕)은 모두 30세였다.

王宣徽拱辰·汪端明應辰, 年十八. 沈內翰遘年二十, 莫內翰儔二十二. 梁內翰灝·張舍人孝祥·王尙書佐, 皆二十三. 楊樞密億·蘇參政易簡·木尙書待問, 皆二十四. 王丞相曾·王參政堯臣·張監丞唐卿·賈內翰黯·彭尙書汝礪·衛舍人徑, 皆二十五. 何僕射㮚·趙丞相汝愚, 皆二十七. 蔡樞密齊·宋丞相庠·馬[1562]樞使京·楊監丞寘·姚祕書穎·王叔興昻, 皆二十九. 陳樞相堯叟·張參政觀·詹舍人騷[1563]·許簽判奕, 皆年三十.[1564]

장원 급제하여 재상에 임명되다.[상원대배(狀元大拜)] (재상에 임명된 사람들로는) 여몽정(呂蒙正), 왕증(王曾), 이적(李迪), 송상(宋庠), 하로(何㮚), 양극가(梁克家), 조여우(趙汝愚) 등 모두 7인이 있다. 참지정사에 임명된 사람들로는 양려(楊礪), 왕사종(王嗣宗), 소이간(蘇易簡), 진요수(陳堯叟), 장관(張觀), 채제(蔡齊), 왕요신(王堯臣), 풍경(馮京), 허장(許將), 진성지(陳誠之), 정교(鄭僑) 등 모두 11인이 있다.《조야잡기(朝野雜記)》

呂蒙正·王曾·李迪·宋庠·何㮚·梁克家·趙汝愚凡七人. 參政, 楊礪·王嗣宗·蘇易簡·陳堯叟·張觀·蔡齊·王堯臣·馮京·許將·陳誠之·鄭僑凡十一人.《雜記》

비단깃발을 빼앗다.[탈득금표(奪得錦標)] 노조(盧肇)는 원주(袁州) 의춘(宜春) 사람인데, 같은 고을의 황파(黃頗)와 이름을 나란히 했다. 황파는 가산(家産)

1558. 《고금사문유취(古今事文類聚)·사진부(仕進部)》
1559. 원풍(元豐): 북송(北宋) 신종(神宗)의 연호(1078-1085)이다.
1560. 《사문유취(事文類聚)》에 의하면 예부(禮部)의 공원(貢院)에 화재가 났을 때에 적만(翟曼), 진지방(陳之方), 마희맹(馬希孟)이 모두 불에 타 죽었다고 하여, 우수한 인재들이 죽었기에 초도가 장원을 한 것처럼 진술되어 있다. 그러나 《이견지(夷堅志)》에 의하면 초도가 시험기일보다 이틀 늦게 도착하였으나 공원의 화재로 인하여 시험이 연기되었기 때문에 응시가 가능하였다고 되어 있다.
1561. 《산당사고(山堂肆考)·과제(科第)》
1562. '馬'는 《산당사고(山堂肆考)》에 '馮'으로 되어 있다.
1563. '騷'는 《산당사고(山堂肆考)》에 '騤'로 되어 있다.
1564. 《산당사고(山堂肆考)·장원(壯元)》

이 부유했으나 노조는 어렸을 때에 가난했다. 황파와 더불어 과거를 보러 가면서 같은 날짜에 출발했다. 군수가 이정(離亭)[1565]에서 황파를 전별했다. 음악이 연주되고 술이 거나해질 적에, 노조는 절름거리는 나귀를 몰고 우정(郵亭)[1566]을 옆으로 지나, 성곽을 나서서 황파를 기다려 함께 길을 갔다. 이듬해 노조가 장원으로 급제하여 돌아오자, 자사(刺史) 이하의 관원들이 그를 접대하며 크게 부끄러워했다. 노조를 초청하여 경도(競渡)[1567]를 구경하게 하니, 자리에서 시를 짓기를 "이전에 용이라고 말했건만 한사코 믿지 않더니, 과연 금표(錦標)[1568]를 앗아 돌아왔네."라 하였다.

盧肇, 袁州宜春人, 與同郡黃頗齊名. 頗富於産, 肇幼貧乏. 與頗赴擧, 同日遵路. 郡牧於離亭餞頗. 樂作酒酣, 肇策蹇郵亭側而過, 出郭, 俟頗爲侶. 明年, 肇狀元及第而歸, 刺史以下接之, 大慙. 延肇看競渡, 於席上賦詩曰, 向道是龍剛不信, 果然奪得錦標歸.[1569]

삼분오전에 널리 통하다.[박통분전(博通墳典)] 당(唐) 귀숭경(歸崇敬)은 예경(禮經) 관련 학문을 익혀, 용전(容典)[1570]에 대하여 박식하였으며 명경과에 발탁되었다. 천보(天寶)[1571] 연간에 박통분전과(博通墳典[1572]科)의 대책(對策)[1573]에 응시하여 장원으로 급제하였다.

唐歸崇敬治禮家學, 多識容典, 擢明經. 至天寶中, 擧博通墳典科對策, 擢第一.[1574]

우승유는 진사에 급제하고, 원화(元和)[1575] 초에 다시 현량방정과(賢良方正科)의 대책(對策)에서 장원으로 선발되었다.

牛僧孺第進士, 元和初, 又賢良方正對策, 擢第一.[1576]

세 차례 장원[삼원(三元)] 순화(淳化)[1577] 2년, 손하(孫何)[1578]가 진사시에 응시하여 개봉부(開封府)에서의 향시(鄕試)와 남성(南省)에서의 성시(省試, 예부시), 정시(廷試)에 이르기까지 모두 장원으로 급제하였다. 경력(慶曆)[1579] 2년 양치(楊寘)[1580]와 황우(皇祐)[1581] 원년 풍경(馮京)[1582]도 역시 같았다.[왕증(王曾)은 이미 위에 나왔다.]

淳化二年, 孫何擧進士, 自開封至南省, 廷試皆第一. 慶

1565. 이정(離亭): 성(城)에서 조금 떨어진 곳에 휴식할 수 있도록 세운 정자로 흔히 송별하는 장소로 이용되었다.
1566. 우정(郵亭): 역관(驛館). 역참에 설치한 여관이다.
1567. 경도(競渡): 단오 때 행하는 용선(龍船) 경기로 춘추시대 월왕(越王) 구천(句踐)이 오자서(伍子胥)를 기리기 위해 시작하였다는 설과 전국시대 초(楚)나라 굴원(屈原)의 넋을 기리기 위해 시작하였다는 설 등이 있다.
1568. 금표(錦標): 비단으로 만든 깃발로 배 경주에서 선두에 선 사람에게 주던 것이다. 여기서는 장원급제를 가리킨다.
1569. 《천중기(天中記)·등제(登第)》
1570. 용전(容典): 예의(禮儀)를 행할 때의 행동거지에 대한 준칙을 의미한다.
1571. 천보(天寶): 당(唐) 현종(玄宗)의 연호(742-756)이다.
1572. 분전(墳典): 삼분오전(三墳五典)의 준말로, 옛 전적(典籍)에 대한 총칭이다.
1573. 대책(對策): 한(漢)나라 때부터 시행된 과거시험 방식의 일종으로 정사(政事)나 경의(經義)에 대해 문제를 내고 답안을 제시케 하는 시험이다.
1574. 《산당사고(山堂肆考)·사진(仕進)》
1575. 원화(元和): 당(唐) 헌종(憲宗)의 연호(806-820)이다.
1576. 《산당사고(山堂肆考)·사진(仕進)》
1577. 순화(淳化): 북송(北宋) 태종(太宗)의 연호(990-994)이다.
1578. 손하(孫何): 순화(淳化) 연간에 진사로 급제하였는데, 자는 한공(漢公)이다. 진종(眞宗) 초에 오의(五議)를 올려 가납되었다. 양절전운사(兩浙轉運使), 지제고(知制誥) 등을 역임하였다.
1579. 경력(慶曆): 북송(北宋) 인종(仁宗)의 연호(1041-1048)이다.
1580. 양치(楊寘): 송(宋) 여주(廬州) 합비(合肥) 출신으로 자는 심현(審賢)이다. 장작감승(將作監丞)을 역임하였다.
1581. 황우(皇祐): 북송(北宋) 인종(仁宗)의 연호(1049-1053)이다.
1582. 풍경(馮京): 송(宋) 악주(鄂州) 출신으로 자가 당세(當世)이다. 한림학사(翰林學士), 개봉지부사(開封知府事), 어사중승(御史中丞) 등을 역임하였다.

曆二年楊寘, 皇祐元年馮京, 亦同.[王曾已見上] 1583

다섯 차례 장원[오원(五元)] 정화(政和)1584 연간에 장강(張綱, 자는 伯紀)은 삼사(三舍)1585로 관직에 나갔다. 본주(本州)에서 승공(升貢)1586하고, 다음에 공시(公試), 다음에 내사(內舍)1587, 다음에 승보(升補)1588하면서 모두 장원하여, 다섯 차례 장원이라는 이름이 있게 되었다. 임금이 말했다. "장강은 다섯 곳에서 장원을 하였으니, 필시 우연히 합격한 것은 아닐 것이다."라고 말하고, 대학박사(大學博士)를 제수하였다. 그 후에 조정에서 벼슬하면서 불굴의 절조를 지녀 당세의 명신이 되었다.《항재필형(恒齋筆衡)》

政和中, 張伯紀綱, 以三舍釋褐. 自本州升貢, 次公試, 次內舍, 次升補, 皆第一, 有五元之目. 上曰, 張綱五處作魁, 必不是偶中. 遂除大學博士. 其後, 立朝有大節, 爲世名臣.《恒齋筆衡》1589

동생이 형을 앞서지 않는다.[제불선형(弟不先兄)] 송교(宋郊) 형제1590가 한 기이한 중을 만났는데 그가 말했다. "소송(小宋, 동생)께선 마땅히 장원으로 급제하실 것이고, 대송(大宋, 형)께서도 갑과급제를 놓치지는 않으실 것입니다." 10년 후에 대송이 다시 길에서 그를 만났다. 중이 크게 놀라며 말했다. "공이 풍채가 특이하니 아마도 수만 명의 목숨을 살리셨나 봅니다." 송교가 대답했다. "어찌 그런 일이 있을 수 있겠소?" 중이 말했다. "잠시 한 번 생각해 보시지요." 송교가 한참 있다가 말하였다. "북당(北堂)에 개미굴이 있는데, 갑자기 큰비에 침식되어, 대나무를 엮어 다리를 놓아 건너게 해 준 적이 있지요. 아마도 이를 두고 하시는 말씀인가 봅니다." 중이 말했다. "그렇습니다. 소송께선 분명 장원급제를 할 것인데, 공께서도 끝내 그보다 못 하지는 않을 것입니다." 합격자를 발표하는 날이 되자, 소송이 과연 장원으로 급제하였다. 그런데 장헌태후(章獻太后)1591가 동생이 형을 앞서서는 안 된다고 생각하여, 대송을 장원으로, 소송을 10등으로 정하도록 명하였다.

宋郊兄弟, 逢一異僧, 曰, 小宋當大魁天下, 大宋亦不失甲科. 後十年, 大宋遇諸塗, 僧大驚曰, 公丰神特異, 豈活數萬命者乎! 曰, 安得有此? 僧曰, 姑思之. 宋良久曰, 北堂有蟻穴, 忽爲大雨所浸, 編竹爲橋以渡. 豈是耶? 僧曰, 是也. 小宋合當首魁, 公終不出其下. 比唱第, 小宋果大魁. 章獻太后乃謂弟不可以先兄, 因命大宋爲第一, 小宋爲第十.1592

사찰의 벽에다 시를 쓰다.[제시사벽(題詩寺壁)] 장당경(張唐卿)1593이 진사에 장원으로 급제하여 홍국사(興國寺)에서 베풀어진 연회에서1594 벽에다 "한 번 응시하여 용호방(龍虎榜)1595에 올랐으니, 십 년 후엔 몸이 봉황지(鳳凰池)에 이르리라."라고 적었다.

1583.《천중기(天中記)·등제(登第)》

1584. 정화(政和): 북송(北宋) 휘종(徽宗)의 연호(1111-1117)이다.

1585. 삼사(三舍): 송(宋)나라 때 시행되었던 인재 선발 방식이다. 신종(神宗) 원풍(元豐) 연간에 태학(太學)에 외사(外舍), 내사(內舍), 상사(上舍)를 두고, 생원(生員)을 세 등급으로 나누어 일정한 연한과 조건에 따라 외사에서 내사로, 내사에서 상사로 올라가게 하여 발해(發解)와 예부시(禮部試), 소시(召試)를 면제하고 급제시켜서 벼슬을 주었다.

1586. 승공(升貢): 태학의 삼사(三舍)에 입학하는 자격을 얻게 됨을 이른다.

1587. 내사(內舍): 송대 태학(太學) 삼사(三舍)의 하나. 외사(外舍) 다음 단계의 과정이다.

1588. 승보(升補): 빈자리에 관리를 승진시킴을 이른다.

1589.《천중기(天中記)·등제(登第)》

1590. 송교(宋郊) 형제: 송나라 송상(宋庠)과 송기(宋祁) 형제를 가리킨다. 교(郊)는 송상의 본명이다.

1591. 장헌태후(章獻太后): 진종(眞宗)의 황후이자 인종(仁宗)의 모후(母后) 유씨(劉氏)로 인종의 친모는 아니었으나 진종의 유명으로 태후에 책립되었다.

1592.《고금사문유취(古今事文類聚)·사진부(仕進部)》

1593. 장당경(張唐卿): 송(宋) 산동(山東) 청주(靑州) 출신으로 자는 희원(希元)이다. 송(宋) 인종(仁宗) 경우(景祐) 원년 장원으로 급제하였다. 경우(景祐) 4년 부친상에 지나치게 슬퍼한 나머지 몸을 해쳐 세상을 떠났다.

1594. 원문의 기집(期集)은 당송(唐宋) 시대에 진사(進士)에 급제한 뒤 관례에 따라 모여서 갖는 연회를 의미한다.

어떤 사람이 그 아래에다 이어서 "그대 요엽(姚曄)[1596]과 양고(梁固)[1597]를 보시게나, 조관(朝官)[1598]이 되지 못함도 아직 알 수 없는 일이라네."라고 적었는데, 나중에 과연 경관(京官)[1599]으로 생애를 마쳤다.《몽계필담(夢溪筆談)》

張唐卿進士第一, 期集于興國寺, 題壁[1600]云, 一擧首登龍虎榜, 十年身到鳳凰池. 有人續其下云, 君看姚曄幷梁固, 不得朝官未可知, 後果終于京官.《筆談》[1601]

부용 거울[부용경(芙蓉鏡)] 당(唐) 이고언(李固言)이 과거에 낙제하고 촉(蜀) 지역을 떠돌다가 노파를 만나서 이야기하였다. 노파가 말하길 "낭군(郎君)[1602]께서는 내년에 부용경(芙蓉鏡)[1603] 아래서 급제할 것입니다."라고 하였다. 이듬해 과연 장원으로 급제하였다. 그래서 급제하고서 지은 시에 '인경부용(人鏡芙蓉)'이란 말이 있게 되었다. 만난 노파는 바로 금천신(金天神, 서방을 관장하는 신)이었다. 또 이고언이 일찍이 버드나무 아래를 가고 있는데 손가락을 튕기는 소리가 나서 물었더니 버드나무가 대답하였다. "나는 버드나무 귀신 구열군(九烈君)인데, 버드나무 즙으로 당신 옷을 물들여 놓았습니다. 남포(藍袍)를 얻은 뒤에 조고(棗糕, 대추떡)로 내게 제사를 지내주셔야 합니다."

唐李固言下第, 游蜀, 遇老姥與言, 郎君明年芙蓉鏡下及第. 明年果中狀元. 故及第詩有人鏡芙蓉之語. 所遇老姥, 乃金天神也. 又固言嘗行, 柳樹下有彈指聲, 固問之, 柳答曰, 吾柳神也, 九烈君, 用柳汁染子衣矣. 得藍袍後, 當以棗糕祀我.[1604]

꿈에 머리에 뿔이 돋아나다.[몽생두각(夢生頭角)] 송(宋) 정해(鄭獬)[1605]가 아직 존귀해지지 않았을 때에 전염병을 앓았었다. 꿈에 궁궐처럼 생긴 곳에 이르렀는데, 관리가 그를 맞이하는 것이 매우 공손하였다. 공(정해)이 그 관리에게 말했다. "저는 시원한 물에 몸을 씻고 싶습니다." 관리가 "벌써 공을 위해 마련해 두었습니다."라고 말하고는, 작은 연못으로 데리고 갔다. 연못엔 아름다운 옥으로 우물담장이 설치되어 있었고, 물이 가득 차서 흘러넘치고 있었다. 공이 우물 담장에 앉아 물로 몸을 적셨다. 조금 지나자 양쪽 팔에 비늘이 돋는 것이 보였다. 물속에 비친 그림자를 보니 머리에는 벌써 뿔이 나 있었다. 관리가 말했다. "이곳은 옥룡의 연못입니다. 안타깝게도 공께서는 그 속으로 들어가지 않으셨습니다. 들어가셨더라면 앞으로 재상이 되셨을 텐데요." 그제야 잠에서 깨어났다. 황우(皇祐) 5년, 진사시에서 장원으로 선발되었는데, 그 하루 전날 임금은 향을 사르며 충효를 다하는 장원을 얻기를 바란다고 축원했었다. 마침내 정해를 얻었던 것이다.

1595. 용호방(龍虎榜): 당(唐) 정원(貞元) 8년 구양첨(歐陽詹)과 한유(韓愈), 이강(李絳) 등 23명의 명사들이 함께 과거에 급제한 것을 이르는 말로 뒤에 회시(會試)에 급제한 것을 용호방(龍虎榜)에 올랐다고 하였다.

1596. 요엽(姚曄): 송(宋) 진주(陳州) 상수(商水) 출신으로 자와 호는 알려져 있지 않다. 송(宋) 진종(眞宗) 대중상부(大中祥符) 원년 24세로 장원으로 급제하여, 장작감(將作監)에 제수되었으나 벼슬은 저작랑(著作郎)에 머물렀다.

1597. 양고(梁固): 송(宋) 운주(鄆州) 수성(須城) 출신으로 송(宋) 진종(眞宗) 대중상부(大中祥符) 2년 장원으로 급제하여, 장작감승(將作監丞)에 제수되었다. 벼슬은 저작랑(著作郎), 호부판관(戶部判官), 판호부구원(判戶部句院) 등에 그쳤다.

1598. 조관(朝官): 송대 일품(一品) 이하로서 상참(常參)하는 관원을 이르던 말이다.

1599 경관(京官): 송대 경사(京師)의 벼슬아치로서 조회에 참여하지 못하는 자를 특별히 이르던 말이다.

1600. '壁'은 《천중기(天中記)》 등에 '壁'으로 되어 있다.

1601. 《천중기(天中記)·하제(下第)》

1602. 낭군(郎君): 귀족 자제를 부르는 호칭이다.

1603. 부용경(芙蓉鏡): 뒷면에 부용 문양을 새긴 청동 거울이다.

1604. 《산당사고(山堂肆考)·장원(壯元)》

1605. 정해(鄭獬: 1022-1072): 북송(北宋)의 정치가이자 사인(詞人)으로, 자가 의부(毅夫)이다. 한림학사(翰林學士), 권지개봉부(權知開封府) 등을 역임하였으나, 왕안석(王安石)의 미움을 사서 항주(杭州), 청주(青州) 등의 지방관으로 나갔다.

宋鄭獬未貴時, 病瘟. 夢至一處若宮闕, 有吏迎謁, 甚恭. 公謂吏曰, 吾思涼浴. 吏曰, 已爲公辦矣. 引至小池. 池中甃以明玉, 其水灩灩. 公坐甃上, 以水沃身. 俄視兩臂生鱗, 視水中影, 則頭已角. 公驚遽出, 吏曰, 此玉龍池, 惜公不入其中. 入則爲宰輔. 乃覺. 皇祐五年, 擢進士第一. 前一日, 上焚香祝曰, 願得忠孝狀元. 遂得獬.[1606]

꿈에 쌓아 놓은 목재를 밟다.[몽천적목(夢踐積木)] 손악(孫渥)이 나무를 수백 길 높이로 쌓아두고 그 위를 밟는 꿈을 꾸고는, 반드시 장원급제를 하게 될 것이라고 생각했는데, 이는 대체로 여러 평범한 재목의 위에 있었기 때문이었을 것이다. 오래지 않아 과연 그렇게 되었다.

孫渥夢積木數百, 踐其上, 自謂必作狀元, 蓋居衆材之上也. 已而果然.[1607]

꿈에 용을 타다.[몽승룡(夢乘龍)] 정함서(丁咸序)가 아직 급제하기 전이었다. 꿈속에 용을 타고 출발하는데, 돌아보니 또 낙타가 뒤에 있었다. 20년이 지나서야 비로소 급제하여 전시(殿試) 합격자 명단이 나왔는데, 자기 이름 바로 다음의 이름은 용기(龍起)였고, 그다음은 낙기(駱起)였다. 이로 인하여 예전에 꾸었던 꿈의 의미를 깨닫게 되었다.

丁咸序未第時. 夢乘龍而起, 回顧又有駱駝在後. 至二十年, 方捷, 殿榜出, 亞其名者乃龍起, 次駱起. 因悟夢.[1608]

꿈에 붕새를 타다.[몽기붕(夢騎鵬)] 송(宋) 심회(沈晦)가 성시(省試, 예부시)를 치르러 가면서 천장(天長)으로 가는 길에서 자신이 커다란 붕새에 올라 바람을 타고서 날아오르는 꿈을 꾸었다. 이로 인하여 〈대붕부(大鵬賦)〉를 지어 그 일을 기록했다. 선화(宣和)[1609] 연간에 과연 장원으로 급제하였다.

宋沈晦赴省試, 至天長道中, 夢身騎大鵬, 搏風而上. 因作大鵬賦, 以紀其事. 宣和中, 果大魁.[1610]

시험 발표장에서 늙어 갔던 관리[노방관(老榜官)] 송(宋) 동덕원(董德元)[1611]은 여러 차례 예부시(禮部試)에 응시했으나 급제하지 못하다가, 뒤에 정대(廷對)[1612]에서 천하의 제일로 급제하였다. 사람을 시켜 집에 서신을 보내며 다음과 같이 시를 지었다.

御筆題封墨未乾,	문제를 봉함하고 서명하신 어필(御筆)의 먹물이 채 마르기도 전에,
君恩重許拜金鑾.	임금의 은혜가 거듭 금란전(金鑾殿)에서 알현을 허락하셨네.
故鄕若問登科事,	고향에서 만약 과거에 급제한 일을 묻거든,
便是當年老榜官.	한창시절 발표장에서 늙어 갔던 관리였다고 전해 주게나.

뒤에 나이 70에 벼슬이 참지정사(參知政事)에 이르렀다.

宋董德元, 累試禮部不第, 後廷對爲天下第一. 遣報家書, 有詩云, 御筆題封墨未乾, 君恩重許拜金鑾. 故鄕若問登科事, 便是當年老榜官. 後年七十, 官至參知政事.[1613]

경사에 미리 전해지다.[경사예전(京師預傳)] 송(宋) 가우(嘉祐)[1614] 연간 아직 전시(殿試)가 실시되기 이

1606. 《주사(麈史)》

1607. 《산당사고(山堂肆考)·장원(壯元)》

1608. 《산당사고(山堂肆考)·장원(壯元)》

1609. 선화(宣和): 북송(北宋) 휘종(徽宗)의 연호(1119-1125)이다.

1610. 《산당사고(山堂肆考)·장원(壯元)》

1611. 동덕원(董德元): 송(宋) 길주(吉州) 영풍(永豐) 출신으로 자는 체인(體仁)이다. 소흥(紹興) 연간에 진사에 급제하여 감찰어사(監察御使), 참지정사(參知政事) 등을 역임하였다. 진회(秦檜)에게 아첨하다가 진회가 죽은 뒤에 파직되었다.

1612. 정대(廷對): 회시(會試)에 합격한 사람들을 대상으로 임금이 궁정에서 직접 책문(策問)하여 행하던 과거시험으로 정시(廷試)라고도 한다.

1613. 《산당사고(山堂肆考)·장원(壯元)》

전 경사(京師, 서울)에 왕준민(王俊民)이 장원이라는 소식이 미리 전해졌는데, 누구도 말의 출처를 아는 사람은 없었다. 전시가 시행되자 왕형공(王荊公, 왕안석)과 양낙도(楊樂道)[1615]가 상정관(詳定官)[1616]을 맡았는데, 논의에 결정이 나지 않았다. 마침내 각자 자신의 의견을 황제에게 아뢰니, 왕형공의 의견을 따르라는 조서가 내려졌다. 급제자 명단이 들어 있는 봉투가 열리자, 장원은 왕준민이었다.

宋嘉祐中, 未御試前, 京師預傳王俊民爲狀元, 莫知言所起. 及御試, 王荊公楊樂道爲詳定官. 議論未決. 遂各以己之意進稟, 詔從荊公之議. 及發封, 乃王俊民也.[1617]

시험관이 상주하여 축하를 드리다.[고관주하(考官奏賀)] 송(宋) 이종(理宗) 보우(寶祐)[1618] 4년, 예부(禮部) 진사시에서 문천상(文天祥)이 '하늘을 본받음을 쉬지 않다'는 내용으로 대책(對策)을 올렸는데, 그 글이 만여 자에 이르렀다. 임금이 친히 장원으로 선발하니, 시험관이었던 왕응린(王應麟)[1619]이 상주하였다. "이 답안지는 옛 현인의 도의를 지녀 귀감(龜鑑)과 같고, 충성스런 마음은 철석(鐵石)과 같으니, 신은 인재를 얻으신 것에 대하여 감히 경하를 드리고자 합니다."

宋理宗寶祐四年, 禮部試進士, 文天祥以法天不息爲對, 其言萬餘. 帝親拔爲第一, 考官王應麟奏曰, 是卷, 古誼若龜鑑, 忠肝如鐵石, 臣敢爲得人賀.[1620]

친히 장원으로 발탁하다.[친탁대괴(親擢大魁)] 송(宋) 유장(劉章)은 자(字)가 문유(文孺)인데, 《소대례(小戴禮)》[1621]로 향시에 응시하여 네 번이나 장원을 하였다. 소흥(紹興)[1622] 연간에 치러진 정대(廷對, 전시)에서 천자가 친히 장원으로 선발하였다. 만년에 저술을 좋아하여, 왕충(王充)[1623]이 지은 〈자맹(刺孟)〉[1624]에 대하여 〈자자맹(刺刺孟)〉을 지었고, 유자후(柳子厚)[1625]가 지은 《비국어(非國語)》[1626]에 대하여 《비비국어(非非國語)》를 지었다.

宋劉章, 字文孺, 以小戴禮應鄕擧, 四冠其首. 紹興中廷對, 天子親擢爲第一. 晩年好著書, 王充作刺孟, 乃作刺刺孟, 柳子厚作非國語, 乃作非非國語.[1627]

영계의 모래섬[영계사주(靈溪沙州)] 송(宋) 유지신

1614. 가우(嘉祐): 북송(北宋) 인종(仁宗)의 연호(1056-1063)이다.
1615. 양낙도(楊樂道): 송(宋) 기주(沂州) 신태(新泰) 출신으로 낙도(樂道)는 자(字)이다. 전중승(殿中丞), 용도각직학사(龍圖閣直學士)를 역임하였다.
1616. 상정관(詳定官): 전시(殿試)에서 시권(試券)을 검토하여 등수를 정하는 업무를 맡은 관리를 이르는 말이다.
1617. 《산당사고(山堂肆考)·장원(壯元)》
1618. 보우(寶祐): 남송(南宋) 이종(理宗)의 연호(1253-1258)이다.
1619. 왕응린(王應麟): 송(宋) 경원(慶元) 은현(鄞縣) 출신으로 자는 백후(伯厚)이다. 순우(淳祐) 연간에 진사에 급제하여 예부상서겸급사중(禮部尙書兼給事中) 등을 역임하였으며, 사직 후에 20여 년 동안 학문에 전념하여 많은 저술을 남겼다.
1620. 《산당사고(山堂肆考)·과제(科第)》
1621. 소대례(小戴禮): 한(漢) 대성(戴聖)이 엮은 《예기》로 현재 통용본이다. 대덕(戴德)의 《대대예기(大戴禮記)》와 구분하기 위한 명칭이다.
1622. 소흥(紹興): 남송(南宋) 고종(高宗)의 연호(1131-1162)이다.
1623. 왕충(王充): 후한(後漢) 회계(會稽) 상우(上虞) 출신으로 자는 중임(仲任)이며, 반표(班彪)의 제자이다. 가난하여 책을 구할 수 없자 낙양(洛陽)의 책방을 돌며 열람한 책은 모두 외웠다. 회계군(會稽郡) 공조(功曹)가 되었으나 뜻이 맞지 않아 낙향하였다. 저서에 《논형(論衡)》, 《양성서(養性書)》가 있다.
1624. 〈자맹(刺孟)〉: 후한(後漢) 왕충(王充)의 《논형(論衡)》에 실려 있는 자맹(刺孟)편을 가리킨다. 왕충은 이 글을 통해 맹자(孟子)의 언행이 일치되지 못하는 점과 모순 등에 대한 비판을 담았다.
1625. 유자후(柳子厚): 당(唐) 유종원(柳宗元). 자후(子厚)는 그의 자(字)이다. 저서로 《유하동집(柳河東集)》 48권이 전한다.
1626. 《비국어(非國語)》: 유종원(柳宗元)이 《국어(國語)》가 지니는 비현실적인 측면을 지적하고 보완하고자 한 철학 및 사학 비평 저작이다. 《유하동집(柳河東集)》 권44, 권45에 상·하권 67편이 실려 있다.
1627. 《산당사고(山堂肆考)·과제(科第)》

(劉知新)은 처주(處州) 용천현(龍泉縣) 사람이다. 현에 영험한 시내가 있는데, 그 마을 속담에 "모래섬이 절 위까지 이르면 용천현에서 재상이 나오고, 모래섬이 절 앞까지 이르면 용천현에서 장원이 나온다."라는 말이 있었다. 휘종(徽宗) 대관(大觀)[1628] 연간에 하집중(何執中)[1629]이 재상이 되고 유지신이 장원을 했다.

宋劉知新, 處州龍泉縣人. 縣有靈溪, 里諺, 沙洲到寺上, 龍泉出宰相, 沙洲到寺前, 龍泉出狀元. 徽宗大觀中, 何執中爲相, 知新作狀元.[1630]

첩을 사들였다가 도로 돌려보내다.[매첩환귀(買妾還歸)] 송(宋) 마연(馬涓)은 자(字)가 거제(巨濟)이며, 남부현(南部縣) 사람이다. 그의 부친이 관직에 있을 때, 처음에 아들이 없어 첩 한 명을 사들였다. 그녀의 부모가 죽었으나 장례를 치를 수 없는 형편이라 스스로 몸을 판 것이라는 말을 듣고는, 마침내 첩을 돌려보내면서 치른 값에 대하여는 요구하지 않았다. 뒤에 한 노인이 나타나 감사해하면서 "나는 당신 첩의 아비요, 하늘에서 얘기를 들었소. 그대 집에 부귀함이 연연(涓涓, 끊임없이 흐르는 모양)히 계속되기를 축원하겠소."라고 말하는 꿈을 꾸었다. 아들을 낳게 되자, 꿈속에서 들은 말로 인하여 이름을 '연(涓)'으로 지었다. 철종(哲宗) 원우(元祐)[1631] 연간에 진사시에 장원으로 급제하였다.

宋馬涓, 字巨濟, 南部人. 其父從政, 初未有子, 買一妾. 聞知其父母死, 不克葬, 故自鬻. 遂歸妾, 不責所負. 後夢一翁謝曰, 我妾父也, 聞之上蒼矣. 願君家富貴, 涓涓不絶. 及生子, 因以夢中語名涓. 哲宗元祐中, 登進士第一.[1632]

장강 수신이 세간의 정을 품다.[강신세정(江神世情)] 풍경(馮京)이 남성(南省, 상서성 소속의 예부)에서 장원으로 급제하고, 정시(廷試)[1633]에서도 장원을 차지하였다. 장강을 건너는데 바람이 잦아들어 물결이 잔잔해지자 시를 지었다. "장강의 수신도 또한 세상의 정을 지녀, 나를 위해 풍색이 좋아졌네."[1634]

馮京魁南省, 廷試第一. 過大江, 風微浪穩, 題詩云, 江神亦世情, 爲我風色好.[1635]

충성스럽고 강직함이 가상하다.[충경가가(忠鯁可嘉)] 장구성(張九成)[1636]이 집영전(集英殿)에서 대책(對策)[1637]을 올리자, 임금이 "충성스럽고 강직함이 가상하다."라고 말하고 장원으로 선발하였다.

張九成對策集英殿, 上曰, 忠鯁可嘉, 擢置第一.[1638]

동재에서 매화를 읊다.[동제부매(東齊賦梅)] 양극가(梁克家)는 자(字)가 숙자(叔子)이다. 일찍이 동재(東齋)에 거처할 적에 매화가 홀연 꽃망울을 터뜨려 아래의 시를 지었다. "구정(九鼎)을 조화시키는 일을[1639] 끝내 기대할 수 있으리니, 온갖 꽃들이 부끄러워 감히 향기를 말할 수 있겠는가?" 소흥(紹興)[1640] 연

1628. 대관(大觀): 송(宋) 휘종(徽宗)의 연호(1107-1110)이다.
1629. 하집중(何執中): 송 휘종(徽宗) 때 절강성 처주 용천현 사람으로, 자는 백통(伯通)이고 시호는 정헌(正獻)이다.
1630. 《산당사고(山堂肆考)·과제(科第)》
1631. 원우(元祐): 송(宋) 철종(哲宗)의 연호(1086-1093)이다.
1632. 《산당사고(山堂肆考)·과제(科第)》
1633. 정시(廷試): 천자가 성시(省試) 급제자를 궁정에 불러 직접 주관하였던 고시이다.
1634. 이 구절은 송(宋) 요현(姚鉉)의 《당문수(唐文粹)》, 계민부(計敏夫)의 《당시기사(唐詩紀事)》 등에는 당(唐) 시견오(施肩吾)의 작품으로 소개되어 있다.
1635. 《산당사고(山堂肆考)·등제(登第)》
1636. 장구성(張九成): 송나라 때 사람으로 양시(楊時)의 제자이다. 예부시랑을 역임하였고, 숭국공(崇國公)에 봉해졌다.
1637. 대책(對策): 문체의 하나. 한(漢) 이후 과거에서 정치문제나 경의(經義)에 대한 물음, 즉 책문(策問)에 답한 글이다.
1638. 《산당사고(山堂肆考)·과제(科第)》
1639. 원문의 구정(九鼎)은 우(禹)임금이 구주(九州)에서 쇠를 거두어 만든 솥으로 국가의 권력을 의미한다. 섭조(燮調)는 조화롭게 한다는 뜻으로 재상의 정무를 비유한다. 재상에 되어 정무를 본다는 의미가 된다.

간에 과연 장원으로 급제하였다.

梁克家, 字叔子. 嘗館于東齋, 梅花忽開, 有詩云, 九鼎燮調終有待, 百花羞澁敢言芳? 紹興中, 果魁天下.[1641]

하제 下第

· 《승평구찬(承平舊纂)》[1642]에 보이는 내용이다. 진사에 응시하여 급제하지 못한 사람들에게 술과 음식비용을 지급하였는데, 이를 매춘전(買春錢)이라고 하였다.

承平舊纂. 擧進士不第者, 有供酒食之費, 謂之買春錢.[1643]

· 《국사보(國史補)》[1644]에 보이는 내용이다. 급제하지 못하고서 술에 취하고 배불리 먹으면 이를 타모소(打毦㲚)[1645]라고 하였다.

國史補. 不捷而醉飽, 謂之打毦㲚.[1646]

송제가 다섯 번째 응시하면서 덤벙거리다.[송오탄솔(宋五坦率)] 송제(宋濟)는 과거 시험장에서 늙어 가 행동이 퍽 우스웠다. 일찍이 부(賦)를 시험 본 적이 있었는데 문득 관운(官韻)[1647]을 잃어버리고는 가슴을 치며, "내가 또 덤벙거리며 침착하지 못했구나!"라고 하였다. 이로써 크게 이름이 났다. 덕종이 미복 차림으로 서명사(西明寺)에 행차했을 때에, 송제는 갈건을 쓰고 독비곤(犢鼻褌)[1648] 차림으로 글을 베끼고 있었다. 덕종이 말했다. "조대(措大)[1649]는 무슨 일을 하고 있으며, 성명이 무엇이오?" 송제가 대답하였다. "성은 송(宋)가이고, 다섯 번째로 진사에 응시할 것입니다." 잠시 후 관가(官家)[1650]라는 호칭을 듣고서, 송제는 황공하여 처분을 기다리며 말했다. "송제가 다섯 번째 응시를 앞두고 크게 덤벙거렸습니다." 뒤에 예부(禮部)에서 합격자를 발표하였다. 임금이 송제의 이름이 있는지 여부를 물으니, 사자가 돌아와 없다고 하였다. 임금이 말했다. "송제가 다섯 번째 응시하면서 또 덤벙거렸구나!"

宋濟老於場中, 擧止可笑. 嘗試賦, 輒失官韻, 乃拊膺曰, "宋五又坦率矣." 由是大著名. 德宗微行西明寺, 宋濟葛巾犢鼻抄書. 上曰, 措大作何事業, 是何姓名? 濟曰, 姓宋, 第五應進士擧. 須臾, 聞呼官家, 濟皇恐待罪曰, 宋五大坦率. 後禮部放榜, 上問有濟名否? 使回云, 無. 上曰, 宋五又坦率.[1651]

허맹용(許孟容)은 송제와 평민시절부터 친구로 지냈다. 허맹용이 과거시험을 주관할 적에 송제가 급제하지 못하자, 송제를 불러 함께 술을 마시며 사과했다. 술이 거나해지나 허맹용은 다시 큰소리를 치며 말

1640. 소흥(紹興): 남송(南宋) 고종(高宗)의 연호(1131-1162)이다.
1641. 《산당사고(山堂肆考)·과제(科第)》
1642. 《승평구찬(承平舊纂)》: 남당(南唐) 풍지(馮贄)의 《운선잡기(雲仙雜記)》에 인용된 책 이름. 따로 전하지 않으며 풍지가 가탁한 위서(僞書)로 의심받기도 한다.
1643. 《산당사고(山堂肆考)·과제(科第)》
1644. 《국사보(國史補)》: 당나라 이조(李肇)가 현종(玄宗) 개원(開元: 713-741) 연간부터 목종(穆宗) 장경(長慶: 821-824) 연간까지 비교적 사실에 가까운 잡사를 모아 엮은 책으로, 총 3권이다.
1645. 모소(毦㲚)는 실의하여 번뇌함을 일컫는다. 타모소(打毦㲚)는 번민을 떨쳐낸다는 의미가 된다.
1646. 《고금사문유취(古今事文類聚)·사진부(仕進部)》
1647. 관운(官韻): 관가(官家)에서 정한 운서(韻書)에 규정된 운(韻). 과거에서 시부(詩賦)를 시험할 때 사용하였다.
1648. 독비곤(犢鼻褌): 잠방이. 송아지 코와 비슷한 모양이었다고 한다. 가난한 사람들이 입었다.
1649. 조대(措大): 가난하고 실의한 독서인을 가리키는 말이다.
1650. 관가(官家): 황제에 대한 칭호이다.
1651. 《태평광기(太平廣記)·공거(貢擧)》

했다. "올해에는 나라를 위하여 경상(卿相)이 될 인물을 선발하였소. 장두(狀頭, 장원)로 뽑힌 요사경(姚嗣卿)이 바로 그런 인물이오." 며칠 뒤 요사경이 죽자, 송제가 허맹용을 찾아가서 말했다. "국가가 불행하여 요영공(姚令公)께서 세상을 떠나셨구려."

許孟容與濟布衣友善. 許知擧, 宋不第. 招宋與飮謝之. 酒酣, 許復大言曰, 今年爲國, 取卿相. 爲狀頭, 姚嗣卿是也. 後數日, 姚卒. 宋往見許曰, 國家不幸, 姚令公薨.[1652]

백랍명경(白臘[1653]明經) 장작(張鷟)은 호가 청전학사(青錢[1654]學士)로, 만 번의 선발시험에 만 번 다 합격한다는 뜻이다. 당시 동방(董方)은 아홉 번 응시에 모두 낙제하여, 호를 백랍명경(白臘明經)이라고 하였는데, 장작과 대조를 이루었다.《조야첨재(朝野僉載)》

張鷟號青錢學士, 謂萬選萬中. 時有董方, 九擧不第, 號曰白臘明經, 與鷟爲對.《僉載》[1655]

낙방시[하제시(下第詩)] 원화(元和)[1656] 연간에 선비들이 과거에 낙제하면 시를 지어 시험관을 풍자하는 일이 많았으나, 장효표(章孝標)[1657]만은 아래의 〈돌아가는 제비 시〉를 지어 시랑(侍郞) 유승선(庾承宣)에게 바쳤다.

積累危巢泥已落, 조금씩 쌓아서 높이 지은 둥지에 진흙이 이미 떨어졌기에,
今年故向社前歸. 올해는 일부러 사일(社日)[1658]이 되기 전에 돌아가네.
連雲樓閣無棲處, 구름에 닿을 듯 높은 누각에는 깃들 곳 없으니,
更傍誰家門戶飛? 다시 누구네 집으로 날아갈 것인가?

구양해(歐陽澥)도 역시 〈제비 시〉를 지어 시랑 정우(鄭愚)에게 바쳤다.

翩翩飛燕畫堂開, 훨훨 나는 제비들에게 화당(畫堂)이 열리고서,
送古迎今幾萬回. 옛날을 보내고 지금을 보낸 것이 몇 만 번이었던가?
長向春秋社前後, 길이 봄가을 사일(社日)을 전후하여,
爲誰歸去爲誰來. 누구 위해 돌아가고 누구 위해 돌아오나? 《고금시화(古今詩話)》

元和中, 士人下第, 多爲詩刺試官, 獨章孝標作歸燕詩, 獻庾承宣侍郎曰, 積累危巢泥已落, 今年故向社前歸. 連雲樓閣無棲處, 更傍誰家門戶飛? 歐陽澥亦作燕詩, 獻鄭愚侍郎云, 翩翩飛燕畫堂開, 送古迎今幾萬回. 長向春秋社前後, 爲誰歸去爲誰來.《古今詩話》[1659]

맹교(孟郊)는 〈낙제시〉에서 "버려지고 또 버려지니, 마음은 칼에 베인 듯하네."라고 하였고, 또 〈다시 낙제하여〉에서 "두 차례 장안 길에서, 부질없이 눈물 속에 꽃을 보네."라고 하였다. 그 뒤로 과거에 급제하고 다음과 같이 시를 지었다.

昔日齷齪不足嗟, 옛날의 좁았던 도량은 한탄하기에 부족하니,
今朝曠蕩恩無涯. 오늘 아침 드넓은 은혜 한량이 없

1652.《천중기(天中記)·하제(下第)》

1653. 백랍(白臘): 정제한 깨끗한 밀랍인데, 과거시험에 번번이 낙방하는 것을 비유하는 말로 쓰인다. 백랍이 미끄러워 물건이 잘 붙지 않는 데서 유래하였다.

1654. 청전(青錢): 청동전(青銅錢). 청동으로 만든 순도가 높은 돈이다. 우수한 인재를 비유한다.

1655.《천중기(天中記)·등제(登第)》

1656. 원화(元和): 당(唐) 헌종(憲宗)의 연호(806-820)이다.

1657. 장효표(章孝標): 당(唐) 목주(睦州) 출신으로 원화(元和) 연간 진사에 급제하였다. 비서성정자(秘書省正字), 대리평사(大理平事)를 역임하였으며 시를 잘 지었다.

1658. 사일(社日): 토지 신에게 제사 지내는 날로 보통 입춘 또는 입추 후 다섯 번째 무일(戊日)이다. 제비는 춘사(春社) 전 북쪽으로 날아가고, 추사(秋社) 후 남쪽으로 날아간다고 한다.

1659.《천중기(天中記)·하제(下第)》

다네.

青春得意馬蹄疾, 봄바람에 득의하여 말발굽이 빨라지니,

一日看盡長安花. 하루 동안 장안의 꽃을 모두 다 보았다네.

추구하는 목표의 성취나 실패는 대체로 늘 있는 일인데, 동야(東野, 맹교의 호)는 도량이 넓지 못해 낙제하면 마치 칼에 베인 듯 눈물까지 흘리고, 급제하여서는 지기가 넘쳤으니, 얼마나 비루한가? 또 당나라 사람 이곽(李廓)의 〈낙제시〉에 "기분은 마치 술에 취한 듯, 마음은 사람과 떨어져 있는 듯하네."라고 하였다.

孟郊, 下第詩曰, 棄置復棄置, 情如刀劍傷. 又再下第曰, 兩度長安陌, 空將淚見花. 後及第有詩曰, 昔日齷齪不足嗟, 今朝曠蕩恩無涯. 青春得意馬蹄疾, 一日看盡長安花. 進取得失, 蓋亦常事, 而東野器宇不弘, 下第, 則如刀劍傷以至下淚. 登科, 則志意充溢, 何其鄙耶? 又唐人下第詩, 氣味如中酒, 情懷似別人.[1660]

석만경(石曼卿)[1661]이 낙제한 뒤 〈집구(集句)〉[1662] 시에 이렇게 집구시를 지었다.

一生不得文章力, 평생 문장의 힘을 얻지 못해,

欲上青天未有因. 푸른 하늘에 오르려 하나 아직 기회가 없으니,

聖主不勞千里召, 성명하신 군주께선 천 리 멀리까지 불러주지 않으시고,

嫦娥何惜一枝春? 항아(嫦娥)는 어찌 봄날 가지 하나를 아끼는가?

鳳皇詔下雖霑命, 봉황대에서 조서가 내려져 비록 명을 받는다 하여도,

豺虎叢中也立身. 승냥이와 호랑이의 무리 속에서 몸을 세워야 될 것이네.

啼得血流無着處, 피가 흐르도록 울어도 몸을 둘 곳이 없으니,

朱衣騎馬是何人? 붉은 옷 입고 말을 탄 이는 과연 누구인가? 《서청시화(西淸詩話)》

또 이렇게 적기도 하였다.

年去年來來去忙, 한 해가 가고 또 한 해가 오는 사이 오고감이 분망한데,

爲他人作嫁衣裳. 타인을 위해서 결혼의상을 만들고 있다네.

仰天大笑出門去, 하늘 우러러 크게 웃고 문을 나서 떠나서,

獨對春風舞一場. 홀로 봄바람 대하고 한바탕 춤을 추어야 되겠네.《금옥시화(金玉詩話)》

石曼卿下第, 集句云, 一生不得文章力, 欲上青天未有因. 聖主不勞千里召, 嫦娥何惜一枝春? 鳳皇詔下雖霑命, 豺虎叢中也立身. 啼得血流無着處, 朱衣騎馬是何人?《西淸詩話》 年去年來來去忙, 爲他人作嫁衣裳. 仰天大笑出門去, 獨對春風舞一場.《金玉詩話》[1663]

영웅을 얻다.[잠료영웅(賺了英雄)] 당(唐)나라 제도에서는 진사과가 매우 중요시되어 과거시험장에서 늙어 죽는 사람도 한스러워 함이 없었다. 그래서 "태종황제께서는 진정 장구한 책략을 지니셨기에, 영웅을 얻으면 모두가 백발이었네."라는 시가 있다.《국사보(國史補)》

唐制, 進士科甚重, 其老死文場者亦無限[1664]. 故有詩云, "太宗皇帝眞長策, 賺得英雄盡白頭."《國史補》[1665]

손산 바깥에 있다.[재손산외(在孫山外)] 손산(孫山)이 과거에 응시하여 합격자 명단의 끄트머리에 이름

1660.《산당사고(山堂肆考)·과제(科第)》

1661. 석만경(石曼卿): 송나라 석연년(石延年: 994-1041)으로 만경(曼卿)은 그의 자(字)이다. 시를 잘 짓고 술을 좋아하여 주선(酒仙)으로 통했다. 대리시승(大理寺丞), 태자중윤(太子中允) 등을 지냈다.

1662. 집구(集句): 기존의 타인의 시구를 모아서 새로운 시를 조직하는 것을 의미한다. 이를 통해 얻어진 시가 집구시(集句詩)이다.

1663.《천중기(天中記)·하제(下第)》

1664. '限'은 《산당사고(山堂肆考)》, 《당척언(唐摭言)》 등에 '恨'으로 되어 있다.

1665.《산당사고(山堂肆考)·과제(科第)》

을 올렸다. 친구들이 서신으로 손산에게 합격여부를 물으니, "해시 합격자 명단이 끝나는 곳이 바로 손산이니, 나머지 사람은 또 손산 바깥에 있다네."라고 답하였다. 보는 사람들이 크게 웃었다.

孫山應擧, 綴名榜末. 朋儕以書問山得失, 答曰, 解名盡處是孫山, 餘人更在孫山外. 覽者大笑.[1666]

꿈속에서 이기고 짐[몽리영수(夢裏贏輸)] 이산보(李山甫)는 함통(咸通)[1667] 연간에 여러 차례 진사에 응시했으나 낙제하였다. 뒤에 하삭(河朔, 황하 이북) 일대를 떠돌다가 악언정(樂彦禎)[1668]의 종사가 되었다. 조정의 집정 관료를 많이 원망하여 일찍이 다음의 시를 남겼다. "그대에게 권하노니 두각을 자랑할 것이 없다오. 꿈속에 이기고 지는 것은 모두가 진실이 아니니까."《남부신서(南部新書)》

李山甫, 咸通中, 數擧進士, 被黜. 後流落河朔爲樂彦禎從事. 多怨朝廷之執政, 嘗有詩云, 勸君不用誇頭角, 夢裏輸贏[1669]摠未眞.《南部新書》[1670]

항아가 몹시 추하다.[항아심루(姮娥甚陋)] 심숭(沈嵩)과 나은(羅隱)이 절서(浙西)의 막하에서 종사관을 지냈다. 주공(主公)이 기생을 내보이니, 여러 사람들이 일컫기를 아주 아름다워 바로 항아(姮娥)와 같다고 하였다. 심숭이 말했다. "항아는 몹시 추하게 생겼는데 어찌 미칠 수 있겠소?" 주공이 놀라며 말했다. "서기(書記)가 항아를 아시오? 심숭이 대답했다. "제가 두 번이나 월궁(月宮)에 가서 계수나무를 꺾었는데, 어떻게 모를 수가 있겠습니까?" 심숭이 나은을 놀라게 하려고 이런 말을 했던 것이다.《기이록(記異錄)》

沈嵩與羅隱從事浙西幕下, 主公出妓, 衆稱殊麗, 便是姮娥. 嵩曰, 姮娥甚陋, 安可及? 主公驚曰, 書記識姮娥否? 曰, 嵩兩度到月宮折桂, 何爲不識? 嵩欲驚隱, 故有是言.《記異錄》[1671]

나은이 절서(浙西)의 막하에 있을 때였다. 심숭(沈嵩)이 새로 발표된 합격자 명단에 들어 나은에게 보여 주니 그 끄트머리에 이렇게 썼다.

黃土原邊狡兎肥,	황토 벌판 언저리에 날랜 토끼 살이 쪄서,
矢如流電馬如飛.	화살은 번개 같고 말은 날아가듯 하였었지.
灞陵老將無功業,	파릉 땅 노장이 공적은 없다 해도,
猶憶當時夜獵歸.	당시 밤 사냥을 하고서 돌아오던 일은 여전히 생각나네.

隱在浙幕, 沈山於[1672]得新榜示隱, 題其末曰, 黃土原邊狡兎肥, 矢如流電馬如飛. 灞陵老將無功業, 猶憶當時夜獵歸.[1673]

종릉(鍾陵) 기생 운영(雲英)은 나은이 아직껏 급제하지 못했다고 나무랐다. 나은이 그녀를 조롱하여 말했다.

鍾陵醉別十年春,	종릉에서 취하여 헤어진 지 십여 년,
重見雲英掌上身.	다시 운영을 만나니 손바닥 위의 몸이로다.
我未成名君未嫁,	내 아직 이름을 이루지 못했고 그대 아직 시집가지 못했으니,
可能俱是不如人.	아마도 우리 두 사람 다 남들만 못

1666.《고금사문유취(古今事文類聚)·사진부(仕進部)》
1667. 함통(咸通): 당(唐) 의종(懿宗)의 연호(860-873)이다.
1668. 악언정(樂彦禎): 당(唐) 위주(魏州) 출신으로 상서좌복사(尙書左僕射), 동중서문하평장사(同中書門下平章事) 등을 역임하였다. 나라가 혼란한 틈을 타서 불법을 저질렀고 난리 중에 붙잡혀 죽었다.
1669. '贏'은《천중기(天中記)》에 '贏'으로 되어 있다.
1670.《천중기(天中記)·하제(下第)》
1671.《유설(類說)·기이록(紀異錄)》
1672. '山於'는《시화총구(詩話總龜)》에 '嵩'으로 되어 있다.
1673.《천중기(天中記)·하제(下第)》

하구려.

鍾陵妓雲英譏隱猶未第. 隱嘲之曰, 鍾陵醉別十年春, 重見雲英掌上身. 我未成名君未嫁, 可能俱是不如人.[1674]

강남(江南) 이(李)씨가 월(越)에 사인을 보내 빙문(聘問)한 적이 있었다. 월 사람이 물었다. "나급사(羅給事)를 보셨는지요?" 사인이 말했다. "알지 못합니다. 또한 이름도 듣지 못했지요." 월 사람이 말했다. "온 세상 사람들이 나강동(羅江東)[1675]이 있다는 것을 듣고 있습니다. 어찌 그리도 견문이 좁으신가요?" 사인이 말했다. "금방(金榜, 합격자 명단)에 이름이 없어, 알지 못하는 것입니다."《당시기사(唐詩紀事)》

江南李氏嘗遣使聘越. 越人問, 見羅給事否? 使人曰, 不識, 亦不聞名. 越人云, 四海聞有羅江東, 何拙之甚! 使人曰, 爲金榜上無名, 所以不知.《紀事》[1676]

비단옷을 입고 달 가까이로 다가가다.[금의첩월(錦衣貼月)] 심빈(沈彬)의 자(字)는 자미(子美)이고, 고안(高安) 사람이다. 시는 타고난 재주로 자유분방한 풍격을 보였다. 어려서 부모를 여의고 홀로 되어, 서쪽으로 길을 떠나 세 차례 과거시험을 기약하였다. 일찍이 꿈속에서 색동비단옷을 입고 달 가까이까지 날아갔다. 식견 있는 사람들은 "비록 이름이 천하에 알려져도 몸이 월궁에 들어가지 못하면 끝내 급제하지 못한다."라고 하였다. 홍주(洪州)에서 진사 응시자로 추천되어 장안(長安)에 왔다. 두 차례 응거에 낙제하고, 세 번째 과거에 임하여 지은 〈유상에게 드림(贈劉象)〉이라는 시에서 다음과 같이 말하였다.

曾應大中天子擧, 일찍이 중정하신 천자의 과거에 응하여,
四朝風月鬢蕭疎. 네 조정을 지내며 보낸 세월에 귀밑머리 쇠었다네.
一枝何事於君惜, 나뭇가지 하나를 어인 일로 임금께서 아끼시나?
仙桂年年幸有餘. 선계의 계수나무는 해마다 남음이 있어 다행이네.

유상(劉象)은 세 번의 과거에 합격하지 못하고 있었다. 시험의 주무관이 심빈의 시를 보았다. 그해 발표에서 유상은 급제하였다. 오노방(五老榜)[1677]에 곧 그가 포함되어 있다. 심빈은 건부(乾符)[1678] 연간에 사방에 전란을 만나, 마침내 남쪽으로 호상(湖湘) 및 영남(嶺南)을 20여 년 떠돌다가 다시 오(吳) 지역으로 돌아오며 강남을 지나다가 위조(僞朝)에서 명을 받았다. 벼슬이 이부시랑에 올랐다가 치사한 뒤, 고안(高安)으로 물러나 지냈다.

沈彬字子美, 高安人. 爲詩天才狂逸, 少孤, 西遊以三擧爲約. 嘗夢着錦彩衣, 貼月而飛, 識者言雖名播天下, 身不入月, 終不及第. 洪州解至長安, 兩擧落第. 第三擧贈劉象一首云, 曾應大中天子擧, 四朝風月鬢蕭疎. 一枝何事於君惜, 仙桂年年幸有餘. 劉象三擧無成. 主司覽彬詩, 其年放象及第, 五老榜卽其數也. 彬, 乾符中值四方多事, 遂南遊湖湘及嶺表二十餘年, 却回吳中. 過江南, 受僞命, 官至吏部侍郎致仕, 退去[1679]高安.[1680]

바둑을 구경하며 일에 느낌을 받다.[관기감사(觀棋

1674. 《천중기(天中記)·하제(下第)》

1675. 나강동(羅江東): 본명은 횡(橫)인데 20세에 진사에 응시하여 10회에 걸쳐 낙제한 뒤 나은(羅隱)으로 개명하였다. 강동생(江東生)이라 자호하였다.

1676. 《천중기(天中記)·하제(下第)》

1677. 오노방(五老榜): 당(唐) 천복(天復) 원년 조송(曹松), 왕희우(王希羽), 유상(劉象), 가숭(柯崇), 정희안(鄭希顔) 등 5인이 함께 급제하였는데, 나이가 모두 예순이 넘어 오노방(五老榜)이라 불렀다.

1678. 건부(乾符): 당(唐) 희종(僖宗)의 연호(874-879)이다.

1679. '去'는 《천중기(天中記)》 등에 '居'로 되어 있다.

1680. 《천중기(天中記)·하제(下第)》

感事)] 승(僧) 가릉(可隆)은 시를 잘 지었다. 고종회(高從誨)[1681]가 그의 시권(詩卷)을 보았는데, 〈바둑을 구경하며〉에 "만반의 생각 이후에 행해야 되거니, 한 번 실수로 이전의 공로가 버려지네."라는 구절이 있었다. 고종회가 가릉에게 말하였다. "나는 이 시를 스승으로 삼을 것인데, 필시 특별한 일이 있어 얻은 구절이라 생각되오." 가릉이 말했다. "저는 본디 성이 모용(慕容)이고, 상유한(桑維翰)[1682]과는 동학이 됩니다. 젊어서 포부와 기개를 지니고 있었으며 상유한을 많이 원망했습니다. 상유한은 급제하여 조정에 들어가 재상에 이르렀으나, 저는 여전히 시험장에 머물러 있지요. 여러 해 계속 낙제하고 말았던 것은 모두 상유한에 의하여 좌절된 것이었습니다. 이 때문에 머리를 깎고 중이 되었으니, 그 구절은 실로 이전 일에 느낌을 받아 뜻을 드러낸 것이었습니다."《천정록(天定錄)》

僧可隆善詩. 高從誨閱其卷, 有觀棋, 句云, 萬般思後行, 一失廢前功. 從誨謂可隆曰, 吾師此詩, 必因事而得. 隆曰, 某本姓慕容, 與桑維翰同學. 少負志氣, 多怨維翰. 維翰登第, 以至入相, 某猶在場屋. 頻年敗衄, 皆維翰所挫也. 因削髮爲僧, 其句實感前事而露意焉."《天定錄》[1683]

쇠똥구리가 똥 덩어리를 밀다.[낭추시(蜋推屎)] 고환(高渙)이 오래도록 과거에 급제하지 못하자, 누군가가 희롱하여 말했다. "1백20마리 쇠똥구리가 똥 덩어리 하나를 밀어 올리지 못하고 있네."[1684]

高渙久擧不第, 或謔之曰, 一百二十箇蜣蜋, 推一箇屎塊不上.[1685]

우물 속에서 비단옷을 입다.[의금정중(衣錦井中)]

비현(費絢)[1686]이 진사시에 응하면서 비단옷을 입고 우물 속에 떨어지는 꿈을 꾸었다. 깨어나 스스로 기뻐하면서 말했다. "급제하여 비단옷을 입은 뒤에 향정(鄕井, 고향)에 노닐게 될 것이다." 누군가가 말했다. "이것은 좋은 꿈이 아닐세. 우물 속에서 비단옷을 입고 있다는 것은 문장이 아직 드러나지 않는다는 징조라네." 이듬해 봄에 과연 급제하지 못하였다.

費絢應進士擧, 夢衣錦落井中. 覺自喜曰, 及第衣錦之後遊鄕井爾. 或曰, 此非佳夢, 衣錦井中, 文章未顯之兆. 來春果不第.[1687]

수재는 편안해지셨다.[수재강료(秀才康了)] 유면(柳冕)은 과거에 응시하면서 피휘(避諱)하는 것이 많았으니, 안락(安樂)을 안강(安康)이라 하였는데, '락(落)'자를 피하고자 한 때문이었다. 홀연 합격자 명단이 발표되었다는 소식을 듣고 하인에게 살펴보도록 하였는데, 하인이 돌아와 말하기를 "수재께서는 편안해지셨습니다."라고 하였다.[1688]

柳冕, 應擧多避諱, 謂安樂爲安康, 以避落字也. 忽聞榜出, 遣僕視之. 僕還曰, 秀才康了也.[1689]

강관에 견주다.[비지강관(比之綱官)] 촉주(蜀州) 사람 석양휴(石楊休)는 여러 차례 향천(鄕薦)[1690]에 선발되었으나 늘 예부시에서 낙방하였다. 촉주 사람

1681. 고종회(高從誨): 오대시대 형남(荊南)의 군주로 다른 나라에 신하라 칭하며 하사품을 뜯어내어 고뢰자(高賴子)라 불리며 무시를 당하였다.
1682. 상유한(桑維翰): 오대 진(晉) 하남(河南) 출신으로 일찍이 후진(後晋)의 고조(高祖)를 추종하여 후진 건국에 많은 공을 세웠다. 벼슬은 중서령 겸 추밀사를 지냈다. 후진이 거란과의 전쟁에서 패할 때 장언택(張彦澤)에게 죽임을 당하였다.
1683. 《천중기(天中記)·하제(下第)》
1684. 고환(高渙)은 원화(元和) 연간 진사, 발학홍사과에 급제하여 중서사인, 예부시랑 등을 역임한 고개(高鍇)의 아들이다. 고환은 3회 시험에서 모두 낙제했는데, 매회 시험에 40명씩 합격자를 냈기에 한 말이다.
1685. 《천중기(天中記)·하제(下第)》
1686. 비현(費絢): 자(字)는 천석(天錫)이다. 문학이 우수하며 위촉(僞蜀)에서 진사시에 응시한 이력이 있다고 알려져 있다.
1687. 《천중기(天中記)·하제(下第)》
1688. 떨어졌다는 뜻의 '낙료(落了)'의 '落' 대신 주인이 전에 하던 방식을 따라 '康'으로 바꾸어 대답한 것이다. 이로부터 강료(康了)는 낙제의 은어로 사용되었다.
1689. 《천중기(天中記)·하제(下第)》

들은 그를 강관(綱官)[1691]에 견주었는데, 그것은 대체로 하급무관이 지역의 공납을 관장하여 경사(京師)에 들어갔다가 그저 빈손으로 돌아오기 때문일 것이다.

蜀人石楊休屢拔鄕薦, 常屈春官. 蜀人比之綱官, 蓋謂牙校部土貢, 入京師, 只空歸也.[1692]

한 평생 이룬 것이 없다.[일생무성(一生無成)] 풍조(馮藻)는 과거에 25회나 응시하였다. 인척들이 응시를 포기하고 달리 벼슬을 구하도록 권하였다. 장조는 "비유하자면 한 평생 이룬 것이 없음과 같다"라고 말하고, 다시 다섯 차례 과거에 응시하였다.《북몽쇄언(北夢瑣言)》

馮藻應二十五擧. 姻親勸令罷擧, 求官. 藻曰, 譬如一生無成, 更應五擧.《瑣言》[1693]

실패하고 원망하는 낯빛이 없다.[실무온색(失無慍色)] 황노직(黃魯直)[1694]이 홍주(洪州)에서 해두(解頭)[1695]로 뽑혀 성시(省試, 예부시)에 응시하러 갔다. 합격자 발표를 기다리는데, 노직이 성원(省元)[1696]이라는 소식이 전해져 동료들이 주연을 마련했다. 한 노복이 대문에서 머리를 풀어헤친 채 큰 소리로 외치며 들어와서 손가락 세 개를 들어 보였다. 물어보니 바로 동료 세 사람이 합격하고, 노직은 그 중에 들어 있지 않다는 것이었다. 좌중의 몇 사람이 다 흩어져 자리를 뜨고, 눈물을 흘리는 사람까지 있었으나 노직은 태연하게 술을 마셨다. 술자리가 끝나고, 합격자 명단을 보면서도 조금도 안색에 내보이는 바가 없었다.《손공담포(孫公譚圃)》

黃魯直得洪州解頭, 赴省試. 待榜, 相傳魯直爲省元, 同舍置酒. 有僕自門被髮大呼而入, 擧三指. 問之, 乃同舍三人, 魯直不與. 坐上數人皆散去, 至有流涕者, 魯直飮酒自若. 飮罷, 看榜, 不少見於顔色.《譚圃》[1697]

《맹자》를 읽지 않다.[부독맹자(不讀孟子)] 이태백(李泰伯)[1698]은 《맹자(孟子)》를 좋아하지 않았는데, 공자는 왕을 높였으나 맹자는 제후들에게 왕이 되라고 가르쳤기 때문이다. 일찍이 제과(制科)에서 여섯 가지 논제로 시험을 치른 적이 있었다. 그중 한 가지를 놓치자, "나는 어떤 글도 읽지 않은 적이 없다. 필시 《맹자주소(孟子注疏)》에서 나왔을 것이다."라고 말하고, 붓을 던지고 나갔다. 끝내 급제하지 못했다.

李泰伯不喜孟子, 以爲孔子尊王, 孟子敎諸侯爲王. 嘗試制科六論, 不得其一, 曰, 吾書未嘗不讀, 必孟子注疏. 擲筆而出. 終不中第.[1699]

머리가 희어져 낭관에 보임되다.[두백보랑(頭白補郞)] 헌제(獻帝)가 조서를 내려 말했다. "지금 연로한 선비로 나이가 예순이 넘은 이들은, 고향을 떠나 어린 나이에 입학하여, 흰머리가 되어 빈손으로 돌아가면, 오래도록 농촌에 버려져, 벼슬하여 영예를 구할 희망이 영원히 끊어질 텐데, 짐은 이것을 매우 가련하게 생각한다. 등급에 따라 낙제한 유생들을 태자사인(太子舍人)으로 임용하라." 이를 노래한 장안요(長安謠)의 내용은 다음과 같다.

1690. 향천(鄕薦): 향시(鄕試)에 합격하거나 지방관의 추천을 받아 중앙에서 치르는 시험에 응시할 수 있는 자격을 말한다.

1691. 강관(綱官): 《신당서(新唐書)·식화지(食貨志)》에 의하면 강(綱)은 화물 운송조직의 한 단위로 배 10척으로 구성되어 있었다. 綱官(강관)은 운송을 감독하는 관리를 이르는 말로 보인다.

1692. 《산당사고(山堂肆考)·과제(科第)》

1693. 《고금사문유취(古今事文類聚)·사진부(仕進部)》

1694. 황노직(黃魯直): 황정견(黃庭堅: 1045-1105)으로 노직은 그의 자이다. 호는 산곡(山谷), 부옹(涪翁)이다. 소식(蘇軾)의 문인으로 강서시파(江西詩派)의 창시자로서 비서승(祕書丞), 부주별가(涪州別駕) 등을 역임하였다.

1695. 해두(解頭): 지방에서 실시하는 해시(解試, 향시) 장원을 지칭한다.

1696. 성원(省元): 송대 상서성(尙書省)에서 실시하는 예부시(禮部試)의 장원을 지칭한다.

1697. 《산당사고(山堂肆考)·과제(科第)》

1698. 이태백(李泰伯): 송(宋) 건창군(建昌軍) 남성(南城) 출신으로 태백(泰伯)은 자(字)이다. 우강선생(盱江先生), 직강선생(直講先生)이라 불리었으며, 범중엄(范仲淹)의 추천으로 시태학조교(試太學助敎), 태학설서(太學說書)를 역임하였다.

1699. 《고금사문유취(古今事文類聚)·사진부(仕進部)》

頭白皓然, 머리는 하얗게 쇠어,
食不充糧, 먹을 것도 충분치 못한 채로,
褰衣褰裳, 옷을 싸고 걷고 해서,
當還故鄉. 고향으로 돌아가야 될 것이네.
聖王愍念, 성군께서 가엾이 생각해 주시니,
悉用補郎. 모두 낭관에 보임되었네.
舍是布衣, 이 베옷을 버리고서,
被服玄黃. 색동 비단옷을 입게 됐네.

獻帝詔曰, 今耆儒年逾六十, 去離本土, 結童入學, 白首空歸, 長委農野, 永絶榮望, 朕甚憫焉. 其依科罷者, 聽爲太子舍人. 長安謠曰, 頭白皓然, 食不充糧, 褰衣褰裳, 當還故鄉. 聖王愍念, 悉用補郎. 舍是布衣, 被服玄黃.[1700]

볏모를 납부하다.[납묘(納苗)] 송(宋) 요송(饒竦)[1701]은 희녕(熙寧)[1702] 연간 진사시에 낙제하여, 아래의 시를 지어 왕형공(王荊公)[1703]에게 건넸다.

又還垂翅下青霄, 또다시 날개를 접고서 푸른 하늘에서 떨어져,
歸指臨川去路遙. 임천(臨川)[1704]으로 돌아가려니 갈 길이 멀다네.
二畝荒田俱賣卻, 두 마지기 거칠어진 밭을 모두 팔아서,
要錢準備納青苗. 필요한 돈을 준비했다 청묘(青苗)[1705]를 내야겠지.

宋饒竦, 熙寧中擧進士, 不第, 以詩投王荊公曰, 又還垂翅下青霄, 歸指臨川去路遙. 二畝荒田俱賣卻, 要錢準備納青苗.[1706]

물을 잃어버린 용[실수룡(失水龍)] 《척언(摭言)》[1707]에 보이는 내용이다. 당(唐) 장서(張曙)가 최소위(崔昭緯)와 함께 과거시험에 응시하러 가다가 점쟁이에게 운세를 물었다. 점쟁이는 장서를 전혀 거들떠보지 않았다. 장서가 화난 기색을 나타내자 점쟁이가 말했다. "낭군 또한 과거에 급제하실 것이오. 다만 최씨 낭군께서 재상에 배수될 터인데, 그때가 되어서야 도당(都堂)에 인사를 올리게 될 것입니다." 얼마 뒤에 장서는 과연 낙제하였고 최소위는 장원으로 급제하였다. 장서는 아래의 시를 지어 이별하였다.

千里江山陪驥尾, 천 리 강산을 천리마 꼬리에 붙어 다니다가,
五更風水失龍鱗. 새벽 비바람에 용의 비늘을 잃었다네.
昨夜浣沙溪上雨, 완사계(浣沙溪)[1708]에 내린 간밤의 비로,
綠楊芳草爲何人? 푸른 버들과 향기로운 풀이 자랐으나 누구를 위한 걸까?

7년 뒤에 최소위는 재상에 임명되었다. 장서는 배공

1700. 《후한서(後漢書)·헌제기(獻帝紀)》
1701. 요송(饒竦): 송(宋) 무주(撫州) 임천(臨川) 출신으로 자는 이림(異林)이다. 본문의 내용과는 다르게 희녕(熙寧) 연간에 진사에 급제하였다. 왕안석과 신법의 시행에 힘썼으나 조정의 의론이 비등해지자 위의 시를 써서 왕안석을 풍자하고 귀향하여 저술에 전념하였다.
1702. 희녕(熙寧): 송(宋) 신종(神宗)의 연호(1068-1077)이다.
1703. 왕형공(王荊公): 송 신종(神宗) 때 신법(新法)을 주창한 왕안석(王安石. 1021-1086)이다. 형국공(荊國公)에 봉해졌다.
1704. 임천(臨川): 무주(撫州)에 속한 군(郡) 이름으로 요송(饒竦)의 고향이다. 왕안석(王安石)의 고향이기도 하니 두 사람은 동향 사람이 된다.
1705. 청묘(青苗): 파란 볏모. 청묘전(青苗錢)을 가리킨다. 왕안석이 신법의 하나인 청묘법(青苗法)을 시행하면서 곡식이 여물기 전에 농토의 면적에 따라 상환하게 했던 돈이다.
1706. 《산당사고(山堂肆考)·과제(科第)》
1707. 《척언(摭言)》: 오대(五代) 때 왕정보(王定保)가 당나라 때 여러 가지 일화를 적은 소설류의 책으로 《당척언(唐摭言)》이라고도 한다.
1708. 완사계(浣沙溪): 절강성 소흥(紹興)의 약야산(若耶山)에 있는 개울 이름. 약야계(若耶溪)라고도 한다. 춘추시대 월(越)나라 미녀 서시(西施)가 비단을 빨던 곳으로 유명하다.

(裴公, 裴庭裕)의 감독 하에 급제하여, 최소위의 도당에 인사를 올렸다.[1709]

摭言. 唐張曙與崔昭緯同赴擧, 問卜者. 卜者殊不顧曙. 曙有慍色, 卜者曰, 郎君亦登第, 但崔家郎君拜相, 當于此時過堂. 旣而張果不第, 崔首冠. 曙以詩別之曰, 千里江山陪驥尾, 五更風水失龍鱗. 昨夜浣沙溪上雨, 綠楊芳草爲何人? 後七年, 崔大拜, 曙于裴公下及第, 于崔公下過堂.[1710]

물의가 억울하다고들 하다.[물론칭굴(物論稱屈)] 당(唐) 문종(文宗)이 태화(太和) 2년 직접 제과(制科)에서 책문(策問)을 내렸는데, 거인(擧人)인 창평(昌平) 사람 유분(劉蕡)이 대책(對策)을 통해 환관들을 극도로 비판하였다. 시험관인 풍숙(馮宿) 등은 유분의 책문을 보고서 조조(晁錯)와 동중서(董仲舒)를 능가한다고 생각했지만, 환관들이 두려워 감히 선발하지 못했다. 배휴(裴休)·이합(李郃)·두목(杜牧)·최신유(崔愼由) 등 22명이 급제하여 모두 관직을 제수하자, 여론이 억울하다고들 떠들썩하였고, 간관과 어사들이 상주하여 의견을 개진하려 하였는데, 집정대신이 이를 막았다. 이에 이합이 "유분이 과거에 낙제하고 우리가 급제하였으니 부끄러움이 없을 수 있겠소?"라 말하였다.

唐文宗太和二年, 親策制, 擧人昌平劉蕡對策極詆宦官. 考官馮宿等見蕡策, 以爲過晁·董, 而畏忌宦官, 不敢取. 裴休·李郃·杜牧·崔愼由等二十二人中第, 皆除官, 物論囂然稱屈. 諫官·御史欲論奏, 執政抑之. 李郃曰, 劉蕡下第, 我輩登科, 得無厚顔?[1711]

기이한 인물을 만나다.[우이인(遇異人)] 당(唐) 여암(呂巖), 자(字)가 동빈(洞賓)이다. 함통(咸通)[1712] 연간에 두 차례 진사에 응시했으나 낙제하였다. 여산(廬山)을 노닐다가 기이한 인물을 만나 장생의 비결을 얻었다.

唐呂巖, 子[1713]洞賓. 咸通中, 再擧進士, 不第. 遊廬山, 遇異人, 得長生訣.[1714]

시를 시험관에게 올리다.[시상주사(詩上主司)] 당(唐) 고섬(高蟾)은 여러 차례 과거에 응시하였으나 낙방하자, 다음의 시를 지어 시험관인 시랑(侍郎)에게 올렸다.

天上碧桃和露種,	하늘 위의 푸른 복숭아 이슬 맞으며 심어져 있고,
日邊紅杏倚雲栽.	해 뜨는 곳에 붉은 살구 구름 기대 가꿔졌네.
芙蓉生在秋江上,	부용은 가을 강가에 자라나서,
不向東風怨未開.	봄바람을 향하지 못하고 피지 못한 것을 원망하네.

唐高蟾累擧不第, 詩上主司侍郎云, 天上碧桃和露種, 日邊紅杏倚雲栽. 芙蓉生在秋江上, 不向東風怨未開.[1715]

늙은 아낙이 춤을 흉내 내다.[노부효무(老婦效舞)] 황통(黃通)[1716]은 여러 차례 과거에 응시하여 낙제하였다. 벼슬하여 몇 가지 임무를 맡고 있었고 나이가 거의 예순이 되어 갈 무렵에도 여전히 과거에 응시하였다. 누군가가 그를 조롱하여 "늙은 아낙이 탁발무를 추고, 보잘것없는 사람이 솜씨를 드러내는 꼴이

1709. 원문의 과당(過堂)은 당나라 때 진사시험에 급제한 사람이 재상이 있는 도당(都堂)에 찾아가 인사를 올리던 일을 이르는 말이다.
1710. 《산당사고(山堂肆考)·과제(科第)》
1711. 《산당사고(山堂肆考)·과제(科第)》
1712. 함통(咸通): 당(唐) 의종(懿宗)의 연호(860-873)이다.
1713. '子'는 《산당사고(山堂肆考)》에 '字'로 되어 있다.
1714. 《산당사고(山堂肆考)·과제(科第)》
1715. 《산당사고(山堂肆考)·과제(科第)》
1716. 황통(黃通): 송(宋) 복건(福建) 소무(邵武) 사람. 자는 개부(介夫). 가우(嘉祐) 초에 진사에 급제하여 대리승(大理丞)을 지냈다.

네."라고 말하였다. 주(注)에 "옛날에 탁발씨가 춤을 잘 추어서 탁발무라 불렀다. 여기서는 황통이 이미 늙었는데도 여전히 과거에 응시하는 것이 마치 아낙이 이미 늙었는데도 여전히 탁발무를 흉내 내는 것과 같다는 말이다."라고 하였다.

黃通累擧不第. 作官數任, 年將耳順, 猶應擧. 或嘲之曰, 老婦舞拓拔, 剩員呈手藝. 注云, 昔有拓拔善舞, 故號拓拔舞. 此言黃已老, 猶應擧, 如婦人已老, 而猶效拓拔舞也.[1717]

《유원총보(類苑叢寶)》 권19 끝

1717. 《산당사고(山堂肆考)·과제(科第)》

【유원총보 권 20】

호부(戶部)

호구 戶口

·《주례(周禮)》의 기록이다. 사민(司民)은 천하의 모든 백성의 수를 등록하는 일을 관장한다. 치아가 나기 시작하면 모두 호적에 기재하는데, 그들이 도성이나 도비(都鄙)[1], 교야(郊野)[2] 등의 거주지를 구분하고, 남녀의 성별을 구별한다. 해마다 출생한 사람은 등재하고 사망한 사람은 삭제한다. [주(注)에] "등(登)은 올리는 것이고 하(下)는 삭제함이다."라고 하였다.

周禮. 司民, 掌登萬民之數. 自生齒已上皆書於版, 辨其國中都鄙郊野, 異其男女, 歲登下其死生. 登上也, 下去也.[3]

·3년이 되면 크게 결산하여 천하 모든 백성의 수를 사구(司寇)[4]에게 보고한다. 사구가 겨울 10월 사민(司民)을 제사하는 날에 백성의 수를 왕에게 바치면, 왕은 배례하고 받아서 천부(天府)[5]에 보관한다.

及三年大比, 以萬民之數詔司寇. 司寇及孟冬祀司民之日, 獻其數於王, 王拜而受之, 登於天府.[6]

·〈하관(夏官)〉의 기록이다. 사사(司士)는 여러 신하들의 명적(名籍)을 관장하여 해마다 증가되거나 감소된 인원의 숫자를 등재하거나 삭제하며 각 제후국, 기내(畿內)의 각 채읍(采邑), 각 공읍(公邑)의 수를 두루 파악한다.

夏官. 司士掌群臣之版, 歲登下損益之數, 以周知邦國·都家·縣鄙之數.[7]

·생치(生齒)란 남자는 8개월이 지나서, 여자는 7개월이 지나서 이가 나는데, 사람이 이가 나면 몸이 갖추어지는 것이다.

生齒者, 男八月女七月而生齒, 人生而備體也.[8]

전제 田制

·성인(聖人)이 정읍(井邑)을 설치하고 비려(比閭)[9]를 벌여두어 백성의 수를 살피게 한 것이니, 부역(賦役)의 제도이다. 진(秦) 효공(孝公)이 상앙(商鞅)[10]의 계책을 써서 경계(經界)를 무너뜨리고 천맥(阡陌, 농지의 경계)을 제정했다. 천맥이 무너지고 나서는 또 숨긴 전지를 밝혀내야 했는데, 숨긴 전지를 밝혀내는 것은 권의(權宜, 때에 따른 적당한 조치)에 달려 있고, 권의는 장부와 문서에 의거한다. 장부와 문

1. 도비(都鄙): 주대(周代) 왕의 자제나 공경(公卿) 또는 대부(大夫)의 봉지(封地)나 채읍(采邑)을 가리킨다.
2. 교야(郊野): 교(郊)와 야(野). 주대(周代)에 왕성(王城)에서 사방 1백 리 이내의 지역을 교(郊), 3백 리 이내의 지역을 야(野)라 하였다.
3. 《주례(周禮)·추관(秋官)·사민(司民)》
4. 사구(司寇): 하(夏), 은(殷) 때부터 있었던 벼슬 이름으로 주(周)나라에서는 추관대사구(秋官大司寇)라고 하여, 육경(六卿)의 하나로 형옥(刑獄)에 관한 일을 주관하였다.
5. 천부(天府): 제기, 보물, 관문서 등의 수장(守藏)을 관장하는 주관(周官)의 이름 또는 그 수장처를 가리킨다.
6. 《주례(周禮)·추관(秋官)·사민(司民)》
7. 《주례(周禮)·하관(夏官)·사사(司士)》
8. 《주례(周禮)·추관(秋官)·소사구(小司寇)》 "自生齒以上, 登於天府"의 '生齒'에 대한 정현(鄭玄)의 주(注)이다. 주(注) 원문은 "人生齒而體備, 男八月, 女七月而生齒"로 되어 있다.
9. 비려(比閭): 비(比)와 여(閭). 《주례(周禮)·지관(地官)·대사도(大司徒)》에 의하면 5가(家)가 비(比)이고, 5비(比)가 여(閭)라고 하였다. 후에 비려는 향리를 가리키는 말로 쓰였다.
10. 상앙(商鞅): 전국시대 법가 인물로 원명은 공손앙(公孫鞅)이다. 진(秦) 효공(孝公)에게 등용되어 강력한 법을 시행하여 진나라를 부강하게 하였다.

서가 확대되자 정사(政事)가 여러 관리들에게서 나오게 되었다. 정사가 여러 관리들로부터 나오니, 백성들은 신뢰할 바가 없게 되었다.《통전(通典)》

聖人設井邑, 列比閭, 使察黎民之數, 賦役之制. 秦孝公用商鞅計, 隳經界, 立阡陌. 阡陌既弊, 又爲隱覈, 隱覈在乎權宜, 權宜憑乎簿書. 簿書既廣, 政由群吏. 政由群吏則人無所信矣.《通典》[11]

· 《춘추(春秋)》의 도리는 제후가 마음대로 영지를 나누어 줄 수 없고 대부가 영지를 자신의 마음대로 처리할 수 없다. 만약 세력이 있는 자가 농지를 점유한 것이 규정을 벗어나 부유함이 공후(公侯)와 같아졌다면, 이는 전봉(專封)이 된다. 매매를 자신의 의사에 따라서 한다면, 이는 전지(專地)가 된다. 살 곳을 잃고 떠도는 사람이 없게 하려는 것은 역시 어려운 일이 아니겠는가?[상동]

春秋之義, 諸侯不得專封, 大夫不得專地. 若使豪人占田過制, 富等公侯, 是專封也. 賣買由己, 是專地也. 欲無流冗, 不亦難乎?[同][12]

· 사마법(司馬法)[13]은 다음과 같다. 6척(尺)이 보(步)가 되고, 보가 100이면 무(畝)가 되며, 무가 100이면 부(夫)가 된다. 부가 3이면 옥(屋)이 되고, 옥이 3이면 정(井)이 된다. 정이 10이면 통(通)이 되고, 통이 10이면 성(成)이 된다. 성이 10이면 종(終)이 되고, 종이 10이면 동(同)이 된다. 동은 사방 100리인데, 동이 10이면 봉(封)이 되고, 봉이 10이면 기(畿)가 되는데, 기는 사방 1,000리이다.

司馬法: 六尺爲步, 步百爲畝, 畝百爲夫. 夫三爲屋, 屋三爲井, 井十爲通, 通十爲成. 成十爲終, 終十爲同. 同方百里, 同十爲封, 封十爲畿, 畿方千里.[14]

· 9부(夫)가 정(井)이 되고, 4정이 읍(邑)이 되며, 4읍이 구(丘)가 되고, 4구가 전(甸)이 된다. 4전이 현(縣)이 되고, 4현이 도(都)가 되는데, 이를 지사(地事)[15]에게 맡겨 공물(貢物)과 부세(賦稅)를 내도록 한다.

九夫爲井, 四井爲邑, 四邑爲丘, 四丘爲甸. 四甸爲縣, 四縣爲都, 以任地事而令貢賦.[16]

· 백성들이 농지를 받을 때 상전(上田)은 100무(畝), 중전(中田)은 200무, 하전(下田)은 300무를 받는다. 해마다 농사짓는 사람은 상전(上田)을 바꾸지 않고, 한 해 쉰 사람은 한 차례 중전(中田)으로 바꾸며, 두 해 쉰 사람은 두 차례 하전(下田)으로 바꾼다. 3년이면 바꾸어 경작하는데, 스스로 위치를 바꾼다.[원(爰)은 어(於)와 같다.]

民受田, 上田夫百畝, 中田夫二百畝, 下田夫三百畝. 歲耕種者爲不易上田, 休一歲者爲一易中田, 休二歲者爲再易下田. 三歲更耕之, 自爰其處.[爰, 於也.][17]

· 농민 호주(戶主) 자신이 농지를 받으면 그 집의 다른 남자들은 여부(餘夫)가 되며 역시 식구 수에 의거하여 농지를 받는 것은 예와 같다.[비(比)는 예(例)이다.]

農民戶人己受田, 其家衆男爲餘夫, 亦以口受田如比.[比, 例也.][18]

· 사(士), 공(工), 상(商)의 집에서 농지를 받는데, 5명의 식구가 농부 1인에 상당한다.

士工商家受田, 五口乃當農夫一人.[19]

· 백성들은 나이 20에 농지를 받고 60이 되면 농지를

11. 《통전(通典)·식화(食貨)》
12. 《통전(通典)·식화(食貨)》
13. 사마법(司馬法): 주대(周代) 토지와 병부(兵賦)를 경리(經理)하던 법이다.
14. 《통전(通典)·식화(食貨)》
15. 지사(地事): 농사와 목축, 산택(山澤), 원포(園圃)에 관한 일을 관장하는 관원을 가리킨다.
16. 《통전(通典)·식화(食貨)》
17. 《통전(通典)·식화(食貨)》
18. 《통전(通典)·식화(食貨)》

돌려줬다. 70이상은 임금이 봉양하고, 10세 이하는 임금이 부양한다.

民年二十受田, 六十歸田. 七十以上, 上所養也, 十歲以下, 上所長也.[20]

· 당(唐) 개원(開元)[21] 연간의 법령이다. 농지는 폭 1보(步), 길이 240보를 무(畝)로, 100무를 경(頃)으로 한다. 정남(丁男)[22]에게는 영업전(永業田) 20무와 구분전(口分田) 80무를 지급한다. 그 중남(中男)[23]은 나이 18세 이상이면 역시 정남(丁男)에 의거하여 지급한다. 늙은 남자, 독질(篤疾, 중병)을 앓는 사람, 폐질(廢疾, 불구자)이 있는 사람에게는 구분전 40무를 지급한다. 홀로 된 처와 첩에게는 각각 구분전 30무를 지급한다.

唐開元中令. 田廣一步·長二百四十步爲畝, 百畝爲頃. 丁男給永業田二十畝, 口分田八十畝. 其中男年十八以上亦依丁男給. 老男·篤疾·廢疾各給口分田四十畝. 寡妻妾各給口分田三十畝.[24]

· 맹자(孟子)는, "인정(仁政)이란 반드시 토지의 경계를 다스리는 일로부터 시작된다. 경계가 바르지 않으면 정지(井地, 정전)가 고르지 못하게 되고 녹봉이 공평하지 않게 된다. 이런 까닭에 폭군과 탐관오리들은 반드시 그 경계를 다스리는 일에 태만하였다. 경계를 다스리는 일이 바르게 되면 농지의 분배와 녹봉의 제정은 앉아서 정할 수 있을 것이다."라고 하였다.

孟子曰, 夫仁政必自經界始. 經界不正, 井地不均, 穀祿不平. 是故暴君汚吏必慢其經界. 經界旣正, 分田制祿, 可坐而定也.[25]

농지의 경계를 제정하다.[제천맥(制阡陌)] 상앙(商鞅)[26]은 삼진(三晉)[27]이 지역이 좁고 백성들이 빈궁한 반면 진(秦)나라는 땅이 넓고 백성이 수가 적어 초지가 다 개간되지 않고 땅에서 나올 이익이 다 나오지 않는다고 생각하였다. 이에 삼진의 백성들을 인도하여, 농지와 주택을 주고 삼대(三代)의 요역과 부세를 면제해 주고 전쟁에 나갈 일이 없게 하여 안에서 근본에 힘쓰도록 하였으며, 진나라 사람으로 하여금 밖으로 적군에 대응하도록 하였다. 그래서 정전(井田)을 폐지하고 천맥(阡陌, 농지의 경계)을 제정하여 마음껏 경작하게 하면서 상한을 정하지 않았다. 수년 사이에 나라가 부유해지고 군대가 강해져 천하에 대적할 상대가 없었다.

商鞅以三晉地狹人貧, 秦地廣人寡, 故草不盡墾, 地利不盡出. 於是誘三晉之人, 利其田宅, 復三代無知兵事, 而務本於內, 使秦人應敵於外. 故廢井田, 制阡陌, 任其所耕, 不限多少. 數年之間, 國富兵强, 天下無敵.[28]

돌려짓기를 시행하다.[위대전(爲代田)] 조과(趙過)[29]가 수속도위(搜粟都尉)가 되어 대전(代田) 농법

19. 《통전(通典)·식화(食貨)》
20. 《통전(通典)·식화(食貨)》
21. 개원(開元): 당(唐) 현종(玄宗)의 연호(713-741)이다.
22. 정남(丁男): 장정(壯丁)을 의미한다.
23. 중남(中男): 둘째 아들 또는 미성년 남자를 뜻한다.
24. 《통전(通典)·식화(食貨)》
25. 《통전(通典)·식화(食貨)》
26. 상앙(商鞅): 전국시대 법가 인물로 원명은 공손앙(公孫鞅)이다. 진(秦) 효공(孝公)에게 등용되어 강력한 법을 시행하여 진나라를 부강하게 하였다.
27. 삼진(三晉): 전국시대 한(韓), 위(魏), 조(趙) 세 나라인데, 춘추말기 진(晉)나라의 대부(大夫)였던 위사(魏斯), 조적(趙籍), 한건(韓虔)이 진(晉)나라를 분할하여 세웠다.
28. 《통전(通典)·식화(食貨)》
29. 조과(趙過): 한(漢)나라 사람으로 수속도위(搜粟都尉)를 역임하였다. 농기계를 제작하고 대전법(代田法)과 파종 기술을 확대하여 농업을 혁신하였다.

을 잘 시행하였다. 한 무(畮)의 땅에 세 개의 견(甽)[甽, 밭도랑이다. 혹 '畎'으로도 쓴다.]을 내고 해마다 도랑의 위치를 바꾼다. 그래서 대전(代田)이라고 부르는데, 옛 법식이었다. 후직(后稷)이 처음으로 밭에 도랑을 설치하고 두 개의 쟁기로써 두 사람이 나란히 서서 밭을 갈게 하였는데, 폭이 한 척(尺), 깊이가 한 척이 되도록 하고 견(甽, 밭도랑)이라 불렀으며, 길이는 무(畝)가 끝나는 곳까지 이어지도록 하였다. 1무에 3개의 견을 두고 한 사람이 300견을 경작하면서 씨앗은 견(甽)의 가운데에 뿌렸다. 어린 벼가 자라서 잎이 생기면 조금씩 이랑 위에 자란 풀을 매어 주면서 흙을 허물어 어린 벼의 뿌리에 북돋아 주었다.

趙過爲搜粟都尉, 能爲代田. 一畮三甽[甽, 壟也, 或作畎.], 歲代處. 故曰代田, 古法也. 后稷始甽田, 以二耜爲耦, 廣尺深尺曰甽, 長終畝. 一畝三甽, 一夫三百甽, 而種播於甽中. 苗生葉以上, 稍耨隴草, 因隤其土以附苗根.[30]

둔전(屯田)[31] 한(漢) 소제(昭帝) 시원(始元) 2년에 조서를 내려 전쟁 경험이 있는 사수(射手)를 선발하여 삭방군(朔方郡)에 파견하고, 전직 관리를 임명하여 사병을 인솔하여 장액군(張掖郡)으로 가서 둔전(屯田)을 경영하게 하였다.《통전(通典)》

漢昭帝始元二年, 詔發習戰射士詣朔方, 調故吏將屯田張掖郡.《通典》

선제(宣帝) 때에 후장군(後將軍) 조충국(趙充國)[32]을 파견하여 선령(先零)[33]을 치도록 하였다. 조충국은 오랑캐를 타격하여 전부 섬멸하는 것을 목표로 삼고 둔전(屯田)을 시행하면서 그들이 피폐하기를 기다렸다 상주하여 말하기를 "강(羌)적은 계책을 써서 깨뜨리기는 쉽지만 병력으로 분쇄하기는 어렵습니다. 강(羌)적의 옛 농지 및 공전(公田)에 백성들이 아직 개간하지 않은 것이 2천 경(頃) 이상이 됩니다. 지금 보사(步士, 보병) 1만 명을 남겨서 둔전을 시행한다면 안으로 비용을 들이지 않아도 되는 이로움이 있고, 밖으로 적을 막아내는 대비가 될 것입니다."라고 하였다. (둔전이 시행되자) 땅에서 나오는 소득을 크게 얻었고 이듬해 마침내 선령을 격파하였다.

宣帝時, 遣後將軍趙充國擊先零. 充國以擊虜殄滅爲期, 乃欲屯田, 以待其弊. 奏曰, 羌虜易以計敗, 難用兵碎也. 羌虜故田及公田, 民所未墾, 可二千頃以上. 今留步士萬人屯田, 內有無費之利, 外有守禦之備. 大獲地利, 明年遂破先零.[34]

곡식 백만 섬을 얻다.[득백만곡(得百萬斛)] 조조(曹操)[35]가 황건적을 깨뜨리고 나서 사방을 경략하려 하였으나 군량이 부족하여 괴로움을 당하고 있었다. 임준(任峻)을 전농중랑장(典農中郞將)에 임명하고 허창(許昌)에서 둔전(屯田)을 시행하도록 하여 곡식 백만 섬을 얻었다.

曹操旣破黃巾, 欲經略四方, 而苦軍食不足. 以任峻爲典農中郞將, 屯田於許下, 得穀百萬斛.[36]

〈제하론(濟河論)〉을 저술하다.[저제하론(著濟河論)] 사마의(司馬懿)[37]가 농지를 넓혀 곡식을 축적하고자

30. 《통전(通典)·식화(食貨)》
31. 둔전(屯田): 수자리하는 군사나 농민, 상인들을 부려서 황무지를 개간하는 일이나 개간한 농토를 일컫는다. 각각 군둔(軍屯), 민둔(民屯), 상둔(商屯)의 구분이 있었고 한나라 이후 군량과 세곡(稅穀)을 확보하는 수단이 되었다.
32. 조충국(趙充國): 한(漢) 농서(隴西) 출신으로 자(字)는 옹손(翁孫), 봉호는 영평후(營平侯), 시호는 장(壯)이다. 중랑(中郞), 수형도위(水衡都尉), 후장군(後將軍) 등을 역임하였다. 여러 차례 흉노를 물리쳤고, 강족(羌族), 저족(氐族)의 반란을 평정하였다.
33. 선령(先零): 한(漢)나라 때 강족의 일파로 지금의 감숙성(甘肅省) 도하현(導河縣) 서쪽의 청해(靑海)에 거주하였다.
34. 《통전(通典)·식화(食貨)》
35. 조조(曹操): 동한(東漢) 시기 패국(沛國) 출신이다. 건안(建安) 13년 승상(丞相)에 올랐고 건안 21년 위왕(魏王)이 되었다.
36. 《통전(通典)·식화(食貨)》
37. 사마의(司馬懿): 삼국시대 위(魏)나라의 대신(大臣)으로 대장군 조상(曹爽)이 그를 배척하려 하자 반란을 일으켜 그를 죽

하여, 등애(鄧艾)[38]를 진(陳)·항(項) 동쪽에서 수춘(壽春)에 이르는 지역에 파견하였다. 등애는 농지가 기름지지만 용수가 부족하여 땅에서 나오는 이익을 다 얻을 수 없다고 생각하여, 곧 〈제하론(濟河論)〉을 저술하여 그의 뜻을 밝혔고 6, 7년 안에 회상(淮上)에다 3천만 섬의 곡식을 축적할 수 있다고 여겼는데, 이것은 10만 군사가 5년간 먹을 수 있는 양식이다. 모두 등애의 계획대로 되었다.

司馬懿欲廣田畜穀, 使鄧艾行陳·項以東至壽春. 艾以爲田良水少, 不足以盡地利, 乃著濟河論以喩其指, 以爲六七年間, 可積三千萬斛於淮上, 此十萬衆五年之食也. 皆如艾計.[39]

10년간 먹을 축적이 있게 되다.[유십년적(有十年積)] 양호(羊祜)[40]가 양양(襄陽)을 지키면서 농지 8백여 경(頃)을 개간해 크게 이익을 얻었다. 양호가 처음 부임했을 때에 군중(軍中)에는 1백 일 분량의 양식도 없었으나 삼 년째가 되자 10년간 먹을 축적이 있게 되었다.

羊祜鎭襄陽, 墾田八百餘頃, 大獲其利. 始至, 軍無百日之糧, 及至季年, 有十年之積.[41]

두씨 아버지라고 부르다.[호왈두부(號曰杜父)] 두원개(杜元凱)[42]가 형주(荊州)에 있을 때에, 소신신(邵信臣)[43]의 유적을 중수하고 치수(滍水), 육수(淯水) 등의 여러 하천을 막아 들녘의 논밭 1만여 경(頃)에 물을 대니 민관이 동시에 이익을 보고 뭇 백성들이 도움을 받아, '두씨 아저씨[두부(杜父)]'라고 불렀다. 또 양구(楊口)를 열어 하수(夏水)로부터 파릉(巴陵)에 이르는 1천여 리에 안으로 장강(長江)의 물을 흘려보내 위험을 줄이고 밖으로 영(零), 계(桂)로 이어지는 조운을 통하게 하였다. 이에 남녘에서는 "후세에 반란이 없게 된 것은 두옹(杜翁) 때문인데, 누가 그 지혜의 명성과 용기의 공적을 알 것인가?"라고 송축하였다.

杜元凱在荊州, 修邵信臣遺蹟, 激用滍·淯諸水, 以浸原田萬餘頃, 公私同利, 衆庶賴之, 號曰杜父. 又開楊口, 起夏水達巴陵千餘里, 內瀉長江之險, 外通零·桂之漕. 南土歌之曰, 後世無叛由杜翁, 孰識智名與勇功.[44]

위수 가에 백성과 섞여 농사짓다.[잡경위빈(雜耕渭濱)] 제갈량(諸葛亮)이 위수(渭水) 남쪽으로 나와서 (사마의와 대치하고 있을 때에) 늘 군량이 적어 뜻을 펼 수 없었다. 이에 무공(武功)에 주둔하고 오장원(五丈原)에 병사를 나누어 둔전(屯田)을 시행하였다. 농사를 짓는 병사가 위수 가에서 백성들과 섞여 지냈으나 백성들은 걱정 없이 편안하게 지냈다.

諸葛亮出渭南, 每以粮少不得展志. 於是屯武功, 于五丈原分兵屯田. 耕者雜於渭濱, 人各安堵.[45]

하수를 막아 둔전을 시행하다.[격하위둔(激河爲屯)] 상서복야 우후(虞詡)[46]가 "옹주(雍州)는 토지가 상등

이고 249년 승상(丞相)이 되어 정치의 실권을 장악했다.

38. 등애(鄧艾): 삼국시대 위(魏) 의양(義陽) 출신으로 자는 사재(士載), 봉호는 등후(鄧侯)이다. 상서랑(尙書郞), 남안태수(南安太守)를 역임하였다. 촉(蜀)을 평정하는 데 결정적인 공을 세웠으나 종회(種會)의 무고로 살해되었다.
39. 《통전(通典)·식화(食貨)》
40. 양호(羊祜): 위(魏), 서진(西晉)시대 사람으로 양조(兩朝)에서 여러 관직을 거쳤는데 청렴(淸廉)으로 이름이 높았다. 정남대장군(征南大將軍)이 되어 오(吳)를 멸망시킬 준비를 하다가 죽었으며, 직위와 임무는 두예(杜預)에게 계승되었다.
41. 《통전(通典)·식화(食貨)》
42. 두원개(杜元凱): 두예(杜預). 원개(元凱)는 자(字)이다. 서진(西晉) 경조(京兆) 두릉(杜陵) 사람으로 사마소(司馬昭)의 매부(妹夫)였다. 진 무제(武帝) 때에 진남대장군(鎭南大將軍)이 되었고, 오(吳)를 멸할 준비를 세웠다. 박학다식하여 저서에 《춘추좌씨전집해(春秋左氏傳集解)》가 있다.
43. 소신신(邵信臣): 소신신(召信臣), 한(漢) 수춘(壽春) 출신으로 자가 옹경(翁卿)이다. 남양태수(南陽太守)를 역임하였다.
44. 《통전(通典)·식화(食貨)》
45. 《통전(通典)·식화(食貨)》
46. 우후(虞詡): 후한(後漢) 때 사람으로 자는 승경(升卿)이고 상서복야(尙書僕射), 상서령(尙書令) 등을 역임했다.

급에 속하여 기름진 들판이 천 리에 달하며 곡물이 풍성하게 쌓여 있습니다."라고 상소하였다. 순제(順帝)[47]가 이에 삼군(三郡)을 회복시키고 하수(河水)를 막고 물길을 복원하여 둔전(屯田)을 시행하니 내지의 여러 군(郡)에서 해마다 1억에 달하는 비용을 줄이게 되었다.

僕射虞詡上疏曰, 雍州厥田惟上, 沃野千里, 穀稼殷積. 帝乃復三郡, 激河復渠爲屯田, 省內郡費, 歲一億計.[48]

부세 賦稅

- 옛 제도에 부세(賦稅)란 공전(公田) 소득의 10분의 1 및 공(工), 상(商), 형우(衡虞)[49]의 수입을 이른다. 세(稅)로는 교묘(郊廟)와 사직(社稷)의 백신(百神)에 대한 제사, 천자(天子)의 봉양, 백관(百官)의 녹봉에 공급하고 부(賦)로는 거마(車馬)와 병갑(兵甲), 사도(士徒, 사졸)의 군역 및 부고(府庫)를 채우거나 하사품의 비용을 댄다.

  古制賦稅者, 謂公田什之一, 及工商衡虞之入. 稅以供郊廟社稷百神之祀·天子奉養·百官祿食也, 賦以給車馬兵甲士徒之役, 充實府庫賜予之用也.[50]
- 10분의 1의 세율은 천하에서 가장 알맞은 세율이다. 10분의 1의 세율이 시행되면 송축의 노래가 지어진다.

  什一, 天下之中正也. 什一行而頌聲作.[51]
- 위를 덜어 아래를 더해 주니 백성의 기뻐함이 무궁하다.《주역(周易)》

  損上益下, 民說無疆.《易》[52]
- 백성이 풍족하면 임금이 누구와 더불어 부족하겠으며 백성이 풍족하지 않으면 임금이 누구와 더불어 풍족하겠는가?《논어(論語)》

  百姓足, 君孰與不足? 百姓不足. 君孰與足?《語》[53]
- 애공(哀公)이 공자(孔子)에게 물으니 공자가 말했다. "세금거두기를 가볍게 하면 백성들이 부유해집니다." 애공이 말했다. "그렇게 한다면 과인이 가난해질 것이오." 대답하여 말했다. "온화하고 덕이 많은 군자는 백성의 부모입니다. 자식이 부유한데 부친이 가난한 경우는 아직 보지 못했습니다."

  哀公問孔子, 孔子曰. 薄賦斂則人富. 公曰, 若是寡人貧矣. 對曰, 愷悌君子, 人之父母. 未見子富而父貧也.[54]
- 《관자(管子)》의 기록이다. 토지가 재부(財富)를 생산함에는 시절의 제한이 있고 사람이 노력을 들임에는 지치는 때가 있지만 임금의 욕망은 끝이 없다. 시절의 제한이 있는 토지와 지치는 때가 있는 백성의 힘으로 끝이 없는 욕망을 지닌 임금을 봉양하면서 그사이에 적절한 조절이 이루어지지 않는다면 상하 간에 서로 질시하게 될 것이다.

  管子. 地之生財有時, 人之用力有倦, 而人君之欲無窮. 以有時與有倦, 養無窮之君, 而度量不生於其間, 則下上相疾也.[55]

---

47. 순제(順帝): 동한(東漢) 제7대 황제로 재위 기간은 126-144년이다.
48. 《통전(通典)·식화(食貨)》
49. 형우(衡虞): 산림(山林)을 관장하는 벼슬이다.
50. 《통전(通典)·식화(食貨)》
51. 《춘추공양전(春秋公羊傳)·선공(宣公) 15년》, 《통전(通典)·식화(食貨)》
52. 《주역(周易)·익괘(益卦)·단(彖)》, 《통전(通典)·식화(食貨)》
53. 《논어(論語)·안연(顔淵)》, 《통전(通典)·식화(食貨)》
54. 《공자가어(孔子家語)》, 《통전(通典)·식화(食貨)》
55. 《통전(通典)·식화(食貨)》

· 손무자(孫武子)가 말했다. 제왕이 사해(四海)의 안에 머물고 5천 리 가운데 살면서 어찌 그 이익을 모조리 독점할 수 있겠는가? 이 때문에 제후를 나누어 세워, 그 이로움을 가지고 이롭게 하여 그곳 토산의 채소와 곡식을 먹으면서 그곳 백성들의 노동력을 부리도록 한다. 그러므로 부세에는 이곳저곳으로 옮기는 수고로움이 없어지고, 요역에는 오랜 기간 떨어져 있는 탄식이 없게 된다.

孫武子. 帝王處四海之內, 居五千里之中, 焉能盡專其利? 是以分建諸侯, 以其利而利之, 使食其土毛之實, 役其民氓之力. 故賦稅無轉徙之勞, 徭役無怨曠之歎.56

· 사도(司徒)의 직책은 매년 고을의 남녀의 숫자를 등기하고 그 중에서 역역을 수행할 수 있는 사람들을 분별한다. 그중에서 역역을 면제받을 수 있는 사람은 도성 안의 지위가 존귀한 사람, 덕행이 있는 사람, 재능이 있는 사람, 관청에서 공무를 수행하고 있는 사람, 연로한 사람, 질병이 있는 사람들로 모두 복역에서 면제된다. 매년 계절에 따라 (조사 결과를) 장부에 기입한다.

司徒職, 以歲首登其夫家之衆寡, 辨其可任者. 其捨者, 國中貴者·賢者·能者·服公事者·老者·疾者, 皆捨. 以歲時入其書.57

· 택지에 뽕나무나 삼을 심지 않은 사람은 택지에 대한 세금을 매긴다. 농경지를 경작하지 않은 사람은 옥속(屋粟, 장정 세 사람 분량의 세금)을 내게 한다. 백성 중에 직업과 하는 일이 없는 사람은 부세(夫稅)58와 가세(家稅)59를 내게 한다.

凡宅不毛者, 有里布. 凡田不耕者, 出屋粟. 凡民無職事者, 出夫·家之征.60

· 무릇 백성을 임용할 때는 다음과 같다. 농민에게는 농사짓는 일을 맡겨 각종 곡물을 공납하게 한다. 채소를 가꾸는 사람에게는 재배하는 일을 맡겨 소채와 각종 외를 공납하게 한다. 기술자에게는 제작하는 일을 맡겨 각종 기물을 공납하게 한다. 상인에게는 판매하는 일을 맡겨 각종 물품을 공납하게 한다. 목축업자에게는 축산을 맡겨 조류와 짐승을 공납하게 한다. 부녀자에게는 여공(女工)의 일을 맡겨 베와 비단을 공납하게 한다. 산민(山民)에게는 산림 생산의 일을 맡겨 임산물을 공납하게 한다. 천택(川澤)에 관계된 사람에게는 천택의 일을 맡겨 천택에서 나는 물건들을 공납하게 한다. 모두 그들이 잘하는 바에 따르고 잘하지 못하는 것을 요구하지 않는다. 이로써 백성들은 근본에 편안해 하여 넉넉해지기가 쉽고 아랫사람들이 넉넉해지면 윗사람들에게 여유가 있게 된다.

凡任民. 任農以耕事, 貢九穀. 任圃以樹事, 貢草木. 任工以飭材事, 貢器物. 任商以市事, 貢貨賄. 任牧以畜事, 貢鳥獸. 任嬪以女事, 貢布帛. 任衡以山事, 貢其物. 任虞以澤事, 貢其物. 皆因其所工, 不求其所拙. 是以黔首安本而易贍, 下足而上有餘也.61

· 《서경(書經)》의 기록이다. 여러 땅이 서로 바르게 되자 재부(財賦)를 신중히 하게 되었다.

書. 庶土交正, 底愼財賦.62

· 《시경(詩經)》의 기록이다. 언덕과 습지를 헤아려, 밭을 함께 경작하여 식량을 장만한다.

詩. 度其原隰, 徹田爲糧.63

· 《예기(禮記)》의 기록이다. "(옛날 公田은) 백성의

56. 《통전(通典)·식화(食貨)》
57. 《주례(周禮)·지관(地官)·향대부(鄕大夫)》, 《통전(通典)·식화(食貨)》
58. 부세(夫稅): 1부(夫, 장정 한 사람)가 받은 1백 무(畝)의 전지에서 내는 조세이다.
59. 가세(家稅): 인부(人夫)와 거마(車馬)를 내는 조세이다.
60. 《주례(周禮)·지관(地官)·재사(載師)》, 《통전(通典)·식화(食貨)》
61. 《주례(周禮)·지관(地官)·재사(載師)》, 《통전(通典)·식화(食貨)》
62. 《서경(書經)·하서(夏書)·우공(禹貢)》

힘을 빌려 경작하였고 사전에는 세금을 부과하지 않았으며, 시장에서 점포에 대하여는 세금을 받았지만 그 물품에 대해서는 세금을 부과하지 않았다." 주(注)의 기록이 "적(籍)은 빌리는 것이니 백성의 힘을 빌려 공전(公田)을 경작하는 것이다. 좋든 나쁘든 여기에서 취하며 백성들이 각자 경작한 것에 대하여는 세금을 부과하지 않는다. 전(廛)은 물품을 판매하는 점포이다. 점포에는 세금을 부과하지만 그 물품에 대하여는 세금을 부과하지 않는다."

禮記曰. 籍而不稅, 市廛而不稅. 注. 籍, 借也, 借民力治公田. 美惡取於此. 不稅民之所自治也. 廛市物邸舍. 稅其舍, 不稅其物.[64]

·《주례(周禮)》의 기록이다. 아홉 종의 세법으로 재물을 징수한다. 첫째는 나라 안(수도)에서 걷는 세금으로 빈객(賓客)에 대비한다. 둘째는 사교(四郊)에서 걷는 세금으로, 우마의 여물에 대비한다.[사교(四郊)는 1백 리이다. 초말(稍秣)은 여물이다.] 셋째는 방전(邦甸)에서 걷는 세금으로, 공사(工事)에 대비한다.[2백 리.] 넷째는 가삭(家削)[65]에서 걷는 세금으로, 여러 신하들에게 분반(匪頒, 하사품의 분배)하는 것에 대비한다.[3백 리. 반(頒)은 여러 신하들에게 하사품을 분배하는 것을 뜻한다.] 다섯째는 방현(邦縣)[66]에서 걷는 세금으로, 폐백(幣帛)에 대비한다.[4백 리.] 여섯째는 방도(邦都)[67]에서 걷는 세금으로, 제사(祭祀)에 대비한다.[5백 리.] 일곱째는 관문이나 시장에서 걷는 세금으로, 음식과 의복에 드는 비용에 대비한다. 여덟째는 산이나 호수에서 걷는 세금으로, 상사(喪事)와 흉년에 대비한다. 아홉째는 공용(公用)으로 쓰고 남은 물건을 값을 매겨 팔 때 거두는 세금으로, 물건을 내려주는 일에 대비한다.[말작(末作, 공상업)으로, 마땅히 부세를 늘려야 하는 것이다.]

周禮. 九賦斂財賄. 一曰邦中之賦, 以待賓客. 二曰四郊之賦, 以待稍秣.[四郊百里, 稍秣芻秣.] 三曰邦甸之賦, 以待工事.[二百里] 四曰家削之賦, 以待匪頒.[三百里, 頒謂頒賜羣臣.] 五曰邦縣之賦, 以待幣帛.[四百里] 六曰邦都之賦, 以待祭祀.[五百里] 七曰闞[68]市之賦, 以待膳服. 八曰山澤之賦, 以待喪紀. 九曰幣餘之賦, 以待賜予.[末作, 當增賦者.][69]

·〈월령(月令)〉의 기록이다. "9월에 담당관이 농사가 다 거두어지면 각종 곡물의 생산량을 등재하여 장부를 만든다."라고 하였는데, 세액의 다소(多少)를 정하는 것이다.

月令. 九月, 有司農事旣收, 擧五穀之要. 定稅厚薄.[70]

처음으로 경작하는 토지의 무(畝)에 따라 과세하다.

[초세무(初稅畝)] 노(魯)나라 선공(宣公) 15년에 처음으로 경작하는 토지의 무(畝)에 따라 과세하였다. 《공양전(公羊傳)》에서 "초(初)는 무엇인가? 시작한다는 것이다. 세무(稅畝)는 무엇인가? 경작하는 농지의 무(畝)의 수에 따라서 과세하는 것이다."라고 하였다. 《곡량전(穀梁傳)》에서 말하였다. "사전(私田)이 농사가 잘 되지 않으면 농지를 담당하는 관리[전준(田畯)]를 책망하고, 공전(公田)이 농사가 잘되지 않

63. 《시경(詩經)·대아(大雅)·공류(公劉)》
64. 《예기주소(禮記注疏)·왕제(王制)》
65. 가삭(家削): 주대(周代) 국도(國都)에서 2백 리 밖, 3백 리 이내에 있는 공읍(公邑)과 대부(大夫)의 채지(采地)를 아울러 이르는 말이다.
66. 방현(邦縣): 경(卿)의 채지(采地)를 뜻한다.
67. 방도(邦都): 왕성(王城)으로부터 4백 리 이상 5백 리 이내의 지역으로 공(公)의 채지(采地), 또는 왕의 동복아우나 서자(庶子) 등의 식읍으로 주었다.
68. '闞'은 《주례(周禮)》에 '關'으로 되어 있다.
69. 《주례주소(周禮注疏)·천관(天官)·태재(太宰)》
70. 《예기(禮記)·월령(月令)》

으면 백성을 책망한다." '초세무(初稅畝)'란 선공(宣公)이 공전(公田)을 없애고 경작하는 농지의 무(畝)에 따라 10분의 1의 과세를 시행한 것을 책망한 것인데, 선공이 백성들에게 자신을 위하여 힘을 다 소진하도록 했다고 여긴 것이다.[실(悉)은 그들의 힘을 다 쓰도록 하였다는 뜻이다.]

魯宣公十五年, 初稅畝. 公羊傳曰, 初者何? 始也. 稅畝者何? 履畝而稅也. 穀梁傳曰. 私田稼不善則非吏[田畯,] 公田稼不善則非民. 初稅畝者, 非公之去公田而履畝, 十取一也, 以公之與民爲己悉矣.[悉, 謂盡其力.][71]

농지의 면적에 따라 부세를 단행하다.[용전부(用田賦)] 애공(哀公) 12년 봄에 전무(田畝)에 따라 부세(賦稅)를 단행하였다. 《공양전(公羊傳)》에 이르기를, "어찌하여 이것을 기록하였는가? 처음으로 전무(田畝)에 따라 부세(賦稅)를 단행한 것을 비판한 것이다."라고 하였다.

哀公十二年春, 用田賦. 公羊傳, 何以書? 譏始用田賦也.[72]

조세가 배로 늘어나다.[조부증배(租賦增倍)] 위(魏) 문후(文侯) 때에 조세가 평상시보다 갑절이나 늘어났다. 누군가가 축하하자 문후가 말하였다. "지금 호구(戶口)가 증가하지 않았는데 조세가 한 해에 배로 늘어났으니 이것은 과세가 많아졌기 때문이다. 비유하자면 저 대장장이가 쇠를 불리면서 크게 만들면 얇아지고 작게 만들면 두꺼워지는 것과 같다. 백성을 다스리는 것 또한 이와 같은 것이다. 세금을 탐하여 백성을 사랑하지 않는 것, 이는 정녕 우인(虞人)이 갖옷을 뒤집어 입고 땔나무를 등에 진 꼴이다. 그저 털만 아꼈을 뿐, 가죽이 다 없어지면 털이 붙어 있을 곳이 없다는 사실을 모르는 것이다."

魏文侯時, 租賦增倍於常. 或有賀者, 文侯曰. 今戶口不加而租賦歲倍, 此由課多也. 譬如彼治冶, 令大則薄, 令小則厚. 治人亦如之. 夫貪其賦稅不愛人, 是虞人反裘而負薪也. 徒惜其毛, 而不知皮盡而毛無所附.[73]

진(秦)나라가 공물(貢物)과 부세(賦稅)를 제정하다.[진제공부(秦制貢賦)] 효공(孝公)은 상앙(商鞅)의 건의를 받아들여 천맥(阡陌, 토지사유)의 제도를 시작하고 공물(貢物)과 부세(賦稅)에 관한 법을 제정하였다. 시황제는 태수(太守)를 두고 제후(諸侯)를 폐지하여 스스로에 대한 봉양을 귀하여 여겼다. 강역 안의 한 줌의 곡식이나 한 자의 베, 한 사람의 부역도 모두 자신에게 집중되도록 하였으며, 토지는 놓아두고 사람에 대하여 세금을 부과하여 토지의 규모가 일정 수준에 이르지 않아도 그에 대한 과세는 반드시 갖추어졌다. 이 때문에 가난한 사람들은 부역을 피하여 달아나고 부유한 사람들은 겸병에 힘쓰면서도 태연하였다. 천하의 물자와 재화를 다 써서 정치를 받들고도, 여전히 그 욕심을 넉넉히 채우기에는 충분하지 않았다.

孝公納商鞅說, 開阡陌, 制貢賦之法. 始皇建守罷侯, 貴以自奉. 提封之內, 撮粟尺布, 一夫之役, 盡專於己, 舍地而稅人, 故地數未盈, 其稅必備. 是以貧者避賦役而逃逸, 富者務兼并而自若. 竭天下之資財, 以奉其政, 猶未足以贍其欲也.[74]

한(漢)나라가 전조(田租)를 가볍게 하다.[한경전조(漢輕田租)] 한(漢) 고제(高帝)는 진(秦)나라의 폐정을 접하여 법률을 간략히 하고 금령을 줄였으며, 전조(田租)를 가볍게 하여 15분의 1의 과세를 실시하였으며, 관리의 봉록을 헤아리고 관청의 비용을 가늠하여 백성에게 조세를 부과하였다. 혜제(惠帝)는 원년에 전조(田租)를 경감하여 15분의 1의 과세를 회복시켰다. 문제(文帝)는 조서를 통해 백성들에게 12년(BC

---

71. 《통전(通典)·식화(食貨)》
72. 《통전(通典)·식화(食貨)》
73. 《통전(通典)·식화(食貨)》
74. 《통전(通典)·식화(食貨)》

168) 한 해의 조세(租稅)를 반으로 줄이는 정책을 내려주었다. 경제(景帝)는 백성들에게 전조(田租)의 반만 내도록 하여, 30분의 1의 과세를 실시하였다. 광무제(光武帝) 역시 30분의 1의 과세를 실시하였다. 명제(明帝)가 즉위하자 백성들에게 함부로 가해지는 요역이 없어져 천하가 안녕하게 되었다.

漢高帝接秦之敝, 約法省禁, 輕田租, 什五而稅一, 量吏祿, 度官用, 以賦於民. 孝惠元年, 減田租, 復十五稅一. 孝文下詔賜人十一[75]年租稅之半. 景帝令人半出田租, 三十而稅一. 光武亦三十稅一. 明帝卽位, 人無橫徭, 天下安寧.[76]

당나라의 조(租)·용(庸)·조(調)[당조용조(唐租庸調)] 당(唐) 태종(太宗) 때의 일이다. 무릇 농지를 받은 사람은 장정 한 사람[정(丁)]이 해마다 곡물 2섬[斛]과 벼 3섬[斛]을 내는데, 그것을 조(租)라 한다. 정(丁)은 고을의 소출에 따라서 해마다 조세로 명주[絹] 1필(疋), 능라[綾]와 깁[絁] 2장(丈), 베는 5분의 1을 추가하고, 면(綿)은 3량(兩) 삼[麻]은 3근(斤)을 내고, 양잠을 하는 고장이 아니면 은(銀) 14량(兩)을 내는데, 그것을 조(調)라 한다. 인력을 쓰는 것은 한 해에 20일, 윤달이 있으면 2일을 추가하며, 부역을 하지 않는 자는 하루당 명주[絹] 3자[尺]를 내는데, 그것을 용(庸)이라 한다. 일이 있어서 25일을 추가하여 부역을 한 사람은 조(調)를 면해 주고 30일을 한 사람은 조(租)와 조(調)를 모두 면해 준다. 정규 부역[正役, 20일의 용(庸)]을 합쳐 50일을 넘지 않게 한다. 수재와 한재, 서리와 황충의 피해로 10분의 4의 손실을 본 사람은 조(租)를 면해 주고 뽕과 삼이 모조리 피해를 본 사람은 조(調)를 면해 주며 농지의 피해가 10분의 6에 이른 사람은 조(租)와 조(調)를 면해 주고, 피해가 10분의 7에 이른 사람은 여러 부역을 모두 면제해 준다.

唐太宗. 凡授田者, 丁歲輸粟二斛, 稻三升[77], 謂之租. 丁隨鄕所出, 歲輸租絹一疋, 綾·絁二丈, 布加五之一, 綿三兩, 麻三升[78], 非蠶鄕則輸銀十[79]兩, 謂之調. 用人之力, 歲二十日, 閏加二日, 不役者日爲絹三尺, 謂之庸. 有事而加役二十五日者免調, 三十日者租·調皆免. 通正役不過五十日. 水·旱·霜·蝗耗十四者, 免其租, 桑麻盡者, 免其調, 田耗十之六者, 免其租調, 耗七者, 諸[80]役皆免之.[81]

당나라 청묘전[당청묘전(唐青苗錢)] 대종(代宗)[82] 황제가 조서를 내려 천하의 농지 1무(畝)마다 15전의 세금을 내도록 하였다. 나라에 쓸 일이 급박하여 가을을 기다리지 못할 경우, 막 볏모가 파래지면 징수했는데 청묘전(青苗錢)이라 불렀다.

代宗皇帝詔天下田一畝稅錢十五. 以國用急, 不及秋, 方苗青則征之, 號青苗錢.[83]

양세법[양세(兩稅)] 덕종(德宗)[84] 때에 양염(楊炎)[85]이 (양세법을) 건의하여, 주현(州縣)에서 해마다 필요한 비용 및 천자에게 바치는 물품의 수를 먼저 헤아린 뒤에 백성들에게 조세를 부과하며 가을과 여름 두

75. '一'은 《통전(通典)·식화(食貨)》에 '二'로 되어 있다.
76. 《통전(通典)·식화(食貨)》
77. '升'은 《신당서(新唐書)·식화(食貨)》에 '斛'으로 되어 있다.
78. '升'은 《신당서(新唐書)·식화(食貨)》에 '斤'으로 되어 있다.
79. '十'은 《신당서(新唐書)》에 '十四'로 되어 있다.
80. '諸'는 《신당서(新唐書)》에 '課'로 되어 있다.
81. 《신당서(新唐書)·식화(食貨)》
82. 대종(代宗): 당(唐) 제10대 황제로 재위 기간은 762-779년이다.
83. 《신당서(新唐書)·식화(食貨)》
84. 덕종(德宗): 당(唐) 제11대 황제로 재위 기간은 780-804년이다.
85. 양염(楊炎): 당(唐) 봉상(鳳翔) 출신으로 자가 공남(公南)이다. 문하시랑(門下侍郎), 동중서문하평장사(同中書門下平章事) 등을 역임하였다.

차례 징수하도록 하였다. 이에 조(租), 용(庸)의 법은 모조리 폐지되었다.

德宗時, 楊炎建議先計州縣每歲所用及上供之數, 而賦於民, 秋夏兩徵之. 於是租庸之法盡廢.[86]

세 종류의 부세[삼부(三賦)] 헌종(憲宗)[87]은 천하의 부(賦)를 나누어 셋으로 정하였는데, 첫째는 상공[上供, 주(州)에서 중앙정부에 바치는 세금], 둘째는 송사[送使, 주(州)에서 소속된 절도사나 관찰사에게 바치는 세금], 셋째는 유주[留州, 주현에서 쓰도록 남겨 놓는 세금]이다.

憲宗分天下之賦以爲三, 一曰上供, 二曰送使, 三曰留州.[88]

송나라 청묘법[송청묘법(宋靑苗法)] 형공(荊公)[89]이 명주(明州) 은현(鄞縣)의 지현(知縣)이 되어서 백성들에게 곡식을 대부해 주었다가 이식을 붙여 상환하게 하여 햇곡과 묵은 곡식이 서로 바뀌어 가도록 하였다. 학교를 일으키고 보오(保伍, 5호나 10호로 구성한 지방행정조직)를 엄격히 하니 고을 사람들이 편하게 여겼다. 희녕(熙寧)[90] 연간에 단행한 신법은 모두 여기에 바탕을 둔다. 그러나 형공은 한 고을에 시행하여 가능했던 것만 알았지, 천하에 시행하면 불가할 것이라는 점을 알지 못했다.

荊公知明州鄞縣, 貸穀于民, 交[91]息以償, 新陳相易. 興學校, 嚴保伍, 邑人便之. 熙寧所行之法, 皆本乎此然荊公知行於一邑則可, 不知行於天下不可也.[92]

차라리 상인에게 징세하는 것이 낫다.[영정상고(寧征商賈)] 인종(仁宗) 경력(慶曆)[93] 연간에 차(茶)와 소금에 관한 금령을 완화하고 상인에 대한 세금을 경감하고자 하는 논의가 있었다. 범중엄(范仲淹)[94]은, "소금과 차, 상업에 대한 세입(稅入)은 그저 상인의 이익 중에서 일부분을 취하는 것일 뿐, 상인에게 그다지 큰 해가 되지는 않는다. 만약 국가의 비용을 줄이지 않는다면 세입은 빠뜨릴 수 없다. 산택(山澤) 및 상인에게 취하지 않는다면 필시 농민에게서만 취하게 될 터인데, 농민에게 해를 끼치기보다는 차라리 상인에게 취하는 것이 좋을 것이다."라고 주장하였다.

仁宗慶曆間, 議欲弛茶鹽之禁及減商稅. 范中[95]淹以爲茶鹽商稅之入, 但分商賈之利爾, 於商賈未甚有害也. 今國用未省, 歲入不可闕. 旣不取之山澤及商賈, 必取之於農, 與其害農, 孰若取之商賈?[96]

등에 져서 조세를 납부하다.[담부수조(擔負輸租)] 예관(倪寬)[97]이 좌내사(左內史)가 되어 인심을 얻는 데에 힘썼다. 조세를 거둘 때 완급을 판단하여 백성들에게 서로 빌려 주도록 했기 때문에 조세가 납입되지 않는 경우가 많았다. 나중에 군역을 징발할 일이 있게 되자 좌내사는 조세 징수에 결손이 있어 고과성적이 최하위를 차지하여 마땅히 면직되어야 했다. 백성들이 그가 면직되어야 한다는 소식을 듣자 모두 그를 잃

---

86. 《자치통감(資治通鑑)·당기(唐紀)》
87. 헌종(憲宗): 당(唐) 제13대 황제로 재위 기간은 806-820년이다.
88. 《자치통감(資治通鑑)·당기(唐紀)》
89. 형공(荊公): 송(宋) 왕안석(王安石)의 봉호(封號)이다. 처음에 서국공(舒國公)에 봉해졌다가 다시 형국공(荊國公)에 봉해져 보통 왕형공(王荊公)이라고 칭한다.
90. 희녕(熙寧): 송(宋) 신종(神宗)의 연호(1068-1077)이다.
91. '交'는 소백온(邵伯溫)《견문록(見聞錄)》에 '立'으로 되어 있다.
92. 소백온(邵伯溫)《견문록(見聞錄)》
93. 경력(慶曆): 송(宋) 인종(仁宗)의 연호(1041-1048)이다.
94. 범중엄(范仲淹): 북송(北宋)의 정치가이며 문학가로 자(字)는 희문(希文)이다. 참지정사(參知政事), 섬서사로안무사(陝西四路按撫使) 등을 역임하였고, 구양수(歐陽修) 등과 개혁 정책을 추진하였다. 시호는 문정(文正)이다.
95. '中'은 《몽계필담(夢溪筆談)·관정(官政)》에 '仲'으로 되어 있다.
96. 《몽계필담(夢溪筆談)·관정(官政)》
97. 예관(兒寬): 한(漢) 천승(千乘) 출신으로 오경(五經)에 정통했다. 어사대부(御史大夫)를 역임하였다.

을까 두려워 큰 집에서는 달구지로, 작은 집에서는 등에 지고 조세를 납부하는 행렬이 잇달아 끊이지 않으니 고과성적이 다시 최상위가 되었다. 임금이 이로 말미암아 예관을 더욱 뛰어나다고 생각하였다.

倪寬爲左內史, 務在得人心. 收租稅時, 裁闊狹, 與民相假貸, 以故租多不入. 後有軍發, 左內史以負租課殿, 當免. 民聞當免, 皆恐失之, 大家牛車, 小家擔負輸租, 繈屬不絶, 課更以最. 上由此益奇寬.[98]

빈민의 조세를 대납하다.[대빈민조(代貧民租)] 당(唐) 전휘(錢徽)[99]가 강주자사(江州刺史)로 폄적되었을 때의 일이다. 군(郡)에 우전전(牛田錢) 100만 전이 있었는데, 자사가 잔치를 벌이고 접대하는 용도로 사용해 왔다. 전휘가 "이것은 농사를 위해 준비된 자금인데, 어찌 다른 용도로 쓸 수 있겠는가!"라고 말하고, 빈민의 조세를 대납할 것을 명하였다.

唐錢徽貶江州刺史. 郡有牛田錢百萬, 給刺史宴飮贈餉者. 徽曰, 此農耕之備, 可他用哉! 命代貧民租.[100]

헌종(憲宗) 때에 이기(李錡)가 주살되자, 임금이 그의 가산을 몰수하여 수레로 운반해 오고자 하였다. 이강(李絳)[101]과 배기(裵垍)가 간하기를 "이기는 분수를 넘어 사치하고 가렴주구하였기에, 육주(六州) 백성들은 원한이 골수에 들었습니다. 지금 악인의 괴수가 수급(首級)을 전해 왔는데, 만약 그것을 기회로 재물을 취한다면 아마도 난을 일으키는 경로를 막고 곤궁한 사람들을 편안하게 해 주는 뜻이 되지 않을 듯합니다. 바라옵건대, 본 도(道)에 내려주시어 빈민의 조세를 대납하도록 해 주십시오."라고 하자 조서를 내려 재가하였다.

憲宗時, 李錡旣誅, 上將輦取其貲, 李絳與裵垍諫曰, 錡僭侈誅求, 六州之人怨入骨髓. 今元惡傳首, 若因取其財, 恐非遏亂略·綏困窮之意. 願賜本道, 代貧民租賦. 詔可之.[102]

가난한 집들의 조세부담을 풀어 주다.[서하호부(紓下戶賦)] 당(唐) 최군(崔羣)[103]의 일이다. 처주자사(處州刺史) 묘직(苗稷)이 남은 돈으로 700만 전을 바치자 최군은 그 고을에 도로 내려주어 가난한 집들의 조세 부담을 풀어 주도록 하였다.

唐崔羣爲,[104] 處州刺史苗稷進羨餘錢七百萬, 群還賜其州, 以紓下戶之賦.[105]

고승간(高承簡)[106]이 형주자사(邢州刺史)로 옮겼는데, 관찰사(觀察使) 부(府)에서 부세 독려가 매우 급박하였다. 고승간은 수백 호의 가난한 집들을 대신하여 조세를 납부하였다.

高承簡遷邢州刺史, 觀察府責賦尤急. 承簡代下戶數百輸租.[107]

가뭄이 들어 부세를 면해 달라고 청하다.[한걸면부(旱乞免賦)] 당나라 원화(元和)[108] 4년에 심하게 가뭄이 들었다. 백거이가 장강(長江)과 회수(淮水) 일대

---

98. 《한서(漢書)·예관전(倪寬傳)》
99. 전휘(錢徽): 당(唐) 오흥(吳興) 출신으로 자는 위장(蔚章)이다. 정원(貞元) 연간에 진사에 급제하여 예부시랑(禮部侍郎), 이부상서(吏部尙書) 등을 역임하였다.
100. 《신당서(新唐書)·전휘전(錢徽傳)》
101. 이강(李絳: 764-830): 당(唐) 조군(趙郡) 출신으로 자가 심지(深之)이다. 헌종(憲宗) 시절에 중서시랑(中書侍郎), 동중서문하평장사(同中書門下平章事)를 역임하였다.
102. 《신당서(新唐書)·이강전(李絳傳)》
103. 최군(崔羣): 당(唐) 무성(武城) 으로 자는 돈시(敦詩)이다. 무녕형남절도사(武寧荊南節度使), 이부상서(吏部尙書) 등을 역임하였다.
104. '爲'는 《신당서(新唐書)》에 의하면 연자(衍字)이다.
105. 《신당서(新唐書)·최군전(崔羣傳)》
106. 고승간(高承簡): 당(唐) 유주(幽州) 출신으로 은주자사(溵州刺史), 의성군절도사(義成軍節度使)를 역임하였다. 시호는 경(敬)이다.
107. 《신당서(新唐書)·고승간전(高承簡傳)》

의 여름과 가을 조세를 모두 면제하여 떠도는 백성들을 구제해 줄 것을 바라는 건의를 올렸다.

唐元和四年, 旱甚. 白居易建言, 乞盡免江淮兩稅, 以救流瘠.[109]

비가 내려 조세 면제를 청하다.[우청견조(雨請蠲租)] 당(唐) 권덕여(權德輿)[110]가 건의하였다. "지금 두 계절에 걸쳐 장맛비가 내리고 있어 농지가 경작되지 않고 도망하는 사람들은 갈수록 많아지고 있습니다. 여러 신하 가운데 사리에 밝아 도리를 아는 사람을 선발하여 부절을 지니고 가서 위로하고 덕을 베풀면서 백성들이 고통스러워하는 바를 묻고 그들의 조세납입을 면제해 주며, 관찰사[111]와 각급 지방 장관들과 적절한 정책을 강구하는 것이 마땅합니다. 백성들에게서 취하기보다는 백성들에게 보관해 두어 안정을 기하는 것이 더 좋을 것입니다."

唐權德輿建言. 今霪雨三[112]時, 農田不開, 逃亡日衆. 宜選群臣明識通方者, 持節勞來, 問人所疾苦, 蠲除其租入, 與連帥首長講求所宜. 取于人, 不若藏於人之爲固也.[113]

납세 기한을 늦추어 주다.[관한(寬限)] 당(唐) 노탄(盧坦)이 수안(壽安) 현령이 되었다. 하남(河南)의 납세 기한이 이미 다 되어 가는 시점에 현의 백성들이 "직조가 아직 완성되지 못했습니다."라고 호소하였다. 노탄이 하남의 관부로 가서 열흘 동안 늦춰 달라고 청하였으나, 들어주지 않았다. 노탄은 현의 백성들에게 "되는 대로 납부하도록 하고 기한에 얽매이지 마시오. 기한을 위반하면 그저 현령의 봉록에 벌이 가해질 뿐이라오."라고 말하였다. 이로부터 이름이 나게 되었다.

唐盧坦爲壽安令. 河南賦限已窮, 縣人訴云, 機織未就. 坦詣府, 請寬十日, 不聽. 坦諭縣人第輸, 勿顧限. 違之, 不過罰令俸爾. 由是知名.[114]

함부로 거두어들이다.[횡취(橫取)] 당대(唐代) 주현(州縣)에서는 본디 부유한 사람을 기용하여 조세의 운송을 감독하게 한 것을 선두(船頭)라고 하고, 우체(郵遞, 역참을 통하여 전달함)를 주관하게 한 것을 착역(捉驛)이라 하였으며 규정된 조세 이외에 함부로 거두어들이는 것을 백착(白着)이라고 하였다. 백성들은 고통 속에 목숨을 이어 나갈 수가 없어 모두 떠나서 도적이 되었다. 유안(劉晏)[115]이 처음 관선(官船)으로 조운하게 하였고 관리에게 역무를 주관하게 하였다.

唐州縣始取富人, 督漕輓, 謂之船頭, 主郵遞, 謂之捉驛, 稅外橫取, 謂之白着. 人不堪命, 皆去而爲盜賊, 劉晏始以官船漕, 而吏主驛事.[116]

세금체납에 대하여 감독하지 않다.[부독포부(不督逋負)] 오대(五代) 후량(後梁) 정명(貞明)[117] 2년에 위주(魏州)에서 세금의 체납이 많아 진왕(晉王)이 이에 대하여 사록(司錄) 조계량(趙季良)을 꾸짖었다. 조계량이 대답하였다. "전하께서는 언제 하남 지역을 평정

---

108. 원화(元和): 당(唐) 헌종(憲宗)의 연호(806-820)이다.
109. 《신당서(新唐書)·백거이전(白居易傳)》
110. 권덕여(權德輿): 당(唐) 천수(天水) 출신으로 자가 재지(載之)이다. 예부상서(禮部尙書), 동중서문하평장사(同中書門下平章事) 등을 역임하였다.
111. 원문의 연수(連帥)는 본디 주대(周代) 십국(十國) 제후의 우두머리에 대한 칭호이나, 당대(唐代)에는 관찰사와 안찰사를 이르는 말로 썼다.
112. '三'은 《신당서(新唐書)》에 '二'로 되어 있다.
113. 《신당서(新唐書)·권덕여전(權德輿傳)》
114. 《신당서(新唐書)·노탄전(盧坦傳)》
115. 유안(劉晏): 당(唐) 조주(曹州) 출신으로 자가 사안(士安)이다. 이부상서(吏部尙書), 동평장사(同平章事) 등을 역임하였다.
116. 《신당서(新唐書)·유안전(劉晏傳)》
117. 정명(貞明): 후량(後梁) 말제(末帝)의 연호(915-920)이다.

하시게 될까요?" 왕이 노하여 말했다. "그대의 직무는 세금을 독려하는 데에 있는데 직무를 제대로 보지 못하면서 어찌 감히 내 군사 업무에 관여하는가?" 조계량이 대답하였다. "전하께서는 한창 공격하여 취하는 것을 도모하시며 백성을 사랑하지는 않으시니 하루아침에 백성들의 마음이 떠나간다면 아마도 하북 땅 또한 전하의 소유가 아니게 될 터인데, 하물며 하남에 있어서이겠습니까?" 왕이 기뻐하며 사과하였다.

五代梁貞明二年, 魏州稅多逋負, 晉王以讓司錄趙季良. 季良曰, 殿下何時當平河南? 王怒曰, 汝職在督稅, 職之不修, 何敢與我軍事? 季良對曰, 殿下方謀攻取, 而不愛百姓, 一旦百姓離心, 恐河北亦非殿下所有, 況河南乎? 王悅, 謝之.[118]

주청하여 세 가지 조세를 없애다.[청제삼세(請除三稅)] 진종(眞宗)[119] 함평(咸平)[120] 3년, 이윤칙(李允則)[121]이 담주(潭州) 지주사(知州事)가 되었을 때의 일이다. 당초 마씨(馬氏)[122]가 심하게 세금을 거두었었다. 고을 백성들은 해마다 명주를 내야 했는데 이를 지세(地稅)라고 부르고 가옥의 규모를 계산해 한 간당 명주 1장 3척을 내야 했는데 이를 옥세(屋稅)라고 불렀으며 농사짓는 가구에 소를 지급하고 해마다 쌀 4섬을 냈는데 소가 죽어도 여전히 내야 했으니, 이를 고골세(枯骨稅)라고 불렀다. 이윤칙이 이를 모두 주청하여 없앴다.

眞宗咸平三年, 李允則知潭州. 初馬氏暴斂. 欽[123]州人歲出絹, 謂之地稅. 計屋, 每間輸絹一丈三尺, 謂之屋稅. 營田戶給牛, 輸歲米四斛, 牛死猶輸, 謂之枯骨稅. 允則皆請除之.[124]

역민 役民

- 《예기(禮記)》의 기록이다. 무릇 백성을 부릴 때에는 노인이 감당할 만한 정도의 일을 맡기고 장년이 먹어야 하는 정도를 먹여야 한다.
  禮記. 凡使民, 任老者之事, 食壯者之食.[125]
- 《주례(周禮)》의 기록이다. 대역(大役, 큰 공사)을 일으키는 것은 백성들의 노동력을 쓰기 위함이다.
  周禮. 大役, 任衆.[126]
- 〈왕제(王制)〉의 기록이다. 일을 일으키고 민력을 동원한다.
  王制. 興事任力.[127]
- 《주례(周禮)》의 기록이다. 무릇 네 계절에 소집령이 일정하게 정해져 있는 사람은 목탁을 가지고 사람이 많은 저자를 돌게 한다.
  周禮. 凡四時之徵令有常者, 以木鐸徇於市朝.[128]
- 고인(鼓人)은 육고(六鼓)[129]과 사금(四金)[130]의 음성을 가르쳐서 성악(聲樂)을 조절하고 군사들을 화

118. 《자치통감(資治通鑑)·후량기(後梁紀)》
119. 진종(眞宗): 송(宋) 제3대 황제로 재위 기간은 998-1022년이다.
120. 함평(咸平): 북송(北宋) 진종(眞宗)의 연호(998-1003)이다.
121. 이윤칙(李允則): 송(宋) 병주(并州) 맹현(孟縣) 사람으로, 자는 수범(垂範)이다. 인종(仁宗) 때 강주방어사(康州防禦使)를 지냈다.
122. 마씨(馬氏): 오대십국(五代十國) 중 마은(馬殷)이 남방에 건국했던 초(楚)나라를 가리킨다.
123. 《송사(宋史)·이윤칙전(李允則傳)》에는 '欽'자가 없다. 《산당사고(山堂肆考)》에 의한 연문(衍文)이라 여겨진다.
124. 《송사(宋史)·이윤칙전(李允則傳)》
125. 《예기(禮記)·왕제(王制)》
126. 《주례(周禮)·춘관(春官)·대종백(大宗伯)》
127. 《예기(禮記)·왕제(王制)》
128. 《주례(周禮)·지관(地官)·향사(鄕師)》
129. 육고(六鼓): 6종의 북으로, 뇌고(雷鼓), 영고(靈鼓), 노고(路鼓), 분고(鼖鼓), 고고(鼛鼓), 진고(晉鼓)이다.

락하게 하고 농사일을 바르게 하는 일을 담당한다. 북치는 법을 가르쳐서 그 소리와 용도를 변별하는데, 뇌고(雷鼓)를 쳐서 천신을 제사하고, 영고(靈鼓)를 쳐서 지신을 제사하며 노고(路鼓)를 쳐서 종묘에 제사하고, 분고(鼖鼓)를 쳐서 군사(軍事)를 운용하며 고고(鼛鼓)를 쳐서 부역을 시행하고, 진고(晉鼓)를 쳐서 쇠붙이 악기를 연주한다.

鼓人掌敎六鼓四金之音聲, 以節聲樂, 以和軍旅, 以正田役. 敎爲鼓而辨其聲用, 以雷鼓鼓神祀, 以靈鼓鼓社祭, 以路鼓鼓鬼享, 以鼖鼓鼓軍事, 以鼛鼓鼓役事, 以晉鼓鼓金奏.[131]

· 만약 야역(野役)[132]을 일으키게 되면 각각 다스리는 백성을 인솔하여 오게 하는데, 수(遂)[133]의 대기(大旗, 큰곰과 호랑이가 그려진 큰 깃발)를 가지고 이르게 한다.

若起野役, 則令各帥其所治之民而至, 以遂之大旗致之.[134]

· (집에서는) 5가(家)가 비(比)가 되고, 10가(家)가 연(聯)이 된다. (군대에서는) 4려(閭)가 족(族)이 되고, 8려(閭)가 연(聯)이 된다. 그들로 하여금 서로 보호하고 서로 주고받으며, 형벌 또는 상을 줄 일이 있으면 서로에게 찾고 서로 구제하며 나라의 직임을 받아서 국가의 일에 부역하게 한다.

五家爲比, 十家爲聯. 四閭爲族, 八閭爲聯. 使之相保相愛[135], 刑罰慶賞, 相及相共, 以受邦職, 以役國事.[136]

· 병역이나 노역을 징발할 때에는 한 집에 한 사람을 넘지 않게 하고 나머지 인원은 선졸(羨卒)[137]로 삼아 사냥이나 도둑을 잡을 때에 모두 출동시킨다.[추(追)는 도둑을 쫓는 것이고 서(胥)는 도적을 엿보아 사로잡는 것이다.]

凡起徒役, 毋過家一人, 以其餘爲羨, 唯田與追胥竭作.[追, 逐寇. 胥, 伺捕賊也.].[138]

· 풍년이 들면 (일은) 고르게 3일을 징발하고 수확이 중등인 해에는 고르게 2일을 징발하며 흉년에는 고르게 1일을 징발한다. 비록 풍년이라 하더라고 3일을 초과할 수는 없다.[139]

豐年旬用三日, 中年旬用二日, 無年旬用一日.[140] 雖豐, 不得過三日.[141]

· 향사(鄕師)는 국가의 비법(比法)[142]에 의거하여 때에 따라 각 가구의 사람 수를 조사한다. 역사가 시작된 후에는 주(州)와 이(里)에서 올린 역요(役要)[143]를 접수한다. 역요는 파견하는 인부의 숫자이다.

鄕師, 以國比法, 以時稽夫家. 旣役則受州里役要. 役要, 所遣人民數也.[144]

· 황정(荒政, 구황정책) 12가지를 써서 만민을 모으는

130. 사금(四金): 쇠로 된 4종의 악기로, 순(錞), 촉(鐲), 요(鐃), 탁(鐸)이다.
131. 《주례(周禮)·지관(地官)·고인(鼓人)》
132. 야역(野役): 주대(周代) 왕성(王城) 밖 야(野) 지역의 군사들에게 실시하던 부역이다.
133. 수(遂): 왕성(王城) 1백 리 밖에서 2백 리 사이의 지역을 가리킨다.
134. 《주례(周禮)·지관(地官)·수인(遂人)》
135. '愛'는 《주례(周禮)》에 '受'로 되어 있다.
136. 《주례(周禮)·지관(地官)·족사(族師)》
137. 선졸(羨卒): 정졸(正卒) 이외의 병졸을 가리킨다.
138. 《주례(周禮)·지관(地官)·소사도(小司徒)》
139. '雖豐' 이하는 《예기정의(禮記正義)》 공영달(孔穎達) 소(疏)에 나오는 글이다.
140. 《주례(周禮)》에는 세 군데 '旬'자 앞에 모두 '公'자가 있다.
141. 《주례(周禮)·지관(地官)·균인(均人)》
142. 비법(比法): 호구(戶口)와 재산의 조사와 통계에 관한 법령이다.
143. 역요(役要): 인부들의 이름과 그 수효를 적은 명부이다.
144. 《주례주소(周禮註疏)·지관(地官)·향사(鄕師)》

데, 그 넷째가 부역을 느슨히 하는 것이다. 이력(弛力)은 요역(徭役)을 느슨히 하는 것이다.

荒政十二聚萬民, 四曰弛力.[145] 寬徭役也.

· 〈월령(月令)〉의 기록이다. 맹춘(孟春)인 1월에는 백성들을 모으지 않는다. 맹하(孟夏)인 4월에는 토목공사를 일으키지 않는다.

月令. 孟春無聚人衆. 孟夏無起土功.[146]

· 《상서(尙書)》의 기록이다. 토목공사를 크게 일으킨다.

書. 荒度土功.[147]

· 《시경(詩經)》의 기록이다. 해 그림자로 헤아려 초구(楚丘)에 궁실(宮室)을 짓는다.

詩. 揆之以日, 作于楚宮.[148]

· 처참하게 고생한다.

慘慘劬勞.[149]

· 우리 수고하는 사람을 가엾이 여긴다면, 그래도 쉴 수 있을 것이다.

哀我癉人, 亦可息也[150]

· 백성들 매우 수고로우니, 조금이라도 쉴 수 있게 해 주기를 바란다.

民亦勞止, 訖可少休.[151]

· 누구도 우리의 괴로움을 아는 이가 없다.

莫知我勩.[152]

· 감히 수고로움을 말하지 못한다.

不敢告勞.[153]

· 많은 집이 지어졌다.

百堵皆作.[154]

삼태기로 흙을 나르고 공이로 다지는 일을 알맞게 하다. [칭분축(稱畚築)] 영윤(令尹) 위애렵(蔿艾獵)은 기(沂)에 성을 쌓는데, 공사의 분량을 헤아려서 날짜를 명하고, 자재를 분배하며 판자와 기둥을 고르게 배치하고, 삼태기로 흙을 나르고 공이로 다지는 일을 알맞게 하고, 소요되는 흙의 양을 계산하고, 거리의 멀고 가까움을 따져보고, 토대의 넓이를 정하고, 인부들이 먹을 식량을 갖추니 일이 30일 만에 이루어졌는데, 처음 의도와 어그러진 점이 없었다. 주(注)의 기록에 "본디 계획했던 기한을 넘기지 않았다. 애렵(艾獵)은 손숙오(孫叔敖)[155]이다."라고 하였다.

令尹蘧[156]艾獵城沂, 量功命田[157], 分財用, 平版[158]幹, 稱畚築, 程土功[159], 議遠邇, 略基趾, 具糇[160]糧, 三旬而成, 不愆於素. 注. 不失本計之期. 艾獵, 孫叔敖也.[161]

---

145. 《주례(周禮)·지관(地官)·大司徒(大司徒)》
146. 《예기(禮記)·월령(月令)》
147. 《서경(書經)·익직(益稷)》
148. 《시경(詩經)·용풍(鄘風)·정지방중(定之方中)》
149. 《시경(詩經)·소아(小雅)·북산(北山)》
150. 《시경(詩經)·소아(小雅)·대동(大東)》
151. 《시경(詩經)·대아(大雅)·민로(民勞)》
152. 《시경(詩經)·소아(小雅)·우무정(雨無正)》
153. 《시경(詩經)·소아(小雅)·십월지교(十月之交)》
154. 《시경(詩經)·소아(小雅)·홍안(鴻雁)》
155. 손숙오(孫叔敖): 춘추시대 초(楚)나라 사람. 본성은 위씨(蔿氏). 자(字)는 손숙(孫叔), 애렵(艾獵). 일설에는 손숙(孫叔)이 복성(複姓)이라 한다. 장왕(莊王) 때 영윤(令尹)으로 나라를 부강하게 하였고, 필(邲) 싸움에서 진(晉)나라 군사를 대파하여 패업을 이루게 하였다.
156. '蘧'은 《좌전(左傳)》에 '蔿'로 되어 있다.
157. '田'은 《좌전(左傳)》에 '日'로 되어 있다.
158. '版'은 《좌전(左傳)》에 '板'으로 되어 있다.
159. '功'은 《좌전(左傳)》에 '物'로 되어 있다.
160. '糇'는 《좌전(左傳)》에 '餱'로 되어 있다.

누대를 쌓느라 농사를 방해하다.[축대방농(築臺妨農)] 송(宋) 황국보(皇國父)[162]가 평공(平公)을 위해 누대를 쌓느라 농작물의 수확에 지장을 주었다. 자한(子罕)이 농사일이 끝날 때까지 기다릴 것을 청하였으나 평공이 허락하지 않자 누대를 쌓는 이가 다음과 같이 노래 불렀다.

澤門之晳, 택문(澤門)가에 사는 피부가 하얀 사람은
實興我役. 실제로 우리들의 이 일을 일으켰네.
邑中之黔, 고을 안의 검은 얼굴의 사람은
實慰我心. 진정 우리들 마음을 위로해 주네.

자한이 듣고서 직접 몽둥이를 들고 힘써 일하지 않는 이들을 매질하며 말했다. "임금께서 누대 하나를 짓는데도 서둘러 완성하지 못 한다면 어떻게 일을 해낼 것인가?" 이는 대체로 비방을 분산시키고자 했기 때문이었다.

宋皇國父爲平公築臺, 妨於農收. 子罕請俟農功之畢, 公不許, 築者歌曰. 澤門之晳, 實興我役. 邑中之黔, 實慰我心. 子罕聞之, 親執扑, 抶其不勉者曰. 君爲一臺, 而不速成, 何以爲役? 蓋分謗也.[163]

낭(郞)에 성을 쌓아 백성들을 지치게 하다.[성랑초민(城郞勦民)] 《좌전(左傳)》의 기록이다. 여름에 낭(郞)에 성을 쌓았는데, 이를 기록한 것은 때가 아니었기 때문이다.[164] 계평자(季平子)[165]가 낭에 성을 쌓으려고 하자, 소자(昭子)가 말하였다. "어찌 서둘러 완성시킬 수가 있겠습니까? 그것은 백성들을 지치게 만드는 일입니다."

左傳. 夏城郞, 書, 不時也. 季平子欲城郞, 昭子曰. 焉得速成? 其以勦民.[166]

은밀히 돌아와 일을 돕다.[사환조역(私還助役)] 위(魏) 사마낭(司馬郎)[167]이 당양(棠陽) 현장일 때에 백성 중에 도성 안으로 이주한 사람이 있었다. 뒤에 현에서 배를 조달했는데, 이주해 가서 처리할 수 없을까 염려하여 서로 이끌고 은밀히 돌아와 일을 도왔다. (사마낭이) 백성들에게 사랑을 받은 것이 이와 같았다.

魏司馬郎爲棠陽長. 民有徙居都內者. 後縣調船, 徙恐不辦, 相率私還助役. 見愛如此.[168]

나이를 줄여 부역에 나가다.[감년종역(減年從役)] 유평(劉平)[169]이 전초(全椒) 현령이 되어서 덕으로 사람들을 교화하니 사람들이 모두 나이를 줄여서 부역에 나갔다.

劉平爲全椒令, 以德化人, 人皆減年從役.[170]

권과 勸課

· 〈월령(月令)〉의 기록이다. 맹하(孟夏)인 4월에는 농부들에게는 농사를 부지런히 할 것을 독려하고, 도읍에서는 쉬는 자가 없게 한다. 맹하인 4월에는 야우(野虞)[171]에게 명하여 전야에 출행하며, 천자(天子)를 대신하여 농부를 위로하고 백성을 권면한다.

161. 《좌전(左傳)·선공(宣公) 11년》
162. 황국보(皇國父): 춘추시대 송(宋) 평공(平公) 시기에 태재(太宰)를 지냈다.
163. 《좌전(左傳)·양공(襄公) 17년》
164. 《좌전(左傳)·은공(隱公) 9년》
165. 계평자(季平子): 춘추시대 노(魯)의 대부 계손의여(季孫意如)로 평(平)은 시호이다.
166. 《좌전(左傳)·소공(昭公)·9년》의 기록인데, 원문에 약간의 변형이 있다.
167. 사마낭(司馬郎): 동한(東漢) 말년 정치가로 '사마팔달(司馬八達)'의 한 사람으로 연주자사(兗州刺史)를 역임하였다.
168. 《삼국지(三國志)·사마낭전(司馬郎傳)》
169. 유평(劉平): 후한(後漢) 팽성(彭城) 출신으로 자(字)는 공자(公子)이다. 효렴(孝廉)으로 천거되어 의랑(議郎)을 역임하였다.
170. 《후한서(後漢書)·유평전(劉平傳)》
171. 야우(野虞): 산림(山林)과 호수와 늪을 관장하는 관리이다.

月令. 孟夏之月, 命農勉作, 無休於都. 孟夏之月, 令[172]野虞, 出令[173]田原, 爲天子勞農勸民.[174]

· 《관자(管子)》의 기록이다. 나라를 다스리는 방법은 반드시 백성들을 부유하게 하는 것을 우선시해야 한다. 백성들이 부유해지면 다스리기 쉽지만 백성들이 가난하면 다스리기 어렵다. 다스려진 나라는 늘 부유하고 어지러운 나라는 반드시 가난하다.

管子. 爲國之道, 必先富民. 民富則易治, 民貧則難治. 治國常富, 而亂國必貧也.[175]

· 《잠부론(潛夫論)》의 기록이다. 무릇 정치의 요체는 말업(末業)을 억제하고 본업(本業)에 힘쓰도록 하는 것이 가장 좋다. 나라를 다스리는 사람은 백성들을 부유하게 하는 것을 근본으로 삼고 학문을 바로 세우는 것을 기초로 삼는다. 백성들이 부유해져야 비로소 교화할 수 있고 학문이 바로 서야 비로소 의로움을 얻게 된다.

潛夫論. 凡爲治之體, 莫善於抑末而務本. 夫爲國者, 以富民爲本, 以正學爲基. 民富乃可教, 學正乃得義.[176]

· 《주례(周禮)》의 기록이다. 수사(遂師)[177]의 직책은 농사짓는 곳을 돌아보며, 농민들을 옮겨서 시급한 일을 구제하는 데에 쓰고 농번기 부족한 일손을 돕도록 한다.

周禮. 遂師職, 巡其稼穡, 而移用其民, 以救其時事.[178]

· 《관자(管子)》의 기록이다. 농사에 정통한 사람에게는 황금 1근을 상으로 주고 누에가 병이 나지 않도록 한 사람에게는 황금 1근을 상으로 준다.

管子. 能明農事者, 置黃金一斤, 使蠶不病者, 置黃金一斤.[179]

· 한 사람의 농부가 일을 하지 않으면 백성들 중에 굶주리는 사람이 있게 되고 한 사람의 여인이 길쌈을 하지 않으면 백성들 중에 추위에 떠는 사람이 있게 된다.

一農不耕, 民有饑者. 一女不織, 民有寒者.[180]

· 한 해의 계책으로는 곡식을 심는 것이 제일이고, 십 년의 계책으로는 나무를 심는 것이 제일이다.

一年之計, 莫若樹穀, 十年之計, 莫若樹木.[181]

· 《신서(新序)》의 기록이다. 자산(子産)[182]이 정(鄭)나라에서 재상을 지내면서 농사에 버려지는 일이 없고 들판에 빈 채로 남아 있는 땅이 없어졌다.

新序. 子産相鄭, 農無廢業, 野無空地.

복제 復除

패현의 부역을 면제해 주니 풍읍에 대하여 요청하다.[복패청풍(復沛請豐)] 고제(高帝)가 조서를 내

172. 《예기(禮記)》 원문은 命으로 되어 있다.
173. 《예기(禮記)》 원문은 行으로 되어 있다.
174. 《예기(禮記)·월령(月令)》
175. 《관자(管子)·치국(治國)》
176. 《잠부론(潛夫論)·무본(務本)》
177. 수사(遂師): 주관(周官) 지관(地官)에 속한 벼슬로 수인(遂人)을 보좌하여 정령(政令)과 금령(禁令)을 관장하였다.
178. 《주례(周禮)·지관(地官)·수사(遂師)》
179. 《관자(管子)·산권수(山權數)》
180. 《관자(管子)·규탁(揆度)》
181. 《관자(管子)·권수(權修)》
182. 자산(子産): 춘추시대 정(鄭)나라 대부(大夫)인 공손교(公孫僑)로 자가 자산(子産)이다. 정(鄭)나라의 정경(正卿)이 되어 훌륭한 정치를 폈다.

려 말하였다. "제후의 자제로서 관중에 남아 있는 자에게는 12년간의 부역을 면제해 주고 봉국으로 돌아간 자에게는 절반인 6년간의 부역을 면제해 주도록 하라." 또 말하기를 "패현(沛縣)을 짐의 탕목읍(湯沐邑)으로 삼고 그 백성들은 부역을 면제해 줄 것이다."라고 하였다. 부형들이 "패현은 이미 부역 면제의 은혜를 입었으나, 풍(豐)읍은 아직 그러한 은혜를 입지 못했습니다."라고 청하자, 임금(고제)이 "풍읍은 가장 잊을 수 없는 곳이오. 다만 그곳 사람들이 옹치(雍齒)[183]를 따르고 나를 배반했기 때문이었소."라고 말하였으나 마침내 현명하다고 여겨 풍읍의 부역을 면제해 주었다.

高帝詔曰, 諸侯子在關中, 復十二歲, 歸者半之. 又曰, 以沛爲朕湯沐邑, 復其民. 父老請曰, 沛已蒙復, 豐未蒙. 上曰, 豐極不忘也. 特以其雍齒反吾故. 遂賢復豐也.[184]

한사코 10년을 청하다.[고청십년(固請十年)] 한(漢) 광무제(光武帝)가 남돈(南頓)에 들러 1년 동안의 전조(田租)를 면제해 주자 부형들이 한사코 10년 동안 면제해 줄 것을 간청하였다. 임금이 "어찌 감히 10년을 기약할 수 있겠소?"라고 말하자, 부형들이 "폐하께서는 아까워하십니다."라고 말했다. 이에 한바탕 크게 웃고서, 다시 1년을 연장해 주었다.

漢光武過南頓, 復田租一歲, 父老固請十年. 帝曰, 安敢遠期十年? 父老曰, 陛下惜耳. 因大笑, 復增一年.[185]

딸이 다섯이면 요역을 면제해 주다.[오녀급복(五女給復)] 진(晉) 무제(武帝)는 장수와 사병들 가운데 결혼해야 할 사람들이 많았기 때문에 딸 다섯을 둔 가정에는 요역을 면제해 주었다.

晉武帝, 以將士應娶者多, 家有五女給復.[186]

정절을 지킨 부녀에게 요역을 면제해 주다.[정부급복(貞婦給復)] 평제(平帝) 때에 정절을 지킨 부녀에게 요역을 면제해 주었는데, 고을마다 한 사람씩 선정하였다.

平帝時, 復貞婦, 鄕一人.[187]

진휼 賑恤

- 《주례(周禮)》의 기록이다. 향사(鄕師)의 직책은 필요할 때에 국도(國都)와 6향(鄕) 4교(郊)를 순시하여 백성들 중에서 곤경에 처한 사람들을 구제하며 왕명으로 은혜를 베푼다.

  周禮. 鄕師職, 以歲時巡國及野, 而賙萬民之艱阨, 以王命施惠.[188]

- 《예기(禮記)》의 기록이다. 계춘(季春)인 3월에 담당관리에게 명하여 창고를 열어 빈궁한 사람에게 내려주고 양식이 떨어진 사람들을 구제하도록 한다.

  禮記. 季春之月, 命有司發倉廩, 賜貧窮, 振乏絶.[189]

- 《관자(管子)》의 기록이다. 구혜(九惠)의 교화란, 첫째, 노인에 대한 공경, 둘째, 어린이에 대한 사랑, 셋째, 고아에 대한 구휼, 넷째, 병자에 대한 양호(養

183. 옹치(雍齒): 한(漢) 패(沛) 출신으로 한(漢) 고조(高祖) 유방(劉邦)이 기병할 때 참여하였다가 뒤에 유방을 배반하였다. 다시 귀순하여 전공을 세웠으나 줄곧 유방의 미움을 받았다. 유방이 즉위한 뒤 제후에 봉해지지 못한 여러 장수들의 불만을 무마시키기 위하여 옹치를 십방후(十方侯)에 봉하였다.
184. 《사기(史記)·고조본기(高祖本紀)》
185. 《후한서(後漢書)·광무제본기(光武帝本紀)》
186. 《진서(晉書)·무제기(武帝紀)》
187. 《한서(漢書)·평제본기(平帝本紀)》
188. 《주례(周禮)·지관(地官)·향사(鄕師)》
189. 《예기(禮記)·월령(月令)》

護), 다섯째, 홀아비와 과부를 짝지어 주는 것, 여섯째, 병자에 대한 문병, 일곱째, 곤궁한 사정을 조정에 알리도록 하는 일, 여덟째, 빈곤한 사람에 대한 구제, 아홉째, 나라를 위해 죽은 사람을 제사 지내 주는 일이다.

管子. 九惠之敎, 一曰老老, 二曰慈幼, 三曰恤孤, 四曰養病, 五曰合獨, 六曰問病, 七曰通窮, 八曰振困, 九曰接絶.[190]

· 《좌전(左傳)》에 "(동맹국들은) 곡식을 자기 나라에만 쌓아두지 마시오."라 하였는데, [온년(蘊年)은] 한 해 농사로 거두어들인 곡식을 비축하여 두고 유통을 막는 것을 이른다.

左傳. 無蘊年,[191] 謂蘊蓄年穀而閉糴也.

범주지역(泛舟之役) 진(晉)나라가 거듭 기근이 들자 사신을 보내 진(秦)나라에 양식을 구매하기를 청하였다. 백리해(百里奚)[192]는 "환난을 구제하고 이웃나라를 돕는 일은 도(道)입니다. 도를 행하면 복을 받게 될 것입니다."라고 말하였다. 이에 진(晉)나라에 곡식을 실어 보내면서, (많은 배를 띄워야 했기에) 범주지역(泛舟之役)이라 명명하였다.

晉薦饑, 使乞糴於秦. 百里奚曰, 救患卹隣, 道也. 行道, 有福. 於是, 輸粟於晉, 命之曰, 泛舟之役.[193]

친히 고아와 과부를 찾아다니다.[친순고과(親巡孤寡)] 합려(闔閭)[194]가 나라 안에 있을 때, 천재(天災)나 돌림병이 발생하면 직접 고아나 과부를 찾아보고 그들에게 모자란 것을 공급하였다.

闔閭在國, 天有災癘, 親巡孤寡, 而供其乏困.[195]

초나라 사람이 물고기를 바치다.[초인헌어(楚人獻魚)] 《신서(新序)》의 기록이다. 초나라 사람이 초나라 왕에게 물고기를 바치며 말했다. "오늘 물고기를 잡았는데, 먹자니 다 먹을 수가 없고 팔자니 팔리지 않으며 버리자니 또 아깝습니다. 그래서 와서 바치는 것입니다." 초나라 왕은 "어부는 어진 사람이다. 그가 이것을 가지고 나를 깨우쳐 주었구나."라고 말하고는 바로 사신을 보내 홀아비와 과부를 구휼하고 고아와 늙어 자식이 없는 사람들을 살폈으며, 창고의 곡식과 돈을 풀어 빈궁한 사람들을 구제해 주고 후궁으로 임금을 모시지 않는 여인들을 내보내 홀아비에게 시집보냈다. 초나라 백성들이 크게 기뻐하였고 이웃나라들이 귀복하였다.

新序. 楚人有獻魚楚王者曰. 今日漁獲, 食之不盡, 賣之不售, 棄之又惜. 故來獻. 楚王曰, 漁者, 仁人也. 其以此諭寡人也. 乃遣使恤鰥寡而存孤獨, 出倉廩發幣帛而賑不足, 罷去後宮不御者, 出而妻鰥夫. 楚民大悅, 隣國歸之.[196]

사재로 죽을 끓여 먹이다.[사재위죽(私財爲粥)] 왕회(王薈)[197]가 오군내사(吳郡內史)가 되었는데, 그해에 크게 기근이 들었다. 왕회는 사재를 내서 백성들을 위해 죽을 끓이니, 온전히 목숨을 건진 자가 매우 많았다. 우담(虞潭)이 남강내사(南康內史)가 되었는데, 이때 흉년이 들자 우담은 자기 소유의 쌀 2천7백 섬을 내서 구휼해 주고, 그곳의 잔존해 있던 폐단을 구제해 주었다.

---

190. 《관자(管子)·입국(入國)》
191. 《좌전(左傳)·양공(襄公) 11년》
192. 백리해(百里奚): 춘추시대 진(秦)나라 대부로 자는 정백(井伯)이다. 목공(穆公)을 도와 패업(霸業)을 이루었다.
193. 《좌전(左傳)·희공(僖公) 13년》
194. 합려(闔閭): 춘추시대 오(吳)나라의 왕으로 이름은 광(光)이다. 오자서(伍子胥)와 손무(孫武)를 등용하여 세력을 중원까지 넓혔으나 월왕(越王) 구천(句踐)에게 패하여 죽었다.
195. 《좌전(左傳)·애공(哀公) 원년》
196. 《신서(新序)·잡사(雜事)》
197. 왕회(王薈): 진(晉) 낭야(琅邪) 출신으로 자가 경문(敬文)이다. 이부랑(吏部郎), 오군내사(吳郡內史) 등을 역임하였다.

王薈爲吳郡內史, 其年大饑荒 薈出私財爲百姓饘粥, 全活甚多. 虞潭爲南康內史, 於時年荒, 潭乃出私米二千七百斛, 振其餘敝.198

쌀을 싣고 가서 빈민에게 나누어 주게 하다.[재미급빈(載米給貧)] 《동관한기(東觀漢記)》의 기록이다. 양상(梁商)199은 기근이 든 해에 곡물가격이 비싸지자 노복을 보내 수레에다 쌀과 찬을 살 돈을 싣고서 사방의 성 바깥에서 가난한 백성들에게 나누어 주게 하였다.

東觀漢記. 梁商, 饑年穀貴, 遣蒼頭以車載米茱錢, 於四城外, 給與貧民.

창고를 열어 곡식을 풀다.[진름(振廩)] 초(楚)나라에 크게 기근이 들었다. 장왕(莊王)이 이에 여(廬)땅으로부터 가면서 창고를 열고 곡식을 풀어 함께 먹었다.

楚大饑. 莊王乃自廬以往, 振廩同食.200

곡식을 있는 대로 다 내다.[갈속(竭粟)] 송(宋) 공자 포(鮑)는 나라사람들에게 예의를 다하였다. 송나라에 기근이 들자 집안 곡식을 다 내어서 사람들에게 빌려 주었다.

宋公子鮑禮於國人. 宋饑, 竭其粟而貸之.201

대부해 준 내용을 기록하지 않다.[불서대(不書貸)] 송(宋)나라에 기근이 들자 사성자한(司城子罕)202이 나라의 곡식을 내어 백성에게 대부해 주기를 청하였다. 사성씨 집안에서 대부해 준 것에 대하여는 기록을 남기지 않았다. 이로써 송나라에 굶주린 사람이 없게 되었다. 숙향(叔向)이 말했다. "악씨(樂氏, 자한의 성씨)는 장차 송나라와 운명을 함께할 것이다. 은혜를 베풀면서도 덕으로 생각하지 않았고, 식량을 대부해 주면서도 기록하지 않았으니!"

宋饑, 司城子罕請出粟以貸. 司城氏貸而不書, 宋無饑人. 叔向曰, 樂氏其以宋升降乎. 施而不德, 貸而不書.203

묵은 곡식이 없어지다.[무체적(無滯積)] 진(晉)나라에 기근이 들자, 도공(悼公)이 백성들을 편안히 쉬게 할 방안을 계획하여 바로 쌓아 둔 양곡을 풀어 대부해 주고, 군주 이하 만약 저축해 둔 것이 있으면 모조리 내놓도록 하였다. 나라에 묵은 곡식이 없어졌고 역시 곤란을 받는 사람도 없어졌다.

晉饑, 悼公謀息人, 乃輪積聚以貸, 自公以下, 苟有積者, 盡出之. 國無滯積, 亦無困人.204

한 종(鍾)의 곡식[일종속(一種205粟)] 정(鄭)나라에 기근이 들었는데, 아직 보리를 거두어들이는 시기가 되지 않아서 사람들이 굶주리고 있었다. 자피(子皮)206는 부친 자전(子展)의 살아계실 때 명이라고 하여, 집집마다 한 종(鍾)씩 곡식을 보내 주었다.

鄭饑, 未及麥, 人病. 子皮以子展之命, 餼國人粟, 戶一鍾.207

세 배의 이익[삼배리(三倍利)] 진(晉) 장준(張駿)208

198. 《북당서초(北堂書鈔)》

199. 양상(梁商): 후한(後漢) 안정(安定) 출신으로 자가 백하(伯夏)이다. 딸이 순제(順帝)의 후가 되고 집금오(執金吾), 대장군(大將軍) 등을 역임하였으나 항상 겸손하였다.

200. 《좌전(左傳)·문공(文公)·16년》

201. 《좌전(左傳)·문공(文公)·16년》

202. 사성자한(司城子罕): 춘추시대 송(宋)나라 출신으로 이름이 악희(樂喜)이고 자가 자한(子罕)이다. 사성(司城)을 지내 사성자한(司城子罕)으로 불린다. 관리의 청렴함을 의미하는 '자한사보(子罕辭寶)'라는 고사성어로 유명하다.

203. 《좌전(左傳)·양공(襄公)·29년》

204. 《좌전(左傳)·양공(襄公)·9년》

205. '種'은 '鍾'으로 쓰는 것이 옳다.

206. 자피(子皮): 춘추시대 정(鄭)나라 대부(大夫) 공손사지(公孫舍之, 字 子展)의 아들인 공손한호(公孫罕虎)로 자가 '자피'이다. 상경(上卿)에 올라 선정을 베풀어 민심을 얻었고 자산(子産) 공손교(公孫僑)에게 정사를 넘겼다.

207. 《좌전(左傳)·양공(襄公)·29년》

208. 장준(張駿): 16국 시기 전량(前涼)의 왕으로 진(晉)에 칭신하였다. 22년 재위하였다.

의 지경 안에 기근이 들었다. 담상(譚詳)이 그때 창고의 곡식을 내서 대부해 주었다가 세 배의 이자를 취하였다. 음거(陰據)가 "이것은 기근을 기회로 이익을 구하는 것입니다."라고 말하자 바로 그쳤다.

晉張駿境內饑. 譚詳時[209]出倉穀貸, 取三倍利. 陰據曰, 是因饑要利, 乃止.[210]

임금의 명을 칭탁하여 창고를 열다.[교제개창(矯制開倉)] 하내(河內)지역에 기근이 들어 아비와 자식이 서로 잡아먹을 지경에 이르렀다. 급암(汲黯)[211]이 사신으로 나가 하내에 이르러 임금의 명이라 칭탁하고 창고를 열어 구휼해 주었다. 조정에서는 죄를 주지 않았다.

河內饑, 父子相食. 汲黯使至河內, 矯制開倉賑之. 朝廷不坐.[212]

제오방(第五訪)[213]이 장액(張掖) 태수가 되었을 때 흉년으로 기근이 들었다. 창고를 열어 구휼해 주자 관리들이 다투어 조정에 상주하려고 하였는데, 제오방은 "만약 상주하여 회답을 기다린다면 이는 백성을 버리는 것이다. 차라리 내 한 몸을 바쳐 백성을 구제하겠다."라고 말했다. 임금이 그를 가상히 여겼다.

第五訪爲張掖守, 歲饑. 開倉賑給, 給吏爭欲上言, 訪曰, 若須奏報, 是棄人也. 寧以身救百姓. 上嘉之.[214]

진(晉) 곽묵(郭默)[215]이 동군태수(東郡太守)가 되어서 농사가 흉년이 들어 백성들이 굶주리는 상황을 만나 곽묵은 바로 창고를 열어 구휼하고는 도정(都亭)에 머물면서 스스로 표문을 올려 처분을 기다렸다. 조정에서는 곽묵의 나라에 대한 근심을 가상히 여기고, 조서를 내려 칭찬하며 급암(汲黯)에 견주었다. 또 천하에 "만약 군현에 이러한 경우가 있다면 창고를 열어 공급하는 것을 허락한다."라고 포고하였다.

晉郭默爲東郡太守, 値歲荒人饑, 默輒開倉振給, 乃舍都亭, 自表待罪. 朝廷嘉默憂國, 詔書褒歎, 比之汲黯. 班告天下, 若郡縣有此比者, 聽出給.[216]

웃음을 머금고 땅속으로 들어가다.[함소입지(含笑入地)] 한소(韓韶)[217]는 자(字)가 중황(仲黃)이다. 영현(嬴縣)의 현장일 때에 창고를 열어 백성들을 구제해 주려 하자 일을 주관하는 사람이 안 된다고 하였다. 한소가 말하기를 "이 일로 죄를 받아 죽게 된다면 웃음을 머금고 땅으로 들어가겠다."라고 하였다.

韓韶, 字仲黃. 爲嬴長, 開倉賑贍民, 主者謂不可. 韶曰, 以此伏罪, 含笑入地.[218]

굶주린 백성을 구휼하여 면직되다.[진대면관(賑貸免官)] 등유(鄧攸)[219]는 오군(吳郡)의 태수로서 굶주린 백성의 구휼에 관하여 표문을 올렸다. 아직 회답이 없는 상태에서 창고를 열었기에 죄를 받아 면직되었다.

鄧攸以吳郡守, 表賑貸. 未報開倉, 坐免官.[220]

---

209. 《진서(晉書)》에는 '時'가 '請'으로 되어 있다. 이에 의하면 시장의 장관인 담상(譚詳)이 장준에게 곡식을 풀어 굶주리는 백성들에게 빌려주었다가 추수철에 삼배의 이자로 돌려받으라고 요청한 것이 된다. 한편 음거는 장준의 종사인데 그의 간언으로 인하여 담상의 건의가 시행 단계에서 철회되었다는 내용을 전하고 있다.
210. 《진서(晉書)·장궤전(張軌傳)》
211. 급암(汲黯): 한(漢) 동군(東郡) 출신으로 자가 장유(長孺)이다. 태자세마(太子洗馬), 회양태수(淮陽太守) 등을 역임하였다.
212. 《한서(漢書)·급암전(汲黯傳)》
213. 제오방(第五訪): 동한(東漢) 경조(京兆) 출신으로 자가 중모(仲謀)이다. 장액태수(張掖太守), 호강교위(護羌校尉) 등을 역임하였다.
214. 《후한서(後漢書)·제오방전(第五訪傳)》
215. 《진서(晉書)》에는 '정묵(鄭默)'으로 되어 있다.
216. 《진서(晉書)·정묵전(鄭默傳)》
217. 한소(韓韶): 후한(後漢) 영천(潁川) 출신으로 자가 중황(仲黃)이다. 영현(嬴縣) 현장을 역임하였다.
218. 《후한서(後漢書)·한소전(韓韶傳)》
219. 등유(鄧攸): 진(晉) 평양(平陽) 출신으로 자가 백도(伯道)이다. 태자중서자(太子中庶子), 상서좌복야(尚書左僕射) 등을 역임하였다. 청렴하고 선정을 베풀어 민심을 크게 얻었다.
220. 《진서(晉書)·양리전(良吏傳)》

진(晉) 왕온(王蘊)[221]이 오흥(吳興) 태수로 있을 때에 고을에 흉년이 들어 (조정에 상주하지 않고 창고를 열어) 구휼하였다. 조정에서 법률에 따라 죄를 결정하여 면직되자 백성들이 대궐에 이르러 호소하니, 다만 진릉(晉陵) 태수로 좌천시켰다.

晉王蘊爲吳興守, 郡荒賑卹. 朝廷科罪免官, 士庶詣闕, 特左降晉陵太守.[222]

유송(劉頌)이 왕명을 받들어 촉(蜀)에 사신으로 갔다. 표문을 올려 구휼해 주기를 청하였는데, 회답을 기다리지 않고 실행하자 바로 제명되었다.

劉頒[223]奉使于蜀. 表請振貸, 不待報以行, 乃除名也.[224]

저자 입구에서 돈을 나눠 주다. [시문분전(市門分錢)] 형주(荊州)에 어느 해 기근이 들자 형양왕(衡陽王) 유의계(劉義季)는 유응지(劉凝之)가 굶주릴까 염려하여 10만 전을 보내 주었다. 응지는 크게 기뻐하고 돈을 가지고 저자 입구로 가서 굶주린 사람들을 살펴 모두 나누어 주었다.

荊州年饑, 衡陽王義季慮劉凝之餒, 餉錢十萬. 凝之大喜, 將錢至市門, 觀饑者, 悉分之.[225]

일개 현위가 기근을 구제하다. [일위진기(一尉賑饑)] 당(唐) 운반천(員半千)[226]이 무양(武陽)[227]현의 현위일 때에 가뭄이 들자 현령에게 창고를 열어 백성들을 구제할 것을 권하였다. 현령은 따르지 않자 현령이 주(州)로 인사를 올리러 갔을 때에, 운반천은 창고의 곡식을 모두 풀어 나누어 주었다. 백성들은 그에 힘입어 구제될 수 있었으나, 태수(太守)가 노하여 감옥에 가두었다. 마침 설원초(薛元超)가 존무사(存撫使)[228]로서 부절을 지니고 하수(河水)를 건너와 태수를 꾸짖기를, "그대에게 백성이 있는데도 구제하지 못하여, 은혜를 일개 현위에게서 나오도록 하고서 또 어찌 그를 치죄하였단 말이오?"라고 말하고 그를 풀어 주었다.

唐員半千爲武陽尉, 歲旱, 勸令發倉賑民. 令不從, 及令謁州, 半千悉發之. 下賴以濟, 太守怒, 囚于獄. 會薛元超持節渡河, 讓太守曰, 君有民不能恤, 使惠出一尉, 尙何罪? 釋之.[229]

쌀을 가져다 고향사람들에게 공급하다. [장미양향(將米饟鄉)] 당(唐) 장만복(張萬福)[230]이 사주자사(泗州刺史)일 때의 일이다. 위주(魏州)에 기근이 들자 장만복이 "위주는 내 고향인데, 어찌 그곳 사람들이 곤란에 처한 상황을 참을 수 있겠는가?"라고 말하고, 쌀 1백 수레를 운반하여 공급해 주었다.

唐張萬福爲泗州刺史, 魏州饑. 張曰, 魏, 吾鄉里, 安忍其困? 將米百車饟之.[231]

곡식을 모아 성을 수리하다. [염속완성(斂粟完城)] 희녕(熙寧)[232] 9년 여름, 오월(吳越)지역에 크게 가뭄이 들었다. 월주(越州) 지주사(知州事) 조변(趙抃)[233]이 백성들이 아직 기근에 들기 이전에 편지를 내서 속현의 재해를 입은 상황을 물었는데, 2만 1천9백여 명이라는 보고가 올라왔다. 공(公)은 부유한 사람들이

221. 왕온(王蘊): 진(晉) 태원(太原) 출신으로 자가 숙인(叔仁)이다. 서주자사(徐州刺史), 상서복야(尙書僕射) 등을 역임하였다.
222. 《진서(晉書)·왕온전(王蘊傳)》
223. '頒'은 《진서(晉書)》에 '頌'으로 되어 있다.
224. 《진서(晉書)·유송전(劉頌傳)》
225. 《송서(宋書)·은일전(隱逸傳)》
226. 운반천(員半千): 당(唐) 전절(全節) 출신으로 자가 영기(榮期)이다. 태자우유덕겸숭문관학사(太子右諭德兼崇文館學士)를 역임하였다.
227. 《신당서(新唐書)》에 의하면 무척(武陟)이 된다.
228. 존무사(存撫使): 당 초기에 각 고을의 사정을 살피고 백성들을 위무하기 위해 임시로 설치하였던 관직 이름이다.
229. 《신당서(新唐書·운반천전(員半千傳)》
230. 장만복(張萬福): 당(唐) 원성(元城) 출신으로 군공(軍功)을 많이 세웠다. 공부상서(工部尙書)를 역임하였다.
231. 《신당서(新唐書)·장만복전(張萬福傳)》
232. 희녕(熙寧): 북송(北宋) 신종(神宗)의 연호(1068-1077)이다.

내놓은 것 및 승려와 도사가 먹고 남은 것을 모으고, 또 관에 비축된 곡식을 내어, 10만여 석을 확보하여 혹 공급해 주기도 하고 혹 팔기도 하였다. 또 백성들을 고용하여 성(城)을 수리한 것이 4천1백 장(丈)이나 되었다.

熙寧九年夏, 吳越大旱. 知越州趙公抃, 前民之未飢, 爲書問屬縣所被災者, 二萬一千九百餘人. 公斂富人所輸, 及僧道食之羨者, 又出官粟, 得十萬餘石, 或給或糶. 又僦民完城四千一百丈.[234]

흥리 興利

업현에 훌륭한 현령이 계시다.[업유성령(鄴有聖令)] 《여씨춘추(呂氏春秋)》의 기록이다. 위(魏)나라 양왕(襄王) 때에, 사기(史起)가 업현(鄴縣)의 현령이 되어 장하(漳河)를 터서 농지에 물을 대고자 하니, 업현의 백성들이 크게 원망하고 사기를 욕보이려 하였다. 사기가 감히 나오지 못하고 그들을 피하니 왕은 이에 다른 사람으로 하여금 일을 마치도록 하였다. 물길이 통하여 백성들이 그 이익을 아주 많이 얻게 되자 백성들은 서로 더불어 노래하였다.

鄴有聖令史公,	업현에 훌륭한 현령 사공이 계셔서,
決漳水灌鄴旁.	장하를 터서 업현의 농지에 물을 대셨네.
終古斥鹵,	예로부터 소금기가 많았던 땅에서,
生稻粱.	벼와 기장이 자란다네.

呂氏春秋. 魏襄王時, 史起爲鄴令, 決漳河灌田, 鄴民大怨, 欲籍起. 起不敢出而避之, 王乃使他人遂爲之. 水已行, 民大得其利, 相與歌曰, 鄴有聖令史公, 決漳水, 灌鄴旁. 終古斥鹵, 生稻粱.

백성들을 위하여 복리사업을 일으키다.[위민흥리(爲民興利)] 한(漢) 소신신(召信臣)[235]이 남양태수(南陽太守)가 되어서 백성들을 위한 복리사업을 일으키기를 좋아하였으며 부유하게 해 주는 일에 힘썼다. 몸소 농사를 독려하였고 나다니며 고을의 하천을 시찰하여 물길을 열어 통하게 하면서, 수문을 내고 물막이 갑판(閘板)을 설치한 것이 수십 개소에 이르렀다. 이로써 관개를 확대하여 해마다 증가시켜 나가니 3만 경(頃)에 이를 정도로 많아졌고 백성들은 그 이익을 얻게 되었다. 소신신은 또 백성을 위하여 용수를 고르게 나눠 쓰는 규정을 만들고 비석에 새겨 농지의 가장자리에 세워 두어 분쟁을 방지하였다. 형주자사가 소신신이 백성을 위하여 복리사업을 일으켜 고을이 부유해졌다고 상주하자 황금 30근이 내려졌다.

漢召信臣爲南陽太守, 好爲民興利, 務在富之. 躬勸耕農, 行視水泉, 開通溝瀆, 起水門堤閼凡數十處. 以廣溉灌, 歲歲增加, 多至三萬頃, 民得其利. 信臣爲民作均水約束, 刻石立于田畔, 以防分爭. 荊州刺史奏信臣爲百姓興利, 郡以殷富, 賜黃金三十斤.[236]

수리사업을 일으키다.[개회흥조(開澮興造)] 최원(崔瑗)이 급현(汲縣)의 현령이 되었는데, 소택지의 농토에선 오곡이 자라지 않았다. 최원이 수리사업을 일으키니 갈대나 자라던 땅이 비옥한 농지로 바뀌었다. 백성들은 그 이익을 받게 되었다.

崔瑗爲汲令, 有澤田, 不殖五穀. 瑗爲開澮興造, 蒲葦之地, 更爲沃壤. 民賴其利.[237]

정씨 방죽[정피(鄭陂)] 위(魏) 정혼(鄭渾)[238]이 패군

233. 조변(趙抃): 북송(北宋) 인종(仁宗), 신종(神宗) 때의 관리로 자(字)는 열도(閱道)이다. 청백리로 이름을 날렸으며 벼슬은 태자소보(太子少保)에 이르렀다.

234. 증공(曾鞏) 〈월주조공구재기(越州趙公救災記)〉

235. 소신신(召信臣): 한(漢) 수춘(壽春) 출신으로 자가 옹경(翁卿)이다. 남양태수(南陽太守)를 역임하였다.

236. 《한서(漢書)·소신신전(召信臣傳)》

237. 최홍(崔鴻) 《최씨가전(崔氏家傳)》

태수(沛郡太守)일 때에 군의 관할 지역이 저습하자 저수지를 조성하고 볏논을 개척하였다. 100무(畝)의 농토가 해마다 늘어나 백성들이 그 혜택을 입자 비석을 새겨 송찬하면서 정씨 방죽이라고 불렀다.

魏鄭渾爲沛郡太守, 郡界下濕淫, 興陂遏, 開稻田. 頃畝歲增, 民賴其利, 刻石頌之, 號曰, 鄭陂.[239]

홍극피[홍극피(鴻郄陂)] 등신(鄧晨)[240]이 진류군(陳留郡)을 다스릴 때[241] 홍극피(鴻郄陂)[242]를 회복시켜 고을의 벼농사에 물을 대니 늘 풍년이 들었다. 아울러 다른 고을에도 흘려보냈다.

鄧晨爲陳留郡. 興鴻郄陂, 漑郡稻, 常以豐熟, 兼流給他郡.[243]

백성들에게 분종(糞種)[244]을 가르치다.[교민분종(敎民糞種)] 《범승지서(氾勝之書)》[245]의 기록이다. 옛날 탕(湯)임금 시절에 한재가 발생하자, 이윤(伊尹)[246]이 우전(區田)[247]의 농사법을 제정하고 백성들에게 분종을 가르쳤다. 그리고 물을 등에 져다가 작물에 주자 수확이 1무(畝)에 1백 석 이상에 이르렀다. 시험 재배의 수확도 40석이나 되었었다.

氾勝之書. 昔湯有旱災, 伊尹作區, 敎民糞種. 乃負水澆稼, 收至畝百石勝之. 試爲之收, 至四十石.[248]

백성들에게 소를 이용한 농사법을 가르치다.[교민우종(敎民牛種)] 임연(任延)[249]이 구진태수(九眞太守)가 되어 백성들에게 우경(牛耕)을 가르치고 쇠를 주조하여 농기계를 만드니, 백성들이 편리하게 여겼다.

任延爲九眞太守, 敎民牛耕, 鑄作田器, 民以利之.[250]

마름과 가시연밥을 더 많이 비축하다.[익축능검(益蓄蔆芡)] 공수(龔遂)[251]가 발해태수(渤海太守)가 되었을 때의 일이다. 제(齊)나라의 풍속이 사치하고 상업을 좋아하며 농사를 짓지 않는 것을 보고서, 몸소 검약을 실천하고 백성들에게 농사와 양잠을 권하였다. 봄과 여름 두 계절에 논밭으로 나가지 않을 수 없게 하였고, 가을과 겨울엔 수확을 독촉하여 과실과 마름과 가시연밥을 더욱 많이 쌓아 두도록 하였다. 수고로움을 위로하고, 은덕을 베풀어 순종하게 하면서 순시하니 고을에는 모두 비축물량이 있고 관리와 백성이 다 부유해졌다.

龔遂爲渤海太守. 見齊俗奢侈, 好末技, 不田作, 乃躬率以儉約, 勸民農桑. 春夏不得不趨田畝, 秋冬課收斂, 益蓄果實蔆芡. 勞來循行, 郡中皆有蓄積, 吏民皆富

---

238. 정혼(鄭渾): 삼국시대 위(魏) 개봉(開封) 출신으로 자가 문공(文公)이다. 시어사(侍御史), 장작대장(將作大匠) 등을 역임하였다.
239. 《삼국지(三國志)·위지(魏志)·정혼전(鄭渾傳)》
240. 등신(鄧晨): 후한(後漢) 남양(南陽) 신야(新野) 출신으로 자는 위경(偉卿)이다. 광무제(光武帝) 유수(劉秀)를 따라 기병하여 공을 세우고 광록대부(光祿大夫), 중산태수(中山太守) 등을 역임하였다.
241. 《후한서(後漢書)·등신전(鄧晨傳)》에 의하면 여남군(汝南郡) 태수로 있을 때이다.
242. 홍극피(鴻郄陂): 하남성(河南省) 회하(淮河) 북쪽의 정양현(正陽縣)과 식현(息縣) 사이에 있던 큰 못의 이름이다.
243. 《동관한기(東觀漢記)》 권9.
244. 분종(糞種): 고대 경종 방법의 하나로 짐승의 뼈를 고아낸 즙에 곡물의 종자를 담갔다 파종하는 것이라는 설과, 짐승의 뼈를 태워 비료로 사용하는 것이라는 설이 있다.
245. 서한(西漢) 후기에 출현한 농학저작이다. 2권 18편으로 작자는 범승지(氾勝之)이다.
246. 이윤(伊尹): 은(殷)나라의 어진 정승으로 이름은 지(摯)이다. 처음에 신야(莘野)에서 농사를 지었는데, 탕(湯)이 세 차례에 걸친 초빙에 출사하여 탕이 천하를 차지하도록 도왔다.
247. 우전(區田): 일정한 간격으로 고랑을 파고 두둑을 만든 뒤 곡물을 가꾸는 농사 방법으로 관개와 시비에 편리한 장점이 있다.
248. 《북당서초(北堂書鈔)》
249. 임연(任延): 동한(東漢) 원(宛) 출신으로 자가 장손(長孫)이다. 구진태수(九眞太守), 영천태수(潁川太守) 등을 역임하였다.
250. 《후한서(後漢書)·남만서남이열전(南蠻西南夷列傳)》
251. 공수(龔遂): 한(漢) 산양(山陽) 출신으로 자가 소경(少卿)이다. 발해태수(渤海太守)가 되어 백성들을 잘 다스려 순리(循吏)의 모범으로 일컬어진다.

實.[252]

백성들에게 신 삼는 법을 가르치다.[교민직리(敎民織履)] 《동관한기(東觀漢記)》의 기록이다. 범극(范克)[253]이 계양군(桂陽郡)의 태수가 되었는데, 그곳 풍속이 뽕나무를 심지 않아 양잠의 이익이 없었다. 백성들은 게을러서 신을 삼는 경우도 드물어, 겨울이면 모두 불을 피워 (발의 터진 상처를) 쬐고 있었다. 범극은 관할 현(縣)에 영을 내려 백성들에게 뽕나무 심기, 누에 기르기와 신 삼는 법을 가르쳤다. 수년 사이에 그 이익을 크게 입게 되었다.

東觀漢記. 范克爲桂陽郡, 俗不種桑, 無蠶織之利. 民惰少織履, 冬皆以火燎. 克爲令屬縣, 敎民種桑柘, 養蠶織履. 數年之間, 大賴其利.[254]

염철 鹽鐵

· 관자(管子)가 말했다. "제(齊)나라에는 거전(渠展)[지명]의 소금이 있습니다. 청컨대 임금께서는 땔나무를 해다가 바닷물을 끓여서 소금을 만들게 하고 세금을 받아[(正의) 독음은 征이다.[255]] 비축하십시오. 명을 내려 초봄에 이르러 농사일이 시작되면, 대부에게는 묘소를 돌보거나 집을 수리하는 일, 정자를 세우거나 담장을 쌓는 일을 금하고, 북쪽 바닷가의 백성들은 사람을 고용하여 소금을 만드는 일을 금한다고 하십시오. 이와 같이 하면 소금가격은 필시 가만히 앉아서 열 배로 뛸 것이니 양(梁)나라, 조(趙)나라, 송(宋)나라, 위(衛)나라, 복양(濮陽)[256] 같은 곳으로 운송해 팔도록 하십시오. 저들은 모두 수입해서 먹는 나라들이니, 소금의 사용이 매우 많습니다." 환공은 이에 소금을 팔도록 하여 황금 1만 근을 얻었다.[257]

管子曰. 齊有渠展[地名]之鹽. 伐菹薪, 煮水爲鹽, 正[音征]而積之. 下令曰, 孟春旣至, 農事且起. 大夫無得繕冢墓, 理宮室, 立臺榭, 築墻垣, 北海之衆無得聚庸而煮鹽. 此則坐長十倍, 以令糴之梁朝[258]宋衛濮陽. 彼盡餽食之國, 用鹽獨甚. 桓公乃使糶之, 得成金萬斤.[259]

· "지금 여인들은 반드시 한 개의 바늘과 한 개의 칼이 있어야 하니 그런 다음에라야[(若은) '然後'와 같다.] 그의 일이 이루어질 수 있습니다. 농사짓는 사람은 반드시 쟁기 하나, 보습 하나, 요(銚)[큰 호미] 하나가 있어야 하니, 그런 다음에라야 그의 일이 이루어질 수 있습니다. 연(連, 사람이 미는 수레)[손수레의 이름]과 초련(軺輦)[큰 수레]을 만드는 사람은 반드시 하나의 도끼, 하나의 톱, 하나의 송곳, 하나의 끌이 있어야 하니, 그런 다음에라야 그의 일이 이루어질 수 있습니다. 그러하지 않고서 일을 이루어 내는 사람은 천하에 없습니다."

今一女必有一鍼一刀, 若[猶然後]其事立. 耕者必有一耒一耜一銚[大鋤], 若其事立. 行服連[輦名]軺輦[大車]者, 必有一斤一鋸一錐一鑿, 若其事立. 不爾而成事者, 天下無有.[260]

· 한(漢) 무제(武帝)가 크게 정벌을 일으켜 재정이 고

---

252. 《한서(漢書)·순리전(循吏傳)》
253. 범극(范克): 내력이 자세하지 않다.
254. 《후한서보일(後漢書補逸)·동관한기(東觀漢記)》
255. 원문의 '正'이 '征', 즉 징세(徵稅)의 뜻으로 사용되었음을 나타낸다.
256. 복양(濮陽): 춘추시대 위(衛)나라 수도로 지금의 하남성 복양현 서남쪽에 있었다.
257. 《관자(管子)》에는 1만 1천여 근으로 되어 있다.
258. '朝'는 《관자(管子)》 등에 '趙'로 되어 있다.
259. 《관자(管子)·경중갑(輕重甲)》, 《통전(通典)·식화(食貨)》

갈되자 공근(孔僅)[261] 등의 건의를 채용하여 비용을 스스로 대는 백성들을 모아, 관가의 기구를 빌려 소금을 굽는데, 관가에서 소금을 굽는 동이를 제공하였다. 감히 사적으로 철기를 주조하여 소금을 굽는 사람은 왼쪽 발목에 족쇄를 채웠다.['釱'의 독음은 도고반(徒故反)이며, 발에 채우는 족쇄이다.]

漢武帝大興征伐, 財用匱竭, 用孔僅等言, 募民給費, 因官器作煮塩, 官與牢盆. 敢私鑄鐵器煮鹽者, 釱左趾.[釱音徒故反, 足鉗也.][262]

· 동중서(董仲舒)[263]가 말했다. "지금 소금과 철의 이익은 옛날보다 20배가 되어 사람들이 필시 괴로워할 것입니다."

董仲舒曰. 今鹽鐵之利, 二十倍於古, 人必病之.[264]

· 상홍양(桑弘羊)[265]은 이것이 국가의 대업(大業)으로서, 사이(四夷)를 제어하고 변경을 안정시키고 재용을 넉넉하게 하는 근본이라고 생각하였다.

桑弘羊以爲此國家大業, 所以制四夷定邊足用之本.[266]

· 문학(文學)[267]이 말하였다. "산과 바다는 재용(財用)이 생산되는 중요한 원천입니다. 철제 기구는 농민의, 죽음을 두려워하지 않는 용사입니다 죽음을 두려워하지 않는 용사가 기용되면 원수는 사라지고 들판이 개간되면 오곡이 여물며 재용의 중요한 원천이 열리면 백성들은 풍족해지고 사람들의 일용품은 넉넉해집니다. 현관(縣官, 조정 또는 관부)에서 그것을 도거리로 차지해 버리면, 철제 기구는 그 마땅함을 잃게 되고 농민은 그 편리함을 잃게 됩니다. 그러므로 저쪽에서 이익을 보면 반드시 이쪽에서 손상을 보게 되니 음과 양이 함께 서지 못하고 낮과 밤이 교대로 길어지고 짧아지는 것과 같습니다."

文學曰. 山海者, 財用之寶路, 鐵器者, 農之死士也. 死士用則仇讎滅, 田野闢而五穀熟, 寶路開則百姓贍而人用給. 縣官籠而一之, 則鐵器失其宜而農人失其便. 故利于彼者, 必耗于此, 猶陰陽之不竝, 晝夜之代長短也.[268]

· 상홍양이 (힐난하여) 말하였다. "종전에 소금과 철을 아직 나라에서 도거리 하지 않았을 때에, 포의(布衣, 평민) 중에는 구병(朐邴)[269]이 있었고, 임금 중에는 오왕(吳王)[270]이 있었으니, 산택(山澤)의 부를 독점하였었다."

弘羊. 異時, 鹽鐵未籠, 布衣有朐邴, 人君有吳王, 專山澤之饒.[271]

---

260. 《관자(管子)·해왕(海王)》, 《통전(通典)·식화(食貨)》
261. 공근(孔僅): 한(漢) 남양(南陽) 출신으로 대사농(大司農)을 역임하면서 동곽함양(東郭咸陽)과 염철(鹽鐵) 사무를 관장하였다.
262. 《사기(史記)·평준서(平準書)》, 《통전(通典)·식화(食貨)》
263. 동중서(董仲舒): 서한(西漢)의 금문경학가(今文經學家)이다. 한(漢) 무제(武帝)에게 건의하여 유학(儒學)을 통치이념으로 채택하도록 하였다. 많은 저술 중에 가장 유명한 것이 《춘추번로(春秋繁露)》이다.
264. 《통전(通典)·식화(食貨)》
265. 상홍양(桑弘羊): 전한 때 사람으로 무제 대 대농승(大農丞)이 되어 상인들의 이익을 억제하고 물가를 안정시켰다. 곽광(霍光)과 함께 소제(昭帝)를 보좌하다가 상관걸(上官桀)의 모반에 연루되어 죽었다.
266. 《통전(通典)·식화(食貨)》
267. 문학(文學): 소제(昭帝) 시원(始元) 6년(BC 81) 현량문학(賢良文學)의 선비들에게 백성의 질고(疾苦)를 물은 적이 있는데, 그들 중의 한 사람을 가리킨다. 그들은 소금과 철, 술에 대한 국가의 독점을 혁파할 것을 주장하였다.
268. 《염철론(鹽鐵論)·금경(禁耕)》, 《통전(通典)·식화(食貨)》
269. 구병(朐邴): 한(漢)나라 때 완구(宛朐)[지금의 산동성 하택(荷澤)]에 살던 병씨(邴氏)를 일컫는다. 그는 철을 생산하여 부상(富商)이 된 것으로 유명하다.
270. 오왕(吳王): 한(漢) 고제(高帝)의 형인 오왕(吳王) 중(仲)의 아들 유비(劉濞)를 가리킨다. 소금과 광업을 주요 산업으로 국부를 증진하였으며 이를 바탕으로 경제(景帝) 때 오초(吳楚) 지역의 일곱 나라와 난을 일으켰다가 평정되었다.
271. 《통전(通典)·식화(食貨)》

· 한(漢) 명제(明帝) 때에 상서(尙書) 장림(張林)[272]이 상언(上言)하였다. "소금은 음식 중에서 긴급한 것으로 설령 비싸다 해도 사람들은 필요로 하지 않을 수 없습니다. 관가에서 직접 판매할 만합니다."
漢明帝時, 尙書張林上言, 鹽鐵,[273] 食之急者, 雖貴, 人不得不須. 官可自鬻.[274]

교격(膠鬲)[275]이 소금을 판매하다.[교격매염(膠鬲賣鹽)] 교격은 주(紂)의 어지러움을 만나 은둔하여 소금 판매를 생업으로 삼았다. 문왕(文王)이 그가 현명하다는 사실을 듣고서 기용하여 재상으로 삼았다.
膠鬲遭紂之亂, 隱居賣鹽爲業. 文王聞其賢, 擧以爲相.[276]

요표가 소금을 쏟다.[요표복염(姚彪覆鹽)] 심진(沈珍)이 요표(姚彪)에게 소금을 빌리고자 했다. 요표는 소금 백 섬을 장강에 쏟아 부으며 말했다. "나는 소금을 아까워하지 않고 주는 것을 아까워한다는 점을 분명히 하였을 따름이다."
沈珍從姚彪貸鹽. 彪覆百斛于長江曰. 明吾不惜鹽, 惜所與耳.[277]

아홉 종류의 소금[구종염(九種鹽)] 《후위서(後魏書)》의 기록이다. 세조(世祖)가 이효백(李孝伯)[278]을 보내서 유의공(劉義恭) 등에게 소금 각 아홉 종을 내려주면서 말하였다. "여러 소금은 각각 알맞은 용도가 있다. 백염은 식염으로 주상께서 드시는 것이다. 흑염은 배부른 증세를 다스리는데, 가루 6수(銖)를 긁어모아 술과 함께 복용한다. 호염(胡鹽)은 눈의 통증을 다스리고 융염(戎鹽)은 여러 부스럼증을 다스린다. 적염(赤鹽), 박염(駮鹽), 취염(臭鹽), 마치염(馬齒鹽)의 네 종류는 식염이 아니다.
後魏書. 世祖遣李孝伯賜劉義恭等鹽各九種曰. 諸鹽各有所宜, 白鹽, 食鹽, 主上所自食. 黑鹽治腹脹氣, 刮取末[279]之六銖, 以酒下. 胡鹽治目痛, 戎鹽治諸瘡. 赤鹽·駮鹽·臭鹽·馬齒鹽四種, 非食鹽.

소금을 구워서 쌀을 사들이다.[자염시미(煮鹽市米)] 정전(鄭畋)[280]이 영남(嶺南)의 염철에 관한 사무를 광주절도사 위하(韋荷)에게 맡겨, 해마다 바닷물로 소금을 구워 40만 민(緡)의 수입을 내서 건주(虔州)와 길주(吉州)의 쌀을 구입하여 안남(安南) 지역의 식량을 넉넉히 해 주도록 주청하였다.
鄭畋, 請以嶺南鹽鐵委廣州節度使韋荷, 歲煮海, 取鹽四十萬緡, 市虔吉米以贍安南.[281]

염둔(鹽屯)에 물을 이끌어 들이다.[인류염둔(引流鹽屯)] 강사도(姜師度)[282]가 하중윤(河中尹)일 때 안읍(安邑)의 염둔(鹽屯)[283]이 말라서 버려져 있었다. 강사도가 일꾼을 대거 풀어 물길을 소통시켜 염둔을 설치하니 관과 민에서 얻는 이익이 헤아릴 수 없을 정도였다.
姜師度爲河中尹, 安邑鹽屯涸廢. 師度大發卒, 洫引其流, 置鹽屯, 公私收利不貲.[284]

272. 장림(張林): 후한(後漢) 사람으로 상서(尙書)를 지냈다. 무제(武帝)에게 균수법(均輸法)의 부활을 건의하였다.
273. '鹽鐵'은 《통전(通典)》 등에 '鹽'으로 되어 있다.
274. 《통전(通典)·식화(食貨)》
275. 교격(膠鬲): 은(殷)나라 사람으로 주(紂)의 폭정에 은둔하여 장사를 하다가 문왕(文王)에게 등용되었다.
276. 《산당사고(山堂肆考)·음식(飮食)》
277. 《산당사고(山堂肆考)·음식(飮食)》
278. 이효백(李孝伯): 북위(北魏) 조군(趙郡) 평극(平棘) 출신으로 학식과 풍도가 있어서 태무제(太武帝)에게 신임을 받아 중산(中散), 광록대부(光祿大夫) 등을 지냈으며 문성제(文成帝) 때 평서장군(平西將軍), 진주자사(秦州刺史)를 역임하였다.
279. '末'는 《태평어람(太平御覽)》 등에 '末'로 되어 있다.
280. 정전(鄭畋): 당(唐) 형양(滎陽) 출신으로 자가 태문(台文)이다. 사공(司空) 태자태보(太子太保) 등을 역임하였다.
281. 《신당서(新唐書)·정전전(鄭畋傳)》
282. 강사도(姜師度): 당(唐) 위(魏) 지역 출신으로 동주자사(同州刺史), 장작대장(將作大將) 등을 역임하였다.
283. 염둔(鹽屯): 일종의 둔전(屯田) 형태로 군민(軍民)이 소금을 생산하는 곳을 이르는 말이다.

소금굴[염혈(鹽穴)] 가릉(訶陵)[285]이 가장 부유하였는데, 소금이 저절로 솟아나오는 굴이 있었다.

訶陵最富, 有穴自湧鹽.[286]

염전(鹽田) 선선(鄯善)의 동쪽과 용성(龍城)의 서남쪽은 땅의 넓이가 천 리나 되는데, 모두 염전이다.

鄯善之東, 龍城之西南, 地廣十[287]里, 皆爲鹽田.[288]

짠맛이 나는 돌[함석(鹹石)] 문산(汶山)과 월전(越雋)은 소금을 굽는 방법이 각기 다르다. 문산엔 짠맛이 나는 돌이 있는데 먼저 물에 담갔다가 달인다. 월전에서는 먼저 탄(炭)을 태우다가, 염정(鹽井)의 물을 탄에 부으면서 소금을 긁어 취한다.

汶山越雋, 煮鹽法各異. 汶山有鹹石, 先以水漬, 旣而煎之. 越雋先燒炭, 以鹽井水沃炭, 刮取鹽.[289]

공헌 貢獻

· 《광아(廣雅)》의 기록이다. 공(貢)은 세(稅)이고, 올리는 것이다.

廣雅. 貢, 稅也, 上也.

· 《곡례(曲禮)》에 대한 정현(鄭玄)의 주(注)의 기록이다. "공(貢)은 공(功)이다."

曲禮, 鄭注. 貢, 功也.

· 정현(鄭玄)이 말했다. "헌(獻)은 '올리다', '바치다', '귀속시키다', '받들다'이니 모두 남에게 물건을 주면서 높이는 의미이다."

鄭玄曰. 獻, 進也, 致也. 屬也, 奉也. 皆致物於人, 尊之義也.

· 살펴보건대, 《상서(尙書)》에는 "우(禹)임금이 구주(九州)를 분별하고 토지에 따라서 공부(貢賦)를 제정하였다. 산물 가운데 물건을 그대로 진헌할 수 있는 것은 '공(貢)'이라 하고, 광주리에 담아서 바치는 것은 '비(篚)'라 했다. 만약 항상 해마다 바치지 않고 명이 내려져야만 바치는 것은 '석공(錫貢)'이라 했다."라고 하였다.

案, 尙書, 禹別九州, 任土作貢. 其物可以特進奉者, 曰貢, 盛之於筐而進者, 曰篚. 若不常歲貢, 須賜命乃貢者, 曰錫貢.[290]

· 《주례(周禮)》에는 "아홉 종류의 공법(貢法)에 따라서 제후국의 재물을 거둔다. 첫째는 제사용 물품을 바치고[포모(苞茅)[291]], 둘째는 빈객접대를 위한 물품을 바치고[사시(絲枲)[292]], 셋째는 각종의 기물을 바치고[옥으로 만든 기물], 넷째는 비단제품을 바치고[피폐(皮幣)[293]], 다섯째는 대나무나 목재를 바치고[대와 나무], 여섯째는 금(金), 옥(玉), 거북, 조개껍질 등의 진귀한 물품을 바치고[금패(金貝)[294]], 일곱째는 삼베 칡베, 모시 등의 제복용 옷감을 바치고[제복(祭服)], 여덟째는 새의 깃털이나 짐승의 털을 바치고[짐승의 털과 새의 깃][295], 아홉째는 잡물을 바치는 것[토산품]이다."라고 한 것이 이것이다. '헌

284. 《신당서(新唐書)·남만전(南蠻傳)》
285. 가릉(訶陵): 남해 가운데 있는 읍의 이름으로 사파(社婆) 또는 도파(闍婆)라고도 한다.
286. 《신당서(新唐書)·남만전(南蠻傳)》
287. '十'은 《수경주(水經注)》에 '千'으로 되어 있다.
288. 《유양잡조(酉陽雜俎)》
289. 《익주기(益州記)》
290. 《어정연감유함(御定淵鑑類函)·정술부(政術部)》
291. 포모(苞茅): 싸서 묶은 띠로 제사 때 술을 부어 거르는 용도로 쓰였다.
292. 사시(絲枲): 생사(生絲)와 마(麻)이다.
293. 피폐(皮幣): 모피(毛皮)와 비단으로 빙례(聘禮)와 향례(享禮)의 예물로 쓰였다.
294. 금패(金貝): 고대에 화폐의 용도로 쓰인 금도(金刀)와 귀패(龜貝)를 가리킨다.

(獻)'이란 '공(貢)', '비(篚)', '석공(錫貢)' 외에 바치는 것이다.

周禮, 以九貢致邦國之用. 一曰祀貢[芭茅], 二曰嬪貢[絲枲], 三曰器貢[玉器], 四曰幣貢[皮幣], 五曰財貢[竹木], 六曰貨貢[金貝], 七曰服貢[祭服], 八曰斿貢[毛羽], 九曰物貢[土産], 是也. 獻者, 謂貢篚錫貢之外, 所進奉者也.[296]

·《예기(禮記)》의 기록이다. "거마(車馬)를 바치는 사람은 수레를 탈 때에 쓰는 끈을 잡고 말을 바치는 사람은 고삐를 잡으며, 포로를 바치는 사람은 오른쪽 소매를 잡는다. 금슬(琴瑟)을 올릴 때는 잡고서 왼손으로 올리고 안석을 바치는 사람은 먼지를 떨어내며 지팡이를 바치는 사람은 그것의 끝 쪽을 잡는다."라고 하였다.

禮記, 獻車馬者執綏, 獻馬者執靮, 獻人虜者操右袂,[297] 執琴瑟者上右[298]手, 獻几者拂之, 獻杖者執其末.[299]·[300]

·《주례(周禮)·소행인(小行人)》의 기록이다. "제후들에게 명하여 봄철에 공물을 바치고 가을철에 정적(政績)을 보고하게 한다. 왕이 친히 접수하는데, 그 나라의 예적(禮籍, 名位와 尊卑를 기재한 책)에 의거하여 그들을 예우한다."

周禮, 小行人. 令諸侯春入貢秋獻功. 王親受之, 各以其國之籍禮之.[301]

·《곡량전(穀梁傳)》의 기록이다. "옛날에 제후는 매년 봄 천자에게 본국에서 나는 토산물을 바쳤다. 그러므로 (때가 되어 바치지 않으면) 천자는 글로써 견책하기는 하지만 사람을 보내 징수하지는 않는다."

穀梁傳. 古者諸侯時獻于天子, 以其國之所有. 故有辭讓而無徵求.[302]

·《주례(周禮)·여사(閭師)》의 기록이다. "산촌 사람을 써서 임업에 종사하게 하여 임산물을 공납하게 하고 천택(川澤)에 사는 사람을 써서 민물어업에 종사하게 하여 어패류를 공납하게 하며 밭일 하는 사람을 써서 재배에 종사하게 하여 초목(草木)을 공납하게 한다." 여기서 '초목(草木)'은 (채소와) 외 등의 과채류이다.[303]

周禮, 閭師. 任衡以山事, 貢其物, 任虞以澤事, 貢其物, 任圃以樹事, 貢草木. 草木, 果苽[304]之屬.

·《상서(尙書)》의 기록이다. "서융(西戎)의 여국(旅國)에서 큰 개를 바쳐 왔다. 원근을 막론하고, 모두 지방의 토산품을 바쳤다. 예제와 문물을 사용하고, 공손히 토산품을 내서 왕에게 바친다. 검고 누런 비단을 광주리에 담는다."

書. 西旅底貢厥獒. 無有遠邇, 畢獻方物.[305] 修其禮物,[306] 敢執壤奠.[307] 篚厥玄黃.[308]

---

295. 유공(斿貢)에 대하여 정현(鄭玄)의 주(注)에는 "燕好珠璣琅玕也."라고 하였다. 연호(燕好)는 완호(玩好)와 같아 노리개의 뜻이며, '기(璣)' 또한 '주(珠, 구슬)'이다. 낭간(琅玕)은 옥(玉) 비슷한 아름다운 돌이다. 우모(羽毛)라 한 것은 정중(鄭衆)의 견해를 따른 것이다.
296. 《주례(周禮)·천관(天官)·대재(大宰)》
297. 《예기(禮記)·곡례상(曲禮上)》
298. '右'는 《초학기(初學記)》에 '左'로 되어 있다.
299. '執琴瑟' 이하는 통행본 《예기》와 차이가 있다.
300. 여기까지 "曲禮, 鄭注, 貢, 功也."를 제외하고, 모두 《초학기(初學記)·정리부(政理部)·공헌(貢獻)》을 전재하였다.
301. 《주례(周禮)·추관(秋官)·소행인(小行人)》
302. 《곡량전(穀梁傳)·환공(桓公)·15년》
303. 정현(鄭玄)의 주(注)에 "草木, 謂葵韭果蓏之屬."이라 하였다.
304. '苽'는 《주례(周禮)》에 '蓏'로 되어 있다.
305. 《상서(尙書)·주서(周書)·여오(旅獒)》
306. 《상서(尙書)·주서(周書)·미자지명(微子之命)》
307. 《상서(尙書)·주서(周書)·강왕지고(康王之誥)》

·《시경(詩經)》의 기록이다. "비휴(貔貅) 가죽과 붉은 표범과 누런 곰을 바쳤다." "깨달은 저 회이(淮夷)들이, 와서 좋은 보물을 바쳤다."

詩. 獻其貔皮, 赤豹黃熊.[309] 憬彼淮夷, 來獻其琛.[310]

어린 소[환우(紈牛)] 주(周) 성왕(成王) 때에 서이(西夷)에서 복로(卜盧)의 작은 소를 바쳤다. 복로는 노수(盧水) 북서쪽에 거주하는 융족이고 환우(紈牛)는 어린 소이다.

周成王時, 西夷貢獻十[311]盧紈牛. 十[312]盧, 盧之西北戎. 紈牛, 牛之小者.[313]

질경이[부이(桴苡)] 성왕(成王) 때에 강족(康族) 사람들이 질경이를 바쳤다. 그 씨앗을 먹으면 아들을 낳는다. 강족은 역시 서융(西戎)의 별종이다. 방이(芳苡)를 먹으면 바로 임신하게 된다.

成王時, 康人獻桴苡. 其實食之, 宜子. 康人亦西戎之別. 食芳苡, 卽有身.[314]

신정향초[전미(荃蘼[315])] 광화(光和)[316] 원년, 파지국(波祗國)[317]에서 신정향초(神精香草)를 바쳤다. 일명 전미(荃蘼)라고도 하고 춘무(春蕪)라고도 하는데, 한 뿌리에 백 개의 가지가 나 있다. 그 껍질은 실 같아서 베를 짤 수 있는데, 이른바 춘무포(春蕪布)라는 것으로 또 향전(香荃)이라고도 한다. 견고하고 촘촘하기가 빙환(氷紈)[318]과 같으며 한 조각만 손에 쥐고 있어도 궁궐 가득 모두 향기가 난다.

光和元年, 波祗國獻神精香草. 一名荃蘼, 亦名春蕪, 一根而百條. 其皮如絲, 可爲布, 所謂春蕪布, 亦曰香荃. 堅密如氷紈也, 握之一片, 滿宮皆香.[319]

고황마[고황마(古黃馬)] 주(周) 성왕(成王) 때에 견융(犬戎)에서 털빛에 무늬가 있는 말을 바쳤다. 붉은 색 갈기에 흰색 몸뚱이를 하고 있으며 눈은 황금 같았다. 이름은 고황지승(古黃之乘)이다.

周成王時, 犬戎獻文馬. 赤鬣縞身, 目若金. 名曰, 古黃之乘.[320]

자백우[자백우(玆白牛)] 성왕(成王) 때에 대하(大夏)에서 자백우(玆白牛)를 바쳤는데, 들짐승으로 소 모양에 코끼리의 이빨을 하고 있었다.

成王時, 大夏獻玆白牛, 野獸也, 牛形而象齒.[321]

하얀 옥피리를 바치다.[헌백관(獻白琯)] 《대대례기(大戴禮記)》의 기록이다. 순(舜)임금 때에 서왕모(西王母)가 그곳의 백관(白琯, 하얀 옥피리)을 바치니, 곡식을 먹고사는 모든 백성들이 뚜렷이 밝게 보았다..

大戴禮. 舜時, 西王母來獻其白琯, 粒[322]食之民, 昭然明視.[323]

향이 가득한 술잔을 바치다.[헌향만배(獻香滿杯)]

---

308. 《상서(尙書)·주서(周書)·무성(武成)》
309. 《시경(詩經)·대아(大雅)·한혁(韓奕)》
310. 《시경(詩經)·노송(魯頌)·반수(泮水)》
311. '十'은 《일주서(逸周書)》 등에 '卜'으로 되어 있다.
312. '十'은 《일주서(逸周書)》 등에 '卜'으로 되어 있다.
313. 《산당사고(山堂肆考)·전례(典禮)》
314. 《일주서(逸周書)·관인(官人)》
315. '미'는 (艹 + 縻 上下)
316. 광화(光和): 후한(後漢) 영제(靈帝)의 연호(178-183)이다.
317. 파지국(波祗國): 페르시아의 음역(音譯)으로 이란의 옛 이름이다. 대식국(大食國)이라고도 하였다.
318. 빙환(氷紈): 올이 가늘고 바탕이 깨끗한 비단의 이름이다.
319. 《동명기(洞冥記)》
320. 《일주서(逸周書)·왕회(王會)》
321. 《일주서(逸周書)·왕회(王會)》
322. '位'는 《대대례기(大戴禮記)》에 '粒'으로 되어 있다.

《십주기(十州記)》의 기록이다. 주(周) 목왕(穆王) 때에 서호(西胡)에서 야광상만배(夜光常滿杯)[324]를 바쳤는데, 잔의 용량은 세 되였다.

十州記. 周穆王時, 西胡獻夜光常滿杯, 杯容三升.[325]

도기가 말을 바치다.[도기헌마(屠耆獻馬)] 광무(光武) 때에 도기(屠耆)[326]가 명마를 바쳤다. 또 백금의 값이 나가는 칼을 바쳤는데, 기사(騎士)에게 하사하였다.

光武時, 屠耆獻名馬. 又劍直百金, 以賜騎士.[327]

오랑캐 왕이 향을 바치다.[호왕헌향(胡王獻香)]

《십주기(十州記)》의 기록이다. 무제(武帝) 때에 월지국(月支國)에서 사신을 파견하여 향(香) 4량을 바쳤는데, 크기는 참새 알 만하였고, 검기가 오디 같았다. 혹 이름이 경정향(驚精香), 진령환(震靈丸), 반생향(反生香), 진단향(震檀香), 인조정(人鳥精), 각사향(却死香)이라고도 하였으니, 한 종류에 이름이 여섯이었다. 향기는 수백 리 밖까지 퍼지고 죽은 사람이 지하에서 향기를 맡게 되면 살아난다고 하였다. 후원(後元)[328] 원년, 장안(長安) 성 안에 병자가 수백 명에 달했는데, 죽는 사람이 태반이었다. 임금이 시험 삼아 월지의 신령한 향을 가져다 성 안에서 사르자, 죽은 지 아직 3개월이 되지 않은 사람들은 모두 살아났다.

十洲記. 武帝時, 月支國遣使獻香四兩, 大如雀卵, 黑如桑椹. 或名驚精香, 震靈丸, 反生香, 震檀香, 人鳥精却死香, 一種六名. 香氣聞數百里, 死者在地聞香氣, 却活. 後元元年, 長安城內病者數百, 亡者太半. 帝試取月支神香, 燒之於城內, 其死未三月者, 皆活.[329]

사방에서 공물을 바쳐오다.[사방공헌(四方貢獻)]

《급총주서(汲冢周書)》의 기록이다. 이윤(伊尹)[330]이 명을 받고 사방에 내릴 명을 만들었다. "신은 청컨대 정동의 부루(符婁), 구주(仇州), 이려(伊慮), 구심(漚深), 구이(九夷), 십만(十蠻), 월구(越漚)는 머리를 깎고 문신한 지역이니, 물고기 껍질로 만든 북, 오징어로 담근 젓갈, 상어가죽으로 만든 방패와 날카로운 검을 바치도록 명하고자 합니다. 정남의 구등(甌鄧), 계국(桂國), 손자(損子), 산리(産里), 백복(百濮), 구원(九菌)은, 주기(珠璣), 대모(瑇瑁), 상치(象齒), 문서(文犀), 취우(翠羽), 균학(菌鶴), 단구(短狗)를 바치도록 명하고자 합니다. 정서의 곤륜(昆崙), 구국(狗國), 귀친(鬼親), 지사(枳巳), 흡이(闟耳), 관흉(貫胸), 조제(雕題), 이신(離身), 칠치(漆齒)는, 단청(丹靑), 백모(白旄), 비계(紕罽), 강력(江歷), 용각(龍角), 신구(神龜)를 바치도록 명하고자 합니다. 정북의 공동(空同), 대하(大夏), 사차(莎車), 고타(姑他), 단략(旦略), 표호(豹胡), 대적(代翟), 흉노(匈奴), 누번(樓煩), 월씨(月氏), 섬리(孅犁), 기룡(其龍), 동호(東胡)는, 탁타(橐駞), 백옥(白玉), 야마(野馬), 도도(騊駼, 준마), 결제(駃騠, 준마)와 양궁(良弓)을 바치도록 명하고자 합니다." 탕(湯)임금이 "좋다"라고 하였다.

汲冢周書. 伊尹受命, 爲四方令曰. 臣請, 正東符婁·仇州·伊慮·漚深·九夷·十蠻·越漚, 𩠹[331]文身, 請令以魚支[332]之鞞·烏鰂之醬·鮫瞂·利劍爲獻. 正南甌鄧·桂

---

323. 《대대례기(大戴禮記)·소한(少閑)》
324. 야광상만배(夜光常滿杯): 술잔 이름으로 밤에 빛이 늘 가득한 술잔이라는 의미이다.
325. 《동관한기(東觀漢記)》
326. 도기(屠耆): 흉노 다섯 선우(單于) 중의 하나이다.
327. 《해내십주기(海內十洲記)》
328. 후원(後元): 한(漢) 무제(武帝)의 연호(BC 88-BC 87)이다.
329. 《해내십주기(海內十洲記)》
330. 이윤(伊尹): 은(殷)나라의 어진 정승으로 이름은 지(摯)이다. 처음에 신야(莘野)에서 농사를 지었다. 탕(湯)이 세 차례에 걸친 초빙에 출사하여 탕이 천하를 차지하도록 도왔다.
331. '𩠹'은 《일주서(逸周書)》에 '鬋髮'로 되어 있다.
332. '支'는 《일주서(逸周書)》에 '皮'로 되어 있다.

國·損子·產里·百濮·九菌, 請令以珠璣·瑇瑁·象齒·文犀·翠羽·菌鶴·短狗爲獻. 正西昆侖·狗國·鬼親·枳已·闟耳·貫胸·雕題·離丘[333]·漆齒, 請令以丹青·白旄·紕罽·江歷·龍角·神龜爲獻. 正北空同·大夏·莎車·姑他·旦略·豹胡·戎[334]翟·匈奴·樓煩·月氏·孅犁·其龍·東胡, 請令以槖駞·白玉·野馬·騊駼·駃騠·良弓爲獻. 湯曰, 善.[335]

얼룩노새[박라(駮騾)] 원봉(元封)[336] 4년, 수미국(修彌國)에서 박라(駮騾, 얼룩노새)를 바쳤는데, 키가 10척이고 빛깔은 붉은 얼룩무늬가 져있었고 등에는 해와 달의 상이 있었다. 임금은 황금을 빚어 쇠사슬과 줄을 만들고, 보배로운 그릇에다 꼴을 담아 먹이게 하였다.

元封四年, 修彌國獻駮騾, 高十尺, 色赤斑, 背有日月之象. 帝以金埏爲鎖絆, 以寶器盛芻, 飼之.[337]

조그만 새[세조(細鳥)] 원봉(元封) 연간에 필륵국(畢勒國)에서 조그만 새를 공물로 바쳤는데, 사방 한 척(尺)의 옥 바구니에 수백 마리가 담겨져 있었다. 크기는 큰 파리와 같고 모양은 앵무를 닮았으며 소리는 수 리까지 들리는데, 누런 고니 울음 같았다. 백성들은 이 새로 때를 살폈기 때문에 '후일충(候日蟲)'이라는 이름도 갖게 되었다. 임금이 그것들을 궁내에 두도록 했는데, 열흘 만에 모두 날아가 버렸다. 임금이 매우 안타깝게 여겨 찾도록 했으나 다시는 찾을 수 없었다. 이듬해 조그만 새들이 장막에 모여들었는데, 간혹 옷소매에 들기도 하였다. 비빈들이 모두 그것을 좋아하였는데, 자기 옷에 모여드는 자는 그때마다 임금의 사랑을 받곤 하였다. 무제(武帝) 말엽에 이르러 차츰차츰 저절로 죽으니 사람들은 여전히 그 가죽을 좋아하였다. 그 가죽으로 옷을 만들어 입으면 대개 남편에게 사랑을 받았다.

元封中, 畢勒國貢細鳥, 以方尺之玉籠, 盛數百頭. 形如大蠅, 狀似鸚鵡, 聲聞數里, 如黃鵠之音也. 國人以此鳥候時, 亦名候日蟲. 帝置之宮內, 旬日俱飛去. 帝甚惜之, 求之不復得. 明年, 細鳥集帷幕, 或入衣袖. 妃嬪皆悅之, 有集其衣者, 輒蒙愛幸. 至武帝末, 稍稍自死, 人猶愛其皮. 服其皮者, 多爲丈夫所媚.[338]

조운 漕運

·《관자(管子)》의 기록이다. 곡물이 3백 리까지 운반되면 나라에 1년 분량의 비축이 없어진다. 곡물이 4백 리까지 운반되면 나라에 2년 분량의 비축이 없어진다. 곡물이 5백 리까지 운반되면 백성들이 굶주린 기색을 띠게 된다.

管子. 粟行三百里, 則國無一年之積. 粟行四百里, 則國無二年之積. 粟行五百里, 則衆有饑色.[339]

배를 운항하는 폐단을 혁파하다.[혁운주폐(革運舟弊)] 송 설향(薛向)[340]이 강·절(江浙) 등 여러 로(路)의 발운사(發運使)[341]가 되어 균수(均輸)[342]의 직책을

333. '丘'는 《일주서(逸周書)》에 '身'으로 되어 있다.
334. '戎'은 《일주서(逸周書)》에 '代'로 되어 있다.
335. 《급총주서(汲冢周書)》
336. 원봉(元封): 한(漢) 무제(武帝)의 연호(BC 110-BC 105)이다.
337. 《동명기(洞冥記)》
338. 《동명기(洞冥記)》
339. 《관자(管子)·팔관(八觀)》
340. 설향(薛向): 송(宋) 하중(河中) 만천(萬泉) 출신으로 자는 사정(師正), 시호는 공민(恭敏)이다. 강절형회발운사(江浙荊淮發運使), 동지추밀원사(同知樞密院事)를 지냈으며, 소금 생산과 조운(漕運) 개혁의 업적을 남겼다.
341. 발운사(發運使): 당송(唐宋) 때 물품 조달을 관장하던 벼슬이다.

맡았을 때의 일이다. 배를 운항하는 병사들이 서로 훔쳐서 교역하면서, 심한 경우에는 폭풍우로 배가 침몰하였다는 핑계를 대서 자취를 없애기까지 하였다. 설향이 처음으로 객주(客舟, 여객선)와 관주(官舟, 관청 소유의 배)를 모집하여 사용하니, 운송비용도 덜 들고 물건도 좋아져, 옛 폐단이 모두 사라지게 되었다.

宋薛向爲江浙等路發運使, 領均輸之職. 運舟兵士交相侵盜貿易, 甚則託風水沈舟以滅迹. 向始募客舟以[343]官舟, 運費募寡而物良, 舊弊悉去.[344]

6로(路)에 운송하다. [전수육로(轉輸六路)] 권방언(權邦彦)[345]이 회(淮)·절(浙)·형(荊)·호(湖) 등 로(路)의 제치발운사(制置發運使)가 되었을 때의 일이다. 6로(路)에 운송을 맡아 게으름을 감독하고 속임수를 점검하며 체납액을 조사하고 지연행위에 대한 책임을 물으니 물길과 육로를 통하여 5천 리가 넘는 지역의 재물이 모여들었다. 갸륵하게 여긴다는 조서가 내려졌다.

權邦彦爲淮浙荊湖等路制置發運使. 轉輸六路, 董媮懈, 檢欺隱, 覈逋亡, 責稽滯, 水程陸轍餘五千里, 財用湊足. 有詔嘉歎.[346]

조운 수로를 통하게 하다. [통조하(通漕河)] 노종도(魯宗道)[347]가 강·회발운사(江淮發運使)로 옮겼을 때의 일이다. 진주(眞州)와 양주(揚州)의 곡물을 조운(漕運)하는 수로를 통하게 하고 삼언(三堰)을 폐지하니 수운(水運)이 편리하게 되었다.

魯宗道遷江淮發運使. 通眞楊[348]漕河廢三堰, 舟楫便之.[349]

적임자를 얻어 오래 맡기다. [득인구임(得人久任)] 천희(天禧)[350] 연간에 장윤(張綸)이 발운부사(發運副使)가 되어 두 해를 지내면서 다섯 개의 수로를 통하게 하여 태호(太湖)로 이끌어 바다로 들게 하고, 장로(長蘆)[351]와 서하(西河)를 열어 배가 전복되는 근심을 피하게 되었다. 또 고우(高郵)의 북쪽 수로를 축조하여 비상시기에 대비하도록 하였다. 인종(仁宗)이 집정대신에게 이르기를 "발운사는 여섯 개 로(路)의 광대한 지역을 총괄하니 적임자를 얻어서 오래 맡게 하는 것이 마땅하다."라고 하고 천장각대제(天章閣待制)로 발탁하였다. 재직한 것이 13년이었다.

天禧中, 張綸爲發運副使, 居二歲, 疏五渠, 導太湖入海, 開長蘆西河, 以避覆舟之患. 又築高郵北漕, 以備非常. 仁宗謂執政曰, 發運總六路之廣, 宜得其人而久任之, 擢天章閣待制. 在職十有三年.[352]

사주(泗州)의 물길을 뚫다. [착사주거(鑿泗州渠)] 장지기(蔣之奇)[353]는 자(字)가 영숙(穎叔)이다. 강·회·형·절(江淮荊浙) 등 로(路)의 발운부사(發運副使)일 때 원풍(元豐)[354] 6년에 처음으로 사주(泗州) 고거

---

342. 균수(均輸): 전국의 세금과 차(茶), 소금, 백반 등 조정에 필요한 물품을 싼 곳이나 가까운 곳에서 구매하는 일로, 발운사(發運使)가 주관하도록 했던 송(宋)대의 제도이다.
343. '以'는 《송사(宋史)에 '與'로 되어 있다.
344. 《송사(宋史)·식화(食貨)·조운(漕運)》
345. 권방언(權邦彦): 송(宋) 하간(河間) 출신으로 자가 조미(朝美)이다. 태학박사(太學博士), 첨서추밀원사(簽書樞密院事) 등을 역임하였다.
346. 양만리(楊萬里) 〈추밀겸참지정사권공묘지명(樞密兼叅知政事權公墓志銘)〉
347. 노종도(魯宗道): 북송(北宋) 인종(仁宗) 연간의 정치인으로 자는 관지(貫之)이며 참지정사(參知政事)를 역임하였다. 그러나 소개된 내용은 노종도의 치적이 아니라, 같은 시기 인물인 설규(薛奎)의 치적이다.
348. '楊'은 《동도사략(東都事略)》에 '揚'으로 되어 있다.
349. 《고금사문유취유집(古今事文類聚遺集)·감사부유(監司部遺)》
350. 천희(天禧): 북송北宋 진종眞宗의 연호(1017-1021)이다.
351. 장로(長蘆): 하북성 영진현(寧晉縣)과 신하현(新河縣)을 흐르는 하천 이름이다.
352. 《송사(宋史)·장윤전(張綸傳)》
353. 장지기(蔣之奇): 송(宋) 상주(常州) 의흥(宜興) 출신으로 자는 영숙(穎叔)이다. 가우(嘉祐) 연간 진사로 급제하여 복건전운판관(福建轉運判官), 용도각직학사(龍圖閣直學士) 등을 역임하였다.

(股渠)를 뚫어 장회(長淮, 회하淮河)의 험난함을 피하게 하였다. 이로부터 배가 전복되어 익사하는 사람이 없었다.

蔣之奇, 字穎叔. 擢江淮荊浙等路發運副使, 元豐六年, 始建鑿泗州股渠, 以避長淮之險. 自是無覆溺者.[355]

지가하(支家河)를 소통시키다. [소지가하(疏支家河)]

소성(紹聖)[356] 초에 오처후(吳處厚)[357]가 발운사(發運使)가 되어 지가하(支家河)를 소통시켜, 초(楚)·해(海) 사이의 조운이 통하게 되었다.[358] 한 해에 경사(京師)까지 6백20만 석을 조운을 통해 공급할 수 있게 되었다.[359] 또 태주(泰州)의 해수를 막는 보를 수리하여 완성시켰다. 달아난 민가 2천6백 호의 부세를 면제해 주니, 백성들이 생사(生祠)[360]를 세웠다.[361]

紹聖初, 吳處厚爲發運使, 疏支家河, 通漕楚海. 歲漕六百二十萬石至京師. 又修復泰州得[362]海堰, 成. 復逋戶三千六百, 民爲立生祠.

담소하며 조운을 다스리다. [담소치조(談笑治漕)]

허원(許元)[363]이 강회발운사(江淮發運使)로 발탁되어 말하기를 "6로(路) 72주(州)의 곡식으로 제때에 경사(京師)를 충족시킬 수 없다는 것을 나는 믿지 못하겠다."라 하고 임소에 이르자 1천 척의 배를 갖춰 강에 띄워 내려가니 몇 개월이 지나지 않아 경사에 식량이 충족되었다. 무릇 강호 수천 리 바깥까지 담소하며 다스리니 소란스럽게 하거나 수고롭게 하지 않고서도 쓰임이 충분하게 되었던 것이다. 해마다 조운으로 620만 석을 경사로 수송하고도 늘 백만 석의 여유가 있었다.

許元擢江淮發運使曰, 以六路七十二州之粟, 不時足京師, 吾不信也. 至, 則治千艘浮江而下, 不數月, 京師足食. 凡江湖數千里外, 談笑治之, 不擾不勞而用以足. 歲漕六百二十萬至京師, 而常餘百萬.[364]

운송이 끊이지 않다. [전수부절(轉輸不絶)] 한(漢) 광무제(光武帝)가 구순(寇恂)[365]에게 이르기를 "지금 공에게 하내(河內) 지역을 맡기겠소. 전운(轉運)을 견고히 지켜내어 군량을 충분히 댈 수 있도록 하시오."라고 하였다. 광무제가 북쪽 정벌에 오르자 구준은 조세 4백만 섬을 거두어 연거(輦車)[366]에 말을 나란히 메워 물자의 수송이 끊이지 않도록 하였다.

漢光武謂寇恂曰, 今委公以河內. 堅守轉運, 給足軍糧. 光武北征, 恂收租四百萬斛, 以輦車驪馬[367], 轉輸不絶.[368]

조운으로 경사에 공급하다. [조급경사(漕給京師)]

---

354. 원풍(元豐): 북송(北宋) 신종(神宗)의 연호(1078-1085)이다.
355. 《동도사략(東都事略)》
356. 소성(紹聖): 송(宋) 철종(哲宗)의 연호(1094-1097)이다.
357. 오처후(吳處厚): 송(宋) 소무(邵武) 출신으로 자는 백고(伯固)이다. 황우(皇祐) 연간의 진사로 급제하여 한양군지군사(漢陽軍知軍事) 등을 역임하였다.
358. 여기까지 소개된 이력을 살펴보면 오처후(吳處厚)가 아니라 오거후(吳居厚)가 맞다. 오거후는 송(宋) 홍주(洪州) 출신으로 자가 돈노(敦老)이다. 호부상서(戶部尙書), 중서문하시랑(中書門下侍郞), 지추밀원사(知樞密院事) 등을 역임하였다.
359. 이 부분은 송(宋) 장지기(蔣之奇)의 이력이다.
360. 생사(生祠): 생존해 있는 사람의 덕을 기리기 위한 사당이다.
361. 이 부분은 송(宋) 장윤(張綸)의 이력이다.[《송사(宋史)·장윤전(張綸傳)》 참조]
362. '得'은 《속자치통감(續資治通鑑)》에 '捍'으로 되어 있다.
363. 허원(許元): 송(宋) 선주(宣州) 출신으로 국자박사(國子博士)를 지낸 뒤 범중엄(范仲淹)의 추천으로 강회·양절·형호 발운판관(江淮兩浙荊湖發雲判官)이 되어 능력을 발휘하였다.
364. 송(宋) 구양수(歐陽修) 〈상서공부랑중충천장각대제허공묘지명(尙書工部郞中充天章閣待制許公墓誌銘)〉
365. 구순(寇恂): 동한(東漢) 창평(昌平) 출신으로 자가 자익(子翼)이다. 하내태수(河內太守), 집금오(執金吾) 등을 역임하였다.
366. 연거(輦車): 사람이 끄는 치중거(輜重車, 군용화물차)이다.
367. '驪馬'는 《후한서(後漢書)·구순전(寇恂傳)》에 '驪駕'로 되어 있다.
368. 《후한서(後漢書)·구순전(寇恂傳)》

소제(昭帝)[369] 때에 경수창(耿壽昌)[370]이 말하였다. "전례를 보면 해마다 조운으로 관동(關東)의 곡식 4백만 섬을 경사에 공급하는데, 병졸 6만 명이 동원되었습니다. 마땅히 삼보(三輔)·홍농(弘農)·하동(河東)·상당(上黨)·태원(太原) 등 여러 군의 곡식을 사들여야 합니다. 이렇게 하면 경사에 충분히 공급할 수 있고 관중에서 조운에 동원되는 군졸 수를 반이 넘게 줄일 수 있습니다."

昭帝時, 耿壽昌言. 故事, 歲漕關東穀四百萬斛, 以給京師, 用卒六萬人. 宜糴三輔·弘農·河東·上黨·太原郡穀. 足供京師, 可以省關中漕卒過半.[371]

도랑을 열어 조운을 통하게 하다.[개거통조(開渠通漕)] 현종(玄宗)[372]이 위견(韋堅)[373]을 발탁하여 수륙운사(水陸運使)에 임명하였다. 한대(漢代)에는 운송용 수로가 있어 관문(關門)에서부터 서쪽으로 장안(長安)까지 이어져 산동(山東)의 조세를 끌어들였었다. 위견은 이에 위수(渭水)를 막아 보를 만들고, 패수(灞水)와 산수(滻水)를 끊어 동쪽으로 영풍창(永豐倉) 아래로 주입시켜 다시 위수와 합쳐지도록 하였다. 당초 산수(滻水)의 왼편에 망춘루(望春樓)[374]가 있었는데, 위견은 누대 아래를 깊이 파내 연못을 조성하여 조운이 통하도록 하였다. 황제가 누대에 올라 내려다보면서 "이 연못을 만들어 조운을 통하게 하였으니 만대의 이익이 하루아침에 이루어졌도다!"라고 말하였다.

玄宗擢韋堅爲水陸運使. 漢有運渠, 起關門, 西抵長安, 引山東租賦. 堅乃壅渭爲堰, 絶灞滻而東注求[375]豐倉下, 復與渭合. 初滻水之左有望春樓, 堅濬爲潭于樓下以通漕. 帝升樓臨觀曰, 置此潭以通漕運, 萬代之利, 一朝而成.[376]

곡창을 설치하여 군비를 줄이다.[치창생군(置倉省軍)] 배요경(裵耀卿)[377]이 평장사(平章事)의 신분으로 전운사(전운사)에 충원되어 하음창(河陰倉), 집진창(集津倉), 삼문창(三門倉)의 세 곡창을 설치하여 천하의 조세를 모았다. 3년 동안 7백만 섬을 쌓아 두면서 운송비는 3천만 민(緡)이나 절약하였다. 어떤 사람이 배요경에게 절감한 운송비용을 바쳐서 공적을 밝히라고 말하자, 배요경은 "이것을 가지고 총애를 구할 수는 없다."라고 하고서, 담당관이 곡식 구매 등에 들어간 돈으로 충당하였다고 상주하였다.

裵耀卿以平章事, 充轉運使, 置河陰·集津·三門倉, 引天下租. 三年積七百萬石, 省運費三十萬緡. 或說耀卿, 請進所省腳錢, 以明功利, 耀卿曰, 不可以求寵. 奏充所司和糴等錢.[378]

명철하신 주상께 보답할 수 있기를 바라다.[기보명주(期報明主)] 유안(劉晏)[379]이 원재(元載)[380]에 편지

---

369. 소제(昭帝): 서한(西漢) 제7대 황제로 재위 기간은 BC 86-BC 74년이다.

370. 경수창(耿壽昌): 한(漢)나라 사람으로 대사농중승(大司農中丞)을 역임하였다. 《구장산술(九章算術)》을 보완하고 혼천의(渾天儀)를 주조하였다.

371. 《한서(漢書)·식화지(食貨志)》

372. 현종(玄宗): 당(唐) 제8대 황제로 재위 기간은 712-755년이다.

373. 위견(韋堅): 당(唐) 경조(京兆) 출신으로 자는 자금(子金)이다. 현종(玄宗) 때에 장안령(長安令), 수륙전운사(水陸轉運使), 강회남조용전운처치사(江淮南租庸轉運處置使), 형부상서(刑部尙書), 어사중승(御史中丞) 등을 역임하였다.

374. 망춘루(望春樓): 당나라 때 도성인 섬서성 장안(長安)에 세운 누각이다.

375. '求'는 《구당서(舊唐書)》 등에 '永'으로 되어 있다.

376. 《고금합벽사류비요(古今合璧事類備要)》

377. 배요경(裵耀卿): 당(唐) 강주(絳州) 출신으로 자가 환지(煥之)이다. 경조윤(京兆尹), 시중(侍中), 우복야(右僕射) 등을 역임하였다.

378. 《산당사고(山堂肆考)·신직(臣職)》

379. 유안(劉晏): 당나라 때 사람으로 자는 사안(士安)이다. 어려서 신동으로 비서성정자(祕書省正字)에 임명되었고, 전운사(轉運使)를 맡아 현종(玄宗) 때 안사의 난으로 피폐해진 국가 재정을 튼튼히 하는 데 큰 공을 세웠으며 경조윤(京兆尹)을 역임하였다.

를 보내 말하기를 "한 줄기의 운하가 통하지 않음을 보게 되면 삽을 짊어지고 먼저 갈 것을 생각하고 한 알의 곡식이 운반되지 않음을 보면 쌀을 짊어지고 먼저 달려가고자 하였습니다. 속이 타고 몸이 고되어도 명철하신 주상께 보답할 수 있기를 바랍니다."라고 하였다. 유안이 물자의 운송을 자신의 임무로 삼음이 이와 같았다.

劉晏與元載書曰, 見一水不通, 思荷鍤而先往. 見一粒不運, 願負米而先趣. 焦心苦形, 期報明主. 晏以轉運爲任, 如是.381

말먹이와 군량을 신속하게 운송하다.[비추만속(飛芻輓粟)] 진(秦)나라가 흉노(匈奴)를 공격하고자 하여 천하로 하여금 말먹이와 군량을 신속하게 운송하게 하면서 황현(黃縣), 수현(腄縣), 낭야(琅琊)에서 바다를 등진 군(郡)에 이르기까지 하북(河北)으로 운송하게 하였는데, 보통 30종(鍾)에서 1석(石)만이 전해졌다.

秦欲攻匈奴, 使天下飛芻輓粟, 起於黃·陲382·琅邪, 至負海之郡, 轉輸河北, 率三十鍾而致一石.383

한(漢) 무제(武帝)는 서남이(西南夷)와 통하는 길을 만들었는데, 투입된 인원은 수만 명에 달하였다. 천 리 밖에서 머리에 지고 등에 메고 하여 양식을 운반하였는데, 대개 십여 종(鍾)에 1석(石)만이 전해졌다.

漢武通西南夷道, 作者數萬人. 千里負擔餽糧, 率十餘鍾致一石.384

세금이 너그럽고 공평하다.[부렴관평(賦斂寬平)]

왕질(王質)385이 형호전운사(荊湖轉運使)로 옮겼을 때의 일이다. 서쪽 변방에서의 군사작전으로 재정이 급박하게 되었을 때 홀로 세금의 잉여분을 상납하지 않았다. 그의 세금 징수는 너그럽고 공평함에 가까웠으며 한결같은 법률로 다스렸다. 다른 로(路)에서는 그 폐해를 감당하지 못 했지만 형호(荊湖) 일대 백성들은 전과 같이 편안하였다.

王質遷荊湖轉運使. 當用兵西方, 急於財用之時, 獨不進羡餘. 其賦斂近寬平, 治以常法. 他路不勝其弊, 而荊湖之人自若.386

수입을 비교해 보니 해마다 증가하다.[교입세증(較入歲增)] 두우(杜佑)387가 표문을 올려 이손(李巽)을 전운부사(轉運副使)로 추천하였는데, 얼마 지나지 않아 두우를 대신하게 되었다. 염철전운사(鹽鐵轉運使)는 유안(劉晏) 이후에 직무가 버려져 부진한 상태로서 부세의 수입이 감소된 상태였다. 이손이 임직한 지 1년 만에 수입을 비교해 보니 유안 시절 가장 많았을 때와 같았다. 다음 해에 또 이 숫자를 초과하였고 또 다음해에 180만 민(緡)이 증가했다.

杜佑表李巽爲轉運副使, 俄代佑. 使任自劉晏後, 職廢不振, 賦入朘耗. 巽涖職一年, 較所入, 如晏最多. 明年又過之, 又明年增百八十萬緡.388

그의 계책을 인정하다.[허기심계(許其心計)] 범민(范旻)이 (강소성 일대의) 회남전운사(淮南轉運使)가

---

380. 원재(元載): 당(唐) 대종(代宗) 때 사람으로 자가 공보(公輔)이다. 중서시랑(中書侍郎)으로 있으면서 권세를 휘두르고 뇌물을 마구 받아들이다가 사사(賜死)되었다.

381. 당(唐) 유안(劉晏) 〈유원재서(遺元載書)〉

382. '陲'는 《사기(史記)》에 '腄'로 되어 있다.

383. 《사기(史記)·평진후주보열전(平津侯主父列傳)》

384. 《사기(史記)·평준서(平準書)》

385. 왕질(王質): 송(宋) 대명(大名) 출신으로 자가 자야(子野)이다. 천장각대제(天章閣待制), 채주자사(蔡州刺史) 등을 역임하였다.

386. 주자(朱子) 《송명신언행록(宋名臣言行錄)》

387. 두우(杜佑): 당(唐) 만년(萬年) 출신으로 자는 군경(君卿), 시호는 안간(安簡)이다. 음보(蔭補)로 제남참군(濟南參軍)에 임명되고, 사도(司徒), 태보(太保)를 역임하였다. 대표적인 저술로 《통전(通典)》이 있다.

388. 《신당서(新唐書)·이손전(李巽傳)》

되자 태조가 보내면서 "경은 가난하니, 필요한 모든 경우에 관서의 돈을 차용하고 모두 편의대로 일을 처리하고 일일이 조정에 보고할 것은 없소."라 말하였다. 매년 쌀을 백만 섬 넘게 운송하여 경사에 공급하였다. 당시 여론은 그에게 계책이 있음을 인정하였다.

范旻爲淮南使. 太祖遣曰, 卿貧, 凡所須並借用官錢, 悉以便宜從事, 不必一一申覆也. 每歲運米百餘萬石, 以給京師. 時論許其有心計.[389]

상주하여 정구세를 경감하다.[奏減丁稅(奏減丁稅)]

채양(蔡襄)[390]이 복건전운사(福建轉運使)일 때에 옛 제방을 복구하여 백성들의 전답에 물을 대주니 사람들이 이를 이롭게 여기고 그를 위해 제방 옆에 생사(生祠)[391]를 세웠다. 또 민(閩) 지방 사람들이 오대(五代) 때 내던 정구세(丁口稅)[392]의 반액을 삭감해 주도록 상주하였다.

蔡襄爲福建轉運使, 復古塘以漑民田, 人利之, 爲生祠于塘側. 又奏減閩人五代時丁口稅之半.[393]

군의 조세를 대신 내다.[대수군세(代輸郡稅)] 정대창(程大昌)[394]이 강서전운부사(江西轉運副使)로 자리를 옮기게 되어 "이로움을 일으키고 해로움을 제거할 수 있으니, 내 뜻을 행하게 되었다."라고 말하였다. 흉년이 들자 돈 10여 만 민(緡)을 내서 네 군의 다섯 등급의 하세(夏稅)[395]와 절백(折帛)[396]을 대신 납부하여 굶주린 백성들이 도적이 되는 근원을 막았다.

程大昌徙江西路運副曰, 可以興利除害, 行吾志矣. 歲儉, 出錢十餘萬緡, 代輸四郡五等夏稅·折帛, 遏飢民爲盜之原.[397]

세금을 없애거나 감면하다.[제세감과(除稅減課)]

진요좌(陳堯佐)[398]가 하동전운사(河東轉運使)가 되었는데, 하동은 지역이 춥고 백성들이 가난하였다. 상주하여 석탄세를 없애고 관청의 야철(冶鐵)에 대한 세를 한 해 수십만을 삭감하여 백성들을 편하게 해 주고 말하기를, "전운사는 이익을 추구하는 관직이지만 이익에는 본말이 있다. 아랫사람이 넉넉하면 윗사람도 풍족하게 된다. 내가 어찌 속된 관리가 되겠는가?"라고 하였다.

陳堯佐爲河東轉運使, 河東地寒而民貧. 奏除石炭稅, 減官冶鐵課, 歲數十萬以便民. 曰, 轉運, 征利之官也, 利有本末. 下有餘則上足. 吾豈爲俗吏哉?[399]

누구도 감히 비행을 저지르는 사람이 없다.[막감위비(莫敢爲非)] 왕소(王素)[400]가 회남도전운사(淮南都轉運使)일 때에 깔아둔 정보원이 매우 광범했다. 사람들은 마치 왕소가 그의 집에 앉아서 보고 있는 것처럼 여겨 누구도 감히 비행을 저지르는 사람이 없었다. 탐악한 관리 중에는 스스로 자신을 탄핵하는 글을 올리고 떠나가는 사람이 있었다.

---

389. 《산당사고(山堂肆考)·신직(臣職)》
390. 채양(蔡襄): 송(宋) 홍화군(興化軍) 출신으로 자가 군모(君謨)이다. 지제고(知制誥), 개봉지부사(開封知府事), 한림학사(翰林學士) 등을 역임하였다.
391. 생사(生祠): 생존해 있는 사람의 덕을 기리기 위한 사당이다.
392. 정구세(丁口稅): 인구수에 따라서 매기는 세금이다. 정구전(丁口錢) 또는 정전(丁錢)이라고도 한다.
393. 《산당사고(山堂肆考)·신직(臣職)》
394. 정대창(程大昌): 송(宋) 휘주(徽州) 출신으로 자는 태지(泰之), 시호는 문간(文簡)이다. 소흥(紹興) 연간에 진사에 급제하여, 이부상서(吏部尙書), 용도각학사(龍圖閣學士)를 역임하였다.
395. 하세(夏稅): 당나라 때부터 토지에 부과하던 세금으로 하세(夏稅)와 추세(秋稅)로 나뉘어 있었다.
396. 절백(折帛): 남송(南宋) 초 상공(上供)·화매(和買)·하세(夏稅)로 납부하던 비단을 돈으로 환산하여 납부하던 제도이다.
397. 주자(朱子)《송명신언행록(宋名臣言行錄)》
398. 진요좌(陳堯佐): 송(宋) 낭주(閬州) 출신으로 자가 희원(希元)이다. 동평장사(同平章事)를 역임하였고 시서(詩書)에 능하였다.
399. 《산당사고(山堂肆考)·신직(臣職)》
400. 왕소(王素): 송(宋) 대명(大名) 출신으로 자가 중의(仲儀)이다. 지간원(知諫院), 공부상서(工部尙書) 등을 역임하였다.

王素爲淮南都轉運使, 所布耳目甚廣. 人人若素坐視其家, 莫敢爲非. 貪吏有自投劾而去者.[401]

수리사업으로 전답에 물을 대다. [수리개전(水利漑田)] 장지기(蔣之奇)[402]가 회동로전운부사(淮東路轉運副使)로 옮겼는데, 흉년이 들자 백성들을 모집하여 수리사업을 벌여서 떠도는 사람들을 먹였다. 9천여 경(頃)의 논에 물을 대었는데 예를 들면 양주(揚州)의 천장(天長)[403] 등 36개 저수지와 숙주(宿州)의 임오(臨澳)[404], 횡(橫), 사(斜)의 세 도랑으로, 이것이 그 가운데 대표적인 것이다.

蔣之奇遷淮東路轉運副使, 歲飢, 募民興水利以食流冗. 漑田九千餘頃, 如揚之天長三十六陂, 與宿之臨澳·橫·斜三溝, 此其大者也.[405]

영전을 열어 변경의 물자를 넉넉히 하다. [영전섬변(營田贍邊)] 구양수(歐陽修)[406]가 하동(河東)에 출사하였을 때 영전(營田)[407]을 열어 변경의 비축을 넉넉하게 하여 지금까지 도움을 받고 있다. 당초 집정대신이 구양수에게 하북(河北)의 수로를 맡겼던 것은 역시 그가 직무를 감당하지 못할 것을 바라고 그의 재주를 등한시하였던 것인데, 구양수가 임소에 이르러 재능이 자못 직무에 어울렸다.

歐陽修出使河東, 開營田以贍邊儲, 至今賴之. 初執政委修以河北之漕, 亦幸其不職而汗漫其才, 修至, 頗稱其職.[408]

관리를 세 등급으로 나누다. [관리삼등(官吏三等)] 경우(景佑)[409] 원년에 여러 로(路)의 전운사와 부사에게 영을 내려 거느리고 있는 관리들의 능력 여부를 살펴서 세 등급으로 나누도록 하였다. 공정하고 근면하며 청렴하고 일을 잘 처리하면서 문무(文武)에 있고 은혜가 백성에게 미친 자를 상등으로 하고, 일을 잘 처리하지만 치적으로 인한 명성이 없는 자는 차등으로 하며, 부패하고 나약하며 탐욕스럽고 게을러 공무가 다스려지지 않거나 뇌물을 받았다는 죄상이 드러나지 않았어도 부정을 저지르고 있다고 소문이 난 자는 하등으로 하여, 모두 즉시 보고하도록 하였다.

景佑元年, 令諸路轉運副使[410], 察所部官吏能否, 辨爲三等. 公勤廉幹, 文武可取, 利益於國, 惠及於民者爲上, 幹事而無治聲者爲次, 猥儒而貪慢, 公不治, 贓狀未露, 濫聲頗彰者爲下, 並立狀以聞.[411]

중요한 의리를 가장 잘 알다. [최식대체(最識大體)] 장사손(張士遜)[412]이 강서전운사(江西轉運使)로 나가게 되어 정사당(政事堂)[413]에서 왕문정공(王文正公)[414]에게 인사를 올리자 문정공이 넌지시 말했다. "조정에서 취하는 전매 이익이 심하오." 장사손이 일

401. 《한원신서(翰苑新書)·별집(別集)》
402. 장지기(蔣之奇): 송(宋) 상주(常州) 출신으로 자는 영숙(穎叔)이다. 복건전운판관(福建轉運判官), 용도각직학사(龍圖閣直學士) 등을 역임하였다.
403. 천장(天長): 송나라 때 양주(揚州)에 축조했던 저수지 이름이다.
404. 임오(臨澳): 송나라 때 숙주(宿州)에 축조했던 수로 이름이다.
405. 《한원신서(翰苑新書)·별집(別集)》
406. 구양수(歐陽修): 송(宋) 길주(吉州) 출신으로 자가 영숙(永叔)이다. 한림학사(翰林學士), 지제고(知制誥), 참지정사(參知政事) 등을 역임하였다.
407. 영전(營田): 나라에서 군량을 조달하기 위하여 병사나 유민(流民)에게 주둔지역의 논밭을 경작시키는 둔전(屯田)을 가리킨다.
408. 《직관분기(職官分紀》 권47.
409. 경우(景佑): 송(宋) 인종(仁宗)의 연호(1034-1038)이다.
410. '副使'는 《전송문고금사문유취(古今事文類聚)》 등에 '使副'로 되어 있다.
411. 《고금사문유취외집(古今事文類聚外集)·제사사부(諸使司部)》
412. 장사손(張士遜): 송(宋) 광화(光化) 출신으로 자가 순지(順之)이다. 시어사(侍御史), 동중서문하평장사(同中書門下平章事) 등을 역임하였다.
413. 정사당(政事堂): 당송 때 재상이 정사를 총괄하여 처리하던 곳이다.

어나 감사를 표하였다. 뒤에 이 직책을 대신할 때 문정공의 말을 생각해 사소한 이익도 구한 적이 없었다. 식견 있는 사람들은 "이 전운사야말로 중요한 의리를 알고 있다."라고 하였다.

張士遜出爲江西轉運使, 辭王文正公於政事堂, 公從容曰. 朝廷推利至矣. 士遜起謝. 後迭更是職, 思公之言, 未嘗求錐刀之利. 識者曰, 此運使識大體.[415]

시를 내려주고 장도(壯途)를 빌어 주다.[사시총행(賜詩寵行)] 왕수(王隨)[416]가 경서전운사(京西轉運使)로 나갔는데, 당시 왕수의 부모는 낙중(洛中)의 경서(京西)에 계셨으니 곧 그가 관할하는 곳이었다. 진종(眞宗)이 시(詩)를 하사하여 장도(壯途)를 빌어 주고 다시 양주(羊酒)[417]를 내려주며 집에 들르게 해 주었다. 당시 사람들이 이를 영예로운 일로 여겼다.

王隨出爲京西轉運使, 時隨父母在洛中京西, 乃其所部也. 眞宗賜詩, 寵行, 復以羊酒賜, 使過家. 時人榮之.[418]

여러 로(路)의 법이 되다.[위제로법(爲諸路法)] 선우신(鮮于侁)[419]은 낭중(閬中) 사람인데, 이주로전운사(利州路轉運使)의 판관(判官) 겸 제거상평(提擧常平)을 제수받았다. 임금[신종(神宗)]이 "선우신이 이주로의 요역에 관한 법령을 제정했는데, 가히 여러 로(路)의 법으로 삼을 만하다."라고 하였다. 또 상서하여 시정(時政)의 잘못을 진술하기를 "우환거리로 여길 만한 것이 둘이고, 길게 한숨이 나올 만한 일이 셋입니다."라고 하였다. 경동전운사(京東轉運使)로 옮겨 가게 되었는데, 떠날 즈음에 사마광(司馬光)이 "자준(子駿, 선우신의 자)을 전운사에 임명하는 것은 진실로 마땅하지 않다고 생각된다. 그러나 동쪽 지방의 적폐를 구하고자 한다면 자준이 아니고는 불가능하니, 이 사람은 한 로(路)의 복성(福星)[420]이다. 어찌하면 선우신과 같은 많은 사람들을 얻어 천하에 깔아 놓을 수 있을까?"라고 말하였다.

鮮于侁閬中人, 除利漕兼提擧常平. 上曰, 鮮于侁定利路役法, 可爲諸路法. 又上書, 陳時政闕失曰, 可爲憂患者二, 可爲長太息者三. 移京東轉運使, 比行, 司馬光曰, 以子駿爲轉運, 誠恐非宜. 然欲救東土之敝, 非子駿不可, 此一路福星也. 安得如侁百輩, 布列天下乎?[421]

책자에 병력과 군량을 기록하다.[책기병량(冊記兵糧)] 진종(眞宗)이 이적(李迪)[422]에게 섬서 지역 병사의 수에 대하여 묻자, "신이 전운사일 때에 소책자에 병졸과 군량을 적어 두어 징발에 대비했습니다. 지금도 여전히 차고 다니는 주머니에 넣어 두었습니다."라고 대답하였다. 진종이 종이를 주어 숫자를 적어 올리게 하면서, "뜻밖에 염파(廉頗)[423]와 이목(李

414. 왕문정공(王文正公): 왕단(王旦)을 가리킨다. 송(宋) 진종(眞宗) 때 명신으로, 벼슬이 태보(太保)에 이르렀고 위국공(魏國公)에 봉해졌다.
415. 《산당사고(山堂肆考)·신직(臣職)》
416. 왕수(王隨): 송(宋) 하남(河南) 출신으로 자는 자정(子正), 시호는 문혜(文惠)이다. 함평(咸平) 연간에 진사에 급제하여 동중서문하평장사(同中書門下平章事) 등을 역임하였다.
417. 양주(羊酒): 양과 술로 하사품이나 선물의 범칭(汎稱)이다.
418. 《동도사략(東都事略)》 권56.
419. 선우신(鮮于侁): 송(宋) 낭주(閬州) 출신으로 자가 자준(子駿)이다. 집현전수찬(集賢殿修撰), 진주지주사(陳州知州事) 등을 역임하였다.
420. 복성(福星): 복을 주관하는 목성(木星)으로 만인에게 행복과 희망을 가져다주는 사람을 가리킨다.
421. 《산당사고(山堂肆考)·신직(臣職)》
422. 이적(李迪): 진종(眞宗) 때 진사과(進士科)에 장원급제하여 집현전태학사(集賢殿大學士)와 동중서문하평장사(同中書門下平章事) 등을 역임하였다.
423. 염파(廉頗): 전국시대 조(趙)의 명장. 혜문왕(惠文王) 때 제(齊)의 군사를 격파한 공로로 상경(上卿)에 임명되었다. 인상여(藺相如)와 문경지교(刎頸之交)를 맺은 이후 한동안 진(秦)의 공세를 늦출 수 있었다.

牧)[424]이 나의 궁중에 있었구나!"라고 말하였다.

眞宗問李迪以陝西兵數, 對曰, 臣爲轉運使時, 方寸小冊記兵及糧, 以備調發. 今猶置佩囊中. 眞宗給紙, 令上數以進, 曰, 不意頗牧在吾禁中.[425]

오로지 현명한 인재의 천거에 힘쓰다.[전무거현(專務擧賢)] 송나라 양찰(楊察)[426]은 자(字)가 은보(隱甫)이다. 강동전운사(江東轉運使)일 때에 오로지 현명한 인재의 천거를 시급한 업무로 여기니, 누군가가 이를 비판하였다. 양찰은 "이 전운사란 직책은 조사하고 살피는 것이 직분이오. 세금 수입의 잉여분이나[427] 추스르는 일이라면 식견이 얕은 관리들도 할 수 있으니 어찌 군이 내가 나설 필요가 있겠소?"라고 말하였다.

宋楊察, 字隱甫. 爲江東轉運使, 專以擧賢爲急務, 人或譏之. 察曰, 此按察職也. 苟掇拾羨餘, 則俗吏能之, 何必我哉?[428]

관례적인 예물도 받지 않다.[불납상례(不納常禮)] 문절공(文節公) 양만리(楊萬里)[429]가 강동(江東) 전운사를 맡았는데, 관할구역을 시찰할 때의 관례적인 예물도 일체 받지 않았다. 심지어 제사나 잔치 음식을 보내와도 추호도 자신에게는 들이지 못 하게 하고 모두 관청으로 귀속시켰는데, 1천6백만 전(錢)에 달했다.

楊文節萬里, 漕運江東, 凡行部常禮, 一切不納. 至于折俎交饋, 秋毫勿以自入, 悉歸之官, 計錢一千六百萬.[430]

역마를 타고 와서 임금께 아뢰다.[승역상문(乘驛上聞)] 송(宋) 태종(太宗) 때 위정식(魏廷式)[431]은 여러 관직을 거쳐 익주전운사(益州轉運使)에 올랐다. 그는 이로 인하여 조정에 들어가 임금에게 상주하게 되었다. 태종이 "모든 일은 빠짐없이 중서성에 보고하시오."라고 말하자, 위정식이 "신이 3천 리 밖에서 역마를 타고 온 것은 중요한 일을 아뢰고자 해서입니다. 바라옵건대, 폐하께서 직접 결단해 주십시오. 재상을 만나러 온 것이 아닙니다."라고 대답하였다. 이에 바로 불시에 불러 대담하였다.

宋太宗時, 魏廷式累官益州轉運使. 因入奏, 帝謂曰, 百事具白中書. 廷式對曰, 臣三千里外, 乘驛而來, 以機事上聞. 願斷自宸衷. 非爲宰相也. 卽不時召對.[432]

심의륜이 보화를 물리치다.[의륜각보(義倫卻寶)] 송(宋) 심의륜(沈義倫)[433]이 수군전운사(隨軍轉運使)가 되어 성도(成都)에 들어갔을 때 위촉(僞蜀, 후촉)에서 진귀한 보물을 바쳤는데 모두 거절하였다. 동쪽으로 돌아올 때 상자 안에 있는 것이라곤 도서 몇 권뿐이었다. 임금(송 태조)이 그의 청렴함에 대하여 듣고서 추밀부사로 발탁하였다.

宋沈義倫爲隨軍轉運使, 入成都, 僞蜀有以珍寶爲獻, 皆卻之. 東歸, 篋中所有, 唯圖書數卷. 上聞其淸, 擢樞密副使.[434]

양자미가 구슬을 바치다.[자미헌주(子美獻珠)] 송(宋) 상서우승(尙書右丞) 양자미(梁子美)[435]가 당

424. 이목(李牧): 전국시대 조(趙)나라의 명장으로 흉노와 진(秦)나라의 군대를 대파한 공로로 무안군(武安君)에 봉해졌다.
425. 《동도사략(東都事略)》 권51.
426. 양찰(楊察): 송(宋) 여주(廬州) 출신으로 자가 은보(隱甫)이다. 어사중승(御史中丞), 호부시랑(戶部侍郎) 등을 역임하였다.
427. 원문의 '羨餘(선여)'는 당대 이후 지방 관원이 세금 수입의 잉여분이라는 명목으로 조정에 바치던 재물을 이르는 말이다.
428. 《산당사고(山堂肆考)·신직(臣職)》
429. 양만리(楊萬里): 송(宋) 길주(吉州) 출신으로 자가 정수(廷秀)이다. 국자박사(國子博士), 보문각대제(寶文閣待制) 등을 역임하였다.
430. 《산당사고(山堂肆考)·신직(臣職)》
431. 위정식(魏廷式): 송(宋) 대명(大明) 출신으로 자가 군헌(君憲)이다. 송주지주사(宋州知州事), 익주전운사(益州轉運使) 등을 역임하였다.
432. 《산당사고(山堂肆考)·신직(臣職)》
433. 심의륜(沈義倫): 송(宋) 초기 사람으로 태종(太宗)의 휘(諱)를 피하여 심윤(沈倫)으로 개명하였다.
434. 《산당사고(山堂肆考)·신직(臣職)》

초 하북전운사(河北轉運使)일 때에 운송하는 식량[436]을 빼돌려 황제에게 바치고 심지어는 공금 3백만 냥을 덜어내 북주(北珠)[437]를 사서 바치기도 하였다. 이로부터 여러 전운사들이 이러한 못된 짓을 본받아 다투어 세금 잉여분을 바쳤다.

宋尚書右丞梁子美, 初爲河北轉運使, 傾漕計以奉上, 至損緡錢三百萬, 市北珠以進. 由是諸漕臣效尤, 爭進羨餘.[438]

양굉이 탐욕을 부리는 사람을 제거하다.[양굉거탐(楊紘去貪)] 송(宋) 부필(富弼)이 양굉(楊紘)[439]을 강동전운사(江東轉運使)로 천거하였다. 양굉이 일찍이 이렇게 말한 적이 있다. "불법을 저지르는 사람이 만약 한 고을 한 마을에서 탐욕을 부린다면 양민 수천만 가구를 해치게 될 것이니, 차라리 그를 제거하여 단지 한 집에 불이익을 주는 것으로 그치게 하는 것이 낫다."

宋富弼薦紘爲江東轉運使. 紘嘗言, 不法之人, 如肆貪于一郡一邑, 害良民千萬家, 不若去之, 止不利一家耳.[440]

증치요가 두려워할 만하다.[치요가외(致堯可畏)] 송(宋) 증치요(曾致堯)[441]가 양절전운사(兩浙轉運使)일 때에 당시 간의대부(諫議大夫) 위상(魏庠)이 소주지주사(蘇州知州事)를 지내고 있었는데 예전의 은혜를 빌미로 승진하게 되었다. 증치요가 그의 죄를 탄핵하자 태종(太宗)이 "이 사람이 감히 위상의 죄를 다스리려 하다니 두려워할 만하다."라고 하였다.

宋曾致堯爲兩浙轉運使, 時諫議大夫魏知[442]庠知蘇州, 介舊恩以進. 致堯劾其罪, 太宗曰, 是人敢治魏庠, 可畏也.[443]

감사를 자처하다.[감사자처(監司自處)] 송(宋) 손보(孫甫)[444]가 양절전운사(兩浙轉運使)일 때에 당시 범문정(范文正)[445]이 항주(杭州) 태수로 있었는데, 대신으로서 간혹 편의에 따라 일을 처리하곤 하였다. 손보가 말했다. "범공께선 존귀한 신하입니다. 나는 이 점에 있어서 몸을 굽히지만 다른 일에서는 몸을 펴지 않을 수 없습니다." 이로부터 모든 일을 법으로 단속하면서 늘 감찰관을 자처하였다. 범중엄이 그를 대할 때에 싫어하는 기색이 없었으나 물러나서는 한스러움이 없을 수 없었다. 손보는 범중엄을 대함에 조금도 물러섬이 없었지만 늘 그의 어진 덕을 칭찬하며 부러워하였다.

宋孫甫爲兩浙轉運使, 時范文正守杭州, 以大臣或便宜從事. 公曰, 范公貴臣也, 吾屈于此, 不得不伸于彼矣. 由是一切繩之以法, 而常以監司自處. 范公遇之無倦色, 及退而不能無恨. 公遇范公, 不少下退, 而未嘗不稱羨其賢也.[446]

---

435. 양자미(梁子美): 송(宋) 수성(須城) 출신으로 자는 재보(才甫)이다. 직용도각(直龍圖閣), 개부의동삼사(開府儀同三司) 등을 역임하였다.
436. 원문의 조계(漕計)는 조운(漕運)하는 식량의 총량을 일컫는 말이다.
437. 북주(北珠): 만주 송화강(松花江)에서 생산되는 진주를 가리킨다. 알이 크고 윤기가 넘쳐 진귀한 진주로 알려졌다.
438. 《산당사고(山堂肆考)·신직(臣職)》
439. 양굉(楊紘): 송(宋) 복건(福建) 출신으로 자는 망지(望之)이다. 양억(楊億)의 종자(從子)인 그는 양억의 추천으로 벼슬길에 올라 전운사(轉運使), 안찰사(按察使), 태상소경(太常少卿) 등을 역임하였다.
440. 《산당사고(山堂肆考)·신직(臣職)》
441. 증치요(曾致堯): 송(宋) 남풍(南豐) 출신으로 자는 정신(正臣)이다. 태평흥국(太平興國) 연간 진사에 급제하여, 비서승(秘書丞), 양절전운사(兩浙轉運使), 예부낭중(禮部郎中)을 역임하였다.
442. '知'는 왕안석(王安石)의 〈호부랑중증간의대부증공묘지명(戶部郎中贈諫議大夫曾公墓志銘)〉에 의거하여 삭제하는 것이 마땅하다.
443. 《산당사고(山堂肆考)·신직(臣職)》
444. 손보(孫甫): 송(宋) 양적(陽翟) 출신으로 자는 지한(之翰)이다. 하북도전운사(河北都轉運使), 시독(侍讀) 등을 역임하였다.
445. 범문정(范文正): 송(宋)나라 때 재상을 지낸 범중엄(范仲淹: 989-1052)을 가리킨다. 자는 희문(希文)이고, 문정(文正)은 그의 시호이다.

간편한 수레로 언덕과 습지를 내달리다.[경거원습(輕車原隰)] 송(宋) 충정공(忠定公) 조여우(趙汝愚)[447]가 강서(江西) 일대의 전운사를 맡았다. 매번 간편한 수레를 타고 사건을 주관하여 처리하는 아전 두 사람과 호위병 한 사람을 데리고 언덕과 습지를 내달리며 백성들의 질고를 물었다. 그래서 장수 이하 모든 사람들이 그를 두려워하고 꺼렸다.

宋趙忠定公汝愚, 將漕江西. 每輕車, 攜主案吏二候兵一, 馳原隰, 訪民疾苦. 自帥閫而下, 悉嚴憚之.[448]

청렴하고 근면한 인사를 천거하라고 청하다.[청거렴근(請擧廉勤)] 송(宋) 함평(咸平)[449] 4년 비서승 사도(查道)[450]가 "조정에서 전운사를 임명할 때 돈과 곡식을 헤아리게 할 뿐 아니라 군현(郡縣)의 잘잘못도 살피는 일을 더해 줍니다. 청컨대 지금부터 전운사와 전운부사를 교체할 때에는 먼저 임기 내에 청렴하고 근면하며 재능과 학식을 갖춘 몇몇 인사에 대한 천거와 탐욕스럽고 잔혹하며 부정한 몇몇 사람에 대한 보고를 올린 것에 대하여 기록해 두었다가 조정에서 그 선악을 헤아려 상벌을 내리도록 하옵소서."라고 상주하자, 그 말을 따랐다.

宋咸平四年, 祕書丞查道上言, 朝廷命轉運使, 不惟商度金穀, 益以廉察郡縣臧否. 請自今轉運使副得替, 先批書一任曾擧若干廉勤才識之士, 曾奏若干貪殘猥濫之人, 朝廷量其臧否, 以行賞罰. 從之.[451]

녹미로 백성들을 구휼하다.[녹미진민(祿米賑民)] 송(宋) 간의대부 호칭(扈稱)[452]이 재로전운사(梓路轉運使)일 때에 마침 기근이 들었다. 길에 굶어죽은 시체가 즐비하자 호칭이 먼저 봉록으로 받은 쌀을 내서 백성들을 구제하였다. 이에 부자들도 모두 쌀을 관청으로 보내고자 하였으니 온전히 살아난 사람이 수만 명이나 되었다.

宋諫議扈稱爲梓路轉運使, 屬歲饑. 道殣相望, 稱先出祿米以賑民. 故富家大族, 皆願以米輸官, 全活者數萬人.[453]

《유원총보(類苑叢寶)》 권20 끝

---

446. 《산당사고(山堂肆考)·신직(臣職)》
447. 조여우(趙汝愚): 송(宋) 종실(宗室)로 자가 자직(子直)이다. 이부상서(吏部尙書), 지추밀원사(知樞密院事)를 역임하였다.
448. 《산당사고(山堂肆考)·신직(臣職)》
449. 함평(咸平): 북송(北宋) 진종(眞宗)의 연호(998-1003)이다.
450. 사도(查道): 송(宋) 흡주(歙州) 휴녕(休寧) 출신으로 단공(端拱) 연간 진사(進士)이다. 용도각대제(龍圖閣待制), 우사낭중(右司郎中)을 역임한 뒤, 괵주지주사(虢州知州事)로 나가 현정을 베풀었다.
451. 《산당사고(山堂肆考)·신직(臣職)》
452. 호칭(扈稱): 내력이 자세하지 않다.
453. 《산당사고(山堂肆考)·신직(臣職)》

문헌목록

* 이 목록은 《유원총보》에 인용된 문헌에다 간략히 서지사항을 곁들인 것이다. 그러나 널리 알려진 경서류(經書類)와 사서류(史書類), 제자백가류(諸子百家類)의 서적은 여기에 포함시키지 않았다.

《역(易)》=《주역(周易)》
《중(中)》=《중용(中庸)》
《시(詩)》=《시경(詩經)》
《논(論)》=《논어(論語)》
《노(老)》=《노자(老子)》
《장(莊)》=《장자(莊子)》
《사(史)》=《사기(史記)》

· 《가화(嘉話)》=《가화록(嘉話錄)》: 당(唐)의 유우석(劉禹錫)이 지은 필기소설집(筆記小說集).
· 《감우전(感遇傳)》=《신선감우전(神仙感遇傳)》: 당(唐)의 두광정(杜光庭)이 지은 소설집(小說集).
· 《개원천보유사(開元天寶遺事)》: 촉(蜀)의 왕인유(王仁裕)가 민간에 전해져 오던 고사(故事)를 모아 만든 책이라 하나 사실(史實)을 전한 것이 아니라 현종(玄宗) 시대[곧 開元, 天寶 연간]에 대한 동경에서 나온 풍문과 설화 모음집이라 할 수 있다.
· 《건강실록(建康實錄)》: 당(唐)의 허숭(許嵩)이 엮은 건강(建康) 일대의 지방지(地方志).
· 《건착도(乾鑿度)》: 정식 명칭은 《주역건착도(周易乾鑿度)》이며 《주역(周易)》의 위서(緯書)이다.
· 《격치경원(格致鏡原)》: 청(淸)의 진원룡(陳元龍)이 지은 필기류(筆記類)의 책이다.
· 《고금사문유취(古今事文類聚)》: 본집(本集)은 송(宋)의 축목(祝穆)이, 외집(外集)은 원(元)의 부대용(富大用)이 엮은 유서(類書)이다.
· 《고금주(古今注)》: 진(晉)의 최표(崔豹)가 지은 책으로 그 당시와 그 이전 시기의 각종 사물(事物)에 대하여 해설하고 전석(詮釋)한 것이다.
· 《고령요(考靈曜)》: 《상서(尙書)》 위서(緯書) 가운데 하나로 지금은 일실되었고, 집본이 《고미서(古微書)》에 전한다.

·《고미서(古微書)》: 명(明)의 손곡(孫穀)이 엮은 책으로 주로 위서류(緯書類)를 집록(輯錄)한 것이다.

·《고사전(高士傳)》: 진(晉)의 황보밀(皇甫謐)이 지은, 요순(堯舜) 이래로 한위(漢魏)에 이르는 은사(隱士)들의 전기(傳記)를 다룬 책이다.

·《곤학잡록(困學雜錄)》: 원(元)의 선우추(鮮于樞)가 지은 필기류(筆記類)의 책이다.

·《공총자(孔叢子)》: 공자(孔子) 이하 자사(子思)·자고(子高)·자순(子順) 등 공씨(孔氏) 집안의 언행을 모아 놓은 것으로 공자(孔子)의 8세손인 공부(孔鮒)가 지은 것이라 하나 후인의 위작(僞作)이다.

·《관령내전(關令內傳)》: 《수서(隋書)·경적지(經籍志)》에, "귀곡선생찬(鬼谷先生撰)"으로 되어 있지만 내력이 자세하지 않다.

·《괄지지(括地志)》: 당대(唐代)의 위왕(魏王) 이태주(李泰主)가 엮은 대형 지리서(地理書)이다.

·《광아(廣雅)》: 위(魏)의 장읍(張揖)이 엮은 소학류(小學類)의 책이다.

·《금수만화곡(錦繡萬花谷)》: 편자를 알 수 없는 송대(宋代)의 유서(類書)이다.

·《기찬연해(記纂淵海)》: 송(宋)의 반자목(潘自牧)이 엮은 유서(類書)이다.

·《남강기(南康記)》: 진(晉)의 등덕명(鄧德明)이 지은 남강군(南康郡)과 우도(雩都) 일대의 지방지(地方志).

·《남부신서(南部新書)》: 송(宋)의 전이(錢易)가 지은 책인데 당(唐)과 오대(五代)의 고사(故事)를 기록한 것이다.

·《냉재야화(冷齋夜話)》: 송(宋)의 혜홍(惠洪)이 지은, 필기(筆記)와 시화(詩話)가 섞인 책인데 논시(論詩)를 위주로 하고 있다.

·《담원(談苑)》: 송(宋)의 공평중(孔平仲)이 지은 필기류(筆記類)의 책이다.

·《담원제호(譚苑醍醐)》: 명(明)의 양신(楊愼)이 지은 훈고서(訓詁書).

·《당문수(唐文粹)》: 송(宋)의 요현(姚鉉)이 지은 당나라 문장 선집이다.

·《동명기(洞冥記)》: 한(漢)의 곽헌(郭憲)이 지은 것으로 전해지는 소설로 《한무제별국동명기(漢武帝別國洞冥記)》라고도 한다.

·《동성부로전(東城父老傳)》: 당(唐)의 진홍(陳鴻)이 지은 전기소설집(傳奇小說集)이다.

·《동파전집(東坡全集)》: 북송(北宋) 소식(蘇軾)의 저작 총집으로 명말(明末)에 간행되었다.

·《두양잡편(杜陽雜編)》: 당(唐)의 소악(蘇鶚)이 지은 필기소설집(筆記小說集)이다.

·《두위의(斗威儀)》=《예두위의(禮斗威儀)》: 한대(漢代)에 엮어진 《예기(禮記)》의 위서(緯書).

·《명황잡록보유(明皇雜錄補遺)》: 《명황잡록(明皇雜錄)》과 함께 당(唐)의 정처회(鄭處晦)가 지은 필기류의 책이다.

·《몽계필담(夢溪筆談)》: 송(宋)의 심괄(沈括)이 지은 필기류(筆記類)의 책으로 송(宋)나라 과학사(科學史) 연구의 중요한 자료로서 후세에 공헌한 바가 크다.

·《몽화록(夢華錄)》=《동경몽화록(東京夢華錄)》: 송(宋)의 맹원로(孟元老)가 엮은 책으로 북송(北宋)의 수도였던 개봉부(開封府)의 풍모(風貌)를 추억하여 기술한 것인데 풍속과 상업 등 귀족과 서민의 생활상 전반을 두루 다루고 있어 사료적인 가치가 매우 크다.

·《문견후록(聞見後錄)》: 송(宋)의 소박(邵博)이 지은 필기류의 책이다.

·《문자(文子)》: 노자(老子)의 제자인 문자(文子)가 지은 것으로 전해지는 책으로 《통현진경(通玄眞經)》으로 불리기도 한다. 《노자(老子)》, 《장자(莊子)》, 《열자(列子)》와 더불어 도가(道家) 사대경전(四大經典)의 하나

이다.

·《문창잡록(文昌雜錄)》: 송(宋)의 방원영(龐元英)이 엮은 역사(歷史) 필기류(筆記類)의 책이다.

·《박물지(博物志)》: 서진(西晉)의 장화(張華)가 엮은 책으로 선인(仙人)과 괴수(怪獸)에 대한 이야기가 대부분이나 자연(自然)에 관한 사항도 있다.

·《박오경이의보유(駁五經異義補遺)》: 《박오경이의(駁五經異義)》와 함께 한(漢)의 정현(鄭玄)이 지은 경학(經學) 관련 도서인데 주로 허신(許愼)의 견해를 비판한 것이다.

·《반자진시화(潘子眞詩話)》: 황정견(黃庭堅)의 제자였던 북송(北宋)의 반순(潘淳 : 潘惇이라고도 함)이 엮은 시화집(詩話集). '子眞'은 그의 자이다.

·《백공육첩(白孔六帖)》: 당(唐)의 백거이(白居易)가 지은 일종의 유서(類書)인 《육첩(六帖)》에 송(宋)의 공전(孔傳)이 《후육첩後六帖)》을 더하여 엮은 책이다.

·《백집(白集)》=《백씨장경집(白氏長慶集)》: 당대(唐代) 백거이(白居易)의 시문집인데 '長慶'은 당(唐)나라 목종(穆宗) 장경(長慶) 연간에 간행되었기 때문에 붙여진 것이다.

·《백호통(白虎通)》=《백호통의(白虎通義)》=《백호통덕론(白虎通德論)》: 동한(東漢)의 반고(班固)가 편찬한 책이다. 장제(章帝) 시절에 군유(群儒)가 백호관(白虎觀)에 모여 오경(五經)의 이동(異同)을 담론한 것을 편집한 것이다.

·《법서요록(法書要錄)》: 당(唐) 장언원(張彦遠)이 엮은, 서법(書法)에 관계되는 논저(論著)의 총집(總集)이다.

·《별록(別錄)》: 유향(劉向)이 비서성(秘書省)에서 경전(經傳)을 교감한 뒤에 편목(篇目)을 나누어 대의(大意)를 기술한 책으로 중국 목록학(目錄學)의 비조로 일컬어진다.

·《별아(別雅)》: 청(淸)의 오옥진(吳玉搢)이 지은 《이아(爾雅)》 계통의 사서류(辭書類)이다.

·《보전(寶典)》=《옥촉보전(玉燭寶典)》: 수(隋)의 두태경(杜台卿)이 엮은 필기류(筆記類)의 책이다.

·《북당서초(北堂書鈔)》: 당(唐)의 우세남(虞世南)이 엮고 명(明)의 진우모(陳禹謨)가 보주(補註)한, 현존하는 중국 최고(最古)의 유서(類書)이다.

·《비아(埤雅)》: 송(宋)의 육전(陸佃)이 지은 책으로, 여러 사물의 명의(名義)를 밝혔는데 특히 이름을 얻게 된 연유를 캔 것이 많다. 책명은 《이아(爾雅)》를 보충한다는 뜻이다.

·《사물기원(事物紀原)》: 송(宋)의 고승(高承)이 엮은 책으로 사물의 기원(起源)을 논한 것이다.

·《산당사고(山堂肆考)》: 명(明)의 팽대익(彭大翼)이 엮은 유서(類書)이다.

·《산서(山書)》: 청(淸)의 손승택(孫承澤) 이 엮은 지리서(地理書)이다.

·《산해경(山海經)》: 하(夏)나라 우왕(禹王) 또는 백익(伯益)이 지었다고 하나 전국시대 이후에 지어진 것으로 보이는 중국 최고(最古)의 지리서(地理書)이다. 원래는 23권이었다고 하나 전한(前漢) 말기에 유흠(劉歆)이 교정(校定)한 18편만 전해지고 있다.

·《삼략직해(三略直解)》: 명(明)의 유인(劉寅)이 엮은 《삼략(三略)》의 주해서(注解書)이다.

·《삼수소독(三水小牘)》: 당(唐)의 황보매(皇甫枚)가 지은 전기소설집(傳奇小說集)이다.

·《상서중후(尙書中候)》: 한대(漢代)에 엮어진 《상서(尙書)》의 위서(緯書).

·《서경잡기(西京雜記)》: 진(晉)의 갈홍(葛洪)이 전한(前漢) 시대의 잡사(雜事)를 기록한 책이다.

·《서응도(瑞應圖)》: 한대(漢代)의 손씨(孫氏)가 지은 것으로 전해지는 위서(緯書).

·《석명(釋名)》: 후한(後漢)의 유희(劉熙)가 지은 책으로 같은 음을 가진 말로 어원을 설명한 것이다. 분류방법은《이아(爾雅)》와 같으나 소리가 비슷한 말은 의미에도 많은 관련이 있다고 여기는 성훈(聲訓)의 입장에서 해설한 것이다.

·《석씨요람(釋氏要覽)》: 북송(北宋)의 석도성(釋道誠)이 엮은, 승려들과 수도(修道)에 관한 생활 지침 등을 다룬 책이다.

·《선실지(宣室志)》: 당(唐) 장독(張讀)이 편찬한 책으로, 귀신(鬼神)의 일을 기록한 것이다.

·《설문(說文)》=《설문해자(說文解字)》: 동한(東漢)의 허신(許愼)이 지은 자서(字書)로, 총 9,353자가 수록되어 있다. 처음으로 한자(漢字)를 부수(部首)에 따라 배열하고, 육서(六書)에 입각하여 자형(字形)과 자원(字源)을 분석하였다.

·《세시광기(歲時廣記)》: 송(宋)의 진원정(陳元靚)이 지은 세시류(歲時類)의 책이다.

·《소서(素書)》: 한(漢)의 황석공(黃石公)이 엮은 것으로 전해지는 병서(兵書)이다.

·《소설(小說)》: 남조(南朝) 양(梁)의 은운(殷芸)이 지은 소설집으로 육조(六朝)의 문헌학(文獻學) 방면에 중요한 가치를 지니고 있는 책이다.

·《속제해기(續齊諧記)》: 양(梁)의 오균(吳均)이 지은 지괴소설집(志怪小說集)이다.《제해기(齊諧記)》는 유송(劉宋)의 동양무의(東陽無疑)가 지은 것이다.

·《송고승전(宋高僧傳)》:《대송고승전(大宋高僧傳)》이라고도 하며 송(宋)의 찬녕(贊寧)이 칙명에 따라 편찬한 책으로 당(唐) 태종(太宗)으로부터 송(宋) 태종(太宗)에 이르는 시기의 고승들에 대한 전기(傳記)를 다루었다.

·《송략(宋略)》: 남조(南朝) 양(梁)의 배자야(裴子野)가 엮은, 유송(劉宋)의 역사서로 전서(全書)는 산일되고 그 일부가《통전(通典)》과《문원영화(文苑英華)》등에 보인다.

·《수신기(搜神記)》: 위진(魏晉)의 간보(干寶)가 엮은, 괴이전설(怪異傳說)을 집대성한 책이다.

·《습유기(拾遺記)》: 진(晉)의 왕가(王嘉)가 지은 지괴서(志怪書)이다.

·《시자(尸子)》: 전국시대(戰國時代) 초(楚)나라 시교(尸佼)가 엮은, 도가(道家)와 법가(法家) 사상이 뒤섞여 있는 책이다.

·《시화총구(詩話總龜)》: 송(宋)의 완열(阮閱)이 엮은 시화총집(詩話總集)이다.

·《신안지(新安志)》: 송(宋)의 나원(羅願)이 지은 신안(新安) 일대의 지방지(地方志).

·《신이경(神異經)》: 한(漢)의 동방삭(東方朔)이 지은 소설이라 하나 진(晉)나라 이후의 위작(僞作)이다.

·《양자법언(揚子法言)》: 전한말(前漢末)의 양웅(揚雄)이《논어(論語)》의 체재를 모방하여 문답체로 구성한 사상서(思想書)이다.

·《양한박문(兩漢博聞)》: 송(宋)의 양간(楊侃)이 엮은 양한(兩漢) 시기의 잡사(雜史).

·《어선당송시순(御選唐宋詩醇)》: 청(淸)의 건륭제(乾隆帝)가 엮은 당송(唐宋) 시기의 시선집(詩選集).

·《어은총화(漁隱叢話)》: 송(宋)의 호자(胡仔)가 엮은 시화총집(詩話總集)이다.

·《어은총화후집(漁隱叢話後集)》:《어은총화전집(漁隱叢話前集)》과 함께 송(宋)의 호자(胡仔)가 엮은 시화총집(詩話總集)이다.

·《어정연감유함(御定淵鑑類函)》: 청(淸) 강희제(康熙帝)의 칙령에 따라 장영(張英)과 왕사정(王士禎) 등이 편찬한 유서(類書)이다.

· 《업중기(鄴中記)》: 진(晉)의 육홰(陸翽)가 엮은 재기류(載記類)의 역사서(歷史書).

· 《여산기(廬山記)》: 송(宋)의 진순유(陳舜兪)가 여산의 지리환경과 명승고적 및 옛사람들의 제시(題詩) 등을 모아 엮은 책이다.

· 《역림(易林)》: 한(漢)의 초연수(焦延壽)가 지은 《주역(周易)》에 관한 책이다.

· 《역비후(易飛候)》: 한대(漢代)의 경방(京房)이 지은 《주역(周易)》의 위서(緯書)로 정식 명칭은 《주역비후(周易飛候)》이다.

· 《역아(易雅)》: 송(宋)의 조여매(趙汝楳)가 지은 《주역(周易)》에 관한 책이다.

· 《역위(易緯)》: 《주역(周易)》 위서(緯書)의 하나.

· 《역전(易傳)》: 한대(漢代)의 경방(京房)이 지은 《주역(周易)》의 위서(緯書)로 정식 명칭은 《경씨역전(京氏易傳)》이다.

· 《연번로(演繁露)》: 송(宋)의 정대창(程大昌)이 지은 책으로 《정씨연번록(程氏演繁錄)》이라고도 하는데 격물치지(格物致知)를 종지(宗旨)로 삼아 삼대(三代)에서 송대(宋代)에 이르는 시기의 잡다한 일을을 기록한 것이다.

· 《열녀전(列女傳)》: 한(漢)의 유향(劉向)이 지은, 현모(賢母)·양처(良妻)·열녀(烈女)·투부(妬婦)의 전기(傳記)를 다룬 책이다.

· 《열이전(列異傳)》: 진(晉)의 장화(張華)가 엮은 것으로 전해지는 신괴류(神怪類)에 관한 책이다.

· 《영릉기(零陵記)》: 송(宋)의 도악(陶岳)이 엮은 영주(永州) 일대의 지리지(地理志)이다.

· 《영외록이(嶺外錄異)》: 유송(劉宋)의 유창(劉昶)이 이문(異聞)과 잡사(雜事)를 수집하여 엮은 책이다.

· 《예문유취(藝文類聚)》: 당(唐) 구양순(歐陽詢)이 엮은 유서(類書)이다.

· 《오경통의(五經通義)》: 한(漢)의 유향(劉向)이 지은, 오경(五經)에 대한 주석서이다.

· 《옥지당담회(玉芝堂談薈)》: 명(明)의 서응추(徐應秋)가 엮은 책으로 기존의 필기(筆記類)와 소설(小說)을 채록하여 여러 가지 일을 고증(考證)한 책이다.

· 《운급칠첨(雲笈七籤)》: 송(宋)의 장군방(張君房)이 지은, 도교(道教) 교리를 종합한 책으로 《소도장(小道藏)》이라고도 한다.

· 《월절서(越絶書)》: 오월(吳越)의 역사와 지리를 기록한 엮은이를 알 수 없는 한대(漢代)의 책인데 《월절(越絶)》, 《월록(越錄)》, 《월기(越記)》 등으로도 불린다.

· 《유괴록(幽怪錄)》: 당(唐)의 우승유(牛僧孺)가 지은 소설집인데 애초의 제목은 《현괴록(玄怪錄)》이었으나 송인(宋人)들이 《유괴록》으로 고쳐 불렀다.

· 《유명록(幽明錄)》: 남조(南朝) 송(宋) 유의경(劉義慶)이 편찬했다고 전해지는 지괴소설집이다. 원서는 이미 없어졌고 노신(魯迅)의 《고소설구침(古小說鉤沈)》에 일문(逸文) 260 항목이 집록되어 있다.

· 《유설(類說)》: 송(宋)의 증조(曾慥)가 고래(古來)의 문언소설(文言小說)을 모아 엮은 총집이다.

· 《유양잡조(酉陽雜俎)》: 당(唐)의 단성식(段成式)이 지은 필기류의 책으로 당대(唐代) 사회를 연구하는 데 있어 귀중한 사료가 되고 있다.

· 《육도(六韜)》: 중국 고대 병학(兵學)의 최고봉인 '무경칠서(武經七書)' 가운데 하나. '도(韜)'는 화살을 넣는 주머니, 싸는 것, 수장(收藏)하는 것을 말하며, 변하여 깊이 감추고 나타내지 않는다는 뜻에서 병법의 비결을 의미한다.

· 《육첩(六帖)》: 당(唐)의 백거이(白居易)가 지은 일종의 유서(類書)로 오늘날의 고사성어집(故事成語集)과 유사하다.

· 《익부기구전(益部耆舊傳)》: 삼국(三國) 촉(蜀)의 진수(陳壽)가 지은 촉(蜀)나라 인물들에 대한 전기(傳記)이다.

· 《장력(長曆)》: 삼국시대(三國時代)의 오서정(吳徐整)이 엮은 역서(曆書)이다.

· 《장루기(粧樓記)》: 남당(南唐)의 장필(張泌)이 엮은 책 이름.

· 《전략(典略)》=《회계전략(會稽典略)》: 위(魏)의 어환(魚豢)이 지은 것으로 전해지는 회계(會稽) 일대의 지방지(地方志).

· 《제동야어(齊東野語)》: 송(宋)의 주밀(周密)이 지은 필기류의 책으로 송원(宋元) 교체기의 조정(朝廷) 대사(大事)를 주로 다룬 것이다.

· 《제왕세기(帝王世紀)》: 진(晉)의 황보밀(皇甫謐)이 지은 책으로 역대 제왕의 세계(世系)와 연대(年代) 및 사적(事跡)을 적은 일종의 역사서이다.

· 《제지기(齊地記)》: 진(晉)의 안모(安模)가 지은 제(齊)나라 일대의 역사와 지리, 풍속들을 정리하여 엮은 책이다.

· 《조야첨재(朝野僉載)》: 당(唐)의 장작(張鷟)이 당대(唐代) 조야(朝野)의 유사(遺事)와 일문(軼聞)을 엮은 책이다.

· 《주비산경(周髀算經)》: '산경십서(算經十書)'의 하나로 중국 최고(最高)의 산서(算書)이자 역서(曆書)이다. 주대(周代)에 그 원형(原形)이 이루어졌다고 하나 지은이는 알 수 없다.

· 《주사(麈史)》: 송(宋)의 왕득신(王得臣)이 지은 필기류(筆記類)의 책인데 시화(詩話)와 함께 문장을 논한 것이 많다.

· 《주역괘서론(周易卦序論)》: 진(晉)의 양예(楊乂)가 《주역(周易)》의 괘(卦)와 그 순서에 관하여 논한 책이다.

· 《지림(志林)》=《동파지림(東坡志林)》: 송(宋)의 소식(蘇軾)이 원풍(元豊)에서 원부(元符) 연간에 이르는 20여 년 사이에 지은 잡설(雜說) 및 사론(史論) 등을 모아 놓은 책이다.

· 《지정집(至正集)》: 원(元)의 허유임(許有壬)이 지은 별집류(別集類)의 책이다.

· 《진고(眞誥)》: 양(梁)의 도홍경(陶弘景)이 지은 책으로, 신선(神仙)들이 비결(秘訣)을 전수한 일을 기록하였다.

· 《집이기(集異記)》: 당(唐)의 설용약(薛用弱)이 지은 전기소설집(傳奇小說集)이다. 일명 고이기(古異記)라고도 한다.

· 《찬요(纂要)》=《양원제찬요(梁元帝纂要)》: 남조(南朝)의 양원제(梁元帝)가 엮은 잡서류(雜書類)의 책이다.

· 《척언(摭言)》=《당척언(唐摭言)》: 오대(五代)의 왕정보(王定保)가 엮은 필기소설집(筆記小說集)으로 당대(唐代) 시인(詩人)과 문사(文士)들의 유문일사(遺聞逸事)를 수록한 것이다.

· 《천중기(天中記)》: 명(明)의 진요문(陳耀文)이 엮은 유서(類書)이다.

· 《청이록(淸異錄)》: 송(宋)의 도곡(陶穀)이 수당(隋唐)과 오대(五代)시기의 책에서 천문(天文), 지리(地理), 초목(草木) 등과 관련한 사항들을 채록(採錄)한 것이다.

· 《초학기(初學記)》: 당(唐)의 서견(徐堅) 등이 편찬한 유서(類書)로 고금(古今)의 시문(詩文)을 전거(典據)로 하고 있다는 점이 특기할 만하다.

· 《춘추감정부(春秋感精符)》: 《춘추(春秋)》의 위서(緯書) 가운데 하나이다. 지금은 없어졌고 집본(輯本)이 《고미서(古微書)》에 전한다.

· 《춘추고요(春秋考曜)》: 정식 명칭은 《춘추고령요(春秋考靈曜)》이며 《춘추(春秋)》의 위서(緯書)이다.
· 《춘추번로(春秋繁露)》: 한(漢)의 동중서(董仲舒)가 《춘추공양전(春秋公羊傳)》을 근거로 하여 《춘추(春秋)》의 뜻을 밝힌 책이다.
· 《춘추설제사(春秋說題辭)》: 《춘추(春秋)》의 위서(緯書) 가운데 하나이다.
· 《춘추연공(春秋演孔)》: 송균(宋均)이 지은 것으로 전해지는, 《춘추(春秋)》의 위서(緯書)로 정식 명칭은 《춘추연공도(春秋演孔圖)》이다.
· 《춘추원명포(春秋元命苞)》: 《춘추(春秋)》의 위서(緯書) 가운데 하나이다. 지금은 없어졌고 집본(輯本)이 《고미서(古微書)》와 《옥함산방집일서(玉函山房輯逸書)》에 전한다.
· 《침구갑을경(鍼灸甲乙經)》: 진(晉)의 황보밀(皇甫謐)이 지은 의서(醫書)이다. 줄여서 《갑을경(甲乙經)》으로 칭하기도 한다.
· 《태평광기(太平廣記)》: 북송(北宋)의 이방(李昉) 등이 칙찬(勅撰)한 소설(小說) 총집이다.
· 《태평어람(太平御覽)》: 애초의 이름은 《태평총류(太平總類)》이며 줄여 《어람(御覽)》이라고도 한다. 송(宋) 태종(太宗)의 명에 따라 이방(李昉) 등이 편찬한 유서(類書)로 977년에 착수하여 983년에 완성시킨 1,000권에 달하는 방대한 책이다.
· 《태현경(太玄經)》: 서한(西漢)의 양웅(揚雄)이 《주역(周易)》을 모방하여 지은 것으로, 천지 만물의 기원과 그 공덕을 논하였다.
· 《통전(通典)》: 당대(唐代)의 두우(杜佑)가 엮은 책으로 태고에서부터 당대까지의 전장제도(典章制度)의 변천 등을 다룬 것이다.
· 《풍속통(風俗通)》=《풍속통의(風俗通義)》: 후한(後漢)의 응소(應劭)가 지은 책으로 당시 사람들의 풍속에 대한 잘못된 인식을 바로잡으려고 사물을 고증하고 논술한 것이다.
· 《하도(河圖)》=《하도괄지상도(河圖括地象圖)》: 옛날에 우(禹)임금이 치수를 할 때 얻었다고 하는 지리서(地理書)이다. 오늘날 전해지는 것은 명(明)의 손곡(孫穀)이 잔결(殘缺)을 《고미서(古微書)》에 집록(輯錄)한 것이다.
· 《한부명담(翰府名談)》: 《송사(宋史) · 예문지(藝文志)》에 의하면 유부(劉斧)의 저서로 되어 있으나 원서는 전하지 않고 각종 시화류에 그 잔문(殘文)이 보인다.
· 《한의(漢儀)》: 한(漢)의 채질(蔡質)이 엮은 한(漢)나라 의례(儀禮)에 관한 책이다.
· 《함문가(含文嘉)》: 한대(漢代)에 엮어진 《예기(禮記)》의 위서(緯書)로 정식 명칭은 《예함문가(禮含文嘉)》이다.
· 《해내십주기(海內十洲記)》: 한(漢)의 동방삭(東方朔)이 지었다고 하나 육조(六朝) 사람의 위작(僞作)이다. 십주(十洲)의 소재지와 산물 등을 기술한 책이다.
· 《혁상신서(革象新書)》: 원(元)의 조우흠(趙友欽)이 지은 천문산술서(天文算術書)이다.
· 《협제유고(夾漈遺稿)》: 송(宋)의 정초(鄭樵)가 지은 별집류(別集類)의 책이다.
· 《형초세시기(荊楚歲時記)》: 양(梁)의 종름(宗懍)이 지은 세시기인데 현존하는 중국 세시기 중에서 가장 오래된 것으로 초나라 특유의 세시뿐만 아니라 일반적인 풍습도 기술되어 있다.
· 《환범(桓範)》=《환범세요론(桓範世要論)》: 위(魏)의 환범(桓範)이 지은 책으로 《군서치요(群書治要)》에 그 일부인 〈정요론政要論〉 14편(篇)이 실려 있다.

· 《황제내경소문(黃帝內經素問)》: 진한대(秦漢代)에 지어진 의서(醫書)이다. 황제(黃帝)가 그의 신하이자 명의(名醫)인 기백(岐伯)과 문답하는 형식으로 내용을 기술하였다.
· 《회계전록(會稽典錄)》: 진(晉)의 우예(虞預)가 지은 회계(會稽) 일대의 지방지(地方志)로 명(明)의 도종의(陶宗儀)가 편찬한 《설부(說郛)》에 집록되어 있다.
· 《후산시화(後山詩話)》: 송(宋)의 진사도(陳師道)가 지은 시화집(詩話集)이다.
· 《후청록(侯鯖錄)》: 송(宋)의 조령치(趙令畤)가 엮은 책으로 당(唐)·오대(五代)의 시사(詩詞)와 문장(文章) 및 이와 유관한 일사(軼事)를 기록한 것이다.

Abstract

Yuwonchongbo (類苑叢寶)

Translated and Annotated by
Yeong-Ju Lee, Chang-Hwan Kim, Namjong Lee

Yuwonchongbo, edited by Kim Yuk (金堉), a scholar during the reign of King Injo (仁祖) of the Joseon (朝鮮) dynasty, is a set of encyclopedias composed of 47 volumes. It contains the essence of hundreds of major Chinese books. *Yuwonchongbo* is divided into 25 sections: The Way of Heaven, the Time of Providence, the Way of the Earth, Kings, Government Post, Yibu (吏部), Hobu (戶部), Yebu (禮部), Byungbu (兵部), Hyungbu (刑部), Human Duties, Humanity, Personnel, Literature, Brush and Chinese Ink, Royal Seal, Precious Treasures, Cloth and Silk, Instruments, Food, Official Outfits, Grain, Trees and Plants, Birds and Beasts, and Insects and Fish. It is actually 27sections when one includes Sai (四夷: barbarians) and Shingwi (神鬼: Sprits) that are attached to the Appendix. Thus we can say *Yuwonchongbo* contains all the human affairs and the world of Nature.

The most distinct characteristic of *Yuwonchongbo* is that its items and references were chosen from a Korean viewpoint by a Korean. In addition, though *Yuwonchongbo* was modeled after a Chinese encyclopedia, *Shiwenleiju* (事文類聚), it omitted messy parts and supplemented some necessary parts and corrected mistakes on the basis of some famous books such as *Yiwenleiju* (藝文類聚), *Tangleihan* (唐類函), *Tianzhongji* (天中記), *Santangsikao* (山堂肆考), and *Yunfuqunyu* (韻府群玉). Also, it was convenient to read since it functionedas both a dictionary and an encyclopedia. Thus the completeness of the book was much improved.

The reason that we translated *Yuwonchongbo* into Korean is not because it has any historical value as one of the first encyclopedias, but because it is representative from the aspectsof the form and content. As the book has already been recognized as a treasure for a long time, it is believed that the book will function as a necessary tool for present-day scholars.

발간사

'한국학'은 이제 학문의 한 분야로 자리잡았다. 한국학을 전공으로 하는 학과도 생겨나고 한국학 연구자들의 국제학술대회도 자주 접할 수 있다. 한국사회가 짧은 시기에 보여 준 역동적인 변화에 대한 학문적 관심이 나라 안팎으로 증대된 결과일 것이다. 한국의 역사와 문화, 사회적 경험에 점점 더 많은 연구자들이 관심을 기울이는 것은 매우 반가운 일이다.

한국학이란 고정된 분과학문 체계 내의 한 부분영역이 아니라 다양한 분과학문들이 함께 참여하는 학제적 연구의 성격을 지닌다. 한국학은 과거의 전통에 깊은 관심을 갖지만 현재의 문제들에도 주목하며 미래의 전망을 모색하는 작업도 포함한다. 인문학적 논의와 사회과학적 관심은 물론이고 자연과학적 문제의식과 예술적 시각이 함께 어우러지는 곳이다. 당연히 한국학은 국내의 연구자들이 자신의 특수성만을 부각시키는 폐쇄적인 장이 아니라 전 세계의 학자들이 자유롭게 참여하는 지적 토론의 공간이 되어야 한다. 한국을 대상으로 한 다양한 연구를 지원하며 진지한 논의와 지적 실험을 뒷받침하는 것이야말로 한국학의 가장 중요한 역할이라 할 것이다.

이런 의미에서 한국학은 한국의 문화와 역사적 경험을 전 인류의 문화유산과 역사적 경험의 한 부분으로 바라보는, 전 지구적 시각을 요구받고 있다. 한국학은 한국사회의 경험을 연구하되, 그것을 21세기 세계사적 과제들과 더불어 사고함으로써 새로운 문명적 대안을 모색하는 세계 학계의 논의에 적극적으로 동참하는 작업이 되어야 한다. 이런 종합적이고 개방적인 연구의 집적이 이루어질 때 한국의 특수성만을 절대화하는 오류에서 벗어나면서 동시에 서구의 눈으로 한국을 대상화, 타자화하는 오리엔탈리즘적 지역학의 한계도 극복할 수 있는 길이 열릴 것이다.

한국의 학문 발전에 큰 책임을 지고 있는 서울대학교 규장각한국학연구원은 한국학의 바람직한 발전을 위해 적극적인 역할을 하고자 한다. 이를 위해 별도의 연구재원을 마련하여 '21세기 신규장각 자료구축사업'을 추진하고, 이 사업의 결과물들을 모아 연구총서, 자료총서, 모노그래프를 출간하고 있다. 한국학 연구자들의 연구역량과 진지한 문제의식들이 결집됨으로써 한국학의 연구수준이 더욱 높아지고 내용이 보다 풍부해지리라 믿는다. 이 연구 사업이 해를 거듭할수록 한국사회에 대한 이해가 깊어짐은 물론이고 한국의 경험을 통해 세계 학계의 시각과 논의도 더욱 풍성해질 것을 기대해 마지않는다.

2015년 2월

서울대학교 규장각한국학연구원 한국학연구사업위원회

저자 약력

김육(金堉)

조선 인조(仁祖)·효종(孝宗) 때의 문신이자 학자로 본관이 청풍(淸風)이며 자는 백후(伯厚), 호는 잠곡(潛谷), 시호는 문정(文貞)이다. 효종이 즉위(1649)하자 대사헌(大司憲)을 거쳐 우의정(右議政)이 되어 실록청(實錄廳) 총재관(總裁官)으로《인조실록(仁祖實錄)》의 편찬을 주재하였다. 저서로는 그의 시문을 모은《잠곡유고(潛谷遺稿)》와《잠곡별고(潛谷別稿)》,《잠곡유고보유(潛谷遺稿補遺)》,《잠곡속고(潛谷續稿)》가 전한다. 일반 저술로는《유원총보(類苑叢寶)》외에도《황명기략(皇明紀略)》,《종덕신편(種德新編)》,《송도지(松都誌)》,《천성일록(天聖日錄)》,《청풍세고(淸風世稿)》,《조천일기(朝天日記)》,《기묘록(己卯錄)》,《잠곡필담(潛谷筆談)》,《당삼대가시집(唐三大家詩集)》 등이 있다.

역주자 약력

이영주(李永朱)

서울대학교 중어중문학과를 졸업하고 서울대학교 대학원에서 문학박사학위를 받았다. 현재 서울대학교 중어중문학과 교수로 재직하면서 당시(唐詩)를 연구, 강의하고 있다.《한자자의론(漢字字義論)》,《한국시화(韓國詩話)에 보이는 두시(杜詩)》,《사불휴(死不休): 두보의 삶과 문학》(공저) 외 두보 초기 시부터 재주낭주시기까지의 시를 역해한 여러 권의 저서를 공동으로 출간하였고, 두시의 형식적 특성을 분석한 논문을 지속적으로 발표하고 있다.

김창환(金昌煥)

서울대학교 사범대학 불어교육학과를 졸업하고 한국고전번역원 국역연수원에서 유가 경전을 비롯한 한문의 기초를 공부하였다. 연수원을 졸업하고 서울대학교 대학원 중어중문학과에서 석사학위와 박사학위를 받았다. 서울대학교 사범대학 초빙교수, 서울대학교 인문대학 중국어문학연구소 책임연구원을 역임하였으며, 현재 동 연구소의 객원연구원으로 규장각한국학연구원의 연구 프로젝트를 수행하고 있다. 주요 저서로《달라이라마의 생각을 읽자》,《중국의 명문장 감상》,《도연명의 사상과 문학》 등이 있으며 역서로《장자》,《유원총보역주》,《도연명 시집》 등이 있다.

이남종(李南鍾)

서울교육대학, 한국방송통신대학 중국어문학과를 졸업하고 서울대학교 대학원 중어중문학과에서 석사학위와 박사학위를 받았다. 서울대학교 규장각한국학연구원 책임연구원, 방송대중문과 겸임교수, 대만 국립중산대학 객원교수를 역임하였다. 현재 서울대학교 인문대학 중국어문학연구소 객원연구원으로 규장각한국학연구원의 연구프로젝트를 수행하면서, 도연명시 및《시경》연구와 강의를 맡고 있다. 주요 저서로《맹호연시 연구》,《두보시역해》(공저) 등이 있으며, 역서로《하강시고》,《방재집》 등이 있다.

서울대학교 규장각한국학연구원 한국학자료총서

1 古代國語 語彙表記 漢字의 字別 用例 硏究 | 송기중

2 한국철학자료집: 불교편1 – 삼국과 통일신라의 불교사상 | 허남진 외 편역

3 한국철학자료집: 불교편2 – 고려시대의 불교사상 | 심재룡 외 편역

5 서울대학교 중앙도서관 고문헌자료실 소장 『경제문고』 해제집 | 권태억 외

6 한글본 이언 연구 | 민현식

7상 원문 교주 구운몽 | 원작 김만중, 교주 김병국

7하 현대역 구운몽 | 원작 김만중, 옮김 김병국

8 해방 이후 한국기업의 진화 I: 1976 ~ 2005년간의 통계의 구축과 기초분석 | 이근 외

9 해방 이후 한국기업의 진화 II: 1956 ~ 1977년간의 통계의 구축과 기초분석 | 이근 외

10 서울대학교박물관소장 식민지시기 유리건판 | 이문웅·강정원·선일 편

11 풍자 우화 그리고 계몽담론 | 권영민

12 한국근현대문학의 프랑스문학수용 | 이건우 외

13 한국 근대도면의 원점: 서울대학교 규장각한국학연구원 소장 근대 측량도와 건축도 1861~1910 | 전봉희·이규철·서영희

14-1 유원총보역주 1 | 허성도·김창환·강성위 역주

14-2 유원총보역주 2 | 허성도·김창환·강성위 역주

14-4 유원총보역주 4 | 이영주·허성도·김창환 역주

15 식민권력과 근대지식: 경성제국대학 연구 | 정근식·정진성·박명규·정준영·조정우·김미정

16-1 근대한국 국제정치관 자료집: 제1권 개항·대한제국기 | 장인성·김현철·김종학 엮음

16-2 근대한국 국제정치관 자료집: 제2권 제국–식민지기 | 장인성·김태진·이경미 엮음

17 1980년대 조선–청 국경회담 관련 자료 선역 | 김형종 편역

20 韓國 書誌學의 先鞭: 마에마 교사쿠의 작업을 중심으로 | 한재영·이현희·가와사키 케이고 지음

22 사도세자의 죽음과 그 후의 기억: 『현고기(玄皐記)』 번역(飜譯)과 주해(註解) | 김용흠·원재린·김정신·정두영·최성환 역주

22 손와만록: 조선후기 향리 출신 선비 김경천의 인생이야기 | 김경천 지음 이대형·이미라·박상석 역주

서울대학교 규장각한국학연구원 한국학연구총서

1 지방문학사: 연구의 방향과 과제 | 조동일

2 한국 근대과학 형성과정 자료 | 문만용·김영식

3 목석의 울음: 손창섭 문학의 정신분석 | 조두영

4 통일한국의 농업 | 김완배 외

5 현대 한국사회의 철학적 문제: 사회운영원리 | 백종현

6 한국유교의 과제 | 금장태

7 韓國 古代·中世初期 土地制度史: 古朝鮮~新羅·渤海 | 이경식

8 『무과총요』 연구 | 나영일

9 북한 주요 산업지역의 토지이용 변화와 개방지역에 관한 연구 | 황만익·이기석

10 재벌체제와 다국적기업: 경제개발의 두 가지 유형 | 이승훈

11 붉은악마와 월드컵 | 이순형

12 『조선왕조실록』 보존을 위한 기초 조사연구(1) | 송기중·신병주·박지선·이인성

13 한국 근대의 사회복지 | 안상훈·조성은·길현종

14 한국어 체언의 음변화 연구 | 이상억

15 조선 중기 무예서 연구 | 나영일·노영구·양정호·최복규

16 1950년대 사회주의 건설기의 북한 보건의료 | 황상익

17 후발 산업화와 국가의 동학: 탈관료화와 강성국가의 공동화 | 하용출

18 조선 후기의 기술도: 서양 과학의 도입과 미술의 변화 | 정형민·김영식

19 韓國 中世 土地制度史: 朝鮮前期 | 이경식

20 남북 언어의 문법 표준화 | 권재일

21 50권본 『화엄경』 연구 | 이승재

22 한·중 소화의 비교 | 서대석

23 고려전기의 전시과 | 이경식

24 개항기 전후 경상도의 육상교통 | 허우긍·도도로키 히로시

25 한국어의 주제와 통사 분석: 주제 개념의 새로운 전개 | 임홍빈

26 한국적 패션 디자인의 제다움 찾기: 전통미와 현대적 활용을 중심으로 | 김민자

27 한국 근대문학교육사 연구 | 우한용

28 『조선왕조실록』의 여진족 족명과 인명 | 김주원

29 중앙아시아 고려말의 문법 | 권재일

30 삼국통일전쟁사 | 노태돈

31 한국의 사회운동과 진보정당 | 임현진

32 한국 행락문화의 변천과정 | 황기원

33 노래의 상상계 : '수사'와 존재생태 기호학 | 신범순

34 한국의 언어 민속지: 전라남북도 편 | 왕한석

35 주시경의 언어이론과 표기법 | 송철의

36 일제강점기의 철도 수송 | 허우긍

37 인권으로 읽는 동아시아: 한국과 일본의 인권 개선조건 | 정진성·공석기·구정우

38 정조와 정조시대 | 김인걸 외

39 문화의 정치와 지역사회의 권력구조: 안동과 안동김씨 | 김광억

40 한국어 명사구의 의미론: 한정성/특정성, 총칭성, 복수성 | 전영철

41 한국의 건강 불평등 | 김창엽·김명희·이태진·손정인

서울대학교 규장각한국학연구원 한국학모노그래프

1 예빈도에 보인 고구려: 당 이현묘 예빈도의 조우관을 쓴 사절에 대하여 | 노태돈
2 현대 한국유교와 전통 | 금장태
3 살인의 진화심리학: 조선 후기의 가족 살해와 배우자 살해 | 최재천·한영우·김호·황희선·홍승효·장대익
4 무협소설의 문화적 의미 | 전형준
5 정조시대의 무예 | 나영일
6 벼락도끼와 돌도끼: 고고자료에 대한 전통적 인식 연구 | 이선복
7 한국 옛 경관 속의 생태지혜 | 이도원
8 식민권력과 통계: 조선총독부의 통계체계와 센서스 | 박명규·서호철
9 한국의 천연염료: 전통염료와 천연염색기술 | 김재필·이정진
10 북한의 의학교육 | 박재형·김옥주·황상익
11 국문 글쓰기의 재탄생 | 권영민
12 사할린 귀환자 | 이순형
13 조선시대 간척지 개발: 국토 확장과정과 이용의 문제 | 박영한·오상학
14 3칸×3칸: 한국 건축의 유형학적 접근 | 전봉희·이강민
15 위성영상을 이용한 북한지역의 해안습지연구: 평안남도를 사례로 | 유근배
16 한국 구비문학에 수용된 재담 연구 | 서대석
17 한국 자본자유화와 금융자유화의 근년변화: OECD 가입 및 IMF 사태 이후의 실상, 평가 및 대응 | 이천표
18 구어 한국어의 의향법 실현방법 | 권재일
19 조선시대 복식에 나타난 적색계 색명의 의미 | 남윤자·김순영·박성실
20 우리나라 인체기생충 및 의용절지동물의 동물상과 개요 | 채종일
21 경제개방이 우리나라 노동시장에 미친 효과 | 김대일
22 한국 고소설에 나타난 오이디푸스 콤플렉스: 〈심청전〉·〈콩쥐팥쥐전〉 | 류인균
23 남북한 경제의 이질성: 경제통합에 관한 함의 | 이지순
24 한국에서 마르크스주의 경제학의 도입과 전개과정 | 김수행
25 한국 장수인의 개체적 특성과 사회환경적 요인: 호남지방 장수벨트를 중심으로 | 박상철·이미숙·이정재·한경혜
26 전통마을 경관요소들의 생태적 의미 | 이도원
27 한국의 중산층 | 홍두승
28 한국 여성의 건강증진행위 | 윤순녕·김숙영·이지윤
29 心과 性: 茶山의 『孟子』 해석 | 금장태
30 20세기 초기 국어의 문법 | 권재일
31 한국의 고령노동: 경제활동과 고용구조의 장기적 변화 | 이철희
32 웃음으로 눈물 닦기: 한국 언어문화의 한 특질 | 김대행
33 한국의 좌파 경제학자들 | 김수행·김공회

34 온돌과 한국인의 수면 생활 : 침상 기후를 중심으로 | 최정화·김문숙
35 한국 고대의 온돌 : 북옥저, 고구려, 발해 | 송기호
36 한국 시민단체의 내부의사결정과정에 관한 연구 | 김준기
37 한국문화를 쓴다 : 강용흘의 『초당』과 이미륵의 『압록강은 흐른다』 비교연구 | 최윤영
38 정약용 사상 속의 과학기술 : 유가 전통, 실용성, 과학기술 | 김영식
39 仁과 禮 : 다산의 『논어』 해석 | 금장태
40 서양인의 한국 종교 연구 | 김종서
41 韓國詩話에 보이는 杜詩 | 이영주
42 한국의 소득불평등과 빈곤 : 소득분배 악화와 사회보장정책의 과제 | 구인회
43 한국인 치매환자의 행동 및 심리 증상의 횡문화적 특성 | 조맹제·김진영
44 한국 사회복지 네트워크의 구성과 효과성 : 지역종합사회복지관의 네트워크 구성과 조직 효과성을 중심으로 | 김준기
45 근대한국의 국제관념에 나타난 도덕과 권력 | 장인성
46 한국의 의료체제 : 제도와 지배구조 | 송호근
47 몽골제국과 고려 : 쿠빌라이 정권의 탄생과 고려의 정치적 위상 | 김호동
48 한국무협소설의 작가와 작품 | 전형준
49 한국 근대소설에 나타난 오이디푸스 콤플렉스의 이해 : 이광수, 김동인, 염상섭, 이상을 중심으로 | 류인균
50 한국의 하구역 : 하구둑 건설 이후의 지형변화 | 유근배·김성환·신영호
51 한국의 신용평가제도 | 이인호
52 전통 마을숲의 생태계 서비스 | 이도원·고인수·박찬열
53 두 개의 예외적인 복제체제 비교 연구 : 한국 복지국가 모형의 탐색 | 김태성
54 박정희 체제의 성립과 전개 및 몰락 : 국제적·국내적 계급관계의 관점 | 김수행·박승호
55 한국 서해안의 해안사구 : 지형학적 관점을 중심으로 | 유근배·류호상
56 『기우제등록』과 기후의례 : 기우제, 기청제, 기설제 | 최종성
57 한국어 술어의 사건 구조와 논항 구조 | 남승호
58 舊韓末의 韓獨 外交文書 '德案' 硏究 | 권오현
59 현대 한국어의 공시 형태론 : 경주지역어를 실례로 | 최명옥
60 서양문화를 쓴다 : 강용흘의 〈동양 서양에 가다〉와 이미륵의 〈압록강에서 이자르강까지〉 | 최윤영
61 시장발전과 경제개발 | 이승훈
62 고려국가와 집단의식 | 노명호
63 근현대 한국미술과 '동양' 개념 | 정형민
65 현대 한국복지국가의 제도적 전환 | 안상훈
66 순응과 저항을 넘어서 : 이승만과 박정희의 대미정책 | 신욱희
67 생태서식처로서 한국 서해안 해안사구 | 유근배·신영호·김대현·김성환
69 한국 정신보건서비스의 전개 과정: 사회서비스의 관점에서 | 강상경
70 일제의 한국 식민지화와 문명화(1904~1919) | 권태억
71 이즈미 세이이치와 군속인류학: 뉴기니 조사를 중심으로 | 전경수